Biblioteca de Derecho Privado

Enrico del Prato
(Director)

Carlos Antonio Agurto Gonzáles
Sonia Lidia Quequejana Mamani
Benigno Choque Cuenca
Luis Alejandro Luján Sandoval
Edmundo Trujillo Blas
(Coordinadores Generales)

Gioele Solari
Profesor de la Universidad de Turín
(Italia)

Filosofía del Derecho privado

Presentación
Renato Treves
Profesor de la Universidad de Milán

Edición al cuidado de
Carlos Antonio Agurto Gonzáles
Sonia Lidia Quequejana Mamani
Benigno Choque Cuenca

Ediciones Olejnik

Título: Filosofía del Derecho Privado

© Gioele Solari

Traducción de Oberdan Caletti

© Ediciones Olejnik
Huérfanos 611, Santiago - Chile
E-mail: contacto@edicionesolejnik.com
Web site: http://www.edicionesolejnik.com

Primera edición en Ediciones Olejnik: 2020

ISBN: 978-956-392-560-9

Diseño de Carátula: Ena Zuñiga
Diagramación: Luis A. Sierra Cárdenas

Impreso en Argentina 2020 Printed in Argentina

ÍNDICE

CAPÍTULO II
LA ESCUELA DEL DERECHO NATURAL Y LA CODIFICACIÓN DEL DERECHO PRIVADO EN EL SIGLO XVIII

PRESENTACIÓN

La traducción de esta obra de GIOELE SOLARI, *que se ofrece al público de habla castellana, responde a una viva exigencia científica. Ante todo, llena un vacío, puesto que carecíamos hasta ahora de un estudio amplio y orgánico que, como éste, examinara el desarrollo del pensamiento filosófico y de las doctrinas de los juristas sobre las instituciones del derecho privado con el fin de explicar cómo se han formado los códigos y las otras normas jurídicas que rigen en la actualidad. Además, esta traducción facilita el conocimiento de la obra de un destacado maestro de la escuela italiana de filosofía del derecho, escuela que siempre ha despertado vivo interés y ejercido influencia notable en el pensamiento filosófico jurídico de España y de Latino-América.*

Catedrático de filosofía del derecho en la Universidad de Turín desde 1918, se puede decir que GIOELE SOLARI *ha continuado, sobre distintas bases y con métodos nuevos, la obra de su predecesor* GIUSEPPE CARLE. *Este autor (conocido entre nosotros especialmente por su libro* La vida del derecho, *traducido al castellano por Giner de los Ríos y Germán Florez), a fines del siglo pasado había criticado la dirección de los juristas que, siguiendo la filosofía de* ROSMINI, *consideraban el derecho como una expresión de la individualidad abstracta del hombre, prescindiendo de sus vinculaciones con la sociedad y la historia. Y contra esta dirección, fundándose en la filosofía de* Vico, *de* ROMAGNOSI *y especialmente de* GIOBERTI, CARLE *ha afirmado que el derecho es un factor de la civilización que se manifiesta en las normas históricas de la convivencia social, y ha estudiado ampliamente e intentado resolver el problema que considera fundamental para las ciencias jurídicas: el problema del contraste de las tendencias individuales y sociales en la convivencia social, indisolublemente unida, para él, a la convivencia jurídica.*

A pesar de las críticas que dirige a CARLE, *por sus tendencias filosóficas,* SOLARI, *como dije, continúa en la senda señalada por su predecesor y dedica toda su obra al mismo fin: el estudio de las exigencias individuales y sociales en el derecho y la tentativa de desarrollar una filosofía jurídica estrictamente vinculada a la filosofía de la sociedad.*

El interés de SOLARI *hacia estos temas, se manifestó claramente en 1907 cuando, con una monografía sobre la* Influenza delle odierne dottrine socialistiche sul diritto privato, *obtuvo el premio que desde 1895 el Real Instituto Lombardo de Ciencias y Letras ofrecía para un trabajo sobre este tema. La monografía premiada no fue publicada, pero constituyó la base de la obra que presentamos vertida al castellano, y a la cual* SOLARI *consagró buena parte de su vida. El primer volumen de esta obra constituye la primera parte, reelaborada e integrada de aquella monografía, y fue publicado por primera vez en* 1911, *en Turín, por el editor Bocca, con el título* L'idea individuale e l'idea sociale nel diritto privato. Parte I. L'idea individuale. *El segundo volumen, editado por el mismo Bocca en 1918, pero minea lanzado al comercio por voluntad del autor, llevaba el título* L'idea individuale e l'idea sociale nel diritto privato. Parte II. L'idea sociale. Lo storicismo nel diritto privato. *Estos dos volúmenes fueron puestos en circulación por el editor Giappichelli de Turín en 1939 y 1940 sin el prefacio que llevaba el primer volumen y cambiando solamente el título:* Filosofia del diritto privato, I, Individualismo e diritto privato, II, Storicismo e diritto privato. *La presente edición castellana se atiene al título general de la edición Giappichelli y a los títulos de la primera y de la segunda parte de la edición original. Los dos volúmenes son presentados como obras independientes. Y, efectivamente, considero que cada uno de estos volúmenes constituye un trabajo autónomo, a pesar de que ambos respondan a una sola exigencia y estén dirigidos hacia un único fin.*

Los notables resultados de las investigaciones sobre la historia de las instituciones jurídicas privadas y el pensamiento filosófico correspondiente, que están desarrollados en estos volúmenes, se basan sobre una concepción filosófica fundamental que se opone no solo al positivismo, sino también al neokantianismo y neohegelianismo italianos y que Solari *ha denominado en estos últimos años: «idealismo social».*

Vara facilitar el entendimiento de estos volúmenes, donde se intenta una renovación del derecho privado en sentido social, es preciso dar algunos informes sobre la concepción filosófica indicada.

Después de haber rechazado el naturalismo y el espiritualismo, siguiendo las exigencias del pensamiento moderno, Solari *empieza por adherirse a los principios fundamentales del idealismo según el cual todo lo real se nos presenta como espiritualidad, conciencia, producción del sujeto. En el campo general del idealismo* Solari *declara propender en conjunto hacia «el idealismo trascendente» sostenido en Italia por* Piero Martinetti, *según el cual «nuestra experiencia espiritual, por extendida y alta que sea, no tiene valor absoluto si no tiende a resolverse en una vida y en una unidad que nos trasciende y supera toda nuestra aprehensión». A pesar de que tienda hacia los principios fundamentales de esta filosofía, que se distingue y al mismo tiempo se integra en una visión religiosa de la realidad,* Solari *se aleja de ella en lo que se refiere a su concepción particular de la vida y de la historia. A su modo de ver, no puede ser aceptada íntegramente la concepción pluralista de* Leibniz *y de* Kant, *sostenida también por* Martinetti, *según la cual la vida colectiva no es otra cosa que un sistema de vidas individuales cerradas en sí mismas y unidas para los fines de la coexistencia y de la cooperación recíproca. Esta concepción, para* Solari, *capta solo un momento de la vida del derecho y de la sociedad, porque más allá de la vida individual es siempre posible pensar en una forma de vida espiritual más elevada y perfecta; en una forma de vida donde la sociedad tienda a realizarse como fin en sí misma frente a la realidad y al fin de los individuos, y donde la justicia no se presente solamente como principio de cooperación, sino también como principio de integración y elevación de los individuos que constituyen la sociedad considerada como un organismo.*

Este esfuerzo por superar el punto de vista subjetivo e individual de la vida y de la justicia a base de una filosofía que parte de Kant, *y que, como veremos, se acerca a soluciones características del pensamiento post-kantiano, ha sido aclarado en estos últimos tiempos por la actitud crítica que* Solari *ha adoptado frente a las dos principales direcciones de la filosofía jurídica italiana de la actualidad: el neokantianismo de* Del Vecchio *y el neohegelianismo de* Croce *y de* Gentile.

Según Solari, *el neokantianismo de* Del Vecchio, *así como el de* Stammler, *no es aceptable desde el punto de vista especulativo y tampoco desde el punto de vista histórico-político. En el campo especulativo,* Solari *observa que esta dirección, alejándose de la enseñanza de* Kant, *ha creado un dualismo insuperable entre la forma y la materia. Por eso, el concepto puro del derecho que el neokantianismo pretende haber descubierto, revela a la luz de la crítica sus orígenes claramente empíricos, y la ciencia del derecho que ha creado y calificado como «pura», demuestra ser, en su íntima estructura, una construcción formal abstracta nada diferente de las que desarrolla la dogmática y la teoría general del derecho. En el campo político-jurídico* SOLARI *critica, además, el individualismo formal y abstracto de esta dirección filosófica, que contrasta con las exigencias más vivas y profundas de la época contemporánea que trata de insertar la vida individual en las esferas más amplias de la sociedad y de la nación. A su modo de ver, el individualismo jurídico-poli tico, evidente en su concepción del derecho como relación intersubjetiva, no se ha modificado sustancialmente ni siquiera en los últimos años cuando, bajo el influjo de las nuevas experiencias políticas, este autor se acercó a las concepciones orgánicas de la sociedad y aceptó, desde el punto de vista formal, la idea del Estado totalitario. A la fórmula de* DEL VECCHIO, *para quien el Estado es «el momento ideal de la convergencia de los derechos individuales en una suprema expresión potestativa»,* SOLARI *opone la idea por la cual el Estado «no es la sociedad, sino el medio del cual ésta se sirve para realizar sus fines, que no son solamente de protección de la individualidad, sino de conservación, de defensa, de desarrollo de la colectividad en sus fases distintas y progresivas de individualización».*

Así como se opone a las concepciones neokantianas de DEL VECCHIO, SOLARI *se opone también a las concepciones no menos importantes del neo-hegelianismo de* CROCE *y* GENTILE. *Considera que estos autores han cometido el error de no preocuparse de las proftindas exigencias especulativas que requieren una diferenciación, una. individualización de la actividad jurídica frente a las otras actividades prácticas. Como es sabido,* CROCE *ha reducido la actividad jurídica a actividad económica,* GENTILE *la ha reducido, en cambio, a actividad ética, y ninguno de los dos, según* SOLARI, *ha conseguido afirmar el carácter específico del derecho ni siquiera cuando, incurriendo en un lamentable formalismo, el primero sostuvo que el derecho es la actividad económica que se desarrolla bajo la ley, mientras que el segundo afirmó que la relación entre derecho y moral es la misma que entre abstracción y concreción. Así como estos autores no han conseguido distinguir el derecho de las otras formas de la vida práctica, tampoco han logrado destacar, según* SOLARI, *el carácter propio de la sociedad y del Estado. En efecto,* CROCE *afirma que la sociedad y el Estado son «conceptos empíricos, nominalistas, que no tienen validez teorética ni práctica y sirven solo para indicar la multiplicidad de los individuos en sus relaciones recíprocas»;* GENTILE *no consigue dar a estos conceptos mayor autonomía al sostener que la sociedad y el Estado, en el cual la sociedad encuentra su actualización y su concreción, no existen «inter homines», como agregación mecánica de individuos empíricos, sino que existen solo «in interiore homine» y por eso se identifican y se resuelven en la interioridad del espíritu individual a medida que éste se libera de su subjetividad particular empírica y se transforma en espíritu ético universal.*

Para corregir las deficiencias de la filosofía neohegeliana, que no hizo caso de los esfuerzos seculares dirigidos a distinguir el derecho de las otras formas de la vida práctica, SOLARI *ha tratado de encontrar la regla y la medida de la actividad jurídica en una realidad distinta de la económica y de la ética. A su modo de ver, la universalidad, considerada como forma de la vida espiritual, se realiza por grados: «en el grado inferior o económico se vincula a las exigencias de nuestra naturaleza; en un grado más alto o jurídico se revela en las formas sociales de la existencia; solo en el grado supremo ético-religioso representa la realidad infinita y resuelve la vida individual y social en la realidad universal». Según* SOLARI, *pues, hay que oponerse a las concepciones que encuentran el fundamento del derecho en la actividad utilitaria del hombre particular o en la voluntad ética del Estado, y hay que afirmar que este fundamento se encuentra, única y exclusivamente en la sociedad «entendida en su universalidad como forma necesaria del espíritu teorético y práctico, como sujeto de valores propios». Para* SOLARI *la filosofía del derecho debe encontrar sus bases en el idealismo social que armoniza los princi-*

pios de la libertad y dignidad del hombre, afirmados por KANT, *con las concepciones sociales orgánicas y objetivas, desarrolladas posteriormente por* COMTE *y por* HEGEL. *La solución racional del problema del derecho y de la justicia en armonía con las exigencias de la filosofía moderna «que quiere ser filosofía de la libertad», será posible solamente cuando esté bien consolidado el principio «de que el yo real es el yo social, que el individuo crea a la sociedad negándose a sí mismo como individualidad empírica, para volver a vivir como parte de un todo orgánico; que en la sociedad el hombre afirma su verdadera humanidad; que el orden social es un orden racional y necesario y que, como tal, se rige en la justicia que garantiza su conservación aun en contra de los que no han logrado entender que la libertad verdadera es la libertad social».*

SOLARI *no ha escrito, por lo menos hasta ahora, una obra orgánica en la que exponga en forma sistemática esta concepción social del derecho y de la justicia. Algunas indicaciones sobre este tema se pueden encontrar ya en los escritos de los primeros años, por ejemplo:* II valore della vita, *Cagliari 1913;* La filosofia del diritto come scienza autonoma, *en «Rivista di Sociologia» de 1914;* Il problema filosofico del diritto nell'opera di Iginio Petrone, *Campobasso 1917. Conceptos más desarrollados y definidos se encuentran, sin embargo, en los escritos de los últimos tiempos, especialmente en la introducción a las* Lezioni di filosofia del diritto, *que empezó a publicar en Turín en 1937, y en los artículos:* Lo Stato come Libertà *y* L'Indirizzo neokantiano nella filosofia del diritto, *publicados en la «Rivista dì filosofia»* 1931-1932. *Las vinculaciones con la concepción social del derecho de* CARLE *aparecen en* La vita e il pensiero civile di Giuseppe Carle, *Torino 1928.* L'idea individuale e l'idea sociale nel diritto privato, *que presentamos ahora al público de habla castellana, quiere ser, según lo expresa su mismo autor, «una interpretación de las instituciones del derecho privado según las exigencias de la justicia social».*

Si se considera en conjunto la obra de SOLARI, *se debe reconocer que ésta, en el campo teórico, ha tenido el mérito de realizar una crítica acertada del formalismo jurídico, pero que no ha conseguido hasta ahora desarrollar una doctrina positiva y constructiva. Su concepción social del derecho y de la justicia no constituye la base de una construcción teorética, sino solamente un punto de vista, un criterio de orientación en las investigaciones históricas; y especialmente como historiador,* SOLARI *ocupa un puesto de primer orden entre los cultivadores de la filosofía del derecho.*

Sus cualidades excepcionales en este campo aparecen claramente no solo en los escritos ya mencionados, sino en muchos otros no menos importantes. Recordamos ante todo su primer volumen, La scuola del diritto naturale nelle dottrine etico-giuridiche dei secoli XVII e XVIII, *Torino 1904; además el discurso sobre* L'indirizzo psicologico nelle scienze giuridiche, *Torino 1905; los ensayos sobre* II pensiero politico di G. B. Tuveri *de 1915, y sobre* II pensiero politico di Dante, *de 1923. Especialmente importantes son, sin embargo, los escritos más recientes. Entre éstos:* La società civile in Hegel, *de 1931;* Il concetto di società in Kant, *de 1934;* Rosmini inedito, P. I y II *de 1937;* Cristiano Thomasius, *de 1939;* La dottrina kantiana del matrimonio, de *1940;* La concezione politica della giustizia, *de 1941 y otros ensayos publicados todos en la «Rivista di filosofia»;* Il «jus circa sacra» nell'età e nella dottrina di Ugone Grozio, *en los* «Studi filosofico-giuridici dedicati a Giorgio Del Vecchio», *Modena 1931;* La «Genesi del diritto penale» di G. D. Romagnosi e la censura ecclesiastica, *en «La scuola positiva» 1936;* Scienza e metafisica del diritto in Kant, *de 1926;* Le Opere di Mario Pagano, *de 1936;* Rosmini inedito, P. in, *de 193 8, y otros trabajos publicados en «Atti della R. Accademia delle scienze di Torino».* Vico e Pagano, *de 1925;* La vita e l'opera scientifica di Francesco Ruffini, *de 193 5 y otros escritos, en la «Rivista Intemazionale di filosofia del Diritto».* Dallo stato giuridico allo stato etico, *de 1932;* La funzione storica e filosofica dello stato moderno, *de 1934;* L'attività legislativa di Mario Pagano nel governo repubblicano del 1799 a Napoli, *de 1934, publicados en Turín en las ediciones de «L'Erma».*

No se puede terminar esta enumeración de sus obras principales sin recordar los cursos sobre distintos temas históricos, desde la edad clásica hasta HEGEL, *que* SOLARI *dictó durante más de veinte años en la Universidad de Turín y que están reunidos en más de veinte volúmenes pasados en mimeógrafo, y titulados* Appunti di filosofia del diritto. *Quien ha tenido la suerte de seguir estos cursos, no puede olvidar la profunda impresión que producían en el espíritu de los jóvenes sus palabras llenas de entusiasmo y de fe cuando les hablaba desde la cátedra o les aconsejaba y dirigía en las primeras investigaciones científicas. Con su ejemplo y enseñanza,* SOLARI *no proporcionaba solamente los conocimientos y los métodos para la investigación científica, sino despertaba, sobre todo, el amor sincero y desinteresado por la verdad, y alentaba a los jóvenes a no doblegarse a las presiones y seducciones que amenazaban constantemente sus espíritus en el largo período de la vida política italiana recién concluido.*

Bajo la dirección de SOLARI *el Istituto Giuridico de la Universidad de Turín ha publicado, desde 1928, más de cuarenta* Memorie *de reconocido valor científico.*

En estos últimos años, y especialmente después del fallecimiento de PIERO MARTINETTI, *ocurrido en marzo de 1943,* SOLARI *ha dedicado la mayor parte de su actividad y energía a la «Rivista di Filosofia» que, suspendida varias veces por la dictadura, consiguió siempre hacer oír su voz libre e independiente hasta en el período más sombrío de la ocupación alemana.*

En la escuela de SOLARI *se han formado* ALESSANDRO PASSERIN D'ENTREVES *y* NORBERTO BOBBIO, *catedráticos en las Universidades de Turín y de Padua, y muchos otros destacados investigadores del pensamiento jurídico y político.*

*

Al incorporarse esta obra a la literatura jurídica de habla castellana, me es grato recordar que, ya en cierto modo, se había incorporado a la enseñanza universitaria argentina, y que por ejemplo, en esta Universidad Nacional de Tucumán, el doctor SILVIO FRONDIZI *la utilizó ampliamente en los cursos oficiales de Historia de las Instituciones que dictó en los años 1941 y 1942.*

Es para mí un motivo de profunda satisfacción el hecho de que el traductor de esta obra de mi maestro sea el profesor OBERDAN CALETTI, *que está tan próximo al movimiento cultural italiano y que con cuidadas traducciones ya hizo conocer al público de habla castellana varias obras de* CROCE, MONDOLFO, RAVÀ *y otros filósofos italianos contemporáneos.*

Marzo de 1946.
RENATO TREVES
Universidad de Tucumán

PREFACIO DEL AUTOR A LA PRESENTE EDICIÓN

Esta obra, que sale a la luz vertida al castellano y presentada por Renato Treves, *uno de nuestros discípulos más destacados, comprende dos volúmenes que estudian respectivamente «la idea individual y la idea social en el derecho privado». Estas palabras, que corresponden al título original de ambos volúmenes, sintetizan la idea directriz de toda la obra, porque estamos persuadidos de que solamente a la luz del contraste entre individuo y sociedad se pueden comprender la filosofía y la historia del derecho privado moderno y tal vez del derecho privado de todos los tiempos.*

Teníamos el propósito de integrar el segundo volumen con algunos capítulos conclusivos que sintetizaran el vario desarrollo del derecho privado alemán hasta la codificación, ya que el historicismo dogmático y las polémicas entre pandectistas y germanistas tuvieron importancia y significación para los fines de nuestra búsqueda. Estas polémicas, sobre todo en la fase de formación del código civil alemán, se manifestaron como expresión del contraste entre los que, en atención a la tradición romanista pensada dogmáticamente, concebían el derecho privado en función del individuo y los que, atendiendo a la tradición germánica, lo concebían en función de la vida social nacional. Sin embargo, para cumplir con nuestro propósito, necesitábamos realizar todavía un largo trabajo de investigación jurídica e histórica, pero éste fue obstaculizado por muchas razones: las obligaciones de la enseñanza, las dificultades de los tiempos, la actividad desarrollada en otros campos; razones todas que nos llevaron a publicar el volumen tal como estaba, confiados en que pudiese servir como introducción teórica a la investigación histórica que teníamos el propósito de realizar. Esta, por otra parte, tiene un valor subordinado al problema filosófico que hemos planteado. La transformación en sentido social del derecho privado está íntimamente vinculada con el vario desarrollo del idealismo filosófico, particularmente con la influencia de la Filosofía del derecho *de* Hegel, *concebida en antítesis a la doctrina del derecho de* Kant, *expresión típica del individualismo jurídico en la edad de la codificación. Con* Hegel, *en efecto, aparece tina orientación nueva en la especulación jurídica; de él arrancan los grandes maestros del socialismo moderno:* Marx, Lassalle, Engels, *y con él se inicia la crítica de los esquemas tradicionales del derecho privado. El plan de la obra debía, pues, comprender una tercera parte destinada al idealismo social en el derecho privado. Y la investigación podía extenderse al positivismo de* Comte, *que consideraba a la sociedad como la formación natural más alta y compleja, aunque se debe reconocer que este amplio movimiento filosófico no ha alcanzado en los estudios de derecho privado la fecundidad y la riqueza de formas y resultados que logró el idealismo de* Hegel. *La guerra ha detenido y casi paralizado nuestras investigaciones; creemos, sin embargo, que el material recogido, aunque incompleto y no elaborado, justifica suficientemente la conclusión de que el derecho privado, al socializarse, se individualiza y, al individualizarse, se socializa. Esto significa para nosotros, que el proceso de socialización del derecho privado se realiza en la medida en que el individuo participa en él con conciencia siempre más clara y distinta, y en que su actividad se afirma en formas siempre más diferenciadas y personales. Por otro lado, el individuo, desarrollándose y diferenciándose, advierte cada vez más que su actividad, aunque conserva el sello personal, no es autónoma, sino la resultante de factores múltiples: se vincula consciente e inconscientemente a la vida colectiva y en sus productos toma carácter y significación sociales. Por eso, si bien las instituciones de derecho privado permanecerán sustancialmente las mismas, si la actividad económica individual constituirá siempre su contenido esencial, si la categoría del contrato será siempre la categoría fundamental y el individuo seguirá siendo el sujeto de derechos y obligaciones, el espíritu y las finalidades del orden jurídico privado necesariamente tendrán que transformarse profunda y sustancialmente. El individuo en la explicación de su actividad advertirá la acción de una voluntad que lo supera, lo dirige y lo integra. El doble dualismo entre derecho privado y público, entre sociedad y Estado, está destinado a resolverse en la unidad del principio que fundamenta el derecho y el Estado, es decir, en el principio de la sociedad. No es ésta, para nosotros, una superación dialéctica de términos opuestos, en una síntesis más alta que los comprenda en sí; es, más bien, un principio único: la realidad social que trasciende por grado y valor tanto al individuo como al Estado y llena por sí y por su espiritualidad sustancial todas las manifestaciones de la vida pública y privada. Si el individuo es un ser esencialmente social, la «socialidad» constituye la categoría suprema del orden jurídico privado. A su vez, el Estado no puede concebirse en antítesis con la sociedad, sino en representación y función de ella, así como en la ciad, del liberalismo clásico no se lo concebía como realidad autónoma sino como representación y defensa de los derechos individuales. Por eso, la ciencia que debe preparar la transformación en sentido social del orden jurídico y político es la sociología y ésta está destinada, a su vez, a buscar su fundamento último y su integración en la filosofía social o metafísica de las mentes asociadas, como la llama* CARLO CATTANEO.

No nos atrevemos a decir que estas reflexiones y afirmaciones hayan alcanzado en nuestra mente aquel grado de claridad y de evidencia que solo puede justificar el deseo de hacerlas conocer a los demás. En efecto, aunque la reforma en sentido social del derecho privado es generalmente sentida como exigencia del curso de la historia, no hay acuerdo sobre el principio en el cual fundamentarla; no todos están dispuestos a reconocer tal principio en la sociedad, concebida como sujeto real y personal, trascendente a los individuos. La mayoría prefiere volver o al concepto escolástico de la sociedad fundada en el supuesto de fines comunes que deben realizarse por medio de la cooperación concorde de los individuos, o al concepto de reciprocidad social, o al de convención. El contractualismo social sigue estando profundamente arraigado en la mentalidad jurídica moderna: debía contribuir a darle nueva vida el resurgir de los gobiernos dictatoriales que en el Estado, concebido como realidad abstracta, sofocaban al mismo tiempo la libertad individual y social. Pero la experiencia dolorosa no habrá sido inútil si se consigue hacer conocer los peligros de un socialismo de Estado que sujeta las reformas sociales a las consideraciones políticas y las impone coactivamente sin mirar al grado de madurez social alcanzado por los individuos y los pueblos.

Expresamos el augurio de que estos volúmenes que presentamos al público de habla castellana puedan servir de estímulo para que otros continúen el camino que hemos abierto, en tiempos más serenos y en una atmósfera más propicia.

Turin, diciembre de 1945

GIOELE SOLARI

ADVERTENCIA

Este trabajo fue publicado en 1910 y permaneció, poco menos que ignorado, en manos del autor; es la primera parte de una Memoria premiada por el Real Instituto Lombardo (cfr. «Rendiconti», XL, 1907). La segunda y la tercera parte, reelaboradas e integradas como ésta, tendrán por objeto, respectivamente, el historicismo y el idealismo social en el derecho privado. El conocimiento de la formación filosófica del derecho privado en la edad de las codificaciones, puede revestir interés y utilidad frente a la inminente reforma del Código civil italiano: por tal razón éste será el tema que desarrollaremos en el curso del año académico de 1938-1939.

La especulación de los jusnaturalistas, particularmente de LOCKE, LEIBNIZ *y* KANT, *sigue siendo el mejor comentario filosófico de los códigos que rigen en la actualidad. De esa especulación hay que partir si queremos comprender y reconstruir el movimiento histórico-dogmático e idealista que engendró la nueva conciencia jurídica, implícita en la actual revisión de los códigos. Las revoluciones filosóficas preceden y preparan a las revoluciones sociales, y éstas, a su vez, reciben de aquéllas luz y dirección.*

Fue sin duda un error de los jusnaturalistas confundir las razones filosóficas del derecho con las exigencias prácticas; pero no menor es el error que cometen quienes ahora las disocian. El haber entrevisto y justificado en épocas ya alejadas las exigencias de la nueva conciencia jurídica que se va afirmando hoy por doquiera concretándose en reformas civiles, constituye para nosotros un motivo de legítima satisfacción.

PRIMERA PARTE
LA IDEA INDIVIDUAL

CAPÍTULO I

LA ESCUELA DEL DERECHO NATURAL Y EL DERECHO PRIVADO EN EL SIGLO XVII

EL INDIVIDUALISMO, SU SIGNIFICADO Y SUS FORMAS A PRINCIPIOS DE LA EDAD MODERNA

1. El individualismo, como movimiento destinado a afirmar la personalidad humana en todas sus manifestaciones, a liberarla de los vínculos del pasado y del imperio opresivo de la autoridad y de la tradición, se perfila con características precisas en ese período histórico que se conoce con el nombre de Renacimiento. Bajo la apariencia de un retorno a la antigüedad, el Renacimiento ocultaba el nuevo espíritu de rebelión contra el dogma, la tendencia racionalista que había de sacudir las bases teológicas del saber y de la vida civil. Asistimos, en esta época de iniciativas fecundas y de individualidades heroicas, a las primeras afortunadas luchas del individuo por la conquista de la libertad religiosa, intelectual, política, económica.

El movimiento protestante, al sostener la interioridad y la espontaneidad del sentimiento religioso poniendo al hombre en relación directa con Dios, favorecía la emancipación del individuo y de sus derechos de conciencia de toda injerencia de autoridad religiosa o civil, y no dejó de tener una influencia directa y decisiva en sentido individualista, sobre el desarrollo de las doctrinas jurídicas y políticas.

Las teorías de los derechos innatos, de la soberanía popular y del contrato como medio para crear, resolver y modificar las relaciones entre el individuo y el Estado, mientras por un lado respondían al espíritu democrático que animaba al Cristianismo, sobre todo en su primitiva constitución, por otro constituían la esencia misma del movimiento protestante. Y en realidad, en los países donde el nuevo espíritu religioso y rebelde pudo manifestarse libre y lógicamente sin someterse a restricciones y a transacciones impuestas por la influencia del pasado, vemos desarrollarse, en interés mismo de la fe y de la religión, las declaraciones de derechos, las teorías contractualistas y las instituciones democráticas con la participación directa del pueblo en el ejercicio de la soberanía[1].

Durante el Renacimiento se inicia, según Marx[2], el régimen capitalista en la forma de la producción manufacturera, forma que implicaba, con la división y la asociación extensiva del trabajo, la separación entre el trabajo y el capital, la formación de dos clases antagónicas. El nuevo régimen económico fundaba en la libertad

---

1 Cfr. Ruffini, *La libertà religiosa* (Torino, 1901), vol. I, cap. III, § 13.

2 Cfr. Marx, *Das Kapital*, I (6ª edic. Hamburgo, 1909), pág. 300.

la condición primera y necesaria de su desarrollo, debiendo por lo tanto favorecer la transformación en sentido liberal e individualista de las instituciones políticas y de las relaciones de derecho privado. Por otra parte, la propiedad inmobiliaria obedecía ya, más que a razones y a finalidades políticas, a exigencias económicas, y la explotación económica de la tierra no era posible sino bajo un amplio régimen de libertad y con la supresión de los vínculos feudales. La propiedad de la tierra libre y desligada de todo vínculo tendiente a limitar su disponibilidad, a disminuir su rédito, se convirtió en el postulado de cualquier reforma del derecho privado.

El individualismo no era solamente la expresión de necesidades reales, sino aun de exigencias teoréticas. La especulación filosófica en la doble dirección racional y empírica, era la afirmación de la individualidad en el dominio del pensamiento. La reconstrucción del saber se convierte, a principios de la edad moderna, en obra exclusiva de la inteligencia individual que parte de ciertas ideas innatas o de los datos de los sentidos. Descartes transformaba el racionalismo objetivo y ontológico de la antigüedad en un racionalismo subjetivo. Para Platón las ideas existen por sí, fuera del intelecto, como únicas y verdaderas realidades; para Aristóteles los inteligibles se encuentran en las cosas; para Descartes el espíritu se convierte en facultad activa y extrae todo el saber de sí mismo, de algunas ideas simples, originarias, innatas, que constituyen su fondo, sin ninguna ayuda de los sentidos y mediante un proceso geométrico.

Corrigiendo e integrando a Descartes, Leibniz agregaba más tarde que las nociones primeras existen virtualmente en el espíritu, se desarrollan y realizan gradualmente, siendo la experiencia sensible una ocasión que favorece su desarrollo. El mismo Leibniz, repudiando como ilusorio y subjetivo el criterio de verdad cartesiano según el cual las ideas innatas se imponen por su claridad y evidencia inmediata, substituía ese criterio con otro de certeza objetiva pero formal, según el cual la inteligibilidad consiste en la constitución lógica e intrínseca de las nociones, en la posibilidad de su reconstrucción y de su derivación mediante leyes lógicas, de elementos bien definidos y simples. De todos modos quedaban afirmados, con Descartes, dos criterios de gran importancia teórica y práctica: la existencia de las ideas innatas, y la capacidad de la inteligencia de conocer la verdad solamente por medio de ciertos principios lógicos. A su vez el empirismo, considerando a la materia y a su acción sobre los sentidos como la única realidad, no admitiendo más que el conocimiento sensible, reduciendo la obra de la razón a la elaboración de los datos de los sentidos, y haciendo del yo un sistema autónomo de sensaciones, inauguraba el atomismo psicológico y negaba, con las ideas innatas, todo criterio objetivo de verdad y de certeza. Así repudiado todo conocimiento fundado sobre la tradición, la autoridad y el consenso general, la razón y los sentidos se elevaron a fuentes del saber y a principios del mundo moral.

Serían los jusnaturalistas quienes, en los Códigos y en las constituciones modernas, estaban llamados a realizar el individualismo jurídico sobre las bases de las premisas gnoseológicas de la época. Estos llevaron a cabo, en distinto grado, una obra de filósofos y de jurisconsultos. En cuanto filósofos, se unieron a los cartesianos y a los empiristas valiéndose de los principios que ellos ofrecían para reconstruir el derecho y el Estado sobre bases individuales. En cuanto juristas, su obra fue de revisión y adaptación del derecho romano a las exigencias racionales e individualistas de la época.

Para llenar su cometido los jusnaturalistas derivaron elementos no solo del derecho romano, sino también de la especulación griega y medieval. Por una parte reavivaron antiguos conceptos dándoles un significado y contenido nuevos: por la otra desarrollaron conceptos y doctrinas que la Edad Media cristiana había arraigado y difundido en la conciencia ético-jurídica de los pueblos occidentales.

FORMACIÓN DEL INDIVIDUALISMO JURÍDICO. RELACIONES ENTRE EL INDIVIDUO Y EL ESTADO, ENTRE EL DERECHO NATURAL Y EL POSITIVO, ENTRE EL DERECHO PÚBLICO Y EL PRIVADO EN LA ANTIGÜEDAD CLÁSICA, EN LA EDAD MEDIA CRISTIANA, EN LOS PRIMEROS SIGLOS DE LA EDAD MODERNA

2. EN LA filosofía griega, especialmente en el epicureismo y en el estoicismo, hallaron los jusnaturalistas valiosos elementos para una concepción empírica o racional del derecho[3]. Después de SÓCRATES es propia de la filosofía jurídica griega la distinción entre ley escrita y ley no escrita, entre lo que es justo en sí y lo que es legal. Pero si la especulación filosófica pudo en Grecia elevarse al concepto de un derecho objetivo racional distinto del derecho positivo, y capaz de servir como norma a éste, la concepción de un derecho subjetivo entendido como facultad para desarrollar la individualidad fuera e independientemente del Estado, fue extraña a esa especulación y a la conciencia jurídica del pueblo griego.

Para ARISTÓTELES los ciudadanos son los elementos del Estado; la cualidad de ciudadano implica condición de capacidad para cooperar al bien público; la perfección y la felicidad individual no son posibles fuera de la asociación política, y la más perfecta armonía reina entre el bien público y el bien privado[4].

El ciudadano antiguo, al entrar a formar parte del Estado, abdicaba implícitamente de la pretensión de imponer y hacer valer el propio derecho. El Estado antiguo, concebido como emanación del pueblo y representante natural de los intereses comunes prevalecientes sobre los privados, es fuente, medida y condición tanto del derecho objetivo como del subjetivo. Fuera del Estado el derecho es sinónimo de fuerza, de violencia. El Estado señala determinados límites a la actividad del individuo, sin vincular dentro de ellos el desarrollo de tal actividad. Al derecho objetivo consagrado por el Estado queda subordinado el derecho subjetivo perteneciente al individuo. Esta simple y racional doctrina prevaleció en Roma y no fue desplazada ni siquiera cuando la influencia de la filosofía estoica engendró el concepto de un *jus naturale;* concepto que, si bien GAIO confunde aún con el *jus gentium,* en ULPIANO y PABLO parece diferente del *jus civile et gentium* y superior a ambos. Con toda razón observa PACCHIONI[5] que, cuando el *jus naturale* no fue entendido como simple abstracción filosófica exenta de relaciones directas con el derecho civil y sin mayor influencia sobre su desarrollo, representó el derecho positivo idealizado, es decir, «el derecho en perfecta correspondencia con la naturaleza de las relaciones y con las exigencias de la equidad», una especie de meta ideal en la que, tanto legisladores como juristas, debían tener constantemente fija su mirada.

---

[3] Cfr. ANTONIO LABRIOLA, *Essais sur la conception matérialiste de l'histoire* (París, 1902), segundo ensayo, pág. 217. LABRIOLA afirma que a la formación de la ideología del derecho natural, concurrió la filosofía griega de las épocas posteriores, sobre todo el racionalismo estoico.

[4] Cfr. ARISTÓTELES, *Política,* Traduc. Barthélemy Saint-Hilaire (2ª edic., París, 1848), lib. III, cap. 1-3; DARESTE, *La science du Droit en Gréce* (París, 1893), pág. 235 y sigs.; FILOMUSI -GUELFI, *Del concetto del diritto naturale e positivo nella storia della filosofia del diritto (Roma,* 1907), § 2; BURLE, *Essai historique sur le developpement de la notion de droit naturel dans l'antiquité grecque* (Trévoux, 1908).

[5] Cfr. PACCHIONI, *Corso di Diritto Romano* (Innsbruck, 1905), cap. XI, § 1.

El *jus naturale* no fue entendido por los jurisconsultos en un sentido abstracto y metafísico, a semejanza de los filósofos griegos y en contraposición al derecho positivo, sino como un derecho positivo perfecto. No hay, pues, oposición entre los dos conceptos, sino integración y compenetración recíprocas, conforme a la observación de Ulpiano según la cual el *jus civile* no se aparta del *jus naturale* ni lo sigue servilmente, sino que enriquece a la par que se vale de su contenido[6]. Y así como los romanos no contrapusieron el derecho natural al positivo, tampoco reconocieron, por su concepción unitaria de la relación entre individuo y Estado, la existencia de derechos innatos en el individuo anteriores y superiores al Estado. Para los romanos el estado de ciudadanía fue siempre condición necesaria para el goce y para el ejercicio del derecho: tal condición limitaba considerablemente la libertad jurídica del individuo, en cuanto que no podía concebirse su libertad de otro modo que dentro del orden del Estado, subordinada al imperativo del bien y de lo justo[7].

Por otra parte, la distinción entre *jus publicum* y *jus privatum* que consagraba Ulpiano en la conocida definición, aconteció en Roma después de una larga y laboriosa evolución histórica, por ley inevitable de diferenciación jurídica. Con tal distinción los romanos no entendieron crear un dualismo entre el derecho público y el privado, sino distinguir solamente, bajo la presión de los hechos, dos esferas diversas de intereses jurídicos. Con la extensión de la autoridad del Estado que siguió a la conquista y con la correspondiente centralización progresiva de sus poderes, la distancia entre el ciudadano y el Estado se fue haciendo cada vez mayor, acentuándose, en consecuencia, la distinción entre el dominio de los hechos e intereses públicos y el dominio de los hechos e intereses privados[8]. Pero, como el individuo no se concibió abstraído de la asociación política, o sea en contraste de derechos e intereses con el Estado, tampoco se puso en duda, por parte de los jurisconsultos, la subordinación necesaria del interés individual al interes colectivo, la íntima y profunda armonía entre derecho público y privado.

Esa antigua y admirable armonía entre el derecho natural y el positivo, entre el individuo y el Estado, entre el *jus publicum* y el *privatum,* se quiebra en la Edad Media por la acción de dos causas distintas, ambas operantes en el sentido de disolver la comunión de intereses entre el individuo y el Estado.

Por un lado la Iglesia que, en contra y por encima del Estado y de sus fines, afirmaba finalidades espirituales y ultraterrenas y llamaba al individuo a la vida interior del espíritu, a la conciencia de una ley y de un derecho anterior y superior a la voluntad y al arbitrio de los hombres. El Cristianismo significó espontaneidad e independencia de la conciencia contra toda coerción exterior, y favoreció el desarrollo de la individualidad espiritual que el Estado antiguo, demasiado a menudo, había desconocido y sacrificado a la razón política. Los Escolásticos establecen una distinción entre ley eterna y ley natural: aquélla es la razón divina que gobierna el universo y que existe como idea en la mente de Dios; ésta, en cambio, es la partici-

---

6 Cfr. Filomusi-Guelfi, *Op. cit.,* § 3. Carle *(Vita del diritto,* Torino, 1890, pág. 12 y sigs.) reconoce que el concepto de Gaio sobre el *jus naturale,* de que sería la extensión y la idealización del *jus gentium,* para que un derecho sea el más conforme a las tradiciones romanas, prevaleció sobre todos los demás.

7 Cfr. Pepere, *L'individuo secondo il diritto romano ed il germanico* (en «Atti della R. Acc. di scienze morali e politiche di Napoli», vol. XXVIII, 1897).

8 Cfr. Bonfante, *La progressiva diversificazione del diritto pubblico e privato* (Torino, 1901); Pacchioni, *Op. cit.,* cap. VII, § 1.

pación, más o menos perfecta, de la razón humana en la ley eterna. La ley natural, como que refleja la voluntad y la razón divinas, es la ley ética por excelencia, es la suprema reguladora de la conducta humana en todas sus manifestaciones tanto morales como jurídicas y políticas. Considerada desde el punto de vista formal, esto es, interpretada naturalmente, la ley natural se convierte, una vez aplicada y sancionada, en ley positiva humana, es decir, en ley jurídica, derecho en sentido objetivo. Este carece, pues, del sentido esencial propio y distinto de la ley moral; tiene un valor puramente positivo y formal, en cuanto que es el modo o la forma de actuación de la ley moral natural. Y como el derecho objetivo en general, así también las relaciones concretas de la vida, la familia, la propiedad, las obligaciones, las sucesiones, es decir, las relaciones de derecho privado, carecen de valor independiente de la ley moral; son relaciones éticas y solo formalmente jurídicas. En virtud de esta concepción, los derechos privados formaban parte de la conciencia ética del individuo y venían a desligarse en su fundamento de la autoridad civil[9].

En lo que respecta al derecho subjetivo, fácil es comprender cómo, según los Escolásticos, el derecho positivo no podía derogar los derechos naturales inherentes al individuo en cuanto criatura inteligente, partícipe de la razón divina, y no en cuanto ciudadano de un Estado particular. La Edad Media cristiana, más que sustraer el individuo a la autoridad del Estado, más que subvertir el principio de subordinación política, entendió dar al Estado y al derecho un contenido y una finalidad ética y religiosa. La armonía de los intereses individuales y colectivos fue entendida, en esa época, desde un punto de vista ético más que jurídico. El contraste no se verificaba únicamente entre individuo y Estado, sino entre el poder civil fuerte de la tradición romana y el poder religioso que esa tradición misma combatía en el superior interés de la fe y de la moral. El individuo, en su lucha entre los dos poderes y en el consiguiente debilitamiento de la autoridad civil, terminó por emanciparse de entrambos, adquiriendo conciencia de su propia personalidad moral y aprovechando, en beneficio propio, las doctrinas liberales y democráticas que había elaborado la Iglesia en su oposición a las tendencias del Estado absoluto.

La segunda causa que concurrió en la Edad Media a destruir la armonía de intereses que antiguamente unían al individuo y su derecho al Estado, fue la disolución del Estado y su ulterior resurgimiento, después de un largo período de anarquía, con tendencias abiertamente absolutistas, incompatibles con las libertades y aspiraciones del individuo, consciente ya de su inviolabilidad como persona moral. La doctrina romana de la natural cuan necesaria subordinación del individuo al Estado, del derecho privado al público, que había surgido en una época en que el Estado podía verdaderamente considerarse emanación del pueblo en sentido antiguo, y guardián de sus intereses, retorna en la Edad Media, pero como instrumento de lucha del poder laico contra la Iglesia, como medio de opresión del individuo y de sus libertades.

Los jurisconsultos, sostenedores del absolutismo, intérpretes del derecho romano de la edad imperial, de una época en la que el Estado se personificaba en el príncipe y en que éste se consideraba *legibus solutus* y fuente exclusiva del derecho, identificaron la norma jurídica con la voluntad tácita o expresa del soberano y concibieron los derechos privados del individuo como otras tantas concesiones del Estado revocables *ad nutum principis*.

---

9 Cfr. Spaventa, «Concetto e metodo della dottrina tomistica del diritto» en *Da Socrate a Hegel; Nuovi saggi di critica filosofica a cura di* G. Gentile (Bari, 1905); Bonucci, *La derogabilità del diritto naturale nella scolastica* (Perugia, 1906).

Sobre el fundamento de tales principios el Estado, y por él el príncipe, no estaba obligado a respetar los derechos adquiridos y podía modificar y destruir a su arbitrio la propiedad y las relaciones jurídicas de ella derivadas. Contra estas extremas consecuencias, los jurisconsultos recurrieron a temperamentos que, sin negar en abstracto la facultad del príncipe —inherente al principio de soberanía— de modificar los derechos privados, la sometían a ciertas condiciones: se sostuvo, entre otras cosas, que tal facultad debía justificarse con motivos justos (doctrina de la *justa causa)* y con razones de interés general. Cabe recordar también los esfuerzos de los jurisconsultos, herederos de la tradición jurídica romana, para elevar el derecho positivo al nivel de un derecho natural en el significado clásico de la palabra. Pero todos sus esfuerzos no impidieron a la opuesta doctrina escolástica afirmarse como más favorable a la causa de los pueblos y de los individuos, en cuanto proclamaba la existencia de una ley de naturaleza eterna, expresión de la voluntad divina, norma del derecho positivo y fuente, al mismo tiempo, de derechos absolutos, originarios, inviolables[10].

Por un lado, pues, se invocaba la tradición jurídica romana, hostil al movimiento de emancipación del individuo frente al Estado; por el otro, dominaba la doctrina escolástica más liberal, pero orientada hacia finalidades éticas y religiosas que trascendían la realidad jurídica. En este punto de la evolución histórica, cuando el individuo se encontraba al mismo tiempo en lucha con la Iglesia, en defensa de su propia libertad de conciencia, y contra el Estado, en defensa de sus derechos privados, apareció la obra de la escuela del derecho natural. Esta escuela se caracterizó, en todas sus manifestaciones, por la exaltación de la individualidad: también cuando acudió a legitimar el absolutismo, partió del individuo, tuvo en la voluntad soberana de éste, su punto de partida. Su deber primordial fue el de conciliar los elementos del pasado con las nuevas corrientes filosóficas y con las exigencias del individualismo, de laicizar las doctrinas políticas y jurídicas medioevales, de racionalizar el derecho romano, abstrayéndolo de las contingencias históricas en que se había formado.

LOS CONCEPTOS FUNDAMENTALES DEL INDIVIDUALISMO JURÍDICO: LA DOCTRINA DE LOS DERECHOS INNATOS, DEL ESTADO DE NATURALEZA, DEL CONTRATO SOCIAL. CARÁCTER Y SIGNIFICADO DIVERSO DE ESTOS CONCEPTOS EN LOS JUSNATURALISTAS, ADEPTOS A LA DIRECCIÓN CARTESIANA Y EMPÍRICA

3. LA SUERTE del individualismo jurídico parece depender de ciertos conceptos fundamentales en los que convienen los jusnaturalistas de todas las escuelas. Las doctrinas de los derechos innatos, de la ley y del estado natural, del contrato social, aparecen en todos los sistemas de la escuela coordinados con las premisas teoréticas del cartesianismo y del empirismo, que constituían las dos corrientes de pensamiento filosófico dominantes en el siglo XVII.

El cartesianismo, según el cual el saber derivaba del fondo mismo del espíritu, de algunas ideas claras y simples en él esculpidas, ofrecía los medios para dar nuevo fundamento al derecho objetivo y al subjetivo. La doctrina de la idea innata de lo justo y de los derechos innatos del hombre está implícita en el cartesianismo. Esa *lex aeterna* que a los Escolásticos les parecía la expresión de la inteligencia

---

[10] Cfr. GIERKE, *I. Althusius,* etc., 2ª edic. (Breslau, 1902), n, cap. 6, § 1, 2, 3.

divina, y que podía leerse en el orden admirable de las cosas existentes, para los Cartesianos se hallaba esculpida en la íntima constitución del espíritu humano y aparecía como la idea innata de lo justo. Constituía ésta el nuevo fundamento del derecho objetivo, mientras que la exigencia racional *(ratio sufficiens)* substituía el mando o la voluntad de Dios o del príncipe *(impositio)* al dar obligatoriedad a la norma jurídica.

La doctrina del derecho subjetivo, o sea, en el lenguaje de la época, la teoría de los derechos innatos entendidos como facultades subjetivas propias del individuo, fue elaborada por los jusnaturalistas siguiendo las huellas de DESCARTES. La racionalidad bajo la cual fue considerado el hombre por los filósofos de la escuela cartesiana, se convirtió para los jusnaturalistas que siguieron su dirección, en término equivalente a libertad, entendiéndose a ésta como el derecho originario de todo hombre al libre desarrollo de la personalidad considerada bajo el aspecto racional. Las doctrinas elaboradas por los jurisconsultos de la escuela cartesiana acerca de la naturaleza del derecho objetivo y subjetivo, consagraban en su forma más rígida el individualismo jurídico. Derivar la norma jurídica de la idea innata de lo justo, equivalía a abandonarla a un criterio individual, variable, de objetividad aparente e ilusoria. LEIBNIZ atenuó, sin modificarlas, las consecuencias de la doctrina, transformando en racional la idea innata de lo justo: se podía obtener así una objetivación y universalidad formal y abstracta, pero subsistía el peligro de trocarla con la universalidad real de la norma jurídica[11].

Por su parte el empirismo, no pudiendo invocar como fundamento del derecho objetivo la idea racional o innata de lo justo, invocó el llamado sentido innato de lo justo, o bien, lo útil y las necesidades sociales. La experiencia de la utilidad social de ciertas acciones engendra la idea abstracta de lo justo y el sentido de su obligatoriedad. También para el empirismo el individuo aislado es principio y fin del orden jurídico: pero el individuo aparece, para los empiristas, no tan solo como ser racional dotado de libertad y de voluntad, sino más bien como ser sensible que vive y siente y que tiene necesidades e instintos que satisfacer. También al individuo, empíricamente considerado, competen derechos innatos, originarios, inherentes a su naturaleza de ser sensible, anteriores y superiores al Estado. La tendencia a identificar el derecho con el albedrío individual es común a las doctrinas procedentes de la dirección empírica, doctrinas que, haciendo coincidir la esfera del derecho subjetivo con la de los instintos y de las necesidades, no establecían límites precisos al albedrío individual. Y si los sistemas racionalistas fueron los que mejor proveye-

---

[11] Cfr. MIRAGLIA, *Il concetto storico dei diritti innati* (en «Atti della R. Acc. di scienze morali e politiche di Napoli», vol. XVII, 1883). JELLLNEK *(La déclaration des droits de l'homme et du citoyen,* traduc. Fardis, París, 1902, cap. VIII), trata de vincular la doctrina de los derechos innatos con el protestantismo. No hay duda de que el catolicismo en general, y la Reforma protestante en particular, contribuyeron a la emancipación política y jurídica del individuo; por otra parte, debe reconocerse que la doctrina de los derechos innatos, grabados por Dios en la conciencia humana, respondía al espíritu protestante. Estamos convencidos, sin embargo, de que la Reforma religiosa ejerció mayor influencia en el campo del derecho público que en el del privado; proclamando la libertad de conciencia y de culto, la Reforma preparó la formación de los derechos públicos subjetivos, es decir, de los derechos políticos del ciudadano. La doctrina de los derechos innatos, en cuanto tendía a plantear los derechos privados subjetivos, o sea los derechos de la personalidad en cuanto tal y abstraída de las relaciones políticas, fue elaborada particularmente por los naturalistas al margen de toda preocupación o influencia religiosa.

ron a las exigencias jurídicas, poniendo el concepto de un orden racional o natural como límite y regla del arbitrio individual, debe reconocerse que las dos direcciones opuestas consagraban por distintos caminos el individualismo jurídico. Fueran racionales o sensibles las exigencias del hombre, siempre se afirmaba como derecho primero y necesario el de satisfacerlas. El atomismo metafísico y psicológico se correspondía así con el atomismo jurídico, del que fue expresión solemne y positiva la proclamación de los derechos del hombre[12].

Las premisas teoréticas del empirismo y del cartesianismo suministraban las bases para una nueva concepción del derecho objetivo y subjetivo. De ellas procedió, en realidad, la creencia en un orden natural o racional capaz de servir de modelo y norma al derecho positivo, y el reconocimiento de ciertas facultades originarias innatas, propias de la naturaleza humana verdadera o presunta.

La concepción del estado natural fue el complemento necesario de la doctrina de la ley natural y de los derechos innatos. Si al hombre puede concebírsele aislado, también puede concebirse un estado de cosas dentro del cual el individuo desarrolla su personalidad y ejerce sus derechos naturales sin restricciones, conforme las exigencias de su naturaleza racional o sensible. El estado natural se convierte, por lo tanto, en punto de partida de todas las doctrinas jurídicas que durante los siglos XVII y XVIII brotaron de las más diversas direcciones del pensamiento. Naturalmente, según se conciba al hombre como ser racional o como ser sensible, el estado natural se presentará con caracteres diversos. Para los cartesianos el estado de naturaleza tiende a identificarse con el estado de razón y de libertad, a elevarse a postulado racional del orden jurídico. En los sistemas empíricos el estado de naturaleza aparece como un estado de libre satisfacción de las naturales tendencias del hombre. Sin embargo, si en los sistemas racionales puros el estado de naturaleza, exento de toda verdad psicológica, presenta todos los caracteres de una hipótesis, de una ficción racional, en los sistemas empíricos tiende a presentarse como un estado de hecho, con los caracteres de la realidad y de la verosimilitud, respondiendo psicológicamente a las condiciones en que debía encontrarse el hombre primitivo, *ex lege,* dominado y regulado por los instintos egoístas, por las necesidades prepotentes de su naturaleza sensible, sin los frenos de la autoridad y de la convivencia social.

Limitado a la consideración del individuo y de sus derechos naturales en un supuesto estado de naturaleza, el problema jurídico no estaba resuelto sino en parte. Se hacía necesario considerar al individuo en relación con sus semejantes, afrontar el problema del origen de la sociedad y del Estado, como así también el problema implícito de las relaciones entre individuo y Estado. Ese fue el propósito de la doctrina del contrato social. La idea de un contrato social originario, mientras abría el camino para resolver el problema político-social de la época, respondía a las tendencias racionalistas y a los fines del individualismo jurídico. Según la doctrina del contrato social, el hombre entra libremente en relación con otros hombres para establecer las bases de la convivencia civil de acuerdo con designios que solo la razón podía forjar al margen de toda consideración empírica. Al estado de naturaleza que representa el libre desarrollo de la personalidad individual, y que aparece con diferencias según la concepción de la naturaleza humana, sucede el estado civil que solo posee una existencia de razón y que por la razón se encuentra regido

[12] Cfr. Fragapane, *Il problema delle origini del diritto* (Roma, 1896), lib. I, cap. II y III.

fuera de cualquier exigencia psicológica e histórica. La racionalidad constituye la nota común de todas las concepciones contractualistas, aun de aquellas que derivan de la dirección empírica. La aparente contradicción se explica pensando que no se buscaba el fundamento del estado de sociedad en la naturaleza de las cosas, sino más bien que ese estado parecía obra de reflexión, y por consiguiente racional y voluntaria, del hombre.

Por otra parte, era consecuencia lógica del supuesto individualista recurrir al contrato para explicar el origen de la sociedad y del Estado. Solamente el individuo, en cuanto es Un ser dotado de razón, puede limitar su natural libertad, puede renunciar eventualmente a sus naturales derechos, confiando en otros el deber de regularlos. El origen contractual de la sociedad y del Estado implicaba la determinación de cláusulas destinadas a conciliar la libertad originaria, es decir, los derechos del hombre en estado de naturaleza, con las exigencias racionales de una sociedad política. La noción del derecho, como expresión de la personalidad y coextensivo de la libertad y potencialidad individual, tenía que coordinarse con la noción del Estado, cuyos fines señalaban la medida de su poder en las relaciones con el individuo.

Se ha observado que los conceptos del estado y del derecho natural, como así también del contrato social, no tienen, entre los jusnaturalistas, un valor abstracto sino realista y fenoménico. Los derechos innatos, entendidos como atributos de la personalidad, según observa PETRONE, no eran concebidos abstractamente por los jusnaturalistas, sino como poderes fenoménicos reales y prácticos que debían servir al individuo para la defensa de su personalidad frente al Estado, a las asociaciones y a la sociedad[13]. Para DEL VECCHIO, la escuela del derecho natural pecó por defecto de especulación filosófica y por un ingenuo y ambiguo realismo[14].

La representación realista del estado y del derecho natural constituye verdaderamente la característica de los sistemas nacidos de la escuela del derecho natural: en ellos, lo ideal se enlaza con lo real al punto de engendrar incertidumbre sobre su significado. Pero a nuestro juicio, ese carácter, más que atribuirse a defecto de la escuela, debe ponerse en relación con la exigencia deontológica que anima esos sistemas y que constituye su razón de ser. Los jusnaturalistas no convirtieron la especulación filosófica en fin de sí misma, sino en medio para renovar las bases del derecho público y privado; juristas y filósofos a la vez, sacrifican a veces la exigencia filosófica a las finalidades prácticas que se proponen.

No solo fueron discutidos y diversamente interpretados por ellos los títulos y las condiciones de legitimidad de la sociedad, del Estado, del gobierno, o sea el *pactum societatis* y el *pactum subjectionis,* sino que buscaron también nuevas bases teóricas para el derecho privado. El contraste entre el individuo y el Estado se convirtió jurídicamente en contraste entre derecho público y derecho privado. A la distinción romana de derecho público y privado sucedió, en la Edad moderna, la oposición primero, y la invasión después, del derecho privado en el dominio del derecho público. Las relaciones de derecho privado durante la Edad moderna no siguen el modelo de las de derecho público, como aconteció, según BONFANTE[15], en la más antigua fase del derecho romano; sino que, por el contrario, el derecho público tiende a

---

13 Cfr. PETRONE, *La filosofia del diritto al lume dell' idealismo critico* (Roma, 1896).

14 Cfr. DEL VECCHIO, *Il concetto della natura e il principio del diritto* (Torino, 1908), página 95.

15 Cfr. BONFANTE, *Op. cit.*

modelarse sobre el derecho privado, y a extraer de éste sus conceptos fundamentales. El derecho privado consagrado en los Códigos modernos debe a los jusnaturalistas sus bases filosóficas: no debe engañar la reproducción casi integral de los principios y de las instituciones del derecho romano, pues su significado y su justificación son profundamente diversos. Y si esto no es, por lo general, advertido, debe atribuirse al hecho de que las doctrinas de los jusnaturalistas en orden al derecho privado, son menos conocidas y menos estudiadas que sus doctrinas políticas. No es nuestro propósito llenar esta importante laguna: solo queremos referirnos a la contribución de ideas que han aportado los principales representantes de la escuela del derecho natural a la formación de los Códigos de derecho privado, y que significaron la consagración jurídica de ese movimiento individualista al que tanto debe nuestra civilización.

LAS TRES DIRECCIONES DE PENSAMIENTO PREVALECIENTES EN EL SIGLO XVII CON RESPECTO A LA NATURALEZA Y AL FUNDAMENTO FILOSÓFICO DEL DERECHO PRIVADO: LA DIRECCIÓN JURÍDICA DE GROCIO, POLÍTICA DE HOBBES, LIBERAL DE LOCKE. EL SISTEMA DE DERECHO PRIVADO DE GROCIO Y EL ORIGEN Y NATURALEZA CONTRACTUAL DE LAS INSTITUCIONES DE DERECHO PRIVADO. COORDINACIÓN ENTRE DERECHO PÚBLICO Y PRIVADO

4. Tres son las más características direcciones de pensamiento que, en orden a la naturaleza y al fundamento del derecho privado y a sus relaciones con el derecho público, prevalecieron en el siglo XVII: la dirección jurídica de Grocio, la absolutista de Hobbes, la liberal de Locke, Mientras Hobbes lleva hasta sus últimas consecuencias el principio del absolutismo y sostiene la absorción del derecho privado por el derecho público; mientras Locke personifica la tesis liberal del predominio del individuo y de su derecho sobre el Estado, Grocio representa el punto de vista jurídico de la coordinación del derecho privado y público, de los intereses individuales y civiles. No hay duda que las nuevas tendencias y doctrinas se presentan en Grocio todavía inciertas y confusas. Jurisconsulto más que filósofo, Grocio subordina los principios y las exigencias de la lógica abstracta a las necesidades prácticas; más que en remover las instituciones vigentes se esfuerza en legitimarlas, racionalizándolas. Incoherencia de método, mescolanza de elementos heterogéneos empíricos y racionales, individuales y sociales, tales son los defectos generalmente imputados a Grocio por quienes no tienen en cuenta el punto de vista jurídico desde el cual veía las cuestiones, y que le llevaba a preferir las soluciones conciliadoras y a evitar las soluciones lógicas pero extremas, contradichas por la realidad de las cosas. En la historia del derecho natural Grocio no fue más que el término de una larga serie de escritores; el más conocido entre todos y el más autorizado, que supo resumir el trabajo de muchas generaciones y señalar el punto de partida y los límites a la especulación posterior[16].

[16] Gierke *(Op. cit.)* hizo conocer, entre los muchos precursores de Grocio, a Althusius. La obra de este autor sobre *Política,* publicada en 1603, precede al *De jure belli ac pacis* que Grocio publicó en 1613. Es difícil adscribir a Grocio a una orientación determinada de pensamiento. Lintz *(Entwurf Einer Geschichte Der Rechtsphilosophie, Mit Besonderer Rücksicht Auf Socialismus Und Communismus,* Dantzig, 1846, pág. 27-41), adscribe a Grocio a la dirección empírica, junto a Locke, Hume y Bentham. Fragapane *(Il problema delle origini del diritto,* Roma, 1896, pág. 53) afirma que Grocio es racionalista aunque le falte toda preocupación metafísica y sistemática a su doctrina. Con mayor justicia Carle *(Op. cit.,* pág. 315 y sigs.), lo distingue de los partidarios de la dirección empírica, y lo considera sobre todo como jurisconsulto. La exigencia práctica y jurídica prevalece en Grocio sobre toda otra consideración (Cfr. Fragapane, *Op.* y *loc. cit.).*

En GROCIO se presentan, netamente distintos pero no aun contrapuestos, el estado y la ley natural, el estado y la ley civil. Entre los dos estados se interpone el pacto, que sirve para explicar el tránsito, originando las relaciones civiles y las normas de derecho positivo. GROCIO parte de la concepción de un estado de naturaleza anterior a las instituciones políticas y civiles, en el que el individuo desenvuelve su personalidad libremente dentro de los límites fijados por la razón y por las exigencias de su naturaleza sociable. Más que su existencia histórica, a GROCIO le interesa la posibilidad del estado de naturaleza: y sin embargo en su sistema, el estado de naturaleza no tiene valor lógico sino real, y su realidad debe ser entendida en sentido psicológico, no histórico. Del hombre y de su naturaleza GROCIO se forma un concepto que responde a la común doctrina psicológica: el hombre es a un tiempo sentido y razón, tiene instintos egoístas y sociables, tiende a conservarse y a asociarse con sus semejantes. Con ARISTÓTELES, y con la doctrina tradicional, GROCIO reconoce que no es la razón sino la naturaleza y el instinto *(appetitus societatis)* los que llevan al hombre a la vida social. De esta forma escapa GROCIO a las consecuencias extremas del individualismo jurídico: el derecho natural no es solamente lo que está conforme a la razón individual, sino sobre todo lo que responde a las tendencias y a las necesidades de la naturaleza sociable del hombre.

El estado de naturaleza no puede representarse como un estado de libertad ilimitada, ni como un estado de aislamiento, ni como un estado de guerra, sino como un estado de paz y de libertad regulada por la recta razón y por las exigencias de la vida común. Puede pues hablarse, en tal estado, de una ley de naturaleza en el sentido de un complejo de normas que, respondiendo a la naturaleza racional y sociable del hombre, pueden considerarse verdaderamente naturales. Después de desechar la justificación teológica del derecho, GROCIO busca su fundamento en la naturaleza humana considerada bajo el doble aspecto racional y sociable. En GROCIO el derecho natural no se encuentra concebido aún en sentido subjetivo como la expresión de la personalidad individual abstraída de la vida social: falta el supuesto de la doctrina de los derechos innatos. Educado en la escuela del derecho romano, GROCIO no contrapuso el individuo a la sociedad, los intereses individuales a los intereses colectivos. El derecho natural le parece un *vinculum humanae societatis,* que surge de la relación individuo-sociedad, y refleja la naturaleza sociable del hombre: no es un complejo de poderes originarios inherentes al individuo al margen de la sociedad.

Porque en el estado de naturaleza son superfluas, faltan las relaciones de subordinación política: pero era natural y necesario que surgieran en las relaciones personales y reales. En el estado de naturaleza la familia se presenta como una asociación que el consenso libre constituye, modifica, disuelve. En lo que respecta a la relación entre el individuo y las cosas, no puede ponerse en duda el derecho natural de ningún hombre a usar y ocupar la tierra y los productos naturales dentro de los límites de sus fuerzas y de sus necesidades. En el estado de naturaleza todas las cosas, pues, tuvieron que pertenecer en comunión a todos los hombres *(communio primaeva)*; por ello, lo que una persona ocupaba y gozaba dentro de los límites de sus necesidades, no podía serle quitado —so pena de incurrir en injusticia— ni pasar a un tercero sin su consentimiento. De derecho natural era, finalmente, el principio *pacta sunt servanda,* que regulaba todas las posibles relaciones contractuales entre los individuos en el estado de naturaleza.

Mientras dura esta comunión, y con ella la simplicidad de la vida y de las relaciones humanas, el estado de naturaleza puede conservarse. Pero las condiciones de que depende son precarias, y con la desaparición de las simples costumbres primitivas, con el acrecentamiento de las necesidades, con el predominio de los instintos egoístas sobre los impulsos racionales y con el desequilibrio entre las cosas disponibles y el aumento de la población, el estado de comunión primitivo no pudo prolongarse mucho tiempo. Gradualmente la ocupación del suelo, que antes era temporaria, se transforma en permanente y no más limitada por las necesidades naturales; estallan inevitables conflictos, el estado de hecho se aleja cada vez más del estado de naturaleza, y se engendran relaciones de lucha y de violencia. Una consideración racional del propio interés induce a los hombres a constituir el Estado y a dividir las propiedades. Fundamento jurídico, tanto del Estado como de la propiedad individual, es el consenso que se concreta en un doble pacto, en virtud del cual los contrayentes se obligan a someterse a las órdenes del Estado y a respetar las recíprocas propiedades. En el estado civil la naturaleza del hombre no es más la única y exclusiva fuente del derecho; junto al *jus naturale* se afirma el *jus positivum* como un *jus voluntarium,* expresión de la voluntad del Estado y de sus finalidades colectivas por un lado, y de la voluntad e intereses individuales por el otro; se planteaba en esta forma la distinción entre *jus privatum et jus publicum* que no podía concebirse en el estado de naturaleza[17].

En el sistema de GROCIO el derecho privado es un derecho positivo y no voluntario, fundado en el consenso de los individuos y conformado a su utilidad privada. Su origen está en un hecho voluntario, es decir, en la introducción, mediante el pacto, de la propiedad individual que reemplaza a la antigua comunión y que señala el fin del estado de naturaleza y de las relaciones humanas naturales. Para GROCIO, la propiedad privada no es una institución de derecho natural, y ni siquiera una institución de Estado: tiene un origen voluntario y contractual, y extrae del pacto que la engendra su justificación, en cuanto que es principio de derecho natural la observancia de los pactos[18].

Digna de señalarse en la doctrina de GROCIO es la parte que se refiere al pacto: el pacto entra como elemento constitutivo de las diversas instituciones de derecho privado. No solo engendra y justifica la propiedad individual, sino también constituye el fundamento de la familia y de las relaciones de sucesión, y regula las múltiples relaciones de índole patrimonial que surgen entre los individuos.

En GROCIO, el orden jurídico positivo nacido del contrato no contradice ni sustituye en todas sus partes el estado y el derecho de naturaleza. También en las sociedades civiles el derecho natural recurre siempre a integrar y justificar las relaciones de derecho voluntario: imponiendo la observancia de los pactos, suministra la justificación racional de las instituciones de derecho privado, sustituye a la voluntad individual, hace prevalecer el principio de equidad toda vez que entra en juego el interés social. En efecto, con el ordenamiento contractual de la propiedad privada, perduran residuos y efectos de la *communio primæva.*

Desde que es un criterio natural de interpretación de los contratos la presunción de que los individuos, adaptándose al contrato, entendieron apartarse lo menos posible del estado de cosas creado por la naturaleza y por la razón, toda vez que desaparecen esas causas y condiciones que indujeron a los hombres a constituir la propiedad privada, resurge el originario estado de comunión[19]. Y en efecto,

[17] Cfr. GROCIO, *De jure belli ac pacis,* Prolegómeno.
[18] Cfr. GROCIO, *Op. cit.,* lib. II, cap. II, § 2.
[19] Cfr. GROCIO, *Op. cit.,* lib. II, cap.II, § 6.

según GROCIO, no solo con respecto al mar y a las otras *res inexhausti usus,* sino aun *in gravissima necessitate* (estado de necesidad) resurge el antiguo derecho de usar cosas en la misma forma como si se mantuvieran todavía en común. Otro residuo de la antigua comunión en las sociedades civiles es el derecho de uso inocente, es decir, el derecho de usar cosas sin daño para el propietario *(utilitas innoxia)*. Queda, por último, aun íntegro, el derecho de la adquisición de cosas necesarias para la vida *(jus commune ad actus)*[20]. La ocupación sigue siendo aún, también en las sociedades civiles, el modo natural de adquisición de las cosas que todavía no han caído en propiedad. La sociedad doméstica surge, para GROCIO, en virtud del libre consenso; pero, las relaciones internas de ella, los deberes y derechos recíprocos de las personas que la constituyen, son regulados por el derecho natural. El poder que los progenitores (no solo el padre) tienen sobre los hijos, es un verdadero y propio derecho natural fundado en la generación, la que para GROCIO es el fundamento de todos los derechos y deberes que se desarrollan en el seno de la familia [21].

El testamento no es una institución de naturaleza, sino que deriva de la propiedad individual y de la consiguiente facultad de disponer de las propias cosas en la forma más amplia. El testamento es, en realidad, para GROCIO, una *alienatio in mortis eventum ante eam revocabilis, retento interim possidendi et fruendi jure* (enajenación en caso de muerte, revocable antes de ésta, y mientras tanto con retención del derecho de poseer y de usufructuar). La voluntad libremente expresada, así como preside la transferencia de la propiedad *inter vivos,* también explica expresa o tácitamente sus efectos después de la muerte. Aun en el caso en que ella no se concrete en un testamento, la sucesión tiene lugar según la presunta voluntad del difunto, para quien la sucesión *ab intestato* no es más que un testamento tácito fundado en la presunción de voluntad. Y así como el derecho de naturaleza viene a limitar la propiedad privada, así también viene a limitar la libertad testamentaria para hacer triunfar la equidad en las relaciones sucesorias. El testador, al desheredar a sus hijos, debe asegurarles lo necesario para subvenir a su vida y educación; es ésta una obligación natural que deriva de la generación y que ninguna fuerza de voluntad puede infringir; en orden a tal obligación, exista o no el testamento, GROCIO, frente a los prejuicios de su época, no distingue entre hijos legítimos y naturales. En ausencia del testamento, la intención del difunto debe interpretarse en el sentido de que haya querido lo que es recto y justo, y sobre todo, lo que está conforme con sus naturales deberes[22]. En los mismos contratos donde el acuerdo de la voluntad con respecto al intercambio por utilidades y servicios se manifiesta en la forma más libre y amplia hasta la usura, el derecho de naturaleza impone observar, según GROCIO, la ley de la igualdad[23].

Resulta claro, pues, que GROCIO, lejos de oponer el derecho natural al derecho positivo voluntario, considera a aquél —tal como lo hicieron los jurisconsultos romanos— como el ideal en el cual éste debe inspirarse. En forma aún incierta e imperfecta en GROCIO, el derecho natural comienza a aparecer como un complejo de principios racionales que sirven para integrar, corregir e interpretar el derecho positivo que descansa en la voluntad de los individuos. Bien puede afirmarse, pues,

[20] Cfr. GROCIO, *Op cit.,* lib. II, cap II.
[21] Cfr. GROCIO, *Op. cit.,* lib. II, cap. V.
[22] Cfr. GROCIO, *Op. cit.,* lib. II, cap. VI,§ 14, y cap. VII.
[23] Cfr. GROCIO, *Op. cit.,* lib. II, cap. XII. GROCIO, contrariamente a la opinión predominante en su tiempo, afirma que la usura no es contraria a la ley natural (Id., id., § 20).

que naturaleza y voluntad concurren a explicar, en GROCIO, la génesis de las relaciones de derecho privado, y a reconducir el derecho natural a instituciones incompatibles con el estado de naturaleza. Con esa finalidad, el contrato podía invocarse tanto más fácilmente en cuanto era a un tiempo la expresión de la libertad humana en la creación de las relaciones jurídicas y de las vinculaciones naturales que vienen a establecerse entre hombres nacidos para vivir en sociedad. Lo que la naturaleza no crea directamente, lo engendra indirectamente mediante la voluntad humana. En una época de tendencias individualistas, toda doctrina que hiciera de la voluntad humana, puesta de manifiesto en el contrato, la causa generadora de las relaciones de derecho privado, debía ser acogida con favor. El peligro de que la voluntad humana, por medio del contrato, pudiera perturbar arbitrariamente las relaciones jurídicas, fue hábilmente conjurado por GROCIO mediante el principio de derecho natural, según el cual *pacta sunt servanda,* es decir, que los pactos, una vez establecidos, atan indisolublemente la voluntad. Libertad de establecer las relaciones jurídicas, mas no libertad de destruirlas. Es cierto que el contrato, así como podía ser expresión de libertad, podía ser también negación de ella, siendo susceptible de las más diversas consecuencias. Sin embargo, en GROCIO, la contractualidad de la relación era sinónimo de su racionalidad, no habiendo duda para él de que la verdadera voluntad capaz de engendrar derechos solo es aquella que se puede explicar por la razón.

Junto al derecho positivo, cuya fuente es la voluntad del individuo y cuya finalidad el interés privado, surge en la sociedad civil el derecho positivo como emanación de la voluntad del Estado, con miras a finalidades de interés general. Verificada la relación entre derecho público y privado, se hacía necesario determinar los límites dentro de los cuales el Estado, en vista de sus fines, puede modificar las instituciones del derecho privado. Entre el Estado y sus leyes por un lado, y el individuo y su derecho por el otro, GROCIO no vacila en dar su preferencia a la ley que emana del Estado con miras al interés común. Derecho inferior, llama GROCIO al derecho privado con respecto al derecho superior o eminente del Estado[24]. Reconoce al Estado el *dominium eminens,* o sea el poder de limitar, para sus fines, la libertad del individuo, de modificar y suspender los derechos adquiridos. Sostiene GIERKE que el *dominium eminens de* GROCIO se identifica sustancialmente con el derecho de expropiación por razones de utilidad pública[25]. En nuestra opinión, sin embargo, este derecho tiene un significado más amplio y comprende, en general, la facultad del Estado de modificar el derecho individual, ya sea natural o adquirido. Como consecuencia del dominio eminente, dice expresamente GROCIO, el poder del padre en la familia, del patrón sobre sus siervos, del propietario sobre su propiedad, está sometido al poder soberano, y obligaciones de derecho natural pueden ser modificadas por motivos de utilidad pública[26]. Era el resurgimiento de la doctrina romana, con la diferencia de que para los romanos el derecho privado implicaba el reconocimiento por parte del Estado, mientras que para GROCIO no es una creación del Estado, sino obra de la naturaleza asociada a la voluntad, con sus raíces en las necesidades y en las tendencias de la naturaleza humana.

---

[24] Cfr. GROCIO, *Op. cit.,* lib. I, cap. I, § 6.
[25] Cfr. GIERKE, *Op. cit.,* pág. 295, nota 77.
[26] Cfr. en GROCIO *(Op. cit.)* los lugares donde trata del *dominium eminens: lib.* I, cap. I, § 6; lib. II, cap. XI, § 8; y cap. XIV, § 7; lib. III. cap. XIX, § 7, y cap. XX, § 7.

La intervención del Estado en el terreno del derecho privado no puede ser ni arbitraria ni ilimitada. Este poder de intervención correspondía al Estado a base del pacto social libremente consentido por los individuos, y debía inspirarse en cada caso en el principio general de que el individuo, al entrar a formar parte de la sociedad civil, renuncia a su natural libertad e igualdad, a sus derechos naturales solo dentro de los límites impuestos por las necesidades de la vida pública. Es evidente la intención de GROCIO de no llevar a extremas consecuencias la tesis individualista, pero sí de conciliar las reivindicaciones del individuo con el justo respeto por la autoridad y por las exigencias del Estado. El favor que halló GROCIO entre los partidarios del absolutismo se explica por lo que no entendió sacudir, sino por el contrario robustecer el principio de autoridad: su obra no fue de crítica y demolición contra las instituciones políticas, sino de conservación. Tan verdad es, que él excluye para el pueblo la posibilidad de rescindir el contrato, de ser liberado de su obligación aun cuando el pacto sea violado por el mismo soberano, lo que sostiene con el argumento aparente de que es *juris naturae servare pactis* (mantener los pactos es de derecho natural). Después de GROCIO, la escuela del derecho natural se desarrolló en el sentido de una afirmación más consciente y precisa de los derechos subjetivos, y por consiguiente de una más profunda separación del derecho público y del derecho privado. Y esta transformación debía ser mucho más la obra de los filósofos que de los jurisconsultos.

EL SISTEMA DE DERECHO PRIVADO DE HOBBES Y EL ORIGEN Y NATURALEZA CIVIL DE LAS INSTITUCIONES DE DERECHO PRIVADO. SUBORDINACIÓN DEL DERECHO PRIVADO AL DERECHO PÚBLICO

5. MÁS FILOSÓFICA que jurídica debe considerarse la concepción de HOBBES referente a la naturaleza y al fundamento del derecho privado. Puso la lógica al servicio del absolutismo, a lo que llegó partiendo de esos mismos conceptos de la ley y del estado de naturaleza, del pacto social, que eran las categorías lógicas destinadas a dar forma jurídica al ideal individualista. Depuradas de las exageraciones que son consecuencia del preconcepto político y de la forma lógica que las informa, las doctrinas de HOBBES contienen mucha más verdad humana de lo que comúnmente se cree. Es cierto que HOBBES no sale, como ocurre por ejemplo con SPINOZA, de su tiempo, ni constituye una excepción con respecto a las doctrinas de la escuela del derecho natural. Su fama puede ligarse a la novedad paradojal de sus ideas, pero su importancia debe hallarse en la contribución real que prestó a la escuela del derecho natural en una de sus más notables direcciones[27].

Admite HOBBES la existencia de un estado de naturaleza presocial, en el que el individuo vive y desarrolla su actividad de acuerdo con los instintos de su naturaleza animal y sensible. La razón, en la doctrina psicológica de HOBBES, es impotente contra la prepotencia de la pasión: por lo demás, ella ilumina pero no mueve la voluntad, la que es llevada a la acción por las pasiones, que constituyen el verdadero principio activo del hombre. En el estado de naturaleza de HOBBES, el derecho subjetivo es sinónimo de poder y de fuerza individual, el derecho objetivo es la expresión de las necesidades animales del hombre: el uno cobra extensión en cuanto a la fuerza, el otro en cuanto a la necesidad. En la práctica, la ilimitada potencia se resuelve en una ilimitada impotencia, y el estado de naturaleza resulta estado de

---

[27] Sobre la doctrina jurídica de HOBBES, consultar: LAVIOSA, *La filosofia scientifica del diritto in Inghilterra* (Torino, 1897), cap. III.

violencia, de guerra, de anarquía. El miedo, por una parte, y la razón, por la otra, inducen al hombre a salir de ese estado, a renunciar al *jus omnium ad omnia,* es decir, a un *jus inutile* que al manifestarse se niega a sí mismo, y a buscar la paz y la seguridad en un nuevo orden de cosas regido por el derecho natural que es obra de la razón. No es, pues, por un natural instinto social, sino bajo el impulso del miedo y con la guía de la razón, que los hombres se sienten inducidos a la constitución de la sociedad civil, mediante un pacto fundado más bien en el miedo de caer en los horrores del estado de naturaleza, que en libre consentimiento de los contrayentes. La condición necesaria para llevar a la práctica el nuevo orden de cosas en el que el derecho natural, como *dictamen rectae rationis,* debe imperar con miras a la paz y a la seguridad, es el renunciamiento voluntario por parte del individuo a todos los derechos que le competen por su naturaleza, y la creación de un poder absoluto capaz de comprimir con la fuerza las pasiones, los egoísmos, los impulsos prepotentes de la naturaleza humana, haciendo prevalecer sobre ellos la voz de la razón. El absolutismo encuentra en el miedo el determinante psicológico; en la exigencia de la paz el fundamento racional; en el pacto (que es solo *subjectionis,* no *societatis)* la forma jurídica. El estado civil es, con respecto al estado natural, como la razón al sentido, el interés colectivo al interés individual, el orden al desorden. No puede concebirse en él un derecho que el individuo haga derivar de su naturaleza; pero todos sus derechos son, en cierto modo, públicos en cuanto derivan del Estado, tienen por fundamento la ley positiva que, siendo expresión racional de las exigencias de la paz y de la seguridad, se contrapone a la libertad y al derecho individual[28].

Pero si en el espíritu de la doctrina de HOBBES el individuo tiene una actividad derivada y relativa, el padre en la familia, el propietario sobre sus cosas, el acreedor sobre el patrimonio del deudor, el testador con respecto a sus bienes, más que derechos poderes condicionados a la voluntad del Estado, debe reconocerse también que la *civitas* de HOBBES es un estado de *tazón,* que el soberano, al determinar lo que es justo e injusto, al elaborar las leyes, al pretender con todos los medios su cumplimiento, obedece a fines racionales, es instrumento de felicidad individual. La concepción del Estado-policía, lo mismo que la moderna del Estado-socialista, están igualmente alejadas del pensamiento de HOBBES, que anhela el absolutismo en interés de los individuos, partiendo del supuesto individualista de que el bien común es la suma de los bienes particulares. Y sin embargo, cuando las exigencias de la paz y de la seguridad, por las cuales solamente tiene razón de ser el Estado, lo permiten, cuando el individuo, siguiendo sus instintos naturales, su libertad natural, provee mejor al propio interés, la intervención del Estado, también según HOBBES es inútil y perjudicial[29]. La exigencia de la paz en el sistema de HOBBES no difiere sustancialmente del *dominium eminens* de GROCIO, en cuanto constituye el límite racional de la acción del Estado en sus relaciones con los ciudadanos. En el sistema de HOBBES hay lugar, pues, para el derecho privado, es decir, para un sector de libertad individual que sin constituir un derecho originario del ciudadano, sino solo una concesión del soberano, comprende, junto a ciertas libertades públicas, muchos

[28] En un lugar del *De Cive* (Losanna, 1760), cap. XIV, pág. 3, HOBBES dice, con respecto a la relación entre *lex* y *jus: lex vinculum, jus libertas est, differuntque ut contraria* (La ley es atadura, el derecho es libertad y difieren como contrarios). Y en otra parte, cap. II, pág. 10: *ubi libertas* (es decir, *jus) desinit, ibi incipit obligatio* (es decir, *lex)* (Allí donde termina la libertad empieza la obligación).

[29] Cfr. HOBBES, *Op. cit.*, cap. XIII, pág. 15.

derechos de índole privada, tales como la propiedad, la libertad para contratar, para educar a los hijos, para disponer por testamento.

El establecimiento de la propiedad individual fue, con la soberanía, uno de los impulsos principales en la constitución de la sociedad civil y en la superación del estado de naturaleza en el que predominaban la anarquía y la comunión[30].

La propiedad se presenta para Hobbes como institución política y económica: como institución política, el Estado que la crea regula su ejercicio en interés general[31]; como institución económica, es decir, desde el punto de vista especial bajo el que la considera el derecho privado, constituye un campo abierto a la libertad y a la iniciativa individual, sin que la acción del Estado pueda competir en el orden de los hechos económicos con la acción de los individuos, los cuales, siguiendo el interés egoísta, proveen mejor al propio y al público interés.

Según una doctrina ampliamente difundida en el siglo XVII y de la que había sido autorizado sostenedor Bodin, Hobbes concibe la familia a semejanza del Estado, y ello no porque reconociera finalidades políticas a la familia, finalidades que en otros tiempos justificaban la extensión analógica a la familia de los principios que presidían el gobierno del Estado, sino en homenaje al principio de autoridad que, como en el Estado, también en la familia debe dominar sin restricciones.

Hobbes no reconoce con Grocio, en el hecho de la generación, el fundamento de los derechos de los padres sobre los hijos, no implicando la generación, por sí misma, dicho dominio. En el derecho de naturaleza el poder de los padres sobre los hijos se funda sobre el derecho del más fuerte; en el estado civil ese poder pasa al soberano, y los padres lo ejercen por delegación. El poder doméstico es copia del poder soberano y, como éste, es absoluto e indivisible, no impone deberes a quien lo ejerce, siendo solamente fuente de derechos. El hijo sirve a la familia como el ciudadano al Estado[32].

Y así como el poder doméstico, también concibe Hobbes absoluto e ilimitado el poder de testar, sometido solamente al superior poder del soberano, en quien tiene origen y fundamento. Por analogía, Hobbes extiende a la transmisión de los bienes *mortis causa* esos principios que valen para la sucesión política del soberano, cuya voluntad expresa o presunta es ley con respecto a la designación de quien debe suceder en el ejercicio de la soberanía. No siendo la herencia institución de naturaleza, no derivando de la familia, no está sometida a esas restricciones que aconsejan el derecho de naturaleza y la moral; pero como institución civil solo está sometida a esas restricciones impuestas por la razón de Estado[33].

---

30 En la *Epístola dedicatoria* que precede al *De Cive,* Hobbes dice que quiso explicarse *cui bono et qua necessitate coacti, cum omnia essent omnium, voluerint (homines) potius sua cuique esse propria* (obligados por tal bien y tal necesidad, siendo todas las cosas de todos, hayan querido (los hombres) más de lo que cada uno fuese propio). Cfr. Atger, *Essai sur l'histoire des doctrines du contrat social* (París, 1906), pág. 166.

31 *Proprietas tanta est et tamdiu durat, quanta et quamdiu ipsa (civitas) vult;* Hobbes, *Op. cit.*, cap. XII, pág. 7. Considera sediciosa la doctrina de aquellos que sostienen *civibus singulis earum rerum quas possident, absolutum esse dominium* (que para los ciudadanos particulares es absoluto el dominio de las cosas que poseen). Ib., ib. Sobre las ideas económicas de Hobbes, cfr. Laviosa, *Op. cit.*, pág. 267.

32 Cfr. Hobbes, *Op. cit.*, cap. IX, pág. 7: *liberi subiiciuntur patribus non minus quam servi dominis et cives civitati* (los hijos están sometidos a los padres, no menos que los siervos a los señores y los ciudadanos a la ciudad).

33 Cfr. Hobbes, *Op. cit.*, cap. IX, pág. 11 y sigs.

Queda eliminado de la doctrina de HOBBES todo contraste entre individuo y Estado, entre derecho público y privado, entre derecho natural y positivo. El individuo no tiene derechos, y su libertad se desenvuelve dentro de los límites fijados por el Estado; solo existe una ley, la positiva, la única verdaderamente natural y racional; la fuente exclusiva de derecho es la voluntad del soberano, que es, necesariamente, voluntad recta y justa.

Tal doctrina no podía tener más que un valor lógico, y nadie pensó que pudiera traducirse en realidad. De hecho, el Estado absoluto abusó de sus poderes en perjuicio del individuo; en lugar de ser su natural defensor, se convirtió en su opresor; en lugar de representar los intereses colectivos y armonizarlos con los privados, apareció como representante de los intereses personales de un príncipe o de una clase, por lo que, a la armonía lógica entre orden público y privado sucedió la confusión real entre ambos órdenes, quedando también más solemnemente demostrado el peligro que importa para el individuo renunciar a sus propios derechos para confiar su defensa al Estado.

En la historia de los sistemas filosóficos que más poderosamente influyeron en la formación del derecho privado, HOBBES es el representante típico, porque es rígidamente lógico, de esa dirección que tiende a buscar en el Estado el origen y el fundamento de las instituciones de derecho privado.

Los teóricos del absolutismo iluminado, de tipo monárquico o democrático, admitieron sustancialmente su doctrina y fueron verdaderos partidarios de HOBBES, aunque, menos lógicos y más compenetrados de las necesidades reales, recurrieron a temperamentos encaminados a garantizar al individuo y a su libertad contra las eventuales y arbitrarias violaciones del Estado.

EL SISTEMA DE DERECHO PRIVADO DE LOCKE Y EL FUNDAMENTO NATURAL DE LAS INSTITUCIONES DE DERECHO PRIVADO. LOS DERECHOS DEL HOMBRE. DERECHO DE PROPIEDAD. LA FAMILIA NATURAL. ORIGEN CONTRACTUAL DEL ESTADO. SUBORDINACIÓN DEL DERECHO PÚBLICO AL PRIVADO. INDIVIDUALISMO LIBERAL. LOCKE Y LAS FORMAS JURÍDICAS DE LA ECONOMÍA CAPITALISTA

6. AQUELLAS aspiraciones individualistas que GROCIO había tratado de armonizar con las finalidades del Estado, y que HOBBES habíase imaginado comprimir subordinándolas al poder incondicionado del soberano, encuentran con LOCKE no solo su pleno reconocimiento, sino también las formas jurídicas adecuadas para expresarlas. LOCKE es el fundador del individualismo empírico, el más indicado para suministrar un sistema de ideas y un programa de acción a la burguesía inglesa victoriosa, convertida en clase dominante y destinada a regir el destino del país. Ningún otro sistema filosófico respondía a la mentalidad y a las exigencias de una clase que había fundado su importancia histórica en los descubrimientos científicos y en sus aplicaciones; ningún sistema mejor que el empirismo que LOCKE presentaba con ropaje científico, basándolo en la hipótesis atomística y en el dualismo entre el mundo de nuestras representaciones y el mundo real. La realidad no es tal como se presenta a nuestros sentidos: inaccesible como sustancia, podemos conocer de ella ciertas cualidades constantes o primarias que se ocultan tras las mudables impresiones de los sentidos (cualidades secundarias). Y del mismo modo que las sensaciones, tampoco las ideas que de aquéllas se desarrollan constituyen en modo alguno reproducción adecuada de la realidad. Causas y efectos son tan lejanos y diversos

que su íntima y real relación escapa al entendimiento humano. Con la indagación filosófica, limitada y condicionada a la observación externa e interna, se planteaba la condición del saber científico, pero se cerraban los caminos a la investigación de los problemas últimos. El empirismo implicaba la prohibición de transferir el fundamento del conocimiento del objeto percibido al sujeto cognoscente, de elevar la ley del pensamiento subjetivo a principio del mundo objetivo. A la unidad fundamental del mundo del pensamiento con el mundo real, el empirismo la sustituyó con un paralelismo incomprensible entre mundo externo e interno.

Con Locke se convirtió en canon del empirismo el que la especulación no es fin de sí misma, sino que debe servir a la vida y ser un medio para resolver los problemas prácticos. La libertad del querer, proclamada por Locke, se reduce a una expresión vana desde el momento que los instintos predominan sobre la voluntad, y la tendencia al placer o la aversión al dolor son los verdaderos determinantes del obrar. La voluntad, como la razón, es pasiva y dependiente: está al servicio del intelecto que provee las ideas adecuadas; pero el intelecto, a su vez, no tiene potencia creadora, extrae su contenido no de una actividad interior sino de lo exterior, del objeto; desarrolla su capacidad asociativa en el campo moral según el criterio exterior y coactivo de la opinión pública.

A pesar de la íntima e insanable contradicción entre los supuestos teoréticos del empirismo y la tesis individualista, por lo que parece existir un individualismo sin individualidad, Locke es considerado el fundador del individualismo jurídico y moral. La afirmación es verdadera solo cuando no se entienda ni se justifique el individualismo de Locke con criterios derivados de un sistema de ideas que no era el suyo[34]. El empirismo es inconciliable con el individualismo racional, es decir, con ese individualismo que extraía su justificación de la personalidad racional del hombre; pero conduce naturalmente al individualismo empírico, a ese individualismo que solo podía surgir considerando al hombre como ser afectivo y dotado de sentidos y a la sociedad como una suma de seres dominados y dirigidos por la tendencia subjetiva individual, incomunicable a la felicidad. Y ésta fue la forma de individualismo que prevaleció en las doctrinas morales y jurídicas del período prekantiano. Los elementos racionales e intuicionistas, aun haciendo abstracción del método deductivo adoptado, no faltan en Locke: antes bien, son tan numerosos y explican una parte tan importante, que muchos sostuvieron autorizadamente que el intuicionismo es la base de su sistema ético-jurídico[35]. No por esto deja Locke de pertenecer a la dirección empírica: siempre es criterio de verdad para él la experiencia y sus derivados, la deducción se desarrolla, para él, de premisas empíricas, los elementos racionales están subordinados a finalidades subjetivas e individuales. Por lo demás, en Locke y en sus partidarios, la razón está tomada en un significado especial, en cuanto se identifica con el orden natural de las cosas, orden que es la expresión de una mente inteligente. La razón no tiene aún en Locke un significado formal, e indica lo que está conforme con las leyes del pensamiento abstracto. La naturaleza, y no el pensamiento, es la verdadera realidad, y ésta no puede conocerse de otro modo que mediante el uso de los sentidos y con la experiencia guiada

[34] Cfr. Jaeger, *Locke. Eine kritische Untersuchung der Ideen des Liberalismus und des Ursprungs nationalekonomischer Anschaungsformen* (en «Archiv f. Geschichtes der Philosophie», vol. XVIII, 1904).

[35] Cfr. Sidgwick, *Methods of Ethics* (7th. edit., London, 1907), págs. 205-206; Laviosa, *Op. cit.*, pág. 313 y sigs.

por la razón. Por otra parte, como el empirismo se halla penetrado de elementos racionales, así en los partidarios de la dirección opuesta el racionalismo sirve a lo útil y a la felicidad del individuo: distintos y contrapuestos en las premisas gnoseológicas, empirismo y racionalismo concuerdan en las finalidades prácticas y sociales. Por lo tanto, al determinar ese movimiento de ideas racional y eudemonista al mismo tiempo, que tomó el nombre de Iluminismo, LOCKE ha tenido una importancia no menor que la de LEIBNIZ.

Antes de LOCKE, HOBBES había afirmado la exigencia psicológica del individualismo empírico, aunque para renegarlo en cuanto fuente de males y de infelicidad, y para hacer más evidente la necesidad de imponer con la fuerza del despotismo, legitimado por el pacto, el dominio de la razón. La antítesis inherente a la doctrina de HOBBES por la cual el hombre, siguiendo los impulsos de su naturaleza, está irremediablemente condenado a la infelicidad y al aislamiento, es superada por LOCKE que admite el predominio del sentido sobre la razón, pero en armonía con ella; admite la tendencia a la felicidad como originaria y fundamental, pero pone a su lado la tendencia hacia lo útil. El individualismo ético se asocia en LOCKE al económico; el individuo adquiere conciencia de sí en el dominio de los hechos económicos, se afirma como *homo aeconomicus* y forja un orden político y jurídico correspondiente[36].

LOCKE tuvo una conciencia completamente nueva y moderna de las relaciones existentes entre el orden político y económico: solo este último es verdaderamente natural, mientras que las instituciones jurídicas y políticas son obra artificial de los hombres, no tienen valor por sí mismas ni contenido propio, y sirven solamente para dar vida y forma a los hechos económicos. A la antigua doctrina del hombre político por naturaleza, LOCKE opone la concepción del *homo œconomicus* por exigencia psicológica, el cual, bajo el impulso natural de la felicidad y de lo útil, entra en relación con sus semejantes y obra de modo conforme a la naturaleza, fuera e independientemente del Estado.

El hombre despojado de todos los atributos contingentes, reducido a sus tendencias y cualidades originarias y constitutivas, que obra de acuerdo con las relaciones naturales y necesarias inherentes a las cosas y señaladas por la razón, es el hombre en estado de naturaleza. Tiene derechos y sigue normas que bien pueden llamarse naturales. LOCKE reconoce la existencia de derechos innatos, pero, lejos de concebirlos como exigencias abstractas de la personalidad racional y moral del hombre, los hace derivar de una relación entre el hombre dotado de necesidades y tendiente a lo útil, a la felicidad, y las cosas exteriores. La actividad en que consiste el derecho subjetivamente considerado, es para LOCKE una actividad esencialmente económica y no puede concebirse independientemente de las cosas exteriores a las que se aplica. La libertad, igualmente reconocida para todos, de apropiarse de las cosas del mundo exterior aptas para satisfacer las naturales necesidades, constituye el derecho del hombre por excelencia, que resume todos los otros derechos. La libertad, la igualdad y la propiedad son, para LOCKE, conceptos indisolubles y entran a constituir el concepto de derecho de naturaleza no como exigencias racionales, sino como condiciones imprescindibles de la existencia individual.

---

36 Sobre las ideas económicas de LOCKE cfr.: JAEGER, *Op. cit.*, pág. 192 y sigs.; LESLIE STEPHEN, *History of english thought in the XVIII century* (3ª edic., 1902), vol. II, cap. XI, § 6-7; LOCKE, *Works* (12ª edic., London, 1824), vol. IV, donde se incluyen los escritos económicos y dos ensayos sobre el gobierno.

La libertad a que se refiere LOCKE no es arbitraria: presupone una ley que la limite y que regule sus manifestaciones. La ley no es emanación de una voluntad, no reviste la forma de un imperativo: es impersonal, es la expresión de la íntima constitución de las cosas, y como tal obliga, es norma en el obrar, es el límite y la condición de desarrollo de la personalidad. Actuar dentro de los límites de la ley significa ser libres. Con LOCKE asume la dignidad de axioma el principio, tan caro a la escuela individualista, según el cual, donde no hay ley tampoco hay libertad.

En el sistema de LOCKE la ley y el derecho de naturaleza tienen valor y significado positivos, y pueden traducirse en el orden de los hechos. El estado de naturaleza es, en realidad, el estado en que vienen a encontrarse los hombres que desarrollan sus derechos naturales dentro de los límites fijados por la ley natural, bajo la guía de la razón, sin necesidad de autoridades constituidas ni de leyes positivas. El estado de naturaleza no es, para LOCKE, un estado hipotético, un postulado formal de la razón, exento de valor deontológico, necesario solo para explicar racionalmente el origen de la sociedad y del Estado: tampoco considera LOCKE ese estado como una fase histórica efectivamente cumplida por la humanidad primitiva antes de la formación del Estado: es más bien un estado ideal que existe en todos los tiempos y que cualquiera puede reconstruir en cualquier momento y conocer a poco que interrogue a la naturaleza humana, a poco que penetre en los hechos y descubra los elementos universales y duraderos que se ocultan bajo las contingencias históricas. Se ha observado también con toda justicia que el estado de naturaleza es, en LOCKE, la idealización de la sociedad burguesa capitalista, considerada entonces como el tipo natural de sociedad que la segunda revolución había consagrado definitivamente en Inglaterra[37].

En el estado de naturaleza de LOCKE hallamos todas esas relaciones que constituyen sustancialmente el derecho privado y que surgen natural y necesariamente entre hombres libres e iguales, que conocen la propiedad y el cambio, que miran a lo útil por medio de la razón y actúan respetando las leyes naturales.

Libertad y propiedad son los conceptos sobre los cuales se fundan el derecho y el estado de naturaleza. En la época de LOCKE había dos doctrinas que predominaban acerca del origen y naturaleza de la propiedad. HOBBES la había convertido en institución de Estado, GROCIO en institución contractual. Prevalecía la doctrina de GROCIO y de su escuela, según la cual los hombres habrían consentido expresa o tácitamente en una división de todos los bienes originariamente comunes. Pero ninguna de las dos doctrinas se fundaba en los hechos: una era aconsejada por razones de Estado, la otra era impuesta por las tendencias racionalistas e individualistas de la época; en su misma y evidente artificiosidad, se ocultaba la ignorancia de sus autores con respecto a los fundamentos reales de la propiedad. La superioridad de LOCKE frente a sus contemporáneos y predecesores consiste en el hecho de haber abandonado, al tratar la propiedad, los criterios políticos y morales; en haber afirmado el contenido económico de aquélla, dándole una justificación correspondiente a la función económica que cumple. Por primera vez el derecho estaba llamado a consagrar, en forma consciente y explícita, los resultados de una investigación económica.

La doctrina de la propiedad de LOCKE nace del contraste que dividía, desde su época, los intereses de la industria y del comercio por una parte, y por otra de la

---

37 Cfr. STEPHEN, *Op. cit.*, vol. II, pág. 137; ATGER, *Op. cit.*, pág. 208.

agricultura, de la propiedad capitalista —fruto de trabajo y de ahorros—, y de la gran propiedad inmobiliaria arruinada y decadente que invocaba a título de justificación el derecho divino o el derecho de nacimiento[38].

Para LOCKE el trabajo es la nueva categoría donde confluyen la economía y el derecho: el trabajo crea el valor y engendra la propiedad individual de la que se desarrollan todas las relaciones de derecho privado. Entre los factores que entran en la producción, para LOCKE son cantidades constantes el capital y la naturaleza; solo el trabajo es el elemento variable del que depende el diverso valor de las cosas. Un siglo y medio antes de SMITH, LOCKE formulaba el principio de que el trabajo determina la diferencia del valor de todas las cosas, en cuanto las hace «útiles para la vida del hombre», y de que el valor intrínseco de las cosas depende de esa utilidad. En el reconocimiento de la virtud creadora del trabajo reside la exigencia objetiva económica de la propiedad. Debido a su productividad, el trabajo justifica la apropiación, y ésta no puede ser sino individual desde el momento que el trabajo pertenece a quien lo crea. Pero la propiedad no se justifica solo objetivamente por los efectos útiles que de ella derivan, sino también subjetivamente, como extrinsecación de la personalidad mediante el trabajo aplicado a las cosas exteriores. Decir trabajo equivale a decir afirmación de la personalidad sobre las cosas materiales, individualización de las mismas, o más brevemente propiedad individual. El derecho a la personalidad y a la vida implica el derecho a todo lo que tiende a conservarla y a desarrollarla. Cuando el hombre modifica un objeto cualquiera del estado de comunión en que fue puesto por la naturaleza, ha unido un trabajo suyo, es decir, algo que le es propio, a ese objeto; de tal modo que éste se convierte en propiedad. Materia de propiedad no son solo los frutos de la tierra común transformados en individuales por el trabajo, sino también la tierra misma, de la cual esa parte que el hombre puede trabajar, esa parte de la que puede obtener sus frutos, le pertenece en propiedad; este derecho es sostenido por LOCKE como una consecuencia inmediata del derecho a la vida y a la persona, derecho que lejos de depender de la sociedad es superior a ella.

En el sistema de LOCKE la propiedad privada tiene límites naturales: objetivamente está limitada por el trabajo, subjetivamente por la necesidad. La personalidad, entendida desde un punto de vista sensible, es necesariamente limitada. El trabajo es a un tiempo justificación y límite de la propiedad, la cual se extiende en la misma medida en que se extiende el trabajo. Por otra parte, como las cosas materiales sirven para satisfacer las necesidades, su apropiación no es legítima sino a condición de que no se cometa abuso en la acumulación individual de las riquezas, y de que se reconozca a todos los hombres el mismo derecho a satisfacer las necesidades elementales de la vida. La necesidad, mientras limita la propiedad, engendra un derecho natural en todo hombre a la propiedad de los frutos y del suelo. Además, estando el derecho limitado por el uso, todo lo que excede el uso del individuo, todo aquello de lo cual el individuo no puede obtener ninguna utilidad, retorna a la comunidad. Este principio de origen feudal implicaba la prohibición, para el propietario, de dejar las tierras incultas o de destruir los frutos.

Este sistema de límites fijados a la propiedad, aseguraba en el estado de naturaleza la propiedad para todos y la igualdad de las propiedades[39]. Al comunismo,

---

[38] Cfr. RITCHIE, *Locke's theory of property* (en *Darwin and Hegel,* London, 1893), págs. 178-195; LOCKE, *Two treatises of government,* II, cap. V (*Works,* etc., vol. IV); LAVIOSA, *Op. cit.,* pág. 448 y sigs.

[39] STEPHEN, *Op. cit.,* vol. II, pág. 141.

que era su lógica consecuencia, Locke escapa hábil pero artificiosamente, imaginando un pacto tácito y voluntario *(tacit and voluntary consent)* que introdujo el uso de la moneda[40]. Esta, al hacer posible el intercambio de aquella parte de productos que excede las necesidades, permitió la ocupación del suelo en mayor medida de la que se podía cultivar; por otra parte, pudiendo ser, a diferencia de los frutos, atesorada sin perjuicios sociales, impedía la disipación de las riquezas. Pero resulta evidente que con ello se ponía fin a esa igualdad económica que parecía responder a la ley de naturaleza, y la propiedad, extendida más allá de los límites de la necesidad, asumía carácter y significado capitalistas, en cuanto aseguraba al propietario una renta que no se distinguía sustancialmente del interés que obtenía el capitalista con la posesión del dinero. «El capital dinero, observa Locke, por sí improductivo, transfiere mediante un pacto, lo que es fruto del trabajo de uno a los bolsillos de otro» *(into another's pocket)*[41]. Para eliminar la evidente contradicción entre la doctrina de la propiedad como fruto del trabajo y limitada por la necesidad, y la propiedad capitalista absoluta, Locke recurre a la fuerza mágica del consentimiento general que, bajo la forma de un pacto tendiente a establecer el uso de la moneda, viene a legitimar la propiedad capitalista y con ella la formación de una clase de trabajadores no propietarios, cuya parte en la distribución de la riqueza social está medida por las necesidades de la existencia, según aquella ley llamada más tarde la férrea ley de los salarios[42].

Locke no solamente fue el teórico de la propiedad capitalista, sino también el restaurador del orden natural en la familia. Dos eran, en su época, las doctrinas prevalecientes en la escuela del derecho natural, con respecto a la familia: por un lado los partidarios de Bodin, Hobbes, Filmer, por caminos y con argumentos diversos, sostenían el absolutismo doméstico y el gobierno político; por otra parte, los partidarios de Grocio, distinguiendo entre familia natural fundada en principios de libertad y de razón, y familia regulada por las leyes positivas subordinada a la autoridad y a las finalidades del Estado, destruían de hecho todo lo que la razón y la naturaleza imponían, llegando por distintos caminos a conclusiones análogas a las sostenidas por la doctrina opuesta. Locke no admite más que una sola familia: la familia natural anterior e independiente del Estado[43]. No hay ninguna ley natural que justifique el despotismo paterno o marital, la esclavitud de los hijos, el tratamiento desigual de los mismos. El poder doméstico corresponde por igual a ambos progenitores, puesto que a ambos la generación impone iguales deberes e iguales derechos. Tal poder no se justifica en interés de los progenitores, sino en interés exclusivo de los hijos: tiene todas las características de un deber, y solo impropiamente se le puede llamar derecho. Es ley de la naturaleza que los progenitores deban cuidar de la prole cuando ésta, por defecto de edad, no está en condiciones de gozar de verdadera libertad sino mediante la guía de la razón del prójimo. Y como la razón es una guía para el bien y garantía de libertad, así el derecho

---

40 Cfr. Locke, *Works,* IV, págs. 22, 139. Del origen, naturaleza, valor de la moneda, de las consecuencias que derivaron de su introducción en orden a la propiedad, Locke trata en dos ensayos, uno escrito en 1691 *(Some considerations of the consequences of lowering of the interest, and raising the value of money),* y el otro en 1695 *(Further considerations concerning raising the value of money),* publicados en el volumen iv de sus obras citadas.

41 Cfr. Locke, *Works,* IV, pág. 36.

42 Cfr. sobre salarios y condición de los trabajadores, Locke, *Works,* IV, págs. 24, 57.

43 Cfr. sobre la sociedad conyugal, sobre la patria potestad, etc., Locke, *Treatises,* etcétera,II, cap. VI y VII, § 78-83.

de tutela de los progenitores se extiende solo en la medida en que el bien y la libertad de los hijos, por naturaleza limitados y temporarios, no pueden comprender la persona y los bienes de los mismos. La igualdad de los hijos en la familia, el respeto a su personalidad y libertad, como asimismo a los productos de su trabajo, eran explícitamente proclamados por LOCKE en nombre de un derecho superior al albedrío de los hombres, radicado en la naturaleza misma de las cosas. Los orígenes y el fundamento de la sociedad conyugal están en un acuerdo voluntario cuya finalidad no es solamente procrear y perpetuar la especie, educar la prole y procurarle un patrimonio, sino también desarrollar sentimientos de afecto y de asistencia mutua entre los cónyuges. Sin embargo, LOCKE no cree que el vínculo matrimonial sea indisoluble por ley de naturaleza: su duración no está establecida por la vida de los cónyuges, sino por los fines de la familia y por los deberes correspondientes. El matrimonio no implica el sometimiento servil de la mujer: si frente a los bienes comunes, ésta debe someterse, en caso de discordia, a la voluntad del marido, que por naturaleza es más capaz y más fuerte, con respecto a sus bienes privados, a su personalidad, conserva íntegra y absolutamente su libertad. Sustraída la familia de finalidades religiosas y políticas, volvía a ser para LOCKE una institución de naturaleza, y se transformaba en un organismo ético capaz de garantizar la felicidad de sus miembros, obrando bajo el imperio de la ley de libertad e igualdad. No de otro modo la concibieron los legisladores modernos.

LOCKE no trata aparte el derecho contractual ni el derecho sucesorio. Su pensamiento al respecto resulta de los principios de libertad, de propiedad, de igualdad, que forman el fundamento de su sistema jurídico y que constituyen los derechos naturales originarios del hombre. El derecho de disposición y de transmisión de la propiedad no podía concebirse cuando la propiedad estaba limitada por la necesidad y por la potencialidad del trabajo; pero la introducción, mediante la moneda, de la propiedad capitalista, hizo posible el ahorro, la acumulación de la riqueza y por lo tanto la transmisión y la disposición de la propiedad. El derecho de disponer por testamento es de naturaleza, es la consecuencia de la libertad asociada a la propiedad; procede, según LOCKE, de la libertad de los padres de dar y dejar los bienes a quien más les place, salvo solamente el límite natural de garantizar a los hijos, sin distinción, los medios necesarios para la vida. Por otra parte, los hijos tienen un derecho natural de suceder a los padres y hermanos con exclusión de toda otra persona, y conforme con este principio de naturaleza debe proveerse a la transmisión de los bienes del difunto, a falta de un testamento[44].

Por lo tanto, el derecho natural se identifica en LOCKE con el derecho privado. Las relaciones de familia, de propiedad, de cambio, de sucesión, los derechos de personalidad, preexisten al Estado, tienen una base natural, no civil. No obstante, LOCKE reconoce la exigencia del estado civil no ya para innovar al estado de naturaleza, sino para garantizar el goce y el ejercicio de los derechos naturales[45]. Si bien el estado de naturaleza ha sido de paz, de mutua asistencia y conservación, no deja de ser un estado de incertidumbre y de peligro para el disfrute pacífico del derecho. Las leyes de naturaleza solo existen en un estado difuso en la conciencia general, no se hallan escritas ni determinadas: para interpretarlas, no siempre sirve de guía la razón, pues a menudo decide la pasión, el interés egoísta; por otra parte, falta al individuo el modo y la posibilidad de hacer valer el propio derecho violado.

---

44 Cfr. LOCKE, *Treatises,* etc., II, cap. VI, § 65; cap. XV, § 190.

45 Cfr. LOCKE, *Treatises,* etc., II, cap. II.

La formación de la propiedad capitalista, dividiendo la sociedad en dos clases, una de propietarios, la otra de trabajadores no propietarios, hizo aun más incierto e inseguro el estado de naturaleza. La conservación de la propiedad, la necesidad de hacerla valer y respetar fueron las verdaderas causas que determinaron la formación del Estado, mientras que el consentimiento expreso o tácito de la mayoría de los interesados fue su justificación jurídica. El pacto en virtud del cual los hombres dieron vida a la sociedad civil, no es social, según Locke, sino político; no es *unionis,* sino *subjectionis.* La sociedad, considerada como reunión de individuos que regulan sus relaciones privadas conforme con la razón, preexiste al pacto político y se confunde con el estado de naturaleza. Para Locke el pacto de constitución política no es una ficción abstracta, sino un pacto positivo, aunque racionalizado, como sostiene Del Vecchio[46]; sobre el mismo se modelan los estatutos, las cartas constitucionales de los pueblos que han llegado a la conciencia de sí mismos y de sus derechos frente al Estado.

También para Hobbes el pacto social es político y positivo, pero en su doctrina tal pacto señala el fin del estado de naturaleza y el principio de un nuevo orden de cosas que se contrapone a aquél como la razón al sentido, el orden a la anarquía. Para Locke el Estado es una institución creada en defensa del derecho natural, en interés exclusivo del individuo; lejos de proponerse fines de cultura y de bienestar general, tiende a convertirse en un estado de derecho, es decir, a considerar como cometido específico propio la realización del derecho[47]. El derecho positivo no es más que el derecho natural reconocido y garantizado por el Estado. El individuo es

---

46 Del Vecchio *(Sulla teoria del contratto saciale,* Bologna, 1906, cap. IV), después de haber reconocido (pág. 79) que para Locke el contrato social es un hecho que ha acontecido realmente, afirma que en Locke la doctrina del contrato ha arribado a ese punto (pág. 81) en el que «se debía comprender que el contrato mismo no puede tener otro sentido sino de idea». Esta afirmación es la consecuencia de la tesis que sostiene Del Vecchio, según la cual el contrato social sigue, de Grocio a Rousseau, un desarrollo lógico por el que, de un simple hecho empírico como es en Grocio, se convierte con Rousseau en un hecho puramente ideal. Locke marcaría el momento en el cual la doctrina empírica del contrato social se transforma en racional. La construcción de Del Vecchio adolece del defecto común a todas las construcciones lógicas que prescinden de los tiempos, lugares y circunstancias de hecho que engendran las doctrinas. En la escuela de Grocio el contrato social es una ficción con tendencia a transformarse en un postulado racional, es un pacto no solo político sino también *sodetatis,* es fuente de derechos positivos y sirve para justificar el absolutismo más o menos iluminado. En cambio en Locke, el contrato es un acto político que no crea derechos sino solamente órganos de defensa del derecho: no es una ficción sino un pacto idealizado, es la forma jurídica que revisten las relaciones entre individuo y Estado bajo la presión de los acontecimientos históricos. No puede reprocharse a Locke lo que a los partidarios de Grocio y a Hobbes mismo, de haber recurrido al contrato para justificar, con una ficción, el origen del Estado, de la sociedad humana, de los mismos derechos positivos.

47 Esto lo reconocen también Gierke *(Op. cit.,* pág. 303), Berolzheimer (*System der Rechts und Wirtschaftphilosophie,* München, 1905, vol. II, pág. 160). Que el estado civil no se haya instituido, según Locke, para crear un nuevo derecho, se desprende de su teoría de los poderes del Estado *(Treatises,* II, cap. XI y XII). Estos se reducen al poder legislativo, que es el poder supremo, y al ejecutivo. Las funciones del poder legislativo no están encaminadas a elaborar las leyes, sino más bien a dar certeza y estabilidad a las leyes de la naturaleza, a interpretarlas, confundiéndose en esta forma con el poder judicial. El verdadero órgano legislativo es la naturaleza de las cosas, interpretada por la razón y por la conciencia general; por lo tanto no hacía falta un órgano especial, pero sí era necesario un órgano de interpretación y de aplicación de la ley natural.

principio y fin del ordenamiento jurídico positivo; su derecho es sagrado, y no puede violarse bajo el especioso pretexto de la *salus publica.* No carece de significado el hecho de que LOCKE demuestra ignorar la doctrina del *dominium eminens,* según la cual el Estado, en vista de sus fines, podía suspender, modificar, destruir cualquier relación de derecho natural[48]. No es que LOCKE niegue al Estado el derecho de limitar la propiedad y la libertad natural del individuo; pero quiere que ese derecho esté contenido en los estrechos límites impuestos por la exigencia de la paz, de la seguridad y de la felicidad de los individuos. Se comprende cuan implícita se encuentra, en el sistema de LOCKE, la subordinación del derecho público al derecho privado, en cuanto aquél debe servir para garantizar las relaciones que la naturaleza de las cosas ha hecho nacer entre los individuos, relaciones que se reducen esencialmente a la propiedad y a la familia. La doctrina política de LOCKE respondía perfectamente a las premisas individualistas de su sistema; según él se producía el connubio entre la doctrina del derecho natural y la doctrina llamada constitucional o liberal; una y otra constituían la forma jurídica que mejor se adaptaba al nuevo orden económico cuyos orígenes y desarrollo estaban en el trabajo asociado a la naturaleza y al capital. Y si por un lado GROCIO, con sus principios aun inciertos y con sus distinciones artificiosas y equívocas, preparaba el camino al absolutismo iluminado del siglo XVIII, a la teoría del Estado paternal, al eudemonismo político, al predominio del Estado y del derecho público sobre el individuo y sobre las relaciones del derecho privado, por otra parte, LOCKE elaboraba aquellos principios que debían llevar a un tiempo a la proclamación de los derechos del hombre y al establecimiento de los gobiernos constitucionales, con esto de particularmente notable: que LOCKE advirtió la necesidad de poner las teorías políticas y jurídicas en acuerdo con el sistema económico capitalista. Así como la propiedad es condición de libertad y constituye, con las relaciones que de ella derivan, el contenido del derecho natural, así también la defensa y el desarrollo de la propiedad constituyen la razón de ser del Estado y el motivo que determina el establecimiento de las formas libres de gobierno.

Esto es lo que afirma implícitamente LOCKE cuando observa que el pacto de sumisión a la autoridad política se debe entender tácitamente como contraído o resuelto con la adquisición de la propiedad o con la renuncia a la misma; en otras palabras, el poder soberano ejerce jurisdicción sobre las personas solo cuando residen dentro del territorio del Estado o cuando se apropian de una parte de él[49].

El orden jurídico tal como lo concibe LOCKE, es comprensivo solo en apariencia, mientras que en realidad es exclusivo. Los no propietarios carecen de aquello que constituye el supremo bien moral, social y político. Si la propiedad es condición de libertad, de igualdad, de soberanía, significa que los que no gozan de ella no tienen derechos que hacer valer, no tienen interés alguno en la vida del Estado, están excluidos de hecho de su órbita. La doctrina jurídica de LOCKE, al poner las relaciones de derecho privado en el primer plano, al hacer del Estado un órgano de conservación y de defensa de los intereses privados, constituía la antítesis más categórica no solamente de las doctrinas políticas y

---

[48] Cfr. POLLOCK, *Locke's theory of the State,* pág. 6. LOCKE reconoce el derecho que asiste al individuo de negarse a prestar observancia a una ley contraria al derecho de naturaleza, y admite el derecho de resistencia no en el individuo, sino en el pueblo.

[49] Cfr. LOCKE, *Treatises,* etc.; II, cap. VIII, § 119, 121.

jurídicas medievales y del ideal social cristiano que conferían al Estado finalidades éticas de protección y de defensa de los débiles y desheredados, sino también del Estado iluminista y paterno del siglo XVIII, que era la reproducción, en ropaje laico y racional, del Estado medieval cristiano. Ninguna consideración se reserva al trabajador en la doctrina económica y jurídica de LOCKE: para él solo vale la ley férrea de los salarios, y su salario está medido por las necesidades elementales de la vida. El Estado solo está llamado a impedir que el salario descienda por debajo de este límite, que se impongan a los trabajadores condiciones intolerables de vida, de las que puedan engendrarse revueltas[50]. Este estado de cosas que, por un lado, aseguraba el predominio del capital y de la propiedad, y por el otro consagraba la miseria material y moral de las clases trabajadoras, aparecía para LOCKE como una necesidad económica, como un orden natural y racional. No puede creerse que LOCKE no advirtiera la contradicción entre principios y hechos; para eliminarla recurrió a un pacto que, bajo las apariencias de la introducción del uso de la moneda, destruía la primitiva igualdad y consagraba, con la propiedad capitalista, la inferioridad económica y jurídica de los trabajadores. Tal justificación lógica y formal bastaba en una época en la que el sistema capitalista se encontraba en vías de formación y en que no dejaba traslucir en los hechos la estridente injusticia que ocultaba en su seno, injusticia atemperada por los sentimientos morales que bajo la influencia secular del cristianismo estaban profunda y generalmente arraigados, y que LOCKE estuvo bien lejos, no ya de renegar, sino ni siquiera de modificar.

Por otra parte, el estado de real inferioridad intelectual, moral y económica de las clases trabajadoras, contrapuesto al grado de desarrollo alcanzado por la burguesía inteligente y activa que había hecho la revolución, eliminaba toda duda sobre la extensión e interpretación que debía darse a los principios de libertad, igualdad y propiedad proclamados por LOCKE. Los principios éticos y jurídicos no deben ser entendidos por su valor y significado lógico, sino en los límites de los hechos que los han engendrado y que los deben realizar. Sin embargo, no hay duda que en la doctrina de LOCKE se encuentran los gérmenes de donde deberá desarrollarse la crítica primero, y la negación después, de la doctrina económica y jurídica liberal. El principio de la mayoría, proclamado por LOCKE, aseguraba el triunfo del número y podía convertirse en terrible instrumento de insurrección el día en que se hubiera despertado en los trabajadores la conciencia de su valor económico, y en que hubieran exigido razón de todos esos derechos naturales, sagrados, inviolables, que la naturaleza les garantizaba y que el derecho positivo reservaba para una minoría privilegiada. Los derechos de libertad estaban condicionados, según LOCKE, a la propiedad; más tarde, desligados de ella, adquirieron valor por sí y se convirtieron en tema de críticas e instrumento de revolución por parte de quienes no la poseían. Pero fue un error creer que podía darse razón del liberalismo poniéndolo en contradicción consigo mismo, invocando contra él los derechos del hombre sin reflexionar en las limitaciones inevitables e inexorables que los hechos ponen a los principios. El individualismo jurídico pudo adaptarse admirablemente a las idealidades que acompañaron el triunfo de la burguesía; pero a favor de la causa de los trabajadores asalariados, proveyó mucho mejor la idea de la solidaridad económica y jurídica.

---

[50] Cfr. LOCKE, *Works*, etc.; IV, pág. 57.

SOBRE EL SIGNIFICADO DE LA ESPECULACIÓN FILOSÓFICA Y JURÍDICA DE SPINOZA. SU DOCTRINA DEL DERECHO NATURAL Y DEL ESTADO. LAS DOCTRINAS JURÍDICAS DE SPINOZA EN RELACIÓN CON LAS DIRECCIONES DE PENSAMIENTO JURÍDICO DOMINANTES EN SU ÉPOCA.

7. LA ORIGINALIDAD de SPINOZA, la escasa influencia que ejerció en el desarrollo del pensamiento filosófico y jurídico de su época, y sobre todo su tendencia a reunir en una unidad superior la idea del individuo y de la sociedad, impiden no solo considerarlo como representante típico de las doctrinas de la escuela del derecho natural, como parece creer DEL VECCHIO [51], sino también poner su nombre junto a los de GROCIO, HOBBES, LOCKE, quienes contribuyeron a la realización de la idea individual en el derecho privado.

Sobre las relaciones de SPINOZA con HOBBES y, en general, con los pensadores de su época, se sigue aún discutiendo sin que pueda decirse que se haya pronunciado al respecto la última palabra. Entre GIERKE, que casi constantemente lo sitúa al lado de HOBBES complaciéndose en señalar las analogías y las sustanciales correspondencias que existen entre ellos[52], y MENZEL, que sostuvo la opinión opuesta, separando a SPINOZA de su tiempo para convertirlo en pensador solitario[53], nosotros creemos que SPINOZA sintió vivamente las cuestiones de la época, pero les dio una solución más filosófica que jurídica, derivándola de premisas metafísicas incompatibles con el principio individual que era el supuesto de todos los sistemas nacidos de la escuela del derecho natural.

A nuestro entender, DEL VECCHIO no interpreta cabalmente la doctrina de SPINOZA, al presentarla como una explicación rígidamente mecánica y causal de la naturaleza[54]. Es más bien una explicación lógico-geométrica del universo, que por fundarse en la relación de principio y consecuencia excluye toda relación temporal y, por consiguiente, los conceptos de causa y de mecanismo. Todo cuanto existe es para SPINOZA determinación de la sustancia eterna e infinita, es deducción lógica necesaria de dicha sustancia, al margen de cualquier concepto de libertad y de finalidad. El primer momento de este proceso lógico está dado en el tránsito de la sustancia a los atributos, es decir, al pensamiento y a la extensión, de los cuales se engendra por series diversas pero paralelas, unificadas en el concepto común de sustancias, el orden de las ideas y el orden de las cosas. Una ulterior determinación lógica de los atributos engendra los modos, es decir, los seres en su existencia individual y concreta. Los modos, en cuanto participan de la esencia divina y de ella proceden

---

[51] Cfr. DEL VECCHIO, *Il concetto delta natura e il principio del diritto* (Torino, 1908), página 119.

[52] Cfr. GIERKE, *Althusius*, etc., *passim* y sobre todo pág. 87.

[53] Cfr. MENZEL, «Der Sozialvertrag bei Spinoza» (en *Zeits. f. d. Privat - und off. Recht.*, vol. 34, 1907, fase, II, págs. 451-460). La misma tesis había sido sostenida por él en 1898 en el escrito: *Wandlungen in der Staatslehre Spinoza's.* La opinión de MENZEL es la que se ha seguido generalmente: recordamos entre otros a FILOMUSI-GUELFI *(Op. cit.,* págs. 23-24), que cita en apoyo de su opinión a THILO y a GEYER.

[54] Cfr. DEL VECCHIO, *Op. cit.*, pág. 29. Evidentemente DEL VECCHIO se une a aquellos escritores que, como KUNO FISCHER, dieron una interpretación naturalista al spinozismo. WAHLE *(Kurze Erklärung d. Ethik v. Spinoza,* 1899) llega a considerar a SPINOZA como un representante del actual positivismo fenomenístico. Tal interpretación mecánica del spinozismo no atañe, a nuestro entender, a la crítica, como le cupo demostrarlo eficazmente entre muchos, a nuestro MARTINETTI, *Introduzione alla metafisica,* I (Torino, 1904), pág. 347 y sigs.

necesariamente, son eternos e infinitos; mientras que, en cuanto se desarrollan en una existencia empírica son finitos y determinados. El hombre, como cualquier otro ente es, bajo un aspecto, un modo eterno de la naturaleza divina, y bajo otro aspecto un modo finito, una existencia empírica limitada por la acción de otros seres. Es deber de la filosofía enseñar cómo el Hombre realiza este tránsito de la existencia inferior a la superior, de la pasión a la acción, del tiempo a la eternidad.

Los diferentes grados de perfección de la existencia son, según SPINOZA, una sola cosa con los grados de perfección del conocimiento; a la vida en el tiempo, y a la vida en la eternidad, corresponden el conocimiento inadecuado de los sentidos y el conocimiento adecuado de la razón; el tránsito de uno a otro está determinado por la tendencia de cada ser a conservarse a sí mismo frente a la acción de las causas exteriores, a realizar plenamente en la existencia su propia esencia. Esta tendencia, que explica el devenir lógico en el mundo metafísico y cognoscitivo, es la tendencia generadora del mundo moral, jurídico, político.

A través de estas premisas metafísicas se ilumina la doctrina del derecho natural en SPINOZA[55]. El individualismo ético-jurídico no podía hallar lugar en un sistema basado en la rigurosa deducción de las partes del todo. Con respecto a la potencialidad infinita de la sustancia de SPINOZA, todo signo de humanidad, observa FRAGAPANE[56], toda noción ética pierde su propio carácter y significado. El derecho natural no es más que un modo de la potencia universal: consiste en la potencialidad de vivir y de obrar conforme a la naturaleza propia de cada ser; no se limita, pues, al hombre; y en el hombre, no se identifica ni con los instintos ni con la razón, ni tampoco con la potencia y necesidad física, como pretende DEL VECCHIO[57]. Todas las manifestaciones instintivas y racionales de la tendencia del ser a perseverar en el ser son de derecho natural[58]. SPINOZA no busca el fundamento del derecho natural en la naturaleza sensible y espiritual del hombre sobre el ejemplo de los jusnaturalistas del siglo XVIII: no lo considera siquiera como un derecho ideal normativo, producto puramente racional; él es, en cambio, la expresión de la esencia y necesidad íntimas de las cosas, responde a una ley universal de naturaleza. De aquí el carácter de absoluta objetividad y necesidad que tiene el derecho natural en el sistema de SPINOZA, fuera de cualquier finalidad deontológica. Por este lado la concepción de SPINOZA no respondía al espíritu de los tiempos propicios para extraer, de un derecho fundado sobre la naturaleza del hombre, normas para la reforma del derecho positivo. De cualquier modo, es infundada la acusación dirigida por STAMMLER a SPINOZA[59], y que repite también DEL VECCHIO[60], en el sentido de que consagró la doctrina del derecho del más fuerte.

Quien así entiende la doctrina de SPINOZA revela haber olvidado que, para éste, el derecho, en su fatal devenir lógico, tiende a transformarse en fuerza de razón. Al afirmar que el derecho es potencia, SPINOZA no quiso significar que el derecho deba ser del más fuerte, aunque sea intelectualmente, sino que quien tiene el derecho debe tener

55 Cfr. WORM, *Spinozas Naturrecht* (en «Archiv. f. Phil.», I, Abt. N. F., IX, 19).
56 Cfr. FRAGAPANE, *Problema delle origini del diritto* (Roma 1896), pág. 45.
57 Cfr. DEL VECCHIO, *Op. cit.*, pág. 139.
58 Cfr. SPINOZA, *Opera* (Ed. Bruder, Leipzig, 1843), vol. III, «Tract. theol. pol.», cap. XVI.
59 Cfr. STAMMLER, *Die Lehre von dem richtigen Rechte* (Berlín, 1902), pág. 24. Contra STAMMLER cfr. WORM, *Op. cit.*
60 Cfr. DEL VECCHIO, *Op. cit.*, págs. 139-140.

la fuerza para hacerlo valer. En tal sentido, afirmar que el derecho es del más fuerte equivale decir que el concepto de coacción es inescindible del concepto de derecho.

El predominio del sentido y de los instintos tanto en el hombre como en las relaciones humanas es sinónimo de ignorancia, de egoísmo, de lucha; por esta razón el estado de naturaleza en el cual el derecho se identifica con la potencialidad sensible de los hombres, es un estado de anarquía y de guerra del cual los hombres, por cálculo racional, escapan en virtud de un contrato que les obliga a regular toda relación *ex solo rationis dictamine,* renunciando a sus naturales derechos para someterse al imperio de una voluntad rectora y a las normas que ella puede emanar en interés de la paz y de la seguridad común. En virtud del pacto, al derecho natural, sinónimo de potencia individual, sucede un derecho natural que es la expresión de la potencia colectiva.

El recurso al pacto, es decir, a un principio arbitrario individual, para explicar el origen de la sociedad civil y del Estado, pareció a muchos, y últimamente a DEL VECCHIO[61], un artificio lógico, una inconsecuencia con las premisas del sistema: afortunada inconsecuencia si se quiere, por la cual SPINOZA volvía a entrar en la corriente de ideas de los contractualistas, concurriendo con ellos al triunfo del individualismo jurídico. En forma categórica, GIERKE sostiene que SPINOZA derivó la doctrina del contrato de HOBBES, y pone de manifiesto, bajo sus aparentes diferencias, las analogías sustanciales[62]. A nuestro juicio la doctrina política de SPINOZA se distingue sustancialmente no ya de la de HOBBES, sino de la de los otros jusnaturalistas del siglo XVII, y la pretendida inconsecuencia depende de una menos exacta interpretación de su pensamiento, y de la falta de coordinación de sus doctrinas políticas, con las premisas metafísicas y el espíritu de su sistema. ¿Cómo puede pensarse, en realidad, una concepción contractual del Estado y de las instituciones civiles en una doctrina monista como la de SPINOZA, en la que todo se forma por deducción lógica necesaria, en la que no cabe el albedrío, aunque sea racional, del hombre? El Estado, en el sistema de SPINOZA, es una necesidad lógica y natural; es un modo de la sustancia infinita; no es el resultado de un *fiat* volitivo. El individuo crea el Estado, renuncia a regularse según su propia naturaleza *ratione utilitatis,* por una necesidad de conservación, por esa ley de naturaleza, expresión de una eterna verdad, que impele a todos los seres a elegir entre dos males el menor, a preferir entre dos bienes el mayor *(ex metu majoris mali vel spe majoris boni).* La obligatoriedad del pacto debe proceder no tanto de una explícita o tácita declaración de voluntad, cuanto del hecho de que ella es la expresión lógica necesaria de la ley de conservación. El estado civil viene a ser, pues, una forma particular del derecho de naturaleza; es la forma en la que solo el derecho natural puede afirmarse útil y racionalmente. Por esa causa el pacto significa, en el sistema de SPINOZA, solo una unión efectiva de voluntad con el fin de transferir a otros la potencia correspondiente a cada individuo en particular; el pacto no tiene carácter jurídico, no es fuente de deberes y de derechos, y tan verdad es que el Estado, una vez constituido, no está ligado por el pacto, sino que se manifiesta según las leyes imprescindibles de su naturaleza[63].

No puede hablarse, pues, de inconsecuencia, desde el momento que debe reconocerse que el haber usado la palabra pacto (dotada de un significado preciso

---

61 Cfr. DEL VECCHIO, *Op. cit.,* pág. 140.
62 Cfr. GIERKE, *Althusius,* etc., pág. 87.
63 Cfr. MENZEL *(Op. cit.)* en apoyo de esta interpretación del pacto en el sistema de Spinoza.

en el siglo XVII) con un nuevo significado, fue causa de equívocos y pudo hacer creer que SPINOZA se encontrara en la dirección de pensamiento seguida por los jusnaturalistas, cuando la verdad es que se aleja profundamente de ella sosteniendo el origen y la necesidad natural del Estado.

La observancia del pacto no puede librarse a la buena voluntad de los individuos, entre los cuales no todos siguen, por defecto de conocimiento, los dictámenes de la razón: de aquí la necesidad de constituir un poder soberano[64], de hacerlo depositario de todos los derechos correspondientes a los individuos en particular, de confiarle el deber de garantizar, en interés común, la observancia del pacto, de regular con normas racionales las relaciones sociales. El Estado, a la par de cualquier otro ser, tiende a conservarse y a desarrollarse según las leyes de su naturaleza, y su derecho se extiende en la misma medida que su *potentia:* pero si desde el principio el Estado es despótico y se rige por la fuerza, se transformará gradualmente en Estado de razón, no ya en virtud del pacto o por voluntad de los súbditos, sino por ley de conservación: *violenta enim imperia nemo continuit diu* (nadie ha sostenido por mucho tiempo los imperios violentos). La adhesión, no de los cuerpos sino de las mentes y de las almas al Estado, es condición de conservación y de desarrollo. Esto es lo que ocurre en la democracia que, entre todas las formas de gobierno, es la más perfecta y la que más corresponde a la razón. Como en el estado de naturaleza, en realidad, ese hombre *maxime potens maximeque sui juris est qui ratione ducitur* (el que está dirigido por la razón, es el más potente y el más conforme a derecho), así *illa Civitas maximè erit potens, maximè sui juris quae ratione fundatur et dirigitur*[65] (la ciudad que está fundada y dirigida por la razón, será la más potente y la más conforme a derecho).

El individuo, en el estado civil, está obligado a la obediencia absoluta, y no puede concebirse ningún derecho de resistencia por parte de los súbditos a la voluntad del soberano. Pero, si la obediencia del individuo dominado por los instintos es forzada, a medida que se desarrolla el conocimiento se va haciendo espontánea y natural. Entonces el Estado aparece como lo que verdaderamente es: una exigencia racional, el medio más eficaz por el que los individuos se conservan a sí mismos; aceptarlo es manifestarse libres y razonables, puesto que la libertad es para SPINOZA la capacidad de determinarse según la razón. Por lo demás, la libertad individual no está abolida en el estado civil, sino solo se desenvuelve dentro de los límites fijados no por el derecho natural de cada uno, sino por el poder soberano, constituyéndose el *jus civile privatum.* En la esfera de los intereses privados, donde el egoísmo y los apetitos hallan fácil y natural alimento se comprende cómo la acción del individuo ha de desenvolverse bajo la dirección y la regulación del Estado, y cómo la libertad del individuo debe reconocerse dentro de los límites en que éste logra dominar los apetitos y regularse según la razón. Por eso la esfera del derecho privado debe extenderse naturalmente a medida que el individuo por un lado, el Estado por el otro, van racionalizándose, siendo la libertad el fin no solamente del individuo sino también del Estado *(finis reipubliae libertas).*

---

64 SPINOZA no dice si el pacto social y el pacto de constitución del poder político se estipularon juntos o por actos separados y sucesivos: es cierto, sin embargo, que, en su concepto, el pacto de soberanía viene a ser la necesaria y natural consecuencia del pacto social. Como éste, aquél no repugna al derecho natural, pero implica una ulterior forma y determinación.

65 Cfr. SPINOZA, *Op. et loc. cit.*

Tampoco para SPINOZA el estado civil y el *jus civitatis* constituyen completamente el estado y el *jus naturae.* El individuo, cuando entra en sociedad, tiene reservas relativas a los derechos de personalidad espiritual, que comprenden todas las formas de libertad interior, como la libertad de conciencia, de pensamiento, de palabra, de crítica. Tales derechos son sagrados e inalienables, no pueden constituir objeto de contrato, no pudiéndose admitir que el hombre, al entrar a formar parte de la sociedad, renuncie a ser hombre, que es lo que ocurriría si renunciara a su libertad espiritual e interior. Por lo demás, si es verdad que la *potentia* es el límite natural del derecho, también el *jus civitatis* tiene límites fijados por la potencialidad de aplicación. Ahora bien, en orden a las diversas formas de libertad interior, el Estado se halla desarmado y viene a encontrarse en una situación de absoluta inferioridad con respecto al individuo, cuya potencia espiritual logra una fácil victoria sobre la potencia puramente exterior y material del Estado. Pero no solo son inaplicables y por lo tanto inútiles las normas que vinculan la personalidad espiritual del hombre, sino que son perjudiciales para el Estado y contrarias a su propia conservación, siendo su finalidad la libertad y el desarrollo de la verdadera naturaleza humana[66]. En esta doctrina de SPINOZA residía la afirmación clara y explícita del carácter innato, inalienable, de los derechos de personalidad espiritual. En cambio SPINOZA reconoce el origen y la naturaleza civil de los derechos que forman particular objeto del derecho privado y que se desarrollan no en la intimidad de la conciencia, sino en las relaciones sociales; pero también para éstos el principio de libertad es el término necesario del devenir lógico, por el cual se encuentran y se identifican en su más alto grado de existencia y de conocimiento *jus naturale y civile,* individuo y Estado, derecho público y derecho privado.

Por todo lo expuesto, no puede sostenerse que SPINOZA se halle fuera de su tiempo y que no haya sentido vivamente los problemas de la época y la necesidad de resolverlos. Pero la solución que él propuso no podía conquistar el aplauso de sus contemporáneos, ni servir de modelo para una reforma del derecho positivo. No puede ponerse en duda que la doctrina de SPINOZA sea un desarrollo de esa tendencia a resolver el mundo en una construcción lógico matemática, que fue la característica del idealismo cartesiano; pero, en cuanto ella tiende a superar el dualismo entre espíritu y materia, entre sentido y razón, entre individuo y Estado, en cuanto ella tiende a transformar la concepción estática del universo en una concepción dialéctica de la que se aleja todo principio de libertad y de finalidad, se contrapone a las tendencias más destacadas y profundas de la especulación del siglo XVII. Esta especulación, en su doble dirección cartesiana y empírica, se mantenía esencialmente dualista, y quería ser sobre todo la afirmación de la individualidad racional o sensible, como principio libre y autónomo del mundo metafísico y moral. De aquí parte la aversión al spinozismo en el cual el primado lógico correspondía no al yo sino al todo, en el que la libertad desaparecía en la concatenación lógica universal en la que, faltando una finalidad, todo lo que es, por el solo hecho de ser, es racional y necesario.

Por otra parte, debe reconocerse que en sus últimos resultados, en su relación con las cuestiones políticas de la época, la doctrina de SPINOZA estaba muy lejos de consagrar el despotismo y la esclavización del individuo al Estado. El despotismo,

---

[66] Cfr. SPINOZA, *Opera,* etc. «Trac, theol. pol.», cap. XX: *Ostenditur in libera republica unicuique et sentire quae velit et quae sentiat dicere licere* (En la república libre se muestra lícito a cada uno sentir lo que quiera y decir lo que sienta).

según Spinoza, no es más que un momento del devenir lógico: fin último del Estado es la libertad, y, de la medida en que ésta es reconocida y garantizada, no solo como libertad interior y espiritual sino también como libertad exterior y jurídica, el grado de perfección de la vida civil. Por esto, y por la defensa de la libertad de conciencia y de pensamiento que promovió, Spinoza, lejos de ser un secuaz de Hobbes, un precursor del absolutismo democrático de Rousseau, merece un puesto de honor al lado de los más puros representantes del indivualismo, de los más ardientes defensores de la libertad. Allí donde los contemporáneos veían un contraste insuperable, Spinoza advertía armonía y unidad. El individuo no está necesariamente contra el Estado ni el Estado contra el individuo, como sostenían los partidarios del liberalismo y del absolutismo; individuo y Estado, según Spinoza, derecho privado y público, no se desarrollan independientemente y sin reglas: obedecen a un principio de orden superior a entrambos y universal, en virtud del cual se encuentran y concilian. Verdad profunda cuan simple es ésta, pero prematura para una época en que se desarrollaba con todo vigor la lucha entre individuo y Estado. Spinoza vio y resolvió las cuestiones de la época con mente libre de pasiones y de preconceptos, casi se diría *sub specie aeternitatis,* y por eso, las mismas razones que lo hicieron menos aceptado por sus coetáneos, le procuraron la admiración de todos los que, contra las exageraciones del individualismo, trabajaron en favor de una más amplia comprensión de las relaciones entre individuo y Estado.

Haciendo abstracción de la concepción monista de Spinoza quedan, pues, las doctrinas de Grocio, Hobbes y Locke como representantes de las tres diferentes direcciones que prepararon durante el siglo XVII la reforma del derecho privado. Grocio representa la solución jurídica que sacrifica el rigor y la lógica de los principios a las exigencias prácticas. Frente al Estado, afirma un derecho natural del que se engendra, por contrato, todo el derecho privado; pero no independiente del Estado sino sobre una base puramente empírica por la cual lo concilia con el derecho público subordinándolo a aquél. Hobbes representa la dirección que tiende a hacer del Estado el autor y arbitro de las relaciones privadas transformadas en relaciones de origen y naturaleza civil. Pero a ello no lo conduce una concepción social del derecho y del Estado: el individuo, principio y término de su sistema, realiza su fin mediante el Estado. Por último, Locke es el fundador reconocido del individualismo jurídico en su forma más pura y lógica. El individuo y su derecho constituyen la única, la verdadera realidad, mientras que el Estado se halla reducido a la función puramente negativa de guardián y defensor del derecho individual. Estas tres distintas direcciones de pensamiento, inspiraron en diverso grado la obra de reforma del derecho privado que se desarrolló durante el siglo XVIII y que se tradujo en formas de legislación civil positiva.

CAPÍTULO II

LA ESCUELA DEL DERECHO NATURAL Y LA CODIFICACIÓN DEL DERECHO PRIVADO EN EL SIGLO XVIII

LA CRISIS DEL DERECHO PRIVADO POSITIVO EN EL SIGLO XVIII. FALTA DE UNIDAD Y DE UNIFORMIDAD LEGISLATIVA. INFLUENCIAS ROMANAS, GERMÁNICAS, FEUDALES, CANÓNICAS, QUE CONTRASTAN EN EL ORDENAMIENTO POSITIVO DE LA FAMILIA, DE LA PROPIEDAD, DE LAS OBLIGACIONES, DE LAS SUCESIONES.

8. La importancia histórica de la escuela del derecho natural puede ser valorada por el grado en que los principios por ella elaborados se han traducido en normas jurídicas positivas o en que han dado vida y significado nuevos a las formas jurídicas tradicionales. A tal fin, hay que tener presente el estado en que se encontraba la legislación positiva en el siglo XVIII, la crisis por que ésta atravesaba y las reformas invocadas con creciente insistencia para adaptar dicha legislación a las nuevas condiciones económicas, a la nueva conciencia jurídica.

Durante el siglo XVIII, la falta de unidad en las leyes civiles no solo en el mismo Estado sino también en las diversas partes de un Estado, provocaba generalmente críticas y observaciones. El particularismo había sido la característica del derecho privado en la Edad Media; favorecido por el ordenamiento feudal, ese carácter era natural en una época en que los elementos más dispares se mantuvieron largo tiempo en contacto sin fundirse, en una época en que la tradición romana y germana, el Estado y la Iglesia, la Comuna y la corporación, coexistían sin destruirse constituyendo otras tantas fuentes de derecho privado. Los inconvenientes de este particularismo jurídico no llamaban la atención general mientras la vida se desenvolvía en forma simple, concentrada en pequeños centros, y mientras la iniciativa individual no tenía posibilidades de desplegarse libre de los vínculos feudales y corporativos. Pero, al intensificarse las relaciones sociales a raíz de las nuevas condiciones económicas y del desarrollo de las industrias y del comercio, al constituirse los gobiernos absolutistas que pretendían centralizar en una unidad política y administrativa las diferentes partes del Estado, se sintió cada vez más viva la necesidad de remediar esa falta de unidad y uniformidad en materia civil, la necesidad de eliminar las contradicciones y la incertidumbre en las normas reguladoras de las relaciones privadas.

Ahora bien, la reforma del derecho privado en el sentido de la unidad y uniformidad legislativas, no se presentaba ni pronta ni fácil: en primer lugar, por la naturaleza de las relaciones que la voluntad legislativa no podía modificar muy fácilmente, y luego, por la influencia siempre considerable que ejercían las más diversas fuentes del derecho al regular las mismas instituciones de derecho privado.

Para regir la institución de la familia concurrían a un mismo tiempo principios de derecho romano, germano, feudal y canónico. En la tendencia a hacer prevalecer el principio de unidad y autoridad, a resumir las relaciones familiares en la persona de su jefe, a someter al poder absoluto y permanente del jefe la persona y los bienes de la esposa, de los hijos y de los siervos, era evidente la influencia romana. El derecho germano ejercía su influencia en el sentido de hacer predominar los intereses de la familia sobre los del individuo, de atemperar el absolutismo del jefe, de condicionar la libertad a las finalidades de la familia. En los países en que se conservaba mayormente la tradición del derecho germano, la familia se presentaba como una comunión de intereses y afectos, como un organismo ético de asistencia mutua, de solidaridad moral y económica, fuente de deberes mucho más que de derechos[1].

El ordenamiento feudal de la familia se conservaba casi inalterado en la clase restringida, pero influyente, de los nobles para quienes la generación era fuente de soberanía, de dominio, de privilegios sociales y políticos: la preocupación por conservar puro el nombre de la familia, por impedir la dispersión del patrimonio doméstico llevaba, por una parte, a odiosas diferenciaciones y desigualdades jurídicas y económicas entre el primogénito y los otros hijos, entre la prole legítima y la natural, entre los varones y las mujeres; por otra parte, favorecía el despotismo del padre, el desconocimiento de la personalidad no solo jurídica sino también moral de los hijos, sacrificados en sus aspiraciones a las finalidades políticas de la familia. Por último, la Iglesia, aprovechándose de la debilidad del Estado, había logrado transformar en un verdadero poder de jurisdicción la autoridad disciplinaria que ejercía *ab antiquo* en orden a las condiciones y formas de celebración del matrimonio, como asimismo a la naturaleza de las relaciones conyugales. El carácter sacramental del matrimonio implicaba el principio de la indisolubilidad del vínculo y la obligación de un reglamento profundamente moral de las relaciones internas de la familia[2].

La propiedad romana absoluta, indivisible (*jus infinitum et individuum*), concebida como una *plena in re potestas,* se modificaba en la Edad Media bajo la influencia de múltiples causas. El derecho del propietario, que ya en el derecho romano estaba muy lejos de estar libre de todo freno, aparece en el derecho germano circundado por mayores vínculos y restricciones. Entre los germanos, después de un largo período de propiedad colectiva, de ciudad primero, de familia posteriormente, se había ido desarrollando la propiedad individual, aparentemente sobre el tipo de la propiedad romana, y en realidad profundamente diversa, ya por el significado nuevo y la importancia política y social de la misma, ya por el número y la naturaleza de las restricciones que limitaban su ejercicio. En efecto, la propiedad inmueble era para los germanos condición de libertad e independencia y no solo originaba todos los derechos y obligaciones del hombre, sino también era fuente de señorío, de soberanía y de prerrogativas soberanas. «La propiedad germana, dice SCHUPFER,

---

1 Sobre la familia en el derecho germano ver SCHUPFER, *Il diritto privato dei popoli germanici* (Roma, 1907), vol. I, lib. II.

2 Cfr. SOLMI, *Storia del diritto italiano* (Milano, 1908), § 138.

podrá parecer también un privilegio, pero su único fin no es asegurar la felicidad del individuo: es un privilegio al que se unen obligaciones y reservas; un privilegio circundado por mil limitaciones y obstáculos». Correspondía, ante todo, al Estado un *derecho eminente* por el que podía confiscar la propiedad de quien se hacía indigno de poseerla, o expropiar al propietario sin compensación cuando lo requerían altas razones de necesidad y de utilidad públicas. Limitaciones especiales al libre ejercicio de la propiedad de los bienes, surgían de la memoria de la antigua colectividad familiar y comunal, de las relaciones de vecindad o parentela, de investiduras hereditarias, de fideicomisos[3]. La concepción unitaria de la propiedad romana, para la que no había distinción entre propiedad mueble e inmueble, se quiebra en el derecho germano para dar lugar a la diferenciación no ya jurídica, sino económica y social entre el dominio que se ejerce sobre las cosas muebles y el relativo a las inmuebles, sometidos a dos diversos sistemas de principios y de normas. Mientras la propiedad inmueble es la prevaleciente, la privilegiada, constituye el patrimonio intangible de la familia y en calidad de tal está vinculada; en cambio, la propiedad mueble, despreciada y humillada *(vilis mobilium possessio)*, se desarrolla más libremente formándose para ella el principio de que la posesión equivale al título. El derecho germano no distinguía siquiera entre propiedad y posesión. Conforme al espíritu y a las necesidades de los tiempos, la relación de hecho *(gewere)* de la persona con la cosa, que se resolvía en la retención con respecto a las cosas muebles, y en el goce legítimo con respecto a las inmuebles, era considerada como un pleno derecho real con todos los atributos y privilegios del propietario. Por último, la propiedad de los pueblos germanos no abrazaba, como entre los romanos, todo lo que se hallaba unido estable y directamente al suelo; el mayor respeto al elemento personal y al trabajo humano, indujo a los germanos a dar a las accesiones una existencia jurídica independiente de manera que pudieran formar objeto también de una propiedad distinta de la del bien inmueble[4].

Con el establecimiento del orden feudal, una nueva forma de propiedad, la propiedad feudal, se sobrepuso a la propiedad libre que, si no pudo eclipsarse, pasó a segundo lugar. Es bien sabido que la falta de una protección eficaz del Estado y el afán de escapar a las cargas públicas, difundió el sistema de ceder los propios bienes a la Iglesia, a los monasterios y a los particulares, con la condición de recuperar el usufructo por mucho tiempo y la seguridad de gozar del mismo. Al dominio absoluto pero incierto, se prefería el goce seguro y proficuo. A estas concesiones privadas se agregaron otras concesiones otorgadas por los reyes a sus partidarios y fieles, con el mismo carácter de usufructo vinculado a ciertas prestaciones. La propiedad feudal, que la anarquía de los tiempos hizo necesaria, tenía un carácter contractual, se perfeccionaba mediante la investidura, y engendraba relaciones reales y personales. Con respecto a la *cosa feudal*, los derechos del señor se resumían en el *dominio directo*, los del vasallo en el *dominio útil, jus omnem ex feudo percipiendi utilitatem* (derecho de percibir toda la utilidad del feudo): las relaciones personales se resumían, por un lado, en la defensa de la vida, del honor y del patrimonio, por otro lado, en la obligación de la fidelidad. El poder del señor, por naturaleza soberano, vino a unirse de tal manera con la propiedad, que casi parecía que, según dice SCHUPFER, donde se hallara una tierra feudal allí existiera también la soberanía. Los elementos políticos prevalecientes de antiguo en el feudo, fueron

3 Cfr. SOLMI, *Op. cit.*, § 67; SCHUPFER, *Op. cit.*, vol. II, pág. 92 y sigs.; NANI, *Storia del diritto privato italiano* (publicado bajo los cuidados de F. Ruffini, Torino, 1902), pág. 247 y sig.

4 Cfr. SCHUPFER, *Op. cit.*, vol. II, pág. 100 y sigs.

atenuándose con el tiempo en virtud de una amplia infiltración de elementos del derecho privado, hasta que el feudo se aproximó a una institución patrimonial cuyo fundamento era la posesión y el goce de la tierra[5]. Y mientras el concepto de la propiedad se empobrece, se consolidan en cambio los derechos de los usuarios y locatarios a largo plazo, y otros derechos, igualmente amplios aunque diversos en su índole y grado, coexisten sobre el mismo objeto engendrando distinciones desconocidas en el derecho romano, como por ejemplo aquella tan fecunda en consecuencias teóricas y prácticas, entre el dominio directo y el dominio útil.

Todos esos derechos que la jurisprudencia romana había concebido como *jura in re aliena,* antes que considerarse como simples limitaciones del derecho de propiedad ajena, adquieren, según observa Solmi, una fisonomía propia e individual hasta asumir casi, algunas veces, el aspecto de un derecho de propiedad limitada, afirmándose como potestad de goce total o parcial sobre la cosa[6].

A la extensión y desnaturalización de la doctrina romana de la posesión, contribuyó sensiblemente el derecho canónico, que no solo rodeó la posesión de nuevas y más eficaces defensas, no solo no exigió —como el derecho germano y feudal— el *animus domini* para la posesión, puesto que el mismo objeto podía ser gozado simultáneamente por más personas, sino que ni siquiera lo concibió limitado a los derechos reales, y lo extendió a todos esos derechos que se ejercen en forma continua y cuyo ejercicio puede ser perturbado por otros, a tal punto que se llegó a comprender dentro de la posesión el estado de familia, la condición nobiliaria, los derechos patrimoniales y la patria potestad. De tal modo, perdidos los caracteres de la *possessio* romana, tanto la teoría de la posesión como la de su defensa se convirtió en una extraña mezcla de elementos heterogéneos y a veces repugnantes entre sí[7].

No puede, en fin, pasarse en silencio la importancia que adquirieron en las Comunas la clase opulenta de los mercaderes y la propiedad mueble, a la cual la misma condición de inferioridad con respecto a la propiedad inmobiliaria sirvió para un desarrollo más amplio y libre. Junto al principio germano y feudal de que la libertad necesita apoyarse en la posesión de la tierra, con el tiempo fue desarrollándose, por obra de las Comunas, el principio de que el hombre no tiene que ser apreciado a través de la propiedad y de la tierra, sino solo de lo que vale personalmente, del trabajo que realiza.

En materia de obligaciones la tradición romana, además de permanecer sustancialmente inalterada durante la Edad Media, ejerció su dominio sobre las influencias germanas y canónicas. Solo debe destacarse la acción de la Iglesia en su afán de hacer prevalecer el elemento ético en el dominio de las obligaciones. El principio de que el simple pacto basta para producir la acción, de que el consenso puro es causa suficiente de obligación, cuyo fundamento reside en las tendencias y en las finalidades éticas y religiosas de la Iglesia, triunfó casi en todas partes gracias a la autoridad de que ésta gozaba[8]. Siempre en homenaje a un principio ético superior, el derecho canónico desarrolló la doctrina del *justo precio,* según la cual el precio de venta debía ser no solamente serio, como exigía el derecho romano, sino

[5] Cfr. Schupfer, *Op. cit.,* vol. II. pág. 198 y sigs.

[6] Cfr. Solmi, *Op. cit.,* § 67.

[7] Cfr. Nani, *Op. cit.,* págs. 277-278.

[8] Cfr. Nani, *Op. cit.,* pág. 416.

justo, es decir, que correspondiera perfectamente al valor de la cosa vendida. Como consecuencia de tal principio la institución del daño enorme fue extendida a la venta de las cosas muebles y en general a todos los contratos conmutativos, y fue acordada también al comprador que hubiera abonado más de la mitad del justo precio[9]. Como corolario de la doctrina ética del justo precio, y de la doctrina económico-jurídica según la cual el capital dinero es y debe ser improductivo y todo lucro sin el trabajo correspondiente es ilícito, la Iglesia condenó el préstamo por interés y cualquier otra relación jurídica que pudiera configurar una *usuraria pravitas*[10]. «Toda la teoría jurídica, observa con alguna exageración ENDERMANN[11], en materia contractual a fines de la Edad Media, consiste en la historia del imperio de la teoría canónica de las usuras en el campo del derecho». El dogma del derecho canónico que prohibía la usura, se convirtió en dogma del derecho civil, por más que tal dogma, aceptado sin oposición en la teoría, fuera frecuentemente violado en la práctica.

El contraste de principios se afirma en forma y con caracteres más decididos y manifiestos en el derecho sucesorio, donde debía reflejarse el diferente modo de concebir la familia y la propiedad. Mientras en el derecho romano la sucesión sirve sobre todo a fines patrimoniales, en el derecho germano sirve a fines morales y familiares. En el derecho romano la sucesión testamentaria, en realidad, prevalece sobre la legítima, el heredero debe aceptar la herencia, y, aceptándola, sucede a título universal, es decir, en *universum jus defuncti,* por lo que su personalidad y su patrimonio se confunden con la personalidad y con el patrimonio del difunto. En cambio el derecho germano no reconoce la sucesión testamentaria y en su lugar admite, a falta de herederos, las sucesiones contractuales. Al primitivo período en el que era la famüia la que sucedía en el uso de los bienes dejados por el difunto, entre los germanos sucede un segundo período en el que el fundamento de la sucesión lo constituyen no ya el hecho de la ton vi vencía con el difunto, sino el vínculo natural de la sangre, la proximidad del parentesco. El derecho germano no distingue entre apertura y adquisición de la herencia, por lo que el heredero tiene la condición de tal por el solo hecho de la muerte del *de cujus:* por otra parte, el hecho de que en el derecho germano la sucesión solo era a título particular, y la personalidad del difunto no se confundía con la del heredero, conducía al doble corolario de que no podía hablarse de herencia vacante y de que el heredero no estaba obligado al pago de las deudas del autor sino hasta la concurrencia del eje hereditario. La influencia del derecho feudal en materia sucesoria se revela en el desarrollo dado a los fideicomisos de familia, los cuales, nacidos en Roma con el objeto de conservar a la familia un conjunto de bienes durante un tiempo determinado, se convirtieron, en el período feudal, en medio para favorecer a uno de los miembros de la familia en perjuicio de todos los demás, o para recoger en sus manos todo o casi todo el patrimonio doméstico, haciendo indivisibles e inalienables los bienes constitutivos del fideicomiso[12].

El resurgimiento de los estudios de derecho romano por obra de los glosadores de la alta Edad Media, mientras por una parte contribuyó a un más amplio y profundo conocimiento del derecho romano justinianeo, hizo posible a los comen-

---

9 Cfr. NANI, *Op. cit.,* págs. 472-473.
10 Cfr. NANI, *Op. cit.,* pág. 495.
11 Citado por NANI, *Op. cit.,* pág. 498.
12 Cfr. NANI, *Op. cit.,* libro IV.

taristas que les siguieron elaborar un derecho privado común sobre bases romanas, con materiales derivados del derecho canónico, consuetudinario, estatutario, germano, capaz de adaptarse a las relaciones creadas por las nuevas condiciones históricas y de imponerse por su carácter de universalidad, como regla común, a todo el mundo occidental[13].

La formación de un derecho privado común sobre bases romanas, preparó el camino a la unificación del derecho privado. Debía considerarse como un progreso notable el hecho de que por encima de los derechos particulares se reconociese la autoridad de un derecho común que, sin sustituirlos, los integraba y rectificaba cooperando en la solución de numerosos e inevitables conflictos de la vida real. Pero la causa de la unificación del derecho privado, impuesta por los tiempos y favorecida para fines políticos por los príncipes, se encaminó hacia una decisiva solución solo cuando se estrechó la alianza del derecho romano resurgido en sus genuinas fuentes por obra de los juristas filólogos, con los principios elaborados por la escuela del derecho natural.

EL DERECHO ROMANO EN SUS RELACIONES CON LA ESPECULACIÓN DE LOS JUSNATURALISTAS. RESURRECCIÓN DEL DERECHO ROMANO CLÁSICO, EN LOS SIGLOS XVII Y XVIII. CARACTERES DEL DERECHO ROMANO CLÁSICO. EL DERECHO ROMANO EXALTADO A DIGNIDAD DE *RATIO SCRIPTA*. RELACIÓN ENTRE EL DERECHO NATURAL Y EL DERECHO ROMANO SEGÚN LEIBNIZ

9. LA ALIANZA del derecho romano con los principios de la escuela del derecho natural, señala el momento histórico en el que el derecho privado se convierte en expresión refleja y concreta de las doctrinas elaboradas por los jusnaturalistas, a los cuales no pareció posible la reforma del derecho privado sino a través de las formas derivadas del genio jurídico romano. Pero si las formas renacen, el espíritu que las anima es nuevo. No puede explicarse de otro modo el hecho, en apariencia extraño, de que el derecho romano pudo servir a la causa de la libertad y a los fines del individualismo, después de haber sido invocado, durante toda la Edad Media y en el período de formación de los Estados modernos, contra la libertad individual, a favor del derecho de los príncipes y en apoyo del absolutismo. En la Edad Media, la escuela de los glosadores y de los comentaristas, no supo que el derecho romano consolidado en los libros de JUSTINIANO, es decir el derecho romano del período inmediato a la reforma política y social de DIOCLECIANO, al extenderse a todas las provincias del Imperio, perdido su carácter nacional y homogéneo, se convirtió en campo abierto a las más diversas influencias y se transformó en un derecho romano común.

En este período, las fuentes naturales del derecho romano clásico dieron lugar a la legislación imperial, poco respetuosa de las tradiciones, más equitativa, si se quiere, pero menos lógica. Legislación que, del derecho púHico en que se había conservado durante mucho tiempo, penetra en el derecho privado afirmándolo como territorio propio y haciendo prevalecer en él criterios e intereses de carácter político[14] Esta intromisión del Estado en el dominio de las relaciones privadas puede manifestarse, durante el período imperial, en la familia, la cual no se encuen-

13 Cfr. PACCHIONI, *Op. cit.*, vol. I, pág. 475 y sigs.

14 Cfr. PACCHIONI, *Op. cit.*, vol. I, cap. XIV.

tra ya frente al Estado con derecho propio; la unidad jurídica y patrimonial, el dominio exclusivo del *pater familias* ceden frente a las nuevas tendencias éticas que se imponen con el Cristianismo, mientras el carácter más humano y moral de las relaciones domésticas se desarrolla en perjuicio de la lógica jurídica de la institución. En el derecho justinianeo la propiedad ha perdido sus caracteres clásicos. Gran parte de las tierras se encontraba bajo el dominio, por lo menos eminente, del Estado; el principio de la perpetuidad del dominio ha sido abolido, ha cesado la inmunidad de los bienes itálicos, se han multiplicado las limitaciones del dominio sobre todo las concernientes a los edificios y a las relaciones de vecindad, la expropiación por causas de utilidad pública está ya reconocida y reglamentada. Por último, en el derecho sucesorio el beneficio de inventario, la colación, la legítima, son los medios de que se vale JUSTINIANO para morigerar las consecuencias de la sucesión *in universum jus* y de la libertad ilimitada de testar. La base de la sucesión se aparta de la arbitrariedad del jefe, y se aproxima a la familia natural y a sus naturales y legítimas exigencias. Un espíritu más amplio y humano, más conforme con los principios de equidad y de justicia social penetra el vasto campo del derecho privado romano en la última fase de su desarrollo. *In omnibus rebus placuit potiorem esse justitiae aequitatisque quam stricti juris rationes* (en todos los casos agradó que fuese mayor el criterio de la justicia y de la equidad que el del derecho estricto).

Se comprende cómo la doctrina que elevaba la voluntad del príncipe a fuente del derecho había de hallar el favor de los príncipes absolutos, los cuales en los primeros tiempos de la edad moderna, al igual que antiguamente los emperadores romanos, se encontraron en la necesidad de reducir a unidad la legislación civil. El derecho romano de la edad imperial, por el espíritu que lo informaba, por los criterios políticos a que obedecía, era particularmente apto para resolver los deberes del absolutismo moderno. En los jusnaturalistas que, como GROCIO y sus partidarios, obedecieron a razones prácticas más que a la lógica de los principios, y pretendieron la reforma del derecho privado sin sacudir las bases del absolutismo, es notable el esfuerzo realizado para disfrazar con hábiles ficciones y artificiosas distinciones, derivadas en general del derecho romano justinianeo, el sacrificio a la razón de Estado de las nuevas tendencias racionales e individualistas que trataban de afirmarse en el derecho privado. Por eso, en países como Prusia, donde la reforma del derecho privado se llevó a cabo bajo la influencia del absolutismo iluminado, prevalecieron esos mismos criterios de equidad y de protección social que caracterizaron el derecho romano de la edad imperial.

Sin embargo, más que el derecho romano justinianeo, nosotros vemos resurgir en los siglos XVII y XVIII, por obra de los jusnaturalistas partidarios de la dirección liberal e individualista, el derecho romano clásico, producto admirable de la actividad pretoria y jurisprudencial que por el espíritu y los caracteres que lo distinguían, servía inmejorablemente para la reforma del derecho privado tal como la reclamaban las condiciones históricas, las exigencias lógicas, las doctrinas jurídicas de la época moderna[15].

Es conocida la autoridad casi legislativa del Pretor romano con respecto a aquellas relaciones que tenían por fuente la voluntad del ciudadano, y por objeto los intereses patrimoniales. En esta esfera de relaciones el Pretor desenvolvía su actividad prescindiendo de toda consideración política, pero al margen de los con-

---

15 Cfr. SCHUPFER, *Manuale di storia del diritto italiano* (3ª ed. 1904), pág. 671.

ceptos y de las formas jurídicas tradicionales. La persona, la familia, la propiedad, como categorías jurídicas fijadas en sus elementos esenciales y universales, preexistían al derecho pretorio. Baste pensar en la figura del quirites que, según la genial reconstrucción hecha por CARLE, representaba al hombre desde el punto de vista jurídico, aislado de las demás relaciones, desligado de todo vínculo religioso, moral y político, al que en la práctica hubiera podido estar sometido, concebido bajo el aspecto exclusivo de jefe de familia y de propietario de tierras, con poderes ilimitados y sin freno sobre las personas y las cosas de él dependientes[16]. Y del mismo modo que el quirites, también fue concebida absoluta su propiedad, desvinculada de consideraciones religiosas y morales que en la realidad moderaban su rigidez. Si la propiedad quiritaria en la costumbre pertenecía a la familia, desde el punto de vista jurídico era propiedad exclusiva del jefe de familia con las características de una propiedad rígidamente individual. Y sobre la propiedad se modelaba la familia, también concebida desde un punto de vista estrictamente jurídico e individual, como un todo orgánico, independiente del Estado, ordenado bajo el poder absoluto del jefe.

La voluntad de los quirites se desarrolla independiente y soberana: éstos pueden vincular su persona hasta a la esclavitud, pueden usar y abusar de sus cosas, transferirlas, disponer de ellas de cualquier modo y por el tiempo que dure su vida. En una palabra, todo el primitivo derecho quiritario no tenía otro origen ni otro límite que la voluntad de los quirites, y en sus múltiples relaciones, incluso las de familia y de sucesión, tenía por modelo la propiedad. Sin embargo, el individualismo consagrado por el derecho quiritario debe comprenderse, a los efectos del derecho público, en cuanto resguardaba a los *paires* investidos de una función pública análoga —salvo en su extensión— a la ejercida por el *rex*. La familia quiritaria es un organismo de orden y de defensa, tiene su culto, su gobierno, su justicia criminal; en ella, al igual que en el Estado, la sujeción es perpetua, y salir de ella es, como salir de la *civitas,* una *diminutio capitis.* El testamento quiritario era el medio por el cual se transmitía la autoridad del jefe de familia; la propiedad es la soberanía del *pater* en su aplicación territorial; el derecho de las obligaciones no tiene en sus orígenes funciones comerciales, sino penales, y se desarrolla en las relaciones entre familias con un carácter claramente personal.

Con mucho acierto observa BONFANTE que el derecho privado romano, durante todo el período quiritario, es decir, durante toda la época verdaderamente romana, constituye el derecho de los *patres familias,* o sea, del individuo en cuanto inviste funciones públicas[17]. Solo cuando la función pública de la familia y de la propiedad perdió importancia, las relaciones domésticas y patrimoniales, no limitadas ya a los *patres,* sino extendidas a los *cives,* aparecieron como relaciones privadas existentes entre ciudadanos considerados en su personalidad propia e individual, fuera de cualesquier relación con el Estado. La distinción entre *jus publicum et privatum* seña-

---

16 Cfr. CARLE, *Le origini del diritto romano* (Torino, 1888), lib. IV.

17 Cfr. BONFANTE, *Istituzioni di diritto romano* (4ª ed. Milano, 1907). Del mismo autor, *La progressiva diversificazione del diritto pubblico e privato* (en «Rivista italiana di Sociologia», 1902, pág. 1 y sigs.). Las diferentes opiniones de CARLE y de BONFANTE, por las que uno insiste en el carácter individual y patrimonial del derecho quiritario, y el otro en el carácter público, pueden conciliarse cuando se piensa que se trataba, en efecto, de relaciones de derecho público, pero concebidas desde un punto de vista individual, subjetivo, patrimonial.

la el momento histórico en el cual el Estado romano se sobrepone definitivamente a las *gentes* y a las *familiae*, y en que el individuo entra en relación directa con el poder soberano; con ella se hace posible la extensión y la generalización de las relaciones del derecho privado. En realidad, ya por intermedio del Pretor el derecho aparece como la expresión de la actividad humana en general, dirigida a satisfacer las necesidades del individuo, a realizar los fines éticos y económicos. El *civis*, que en la época pretoria sustituye al *pater* como sujeto de derecho, termina al igual que el *pater*, transformándose en una abstracción, es decir, representando al hombre desde el punto de vista romano y jurídico, desligado de toda relación ética y política, que tiene su propio derecho, que no conoce límites a la esfera de su voluntad, de su poder sobre personas y cosas. Por otra parte, el derecho del *civis* es concebido abstractamente como puro y simple derecho, independiente de cualquier concepto de deber; no es la expresión de una norma objetiva de conducta, sino la expresión subjetiva del querer. Los derechos particulares del *civis* constituyen solo la aplicación de la concepción individual y subjetiva de su derecho. El derecho de familia, más que un sistema de relaciones orgánicas, es un sistema de poderes de facultades ilimitadas. Ni obligaciones ni cargas gravan la propiedad, que escapa hasta a los impuestos, y que no puede constituirse tampoco en garantía del acreedor; el propietario solo tiene derechos sin ninguna obligación. En el dominio de las obligaciones, el subjetivismo se revela a través del principio de la independencia recíproca de las prestaciones[18]. Esta concepción lógica y subjetiva del derecho debía encontrar el aplauso de la escuela del derecho natural en los primeros siglos de la edad moderna.

La analogía de las condiciones históricas, más que los esfuerzos de los jusnaturalistas, explica el resurgimiento del derecho romano clásico en los siglos XVII y XVIII. La formación del derecho clásico romano cae durante ese período histórico en el que Roma se transforma, de ciudad aristocrática y agrícola, en ciudad comercial y democrática, por cuya razón tuvo que experimentar en grado agudo, un siglo antes de la Era cristiana, todos los fenómenos del más avanzado capitalismo[19]. Los jurisconsultos de la edad clásica supieron forjar entonces el tipo ideal del derecho propio de una sociedad que produce y vende mercancías, fundada sobre el individualismo de las relaciones de producción y de dominio. Con el robustecimiento del capitalismo y de la burguesía en los comienzos de la edad moderna, con el restablecimiento de las relaciones sociales sobre la base de la libertad individual, debía renacer el derecho romano clásico como la forma de pensamiento que mejor respondía a las necesidades y a las idealidades del tercer estado[20].

Pero, además que por esta innegable correspondencia de condiciones históricas, el derecho romano fue revigorizado por los jusnaturalistas que perseguían el fin de resolver el grave problema de las relaciones entre derecho natural y derecho positivo. La escuela del derecho natural, en sus diversas direcciones, había preparado durante el siglo XVII los principios para una nueva concepción del derecho

---

[18] Cfr. Stahl, *Die Philosophie des Rechts*, vol. II, Parte I (3ª edic., Heidelberg, 1854). Apéndice: *Ueber den Werth des römischen Privatrechts.*

[19] Sobre el capitalismo democrático de la edad republicana en Roma, Cfr. Ferrero, *Grandezza e decadenza di Roma*, vol. I (Milano, 1903).

[20] Cfr. Petrone, *Contributo all'analisi dei caratteri differenziali del diritto* (en «Rivista it. di scienze giuridiche», 1896-97). Antonio Labriola, *Essais sur la conception matérialiste de l'histoire* (2ª edic., París, 1902), págs. 197 y 217 y sigs. (Segundo ensayo).

privado. Cuando se trató de traducir los principios en normas positivas y concretas de conducta, los jusnaturalistas no hallaron prácticamente nada mejor que generalizar, racionalizar el derecho vigente y sobre todo el derecho romano, que no solo había elaborado formas jurídicas universales, sino también regulado las relaciones de la vida privada según las exigencias del más rápido individualismo económico. Renacen, pues, formas y normas jurídicas romanas, aunque coordinadas a la ideología de la escuela del derecho natural, adaptadas para expresar las necesidades y las tendencias de la edad moderna. Los dos elementos, el natural y filosófico por un lado, el positivo y romano por otro, concurriendo en la formación del derecho privado moderno se modifican recíproca y profundamente. Los principios del derecho natural, al concretarse en normas derivadas del derecho romano, pierden su carácter abstracto para transformarse en normas positivas de conducta; por otro lado, el derecho romano idealizado se despoja de los elementos propios de la época en que había nacido y se convierte en una especie de *ratio scripta* con las características de la objetividad y de la universalidad. Los jurisconsultos romanos distinguen, sin separarlo, el hecho de la idea que lo anima: proceden por inducción, aplicando la lógica jurídica a realidades concretas, determinadas en el tiempo y en el espacio, cuales eran el *pater* en el período quiritario y el *civis* en el período pretorio. Por lo tanto, el derecho que ellos elaboraron será siempre un derecho positivo, que abstrae la realidad sin renegarla, respetuoso de las tradiciones y de los derechos adquiridos, no derivado de un sistema preconcebido o preordenado por el espíritu sistemático del legislador. En cambio, para los jusnaturalistas del siglo XVIII, ya no son el *pater* ni el *civis* los que sirven de base para la aplicación de la *ratio juris* sino el *homo* genérico, no condicionado a los tiempos ni a los lugares, concebido como una personalidad abstracta, dotada de facultades y de tendencias originarias, que asumen la dignidad de derechos inviolables. Por lo tanto, el derecho subjetivo, antes que ser como para los romanos la expresión de la voluntad reflexiva, se identifica con pretendidas cualidades innatas de la naturaleza humana. La única preocupación de los jusnaturalistas es la racionalidad de la institución jurídica valorada por el grado en que ella realiza las nuevas idealidades burguesas y se contrapone al derecho adquirido e histórico en el que tenían fundamento los privilegios de la nobleza y del clero[21].

El primero que iluminó plenamente las relaciones entre el derecho natural y el derecho romano fue LEIBNIZ. Este admiraba en los jurisconsultos romanos el método geométrico, el rigor de las construcciones lógicas, la habilidad para descubrir en los hechos los elementos ideales y eternos. Al mismo tiempo señaló los defectos propios del derecho romano justinianeo, nacido en una época en que la lógica era sacrificada al criterio de la oportunidad, en la que el respeto a la tradición se asociaba al deseo de adaptar el antiguo derecho a las nuevas condiciones históricas. Pero LEIBNIZ advirtió claramente que mediante un trabajo de reducción y de corrección podía descubrirse en el mismo derecho romano justinianeo, los principios de un derecho verdaderamente racional y universal. La genial idea de LEIBNIZ, de refundir el derecho romano y civil de acuerdo con un plan sistemático, de constituir un derecho civil universal —idea que pareció audaz y prematura en su época— recogida por los jusnaturalistas del siglo XVIII, fue realizada en los Códigos que cerraron el período de las especulaciones y que

---

[21] Sobre las relaciones entre derecho natural y derecho romano, cfr. STAHL, *Op. cit.*, vol. I (2ª edic., 1847), págs. 139-142.

regularon en forma definitiva las relaciones de la vida individual conforme a las exigencias de los tiempos modernos[22].

LA CODIFICACIÓN Y LA UNIDAD MATERIAL Y FORMAL DE LA LEGISLACIÓN CIVIL. CARACTERES, CONDICIONES, SIGNIFICADO DE LA CODIFICACIÓN. LA IDEA DE LA CODIFICACIÓN Y SU DIVERSA REALIZACIÓN EN LOS CÓDIGOS PRUSIANO, FRANCÉS, AUSTRÍACO.

10. LA CODIFICACIÓN resume los esfuerzos seculares de los príncipes, de los jurisconsultos y de los filósofos para reducir a una unidad material y formal la legislación civil. La idea madre y directriz que sirve de fundamento a la Codificación es la idea del derecho natural elevado a fuente exclusiva del derecho privado, fuente absolutamente nueva y desconocida para los Romanos, quienes consideraban que el derecho natural es el mismo derecho positivo generalizado, y que está muy lejos de significar una exigencia objetiva de la razón eterna inmanente en las cosas. No hubo Código en el siglo XVIII que no consagrase en forma implícita o explícita, por vía principal o subsidiaria, el derecho natural como fuente y criterio de interpretación del derecho privado. Federico II, en el acto de encomendar a Cocceji la preparación de un proyecto de Código civil para sus Estados, expresaba la idea de que el nuevo derecho prusiano debía fundarse sobre la razón *(auf die Vernunft)* y constituir un *jus certum et universale*[23]. El derecho natural como fuente del derecho privado, encuentra su expresión legal en el artículo 1° del *Livre préliminaire* al Código Civil francés, que fue luego suprimido con el pretexto de que sancionaba normas demasiado teóricas; pero esa supresión no significaba el abandono de los principios que habían sido formulados. «Il existe —decía este artículo— un droit universel et immuable, source de toutes les lois positives: il n'est que la raison naturelle, en tant qu'elle gouverne tous les hommes»[24]. El artículo 4° del *Badisches Landrecht* (1809) y el artículo 7° de las disposiciones preliminares al Código Civil austríaco (1812), hacían del derecho natural la fuente subsidiaria del derecho positivo. En su confrontación con el derecho natural, las otras fuentes del derecho como la costumbre, la jurisprudencia, la legislación misma positiva, debían aparecer, como eran en realidad, imperfectas, ilógicas, contradictorias. De ahí el desprecio en que cayeron y la importancia adquirida por la *ratio juris* en la interpretación y elaboración del derecho privado. Si, en efecto, un principio racional y único constituye el fundamento del derecho, todas las normas deben poder desarrollarse deductivamente de aquél. En tal caso la observancia de la *ratio juris* significa el reconocimiento no de un principio jurídico formal, sino de un principio que constituye la razón de ser del derecho y que es la condición de la existencia del individuo como persona.

---

22 Cfr. LEIBNIZ, *Ratio corporis juris reconcinnandi* (1668); *Epistola ad amicum de naevis et emendatione jurisprudentiae romanae* (edic. Dutens, vol. IV, parte 3ª). LEIBNIZ comenzó a llevar a la práctica su idea de reconstruir el derecho civil y el derecho romano según un plan sistemático colaborando con LASSER en los *Elementa juris romani*. En una carta dirigida a Hobbes en julio de 1670, le escribe que hace cuatro años tiene elaborado el proyecto de reducir el derecho romano a un pequeño número de principios generales, y agrega que una buena mitad del derecho romano es derecho natural. Sobre esto cfr. los pasajes citados por COUTURAT, *Logique de Leibniz d'après des documents inédits* (París, 1901), pág. 121 (notas 1ª y 2ª). Cfr. sobre los proyectos legislativos de LEIBNIZ, HARTMANN, *Leibniz als Jurist und Rechtsphilosoph* (Tübingen, 1892), pág. 31 y sigs.

23 Ordenanza de Federico II de fecha 31 de diciembre de 1746, dirigida a Samuel Cocceji.

24 PORTALIS, en su *Discours préliminaire* al Código Civil francés reconoció expresamente la autoridad del derecho natural. Cfr. FENET, *Recueil complet des travaux préparatoires du Code Civil,* t. I, pág. 471.

Sin embargo, la escuela del derecho natural en sus aplicaciones al derecho privado, se revela bajo la forma de un racionalismo subjetivo. El derecho natural tiene en los Códigos solo las apariencias de la objetividad: de hecho es subjetivo y se identifica con los derechos de la personalidad individual. Los derechos civiles no son conferidos al hombre por la ley, sino que la ley está fundada sobre los derechos innatos del hombre. En el racionalismo subjetivo el derecho de naturaleza no es más que la objetivación de la libertad, es la libertad del hombre realizada racionalmente. El individuo, considerado como la única realidad, abstraído por la historia de la sociedad misma, ocupa el centro del sistema: el derecho público, cuando no es sacrificado a los fines del individuo, es fruto del acuerdo de los privados y deriva mediante contrato del derecho individual. No puede negarse que el ideal de una justicia absoluta universal presidió la formación del derecho privado hacia fines del siglo XVIII; pero este ideal de justicia, del que el derecho natural fue su expresión filosófica y la codificación su expresión formal, se tradujo prácticamente en el reconocimiento de la noción del derecho individual como principio de la sociedad civil[25]. El derecho consagrado en los Códigos no tiene otro objeto que asegurar al individuo las legítimas prerrogativas que tiene, por naturaleza, de desarrollar la personalidad y la libertad.

La Codificación no puede ser considerada ni desde un punto de vista puramente técnico o jurídico, ni como una simple reunión de máximas jurídicas tendientes a satisfacer la necesidad de la uniformidad legislativa y las exigencias de la práctica, ni como un instrumento de unificación política y legislativa. Finalidades de esta naturaleza habrán podido, sin duda, acelerarla y favorecerla, pero no la explican, y, lo que es más, no justifican su razón de ser. La Codificación significa mucho más que la unificación formal del derecho privado: es la expresión positiva de un sistema filosófico, y durante el siglo XVIII fue la realización de la idea individual en el campo de las relaciones civiles. En lo referente a este aspecto la Codificación responde, en la esfera del derecho privado, a lo que fueron las Declaraciones de derechos y las. Constituciones en la esfera del derecho público, expresiones, ellas también, de determinados credos filosóficos. Y así como éstas estaban dirigidas a garantizar las libertades políticas de los ciudadanos en sus relaciones con el Estado, así también las Codificaciones tenían por fin asegurar la libertad civil del individuo en su vida privada contra las injerencias indebidas del poder político. El movimiento de emancipación política no podía ir separado del movimiento de emancipación civil: las Constituciones y los Códigos son los que resumen ambos movimientos.

La unidad y uniformidad formal y material de la legislación civil que constituía el objeto de la Codificación, solo había sido considerada posible sobre la base de principios simples, absolutos, universales y a condición de que uno solamente fuera el intérprete del derecho de naturaleza: el legislador. Durante el siglo XVIII estaba profunda y generalmente arraigada la idea de que toda la legislación civil se debía resumir en pocos principios axiomáticos de los cuales debían derivar por vía deductiva las normas de acción. Federico II de Prusia deploraba la obscuridad y ambigüedad de las leyes civiles e insistía en la necesidad de hacerlas claras y seguras, pues las buenas leyes deben poder explicarse claramente[26].

---

25 Cfr. Beudant, *Le droit individuel et l'Etat* (París, 1891), cap. I, § 3, III, § 1.

26 Ordenanza del 14 de abril de 1780 al Gran Canciller von Carmer.

Cambacères, en el informe sobre el primer proyecto de Código Civil, presentado a la Convención en 1793, escribía: «Les règles simples, faciles à saisir, plus faciles à exécuter, voilà quel est le résultat de nos veilles et le fruit de nos méditations»[27]. Era creencia general también, el que los Códigos debían consagrar principios inmutables: «l'immutabilité est le premier caractère d'une bonne législation»[28]. Con esto se reconocía el carácter sagrado e inviolable de los derechos de la persona y la necesidad de sustraerlos a la arbitrariedad política y a las variables opiniones de los hombres. Por último, la invocada uniformidad de las leyes implicaba la abolición de todas las desigualdades jurídicas derivadas del nacimiento, de la clase social, de la profesión, de la riqueza, del domicilio. El dogma de la igualdad frente a la ley se proclamaba, así, en tales términos. Condición necesaria para que la Codificación fuese realmente la expresión de la razón individual y constituyese un cuerpo de principios simples, uniformes, inmutables, era de que ella debía ser obra exclusiva y reflexiva del legislador. La Codificación no fue solo la «mise en disponibilité» de la historia y de los historiadores, como observara BOUTMY [29], sino también de los jueces y de la jurisprudencia. Ahora el único intérprete del derecho de naturaleza es el legislador: el oficio del juez está limitado a extender a los casos particulares, mediante un proceso silogístico, el principio de razón consagrado en la ley escrita. Se quería impedir que, so pretexto de la interpretación, pudiera el juez substituir al legislador. La doctrina de que la ley escrita se basta a sí misma, de que el derecho no solo de hacer las leyes sino de interpretarlas corresponde únicamente al legislador, de que el deber del juez es puramente lógico y formal y se agota en la *ratio juris,* fue por lo menos en teoría, definitivamente consagrado con la Codificación.

La idea de la Codificación con sus caracteres y finalidades fue generalmente aceptada, pero diversamente realizada en las tres grandes obras legislativas de la época moderna: el Código prusiano, el francés y el austríaco. La concordancia en el fin, en las características generales y en los principios fundamentales, no excluye la diversidad de los medios adoptados por los diferentes Códigos para realizar la idea individual en las relaciones privadas. En efecto, en la Codificación prusiana es evidente la influencia del eudemonismo jurídico predominante en Alemania con la escuela de WOLFF; en el Código francés, la fuerza de la tradición jurídica en unión con la corriente liberal inglesa y fisiocrática, terminó por triunfar sobre las doctrinas absolutistas de MONTESQUIEU y de ROUSSEAU, mientras que el Código austríaco debe considerarse más directamente inspirado por los principios de la filosofía kantiana. Si por un lado el Código prusiano realiza la idea individual en el orden de las relaciones privadas por intermedio del Estado, el Código francés, y en mayor grado el austríaco, conciben al individuo y a su derecho fuera del Estado y de las relaciones de derecho público. Esta afirmación resultará evidente a través del examen en particular de los tres Códigos nombrados.

---

[27] Cfr. FENET, *Op. cit.,* t. I, págs. 3 y 7.

[28] Así escribió CAMBACÉRES en el informe sobre el segundo proyecto de Código Civil (1794); cfr. FENET, *Op. cit.,* t. I, pág. 107.

[29] Cfr. BOUTMY, *Les rapports et les limites des études juridiques et politiques* (en «Rev. int. de l'enseig.», 1889, XVII, págs. 222-223). Cfr. sobre la Codificación en sus relaciones con la interpretación de la ley, GENY, *Méthode d'interprétation et sources en droit privé positif* (París, 1899), § 2 y sigs.

A. Codificación prusiana

ELEMENTOS CONSTITUTIVOS DE LA CODIFICACIÓN PRUSIANA. EL ELEMENTO POSITIVO REPRESENTADO POR EL DERECHO GERMÁNICO Y POR EL DERECHO ROMANO. EL ELEMENTO FILOSÓFICO REPRESENTADO POR LA ESPECULACIÓN DE LOS JUSNATURALISTAS EN LA DOBLE DIRECCIÓN DE LA ESCUELA DE PUFENDORF Y DE LEIBNIZ

11. El derecho romano y el germano por un lado, y las doctrinas jurídicas elaboradas por Wolff y su escuela por otro, fueron los elementos constitutivos de la Codificación prusiana.

El derecho germano prevaleció en Alemania durante toda la Edad Media, pero estaba muy lejos de constituir un conjunto homogéneo y coherente de normas. La unidad jurídica no podía descubrirse en un pueblo como el germánico, dividido desde sus remotos orígenes en numerosas comunidades diferentes y autónomas, reguladas por normas que reflejaban las particulares condiciones del ambiente en que vivía cada una. Y si con la consolidación de las varias estirpes germánicas en la época de las grandes invasiones y con su ulterior absorción en la monarquía franca se formó un derecho público común que expresaba la unidad nacional de la gran familia germánica, en la esfera de las relaciones privadas ninguna fuerza exterior pudo oponerse al particularismo e impedir que el derecho privado se ejecutase bajo la forma de una masa confusa y heterogénea de normas, de costumbres, de usos locales y generales.

Sin embargo, a fines de la Edad Media, el derecho romano penetra casi de improviso y como un todo en Alemania, afirmándose al lado del derecho popular y nacional como un derecho superior que encuentra el aplauso de los príncipes y de los juristas[30]. La penetración del derecho romano en Alemania no es más que un aspecto de ese amplio movimiento de ideas con vistas a hacer resurgir el culto de la antigüedad clásica en la edad moderna, y que se denomina Renacimiento, en la historia del arte, y Humanismo, en la historia de la cultura. El derecho romano era uno de los aspectos más característicos de la antigua cultura, y la admiración que suscitaba se confundía con la admiración que despertaba el renovado estudio de la antigüedad clásica en los ánimos cansados, rebeldes frente a la vida y a la cultura medioeval. Agréguese que la penetración se producía en un período de profunda transformación económica e intelectual del pueblo alemán. La vida moderna tendía a desarrollarse al margen de vínculos políticos, religiosos, económicos, intelectuales, dentro de los que la Edad Media había constreñido al individuo. La exigencia de un derecho cierto, uniforme e individual se imponía; y a tal condición respondía

[30] Sobre la penetración del derecho romano en Alemania y sobre sus causas, cfr. Gierke, *Deutsches Privatrecht,* (Leipzig, 1895), I, pág. 8 y sig.

mejor el derecho romano que el germano. El derecho privado germano, al igual que el derecho de los pueblos que no han llegado a un alto grado de civilización, no se presenta en ninguna parte como un puro y libre derecho individual: lejos de mirar solamente a la *singulorum utilitas,* como el derecho de las Pandectas, sufre múltiples influencias que lo limitan en interés público[31]. Un espíritu social penetra todas las instituciones concernientes al derecho de las personas y de las cosas y el individuo se halla envuelto en una tupida red de vínculos sociales que obstaculizan el desarrollo de su libre personalidad.

Por otra parte, el derecho público se confunde con elementos de derecho privado, asume formas propias del derecho individual y particularmente del derecho patrimonial, a tal punto que las funciones públicas de toda especie transformadas en derechos patrimoniales son, como éstos, enajenadas, divididas, pignoradas, concedidas en herencia. Pero, a fines de la Edad Media, el movimiento en favor de la restauración de la autoridad del Estado, por una parte, y el movimiento en favor de la emancipación del individuo del grupo, por la otra, determinaron la decadencia del derecho germano con ventaja para el derecho romano, que llevaba en forma indeleble el sello individualista, y que como tal debía hallar la aceptación universal, y no solo la de los doctos y de los príncipes, tal como sostiene GIERKE[32]. El derecho romano fue, verdaderamente, el ropaje jurídico en el que se afirma la individualidad en sus múltiples aspectos; pero no solamente en el aspecto económico, como pretende LORIA[33]; se presentaba como la negación del particularismo jurídico medioeval, la *ratio scripta,* la manifestación de la razón jurídica para cada época y para cada pueblo.

Pero la recepción del derecho romano en Alemania no significa la desaparición del derecho nacional. El derecho romano, como derecho común, no tenía, por lo menos en teoría, más que un valor subsidiario: por más que se hubiera impuesto a las costumbres locales, éstas, dondequiera se conservaban, tenían predominio sobre el derecho común. Las instituciones de la propiedad, del matrimonio, de las sucesiones, estaban todavía reguladas sustancialmente por las antiguas costumbres germanas, más o menos transformadas por la influencia canónica y feudal. Además, durante el siglo XVIII se manifiesta en Alemania una verdadera reacción a favor del derecho nacional. El estudio histórico del derecho germano, iniciado por Conring con método y entendimiento científico, junto con el despertar de la conciencia nacional germana, cooperó en hacer conocer en sus orígenes y caracteres el derecho germano, en celebrarlo nuevamente, en buscar en él los gérmenes de las instituciones jurídicas vigentes[34].

La vida jurídica en Alemania durante el siglo XVIII se presentaba dividida entre el derecho romano, que respondía más cabalmente a las tendencias individualistas y filosóficas de la época, y el derecho germano que reflejaba, si no la tendencia general, seguramente la tendencia particular del pueblo alemán a constituirse y a afirmarse como unidad política y nacional entre los otros Estados y naciones de Europa. Pero el derecho natural influyó para atenuar las divergencias

---

31 Cfr. SCHUPFER, *Dir. priv. dei pop. germ.* (Roma, 1907), I. Introduc.

32 Cfr. GIERKE, *Op. cit.* I, pág. 11.

33 Cfr. LORIA, *Basi economiche della costituzione sociale* (3ª edic., Torino, 1902), pág. 118.

34 Para el movimiento científico relativo al derecho privado alemán durante este período, cfr. GIERKE, *Grundzügen des deut. Privatrechts,* § 4 (en «Holtzendorffs Encyclopadie», herausg. VON J. KOHLER, 6. Aufl., 1904, t. I, pág. 438).

entre derecho romano y germano, para impedir que esas divergencias se resolvieran en una lucha áspera y enconada. Si el derecho natural, en efecto, por las causas que lo engendraron, por el espíritu y finalidades que lo animaban, se conciliaba mejor con el derecho romano, brindaba el modo de modificar a este último en todo lo que tenía de defectuoso, como así también de integrar sus lagunas, de hacer aceptar como racionales y correspondientes a la naturaleza muchas instituciones de origen germano[35]. El derecho natural constituía el terreno neutro sobre el cual el derecho romano y el germano podían encontrarse, representaba el elemento unitario que, si no preparó la unificación material, preparó la unificación formal del derecho privado alemán.

Pero el derecho natural se presenta en Alemania con características particulares, que conviene destacar para comprender la base filosófica y el valor y significado histórico de la Codificación prusiana que representa, a pesar de las apariencias en contra, una de las formas bajo las cuales se expresó la idea individual en el derecho privado.

EL SISTEMA DE DERECHO PRIVADO DE PUFENDORF. LA DISTINCIÓN ENTRE DERECHOS PERFECTOS E IMPERFECTOS. TRANSFORMACIÓN, MEDIANTE EL ESTADO, DEL DERECHO NATURAL EN CIVIL. SUBORDINACIÓN DEL DERECHO PRIVADO AL PÚBLICO. LAS BASES FILOSÓFICAS DEL DESPOTISMO ILUMINADO

12. LA ESCUELA del derecho natural en Alemania se distingue, en sus relaciones con el derecho privado, en dos direcciones diversas representadas una por PUFENDORF y la otra por LEIBNIZ. La primera tiende a subordinar el individuo y su derecho a la voluntad del soberano y a las exigencias del derecho público; la segunda tiende a dar al derecho natural un fundamento autónomo y racional. Pese al juicio desfavorable que LEIBNIZ pronunció acerca de PUFENDORF como filósofo y como jurisconsulto[36], su obra, no obstante una innegable debilidad lógica intrínseca, no carece de importancia y de significado para la historia de las doctrinas del derecho privado. PUFENDORF no solo cooperó para difundir en Alemania las doctrinas de GROCIO y de HOBBES, sino también le cupo una participación considerable en la tarea de sistematizar con nuevos criterios las doctrinas de los jusnaturalistas, de adaptarlas a las exigencias de la práctica forense y legislativa, y de hacerlas servir a las pretensiones del absolutismo.

También PUFENDORF admite al hombre desligado de todo vínculo político en un estado de naturaleza: pero, lo que en GROCIO es un postulado racional en cuanto es el estado en que puede concebirse al hombre que obra según razón y según el instinto de socialidad, lo que en HOBBES es un estado de guerra continua entre hombres abandonados a la prepotencia de sus instintos egoístas sin el freno de las leyes y de los gobiernos civiles, para PUFENDORF es un estado imperfecto de sociedad, es la condición efectiva de la humanidad anterior a sus instituciones civiles, condición de paz relativa, llena de peligros y fuente de debilidad, en la que el hombre

---

[35] GIERKE *(Deuts. Privatrecht,* I, pág. 21) cuenta al derecho natural entre los factores que contribuyeron, en la edad moderna, a la resurrección del derecho germano, y recuerda la opinión (notas 11 y 12) de juristas de la época según los cuales el derecho germano se conciliaba con el derecho natural mucho mejor que el derecho romano, a tal punto que constituía «das blosse Natur oder Verhunftrecht».

[36] Cfr. LEIBNIZ, *Opera* (ed. Dutens), vol. IV, parte III, pág. 275 y sigs.

regula su conducta según su naturaleza, que es, a un tiempo, naturaleza de ser racional y sociable, y naturaleza de un ser dotado de sentidos que obedece sus naturales inclinaciones. En esta sociedad primitiva se desarrollan los deberes éticos de humanidad que impone la razón como condiciones imprescindibles de la vida en común: a tales deberes morales absolutos no pueden corresponder sino derechos imperfectos, es decir, no susceptibles de coacción exterior. Pero nada impide imaginar que seres esencialmente sociables se avengan, en el estado de naturaleza, a convenciones cuyo objeto sean sus propios intereses, y de las cuales se originan obligaciones y derechos de estricta justicia que pueden hacerse valer aun con la fuerza y que, por lo tanto, son, a diferencia de los deberes de caridad, perfectos[37]. Distinguiendo entre derechos y deberes perfectos e imperfectos, PUFENDORF planteaba un criterio nuevo de distinción entre el dominio de la ética y el del derecho. Mientras el fundamento de la ética es la naturaleza misma del hombre, el derecho, estrictamente considerado, se origina en la voluntad y en las convenciones humanas.

Para PUFENDORF, como para GROCIO, el derecho privado es un derecho que se engendra, en todas sus partes, en el estado presocial del pacto, que es a su vez derecho de naturaleza, y cuya observancia escrupulosa es consecuencia necesaria de la socialidad[38]. A la comunión originaria negativa del suelo sucedió, aun antes que se constituyeran las sociedades civiles, la propiedad privada mediante un contrato que, por un lado, consagraba como legítimas las ocupaciones precarias de suelo ya acontecidas, y por otro, sancionaba con vistas al futuro el derecho del primer ocupante a la propiedad de las cosas no ocupadas aún[39].

Repudiada la doctrina de GROCIO, por la que el derecho sucesorio derivaba del derecho de propiedad identificándose con un contrato de enajenación expreso o tácito, PUFENDORF recurre a una tácita convención entre los hombres que viven en el estado de naturaleza, para explicar el nacimiento del derecho de testar en forma expresa o tácita[40].

Mediante el consenso, hombre y mujer se unen a los efectos de la procreación en una unión simple, irregular e inestable, que las exigencias de la razón y de la sociedad transforman, con el progreso de los tiempos, en unión regular, indisoluble, con relaciones conyugales y de parentesco fijas y bien definidas. A tal objeto, la familia se constituye sobre las bases de la unidad y de la autoridad, y la mujer, por medio de una convención, reconoce y acepta el poder marital. Una tácita convención fundada en el presunto consentimiento de los hijos, legitima, según PUFENDORF, la patria potestad que GROCIO, más simplemente, había derivado por derecho natural de la generación: no otro fundamento tiene la potestad dominica en la doctrina de PUFENDORF[41].

La familia es el germen de la sociedad civil, que es la única sociedad perfecta. El instinto sociable encuentra en la familia su natural y suficiente satisfacción, pero no explica la formación de las sociedades civiles y del Estado, que importan el

---

[37] Sobre la distinción histórica y teóricamente notable entre derechos perfectos e imperfectos, cfr. PUFENDORF, *De jure naturae et gentium* (1672), lib. I, cap. I, § 19; cap. VII, § 7 y 11.

[38] Cfr. PUFENDORF, *Op. cit.*, lib. IV, cap. IV; lib. VIII, cap. I, § 3.

[39] Cfr. PUFENDORF, *Op. cit.*, lib. III, cap. IV, § 1-2.

[40] Cfr. PUFENDORF, *Op. cit.*, lib. V, cap. IX y XI.

[41] Cfr. PUFENDORF, *Op. cit.*, lib. VI, cap. I, II, III.

sacrificio de la libertad y de la primitiva independencia. Impulso exterior en la formación de las sociedades civiles fue, según PUFENDORF, la precaria vida de los hombres en el estado de naturaleza; impulso psicológico fue el miedo que indujo a los padres de familia a concluir el pacto constitutivo del Estado. Una vez formado, el Estado adquiere voluntad y personalidad propias, distintas de las de los individuos que lo engendraron con sus pactos. Se convierte en fuente de un nuevo derecho que puede llamarse civil o positivo, en oposición al derecho natural que se forma en el estado de naturaleza y cuya fuente es la voluntad del individuo. Ahora, ¿en qué relación se encuentran el derecho natural y el derecho civil en la doctrina de PUFENDORF?

Ni la tesis de la absorción del derecho natural en el civil, sostenida por HOBBES, ni la de la separación, preferida por GROCIO, cuentan con la aceptación de PUFENDORF, que se atiene a la doctrina intermedia que sirvió de fundamento al absolutismo iluminado del siglo XVIII. Para PUFENDORF, las leyes civiles son a las leyes naturales, lo que el derecho perfecto es al imperfecto en el estado de naturaleza: no son sino las mismas normas de derecho natural a las que el Estado otorga su reconocimiento y fuerza obligatoria[42]. Para GROCIO, el derecho natural no tenía necesidad del Estado para hacerse valer, pues llevaba en sí, en su propia naturaleza, la fuerza obligatoria; pero para PUFENDORF, lo mismo que para HOBBES, la fuerza intrínseca no basta para garantizar la observancia de las normas de derecho natural: se precisa la fuerza extrínseca y formal del Estado, que solo con su autoridad transforma en perfectos, derechos y obligaciones que en el estado de naturaleza estaban abandonados a una simple sanción moral (deberes de humanidad) o tenían una sanción coactiva insuficiente fundada sobre la fuerza individual o sobre la guerra.

Para PUFENDORF, el Estado es el órgano formal, más que material del derecho y su misión no es tanto la de crear el derecho cuanto la de hacerlo cumplir. De ahí derivaba la doble consecuencia por la que el carácter formal y coactivo, es decir, el reconocimiento por parte del Estado, se convertía en carácter esencial de la norma jurídica, y que, a falta de leyes civiles, continuaba en vigor la ley natural aunque con valor puramente ético pues está desprovista de acción y solo engendra derechos y obligaciones imperfectos. El derecho individual, o sea el derecho de que goza el individuo por naturaleza, venía de hecho a quedar abandonado al arbitrio del Estado, puesto que solo podía hacerse valer en cuanto era reconocido por aquél. Por otra parte el Estado, para sus fines esenciales, por motivos de índole política, podía suspenderlo o modificarlo. De este modo penetra el derecho público en el privado y ejerce sobre él un predominio absoluto. La teoría de GROCIO del *dominium eminens* es reproducida integralmente por PUFENDORF, quien le da cierta tendencia a extender su alcance y significado[43].

Sin embargo, PUFENDORF trató, más que de favorecer las tendencias individualistas, de conciliarias con el absolutismo, en pro del cual sostuvo que solo la voluntad del soberano origina el derecho perfecto, y que tal soberano, solo formalmente está obligado a la observancia del derecho natural; contra eventuales violaciones el individuo no puede oponer más que un derecho imperfecto, es decir, prácticamente ineficaz. Y del mismo modo que las normas objetivas de conducta, así también los derechos subjetivos inherentes al individuo por derecho de natura-

42 Cfr. PUFENDORF, *Op. cit.*, lib. VIII, cap. I.
43 Cfr. PUFENDORF, *Op. cit.*, lib. VIII, cap. V, § 7-8.

leza, son siempre imperfectos si el soberano no los reconoce, o si, una vez reconocidos, el individuo carece, contra el soberano que los viole, de derecho de resistencia. Los esfuerzos de Grocio para dar al derecho privado un fundamento propio e independiente del Estado se encuentran sustancialmente frustrados por Pufendorf que, estableciendo la distinción entre derechos perfectos e imperfectos, hace prevalecer nuevamente la voluntad y el criterio subjetivo del soberano sobre la razón natural y objetiva del derecho. De todos modos, con Pufendorf se incorporó a la escuela del derecho natural en Alemania el concepto de que el Estado es el intérprete y el guardián de la ley de la naturaleza y de los derechos del individuo.

LEIBNIZ Y LAS EXIGENCIAS ÉTICAS DEL DERECHO NATURAL. LOS TRES GRADOS DEL DERECHO NATURAL. EUDEMONISMO ÉTICO JURÍDICO. INTELECTUALISMO Y OPTIMISMO. EL PENSAMIENTO DE LEIBNIZ SOBRE LA RELACIÓN ENTRE EL DERECHO NATURAL Y EL POSITIVO. LEIBNIZ Y EL DERECHO ROMANO

13. En toda su obra Pufendorf trató de conciliar e integrar a Grocio con Hobbes, adaptando las doctrinas a las especiales condiciones intelectuales e históricas del pueblo alemán: halló la forma de resolver el dualismo entre el individuo y el derecho natural, por un lado, y el Estado y el derecho positivo por el otro, valiéndose sobre todo de criterios y distinciones empíricas; que por mucho tiempo predominaron en la práctica jurídica. Pero la mente filosófica de los nuevos tiempos en Alemania fue Leibniz. Este solo supo dar dirección, unidad, carácter nacional a la especulación alemana que oscilaba incierta entre las diversas y opuestas corrientes del pensamiento que penetraron en Alemania. La influencia de Leibniz, decisiva en todos los campos del saber humano incluso la jurisprudencia —que adquirió por obra suya la dignidad de disciplina filosófica—, dominaba aún en forma indisputable durante el período en que se desarrolló la Codificación prusiana.

La doctrina monadológica de Leibniz no es más que la consagración metafísica del individualismo, que para Leibniz no tiene un simple significado ético o jurídico, sino que constituye el principio mismo de la realidad. Dios erige a cada punto posible del mundo en sujeto puro, en un centro que irradia en torno a sí un mundo propio en el que se reproduce más o menos perfectamente el arquetipo divino. El mundo no es más que el resultado de un número indefinido de individualidades o átomos metafísicos (mónadas) que, asociándose variadamente entre sí, originan los infinitos seres complejos que existen en la realidad. Cada mónada o sustancia individual es una unidad intelectiva y apetitiva, es un principio activo que realiza en sí mismo diversamente y en grado más o menos consciente la sabiduría y la perfección divina, y que expresa a su manera, es decir, desde el punto de vista en que lo contempla, el universo entero. Estas innumerables individualidades activas y autónomas, que se hacen conscientes en los más altos grados de su existencia, entran en recíprocas relaciones para constituir un vasto sistema de unidades vivientes que tienden, con progreso continuo e indefinido, hacia la perfección y la felicidad, cumpliendo una ley eterna de orden y de armonía[44].

La doctrina ético-jurídica de Leibniz[45] señala un regreso al antiguo concepto clásico según el cual la moral y el derecho tienen un fundamento metafísico común

---

[44] Sobre la doctrina metafísica y gnoseologica de Leibniz, cfr. la obra citada de Martinetti, pág. 300 y sigs.

[45] Cfr. Hartmann, *Op. cit.*, pág. 64 y sigs.

e ingresan en una unidad superior: para definir esta unidad LEIBNIZ se vale de la expresión *jus natuale* o ética tomada con un amplio sentido. El fundamento del *jus naturale* es metafísico, está fuera del hombre y del mundo, es Dios mismo. También los Escolásticos habían puesto en Dios el principio del bien y de lo justo, pero mientras éstos lo derivaban de la voluntad divina sosteniendo que lo que Dios quiere es bueno y justo por el solo hecho de que Dios lo quiere, LEIBNIZ restablece la esencia del derecho en un principio objetivo de razón, en una idea existente *ab aeterno,* inmutable y necesaria en la inteligencia divina. En este sentido debe entenderse la expresión de GROCIO: *intelligi jus natura; etsi fingatur deus non esse* (el derecho natural se concibe aun suponiendo que Dios no exista), y tiene que rechazarse la opinión de los Escolásticos que se resuelve consagrando prácticamente la máxima *stat pro ratione voluntas* (la voluntad está en lugar de la razón), la cual dice LEIBNIZ, *c'est proprement la devise d'un tiran*[46].

El *jus naturae,* considerado en su contenido formal, consiste, según LEIBNIZ, *in congruitate ac proportionalitate quadam* (en cierta coherencia y proporción)[47], en normas destinadas a realizar el supremo fin del bien y de la felicidad, a formar el equilibrio entre el bien y el premio, entre el mal y la pena. Pero es evidente que, de semejantes principios abstractos y formales, no se desprenden normas para la vida real: el mismo LEIBNIZ está tan convencido de ello que, después de haber tratado las cuestiones éticas desde un punto de vista metafísico, para sus efectos prácticos las trata desde un punto de vista psicológico y empírico.

Los verdaderos y eternos principios inmutables del bien y de lo justo preexisten, junto con los impulsos naturales para realizarlos, indistintos y confusos, esculpidos por Dios en el alma humana; por consiguiente, cuando tiene lugar la experiencia sensible, se desarrollan a la luz interna de la razón, se convierten en principios claros y distintos, en tendencias conscientes hacia el supremo bien que consiste en el mayor perfeccionamiento posible de la naturaleza humana. Como impulsos próximos de nuestras acciones, LEIBNIZ reconoce la tendencia a nuestro propio bien, a nuestra utilidad, a nuestra felicidad. Estas tendencias individuales y eudemonistas se transforman en otras tantas fuerzas ético-jurídicas, en cuanto están reguladas por la razón. Solamente lo útil lejano y la felicidad duradera que se afirman sobre las ventajas y placeres efímeros, tienen valor ético. Planteábase con ello un principio que también podía valer para el obrar jurídico, puesto que la consideración de nuestro útil debe no solo impedirnos inferir ofensas a los demás para no provocarlos en perjuicio nuestro, sino también debe inducirnos a ser generosos con respecto a nuestros semejantes porque el bien común se resuelve en el bien de cada uno de nosotros. *Tria sunt principia ex quibus ad juste agendum movemur. Primus est utilitas propria, alterum est sensus humanitatis et honesti, tertium principium est religio.* (Tres son los principios que nos mueven a obrar según justicia: el primero es la utilidad propia, el segundo es el sentido de lo humano y de lo honesto, el tercer principio es la religión)[48].

---

46 Cfr. LEIBNIZ, *Meditation sur la notion commune de justice* (1693) (en MOLLAT, *Rechtsphilosophie aus Leibnizens ungedruckten Schriften,* Leipzig, 1885. Nuestra cita corresponde a la segunda edición de esta obra (Cassel, 1887), cuyo título es: *Mitteilungen aus Leibnizens ungedruckten Schriften,* págs. 44-77).

47 Cfr. LEIBNIZ, *Juris et aequi elementa* (en MOLLAT, *Op. cit.,* pág 23); ID., *Observationes de principio juris* (en *Dutens Leibnitii opera omnia,* t. IV, pág. 3).

48 Cfr. LEIBNIZ, *De justitiae principiis* (en MOLLAT, *Op. cit.,* pág. 95 y sigs.).

El conocimiento y el ejercicio de las leyes morales no son la consecuencia de un sabio cálculo utilitario o del instinto de conservación, sino que encuentran en el ambiente familiar las condiciones favorables para su desarrollo. En realidad, en la familia (y LEIBNIZ no se cansa de repetirlo) las naturales tendencias sociables del hombre, la simpatía, el amor desinteresado, el sentido de humanidad que resume en sí todas las virtudes y que implica también el sentido de la dignidad personal, se desarrollan y lo preparan para las más amplias relaciones de la vida civil. Y la justicia, esta constante obediencia a los dictados del derecho natural, no es, en efecto, según LEIBNIZ, otra cosa que *caritas sapientis.* Frente al inevitable y evidente contraste entre la superior tendencia que lleva al hombre al sacrificio de sí mismo por el bien común, y la tendencia originaria y eudemonista que lo empuja hacia lo útil y hacia la propia felicidad, LEIBNIZ reconoce la exigencia lógica y moral de un acuerdo, e invoca, para conciliar las dos tendencias, la íntima satisfacción que acompaña al sacrificio moral, la influencia de las costumbres, de la educación, de la religión, la correspondencia entre lo útil y lo honrado *(idem est utile et honestum)*[49], el postulado último de la armonía preestablecida por la razón eterna que quiere el supremo bien de los hombres. Tampoco resulta difícil para LEIBNIZ conciliar la inmutabilidad de los principios éticos y jurídicos con su variabilidad histórica, siendo para él la historia la realización progresiva e imperfecta de esos eternos principios de moral esculpidos en el corazón de todos los hombres y que constituyen la conciencia ética de la humanidad.

No era de presumir que un conocedor y admirador tan profundo como era LEIBNIZ de la jurisprudencia clásica y de la filosofía práctica de los jurisconsultos romanos, considerara el vasto campo de la ética como una unidad indiferencia-da y uniforme y que no tratara de introducirle distinciones correspondientes al nuevo punto de vista desde el cual puede ser considerada, en general, la Ética. LEIBNIZ, en realidad, no solo contrapone el *jus naturale* al *jus legitimum,* sino que destaca tres grados en el derecho natural: el *jus strictum,* la *aequitas* y la *pietas,* que, mientras determinan los tres campos del derecho, de la moral y de la religión corresponden a los tres supremos principios de los que se engendra, según ULPIANO, todo el derecho natural, *neminem laedere, cuique suum tribuere, honeste vivere,* y reflejan la justicia en sus tres formas fundamentales: conmutativa, distributiva y universal[50].

El *jus strictum,* que LEIBNIZ llama también *jus proprietatis,* comprende todas aquellas relaciones reales que tienen por principio y fin al individuo considerado en sí mismo, abstraído de cualquier consorcio doméstico o social y que habitualmente forman el contenido del derecho privado, excluidas solamente —y no sin buen fundamento— las relaciones de familia. El concepto de propiedad constituye el elemento unificador del *jus strictum,* pero presupone la determinación de la naturaleza del derecho y de la obligación jurídica, como asimismo la doctrina del sujeto y del objeto del derecho. Derecho en sentido subjetivo, y obligación jurídica son, para LEIBNIZ, *qualitates morales: potentia moralis* llama al derecho, *necessitas moralis* llama a la obligación jurídica[51]. Sujetos del derecho y de las obligaciones no son solamente las personas naturales y civiles, sino también las cosas, al igual que en

---

[49] Cfr. LEIBNIZ, *De justitiae,* etc.

[50] Cfr. LEIBNIZ, *Codex diplomaticus,* Introducción (en DUTENS, IV, 3, pág. 295 y sigs.). ID., *De tribus naturae et gentium gradibus* (en MOLLAT, *Op. cit.,* págs. 8-19).

[51] Cfr. LEIBNIZ, *Nora methodus discendae docendaeque jurisprudentiae,* pars secunda, § 15 (en DUTENS, IV, 3).

los derechos reales, donde la cosa es objeto de obligación. En la doctrina del sujeto hallan lugar, lógicamente, la comunión y todo el derecho sucesorio que *est motus juris vel obligationis de subjecto in subjectum* (es tránsito de derecho u obligación de sujeto a sujeto)[52].

Objeto del derecho y de la obligación jurídica son: el cuerpo del sujeto, la cosa y la persona ajena. *Libertas, facultas, potestas,* así designa respectivamente Leibniz el derecho del sujeto sobre su propio cuerpo, sobre las cosas y sobre las otras personas[53]. La doctrina del objeto jurídico la integran las servidumbres que son derechos a ciertas cualidades propias del predio sirviente, como así también todo el derecho corrientemente llamado de las obligaciones. La obligación siempre tiene por objeto a otras personas, ya sea se entienda con ella la obligación *aliquid facere vel pati* (hacer o padecer algo) , sea se entienda en sentido más amplio y negativo la obligación de no obstaculizar el poder jurídico de otras personas[54]. Leibniz no contrapone los derechos reales y los derechos de obligación como si fueran substancialmente diversos; también en el derecho real está implícita la obligación del tercer poseedor a restituir la cosa.

En lo que respecta a los modos originarios de derivación de los derechos y obligaciones, Leibniz los hace proceder del ordenamiento jurídico general o de la actividad del hombre en las tres formas de la *possessio, iniuria y conventio*[55]. La posesión origina un derecho real, ante todo sobre el propio cuerpo, luego sobre las cosas *«quae sunt nullius»*. Del concepto de *iniuria* que se revela en los delitos y en los cuasi-delitos, surge la obligación al resarcimiento por parte del ofensor, el derecho de infligir una pena por parte del Estado. En fin, el concepto de *conventio* comprende todas las promesas hechas y aceptadas entre los individuos. También las sucesiones se conectan a los tres modos de derivación originaria de los derechos. En cuanto a la sucesión testamentaria en particular, Leibniz observa que la posibilidad jurídica del testamento es la consecuencia de la inmortalidad del alma, por la que los muertos *manent domini rerum* y los herederos representan al difunto en la posesión de sus bienes *«ut procuratores in rem suam»*[56]. Por más extraña que fuera esta justificación del testamento, situaba a Leibniz entre aquellos que negaban el origen puramente civil del testamento y buscaban en su lugar un fundamento filosófico.

En el pensamiento de Leibniz, las normas que constituían el *jus strictum* responden a un estadio aún imperfecto de la vida social, y no tendrían razón de ser en una *optima republica* a la que le conviene más la comunión de todas las cosas, que un sistema de propiedad privada que solo podría admitirse para las cosas personales o para aquellas destinadas a la satisfacción de las necesidades elementales de la vida.

In optima republica sublatum esset jus strictum proprietatis, sed eius loco introductum esset jus strictum communitatis (En un estado óptimo sería erigido el derecho estricto de propiedad, pero en su lugar sería introducido el derecho estricto de comunidad)[57]. Pero los hombres no son tal como la razón quiere que sean: son llevados a la virtud no por el sentimiento del deber, no por la satisfacción que acompaña su

[52] Cfr. Leibniz, *Nora,* etc., § 16.
[53] Cfr. Leibniz, *Nora,* etc., § 17.
[54] Cfr. Id., id., § 17.
[55] Cfr. Id., id., § 20
[56] Cfr. Id., id., § 20.
[57] Cfr. Leibniz, *De tribus,* etc. (en Mollat, *Op. cit.,* págs. 9, 10, 16).

cumplimiento, sino por sanciones exteriores, por el temor de sufrir un mal mayor. Ahora bien, el derecho natural no debe servir para una. sociedad ideal; pero, al traducirse en normas concretas, debe variar según el grado de desarrollo intelectual y moral de los hombres reunidos en sociedad. Establecido esto, las condiciones reales en que viven los hombres le parecen a Leibniz que son tales para hacerles preferir, como el mayor bien posible y relativo, el régimen dentro del cual los hombres gozan de libertad para proveer a sus necesidades a propio riesgo y peligro. *Ut nunc sunt homines, libertas iis potius reliquenda est consulendi sibi ipsis periodo suo.* (Como son ahora los hombres, es preferible dejar a ellos la libertad de proveer a sí mismos a su riesgo y peligro)[58]. Solo con este medio se estimula la actividad productiva de los hombres, se garantiza el premio de los mejores en proporción a sus esfuerzos, y se quita a los ociosos toda posibilidad de vivir a cargo de la sociedad. Para conservar la paz que el régimen de libertad podría comprometer, está justamente el *jus strictmn* que es el derecho propio de una sociedad donde existe la apropiación individual del suelo y que Leibniz, con genial intuición de las consecuencias que importa un régimen social fundado en el individualismo económico, considera como una especie de *jus belli ac pacis*[59]. La libertad, en efecto, elevada a ley suprema de la vida en común, engendra entre los hombres un sistema de relaciones análogo al que surge entre Estados independientes. *Jus strictum nil aliud quam jus belli ac pacis* (El derecho estricto no es otra cosa que derecho dé guerra y de paz). Mientras el hombre, en el ejercicio de su libertad, no daña a los demás, las relaciones sociales son pacíficas; en caso de lesiones recíprocas, los contrastes y las luchas se hacen inevitables. Y he aquí cómo nace, de un ordenamiento civil cuya base es la libertad y la propiedad privada y cuyo fin el bien y la felicidad de los hombres, la necesidad de dar vida y vigor a los pactos. Mientras los jusnaturalistas, sin excluir a Grocio, hacían derivar habitualmente la validez y obligatoriedad de los pactos, de la naturaleza misma de la voluntad desUgada de la sociedad y de la historia, Leibniz se opone a ellos sosteniendo que *jura ad servandos non ad perdendos homines nata sunt* (los derechos han nacido para salvar a los hombres y no para perderlos) y que el fundamento del pacto no reside en el arbitrio de la voluntad, sino en la naturaleza de las cosas, en las necesidades de la vida social, en las exigencias económicas del intercambio.

El derecho natural no se agota en el *jus strictum* individual y egoísta: se integra y se perfecciona en un derecho más amplio y superior, en la *aequitas* y en la justicia distributiva que Leibniz llama también *jus societatis* en oposición al *jus proprietatis*[60]. Consecuente con la tradición constante del derecho germano, Leibniz, después de haber considerado al individuo en sí mismo, lo considera en cuanto miembro de determinados grupos sociales entre los cuales se destacan, a los fines del derecho, la familia y el Estado. El derecho natural que se manifiesta en orden a los diversos grupos de que forma parte el individuo es, a diferencia del *jus strictum,* un derecho esencialmente social *(jus societatis)* y en sus aplicaciones se inspira en el amplio criterio de la equidad[61]. Sería un error creer que Leibniz, al distinguir entre *jus proprietatis y jus societatis,* reprodujera en forma diversa la distinción romana

58 Cfr. Leibniz, Id., id., id.
59 Cfr. Leibniz, *Nova, etc.,* II, § 74.
60 Cfr. Leibniz, *De tribus,* etc., pág. 11 y sigs.
61 Cfr. Hartmann, *Op. cit.,* pág. 83, donde recuerda, a propósito del *jus civitatis,* un escrito de Leibniz publicado bajo el título de *Naturrecht* por Guhrauer *(Leibnizens deutsche Schriften,* vol. I (1838), pág. 414 y sigs.).

entre *jus publicum y jus privatum*. Esta distinción, generalmente aceptada por los jusnaturalistas que confundían sociedad y Estado y tendían a oponer el individuo al Estado, no se conciliaba ni con las tradiciones jurídicas del pueblo alemán, ni con las premisas filosóficas de LEIBNIZ, para quien la perfección moral del hombre depende de su participación en la vida colectiva. La familia es la forma de sociedad más simple y natural. Contra la tradición romana que modelaba la familia sobre la propiedad, sacrificando el elemento ético a preocupaciones de índole patrimonial, contra la opinión de los jusnaturalistas que hacían de la familia una institución contractual, LEIBNIZ, partidario también en esto de las tradiciones germanas, la considera como un organismo ético que entra en el *jus civitatis* y que debe ser regulado por criterios de equidad. La sociedad doméstica comprende a la sociedad conyugal, parental y patronal, pero ya se trate de relaciones entre cónyuges o entre padres e hijos, ya se trate de relaciones entre patrones y siervos, dichas relaciones son siempre de naturaleza ética y deben ser reguladas no al igual que relaciones contractuales, sino únicamente en vista del mayor beneficio de las personas que las constituyen. LEIBNIZ se encuentra entre los que proclamaron abiertamente la naturaleza civil del matrimonio y sostuvieron que el derecho de regular su validez *radicaliter pertinet ad rempublicam* (pertenece radicalmente al Estado), aún también en el caso de que este derecho se halle, por soberana concesión, extendido a la Iglesia y ejercido por delegación por ésta[62].

El Estado, como la familia, es una institución natural en cuanto es voluntaria y contractual: sirve a los fines de los individuos, completa y perfecciona su actividad, coordina sus esfuerzos en consecución de la felicidad, en la realización de la ley suprema de la armonía universal. Ninguno más adversario que LEIBNIZ de la doctrina liberal del *laissez faire*, que pretendía a los individuos abandonados a sí mismos y a sus propios intereses, y la acción del Estado limitada a la defensa del derecho en sentido estricto. *Summa juris regula est omnia dirigere ad majus bonum generale: justum est quod publice interest et salus publica suprema lex est* (La suprema regla del derecho es dirigir todo al mayor bien general: es justo lo que es de público interés y el bien público es la ley suprema)[63]. En estos principios se encuentra implícito el *dominium eminens* del Estado en las relaciones con el individuo, es decir, el derecho del Estado de regular la actividad de los individuos y de encaminarla a fines de interés general. LEIBNIZ es partidario convencido de la política social del Estado, y en numerosos proyectos de carácter económico más que jurídico, anticipa tendencias legislativas y políticas que solo en momentos de reacción a la concepción individualista del derecho y del Estado podían prevalecer[64]. Esto no autoriza a situar a LEIBNIZ entre los precursores del socialismo de Estado: servía, por distinto camino, a las finalidades individualistas de su época. El fin del Estado perfecto es *felicitas maxima possibilis singulorum* (la mayor felicidad posible para los individuos): el bien general consiste siempre en *maxima moltitudine ac magnitudine bonorum quae singulis obtingere (possunt)* (la mayor cantidad y magnitud de los bienes que los individuos (puedan) obtener), es decir, en el bien de los individuos

---

62 Cfr. LEIBNIZ, *De matrimoniorum principum Germaniae protestantium*, etc. (en FOUCHER DE CAREIL, *Oeuvres de Leibniz.*, t. VI, París, 1865, págs. 253-341). Este escrito de LEIBNIZ es particularmente notable para la historia del derecho matrimonial. Cfr. también HARTMANN, *Op. cit.*, págs. 48-51.

63 Cfr. LEIBNIZ, *De tribus*, etc. (en MOLLAT, *Op. cit.*, pág. 9).

64 Cfr. HARTMANN (*Op. cit.*, pág. 80), para las fuentes relativas a los proyectos de índole económica y social de LEIBNIZ.

colectivamente entendidos, y no ya en un hipotético bien de la sociedad considerada como entidad abstracta y distinta de los individuos que la constituyen.

La identidad de la ética con la utilidad social, la armonía absoluta entre el bien y la felicidad del individuo y el bien y la felicidad general, el acuerdo entre el *jus strictum proprietatis* y el *jus aequum comunitatis,* se logra solamente en un tercer y último estadio del derecho natural. El concepto de que se vale LEIBNIZ para expresar esta suprema síntesis es el concepto de *pietas,* sinónimo de justicia universal que supera los límites de la vida terrestre, para abrazar el mundo veraz del espíritu, del que es centro la divinidad. La metafísica es principio y fin del sistema ético-jurídico de LEIBNIZ. En su sistema, el derecho natural no es la obra de la voluntad divina o humana, sino obra de la razón eterna: él existe independientemente de toda deliberación voluntaria, de toda imposición positiva del Estado. Nada más reñido con las premisas metafísicas de LEIBNIZ que la concepción contractualista según la cual el derecho y el Estado son el producto subjetivo de la voluntad y se fundan sobre el pacto de sumisión voluntaria de los individuos. «Il y a un droit, même un *jus strictum* avant la fondation des états». Esto no significa que LEIBNIZ desconociese las exigencias de hecho y que no reconociese la necesidad de un derecho positivo y voluntario. No obstante la aparente absolutez de los principios, LEIBNIZ tiene muy en cuenta la relatividad histórica y psicológica. Después de haber tratado sobre el derecho natural y sobre la *optima respublica,* se entrega al estudio del derecho y del Estado desde un punto de vista histórico y positivo. El derecho voluntario que LEIBNIZ llama también positivo o legítimo, se distingue del derecho natural como la ley del derecho. El derecho voluntario es el conjunto de normas que se forman por tradición o que emana del soberano en virtud del poder de que está investido *(jus receptum moribus vel a superiore constitutum).* El derecho positivo, derivando de la voluntad, puede ser también injusto, mientras que no podría serlo el derecho natural fundándose en la razón[65]. Al establecer la relación entre derecho natural y positivo, LEIBNIZ se distingue tanto de los partidarios de HOBBES cuanto de los de GROCIO, de los cuales unos identificaban ambas esferas, y los otros veían entre ellas la misma relación que existe entre el género y la especie.

LEIBNIZ sostiene la profunda y radical diferencia que hay entre derecho natural y derecho positivo; uno se funda sobre la naturaleza misma de las cosas, es la expresión de la infinita sabiduría y como tal tiene un valor esencialmente ideal y deontológico, mientras que el otro es obra de la historia y de la voluntad humana, nace de las condiciones de hecho en que se encuentra la humanidad en tiempos y lugares diversos, y se aproxima en diferente grado al derecho natural que constituye su modelo inmutable, sin realizarlo plenamente jamás.

Las predilecciones de LEIBNIZ por el derecho romano se explican pensando que, de todos los derechos históricos, era el romano el que realizaba más perfectamente en sus normas, los principios y las razones eternas del derecho natural. Por eso insiste LEIBNIZ en la necesidad de distinguir entre la *scientia juris naturalis* y la *scientia juris civilis:* aquélla establece las *leges optima; republicae,* ésta aspira a enfrentar las *leges receptae eum legibus optima; republica*[66]. En el conflicto entre el derecho natural y las leyes positivas, éstas últimas, por razones prácticas evidentes, deben prevalecer.

---

[65] Cfr. LEIBNIZ, *De tribus,* etc. (en MOLLAT, *Op. cit.,* pág. 19), e Introducción al *Codex diplomaticus* (en DUTENS, IV, 3, pág. 297).

[66] Cfr. HARTMANN, *Op. cit.,* pág. 88, nota 2.

Pero al hacer esta afirmación LEIBNIZ reconoce la necesidad de que el legislador no proceda empíricamente en su obra, sino que extraiga luz y normas de los supremos principios del derecho natural.

DESARROLLO Y SISTEMATIZACIÓN DEL PENSAMIENTO JURÍDICO DE LEIBNIZ SOBRE DERECHO PRIVADO EN LOS ESTUDIOS REALIZADOS POR THOMASIUS Y WOLFF

14. LEIBNIZ abría el camino a sus sucesores tanto en el orden teorético como en el orden práctico y político. El principio de finalidad, entendido como realización progresiva e indefinida del bien y de la felicidad individual, la armonía exaltada a ley del mundo físico y moral, la afirmación de la individualidad racional y de la libertad espiritual unida al eudemonismo ético-jurídico, la unión entre el bien y lo útil, entre la felicidad individual y colectiva, la finalidad ética y humanitaria del Estado cuya acción iluminada por la ciencia debía dirigirse al bienestar y a la felicidad general, la visión optimista de la vida y del mundo se convirtieron en otras tantas tendencias y principios indiscutidos de la filosofía y de la legislación de Alemania durante el siglo XVIII.

Particularmente fecunda fue la separación entre derecho natural y positivo, que abrió el horizonte a una concepción realmente filosófica del derecho y del Estado, y suministró el criterio para la interpretación y la reforma del derecho positivo. El desarrollo del pensamiento jurídico de LEIBNIZ puede descubrirse parcialmente en THOMASIUS, ampliamente en WOLFF; y los criterios propuestos por LEIBNIZ para una reforma del derecho positivo hallaron aplicación en la codificación prusiana.

A THOMASIUS, observa STAHL, correspondía el honor de realizar lo que LEIBNIZ había presentido[67]. Si en sus primeros trabajos THOMASIUS reproduce sin originalidad la doctrina de PUFENDORF[68], más tarde, en su *Fundamenta juris naturalis,* su pensamiento se desarrolla con mayor libertad en ese orden de ideas que LEIBNIZ había contribuido a difundir[69].

También para THOMASIUS el derecho natural abarca todas las normas del obrar, y no solo las de lo justo sino también las relativas a la honradez y al decoro, entendiendo con esta expresión todo lo que atañe a los deberes del hombre con respecto a sus prójimos. De LEIBNIZ, THOMASIUS deriva el supremo principio del dere-

---

67 Cfr. STAHL, *Die Philosop. d. Rechts,* vol. I (2ª edic., 1847), pág. 122.

68 Cfr. THOMASIUS CH., *Instituciones jurisprudentiae divinae,* libri tres, in quibus fundamenta juris naturalis secundum hypotheses illustris Pufendorfii perspicue demonstranturet ab objectionibus dissentientium liberantur, etc. Los libros son de 1687, cuando la doctrina de PUFENDORF (cuya obra sobre el derecho natural es de 1672) gozaba en Alemania de la mayor autoridad. Parece que la intención del autor fue desarrollar la doctrina del maestro y defenderla de las objeciones que se le habían dirigido. GIERKE *(Althusius,* etc.), cita, al lado de PUFENDORF, la opinión casi siempre conforme de Thomasius.

69 Los *Fundamenta,* etc. de THOMASIUS fueron publicados en 1705. El libro primero analiza el nuevo principio de la felicidad puesto como fundamento del derecho natural. Los libros siguientes conservan el orden de las *Institutiones juris. dir.* y no tienen otro objeto que el de indicar los puntos en los que el autor se separa de las mismas. Pero estos puntos, observa STAHL *(Op. cit., I,* pág. 122) no consisten casi en otra cosa que aquellos deberes que persiguen la paz o la felicidad interior, y que él mismo antes, siguiendo a PUFENDORF, había tratado como coactivos; en la segunda obra los separa de los deberes exteriores y los declara no coactivos, tales por ej. como la patria potestad.

cho natural: al igual que Leibniz, identifica la felicidad general con la de los individuos. Pero más amplio y original desarrollo tiene en Thomasius la cuestión de las relaciones entre los deberes morales y jurídicos: aquéllos se desenvuelven en la intimidad de la conciencia, persiguen la paz y la felicidad interior, éstos se desenvuelven en las relaciones sociales, garantizan la paz y la felicidad exterior, son coactivos.

La observancia de los deberes morales asegura la máxima felicidad sin tener el carácter de necesidad absoluta: la inobservancia de los deberes jurídicos constituye el daño máximo y engendra el estado de guerra. El elemento coactivo, exaltado por Thomasius a carácter constitutivo del derecho, si por un lado implicaba el reconocimiento del derecho por parte del Estado, con el peligro de confundir lo justo con lo legal, por otro lado fijaba un límite extrínseco insuperable a la acción del Estado en sus relaciones con el individuo. Más que Leibniz sintió Thomasius la necesidad de un criterio prácticamente seguro para substraer la personalidad religiosa y moral del individuo a la acción esencialmente coactiva del Estado[70].

Wolff no hizo más que desarrollar y reducir a sistema racional las ideas que Leibniz había diseminado en gran número de obras. De Leibniz derivó mediante el método los principios de la demostración (el de contradicción y el de razón suficiente) como también el principio supremo de la actividad práctica y operativa del hombre, es decir, la ley de perfección. Con Leibniz afirmó la unidad originaria y esencial de la moral y del derecho, naciendo ambos de la esencia misma de las cosas, obedeciendo ambos a la misma ley de perfección[71]. Conforme con las tendencias de la época, Wolff desarrolló mucho más que Leibniz la noción de derecho subjetivo y dio mayor importancia a la voluntad como fuente del derecho. Distingue tres clases de derechos y de deberes: derechos y deberes innatos, voluntarios y civiles, entre los cuales hay una identidad y armonía esenciales.

En primer lugar, existen derechos y obligaciones que derivan del orden general de las cosas y que son inherentes a la naturaleza misma del hombre *(jura connata, obligationes connatae)*. Su fundamento es absolutamente objetivo: *posita esentia et natura hominis ponitur etiam omne jus connatum* (puesta la esencia y la naturaleza del hombre está puesto también todo el *jus connatum)*. El *jus connatum* es universal, absoluto, igual para todos los hombres, inalienable: comprende los derechos de la personalidad que Wolff reduce a la libertad, a la igualdad, al *jus in omnia*. Las relaciones humanas, cuando se desarrollan racionalmente a base de los derechos y deberes innatos, originan un orden de cosas al mismo tiempo natural y racional, no distinguiendo Wolff entre estado de naturaleza y estado de razón. En el estado originario de naturaleza los hombres son libres e iguales, todos tienen el *jus di usum rerum naturalium necessarium* (derecho inherente al uso de las cosas naturales).

---

70 Sobre Thomasius, como así también sobre la distinción por él desarrollada entre moral y derecho, cfr. Solari, *La scuola del diritto naturale* (Torino, 1904), pág. 41 y sigs.

71 Wolff designa con el nombre de *philosophia practica universalis* aquella parte de la filosofía donde se establecen los principios fundamentales del obrar, es decir, comunes a la moral y al derecho. Con este título escribió en 1739 una obra en la que están contenidos esos principios que desarrolló luego separadamente en el *Jus naturae* (1741-48) y en la *Philosophia moralis* (1750). Las *Institutionis juris naturae et gentium* (1754) son un compendio del *Jus naturae*. En el parágrafo 4 del primer volumen del *Jus naturae*, Wolff dice que el «jus naturae supponit philosophiam practicam universalem» puesto que ésta «traduntur principia juris naturalis».

No solo la naturaleza, sino también la voluntad es fuente de derechos y de deberes en virtud de la ley de perfección que lleva al hombre a *id quod melius est alteri preferendum* (preferir lo que es mejor entre dos cosas). Según WOLFF, todo el derecho privado, particularmente la familia y la propiedad privada, tiene origen en la voluntad que se concreta en el pacto. Como la sociedad doméstica de base monogámica se origina en el consentimiento libre de los cónyuges, así también, mediante un pacto, los hombres renuncian a la comunión primitiva para instituir la propiedad privada de la que se desarrollan los diferentes contratos, comprendida la sucesión, que WOLFF, volviendo a la opinión de GROCIO combatida por PUFENDORF y THOMASIUS[72], considera como una transmisión de bienes entre dos personas, a la cual no le falta nada de lo que exige toda convención. El derecho privado voluntario no contradice al derecho natural innato, sino que lo integra y perfecciona.

Una tercera fuente de derechos y deberes es la sociedad civil, que realiza en más alto grado la ley de perfección, surge del contrato y se propone un triple fin: *vitae sufficientia, tranquillitas et securitas* (comodidad de vida, tranquilidad y seguridad), que constituyen en su conjunto el bien público. Las leyes civiles emanadas de quien tiene el *imperium civile,* son en más alto grado naturales y racionales como la sociedad que tienden a conservar: lo que las distingue de las leyes de naturaleza es el bien público que aquéllas intentan realizar. En el estado civil, la libertad y la igualdad primitivas y las relaciones jurídicas privadas, practicadas por voluntad de los individuos, no son restringidas sino dentro de los límites impuestos por las finalidades del Estado. Al entrar en la sociedad civil los individuos *tantum juris conferre debuerunt quantum ad finem civitatis consequendum requiritur* (tuvieron que aportar sus derechos en la medida que se requería para conseguir los fines del Estado).

Por eso el *jus eminens* del Estado, en orden a la persona y a los bienes de los ciudadanos, es un derecho de excepción que solo puede hacerse valer en los casos de absoluta y evidente necesidad, *salutis publica causa,* con derecho de indemnidad por parte de las personas privadas. Por lo demás, no puede admitirse que el soberano imponga leyes contrarias a la naturaleza: esto equivaldría a reconocer que la acción del Estado puede ser irrazonable y que puede desarrollarse contra aquella ley de perfección que es el fundamento del derecho natural. Además, para garantizar a los individuos y sus naturales derechos contra eventuales violaciones no justificadas por evidentes razones de necesidad, WOLFF reconoce el derecho de resistencia pasiva que se concreta en la desobediencia a las órdenes del soberano que sean contrarias *legi naturae.* Con esto WOLFF se situaba en terreno opuesto a la doctrina dominante de PUFENDORF y de THOMASIUS, según la cual el derecho natural es un derecho imperfecto desprovisto de acción, mientras que el derecho perfecto solo es aquel que emana de una voluntad, bajo la forma de un mando, y que puede imponerse coactivamente. Ya LEIBNIZ había reaccionado contra semejante doctrina; le parecía que no era esencial al concepto del derecho el carácter de

---

72 GABBA *(Essai sur la véritable origine du droit de succession,* Bruxelles, 1858), cita en la pág. 129 una obra de THOMASIUS sobre las sucesiones: *De origine successionis testamentariae,* donde THOMASIUS observa que tampoco aquellos que no derivan el testamento *a jure naturali sed a jure civili* (del derecho natural sino del derecho civil), no niegan *testamenti factionem posse in rempublicam introduci, si peculiaris reipublicae utilitas suadeat* (que el derecho de hacer el testamento pueda ser introducido en el Estado si lo aconseja lo útil particular del Estado mismo).

coacción; y buscaba su fundamento no en la voluntad sino en la esencia divina. Wolff, desarrollando el pensamiento de Leibniz, reconoció al derecho natural, innato o voluntario, todos los caracteres de un derecho perfecto que tiene valor por sí, independientemente de la voluntad del soberano a quien, antes bien, corresponde respetarle y hacerle observar[73].

Resumiendo: dos son las direcciones de pensamiento que se perfilaron en Alemania con respecto a la naturaleza del derecho privado. De un lado, los jusnaturalistas de la escuela de Pufendorf y Thomasius, aun admitiendo el origen natural y preestatal del derecho privado en sus instituciones fundamentales, familia y propiedad, consideraban la coacción como elemento esencial del derecho, confundiéndose, en los resultados prácticos, con aquellos que con el ejemplo de Hobbes sostenían el origen y la naturaleza civil de las instituciones de derecho privado. De otro lado, los partidarios de Leibniz y de Wolff sostenían el origen natural del derecho privado, su valor intrínseco independiente del reconocimiento y de la voluntad del soberano, que, antes bien, debía modelar sobre aquél el derecho positivo. Con Leibniz y con Wolff la causa de la libertad individual —que era la de la autonomía del derecho privado— triunfa sobre la razón de Estado y sobre las tendencias absolutistas; éstas quedan representadas por el *jus eminens,* aunque limitado y casi paralizado por el reconocido *jus resistendi.* Wolff representa el eslabón entre el eudemonismo ético-político y el racionalismo kantiano decididamente favorable al principio de la individualidad[74]. Lo cierto es que la Codificación prusiana se desarrolló directamente bajo la influencia de las doctrinas de Leibniz y de Wolff, que prepararon para aquélla los elementos formales y materiales.

LAS VICISITUDES HISTÓRICAS DE LA CODIFICACIÓN PRUSIANA. EL PROYECTO DE CÓDIGO CIVIL ELABORADO POR COCCEJI (1749 - 1751) Y LAS CAUSAS DE SU FRACASO. CARMER Y LA PREPARACIÓN SISTEMÁTICA Y COLECTIVA DEL CÓDIGO PRUSIANO (1794). CARACTERES DEL CÓDIGO PRUSIANO, DISTRIBUCIÓN DE LA MATERIA, INFLUENCIAS GERMÁNICAS Y ROMANAS. EL CÓDIGO PRUSIANO Y LA FILOSOFÍA DEL ILUMINISMO. SOBRE EL SIGNIFICADO SOCIAL DEL CÓDIGO PRUSIANO.

15. El año 1731 señala, según Landsberg, el principio de una reforma radical del derecho privado positivo y de la jurisprudencia, en los caminos trazados por la escuela del derecho natural[75]. La idea de Leibniz de codificar el derecho privado tomando como modelo el derecho romano que realizaba más perfectamente las

---

[73] La distinción entre *jus perfectum et imperfectum,* entre *obligatio perfecta et imperfecta,* se encuentra también en Wolff *(Philosophia prac. unir.,* § 235 y sigs. *Instit. jur. nat.* § 80), pero con el fin de distinguir los derechos y deberes jurídicos coactivos de los morales espontáneos. El carácter perfecto o no de un derecho depende de la naturaleza de las cosas, no de las leyes civiles o del arbitrio del soberano.

[74] Stahl *(Op. cit.,* vol. II. parte Ii, 3ª edic., 1854, pág. 87), observa que Wolff, sustituyendo el principio eudemonístico de la felicidad por el de la perfección como fundamento de su sistema, inauguraba el racionalismo ético-jurídico, puesto que, en último análisis, hacía consistir la perfección en la conformidad con la norma dictada por la razón.

[75] Cfr. Landsberg, *Geschichte der deutschen Rechtswissenschaft. Dritte Abth.* (Leipzig, 1890), pág. 272. Las dos primeras partes de esta obra pertenecen a R. Stintzing. En 1731 aparecen las obras de Carmer *(De optima jura docendi methodo),* de Ickstatt *(Meditaciones de studio juris),* de Schierschmidt *(De servitutibus).*

condiciones de un derecho ideal o racional, adquiere forma concreta en 1738, cuando Federico Guillermo I de Prusia encomendaba a SAMUEL COCCEJI la elaboración de un derecho territorial estable y eterno. La misma misión de COCCEJI era confirmada por Federico el Grande con una ordenanza del 31 diciembre 1746, en la que recomendaba fundar el nuevo derecho prusiano sobre la razón pura y sobre los principios constitucionales del país *(bloß in der Vernunft und Landes-Verfassung)*[76]. La idea de un derecho cierto y universal fue la que realizó COCCEJI en el proyecto de Código Civil[77] que él mismo llama *jus naturæ; privafum* y que de hecho se reduce, como dice LANDSBERG, a una idealización del derecho romano. Este último, en efecto, sirvió de guía y de modelo al autor, por el orden y la distribución de la materia, por sus principios y por el método rigurosamente geométrico que se ha seguido[78].

Pero su obra no fue coronada por el éxito: la razón pura, sin la guía y el control de la experiencia histórica, no puede crear ningún sistema jurídico positivo. El sacrificio de las tradiciones jurídicas germánicas en una época de despertar de la conciencia racional, provocó una reprobación general contra la obra de COCCEJI. Se comenzó a criticar la pretendida identificación del derecho natural con el derecho romano, sosteniendo muchos que el derecho germano respondía mejor que el romano a las exigencias de un derecho racional: por otra parte, se puso de manifiesto la imposibilidad de derivar el derecho positivo en todas sus partes del derecho de naturaleza[79]. El desarrollo de las ideas y de los acontecimientos señaló un retorno a las ideas expuestas por LEIBNIZ en orden al verdadero significado del derecho romano, a los criterios que debían seguirse en la Codificación, al respeto de que eran acreedoras las tradiciones germánicas, sobre todo a la necesidad de distinguir entre derecho natural filosófico y derecho positivo.

La obra de la Codificación, que la muerte de COCCEJI (1755) y el fracaso de su proyecto habían interrumpido, fue reiniciada, con métodos y entendimientos más correspondientes a su objeto, por iniciativa del mismo Federico II que, por ordenanzas del 6 y del 14 de abril de 1780, confiaba al Gran Canciller von Carmer la grave tarea de una revisión general del derecho[80]. El nuevo Código prusiano no fue obra individual de un hombre, sino la obra colectiva de muchos expertos y versados en derecho romano y germano, como también en las doctrinas del derecho

---

76 Sobre la Codificación prusiana cfr. FÓRSTER-ECCIUS, *Preussisches Privatrecht* (7 Aufl. Berlín, 1896), I Bd., pág. 4. Federico II expone sus ideas de reformas jurídicas en la *Dissertation sur les raison d'établir ou d'abroger des lois* (*Ocurres de Fréderic le Grand* (1849), vol. IX).

77 El proyecto de COCCEJI tiene este título: *Project des corporis juris Fridericiani.* En 1749 apareció la primera parte que comprende el derecho de las personas y de familia; en 1751 apareció la segunda parte relativa al derecho sobre las cosas y al derecho hereditario. La tercera parte, que contenía el derecho de obligaciones y el derecho criminal, no fue publicada habiéndose perdido su manuscrito. Cfr. el ensayo de TRENDELENBURG, *Fried d. Gr. und sein Grosskanzler S. v. C. Beitrag zur Geschichte der ersten iustizreform und des Naturrechts* (Berlín, 1863); SCLOPIS, *Della legislazione civile* (Torino, 1838), págs. 127-128.

78 Desde 1740 COCCEJI, en una obra titulada *Elementa justiae naturalis et romanae,* sostenía la tesis de la perfecta igualdad entre el derecho natural y el derecho romano.

79 En LANDSBERG, (*Op. cit.,* cap. VIII), pueden leerse las discusiones entre partidarios y adversarios de WOLFF, del derecho romano y del germano, de la identificación del derecho natural con el derecho positivo.

80 Acerca del contenido de las dos ordenanzas citadas, cfr. FÖRSTBR-ECCIUS, *Op. cit.,* I, págs. 6-7.

natural[81]. Se tuvo en cuenta al derecho romano en sus fuentes justinianeas liberadas de las sutilezas y contradicciones en que estaban envueltas: pero no menor importancia se dio al derecho nacional, a las costumbres, estatutos locales y particulares, en el intento de hacer una obra que fuera verdaderamente alemana por su contenido, por su espíritu y por su lengua. El derecho natural tuvo un cometido esencialmente crítico y deontológico: se lo presentó a los redactores del Código como un modelo digno de imitar, pero estaba muy lejos de su pensamiento que aquél hubiera de traducirse en normas de derecho positivo. Después de largos estudios y de tres proyectos, el Código entró en vigor el *V* de junio de 1794, bajo el título de *Allgemeines Landrecht für die KöniglichPreussischen Staaten*[82].

El Código prusiano reemplazaba al derecho romano en su calidad de derecho común del reino de Prusia: y sin embargo, al igual que el derecho romano, tenía por lo menos en teoría, un valor puramente subsidiario. Continuaron, pues, en vigor con preferencia al mismo Código, las costumbres y los estatutos locales[83]. Por su forma, observa LANDSBERG[84], el Código prusiano se distingue por la brevedad y claridad matemática de sus disposiciones; por su contenido, excede los estrechos límites del derecho privado para abrazar, según el sistema de WOLFF y de DARJES, materias extrañas[85]. El orden de la materia no difiere del que se había adoptado generalmente después de PUFENDORF; se parte del individuo para pasar a estudiarlo en la familia, en la clase social, en la corporación, en la Iglesia y en el Estado del que era parte inseparable. Justamente observa Eccius que el Código prusiano no tiene por fundamento una doctrina del derecho objetivo, sino que parte del supuesto de que el derecho existe solo como derecho de la persona, que solo tiene valor en cuanto pertenece a un sujeto y sigue a la persona en todas sus relaciones sociales[86].

---

81 La ordenanza del 15 de abril de 1780 quiso dejar explícitamente excluidos de la redacción del Código a los profesores *weil diese immer zu weitläufig*. La mente directiva de la Codificación prusiana fue Carmer: la reunión del material y la redacción de los diversos proyectos hasta el definitivo de 1794, fue obra particular de Suárez, coadyuvado por Klein, Baumgarten (sustituido luego por Gossler) y Grolmann. Las más conspicuas personalidades, aún del exterior, como así también los cuerpos legislativos y judiciales, fueron invitados a dar su parecer en torno a los diversos proyectos del Código. Estos pareceres, reunidos y ordenados, constituyeron el *Extractus monitorum,* particularmente notable para la historia de la Codificación prusiana.

82 El primer proyecto, preparado por Suárez y por Klein, no fue publicado sino sometido a la consideración de los miembros de la Comisión legislativa. El segundo proyecto fue publicado en seis partes, desde 1784 a 1788 bajo el título: *Entwurf eines allgemeinen Gesetzbuchs für die preussischen Staaten.* El tercer proyecto fue publicado el 20 de marzo de 1791 con el título: *Allgemeine Gesetzbuch für die preussischen Staaten.* Este debía entrar en vigor el 1' de junio de 1792, pero por las oposiciones que levantó, tuvo que ser retirado y sometido a una nueva revisión, volviéndose a publicar en forma definitiva el 5 de febrero de 1794.

83 Los estatutos y leyes particulares de las provincias debían convertirse en el término prefijado de tres años en otros tantos Códigos particulares, cosa que solamente ocurrió en la Prusia oriental en 1801-02; en el resto de las provincias de la Prusia occidental dicha unificación se cumplió en 1844.

84 Cfr. LANDSBERG, *Op. cit.*, pág. 463.

85 DARJES cs el autor de las *Institutiones jurisprudentiae privatae Tomano-germanicae;* fue partidario de WOLFF y maestro de Suárez que tanta participación tuvo en la redacción del Código prusiano.

86 Cfr. FORSTER-ECCIUS, *Op. cit.*,I, pág. 23.

De las dos partes de que consta el Código prusiano, la primera se refiere al derecho más propiamente individual que LEIBNIZ había llamado *jus strictum proprietatis.* Este comprende los principios relativos a la naturaleza del derecho, al sujeto y al objeto de los derechos, al contrato y a las lesiones, a la posesión, a la propiedad, a la servidumbre, a los modos de adquisición de los derechos mediatos e inmediatos entre vivos y por causa de muerte, al mandato y al cuasi-contrato, a la garantía de los derechos mediante caución, *fidejussio* y prenda, a la extinción de las obligaciones, a la comunión y división de la propiedad, a la enfiteusis, al derecho de hipoteca, de uso, usufructo, locación, a las servidumbres legales y a la expropiación.

La segunda parte se refiere a los derechos de la personalidad ideal extendida, esto es a las relaciones jurídicas de la persona en la familia, en la sociedad, corporación, orden social o Estado[87]. Dentro del derecho familiar encuentran lugar las relaciones jurídicas que nacen del parentesco (los derechos sucesorios *ab intestato)* como también los derechos relativos a la familia considerada como un ente diferente de los miembros que la constituyen (fideicomisos y fundaciones de familia). Contra la tendencia general de la época, el Código prusiano considera a todos aquellos órdenes y cuerpos sociales que, en virtud de tradiciones históricas, se habían establecido entre el individuo y el Estado: es por eso que han sido sancionadas normas para la clase de los agricultores, para la burguesía, para los comerciantes, para el orden de los nobles, de los militares, eclesiásticos, funcionarios del Estado, campesinos, quienes, no teniendo representación en ninguna de las constituciones provinciales de la monarquía prusiana, debían ser especialmente recomendados a la protección de, la ley común[88]. Los derechos correspondientes a las Comunas, a las Iglesias y comunidades eclesiásticas, a las escuelas y universidades, los derechos y deberes del Estado, los derechos feudales, la legislación financiera y penal, las disposiciones para los indigentes y para la asistencia pública, forman parte integrante del Código prusiano.

La estructura general del Código prusiano corresponde a las tradiciones germánicas, a las doctrinas del iluminismo y del eudemonismo, tal como LEIBNIZ y WOLFF las habían elaborado. El derecho romano, que según la idea de los redactores del Código debía constituir el fundamento general, la regla, la medida, no puede considerarse como el elemento predominante de aquél: cuando no se halla íntimamente ligado con el derecho germano hasta el punto de no poder distinguirse, sigue siendo siempre el derecho romano tal como se aplicaba en los países de la monarquía y como se hallaba en vigor en las costumbres del foro[89].

El derecho germano no solo fue aceptado casi exclusivamente en esa parte del Código que regulaba las relaciones de familia y de sucesión, sino que prevaleció en el ordenamiento de la materia, en el espíritu de tutela y de protección que lo informa, en su extensión a las relaciones habitualmente consideradas de derecho

---

[87] En las ediciones posteriores del Código fue desdoblada la segunda parte. En la más reciente edición de 1855, la materia se halla distribuida en cuatro partes. La tercera parte comprende el derecho que podría llamarse social, el derecho público y penal. La cuarta comprende las leyes civiles dadas con posterioridad al Código.

[88] Cfr. SCLOPIS, *Op. cit.*, pág. 130, nota 3.

[89] Sobre la parte que toca al derecho romano en el Código prusiano, cfr. SAVIGNY, *Vom Beruf unserer Zeit für Gesetzgebung und Rechtswissenschaft* (2ª edic., Heidelberg, 1828), pág. 81 y sigs. Sabemos que la obra de la Codificación prusiana comenzó con un compendio del *Corpus juris* elaborado por Volkmar sobre un esquema sistemático de Suárez.

público, en una serie de instituciones incompatibles con la concepción romana del derecho y de las relaciones entre individuo y Estado. En el Código el hombre es considerado desde dos puntos de vista diferentes: como individuo y como ser sociable, como unidad y como parte integrante de un todo; por eso el Código, debiendo reflejar el concepto integral del derecho, abraza las dos manifestaciones de la existencia humana y otorga a ambas igual valor. La primera parte del Código está dedicada, en efecto, al derecho individual exclusivamente, que se desarrolla entre los sujetos del derecho (individuos o entes morales) considerados como individualidades o unidades en sí mismos, sobre la base de la coordinación, de la igualdad y de la independencia. La segunda parte trata de los hombres y de los entes morales en cuanto son partes de organismos más vastos y elevados: en tal calidad descansa sobre relaciones de subordinación jerárquica e implica la dependencia y la desigualdad de los sujetos del derecho.

Mientras, según la tradición romana, los elementos de la vida jurídica son dos: individuo y Estado, de donde deriva la simple y natural distinción entre derecho privado y público, según la concepción germana del derecho admitida en el Código, los elementos de la vida jurídica son: el individuo, las clases sociales, el Estado, de donde proviene la distinción entre derecho individual, derecho de los diversos órdenes y cuerpos sociales, derecho público.

No puede sostenerse que el Código prusiano sacrifica el individuo a las exigencias colectivas, mientras le reconoce entre los varios órdenes un valor autónomo, una esfera de libre desarrollo jurídico; y si opone límites a la libertad del individuo, dichos límites lo son en la medida de los derechos concedidos, y tienden a evitar la arbitrariedad, a elevar éticamente al individuo mismo.

Entre el derecho consagrado por el Código y el derecho natural —sobre todo el de la escuela representada por NETTELBLADT[90] y DARJES, posterior a WOLFF— se advierte la relación que LEIBNIZ había señalado entre el derecho positivo y el racional. Según las enseñanzas de LEIBNIZ el legislador debe colocarse en el punto de vista de la realidad concreta y, en lugar de traducir en normas positivas los principios del derecho natural, debe partir de las leyes vigentes, de los usos consagrados por la tradición histórica para corregirlos y modificarlos, adoptando como modelo y guía el derecho natural. El concepto de LEIBNIZ y de WOLFF sobre la existencia de un derecho de naturaleza sobre el cual modelar las diversas partes del derecho positivo, dominaba a tal punto en el seno de la Comisión del Código que, en 1788, a propuesta de Suárez, se invitó a los juristas a componer un libro elemental sobre el nuevo derecho prusiano. El libro se dividiría en dos partes: la primera, escrita en latín, debía resumir los principios de derecho natural que constituían el fundamento teórico del Código; la segunda, en lengua alemana, debía ser un extracto del Código.

La influencia de las doctrinas y de la escuela del derecho natural, tal como se desarrolló en Alemania, sobre el Código prusiano, puede evidenciarse por el gran número de disposiciones que reflejan las tendencias iluministas y eudemonistas de la época, tendencias que armonizaban con el carácter social del derecho germano.

---

[90] NETTELBLADT es el autor de los *Unvorgreifliche Gedanken von dem heutigen Zustand der bürgerlichen und natürlichen Rechtsgelehrtheit in Deutschland,* etc. (1749). En esta obra el autor sostiene que no todas las normas de derecho positivo pueden ser derivadas *a priori* de los principios del derecho filosófico.

El Código prusiano refleja, en efecto, una de las más categóricas tendencias del despotismo iluminado a impedir por medio de la ley toda arbitrariedad del juez. Y realmente, en esa tendencia a prever todo, a contemplar todos los casos posibles con normas positivas, reside a un tiempo la característica y el defecto del Código prusiano. Federico II, dominado por las doctrinas del derecho natural, había acariciado la idea de un Código simple, popular, completo, de manera que el juez no tuviera que hacer otra cosa que aplicarlo. De acuerdo con su voluntad expresa, en el proyecto de Código de 1788 está absolutamente prohibida al magistrado toda interpretación de la ley, y se prescribe que en los casos en que la ley no se pronuncia o es ambigua, debe recurrirse a la Comisión legislativa, que era una suerte de poder legislativo[91]. Esta disposición ha sido modificada en el Código prusiano, en el sentido de que el juez, al tomar la decisión, debía tener presente la finalidad que inspiró la ley, y que en todos los casos, aun frente al silencio de la misma, debía pronunciarse según los principios generales del Código y según lo que prescribe la ley para casos análogos[92].

La influencia de la escuela del derecho natural sobre el Código se revela también en la preocupación por el bien y la felicidad general que inspira muchas de sus disposiciones. La política y las idealidades del Estado paterno o iluminado originan las múltiples medidas de protección y de tutela con vistas a impedir la explotación de los débiles física o económicamente. Por eso, contra lo que sucede en el derecho común, en el Código prusiano se da particular importancia a la forma que deben revestir las relaciones jurídicas: en el derecho familiar y en el derecho hipotecario, el Estado interviene en defensa del menor y del deudor, respectivamente. Es característica la posición del tutor en el Código prusiano: para todos los actos de su administración debe depender a su vez de un tutor superior, que es el Tribunal. La buena fe está defendida mucho más que en el derecho romano, al mismo tiempo que se extiende el concepto de la mala fe y de los daños consiguientes. Por último, el reconocimiento legal del derecho a la asistencia halló su expresión codificada en el Código prusiano.

Pareció a muchos[93] que el Código prusiano consagraba disposiciones no solamente de índole social, sino también correspondientes a un ideal socialista. Nada más erróneo, a nuestro entender, que esta afirmación que confunde los elementos sociales derivados del derecho feudal y germano así como del eudemonismo político del siglo XVIII, con las idealidades socialistas que se vinculan a condiciones de hecho y a premisas filosóficas absolutamente diversas. Se olvida, por un lado, que el derecho germano reconoció en la forma más solemne el principio de la personalidad individual, y, por el otro, que el Estado en el siglo XVIII tendía, con su acción iluminada, a la mayor felicidad y perfección individual. Le falta al Código prusiano

---

91 Ver Ordenanza de Federico II, de 1780; *Entwurf*, etc., § 34-36.

92 *Landrecht, Einl.*,§ 46-49. Con esto se limitaba en forma considerable el recurso a la Comisión legislativa, y también cuando éste tenía lugar, la decisión de la Comisión solo vinculaba al magistrado peticionario, y se admitían remedios de derecho contra la sentencia de la Comisión. *(Landrecht, Einl.,* § 47-48). En el *Erster Anhang zum L. R.* (Berlín, 1803, § 2) también este limitado recurso a la Comisión es abrogado y el juez se encuentra autorizado, en cada caso, a la interpretación de la ley.

93 Recordemos entre otros a BLONDEL *(Code civil allemand et les ouvriers,* 1901); CHIRONI *(Individualismo e la funzione sociale nel diritto,* Torino, 1898); BARASSI *(Il contratto di lavoro nel diritto positivo italiano,* Milano, 1901); STEIK *(La question sociale au point de vue philosophique,* París, 1900, cap. XVII).

esa base de hechos y de doctrinas que por sí sola podría justificar una concepción socialista del derecho y del Estado. Aquél, no solo no obedece a postulados de igualdad económica, sino que afirma la rígida separación de las clases sociales y se halla totalmente penetrado del espíritu de subordinación jerárquica medieval.

Si las partes más propiamente sociales del Código prusiano fueron letra muerta en el siglo XIX, ello no debe atribuirse, como sostienen entre otros Chironi y Barassi, a la índole de la materia tratada sino al espíritu medieval que la anima, es decir, a esa forma de socialismo corporativo o de clase que fue definitivamente superado con la Revolución francesa. La protección y la asistencia a los débiles y a los indigentes, consagradas en el Código prusiano, revisten todos los caracteres de concesiones a las que no se tiene derecho, pero que es interés del Estado reconocer. Por otra parte, en el Código prusiano la sociedad o no se distingue de la suma de los individuos o se confunde con el Estado cuyas finalidades son a menudo opuestas a las de la sociedad. De ninguna manera puede sostenerse, pues, que el Código prusiano consagre una especie de socialismo de Estado; él es más bien la consagración del individualismo mediante el Estado, de las aspiraciones de los nuevos tiempos bajo formas medievales: más que anticiparse al porvenir, prolonga el pasado, y por eso debía perder autoridad a medida que el individuo se liberaba de los vínculos políticos corporativos de clase, y a medida que la sociedad se afirmaba como unidad autónoma frente al Estado.

B. Codificación francesa

ESTADO DE LA LEGISLACIÓN CIVIL EN FRANCIA DURANTE EL SIGLO XVIII. DERECHO ESCRITO Y DERECHO *COUTUMIER*. PRIMERAS TENTATIVAS DE UNIFICACIÓN DEL DERECHO PRIVADO. LA OBRA DE DOMAT Y DE POTHIER

16. La legislación civil en Francia durante el siglo XVIII se hallaba agitada, lo mismo que en Alemania, por una profunda crisis debida, por una parte, a la multiplicidad y disformidad de las leyes civiles, y por otra, a la necesidad de unificar y reformar dichas leyes según el espíritu de los tiempos y conforme a la nueva conciencia jurídica que se había ido elaborando bajo la doble presión de los hechos y de las ideas.

Desde tiempos remotos Francia se hallaba dividida en dos campos distintos por una doble legislación civil. En el mediodía dominaba el llamado derecho escrito, es decir, el derecho romano justinianeo o teodosiano modificado por las costumbres y estatutos locales. En esta región de Francia el espíritu y los principios del derecho romano se reconocían en la concepción autoritaria de la familia fuertemente unificada en el jefe, quien gozaba de plenos poderes sobre los hijos y la mujer, en la concepción estrechamente individualista de la propiedad y en la amplia libertad de contratar y de testar. En cambio, en la Francia septentrional encontramos una legislación civil de origen germánico, constituida por un variado complejo de usos y de costumbres *(droit coutumier)* que remontaban a la época de los Carolingios y que, no obstante modificados por los tiempos y por las condiciones locales, conservaban el espíritu y el carácter propios del derecho germano. En esta parte de Francia no se conocía ni el derecho absoluto del padre, ni la libertad ilimitada para testar, ni el régimen dotal de la mujer: a su vez, el sentido de la solidaridad familiar y social se asociaba a un fuerte sentimiento de la individualidad, atenuando sus efectos. Tanto el derecho escrito como el derecho consuetudinario habían sufrido modificaciones sustanciales y profundas a raíz de la extensión por toda Francia del régimen feudal, por un lado, con las consiguientes distinciones de las tierras en dos clases, y por el otro lado, con la expansión del derecho canónico que reguló sobre nuevas bases el estado de las personas y las formas del matrimonio[94].

En medio de esta multiplicidad informe de leyes civiles debe señalarse, sin embargo, una constante tendencia a la unidad, tendencia que con el tiempo y mediante el concurso de circunstancias favorables se fue haciendo más decisiva y gene-

---

[94] Para las noticias históricas relativas al estado de la legislación civil en Francia durante el siglo XVIII, ver Sagnac, *La'législ. civ. de la Rév. Francaise* (París, 1898), Introducción, cap. I, secc. I; Vigié, *De la nécessité d'une édition du Code civil au point de vue historique* (en *Le Code civil, 1804-1904, Livre du Centenaire,* París, 1904), tomo I, pág. 25 y sigs.

ral. Por más de dos siglos, la redacción y codificación del *droit coutumier* fueron primordial preocupación de la monarquía y de los jurisconsultos[95]. Durante los siglos XVII y XVIII las ordenanzas de los reyes de Francia, preparadas por los más destacados jurisconsultos de la época, constituyeron un medio eficaz de unificación y de reforma del derecho privado. A esos fines se dirigían las ordenanzas dictadas por Luis XIV con la cooperación de Lamoignon, sobre todo la ordenanza civil de 1667 y la comercial de 1673[96]. Bajo Luis XV, el canciller D'AGUESSEAU fue el autor de tres notables ordenanzas destinadas a organizar y unificar la materia concerniente a las donaciones (1731), los testamentos (173 5) y las sustituciones (1747). Estas tres ordenanzas fueron, según observa SCLOPIS, «hablando concretamente, los primeros ensayos de un verdadero Código civil»...[97].

No solo la legislación positiva, sino también los jurisconsultos, con sus obras, concurrieron eficazmente a la causa de la unidad y uniformidad del derecho privado. Ya Lamoignon había pensado unificar los múltiples usos y costumbres, y sus sentencias son consideradas como una tentativa de realización de su vastísimo plan[98]. Pero fueron sobre todo las obras de DOMAT y POTHIER las que cumplieron con el fin de una legislación uniforme. DOMAT, que según expresión de BOILEAU fue «le restaurateur de la raison dans la jurisprudence», tuvo en vista, más que el coordinar y conciliar los textos del derecho romano o las *coutumes,* la formación de un sistema completo de derecho civil. El derecho romano, despojado de los elementos históricos y contingentes, sirvió a DOMAT para llegar a los supremos y generales principios de razón[99]. Y así como DOMAT, también POTHIER buscó la unidad y la racionalidad de los principios jurídicos en el derecho romano. «Aprés les livres saints —observa— il n'y a rien de plus utile pour le gouvernement de la société humaine que ce divin ouvrage des Pandectes», mientras que el derecho *coutumier* es un derecho «sans principes, sans lien, sans unité, formé au hasard d'un amas de décisions incoherentes»[100]. Después de haber reordenado con las *Pandectae,* y conforme a un esquema metódico y racional, el derecho romano, de manera de hacerlo servir para la interpretación y reforma del derecho civil francés[101], después de una correspondiente reconstrucción sistemática del derecho *coutumier* llevada a cabo en ocasión de su *Commentaire de la Coutume d'Orléans* (1760)[102], después de un profundo estudio sobre el derecho feudal[103] y canónico, POTHIER emprendió esa grandiosa obra de sistematización y unificación del derecho privado francés, que fue el antecedente histórico inmediato y necesario de la codificación. Con un profundo sentido de oportunidad,

---

95 Sobre la progresiva formación de un derecho común *coutumier* cfr. VIGIÉ, *Op. cit.,* página 30.

96 En la introducción a la ordenanza de 1667 se dice que el objeto de ella es «former un corps de lois claires, précises et certaines».

97 Cfr. SCLOPIS, *Op. cit.,* III, pág. 102; THÉZARD, *Influence des travaux de Pothier et du chancelier D'Aguesseau sur le droit civil moderne* (en «Rev. hist. de droit franc. et étranger», 1866, tomo XII, c. III).

98 Cfr. D'AGUESSEAU, *(Euvres,* I, pág. 397 (citado por SCLOPIS, *Op. cit.,* pág. 104). La primera edición de los «arréts» de Lamoignon es obra póstuma publicada en París en 1972.

99 El tratado de DOMAT, *Lois civiles dans leur ordre naturel,* fue publicado de 1690 a 1697.

100 Así dice POTHIER en la introducción a sus *Pandectae Justiniance in novum ordinem digestae* (1748).

101 Cfr. PACCHIONI, *Corso,* etc., pág. 486.

102 Sobre el origen, carácter y extensión del derecho *coutumier,* cfr. la introducción general al *Commentaire de la coutume d'Orléans;* THÉZARD, *Op. cit.,* c. IV.

103 Cfr. Introduc. al tít. I («Des Fiefs») del *Commentaire,* etc.

Pothier inició la unidad legislativa en el campo de las obligaciones y de los contratos, es decir, en ese campo en que, no obstante la aparente arbitrariedad de los hombres, domina la uniformidad de los principios, determinada por la uniformidad constante de las necesidades humanas[104].

La equidad natural es el criterio constantemente invocado por Pothier para resolver dudas, para colmar las deficiencias del derecho positivo. En virtud de este criterio el elemento filosófico penetraba en los estudios sobre derecho civil y los jurisconsultos se asociaban a los jusnaturalistas en la reforma y en la unificación del derecho privado. Es indudable que la causa de la unificación, favorecida por razones políticas y por imprescindibles exigencias históricas, por obra, de un lado, de la monarquía, y de otro, de la doctrina y de la jurisprudencia, podía considerarse como causa triunfante ya en vísperas de la Revolución. Pero no debía faltarle a ella el concurso de las doctrinas filosóficas, que, en sus diferentes direcciones, tendían desde hacía más de un siglo al mismo objeto.

LA ESPECULACIÓN FILOSÓFICA EN FRANCIA, EN SUS DIVERSAS DIRECCIONES EN RELACIÓN CON LA REFORMA CIVIL. REACCIÓN CONTRA EL CARTESIANISMO EL ESCEPTICISMO Y LA CRÍTICA FILOSÓFICA. LA DIFUSIÓN DEL PENSAMIENTO FILOSÓFICO Y POLÍTICO INGLÉS EN FRANCIA DURANTE LA PRIMERA MITAD DEL SIGLO XVIII. LA DOCTRINA FISIOCRÁTICA Y LA NUEVA CONCEPCIÓN DEL DERECHO NATURAL DE BASE ECONÓMICA. LOS FISIÓCRATAS Y LA CODIFICACIÓN DEL DERECHO PRIVADO.

17. En Francia el individualismo, en sus premisas teoréticas y en sus aplicaciones prácticas, se ligaba, por un lado, al racionalismo cartesiano, que era la dirección filosófica tradicional dominante, y, por otro lado, al empirismo y naturalismo de origen inglés. De Descartes, el individualismo derivaba la doctrina de las ideas innatas, el criterio subjetivo de la verdad, el método geométrico, la consideración de la personalidad racional del hombre, el desprecio hacia la historia, hacia la autoridad y la tradición. Pero bajo la influencia de Descartes, el individualismo no había logrado salir del dominio de la metafísica, ni penetrar en el campo de las cuestiones jurídicas y políticas. Baste decir que, durante el siglo XVII, Francia había sido poco menos que extraña al movimiento de ideas que en Inglaterra había conducido al triunfo de la Revolución y del régimen constitucional, y al triunfo del absolutismo iluminado de Alemania. Los efectos del espíritu cartesiano en las ciencias jurídicas se registraron en el siglo XVIII, primero en forma negativa con respecto a la crítica de las instituciones vigentes, y luego en forma positiva con respecto a la tendencia a derivar todo el saber jurídico de la idea innata de justicia mediante el uso de la razón individual, fuera de cualquier experiencia histórica y psicológica, con método rigurosamente geométrico.

El individualismo racional, de origen metafísico y religioso^ en sus aplicaciones a las cuestiones jurídicas y políticas mantenía en Francia su carácter aristocrático y conservador. Aunque de los cartesianos derivaba el espíritu crítico, el método y la

[104] La obra fundamental de Pothier es el *Traité des obligations* (1761), primero de una larga serie de tratados que abrazan toda la materia contractual. Al derecho familiar pertenecen el *Contrat de mariage* y el *Traité sur la puissance du mari* (1768); a los derechos reales pertenecen el *Traité du domaine de propriété* y el *Traité du droit de possession* (1771-72), y completan su obra el desarrollo de los derechos sucesorios e hipotecarios.

tendencia racional, Voltaire fue adversario decidido del cartesianismo oficial y reaccionario, cuya metafísica adormecía las mentes antes que despertarlas a la conciencia de sí y del propio valer. Solamente en el siglo XVIII vemos en Francia al individualismo pasar, del dominio del pensamiento y de la conciencia, al dominio de la acción; de especulativo que era le vemos convertirse en norma del obrar, de aristocrático y racional transformarse en democrático altruista y sentimental y difundirse entre esa clase numerosa que sufría con más intensidad los vínculos del pasado y que más conciencia tenía de la propia fuerza y del propio derecho.

Esta transformación del individualismo aconteció bajo la influencia de las doctrinas filosóficas y de las instituciones políticas inglesas, conocidas y admiradas gracias a la obra de Voltaire y de Montesquieu. Sin embargo, las doctrinas filosóficas y políticas, al pasar de Inglaterra a Francia exageran el principio que las informa llegándose al sensualismo de Condillac, al sentimentalismo de Rousseau, al materialismo de los enciclopedistas y al absolutismo democrático y contractual.

El derecho privado, al renovarse sobre otras bases, debía experimentar la influencia del distinto modo de entender el ideal individualista y de realizarlo en las instituciones. Si era común la idea de que al hombre en su calidad de tal le incumben derechos naturales anteriores y superiores a las legislaciones positivas, derechos que se resumían en el doble concepto de libertad y propiedad, si todos coincidían en que la reforma del derecho privado solo era posible mediante la codificación, que representaba la unidad y uniformidad formal del derecho privado correspondiente a la unidad y uniformidad de la naturaleza humana y de sus naturales derechos, diferían profundamente los medios propuestos para llevar a cabo el fin. En Francia, como en otras partes, vemos perfilarse dos escuelas: una liberal, con tendencia a convertir al individuo en intérprete y árbitro de su derecho natural, y la otra absolutista, tendiente a hacer del Estado el representante del individuo en el logro de sus fines.

Mayor aceptación encuentra entre los juristas la doctrina liberal, que en sus aplicaciones al derecho privado está constituida por elementos racionales y utilitarios en cuanto tiende a concebir el derecho como un principio de razón y de utilidad al mismo tiempo. Según esta dirección de pensamiento el derecho tiene por finalidad lo útil individual; es la expresión no de una razón suprema extrínseca al hombre, sino de la tendencia natural, y por lo tanto racional, de cada uno a actuar según su propio interés. La vida jurídica responde a exigencias racionales en cuanto es el reflejo de necesidades reales y tiene un contenido esencialmente económico. La sociedad es la reunión de individuos iguales, con iguales necesidades y dotados de iguales derechos; así como el individuo es árbitro de sus intereses, así es arbitro de su derecho, limitado solamente por igual derecho de los demás. Función del Estado es mantener el equilibrio y la armonía de los intereses y derechos individuales. Se comprende el favor de los juristas, como Domat y Pothier, por esta doctrina jurídica simple en sus principios, práctica en sus resultados, correspondiente a las aspiraciones y a las exigencias de una sociedad capitalista, y capaz de traducirse sobre el terreno mismo en las formas clásicas del derecho romano. Y, como ejemplo original en la historia de Francia, vemos a los economistas del siglo XVIII asociarse a los juristas en la preparación de las bases del derecho privado. No es exageración afirmar que las doctrinas de los fisiócratas, economistas y filósofos a un tiempo, ejercieron una influencia decisiva en los juristas de la Revolución y constituyeron las premisas teoréticas del Código napoleónico.

Los fisiócratas caen en aquel período histórico en que el cartesianismo, dominante en las escuelas de Francia, se hallaba en lucha con el sensualismo y el naturalismo de origen inglés, divulgados por VOLTAIRE e introducidos al influjo de LOCKE y de los moralistas ingleses que le siguieron, en el campo de las ciencias morales. Entre las dos opuestas direcciones, los fisiócratas, preocupados por las necesidades de la vida real, hacen triunfar una dirección intermedia de conciliación[105].

QUESNAY, fundador de la escuela fisiocrática, al plantear las bases gnoseológicas del sistema, rechaza la doctrina cartesiana de las ideas innatas y acepta, integrándola, la teoría de las sensaciones de LOCKE [107]. La sensación, cuyo origen se encuentra en el mundo exterior, constituye el elemento físico del conocimiento, el motivo determinante de la actividad racional que, bajo la forma de la atención, produce las ideas y es la verdadera causa *puissante et directrice* de nuestra vida intelectiva. En el acto mismo en que QUESNAY distingue el conocimiento sensible del racional, por su naturaleza en pasivo y activo, y por su origen en exterior e interior, proclama el principio de que ninguna idea es posible si no tiene raíces en el mundo exterior reproducido por las sensaciones; para los fines de la verdad concurren las dos formas del conocimiento, puesto que solo en virtud de su connubio se produce esa evidencia a la que es imposible negar asentimiento y que constituye el criterio de verdad.

Al dualismo teorético entre el conocimiento sensible y racional corresponde el dualismo práctico entre el obrar puramente físico bajo el impulso del placer y del dolor, despertado por la sensación, y el obrar a raíz de un principio interior de origen racional. A la doble serie de causas, sensible y racional, en el orden teorético, corresponde en el orden práctico la doble serie de motivos, sensitivos e instructivos, como los denomina QUESNAY. Obrar por motivos racionales significa ser libres, significa reconocer la razón como principio del obrar, contrariamente a lo que ocurre en la naturaleza donde todo se desarrolla por necesidad física[108]. La tendencia metafísica de los fisiócratas a fundir en una suprema optimista concepción la naturaleza y la moralidad sobre el fundamento de Dios, creador del mundo y fuente de los valores éticos, pudo hacer creer erróneamente que para ellos el mundo físico y el mundo ético, el ser y el deber ser, se convierten el uno en el otro, cual si obrar conforme a la naturaleza fuera el equivalente del obrar racional y ético. La doctrina ética de los fisiócratas extrae siempre su fundamento de la razón y de la evidencia inmediata de la conciencia, pero no de la naturaleza exterior. Si ellos invocan a menudo el retorno a la naturaleza y a las leyes naturales como condición de felicidad y de moralidad, debe entenderse en el sentido de que la naturaleza racionalmente conocida es un medio para la consecución del bien. La tendencia fundamental del hombre a la felicidad implica el conocimiento racional de las cosas, al que deben subordinarse, por lo tanto, los elementos utilitarios y eudemonistas de la doctrina[109].

---

105 Cfr. GÜNTZBERG, *Die Gesellschafts-und Staatslehre der Physiokhraten* (Leipzig, 1907), c. i; A. ONCKEN, *Geschichte der Nationalökonomie* (Leipzig, 1902), I, pág. 344 y sigs.

107 QUESNAY se refiere al problema gnoseológico particularmente en el artículo «Evidence», escrito para la *Grande Encyclopedie* en 1756. Desde 1747, en la segunda edición de su *Essai physique sur l'économie,* la psicología y la metafísica, que faltaban en la primera edición, ocupan un amplio lugar.

108 La libertad, según QUESNAY, es «le pouvoir de délibérer pour se déterminer avec raison á agir ou á ne pas agir ...».

109 Sobre la ética de los fisiócratas cfr. ONCKEN, *Op. cit.,* pág. 346 y sigs.

La doctrina social y económica de los fisiócratas guarda armonía con las premisas teoréticas y prácticas de su sistema filosófico: dicha doctrina se desarrolla partiendo del supuesto de un orden social natural, independiente de la voluntad humana, regulado por leyes eternas, inmutables, necesarias, al cual los individuos, los gobiernos y las leyes positivas deben conformarse. El desorden político y económico generalmente lamentado durante el siglo XVIII y que se manifestaba en el violento contraste entre el lujo de las clases superiores y la miseria de las clases productoras de la riqueza, en el proteccionismo comercial, en la excesiva importancia que se acordaba al capital mobiliario y a la población de la ciudad en perjuicio de la agricultura y de la clase agrícola, debía atribuirse, según los fisiócratas, al desconocimiento del orden natural de las sociedades humanas, al sistema artificial de relaciones económicas que históricamente había ido suplantando a aquél. El problema económico y político se reducía, pues, para los fisiócratas, a descubrir el orden natural para retornar a él adaptando al mismo las instituciones jurídicas.

La afirmación de un orden natural, de leyes físicas necesarias, no implica la negación de la libertad humana. El hombre depende de la naturaleza, pero puede reaccionar sobre ella modificándola y adaptándola a sus necesidades. Y sin embargo, cuando los fisiócratas hablan de leyes físicamente necesarias, de normas jurídicas y políticas dependientes de las condiciones naturales de existencia, cuando hablan de una moral física, quieren decir que los motivos de la actividad humana, los principios tanto de la economía como de la moral, deben buscarse en el mundo físico. En conformidad con tales ideas, la sociedad, muy lejos de ser el resultado de convenciones, como afirmaban los contractualistas, es, para los fisiócratas, una necesidad física, un estado natural de los hombres[110]. Después de un primitivo y pacífico estado de igualdad y de comunión caracterizado por la «recherche des productions vegetales spontanées» bajo la guía del instinto natural de conservación, después de un período de luchas violentas en que los hombres viven de la caza y de la pesca, sucede el período pastoril, con la consiguiente morigeración de las costumbres; pero el estado de sociedad en sentido verdadero y propio solo se inicia con la introducción de la agricultura, la cual exige la propiedad privada del suelo, de donde reciben vida y forma las relaciones políticas y sociales. Los propietarios, por ser los primeros que con su trabajo han cultivado el suelo haciéndolo productivo, ocupan por la naturaleza misma de las cosas el lugar más elevado de la sociedad *(physiquement,* como dicen los fisiócratas): es a ellos a quienes corresponden las funciones directivas, cumpliendo al mismo tiempo una función económica de suma utilidad y destinando al consumo de los productos agrícolas e industriales las rentas que perciben por su originario derecho de propiedad, que no se pierde por el hecho de que con el progreso de los tiempos el cultivo directo del suelo pase a otras manos[111]. La única clase verdadera y enteramente productiva es, para los fisiócratas, la de los agricultores libres, es decir, de aquellos campesinos que cultivan directamente la tierra, desligados de todo vínculo feudal, de toda relación de servidumbre personal según las normas de la gran cultura. Sigue en tercer lugar la clase de los comerciantes y de los artesanos, a quienes incumbe la distribución y la transformación de los productos agrícolas, y cuya importancia social no depende de su productividad, sino de su utilidad. Distintos de las otras clases son los campesinos y los obreros que constituyen la gran clase de los asalariados *(salaries)* privados

110 Cfr. pasajes y autores citados por GÜNTZBERG, *Op. cit.,* pág. 42 y sigs.
111 Cfr. ONCKEN, *Op. cit.,* 360.

de toda importancia social y económica, sin propiedades, que viven en dependencia de las demás clases sociales, sometidos a la férrea ley del salario y exentos de otros derechos salvo el de la subsistencia.

El equilibrio de intereses entre las diversas clases sociales no es obra artificial de los hombres y de las instituciones sino de la naturaleza. Para los fisiócratas la libre concurrencia es condición de armonía y de orden social, es el único medio eficaz para obtener la igualdad natural. La proclamación de la libertad económica constituye el núcleo central de la doctrina fisiocrática, por cuya razón ejercieron gran influencia sobre la opinión pública y sobre la labor legislativa. En homenaje a este principio dirigieron críticas despiadadas a la política mercantilista, sosteniendo la abolición de todo impuesto interior y exterior, abogando por la libre circulación de las mercancías, por el Ubre comercio de granos, por la abolición de las trabas impuestas a la producción, de los reglamentos de fábricas, del régimen corporativo. Y quisieron que el régimen de libertad se hiciera extensivo a la propiedad inmobiliaria sobre la que gravaban aún las cargas feudales. Con los fisiócratas se reivindica la agricultura, la propiedad inmobiliaria, mientras resurge la aversión hacia el comercio, hacia la propiedad mueble: solo la agricultura es fuente de valores, mientras que en el comercio no hay más que un cambio de un valor por otro igual[112].

La constitución económica de la sociedad natural que concebían los fisiócratas, no halló la misma aceptación en todas sus partes. Favorable e incondicionalmente fueron acogidas la exaltación de la libertad económica, la rehabilitación de la propiedad inmobiliaria, la abolición de los vínculos feudales que pesaban sobre el suelo; pero fueron ineficaces las invectivas de los fisiócratas contra la pequeña propiedad y las formas de propiedad colectiva. El ideal de los fisiócratas era la formación de propiedades medias con la consiguiente desaparición de la pequeña propiedad y de la aparcería. En cambio, la tendencia general de la época se inclinaba por la propiedad libre y fraccionada contra la propiedad media y grande, consideradas éstas como formas aristocráticas de propiedad que excluían de su beneficio al mayor número.

Por otra parte, la idea de abolir la propiedad colectiva era impopular como que se resolvía en perjuicio de los pobres que obtenían las mayores ventajas de los residuos de la antigua comunión de bienes. Pero estos aspectos menos aceptados de la doctrina fisiocrática pasaron casi inobservados en el siglo XVIII, mientras que se celebraban los otros aspectos tendientes a exaltar el espíritu individualista, el amor a la libertad, y fue acogida con simpatía la crítica abierta y a menudo violenta de la sociedad y de las instituciones positivas. A este respecto los fisiócratas se encontraron con los escritores políticos y ejercieron una influencia decisiva en el curso de los acontecimientos, sobre la dirección de la legislación civil[113].

La concepción del derecho natural en los fisiócratas responde a las premisas gnoseológicas y económicas. Entre los cartesianos, obstinados en derivar el derecho

---

112 Cfr. Thiele *(Fr. Quesnay und die Agrarkrisis im Ancien Regime,* en «Vierteljahrschrift f. Social und Wirtschaftsgechichte», IV, 19, pág. 515 y sigs.); este autor sostiene, sobre la base de documentos de la época, que el fisiocratismo nació de la crisis agraria que dominaba en Francia durante el siglo XVIII. En 1756 y 1757 Quesnay publicaba los conocidos artículos sobre los *Fermiers* y los *Grains* que contienen el germen del sistema económico-social que luego desarrolló en una serie de obras publicadas en 1758 y entre 1765-1768; Cfr. *Œuvres économiques et philosophiques de Quesnay,* edit. A. Oncken (París, 1888).

113 Cfr. Wahl, *Vorgeschichte der französischen Revolution* (Tübingen, 1905), I, págs. 145-149.

natural de principios innatos, universales, inmutables de razón, y los partidarios de LOCKE, que lo derivaban de la experiencia y lo concebían con los caracteres de la relatividad y de la mutabilidad, los fisiócratas siguen, integrándola, la dirección empírica[114]. Acentúan el carácter realista y el contenido económico del derecho natural, que se convierte en expresión de una necesidad natural vaciándose no solamente de todo absolutismo ético y racional, como observa con justicia FRAGAPANE[115], sino también de todo realismo puramente psicológico para llenarse de un relativismo económico y social. QUESNAY critica abiertamente la noción abstracta y psicológica del derecho natural y demuestra la inconsistencia e inutilidad de un derecho cuyo objeto son tendencias indeterminadas, como el pretendido *jus omnium ad omnia* no concretado en una real y actual posesión: no menos ilusorio parece a los fisiócratas un derecho que tenga valor absoluto, universal, inmutable[116]. Para los fisiócratas el derecho es relativo al concepto de sociedad y con éste se desarrolla en fases diversas y sucesivas. Mientras las relaciones sociales son simples, el derecho natural que a ella corresponde es claro y evidente para todos; pero, con la complejidad creciente de las relaciones sociales, con el consiguiente desarrollo de los egoísmos y de los intereses individuales, el derecho natural tiende a hacerse más oscuro y se hacen necesarias convenciones y normas positivas explicativas del derecho natural[117]. El derecho natural se resume para los fisiócratas en el derecho a la conservación y al desarrollo de la personalidad, o sea, en el derecho a la libertad y a la propiedad, términos correlativos y de los cuales uno es medida del otro. Pero, así como el derecho natural en general, así también la libertad y la propiedad son relativos y limitados. Por un lado, el derecho se halla limitado por las necesidades humanas y por la posibilidad de satisfacerlas mediante el trabajo. «C'est le travail des hommes.. . que étend l'exercise de leur droit». Por otro lado, la cualidad de ser racional y moral del hombre hace que su derecho a la libertad y a la propiedad sea limitado por igual derecho de los demás, de donde viene la definición de la justicia dada por QUESNAY: «une régle naturelle et souveraine, reconnue par les lumiéres de la raison qui determine évidemment ce qui appartient á soi méme et á un autrui». La doctrina de la relatividad del derecho no impide a los fisiócratas llegar al concepto de un derecho y de una justicia absoluta. Lo justo relativo se convierte en absoluto cuando se pone en relación con la necesidad absoluta de la vida social. Bajo este aspecto *el* derecho se convierte en una exigencia racional y solo mediante la razón y no por vía empírica puede ser determinado.

El Estado, en el sistema de los fisiócratas, es el órgano de interpretación y de aplicación del derecho natural[118]. Al igual que la sociedad, el Estado es un hecho natural y necesario, y no puede considerarse resultado de un arbitrario acuerdo entre los hombres. Los fisiócratas convienen con los contractualistas solo en reconocer que el ordenamiento político toma vida en virtud de *conventions,* por lo que el contrato no sería la causa material del Estado sino solamente la causa formal que lo legitima. El Estado no crea relaciones nuevas o diversas de las que existen por

114 Cfr. QUESNAY, *Le droit naturel* (1765); MERCIER DE LA RIVIERE, *L'ordre naturel et essentiel des sociétés politiques* (1767); DUBOIS, *L'évolution de la notion de droit naturel anterieurement aux Phisiocrates* (en «Rev. d'htst. des doct. écon. et sociales», I, 1908).

115 Cfr. FRAGAPANE, *Obbietto,* etc., I, págs. 43-45.

116 Cfr. BAUDRILLART, *La philosophie des Physiocrates* (en «Journal des économistes», vol. 29 (1851), pág. 6).

117 Cfr. GÜNTZBERG, *Op. cit.*, c. IV, pág. 57 y sigs.

118 Cfr. GÜNTZBERG, *Op. cit.,* c. V.

necesidad natural; está frente a la sociedad como lo moral a lo físico, como lo racional a lo natural, y del mismo modo que la razón no se opone a la naturaleza, sino que la regula y ordena con vistas a un fin, así el Estado, que representa una exigencia de la razón, concurre a los fines de la sociedad y dicta leyes positivas que interpretan las leyes naturales aplicándolas a la variedad de los casos particulares.

En el dominio de las relaciones jurídicas privadas de naturaleza esencialmente económica, la acción del Estado es absolutamente negativa. Sostenedores convencidos de la libertad económica, los fisiócratas proclaman el principio de la no intervención del Estado en las relaciones económicas e implícitamente en las relaciones de derecho privado, salvo cuando se trata de eliminar los obstáculos para el libre desarrollo de las leyes naturales que gobiernan tales relaciones. Pero con inexplicable contradicción repudian los fisiócratas, en el terreno político, la doctrina liberal, y se hacen sostenedores de una especie de despotismo legal que implicaba la subordinación del individuo al Estado y representaba la fe en la fuerza de la razón y de la voluntad general al realizar el bien y la felicidad individual. El Estado, para los fisiócratas, como en general para los escritores políticos del siglo XVIII, representa la razón, lo universal, con respecto al individuo que es el elemento físico y concreto, es la expresión de intereses particulares, de exigencias puramente materiales. Falló a los fisiócratas su noción de libertad política, y esto explica la escasa influencia que tuvieron sobre las masas inclinadas siempre más a formas democráticas de gobierno.

Por otra parte, sus doctrinas económicas, no obstante no ser prematuras, no fueron nunca populares por la forma oscura en que eran presentadas. En cambio, ejercieron una influencia decisiva sobre los espíritus más selectos de la época. En la condenación de la propiedad feudal y del régimen corporativo, en el movimiento en favor de la libertad económica y de la emancipación del suelo, los fisiócratas hallaron la solidaridad de hombres de Estado, de financistas, de legisladores y juristas[119]. Muchas de las más importantes reformas económicas y jurídicas de la época revolucionaria fueron inspiradas por los fisiócratas, y no puede ponerse en duda que las partes del Código napoleónico concernientes a la propiedad reflejan sustancialmente el pensamiento fisiocrático. Los juristas en particular, no solo derivaron de los fisiócratas el contenido económico de las instituciones jurídicas, sino también reprodujeron las tendencias políticas y filosóficas. La aversión al materialismo y al enciclopedismo, el espíritu de moderación y de equilibrio fueron las cualidades que distinguieron a los juristas de la Revolución, educados como los fisiócratas en el respeto a las tradiciones y en el rigor del método cartesiano.

En lo que se refiere a las instituciones de derecho privado, los fisiócratas las derivaron de un orden natural objetivo, de relaciones reales físicas o económicas tales para constituir un fundamento mucho más completo que el contrato o la voluntad del legislador o la naturaleza humana abstractamente concebida. La razón es el único medio para el conocimiento de las relaciones naturales y de las normas que las regulan, pero no provee justificación alguna. No puede ponerse en duda la importancia de los fisiócratas en la preparación de las bases de la codificación francesa. Sin embargo, su obra y la de los juristas en orden al derecho privado fue combatida y durante mucho tiempo neutralizada por la influencia mucho más am-

[119] Sobre las relaciones entre los fisiócratas y Turgot cfr. GÜNTZBERG, *Op. cit.*, pág 127; ONCKEN, *Op. cit.*, pág. 459 y sigs.

plia y profunda de los escritores políticos que auspiciaron el absolutismo democrático, e intentaron subordinar el individuo y su derecho a la fuerza omnipotente de la voluntad colectiva.

RELACIONES ENTRE ABSOLUTISMO E INDIVIDUALISMO. DESARROLLO DEL ABSOLUTISMO DEMOCRÁTICO EN FRANCIA. LA DOCTRINA JURÍDICA DE MONTESQUIEU. ORIGEN CIVIL DE LAS INSTITUCIONES DE DERECHO PRIVADO. DOCTRINA DE LA PROPIEDAD, DE LA FAMILIA, DEL DERECHO SUCESORIO EN MONTESQUIEU. LA RELACIÓN ENTRE DERECHO PRIVADO Y PÚBLICO EN MONTESQUIEU. SOBRE EL SIGNIFICADO DE LA DOCTRINA DE MONTESQUIEU.

18. A la reforma del derecho privado en Francia cooperó, en el siglo XVIII, junto con el individualismo liberal de origen cartesiano o empírico, el individualismo que podría llamarse absolutista y que no era más que el desarrollo lógico del eudemonismo ético jurídico. El problema del mayor bien y felicidad del individuo sigue siendo siempre el problema fundamental de la época, pero para resolverlo, muchos parten del supuesto de que solamente el Estado, que ha nacido del consentimiento libre de los hombres, puede proveer al bienestar y perfeccionamiento de los individuos mediante su acción legislativa. La oposición entre individualismo y absolutismo fue superada merced a la ficción del contrato. Las doctrinas contractuales en el siglo XVIII han servido mucho más a la causa del absolutismo que a la de la libertad, en cuanto se dirigían a legitimar el absolutismo racionalizándolo y conciliándolo con las idealidades individualistas de la época. Sin embargo, el absolutismo que en Alemania era monárquico, personal y conservador, se convierte en Francia en democrático y revolucionario; la voluntad del príncipe intérprete de la ley de naturaleza es suplantada por la voluntad impersonal del pueblo. Las doctrinas de Grocio, de Pufendorf y de sus partidarios penetraron y se difundieron ampliamente en Francia durante el siglo XVIII, pero no encontraron general aceptación por el espíritu de moderación y conservación que las informaba en el orden político e influyeron solo indirectamente en el desarrollo del pensamiento jurídico y político. En su lugar fueron acogidas con interés y simpatía las doctrinas dirigidas a exaltar al pueblo y sus formas constitucionales de gobierno. Los teóricos del absolutismo democrático fueron en Francia, por un lado, los escritores protestantes a quienes la revocación del Edicto de Nantes y las consiguientes persecuciones habían levantado contra el poder real[120], y, por otro lado, los escritores políticos que trataron de conciliar las libertades constitucionales inglesas con las tradiciones del pueblo francés que favorecían el absolutismo y la omnipotencia de la ley y del legislador, fuera éste el rey o el pueblo. Para el derecho privado, las consecuencias de esta tendencia a realizar mediante el Estado, y la ley la felicidad del individuo pueden señalarse en Montesquieu y en Rousseau, cuyas obras antes que contradecirse se integran y representan, a nuestro entender, dos fases distintas y sucesivas de la misma corriente de pensamiento jurídico y político.

Montesquieu, al definir la ley como una relación necesaria que deriva de la naturaleza de las cosas [121], invocaba como fundamento del derecho objetivo no la

---

[120] Iurieu (1637-1713) pastor protestante, fue ardiente apóstol de las libertades políticas, y bajo Luis XIV fue el teórico de la soberanía popular. Sus *Soupirs de la France esclave qui aspire aprés sa liberté* (1689) se volvieron a publicar en 1788 con el título: *Les voeux d'un patrióte.*

[121] Cfr. Montesquieu, *De l'esprit des lois* (París, 1874), lib. I, c. I.

naturaleza o la voluntad de Dios o del príncipe sino la necesidad natural, y hacía prevalecer en la ciencia moral ese concepto de ley, relación constante entre términos variables, que había sido ya definitivamente adquirido en las ciencias naturales. Además el legislador, al traducir en leyes las relaciones necesarias que surgen de las cosas mismas según su naturaleza, sigue la razón, por cuyo motivo MONTESQUIEU pudo llamar también a la ley «la raison humaine en tant qu'elle gouverne toutes les peuples de la terre»[122]. También habla MONTESQUIEU de leyes de naturaleza, pero en un sentido muy especial que lo distingue de LOCKE y lo aproxima a HOBBES[123]. Existen relaciones de equidad natural que derivan únicamente de la constitución de nuestro ser y que podemos destacar fácilmente mediante la hipótesis de un hombre *tombé des nues* en una fase de existencia anterior a las instituciones sociales y políticas[124]. En MONTESQUIEU se hace evidente la transformación que sufren en el siglo XVIII el hombre y el estado de naturaleza; para él, como en general para los escritores políticos de esa época, el estado de naturaleza no es más un estado de violencia (HOBBES) o de razón (GROCIO, WOLFF), sino que es un estado de paz, de igualdad y de felicidad, y no porque el hombre siga los dictados de la razón, sino porque sigue los impulsos del sentimiento. La exaltación de la vida emotiva y la depresión de la intelectiva puede ya encontrarse en MONTESQUIEU que, hablando del hombre en el estado de naturaleza, observa que en él los sentimientos preceden a las reflexiones, y las necesidades de la vida animal predominan sobre las exigencias intelectuales[125]. No de otra manera había pensado HOBBES; pero en MONTESQUIEU y, en general, en la literatura política del 700, el hombre de naturaleza es bueno naturalmente, no está dominado por el egoísmo, siente su debilidad, la necesidad de conservarse y, al mismo tiempo, obtiene placer y ventajas de la convivencia con sus semejantes; sobre todo lleva ínsito un natural *desiderium societatis* que, más que el contrato, es la verdadera causa de la vida social. MONTESQUIEU no aborda la cuestión de los derechos subjetivos del hombre en el estado de naturaleza, precisamente porque allí donde falta la conciencia de la propia fuerza, no ya física sino intelectual, allí donde falta el sentimiento de la personalidad que nutre las más altas actividades del espíritu, no puede tener lugar un verdadero y propio derecho subjetivo. La vida en común engendra, con el sentimiento de la fuerza, un permanente estado de guerra, pues es natural entre los hombres asociados la tendencia a dominar y a oprimirse recíprocamente. El despotismo (HOBBES) no es un remedio para tal estado de cosas: pero sí lo es la institución de las leyes y de los gobiernos. Y si éstos no se pueden mantener sin la adhesión implícita y explícita de los interesados, la causa que los origina no es el contrato sino la necesidad natural: el contrato consagra lo que está impuesto por la naturaleza de las cosas, es el ropaje jurídico racional de una necesidad física e histórica. Con el concepto de Estado y de gobierno va unido el de ley positiva, la que se distingue de la ley natural aun cuando acepte de ésta o reproduzca sus preceptos.

La ley de naturaleza comprende las normas que se fundan sobre la constitución psicológica del hombre, sobre las naturales tendencias del hombre a la vida

---

122 Cfr. MONTESQUIEU, *Id., I,* c. 3. La definición que dio MONTESQUIEU de la ley en el *Esprit* reproduce sintéticamente la definición que había dado de la justicia en las *Lettres persanes* desde 1721. Aquí dice, en efecto (carta 83): «la justice est un rapport de convenance qui se trouve réelement entre deux choses; ce rapport est toujours le méme, quelque étre qui le considere, soit que ce soit dieu, soit que ce soit un ange ou un homme».

123 Cfr. MONTESQUIEU, *Id.,* I, c. 2.

124 Cfr. MONTESQUIEU, *Défense de l'esprit des lois* (apéndice a la edición citada), pág. 636.

125 Cfr. MONTESQUIEU, *Esprit,* etc., I, c. 2 y *Défense,* etc., pág. 636.

familiar y social, independientemente de cualquier ordenamiento político. El derecho positivo es el que emana del legislador según las relaciones naturales y necesarias que se establecen entre los hombres unidos en una asociación política, bajo un determinado gobierno, en un clima dado, sobre un territorio especial, con tendencias y tradiciones históricas peculiares. La relación que establece MONTESQUIEU entre el estado y la ley de naturaleza por un lado, y el estado y la ley civil por el otro, es la relación entre tendencias psicológicas genéricas, abstraídas de las contingencias de tiempo y lugar, y su manifestación en condiciones determinadas según las leyes de la relatividad física e histórica. La familia y la propiedad, en cuanto responden a una tendencia fundamental de la naturaleza humana, son indudablemente instituciones de derecho natural, pero, en cuanto se hallan reguladas en su forma y en sus efectos según los tiempos, los lugares y los pueblos, se convierten en instituciones de derecho positivo. Lo que interesa al legislador no es tanto el reconocimiento de las imprescindibles tendencias de la naturaleza humana, como el modo y los límites de su manifestación. Por lo tanto, los derechos natural y positivo son, para MONTESQUIEU, conceptos empíricos y relativos: uno fundado sobre la naturaleza psicológica del hombre, el otro sobre su existencia histórica. Un derecho ideal abstraído del tiempo y del espacio, correspondiente a una exigencia racional, susceptible de servir de modelo al derecho positivo, no podía hallar lugar en una doctrina que pretendía reflejar en las leyes el orden objetivo y relativo de las cosas. Ocurre entonces que una vez constituido el Estado, así como el hombre es absorbido en el ciudadano, el derecho natural es absorbido en el derecho positivo, por lo que no puede haber un derecho del hombre, sino solo un derecho del ciudadano, derecho que no puede dirigirse contra el Estado de donde emana. Tres órdenes de relaciones son los que regula, según MONTESQUIEU, el derecho positivo: las que se establecen entre ciudadanos individualmente considerados, las domésticas y las políticas; de aquí la distinción entre derecho civil, doméstico y político.

La propiedad privada y su defensa constituyen para MONTESQUIEU, además del contenido esencial del derecho civil, su razón de ser. Mientras los hombres viven de la caza y de la pesca en estado nómada, la forma de la propiedad es la de la comunión de bienes[126]. En tal estado de comunión no hay oportunidad de lesiones, la libertad no encuentra obstáculos, la igualdad reina naturalmente, el despotismo no puede echar raíces y no son posibles otras injusticias más que las que deriven de la violencia. La propiedad privada no se engendra de la comunión primitiva por fuerza de un contrato, ni es necesario que los hombres lleguen de común acuerdo a una repartición de las tierras. La propiedad privada tiene un origen natural, es la consecuencia del cultivo de las tierras, de la división del trabajo, del uso de la moneda. Las leyes civiles procuran atemperar las inevitables desigualdades, las fáciles injusticias, y mientras garantizan la propiedad privada regulan su ejercicio e impiden sus efectos perjudiciales.

Por consiguiente, la propiedad privada no es, según MONTESQUIEU, una creación del legislador y ni siquiera un atributo de la personalidad: es el producto, además de originarias tendencias psicológicas, de determinadas condiciones económicas, y bajo tal aspecto bien puede considerarse como institución natural. Pero al legislador le interesa, más que la cuestión relativa al origen de la propiedad, el uso y ejercicio de la misma, y a este respecto la propiedad se presenta como una institución civil que debe ser sustraída al arbitrio de los individuos y regulada por la ley

[126] Cfr. MONTESQUIEU, *Esprit, etc.*, XXVI, c. 15; XVIII, c. 11 y sigs.

civil. En lo que concierne al reglamento civil de la propiedad, MONTESQUIEU aplica el principio fundamental de su doctrina, según el cual las leyes y las instituciones, además de responder al carácter y a las condiciones sociales del pueblo para el que han sido hechas, además de responder a las condiciones físicas del país donde se aplican, deben responder a la naturaleza y al principio del gobierno constituido o a constituirse. Ahora bien, la república o democracia, que es la forma de gobierno preferida por MONTESQUIEU, se funda en el espíritu de igualdad y sobre el amor a la frugalidad. Las leyes en general, y sobre todo las inherentes a la propiedad, deben favorecer estas condiciones que son no tan solo las del bienestar sino las de la existencia misma de la república; tales condiciones son satisfechas cuando la propiedad es pequeña y las porciones de tierra que posee cada uno de los ciudadanos son aproximadamente iguales. MONTESQUIEU auspicia un sistema de propiedad privada fraccionada, es decir, extendida al mayor número, porque el ciudadano pequeño propietario es un puntal más firme para las finalidades del Estado. A fin de establecer la igualdad de riquezas MONTESQUIEU propone la repartición equitativa de las tierras realizada mediante la ley[127], mientras que para conservar la igualdad y la frugalidad deben actuar las leyes que regulen las dotes, las donaciones, las sucesiones, los testamentos y los modos de contratar[128]. Todos los actos de la vida civil del hombre deben ser regulados para que pueda realizarse la igualdad, impedirse el lujo y la formación de las grandes fortunas, fatales para el bienestar y la prosperidad del Estado. Además, cada ciudadano debe tener lo necesario para su vida, pues solo con esta condición puede interesarse por la suerte del Estado. MONTESQUIEU, como LOCKE, los fisiócratas y en general los jusnaturalistas, exalta a deber del Estado el de asegurar la subsistencia a todos los ciudadanos suministrándoles no tanto dinero cuanto trabajo. Rico es quien trabaja: «un homme n'est pas pauvre parce qu'il n'a ríen, mais parce qu'il ne travaille pas...»[129].

El ordenamiento de la propiedad tal como lo propone MONTESQUIEU concuerda sustancialmente con el de LOCKE. En ambos se manifiesta la misma aversión por las grandes riquezas, el mismo favor por la pequeña propiedad, el mismo anhelo de igualdad, la misma admiración por el trabajo. Son muchos los que, atraídos por las analogías, pudieron creer que MONTESQUIEU estuviera en la misma corriente de ideas que LOCKE [130]; mientras que, si bien concuerdan en las medidas propuestas, el espíritu de ellas es profundamente distinto. La propiedad no es para MONTESQUIEU ni un atributo de la personalidad ni un derecho del hombre como tal, sino un derecho del ciudadano, limitado y relativo: ahora, la relatividad

---

[127] Cfr. MONTESQUIEU, *Esprit*, etc., V, c. 4-7.

[128] Cfr. *Id. Id.*, V, c. 5.

[129] Para los fisiócratas el natural derecho del individuo a la «quantité de biens que lui est necessaire pour se conserver» no se pierde en el estado social desde que es deber del Estado garantizar a todos las condiciones de la vida. (Cfr. QUESNAY, *Economie animale*, y *Droit naturel)*. MONTESQUIEU trata de la asistencia social en el *Esprit*, etc., XXIII, c. 29.

[130] Cfr. MONDOLFO, *La dottrina della proprietà in Montesquieu* (en «Rivista Filosófica», enero-febrero 1908). MONDOLFO sostiene que MONTESQUIEU se encuentra «en la misma corriente de ideas que había promovido LOCKE»; atraído por las aparentes analogías, MONDOLFO descuida las diferencias substanciales entre los dos escritores. El hombre abstracto de LOCKE, armado con su derecho inviolable de propiedad, es un concepto muy diferente del ciudadano de MONTESQUIEU, obsecuente frente a las leyes, amante de la patria, a cuya grandeza coopera con la vida y con la propiedad. Una cosa es tener un derecho por ley, y otra por derecho de naturaleza. Toda la diferencia entre LOCKE y MONTESQUIEU reside aquí, pero esa diferencia es esencial.

de los derechos incumbentes al ciudadano contrasta con el carácter absoluto, universal, de los derechos del hombre. No puede negarse, sin embargo, que en un Estado democrático el ciudadano de Montesquieu tiene por ley lo que el hombre de Locke tiene por derecho de naturaleza.

Las ideas de Montesquieu, en orden a la familia y al derecho sucesorio, se hallan de acuerdo con las relativas a la propiedad. La familia, como la propiedad, es una institución civil destinada a formar ciudadanos virtuosos y amantes de la patria. El Estado resulta, para Montesquieu lo mismo que para Aristóteles, de la reunión de muchas familias, que tienen un gobierno y un derecho particular, correspondientes ai principio que informa el gobierno y el derecho del Estado. «Chaqué famille particuliére doit étre gouvernée sur le plan de la grande famille qui les comprend toutes...[131]. Según sea la forma de gobierno: monárquica, despótica o democrática, varía el gobierno y el derecho doméstico. La familia democrática, al cultivar en sus miembros no el sentimiento del honor o del miedo sino el de la virtud civil, o sea del sacrificio y del amor a la patria y a sus leyes, constituye para Montesquieu la familia ideal[132]. Más que de las leyes, la suerte de la familia democrática depende de las costumbres. Al poder doméstico en un régimen democrático le faltan los medios coactivos, tiene carácter educativo más que legal y está sometido al control y a las sanciones de la opinión pública[133].

Montesquieu está profundamente convencido de que la función civil de la familia reivindica para el Estado el derecho de regular los efectos del matrimonio en orden a los bienes y a las personas, mientras reserva para las leyes religiosas el de regular el vínculo matrimonial y el modo de contraerlo[134]. Al padre solo corresponde la dirección de la familia, pero es una dirección puramente moral, inspirada en el bien de la mujer y de los hijos cuya capacidad integra y cuya actividad coordina y unifica[135]. «La famille est une sorte de proprieté», dice Montesquieu, y como el propietario tiende a dar un titular a la propiedad y a transmitirla, así el padre tiende a perpetuar la familia. Este acercamiento de la familia a la propiedad debía conducir a la consecuencia de hacer reingresar en el orden de las relaciones privadas al derecho doméstico que en Montesquieu constituye aún un derecho autónomo con finalidades propias, distinto del derecho civil cuyo objeto son las relaciones de propiedad[136]. Más que el origen natural y el ordenamiento racional de la familia, Montesquieu tuvo en vista el carácter y las finalidades civiles del matrimonio, la importancia educativa de la vida doméstica, abriendo el camino a la organización de la familia propugnada por los juristas de la Revolución.

Por lo que respecta al derecho sucesorio, el pensamiento de Montesquieu no podría ser más explícito y coherente que las ideas por él expresadas acerca de la familia y de la propiedad. «Nourrir ses en fants est une obligation du droit naturel, leur donner sa succession est une obligation du droit civil ou politique»[137]. Mientras la familia y la propiedad tienen un fundamento natural y como tales son

---

[131] Cfr. Montesquieu, *Esprit*, etc., I, c. 1; XXVI, c. 1.

[132] Cfr. *Id. Id.*, IV, c. 5.

[133] Cfr. *Id. Id.*, V, c. 7.

[134] Cfr. *Id. Id.*, XXVI, c. 13.

[135] Cfr. *Id. Id.*, VII, c. 17; XVI, c. 9; XXIII, c. 4 y sigs.

[136] Montesquieu auspicia el divorcio, que considera como institución admitida por las leyes de naturaleza; cfr. *Lettres Persanes*, carta 116; *Esprit*, etc., XVI, c. 25; XXVI, c. 3.

[137] Cfr. Montesquieu, *Esprit*, etc., XXVI, c. 6.

reguladas por las leyes de la naturaleza además de las civiles, la institución de las sucesiones no tiene ningún fundamento o justificación de índole natural, pero se funda en razones de utilidad social. PUFENDORF y su escuela, había sostenido antes de MONTESQUIEU el origen y la naturaleza civil del derecho sucesorio, pero en MONTESQUIEU esta opinión se ligaba, más que a razones filosóficas a consideraciones políticas, puesto que el derecho sucesorio en un Estado democrático, provee el medio para realizar la igualdad y la frugalidad entre los ciudadanos y es instrumento eficaz de equilibrio económico.

La relación entre derecho público y privado es entendida por MONTESQUIEU como la relación entre propiedad y Libertad: aquélla constituye el contenido y el objeto de las leyes civiles, ésta los de las leyes políticas. «IL ne faut pas décider par les lois de la liberté (qui n'est que l'empire de la cité) ce qui ne doit étre decide que par les lois qui concernent la proprieté»[138]. El derecho público provee a garantizar la libertad del ciudadano, el derecho privado garantiza su propiedad[139]. La propiedad reconocida a los individuos por las leyes es sagrada e inviolable, y no vale invocar el principio de que el bien particular debe ceder frente al bien general, puesto que a los fines del derecho público, si puede limitarse la libertad individual, no puede, en cambio, violarse de ningún modo la propiedad reconocida por las leyes civiles. «Le bien public n'est jamáis que l'on prive un particulier de son bien, ou méme qu'on lui en retranche la moindre partie par une loi ou un réglement politique»[140].

La ley civil es el *palladhium* de la libertad y «regarde chaqué particulier comme toute la cité méme». En los mismos casos de expropiación por razones de utilidad pública la relación jurídica no tiene lugar entre el Estado y el individuo en condiciones de desigualdad, puesto que en tal caso el Estado es como «un particulier qui traité avec un particulier», y el sujeto privado renuncia a «ce grand privilége qu'il tient de la loi civile, de ne pouvoir étre forcé d'aliéner son bien». El individualismo jurídico, en las relaciones entre derecho público y privado, no podía tener una afirmación más explícita. Entre las dos opuestas tendencias para atraer a la órbita del derecho público los intereses privados, o a sustraer el individuo y su derecho a la acción del Estado, la doctrina de equilibrio entre los dos derechos propuesta por MONTESQUIEU pudo parecer la verdadera solución jurídica.

Al determinar la relación entre individuo y Estado, MONTESQUIEU tiene en vista al individuo, la defensa de su libertad y de su propiedad contra los abusos del poder. A esa finalidad responde la constitución, la forma y el principio de gobierno en el Estado ideal democrático. Conforme con la común doctrina individualista, el Estado no existe como ente autónomo: es una emanación de los individuos, es la suma de sus esfuerzos y de sus voluntades, mientras que el gobierno no es más que la fuerza general resultante de la reunión de las fuerzas individuales.

Ha sido un error presentar a MONTESQUIEU como defensor de los derechos del Estado contra el individuo, y hasta como precursor de doctrinas e idealidades socia-

---

138 Cfr. *Id. Id.*, XXVI, c. 15.

139 MONTESQUIEU entiende la libertad en el sentido de libertad política y no de libertad moral. Esto parece que no comprende MONDOLFO *(Op. cit.)* cuando sostiene que los dos conceptos de libertad *y* de propiedad unificados por los cultores del derecho natural sobre el terreno común de la personalidad, se distinguen y se contraponen en Montesquieu.

140 Cfr. MONTESQUIEU, *Esprit*, etc., XXVI, c. 15.

listas[141]. Sus doctrinas sobre la propiedad y las sucesiones, su amor por la igualdad económica realizada mediante las leyes, el derecho al trabajo y a la asistencia, el carácter y las finalidades civiles de la educación, de la familia, de la religión, proclamadas por él, suministraron argumentos a todos aquellos que quieren hallar en el siglo XVIII los gérmenes de idealidades socialistas. Juzgando en esta forma, son pocos los cultores del derecho natural que podrían escapar a tal afirmación: la escuela de GROCIO, y el mismo LOCKE, han invocado la intervención del Estado en favor de los indigentes, han consagrado más o menos explícitamente el derecho a la vida y al trabajo, han reconocido el derecho eminente del Estado en las relaciones económicas de derecho privado. Pero si se analizan las premisas y las finalidades últimas, debe reconocerse que la escuela del derecho natural en sus diversas direcciones, estuvo preocupada sobre todo por el individuo, por su derecho, por su felicidad, aun cuando en los medios propuestos y en los resultados prácticos conseguidos pareció sacrificar el individuo al Estado. Esto debe aplicarse particularmente a MONTESQUIEU, valiente defensor de la libertad y de la propiedad de los ciudadanos, que elevó a condición de libertad la distinción entre el derecho público y privado, que concibió al Estado y al gobierno según el interés supremo del individuo. La diferencia entre MONTESQUIEU y LOCKE, cuya doctrina es considerada corrientemente como la expresión típica del ideal individualista, reside en el hecho de que, mientras LOCKE es un convencido de que los individuos son los mejores jueces de su propio bien y limita en lo posible la intervención del Estado, MONTESQUIEU no abriga la misma fe en el espíritu de sacrificio de cada uno de los ciudadanos y quiere que la ley sirva de medio no para sofocar las energías individuales, sino para despertarlas, para orientarlas con un sistema de educación civil preestablecido hacia su bien entendido interés, que es el interés de la ciudad y del Estado. El ideal clásico grecoromano vuelve con MONTESQUIEU; es el ideal del Estado antiguo que favorecía el desarrollo de la individualidad y al mismo tiempo tendía a formar al ciudadano, exaltaba la libertad pero en el Estado y en la ley[142]. El ideal de la libertad política y civil fue el verdadero, el gran ideal de MONTESQUIEU, cuya obra representa el esfuerzo máximo del siglo XVIII para dar algún fundamento positivo al derecho, para preparar las condiciones que podían hacer efectiva la afirmación teórica de la libertad individual.

A pesar del amplio lugar que tiene en el *Esprit* la realidad histórica y natural, no puede considerarse a MONTESQUIEU como precursor del método histórico y positivo, pues le falta completamente el sentido de la historicidad y de la naturalidad de los hechos humanos y jurídicos. Estos, en realidad, no se presentan a MONTESQUIEU, como más tarde a los partidarios de la escuela histórica y positiva, a través de las formaciones históricas y naturales. La relación entre la ley y los factores exteriores no nace espontánea y fatalmente de la necesidad histórica y natural, sino que es la obra consciente, reflexiva y en cierto sentido arbitraria del legislador, que debe adaptar la ley antes que a la realidad física e histórica, a la naturaleza de los gobier-

141 Cfr. LICHTENBERGER, *Le socialisme au XVIII siécle* (París, 1895), pág. 84; MONDOLFO, *op. cit.* Solo observamos que, si en el siglo XVIII MONTESQUIEU fue discutido por sus opiniones políticas y religiosas, no fue atacado por su doctrina del Estado y de la propiedad. Esta aquiescencia demuestra, por un lado, que sus ideas sobre la propiedad no parecieron peligrosas ni contrarias a la tendencia general individualista, y por otro, que se hallaba sumamente difundida la opinión de que la propiedad es una creación de las leyes civiles.

142 GIERKE también (*Althusius,* etc., pág. 106, nota 8) se refiere al individualismo jurídico de MONTESQUIEU.

nos o al principio que los impulsa, es decir, a relaciones fijadas no por la naturaleza y por la historia, y de éstas dependientes, sino por la razón abstracta[143]. MONTESQUIEU fue sobre todo un racionalista, y un partidario del método racional[144]; no es, pues, un solitario, tal como pudo parecer a los que, exagerando la importancia y la novedad de los elementos empíricos que ocupan en su obra un lugar secundario, olvidan de que no se debe a estos elementos la influencia que ejerció en su época, sino por haber aceptado y acentuado tendencias y doctrinas que tenían ya muy larga tradición en las escuelas del derecho natural, y que sirvieron a ROUSSEAU para la construcción de su sistema político[145].

ROUSSEAU Y LAS CORRIENTES DEL PENSAMIENTO FILOSÓFICO DE SU ÉPOCA. SU AVERSIÓN AL INTELECTUALISMO JURÍDICO. EL SENTIMIENTO JURÍDICO. LA PSICOLOGÍA DE ROUSSEAU Y SUS RELACIONES CON GROCIO, LOCKE, HOBBES Y MONTESQUIEU. EL HOMBRE, EL ESTADO NATURAL Y SU SIGNIFICADO EN LA DOCTRINA DE ROUSSEAU. EXAMEN CRÍTICO DE LAS DIVERSAS OPINIONES SOBRE ESTE PARTICULAR. LA FORMACIÓN DEL ESTADO CIVIL Y CAUSAS QUE LO ENGENDRARON. EL *DISCOURS SUR L'INEGALITE,* SU SIGNIFICADO Y SU RELACIÓN CON LA ULTERIOR ESPECULACIÓN DE ROUSSEAU EL PROBLEMA DEL *CONTRAT SOCIAL.* SOBRE EL VALOR Y SIGNIFICADO DE LA ENAJENACIÓN DE LOS DERECHOS. EXAMEN CRÍTICO DE LAS OPINIONES OPUESTAS DE JELLINEK, DEL VECCHIO. EL INDIVIDUO Y SUS NATURALES DERECHOS EN LA DOCTRINA POLÍTICA DE ROUSSEAU. LAS INSTITUCIONES DEL DERECHO PRIVADO Y SU ORIGEN CIVIL. SOBRE EL PRETENDIDO SOCIALISMO DE ROUSSEAU. SIGNIFICADO INDIVIDUALISTA DE SU ESPECULACIÓN.

19. LA IMPORTANCIA de ROUSSEAU no se debe tanto a la novedad de sus doctrinas, como al hecho de haber acentuado tendencias y haber determinado conceptos que en sus predecesores se hallaban aún inciertos; sobre todo al hecho de haber logrado imponer sus doctrinas a los estudiosos y a los hombres de Estado con la fuerza de la razón, a difundirlas en el pueblo con la fuerza invencible de la imaginación y del sentimiento.

La especulación de ROUSSEAU parte de premisas filosóficas y de datos psicológicos utilísimos para su exacta comprensión. No puede decirse que ROUSSEAU sea partidario de un determinado sistema filosófico, si bien su obra experimenta la influencia de las más diversas corrientes de pensamiento: no es cartesiano, no obstante conocer y aplicar el método de los cartesianos; si en el dominio gnoseológico parece seguir la dirección de LOCKE y sobre todo de CONDILLAC, cuya obra filosófica demuestra conocer y apreciar en alto grado[146], en el campo ético-jurídico acepta con los sentimentalistas ingleses el sentido común como criterio de verdad y de moralidad. Las aversiones

143 Cfr. el juicio que emitió FRAGAPANE sobre su obra (*I criteri d'una limitazione positiva del diritto,* Roma, págs. 46-49); WAHL, *Op. cit.,* pág. 126.

144 Es conocida la admiración que sentía MONTESQUIEU por DESCARTES. Cfr. SOLAZZI, *Dottrine politique del Montesquieu e del Rousseau,* (Torino, 1907), pág. 13.

145 Entre otros autores, TAINE observa que MONTESQUIEU en su época estaba aislado y que era escasa su influencia *(Ancien régime,* lib. III, c. III, § 3).

146 ROUSSEAU se hallaba ligado por vínculos de amistad con CONDILLAC y no vacila en contarlo «parmi les meilleurs raisonneurs et les plus profonds métaphisiciens de son siécle» *(Émile,* edic. Didot, París, 1898, II, pág. 98).

filosóficas que siente ROUSSEAU están dirigidas sobre todo contra el materialismo ateo y el racionalismo puro. Reconocer un principio absoluto extraño a la materia, que a ésta le dé vida y movimiento, para ROUSSEAU es un postulado de la razón, una exigencia imprescindible del sentimiento, contra la que se quiebran sin resultado la duda de los escépticos y las negaciones verbales de los materialistas. Triste filosofía, exclama ROUSSEAU aludiendo a los materialistas, la que desconoce el puesto que ocupa el hombre en el universo, lo rebaja al nivel de los brutos, prefiere dar el sentimiento a las piedras que otorgar un alma al hombre[147]. Por otra parte ROUSSEAU está muy lejos de participar en el culto por la razón, en el entusiasmo por la difusión de las luces y del saber que parecen constituir la nota predominante de su siglo.

ROUSSEAU es escéptico en cuanto a la capacidad de la razón humana para penetrar los problemas últimos, y reconoce explícitamente los límites de la razón y su puesto secundario y subordinado con respecto al conocimiento. Más que la razón, vale como guía para llegar a la verdad esa luz interior que obliga al asentimiento con la fuerza de la evidencia. También los cartesianos invocaban como criterio de verdad la claridad y la distinción de las ideas, pero para ROUSSEAU la evidencia y la afirmación puramente racional no bastan: la verdad, antes que conocerse mediante la inteligencia, es intuida con el sentimiento.

El criterio ético[148], como el criterio de verdad, es de naturaleza emotiva. La conciencia individual es la guía en el mundo moral, es al alma lo que el instinto al cuerpo, sus actos no son juicios sino sentimientos. En el fondo del alma humana hay un principio innato de justicia y de virtud, en base del cual, y a pesar de nuestros sistemas, juzgamos nuestras acciones y las de los otros como buenas o malas, justas o injustas; este principio se llama conciencia[149]. Justicia y bondad no son términos abstractos, categorías morales formadas por la inteligencia: son verdaderas afecciones del alma iluminada por la razón, que se desarrollan gradualmente desde nuestros afectos primitivos. ROUSSEAU oponía a la doctrina intelectualista generalmente sostenida por los jusnaturalistas, el origen y la naturaleza emotiva de la justicia, de la ley y del derecho de naturaleza. Con la sola razón, independientemente de la conciencia, no puede establecerse ninguna ley de naturaleza, y serían palabras vanas la justicia, las leyes y los derechos naturales si no se fundaran sobre una necesidad espontánea del corazón humano, si no respondieran a exigencias imprescindibles de la naturaleza humana. No hay precepto jurídico que pueda justificarse, según ROUSSEAU, desde un punto de vista puramente racional: no hay, por ejemplo, motivo racional en que otros procuren nuestro bien con perjuicio propio, en que otros observen los preceptos de justicia cuando los de la injusticia podrían reportarles mayores ventajas[150]. Solo la fuerza de un sentimiento expansivo puede hacer sentir como nuestros los dolores ajenos, puede hacer salir al hombre de sí mismo, identificarlo con su semejante, empujarlo al olvido de sí, al sacrificio definitivo. Del amor de sí extendido a los demás, del *yo relativo* como se expresa eficazmente ROUSSEAU[151], nacen los sentimientos sociales de la piedad y de la justicia.

Si el hombre no fuera sociable por naturaleza, el sentido de la piedad ante los dolores ajenos, y el sentido de la debilidad propia y de la necesidad, bastarían para

[147] Cfr. *Émile,* IV, pág. 329.
[148] Cfr. *Émile,* IV, pág. 339.
[149] Cfr. *Id. Id.,* IV, pág. 343.
[150] Cfr. *Id. Id.,* IV, pág. 270 (nota).
[151] Cfr. *Id. Id.,* IV, pág. 282.

convertirlo en tal. Justicia y virtud son la extensión del amor de sí mismos a los demás, y se elevan a medida que tal sentimiento se generaliza hasta abarcar al género humano.

La base emotiva en lugar de la racional, daba vida y nuevo significado a las teorías del derecho natural: las verdades racionales se convertían en verdades de sentimiento, y como tales se transformaban en fuerzas vivas, en principios de acción dotados de una irresistible virtud difusiva[152]. En la doctrina psicológica de ROUSSEAU se halla en germen su doctrina política. No es difícil entrever en la oposición entre estado de naturaleza y estado de sociedad, la oposición psicológica entre sentimiento y razón. El desorden social no es más que un reflejo del interior desorden psicológico: como la razón, alejándose de su verdadero deber ha sofocado la voz espontánea y cierta de la conciencia, así las ciencias y las artes, en lugar de cooperar al bienestar general, se convirtieron en fuente de males y de infelicidades sociales. ROUSSEAU desarrolla esta tesis en el *Discours sur les sciences et les arts* (1750), y en forma sistemática y definitiva en el *Discours sur l'inégalité* (1754).

Una vez comprobados los males, ROUSSEAU, para quien la crítica no era un fin sino un instrumento destinado a provocar reformas políticas, señala un doble remedio: o bien formar al hombre, o bien construir sobre nuevas bases el consorcio social. Su *Émile* y su *Contrat,* publicados en el mismo año (1762) se corresponden e integran recíprocamente. Restablecer el equilibrio entre sentimiento y razón en el hombre, significa restablecerlo entre estado de naturaleza y estado civil en la vida social. Y adviértase que el remedio para la corrupción del hombre no debe consistir en el retorno al estadio de la vida en el que el instinto y el sentimiento predominan y constituyen la regla de la conducta. Semejante estatuto, aun asegurando una mayor felicidad, responde a un grado inferior de existencia en el cual el hombre, aun queriendo, no puede permanecer ni regresar. El verdadero remedio consiste en restituir a la razón a su verdadera función de intérprete y guía del sentimiento. Esto constituye el fondo de la naturaleza humana: pero faltando el freno de la razón se desarrolla desordenadamente y produce la infelicidad. De igual modo, para lograr la paz y la felicidad social, el remedio no consistirá en un retorno a la naturaleza, es decir, a un estado definitivamente superado, sino en hacer servir los productos de la inteligencia, la ciencia y el arte, para crear un consorcio social en cuyo seno los derechos naturales sean reconocidos y respetados.

En lo que respecta a las diversas soluciones relativas a los derechos innatos, al origen y naturaleza de la sociedad y del Estado en sus relaciones con el individuo, la solución que menos influyó en el pensamiento de ROUSSEAU fue la que propuso GROCIO y que continuó desarrollándose en Alemania por obra de PUFENDORF, de THOMASIUS y de WOLFF[153]. La aversión que sentía ROUSSEAU por esta corriente de pensa-

---

[152] Cfr. al respecto las observaciones de GIOBERTI, *Meditazioni filosofiche inedite* (publicadas por E. Solmi, Firenze, 1909), pág. 288.

[153] Las doctrinas de GROCIO y de PUFENDORF eran conocidas en Francia y habían conquistado muchos y autorizados partidarios. En 1706 BARBEYRAC (1674-1744) había traducido al francés *De jure natura et gentium* de PUFENDORF. El éxito de la traducción lo demuestra el hecho de que en 1712 se publicaba la segunda edición a la que siguieron otras más en el breve tiempo de unos años. BARBEYRAC tradujo también *De officio hominis et civis,* del mismo PUFENDORF (bajo el título, *Devoirs de l'homme et du citoyen); De jure belli ac pacis,* de GROCIO; *De legibus naturae,* de CUMBERLAND. A la misma corriente de pensamiento pertenece BURLAMAQUI (1694-1748) autor de los *Principes du droit naturel* (Genéve, 1747) y de los *Principes de droit*

miento, se explica pensando que GROCIO y sobre todo PUFENDORF, con distinciones sutiles y con oportunas restricciones habían logrado, pese a la afirmación abstracta de los derechos del hombre y del origen contractual de las instituciones jurídicas, legitimar el despotismo y la arbitrariedad del príncipe con el sacrificio de la libertad y de los derechos naturales del individuo.

Las conocidas distinciones desarrolladas por la escuela de PUFENDORF entre *societas aequalis et inaequalis* (sociedad natural y civil), entre *pactum societatis et stibjectionis,* entre *jus perfectum et imperfectum,* como también la teoría del *jus eminens,* tendían en la práctica a sacrificar en favor del príncipe y del absolutismo, las lógicas consecuencias de los proclamados principios individualistas. En cambio, la doctrina de ROUSSEAU, en las causas que la produjeron y en el espíritu que la animaba, tendía a sustraer al individuo del despotismo de los gobiernos personales, y a garantizar los derechos naturales del hombre por medio del Estado fuertemente organizado con vistas al bien general.

LOCKE, HOBBES y MONTESQUIEU, suministran los verdaderos elementos para el sistema jurídico de ROUSSEAU. Este concuerda con el individualismo de LOCKE en la primera fase de su pensamiento, en la que considera al hombre y a sus derechos naturales, fuera de todo consorcio civil. De HOBBES deriva la tendencia absolutista, que constituye el carácter peculiar de la fase constructiva del pensamiento de ROUSSEAU. Por último, las idealidades ético-jurídicas encaminadas a transformar mediante la ley al hombre en ciudadano, los derechos naturales en derechos civiles, a despertar el sentimiento patriótico y nacional, son una derivación de las doctrinas de MONTESQUIEU. En la obra de ROUSSEAU estos diversos elementos están reunidos en aparente unidad, reflejo de una singular y compleja personalidad llena de contrastes y de contradicciones a la que el sentimiento da unidad y dirección constante[154].

Para los fines del presente trabajo merecen ser particularmente destacados tres puntos del pensamiento de ROUSSEAU: la doctrina de los derechos del hombre en el estado de naturaleza, el origen y la naturaleza de la sociedad y el Estado, y los derechos privados del ciudadano en el estado civil.

En el prefacio al *Discours sur l'inégalité* ROUSSEAU observa que, siendo la idea del derecho, y más aún la del derecho natural, relativa a la naturaleza del hombre, solo del estudio y del conocimiento de esta última debe recabar sus principios la ciencia del derecho. Pero si para los jusnaturalistas que concebían al hombre bajo el aspecto esencialmente racional, naturaleza era sinónimo de razón, para ROUSSEAU la naturaleza del hombre resulta no de los elementos conscientes y reflexivos, sino de los espontáneos y emotivos. El hombre que se desarrolla desde el fondo de sus necesidades y de sus tendencias fisio-psíquicas, fuera de toda influencia de cosas y de

politique (Id., 1751). En oposición a lo que sostuvo recientemente RODARI *(Burlamaqui e Rousseau,* en «Riv. filosofica», 1908, pág. 645 y sigs.) la influencia de la escuela de GROCIO y de su más autorizado representante en Francia, Burlamaqui, fue escasa sobre ROUSSEAU. Sin duda ROUSSEAU conoció las obras de BURLAMAQUI, pues lo cita en la introducción al *Discours sur l'inégalité* (1754). DREYFUS-BRISAC, en la edición crítica del *Contrat social* (París, 1896) subraya los pasajes del *Contrat* que reproducen ideas expresadas por BURLAMAQUI. Trátase, de todos modos, de correspondencias que derivan del hecho de que ambos pensadores conocieron las mismas fuentes de pensamiento que habían penetrado en la común conciencia política de la época.

154 Cfr. WAHL, *Op. cit.,* I, pág. 136 y sigs.

hombres, considerado en la conservación y desarrollo de la vida individual, ése es el hombre de naturaleza[155]. En una primera fase es un ser sensible que experimenta placer y dolor ante los objetos que lo circundan, por lo que se siente impelido a buscarlos o a huirles. En una segunda fase el deseo y la aversión están determinados por relaciones de conveniencia o inconveniencia que se establecen entre los objetos y nosotros. Por fin interviene la razón, y es el momento en que las cosas se aprecian según su grado de intrínseca perfección. Tal el desarrollo natural del hombre, que no es otro que el desarrollo de sus facultades espirituales, de sus órganos y de sus funciones fisiológicas al margen de influencias extrañas y exteriores. Así entendido, el hombre no puede sino ser feliz, bueno y libre: feliz porque desea solo lo que puede lograr y tiene lo que le agrada, bueno porque no hay motivo ni ocasión para producir daño a nadie; libre porque se basta a sí mismo. El hombre de naturaleza no vive aislado; convive con sus semejantes y estrecha con ellos vínculos sociales. Sin embargo, Rousseau no cree necesario, para explicar la sociabilidad humana, admitir con Grocio y su escuela un instinto especial de sociabilidad: el amor de sí mismos y el sentimiento de piedad constituyen para Rousseau los impulsos psicológicos del vivir social.

Del concurso y de la combinación de estos dos sentimientos originarios nacen las leyes y los derechos naturales, que se resumen en el incontrastable derecho a la natural libertad e igualdad. Cada hombre siente que dentro de los límites de sus necesidades su actividad no puede hallar obstáculos, y que la naturaleza ha predispuesto las cosas y constituido a los hombres en ese sentido. También para Rousseau el derecho de libertad implica en cierta medida el derecho de propiedad, en cuanto el hombre puede desarrollar su actividad ocupando las cosas exteriores con fines de conservación. Pero la ocupación no puede tener más objeto que las cosas muebles, no la tierra común; por otra parte, tampoco puede constituir un peligro para la paz desde el momento que tiene por límite natural, como la libertad, la necesidad y las fuerzas individuales. En cuanto a la igualdad, existe de hecho en el estado de naturaleza sea por la simplicidad de las necesidades, sea porque la diferencia entre los hombres no puede ser tan marcada como para poner al uno bajo la dependencia del otro. Las desigualdades, por lo demás, cuando son naturales como las del estado de naturaleza, no engendran sentimientos y son morigeradas por el sentimiento de piedad.

Son conocidas las discusiones acerca del significado del hombre y del estado de naturaleza en Rousseau. Sus contemporáneos no pusieron en duda la realidad psicológica sino histórica de tal concepción, y se valieron de ella como instrumento de crítica y de demolición de las instituciones vigentes. En el período que siguió a la gran revolución, disminuida la admiración hacia Rousseau y caídas en descrédito sus doctrinas, la concepción del hombre y del estado de naturaleza pareció una hipótesis fantástica, exenta de toda seriedad. En una época más próxima a nosotros, se sostuvo, casi para rehabilitar la doctrina, que el hombre y el estado de naturaleza no tienen para Rousseau significado empírico sino lógico, que son postulados de razón sobre los que se funda su sistema ético-jurídico. Del Vecchio, que es en Italia el más autorizado representante de esta nueva interpretación del pensamiento de Rousseau, afirma explícitamente que el hombre de naturaleza de Rousseau no es un objeto de experiencia, sino una verdad de razón necesaria para juzgar rectamente el actual estado de sociedad, y que el estado de naturaleza responde a una exigencia

[155] Del hombre según naturaleza en sus diversas fases de desarrollo psicológico, trata Rousseau en el *Émile,* lib. I.

lógica que es al estado civil lo que la razón al hecho, el deber ser a lo que es[156]. A nuestro modo de ver, el hombre y el estado de naturaleza no son para ROUSSEAU ni hipótesis fantásticas ni postulados lógicos. La retórica y la fantasía a las que se abandona ROUSSEAU corresponden más a la forma que a la sustancia de la doctrina. Por otra parte, la aversión de ROUSSEAU hacia la razón y hacia las construcciones puramente metafísicas, el valor teorético y práctico reconocido por el sentimiento, las contradicciones mismas en que cae, son incompatibles con la interpretación lógica, formalista, unitaria, de su pensamiento que no puede ser despojado de aquellos elementos empíricos gracias a los cuales únicamente adquiere vida y significado histórico. Con el atractivo del arte y con la fuerza del sentimiento, ROUSSEAU supo vivificar los conceptos y las formas lógicas de los jusnaturalistas, sin excluir a LOCKE, transformándolos en valores éticos y en fuerzas vivas y reales.

Con mayor justicia los contemporáneos consideraron verdaderos el hombre y el estado de naturaleza, sin preocuparse en absoluto de su realidad histórica. Por lo demás, en el siglo XVIII el sentido histórico faltaba completamente también en aquellos que, como MONTESQUIEU, se declaraban partidarios de él. No puede suponerse que ROUSSEAU, exento de cultura histórica adquirida directamente al describir el estado de naturaleza, tuviera el propósito de reconstruir una fase histórica de la humanidad. El mismo lo reconoce cuando, desde el punto de vista histórico, llama a su concepción del hombre y del estado de naturaleza, conjetura, hipótesis[157]. Ello no quita que ROUSSEAU creyera en la realidad y verdad psicológica de su concepción, la de que el hombre de naturaleza no influenciado aún por agentes exteriores ni por la acción de sus semejantes es tal cual él lo describe. En esto seguía la dirección general de su siglo, según la cual las instituciones ético-jurídicas debían derivarse de la verdadera naturaleza humana. Sin embargo, mientras la psicología predominante era intelectualista y consideraba al hombre y al estado de naturaleza desde un punto de vista exclusivamente racional, ROUSSEAU, dotado de un agudo sentido de observación psicológica —raro en todos los tiempos y absolutamente nuevo en el siglo XVIII— logró describir un hombre de naturaleza que, por muchos respectos, corresponde a la verdad. Un siglo antes, HOBBES, lo mismo que ROUSSEAU, había considerado el lado sensible e instintivo de la naturaleza humana: pero la exclusiva consideración de las tendencias sociables, lo indujeron, a fin de hacer posible el consorcio humano, a rechazar al hombre de naturaleza y los resultados, en muchos aspectos verdaderos, de su análisis psicológico. ROUSSEAU, exagerando en sentido opuesto, en la interpretación optimista de la naturaleza humana, hizo del hombre primitivo un ser bueno y feliz, y no tomó siquiera en cuenta a los críticos que relegaron entre las utopías la supuesta felicidad y bondad del hombre de naturaleza, pues éste no es para ROUSSEAU un ser intelectualmente desarrollado, sino un hombre que tiene por guía la sensibilidad y obra instintivamente dentro de los límites de sus necesidades fisiológicas: como tal puede considerarse en un estado de bondad *y* de felicidad completamente negativa derivada de la ausencia de contrastes, del equilibrio entre los deseos y los medios y facultades para satisfacerlos.

---

156 Cfr. DEL VECCHIO, *Sulla teoria del contratto sociale* (Bologna, 1906), pág. 17 y sigs. Antes que por DEL VECCHIO, la interpretación lógica del pensamiento de ROUSSEAU fue sostenida por LIEPMANN *(Rechtsphilosophie des J. J. R.*, Berlín, 1898) y por HAYMANN *(J. J. R.'s Sozialphilosophie*, Leipzig, 1898).

157 Sin embargo, ROUSSEAU no excluye en forma absoluta la posibilidad histórica del estado de naturaleza, y habla (en el prefacio al *Discours sur l'inégalité)* de la dificultad de conocer *un état qui n'existe pas, qui na peut-etre existe, qui probablement n'existera jamais.*

Por lo tanto, no puede sostenerse con DEL VECCHIO que el hombre y el estado de naturaleza constituyan el centro de la especulación de ROUSSEAU, el ideal al que quiere adaptar las leyes y las instituciones. Esta concepción sirvió más bien como instrumento de crítica y de demolición del estado civil corrompido y corruptor. No deben inducirnos a engaño las expresiones de ROUSSEAU con las que se exalta el estado de naturaleza invocándose con insistencia su retorno. Cuando no se trata de desahogos retóricos dictados por el resentimiento hacia el presente, hacia la condición otorgada al hombre por la historia, tales expresiones deben entenderse en el sentido de que habría sido más preferible para el hombre no haber salido nunca de la animalidad que vivir siervo e infeliz en el estado civil: así como el adulto invoca la juventud feliz y despreocupada cuanto mayores son las desilusiones y dolores de la vida. Tan verdad es esto que, cuando ROUSSEAU se despoja del ropaje del crítico y piensa en reconstruir sobre nuevas bases la vida social, abandona, como HOBBES, la concepción del hombre de naturaleza sobre la cual no es posible fundar ninguna doctrina política, y declara el estado de naturaleza definitivamente superado, sustituyendo a la naturaleza, que sigue como guía la voz del sentimiento, el contrato que es obra de la razón, al hombre simple y primitivo el ciudadano evolucionado que experimenta la acción de la educación y de la ley. Lo mismo que en HOBBES, en la doctrina política de ROUSSEAU la razón está destinada a sofocar a la naturaleza, a hacer al hombre siervo de las instituciones formadas por él mismo.

Después de haber reconstruido al hombre en el estado de naturaleza, ROUSSEAU intenta explicar cómo y por qué los hombres, de su primitivo estado de libertad y de igualdad, pasaron al estado civil, cómo y por qué junto al derecho de naturaleza fue formándose un nuevo derecho, el derecho civil que hizo necesaria la organización política[158]. Las causas de este tránsito son de dos especies: unas psicológicas, las otras exteriores, pero ambas naturales y necesarias, íntimamente conexas entre sí.

La felicidad, la igualdad, la independencia del hombre de naturaleza, eran consecuencia de su debilidad, de su inferioridad psicológica, de la simplicidad de su existencia que se agotaba esencialmente en las funciones de la nutrición y de la reproducción. No pudiendo ser tal el fin por excelencia del hombre perfectible, era natural que con el desarrollo de la actividad imaginativa e intelectiva el estado de naturaleza tuviera que cesar. Con el despertar de la imaginación se hicieron más intensos y variados los sentimientos, se extendió indefinidamente la esfera de lo posible, los deseos se transformaron en pasiones, se rompió el equilibrio entre las necesidades y la potencialidad para satisfacerlos. La inteligencia a su vez, a medida que iba desarrollándose, excitó el deseo de conocer el mundo exterior y obtener de él ventajas. Lo útil sustituyó a lo necesario del estado de naturaleza, con las primeras artes surgieron nuevas ocasiones para perturbar el equilibrio primitivo que se fundaba sobre la moderación de los deseos y sobre la simplicidad de la vida. El desarrollo psicológico originó, junto a las desigualdades naturales, las primeras formas de desigualdad social: el deseo de estimación y de dominio, la prevalecencia física e intelectual, se convirtieron en otros tantos motivos de luchas, de conflictos: la humanidad cayó en un estado salvaje, en el que se conocen ya las iras, las disputas, las venganzas, pero aun no la esclavitud, la dependencia del hombre con respecto a otro hombre. A la esclavitud se llega con el concurso de causas exteriores, con la invención de la metalurgia y sobre todo con la introducción de la agricultura. Esta señala el fin de la comunión primitiva y el principio de la propiedad individual del suelo.

---

158 Cfr. *Discours sur l'inégalité* (1754), 2ª parte.

El concepto de propiedad, que en el estado de naturaleza se hallaba limitado a los objetos muebles de consumo, y que en el período inmediatamente posterior de salvajismo comprendía la casa y el terreno circundante, se amplía, con la introducción de la agricultura, a toda la extensión de la tierra cultivada. Nada más justo ni legítimo que cada uno se considerase propietario de ese pedazo de tierra que el trabajo y la necesidad limitaban naturalmente. El origen realista de la propiedad privada de la tierra como consecuencia de la agricultura, no podía ser expresado con más eficacia; y es mérito especial de Rousseau el haber contribuido a desacreditar la teoría contractualista de la propiedad que de Grocio en adelante había prevalecido en las escuelas. La doctrina de la propiedad de Rousseau completa la de Locke, para quien la propiedad es condición de la personalidad y se origina en el trabajo. Rousseau dio mayor importancia al elemento realista, haciendo de la agricultura y de la propiedad privada del suelo dos términos inescindibles: el trabajo constituye su condición subjetiva y sirve para legitimarla. «C'est le seul travail qui, donnant droit au cultivateur sur le produit de la terre qu'il a labourée, lui en donne par conséquent sur le fonds». Junto a los vínculos naturales y domésticos, la propiedad originó relaciones reales derivadas del hecho de la ocupación. Para regular estas relaciones surgieron las primitivas normas de justicia informadas del principio *«unicuique suum»*.

Un nuevo derecho fundado sobre la propiedad privada de la tierra vino así a formarse al lado del originario derecho de naturaleza. Las conocidas invectivas de Rousseau contra la propiedad, contra la razón, contra la sociedad civil y contra la riqueza, cuando no son desahogos retóricos, no deben entenderse en el sentido de que la propiedad pueda o deba abolirse, sino más bien en el sentido de que la propiedad, como institución útil y necesaria que es, debe ser reformada de manera que neutralice los daños que fatalmente ocasiona a los hombres.

Consecuencia de la propiedad fue que las desigualdades crecieron y se fijaron: no podía tampoco ser de otra manera, dada la diversa actividad y capacidad productiva de los diversos individuos, dada la diversa fertilidad de los suelos, dado el espíritu de previsión que empujaba a acumular para, el porvenir, y la sustitución de la necesidad sin límites al trabajo limitado como medida de la propiedad. Aquellos que, o por debilidad, o por indolencia, o por usurpación de los ricos quedaron sin propiedad, fueron obligados a vivir de rapiña o de caridad, consagrándose de este modo un estado de violencia para los unos y de esclavitud para los otros. Sofocado el natural sentido de piedad, extinguida la voz aun demasiado débil de la justicia, el conflicto entre el más fuerte y el primer ocupante estalló inevitablemente. Era el conflicto entre dos derechos, entre dos estados diversos, uno que expiraba, otro que recién surgía: por un lado, el individuo fuerte en sus naturales derechos identificaba el derecho con la fuerza, por el otro, el propietario defendía más que la vida los bienes conquistados; por un lado, el estado de naturaleza consagraba la libertad de todos y otorgaba a todos los frutos de la tierra, por el otro, el estado de ocupación y división de la tierra hacía imposible a los no poseedores el ejercicio de los derechos naturales. Para poner fin a los daños derivados de la violencia, los propietarios constituyeron un pacto de alianza con los débiles, que eran los más, contra los violentos, que eran los menos, en defensa de la vida y de la propiedad, y se convino dictar leyes obligatorias para todos e instituir gobiernos para la ejecución de las mismas. De este pacto entre ricos propietarios y pobres desposeídos, surgieron las primitivas sociedades civiles: pero el pacto era leonino; implicaba, por parte de los pobres, la renuncia a sus derechos naturales para tener a salvo su vida, mientras que para los ricos significaba el reconocimiento legal de todas sus usurpaciones contra natura y la posibilidad de continuarlas sin trabas bajo la protección de la ley. A la libertad natural destruida, se sustituyó la ley de la propiedad y de la desigualdad, y fue consagrada legalmente la miseria y la esclavitud del mayor número: un nuevo derecho, el derecho civil, se constituyó para regular las relaciones de propiedad entre los ciudadanos en sustitución de las relaciones y de las normas de derecho natural.

El estado de guerra que siguió a la introducción de la propiedad, la necesidad de legitimar las usurpaciones, y la distinción entre ricos y pobres fueron las verdaderas causas que indujeron a estipular el pacto de constitución política. Falsas considera, pues, ROUSSEAU, las doctrinas que hacían proceder la sociedad civil del poder doméstico, o de una natural tendencia a la esclavitud, o de la conquista del más fuerte, o de una alianza establecida entre los débiles para la defensa mutua. Los primeros gobiernos no fueron ni pudieron ser despóticos. Un poder surgido del pacto libre, limitado y regulado por la ley constitutiva, debía considerarse legítimo. Pero con el andar del tiempo, a causa del abuso de poder por parte de los gobernantes, de la aquiescencia interesada o supina de los gobernados, el poder legítimo se convierte en despótico, la voluntad arbitraria del príncipe sustituye a las leyes constitutivas del Estado, el pacto social es quebrado, la esclavitud política se agrega —agravándola— a la miseria y a la esclavitud económica. Con el despotismo se llega al límite extremo de la desigualdad y de la corrupción, resurge el estado de guerra con el consiguiente derecho del más fuerte. Esta era la triste condición política en que se hallaban los pueblos de Europa oprimidos por el despotismo en la época de ROUSSEAU.

El valor y el significado del *Discours sur l'inégalité* fueron discutidos en aquella parte en que pretende reflejar la historia de las fases por que ha pasado la humanidad desde el estado de naturaleza al estado civil. Considerada en su valor objetivo la historia de las sociedades humanas, tal como la describe ROUSSEAU, tiene todos los caracteres de una historia hipotética. El mismo nos dice en el *Discours* que la suya quiere ser una descripción verosímil, una explicación natural de la formación de las sociedades políticas, más natural por lo menos que cuantas fueron propuestas hasta entonces. Los elementos de verdad que contiene la historia hipotética de ROUSSEAU, permiten adscribirla a los ensayos de sociología política de base psicológica. A ROUSSEAU, en efecto, interesaron poco los hechos particulares y las noticias históricas depuradas por una crítica severa; con un método utilizado más tarde por los sociólogos, prefiere fijar la atención sobre ciertos grandes acontecimientos de la historia humana considerados en sus causas y en sus caracteres genéricos. La introducción de la agricultura y de la propiedad privada, la distinción entre ricos y pobres, el pacto político, la formación del despotismo, son los hechos que señalan las grandes líneas de la evolución no tanto histórica como política y social de la humanidad.

Para dar unidad y fundamento positivo a la narración, basta a ROUSSEAU, más que la experiencia histórica, la experiencia psicológica; ésta, a falta de los hechos, permite la reconstrucción de edades históricas superadas. El mismo, al terminar el *Discours* dice: «J'ai taché d'exposer l'origine et le progrés de l'inégalité, 1'établissement et l'abus des sociétés politiques, autant que ces choses peuvent se déduire de la nature de l'homme par les seules lumiéres de la raison». No puede decirse, dadas las condiciones de los estudios psicológicos en el siglo XVIII, que ROUSSEAU no hiciera buen uso del método psicológico, sobre todo cuando debía valorar las probables consecuencias de ciertos acontecimientos históricos. Sus contemporáneos buscaron en el *Discours,* más que la verdad histórica sus propios sentimientos. El *Discours* pareció un libro de batalla que reflejaba la realidad solo en los límites en que despertaba el odio hacia el despotismo y el amor a la libertad; pareció la justificación teórica de la lucha no ya política sino, dentro de ciertos límites, social de la época. La discusión sobre la mayor o menor verdad de los hechos resulta ociosa frente a las verdaderas finalidades del *Discours,* frente al conjunto de sentimientos y de ideas del que fue un eco autorizado y temido.

Entre el *Discours,* que responde a la exigencia crítica del pensamiento de ROUSSEAU, y las obras posteriores de índole reconstructiva, sobre todo el *Émile* y el *Contrat social,* no existe ni esa separación que advierte BEROLZHEIMER, ni esa contradicción que se complace en acentuar WAHL: existe en cambio una relación íntima y sustancial, no solamente lógica y formal, como se inclina a creer DEL VECCHIO[159]. La gran dificultad que los promotores del estado de naturaleza y de los derechos innatos del hombre habían hallado, estaba ante todo en explicar de qué modo los hombres de un estado *ex-lege* de absoluta independencia se habían avenido a someterse a la disciplina social, a las leyes y a los gobiernos; en segundo lugar, en coordinar el individuo y sus pretendidos derechos con la sociedad y con el Estado, el derecho privado con el derecho público. Desde GROCIO hasta ROUSSEAU, la noción del pacto había suministrado la solución lógica, la fórmula racional del problema. Sin embargo habían sido varias las opiniones sobre la naturaleza del pacto[160]. Para HOBBES éste se reduce a un puro y simple *pactum subjectionis:* en el acto mismo en que los hombres se reúnen en sociedad, enajenan su soberanía originaria, transfiriéndola al príncipe. Para PUFENDORF y su escuela, la *societas aequalis,* fuente de deberes, es anterior y superior a la *societas inaequalis* (Estado), fuente de derechos: el pacto político presupone el pacto social y a éste se halla subordinado. La escuela liberal inglesa con MILTON, con SIDNEY, y sobre todo con LOCKE, mientras reconoce junto al pacto de sociedad un pacto de sujeción, atribuye a este último una importancia absolutamente secundaria. Solo el pacto social es verdaderamente esencial para la vida del Estado y éste es perfecto y está constituido por la simple unión de los individuos. Además, por ningún pacto de sujeción puede el cuerpo social, o sea el pueblo, despojarse de su originario derecho de soberanía. El pueblo constituido en Estado permanece siempre soberano, mientras que el príncipe es un simple mandatario del pueblo y su autoridad está limitada por la ley y sometida al control del Parlamento. En este orden de ideas se encuentra MONTESQUIEU, en quien no aparece la distinción entre pacto de asociación y pacto de sujeción, y para quien el Estado no es más que la asociación misma políticamente ordenada. Por último, en ROUSSEAU el pacto de sujeción es eliminado explícitamente: el pacto social es el pacto constitutivo del Estado y por lo tanto es esencialmente político[161]. El pensamiento

---

[159] Cfr. BEROLZHEIMER, *System,* etc., II, pág. 166 y sigs.; WAHL, *Op. cit.,* I, pág. 136 y sigs.; DEL VECCHIO, *Op. cit., c.* II.

[160] Cfr. GIERKE, *Op. cit.,* pág. 100 y sigs.

[161] Esto puede desprenderse del título mismo de la obra: *Du contrat social, ou principes du droit politique.* DREYFUS-BRISAC, en la edición crítica del *Contrat* (París, 1896) reproduce la cubierta del manuscrito conservado en la Biblioteca de Neuchátel con las correcciones de ROUSSEAU al título de su obra. En lugar del título y subtítulo que prevalecieron en la edición definitiva, se leen, borrados por la mano del autor: *De la société civil. Essai sur la constitution de l'Etat. Essai sur la formation du corps politique (de l'Etat). Essai sur la forme de la République.* El título original del libro I era: *De la formation du corps politique;* y fue substituido con este:

de ROUSSEAU viene a encontrarse, pues, en el extremo opuesto al de HOBBES; para éste la sociedad es el Estado, para ROUSSEAU el Estado es la sociedad: ninguno de los dos distingue entre *pactum subjectionis et societatis,* pero mientras para HOBBES el pacto es esencialmente de sujeción y por consiguiente político, para ROUSSEAU es social: en ambos queda abolido el dualismo entre súbdito y soberano, pero para HOBBES la abolición va en interés del príncipe y para ROUSSEAU en interés del pueblo. La doctrina de LOCKE representa la solución intermedia, el punto de contacto de las dos formas opuestas que adquirió la doctrina del contrato en HOBBES y en ROUSSEAU.

De cualquier manera el contrato, en el especial sentido indicado, representa también para ROUSSEAU la explicación lógica y jurídica del tránsito del hombre del estado de independencia al ordenamiento civil. Queda por ver si el contrato tenía para ROUSSEAU un valor real, o bien si no salía de ese orden de ficciones, tan familiar a los jusnaturalistas, para superar las dificultades que derivaban de sus mismos principios. Cuando se resuelve esta cuestión aparece en toda su evidencia la relación íntima que liga al *Discotirs sur l'inégalité* con el *Contrat social.* En el *Discours,* donde ROUSSEAU se propone hacer la historia del origen y del desarrollo de los gobiernos e instituciones civiles, el contrato aparece como un hecho empírico. No se comprendería la introducción de un elemento lógico, arbitrario por naturaleza, como el contrato con valor causativo en la serie natural y necesaria de los acontecimientos. Entre el estado de naturaleza y el estado civil no existe, para ROUSSEAU, ninguna solución de continuidad, sino un tránsito gradual y paulatino. En el largo intervalo de tiempo que media entre los dos estados[162] se establece la propiedad privada de la tierra con las consiguientes desigualdades, usurpaciones y peligros para la vida y para los bienes. Entre ricos y pobres se estipula un acuerdo con el objeto preciso de asegurar, por un lado, el imperio de la ley sobre la fuerza violenta y brutal, por el otro, de legitimar un estado de hecho que era fruto, a su vez, de injusticias y usurpaciones consolidadas por el tiempo. En estas condiciones el contrato no responde ni a exigencias lógicas y racionales, ni a un ideal de justicia, aunque sí corresponde a necesidades reales y en su contenido refleja el contraste entre dos clases sociales, y la maldad refinada de los ricos en perjuicio de los pobres. El contrato a que se refiere el *Discours,* más que la causa es la consagración legal de un estado de injusticia. ROUSSEAU reclama su revisión en nombre de la razón y de la justicia. Esta es la conclusión del *Discours* y la premisa del *Contrat,* en el que ROUSSEAU se propone formular el esquema del nuevo contrato que garantice el imperio de la justicia del mismo modo que en el antiguo engendraba la infelicidad y la injusticia. El *Contrat* debe entenderse, por lo tanto, como solución jurídica racional de un problema cuyas premisas históricas y psicológicas se hallan planteadas en el *Discours.* Y el problema jurídico al que el contrato social debía dar solución, se presentaba precisamente en los términos enuncia-

---

Premieres principes du corps social. Ninguno de estos títulos apareció en la edición definitiva. Evidentemente, lo que ha sido borrado, revela que en la mente de ROUSSEAU se identificaban el cuerpo social y el cuerpo político. Hay que probar la preferencia otorgada a la expresión de contrato social, cuerpo social, desde el momento que el acto de asociación constituía la esencia de la constitución política.

162 Noticias particularizadas sobre el período que se interpone entre el estado de naturaleza y de sociedad, pueden hallarse en el capítulo n del manuscrito del *Contrat,* de Ginebra, reproducido por DEEYFUS-BRISAC en la edición citada de aquella obra. El mencionado capítulo, cuyo título es: *Société générale du genre humaine,* y cuya índole es más filosófica que jurídica, no aparece en la redacción definitiva del *Contrat.*

dos por ROUSSEAU: «Trouver une forme d'association qui défende et protege de toute la forcé commune la personne et les biens de chaqué associé, et par laquelle chacun, s'unissant á tous, n'obéisse pourtant qu'á lui méme, et reste aussi libre qu'auparavant»[163]. En otras palabras, el problema que el contrato social está llamado a resolver es doble: por un lado, debe crear en lugar de los contrayentes individuales, una persona moral colectiva; por otro lado, debe, mediante este ente colectivo, garantizar a cada individuo su vida, su libertad, su propiedad, o sea, sus derechos naturales y presociales.

En lo que respecta a la constitución y a la naturaleza del Estado, baste observar que éste no es para ROUSSEAU la suma de los individuos: éstos lo crean con su consenso, pero una vez constituido el Estado se presenta como una verdadera persona moral, dotada de vida y voluntad propias, distinta de los individuos que con sus acuerdos la originaron[164]. El Estado es para ROUSSEAU una mente, una voluntad, una fuerza unitaria y colectiva que tiene por finalidad constante y exclusiva el bien común, por expresión viva y elocuente la ley, que se presenta con los caracteres de la universalidad no solo por la fuente de donde emana, sino también por el objeto a que se refiere.

Una vez constituido, el principio de autoridad tenía la misión de garantizar el principio de libertad. ROUSSEAU fue indudablemente sincero amigo de la libertad individual: de ello dan fe, no menos que sus obras, las vicisitudes de su vida. Pero el sentimiento de la libertad se asociaba en él al sentimiento no menos vivo y profundo de amor patrio. Es el civismo el nuevo sentimiento que, antes en MONTESQUIEU, luego en ROUSSEAU en forma y con caracteres más categóricos, surge para morigerar las asperezas del individualismo de la época. Esto no se tuvo suficientemente en cuenta al juzgar la obra de ROUSSEAU; se prefirió la reducción forzada de su pensamiento a unidad puramente formal y se dejó de lado la unidad viva y real que da a su obra el sentimiento de la libertad y del culto de la patria, sentimiento que constituye el motivo íntimo de la doctrina pedagógica y política de ROUSSEAU.

Formar más que al hombre al ciudadano dispuesto a sacrificar todo por la patria común, crear un sistema político en el que el ciudadano pueda hallar segura protección y defensa para su derecho y su libertad, fueron las verdaderas preocupaciones de ROUSSEAU, aun cuando su pensamiento se desarrolló, desde el punto de vista lógico, incierta y, a menudo, contradictoriamente.

Para que sean garantizadas, por un lado, la unidad y autoridad del Estado, y por otro, la libertad de los ciudadanos, ROUSSEAU no ve más que un medio: «l'alienation totale de chaqué associé avec tous ses droits á toute la communauté». Entre las más recientes interpretaciones del pensamiento de ROUSSEAU sobre este

---

163 Cfr. *Contrat social* (edit. Dreyfus-Brisac), I, 6; *Émile,* V, pág. 573.

164 Para hacer más eficaz su pensamiento con respecto a este punto, ROUSSEAU recurre a la analogía con el cuerpo humano de la que tanto había de abusar el positivismo naturalista del siglo siguiente. Esta analogía puede leerse en el artículo *Economie Politique,* de la «Encyclopédie» atribuido a ROUSSEAU. Cfr. DREYFUS-BRISAC, *Op. cit.,* pág. 370. En el *Contrat* (II, 3), ROUSSEAU distingue con especial cuidado entre voluntad de todos y voluntad general: aquélla es la suma de las voluntades particulares y tiene por objeto un interés privado; ésta constituye una unidad distinta de las voluntades individuales, superior a ella, cuyo objeto es solo el interés común.

punto, recordamos las de JELLINEK y DEL VECCHIO. Según JELLINEK[165] la enajenación de que habla ROUSSEAU es efectiva y real; ella consagra la omnipotencia ilimitada del Estado. En virtud de tal enajenación el individuo cesa de ser el titular de derechos intangibles capaces de limitar la acción del Estado: éste recibe todos sus derechos de la voluntad general. La propiedad misma no pertenece al individuo sino en virtud de una concesión del Estado: la libertad es lo que le queda al individuo después de la determinación de sus deberes civiles.

En sentido opuesto, DEL VECCHIO[166] sostiene que la libertad inalienable es el verdadero principio, el eje del sistema político de ROUSSEAU, superior al mismo deber de la obediencia; el Estado representaría una pura forma de libertad, la realización inmanente y universal de ésta. Esto establecido, la enajenación total de los derechos que constituye la cláusula fundamental del contrato es un acto conceptual ficticio como el contrato mismo. Una y otro no son realidades sino postulados de razón, principios o cánones de construcción jurídica, necesarios para proceder a una especie de innovación por la que los derechos naturales, conservando integralmente su sustancia, se convierten en civiles; en otras palabras, los derechos, tal cual son en el orden de la naturaleza, se convierten en derechos tal como deben ser en el orden político: el contrato social es la fórmula categórica de esta conversión ideal. Conforme con las exigencias de la lógica jurídica, al cambiar el título de la posesión debe anularse el primer título para asegurar la validez del segundo: de ahí la absorción por parte del Estado de los derechos naturales y su sustitución inmediata con carácter de derechos civiles; pero esta absorción es solamente un acto ficticio, que no modifica la sustancia de los derechos sino que cambia solo su título.

Tanto JELLINEK como DEL VECCHIO se esfuerzan inútilmente por resolver la contradicción que existe en la esencia misma de la doctrina política de ROUSSEAU. Era inevitable que de este esfuerzo tendiente a dar unidad a la doctrina de ROUSSEAU, su pensamiento saliera disfrazado en sentido opuesto, individualista o absolutista. En apoyo de su tesis JELLINEK invoca los numerosos y explícitos pasajes del *Contrat,* donde se exalta la omnipotencia e infalibilidad del Estado, donde se consagra la doctrina de la soberanía ilimitada, donde se habla del Estado como de un ente moral y colectivo que absorbe y aniquila a los individuos, como de una forma del ideal de justicia, como la expresión de la razón universal. Pero JELLINEK no nos dice en qué forma ha de poder conciliarse el dogma de la omnipotencia del Estado con el dogma de la libertad inalienable, explícita y repetidamente proclamado por ROUSSEAU y cuya protección constituye la razón de ser y la finalidad de la constitución política. JELLINEK prefiere las afirmaciones de ROUSSEAU en favor de la libertad, y entiende la enajenación de que habla ROUSSEAU como una efectiva e incondicionada renuncia a esas naturales prerrogativas, a las que el hombre, según declaración explícita de ROUSSEAU, no puede renunciar: «renoncer á sa liberté, c'est renoncer á sa qualité d'homme, aux droits de l'humanité ... une telle renonciation est incompatible avec la nature de l'homme».

---

165 Cfr. JELLINEK, *La déclaration des droits de l'homme et du citoyen* (Trad. Fardis, París, 1902), c. II. pág. 9 y sigs.; ID., *La déclaration,* etc. (en «Rev. du droit public.», XVIII, 1902, 6). En el mismo orden de ideas cfr. BONNARD, *Du prétendu individualisme de J. J. R.* (en «Rev. du droit public», XXIII, 1907, 4); LEMAIRE, *J.J. Rousseau* (París, 1907); BRY, *Influence du contrat social de R.* (en «Bull. des travaux historiques, 1898).

166 Cfr. DEL VECCHIO, *Su la teoria,* etc., pág. 92 y sigs. En el mismo sentido cfr. LIEPMANN y HAYMANN; ATGER, *Op. cit.,* pág. 278; ESMEIN, *Droit constitutionnel* (4ª edic., 1906), pág. 202.

A este respecto, la crítica dirigida contra la tesis de JELLINEK por DEL VECCHIO, es fundada y convincente. Pero DEL VECCHIO exagera en sentido opuesto al afirmar que el contrato y la enajenación de los derechos son una ficción jurídica, que el estado civil no es mási que el estado de naturaleza con otro nombre, que los derechos civiles son los mismos derechos naturales con diferente título. En apoyo de su tesis DEL VECCHIO cita un pasaje del *Contrat* (II, 4): «II est si faux que dans le contrat social il y ait de la part des particuliers *aucune renonciation véritable,* que leur situation, par l'effet de ce contrat, se trouve réellement préférable á ce qu'elle était auparavant, et qu' *au lieu d'une aliénation* ils n'ont fait qu'un échange avantageux d'une maniere d'étre incertaine et précaire contre une autre meilleure». La crítica dirigida a JELLINEK de atenerse a una interpretación literal del pensamiento de ROUSSEAU, podría volverse con mayor razón contra DEL VECCHIO que, del sentido literal del citado pasaje, aislado de todo lo demás, deduce que ROUSSEAU entiende hablar de una renuncia y enajenación ideal y ficticia. En nuestra opinión, este pasaje se aclara confrontándolo con el capítulo VIII del libro I del *Contrat,* donde ROUSSEAU pone en relación el estado de naturaleza y el estado civil, para hacer un balance de las ventajas y perjuicios que reporta a los individuos el contrato social: el saldo es que las ventajas del estado civil no solo compensan sino que superan en mucho a las pérdidas.

Si, como dice DEL VECCHIO, nada se ha enajenado ni se ha adquirido y la condición del hombre antes y después del contrato es sustancialmente idéntica, no se comprende cómo pueda hablar ROUSSEAU de un intercambio ventajoso, cómo pueda llamar al estado civil un estado sin comparación preferible al estado de naturaleza, a tal punto que el hombre «devrait bénir sans cesse l'instant heureux que l'en arracha pour jamáis, et qui, d'un animal stupide et borne, fit un étre intelligent et un homme». Tenemos aquí la referencia a una transformación mucho más profunda y radical que la ficticia y formal de que habla DEL VECCHIO.

En efecto, desde el punto de vista psicológico, el estado de naturaleza y el estado civil, según precisas declaraciones de ROUSSEAU (I, 8) se hallan entre sí como el instinto y la razón, la animalidad y la humanidad, el estado de pasividad inconsciente y el estado de actividad consciente, el reino de los apetitos y el reino de la libertad moral. Por otra parte si el hombre, al entrar en la sociedad civil pierde su libertad natural y el derecho ilimitado «á tout ce qui le tente et qu'il peut atteindre», adquiere en cambio la libertad civil y la propiedad de lo que posee. Y el cambio no es solamente formal y ficticio porque «il faut bien distinguer la liberté naturelle, qui n'a pour bornes que les forces de l'individu, de la liberté civil, qui est limitée par la volonté genérale; et la possession, qui n'est que l'effet de la forcé ou le droit du premier occupant, de la propriété, qui ne peut étre fondee que sur un titre positif» (I, 8). Afirmar después de esto que el contrato y la enajenación son únicamente actos ficticios, que no crean nada nuevo ni diferente con respecto al estado anterior, es como sostener que no existe diferencia alguna entre el niño y el adulto, entre quien sigue los dictados del instinto y quien obra iluminado por la razón, por la justicia y por el deber, solo porque la persona no cambia y porque en la edad adulta se hallen, aunque evolucionadas, las tendencias existentes en germen en la infancia.

Sentado esto, el pasaje donde se habla de una renuncia y enajenación ficticia, debe entenderse, a nuestro juicio, en el sentido de que, frente a las ventajas que el hombre ha adquirido al entrar en la sociedad civil, está fuera de lugar hablar de renuncias. Y en realidad la noción de renuncia, cuando, como en nuestro caso, no es gratuita y producto de coacción, implica que quien renuncia a lo que goza, tiene una compensación equivalente; pero, cuando la compensación es tan considerable que no puede ya regir la comparación con la cosa a que se renuncia, no puede hablarse de renuncia en sentido estricto. Y si en el mismo pasaje citado ROUSSEAU dice que «au lieu d'une aliénation ils (les particuliers) n'ont fait qu'un échange»[167], esto no quiere decir que el pensador francés haya querido aludir a una enajenación que en la práctica no ocurrió, como revela comprender DEL VECCHIO, sino que ROUSSEAU ha querido más bien significar que, dadas las ventajas que reporta al individuo el estado civil, más que de una enajenación en sentido estricto debe hablarse de una permuta en la que hay un cambio de cosas sin pretender una rigurosa equivalencia. No puede aceptarse, pues, el concepto de novación a que recurre DEL VECCHIO con el fin de hacer más claro el pensamiento de ROUSSEAU. La novación en sentido jurídico, presupone una obligación de innovar y el *animus novandi*. Ninguna de las condiciones se encuentra en nuestro caso: ni la obligación precedente de extinguir, porque antes del contrato social los hombres son libres y no están sometidos a ninguna especie de obligaciones; ni el *animus novandi*, puesto que falta la intención efectiva de novación, es decir, de sustituir por una nueva, la antigua obligación que no existe.

Por lo demás, un pasaje aislado contradicho por otros[168] no puede constituir fundamento válido para toda la tesis. El mismo DEL VECCHIO lo reconoce en los esfuerzos llevados a cabo para derivar su tesis de una comprensión integral del pensamiento de ROUSSEAU. Llevada la discusión a este terreno más amplio y general, la solución no puede dejar lugar a dudas. El estado civil en el pensamiento de ROUSSEAU no es continuación del estado de naturaleza, sino que es la negación de éste. La constitución del Estado señala el principio de un nuevo orden de cosas en el cual la naturaleza, como norma del obrar, o sea el imperio de los sentimientos y de los instintos, es sustituida en su calidad de suprema legisladora, de juez de los valores éticos y jurídicos, por la voluntad y la razón colectivas. Esta triunfa sobre los apetitos, sobre los egoísmos, sobre las pasiones individuales: los derechos naturales, expresión de la fuerza no guiada por la razón, son incompatibles con el nuevo derecho que debe surgir de conformidad con las exigencias racionales. Para operar el tránsito de la naturaleza inconsciente a la razón colectiva en una época en que los procesos evolutivos naturales, psicológicos e históricos, eran desconocidos o no apreciados, se requiere el consentimiento de los individuos. He aquí la razón de ser del contrato social. Al incorporarse libremente al Estado, el individuo se somete a una nueva guía, la razón colectiva, renuncia a seguir las tendencias que tiene por naturaleza, enajena a favor del nuevo ente que concurre a crear sus naturales e individuales derechos, para readquirirlos del Estado racionalizados, universalizados. La enajenación o renuncia a los naturales derechos no puede ser condicionada ni limitada, sino absoluta y definitiva. Dada la relación antitética entre el estado civil y natural, no puede concebirse cómo el hombre pueda vivir al mismo tiempo bajo las normas de naturaleza y de razón. Como la naturaleza antes del contrato, así después el Estado tiene poder absoluto: «comme la nature donne á

---

167 En el manuscrito de Ginebra (DREYFUS-BRISAC, *Op. cit.* Apéndice I, pág. 272) se lee: «au lieu d'une *simple* aliénation», etc., de donde puede deducirse que ROUSSEAU no excluía la enajenación sino la forma más común de ella.

168 BONNARD (*Op. cit.*) observa que, a pesar de los mencionados pasajes ambiguos, hay dos capítulos en el *Contrat*, descuidados por DEL VECCHIO, uno relativo a la propiedad (I, 9), y otro a la religión (IV, 8), que se oponen a su tesis.

chaqué homme un pouvoir absolu sur tous ses membres, le pacte social donne au corps politique un *pouvoir absolu* sur tous les siens». Y si Rousseau no excluye que la razón colectiva pueda permitir al individuo el goce de derechos también naturales, compatibles con la naturaleza y finalidades del Estado, éste es «seul juge de cette importance» (II, 4).

Tampoco contradice el principio de la libertad inalienable al principio de la enajenación efectiva y absoluta, en cuanto se distinga entre libertad natural y libertad civil y se reconozca que el individuo renuncia, en el contrato social, a la libertad sensible, de grado inferior, para adquirir la libertad regulada y limitada por la ley que es la expresión de la voluntad general. Si se comprende cómo puede el hombre renunciar al dominio de los apetitos y de los instintos, incompatibles con una vida colectiva avanzada, sería absurdo imaginar que pueda renunciar a regularse según razón, puesto que ello equivaldría a renunciar «a la qualité d'homme». Cuando Rousseau afirma que «Thomme est né libre» entiende referirse a la libertad natural: en cambio, cuando afirma que la constitución política debe ser tal que el hombre permanezca «aussi libre qu'auparavant» quiere referirse a las libertades civiles y morales. Si en efecto, la verdadera libertad es digna de tal nombre, es «l'obéissance á la loi qu'on s'est prescrite», el hombre no puede gozar de tal libertad sino dentro del estado civil.

Contrariamente a la tesis sostenida por Del Vecchio, los conceptos de ley y de derecho sufren una transformación radical cuando pasan del estado de naturaleza al estado civil. La ley tiene, en el estado de naturaleza, un significado naturalista, es expresión de la necesidad natural, está dotada de la inflexibilidad de las leyes físicas. Por otra parte, el derecho subjetivo en el estado de naturaleza es la manifestación de la personalidad natural no sometida al freno de la razón. Pero, por fuerza del contrato, la voluntad adquiere virtud creativa, y parece contener a la necesidad histórica y psicológica para constituir un estado de razón. En esta parte reconstructiva de su obra, Rousseau cede a la tendencia racionalista de la época y la lógica predomina sobre el sentimiento. Con el contrato social, en efecto, «naissent les regles du droit naturel raisonné, different du droit naturel proprement dit, qui n'est fondé que sur un sentiment vrai, mais tres vague et souvent étouffé par l'amour de nous-méme»[169]. En este notable pasaje vemos contrapuesto el derecho natural propio del estado de naturaleza al derecho natural razonado del estado civil. Y Rousseau agrega que, mientras el estado de naturaleza solo conoce el sentimiento innato de lo justo, el estado civil fundado sobre la ley engendra la idea de justicia puesto que «la loi est antérieure á la justice et non pas la justice á la loi». La ley es, en efecto, la razón colectiva traducida en normas; como ésta, es universal e infalible, y es el único criterio de justicia.

También infundada, a nuestro juicio, es la opinión de que Rousseau no reconoce frente al Estado al individuo y sus derechos. Para convencernos de ello baste tener presente la doctrina de Rousseau acerca de los fines del Estado, de los límites del poder soberano, de la relación entre individuo y Estado. Uno de los fines del Estado es el bien común (II,1), y éste consiste en la realización y en la tutela de la libertad y de la igualdad, por medio de la legislación (II, 11). Solo los ciudadanos libres y conscientes pueden proporcionar ventajas al Estado; por otra parte, no es posible la libertad sin una relativa igualdad. Estamos, pues, muy lejos del ideal

[169] Este pasaje no se halla en la edición definitiva del *Contrat,* sino en el *Manuscrit de Genére* (n, 4).

absolutista que exalta el privilegio y las distinciones de clase a sistema de gobierno, y que transforma a los ciudadanos en instrumentos inconscientes de la voluntad del príncipe. El Estado, emanación de la voluntad popular, se convierte en guardián y defensor de los derechos del hombre que se reducen a la libertad y a la igualdad. Se ve de ahí que, en la intención de ROUSSEAU, el fin del Estado era la realización de un ideal puramente individualista, y que el absolutismo no era para él más que el medio para lograr el fin. Para LOCKE el individuo como tal es soberano, y el Estado no constituye frente al individuo una personalidad nueva que se le contraponga: para ROUSSEAU el Estado es un ente nuevo, no la suma sino la resultante de las voluntades individuales, que pierden su personalidad y soberanía individual a favor del Estado. El concepto de LOCKE de hacer del individuo el juez y el guardián de su propio derecho, respondió más bien prácticamente al ideal individualista, pero no puede negarse que las idealidades de ROUSSEAU se inclinaban a favor del individuo y de los derechos del hombre, conforme con las corrientes de su época. En sustancia, ROUSSEAU quería que la razón realizara en el estado civil aquellas condiciones de libertad e igualdad que la guía natural y segura del instinto y del sentimiento garantizaba a los hombres en el período prepolítico de su existencia. Y así como en el estado civil la razón no podía servir al individuo de guía tan segura como el sentimiento en el estado de naturaleza, de igual modo se hacía necesario sustituir la insegura razón individual por una razón colectiva infalible, capaz de regular las condiciones de libertad y de igualdad. He aquí, pues, el pensamiento de ROUSSEAU: los fines individuales universalizados por medio del Estado, que es el órgano de la razón universal.

Que ROUSSEAU no quería la absorción completa del individuo en el Estado, resulta también del hecho de que no solo conservó la relación entre individuo y Estado sino que señaló límites precisos a la acción de éste en relación con aquél. ROUSSEAU observa (II, 4) que, junto al Estado —persona pública—, debe considerarse a las personas privadas que lo componen, cuya vida y libertad son naturalmente independientes de él. La sustitución del hombre por el ciudadano no es completa en el estado civil; junto a los deberes que impone la cualidad de ciudadano perdura siempre el derecho natural inherente al hombre como tal. El reconocimiento de derechos del hombre en el estado civil puede aparecer en contradicción con el hecho de la enajenación absoluta, que es el objeto del pacto social[170]. Pero la contradicción es aparente, porque el carácter absoluto de la enajenación debe entenderse solamente con respecto a los fines y exigencias del Estado, no teniendo más allá de tales fines ninguna razón de ser. «Ce que chacun aliene, par le pacte social, de sa puissance, de ses biens, de sa liberté, c'est seulement la partie de tout cela dont l'usage importe á la communauté». El eventual conflicto entre individuo y Estado resulta eliminado desde que solo el Estado es juez de la parte de bienes y de libertad que el individuo puede conservar en el estado civil (II, 4). El pensamiento de ROUSSEAU no es de que el individuo tenga derechos naturales que hacer valer contra el Estado, o para los cuales pueda pretender un reconocimiento, sino que el Estado debe permitir al individuo disfrutar los derechos naturales dentro de los límites compatibles con las finalidades generales. No coexisten, pues, en el Estado

---

170 El mismo ROUSSEAU destaca la contradicción, aunque para declarar que es solo aparente. «Lecteurs attentifs, ne vous pressez pas, je vous prie, de m'accuser ici de contradiction. Je n'ai pu l'éviter dans les termes, vu la pauvreté de la langue: mais attendez». Esta nota se encuentra en la edición del *Contrat* del año 1762, en el capítulo 4, libro II donde trata de las relaciones entre los ciudadanos y el soberano.

que nace del contrato, dos fuentes diversas de derecho con posibilidades de conflicto; la única y exclusiva fuente de derechos y de deberes es la ley; y solamente a ella corresponde determinar la esfera de libertad y de propiedad de que puede disfrutar cada uno; el derecho natural que se perpetúa en el estado civil no tiene valor en sí, sino cuando la ley implícita o explícitamente lo reconoce y lo regula.

Las expresiones de derecho público y privado no se encuentran en ROUSSEAU. Las relaciones verdaderamente esenciales en el Estado y que requieren dos distintos órdenes de leyes son dos (II, 12): una es la relación del todo con el todo, es decir, del soberano con el Estado; esta relación es regulada por las leyes políticas, denominadas también leyes fundamentales. La segunda relación es la de los miembros entre sí y con el cuerpo entero, y es regulada por las leyes civiles. Esta segunda relación, que en los jusnaturalistas es doble, pública y privada, es única para ROUSSEAU: la ley que regula las relaciones recíprocas de los ciudadanos y garantiza su más perfecta independencia recíproca, no se distingue sustancialmente de la que sanciona la subordinación absoluta del ciudadano al Estado; es que no puede concebirse la una sin la otra, no siendo posible poner las relaciones entre los ciudadanos sobre la base de una perfecta independencia sin que todos reconozcan la autoridad superior y absoluta del Estado: «car il n'y a que la forcé de l'Etat qui fasse la liberté de ses membres». Un derecho privado autónomo, independiente del derecho público, es incompatible con el principio mismo que informa el sistema de ROUSSEAU. Las relaciones que se desarrollan entre los privados y que forman el objeto de las leyes civiles se reducen, según ROUSSEAU, a dos fundamentales: las de familia y las de propiedad[171].

La familia es, ante todo, una institución natural; en el estado de naturaleza el vínculo familiar está reducido a su más simple expresión, o sea a ese límite mínimo sin el cual es imposible la perpetuidad de la especie: por lo tanto solo existe entre padres e hijos y su duración es temporal. No bien los hijos se encuentran en condiciones de proveer a su subsistencia, cesa la obligación de la obediencia, el vínculo doméstico se disuelve, los hijos adquieren su independencia y se hacen iguales al padre. La introducción de la propiedad privada del suelo transforma a la familia en una institución contraria a la naturaleza: ella se convierte, según ROUSSEAU, en centro de intereses económicos y causa de contrastes y desigualdad sociales: la autoridad del padre se torna despótica y queda consagrada la esclavitud de la mujer y de los hijos. ROUSSEAU se rebela contra la degeneración de la vida doméstica y elabora las bases de la familia civil fundada además que sobre la naturaleza, sobre las convenciones; en ella las relaciones entre los cónyuges y entre éstos y la prole son fijadas y reguladas por la ley. Si la voz de la naturaleza es siempre la más segura guía para el padre en el cumplimiento de sus deberes, la ley es la más segura medida de sus derechos. Corresponde a la ley regular la autoridad del padre de manera que se desenvuelva en beneficio exclusivo de la prole. Por otra parte, está en el interés del Estado que no se cree un dualismo entre sociedad doméstica y civil, que la familia

---

171 Esto se encuentra explícitamente afirmado en el manuscrito de Ginebra (n. 5), en un pasaje que no reaparece en la edición definitiva del *Contrat*. «Quant aux lois particuliétes qui réglent les devoirs et les droits respectifs des citoyens, elles s'appellent *lois civiles* en ce qui regarde les relations domestiques et la propriété des biens». ROUSSEAU declara expresamente *(Manuscrit*, etc., II, 5), que se limita a considerar las leyes políticas: a su obra le falta, pues, la doctrina de la familia y de la propiedad, y solo puede reconstruirse mediante referencias dispersas y con los principios generales de su sistema.

sirva a los fines del Estado y quede a él subordinada, que la educación doméstica tienda no solo a formar al hombre como la familia natural, sino también a formar al ciudadano. En esta afirmación de las finalidades civiles de la familia, ROUSSEAU confluía con la obra de MONTESQUIEU contribuyendo a robustecer una tradición que debía influir sobre la constitución jurídica de la familia moderna[172].

La teoría de la propiedad en ROUSSEAU es una nueva confirmación del espíritu y de los principios que informan su sistema. La propiedad, sea mueble o inmueble, es anterior al Estado e independiente de las convenciones humanas. Como idea, se desarrolla naturalmente a partir del derecho, fundado sobre el trabajo, del primer ocupante y de las necesidades de la existencia: aparece, pues, como una institución de naturaleza, complemento necesario de la personalidad[173]. El estado civil no surge para destruir las instituciones de naturaleza, sino para sustraerlas al imperio de las pasiones y para regularlas según razón. La propiedad individual, extendida en medida uniforme a todos los ciudadanos, se convierte en punto cardinal del estado civil[174]; ella constituye el fundamento y la razón de ser del Estado, el cual surge para defenderla, para obviar los contrastes, los egoísmos que inevitablemente engendra la propiedad. La necesidad y el trabajo que en el estado de naturaleza constituían el límite y la legitimación de la propiedad, no eran suficientes garantías contra los atentados que se inferían a la misma, contra los males que de ella podían engendrarse. Se convino en sustituir la propiedad natural fundada en los instintos y en los sentimientos, por la propiedad civil fundada sobre la ley, tutelada por el Estado, que, con criterio racional y constante, limita a cada uno el goce de los bienes y realiza, en el dominio de la propiedad, el principio de la libertad y de la igualdad. La doctrina tradicional del *jus eminens* del Estado sobre los bienes de los súbditos es reproducida por ROUSSEAU, pero con un nuevo significado. En efecto, mientras esta teoría se había formado en interés del príncipe con significado antindividualista, en ROUSSEAU se desenvuelve en interés exclusivo del individuo y por la tutela de la propiedad individual[175]. Esto no quita que en el contraste entre derecho de propiedad individual y derecho de soberanía, este último deba predominar; pero, si el interés general, o sea la tutela de la libertad y de la igualdad, no se halla en juego, la propiedad individual es sagrada e inviolable. La doctrina de la propiedad de ROUSSEAU no difiere en sustan-

---

172 La cuestión de las relaciones entre el Estado y la familia, de las analogías y diferencias entre estas dos instituciones, está tratada por ROUSSEAU en sentido contrario a quienes hacían derivar el gobierno y la sociedad civil de la familia *(Discours sur l'inégalité; Contrat,* etc., I, 2; artículo citado sobre *Économie politique).* En un fragmento del *Contrat* (edic. Dreyfus-Brisac, pág. 318) ROUSSEAU admite la opinión de MONTESQUIEU según la cual en los países donde las leyes son la fuente de las costumbres, la autoridad privada debe estar subordinada a la autoridad pública, y así también en el seno de la familia, la ley debe imponerse sobre todo a los padres.

173 En el *Émile* (n, pág. 86) ROUSSEAU enseña los medios con los que se despierta en el niño la idea de propiedad. «La premiére idee qu'il faut donner est donc moins celle de la liberté que de la propriété». Observa justamente que el sentimiento de la propiedad se desarrolla en virtud de la reacción que sucede al despojo de lo que es fruto del trabajo.

174 En nota al *Contrat* (*edic.* 1762, I, 9) ROUSSEAU, después de haber afirmado en general que las leyes solo son útiles a quienes poseen algo, y perjudiciales para quienes no tienen nada, agrega: «d'ou il suit que l'état social n'est avantageux aux hommes qu'autant qu'ils ont tous quelque chose et qu'aucun d'eux n'a rien de trop». Cfr. también *Émile,* IV.

175 La expresión *domaine éminent* es usada por ROUSSEAU en el *Émile* (V, edic. cit., pág. 575).

cia de la de Montesquieu; difiere de la de Locke en que, mientras éste perseguía la intervención del Estado, no para regular, sino para defender la propiedad, Rousseau creía que sin la intervención del Estado no era posible, por el solo juego de los intereses individuales, realizar en el dominio de la propiedad ese ideal de libertad y de igualdad que anhelaba Locke. Muy lejos de querer instaurar un régimen de propiedad de Estado, Rousseau pretende que el Estado regule la propiedad en interés y para los fines del individuo[176].

Coordinado con el derecho de propiedad y de familia, se encuentra el derecho sucesorio. También sobre este particular Rousseau sigue la doctrina de Montesquieu, desarrollándola en sentido racional. Montesquieu había considerado la propiedad y el derecho sucesorio como instituciones que crea la ley conforme al principio de relatividad física y a las condiciones históricas y económicas. La única diferencia en-tre las dos instituciones residía en que, mientras la propiedad está fundada en la naturaleza de las cosas y solo toma de la ley existencia jurídica, el derecho sucesorio no tiene otro fundamento que la ley, y no solo existe en relación con el ambiente, sino que es su resultante. También para Rousseau el carácter civil de la propiedad y del consiguiente derecho sucesorio está fuera de toda duda: pero en su sistema la ley de la relatividad con respecto al ambiente y a los factores exteriores, ocupa un lugar secundario aunque no menos importante, mientras que en primera línea figura el principio de que la legislación civil que atañe a la propiedad y al derecho sucesorio debe informarse en las exigencias racionales y en las finalidades individualistas del Estado. En otras palabras, la libertad de disponer de los propios bienes en caso de muerte, debe estar contenida dentro de los límites exigidos por la existencia del Estado y por la conservación de la igualdad económica de los ciudadanos. Los conceptos que informan la acción de la ley en materia de sucesiones son, según Rousseau, dos: ante todo la ley debe tender a conservar sin alteraciones el patrimonio doméstico en cuya formación han contribuido los hijos; en segundo lugar debe procurar que los bienes de familia sean en la menor medida posible objeto de enajenación porque «rien n'est plus funeste aux moeurs et á la République que les changements continuéis d'état et de fortune entre les citoyens»[177]. Lo doctrina de Rousseau acerca de la propiedad y de las sucesiones, del mismo modo que en Montesquieu, abría el camino a fáciles abusos especialmente si se la interpretaba en el sentido de que el legislador es omnipotente y que, así como puede crear la propiedad, también puede destruirla. Pero debe tenerse en cuenta el principio de la relatividad de las leyes, aceptado por ambos escritores, el de los límites empíricos (Montesquieu) y racionales

176 En el capítulo IV, libro n del manuscrito de Ginebra, encontramos pasajes que no se han reproducido en la edición definitiva del *Contrat* y que sirven para iluminar el pensamiento de Rousseau acerca de la propiedad. Aquí declara Rousseau su propósito de fundar todos los derechos, sin excluir el de propiedad «dans la foi fondamentale et universelle du plus grand bien de tous et non dans des relations particuliéres d'homme á homme». A este principio, observa, debe ajustarse el *cuique suum* «parce que la propriété particuliére et la liberté civile sont les fondements de la communauté».

177 Acerca de las sucesiones Rousseau expresó sus ideas implícitamente en el *Contrat,* y explícitamente en el citado discurso sobre *Économie politique;* aquí observa: «Comme l'a montré Pufendorf, par la nature du droit de propriété, il ne s'étend point au delá de la vie du propriétaire et á l'instant que l'homme est mort son bien ne lui appartient plus. Aussi lui prescrire les conditions sous lesquelles il en peut disposer, c'est au fond moins altérer son droit en apparence que l'étendre en effet».

(ROUSSEAU) fijados a la acción del legislador, el de las finalidades individualistas a que debían tender, por obra del Estado, tales instituciones.

Siempre queda abierta la discusión sobre el carácter y el significado de la especulación de ROUSSEAU. Muchos hicieron de él un precursor del socialismo y hubieran querido hacerlo casi responsable de los conflictos sociales; que estallaron durante el siglo XIX[178]. Tampoco debe considerarse injustificada esta opinión sobre todo si se funda más que en la letra en el espíritu del *Discours sur l'inégalité.* ROUSSEAU no oculta su odio contra los ricos: en todas partes opone el rico al pobre, y proclama explícitamente que las leyes y los gobiernos fueron establecidos en favor de los ricos contra los intereses y el derecho de los pobres[179]. En las expresiones llenas de pasión y de resentimiento de ROUSSEAU contra los ricos, debe atribuirse gran parte de las mismas a su temperamento, que reflejan en forma aguda y consciente el sentimiento natural de envidia, que en todos los tiempos despierta la riqueza en el alma de aquellos que no tienen nada[180]. Luego, el hecho de que el mismo sentimiento de odio contra quienes detentaban la riqueza acompañara los conflictos sociales del siglo XIX, no es por sí mismo suficiente argumento para incluir entre los socialistas a ROUSSEAU. Solo puede decirse que éste contribuyó a difundir entre las masas el argumento sugestivo, aprovechado hábilmente por el socialismo revolucionario, de que la distinción entre ricos y pobres no es natural sino que responde a una diabólica invención de los ricos para mantener oprimidos a los pobres. Tampoco es menos explícito ROUSSEAU al proclamar la lucha de clases, cuando destaca las causas económicas que engendraron las desigualdades sociales y que hicieron necesaria la institución de leyes y de gobiernos. En el *Discours sur l'inégalité,* ROUSSEAU afirma que la introducción de la propiedad privada fue la causa primordial de las desigualdades sociales y del estado permanente de lucha entre los detentadores de la tierra y aquellos que, o incapaces o imposibilitados, estaban privados de ella. Para ROUSSEAU la cuestión de la desigualdad antes que política es económica. Y sin embargo, ROUSSEAU no solamente fue intérprete de idealidades políticas que interesaban a la burguesía capitalista, sino que en su obra reprodujo los sentimientos que, aun confusos e inciertos, agitaban ya a las masas de desheredados en pro de un estado de igualdad y de bienestar económico. Pero, de estos elementos que entraron sin duda a constituir la doctrina socialista, no puede desprenderse la consecuencia de que ROUSSEAU fuera socialista, y de que su obra informara los ideales socialistas[181].

---

178 Recordamos entre los muchos que, siguiendo a TAINE, desarrollaron con ideas profundas y novedosas esta tesis, a nuestro MOSCA, cuya obra *Elementi di scienza politica* (Roma, 1896), contiene notables observaciones sobre los escritores políticos del siglo XVIII, y sobre todo acerca de ROUSSEAU (pág. 323 y sigs.).

179 Ver en LICHTENBERGER *(Le socialisme au XVIIIe. siécle,* París, 1895, pág. 146 y sigs.) los numerosos pasajes citados de la obra de ROUSSEAU, en los que éste revela su odio y su desprecio hacia los ricos. Cfr. también MOSCA, *Op. cit.,* pág. 126 (nota).

180 ROUSSEAU revela en sí mismo, en el *Émile,* «une orgueilleuse misanthropie, une certaine aigreur contre les riches et les hereux du monde, comme s'ils l'eussent été á mes dépens et que leur prétendu bonheur eút été usurpé sur le mien».

181 No creemos que responda a la verdad la afirmación de DEL VECCHIO (*Op. cit.,* pág. 23) de que en el pasaje del *Emilio* donde se dice que el espíritu universal de las leyes de cada país favorece siempre e inevitablemente al fuerte contra el débil, al que posee contra el que no posee, se halle implícitamente admitida la interpretación materialista de la historia. El fatalismo y el determinismo históricos contrastan con el espíritu de la especulación de ROUSSEAU, quien creía ingenuamente en las artes diabólicas de los ricos contra los pobres, en la obra creadora y autónoma de la voluntad, en la omnipotencia del legislador, y que no

Si en la parte crítica puede dudarse del verdadero carácter de la especulación de Rousseau, la duda no tiene más razón de ser en cuanto se considera el aspecto positivo y reconstructivo. Todo el socialismo de Rousseau se encuentra en el *Discours* y no en el *Contrat* como muchos creen. En efecto, en el *Contrat* la sociedad desaparece en el Estado y no se distingue de él: las relaciones jurídicas, fruto de la voluntad consciente y reguladas por la ley, expresión de la razón, substituyen a las relaciones sociales determinadas por la necesidad natural. En esta forma Rousseau se asimila, mediante el *Contrat,* a la tradición de la escuela del derecho natural y propone una solución esencialmente jurídica e individualista del problema político, solución que recuerda en sus aspectos fundamentales a la de Montesquieu[182]. Según Rousseau, el individuo es principio y fin del Estado y éste recibe su existencia jurídica del contrato, que fue la forma bajo la cual ha triunfado el individualismo jurídico.

Por consiguiente, el sistema político de Rousseau, a pesar de la explícita afirmación sobre la omnipotencia del Estado y sobre la plena e incondicionada sumisión del individuo a la autoridad pública, no deja de ser individualista. Es general el error de confundir el absolutismo con el socialismo cual si fueran términos equivalentes que se completan necesariamente. Si no puede negarse que el socialismo puede conciliarse muy bien con el absolutismo, no es menos cierto que a éste puede llegarse partiendo de premisas individualistas y para realizar fines individualistas. El absolutismo implica un sistema de gobierno que, si se resuelve siempre en la opresión del individuo, no significa afirmación ni consecución de idealidades socialistas. Baste observar que durante los siglos XVII y XVIII la realización de los derechos del hombre, no se creyó posible sino a condición de negar el Estado como ente dotado de finalidades propias, o de absorber al individuo dentro del Estado al que solo se le reconocía la capacidad y la fuerza para proveer a la defensa de los derechos del hombre. El liberalismo por un lado y el absolutismo por otro, fueron puestos al servicio del ideal individualista. Ahora bien, Rousseau, siguiendo una larga tradición que remontaba a Hobbes y que había sido acogida substancialmente, aunque en forma y medida diversas, por Spinoza, por la escuela de Pufendorf, por Montesquieu, se pronunció por el absolutismo de Estado en favor del individuo, contra la escuela liberal inglesa representada por Locke[183]. Es, pues, erróneamente,

---

conoció la ley del devenir histórico de la que se desarrolló la doctrina del materialismo económico. Por lo tanto, el pasaje en cuestión debe entenderse en el sentido de que la maldad de los ricos, favorecida por las circunstancias, logra siempre e inevitablemente triunfar sobre la debilidad y la ignorancia de los pobres. Y esto es lo que afirma Rousseau para demostrar la necesidad de un Estado suficientemente fuerte como para imponerse a la codicia de los ricos y para garantizar la igualdad.

182 Cfr. Tchernoff, *Montesquieu et Rousseau* (en «Rev. de droit public», X, 1903).

183 La finalidad individualista de la especulación de Rousseau es afirmada por Wahl. *Op. cit.,* I, pág. 143; por Eucken, *La visione della vita nei grandi pensatori* (Traduc. Martinetti, Torino, 1909) pág. 407. Fragapane *(Contrattualismo e sociologia contemporanea,* Bologna, 1892, pág. 12 y sigs.) acepta la interpretación individualista del *Contrat,* pero sostiene que Rousseau, partiendo de premisas individualistas, llegó al socialismo. Por nuestra parte, mejor nos parece decir que llegó al absolutismo y que el *Contrat* resuelve un problema jurídico y político y no social. Según Carle (*Vita,* etc., IV) la doctrina del contrato social constituye el punto intermedio al que convergen por opuestos caminos, en su desarrollo psicológico e histórico, el individualismo y el socialismo. La tesis de Carle no está exenta de verdad lógica y formal: el contrato en sí mismo es la forma que puede revestir cualquier ideal, sea individualista o socialista. No hay duda de que ha servido para morigerar las consecuen-

que DEL VECCHIO, queriendo acentuar el carácter individualista de la especulación de ROUSSEAU lo representó como partidario de LOCKE. La comunión de los fines no debe hacer olvidar la divergencia de los medios, que es suficiente para hacer creer que ROUSSEAU y LOCKE trabajaron por el triunfo de dos ideales diversos. ROUSSEAU es adversario decidido de un liberalismo que tendía a emancipar al individuo del Estado, a considerar el interés privado por encima del bien común, a abandonar al hombre a sí mismo y a la deriva de sus intereses, sin la menor conciencia de una vida en común de que forma parte. Por otro lado ROUSSEAU huía de ese cosmopolitismo humanitario que implicaba el desconocimiento de los vínculos que ligan al individuo con su patria[184]. ROUSSEAU es un nacionalista convencido, es un patriota sincero. Su ideal no es tan restringido y egoísta como el de los liberistas, ni tan amplio y general como el de los humanitarios. El sentimiento social vago e incierto de los jusnaturalistas, ROUSSEAU lo reemplaza siguiendo las huellas de MONTESQUIEU, con el sentimiento más vivo y determinado del amor por la patria. El ideal clásico de los deberes civiles vuelve con ROUSSEAU, que quiere educar al hombre en el desinterés, en el sacrificio, transformarlo en ciudadano obsecuente a las leyes de su país más que a las de la humanidad. La finalidad ético-civil nutre toda la especulación de ROUSSEAU y la constituye esencialmente. A diferencia de los jurisconsultos que le precedieron, ROUSSEAU no entendió tan solo elevar sobre nuevas bases las relaciones morales y jurídicas, sino que le preocupó sobre todo forjar con un sistema conveniente de educación al hombre capaz de comprender y ampliar tanto los derechos como los deberes correspondientes a las nuevas idealidades políticas que iban madurando por obra del tiempo más que de los pensadores. El problema educativo, cuya importancia por la causa de la libertad no escapó a LOCKE y menos a MONTESQUIEU, asume un significado capital en ROUSSEAU, llegando a ser el punto central en el que converge toda su especulación[185].

Así como no puede considerársele socialista, tampoco puede adscribirse a ROUSSEAU a los individualistas de la escuela liberal inglesa. En el momento mismo en que acepta los derechos del hombre y confía su defensa al Estado, proclama también los deberes del ciudadano: el hombre y el ciudadano, los intereses privados y públicos, la vida del individuo y del Estado, se funden en él en una armonía ideal. Por estas ideas y por estos sentimientos, más que por sus invectivas contra los ricos y contra la propiedad, que, en una época de formación de la propiedad capitalista debían pasar inadvertidas o resultar ineficaces, influyó ROUSSEAU sobre su época contribuyendo a dar orientación y norma a la legislación pública y privada de la Revolución.

Si, a lo que hemos observado en torno a ROUSSEAU y el significado de su obra, se agrega que en la escuela del derecho natural se hallaban en germen ideas y

---

cias extremas implícitas en la doctrina de los derechos del hombre, en cuanto permitió reconocer una justa parte a los derechos del Estado, llegando con ROUSSEAU a legitimar el absolutismo. Mas la doctrina contractualista, en el contenido y significado que asumió en los siglos XVII y XVIII, constituyó la fórmula jurídica del individualismo y se propuso conciliar los dos términos individuo y Estado y no individuo y sociedad.

184 Acerca del desprecio que sentía ROUSSEAU por los «cosmopolitas qui se vantenr d'aimer tout le monde pour avoir droit de n'aimer personne» dan fe muchos pasajes del *Émile* (I, pág. 9), del *Manuscrit Je Genéve* (I, n. 2), de la *Économie politique*.

185 Cfr. *Émile, IV*, pág. 339. TISSOT (*Étude sur J. J. Rousseau,* Dijon, 1873), sostiene (pág. 48) no sin fundamento, que los escritos de ROUSSEAU «ne sont en réalité qu'un grand Traité d'éducation dont *l'Émile* est la partie essentielle».

principios que podían invocarse en pro de la emancipación política y social de las masas, se comprenderá de qué manera se arraigó la creencia de un socialismo en el siglo XVIII del que ROUSSEAU habría sido el representante principal. La escuela del derecho natural produjo una forma de socialismo que más tarde tomó el nombre de socialismo racional y que partía substancialmente de premisas individualistas[186]. Es verdad que los principios del derecho natural deducidos de la consideración abstracta del hombre y de la sociedad humana por la misma exigencia racional que los animaban, adquirían un valor universal: frente a ellos, las distinciones y los privilegios sociales, las diferencias históricas e individuales desaparecían y se las consideraba injustas. Libertad, igualdad y propiedad eran derechos inseparables de la persona humana, y por lo tanto todos debían gozar de ellos. Desde el siglo XVIII muchos autores señalaron la contradicción entre la audacia y la universalidad teórica de los principios, y su limitada y restringida extensión práctica, e invocaron a favor de la clase más numerosa de la población el goce de hecho de los derechos naturales que la burguesía reivindicaba contra el despotismo imperante. En ROUSSEAU la conciencia de esta contradicción es experimentada más agudamente porque él mismo ha vivido las injusticias que denuncia: los principios que los jusnaturalistas expresaron en forma lógica abstracta, se presentan en ROUSSEAU en la forma sugestiva del sentimiento. En él no es la razón la que habla sino el sentimiento que renace, arrastra, empuja a la acción: y cada uno sabe que la verdad sentida vale prácticamente más que la verdad razonada. De todos modos, el pretendido socialismo de LOCKE, de ROUSSEAU y de cuantos proclamaron en el siglo XVIII el derecho a la vida para todos los hombres, el derecho al trabajo, a la propiedad, a la asistencia, no es más que la extensión al cuarto estado de los principios de la escuela del derecho natural. Nos encontramos no tanto frente a doctrinas socialistas, cuanto a una especie de individualismo social, a un complejo de doctrinas que aplicaron los principios individualistas para regular las relaciones sociales. Sin embargo, en vano buscaremos entre los así llamados socialistas del siglo XVIII la conciencia clara y distinta del problema social; ésta debía afirmarse solamente en el siglo siguiente como exigencia de la clase trabajadora, como reacción contra la impotencia del individualismo y de sus abstractas reivindicaciones para resolver la cuestión social. En el siglo XVIII sin embargo hubo elementos preciosos que contribuyeron a difundir y a elevar el movimiento socialista del siguiente siglo. El concepto de que el hombre es dueño de sus destinos, de que la ley es el medio válido para la reforma social y de que la voluntad y la actividad humanas dirigidas por la razón son factores esenciales en el progreso humano, sirvió para dar al movimiento socialista una fuerza ideal que no tenía en sí la concepción materialista de la vida y de la historia. Desde este punto de vista ROUSSEAU contribuyó eficazmente a la causa del socialismo revolucionario del siglo XIX. Enseñó a través de qué medios se difunden entre las masas las grandes idealidades, con qué medios se traducen en realidad convirtiéndose en instrumentos de subversión social. En su obra los apóstoles de nuevos ideales, los espíritus inquietos y rebeldes que confían más en la actividad del hombre que en la fuerza lenta y gradual de las cosas de la tradición, encuentran elementos de verdad siempre vivos y medios de acción y de revolución siempre eficaces.

---

186 Esto no lo reveló LICHTENBERGER (*Le socialisme*, etc.) ni los que con él hablaron de socialismo en el siglo XVIII.

LA LEGISLACION EN FRANCIA DESDE 1789 A 1804. CONFLICTOS DE TENDENCIAS. LA DECLARACIÓN DE 1789 EN SUS RELACIONES CON LA DE 1793 Y LA REFORMA CIVIL. LAS REFORMAS CIVILES DE LA CONSTITUCIÓN Y LA INFLUENCIA FISIOCRÁTICA. LAS REFORMAS CIVILES DE LA CONVENCIÓN Y LA INFLUENCIA DE ROUSSEAU. EL CÓDIGO CIVIL DE LA CONVENCIÓN DE 1793. EL SEGUNDO PROYECTO DE CÓDIGO CIVIL DE 1794.

20. LA LEGISLACIÓN civil que se desarrolló en el período comprendido entre 1789 y 1804, no obstante revestir otras apariencias, puede definirse verdaderamente como la realización de la idea individual en el derecho privado. La afirmación de los derechos del hombre proclamados por la nueva conciencia jurídica implicaba la renovación de los fundamentos del derecho privado. Todas las reformas civiles que se sucedieron en el período revolucionario, quisieron ser, en la intención del legislador, la realización de los tres grandes principios de la libertad, de la propiedad y de la igualdad en las relaciones domésticas y civiles, aunque en la práctica representaban su violación. Reconstruir el derecho privado con procedimiento rigurosamente lógico partiendo de la consideración abstracta de la personalidad y de sus prerrogativas originarias y esenciales, fuera de toda influencia extrínseca, fuera del tiempo y del espacio, era obra más de filósofos que de juristas, y filósofos fueron y quisieron ser los legisladores de ese período afortunado: sin la menor excitación, con la sinceridad que daba la fe verdadera y profunda en los principios proclamados, ellos impusieron en las costumbres y tradujeron en normas positivas las doctrinas jurídicas de los jusnaturalistas en orden al derecho privado. Y fue afirmado ante todo el dogma de la unidad y uniformidad legislativas, cuya necesidad en materia civil corría pareja con las dificultades de su realización; en efecto, ésta implicaba la violación de sentimientos y de creencias que había adquirido en siglos la conciencia ética y religiosa, el sacrificio de usos, de tradiciones, penetrados en la conciencia nacional y jurídica de los pueblos y que encerraban en sí la autoridad del pasado. Pero ningún sacrificio pareció grave ante la idea de la unidad: el derecho canónico, romano, germano, feudal, imperfectos productos del tiempo, debían abrir paso al derecho eterno de naturaleza.

Traducir en los hechos la unidad y la uniformidad legislativas significaba realizar la gran obra de la codificación. La idea de la codificación fue una de las primeras en afirmarse, en suscitar el consentimiento unánime de la opinión pública: a pesar de las dificultades y del fracaso de los varios proyectos de Código Civil, la idea vuelve con insistencia en las diferentes fases de la Revolución[187]. Entre las causas que explican las dificultades de una codificación civil, debe destacarse el contraste profundo de opiniones que se ocultaba tras la aparente concordia acerca de los fines. En el período revolucionario debía reproducirse la discrepancia entre los adoradores de la libertad, convencidos de que ésta podía hallar sus límites en sí misma y en la razón individual, y los adoradores de la ley entendida como expre-

[187] La ley sobre el ordenamiento judicial del 16 de agosto de 1790, tit. II, art. 19, sancionaba: «Les lois civiles seront revues et réformées par les législatures; et il sera fait un code general de lois simples, claires et appropriées á la constitution». En la Constitución del 3 de setiembre de 1791, tit. I, art. 3, n. 13 de las disposiciones fundamentales, se establecía: «Il sera fait un code de lois civiles communes á tout le royaume». Finalmente, la Constitución del 24 de junio de 1793, art 85, determinaba: «Le code des lois civiles et criminelles est uniforme par toute le république».

sión de la razón colectiva y suprema reguladora de la libertad individual: entre los individualistas liberales partidarios de LOCKE y los individualistas de Estado partidarios de ROUSSEAU; y el contraste debía reproducirse en forma aun más acentuada en cuanto se transformaba de teórico en práctico y se personificaba en hombres y en partidos de acción.

Por lo tanto, el problema de garantizar y realizar en las leyes civiles los derechos del hombre, admitía dos soluciones opuestas que no hallaron en el período revolucionario una fórmula definitiva de conciliación. Por un lado se tendía a hacer de la libertad el punto cardinal de la reforma civil, por el otro, se tendía a realizar el principio de igualdad no ya jurídico sino real en las relaciones civiles conciliándola con la libertad según la fórmula dada por el *Contrat*. Nadie deja de ver las dificultades que existen para armonizar la libertad con la igualdad; la libertad es de naturaleza, la igualdad no puede establecerse ni conservarse sino en virtud de la ley. La realización de la igualdad implica una limitación positiva de la personalidad y de los derechos que, al igual que la propiedad, son un desarrollo natural y necesario. Los jusnaturalistas sortearon la dificultad mediante la ficción del pacto: ROUSSEAU, más lógico y más consciente de las exigencias reales, hizo del Estado el supremo regulador de la libertad y de los derechos del hombre.

La diversidad de opiniones acerca del modo de entender el derecho natural, sus límites, los medios de realización, puede advertirse ya en la confrontación de las dos Declaraciones del 89 y del 93[188]. No hay duda, a nuestro entender, sobre el significado individualista de las dos Declaraciones: en ambas se afirma el individuo como persona moral, en ambas el individuo declara su derecho eterno e inviolable, se contrapone al Estado y a la sociedad, dicta las condiciones bajo las cuales puede ser aceptada la asociación civil. Sin embargo, mientras en el 89, bajo la influencia de las doctrinas fisiocráticas y liberales, la preocupación que embarga los espíritus es la de la libertad, la de afirmar para el individuo su derecho frente al absolutismo real, en el 93, superado el período de críticas y de demolición de las instituciones del pasado, se quiere reconstruir sobre nuevas bases la vida social, se quiere salvar los daños que acarrearía una libertad ilimitada, se tiende al absolutismo con apariencia democrática para conservar las conquistas de la Revolución, para extender su alcance al mayor número posible: el *Contrat* pareció entonces suministrar la fórmula anhelada para conciliar la libertad individual con el principio de igualdad y de autoridad, los derechos del hombre con las exigencias del Estado.

En la Declaración del 89 los derechos naturales e imprescriptibles del hombre son «la liberté, la propriété, la sureté et la résistance a l'oppresion» (art. 2). El espectro del despotismo, el recuerdo de las injusticias padecidas y de los atentados cometidos contra la libertad, pesan de tal manera sobre los ánimos de los revolu-

---

[188] Hubo cuatro Declaraciones de los derechos: la primera, aprobada por la Constituyente el 26 de agosto de 1789, fue el antecedente de la Constitución del 3 de setiembre de 1791. La segunda, debida a los Girondinos y proyectada por Condorcet, fue aprobada el 29 de mayo de 1793; a la caída de los Girondinos fue reemplazada por la Declaración del 23 de junio de 1793 como expresión de las ideas y de los sentimientos de los Jacobinos: fue premisa de la Constitución del 24 de junio del 93 pero no entró nunca en vigor a causa de las condiciones excepcionales del momento. La tercera, que precedió a la Constitución del año III (1795), no hace sino reproducir con algunas modificaciones a la del 89. Sobre los textos de las Declaraciones del 89 y del 93, cfr. DEL VECCHIO, *La dichiarazione dei diritti dell'uomo e del cittadino nella Riv. fr.* (Génova, 1903).

cionarios del 89 que desconfían de la ley, del Estado y de las instituciones políticas. La única preocupación que tienen es la del individuo y su libertad, que conciben en un sentido puramente natural como facultad de dar «tout ce qui ne nuit pas á autrui»; para ellos el ejercicio de los derechos naturales no tiene otro límite que el igual derecho de los otros (art. 4). Por otra parte, el poder de la ley es limitado: a ella le compete el deber puramente negativo de «défendre les actions nuisibles» (art. 5), y se tuvo buen cuidado de consagrar en un artículo especial (art. 17) el carácter sagrado e inviolable de la propiedad contra las indebidas e injustificadas injerencias de la autoridad pública. En la Declaración del 89 la relación individuo-Estado, derecho privado y derecho público, está concebida de acuerdo con las tradiciones de la escuela liberal inglesa, para la que el individuo es el árbitro de su derecho y el Estado provee a sus fines mediante una acción esencialmente negativa.

Muy diferente es el espíritu y el significado de la Declaración de 1793. El objeto de la asociación ya no es como en la Declaración del 89 (art. 2) «la conservation des droits naturels et imprescriptibles de l'homme», sino más bien «le bonheur commun» (art. 1). Entre los derechos del hombre no figura más el de la resistencia contra la opresión: tampoco puede ya concebirse que el Estado, emanación de la voluntad de los individuos, expresión de la razón universal, pueda llegar a ser instrumento de opresión o tener otros objetos que no sean la libertad y la felicidad de los ciudadanos. En cambio, ocupa el primer lugar entre los derechos del hombre la igualdad, de la que no se ocupa la Declaración del 89, y luego la libertad, la seguridad y por fin la propiedad (art. 2). Elevando la igualdad a derecho natural del hombre, los revolucionarios del 93 planteaban un problema que no podía resolverse en el siglo XVIII sino con los medios sugeridos por ROUSSEAU, es decir, con el sacrificio de la libertad, con la sumisión incondicional del individuo y de su derecho al Estado. Es en este sentido como deben entenderse los conceptos de ley y de libertad en la Declaración del 93. La ley, en efecto, no solamente prohíbe lo que es nocivo para la sociedad, sino que ordena lo que para ésta es justo y útil (art. 4). En otras palabras, la ley solo propone las condiciones bajo las cuales puede ser realizada y garantizada la igualdad de las personas y de las propiedades.

La libertad se convierte en un poder con límites positivos, legales y morales: su principio es la naturaleza, pero su norma es la justicia, y su salvaguardia la ley (art. 6). Para nosotros no cabe la menor duda de que la Declaración del 93 se encuentra dentro del orden de ideas del *Contrat,* mientras que la del 89, en forma más simple y más abstracta, presenta relaciones íntimas con los *bills of rights* americanos, por más que fuese común a ambos el fin de servir a los intereses y a la felicidad individual[189].

---

[189] No compartimos las opiniones opuestas sobre el particular de JELLINEK y DEL VECCHIO. El primero *(La déclaration* etc., trad. Fardis, París, 1902) niega toda relación entre la Declaración y el *Contrat social,* antes bien observa que éste es la negación del principio que informa las Declaraciones de derechos. Por otra parte DEL VECCHIO sostiene que la Declaración del 89 es la realización positiva de la teoría del *Contrat social* (*Sulla teoria,* etc., pág. 107 y sigs.). Se equivoca JELLINEK cuando desconoce que la afirmación y la tutela de los derechos del hombre constituye la razón de ser del contrato social. Del otro lado, la tesis de DEL VECCHIO, si con respecto a la Declaración del 93 puede admitirse, es menos exacta en lo que incumbe a la del 89. Ni JELLINEK ni DEL VECCHIO tienen en cuenta la profunda transformación de ideas que tuvo lugar en el período comprendido entre 1789 y 1793, transformación que debía reflejarse en las Declaraciones.

Más aún que en las leyes civiles respectivamente realizadas por la Constituyente y por la Convención, la diferente concepción y aplicación de los principios individualistas puede ponerse de manifiesto en las discusiones provocadas alrededor de la naturaleza y del fundamento de las instituciones del derecho privado. Los amantes de la libertad como tal, debían sostener su carácter natural e inviolable; los que anhelaban la libertad sin separarla de la igualdad y regulada por la ley, sostuvieron su origen y su carácter civil.

La doctrina filosófica que acerca de la naturaleza y del fundamento de la propiedad predominó en el primer período de la Revolución, fue, sin duda, la que había formulado Locke, difundida en Francia por obra de los fisiócratas, y que hacía derivar el derecho de propiedad del concepto de personalidad, buscando su fundamento en el trabajo[190]. A la Asamblea Constituyente le pareció que esta teoría respondía mejor a las exigencias de la razón, a los deseos de los economistas, a los intereses de los agricultores, que reclamaban con viva insistencia la libertad y la división de las tierras, la libertad de cultivarlas, la libre circulación de los granos, la supresión de todos los derechos feudales que implicaban a un tiempo la servidumbre de la tierra y de la persona. Esta doctrina constituye el mejor comentario a la Declaración del 89, que dedicaba un artículo especial (art. 17) a la propiedad, para declararla sagrada e inviolable como la persona de la que emana[191]. Consecuencia lógica de tal declaración fue que se condenara solemnemente la propiedad feudal en la noche del mismo día (4 de agosto) en que se había deliberado en pleno la Declaración de los derechos: la coincidencia entre los dos acontecimientos no fue tan solo histórica sino también ideológica, tal como tuvo ocasión de señalar Del Vecchio[192].

La doctrina liberal sobre la propiedad no fue ni la única ni la predominante en el período revolucionario que va del 89 al 93: halló, es cierto, el favor de los juristas y de los economistas, de los moderados y de los Girondinos que constituían la mayoría de la Asamblea Constituyente y de la Legislativa, pero fue atacada por los filósofos educados en la escuela de Rousseau y particularmente odiada por los Jacobinos que dominaban por su audacia, si no por su número, en la Convención[193]. La teoría que, siguiendo las huellas de Rousseau y de Montesquieu, hacía de la propiedad una institución convencional y civil, contó con numerosos partidarios a medida que la autoridad del Estado y la preocupación por la igualdad que se afirmaban sobre las intemperancias de la libertad y sobre la prepotencia de los intereses particulares que amenazaban hacer resurgir, a la sombra de la libertad *y* de los derechos del hombre, los antiguos privilegios.

---

190 Cfr. Lichtenberger, *Le socialisme et la révolution francaise* (París, 1899, cap. VII, 1).

191 Lichtenberger *(Op. cit.,* pág. 182) observa que el hecho de haber contemplado en un artículo especial la propiedad, fue la causa de que se diera preferencia al proyecto de Declaración elaborado por la sexta comisión de la Asamblea. Siéyes, comentando en este particular la Declaración, expresaba en sus *Preliminares de la Constitution* (1789) que ella no hacía más que confirmar lo que ya existía en el estado de naturaleza, y que la propiedad personal del hombre, es decir la libertad, llevaba naturalmente consigo la de los frutos del trabajo y de los objetos sobre los cuales se desarrolla el trabajo.

192 Cfr. Del Vecchio, *La dichiarazione* etc., pág. 34.

193 Un diputado, Garnier, desarrolló ampliamente sus principios en 1792, en un tratado: *De la propriété dans ses rapports avec le droit politique.* La sostuvieron enérgicamente en sus discursos Cázales (5 de abril de 1791) y Vergniaud, reconocido jefe de los Girondinos y presidente de la Legislatura.

Si todos reconocían que la propiedad individual es útil y necesaria, muchos sostenían que solo el Estado, y no el interés individual, es juez soberano de su utilidad y de sus límites, y que en cada caso el Estado, debiendo proveer al bien común, no puede permitir que la propiedad constituya un obstáculo para la realización y expansión de los beneficios que garantizaba la Declaración a todos los hombres. Al discutirse el nuevo proyecto de Constitución y la consiguiente Declaración de 1793, Robespierre en un memorable discurso (24 de abril de 1793) proponía modificaciones y agregados tendientes a acentuar el carácter civil de la propiedad y la necesidad de limitar su ejercicio a favor del interés general[194]. La Declaración del 93 no reprodujo el pensamiento de Robespierre en la forma propuesta por él, pero consagró su espíritu[195]. En la Declaración del 93, aunque no se repite que la propiedad es sagrada e inviolable, se reconoce implícitamente, sin embargo, que la expropiación no puede tener lugar sino en virtud de una *necesidad pública* comprobada legalmente y previa indemnización (art. 19). Ahora es fácil comprender que el concepto y la extensión de la *nécessité publique* ha dejado de ser en el 93 lo que era en el 89. En el 89 la defensa de los derechos naturales constituía el objeto único y supremo del Estado, y la causa de la propiedad se identificaba con la de la libertad. La necesidad pública que legitimaba la expropiación no podía sino derivar de un peligro corrido por el Estado a quien se confiaba la defensa de la libertad individual. Pero en el 93 el Estado tiene sus fines propios distintos de los del individuo: el concepto de necesidad pública se amplía a medida que el Estado debe proveer no solo a la tutela de la libertad individual, sino a realizar y conservar la igualdad, a garantizar el derecho al trabajo, a la vida y a la asistencia que la Declaración del 93 reconoce a todos los ciudadanos (art. 21).

Desde el 89 hasta el 93, en la ininterrumpida sucesión de leyes destinadas a la abolición de todo vestigio del antiguo régimen inmobiliario y al reordenamiento del mismo sobre nuevas bases, se pone en evidencia el hecho elocuente de que el principio de libertad y el carácter natural y absoluto de la propiedad, fueron constantemente invocados para llevar a cabo las reformas que estaban en el ánimo de todos, o sea, la abolición del régimen feudal, la de la propiedad corporativa y la consiguiente venta de los bienes nacionales. Pero cuando la Convención del 93 se propuso favorecer la división de la tierra, poner en práctica la igualdad de las propiedades, limitar éstas y regular su ejercicio en interés general, fue invocada la doctrina que consideraba a la propiedad como una institución civil.

El régimen feudal era incompatible con el principio de la libertad de las personas y de la tierra. Toda la teoría de la Constituyente con respecto a la propiedad feudal, se reducía a la aplicación de estos dos principios fundamentales: abolición del sistema feudal, y respeto de la propiedad privada. En homenaje al primer principio la ley del 11 de agosto de 1789 sancionaba solemnemente (art. 1):

---

194 Los artículos propuestos por Robespierre eran los siguientes: «La propriété est le droit qu'a chaqué citoyem de jouir et de disposer de la portion des biens qui lui est garantie par la loi (art. 1er.). Le droit de propriété est borne (art. 2). Il ne peut préjudicier ni á la süreté, ni á la liberté, ni á l'existence, ni á la propriété de nos semblables (art. 3)». Cfr. *Discours et rapports de Robespierre,* con introducción y notas de Vellay (París, 1908), pág. 245 y sigs.

195 No está demás observar que la Declaración del 23 de junio de 1793 fue dictada por Hérault de Séchelles que formaba parte del Comité de Salud Pública, y a quien se había encomendado, a propuesta de Robespierre, la redacción de la nueva Declaración en lugar de la más atemperada, aprobada el 29 de mayo de 1793 sobre proyecto de Condorcet.

«L'Assemblée nationale détruit entiérement le régime féodale». En homenaje al segundo, la Asamblea distinguía entre los derechos feudales en sentido verdadero y propio, es decir, ligados a un sistema de relaciones económicas, políticas y sociales que históricamente no tenía ya ninguna razón de ser, y los derechos inmobiliarios que correspondían a reales concesiones de tierras. Abolir estos últimos hubiera sido «enfreindre les droits sacres de la propriété»: por eso la Asamblea conservó escrupulosamente todos los derechos y las obligaciones a que habían dado lugar las concesiones de tierras, consintiendo tan solo rescatarlos. Para facilitar el cometido se distinguieron los derechos *personales,* que obligan directamente a las personas, y los derechos *reales,* debidos a una correspondiente real concesión de tierras. Solo se consideraron de presunta legitimidad los derechos reales[196]. Pero la violación de la propiedad, concebida como derecho de naturaleza está iya implícita en el decreto de la Legislativa (20 de agosto de 1792) por el cual ya dejaba de ser presunta la legitimidad de los derechos reales, y era abiertamente desconocida por la Convención cuando, por decreto del 17 de julio de 1793, consagraba la liberación de la propiedad de cualquier clase de derechos. Es evidente que la Convención destruía el feudalismo en nombre de los intereses del Estado, considerado como el único propietario, del mismo modo que era el único soberano[197].

Los dos puntos de vista sobre la naturaleza de la propiedad, los encontramos aún en la discusión promovida por la moción Talleyrand (10 octubre 1789) acerca de la abolición y de la venta de la propiedad corporativa y sobre todo de la eclesiástica. Eran dos las cuestiones implícitas en la moción de Talleyrand: una se refería a la naturaleza y a la existencia misma de las corporaciones, la otra era sobre si la corporación puede poseer y a qué título.

La doctrina romana de la persona jurídica por la cual la *universitas personarum* o bien *bonorum* se convierte, en virtud del reconocimiento del Estado, en un sujeto de derecho, en un ente ficticio con voluntad y potestad jurídica propia y distinta de los individuos o de las cosas que lo integran, durante la Edad media, por la influencia de la Iglesia y, sobre todo, por la de la escuela jurídica italiana, había terminado por triunfar sobre la concepción germánica realista de la comunión de personas o de cosas que no distingue la *universitas* de sus componentes[198]. El individualismo de los siglos XVII y XVIII no fue, desde luego, favorable al desarrollo de las personas jurídicas: por una parte, se tendía a no reconocer otros sujetos de derecho que el individuo, considerado como la única, la verdadera realidad; por la otra, se tendía a desligar al individuo de los vínculos corporativos, y a suprimir todo elemento intermediario entre individuo y Estado. La misma personalidad jurídica del Estado mal podía sostenerse frente a la doctrina liberal que reducía al Estado a un órgano de defensa de los individuos y de sus derechos naturales: por otra parte, también aquellos que, siguiendo las huellas de Rousseau concebían el Estado como una verdadera y propia persona jurídica, se oponían a reconocer al lado del Estado otras personas jurídicas que disminuían su autoridad y que hacían nacer relaciones diversas de las políticas. De todos modos, la escuela del derecho natural debía aceptar la doctrina romana relativa a las personas jurídicas, como la que por un lado consa-

196 La teoría de la Constituyente con respecto a la propiedad feudal se encuentra en *Rapports,* de Merlin de Douai al *Comité des droits féodaux,* creado el 12 de agosto de 1789.

197 Cfr. Janet, *Les origines du socialisme contemporaine* (París, 1883), pág. 5 y sigs.; Sagnac, *La législation civile de la Revolution francaise* (París, 1899), parte I, lib. I.

198 Cfr. Schupfer, *Il diritto privato,* etc., pág. 148 y sigs.

graba el principio de que solo el individuo en cuanto tal es sujeto de derecho, reconociendo del otro a la persona jurídica únicamente como una ficción, y haciendo depender su existencia del reconocimiento del Estado.

Sentado esto, la cuestión de la propiedad de las corporaciones, aparte de las razones esencialmente políticas de utilidad y oportunidad que aconsejaban su supresión y de las que se hizo eco el relator TALLEYRAND, presentaba, desde el punto de vista de los principios abstractos, una doble solución. Los jurisconsultos de la Revolución que, como TREILHARD y THOURET, partían de la premisa de que la propiedad es un derecho inherente a la personalidad, debían lógicamente negar el derecho de propiedad a las corporaciones. Era la tesis fisiocrática que había sostenido TURGOT en un célebre escrito publicado en la *Encyclopédie* en el artículo *Fondations*. Solo los ciudadanos, había observado TURGOT, tienen derechos sagrados que la sociedad debe respetar; solo ellos existen independientemente de la sociedad y constituyen sus elementos necesarios. Las corporaciones no existen por sí mismas sino por la sociedad, y deben por lo tanto cesar de existir cuando se hace innecesaria su utilidad social. Tampoco puede invocarse la intención de los fundadores, no pudiendo reconocerse el derecho a individuos «ignorants et bornes d'enchaíner á jamáis á leurs volontés capricieuses les générations qui n'existaient pas encore».

Desarrollando el pensamiento de TURGOT, THOURET sostenía que la propiedad no puede ser más que de los individuos, que solo la propiedad individual es de naturaleza, mientras la propiedad corporativa es concesión del Estado y como tal puede ser suprimida. En el mismo orden de ideas BARNAVE, TRONCHET y CHAPELIER observaron que, si la propiedad es el derecho de usar y disponer libremente de la cosa, la corporación no tiene los poderes que tiene cada propietario sobre la cosa: ella tiene un goce limitado y modificado por gran número de reglamentos; y no puede tampoco disponer de la propiedad sino en casos excepcionales previa autorización explícita y rigurosa observancia de formas. A la misma conclusión contraria a la propiedad corporativa llegaron los que consideraban a la propiedad como una institución de Estado. MIRABEAU definía a la propiedad «un bien acquis en vertu des lois». A falta de ley solo puede hablarse de una posesión física, material, no de propiedad civil: no existe ley alguna que haya constituido al clero como propietario. El acuerdo en las conclusiones eliminó la ocasión de un conflicto entre los sostenedores de las dos teorías opuestas sobre el origen y la naturaleza de la propiedad pero no hay duda de que fueron sobre todo las argumentaciones de TURGOT y de los fisiócratas, las que influyeron más decididamente sobre la determinación tomada por la Asamblea constituyente el 2 de noviembre de 1789[199].

---

[199] Sobre la discusión en torno a la propiedad corporativa en el seno de la Constituyente cfr. P. JANET, *Les origines*, etc., pág. 28 y sigs.; JAURÉS, *La Constituante* (vol. I de la *Histoire socialiste)*, pág. 436 y sigs.; SAGNAC, *Op, cit.*, I, lib. I, cap. 3; MONDOLFO, *La filosofia della proprietà alla «Costituente» nella Riv. francese»* (en «Rivista di filosofia e scienze affini», 1908, págs. 519, 672). MONDOLFO no alcanzó a destacar las diversas corrientes de pensamiento filosófico que predominaron con respecto a la propiedad durante el período histórico que constituye el objeto de su estudio. Es evidente en él el preconcepto de dar una interpretación social, por no decir socialista, a las medidas adoptadas con relación a la propiedad de la Constituyente y por la Legislativa, descuidando el período de la Convención que podía suministrar a su tesis alguna apariencia de verdad. Nos parece que MONDOLFO, convirtiendo a ROUSSEAU en partidario de la doctrina liberal de la propiedad, olvida el significado civil de la propiedad que brotaba del *Contrat,* por el que ROUSSEAU influyó sobre la Revolución engendrando una corriente de ideas contraria a la dirección liberal lockiana.

Liberada la propiedad individual, destruida la propiedad corporativa, puestos en venta los bienes nacionales de manera que el mayor número de personas pudiera disfrutar de la propiedad, el nuevo régimen inmobiliario que quería ver instaurado la Revolución se manifestó en todas sus partes. Pero las bases teóricas del mismo van modificándose entre el 89 y el 93. Al comienzo, el principio de libertad triunfa indiscutido e incondicionado; establecida la independencia del suelo como principio supremo, caen por lógica consecuencia las restricciones que en el antiguo régimen limitan el poder del propietario sobre sus bienes; y a la plena disposición jurídica se une la más amplia libertad económica en cuanto a los géneros de cultivo y a los sistemas de producción. Pero, cuando con la Convención prevalecen las ideas de igualdad y la propiedad es considerada como una institución civil, reaparecen restricciones de un nuevo género en tan gran número que puede creerse en un retorno de los sistemas del antiguo régimen. Abstrayendo de las limitaciones impuestas por razones de utilidad pública —aunque ésta estaba hasta tal punto extendida que se invocaba para justificar el deber de asistencia por parte del Estado— fueron sancionadas numerosas y menudas restricciones no solo en interés de los bienes y para garantizar las relaciones de buena vecindad, sino también en el interés general de la sociedad civil, en cuyo nombre el Estado podía obligar al propietario a trabajar las tierras, a ararlas, a bonificarlas; y no podía ser tampoco de otra manera, desde el momento que el Estado es el supremo regulador de las propiedades[200].

Asistimos, en el periodo que transcurre entre el 89 y el 93, es decir durante la época de la redacción del primer proyecto de Código Civil, a una profunda y general transformación de ideas y de sentimientos no tan solo en orden a la propiedad, sino también en otras esferas del derecho privado. A la ilimitada fe en la libertad y en las iniciativas naturales del hombre sucede la tendencia a coordinar, a unificar los esfuerzos individuales en vista de objetos colectivos: el derecho privado pierde en sus diversos aspectos su autonomía, para servir a los fines del derecho público. Esta tendencia puede advertirse en las medidas legislativas de la Revolución por lo que respecta a las relaciones domésticas.

La institución de la familia tal como se presentaba en las costumbres y en la legislación positiva, se hallaba completamente penetrada de elementos diversos, de influencias económicas, religiosas y políticas que la modificaban en sus bases alejándola de sus fines naturales. El retorno a la naturalidad y a la racionalidad de las relaciones domésticas fue la meta a la que tendieron los jusnaturalistas. En efecto, éstos no vacilaron en oponerse a la conciencia ética y religiosa de la mayoría, afirmando el carácter civil del matrimonio y la necesidad de regularlo según la razón y al margen de toda preocupación de índole teológica. Despojado de todo carácter religioso el matrimonio, a la luz del individualismo jurídico de la época, pareció un contrato libremente estipulado entre los cónyuges: los principios de los contratos son invocados para determinar los caracteres y para regular las relaciones conyugales. Fácil es comprender el acuerdo casi unánime de los escritores y de los filósofos del siglo XVIII al reconocer la institución del divorcio como la que, mientras respondía a las más antiguas tradiciones jurídicas romanas y germánicas, se presentaba como lógica consecuencia de la libertad individual y del carácter contractual del matrimonio[201].

---

200 Cfr. SAGNAC, *Op. cit.*, parte I, lib. I, cap. IV, sec. I.

201 VOLTAIRE, en un ensayo sobre el divorcio (*Œuvres*, edic. Londres, 1771-1780, vol. XXXI), sostiene que el divorcio es de derecho natural.

Este carácter, contractual y laico, podía considerarse definitivamente adquirido, si no en las costumbres, ciertamente en la conciencia filosófica y jurídica del siglo XVIII. Pero el acuerdo general sobre este punto no debe hacer descuidar la diversidad de opiniones acerca de la naturaleza y de los fines de la familia.

Entre los jusnaturalistas, y sobre todo en la Francia del siglo XVIII, puede advertirse una doble concepción de la familia que era, si se quiere, el reflejo en el terreno de los principios, de la diferente manera de considerar a la familia en los países donde regía el derecho escrito y el derecho *coutumier:* para unos la familia es una institución de naturaleza, para los otros es una institución civil. Según LOCKE, que tuvo en Francia, especialmente entre los juristas, admiradores y partidarios, la familia es una institución natural que debe desarrollarse fuera del Estado y de las leyes positivas, bajo la guía exclusiva de la naturaleza, es decir de la razón, que realiza en las relaciones que surgen en ella el principio de libertad, de igualdad y de respeto absoluto a la personalidad de los miembros que la constituyen. Por otra parte, escritores como MONTESQUIEU y ROUSSEAU, aun reconociendo el origen natural de la familia, sostenían que una vez instaurado el orden civil en lugar del estado de naturaleza, la familia dejaba de ser una institución natural para transformarse en una institución regulada por la ley civil y subordinada a fines de interés general.

La Revolución, en las medidas adoptadas con vistas al reordenamiento de la familia, no tuvo en cuenta las tradiciones jurídicas divididas entre el derecho romano y el germano, y se inspiró exclusivamente en los principios filosóficos que derivó, antes de LOCKE y luego de ROUSSEAU. Para los legisladores del 89 la familia pareció ante todo una institución natural cuyas normas son dictadas por la naturaleza misma de las cosas: pero a medida que la familia se iba imponiendo como institución civil, que no sirve tan solo a los fines de la naturaleza sino que tiende también a formar ciudadanos que aman a la patria y al bien general, vemos sacudirse el principio de autoridad en el seno de la familia y regularse todas las relaciones domésticas sobre bases de igualdad. Las Declaraciones que se sucedieron entre 1789 y 1795 (26 de agosto 1789, 29 de mayo 1793, 26 de junio 1793, 25 de agosto 1795) enmudecen en lo que respecta a la familia: no ocurre así con las Constituciones. La Constitución del 3 de setiembre de 1791, después de haber proclamado en su artículo 1° que la ley no reconocía ya «ni voeux religieux, ni aucun engagement» contrario al orden natural, consagraba en su artículo 7° el carácter laico y contractual del matrimonio: «La loi ne considere le mariage que comme contrat civil». Y como todo contrato puede ser disuelto por determinación de una voluntad contraria, así también la Constitución de 1791 contenía implícitamente el principio del divorcio[202]. Más tarde la Legislativa «considérant combien il importe de faire jouir les Francais de la faculté du divorce qui resulte de la liberté individuelle dont un engagement indissoluble serait la perte» reconocía, mediante una ley especial del 20 de setiembre de 1792, la institución del divorcio, reglamentando las causas, los modos y los efectos con respecto a los cónyuges, a los bienes y a los hijos. Las ideas de la Constituyente y de la Legislativa con respecto al matrimonio y a la familia eran simples y claras: despojar al matrimonio de todo carácter religioso, abolir las desigualdades condenadas por la natura-

---

[202] EN efecto, muchos interpretaron en ese sentido el artículo 7 de la Constitución de 1791, y los divorcios declarados en consecuencia fueron ratificados por el decreto de 4 floreal, año II (23 de abril de 1794). Cfr. PREVOST, *Le divorce pendant la Révolution* (2ª edic., París, 1908), cap. II.

leza o que eran consecuencia del régimen feudal, como el derecho de primogenitura y de masculinidad, realizar el principio de la libertad en la constitución de la familia, reconociendo el carácter contractual y temporal del vínculo, y conservar el principio de autoridad marital y paternal dentro de los límites impuestos por la naturaleza de las cosas. La Constituyente tomó como modelo, substancialmente, la familia romana idealizada por los jusnaturalistas.

Muy diferentes eran los principios que debían informar el ordenamiento de la familia según la Convención. No se negaba que la familia fuera una asociación natural, la única verdadera asociación natural independiente del Estado: antes bien, fue preocupación constante de la Convención garantizar para la familia la máxima autonomía posible no solo política sino económica. Las funciones judiciales para resolver las cuestiones que surgían entre los miembros de la familia, como así también las funciones administrativas de vigilancia debían ser confiadas a un tribunal doméstico integrado por cuatro parientes próximos. El patrimonio doméstico debía declararse intangible, como que constituía la base económica de la familia. Ni siquiera renegaron los Convencionales del principio de libertad en la constitución de la familia, por más que de tanto en tanto se manifestaran opiniones contrarias al celibato que implicaban casi la obligación, por parte del ciudadano, de constituir familia[203]. Claro que con los decretos del 4 y 9 floreal, año II (23-28 abril 1794), la Convención facilitaba de tal modo el divorcio que el matrimonio adquiría la fisonomía de una verdadera unión libre[204].

Lo que distingue esencialmente a la familia según la Convención, son las finalidades civiles a que debe servir, el carácter ético más que jurídico de las normas que la regulan y el principio de la igualdad llevado a sus extremas consecuencias. La Convención condenó explícitamente el poder del marido sobre la mujer, el de los padres sobre los hijos e insurgió contra las desigualdades consagradas en la costumbre entre hijos legítimos y naturales. Nada se dice del poder marital en el proyecto de Código de 1793: «la puissance maritale est une création des gouvernements despotiques». Así se pronunció Camilo Desmoulins en el debate sobre el Código que tuvo lugar en la Convención de 1793. La sociedad doméstica debía ser dirigida al mismo tiempo por el marido y la mujer de acuerdo con el sistema de la comunión y de la administración común de los bienes. En el Código del 93 podemos hallar un germen del poder doméstico; pero corresponde en igual medida a ambos padres, está limitado por el tiempo, prudentemente circunscripto y se desarrolla bajo la vigilancia del tribunal doméstico. En el Código de 1794 la patria potestad «formule de tyran, qui n'a que trop deshonoré la tutelle paternelle» queda completamente abolida. «N'hésitons pas, observa Cambacéres, á renverser un systéme qui a fondé sur l'autorité seule ce qui doit n'étre établi que sur la

203 Prueba de ello es el favor que prestó la Convención para su adopción, a la que Cambacéres otorga un puesto de honor en los proyectos de Código civil del 93-94. En su comentario al proyecto del 94 el mismo Cambacéres observa que «le célibat est un vice que le législateur doit poursuivre». La Constitución del año m establecía en el art. 16 la exclusión de los célibes del *Conseil des anciens.* La misma exclusión propuesta por el Consejo de los Quinientos fue suprimida quizás en consideración a Cambacéres, que era el prototipo del célibe y que habría sido afectado por ella.

204 El decreto del 20 de setiembre de 1792 había admitido ya el divorcio por voluntad de una sola de las partes y por incompatibilidad de caracteres. Por los decretos del 4 y 9 floreal, año II, el divorcio podía sentenciarse por la separación de hecho por más de seis meses, en virtud de la cual la voluntad de los esposos se convertía en árbitro del vínculo conyugal.

douceur et les bienfaits d'un cote, le respect et la gratitude de l'autre». La preocupación por las finalidades civiles de la familia se hace evidente en la grave obligación de los padres no solo de instruir y vigilar la prole, sino también de ponerla en condiciones de ejercer un oficio o una profesión, imponiéndoles pena en caso de no suministrarle los alimentos para toda la vida.

Ni la Constituyente ni la Legislativa, absorbidas como estaban por elevar sobre sólidas bases la familia legitima, se ocuparon de los hijos naturales: pero su estado de inferioridad jurídica y moral, debido «aux erreurs religieuses et aux invasions féodales», en abierta contradicción con el principio de igualdad, indujo a la Convención no solamente a preocuparse por su destino con una ley especial del 12 brumario, año II (2 de noviembre de 1793) sin esperar la aprobación del Código Civil, sino también a otorgar efecto retroactivo al 14 de julio de 1789 a dicha ley, considerada como una ley puramente interpretativa de la Declaración de los derechos del hombre, reparando así el olvido de los anteriores legisladores. Si al principio la preocupación por la familia legítima mantuvo a la Convención dividida e incierta frente al reconocimiento del principio de la igualdad absoluta y de la paridad de derechos sucesorios entre hijos naturales y legítimos, éste terminó por triunfar sin restricciones en la ley del 12 brumario[205]. Menos generosa y coherente pareció la Convención al prohibir la investigación sobre la paternidad, y al pretender el reconocimiento voluntario de la filiación natural. Es indudable que la Convención tenía presente las dificultades que entrañaban las indagaciones judiciales al respecto y los abusos a que había dado origen en el antiguo régimen dicha investigación: pero sobre todo, tuvo la ilusión de que bastaba proclamar el deber moral del reconocimiento voluntario para provocar en los padres naturales el cumplimiento espontáneo de esta obligación. La legislación sobre los hijos naturales es la demostración más elocuente de las idealidades que animaban a la Convención en lo que respecta a la familia: quiso que ésta fuera reorganizada sobre los principios de libertad y de igualdad proclamados por la Declaración del 93 y que fuera, al mismo tiempo, un organismo capaz de preparar ciudadanos instruidos y laboriosos, conscientes de sus derechos y de sus deberes hacia la patria.

Si en lo que respecta a la propiedad terminó por prevalecer, no sin contrastes, la opinión de que era una institución civil, si la familia fue considerada como institución natural y civil al mismo tiempo, existió un consenso casi unánime en reconocer la naturaleza civil y política del derecho sucesorio. La cuestión acerca de la naturaleza civil o natural del derecho sucesorio había sido discutida ya por los jusnaturalistas: la doctrina de GROCIO, tendiente a dar al derecho sucesorio un fundamento natural, derivándolo como corolario del derecho de propiedad, no predominó sobre la doctrina de PUFENDORF, acogida en Francia por MONTESQUIEU y ROUSSEAU,

---

205 El 7 de marzo de 1793 la Convención encomendaba al *Comité de législation*, la preparación de un proyecto sobre los hijos naturales. Con respecto a la relación de CAMBACÉRES, la Convención sancionaba, por ley del 4-6 de junio de 1793, el derecho de los hijos naturales a la sucesión de sus parientes, aunque sin reconocerles aún paridad con los hijos legítimos. En el proyecto de Código Civil presentado por CAMBACÉRES el 9 de agosto siguiente, desaparecían ya todas las diferencias entre hijos naturales y legítimos, confirmándose este principio por ley del 2 de noviembre de 1793 con retroactividad al 14 de julio de 1789. CAMBACÉRES, en una segunda relación a la Convención, habría deseado que también quedaran abolidas todas las diferencias entre hijos naturales e hijos incestuosos o adulterinos. La Convención no lo apoyó, y solo acordó, a título de alimentos, el tercio de lo que les hubiera correspondido en condición de hijos legítimos.

que hacía del derecho sucesorio una institución de la ley. El derecho sucesorio, sustraído a todo fundamento objetivo, abandonado al arbitrio del legislador y al empirismo político, se convirtió en manos de la Convención, en instrumento eficaz para subvertir las tradiciones jurídicas y para realizar sus tendencias igualitarias[206].

Para instaurar el nuevo derecho sucesorio era necesario eliminar los sistemas sucesorios tradicionales, tales como el feudal, el romano, el germano, que, en diferente medida, consagraban desigualdades legales o voluntarias en abierta contradicción con los principios proclamados por la Declaración.

La Constituyente, con la abolición de los derechos de primogenitura y de masculinidad, con la proclamación del principio jurídico romano según el cual en las sucesiones «ab intestato» todos los herederos del mismo grado deben suceder en partes iguales, minaba en sus mismos fundamentos el sistema sucesorio feudal (ley del 15 de marzo de 1790, ley del 8 - 15 de abril de 1791 «sur le partage des successions ab intestat». El sistema sucesorio romano, fundado sobre la facultad casi ilimitada de testar, sobre el respeto a la voluntad del difunto, provocó duras críticas en cuanto ponía el capricho individual por sobre la justicia y la autoridad de la ley y constituía el mayor obstáculo para la realización de la igualdad y de la paridad de tratamiento entre individuos que poseen, por naturaleza, igual derecho de suceder. Al argumento de que el propietario en calidad de tal puede disponer de sus bienes aun para el tiempo en que ha dejado de vivir, de que el derecho de testar es la consecuencia directa del derecho de propiedad, Mirabeau respondía que entre el derecho de disponer de los propios bienes en vida y el de disponer después de la muerte, había una diferencia no menor de la que existe entre la vida y la muerte[207]. El concepto de que los derechos cesan con la muerte de la persona, de que atribuir derechos al difunto significa atribuírselos a la nada, pareció un argumento decisivo para negar todo fundamento natural a la facultad de testar y para considerarla como una concesión de la ley. Tampoco tuvo mayor fortuna el sistema sucesorio consagrado en el derecho *coutumier,* a pesar de que se encontraba más cerca que todos los demás de las idealidades de la Convención; favorecía la conservación de los bienes por la familia y era contrario a la libertad testamentaria. Pero este sistema también había de ser repudiado porque, creando herencias múltiples, reglamentando diversamente la sucesión según la naturaleza y el origen de los bienes, iba contra uno de los principios fundamentales del nuevo derecho sucesorio revolucionario: el principio de la unidad patrimonial, de la identidad perfecta de todos los bienes sin distinción de muebles e inmuebles, de *propres* y de *acquéts.*

Suprimidos los sistemas sucesorios consagrados por la tradición y por la legislación positiva, se impuso, como principio general, el que la nueva legislación sucesoria debía derivar de la teoría filosófica de que la propiedad es una creación civil, que después de la muerte se reintegra al dominio público de la sociedad, de que el Estado tiene derecho de reglamentar según sus fines la trasmisión de los bienes, ya sea entre seres vivientes como después de la muerte, sin que los indivi-

---

[206] Sobre el derecho sucesorio de la Revolución, cfr. Sagnac, *Op. cit.,* parte I, lib. I, cap. IV, secc. ni; Gabba, *Sur la véritable* etc., pág. 131 y sigs.; Vallier, *Le fondement,* etc., pág. 183 y sigs.; Jaurés, *Études socialistes* (2ª edic., París, 1902), *La révol. francaise et le droit successoral,* pág. 205 y sigs.; Janet, *Les origines* etc., pág. 56 y sigs.

[207] Discurso de Mirabeau leído después de su muerte por Talleyrand en la sesión del 2 de abril de 1791. A la opinión de Mirabeau adhirieron Robespierre, Petion y Tronchet. La libertad de testar fue sostenida por Cazales, Mongins de Roquefort y Saint-Martin.

duos puedan modificarlo en forma sensible. La idea de MONTESQUIEU y de ROUSSEAU según la cual las leyes sucesorias pueden servir para la realización de finalidades políticas y sociales, se encontraba en camino de aplicación; el derecho sucesorio, abandonado ahora al empirismo legislativo, debía fundar sus normas no en principios sino en una idea: la de los objetivos a alcanzar. Entre estos objetivos, no puede decirse que se contara el de favorecer la sucesión del Estado. Las preferencias de SAINT-JUST por la sucesión de Estado, sus proposiciones dirigidas a limitar en lo posible el derecho de suceder, exclusión hecha del cónyuge sobreviviente y de los colaterales de más del segundo grado[208], no lograron vencer la oposición general que inspiraba la sucesión de Estado. Pensábase con MIRABEAU que los bienes abandonados por la muerte de su sucesor no debían utilizarse para aumentar los fondos públicos[209]. Más que favorecer al Estado, la Convención, al reglamentar el derecho sucesorio, procedió con miras a conservar los bienes para la familia, a llevar a cabo la más rigurosa igualdad entre los miembros próximos y lejanos de la misma, a favorecer la subdivisión de las fortunas, y sobre todo a oponerse a las tendencias reaccionarías de todos aquellos que, bajo el sugestivo pretexto de rendir homenaje a la libertad individual, tendían a frustrar las conquistas de la Revolución, a limitar su eficacia real, a hacer resurgir bajo nuevas formas los antiguos privilegios y las antiguas desigualdades.

En aplicación de estos principios, la Convención, después de haber prohibido (decreto del 14 de noviembre de 1792) para el futuro toda sustitución fideicomisaria, después de haber transformado a los fideicomisos existentes en propiedades libres, abrogaba por la ley del 7 de marzo de 1793 la facultad de testar y de donar en línea recta, para proclamar igual derecho a favor de todos los descendientes sobre los bienes de sus ascendientes, y para impedir que pudieran resurgir mediante disposiciones testamentarias o donaciones los antiguos privilegios a favor de los primogénitos y de los varones. Y como si esto no bastara, se reconoció a dicha disposición un valor retroactivo (ley del 6 de enero de 1794) de manera que todos los bienes adquiridos después del 14 de julio de 1789 por medio de sustituciones, donaciones o sucesiones debían ser nuevamente repartidos entre los herederos naturales del difunto de acuerdo con el principio de la igualdad. Con estas medidas, y con otras tendientes a reconocer el derecho de representación hasta el infinito, a suprimir el derecho de desheredar y a reducir al mínimo (un décimo si hay hijos, un sexto si hay colaterales) la cuota disponible, que de todos modos no podía beneficiar a los parientes sino a los extraños, la Convención creyó haber provisto al interés de la familia, a la división de las fortunas y a la realización duradera de los principios de naturaleza y de razón. El mismo valor retroactivo reconocido a las leyes sucesorias como a las leyes en favor de los hijos naturales, no fue en el ánimo de la Convención, más que una recta aplicación e interpretación del principio natural de la no retroactividad de las leyes. Esto resulta evidente a través de las palabras del relator Berlier: «Le régne de la nature et de la raison avait pris naissance le 14 juillet 1789 ... et *sans rétroagir* vous avez voulu faire accorder les effets avec leur cause»[210]. En opinión de la

---

208 CFR. SAINT-JUST, *Fragments d'institutions républicaines* (fragmento VIII) (en *Œuvres completes* de S. J., publicadas bajo el cuidado de Vellay, París, 1908, t. II, pág. 522).

209 Cfr. MIRABEAU, Discurso citado.

210 Estas palabras de Berlier se leen en la relación sobre el decreto del 22 ventoso año *II,* con que la Convención resolvía, a raíz de las peticiones que se le elevaban, los reclamos originados por la ley del 17 nivoso, año II (6 de enero de 1794).

Convención, las leyes sucesorias más que nuevas leyes son leyes declarativas de principios implícitos en la negación de los antiguos privilegios y proclamados por la nueva conciencia jurídica de la nación afirmada a partir de 1789 con la toma de la Bastilla. Y si por otras leyes, aun explicativas de los principios contenidos en la Declaración del 89, el valor retroactivo no fue reconocido, debe atribuirse al hecho de que solamente en las leyes sucesorias y en las inherentes a los hijos naturales, la relación de causa y efecto entre los principios del 89 y el contenido de tales leyes, se presentaba como una relación no solo virtual sino real[211].

No puede ser difícil ahora reconstruir, sobre la base de los principios que informaron las reformas civiles, la filosofía del Código Civil de la Convención. La idea de un Código que llevara a la práctica en el orden civil la unidad y la uniformidad que se había alcanzado en el orden político, fue común a los Constituyentes y a los Convencionales, como fue común a los mismos el concepto de que el Código debía tener un carácter más filosófico que jurídico, es decir, que debía ser el desarrollo, en las relaciones civiles, de los principios proclamados en las Declaraciones, así como las leyes civiles especiales debían ser el desarrollo de los principios consagrados en el Código. Los hombres de la Revolución no entendieron la relación entre el Código y las leyes civiles especiales sino como una relación de principio a consecuencia: el Código no estaba destinado a sustituir las leyes especiales en materia civil, sino que debía constituir la introducción filosófica de estas leyes, y como tal debía recoger en una síntesis abstracta los principios de naturaleza y de razón, concebidos fuera del tiempo y del espacio, y los cuales debían aplicar las leyes especiales a la variedad de los casos individuales y contingentes. Desde 1790 la Constituyente declaraba: «il sera fait un code general de lois simples, claires et appropriées á la constitution»[212], y análoga declaración se expresaba en la Constitución de 1791[213]. La Constituyente concebía sin duda un Código que en su forma fuera simple como la naturaleza y hasta tal punto claro que estuviera al alcance de la inteligencia de todos los hombres, y que en su contenido fuera la extensión de los principios filosóficos seguidos al dictar la Declaración del 89 y la Constitución del 91. Libertad y propiedad debían ser para la Constituyente los puntos cardinales de la codificación según la fórmula de Locke ampliamente acogida en Francia por los economistas y los jurisconsultos. Pero ni la Constituyente ni la Legislativa pudieron traducir en los hechos sus intenciones, y mientras tanto los hechos se imponían y la opinión pública se orientaba hacia el nuevo credo filosófico derivado de las doctrinas de Rousseau. El binomio libertad-propiedad, se transformó en el trinomio igualdad, libertad y propiedad: se quería la libertad y la propiedad, pero garantizadas y extendidas igualmente para todos los hombres y no solo jurídica sino realmente: la igualdad era el nuevo criterio con que la Convención limitaba el desarrollo de la libertad y de la propiedad. En consecuencia, las bases de la codificación se ampliaban y se complicaban; el Código debía contener las condiciones de la igualdad de libertad y propiedad: ya no se dejaba al individuo desarrollar dentro de los límites fijados por la naturaleza y regulados por la razón, sus prerrogativas, sino que correspondía a la ley, o sea a la razón colectiva, reglamentarlas y orientarlas a fines que excedían la personalidad individual. El estado de naturaleza para los Convencionales como para Rousseau, había sido definitivamente superado por el

---

211 Cfr. Lassalle, *Théorie systématique des droits acquis* (Trad. Franc., París, 1904), t. I, pág. 477 y sigs.

212 Ley del 16 de agosto de 1790 sobre el ordenamiento judicial, tit. II, art. 19.

213 Tít. I, art. 3, N° 13 de las Disposiciones fundamentales.

estado civil: entre ambos estados la intervención del contrato había transformado en civiles los derechos del hombre. Por lo tanto, el Código debía ser la declaración de los derechos civiles; no debía ser la negación de los derechos naturales, sino su reconocimiento y su interpretación mediante la ley: su objeto no era la realización de la libertad en las relaciones privadas, sino sobre todo el de impedir que la libertad se expandiera contra el bien común y en contradicción con la igualdad. Como el individuo es parte del Estado y no puede concebirse en oposición a los intereses generales, así el derecho privado debe desarrollarse coordinado y subordinado al derecho público. La simplicidad de forma y de contenido anhelada por la Constituyente para el Código, no podía conciliarse con las nuevas y más amplias idealidades civiles de la Convención. Por lo demás Robespierre habíase alzado contra la quimera de las leyes demasiado simples: «Nous faisons des lois pour un peuple dont les moeurs sont loin de cette simplicité qui rapproche l'homme de la nature: *son Code civil ne peut étre que tres compliqué*»[214]. La misma idea de un *jury* en materia civil que Sieyés había sostenido con calor y traducido en un esquema de ley favorablemente acogido por la Constituyente (8 de abril de 1790), no tuvo éxito en la Convención a pesar de la vigorosa defensa sostenida por Cambacéres (16 de mayo de 1793). Tal institución se fundaba en el supuesto, impugnado por los Jacobinos, de que las normas civiles, traduciendo las verdades eternas del derecho natural esculpidas en todos los corazones, eran de fácil y popular aplicación.

Sin embargo, la idea de un Código Civil simple y nuevo dominaba las mentes también en 1793, y Cambacéres, que lo redactó en nombre del Comité de legislación, no dejó de sufrir su influencia. En el discurso preliminar al debate del proyecto (22 de agosto de 1793) Cambacéres invitaba a la Convención a elevar el gran edificio de la legislación civil, edificio «grand par sa simplicité méme et d'autant plus solide que, n'étant point báti sur la sable mouvant des systémes, il s'elévera sur la terre ferme des lois de la nature».

El Código del 93 refleja las ideas filosóficas de la Convención; la familia, la propiedad, las sucesiones, son consideradas como instituciones civiles; no deben conducir a engaño las frecuentes invocaciones de Cambacéres a la naturaleza y a la razón, aun tratándose siempre de una naturaleza y de una razón obsecuentes a los deseos y a las ideas de la Convención. En la forma de concebir el vínculo matrimonial, las relaciones entre los cónyuges y entre padres e hijos, en las consideraciones acerca del divorcio, de la mujer y de los hijos naturales y en la importancia atribuida a la adopción, se ponen en evidencia las idealidades civiles de la Convención. Todas las formas testamentarias son, en efecto, abolidas: solo bajo ciertos límites y determinadas condiciones son admitidas las donaciones entre seres vivientes y por herencia. Los hijos naturales y los legítimos son llamados igualmente a la sucesión; el jefe de la familia no puede disponer del patrimonio doméstico sino en mínima parte. Con respecto a la propiedad, el Código del 93 determina sus límites y regula su ejercicio no solo en interés privado sino también en interés público; en materia contractual se preocupa especialmente por la seguridad y estabilidad de las convenciones, y no admite en consecuencia ni la

---

214 Sesión de la Convención del 17 de junio de 1793. Por decreto del 23 de junio la Convención ordenaba al *Comité de législation* presentar dentro de los tres meses un proyecto de Código Civil. Cambacéres lo presentaba mucho antes, el 9 de agosto de 1793. El proyecto constaba solamente de 719 artículos y estaba dividido en tres libros: personas, bienes y contratos.

venta de los inmuebles con derecho de rescate, ni la rescisión por lesión enorme, ni la hipoteca legal; en todos los casos admite la liberación del deudor y el rescate de las rentas. En materia de pruebas tiene valor solamente la prueba escrita, quedando abolidos el juramento supletorio, los principios de prueba escrita y las presunciones.

A pesar de que el Código encuadrara dentro de las ideas de la Convención, no tuvo éxito y después de cuatro sesiones se suspendió su discusión con el pretexto de que el proyecto, embebido como estaba de prejuicios de los hombres de ley, «ra demasiado largo y complicado y con poco fundamento filosófico; pero la realidad era de que se lo consideraba demasiado templado, pues trataba de salvar las libertades civiles contra las intemperancias de los Jacobinos que pretendían hacer del Código un instrumento de opresión y destrucción. La oposición al proyecto se hizo sentir desde las primeras sesiones por parte de los jefes de la Convención que, contra las prudentes propuestas del proyecto, sostuvieron e hicieron aprobar la abolición total del poder marital, la absoluta igualdad de los cónyuges con respecto a la administración de los bienes comunes, la acentuación de la responsabilidad y de los deberes de los padres para con los hijos y el reconocimiento incondicio-nado y sin restricciones del divorcio: y no habrían faltado modificaciones más radicales del proyecto de haber seguido la discusión[215].

Pese a la amistad con los Jacobinos, CAMBACÉRES no podía renegar de sus cualidades de eminente jurista desarrolladas como magistrado en Montpellier donde era tradicional el culto al derecho romano[216]. La influencia del derecho romano en el Código del 93 se revela, además que por la distribución de la materia, por la tendencia a reproducir los principios de aquél siempre y cuando no se hallen en contraste excesivo y evidente con el principio de igualdad y con el respeto a la personalidad. En una época de odios y de fanatismo político y revolucionario, la codificación no podía ser realizada ni por juristas ni por filósofos, y CAMBACÉRES era filósofo y jurista.

Derribado el régimen del terror (9 thermidor, año II) cambiaron los medios de gobierno, pero no las ideas ni los sentimientos. La fórmula de CAMBACÉRES «ni réactionnaires ni terroristes» triunfó así en el orden de los hechos como en el de las

---

[215] El proyecto de CAMBACÉRES fue discutido en las sesiones del 22, 24 y 29 de agosto y 2 de setiembre de 1793. Del Libro I referente al estado de las personas, fueron aprobados los siguientes títulos: I. (Disposiciones generales), II. (Del matrimonio), III. (Derecho de los cónyuges), V. (Relaciones entre padres e hijos), VI. (Divorcio). La discusión se suspendió aquí. El título IV, referente a los hijos habidos fuera del matrimonio, proporcionó la materia para un decreto especial aprobado el 2 de noviembre de 1793, y destinado a formar parte del futuro Código Civil. Al día siguiente, a propuesta de Levasseur, que contó con el apoyo de Fabre d'Eglantine, se decretó la revisión del proyecto Cambacéres por una comisión de seis filósofos, que no fueran hombres de ley, designados por el Comité de Salud Pública. La misma comisión debía preparar un nuevo Código que respondiera mejor a las ideas y a los sentimientos de la Convención. El decreto no prosperó. Esbozos de un proyecto de Código Civil que respondía a las ideas predominantes en la Montaña, se encuentran en *Fragments d'institutions républicaines de Saint-Just (CEuvres,* etc., fragmentos 6, 7 y 8). (Cfr. QUINET, *La Révolution,* 3ª edic., París, 1865, t. II, lib. XV, § 2: *Le Code civil de la Convention).* No creemos, contra la opinión de Quinet, que el Código del 93 siguiera el mismo orden de ideas filosóficas que el Código Napoleón.

[216] En torno a la vida y a la obra de CAMBACÉRES, cfr. VIALLES, *L'archichancelier Cambacéres* (1753-1824) *d'aprés des documents inédits* (París, 1908).

ideas: ésta es la fórmula que caracteriza la nueva fase de la Revolución y el nuevo estado de ánimo. Las reformas civiles, salvo la tendencia a una mayor moderación en las formas, permanecieron sustancialmente inmutables, e inmutables siguieron siendo los criterios que orientaron a los legisladores del 93 al llevarlas a la práctica. Baste señalar que, de las leyes civiles dictadas por la Convención durante el período del terror, ninguna fue abrogada en el período que le sucedió inmediatamente: puede, antes bien, destacarse la tendencia a conservarlas y extenderlas aun cuando más parecía resistirlas la opinión pública. No había transcurrido aún un mes de la caída de Robespierre y de su partido, que la Convención, en respuesta a peticiones y reclamaciones relativas a la ley del 17 nevoso, dictaba un decreto (26 de agosto 1794) en el que mantenía integral y rigurosamente todas las disposiciones y todos los principios de la misma ley, sin excluir su carácter retroactivo: aun más, por decreto del mismo día[217] extendía la ley a las sucesiones de las personas desaparecidas diez años antes del 14 de julio de 1789[218]. En forma análoga se procedió con la legislación relativa al divorcio, la que continuó después del 9 termidor con el mismo espíritu de hacer el divorcio lo más accesible, rápido y simple posible[219]. No debe causar asombro, pues, si el segundo proyecto de Código Civil, presentado por el mismo Cambacéres en nombre del *Comité de législation* a la Convención el 23 fructidor, año II (9 setiembre 1794), no solo no innovaba nada en cuanto a los principios filosóficos que presidían el Código de 1793, sino que en muchas partes era una extensión y ulterior generalización de los mismos[220].

Por su forma, el Código del 94 respondía al voto de la Convención que deseaba un Código simple y filosófico, no contaminado por la introducción del elemento jurídico. Y en realidad, el Código del 94 fue el «Code de la nature, sanctionné par la raison et garantí par la liberté»: para Cambacéres debía ser sobre todo un *code de principes* cuyo desarrollo estaba reservado a leyes especiales. La idea de disociar el elemento filosófico del jurídico, de reservar al Código la formulación de los principios, y a las leyes especiales su aplicación, idea, por otra parte, que fue común a la Constituyente y a la Convención, podía considerarse, con este segundo proyecto, realizada en la forma más perfecta y completa.

Por lo que respecta a su contenido, el Código del 94 reproduce sustancialmente las normas del 93, aunque reducidas y generalizadas. Despojadas de todo elemento empírico, sin las modificaciones dictadas por las exigencias de la práctica y por el

---

217 Decret additionnel á celui du 17-21 nivóse sur les successions.

218 Aun el 31 de diciembre de 1794, contra las reclamaciones en pro de la supresión del efecto retroactivo de las leyes sucesorias, la Convención no solo las pasaba a la orden del día, sino también decretaba que ello fuera inscripto en el *Bulletin de correspondance* para demostrar su firme intención de mantener en vigor la ley del 17 nevoso (Cfr. Lassalle, *Op. cit., I,* pág. 52, nota 3).

219 Con la ley 24 vendimiario año III (15 de octubre de 1794) los más empecinados partidarios del divorcio obtuvieron su última victoria: en virtud de esta ley podía obtenerse el divorcio contra los emigrados (considerados muertos civilmente desde el 1° de marzo de 1793), *y* contra los ausentes. Cfr. Prevost, y *op. cit.,* pág. 26.

220 Este segundo proyecto estaba dividido en tres libros, como el del 93: personas, bienes y obligaciones: contenía en total 287 artículos. «Trois choses, observa Cambacéres en su relación de este proyecto, sont néccesaires et suffisent á l'homme vivant en scciété: étre maitre de sa personne; avoir des biens pour remplir ses besoins; pouvoir disposer, pour son plus grand intéret, de sa personne et de ses biens. Tous les droits civits se réduisent done aux droits de liberté, de propriété et de contracter».

natural respeto a las tradiciones y a las costumbres, esas normas aparecen en todo su rigor lógico, en sus extremas consecuencias. Del poder marital, de la patria potestad, de las restricciones a la facultad del divorcio, de las desigualdades entre los cónyuges y entre hijos naturales y legítimos, no queda ya el menor rastro en el Código del 94: en su lugar, el respeto a la personalidad, el recto uso de la propiedad, la libertad y la buena fe en los contratos y la igualdad en las sucesiones, son los principios de donde derivan mediante un proceso lógico las normas que han de regular las diversas partes del derecho privado.

El Código del 94 traduce en la forma más perfecta la conciencia filosófica de la Convención: realiza la idea individual en el derecho privado de acuerdo con el pensamiento de ROUSSEAU. Sin embargo, la filosofía y la obra de la Convención no tenían ninguna probabilidad de sobrevivir a las causas transitorias que las habían engendrado. Las aspiraciones generales se inclinaban hacia la libertad desligada de vínculos legales, cuya regla y cuyos límites estaban en la razón individual. La Revolución retornaba a sus orígenes, a sus verdaderas razones de ser. La reacción en este sentido se hace ya evidente en el último período de vida de la Convención. El mismo debate del Código, iniciado a fines de 1794, tuvo que ser interrumpido; se puso de relieve que muchas cuestiones no se habían resuelto, y que el Código era «une table des matiéres plutót qu'un Code des lois civiles»[221]. En realidad se quería encontrar un pretexto para evitar la discusión de un proyecto que carecía en sí de la conciencia jurídica del país. Bajo la presión de la opinión pública, vigorosamente reafirmada en 1795, en los últimos meses de existencia de la Convención fueron abolidas las famosas disposiciones retroactivas de la ley del 17 nevoso (6 de enero 1794) sobre las sucesiones, y comenzaron a sancionarse restricciones a la facultad casi ilimitada del divorcio[222]. De todos modos, la idea del Código Civil sobrevivió a la Convención, y bien pronto fue retomada con otros entendimientos; se comprendió sobre todo que ella debía ser una obra esencialmente jurídica y que solo los juristas podían cumplirla en forma que respondiera a las aspiraciones ideales de los tiempos y a las imprescindibles contingencias y exigencias de la realidad.

EL TERCER PROYECTO DE CÓDIGO CIVIL DE 1796. REACCIÓN CONTRA LOS MÉTODOS Y LOS PRINCIPIOS DE LA CONVENCIÓN EN ORDEN A LA CODIFICACIÓN. EL CUARTO PROYECTO DE CÓDIGO CIVIL. LAS CORRIENTES FILOSÓFICAS PREVALECIENTES EN LA ÚLTIMA FASE DE LA CODIFICACIÓN FRANCESA. PORTALIS, NAPOLEÓN Y EL CÓDIGO DE 1804.

21. A PARTIR de 1795 puede advertirse una reacción dirigida contra la obra legislativa de la Convención: pero en tiempos del Directorio, la reacción se limitó a abolir las medidas legislativas condenadas explícitamente por la conciencia jurídica general y a

[221] Del Código del 94 fueron discutidos y aprobados los primeros diez artículos en las sesiones del 16 y 19 frimario año III (6-9 de diciembre de 1794); posteriormente el proyecto fue remitido para su revisión a la Comisión de los Once. Cfr. FENET, *Recueü complet des travaux préparatoires du Code civil,* t. I.

[222] Las leyes de 9 fructidor añoIII (agosto 26 de 1795) y 3 vendimiarlo año IV (25 de setiembre de 1795), abolían la retroactividad de la ley del 17 nevoso, aun conservando los principios relativos al derecho de herencia. La ley del 15 thermidor año III (2 de agosto de 1795) suspendía la ejecución de las leyes del 8 nevoso (28 de diciembre de 1793) y 4 floreal año II (23 de abril de 1794), es decir, las leyes dictadas por la Convención en materia de divorcio y modificativas de la ley del 20 de noviembre de 1792.

corregir lo que tenía de excesivo, de partidista y de odioso la obra de la Convención. La reacción fue más de forma que de sustancia: en las ideas, el cambio no era ni tan amplio ni tan profundo como para conducir a una transformación radical de los principios y, sobre todo, de los métodos a seguirse en la reforma de la legislación civil. Aun si esto estaba en la tendencia general y en el deseo de la mayoría, es indudable que bajo el Directorio faltaron ocasiones y, especialmente, coraje para hacerlo. El tercer proyecto de Código Civil y la discusión a que dio lugar, como así también la suerte que corrió, constituyen la más cabal confirmación de la incertidumbre que reinaba en los ánimos durante el período que siguió a la Convención y precedió al Consulado.

Este tercer proyecto, que podría llamarse el proyecto del Directorio, es, una vez más, la obra casi personal de CAMBACÉRES y difiere de los Códigos de la Convención más que en los principios, en la extensión que se les dio y en el método adoptado. La Convención había anhelado un Código de principios cuyo desarrollo y cuya aplicación debían estar reservados a leyes especiales. El segundo proyecto representa el máximo esfuerzo en el sentido de separar «les principes des développements, les regles des corollaires» y de reducir la obra a una reunión de preceptos en que cada uno pudiera hallar «les regles de sa conduite dans la vie civile»[223]. Pero precisamente por esto y por su excesiva simplificación no tuvo suerte el segundo proyecto. Por consiguiente fue preocupación primordial de CAMBACÉRES al preparar el tercer proyecto, la de conciliar la exigencia de un código simple y claro con un conveniente desarrollo de los principios. Estos no cambian, pero aparece ya el esfuerzo de justificarlos sobre el fundamento del derecho romano y de la tradición jurídica, de transigir sobre sus aplicaciones. El derecho natural ocupa siempre el primer puesto, pero al limitar sus consecuencias resulta evidente el homenaje que rinde a las tradiciones y a la preocupación por la costumbre. Así, en presencia de hijos naturales, se reconoce la conveniencia de crear una posición que favorezca a la prole legítima: se renuncia a la administración en común del marido y de la mujer para no comprometer la paz doméstica; se imponen restricciones al divorcio y al principio de la rigurosa igualdad entre los herederos[224]. Pero estas y otras tímidas y restringidas concesiones al nuevo espíritu de los tiempos que se iba afirmando con caracteres cada vez más contrarios a las ideas de la Convención, no bastaron para mover en favor del tercer proyecto de CAMBACÉRES la opinión del Consejo de los Quinientos: hasta se le reprochó haber consagrado disposiciones inmorales con manifiesta alusión al divorcio y a los derechos de los hijos naturales. La cuestión relativa al orden a seguir en el examen del proyecto, suministró fácil pretexto para una postergación que significó la caída de dicho proyecto y la condena de los principios y de los métodos seguidos hasta entonces en la tarea de realizar la idea de la Codificación[225].

---

223 Cfr. FENET, *Op. cit.*, t. I, pág. 140.
224 Cfr. FENET, *Op. cit.*, t. *I*, pág. 140 y sigs.
225 El tercer proyecto de Código Civil fue presentado por Cambacéres en nombre de la *Commission de la classification des lois* al Consejo de los Quinientos el 24 de junio do 1796 (24 pradial año iv). El proyecto, concebido dentro del mismo orden del de 1793, constaba de 1.104 artículos. El discurso preliminar fue pronunciado por CAMBACÉRES el 9 fructidor (26 de agosto de 1796). La discusión se inició el 3 pluvioso del año v (22 de enero de 1797), y después de cuatro días Cambacéres logró hacer votar algunos artículos sobre la filiación. Pero el 8 ventoso sucesivo (26 de febrero), fue reabierta la discusión sobre el esquema general del proyecto, y el 4 pradial añoVI (23 de mayo de 1798) aun se discutían «les indications préparatoires sur l'ordre á suivre». El mismo CAMBACÉRES, convencido de que no alcanzaría su objeto, propuso la postergación del debate. Cfr. VIALLES, *Op. cit.*, págs. 184-185.

La autonomía del individuo y de su derecho en las relaciones con el Estado, la subordinación del derecho público a las finalidades del derecho privado, la independencia del derecho positivo frente al derecho natural, se convierten, en la opinión general, en postulados de los que se hace depender la reforma del derecho privado en su fase última y resolutiva. Sobre cada uno de estos puntos el pensamiento de Rousseau, que en la Convención sirvió de guía para la reforma de la legislación civil, era muy diferente. Según Rousseau, en la sociedad civil, la fuente, la medida, el fundamento objetivo del derecho individual no es más la naturaleza sino la ley y la razón colectiva: el individuo realiza sus fines, ejerce sus derechos naturales no directamente sino por intermedio del Estado y solo dentro de los límites y en la forma por éste establecida. Contra esta concepción, que en sus aplicaciones prácticas había llevado al sometimiento del individuo y al despotismo del Estado, la opinión pública, aun conmovida por los errores del 93, terminó por insurgir y restableció los fueros de la doctrina liberal del derecho y del Estado, según la cual el derecho individual, fundado en la naturaleza de las cosas, es anterior y superior al Estado.

El derecho privado, que la Convención había concebido como subordinado al derecho público, recobraba frente a éste su autonomía. A la ciega confianza en el Estado y en el orden político, sucede la fe no menos optimista en la potencia del individuo, la tendencia a desconfiar de la acción del Estado y, por consiguiente, a restringir en lo posible la esfera del derecho público. El derecho privado representa a la esfera de actividad sustraída a la injerencia del Estado y dentro de la cual el individuo puede moverse libremente, mientras que el derecho público representa el conjunto de ordenamientos dirigidos a proteger la libertad individual de posibles violaciones, y a garantizar la pacífica coexistencia de las libertades individuales.

Pero fue sobre todo la nueva concepción de la relación entre derecho natural y positivo, lo que influyó sobre el destino de la codificación haciendo posible su ejecución. La Convención, lejos de oponer el derecho natural al positivo, los concibió unidos entre sí por una identidad sustancial. Mientras el derecho natural tiene todas las características de un verdadero y propio derecho, el derecho positivo es su desarrollo lógico, su aplicación mediante la *ratio juris* a los casos particulares.

Ahora bien, si se tiene en cuenta que el derecho natural no es obra del hombre o de la historia, sino que existe *ab ceterno* en el orden inmutable de las cosas, esculpido en el corazón del hombre de tal forma que para conocerlo basta la razón, se comprende cómo los filósofos se hallaban en mejores condiciones que los juristas para penetrar con el análisis, para desarrollar con la lógica y para traducir en máximas, la eterna idea de lo justo. Y ése fue verdaderamente el pensamiento de la Convención que Cambacéres trató de llevar a la realidad: estaba generalmente difundida la opinión de que el Código Civil debía ser sobre todo un Código de principios, y que el llamado derecho positivo, que se manifestaba en las leyes especiales, no era más que su lógico complemento. En esta tendencia a cambiar el derecho filosófico por el derecho positivo, a hacer derivar el derecho no de los hechos sino de los principios y postulados, reside la característica de los tres primeros proyectos de Código Civil y al mismo tiempo la verdadera causa de su fracaso. No de otra manera se explica el desprecio que sentían los Revolucionarios por todas las formas del derecho histórico, sin excluir el derecho romano. A sus ojos, aquéllas eran formas imperfectas del derecho; lo que había de verdadero y de bueno en ellas podía deducirse racionalmente del estudio de la naturaleza humana. Las preferencias de la Convención por el derecho germano derivaban del hecho de que éste reflejaba en sus instituciones esos conceptos de igualdad y de solidaridad que, mucho más que la libertad individual, estaban en el corazón de los Convencionales. El contraste entre derecho romano y derecho germano que se puso de manifiesto en los primeros momentos de la Revolución con motivo de la disputa relativa a la igualdad de los herederos, no era más que el contraste entre los partidarios de la libertad y los partidarios de la igualdad, entre los individualistas liberales y los individualistas de Estado: el triunfo de estos últimos no significa el triunfo del derecho germano sobre el derecho romano, sino solamente la victoria de las tendencias igualitarias sobre las tendencias a convertir al individuo y a su libertad en punto cardinal de la reforma civil[226].

Permanecía indiscutible, de todos modos, el principio de que el Código Civil debía ser la expresión del derecho natural, al margen de toda influencia empírica e histórica.

También en torno a la relación entre derecho natural y positivo, asistimos en la segunda fase de la Revolución, a un profundo cambio de ideas, cambio que aparece evidente bajo el Consulado, cuando se trató de preparar el cuarto proyecto de Código Civil. A la tesis de la identificación del derecho natural y positivo, hizo lugar la de su separación, que era la tesis que seguían generalmente los jusnaturalistas. Derecho natural y positivo difieren por su origen, por los caracteres y por las finalidades. Mientras que el derecho natural se funda en la naturaleza de las cosas, se revela mediante la razón, responde a una exigencia lógica y deontológica, el derecho positivo, en cambio, es un producto histórico y psicológico, se desarrolla en forma desigual en el espacio y en el tiempo, y responde a exigencias esencialmente prácticas.

Ni siquiera la doctrina según la cual el derecho natural deriva por abstracción del derecho positivo, doctrina propia de los jurisconsultos romanos y compartida por los empiristas, consiguió prevalecer en el histórico período en que se llevó a cabo la codificación. Dicha doctrina llevaba prácticamente a desconocer la existencia de un derecho filosófico, y a considerar el derecho positivo como el único y verdadero derecho, sin perder por la generalización sus caracteres de contingencia y relatividad. Entre los partidarios de ROUSSEAU que no admitían otro derecho que el natural o racional, y los partidarios de LOCKE, para quienes el derecho natural es el mismo derecho positivo racionalizado, se abrió camino la doctrina intermedia auspiciada por GROCIO, desarrollada y fijada por LEIBNIZ, según la cual el derecho natural y el derecho positivo son distintos de la misma- manera en que se distinguen el ser del deber ser, la razón del hecho. Ello no impide que ambas formas se encuentren y se integren: el derecho positivo, sin renegar de sus orígenes, caracteres y finalidades, debe tender a identificarse con el derecho natural.

Los redactores del Código admitían, sin tener de ello perfecta conciencia —conciencia que solamente KANT había de contribuir a formar— que el derecho natural no se confunde con el derecho positivo, sino que existe objetivamente en la naturaleza de las cosas, y subjetivamente como idea en el espíritu humano. Ya no se pretende dar al derecho natural valor de derecho positivo, ni se repudia ya al derecho histórico: antes bien, éste se convierte en punto de partida y en la finalidad

[226] Cfr. SAGNAC, *Op. cit.*, Introducción, cap. I, § 3.

de la reforma civil, mientras que el derecho natural sirve de guía y de modelo, suministra los criterios directivos, da unidad a la obra de la codificación, que se convierte así en la obra de juristas conocedores del derecho histórico y no de filósofos puros como había anhelado la Convención. Si en efecto, los principios de la razón son simples y claros, los elementos que entran a formar el derecho histórico son numerosos y diversos, por cuya causa el trabajo de selección y de coordinación que sigue solo puede ser realizado por hombres expertos y versados en el conocimiento del derecho positivo.

El puesto de honor reconocido al derecho romano en la última fase de la codificación, se comprende fácilmente cuando se piensa que, entre todos los derechos históricos, era el más perfecto, el menos alejado de los requisitos de un derecho racional: de hecho sirvió como guía y como modelo a los redactores del Código, dándoles la ilusión de que se inspiraba en el derecho natural. Además de una mayor perfección técnica, el derecho romano debía prevalecer en el Código Napoleón porque servía, más que el derecho germano, a la causa de la libertad, y la libertad individual, no más sacrificada a la razón de Estado o a una mal entendida igualdad, recobraba todo el valor de principio directivo de la reforma civil como en 1789.

El Código de 1804 no es la expresión de un sistema filosófico determinado ni presenta en sus bases filosóficas ninguna unidad de principios metafísicos. Fue concebido en ese orden de ideas que representaban los Fisiócratas, partidarios de una especie de racionalismo económico, por el que el espíritu racionalista cartesiano se asociaba al criterio de lo útil económico, que sustituyó en Francia al indeterminado y subjetivo criterio de la felicidad y de la perfección, aceptado por los redactores del Código prusiano. Se hallaba hondamente arraigada en Francia, sobre todo entre los juristas y economistas que mantenían mayor contacto con las necesidades y dificultades de la vida real, la idea de que el concepto de lo justo es la resultante de elementos ideales correspondientes a las exigencias deontológicas de la época, y de elementos utilitarios, reflejo de las nuevas condiciones económicas puestas en evidencia por los fisiócratas. Este concepto intermedio entre la idea pura de lo justo, fruto de razonamiento, y la idea empírica del mismo, determinada por la experiencia, si carecía de toda justificación metafísica, permitía hacer servir la razón y el sentido, la filosofía y la economía a los fines de la reforma civil. No hay que olvidar que el racionalismo cartesiano y el empirismo lockiano, desacordes en los principios, concordaban en el reconocimiento de la necesidad lógica y psicológica del individualismo liberal. Para su realización en la legislación civil trabajaban los juristas bajo el Consulado, que fue un período de febril actividad legislativa y en el que, por encima de toda exigencia metafísica, debía triunfar la preocupación por reconstruir el orden civil.

El exponente de las tendencias que prevalecieron durante el período de elaboración del Código Civil, fue PORTALIS[227]. Figuraba entre los más insignes represen-

[227] PORTALIS (1746-1807), nació en Provenza, en los países donde regía el derecho escrito: en la Universidad de Aix fue su maestro el jurisconsulto Julien; ejerció la abogacía con éxito en Aix, sin abandonar los estudios históricos. En 1765 escribió un opúsculo *Sur la distinction des deux puissances spirituelle et temporelle,* donde sostuvo la tesis, consagrada más tarde en el Concordato, de la posibilidad y necesidad de la unión del Estado y de la Iglesia. En 1770, en la *Consultation sur la validité des mariages protestants,* sostuvo que el matrimonio es de derecho natural, y su existencia, independiente de la consagración religiosa. Cuando

tantes de ese partido constitucional que agrupó en Francia, después de 1795, a todos los adversarios a un tiempo de las violencias jacobinas y de los sistemas del antiguo régimen, a todos los que deseaban el retorno puro y simple a los principios del 89 y reclamaban el imperio de la ley, la conservación del orden y el desarrollo progresivo de la libertad. Jurista eminente, PORTALIS fue uno de los miembros más activos y autorizados del Consejo de los Ancianos (1795-1797)[228]: sospechado de favorecer a los reaccionarios, fue desterrado por el Directorio junto con los jefes más influyentes de su partido[229]; desterrado a Alemania, se dedicó a los estudios filosóficos, y compuso el *Essai sur l'usage et l'abus de l'esprit philosophique au* XVIIIe *siécle,* que es al mismo tiempo una obra teórica y práctica, una requisitoria contra la filosofía de los Enciclopedistas y de la Convención, y el esquema de un sistema de ideas capaz de servir a los fines de la reforma civil[230]. «Le bon sens et la bonne foi —escribió Saint Beuve— sont les deux caracteres philosophiques de PORTALIS».

Decidido adversario de la filosofía del ateísmo y del materialismo, PORTALIS se inclina por la filosofía del sentido común que se vale de la experiencia, sin rechazar la obra de la razón; bajo muchos aspectos, y sobre todo en la importancia que da al elemento religioso cristiano y en su tendencia ecléctica, puede considerársele como precursor de ese movimiento espiritualista que debía afirmarse en Francia con Chateaubriand, Royer-Collard, Cousin.

A los efectos de la filosofía del Código Civil, PORTALIS representa la tendencia general de los juristas a conciliar el empirismo y el racionalismo, con esta particularidad: de que a tal conciliación no era inducido PORTALIS solamente por consideraciones prácticas, sino por convicción metafísica. En la cuestión capital sobre el origen de las ideas, no admite en absoluto ni la teoría de las ideas innatas ni la de las ideas adquiridas. El principio intelectivo preexiste a las ideas, y deben considerarse como innatas las ideas de causa, de sustancia, de tiempo, de espacio, de lo justo y de lo injusto, como las que son inherentes a la naturaleza del ser pensante; las ideas particulares son adquiridas directamente de la experiencia y las mismas ideas generales derivan por abstracción de las ideas particulares. En tal sentido, y dentro de tales límites, deben ser entendidas las siguientes palabras de PORTALIS: «C'est une vérité d'expérience échappé á DESCARTES, que nos idées ont leur origine dans nos sensations»[231].

---

estalló la Revolución, se retiró a la vida privada. Por sus ideas atemperadas despertó la sospecha de los Jacobinos que le arrestaron en diciembre de 1793. A la casualidad y a la caída de Robespierre, debió la salvación de su vida. Puesto en libertad en enero de 1794, se destacó como abogado en París: electo diputado en las elecciones del año m (1795), abandonó su profesión para dedicarse a la vida política. Cfr. LAVOLLÉE, *Portalis, sa vie et ses Œuvres* (París, 1869).

228 En el Consejo de los Ancianos PORTALIS sostuvo con éxito la causa de la libertad de prensa, la de los emigrados, la de los curas *refractares,* la de los náufragos de Calais. Sostuvo con calor, pero sin éxito, el restablecimiento del arresto personal, en materia comercial, que con toda justicia había sido abolido por la Convención.

229 Portalis partió hacia el destierro en setiembre de 1797; después de una breve estancia en Zúrich y en Berna, pasó a Hollstein, en el castillo de Emckendorff, huésped, junto con otros prófugos franceses, del conde Federico de Reventlau. Aquí conoció a Voss, Niebuhr, Klopstock, Jacobi, etc. Después del golpe de Estado del 18 brumario (9 de noviembre de 1799), pudo regresar a Francia, siendo designado en el mes de setiembre siguiente Consejero de Estado.

230 Esta obra, escrita entre 1797 y 1799, quedó incompleta, y fue publicada en París en 1820, en dos volúmenes, por el hijo primogénito de PORTALIS. Se reeditó en 1828 y 1833.

231 Cfr. PORTALIS, *Essai,* etc. (edic. 1820), *I,* c. IV, pág. 27.

De estas premisas había partido Portalis para hacer la crítica de la filosofía kantiana, filosofía que había tenido oportunidad de estudiar en Alemania justamente en el período en que más vivas discusiones se desarrollaban en torno a ella[232]. La aversión que sentía Portalis por el movimiento de ideas representado por Kant fue compartida generalmente en Francia, donde la obra kantiana, aunque era conocida —según testimonia Picavet— careció de influencia durante todo el período revolucionario y no tuvo sino contados admiradores[233]. Las razones en que se basa esa aversión deben buscarse en el estado general de los ánimos cansados y desconfiados por el exceso de crítica y de especulación, indiferentes ya a los problemas metafísicos, y preocupados solamente de reconstruir sobre sólidas bases el orden político y civil. Portalis no hizo más que prevenir el juicio e interpretar los sentimientos de sus conciudadanos sobre la obra de Kant. El sistema del filósofo alemán, rígidamente lógico, contrario a toda forma de eclecticismo y de empirismo, debía parecer a Portalis, dispuesto a transigir sobre los principios con tal de alcanzar su objeto, un nuevo ejemplo de ese abuso de espíritu filosófico, de esa tendencia a derivar la realidad de la abstracción, a cambiar el orden lógico por el orden natural, a los que atribuía los excesos de la Revolución. El preconcepto político, que las antinomias y las antítesis de la *Crítica de la razón pura* parecían justificar, no permitieron a Portalis advertir las profundas armonías que encerraba la obra de Kant y el vivo sentido de las exigencias prácticas que la animaba.

En el orden de los sentimientos y de las ideas que personificaba Portalis se desarrolló la última fase de la codificación francesa, a cuya realización concurrieron la voluntad de Napoleón y la mente de Portalis. Diez años de revolución habían producido un caos indescriptible en materia de leyes civiles. A las causas que antes de la Revolución obstaculizaban la reforma civil se había agregado un nuevo factor, la legislación revolucionaria, producto del espíritu filosófico, que había subvertido la tradición jurídica sin lograr removerla de las costumbres. La causa de la codificación apareció a Napoleón bajo un nuevo aspecto, como una necesidad política, una condición imprescindible de orden y de pacificación: ningún exclusivismo o preconcepto filosófico debía inspirarla, sino solamente el deseo de realizarla mediante la coordinación de los elementos tradicionales y filosóficos que, en forma aun confusa e indeterminada, entraban a constituir la conciencia civil del pueblo francés, tal como resultaba de las tradiciones del antiguo régimen y no solo de las grandes idealidades del período revolucionario. Un proyecto de Código Civil preparado en este orden de ideas no tuvo suerte: obra casi personal de Jacqueminot estaba por eso destinado solamente al fracaso[234]. La Codificación debía ser obra esencialmente colectiva, y resultar de la cooperación de los elementos más diversos. Esto es lo que entendió Napoleón cuando, restablecido por medio de las armas el prestigio de Francia en el exterior, asumió personalmente la iniciativa y la dirección de la reforma civil crean-

---

232 Cfr. para la crítica del Kantismo, Portalis, *Essai,* etc. I, c. VII y VIII.

233 Cfr. Picavet, *La philosophie de Kant en trance de 1773 a 1814* («Avant-propos» a la traducción francesa del mismo Picavet de la *Crítica de la razón práctica,* 3ª edición, París, 1906).

234 El cuarto proyecto de Código Civil impuesto por la ley del 19 brumario año VIII (art. 14), que ratificaba el golpe de Estado del 18 brumario (9 de noviembre de 1799), fue preparado, bajo el gobierno provisional, por Jacqueminot: dicho proyecto es incompleto y no fue siquiera discutido. Está precedido por un discurso *(Idees préliminaires)* en el que se invoca la tradición y se hace un llamado a los jurisconsultos: en su conjunto se presenta con un resuelto carácter de reacción a las leyes revolucionarias. Cfr. Fenet, *Op. cit.,* pág. 328 y sigs.

do al objeto órganos especiales. Estos organismos fueron la Comisión preparatoria y el Consejo de Estado, compuestos ambos de hombres de las más diversas tendencias, pero que la voluntad firme y providencialmente despótica del Primer Cónsul, supo hacer concurrir al fin común[235].

Después de cuatro meses solamente, el proyecto de la Comisión fue sometido para su discusión al Consejo de Estado, precedido por un *Discours preliminaire* que escribió PORTALIS por encargo de la Comisión a manera de introducción y de comentario, y que constituye, en realidad, una verdadera profesión de fe filosófica y social que permite advertir el nexo profundo y la unidad del Código. Después de haberse referido al estado de la legislación civil en Francia, a la obra de la Revolución, al fracaso de los Códigos civiles de la Convención, dictados por la pasión política, PORTALIS destaca los criterios imparciales y conciliadores seguidos por la Comisión preocupada solamente por coordinar y fundir la jurisprudencia romana y el derecho germano según el espíritu de la Declaración de los derechos y las costumbres de la nación francesa. «Il est utile de conserver tout ce qu'il n'est pas nécessaire de détruire». Los redactores del Código tuvieron presente esta máxima de PORTALIS, que sirvió también para evitar que introdujeran innovaciones inconsultas o prematuras, sin vínculo con el pasado[236].

Allí se revela el error que cometen aquellos que, juzgando al Código desde un punto de vista exclusivamente filosófico, lo consideran como la expresión pura y simple de la doctrina elaborada por los jusnaturalistas. La obra de la Comisión fue esencialmente jurídica y positiva; las doctrinas de los jusnaturalistas, si estuvieron constantemente presentes a los redactores en la forma concreta del derecho revolucionario, sirvieron, a lo más, para modificar, corregir e integrar la tradición, y no para destruirla: el mismo derecho natural solo podía invocarse a falta del derecho positivo. Y este carácter del proyecto permanece sustancialmente inalterado a través del triple examen a que fue sometido por los Tribunales, por el Consejo de Estado y por el Cuerpo legislativo[237]. Esto resulta evidente a través de la suerte que

[235] La Comisión preparatoria del proyecto, nombrada por decreto consular del 24 termidor año VIII (12 de agosto de 1800) estaba integrada por cuatro miembros y se reunía ante el ministro de justicia Abrial. Tronchet, que la presidía, representaba a los pueblos del . . . , . . . *coutumier* y la tradición revolucionaria: Malevilíe (secretario) y Bigot-Préameneu la tradición romana y del antiguo régimen; Portalis, si bien pertenecía a los pueblos de derecho escrito, representaba la corriente media de transacción entre el viejo y el nuevo derecho.

[236] Cfr. FENET, *Op. cit., I,* pág. 466 y sigs.; ESMEIN, *L'originalité du Code civil (en Livre du Centenaire,* etc., I, pág. 5 y sigs.).

[237] Antes de ser discutido por el Consejo de Estado, el proyecto fue comunicado al Tribunal de Casación y a los veintiocho tribunales de apelación de la República: modificado, sobre la base de las observaciones formuladas por estos cuerpos judiciales, por la sección legislativa del Consejo de Estado, fue sometido a la consideración de éste el 28 mesidor año IX (17 de julio de 1801). Napoleón presidió 57 sesiones de las 102 que celebró el Consejo de Estado, donde se reunían hombres de las más diversas tendencias, desde el regicida Berlier hasta el realista Bigot. A medida que los diferentes títulos del Código eran aprobados por el Consejo de Estado, pasaban para su discusión y aprobación al Tribunado, al Cuerpo legislativo y al Senado. Los títulos eran entonces publicados bajo forma de leyes especiales; estas leyes, en número de 36, fueron luego reunidas en un solo cuerpo de legislación que constituyó el Código Civil. El proyecto de ley relativo a la codificación y la exposición de motivos que le preceden, aprobados el 21 de marzo de 1804, son obra de Portalis.

corrió la idea de poner a la cabeza del nuevo Código Civil y al principio de cada una de las instituciones, una serie de axiomas jurídicos y de definiciones generales destinadas a servir de guía en el estudio y en la interpretación del Código. PORTALIS había preparado el Título preliminar y había reunido, en una síntesis admirable, los principios esenciales que sirven de base a toda legislación: se afirmaba la existencia del derecho natural del que derivan las leyes positivas; se definía la ley; se determinaban los objetos, el modo de publicación, los caracteres y los efectos de la ley concebida en forma absoluta en sus prescripciones, no retroactiva en su aplicación, limitada a los actos exteriores de la conducta; se señalaban, en fin, los límites de la acción del juez, se prescribían las reglas para la aplicación y la interpretación de las leyes civiles y se autorizaba al juez, en ausencia de un texto positivo de ley, a constituirse en ministro de equidad. El Título preliminar quería ser una especie de introducción filosófica al Código Civil, y como tal, contradecía el principio de separación del derecho natural y del derecho positivo, que se había seguido en la preparación del proyecto. Se comprende cómo había de suprimirlo el Consejo de Estado, sin que esa supresión significara la condena de los principios en él contenidos, sino solamente la intención de dejar establecida una clara distinción entre la obra del legislador y la del filósofo del derecho[238].

Napoleón tomó parte activa en las discusiones del Código Civil en el seno del Consejo de Estado: en los puntos más controvertidos del derecho familiar y sucesorio, no dejó de expresar y hacer prevalecer su opinión: el derecho romano, la equidad, el principio de autoridad, la razón de Estado hallaron en él un valioso apoyo. En el contraste de las opiniones, no escondía sus preferencias por el derecho romano. Oriundo de una isla en la que reinaba el derecho escrito, dominado por el espíritu clásico, por la ambición de emular la sabiduría civil y política de los romanos, Napoleón debía inclinarse por el derecho romano, cuyas soluciones, conciliando la libertad con el respeto a la autoridad, las exigencias de lo justo con las de lo honrado, respondían mejor a su concepción de la justicia civil, a su preocupación por la equidad y por la oportunidad[239]. De todos modos, si la parte que le correspondió a Napoleón en la redacción del Código fue necesariamente limitada y secundaria, su interés por la causa de la reforma civil hizo de él el factor principal en la aprobación y realización del Código Civil. Napoleón supo a veces sacrificar, a la magnitud de los fines, la legalidad, cuando ésta cubría oposiciones injustas e interesadas[240]; se debe a su firme voluntad el que, después de dos años de discusión y de

---

238 El Título preliminar preparado por PORTALIS fue substituido por el Título preliminar que sirve de introducción al Código Napoleón, y que se reduce a pocas e incompletas disposiciones relativas a la publicación, a los efectos y a la aplicación de las leyes en general.

239 Acerca de la parte que tomó Napoleón en la redacción del Código Civil, cfr. JAC, *Napoléon et le Code Civil* (en «Revue cath. des Inst. et du droit», 1897-1898); DENS, *Napoléon et le Code civil* (Bruxelles, 1903); SOREL, *Introduction* al *Livre du Centenaire*, etc., pág. XXVI y sigs. La influencia de Napoleón fue destacada en el ordenamiento de la familia y en el derecho sucesorio, donde la aconsejaban razones políticas o personales. Ochenta y cuatro veces hizo uso de la palabra solo en la discusión del título relacionado con el divorcio; de esas 84 veces, dieciséis lo fueron en una sola reunión.

240 El 21 frimario año XI (12 de diciembre de 1802) el Tribunado antes, y el cuerpo legislativo después, rechazaban el título preliminar, y pocos días después la misma suerte corrió el Título I del Código, de parte del Tribunado. El Gobierno retiró entonces el proyecto (12 nevoso año XI: 2 de enero de 1803). Para vencer la oposición, Napoleón, interpretando hábilmente la Constitución, hizo proceder a la inmediata renovación del primer quinto del Cuerpo legislativo y del Tribunado; y en lugar de recurrir al sorteo, hizo designar por el

luchas, la codificación se convirtiera en un hecho cumplido (21 de marzo de 1804); y no podía ser más merecido el título de Napoleón con el cual el Código Civil pasó a la historia[241].

LA FILOSOFÍA DEL CÓDIGO NAPOLEÓN. LA DOCTRINA DE LOS DERECHOS DEL HOMBRE Y EL FUNDAMENTO DE LA PROPIEDAD, DE LA FAMILIA, DEL DERECHO SUCESORIO Y CONTRACTUAL. LA IDEA INDIVIDUAL EN EL CÓDIGO DE 1804.

22. EL CÓDIGO NAPOLEÓN en su conjunto y en cada una de sus partes realiza en las relaciones civiles la idea individual de acuerdo con los principios de la escuela liberal, consagrados en la Declaración del 89. Esta idea dio forma y unidad al trabajo, esencialmente positivo, llevado a cabo por los redactores del Código sobre los materiales jurídicos transmitidos por el antiguo régimen: determinar el valor y la extensión de esta idea en virtud de la cual revivieron en el Código y se transmitieron a la vida moderna las doctrinas más características de la escuela del derecho natural, significa, en resumen, hacer la filosofía del Código Napoleón.

El derecho natural, cuya existencia estaba explícitamente afirmada en el *Discours préliminaire*, y que debía servir para completar e interpretar el derecho positivo, tenía para los redactores del Código un significado bien determinado que no se desprendía claramente de la definición genérica o abstracta dada por PORTALIS al art. 1° del título preliminar suprimido o, por lo menos, considerablemente reducido[242]. Este significaba el reconocimiento del principio individual como principio informador y directivo del Código, o sea, el reconocimiento de principios de derecho fundados en la naturaleza de las cosas, anteriores y superiores a la legislación positiva, que el Estado, lejos de crear, solo sanciona y determina mejor[243].

En esencia, el Código rendía homenaje a la doctrina de los derechos del hombre, ponía al individuo con derechos propios frente al Estado en condición de superioridad, y sancionaba la autonomía del derecho privado en sus relaciones con el derecho público. No tenía que sacrificarse por eso la tradición jurídica: antes bien ésta tenía que retomarse y conservarse, aunque modificada y corregida de tal manera que no resultara disminuido el principio individual.

Senado los nombres de los miembros salientes, de modo que la selección recayó naturalmente sobre los jefes de la oposición. Casi sin oposición, las diversas partes del proyecto fueron ruego aprobadas. El debate en torno al proyecto, que fue retomado ante el Cuerpo legislativo en enero de 1803, prosiguió sin que se registraran incidentes graves hasta marzo de 1804.

241 En una segunda edición oficial del Código Civil (ley del 3 de setiembre de 1807), el título originario de *Code civil des Français* fue substituido por el de *Code Napoleón.* Salvo algunas modificaciones de forma, ambas ediciones se corresponden; solo se le hizo un agregado notable al artículo 896, para reconocer las sustituciones que el Senado-consulto había restablecido el 14 de agosto de 1806, a favor de la nueva nobleza de origen imperial. Una tercera edición del Código Civil fue impresa en 1816 (ley del 30 de agosto de 1816) y se encuentra aún en vigor. Cfr. VIGIÉ, *De la nécessité d'une édition du Code civil au point de vue historique* (en *Livre du Centenaire,* etc., I. pág. 25 y sigs.

242 Según PORTALIS el derecho natural era la «raison naturelle en tant qu'elle gouverne tous les hommes». El derecho natural como fuente del derecho estaba expresamente reconocido por PORTALIS en el *Discours préliminaire.* Cfr, FENET, *Op. cit.,* pág. 471.

243 Cfé. BOISTEL, *Le Code civil et la Philosophie du Droit* (en *Livre du Centenaire,* etc., *I,* pág. 47 y sigs.).

Invocando los derechos del hombre como fundamento del orden civil, los redactores del Código lo hacían en la inteligencia de que se referían al concepto propio de los jusnaturalistas y particularmente de LOCKE. Este, en efecto, los consideraba como exigencias éticas de la personalidad en su desenvolvimiento exterior y los reducía a los dos conceptos de la libertad y de la propiedad. Estos dos conceptos se reclaman y se integran recíprocamente: la propiedad es la condición física de la libertad, es la extrinsecación de la razón y del querer sobre las cosas. Los dos términos unidos en indisoluble vínculo constituyen por sí solos todo el Código Civil; originan normas e instituciones naturales más que civiles; y como tales son susceptibles de un desarrollo lógico propio que no puede ser perturbado por ninguna consideración política: más que en la ley tienen sus límites en sí mismos, en su origen natural y en la necesidad de desarrollar y no de obstaculizar o destruir las condiciones de desarrollo de la personalidad.

El derecho romano de la más antigua edad republicana, había forjado las formas clásicas de instituciones jurídicas fundadas sobre el supuesto de la libertad y de la propiedad absoluta e individual: tales formas están reproducidas en el Código Civil, en los títulos concernientes a la propiedad y a las obligaciones, donde era menor la influencia de la costumbre, y donde no se oponían intereses morales y políticos.

PORTALIS, en el *Discours préliminaire,* proclama que «le droit de propriété, en soi, est une institution de la nature» y en la exposición de motivos del título segundo (libro II) del Código, demuestra que es infundada y errónea cualquier otra doctrina sobre el origen y la naturaleza de la propiedad[244]. En forma particular rechaza la idea de una comunión originaria de bienes, critica la opinión de ROUSSEAU según la cual la propiedad inmobiliaria es fuente de discordias y de desigualdad social y refuta la doctrina del dominio eminente del Estado[245].

La propiedad no puede ser sino absoluta e individual: es el derecho de gozar y de disponer de las cosas «de la manière la plus absolue» (art. 544): de aquí la condena a toda forma de propiedad colectiva y corporativa, el derecho de solicitar la disolución de la comunión (art. 815), la extensión del derecho de propiedad al subsuelo (art. 5 52), el derecho de los ribereños de utilizar el agua corriente que atraviesa sus propiedades (art. 644). El poder de intervención del Estado en el campo de la propiedad no deriva de un pretendido derecho eminente que aquél tendría sobre la tierra, sino de sus funciones naturales de árbitro y regulador de las relaciones privadas, con finalidades de orden y de paz, y en interés de los individuos. Al proclamar el derecho del propietario a no ser constreñido a ceder su propiedad (art. 545), aun por motivos de utilidad pública, sino contra *une juste et préalable indemnité,* es evidente el propósito de poner el derecho de propiedad al abrigo de cualquier atentado de parte del poder público. Las mismas limitaciones de la propiedad, impropiamente llamadas servidumbres legales, derivan de la naturaleza de las cosas, de la necesidad de hacer coexistir las libertades individuales en el goce y en

244 Frente al Cuerpo legislativo, la exposición de motivos para el título del matrimonio, de la propiedad, de la venta y de los contratos aleatorios, fue pronunciada por PORTALIS.

245 Napoleón compartía plenamente la opinión de PORTALIS con respecto a la propiedad. «La propriété —tuvo ocasión de decir— c'est l'inviolabilité dans la personne de celui qui la possède: moi même avec les nombreuses armées qui sont à ma disposition, je ne pourrais m'emparer d'un champ, car violer le droit de propriété d'un seul, c'est le violer dans tous».

el ejercicio del derecho de propiedad, sin que la libertad signifique arbitrio, sino manifestación del querer conforme al orden natural y racional[246].

Es evidente la influencia del derecho romano en el ordenamiento de la propiedad más que en cualquier otra parte del Código Napoleón. Romanas son las definiciones y las distinciones aceptadas: los derechos reales y las modificaciones del derecho de propiedad son los mismos que reconoce el derecho romano: romana es la doctrina de la accesión y de las servidumbres prediales[247]. Pero en la edad moderna, particularmente en el Código Civil, las formas clásicas de la propiedad romana reviven con espíritu nuevo. Los jurisconsultos romanos abstrajeron el derecho de propiedad del ambiente histórico dentro del cual se desarrollaba, para fijarle las formas inmutables y eternas correspondientes al concepto individual y absoluto que se habían formado acerca del poder del propietario sobre las cosas. Pero, si por sobre las formas se penetra en el significado de la propiedad romana en sus relaciones con la propiedad moderna, las diferencias se ponen en evidencia. En el Código Civil, el sujeto de la propiedad no es el ciudadano, sino el hombre concebido como un ser racional que persigue la utilidad y la felicidad: la propiedad no es, como en Roma, una institución civil, sino natural; por eso, el poder de intervención del Estado no es un poder soberano, sino un simple poder de policía que se hace necesario para reprimir los abusos sin afectar la esencia del derecho.

Para los redactores del Código Napoleón, la propiedad, más que un derecho reconocido por las leyes a favor del ciudadano, es una exigencia ética de la personalidad: no es, como en Roma, inescindible del concepto de Estado, mediante el cual se justifica y se desarrolla, sino que se convierte realmente y no solo formalmente en la expresión de la individualidad tendiendo a una justificación filosófica. De aquí el error de quienes se oponen al derecho romano como si a éste se debiera el individualismo del Código Civil[248]. El derecho romano sirvió a la causa del individualismo, pero no lo produjo. Atribuirle el individualismo del Código, es ceder a la ingenua y absurda leyenda que hace del Código la obra solitaria y teórica de filósofos y juristas, negándole el valor histórico y positivo, no viendo en él la expresión de las necesidades y de las aspiraciones de esa generación que hizo la Revolución y que preparaba, con el Código y mediante el derecho romano, las condiciones de una nueva civilización.

En efecto, el principio de autonomía de la persona individual domina en las formas consagradas por la tradición romana, el vasto campo de las obligaciones y de los contratos. La libre iniciativa de los privados está ampliamente consagrada en materia de convenciones matrimoniales (art. 1387). Y en lo que concierne a la transferencia de la propiedad (artículo 1138) ya sea por venta (art. 1583) ya sea por donación (art. 938). La soberanía casi absoluta reconocida por el artículo 1134 a la voluntad de las partes en la formación y resolución del vínculo obligatorio, el nombre mismo de ley dado a la convención nacida de su propia

---

246 Cfr. TERRAT, *Du régime de la propriété dans le Code civil* (en *Livre du Centenaire,* etc., I, pág. 329).

247 La influencia del derecho romano en esta parte del Código fue señalada por GRENIER, orador del Tribunado: «Dans ce titre, plus peut-être que dans aucun autre, on remarque des traces de la législation romaine, parce que cette matière a été moins soumise aux moeurs et aux habitudes: on a dû en preciser les décisiones dans l'équité naturelle et le peuple romain est celui de tous, aprés *tous,* qui a su le mieux en déduire les principes». Cfr. LOCRÉ, *Législation civile,* etc. *de la France* (edic. Bruxelles, 1836), VIII, pág. 209.

248 Cfr. SALVIOLI, *I difetti sociali delle leggi vigenti* (Palermo, 1906), c. IV, pág. 21-27.

iniciativa, la fórmula del artículo 6 que implica el poder de derogar mediante convenciones la ley, con tal que no sean ofendidos el orden público y las buenas costumbres, son la consagración del principio de la libertad individual, frente al cual el legislador se inclina toda vez que no se halle en juego un evidente e imprescindible interés social.

Debe reconocerse, sin embargo, que los primeros proyectos de Código Civil realizaron el principio de la libertad individual en materia de obligaciones, con criterios de amplitud que no en todas partes aceptó el legislador de 1804. En efecto: el Código de 1804 restablecía la rescisión de la venta por lesión, la prueba por juramento, el arresto personal por deudas, la tácita reconducción, instituciones todas que los anteriores proyectos habían abolido. Con muy sabio criterio los primeros Códigos tendían a hacer estable y cierta la transmisión de la propiedad, reduciendo la prescripción adquisitiva a veinte años, imponiendo el acta escrita para la prueba de las convenciones y la publicidad de ellas a título oneroso. Ninguna de estas disposiciones entró a formar parte del Código de 1804 que representa, en esta parte, menor respeto al principio de la libertad que en los proyectos anteriores[249]. Ello debe atribuirse al hecho de que la Convención conoció y aplicó rigurosamente la lógica de los principios, mientras que bajo el Consulado, como ya durante la edad imperial en Roma, resurgen sin embargo, en forma limitada, esos criterios de equidad, esas consideraciones de orden ético que ya en el derecho justinianeo, y más aún en la Edad Media cristiana, habían atemperado el rigor del principio de libertad en sus aplicaciones al derecho contractual. Si en realidad, en materia de usura, las razones éticas y la influencia canónica nada pueden contra el principio de la legitimidad y de la libertad de los intereses, principio ya adquirido por la conciencia jurídica general[250], veamos en dos casos típicos, en el restablecimiento de la rescisión de la venta por causa de lesión[251] y en la prohibición del contrato de seguro de vida[252], cómo las consideraciones éticas prevalecen sobre las exigencias jurídicas y económicas. A pesar de éstas y otras disposiciones inspiradas en la tradición germánica y canónica, el principio de la libertad individual queda siempre como fundamento del derecho de las obligaciones en el Código de 1804.

Las partes del Código concernientes al derecho familiar y sucesorio son las que más sufrieron las influencias del movimiento de reacción que caracterizan al

[249] Tampoco el *systéme cedulaire*, según el cual cada propietario de bienes inmuebles podía hipotecar hasta concurrir a las tres cuartas partes del valor de los bienes, mediante cédulas transmisibles como las letras de cambio, sistema que venía a movilizar la tierra, fue restablecido en el Código de 1804. Cfr. SAGNAC, *Op. cit., I,* c. IV, 2;II, c. II, 2.

[250] La ley del 12 de octubre de 1789 había consentido el interés del dinero, hasta entonces prohibido en Francia, pero había fijado la tasa del 5%. Más audazmente la Convención, por ley del 11 de abril de 1793, declarando que «l'argent était marchandise», admitió la libertad absoluta del interés convencional. Y la admitió también el Código Napoleón (art. 1907) con una reserva expresada en estas palabras: «toute les fois que la lois ne le prohibe pas». La ley limitativa fue dada el 3 de setiembre de 1807, estableciendo el interés del 5% en materia civil y del 6% en materia comercial. Cfr. NANI, *Op. cit.*, pág. 513.

[251] Las razones morales que sustentaban la rescisión fueron sostenidas ante el Cuerpo legislativo por PORTALIS, en nombre de la Comisión redactora del Código; su opinión era compartida por Troncnet y por Napoleón; las razones, en cambio, inspiradas en el principio de la libertad económica fueron sostenidas por Berlier. Cfr. PORTALIS, *Discours, rapports et travaux inédits sur le C. C.*, publiés par Frédéric Portalis (París, 1845), pág. 404 y 411.

[252] En la exposición de motivos del título sobre la venta, PORTALIS declara que el contrato de seguro sobre la vida es «vicieux en soi». Cfr. FENET, *Recueil*, etc., t. XIV, pág. 119.

Consulado, como así también las que fueron objeto de más profundas innovaciones en el período revolucionario. Si es verdad que la familia es el producto de la costumbre y que no puede ser modificada por la ley sino en la medida restringida en que ésta influye sobre la conciencia pública, se comprende cómo el ordenamiento legal de la familia realizado por la Convención de acuerdo con las aspiraciones de los filósofos del siglo XVIII y con la idea individual que de ellas derivaba, prescindiendo de la tradición ética, religiosa y jurídica del pueblo francés, no podía resultar una obra duradera. Los legisladores de la Revolución no se limitaron a esas reformas del derecho familiar adquiridas ya por la conciencia general: de esta naturaleza eran las secularizaciones de las relaciones domésticas, la afirmación de las finalidades civiles de la familia, la limitación del poder de corrección con respecto a los hijos, la abolición de las desigualdades inicuas entre los miembros de la misma familia. La Convención fue más allá, y en homenaje a su ideal filosófico llevó a sus extremas consecuencias el principio de libertad y de igualdad en el seno de la familia: por consiguiente ningún límite a la facultad del divorcio, destruida la autoridad del marido y del padre, abolida toda desigualdad entre los hijos y equiparados los hijos naturales a los legítimos. La legislación revolucionaria, más que modificar consiguió subvertir el orden familiar: se produjo una crisis a la que puso fin el Código de 1804, que encontró la fórmula de transacción entre las costumbres tradicionales y las nuevas tendencias: de entre las reformas revolucionarias éste conservó todas aquellas que habían penetrado en la costumbre, o bien las que, en virtud del progreso y de la transformación de las ideas y de los sentimientos no chocaban contra la conciencia moral corriente. Fue así como se admitió casi sin discusión, el principio de la secularización del matrimonio en homenaje a la libertad de conciencia y a la consiguiente independencia de la ley con respecto a la religión[253].

Lejos de estar animados por un espíritu antirreligioso, los redactores del Código solo entendieron distinguir los efectos civiles y religiosos del matrimonio: en el reconocido derecho del Estado, de regular el matrimonio con fines civiles, se hallaba implícita la declaración de su incompetencia para regular el aspecto ético y religioso de aquél. El código de 1804, al regular el matrimonio civil, se atuvo sustancialmente (salvo en lo que, respecta al divorcio y a la celebración, laica) a las normas del derecho canónico: éstas, sin embargo, no más apoyadas en el principio religioso, adquirían por el huevo origen y naturaleza civil un carácter de contingencia y de relatividad que les hacía susceptibles de más fáciles y rápidas adaptaciones a las transformaciones de la vida social. El espíritu revolucionario se revela todavía en las disposiciones del Código Civil tendientes a eliminar todo motivo de preferencia y de desigualdad económica entre los hijos. El interés de los individuos, el respeto a su personalidad violada por los privilegios acordados a algunos de ellos, prevalecen también para el legislador de 1804, sobre el interés de la unidad social de la familia.

La conservación del divorcio en el Código de 1804, solo en apariencia puede considerarse como una concesión al espíritu revolucionario: en realidad, su admisión en el Código constituye una prueba elocuente del estado de los ánimos a favor de la perpetuidad y de la indisolubilidad del matrimonio. Los redactores del Código Civil hicieron todos los esfuerzos para quitar al divorcio el significado odioso

---

253 Cfr. FENET, *Op. cit.*, IX, págs. 141 y 198; LEREBOURS-PIGEONNIÈRE, *La famille et le Code civil* (en *Livre du Centenaire, etc.*, I, pág. 265 y sigs.).

que le venía de la legislación revolucionaria. Esta, en efecto, partía del supuesto de que el divorcio es un corolario de la libertad individual y el carácter contractual del matrimonio que, en cuanto tal, es un bien y debe ser favorecido en toda forma por el legislador. En 1804 la perpetuidad y la estabilidad son de nuevo el ideal del matrimonio, y solo porque tal perpetuidad no existe siempre en la costumbre, porque es desconocida por el malquerer y la depravación de los cónyuges, se impone el divorcio como remedio a un estado anormal, como un mal menor. «Si nous avions affaire à une peuple neuf, decía PORTALIS, je n'établirais pas le divorce»[254]. Por ello el divorcio, en el ánimo de los legisladores que lo introdujeron en el Código de 1804, no significa la negación sino el reconocimiento implícito del carácter indisoluble del vínculo matrimonial. La indisolubilidad es el carácter propio de una unión familiar perfecta: el divorcio es el reflejo de la relatividad histórica y psicológica. Por eso, si la consideración de lo real indujo al legislador de 1804 a admitir el divorcio, el deseo de algo mejor debía inducirlo a circundar al divorcio de cautelas dirigidas a impedir los fáciles abusos. Alrededor de estas cautelas, más que en torno al principio de divorcio, se desarrollaron las deliberaciones en el Consejo de Estado. Mientras PORTALIS, y con él los más eminentes juristas, sostenían la necesidad de limitar el divorcio a poquísimos casos (adulterio, sevicia, condenas infamantes) comprobados por el Tribunal, Napoleón abogaba porque el divorcio se extendiera también a los casos de incompatibilidad de caracteres y de consentimiento recíproco, bajo el control de un tribunal doméstico para evitar el escándalo de un juicio público. El sistema consagrado por el Código es el resultado de una transacción entre estas dos opiniones: rechazado el divorcio por incompatibilidad de caracteres, fue aceptado, además que para los casos antedichos, también para el caso de consentimiento mutuo de los cónyuges, pero solo en cuanto dicho consentimiento, mutuo y perseverante, reforzado por el asentimiento de los parientes más próximos, expresado solemnemente y verificado por la autoridad judicial, con garantías de tiempo y de numerosas formalidades[255], hacía presumir la existencia de una causa seria

---

[254] «Le divorce —repetía TREILHARD— est un remède qu'il n'est pas toujours possible d'éviter, mais le devoir du législateur est d'en rendre, par des bonnes institutions, l'usage inutile». Por lo demás, ésta era también la opinión de Napoleón, que tomó parte activa en la discusión relativa al divorcio. Napoleón odiaba el divorcio —dice LOCRÉ— y su pensamiento intimo a este respecto está expresado en las siguientes palabras: «Le divorce devait étre dans nótre législation. La liberté des cuites le réclamait. Mais ce sarait un gran malheur qu'il passât dans nos habitudes». Baste decir que Napoleón lo vetó expresamente en el estatuto de 1806 a los miembros de la familia imperial. Es opinión general de que el ardor con que Napoleón sostuvo la causa del divorcio en el seno del Consejo de Estado era debido a razones personales, a la secreta intención de predisponer en la ley común de un medio que le permitiera a él mismo contraer un nuevo matrimonio si se lo hubieran impuesto razones de Estado. Cfr. PREVOST, *Le divorce*, etc., c. v.

[255] El marido debía tener por lo menos 25 años, la mujer más de 20 y menos de 45 años; la duración del matrimonio debía haber sido mayor de dos y menor de veinte años; era necesaria la autorización del padre y de la madre de cada esposo o, en su defecto, de cualquier ascendiente. Antes de formular la solicitud de divorcio, los cónyuges debían administrar sus respectivos derechos e intereses, debían hacer el inventario de sus bienes, proveer a la manutención de los hijos a quienes, inmediatamente después de la primera declaración de divorcio, se les pasaba la mitad de los bienes en propiedad y con derecho al usufructo de los padres hasta la mayoría de edad. Determinado el lugar de residencia de la mujer, fijada su pensión alimenticia, los dos cónyuges, con la asistencia de un notario, se presentaban al juez que levantaba el acta de la solicitud de divorcio: esta declaración solemne se hacía tres veces consecutivas en diferentes épocas. Después de un año, y luego

y determinada, suficiente para excluir la posibilidad de un divorcio fundado en el simple arbitrio de los cónyuges (art. 233). Si no tomamos en consideración el divorcio de mutuo consentimiento, impuesto por la voluntad interesada de Napoleón, resultará evidente que los redactores del Código Civil, al consagrar el divorcio no creían inferir una ofensa a las conciencias ni subvertir la tradicional concepción del matrimonio, sino que solo entendían determinarla y regularla mejor.

Sería un error creer que el legislador de 1804, una vez hechas algunas concesiones al espíritu revolucionario, tendiera a hacer resurgir la familia según las tradiciones del antiguo régimen. Su preocupación fue, en cambio, la de crear un nuevo tipo de familia, la familia legítima, igualmente alejada de la familia tradicional de base ético-religiosa y de la familia natural acariciada por la Convención. La familia legítima era la familia desde el punto de vista jurídico, considerada en sus finalidades civiles, en sus relaciones exteriores, susceptibles de coacción legal. Por eso los redactores del Código eliminaron del nuevo ordenamiento familiar toda disposición inspirada en finalidades de naturaleza ética o religiosa, y tuvieron especial cuidado en distinguir la familia legítima de la natural, creando para los hijos legítimos una verdadera condición de favor. El hijo natural en el Código Civil, como ya en el antiguo derecho, aparece aislado, excluido de la familia; sobre los bienes de sus padres tiene los derechos de un acreedor, no de un heredero. La rehabilitación moral y social que el hijo natural había obtenido bajo la Convención, está ahora perdida: renace su estado de inferioridad, no por consideraciones éticas o religiosas, cual si fuera el fruto de una unión inmoral, sino solo por ser fruto de una unión ilegal, por lo que aparecía respecto de la familia legítima un intruso, privado de títulos legales para justificar su calidad.

De manera análoga los redactores del Código se alejaron de la tradición germánica y canónica que favorecía, por evidentes razones morales, la indagación de la paternidad, para seguir la tradición revolucionaria que hacía de ella prohibición expresa. La Convención, al prohibir las indagaciones sobre la paternidad, fue inducida por el hecho de que, considerando instaurado el orden natural en la familia, equiparados los hijos naturales a los legítimos, estimaba que la voz de la naturaleza, mucho más que los medios legales, siempre difíciles y las más de las veces ineficaces, habría inducido al padre al reconocimiento voluntario del hijo: de todos modos, fue admitida la prueba de la posesión de estado. El Código Civil llegó más allá: no solo prohibió la investigación acerca de la paternidad natural, sino que excluyó hasta la posibilidad de una prueba para la posesión de estado; entendía con ello garantizar la estabilidad y la tranquilidad de la familia legítima, mucho más digna de consideración que el interés de un hijo natural.

Es opinión general que el Código de 1804 modeló el ordenamiento de la familia sobre el derecho romano, mientras que la legislación revolucionaria se había inspirado, más bien, en el derecho germano. Lo cierto es que la Convención y el Consulado se valieron promiscuamente del derecho romano y del derecho germano para llevar a cabo su concepción de la familia que no era propiamente la

del juicio público, el tribunal acordaba o negaba el divorcio, sin fundamentar su sentencia, según concurrieran o no las condiciones requeridas por la ley. Los divorciados no podían contraer nuevo matrimonio antes de tres años. La ley del 10 de mayo de 1816 abolía el título VI del Código civil (libro I) relativo al divorcio: la abolición no se resolvía por abusos comprobados ni por la presión de la opinión pública, sino por puro y simple espíritu de reacción especialmente religiosa.

de la tradición germánica como tampoco la de la tradición romana. El ordenamiento natural de la familia, según la Convención, era el que ponía en práctica los principios de libertad, de igualdad, de solidaridad; en cambio, en la época del Consulado, se aspiraba a una familia fuertemente unificada en el jefe y fundada sobre el principio de autoridad. El principio individual que debía realizarse en la familia, según la Convención, a favor de todos sus miembros ligados estrechamente por vínculos solidarios, es sacrificado bajo el Consulado a favor de la exigencia de unidad, y se realiza principalmente si no en forma exclusiva, como en Roma, en¡ beneficio del jefe de la familia. Quedan consagradas en el Código Civil, desigualdades que no se justifican desde el punto de vista natural, a la luz del ideal individualista; pero se comprenden si se tiene en cuenta el anhelo de instaurar el orden y la disciplina en la familia perturbada por las reformas prematuras de la Convención y la preocupación por la unidad y los intereses no tanto morales cuanto económicos de la familia.

En efecto, al regular la posición jurídica de la mujer casada, el Código contrastaba no ya con el principio de la igualdad de los sexos que surgía, aunque no siempre explícitamente proclamado, de las doctrinas de los jusnaturalistas y del individualismo de la época, sino también contrastaba con la tradición jurídica, en particular con la germánica y la canónica, y hasta con las tendencias que se manifiestan en las costumbres cada vez más favorables a la emancipación moral y económica de la mujer. El Código no solo detenía este desarrollo natural de la costumbre, sino que consagraba además la doble inferioridad moral y económica de la mujer casada, imponiéndole la obligación legal de la obediencia en sus relaciones con el marido (art. 213), sometiéndola a la autorización marital en orden a sus bienes (art. 217), privándola de la administración del patrimonio doméstico (dote o comunión), negándole el derecho de patria potestad sobre los hijos (art. 373) y consagrando el poder de corrección a su respecto en causa por adulterio.

Con respecto a la patria potestad, la ley se remitía para su ejercicio completamente al padre, quien ya no tenía que temer el control de ese tribunal doméstico que había sido sugerido a la Convención por la desconfianza hacia los padres. No queda establecido ningún límite preventivo al poder del padre sobre los hijos salvo en lo que respecta al derecho de corrección, para el cual el padre puede solicitar el arresto o la detención del hijo hasta seis meses. Es notable y significativo el hecho de que el Código no prevea ni siquiera el caso de abuso de poder por parte del padre en el ejercicio de la patria potestad. También en este aspecto el Código denotaba un retroceso no solo con respecto a la doctrina predominante, sino también con respecto tradición y a la costumbre tendientes a atenuar, con oportuna cautela, el poder del padre en interés de los hijos.

No puede negarse cierto contraste entre el estado general de las mentes y de los ánimos, y el ordenamiento positivo de la familia según el Código Civil. Para los redactores del Código, la familia no es ya un sujeto de derecho, no existe como persona jurídica: en lugar de ésta existe el jefe que la representa; por consiguiente, los intereses de la familia, la personalidad de los miembros que la constituyen, se confunden con los intereses y la personalidad del jefe. Y, si a pesar de todo no hubo ocasión de deplorar las consecuencias del nuevo despotismo doméstico, ello no fue por cierto mérito del Código, sino más bien en virtud del progreso de las ideas y de las costumbres cuya influencia sobre la suerte de la familia es siempre considerable y decisiva.

La tendencia individualista del Código de 1804 resulta también más evidente si se considera el derecho sucesorio que, por su fundamento y por su significado particular, se hallaba en grado de reflejar el pensamiento del legislador mejor que cualquier otra parte del derecho privado[256]. Sobre este particular, es notable el acuerdo casi unánime acerca del fundamento filosófico del derecho hereditario. Las ideas dominantes en 1804 eran las mismas que predominaban en 1793 y éstas reflejaban, a su vez, el pensamiento constante de la filosofía jurídica francesa del siglo XVIII, de Montesquieu a Rousseau y a Mirabeau. Los mismos autores que, como Portalis, Bigot, Simeón, consideraban la propiedad privada «de droit naturel», sostenían que ella «finit avec la vie du propriétaire»[257]; es por eso que la herencia, lejos de considerarse como el corolario de la propiedad privada, no era más que un simple expediente «de droit civil» o mejor «de droit politique» sugerido al legislador por consideraciones económicas, o bien, como dice Portalis, «par des puissants motifs de convenance et d'équité». No de otra manera pensaba Papiniano cuando escribía: *Testamenti factio non privati sed publici juris est.* (El acto de testar no es de derecho privado sino público). El acuerdo existente entre la filosofía y la conciencia jurídica general sobre el origen civil y sobre las finalidades políticas del derecho sucesorio era, en 1804, casi unánime e indiscutido. Esta doctrina, que negaba todo fundamento objetivo y racional al derecho de testar y hacía a la ley arbitro para regular la devolución de la sucesión *ab intestato,* podía justificar cualquier reforma, por radical que fuera, del derecho sucesorio. Sin embargo, este peligro estaba excluido de las ideas de moderación y prudencia que dominaban en la época de la redacción del Código Civil.

En ausencia de un principio filosófico objetivo, la razón política aconsejó a los redactores del Código erigir la voluntad del individuo en suprema norma del derecho sucesorio, y considerar la intervención de la ley como una excepción fundada ella misma sobre la presunta voluntad del difunto. Por lo tanto, sobre las concepciones del derecho *coutumier* dominado por la idea de un derecho superior de familia en virtud del cual el patrimonio, más que al actual poseedor, pertenece al grupo permanente e inmortal del que no es más que representante temporal, sobre la concepción del derecho revolucionario según la cual la ley es soberana mientras que el individuo realiza sus fines universales, prevalece un régimen netamente individualista que se liga a ese movimiento de ideas que había triunfado en la fase inicial de la revolución y que tendía a aislar al individuo, a emanciparlo de todos los organismos que obstaculizaban su libre desarrollo, no excluida la familia que desaparecía como entidad organizada, desapareciendo a su vez con ella su derecho colectivo. El individuo es el centro del sistema sucesorio creado por el Código Civil; esto explica la hostilidad contra el estado de indivisión (art. 815), el predominio del sistema de la legítima sobre el de la reserva, el triunfo del principio de la unidad del patrimonio y de un sistema de devolución de los bienes que, si no se funda, como generalmente se cree, sobre los presuntos afectos del difunto, se funda sobre los que habrían sido sus deberes con respecto a los parientes. La Declaración de derechos del 89 hallaba en el Código Civil el régimen sucesorio adecuado.

---

256 Cfr. Colin, *Le droit de succession dans le Code civile* (en *Livre du Centenaire,* etc., I, pág. 297; Gabba, *Op. cit.,* pág. 144; Vallier, *Op. cit.,* 3ª parte; Fuld, *Das Erbrecht des Code civil* (en *Jahrbüch f. Gesetzgebung* de Schmoller, vol. XII, 1888, pág. 999)

257 Son palabras de Portalis Cfr. Locré, *op. cit.,* IV, pág. 182.

No obstante la preferencia reconocida a favor de la sucesión testamentaria, no puede hablarse aún de una reproducción pura y simple del sistema sucesorio romano. Ello habría podido comprometer la causa de la unificación legislativa y contrastaba con el espíritu conciliador que animaba en su obra a los redactores del Código. No pudiendo hacer revivir las instituciones más características del derecho *coutumier*, demasiado opuestas a las tendencias individualistas de la época, los redactores del Código, limitando oportunamente la libertad de testar, dando apariencia y significado individualista a instituciones tradicionales, haciendo prevalecer a veces la voluntad de la ley sobre el arbitrio del individuo, se mantuvieron fieles a esas finalidades políticas y económicas que habían constituido la razón de ser de la revolución.

La Convención había anhelado un ordenamiento inmobiliario en el que la propiedad pudiera ser fraccionada en la medida posible y distribuida en pequeñas y casi iguales fracciones entre el mayor número posible. Como, por un lado, se oponían a tal propósito las grandes propiedades, los fideicomisos, las sustituciones, los derechos de primogenitura y cuantas instituciones tendían a inmovilizar la propiedad, a impedir su fraccionamiento, y por el otro se oponía la libertad de testar, así se produjo la abolición del régimen feudal, el principio de igualdad entre los herederos, la división forzosa y, sobre todo, la conocida ley del 17 nevoso (6 enero 1794) que, aboliendo el derecho de testar, según dice SYBEL[258], fue para el derecho privado de la antigua Francia lo que la noche del 4 de agosto de 1789 fue para el régimen feudal: la forzosa desigualdad en los tiempos antiguos, y la forzosa igualdad en los tiempos modernos; pero en ninguno de los dos la libertad. El Consulado vino a encontrarse entre las exigencias de la igualdad y las de la libertad: por un lado se quería, con la conservación de las pequeñas propiedades extendidas al mayor número, garantizar los resultados de la revolución; por el otro se quería permanecer fieles al principio de la libertad individual[259].

El sistema adoptado en el Código Civil es el resultado de una transacción entre estas dos tendencias. En las sucesiones *ab intestato* se aplica rigurosamente el principio de la igualdad de los hijos: en las testamentarias se divide el eje hereditario en dos partes, una (legítima) corresponde de derecho a los descendientes y a los ascendientes, no es admitida la desheredación, mientras que la otra queda abandonada a la libre disposición del padre. El monto de la legítima es, respectivamente, de la mitad, de los dos tercios, de los tres cuartos de la herencia, según sean los hijos en número de uno, dos, o más. En el sistema del Código la legítima no es más que la sanción legal de los deberes que el difunto tiene con respecto a los parientes. Por consiguiente, si puede hallarse en contraste con su voluntad real, coincide con su deber, es decir, con la voluntad que se desarrolla de acuerdo con la naturaleza y con la razón. Por lo tanto, la voluntad del individuo, sea real o presunta, es la verdadera generadora de las relaciones sucesorias en el Código Civil francés. Frente a ella, los fines de igualdad absoluta entre los coherederos, el deseo de nivelación y de división hasta el infinito de las fortunas, pierden valor y quedan relegados a segundo lugar. No de otro modo se explican los esfuerzos para sustraer la materia sucesoria al derecho público, a las influencias políticas, y trasplantarla a su

258 Citado por FULD, *op. cit.*, pág. 215.

259 El pensamiento de Napoleón en orden al derecho sucesorio estaba dominado sobre todo por la preocupación política de conservar los resultados de la Revolución a favor de las clases medias. Cfr. FENET, *op. cit.*, XII, pág. 318.

verdadero terreno, el del derecho privado[260]. A la razón de Estado invocada como criterio del régimen sucesorio, sucede, en el sistema del Código, la razón civil que se inspira en la equidad y que tiene por objeto principal regular las relaciones entre privados desde un punto de vista esencialmente individual.

No se incurre en exageración, por lo tanto, cuando se afirma que el Código Civil, en sus diferentes partes, realiza en distinto grado la idea individual desde un punto de vista esencialmente jurídico, es decir, desligándola de los elementos éticos, religiosos y políticos prevalecientes en el derecho privado del antiguo régimen y del período revolucionario. No puede sostenerse que éste sea un cuerpo incoherente de materiales diversos: a los elementos derivados de las más distintas fuentes, y no solamente del derecho romano, da vida y unidad el concepto del individuo dotado de prerrogativas inherentes a su cualidad de ser pensante, dominado por tendencias que son la expresión de su naturaleza sensible, a consecuencia de las cuales obra y entra en relación con sus semejantes haciendo nacer con ellos, independientemente del Estado, las relaciones de la vida civil. Este es el significado unitario que expresó el Código Napoleón, triunfando sobre mi! dificultades, y manteniéndose igualmente alejado tanto de la reacción cuanto de la revolución.

IDEALIDADES SOCIALES EN LAS DECLARACIONES DE LOS DERECHOS DURANTE LA REVOLUCIÓN. CARÁCTER Y SIGNIFICADO DE LA POLÍTICA SOCIAL DE LA CONVENCIÓN. LA LEY AGRARIA. BABEUF Y LA IDEA SOCIAL DEL DERECHO.

23. LA CUESTIÓN de las relaciones entre el Código Civil y lo que estamos habituados a llamar la concepción socialista del derecho y del Estado, se enlaza con la cuestión siempre presente acerca del significado de la Declaración, o, más generalmente, acerca de la relación entre la Revolución y el movimiento social del siglo XIX. La idea de considerar a este movimiento como un desarrollo no histórico sino ideológico de los principios del 89, fue sostenida por muchos autores entre los que se cuentan no tan solo adversarios del socialismo, sino también partidarios y sostenedores. Si todos admiten que la revolución fue el precedente histórico necesario del movimiento social del siglo XIX, aun se discute si, y hasta qué punto, no fue solo un movimiento político y jurídico de emancipación individual sino también un movimiento social: aun se discute si respondió, y hasta qué punto, a las aspiraciones y a las necesidades de las clases trabajadoras, si en la Declaración se encuentran las premisas teóricas del socialismo y si los principios que fundamentan el Código Civil tienen valor universal y pueden valer en todo tiempo como expresión de un concepto absoluto de justicia.

Conviene adelantar que la concepción, no digo socialista, pero aun social del derecho y del Estado fue extraña a la escuela del derecho natural. Esto es evidente por la dirección liberal o lockiana, típica expresión del individualismo jurídico y burgués que identifica la sociedad con la unión de los individuos, que hace del individuo la fuente exclusiva del derecho, y que convierte al Estado en órgano de realización del derecho individual. Menos evidente es nuestra afirmación para esos sistemas de la escuela del derecho natural que fueron llamados por algunos hasta con el nombre de sistemas socialistas, porque partían del supuesto del hombre

---

260 Cfr. el pensamiento de PORTALIS al respecto, en *Discours*, etc., pág. 59 y sigs.; FENET, *op. cit.*, I, pág. 517.

naturalmente sociable y admitían un estado social natural de libertad y de igualdad, que la constitución posterior y convencional del Estado habría perpetuado dentro de los límites concedidos por las nuevas exigencias de la vida civil. Y este estado social fue explícitamente reconocido por GROCIO, por PUFENDORF y sus partidarios en Alemania. Para alejar todo equívoco acerca de la denominación de socialistas que se dio a dichos escritores, observamos que el origen de ella está en una razón psicológica: en el hecho de que GROCIO y su escuela consideraban la socialidad como cualidad originaria del hombre, distinguiéndose por lo tanto de los partidarios de HOBBES, que la negaban; pero estaba muy lejos de su pensamiento la idea de que la sociedad existiera como ente distinto de los individuos, o de que existieran derechos que no fueran individuales . Tan verdad es, que la imposibilidad de ejercer pacífica y eficazmente los derechos individuales fue, para dichos escritores, la verdadera causa que determinó el pacto de constitución política. Se diría casi que el estado —no aún el concepto —de sociedad, fue negado también por aquellos que lo admitían, no bien pareció impedir el libre desarrollo de la personalidad individual.

Característica y verdaderamente decisiva para la cuestión del socialismo en el siglo XVIII es la posición de ROUSSEAU; en éste, más que en cualquier otro, se halla viva y distinta la conciencia de una vida social desligada de cualquier forma de organización política. El *Discours sur l'inégalité* puede considerarse, en gran parte, como la historia de la humanidad en su fase prepolítica y social. Y ROUSSEAU dio pruebas de una perspicacia realmente rara en sus tiempos al radicar en el hecho económico, en la lucha entre los detentadores de la propiedad y los desheredados, la característica de la vida social. Bajo este aspecto, y por haber representado el estado de comunión de bienes como forma primitiva y natural, ROUSSEAU puede considerarse entre los precursores del socialismo, del cual, sin embargo, lo aleja el *Contrat,* obra por la que se le incluye habitual y erróneamente entre los representantes de la idea social del derecho y del Estado. En el *Contrat* ROUSSEAU resuelve el problema político de su época, provee la fórmula de conciliación entre los derechos del hombre y las finalidades del Estado, y echa las bases del absolutismo democrático. Bajo el imperio de la ley cesan los contrastes sociales y económicos: el Estado absorbe tanto al individuo como a la sociedad, y viene a faltar en consecuencia el presupuesto de toda concepción social del derecho.

Si esta concepción faltaba en los escritores del siglo XVIII no era de presumir que pudiera inspirar la obra legislativa de la revolución, que fue la expresión concreta de las doctrinas elaboradas por los jusnaturalistas y se propuso, sobre todo, resolver la relación entre individuo y Estado. Sin embargo, si la mayoría reconoce que la doctrina de los derechos del hombre inspiró la obra de la Constituyente, hay muchos, después de TAINE, que se inclinan a descubrir en las medidas legislativas de la Convención, la expresión de una concepción social del derecho y del Estado, la tentativa de integrar la revolución política con una revolución social cuyo término estaba en los intereses de las clases desheredadas.

El pueblo se mantuvo extraño a la filosofía, a la literatura y a la legislación del siglo XVIII. Los mismos se refieren a éste, no ocultan el desprecio que les inspira, o demuestran no comprender sus necesidades y aspiraciones, o bien hablando de pueblo tienen presente a la burguesía oprimida por el despotismo real y en lucha con las clases privilegiadas. Soberbia y aristocrática fue la filosofía del siglo XVIII en relación con el pueblo, al que VOLTAIRE calificaba con el nombre de canalla digna de ser abandonada a sus supersticiones, y al que

ROUSSEAU demostraba no conocer, al describirlo bueno y justo según se lo dictaban la fantasía y el sentimiento[261].

Cierto es que ni ROUSSEAU, ni TURGOT, ni MABLY, ni cuantos representaron en Francia durante el siglo XVIII la idea democrática, eran democráticos en el sentido actual. Era general, y casi unánime, aun en 1789, la opinión de que solamente los ciudadanos que poseen una parte del suelo y que son económicamente productivos según las ideas fisiocráticas, deben administrar el Estado y gozar de los derechos políticos: por eso, cuando en la filosofía del siglo XVIII y en 1789 aparece la expresión «pueblo soberano», debe comprenderse la parte del pueblo culta, instruida y poseedora de riquezas, o, en otras palabras, la burguesía. Más que sujeto de derecho, lo que más tarde se designó con el nombre de cuarto estado era, bajo el antiguo régimen, objeto de cuidados sugeridos por el espíritu de caridad cristiana o por razones políticas interesadas en evitar las revueltas provocadas por el hambre y la desesperación.

La condición de inferioridad política en que se encontraba el cuarto estado y de la que existía conciencia general, se agrava bajo la Constituyente por las medidas tendientes a organizar a la burguesía en clase políticamente privilegiada y a excluir de la vida pública a los desheredados. La distinción entre derechos activos (políticos) y pasivos (naturales y civiles) mencionada por SIÉYES poco después de la toma de la Bastilla[262] preparó la distinción consagrada por la ley entre ciudadanos activos, con derecho, gracias a su calidad de propietarios contribuyentes, a ser elegidos para los cargos públicos, y ciudadanos pasivos, no contribuyentes, que eran excluidos de los mismos[263].

Sin embargo, el cuarto estado, al que la ley y la tradición condenaban a la inferioridad política y económica, resurge y desarrolla un papel decisivo al preparar el advenimiento de la Convención, la caída de la Monarquía, el triunfo de la Montaña, hasta convertirse en el período del terror en árbitro del gobierno y de la Revolución. Los revolucionarios del 93 ensalzan al pueblo, lo idealizan, y sobre el ejemplo de ROUSSEAU se complacen en presentarlo virtuoso, razonable, desinteresado, amante de la justicia y de la verdad[264]. En realidad era una masa informe, aun indiferenciada, de individuos que no estaban animados por ninguna idealidad política o social sino solamente por odio y envidia contra los ricos y por un natural

---

261 Sobre el significado de pueblo en la filosofía del siglo XVIII y sobre lo poco en que era considerado, cfr. JOYAU, *La philosophie en France pendant la Révolution (1789-1795). Son influence sur les institutions politiques et juridiques* (París, 1893), Introduc. Acerca del desprecio con que hablaban del pueblo Mably, Condorcet, La Fayette, y sobre el significado de la democracia en el siglo XVIII y en el 89, cfr. AULARD, *Histoire politique de la Rev. fr. origines et développement de la démocratie,* etc. (1789-1804) (2ª edic. París, 1903), pág. 23 y sigs.

262 Esta distinción se encuentra en los *Préliminaires de la Constitution* (París, 1789), leídos por Siéyes en el «Comité de la Constitution», entre el 20 y el 21 de julio de 1789. Según Siéyes, los derechos políticos o activos no debían ser extendidos a todos.

263 Para la ley (octubre 1789) que consagraba el *régime censitaire* y excluía a los no contribuyentes del electorado activo, cfr. AULARD, *op. cit.,* pág. 62 y sigs. Es desde esta época que la clase políticamente privilegiada comenzó a llamarse burguesía. Sobre el uso en este sentido de la palabra burguesía, cfr. AULARD, *op. cit.,* pág. 98. La distinción entre ciudadanos activos y pasivos y el *régime censitaire* fueron abolidos el 11 de agosto de 1792, en seguida después de la insurrección del 10 de agosto que señaló la victoria del cuarto estado y su solemne entrada en la Revolución.

264 Cfr. AULARD, *op. cit.,* pág. 422.

sentimiento de rebelión contra las desigualdades de la suerte. No puede negarse sin embargo, que en esta clase de desheredados estaba arraigada la idea de que el estado de comunión es el estado primitivo y natural de la humanidad, de que la propiedad individual no es de naturaleza sino obra convencional de los hombres; antes bien, si había que creer en las palabras de Rousseau, de quien se pensaba que había escrito la verdadera historia de la humanidad primitiva, la propiedad era una institución diabólica introducida por los ricos en perjuicio de los pobres. No hay duda de que la idea de una comunión primitiva de los bienes contenía en germen la concepción social del derecho y de las relaciones humanas y contradecía al individualismo de la época, sobre todo al principio de la propiedad individual que constituía, ya si se lo consideraba natural o convencional, el fundamento de las doctrinas de los jusnaturalistas. Si muchos de éstos junto con Locke repudiaban por quimérica la idea de una comunión primitiva, y consideraban a la propiedad como una prerrogativa de la personalidad, en cambio otros, entre los que se contaban Grocio, Pufendorf y su escuela, habían admitido la antigua y constante tradición de una comunión primitiva aun refiriéndola al período prepolítico de la humanidad del que habrían salido los hombres mediante un pacto que, al introducir la propiedad privada, habría inaugurado el estado civil.

En el siglo XVIII, cuando la fantasía y el sentimiento ocupaban el lugar de la razón, el estado de naturaleza sirvió a algunos para exaltar el ideal individualista, para representar al hombre aislado que, guiado por su instinto y con el uso de sus facultades, triunfa sobre cualquier obstáculo, originando con su actividad las condiciones de la vida civil; otros, en cambio, lo presentaron como el estado no solo primitivo sino también ideal de la humanidad, como un estado de felicidad, de solidaridad, de perfección, caracterizado por la comunión de los bienes. Y es en tal sentido que Rousseau había trazado en su *Discours* la historia de la humanidad primitiva, contraponiendo al estado de solidaridad natural y de comunión el estado de violencia y de corrupción que engendró la introducción de la propiedad privada. Ésta, una vez introducida, no se destruye y constituye el presupuesto del *Contrat* que aspira a ser el ordenamiento político ideal de una sociedad que conoce la apropiación individual del suelo, realiza por medio de la ley y del Estado una nueva forma de solidaridad, la solidaridad civil de base individualista que reemplaza a la solidaridad natural nacida del estado de comunión. Pero muchos fueron los que no siguieron a Rousseau en su doctrina de la propiedad privada como un hecho ineluctable: prefirieron en cambio desarrollar su pensamiento en aquella parte en que representaba la propiedad como el fruto de la perversidad de los ricos, como fuente de todos los males que agitaban a la humanidad, e invocaban el retorno al estado de comunión, es decir, a un estado de felicidad y de solidaridad. La idea de la comunión que en forma vaga e imperfecta resume la idea y la tendencia socialista del siglo XVIII, no tuvo en el siglo siguiente más que un valor sentimental, ni se tradujo en formas jurídicas ni en instituciones positivas; pero no puede negarse que esta idea respondía a la aspiración íntima del cuarto estado hacia la igualdad económica y que debía afirmarse con el despertar en él de la conciencia de clase. Y en tal sentido no faltó una propaganda durante el período más tormentoso de la revolución, cuando los estratos más profundos de la población reclamaron una compensación por el apoyo prestado a la obra revolucionaria.

Lo que comúnmente se conoce con el nombre de política social de la Convención, no fue realmente tal. No tenían ningún significado social, y mucho menos socialista, las medidas que dictó la Convención con la finalidad de garantizar a los pobres el derecho a la vida y a la existencia: dichas medidas fueron sugeridas por preocupaciones políticas. En este respecto la Convención no hizo más que seguir la política de los gobiernos iluminados, aconsejada por los jusnaturalistas de las más diversas escuelas, de LOCKE a ROUSSEAU, y según la cual es interés del Estado proveer a la suerte de Ioí desheredados y garantizar su existencia. En cambio, la duda surge con respecto a las medidas que tomó la Convención para aplicar el impuesto progresivo, para fijar un límite máximo a la riqueza, para extender también a los desheredados el goce de la propiedad, considerada como condición de libertad y de independencia. Se diría aquí que las finalidades políticas se asocian a las sociales, pues si por un lado se quería interesar en el nuevo orden de cosas al mayor número, por el otro se aspiraba a poner a todos, sin distinción de clase, en condiciones de igualdad no moral ni jurídica, sino económica. Sin embargo, los medios adoptados por la Convención, los principios invocados para justificar su obra, son los mismos medios y principios que habían postulado la escuela del derecho natural y, más precisamente, ROUSSEAU. No fue invocado ningún principio de solidaridad social, sino el derecho de todo hombre como tal a la libertad, a la propiedad, a la igualdad; tampoco fue propuesto como medio el goce colectivo de la propiedad subdividida, sino la repartición, la individualización de la propiedad. Después de esto uno no ve cómo pueda hablarse de un socialismo de la Convención, la que en realidad no hacía más que llevar a sus extremas consecuencias la doctrina de los derechos del hombre, y someter, sobre el ejemplo de ROUSSEAU, los principios de la escuela del derecho natural a un significado social.

El equívoco pudo originarse en el uso impropio de la palabra socialismo. Si por socialismo se entiende, con AULARD, la tentativa de una revolución económica además de la política operada por la Constituyente[265], si con JANET se entiende por socialismo la concepción de un orden nuevo y puramente quimérico de distribución de riquezas, «qui les mettrait à portée de tous par l'autorité de la loi»[266], si, en fin, con LICHTENBERGER deben considerarse socialistas los sistemas sociales que tienden a «faire exercer dans un sens égalitaire ou communiste l'action de l'Etat sur la production et la répar-tition de la richesse»[267], podría sostenerse que la política de la Convención fue, en cierta medida, socialista. Indudablemente la Convención creyó en la posibilidad de llevar a efecto mediante la ley una distribución más equitativa de las riquezas y quiso realizar por medio del Estado la igualdad, no política, sino económica entre los ciudadanos. Pero no basta que el Estado desarrolle una acción económica cualquiera y que influya directamente sobre la distribución de la riqueza en un sentido igualitario para que dicha acción deba considerarse como socialista. Con este nombre solo puede llamarse la acción del Estado cuando tiene por presupuesto la concepción social del derecho, en otras palabras, cuando la sociedad concebida como real se convierte en fuente de derechos y de deberes, mientras que el individuo deja de ser sujeto autónomo de derecho y el Estado se transforma en el órgano de las idealidades sociales. Ninguna doctrina inspiró en tal sentido la obra de la Convención, la que se limitó a extender los derechos del hombre a las clases más míseras de la población, teniendo especial cuidado en crear aquellas condiciones de hecho que podían hacer efectiva tal extensión. Cualquier otra solución con

---

265 Cfr. AULARD, *op. cit.*, nota pág. 449. AULARD observa que «socialiste, socialisme» no eran palabras usuales en la época, y que solo se utilizan para *abréger*.

266 Cfr. JANET, *Origines du socialisme*, etc. Introduc, pág. 2.

267 Cfr. LICHTENBERGER, *Le Socialisme et la Révolution franç.*, etc. Introduc.; ID., *Le Socialisme au* XVIIIe. *siècle*, etc. Prefacio.

miras a subvenir a tales clases, violando el principio sagrado e intangible de la propiedad individual, halló enérgica resistencia en la Convención[268].

En realidad, no faltaron en ese período los gérmenes de una revolución social en el sentido verdadero y propio, como tampoco proposiciones encaminadas a desviar la revolución de sus bases y finalidades individualistas. De tal naturaleza fue la proposición defendida por muchos tendiente a dividir en forma igual y general las tierras, o sea, lo que en lenguaje de la época se llamaba ley agraria. Si bien esta proposición no fuera por sí misma incompatible con el principio de la propiedad individual, y no tuviera amplio eco en el mismo pueblo, que se inclinaba a favor de la política de asistencia sostenida por MARAT contra los especuladores y explotadores, tuvo, sin embargo, el notable efecto de despertar serias aprensiones en el gobierno de los Jacobinos, que vieron amenazadas las conquistas de la Revolución como asimismo el germen de un movimiento revolucionario de sentido socialista. Y en efecto, hasta BABEUF la ley agraria era confundida, por lo general, con la doctrina comunista, y a los sostenedores de la primera se los trataba en el mismo plano que a los de la segunda. Fue BABEUF el primero que reveló la inconsistencia de la ley agraria; a quien le observaba que quería la ley agraria contestaba: «Non, nous voulons *plus que cela*». La ley agraria, tuvo oportunidad de decir en su proceso, «est une sottisse qui n'a pas le sens commun».Con plena conciencia opuso, a la idea individualista del derecho y del Estado que se concretaba en el respeto por la propiedad privada, la idea social del derecho, de la que era manifestación visible la comunión de los bienes y la socialización de la propiedad. Es necesario, observaba, «depropriétariser toute la France. Dans mon *Bonheur commun* je veux qu'il n'existe aucune propriété individuelle». La suerte que corrió BABEUF y su tentativa de traducir en los hechos su doctrina, provocando contra la burguesía dominante una revolución social que integraba esa misma política que había preparado la burguesía contra las clases privilegiadas, es al mismo tiempo una prueba de la inmadurez de los tiempos para comprender las idealidades sociales, y de la existencia efectiva, aunque inicial, de un movimiento socialista en la Revolución francesa[269].

Las primeras tentativas de una revolución social, de un nuevo ordenamiento de las relaciones económicas, fueron, pues, sofocadas en sangre; no podía ser de otra manera dada la inmadurez de las masas, el estado de la economía y la oposi-

---

268 El 18 de marzo de 1793, BARÉRE denunciaba desde la tribuna a los declamadores contra la propiedad, y la Convención decretaba por voto unánime la pena de muerte contra «quiconque proposera une loi agraire ou toute autre subversive des propriétés territoriales, commerciales et industrielle». Pero en el mismo día, cual si se quisieran atenuar los efectos del decreto terrible, se preanunciaban medidas encaminadas a proteger al pobre, a garantizarle la asistencia, a aplicar el impuesto progresivo, a impedir las especulaciones con los artículos de primera necesidad y el acaparamiento de los bienes nacionales. Toda la política de la Convención se revelaba en estas medidas. El gobierno mismo del terror, con Robespierre a la cabeza, que se apoyaba sobre la plebe Parísién, proveyó ampliamente a ésta de todo medio de subsistencia, con el fin de prevenir cualquier posible revuelta. Hizo ejecutar el decreto del 9 de setiembre de 1793 que asignaba un subsidio diario a los ciudadanos pobres que en París asistían a las asambleas seccionales, pero aplicó inflexiblemente las leyes contra las coaliciones obreras, reprimidas con sangre en toda tentativa de huelga y en todo reclamo de aplicación de la ley agraria, que implicaba la división de las tierras en fracciones iguales entre todos los hombres. Cfr. AULARD, *op. cit.*, pág. 452; JAURÉS, *La Convention* (vol. III y IV de la *Histoire Socialiste)*, II, pág. 1548 y sigs.

269 Cfr. JANET, *op. cit.*, libro II.

ción de intereses que dividía ya a la burguesía del pueblo trabajador y asalariado. En el período de reacción que siguió a la caída de la Convención, atenuadas las condiciones excepcionales que habían dado valor y significado histórico a las clases trabajadoras, éstas volvieron a caer sin resistencia bajo el doble yugo político y económico. Del fracaso sufrido, de las desilusiones padecidas, intuyeron sin embargo la necesidad de rehacer por sí mismas su filosofía y su historia, y de esperar su regeneración mucho más de la fuerza de su organización que de los derechos del hombre.

LA IDEA SOCIAL DEL DERECHO Y EL CÓDIGO DE 1804. LA RIQUEZA MOBILIARIA. LAS CLASES TRABAJADORAS EN LAS REFORMAS LEGISLATIVAS DE LA REVOLUCIÓN Y EN EL CÓDIGO NAPOLEÓN.

24. El significado social que faltaba a la Declaración de los derechos y, en forma más general, a la Revolución, estaba ausente también en el Código Civil. La universalidad y el carácter absoluto de los principios en él proclamados es aparente y oculta una limitación y relatividad real. Esto parece contradecir la opinión, durante mucho tiempo aceptada por los juristas y los historiadores, sobre la índole y el significado del Código.

Por más de cincuenta años el Código Civil fue considerado como el libro sagrado de la democracia, y se creyó que había sido elaborado con intenciones y finalidades democráticas, es decir, con vistas a garantizar indistintamente a todos la misma protección de sus intereses privados[270]. Pero los juristas y los historiadores de la primera mitad del siglo XIX, consideraban la democracia en un sentido muy especial, comprendiendo esencialmente las clases medias en antítesis a las clases aristocráticas por un lado, y a las clases trabajadoras por el otro. Para ser más precisos, la clase que más particularmente constituía entonces la democracia y que el Código contemplaba sobre las demás, era la clase de los pequeños propietarios de tierra. Los intereses de los bienes muebles por un lado, y los del trabajo por el otro, fueron descuidados por el Código Civil.

En lo que respecta a las cosas muebles, el Código se inspiró en el antiguo concepto *mobilium vilis possessio.* Esta máxima, que en la Edad Media era una verdad social y económica, había perdido su importancia y su significado en la época de la revolución. Por una parte, la fortuna mueble se había incrementado considerablemente en virtud del trabajo y del ahorro[271]; por la otra, la abolición del sistema feudal, con la destrucción del papel preponderante de la tierra que implicaba la destrucción de la supremacía jerárquica inherente a la posesión del suelo, confería solamente por ello una importancia nueva a los bienes muebles. Con todo, los redactores del Código siguieron considerando a las cosas muebles como valores secundarios que no merecían la atención del le-

---

270 Entre los juristas que juzgaron en ese sentido al Código Civil, recordamos a Aubry y Rau *(Code civil des Français,* 5ª edic., I, pág. 39, § 16), Troplong, autor de una memoria leída en la *Académie des Sciences morales et politiques* en 1848 y 1850, sobre el espíritu democrática del Código Civil (en «Rev. de législ.», t. 32, 37, 38 y 39). Entre los historiadores que comparten tal opinión recordamos a Thiers, Mignet, De Tocqueville, Quinet, citados por Tissier, *Le Code civil et les classes ouvrières* (en «Le livre», etc., I, pág. 77 y sigs.).

271 Lo comprueba Treilhard en su relación, al declarar que la propiedad mueble de los ciudadanos ha acrecido notablemente, mientras que la propiedad inmueble «aujourd'hui ne forme peut-être pas la moitié de leur fortune» (Locré, *op. cit.,* IV, 29).

gislador[272]. Sin embargo, no puede negarse que la ausencia de interés por parte del legislador fue la condición que permitió el desarrollo de la propiedad mueble, a cuyos intereses, más que el Código Civil, proveyó el proclamado principio de la libertad del trabajo y la supresión del régimen corporativo. Y tal principio, a pesar de tendencias e intereses contrarios, a pesar de inconvenientes inevitables, fue respetado por la Convención y también durante el período napoleónico, cuando la causa de la libertad corrió el mayor peligro y se tendía a regular por ley todas las manifestaciones de la actividad humana[273].

Eliminada la propiedad mueble, no constituidas todavía otras formas de propiedad como la artística y la literaria, el Código Civil debía contemplar sobre todo la propiedad inmueble por la cual el ciudadano estaba ligado a la patria por vínculos reales además de personales. Por lo demás ésta era la forma de propiedad que había regulado la tradición jurídica que habían exaltado los fisiócratas y los jusnaturalistas, que desde siglos constituía una fuente de soberanía y de consideración social y que la Revolución había emancipado de los vínculos feudales poniéndola como base de la constitución política[274].

A esta forma de propiedad dedica el Código la mayor parte de sus disposiciones: ella constituye la institución fundamental que da valor y significado a todas las instituciones y relaciones civiles[275]. Baste recordar que el hijo se halla protegido en la medida en que es propietario, que la tutela tiende sobre todo a garantizar los intereses patrimoniales del menor, que el matrimonio aparece en el Código mucho más como una unión de bienes que de personas y que entre los contratos son particularmente regulados los que, como la venta, la sociedad, el depósito, el secuestro, tienen por supuesto la propiedad. Y no podía ser de otro modo, desde el momento que la propiedad del suelo era condición de libertad y de goce de los derechos.

Con los intereses de la riqueza mueble, fueron olvidados por el Código Civil los intereses de las clases trabajadoras. El olvido, lejos de ser deliberado, era consecuencia del estado en que se hallaban las industrias y de la condición de los obreros a fines del siglo XVIII[276]. Por un lado, la industria no había salido aún de la fase

---

272 Para confirmar este aserto, baste recordar que en materia de tutela, la fortuna mueble del menor fue librada a la entera discreción del tutor y solamente la ley del 27 de febrero de 1880 restringió los poderes de éste sobre los bienes muebles incorporales. Así, en material de contrato matrimonial el Código atribuyó a la comisión legal todos los bienes muebles de los esposos, y el legislador determinó los poderes del marido sobre los bienes muebles de propiedad de la mujer.

273 Sobre la política de Napoleón con respecto a la libertad del trabajo, cfr. LEVASSEUR, *Histoire des classes ouvrières et de l'industrie en France de* 1789 *a* 1870 (2ª edic., París, 1903), I, pág. 347; GLASSON, *Le Code civil et la question ouvrière* (París, 1891), § 1.

274 La Constitución de 1793 establecía el sufragio universal sin condición de la propiedad, pero nunca fue aplicada. Las constituciones del año III (1795) y del año VIII (1799), están fundadas en el censo.

275 Se ha observado que el Código Civil se ocupa de la propiedad desde el artículo 516 hasta el 1110, y desde el 1582 hasta el 1778. Los mismos redactores del Código reconocen la parte considerable y preeminente otorgada a la propiedad. Louvet, uno de los principales redactores del Código Napoleón, declara que éste tiene por «grand et principal object de régler les principes et les droits de la propriété». En el mismo sentido se expresan ante el Cuerpo legislativo Joubert y Lahary, citados por LEROY, *Le Code civil et le droit nouveau* (París, 1904), pág. 29. Mucho tiempo antes MONTESQUIEU había designado a la ley civil con el nombre de «palladium de la propriété» *(Esprit, XVI,* 15).

276 Cfr. LEVASSEUR, *op. cit.*, I, 1.

manufacturera, por el otro, las relaciones entre obreros y patronos se desarrollaban, aun en vísperas de la Revolución, en las mismas formas y conforme con las normas del régimen corporativo. La Constituyente, llevando a la práctica la idea de TURGOT, suprimió las corporaciones de artes y oficios y proclamó la más absoluta libertad tanto del obrero como del patrono (ley del 2-14 marzo de 1791).

Para reducir las oposiciones suscitadas por la ley, como asimismo para apartar el peligro de un retorno al pasado, la Constituyente se decidió a votar la ley Chapelier (14 de junio de 1791) en virtud de la cual quedaban prohibidas las asociaciones de personas que desempeñaban el mismo oficio, se prohibía a los poderes públicos entrar en relaciones con dichas asociaciones y se castigaban los acuerdos destinados a suspender el trabajo[277]. Esta ley, lejos de ser una afirmación de clase, expresión del egoísmo capitalista y de la previsión burguesa, como sostiene JAURES, aparecerá, cuando sea juzgada a la luz de las doctrinas individualistas y con los criterios de la época, como un amplio homenaje tributado a la libertad del trabajo que las coaliciones obreras, no muy distintas aún de las viejas formas asociativas, podían comprometer: esto por una parte, y por la otra, como lógica consecuencia del postulado individualista, en virtud del cual ningún órgano intermediario debía perturbar la relación entre individuo y Estado. La idea de que los derechos pudieran hacerse valer colectivamente más que individualmente, no podía concebirse en una época que se hallaba preocupada sobre todo por resolver la sociedad en sus elementos y por despertar en éstos la conciencia del propio valor. Nada más contrario a los principios de la escuela del derecho natural que concebir al individuo dotado de derechos inherentes a su cualidad de obrero o de industrial. Frente a la naturaleza y a la razón no existían más que los derechos del hombre, y no podía admitirse que los individuos reclamaran de la asociación la defensa del propio derecho más que de sí mismos o del Estado.

La Convención misma, después de haber proclamado la libertad de la industria y del trabajo[278], siguió, con respecto a las relaciones entre patronos y obreros, la misma política de la Constituyente, cosa que demostró en la severa aplicación de las leyes contra las coaliciones obreras y en la represión violenta de las tentativas de huelga[279]. El mismo Código Civil de la Convención, que cayó en una época en que la tendencia democrática era más acentuada y más vivo el interés por el pueblo y para los débiles, no tiene disposiciones inspiradas en las condiciones especiales de la clase que vivía del trabajo manual ni contiene normas relativas al contrato de trabajo y al salario del operario.

---

277 La ley Chapellier no encontró oposición ni siquiera de Robespierre y de Marat. Su autor, Chapellier, era un individualista de la escuela de ROUSSEAU. THIERS y BLANC, al hacer la historia de la Revolución, no mencionan la ley Chapellier, por más que había emanado en ocasión de un conflicto entre patronos carpinteros y sus obreros. En la discusión se invocan les derechos de! hombre para justificarla. (Cfr. JAURÉS, *La Constituante* (vol. I de la *Histoire Socialiste)*, pág. 605 y sigs.

278 Cfr. art. 17 y 18 de la Declaración de los Derechos del 23 de junio de 1793. La Constitución de 1793 repetía el mismo principio en su art. 17.

279 El 22 frimario año II (12 de diciembre de 1793) el Comité de Salud Pública, debiendo organizar *ateliers para* fabricación de armas, dictó un severo reglamento con el fin de impedir que los obreros se organizaran e hicieran huelgas. La Convención prohibió aún (el 23 nevoso año II, 12 de enero de 1794), las coaliciones de obreros de las fábricas de papel. Además es bien sabido que la Convención requisaba a los obreros del mismo modo que mercaderías. Cfr. AULARD, *op. cit.*, pág 452; LEVASSEUR, *op. cit.*, I, pág. 87.

Los hombres de la revolución tenían ideas no muy diversas de las del gobierno monárquico, con respecto al trabajo industrial y a las relaciones entre patronos y operarios. Era creencia general de que las normas relativas al trabajo de fábrica no entraban a formar parte del Código Civil, destinado a regular el estado y las relaciones de las personas de vida burguesa (en oposición a industrial), es decir, de las que debían su importancia social a la propiedad del suelo. Para regular las relaciones que originaba la cualidad de industrial y de operario, habían de dictarse leyes especiales de policía. La política del Estado paternal sigue, para los industriales y obreros, también durante el período revolucionario. Cuando, en efecto, durante el Consulado aparecieron los inconvenientes del régimen de libertad aplicado a las industrias, y a falta de usos, de costumbres uniformes, se pensó en la aplicación de remedios, fue dictada una ley especial de policía que, más que a resolver la nueva condición jurídica que el régimen de libertad había creado a los patronos y a los obreros, más que responder a una nueva concepción del Estado y de sus funciones sociales, apelaba a los métodos y sistemas de protección del antiguo régimen[280]. No se explica de otra manera el espíritu reaccionario y al mismo tiempo protector de la ley del 22 frimario año XI, que, con el propósito evidente de restablecer el orden mediante el respeto a la autoridad, concebía las relaciones entre patronos y obreros solo como una relación de subordinación jerárquica del obrero con respecto al patrono. El régimen de la sospecha y de la desconfianza resurge en el tratamiento para con los obreros. No solo fueron mantenidas y agravadas las prohibiciones relativas a la coalición y a las huelgas[281], sino que también fue abiertamente violado el principio de la libertad de trabajo y de la igualdad jurídica en perjuicio del obrero que, si era aprendiz no podía emplearse como operario sin el *congé d'acquit* de su principal, si era operario no podía emplearse en otra parte si no iba munido de una libreta «portant acquit de tous ses engagements antérieures»[282].

---

280 Loi 22 germinal a. XI (12 de abril de 1803), relative aux manufactures, fabriques et ateliers. La ley creaba las Cámaras consultivas, regulaba las relaciones entre patronos y obreros y proveía a la tutela de las marcas de fábrica. El relator de la ley fue Regnault, antiguo magistrado de conocidas tendencias monárquicas y admirador de las instituciones del antiguo régimen.

281 La ley 22 germinal año XI, no solo reproducía la prohibición de la Constituyente relativa a toda unión, a toda acción colectiva, y a todo acuerdo aun tácito entre los obreros, sino que consideraba como delito simple el hecho de abandonar el trabajo conjuntamente con otros y trataba con más dureza a los obreros que a los patronos (art. 6-8). Más tarde, el Código Penal (1810) morigeró las penas, suspendió el castigo aplicado a los obreros por el hecho de *cesser,* aunque no por el hecho de *faire cesser* el trabajo y equiparó, a los efectos de las penas, las coaliciones organizadas por los patronos a las coaliciones organizadas por los obreros (art. 414-416).

282 Las disposiciones contenidas en la ley del 22 germinal año XI, fueron agravadas por los decretos consulares del 9 frimario año XII (1° de diciembre de 1803) y 10 ventoso año XII (1° de marzo de 1804). En virtud de estos decretos se hizo más rigurosa la obligación de llevar la libreta, haciéndose extensiva a todos los obreros: los que no la llevaban eran considerados como vagabundos y castigados con seis meses de prisión. Además el patrono tenía derecho a retener la libreta en garantía de las obligaciones del obrero, y de no restituírsela sino cuando considerara dichas obligaciones íntegramente satisfechas. Merced a estas disposiciones la formalidad de la libreta se convertía de hecho en un instrumento de servidumbre. El decreto del 9 frimario año XII, fue abolido por ley del 14 de mayo de 1851; la obligación del uso de la libreta fue abolida por ley del 2 de julio de 1890. Con el mismo espíritu de la ley 22 germinal año XI, fue dictada la ley del 18 de marzo de 1806 que instituía *les Conseils de prud'hommes* para resolver las controversias entre operarios y patro-

A pesar de las afirmaciones abstractas sobre la libertad y la igualdad, en la práctica se consagraba la inferioridad jurídica del obrero y se tendía evidentemente a ponerlo en una situación análoga a la del hijo con respecto a su padre.

El mismo espíritu, las mismas tendencias para con el obrero se revelan en el Código Civil redactado en la época del Consulado en el orden de ideas de los fisiócratas y contemporáneamente a la ley del 22 germinal. No puede culparse al Código el haber descuidado los intereses de la clase trabajadora; ese descuido no era ni querido ni premeditado sino una consecuencia natural del estado en que se encontraba la mano de obra en la época en que se redactaba el Código. Privada de todo desarrollo intelectual, de toda conciencia no solo política sino también económica, la clase obrera era incapaz de proveer por sí misma a sus propios intereses. La libertad de trabajo había sido aprovechada más que por ella por el industrial: de la disciplina de las corporaciones el obrero había pasado a la vigilancia y tutela del Estado y a la dependencia real, si no legal, de los capitalistas emprendedores. Por otra parte, el Código contemplaba en forma abstracta al hombre propietario y no tenía en cuenta el estado particular de la persona o de la profesión ejercida.

Es inútil, pues, buscar en el Código disposiciones inspiradas en las condiciones especiales del operario. Ellas no se encontrarán en el derecho familiar, donde no se pronuncia una palabra sobre la mujer obrera ni sobre los menores aprendices o asalariados; tampoco se hallarán en el derecho contractual, donde quedan sin normas o se abandonan a la libertad de los contrayentes, los derechos y los intereses que corresponden a la clase trabajadora. Si el Código admite, en efecto, la rescisión de la venta de inmuebles por causa de lesión, no provee a las numerosas y eventuales lesiones del contrato de trabajo. Solo en dos casos la cualidad de obrero ha inspirado disposiciones en el Código Civil: en el primer caso, para impedir que dicha cualidad de obrero pudiera originar una nueva forma de servidumbre personal[283], y en un segundo caso, para reafirmar la inferioridad jurídica del operario en sus relaciones con el patrón[284]. El verdadero sentimiento del legislador de 1804 con respecto al obrero, aparece evidente en estas dos disposiciones, de las cuales una respeta en el obrero la cualidad de hombre y el derecho sagrado de la libertad, mientras que la otra viola abiertamente, en su perjuicio, el principio de la igualdad jurídica. La fuerza de la tradición y las exigencias de la realidad triunfaron sobre la universalidad y

---

nos; el relator de esta última fue Regnault. La ley creaba una posición de privilegio para los industriales; éstos, no solo formaban la mitad más uno de los miembros del Consejo, sino que además los asalariados mismos eran representados por los jefes de fábrica y por pequeños fabricantes; los verdaderos obreros no figuraban en el cuerpo (Decreto del 11 de junio de 1809, modificado por la opinión del Consejo de Estado en fecha 7-20 de febrero de 1810). Cfr. Levasseur, *op. cit., I,* pág. 381 y sigs.

283 Art. 1780 Cód. Civil: «On ne peut engager ses services qu'à temps, on pour une entreprise déterminée». Este articulo reproduce una disposición de la Declaración de los derechos, art. III: «Tout homme peut engager son temps et ses services, mais il ne peut se vendré ni être vendu; sa personne n'est pas une propriété alienable».

284 Art. 1781 Cód. Civil: «Le maitre est cru sur son afirmation pour la quotité des gages, pour le paiement du salaire de l'année échue et pour les acomptes donnés pour l'année courante». Este artículo fue abrogado solo por la ley del 2 de agosto de 1868. Corresponde al art. 1716 del Código Civil relativo a la locación de inmuebles, en virtud del cual, cuando hay discrepancia sobre el precio de la locación contratada verbalmente, el propietario es creído sobre su juramento, quedando al locatario el derecho de reclamar la estimación por medio de peritos.

sobre la exigencia lógica de los principios. La cualidad de operario pareció entonces y después inconciliable con la aplicación integral de los derechos del hombre: al obrero le faltaba la verdadera condición para hacer efectiva la libertad y la igualdad que la Declaración y el Código le reconocían: le faltaba la propiedad.

El Código Napoleón es un código realista en el sentido de que se ocupa del individuo y de las relaciones personales, en la medida en que éstas se concretan en la propiedad. «Liberté et propriété c'est le cri de la nature», proclamaba Voltaire en sus *Idees républicaines.* Y este concepto lo expresaron los redactores del Código Civil sin advertir que la esfera de la libertad, o sea de la actividad humana, no correspondía en la práctica con la de la propiedad, natural y necesariamente limitada; sin embargo, consagraban la exclusión de los beneficios del Código, de cuantos desarrollaban sus actividades no en orden a las cosas, sino en orden a las demás personas en una relación puramente personal. Era el aspecto económico lo que los redactores del Código consideraban sobre todo de la personalidad: es decir, al hombre en cuanto despliega su arbitrio sobre las cosas, casi en oposición a esas edades históricas en las que el hombre desplegaba su arbitrio especialmente sobre las personas; muy poco o nada se preocuparon de la vida, de la salud, de la integridad física y del desarrollo intelectual y moral del individuo. Cuando esa propiedad que los revolucionarios anhelaban para todos se convirtió, con el progreso industrial y a medida que se formaba el asalariado, en condición cada vez más difícil de alcanzarse, el Código apareció como lo que realmente era, es decir, un código burgués, hecho por individuos que disponían y administraban un patrimonio.

Agréguese que un Código que supone la conciencia de la: propia personalidad, no podía responder a los intereses y a las aspiraciones de los trabajadores manuales, exentos de toda individualidad e integrantes de una masa amorfa y desorganizada. Para esta masa, inconsciente aún de sí misma y de sus destinos, las doctrinas del derecho natural consagradas por el Código, que entonaban himnos a la personalidad, a los derechos naturales, a la libertad, a la igualdad y a la propiedad, debían parecer vacías y sin contenido real, mientras que esa misma debía mostrarse sensible a las doctrinas inspiradas en los sentimientos de piedad y de solidaridad humana. El Código Civil era mudo e indiferente ante las necesidades y las aspiraciones colectivas, atado como estaba a un credo filosófico que no era ni podía ser el de las clases trabajadoras.

Y sin embargo, en opinión de muchos autores, el mayor prestigio del Código reside en el valor universal y eternamente verdadero de sus principios, concebidos fuera del tiempo y del espacio, susceptibles de un desarrollo indefinido a semejanza de las instituciones del derecho romano. Tampoco se dejó de observar que el Código Civil debe interpretarse a la luz de los principios de la *Declaración de los derechos,* que proclamó la igualdad de todos los hombres y abolió las desigualdades jurídicas derivadas de la diversidad de condiciones civiles. Todos los autores que, como Del Vecchio, no aceptan la interpretación individualista de la Declaración y sostienen su carácter social, son llevados lógicamente a reconocer tal carácter también en el Código Civil, que fue el necesario complemento y desarrollo de los principios contenidos en la Declaración[285]. La conclusión que deriva, o que debería

[285] Cfr. Del Vecchio, *La Dichiarazione,* etc., c. IV, § 3. Para Del Vecchio el ideal de la Declaración es eminentemente social, y constituye el supuesto no solo histórico, sino lógico del socialismo. Otros, y son los más, no ven nada de común entre las idealidades individualistas de la Declaración y las socialistas. Cfr. obras y autores citados por Del Vecchio *(op. cit.,* pág. 71, nota 1 y 2).

derivar de tales afirmaciones, es que en los principios filosóficos del Código Civil, como ya en los de la Declaración del 89, no hay nada que justifique la afirmación de que el Código es burgués, que sirve a los intereses de la burguesía, que excluye de su seno a las clases no posesoras y que represente, en una palabra, un sistema de exagerado y rígido individualismo.

El error de los que así piensan consiste en razonar en forma abstracta acerca de la Declaración y del Código, y no en relación con las condiciones históricas en que surgieron y con las necesidades que debían satisfacer. Y el error es más grave cuando procede de aquellos que, como DEL VECCHIO, sostuvieron contra TAINE que los principios de la Declaración son verdaderas generalizaciones de la experiencia, responden a la nueva conciencia histórica, y constituyen la meta, el ideal, el programa de la revolución. Si los principios de la Declaración y del Código no son afirmaciones abstractas, sino que responden a necesidades reales y tienen un determinado contenido histórico y psicológico, deben entenderse e interpretarse en los límites de esas condiciones históricas y psicológicas que los engendraron, o sea, en relación con las necesidades y las aspiraciones de la burguesía en cuyo interés inmediato se hizo la revolución. No quiere decirse con esto que el Código haya sido redactado con la intención de que fuera una ley de privilegio, como sostienen los escritores socialistas. La intención fue, antes bien, completamente opuesta, pues se quiso hacer un código impersonal, expresión eterna de las cosas, para aplicarse sin distinción de clases, sin límites de tiempo ni de lugar. En la realidad, y sobre todo a consecuencia de la transformación industrial, vino a faltarle a la mayoría la condición de la propiedad que, por sí sola, en la intención misma de los redactores del Código, podía dar valor y significado reales al principio de la igual libertad e igualdad.

Afirma DEL VECCHIO que la igualdad jurídica proclamada en la Declaración conjuntamente con la libertad, contiene en germen la idea de la justicia social hasta sus últimas y posibles aplicaciones[286]. En otras palabras: en los derechos del hombre afirmados en la Declaración y desarrollados en el Código Civil, estaría implícita la solución de lo que se convino en llamar la cuestión social y que no es otra cosa que el problema de la emancipación económica de las clases trabajadoras.

En forma más decidida AULARD, antes que DEL VECCHIO, llegó a situar al socialismo entre las consecuencias de la Declaración, y trató de demostrar cómo en el curso de la revolución no faltaron realmente motivos directos para desarrollar en sentido económico y social la lógica de la Declaración, tentativas obstaculizadas y por último sofocadas por la Convención, categóricamente contraria a subvertir con un suplemento de revolución el ordenamiento económico ya establecido [287]. Y podremos agregar que la idea de resolver la cuestión social sobre la base de los derechos del hombre no fue nunca abandonada y constituyó la razón de ser de esa forma de socialismo que se desarrolló sobre todo en Francia y que fue llamado socialismo racional. No es raro, por lo demás, ver aun en nuestros días invocados los principios del 89 para la crítica de las instituciones burguesas y para la justificación de la revolución social.

Concedido esto, observamos que la extensión en sentido económico y social de los principios del 89, no puede conducir, lógicamente, más que a una forma

---

[286] DEL VECCHIO, *La Dichiarazione,* etc., pág. 73 y sigs.

[287] Cfr. AULARD, *Histoire politique de la R. F.,* cit.

impropia de socialismo, a un socialismo individualista y utopista que no puede satisfacer las exigencias y las aspiraciones de las clases trabajadoras. Y en verdad la ley agraria apareció, desde el 93, como consecuencia lógica de la extensión de la Declaración al cuarto estado, y todos ven que la proposición de una ley agraria, es decir, la idea de la división igual de las tierras, expresaba la individuación máxima y general de la propiedad. La propiedad individual es un concepto inescindible de la Declaración y de ella derivaban su valor y significado en el 89 la libertad y la igualdad. Ahora bien, un socialismo derivado de la Declaración implica un ordenamiento social fundado sobre la propiedad individual igualmente extendida a todos, o sea, fundada sobre un principio que es la negación del socialismo en su sentido filosófico.

Los que hacen depender la solución de la cuestión social de un ulterior desarrollo del principio individualista, en otras palabras, de una elevación jurídica de la personalidad humana, no advierten que la sola consideración del individuo y de los derechos del hombre, sin el concepto de sociedad y de derechos sociales, no puede sino llevar a consecuencias unilaterales y utopistas. El concepto de sociedad como concepto unitario distinto del individuo y fuente de derechos y de deberes, falta tanto en la Declaración como en el Código. La concepción individualista del derecho y del Estado domina con exclusión de toda otra en el derecho público y privado de la revolución. El individuo aislado es constantemente el sujeto de la relación jurídica: en ningún caso el principio social es fuente de instituciones y de normas civiles. Se consagró todo cuidado para individualizar a la familia y sus relaciones domésticas; del mismo modo que en el derecho romano, en el Código Napoleón la familia no existe como organismo en sí, distinto de la persona del jefe. El concepto de un patrimonio familiar, que se había transferido con la distinción de los bienes en *propres y acquêts,* fue abandonado. Análogamente el Código solo proveyó a organizar y a regular la propiedad individual sin referirse a la propiedad colectiva y ni siquiera a la propiedad corporativa. Abolidos todos los cuerpos y órdenes intermediarios entre, el individuo y el Estado, abolidas todas las formas de asociación, no tenía ni debía porqué seguir existiendo un patrimonio corporativo. Igual sacrificio del interés social puede señalarse en el principio romano acogido por el Código (art. 5 52) según el cual la propiedad del suelo implica la propiedad del subsuelo[288]. En materia contractual, si puede explicarse el silencio relativo al contrato colectivo del trabajo, no se justifica la falta del contrato general de asociación: solo se habla de la sociedad civil con fines lucrativos, la que no constituye siquiera un todo unitario distinto de los miembros que la componen.

En haber traducido en la forma más lógica y perfecta la idea individual en las relaciones civiles, está a un tiempo el mayor valor y el mayor defecto del Código Civil, la razón verdadera de su perenne vitalidad y de su decadencia. Mientras sean apreciadas la exigencia de la individualidad y la elevación jurídica de la persona humana, el Código Civil tendrá valor y significado. Por otra parte, la integración del Código se impone como una necesidad a medida que la vida colectiva se afirma en formas cada vez más variadas. Esta integración fue buscada por muchos y duran-

---

[288] La ley minera del 21 de abril de 1810 modificó el principio consagrado por el Código Civil en lo que respecta a las minas metalíferas y carboníferas. El propietario de la superficie era expropiado de su derecho teórico al subsuelo, mediante una indemnización en forma de renta que la mina debía a la superficie. No se aceptó el principio de que las minas pertenecieran al dominio público, pero fueron consideradas como dependencia de la superficie.

te mucho tiempo en el desarrollo lógico y en la deformación real de los principios del Código, para someterlos a idealidades nuevas y diversas de las individualidades: pero ya la inutilidad de tales esfuerzos tendientes a superar la antítesis lógica y real de los dos conceptos, individuo y sociedad, ha persuadido a los más de la conveniencia de ampliar las bases del derecho privado, de dar a la idea social, como generadora de las relaciones jurídicas, una importancia no menor de la que por largo tiempo tuvo la idea individual. Que si el triunfo de ésta en el derecho privado fue preparado por especulaciones de los jusnaturalistas de las más diferentes escuelas, todas las direcciones de pensamiento filosófico que se sucedieron durante el siglo xix, concurrieron en distinto grado a elaborar el concepto de sociedad, a preparar la reforma del derecho privado en sentido social.

C. Codificación austríaca

LA OBRA FILOSÓFICA DE KANT EN SUS RELACIONES CON LOS PROBLEMAS JURÍDICOS DE LA ÉPOCA. EL PROBLEMA METAFÍSICO. EL PROBLEMA ÉTICO. CONCEPTO ÉTICO DE LA PERSONALIDAD. LA LIBERTAD Y EL MUNDO ÉTICO Y JURÍDICO.

25. El individualismo, en la forma y en el significado que asumió en la doctrina filosófica de Kant, constituye el más eficaz comentario del Código Civil austríaco, que fue elaborado y casi rehecho en sus premisas teoréticas durante el período histórico en que más fuerte era la influencia de la especulación kantiana en Alemania. En Kant culmina ese movimiento de ideas que, iniciado por Descartes, tendía a transferir la realidad y la verdad del objeto al sujeto, del mundo al espíritu, en otras palabras, que hacía del sujeto, concebido como razón y libertad, el principio del saber, el autor del mundo moral y jurídico. La concepción subjetiva e individual de la vida y del mundo, que había sido preparada por dos siglos de especulación, aun incierta y confusa en los predecesores, alcanza en Kant su más alto y lógico desarrollo, para convertirse en conciencia clara y distinta.

Antes de Kant, el sujeto había tratado en vano de desligarse de la realidad, y de producirla: elementos dogmáticos o empíricos contaminaban las doctrinas filosóficas del Iluminismo, y perturbaban la actividad del sujeto en la solución perfectamente lógica del problema cognoscitivo y moral. Las investigaciones de Kant relativas a la naturaleza y a la potencialidad del sujeto en la búsqueda de la verdad, le llevaron al descubrimiento de una nueva realidad: la del espíritu capaz de poner los criterios de la verdad y de crear valores éticos absolutos. En su doble actividad teorética y práctica, el espíritu humano procede con autonomía, pero llega a resultados profundamente diversos.

El acuerdo que establecía la metafísica antigua entre percepción y realidad se interrumpe brusca y definitivamente con Kant, para quien el conocimiento de las cosas en sí haciendo abstracción del sujeto que las contempla y modifica, es una vana pretensión; por un lado, falta la posibilidad de averiguar la concordancia entre el sujeto y el objeto; por el otro, faltan, a la realidad exterior, esos caracteres de universalidad y necesidad sin los cuales no hay verdadero conocimiento. Las categorías que la metafísica aristotélica ponía como objetos extrínsecos del pensamiento, aparecieron a la luz de la crítica kantiana como productos de nuestro mismo pensamiento. Por consiguiente, no son los conceptos los que se modelan sobre las cosas, sino que éstas se modelan sobre nuestros conceptos y son pensadas, no en sí sino a través de las formas subjetivas de la intuición y del pensamiento. Esta es la revolución que Kant cumplía en el campo del pensamiento y que con legítimo orgullo comparaba con la reforma copernicana, para la cual, en el estudio del universo, el punto de vista pasaba de las cosas al observador. Sin embargo, la verdad que emana del sujeto es relativa y limitada, reduciéndose la actividad teorética a dar vida, forma y unidad a la materia suministrada por los sentidos, a imponer sus propias leyes a la realidad exterior. La *Crítica de la razón pura* quiere ser precisamente la demostración del carácter subjetivo del conocimiento, de los límites de la mente humana con respecto a la verdad y de su impotencia a trascenderse a sí misma, a penetrar la esencia de las cosas, y a alcanzar la verdad objetiva. A pesar de estos resultados negativos, la doctrina kantiana del conocimiento favorecía la causa del individualismo, destruyendo la fácil ilusión de un saber absoluto, dando nuevo y más firme fundamento al saber posible, libertando al individuo de la esclavitud de la realidad exterior, haciéndole conocer las energías originarias de su espíritu, elevado a principio ordenador y unificador de la realidad que aparecía verdaderamente como una construcción espiritual, como el desarrollo de la conciencia[289].

Mientras el espíritu, como razón teorética, conoce solo en cuanto le está dado el objeto, por lo que no puede ser verdaderamente autónomo, ni absolutamente verdadero, como razón práctica se desarrolla incondicionado y autónomo, es capaz de juicios sintéticos *a priori*, se convierte en voluntad, es decir, en facultad de producir objetos correspondientes a las representaciones. Si la *Crítica de la razón pura* había demostrado la impotencia de la razón para conocer lo supersensible, había afirmado, sin embargo, la realidad y la potencia de la razón, la cual, así como crea la ciencia reduciendo bajo sus leyes los objetos dados, así también es capaz por sí sola, independientemente de su aplicación a los objetos sensibles, de realizarse como razón práctica, de crear un mundo de valores absolutos y universales.

A pesar de su carácter lógico y formal, la moral kantiana contribuyó eficazmente al movimiento de emancipación y elevación de la individualidad, tal como lo reclamaban los tiempos, con la triple concepción de la ley moral, de la personalidad y de la libertad.

Dos cosas, observa KANT al final de la *Crítica de la razón práctica,* llenan el alma de admiración y de veneración siempre nueva y creciente, cuanto más frecuente y ampliamente la reflexión se ocupa de ellas: el cielo estrellado sobre nosotros y la ley moral en nosotros. Mientras que la Escolástica había buscado en el mundo suprasensible el fundamento objetivo de la ley moral, la filosofía moderna prekantiana, en sus «esfuerzos dirigidos a derivarla de la experiencia y del estudio empírico de la naturaleza humana, no había llegado ni a una moral verdaderamente autónoma, ni a una ley moral con valor necesario y universal. Por lo general se confundían los elementos sensibles y racionales de la naturaleza humana, y si la razón proveía el proceso lógico de derivación de las normas del concepto de bien, éste, sin embargo, era determinado siempre en forma empírica. KANT, después de haber relegado a lo incognoscible el mundo suprasensible, después de haber repudiado como fuente de valores morales a la experiencia, como la que, si podía dar lo que es, no podía hacer conocer lo que debe ser, empezó a investigar analíticamente en los *Fundamentos de la metafísica de las costumbres* (1785) los principios implícitos en la forma común de juzgar de los hombres en materia moral, y halló que tales principios eran máximas que expresaban la esencia universal de la razón: luego, en la *Crítica de la razón práctica* (1788) demostró sintéticamente cómo la razón pura se convierte en práctica y, unida a la voluntad, engendra la ley moral[290]. Esta apareció

[289] Cfr. EUCKEN, *La visione,* etc., pág. 143 y sigs.; MARTINETTI, *op. cit.,* I, pág. 245.

[290] Cfr., además de las obras citadas de KANT, B. SPAVENTA, *La filosofia pratica di Kant* (en *Da Socrate a Hegel.* Nuovi saggi di critica filosofica a cura di G. GENTILE, Bari, 1905, pág. 125 y sigs.): BOUTROUX, *La morale de Kant et le temps present* (en «Rev. de Met. et de Mor.», mai, 1904).

a KANT como una exigencia de nuestro ser racional, que se impone como deber absoluto, como imperativo categórico, en cuanto no se refiere al querer dirigido por la razón, sino al querer dominado aún por los sentidos y por el amor propio. La ley moral no es más que la forma necesaria y universal que reviste la voluntad para ser buena: en cuanto tal es distinta e independiente del objeto cuya realidad es deseada y que, por ser suministrado por la experiencia, limita a la ley moral y no la constituye esencialmente en sus caracteres de necesidad y de universalidad. No es, pues, el objeto del querer concreto lo que mueve a la voluntad a hacer el bien, sino la pura forma de la ley, la universalidad de la máxima: debemos proceder por puro respeto a la ley, tal como si fuéramos instrumento de una ley dada a nosotros por nuestra naturaleza inteligible, o, como se expresa KANT, de tal modo que la máxima determinante del valor de la acción pueda erigirse en ley universal para las voluntades razonables. Con ello KANT no entendía negar las inclinaciones naturales del hombre, los motivos interesados, y los objetos del deseo como condición del obrar, sino solamente se proponía elevar en forma autónoma, contra y por encima de ellos, al mundo moral como algo esencialmente superior.

En estrecha relación con la ley moral se halla el nuevo concepto de persona que se afirma con KANT. Antes de KANT, el concepto de persona o tenía una significación esencialmente intelectual, o se confundía con el individuo en cuanto era sujeto de derechos y de deberes. Para los Escolásticos, persona era *«rationalis naturæ individua substantia»* (sustancia individual de la naturaleza racional), es decir, era una especificación de la conciencia, la conciencia individualizada.

LEIBNIZ había llevado a su máximo desarrollo la concepción intelectualista de la personalidad, considerando a la persona como conciencia de la propia identidad, o sea, como memoria de los sucesivos estados interiores en la unidad del sujeto. Según esta doctrina, ser persona significa afirmación continua del propio sujeto distinto de lo que no es yo. Al lado de la significación filosófica y metafísica de la personalidad no había faltado nunca la significación ético-jurídica. Y en efecto, para la tradición jurídica, que repetía sus orígenes de los jurisconsultos romanos, la persona era una abstracción jurídica, era el hombre desde el punto de vista jurídico, considerado como sujeto de derecho. El elemento ético de la personalidad se desarrolló sobre todo bajo la influencia de la Iglesia y del derecho canónico. Finalmente los jusnaturalistas, en su lucha emprendida por la emancipación del individuo, identificaron a la persona con el hombre en la totalidad de sus relaciones ético-jurídicas, con el individuo concreto en cuanto tendía a libertarse de los cuerpos colectivos que le oprimían, como la Iglesia, el Estado, las corporaciones y el orden social, y a hacer valer frente a ellos sus particulares finalidades.

Ahora bien, no escapó a KANT la necesidad de revisar y reconstruir sobre nuevas bases el concepto de persona, que constituía el alma y la razón de ser de ese movimiento de emancipación en que consistía el individualismo. A KANT puede considerársele como el representante más puro de la concepción ética de la personalidad: su doctrina en general no se conciliaba con la exaltación y con la supremacía de la razón, de la intelectualidad, sino que tendía más bien a sacudir la ciega fe que se depositaba en la omnipotencia de la razón, a cuyas audacias se oponían límites insuperables. En compensación, KANT hacía de la moralidad el campo libre y propio de la individualidad. Solía repetir que de ROUSSEAU había aprendido a estimar al hombre en cuanto hombre, independientemente de su saber, puesto que en todo hombre se halla la aptitud para convertirse en persona. El valor moral apareció a

KANT como el más alto de los valores, y accesible igualmente para todos los hombres. El fin del hombre es la realización de la personalidad perfecta, la que no está constituida solamente por la actividad pensante, sino también y sobre todo por esa cualidad que consiste en ser responsable e independiente del mecanismo de la naturaleza entera. Por otra parte, KANT se distingue de los jusnaturalistas por haber desligado a la personalidad de cualquier elemento empírico que pudiera ofuscar su pureza o atenuar su sublimidad. Es por eso que establece la distinción entre individuo y persona. Todos los esfuerzos de su especulación fueron dirigidos a separar la razón de la sensibilidad, de manera que la razón gobernase al hombre por sí sola, con su ley de universalidad. Ahora bien, mientras la individualidad reposa sobre la sensibilidad es fuente de luchas y de egoísmos entre los hombres, se presenta como algo irracional e impenetrable, la personalidad deriva de la voluntad racional y autónoma, creadora de valores universales, entre los que ocupa el primer lugar la dignidad de la persona humana. En cuanto personas, las naturalezas racionales son fines en sí mismas, y no pueden servir nunca a otra cosa ni a otros seres. Entendiendo así la personalidad, KANT superaba por lo menos formalmente el dualismo entre individuo y sociedad. El individuo forma parte del mundo fenoménico y se manifiesta como tal, oponiéndose a los otros individuos en cuanto puede hallar en éstos algún obstáculo para el desenvolvimiento de su individualidad. La persona es la voluntad sometida a la ley de universalidad y de comunidad con la que se expresa la razón pura: como persona, el hombre forma parte de un reino de valores y de fines absolutos y universales, en el cual coopera con otros seres racionales a la realización de la ley moral y se convierte en elemento de orden y de progreso.

La autonomía del querer y el concepto de libertad coronan dignamente el edificio ético de KANT. La ley moral objetiva, universal, no constituye un principio extraño a la voluntad; si así fuera, el ser racional no sería más un fin en sí mismo, sino que se convertiría en un medio o instrumento al servicio de una ley que deriva su autoridad de motivos extraños a ella, y dejando, por eso solo, de constituir un imperativo categórico. De aquí procede el principio de la autonomía del querer que hace del hombre el autor de la ley moral a que él mismo obedece. KANT aplica al orden moral la idea que ROUSSEAU había sostenido para el orden social: «L'obéissance à la loi qu'on s'est presente est liberté»[291]. KANT proclama abiertamente la identidad entre la moralidad y la libertad. El querer que no se determina por sí mismo no es autónomo, no es libre ni es moral. Si teóricamente no podemos demostrar la legalidad objetiva de la libertad, ésta no puede prácticamente ponerse en duda, porque en nosotros reside la convicción de su existencia, convicción que no puede derivar de la experiencia, sometida a la necesidad natural, sino de la función esencialmente moral que cumple[292]. La libertad, por lo tanto, solo pertenece al mundo inteligible, es la forma de causalidad propia de los seres racionales, se contrapone a la necesidad natural que es la causalidad predominante en la naturaleza. Y la libertad, en la concepción de KANT, no debe entenderse solo negativamente como independencia con respecto a lo que es dado o exterior, sino positivamente como facultad de producir una iniciación absoluta, de inaugurar una serie causal absolutamente nueva, de producir absolutamente los motivos que determinan la voluntad activa en la experiencia. Así entendida, la libertad se convierte verdaderamente en el punto de Arquímedes al que la razón puede aplicar su palanca sin necesidad de apoyarse en

291 Cfr. ROUSSEAU, *Contrat*, etc.,I, 8.

292 Cfr. SPAVENTA, *op. cit.*, págs. 128-129.

el mundo actual ni en el mundo futuro. Este punto de apoyo basta para poner en movimiento la voluntad humana, aun cuando todas las fuerzas naturales se opusieran, basta para crear un nuevo mundo de valores absolutos y universales, y que tiene valor en sí y por sí, fuera e independientemente de la experiencia histórica y psicológica.

Pues la libertad, de la que procede el mundo moral, no es propiedad del hombre como individuo, es decir, como ser empírico, sino propiedad del hombre como persona, es decir, de la razón, y como tal, sus productos constituyen una verdad absoluta común a todos los seres.

Con KANT la sublimidad de la ley moral, la santidad del deber, el valor absoluto de la persona, triunfaron sobre el sentimentalismo ético utilitario del siglo XVIII, para el cual la virtud era un interés bien entendido, una tendencia a lo mejor y a la felicidad individual. KANT alimentó fe en el principio individualista, y al mismo tiempo quiso fundar una moral rígidamente altruista y desinteresada: logró ese objeto, pero con el sacrificio del hombre empírico y de sus naturales inclinaciones, transportando la moral fuera del mundo fenoménico y considerándola como un producto de la razón y de la libertad.

EL EMPIRISMO JUÍDICO DE LOS JUSNATURALISTAS Y EL APRIORISMO JURÍDICO DE KANT. EL DERECHO RACIONAL. DERECHO Y MORAL. SISTEMA DE DERECHO PRIVADO DE KANT. LA DOCTRINA DE LA POSESIÓN EN LA TRADICIÓN DE LOS JUSNATURALISTAS Y EN EL SISTEMA FILOSÓFICO DE KANT. POSESIÓN EMPÍRICA E INTELIGIBLE. NUEVA CONCEPCIÓN DEL DERECHO REAL. POSESIÓN Y PROPIEDAD. PROPIEDAD INTELECTUAL Y ARÍSTICA. LOS DERECHOS PERSONALES. LOS DERECHOS PERSONALES REALES. LA UNIDAD DEL DERECHO PRIVADO. EL ESTADO DE NATURALEZA Y LA DOCTRINA DEL CONTRATO EN EL SISTEMA KANTIANO. LA CONCEPCÓN DEL ESTADO JURÍDICO EN RELACION CON LAS DOCTRINAS POLÍTICAS DE LA ÉPOCA. EL PENSAMIENTO KANTIANO EN ORDEN A LAS CORPORACIONES Y FUNDACIONES.

26. POR MÁS que la exigencia de un derecho absoluto, de un fundamento objetivo del derecho, hubiera sido vivamente advertida por los jusnaturalistas, no puede decirse que éstos superaron el punto de vista empírico en la determinación de la idea del derecho. De su concepción de un derecho natural puede repetirse, con KANT, que era como la cabeza de la fábula: hermosa en su aspecto pero sin cerebro; es que no podía ser de otro modo, si se piensa que los jusnaturalistas derivaban la idea y el fundamento del derecho de la consideración del hombre empírico, esto es, del hombre considerado en sus necesidades, en sus naturales inclinaciones, en su tendencia a la felicidad y a la perfección. KANT rompe bruscamente con el empirismo jurídico y por consiguiente con la tradición del derecho natural[293]. Ninguna experiencia histórica y psicológica, ninguna consideración del hombre, de sus necesidades o deseos, de los fines o del contenido, puede dar la idea del derecho, es decir, de lo que en el derecho hay de universal y necesario, el criterio universal que permite distinguir lo justo de lo injusto. La idea del derecho solo puede determinarse *a priori*, formalmente; es la existencia exterior de la libertad y consiste en la forma de

---

[293] Cfr. LASSON, *System der Rechtsphilosophie* (Berlín, 1882), pág. 97.

la relación entre los arbitrios de las personas. La relación jurídica es una relación puramente exterior y práctica; surge entre dos arbitrios que al exteriorizarse se encuentran; es una abstracción de la materia del arbitrio, es decir, del objeto y de los fines particulares del individuo. De la relación jurídica así concebida nace el principio formal de lo justo, o sea el criterio a base del cual puede juzgarse la legitimidad de la acción, su carácter jurídico; solo entonces, en efecto, una acción es justa, ya que según una ley universal coexiste con el libre arbitrio de cada uno. Este principio no es elevado a máxima o a motivo del obrar, sino que solo es la condición de la legitimidad de un acto, considerado como acto exterior puro y simple, es el límite racional opuesto a la libertad por su idea, dentro del cual puede ser constreñida por otros a permanecer o a reingresar. La coacción es en efecto, según KANT, esencial para el derecho, es una exigencia suya; el concepto de derecho implica no solo la exigencia del respeto de parte de los demás, sino también la posibilidad de constreñir a otros al respeto; la coacción, lejos de ser una injusticia opuesta a otra injusticia, es la condición para que exista el derecho. No se trata de que la coacción sea un derecho que se agrega a otro, como algo extraño: ella nace de la íntima esencia del derecho. El acuerdo exterior de los arbitrios cuando (como en el caso del derecho que KANT llama restringido o puro) no hay ninguna consideración moral que mueva la voluntad, no podría concebirse prácticamente sin la coacción[294].

SPAVENTA reprocha a KANT la confusión entre arbitrio y libertad en la definición de lo que es derecho. El arbitrio, observa, no puede existir sin la materia de los instintos y de los objetos particulares; si se saca esta materia ya deja de ser arbitrio y se eleva, según KANT mismo, a ley universal convirtiéndose en libertad racional. Si esto es verdad, el derecho no es limitación de libertad, porque ésta no existe sino en el derecho y lo que es limitado es solamente el arbitrio[295].

No nos parece enteramente justificada la crítica que dirige SPAVENTA al concepto kantiano del derecho. KANT distingue, pero no contrapone arbitrio *(Willkühr)* y voluntad *(Wille)*; éstos son aspectos diversos de una misma facultad apetitiva; el arbitrio es la facultad apetitiva referida a lo exterior, en cuanto está unida a la conciencia de poder obrar en vista de producir el objeto; en cambio la voluntad es la misma facultad apetitiva, pero en relación con el principio interior que la determina[296]. Ahora, tanto el arbitrio como la voluntad, pueden considerarse formalmente, esto es, en cuanto determinados por un principio universal de razón: entonces la voluntad se convierte en libertad, el arbitrio en libre arbitrio. Así se comprende y se justifica la expresión *Willkühr* aceptada por KANT al definir el derecho. Si en la moral es cuestión esencialmente de voluntad buena, de la que la libertad es la forma interior, en el derecho es sobre todo cuestión de arbitrio, es decir, del querer extrínseca del que la acción es la forma exterior. Pero el arbitrio que engendra la relación jurídica no debe ser determinado por motivos sensibles, por los objetos particulares de los seres operantes, sino, como se expresa KANT, «nach einam allgemeinen Gesetze der Freiheit», es decir, según un principio racional y formal. Al plantear el principio universal del derecho, KANT, en efecto, habla de la libertad

---

294 Cfr. DEL VECCHIO, *IL concetto del diritto* (Bologna, 1906), ver donde el autor reproduce la doctrina kantiana sobre la identidad del derecho y de la coacción.

295 Cfr. SPAVENTA, *op. cit.*, pág. 137.

296 Cfr. KANT, *Die Metaphysik der Sitten* (1797), I Th.: *Metaphysische Anfangsgründe der Rechtslehre* («Kant's Werke», edic. «König. Preuss. Akademie», Berlín, 1907, Bd. VI): *Einl. in die Metaphysik der Sitten,* I.

del arbitrio *(Freiheit der Willkühr)*, o sea, del arbitrio determinado por la razón pura. El arbitrio en la doctrina jurídica de KANT tiene un significado puramente formal y es concebido sin consideración de la materia y de las finalidades particulares. Por eso el derecho no es limitación de la libertad interna, sino del arbitrio, o sea, de la libertad exterior y en cuanto tal determinada y limitada.

CANTONI, al formular la crítica de la doctrina kantiana del derecho, no ve de dónde puede KANT derivar la obligatoriedad de los deberes jurídicos, cómo la conformidad exterior a la ley pueda convertirse en obligatoria, tanto más cuanto, por declaración del mismo KANT, las acciones materialmente conformes a la ley, pero ejecutadas por otros impulsos que no sean los de la misma ley, son inmorales, y del mismo modo deben ser consideradas las acciones jurídicas[297]. Ahora bien, a nuestro entender, KANT no se propuso contraponer la moral al derecho, sino solamente distinguirlos. Moral y derecho son momentos diversos de la voluntad y de la libertad: se encuentran entre sí como la cara interior y exterior del mismo acto volitivo. Por lo tanto KANT no excluye, sino reconoce implícitamente que lo que constituye la obligatoriedad del precepto moral, constituye también la obligatoriedad del precepto jurídico. La intención buena es reclamada tanto para la acción moral como para la acción jurídica; pero a los efectos del derecho que se desarrolla sobre todo en las relaciones exteriores de la conducta, la voluntad buena ni es suficiente para garantizar la coexistencia de las libertades, ni constituye el elemento más importante; lo que más importa es la conformidad exterior a la ley, que es la condición absolutamente necesaria para que exista el derecho; a garantizarla tiende la coacción que KANT considera justamente esencial para el concepto del derecho. Por lo tanto es doble la razón de obligar del precepto jurídico: por un lado, intrínseca en cuanto reingresa en el *ethos* en amplio sentido; por otro lado, extrínseca en cuanto es esencialmente coactivo. Por eso, la afirmación de KANT según la cual la acción puede ser justa sin ser moral, debe entenderse en el sentido de que el derecho, aun cuando no se refiere a las fuentes de la moral (como en el caso del *jus strictum)*, halla en sí, en la coacción que de él se engendra, la condición de su realización. Ni el apetito que se despierta en el interior en lo que respecta a la moral, ni la fuerza exterior (diferente de la coacción) por lo que respecta al derecho, son las causas del obrar. El precepto ético, como el jurídico, son dictados por la razón, y ésta es la única, la verdadera causa de su obligatoriedad. Considérese además que en el pensamiento de KANT el derecho surge de la noción de deber, y la coacción no es exclusiva de la norma jurídica. El deber de hacer el bien implica la noción del derecho, es decir, la posibilidad de obligar a otros a no obstaculizar su realización. La moral, como legislación interior, es coacción que el hombre ejerce sobre sí mismo; el derecho, como legislación exterior, es coacción de otros por la coexistencia de los arbitrios[298].

Identificando el derecho natural con el derecho racional *(Vernunftrecht)*, KANT se distinguía netamente de los jusnaturalistas, los cuales, si eran racionalistas en el método *(ratio cognoscendi)* no podían proclamarse tales en el principio *(principium cognoscendi)* del que derivaban el derecho. Este se llamaba derecho natural porque derivaba de la naturaleza humana empíricamente considerada; aun cuando en la construcción del mundo jurídico se partía, no del sentido, sino de la razón, ésta era

---

297 Cfr. CANTONI, *E. Kant* (Milano, 1883), vol. II, cap. VI, pág. 283 y sigs.

298 Cfr. STAHL, *Geschichte der Rechtsphilosophie* (2ª edic., Heidelberg, 1847), (vol. 1º de la *Philosophie des Rechts)*, pág. 208.

entendida en un significado no lógico sino psicológico. Según KANT, el orden jurídico no procede del hombre en cuanto ser viviente: es una construcción *a priori* de la razón pura.

Considerado en su contenido el derecho natural se resume, según KANT, en los conceptos de la libertad y de la propiedad, es decir que comprende todas las relaciones que la tradición jurídica incluía en el llamado derecho privado. No de otra forma pensaban los jusnaturalistas; también para ellos los dos términos libertad y propiedad se reclaman necesariamente y engendran, asociados, todas las relaciones de derecho privado. Pero el binomio libertad-propiedad, que era la fórmula del individualismo jurídico de la época, se eleva a un nuevo y más alto significado bajo la influencia de la crítica kantiana que renovaba radicalmente las bases filosóficas del derecho privado.

El nuevo subjetivismo jurídico se revela ya en el postulado kantiano de la indisolubilidad, en el hombre mismo, de los dos términos libertad y propiedad, considerados como exigencia de su naturaleza racional. Libertad y propiedad son conceptos *a priori* idénticos entre sí y convertibles. La libertad es dominio de nosotros mismos, posesión interior (mío y tuyo interno); la propiedad es independencia del arbitrio coartante de los demás, es libertad de desenvolvimiento en los límites compatibles con la libertad de todos según una ley universal. La noción de la posesión (que para KANT es *genus* con respecto a la propiedad) se halla implícita en el concepto de libertad, la cual es el derecho natural innato por excelencia, pertenece al hombre como tal independientemente de cualquier acto jurídico, es fundamento y condición de todos los otros derechos y comprende la igualdad, la independencia, la libertad de pensamiento, de palabra, es decir los derechos comúnmente llamados naturales o de la personalidad[299].

La realización exterior de la libertad mediante un acto jurídico, origina las relaciones de derecho privado, relaciones que KANT unifica en torno a la categoría suprema de la posesión exterior *(mío y tuyo exterior)* sin excluir las relaciones familiares y de sucesión.

Es notable el nuevo significado metafísico que asumía en la filosofía kantiana el concepto clásico de la posesión. La antigua doctrina de la posesión se presenta con un carácter netamente objetivo, realista según el realismo gnoseológico dominante que impidió la formación del concepto de auto-conciencia y, por consiguiente, de personalidad. El espíritu fue considerado más que como actividad creadora, como un principio que recibe y fija las impresiones del exterior. De acuerdo con la doctrina aristotélica que dominó, casi incontrastable, durante la antigüedad clásica, la percepción sensible tiene lugar en virtud de la impresión producida por los objetos en el alma, y es una imagen fiel de la realidad que representa. Y mientras el sentido percibe las cualidades sensibles de las cosas, el intelecto percibe sus cualidades esenciales o inteligibles, ambas objetivamente existentes. Por lo tanto el espíritu nada agrega a la realidad, pero la refleja y la comprende en su forma y cualidad; razón y voluntad derivan de lo exterior tanto el objeto como el fin, pero no los producen.

Conforme con tales premisas gnoseológicas, los jurisconsultos romanos entendieron la relación entre el *corpus* y el *animus* en la posesión, no en forma diversa

[299] Cf. KANT, *op. cit., Eintheilung der Rechtslehre* (ed. cit. VI, pág. 237).

de como entendieron los filósofos la relación entre el sujeto y el objeto, o más en general entre el espíritu y la materia. Para los Romanos la posesión consistía, en efecto, en una relación inmediata entre la persona y la cosa, teniendo la una respecto de la otra igual valor; y esta relación no estaba condicionada y determinada solamente por el intelecto, sino también por la naturaleza objetiva de la cosa. Y, así como en los objetos se distinguían los elementos sensibles y los inteligibles, así también la noción de la posesión no surgía de la simple y natural relación del sujeto con las cualidades sensibles de la cosa *(corpus, naturalis possessio)*, sino también y sobre todo del contacto del intelecto con las cualidades que constituían la esencia de la cosa de donde procede la regla: *adipiscimur possessionem corpore et animon per se animo aut per se corpore.* (Conseguimos la posesión por medio del cuerpo y del ánimo conjuntamente y no ya por medio del cuerpo o del ánimo separadamente). El *animus,* o la intención de poseer, no era entendido como una determinación volitiva, sino como una actividad del intelecto, el cual solo puede captar el aspecto inteligible de las cosas; por tanto, la ausencia del *animus possidendi* era considerada como *ignorantia,* y los niños menores de siete años, que «nullum intellectum habent», no podían poseer a los efectos del derecho[300]. Ahora se comprende que el concepto de posesión, condicionado como estaba al objeto, no podía abrazar, para los romanos, todas las relaciones jurídicas del derecho privado.

La doctrina de la posesión se modifica fundamentalmente bajo la influencia del criticismo kantiano. Este escapaba, ante todo, a las consecuencias de un subjetivismo extremo, y lo hacía en dos formas: en primer lugar, Kant no niega la realidad del mundo exterior sino solo la posibilidad de conocerla en sí; en segundo lugar, trata de fundar la objetividad de la experiencia si no como en la antigüedad, sobre la concordancia con la realidad en sí, por lo menos sobre las formas *a priori* e inmutables del pensamiento, de tal modo que la doctrina kantiana hubo de llamarse también realismo crítico o trascendental. De todas maneras, habiendo reducido Kant el conocimiento a la subjetivación, si no a la negación de la experiencia exterior, la posesión no podía concebirse ya como la relación objetiva entre el sujeto y la substancia de la cosa, considerados ésta y aquél como dos entidades distintas e independientes. La posesión resulta para Kant una relación subjetiva de dos voluntades con respecto a algo exterior[301].

---

300 Como consecuencia de la concepción realista de la posesión, los romanos no admitían la *possessio plurium in solidum.* Si esta especie de posesión podía abstractamente, es decir desde el punto de vista de los sujetos, admitirse en cuanto que Hay más personas que pueden hallarse en contacto con la cosa y poseerla, desde el punto de vista del objeto esta forma de posesión contrasta con la imposibilidad lógica de concebir más cuerpos formando un solo cuerpo. Cfr. sobre las bases filosóficas de la doctrina de la posesión en Roma, Sokolowski, *Die Philosophie im Privatrecht* (Halle, 1907), *Bd.* II, *Der Besitz im klassischen Recht,* etc., cap. II, § 2-6.

301 Kant, *op. cit., Rechtslehre,* I Theil: («Das privatrecht vom ausseren Mein und Dein überhaupt»), § 1-9. Kant define en el § 1 el *meum juris* (la posesión), como lo que se halla conmigo en tal relación que yo me considere lesionado si otros hicieran uso de ella sin mi consentimiento. En el § 5 reproduce bajo otra forma la misma definición: «Lo mío exterior es la cosa fuera de mí, de la que no se me podría impedir el libre uso sin lesionarme...». Estas dos definiciones son idénticas y expresan los dos aspectos bajo los cuales puede considerarse la posesión: uno negativo (la cosa de la cual puedo excluir todo lo demás), y otro positivo (la cosa de la cual no puedo ser excluido). Cfr. P. Janet, *De la philosophie du droit dans la doctrine de Kant* (en «Revue critique de législation», etc., vol. VI, año 5° 1855), § 2; Bargmann, *Der Formalismus in Kant's Rechtsphilosophie* (Leipzig, 1902), pág. 16 y sigs.

KANT afrontaba aquí una dificultad que era consecuencia de su formalismo jurídico. Si lo universal y lo necesario deben ser dados *a priori,* si no se puede establecer *a priori* más que lo que es producto de la actividad del sujeto, también el derecho de la posesión debía constituirse *a priori,* fuera de ese mundo empírico al que le parecía indisolublemente ligado. KANT no niega la existencia de una posesión empírica consistente en la pura y simple detentación del objeto; antes bien, reconoce su posibilidad y su legitimidad a base de una proposición analítica fundada sobre la libertad. La posesión física es una consecuencia necesaria de la libertad[302]. Pero para KANT, la única y verdadera posesión es la posesión inteligible (nouménica), desligada de toda condición de tiempo y de espacio, concebida abstractamente como una relación del sujeto con cualquier cosa que está fuera de él y de la que no tiene la detentación actual. No derivando necesariamente de la libertad, como la posesión empírica, esta forma de posesión no puede legitimarse sino en la medida de una proposición sintética puesta por la razón práctica, o sea, a base del postulado jurídico de la voluntad, de que lo exterior debe considerarse potencialmente como propiedad de alguien[303].

Es de la posesión inteligible de donde se desarrolla lógicamente todo el derecho privado en todas sus partes. Y en verdad, en todas las partes del derecho privado se tiene la coexistencia de voluntad con respecto a cualquier cosa exterior o diferente de nosotros, que podrá ser una cosa corporal (derechos reales) o la promesa libremente formulada de una prestación por parte de otros (derechos personales o de obligación) , o el estado de otros respecto de nosotros (derechos mixtos o derecho doméstico). La unidad fundamental de todo el derecho privado nace del hecho de que no se puede concebir como objeto posible de libre arbitrio sino una cosa, un acto, una relación, y que las relaciones existentes entre nosotros y los objetos exteriores en dichas tres formas, corresponden a las categorías lógicas de substancia, causalidad y relación.

Las consecuencias del subjetivismo jurídico inaugurado por KANT se revelan ya en su concepción del derecho real[304]. En contraste con la doctrina jurídica tradicional, KANT niega que las cosas puedan ser fuentes de derechos y deberes: los términos de una relación jurídica cualquiera (y por consiguiente también los de la relación jurídica real), son siempre las personas. La cosa entra en ella como objeto con respecto al cual se desarrollan los deberes y los derechos de las personas. Por eso KANT fue llevado a plantear como supuesto lógico del derecho de propiedad, una posesión común originaria de las cosas exteriores útiles, sin excluir la tierra, con la facultad para todos de usarla a fin de satisfacer las necesidades. En la doctrina jurídica de KANT retorna la idea de una comunión de bienes, pero, a diferencia de la *communio primæva* de los jusnaturalistas, la *communio possessionis originaria* de KANT no tiene ningún valor ni significado histórico, siendo en cambio una noción racional *a priori* de orden práctico, fundada sobre el postulado supremo del derecho en virtud del cual todos los hombres tienen una posesión común originaria y virtual de todas las cosas exteriores útiles dentro de los límites de un igual derecho reconocido a favor de todos los demás.

Y verdaderamente, observa KANT, el postulado de la posesión común originaria es la única condición por la cual es posible prohibir a otros el uso de la cosa. La

302 KANT, *Id., id.,* § 6.
303 KANT, *Id., id.,*§ 6.
304 Cfr. KANT, *op. cit.,* I, § 11 y sig.

posesión común se convierte en propia e individual mediante la ocupación, la que debe entenderse no materialmente sino como una declaración de la voluntad de usar la cosa para sí, excluyendo a cualquier otro. Por lo tanto no es necesario, según Kant, legitimar la adquisición, el hecho material de la ocupación, o bien que la tierra sea trabajada y sometida a cultivo; basta la posesión inteligible, es decir, la voluntad de poseer la cosa con exclusión de otros. Por otra parte, siendo unilateral y contingente la voluntad individual, no puede por sí sola ni justificar la adquisición ni obligar a otros a abstenerse del uso de la cosa. La adquisición es legítima y la garantía del respeto recíproco es eficaz solo cuando la voluntad individual puede considerarse expresión de una ley fundada sobre un querer universal y colectivo. En efecto, solo una voluntad colectiva y una ley universal pueden eliminar la contradicción entre la posesión común del suelo y el uso individual de él. Tal ley reguladora del uso no es más que la ley suprema del derecho, es decir, la ley que establece igual libertad, igual derecho de usar de la tierra según las necesidades. Por eso, según Kant, la limitación de la propiedad es una exigencia racional y empírica. Si así no fuera, pocos son los hombres que, originariamente, habrían podido llegar a ser propietarios de toda la tierra en virtud de una simple declaración de voluntad de poseerla. El uso de la tierra está limitado sobre todo por las necesidades que se propone satisfacer, está limitado también por el mismo derecho de los demás a hacer uso de ella y está limitado, en fin, por la posibilidad de defender con las propias fuerzas el terreno adquirido. El trabajo que transforma e individualiza las cosas no es tomado en cuenta por Kant para justificar la posesión. En esto se distingue de Locke y de la doctrina predominante en el siglo XVIII. Para Kant, la posesión consiste también en la extensión de la voluntad a las cosas exteriores, aunque en él tal extensión es puramente abstracta y racional, substrayéndose a cualquier condición empírica, y sin necesidad de concretarse y ensimismarse mediante el trabajo en las cosas. La posesión, para Kant, debía justificarse *a priori*, deductivamente y, por lo tanto, universalmente; en cambio, el trabajo solo podía ser un criterio empírico, individual, de justificación.

La posesión, en cuanto se refiere a cosas materiales y comprende la substancia de la cosa con todos sus modos y atributos, o sea con todos los derechos accesorios y particulares, constituye la propiedad, que es el derecho real por excelencia *(Eigenthum, dominium)*, y es a la posesión (que es la categoría jurídica suprema y que reúne todas las relaciones jurídicas, cualquiera sea su objeto, su forma y su título) lo que la especie es al género. En la doctrina jurídica de Kant, la propiedad del suelo ocupa el primer lugar y constituye el fundamento de todas las otras formas de propiedad puesto que tienen por objeto la tierra: ésta es la substancia por excelencia con respecto a la cual todas las otras cosas materiales son modos, privados de existencia propia. Las preferencias de la época por la propiedad inmobiliaria hallaban en Kant su justificación racional[305].

Aunque no lo declarara explícitamente, Kant estaba inducido por los principios planteados, a negar que la persona propia o la ajena pudieran ser objeto de propiedad: la persona propia no, porque el hombre no puede ser *dominus sui* y debe respetar en sí a la humanidad; la persona ajena tampoco porque vendría a justificar la esclavitud, a convertir al hombre en medio cuando solo tiene razón de fin[306].

305 Cfr. Kant, *op. cit.*, *Rechtslehre*, § 17.
306 Cfr. Kant, *op. cit.*, *Id.*, I, § 17.

En armonía con estos principios, KANT trata también de la propiedad intelectual y artística. La relación entre el autor y el libro no es, según KANT, real sino personal. Si, como sostiene KANT, el libro es un discurso que el autor hace al público directamente o por medio de un editor, el derecho del autor sobre el libro es un *jus personalissimum,* innato, que no existe separado de la persona. El libro, pues, no es enajenable como una mercancía cualquiera: es más bien el uso de las propias fuerzas que el autor puede poner a disposición de otros, pero nunca enajenar: puede ser objeto de posesión, pero no de propiedad. Después de esto, puede parecer extraño que KANT hable de propiedad artística: ello depende de la diferencia esencial, profunda, que establece entre el libro y la obra de arte; si aquél es una prolongación de la persona y no existe por sí mismo, la obra de arte adquiere valor por sí, existe independientemente de la persona que la ha producido, es, en otras palabras, un *opus,* no una *opera.*

Separada de la persona, la obra de arte entra en el número de las cosas y como tal es enajenable y susceptible de propiedad. Cualquiera sea el juicio que pueda formularse sobre esta doctrina, no es pequeño mérito el de KANT el haber sido el primero en tratar el novísimo argumento desde un punto de vista filosófico y en el explícito intento de garantizar al autor contra las fáciles alteraciones de los libros por parte de los editores quienes, fundándose en el hábito inveterado del siglo XVIII, de considerar al libro como una mercancía que puede comprarse y venderse, reimprimían las obras de los escritores no solo sin permiso sino hasta contra su voluntad explícita[307].

También los derechos personales están comprendidos por KANT en la categoría general de la posesión, en cuanto presuponen en ambas partes la existencia de cierta posesión. La adquisición por contrato no se funda en una simple ocupación, sino que deriva, «von dem Seinen eines Anderen» que yo puedo determinar a un acto (causalidad) a base de cierta ley jurídica. El adquirente no adquiere la cosa por el contrato, sino reduce en su posesión el arbitrio o la promesa de otro, de donde deriva el carácter personal de su derecho. El contrato es la forma del derecho personal, que KANT considera como el acuerdo simultáneo de dos voluntades para transmitir a otros lo que constituye un derecho nuestro. Sin embargo, en el mundo fenoménico, no puede concebirse la noción racional del contrato, pues el ofrecimiento y la aprobación por un lado (fase preparatoria), y la promesa y la aceptación por el otro (fase definitiva y conclusiva), constituyen momentos sucesivos y separados, por lo que falta el acuerdo simultáneo de la voluntad y la adquisición tiene lugar de hecho por declaraciones unilaterales de voluntad. La unidad simultánea de los consensos, que en ello consiste la esencia del contrato, solo puede concebirse en forma abstracta, en el mundo inteligible, fuera del tiempo y del espacio. La obligatoriedad de los contratos es una verdad de razón, un postulado *a priori* de la razón práctica, de la voluntad legisladora. En el contrato dos voluntades se encuentran según la ley de la libertad y se obligan recíprocamente a lo que constituye su objeto[308].

La propiedad, con sus formas y modificaciones, por un lado, y el contrato por el otro, no agotan el derecho privado: éste está integrado también por el derecho

[307] Cfr. KANT, *op. cit., Rechstlehre, I,* § 31, II; y aun antes, en el breve escrito: Von der Unrechtmässigkeit des Büchernachdruks, publicado en el «Berl. Monatss.», 1785.

[308] Cfr. KANT, *op. cit., Rechtslehre,* I, § 18 y sigs.

doméstico, al cual es aplicable también la noción de la posesión. El objeto de la posesión en las relaciones domésticas no es la cosa o la promesa de otros, sino la persona misma de otros. Para justificar esta forma de posesión que inviste la misma personalidad contra el postulado según el cual la persona es fin y no medio, KANT señala ante todo que no se trata de reducir una persona a propiedad de otros, sino solamente del uso y del goce de la persona, del derecho de hacerla servir a un fin ajeno, como si fuera una cosa, pero sin atentar contra su personalidad. Además, el único fin que puede legitimar el uso de la persona ajena debe ser moralmente necesario, es decir, impuesto por las exigencias de orden familiar y en ventaja de las personas que le constituyen. Finalmente, esta tercera forma de posesión atañe a las personas en cuanto entran en un estado particular, en cuanto forman una sociedad reconocida por la ley. Puede parecer extraño que KANT haga derivar de la ley más que de la naturaleza o de la voluntad, el fundamento del derecho doméstico; pero si se piensa que el objeto de éste es la misma personalidad humana y que implica no solo un derecho hacia una persona, sino también y al mismo tiempo la posesión de la persona, se comprenderá cómo es la ley la única que puede concederlo: pues es un derecho superior a cualquier derecho real o personal, es una «stella mirabilis» del cielo jurídico, para usar las palabras con que se expresa KANT. El carácter personal y real al mismo tiempo de los derechos domésticos, deriva del hecho de que si en ellos el objeto es exterior y en cuanto tal poseído como una cosa que puede reivindicarse, debe usarse, sin embargo, como persona sin que pueda enajenarse[309].

Por la indisoluble unidad de la persona humana, el uso de una parte del cuerpo implica el uso de la personalidad entera. Para que ésta no resulte lesionada en el comercio sexual, las relaciones conyugales deben ser reguladas según la ley de la más perfecta igualdad y reciprocidad. Esta ley no se lleva a cabo en las simples uniones naturales, temporales, sino solo en el matrimonio, que es la unión monogámica según la ley, constante, indisoluble, hecha para la posesión recíproca «membrorum et facultatum sexualium». Solo en el matrimonio la personalidad es respetada a pesar de la posesión: cada uno de los cónyuges recupera por un lado lo que pierde del otro, y uno no hace uso del otro como de cosa fungible.

En virtud de la procreación los hijos caen bajo la posesión de los padres, quienes pueden reivindicarlos coactivamente toda vez que intenten substraerse a su poder. Por otra parte, los hijos, en su calidad de personas no venidas al mundo por voluntad propia, no tienen obligaciones jurídicas con respecto a los padres, mientras que sí tienen por ley el derecho de ser nutridos y educados. Toda relación de derecho entre padres e hijos se anula con la emancipación, la que tiene lugar por ley no bien los hijos han alcanzado cierta edad, disuelve la sociedad parental y hace readquirir a los miembros que la constituían la libertad natural.

La convivencia de los hijos con sus padres en la familia puede continuar aun después de la emancipación, pero con carácter y títulos esencialmente diversos. A la sociedad parental sucede en tal caso la sociedad heril, en la cual los hijos vienen a hallarse frente a sus padres en la misma situación jurídica de los siervos, que son

---

309 Acerca de los derechos reales-personales cfr. KANT, *op. cit., Rechtslehre, I,* § 22 y sigs. Cfr. también la respuesta de KANT al comentario crítico de su obra hecho por un profesor de Gotinga. La respuesta de KANT figura en apéndice a su doctrina del derecho con el título: *Anhang erläuternder Bemerkungen zur den metap. Anjangsfründen d. Rechtslehre* (Königsberg, 1798, 2).

los miembros extraños de la familia. También los siervos constituyen una real posesión del patrón, pero no por ley, como los hijos antes de la emancipación, sino por contrato, y éste no es una *locatio-conductio operæ,* sino *persona:* el simple locador de obras se obliga por un trabajo determinado, no forma parte de la sociedad doméstica, ni cae como persona en la posesión de otros[310].

El derecho sucesorio en el sistema kantiano del derecho privado, no es un cuerpo que se integra por sí mismo.

Siguiendo una vieja tradición que inauguró GROCIO y que fue aceptada por WOLFF, KANT aplica a las disposiciones de última voluntad la noción del contrato. Define la herencia como «la transmisión del patrimonio de la persona que muere al heredero por el concurso de sus voluntades». Sin embargo, KANT no identifica la transmisión hereditaria con un contrato verdadero y propio, el cual resulta de dos actos exteriores y simultáneos: el abandono de la posesión por un lado, y la aceptación por el otro. En la transmisión hereditaria no puede hablarse de concurso efectivo y real de voluntad, puesto que el testador declara que deja sus bienes, al morir, a personas que ignoran la declaración o que, conociéndola, no pueden extraer ventajas de ella porque es revocable. Por lo tanto la adquisición de la herencia hecha por el heredero en virtud del testamento, debe entenderse como una adquisición ideal *(ideale Erwerbung),* como la posesión inteligible del patrimonio a cuya aceptación puede uno renunciar. A consecuencia del testamento, el heredero adquiere tácita y necesariamente el derecho de aceptar, después de la muerte del testador, la promesa hecha por éste en *articulo mortis* de dejarle los bienes. Así entendido, el testamento es una institución de naturaleza: el tránsito de la herencia, del testador al heredero, se produce naturalmente sin que la posesión sufra interrupciones. Hasta tanto la aceptación no haya ocurrido la herencia constituye una *res jacens;* si la aceptación no tiene lugar, la herencia se convierte en *res nullius,* en estado de naturaleza, y cae bajo la posesión del Estado en el estado civil[311].

El derecho privado se presentaba a la mente de KANT como un sistema de principios concatenados entre sí, deducibles lógicamente de la categoría de la posesión elevada a postulado de la razón práctica. La esfera del derecho privado coincide para KANT con la del derecho natural, que es el derecho que se establece entre los seres vivientes razonables, según la ley de la libertad. Es por esto que el estado de naturaleza pierde en KANT todo significado empírico y se transforma en un estado de razón y de sociedad a un tiempo; él representa el dominio absoluto del derecho privado, la manifestación lógica de la idea individual en las relaciones humanas. Sin embargo, el estado de naturaleza no tiene en sí las condiciones necesarias para constituir el estado normal de la humanidad, puesto que los hombres en su operar no siguen la razón y prefieren ceder a los instintos y a las pasiones. Si, pues, no puede decirse que el estado de naturaleza sea un estado *injustus,* es, sin embargo, un estado de justicia negativa *(justitia vacuus),* en la que falta la sanción de la ley pública, lo que KANT llama justicia distributiva, a la que corresponde determinar *quid juris* en caso de disputa entre lo mío y lo tuyo. Por eso el derecho en el estado de naturaleza es provisional e incierto; su observancia queda abandonada a la voluntad de los individuos; y como ninguno está obligado a abstenerse de usar la violencia con respecto a los demás, si éstos, a su vez, no dan garantía de abstenerse con respecto a aquéllos, el estado de naturaleza terminará por

310 Cfr. KANT, *op. cit., Rechtslehre,* I, § 24-30.
311 Cfr. KANT, *op. cit., Rechtslehre,* I, § 34.

ser un estado de guerra latente, y justifica lo que KANT llama el postulado del derecho público, según el cual todos los hombres tienen -el deber de salir del estado de naturaleza y el derecho de obligar a otros a ingresar con él a una sociedad jurídica, esto es a un estado de cosas en el que reina la justicia distributiva.

Para KANT el pacto es la forma lógica en la cual se realiza la exigencia racional y moral de la sociedad civil: es una idea de la razón práctica; no es, como para los naturalistas, un hecho del que sea necesario investigar los orígenes históricos y determinar la existencia empírica para conocer el origen y la formación de la sociedad civil. La sociedad humana es para el filósofo de Königsberg la consecuencia lógica de la naturaleza racional del hombre, y el pacto no es más que el medio para comprender su legitimidad, para plantear las condiciones esenciales únicamente a las cuales es posible la adhesión a la sociedad civil por parte de seres racionales cuyo fin primordial y exclusivo es el desarrollo de la personalidad[312].

Si por un lado la participación en el contrato es un deber moral, por el otro la sociedad civil debe reposar sobre la adhesión de las voluntades libres y tal adhesión solo es posible cuando las leyes que la gobiernan son justas, es decir tales que todo ser dotado de razón pueda concurrir a formarlas. En esta parte de su doctrina KANT sufre evidentemente la influencia de ROUSSEAU. También para KANT, cuando el individuo entra en la sociedad civil renuncia a su libertad exterior para recuperarla como miembro de una *civitas:* la renuncia no atañe a la libertad de razón, sino solamente a la libertad natural, instintiva.

Que en la sociedad civil la individualidad halla las condiciones para un desarrollo más amplio y más seguro, resulta claramente de las cláusulas del pacto social que, para KANT, se resumen en los conceptos de libertad, igualdad e independencia. Cuando la cualidad del hombre se consideraba solamente en el estado de naturaleza, no había cuestión más que de libertad; pero en el estado civil el individuo se presenta aún bajo el aspecto de súbdito y de ciudadano: como súbdito tiene derecho a la igualdad, y en cuanto ciudadano, a la independencia.

La libertad de razón, propia del estado de naturaleza, generadora de todas las relaciones de derecho privado, se conserva inalterada en el estado civil. Ella representa la manifestación de la personalidad pura y simple, y en tal manifestación, hecho conforme a las leyes de la razón, el individuo debe ser árbitro absoluto, y el Estado no debe intervenir ni para obstaculizarla ni para favorecerla. Es aquí donde aparece más acentuado el contraste entre KANT y los jusnaturalistas que le precedieron. KANT fue decididamente adverso al individualismo de Estado, al individualismo que tomaba del Estado las condiciones de su existencia, y que pretendía la acción del Estado encaminada a finalidades individuales, es decir, a garantizar la felicidad y la perfección de los individuos. La personalidad, en la doctrina de KANT, no puede desarrollarse a la sombra del Estado, ni puede el Estado ser juez de lo que conviene al individuo: de allí la condena explícita del eudemonismo político, del Estado paternal que bajo las apariencias de promover el bienestar del pueblo como un padre promueve el de los hijos, reduce a los súbditos a menores bajo tutela, sofoca su personalidad bajo pretexto de favorecerla, la destruye en sus fuentes interiores y constituye la peor especie de despotismo que pueda concebirse.

---

312 Cfr. KANT, *op. cit., Rechtslehre,* I, § 42, 47 y 52. Sobre este punto cfr. también los dos escritos de KANT: *Ueber den Gemeinspruch: Das mag in der Theorie richtig sein, taugt aber nicht für die praxis* (1793) (II. *Vom Verhältnis der Theorie zur Praxis im Staatsrecht);* y *Zum ewigen Frieden* (1795).

Solo el individuo es juez de la propia felicidad, solo él está en grado de poner en práctica las condiciones necesarias para su realización; pero para ello es necesario garantizar al individuo la libertad, desligada de toda tutela exterior, regulada solamente por la razón. En el pacto social se trata únicamente de libertad jurídica o exterior: pero tampoco ésta la concibe KANT *como* facultad de hacer lo que se quiere aunque no se infiera daño al prójimo, sino más bien al obedecer a las leyes que cualquier ser racional podría consentir y aceptar.

Del vínculo de subordinación que liga el individuo al Estado en la sociedad civil deriva el concepto de súbdito; las relaciones entre los súbditos son reguladas por la ley de la igualdad. La igualdad, que KANT eleva a condición constitutiva del pacto social, es jurídica y formal: no atañe a las desigualdades físicas, intelectuales y económicas que se establecen necesariamente entre los hombres. Iguales son los súbditos jurídicamente cuando cada uno puede constreñir a otros al respeto de la libertad, o sea del derecho, cuando la ley coactiva es común a todos y todos pueden igualmente utilizarla. La igualdad está en la forma, en la posibilidad del derecho y de la coacción, no en la materia o en la actualidad del derecho.

En el estado civil el hombre es también ciudadano, en otras palabras, participa de la soberanía: como tal, concurre directamente o por medio de representantes, a la formación de las leyes, tiene derecho a la independencia, es decir, que está obligado a obedecer solo a las leyes que él mismo se ha dado. Si a la ley le falta el consenso general, expreso o tácito, de los ciudadanos, carece de valor. El derecho del voto distingue al ciudadano; pero esta cualidad solo pueden revestirla aquellos que gozan de independencia, que se bastan a sí mismos; los menores, las mujeres, los siervos, los asalariados, careciendo de independencia económica, no siendo *sui juris* no son ciudadanos, no son miembros activos de la comunidad. KANT, al aceptar y justificar la distinción entre miembros activos y pasivos, participaba de la opinión general de su época con respecto a los que vivían del propio trabajo bajo la dependencia de otros. La propiedad, si no era para KANT condición esencial para el goce de la libertad y de la igualdad, era condición indispensable para el ejercicio de la soberanía. La falta de propiedad significaba también para KANT inferioridad, si no moral y jurídica, sin duda, política. KANT, como tampoco su época, no estaban en condición de entender que la libertad y la igualdad eran formas vacías para quienes no eran miembros activos de la sociedad civil; no se imaginaban que su fórmula, mientras sancionaba un privilegio para los detentadores de la propiedad, excluía al trabajo de los beneficios de la vida civil. Claro que no se comprende cómo KANT pudiera conciliar lógicamente la distinción entre ciudadanos activos y pasivos con sus principios de justicia y de igualdad absoluta entre los hombres. La lógica de los hechos influyó sobre él más fuertemente que la de los principios y tal distinción no deriva de los principios propuestos sino de los hechos. Si a fines del siglo XVIII ya no eran discutibles las bases morales y jurídicas del individualismo, no podía decirse otro tanto del individualismo económico y político. Esta igualdad de todos los hombres, que no había sido puesta en duda mientras el hombre era considerado como ser moral y religioso, como sujeto abstracto de derecho, era negada abiertamente sobre el terreno económico y político. En este terreno, la propiedad era siempre la condición necesaria de la personalidad perfecta, y tal condición debía originar en los tiempos modernos las divisiones sociales y las luchas de clases. Aun no se comprendía en forma consciente, que los diversos aspectos de la personalidad constituyen una unidad indisoluble, ni que pueden existir separados durante mucho tiempo, por cuya razón la negación de la personalidad política y económica implicaba la violación de la personalidad jurídica y moral. Sin embargo, es justo reconocer que Kant no quería la propiedad inmovilizada, no quería que se opusiesen obstáculos a su adquisición: adversario de la propiedad feudal que se perpetuaba en la familia misma y en las mismas clases por derecho de nacimiento, Kant quería que, mediante el trabajo, cada uno pudiera adquirir y, en virtud de ella, también la capacidad de participar activamente en la vida civil, como *Staatsbürger* y no como simple *Staatsgenosse*[313].

La doctrina del estado civil de Kant llevaba a la concepción de un Estado meramente jurídico *(Rechtstaat)*. El Estado no tiene otro fin que el de garantizar el acuerdo de las libertades, de hacer perentorio y actual el derecho provisional y potencial del estado de naturaleza. La razón es la fuente del derecho: no el Estado; éste es un órgano de garantía que deriva su necesidad y finalidad de la coacción inherente a la naturaleza del derecho. Por eso todas las doctrinas tendientes a hacer del Estado el instrumento de la felicidad y de la perfección individual son inexorablemente condenadas por Kant.

La felicidad y la perfección moral que la edad del Iluminismo planteaba como fin y razón de ser del Estado, pueden adquirirse, según Kant, solo por iniciativa y obra propia del individuo y nunca por motivos e influencias exteriores.

La doctrina del Estado jurídico no se conciliaba ni con el principio de la soberanía popular ni con el despotismo iluminado. Kant tendía a distinguirse así de Rousseau como de la escuela de Wolff[314]. Fuera el pueblo o el príncipe, el regidor, el Estado tenía un sello personal y la ley era la expresión de voluntad y de intereses particulares. El Estado ideal no es ni democrático ni despótico: es jurídico. En él no es la voluntad de uno o de todos lo que domina, sino la ley impersonal fundada sobre el postulado de la libertad exterior, sobre la igualdad de todos los hombres en la exteriorización de su personalidad. El Estado no crea la libertad y la igualdad, sino que garantiza su pacífico desarrollo. Si el Estado tuviera fines propios, debería poder valerse de la ley como de un medio para llegar a dichos fines, debería sacrificar en aras de tales fines la libertad de los individuos, o sea, el derecho. Esto implicaría el sometimiento del individuo y de su derecho al Estado, la soberanía del Estado en lugar de la de la ley, el despotismo y la desigualdad legalizados. La doctrina política de Kant no era más que el desarrollo lógico del principio individualista. Si el individuo, concebido como ser racional solo tiene razón de fin, es el único autor del derecho, no se comprende cómo pueda hablarse de fines colectivos, del Estado como sujeto de derecho. El Estado toma su razón de ser del individuo, de la defensa del derecho privado o sea de la posesión y de la propiedad. Dentro de estos límites es como debe entenderse la doctrina kantiana del Estado jurídico. El derecho que el Estado debe tutelar es el derecho del individuo, contra el cual no existe ningún otro derecho, sea del Estado o de entes morales.

Que éste es el pensamiento íntimo de Kant, es fácil destacarlo de su doctrina relativa al *jus eminens,* a las corporaciones y fundaciones. Puede parecer extraño que el concepto del *jus eminens* tenga un lugar en la doctrina jurídica kantiana. El *jus eminens* significaba para los jusnaturalistas la afirmación del derecho superior del

---

313 Acerca de la definición de la libertad, igualdad e independencia jurídica cfr. Kant, *op. cit., Rechtslehre,* II, § 46, como así también los dos escritos citados sobre la paz perpetua y sobre el lenguaje vulgar.

314 Cfr. Gumplowicz, *Rechtsstaat und Sozialismus* (Innsbruck, 1881), II, § 13.

Estado sobre las relaciones privadas, la facultad de modificarlas en el interés general; en sentido más restringido el *jus eminens* implicaba la subordinación del derecho privado de propiedad al poder soberano y a los fines del Estado. Sin embargo, el *jus eminens* tiene en KANT un significado lógico y formal, nace en la esencia íntima de la soberanía. En la sociedad civil la propiedad privada tiene por supuesto lógico la propiedad eminente del soberano, el cual posee universal y formalmente lo que el individuo posee en forma particular y concreta. Como cada propiedad es parte materialmente de un único territorio, así cada derecho de propiedad está comprendido racionalmente en el concepto de propiedad eminente del soberano. La propiedad del soberano, sin embargo, es formal y no real: el que posee *universaliter* no puede, sin caer en contradicción, poseer *particulariter.* La propiedad concreta no puede sino ser particular; ella es propiedad del individuo, pertenece al pueblo no colectivamente, sino *divisim.* La doctrina del *jus eminens* no implica para KANT que el individuo tome su propiedad del soberano o de la ley; él la toma de la razón práctica, de la ley de la libertad exterior. La propiedad eminente solo es la condición formal para la adquisición y el ejercicio de la propiedad individual, es condición de garantía para ella, confiere al soberano la forma de ser arbitro de las controversias privadas y le impide poseer eventualmente en privado todo el territorio evitando así el peligro de reducir a los ciudadanos al estado de siervos de la gleba[315].

Más notable y significativa fue la posición de KANT respecto a las corporaciones. En la época de KANT la corporación había perdido todas las características que en la Edad Media la hacían aparecer como una institución de derecho público. Se sabe que hubo una época en que la corporación constituía un ente autónomo frente al Estado, con poderes soberanos y finalidades políticas. Los teóricos del absolutismo habían combatido en favor del Estado soberano la autonomía y los privilegios soberanos de las corporaciones cooperando eficazmente en el triunfo de la doctrina que hacía de la corporación una institución de derecho privado, partícipe de la persona jurídica, bajo la tutela permanente del Estado[316]. Según la doctrina elaborada por el derecho común sobre las huellas del derecho romano y canónico, la persona jurídica era una persona *ficta et reprcesentata,* un *nomen juris,* un *corpus mysticum,* que integraba una unidad distinta de la suma de las personas individuales que la componen, pero con una existencia condicionada al reconocimiento expreso o tácito del Estado. Puesta a la par de las personas jurídicas, la corporación compartió su suerte y amenazó ser, en el siglo XVIII, arrollada por la predominante doctrina individualista y unitaria del Estado, que se proponía la abolición de todo cuerpo colectivo intermedio entre el individuo y el Estado. Esta doctrina, sostenida en Francia por ROUSSEAU y por TURGOT, es la que vemos triunfar en la obra legislativa de la Revolución. TURGOT sostiene la abolición de los «corps particuliers», cuya existencia jurídica no puede concebirse entre los sagrados derechos del hombre y la soberanía de la sociedad civil organizada políticamente[317].

Por su parte, ROUSSEAU llevaba la tesis de la abolición a sus consecuencias extremas, en cuanto consideraba que toda «association partielle» constituía una violación y una falsificación de la voluntad general[318].

---

315 Cfr. KANT, *Rechtslehre, II,* Th. I Abs. *Allg. Ammerkungen B* (Edic. cit., VI, pág. 323).

316 *Cfr.* GIERKE, *Das deutsche Genossenschaftsrecht,* vol. III: *Die Staats und Korporationslehre des Altherthums und des Mittelalters und ihre Aufnahme in Deutschland* (Berlín, 1881).

317 Cfr. TURGOT, artículo «Fondation» (1757) en la *Encyclopædie,* vn, p. 75, § 6.

318 Cfr. ROUSSEAU, *Contrat,* etc., II, ch. 3.

La doctrina francesa fue aceptada en Alemania por KANT quien, contra la legitimidad de la corporación, considerada por la escuela de WOLFF, como una asociación Ubre y voluntaria constituida por consenso a semejanza del Estado, sostuvo que solamente el individuo y el Estado de razón tienen existencia jurídica. En ninguna parte de su obra KANT considera las personas jurídicas y las corporaciones como sujetos de derecho[319]. La corporación que tiene por substrato una colectividad de personas y por objeto el logro de fines generales debía parecer un peligro tanto para el Estado, cuya acción podía ser obstaculizada, como para el individuo, cuya personalidad se perdía en la personalidad de la corporación: sin duda contrastaba con la doctrina liberal predominante en la época, y tendiente, por un lado, a liberar al individuo de esas mismas corporaciones tradicionales que eran la Iglesia y el Estado, por otro, a negar al Estado una finalidad propia y una finalidad distinta a la de los individuos que la componen[320].

KANT trata de las corporaciones implícitamente al tratar de los fideicomisos y de las fundaciones con las que las confunde[321]. Se admitía generalmente que la fundación no es una persona jurídica, sino, según definición de KANT, una «sanctio testamentaria benefici perpetui». Fue solamente con HEISE que en 1807, al lado de la única y ya tradicional forma de la *universitas* y, por lo tanto, de la corporación, se planteó una nueva forma de persona jurídica, que no tiene por substrato una colectividad de personas sino de cosas: esta nueva forma es la fundación[322]. En la época de KANT, la opinión pública alemana con respecto a las fundaciones estaba dividida: esto se comprende cuando se piensa que, si la fundación considerada en su momento inicial no salía del número de actos que la voluntad individual crea y modifica, considerada en sus consecuencias, en sus caracteres, en los fines que se proponía, rebasaba de los límites del derecho privado y podía hallarse en abierto contraste con las finalidades individualistas de la época. Unos, en efecto, fundándose sobre el carácter privado de las fundaciones, invocaban su respeto en homenaje a la voluntad del fundador y a la libertad de disponer por testamento. Los otros, considerando el carácter de perpetuidad de las fundaciones, las consecuencias y los fines lesivos de la libertad y propiedad individual, invocaban su abolición pura y simple. Por su parte, los teóricos del absolutismo iluminado habían aceptado la doctrina del derecho común, que consideraba a la fundación de derecho privado, pero la ponía bajo la dependencia o bajo la tutela del Estado, reconociendo a éste la más amplia facultad para rectificar, modificar, integrar la acción de las fundaciones.

KANT se aproxima a esta última opinión; pero el filósofo alemán no podía, por sus principios mismos, reconocer existencia autónoma a las fundaciones en oposición al Estado. Contra los autores que invocaban el respeto por la voluntad del fundador, señalaba el absurdo de la defensa jurídica perpetua de la voluntad de un muerto, el absurdo de una voluntad individual empírica que pretende eternizarse,

---

319 Cfr. GIERKE, *Althusius*, etc. Parte II, c. 5, pág. 258-261.

320 Cfr. G. HUMBOLDT, *Ideen zu einem Versuch, die Grenzen der Wirksamkeit des Staats zu bestimmen* (Berlín, 1792), § 11. Para HUMBOLDT, las corporaciones son simples reuniones de miembros que deciden, por mayoría, sobre el empleo de los medios.

321 Cfr. KANT, *op. cit., Rechtslehre,* Anhang., etc., 8 (Edic. cit. VI, pág. 367). GRADENWITZ, *Der Wille des Stifters* (en «Zur Erinnerung an I. Kant», publicado en el centenario de su muerte por la Universidad de Koenigsburgo, Halle, 1904), pág. 179 y sigs.

322 Cfr. RUFFINI, *Transformazione di persone giuridiche e commutazioni d'ultime volontà* (Milano, 1909), pág. 14.

que tiende a vincular perpetuamente un patrimonio a un fin, que, aun si no obstaculizaba las finalidades del Estado, substraía un patrimonio a veces considerable de la circulación, contra el dogma de la propiedad libre e individual. La fundación, por su carácter de perpetuidad, participaba en la naturaleza del Estado, representaba la inmovilidad en la infinita variedad de la vida jurídica, el respeto a la voluntad del muerto con el sacrificio de los justos derechos de los vivos. KANT, por otra parte, no comparte la opinión de los que pretendían la supresión general e incondicional de las corporaciones y fundaciones, no pudiéndose excluir *a priori* que la fundación puede integrar útilmente la acción del Estado y bastar a los individuos. Pero para eso, es necesario acordar al Estado la más amplia libertad de modificar los fines de las fundaciones, de adaptarlos a los tiempos nuevos, a la nueva conciencia jurídica. El poder que KANT atribuye al Estado en el sentido de conceder, modificar, abolir el derecho de poseer a favor de las fundaciones perpetuas, varía en extensión según la naturaleza y finalidades de ellas. Con respecto a las fundaciones cuyos fines se resuelven en la utilidad general, tales como escuelas, institutos para la asistencia de los pobres, enfermos, etc., el Estado no puede ni abolirías ni destinar su patrimonio a fines esencialmente diversos de los que constituyen el motivo de la fundación: pero puede siempre reformarlos de manera que las finalidades de la fundación sean logradas con medios más adaptados a la índole de los tiempos. Así, según KANT, se proveerá mejor a los pobres y enfermos mediante la ayuda individual en dinero que no limita la libertad, es menos dispendiosa y de mayor eficacia, que no con fundaciones perpetuas. Pues si se trata de fundaciones que instituyen privilegios en beneficio de ciertas órdenes, familias, o de algunos miembros de éstas, el Estado podrá en cualquier momento abolirías como las que son contrarias, por su propia naturaleza, al derecho general de la humanidad (dem allgemeinen Menschenrechte), o, en otras palabras, que implican la violación de los derechos del hombre. La solución propuesta por KANT, no fue la que aceptó el siglo XVIII en materia de fundaciones: en lugar de ellas se prefirió la más simple y radical de la abolición. Si se exceptúa el Código prusiano, en el que prevaleció la doctrina del despotismo iluminado, ni en el Código Napoleón, ni, como veremos, en el Código austríaco, se habla de fundaciones perpetuas, ni se hace referencia al poder del Estado en relación con las disposiciones de última voluntad. No por eso puede decirse que las fundaciones desaparecieron de la práctica como habían desaparecido de la legislación. El concepto de fundación sobrevivió a la oleada de destrucción que tuvo su expresión trágica en la Revolución; a ello contribuyó KANT con su doctrina que tendía a conciliar la existencia de las fundaciones con las exigencias teóricas e históricas del individualismo. Formulada en 1797-98, la doctrina kantiana de las fundaciones constituía el antecedente teórico inmediato de la doctrina que debía reconocer a las fundaciones el carácter de personas jurídicas bajo la dependencia del Estado, doctrina que renació con HEISE en 1807 y que se difundió luego por la gran autoridad de SAVIGNY.

CARÁCTER DE LA ESPECULACIÓN JURÍDICA KANTIANA. LA CRÍTICA DE KANT AL EUDEMONISMO JURÍDICO. KANT CONTRA LA ESCUELA DE WOLFF. KANT Y LA DOCTRINA CONTRACTUALISTA. RELACIÓN ENTRE DERECHO NATURAL Y POSITIVO. DISTINCIÓN ENTRE DERECHO PRIVADO Y PÚBLICO Y EL NUEVO SIGNIFICADO DE LA RELACIÓN INDIVIDUO-ESTADO. LA CONCEPCIÓN DEL ESTADO DE DERECHO EN SUS RELACIONES CON EL INDIVIDUALISMO JURÍDICO.

27. EN SU NUEVA forma, con los nuevos caracteres que asumió en la filosofía kantiana, la doctrina del derecho natural influyó sobre la reforma de la legislación

civil en Austria. La doctrina del derecho natural se despoja, por obra de Kant, de los caracteres empíricos con los que había sido difundida por los jusnaturalistas y se vuelve racional y formal. Ni la consideración del objeto o materia del derecho, ni la del fin, debían entrar en la determinación del concepto de lo justo: prevalecía exclusivamente la forma pura. Solo con esta condición la noción de lo justo, aun siendo una producción subjetiva y *a priori* de la razón, conservaba los caracteres de la objetividad y de la universalidad. El subjetivismo kantiano era esencialmente formal y no podía confundirse con el subjetivismo empírico de los jusnaturalistas del siglo XVIII y de los teóricos de la Revolución. No es la razón empírica la fuente del derecho, sino la razón pura: solamente por su condición de formal, la idea del derecho es *a priori* y objetiva. Se comprende pues cómo Kant no podía hacer consistir la justicia en una cierta medida o proporción de los bienes y utilidades entre los hombres. Tal doctrina remontaba a Aristóteles, para quien el concepto de justicia implicaba la igualdad en el cambio de la utilidad, y la proporción en la asignación de los premios y de las penas. La valoración de lo útil y la del mérito, no podían efectuarse sino con criterio empírico: por consiguiente debía ser material la definición del derecho que se fundaba sobre esta valoración.

Rechazada la concepción del derecho como proporción entre términos indefinidamente variables, Kant lo concibió como condición formal de la vida en común, como limitación recíproca de la libertad exterior en vista de la coexistencia social. El concepto no era nuevo, puesto que sobre la sociabilidad habían fundado la definición del derecho los jusnaturalistas más autorizados desde Grocio hasta Rousseau. La diferencia reside en el carácter formal de la definición kantiana, carácter no solo afirmado por el filósofo alemán, sino también considerado necesario[323].

Así como en su definición del derecho Kant no tuvo en cuenta ni los objetos ni las utilidades, así tampoco tuvo en cuenta el fin, distinguiéndose por ello de los partidarios de Leibniz y de Wolff para quienes el derecho era un medio para la felicidad y la perfección. La unión del derecho con la felicidad constituía un postulado indiscutible del eudemonismo jurídico. El mayor bien, la mayor perfección del individuo constituía la razón de ser de la moral, del derecho y de la política. Kant reacciona contra el supuesto del eudemonismo, y acentúa el dualismo entre la razón y sensibilidad, entre la exigencia ético-jurídica y la natural tendencia a la felicidad. Esta última, indisolublemente ligada a la sensibilidad, no se deja disciplinar por la razón, es un elemento perturbador del orden moral y jurídico, que es el ideal de la razón y representa la verdad. Según Kant la conciencia moral y jurídica se forma y se desarrolla en contraste con la sensibilidad y con la natural tendencia a la felicidad[324]. Es por eso que, contrariamente a la ciega fe de los Iluministas en la eficacia de la cultura y en la fuerza del intelecto como medios para la felicidad, Kant sostiene con Rousseau que el progreso de la cultura complica el problema de la felicidad y hace su solución cada vez más difícil: el progreso humano se mide por el grado en que se realiza la conciencia de la libertad, o sea la conciencia moral y jurídica.

Excluidas las consideraciones de la materia y del fin en la noción del derecho, éste se convierte para Kant en producto de la voluntad. La voluntad, en el sistema

---

323 Cfr. Masci, *La libertà nel diritto e nella storia secondo Kant ed Hegel* (en «Atti della R. Accademia di Scienze Morali e Politiche», vol. 34° (1903), pág. 520).

324 Cfr. Kant, *Congetture sull'inizio della storia del genere umano* (1786).

kantiano, adquiere valor y significado ignorados por los jusnaturalistas que derivaban el orden jurídico, a través de un proceso lógico, de los principios racionales. Los postulados del mundo moral y jurídico son para KANT indemostrables, inaccesibles al entendimiento humano. La personalidad moral es una formación de la voluntad pura, no de la razón[325].

KANT, lo mismo que ROUSSEAU, fue adversario declarado del intelectualismo que desde los comienzos de la edad moderna dominaba en las mentes. Lo que hace al hombre honrado y justo no es el saber, sino el querer. Sin embargo, mientras ROUSSEAU situaba en el sentimiento la esencia de la conciencia moral, KANT identificaba la conciencia moral con la voluntad racional; y para salvar la libertad del querer fue inducido a sustraer la voluntad tanto de las determinaciones del sentimiento como de las de la razón, y hacer de ella un principio autónomo que se determina por sí mismo.

De estas premisas metafísicas derivaba una nueva concepción filosófica del derecho. Este, en efecto, antes que ser una exigencia de razón, devenía un imperativo del querer. La antigua doctrina que buscaba el fundamento del derecho en el mando y en la voluntad del superior, volvía a surgir despojada de todo rastro de empirismo. No el mando del superior, no la voluntad empírica, sino el imperativo de la razón práctica es lo que se convierte en fundamento del derecho. En esta forma, la especulación filosófica venía a reconectarse, con KANT, con la tradición predominante entre los jurisconsultos, según la cual en el derecho se hallaba implícita la noción de mando, mientras que la voluntad era la fuente de las relaciones jurídicas. Al intelectualismo jurídico de los jusnaturalistas, sucedía el voluntarismo, no teológico y empírico, sino racional. El predominio de la voluntad sobre la razón significaba el predominio de las ciencias morales sobre las ciencias teoréticas, y es verdaderamente admirable el esfuerzo de KANT para cimentar sobre bases inconmovibles el edificio ético-jurídico para sustraerlo a las dudas de la razón pura.

El ideal del contrato vuelve en la doctrina kantiana despojado de todo significado histórico; pero tiene un valor racional práctico: no es un «Faktum», sino una «Idee der Vernunft», para la cual es posible construir *a priori* el Estado y justificarlo racionalmente. Por eso KANT se distingue profundamente de los jurisconsultos que le precedieron, sin excluir a ROUSSEAU[326]. Estos invocaban el pacto para explicar el origen histórico y psicológico del derecho y del Estado; para KANT la razón sola engendra el derecho y el Estado: el contrato es la fórmula necesaria para dar fundamento jurídico y legitimidad al Estado. KANT distinguía netamente la cuestión del origen del Estado y del derecho, de su justificación; y mientras abandonaba la primera a la investigación histórica, reservaba la segunda a la especulación filosófica[327].

---

325 Cfr. PAULSEN, *J. Kant. Sein Leben und seine Lehre* (2ª edic., 1899), pág. 381 y sigs.

326 Cfr. en sentido contrario a DEL VECCHIO, *Per la teoria,* etc., pág. 85.

327 Seguimos aquí la opinión de GIERKE *(Althusius,* etc., 2ª edic., Breslau, 1902, II, 2, pág. 120-123, y sobre todo Zusätze, VI, pág. 348-350), contra todos aquellos que (STAMMLER, LIEPPMANN, HAYMANN, DEL VECCHIO) reconectan la doctrina kantiana del contrato con les jurisconsultos y sobre todo con Rousseau. En otro lugar destacamos el vano esfuerzo de atribuir a la idea del pacto en ROUSSEAU, el valor de una simple idea, de una forma abstracta, por la cual solo es posible pensar la existencia jurídica del Estado. ROUSSEAU no confinó al reino de las ideas el pacto social: él condena el Estado histórico solo porque ha surgido de la astucia y de la violencia, y no ya del pacto; quiso ponerlo como fundamento jurídico de la existencia de cualquier estado futuro. Diversamente de Kant, la doctrina del contrato de ROUSSEAU no tuvo simple valor filosófico, sino que estaba destinada a constituir un verdadero programa de acción.

También por obra de KANT venía a presentarse bajo una nueva luz la relación entre derecho natural y positivo. La distinción entre estos dos derechos era el producto espontáneo de las especulaciones relativas a la naturaleza de lo justo en su relación con el derecho vigente. Confusa e incierta en la conciencia jurídica de los romanos, autores de un derecho positivo casi perfecto y correspondiente a las exigencias de un derecho de razón, esta distinción se había afirmado en la Edad Media sin posibilidad de acuerdo, a consecuencia del contraste entre el Estado y la Iglesia, entre las exigencias de la realidad jurídica que extraía sus normas del derecho histórico, sobre todo romano, y las idealidades religiosas y éticas cristianas. El derecho positivo, esto es, el derecho propio del Estado, terminó por identificarse con la voluntad del soberano que, según predominara la tendencia absolutista o democrática, era el príncipe o el pueblo. Dentro de los límites señalados por la voluntad del soberano, casi cual concesión revocable, debía entenderse entonces el derecho subjetivo del individuo. Pero al lado y sobre el derecho positivo, se afirmaba rápidamente por obra de la Iglesia y bajo su influencia, el derecho natural como el verdadero y perfecto derecho. En la Edad Media éste era entendido como expresión, ya de la sabiduría, ya de la voluntad de Dios, como norma objetiva eterna y como mando absoluto, dotado siempre y generalmente de un valor no solo ético y religioso, sino sobre todo jurídico. Mientras que al individuo reconocía derechos inviolables y sagrados, el derecho natural oponía límites insuperables al soberano. Así las libertades de los individuos como las de los pueblos aparecieron históricamente ligadas a la suerte del derecho natural y al grado en que éste se oponía al derecho positivo, el cual dio los más sólidos fundamentos al absolutismo[328].

Los jusnaturalistas desarrollaron la distinción entre derecho natural y positivo, según sus tendencias en sentido favorable al individuo o al Estado. Los fautores del absolutismo despótico e iluminado consideran como verdadero derecho al derecho positivo que emana de la voluntad del príncipe, y si no identificaron el derecho natural con el derecho positivo para suprimir las razones mismas del contraste (HOBBES), plantearon el derecho natural como un verdadero derecho aunque imperfecto (PUFENDORF y su escuela). Predominante fue la dirección opuesta que reconocía al derecho natural, librado de todo significado teológico y fundado en la naturaleza del hombre y de la sociedad, el carácter de verdadero y propio derecho. El derecho natural, entendido objetivamente como norma de razón o de naturaleza, y subjetivamente como el complejo de los derechos inherentes a la personalidad, se convirtió en el ideal sobre el cual debía modelarse el derecho positivo. En el siglo XVIII las pretensiones del derecho natural aumentan en cuanto tiende a absorber en su seno al derecho positivo, a presentar a éste como un no-derecho y también como un derecho injusto, fundado sobre la fuerza del arbitrio o de la tradición. El derecho natural es invocado ya para poner los límites jurídicos a la acción del Estado, a dar la fórmula racional de la sociedad civil. El movimiento culmina con KANT, que cierra el período de los contrastes entre el derecho natural y positivo y señala el principio de una nueva y definitiva orientación de las mentes en lo referente a la relación entre el derecho filosófico y el derecho histórico.

Contra la tendencia de los jusnaturalistas a concebir genérica y empíricamente el derecho natural, a extender su esfera hasta comprender en él todas las normas de conducta cualquiera fuera su naturaleza, KANT determina el contenido específico del derecho natural, liberándolo de todo elemento empírico, ético y político. Conteni-

328 Cfr. GIERKE, *op. cit.*, II, 6, pág. 266-279.

do específico del derecho natural es el derecho (libertad exterior) construido *a priori* por la razón práctica, universal en cuanto tal, inmutable y anterior al Estado. El derecho natural es el único verdadero derecho, pero en el estado de naturaleza tiene carácter provisional, le faltan condiciones para que pueda valer universalmente: su eficacia y realización universal están condicionadas a la existencia del Estado, es decir, a su transformación en derecho positivo y perentorio del estado civil. Para KANT el derecho positivo se distingue, pues, del natural solo en cuanto presupone la existencia del Estado que lo hace suyo y garantiza su observancia. Y, sin embargo, cuando KANT afirma que el derecho positivo *(statutarische)* se distingue del derecho natural que reposa en principios *a priori,* en cuanto emana de la voluntad del legislador[329], no entiende por tal la voluntad arbitraria del legislador, sino la voluntad sometida a la razón pura, que es el único fundamento, observa KANT, de toda posible legislación positiva. En la razón pura el legislador puede hallar el único y universal criterio para lo justo como para lo injusto, criterio que no puede ser dado por el empirismo de las legislaciones positivas. KANT superaba, pues, la dificultad de realizar práctica y eficazmente el derecho natural; dificultad que había dividido a los jusnaturalistas, y que había inducido a PUFENDORF y a su escuela a considerar al derecho natural como un derecho imperfecto. Según KANT el derecho natural tiene, ciertamente, necesidad del Estado para hacerse valer eficazmente; pero el Estado, a su vez, debe entenderse como el órgano de realización de la idea del derecho.

En el concepto de derecho positivo KANT no comprendía al derecho histórico, empírico[330]. A este último se refiere implícitamente en la distinción que hace entre justicia objetiva privada, que resulta de la decisión de la conciencia y de la razón, y justicia subjetiva pública, tal como entienden y aplican los Tribunales. Según KANT existen condiciones de hecho que impiden en los Tribunales la aplicación pura y simple del principio jurídico objetivo. Mientras el legislador propone el principio abstrayéndolo de sus aplicaciones, el juez debe considerar el principio en relación con el caso que está llamado a juzgar: esto perturba la lógica jurídica abstracta y hace que la sentencia del juez no pueda estar exenta de elementos subjetivos, empíricos. KANT reconoce que el legislador puede a veces, al dictar las leyes, tomar en cuenta las especiales exigencias de hecho a que debe ser aplicado el principio jurídico; en tal caso obedece a consideraciones empíricas e inspira su obra más que en el derecho de razón, en la experiencia histórica y en la tradición jurídica[331].

---

329 KANT, *Anfangs,* etc. *Einl. in die Metaph. d. Sitten,* «Einth. d. Rechtsl. B.».

330 JANET, *op. cit.,* § 3, confunde el concepto de derecho positivo con el concepto kantiano de la justicia subjetiva, por lo que destaca entre el derecho natural y positivo un contraste que no existía en el pensamiento de KANT. KANT trata de la relación entre justicia objetiva y subjetiva en su *Rechtslehre,* I, § 36 y sigs.

331 KANT *(Rechtslehre,* I, 3, § 37-40) se refiere a cuatro casos de antinomia entre el derecho natural *y* el derecho subjetivo de los Tribunales. El primer caso es el de la donación en la cual, contra el principio del derecho natural «nemo suum jactare praesumitur» el donante puede, con sentencia de juez, ser obligado al cumplimiento de la promesa hecha de donar. El segundo caso se refiere al comodato, en el que, según el derecho natural «casum sentit commodatarius», mientras que en el estado civil la sentencia del juez consagra que «casum sentit dominus». En un tercer caso, la cosa ajena no puede, por derecho de naturaleza, ser vendida, mientras que, según el derecho civil y por razones de conveniencia *(nach der Convenienz),* el poseedor de buena fe se convierte en verdadero propietario del objeto, quedando al primer propietario la posibilidad de recurrir contra el vendedor. En otras palabras, en el derecho natural el propietario, según KANT, tiene un derecho real sobre la

KANT no negó la necesidad y la legitimidad de un derecho histórico, sino que quiso solamente destacar la diferencia específica y profunda que existe entre la justicia absoluta de razón y la justicia relativa que vive y se aplica en la realidad concreta. Las dos formas de justicia proceden distintas y separadas, obedecen a principios y a exigencias diversas, pero son igualmente legítimas y verdaderas, cada una desde su propio punto de vista. De ahí procede la consecuencia de que para KANT el derecho filosófico y el derecho histórico constituyen dos campos cerrados e independientes, contrariamente a la tendencia general de los jusnaturalistas que confunden las exigencias reales de la justicia con sus exigencias racionales, el punto de vista práctico y el teorético. Circunscribiendo el campo del derecho natural y del derecho histórico, KANT proveía mejor a sus condiciones de desarrollo: por un lado el derecho natural, desligado ya de consideraciones de orden empírico, readquiría plena e ilimitada libertad de acción; de otro lado quedaba consagrada la autonomía y la legitimidad del derecho histórico, a cuyo desarrollo no podían constituir más obstáculo las especulaciones filosóficas sobre la naturaleza de lo justo.

El derecho natural, en cuanto producto de la razón práctica, no está condicionado a la existencia de un estado civil, no puede concebirse, según KANT, sino como derecho privado y como derecho individual. El estado civil en el pensamiento de KANT es una exigencia racional no para la existencia del derecho natural, sino para garantizar su universalidad y su observancia real contra el arbitrio y las tendencias irracionales del individuo. A éste tiende la sustitución de la voluntad y razón colectivas a la voluntad y *razón* individuales, por la que el derecho natural, antes de ser la expresión de la razón privada, se convierte de hecho en la expresión de la razón pública. La distinción entre derecho privado y derecho público tiene en KANT un carácter esencialmente formal, por cuya razón quedaba superado también en este aspecto aquel punto de vista empírico de los jusnaturalistas que, cuando no llevaba a contraponer el derecho público al privado, llevaba a la absorción del uno dentro del otro. La armonía real del derecho público y privado que era en Roma el reflejo del acuerdo armónico entre individuo y Estado, se había perdido en los comienzos de la edad moderna con la lucha del individuo contra el Estado y con la consiguiente escisión del derecho privado y público. Por otra parte, el significado clásico del derecho privado, de un derecho cuyo objeto era la actividad del individuo que se desarrollaba en la esfera del derecho público en orden a su particular utilidad, había dado lugar, en la escuela del derecho natural, al nuevo significado de un derecho esencialmente individual, de un derecho que el individuo construye por sí mismo, fuera del Estado y en oposición a las finalidades públicas. Ahora, el nuevo problema que se presentaba a la nueva conciencia jurídica, era el de resolver el inevitable contraste entre derecho público y privado. Para resolverlo, diversas tendencias se afirmaron en la escuela del derecho natural. Todos de acuerdo en identi-

---

cosa, cualquiera sea la persona a quien pertenezca, mientras que el poseedor de buena fe no tiene más que un derecho civil. Finalmente, según el derecho de naturaleza no puede obligarse al juramento, mientras que en el derecho civil el juramento es reconocido como medio de prueba. Fue, sin duda, el amor al paralelismo y a la simetría lo que condujo a KANT a admitir estas únicas cuatro antinomias jurídicas a semejanza de las cuatro antinomias de la razón pura. Y así como aquí resolvió las antinomias distinguiendo entre el reino de la naturaleza y el reino de la libertad, en la doctrina del derecho resolvió la contradicción mediante la distinción de la justicia subjetiva (de los Tribunales) y objetiva (de la razón).

ficar el derecho natural con el derecho privado, los sostenedores del absolutismo negaban con Hobbes al derecho privado, el carácter de un verdadero derecho; Pufendorf lo consideraba como un derecho imperfecto; los representantes del pensamiento liberal, junto con Locke, daban al derecho privado un valor exclusivo y preponderante sobre el derecho público. El pacto fue la condición empírica o lógica de la que se valieron los jusnaturalistas, y sobre todo los partidarios del absolutismo en todas sus formas, para afirmar la exigencia política o social contra las consecuencias extremas del individualismo del derecho de naturaleza. En cuanto a Rousseau, no vemos cómo pueda reconocerse en él al predecesor inmediato de Kant. En el *Contrat social,* expresión típica del absolutismo democrático, todo dualismo queda anulado: el hombre se pierde en el ciudadano, el derecho privado es absorbido por el derecho público. En Kant las diversas tendencias concurren y se concilian sobre un nuevo fundamento.

Invocando la conocida distinción entre materia y forma, Kant considera al derecho público como la forma del derecho privado: en otras palabras, la distinción entre derecho público y privado es, según Kant, formal, no material; corresponde a la distinción entre estado civil y estado de naturaleza. Ahora bien: el estado civil no crea un derecho nuevo: él «enthält nicht mehr, oder andere Pflichten der Menschen unter sich, als in jenem (dem Privatrecht) gedacht werden können: die Materie des Privatrechts ist eben dieselbe in beiden»[332]. Como la sociedad civil no se contrapone al estado de naturaleza, sino que deriva necesariamente de ésta, el derecho privado y público no constituyen dos derechos contrapuestos. El único derecho es el derecho natural; la única fuente de la que emana es la razón. El derecho público no tiene contenido propio ni es fin en sí mismo: sirve a los fines del derecho privado, a cuyo contenido no quita ni agrega nada: puede decirse que es la forma, la garantía del derecho privado, la condición por la cual éste puede ser reconocido y respetado universalmente[333].

Desde el lado formal, el derecho no puede sino ser público, por cuanto es una exigencia de la razón el que la voluntad colectiva sustituya a la voluntad individual, sujeta a desviaciones, en la aplicación e interpretación del derecho natural. Por otra parte, la organización de la justicia pública, en que consiste esencialmente el estado civil, está hecha para confirmar al derecho privado y natural, y no para modificarlo, lo cual no impide que el contraste entre derecho privado y público, inconcebible en el dominio abstracto de la razón, pueda surgir en la realidad empírica. En la doctrina jurídica de Kant, penetraba la distinción entre realidad fenoménica y nouménica, por la cual las exigencias ideales de la justicia no siempre podían traducirse en la realidad variada y múltiple de los hechos.

La doctrina de Kant relativa a la relación entre derecho público y privado no puede tomarse separadamente del nuevo significado que asumía en su sistema la relación individuo o Estado. La mayor discrepancia de opiniones, la mayor incertidumbre de principios sobre el particular, reinaban en la escuela del derecho natural. Esta representaba la tendencia a romper la relación entre individuo y Estado, a afirmar al individuo y a su derecho como única realidad. Tampoco los jusnaturalistas, que como Grocio y sus partidarios admitían el origen social del derecho, entendían

332 Cfr. Kant, *op. cit. Rechtslehre, I,* § 41.

333 Las leyes del derecho público *(Id., id.)* «betreffen also nur die rectliche Form ihres Beisammenseins (Verfassung), in Ansehung deren diese Gesetze nothwendig als öffentliche gedacht werden müssen».

a la sociedad como un ente distinto de los individuos: con Aristóteles, atribuían al individuo tendencias sociales originarias, de las que seguían la vida en común y el derecho. Y si el estado de naturaleza, con el progreso de los tiempos, terminó por significar un estado ideal de relaciones sociales y jurídicas, también en el siglo XVIII continuó concibiéndose como el reino del derecho natural, absolutamente apolítico: un estado en el que la fuente exclusiva del derecho era el individuo, sus exigencias egoístas o sociales, sensibles o racionales. El Estado, pues, no podía concebirse de otra manera que como el resultado de un contrato, por lo que se planteaba también para los jusnaturalistas el problema de la relación entre estado de naturaleza y estado civil, entre el individuo, dotado de derechos originarios, y el Estado con sus prerrogativas y exigencias de orden público. A este respecto se manifestaron dos tendencias en el seno de la escuela del derecho natural: la tendencia absolutista en todas sus formas y grados, de Hobbes a Pufendorf y Rousseau, y la tendencia liberal personificada en Locke.

Por un lado, se sostenía que, con el resurgimiento del Estado, se cerraba la era del derecho individual; que el estado de naturaleza era total o parcialmente sustituido por el estado civil; que el individuo, al entrar a formar parte del Estado, renunciaba a favor de él a sus naturales derechos, o, cuando menos, al derecho de hacerlos valer; esta renuncia, de todos modos, no implicaba por parte del Estado la facultad de violar los sagrados derechos de la personalidad, sino que era un medio para garantizar mejor su observancia. Por otra parte, los partidarios de la escuela liberal daban al pacto de constitución política, finalidades más restringidas y un significado muy diferente: éste no inauguraba un nuevo orden de relaciones jurídicas, sino que continuaba e integraba el estado de naturaleza: el individuo conservaba en el Estado su derecho natural íntegro y solo hallaba medios más eficaces de defensa jurídica.

También en este aspecto, Kant resume y encamina por nuevos rumbos a la ideología del derecho natural en sus diversas tendencias. En Kant aparece cumplida y definitiva la transformación del estado y del derecho de naturaleza en un estado y derecho de razón: con ello, Kant se sustraía a la acusación de recurrir a ficciones para justificar el fundamento del individualismo jurídico: esta acusación tenía efecto sobre todo contra los jusnaturalistas, que no habían superado el punto de vista empírico en las concepciones relativas al derecho natural. La exigencia racional que, en forma consciente o inconsciente, estaba ínsita en todos los sistemas nacidos de la escuela del derecho natural, se presenta en Kant aislada y separada de todo elemento empírico. Y mientras Kant negaba toda realidad empírica al Estado y al derecho de naturaleza, al contrato político y social, reconocía a tales conceptos una realidad muy firme y duradera en otra forma: la realidad racional libre de toda condición de tiempo y de espacio. Planteada la necesidad racional del individuo, del Estado y del pacto político, desaparecía el dualismo entre individuo y Estado, entre estado de naturaleza y estado civil, y así venía a resolverse la cuestión de su recíproca relación. La contradicción entre individuo y Estado, entre estado de naturaleza y estado civil, posible, o más bien inevitable, si el problema de su relación se examinaba sobre la base de su existencia fenoménica, se resolvía en el mundo nouménico, en el cual tales conceptos se consideran abstracta y formalmente.

La vida civil era reducida por Kant a su más simple expresión; el individuo por un lado, y el Estado abstracto de razón por el otro, constituyen la única realidad: no hay ningún cuerpo intermediario entre ellos. La fuente exclusiva del derecho es el individuo, su naturaleza racional. El Estado no pone el derecho: pero lo realiza, lo garantiza, lo sanciona. Y si en la sociedad civil el derecho es emancipación del Estado, ello no significa para KANT que modifique su naturaleza individual. Como la voluntad general no es más que la suma de las voluntades individuales, así el derecho que emana del Estado no es más que el mismo derecho individual universalizado y garantizado. Solo en cuanto el individuo sigue como motivo de su obrar al egoísmo, el interés puede contrastar con el Estado, órgano de la razón universal: pero la razón de ser del Estado está precisamente en la necesidad de contraponer una fuerza racional a los móviles egoístas del hombre, los cuales son fuente de injusticia, de desigualdad y de desorden social.

Si el Estado no tiene fines propios, sino que deriva su fin del derecho individual que debe garantizar, queda eliminada toda posibilidad de contraste entre éste y el individuo. Bajo este aspecto, KANT venía a situarse al lado de los mayores representantes del pensamiento jurídico liberal, particularmente al lado de LOCKE. No por esto el liberalismo kantiano debe considerarse como el desarrollo lógico del liberalismo de LOCKE. Llegaron al mismo resultado por principios opuestos y por caminos diversos. KANT idealizó el pensamiento liberal, desligándolo del empirismo que le caracterizaba en LOCKE y su escuela. El ideal liberal y constitucional no es más una exigencia de la naturaleza sensible del hombre, sino de su naturaleza racional. A la justificación económica, empírica del individualismo, común en diferente grado a todos los jusnaturalistas, KANT contraponía la justificación abstracta y racional, que prevaleció en los códigos de derecho privado, particularmente en el Código austríaco.

Pero en otro aspecto se diría que KANT coincide con ROUSSEAU, y que con éste llega a la justificación del absolutismo. Es sabido, en efecto, que KANT proclamó en la forma más categórica la omnipotencia formal del Estado como así también la obediencia absoluta e incondicionada por parte de los súbditos. Sin embargo, mientras que en ROUSSEAU y, en general, en los jusnaturalistas (HOBBES, PUFENDORF, WOLFF) sostenedores del absolutismo, la omnipotencia del Estado era la consecuencia del contrato, en KANT era una exigencia de la razón. Podría reprocharse a KANT el haber incurrido en contradicción cuando fueran incompatibles el individualismo y el absolutismo. Pero es harto sabido que en el siglo XVII y en el XVIII el ideal individualista era tan común a los partidarios como a los adversarios del absolutismo: la diferencia solo residía en los medios propuestos, pues mientras unos querían que los fines del individuo fueran alcanzados mediante el Estado, los otros, es decir, los partidarios de esa dirección llamada liberal o constitucional, situaban en la libertad desligada de los frenos legales y en la iniciativa del individuo, la condición de todo progreso y de toda felicidad. Ahora KANT, distinguiéndose también en esto de los jusnaturalistas, y elevándose sobre ellos, abrió una nueva perspectiva a la solución del problema de la relación entre individuo y Estado, tratando de asociar ambas direcciones del pensamiento, la absolutista y la liberal, hostiles entre sí a pesar de la identidad del fin. El concepto de que se valió KANT para tal objeto, fue el concepto de Estado de derecho. Este es el Estado que extrae su finalidad, su razón de ser y sus límites, del mismo derecho que está llamado a garantizar. La concepción de un Estado de derecho fue el más alto grado de desarrollo que alcanzó el individualismo en el dominio de las ciencias jurídicas y políticas: nacía necesariamente de la elaboración hecha por los jusnaturalistas, de un derecho natural originario, inviolable, inherente a la personalidad. Empero, solo en KANT esa concepción adquiría forma y determinación definitivas, por lo que el Estado aparecía como el guardián y el defensor de los derechos del hombre. En esta forma, individuo y Estado se encontraban y se integraban recíprocamente: puesto que si la razón individual es la causa verdadera y única del derecho, solo el Estado puede interpretarlo y hacerlo valer. En la doctrina del Estado de derecho, mientras por una parte se respetaba el principio tan caro para la escuela liberal, según el cual el Estado existe para el individuo y para la defensa del derecho individual, por otra parte se afirmaba implícitamente la omnipotencia formal del Estado, en cuanto solo al Estado, es decir, solamente a la razón colectiva, corresponde determinar lo que es derecho y el modo de garantizarlo. En el Estado de derecho el individuo, por lo tanto, no declara su derecho: además, el Estado no crea el derecho sino que lo deriva de la personalidad abstracta y práctica del hombre. La idea individual mediante el Estado de derecho fue la fórmula aceptada por KANT, fórmula que debía reunir en un único intento tanto a adversarios como a partidarios del liberalismo y del absolutismo.

La misma concepción del Estado jurídico, permitió a KANT resolver la discutida cuestión del derecho de resistencia a las violaciones del derecho individual por parte del Estado, a las indebidas injerencias del derecho público en la esfera reservada al derecho privado. El principio medioeval por el cual no había ninguna consideración que pudiera privar del derecho y del deber de resistencia pasiva a las imposiciones del soberano que fueran contrarias al derecho de naturaleza, se había transformado en el siglo XVI, por obra de los monarcómacos (Buchanan, Languet, Iunius Brutus) en un verdadero y propio derecho de resistencia activa que justificaba, en los casos extremos, hasta el homicidio del tirano. Esta cuestión fue una de las más discutidas en el seno de la escuela del derecho natural. Los partidarios del absolutismo a ultranza negaban en todos los casos y bajo cualquier forma, el derecho de resistencia (HOBBES): otros, más moderados, aun afirmando el principio de la omnipotencia del soberano y la prohibición del derecho de resistencia, reconocían la necesidad de oponer límites jurídicos al poder del soberano, en defensa de los derechos sagrados de la personalidad (PUFENDORF): otros, siempre dentro del ámbito del absolutismo, terminaron por reconocer, sobre el ejemplo de GROCIO, aunque excepcionalmente y en casos extremos, la evidente necesidad de un derecho de resistencia activa (WOLFF y su escuela). Para los partidarios de la soberanía popular, el derecho de resistencia en la forma de revolución colectiva se convertía en condición y atributo esencial del pueblo soberano, concebido superior a la ley y no vinculado de ningún modo a ésta (ROUSSEAU). También la doctrina constitucional elevó a dogma el principio de la obediencia condicional, y admitió el derecho de resistencia contra los actos ilegales del soberano lesivos para los derechos del pueblo, o aun solamente los de los privados, fundados en la naturaleza o en la constitución (LOCHE). Por lo general, se justificaba tal derecho con el argumento de que, roto el pacto social, resurgía íntegramente el derecho natural de la defensa legítima.

Entre las dos corrientes de pensamiento, KANT parece romper bruscamente con la predominante doctrina liberal, para volver a la tesis absolutista pura y simple, sin tener siquiera en cuenta los temperamentos con que la presentaban sus partidarios. KANT proclama, con la omnipotencia formal del soberano, la prohibición del derecho de resistencia en todos los casos y bajo cualesquiera formas[334]. No por ello entendía legitimar la violación del derecho individual por parte del soberano: también en este aspecto, seguía permaneciendo substancialmente fiel a la tesis liberal que, a su juicio, se identificaba con el Estado de derecho. El derecho de

[334] Cfr. KANT, *op. cit.*, *Rechtslehre*, II, § 49, Allg. Anm. A.

insurrección debía aparecer, para KANT (como era en efecto), la negación del concepto del Estado de derecho que él concebía en interés, sobre todo, y en defensa del individuo y de su derecho. Decir Estado de derecho significaba concebir al Estado en función del derecho, que para KANT solo podía ser racional e individual. Estado y derecho no son términos contrapuestos sino recíprocos: el Estado es lo que es el derecho; no puede ser la negación del derecho porque no puede ser negación de sí mismo. La omnipotencia formal del soberano es una exigencia del Estado de derecho. La doctrina constitucional y democrática de LOCKE y de ROUSSEAU estaba completamente penetrada del prejuicio contractualista, al punto que hacía del individuo el autor del Estado y, por lo tanto, el custodio y vengador del derecho violado. Para KANT el individuo y su derecho no pueden concebirse racionalmente antes o fuera del Estado, y la defensa del derecho debe ser comprendida dentro del Estado y mediante el Estado. La omnipotencia formal del Estado comporta, pues, sustraer la defensa del derecho al arbitrio y a la violencia individual o colectiva, y elevarla a función esencialmente política. En el principio de la división de los poderes, en la organización autónoma del poder judicial, KANT, lo mismo que MONTESQUIEU, de quien sufrió evidente influencia, hallaba una garantía para los derechos del hombre mucho más eficaz que en cualquier acción violenta y revolucionaria. Eliminados el estado de naturaleza y el contrato como causas generadoras del Estado, planteada la necesidad racional del Estado para la actuación del derecho, la prohibición del derecho de revolución, y la omnipotencia formal del Estado devenían afirmaciones lógicas y necesarias.

Pero lo que más nos interesa destacar es el significado de la doctrina kantiana del Estado de derecho en la historia del individualismo jurídico. Ella señalaba la conciliación del individuo con el Estado, del derecho privado con el derecho público, cosas que las hipótesis del estado de naturaleza y del contrato habían obstaculizado: ella representa el connubio ni híbrido ni ecléctico sino fecundo y duradero de los mejores elementos que la escuela del derecho natural, en dos siglos de especulación, había elaborado en forma desordenada en direcciones opuestas de pensamiento, caracterizadas por una híbrida mescolanza de exigencias racionales y empíricas. La concepción del Estado de derecho fue la forma abstracta que revistió el individualismo jurídico; en esta forma, dominó sin oposición en la doctrina y en la legislación pública y privada, mientras se mantuvo como dogma el significado individualista del derecho y del Estado y las influencias económicas y sociales no sobrevinieron para obscurecer la clara cuan simple concepción jurídica de la relación entre individuo y Estado, ni para perturbar su armonía ideal.

La era de las discusiones, de los contrastes teóricos para preparar una concepción jurídica y política correspondiente a las idealidades del hombre moderno, se detenía con KANT: ya se había encontrado la base firme y definitiva del individualismo jurídico: de ella se desarrollaron las constituciones por un lado, y las codificaciones por el otro. También los códigos que, como el prusiano y el francés, fueron preparados al margen de la concepción del Estado de derecho, aunque no contra el espíritu que la animaba, terminaron por aceptarla como la justificación más clara y simple del trabajo cumplido con criterios a menudo empíricos y bajo la presión de los acontecimientos históricos. Pues, si con respecto a tales códigos la doctrina del Estado de derecho representa un correctivo postumo, constituye asimismo la premisa y el fundamento lógico del Código austríaco, justamente considerado como la expresión genuina del pensamiento filosófico y jurídico kantiano en el campo del derecho privado.

KANT Y LA REFORMA DE LA LEGISLACIÓN CIVIL. DISTINCIÓN ENTRE MATERIA Y FORMA DEL DERECHO. INFLUENCIA Y DIFUSIÓN DE LA FILOSOFÍA JURÍDICA DE KANT EN ALEMANIA. LOS JUSNATURALISTAS WOLFIANOS Y KANTIANOS Y SUS DISPUTAS. LA CUESTIÓN DE LAS RELACIONES ENTRE EL DERECHO VIGENTE Y EL DERECHO FILOSÓFICO. EL DESARROLLO DEL PENSAMIENTO JURÍDICO DE KANT A LOS EFECTOS DE LA REFORMA CIVIL, POR OBRA DE ZEILLER. EL SISTEMA DE DERECHO PRIVADO DE ZEILLER Y LAS INFLUENCIAS KANTIANAS.

28. ANTES aún de que KANT publicara su obra relativa a la metafísica del derecho *(1796-1797)*, la influencia de su filosofía y sobre todo de la *Crítica de la razón práctica*, había penetrado en Alemania en los estudios jurídicos, despertando nuevas tendencias en abierto contraste con las idealidades del Iluminismo filosófico de donde se había engendrado el Código prusiano. Las discrepancias entre la nueva dirección kantiana y la que procedía de WOLFF habían sido destacadas por el mismo KANT. Desde 1786 en un comentario crítico a la obra de HUFELAND sobre el *Grundsatz des Naturrechts*, KANT reprochaba a este autor el haber establecido el fin supremo del derecho en el perfeccionamiento humano, el haber establecido la coacción al servicio de un fin subjetivo[335]. En 1789 respondía a JUNG-STILLING, que le invitaba a escribir una «wahre und reine Metaphysik der Gesetzgebung», destacando las consecuencias lógicas que derivaban de su filosofía para el estudio del derecho y, en particular, para la reforma de la legislación civil, que debía tender a traducir el derecho de naturaleza —considerado como una idea pura— en normas positivas y coactivas con valor universal. Desarrollando su pensamiento, KANT declaraba que las normas jurídicas deben reflejar la idea pura del derecho respecto a las cuatro categorías lógicas de la cualidad, de la cantidad, de la relación y de la modalidad. Con respecto a la cantidad, las normas jurídicas deben ser universales, es decir, deben valer para todos igualmente; con respecto a la cualidad, deben tender a garantizar coactivamente no la felicidad de cada individuo, sino el respeto de la libertad recíproca; con respecto a la relación, no deben regular las relaciones que tiene el hombre con Dios y consigo mismo, sino solamente las que tienen por término a los demás, y, por fin, con respecto a la modalidad, las normas jurídicas no deben ser limitaciones arbitrarias de la libertad exterior, pero sí deben ser impuestas por la necesidad de garantizar las condiciones imprescindibles de la vida en común. Con estas palabras KANT planteaba las condiciones formales de cualquier reforma de la legislación civil, a la que no preocupa la materia o el contenido sino solamente la forma de sus prescripciones.

La distinción kantiana entre la forma y la materia del derecho fue el tema de las numerosas polémicas que tuvieron lugar en Alemania, después de 1790, entre los jusnaturalistas; por eso la obra de KANT sobre la metafísica del derecho, publicada en 1796, no hizo sino dar fuerza y autoridad a una dirección que contaba ya con muchos partidarios[336].

---

[335] HUFELAND (1760-1817), fue el representante del kantismo en Jena. El comentario de referencia aparece en la «Jenaer Allg. Litt. Zeitung» (1786, Nº 92). En el *Lehrbuch des Naturrechts* (Leipzig, 1790; 2ª edic., Jena, 1795), este autor se adhirió a la dirección jurídica kantiana.

[336] LANDSBERG *(Geschichte der deuts. Rechtwiss.* 3 Abt. 1 Halb. München, 1898, 12, cap. III, 2) recuerda, entre los primeros jusnaturalistas partidarios de KANT, además de HUFELAND, a SMALZ *(Das reine Naturr.*, Königsberg, 1792, 2ª edic., 1795), KLEIN *(Grundsätze der naturr.*

Plantear las condiciones formales del derecho y de las instituciones jurídicas se convirtió en objeto principal del filósofo del derecho, que vino a distinguirse, por eso mismo, de los jusnaturalistas preocupados sobre todo de la materia y de los fines del derecho, es decir, de buscar un principio que contuviera en germen todo el derecho positivo y del cual éste pudiera desarrollarse por pura virtud lógica.

Como consecuencia de la reforma filosófica de KANT quedaba planteada de una manera nueva la cuestión de las relaciones entre el derecho existente y el derecho filosófico a los efectos de la reforma civil. En los jusnaturalistas la exigencia deontológica, o sea la preocupación de poner el derecho natural al servicio de la reforma civil, había engendrado una deplorable confusión por lo que, de un lado, se buscaba traducir en los hechos el derecho ideal, mientras del otro, se trataba de idealizar el derecho positivo. Contra esta tendencia se alza KANT para proclamar el principio de que el derecho racional y el derecho empírico se desarrollan en campos diversos, se hallan entre sí como la forma y la materia, como lo universal y lo particular, como la razón y el albedrío, por cuyo motivo no puede concebirse ni la substitución del derecho natural al derecho empírico, ni la transformación de éste en derecho ideal. De ningún modo KANT trató de atenuar el dualismo insuperable entre el derecho filosófico y el derecho fenoménico: antes bien, hizo de ellos la razón de ser de la crítica filosófica aplicada a los estudios jurídicos. El derecho empírico no es elemento esencial de un sistema de filosofía jurídica: a éste solo puede proporcionarle ejemplos o temas de observación[337]. La experiencia jurídica por sí misma escapa a toda sistematización filosófica, la que solo es posible mediante las formas racionales *a priori*. Pues si en la realidad jurídica concurren elementos formales y materiales cuya completa separación es imposible, según afirmación del mismo KANT, esto nada quita a la exigencia teorética de su separación y consideración. Por otra parte, el carácter formal de la especulación kantiana, incompatible con toda finalidad práctica de reforma, no excluía la exigencia deontológica. Esta no debía nacer de la consideración de la materia o del fin del derecho, como en los jusnaturalistas, sino de la misma naturaleza formal del derecho, que significaba el deber ser, lo absolutamente necesario frente al ser relativo e imperfecto del derecho existente. De todos modos, es verdad que la cuestión de las relaciones del derecho natural y positivo no atraía en forma particular la atención de KANT. Su silencio frente a la codificación, que implicaba la resolución de las relaciones entre el derecho filosófico y el derecho fenoménico, entre la teoría y la realidad jurídica, constituye la prueba más evidente. Correspondía a sus continuadores desarrollar su pensamiento y someterlo a las exigencias de las reformas civiles. Entre éstos, el más conocido y autorizado fue FRANCISCO ZEILLER, alma y cerebro de la codificación austríaca.

En ZEILLER, la relación entre derecho natural y positivo surge más clara y determinada: es en la forma por él expresada como se entendió generalmente esta relación. La distinción kantiana entre derecho natural y positivo se prestaba al

---

Rechtwiss. Hal. 1797), KOLSCHÜTTER *(Vorlesungen ueber den Begriff der Rechtswiss.* Leipzig, 1798), GROSS *(Lehrbuch der phil. Rechtswiss.* Tübingen, 1802, 6ª edic. 1841). Para una bibliografía completa de los jusnaturalistas que sufrieron la influencia de KANT y aceptaron sus principios fundamentales, ver ZEILLER, *Das naturrliche Prirat-Rechts* (1ª edic., 1802; 3ª edic., 1819, Viena; 4ª edic., 1838), § 37-38. Cfr. también ROSENKRANZ, *Geschichte der kant. Philos.* (Leipzig, 1840) libro III, parte 1, cap.I y II.

337 Cfr. KANT, *Anfangsgründe,* etc.; Prólogo, pág. IV.

equívoco, pues en el sistema kantiano el derecho positivo no es sinónimo de derecho fenoménico, y mucho menos de derecho histórico. Para KANT, el derecho positivo es el mismo derecho de naturaleza emanado del legislador, es el derecho de razón promulgado, es el deber ser jurídico traducido en formas legislativas. Al derecho positivo así entendido, se oponía el concepto de los jusnaturalistas para quienes el derecho positivo era él derecho vigente en la realidad de hecho, fruto del arbitrio o dictado por consideraciones de orden práctico o político. KANT, en los raros casos en que aludió al derecho positivo en este sentido, utilizó, para señalarlo, la expresión de derecho o de justicia subjetiva. No es inútil observar que, también en este sentido empírico, la expresión de derecho positivo no podía confundirse ni con el concepto histórico ni con el concepto de derecho positivo que habían de generalizar más tarde las escuelas positiva e histórica. En la época de la codificación era absolutamente extraña la concepción de un derecho concebido como producto fatal y necesario de una supuesta causalidad histórica y física que se desarrollara al margen del arbitrio de los hombres. El mismo derecho positivo vigente era, sin embargo, considerado siempre como obra arbitraria y reflexiva del legislador. Claro que la crítica kantiana contra el empirismo de los jusnaturalistas no iba dirigida contra el significado y el uso empírico del derecho positivo, sino más bien contra su concepción empírica del derecho natural, contra la intromisión de elementos materiales en el concepto puro de derecho natural.

ZEELLER, al definir el derecho positivo en sus relaciones con el natural, funde el significado formal y racional kantiano del derecho positivo con el significado empírico de los jusnaturalistas. Desde un punto de vista estrictamente formal, el derecho positivo es el que emana de la voluntad del legislador; considerado en su contenido, el derecho positivo no es solamente el derecho natural traducido en normas o la determinación y el desarrollo deductivo de los principios del derecho natural como había sostenido KANT, sino que, según el significado tradicional aceptado por los jusnaturalistas, resulta de todas aquellas normas que se forman en el tiempo y en el espacio y que son dictadas por consideraciones prácticas y políticas. Sin embargo los códigos, que debían considerarse como forma concreta del derecho positivo privado, contienen, por una parte, normas de derecho natural, y por otra, normas de derecho inspiradas en especiales circunstancias y condiciones de tiempo, de lugar y de personas. La categoría del ser y del deber ser, la exigencia teórica y práctica, debían concurrir, según ZEILLER, sin confundirse en la formación de los códigos modernos[338].

ZEILLER se preocupó también por destacar la diferencia esencial entre el estudio filosófico del derecho y la obra de generalización del derecho existente, que designa con el nuevo nombre de *filosofía del derecho positivo*[339]. Esta última puede ser útil para la elaboración de un derecho común a todos los pueblos civilizados, derecho que no trasciende la realidad empírica y que no puede confundirse con el derecho natural que es un derecho racional cuya existencia y verdad son absolutamente independientes de la experiencia.

El derecho natural y filosófico es, según ZEILLER, un conocimiento necesario y utilísimo tanto para el legislador como para el juez y el jurisconsulto práctico. Al legislador le permite, en efecto, fijar las múltiples formas de los asuntos jurídicos,

---

338 Cfr. ZEILLER, *op.cit.* (edic. de 1819), § 18.
339 *Id.*, *id.*, § 19.

coordinarlas lógicamente, reducirlas a unidad. No para aquí la obra del legislador, pues a la formación de los principios generales debe seguir el desarrollo lógico de los mismos principios y la determinación de los principios propios de cada asunto jurídico. Un código civil, observa ZEILLER, no debe ser ni una árida metafísica, ni una inútil casuística; debe presentarse como un todo armónico, en el que las diferentes partes se coordinen, se reclamen, se iluminen recíprocamente, de tal modo que todas puedan considerarse como desarrollo necesario de un único principio racional. Por otra parte, para el juez y para el jurisconsulto práctico, el derecho natural es la única y verdadera guía a seguir en la interpretación jurídica. Excluidas las normas que sirven para el caso individual y que están dictadas por consideraciones de equidad y de oportunidad, las demás normas constituyen un sistema lógico capaz de servir, mediante la *ratio juris*, a las resoluciones de cualquier controversia. En tal forma, la interpretación lógica y objetiva se substituía a los antiguos sistemas de interpretación, arbitrarios y subjetivos, que, a falta de un sistema coordinado de normas que expresaran la verdad absoluta, recurrían a los usos, a la equidad y a los precedentes. Estos métodos no podían admitirse cuando el intérprete estaba en posesión de principios ciertos, de normas racionales escritas y reducidas a sistema lógico comprendiendo potencialmente la solución de todos los casos controvertidos. Podía repetirse con el jurisconsulto antiguo: *«Da mihi factum et dabo tibi jus»* (Dame el hecho y te daré el derecho). La misma letra de la ley valía en la medida en que era expresión de un principio general y en que podía conducir a éste mediante el razonamiento. Con manifiesta alusión al sistema del Código prusiano, ZEILLER afirma que, desvanecido el «soave somnium» de un código de leyes completo, la doctrina del derecho natural (entiéndase racional y filosófico), permanecía la única guía segura para la interpretación de la ley y para la resolución de todos los casos que podían presentarse en la realidad jurídica[340].

El sistema de derecho natural-privado de ZEILLER concuerda en su método y conceptos fundamentales con el de KANT. Las diferencias corresponden a instituciones particulares y se hallan justificadas por un sentido más vivo de la realidad jurídica. Fiel a la distinción entre materia y forma, ZEILLER produce una obra esencialmente filosófica y se preocupa sobre todo por plantear los principios de razón propios de toda legislación, como también las formas exteriores destinadas a comprender en sí la variable materia jurídica. De KANT deriva el supremo principio del derecho civil, ya que lo hace consistir en la libertad externa y en sus limitaciones según la ley de la igual libertad. Relativamente considerado, es decir, en relación con las exigencias de la vida en común, el derecho natural se identifica objetivamente con las acciones que tienden a ese fin, y subjetivamente con la facultad racional de cumplir tales acciones justas. De allí se revela que el concepto del derecho implica algunas notas universales y necesarias que constituyen su forma o esencia; éste es una facultad propia de ser Ubres y razonables y, en cuanto tal, no implica la noción de deber ni puede consistir en un poder físico. La facultad jurídica es esencialmente coactiva y no puede concebirse sino en relación con otros seres razonables y con las acciones exteriores[341].

Como ser libre y razonable el hombre es persona, y del concepto de persona ZEILLER deriva el derecho innato primigenio, el *suum internum* de KANT, el *jus personalitatis* que implica la libertad y la igualdad y que, referido a los varios y

---

340 *Op. cit.*, § 25.
341 *Op. cit.*, § 3-5, § 11.

determinados objetos en los cuales la personalidad se manifiesta, se convierte en derecho a la independencia, a la aplicación integral de la naturaleza humana, derecho a las cosas *(suum externum* de KANT) consideradas como medios para los fines de la personalidad[342]. El carácter absoluto, inalienable de los derechos innatos debe entenderse en un sentido exclusivamente formal y no implica su universalidad e inalienabilidad real. Tales derechos, en cuanto se concretan y se convierten de formales en materiales, adquieren carácter contingente y relativo, participan de la naturaleza de la experiencia.

ZEILLER pone de manifiesto el error de WOLFF y su escuela, como también de los juristas de la Revolución francesa, de confundir la verdad formal con la verdad material, de derivar de la verdad y universalidad abstracta de los principios de igualdad, de libertad y de propiedad, la consecuencia de que los hombres deban tener iguales derechos en la realidad empírica, ser todos igualmente libres y dotados de propiedad, sin fijarse en las inevitables restricciones y limitaciones con que tropiezan los principios en su tránsito del mundo lógico al mundo de la experiencia[343]. En virtud de la distinción entre materia y forma del derecho, la escuela kantiana había encontrado la forma de superar la evidente contradicción entre la exigencia lógica de los principios proclamados y la imposibilidad de su actuación real, sin necesidad de recurrir al contrato y a la consecuente renuncia por parte del individuo a sus derechos innatos.

Lo exterior deviene propio de la persona con la ocupación o con el pacto, según se trate de cosa *dominii vacua, o* bien de cosa que constituya ya el *suum* de otros. En esta forma se tienen relaciones jurídicas reales y personales. La unión que se establece por medio de la ocupación entre nosotros y la cosa exterior puede ser física o ideal, de donde proviene la distinción entre posesión física o inteligible, debe ser durable pero no debe asumir necesariamente la forma de la especificación. Para ZEILLER el trabajo no es, como para KANT, el signo exterior al que se reconoce y justifica la posesión de la cosa. La condición de que el objeto sea susceptible de ocupación y la necesidad de un signo durable, constituyen el límite racional de la propiedad individual[344].

Consecuencia jurídica de la ocupación es el *jus dominii* que, más que un derecho *in re* es un derecho a la exclusión de los otros de la cosa caída bajo nuestro poder, y comprende el derecho de poseer, de usar y de disponer libremente de la cosa. En el orden de los hechos, las propiedades varían según la calidad y la cantidad de los objetos a que se refieren, originando desigualdades profundas entre hombres que son por naturaleza iguales. Por otra parte, la propiedad privada al ocupar el lugar de la comunión primitiva priva a muchos de la posibilidad de ejercer ese *jus in re,* que es condición misma de la personalidad. Los jusnaturalistas habían recurrido al origen contractual y legal de la propiedad para justificar la substitución de la propiedad privada al estado natural de comunión primitiva que garantizaba a todos el *jus innatum in re.* Al adoptar una solución intermedia, KANT había afirmado, por un lado, el origen racional de la propiedad derivándola del concepto de personalidad, y por otro lado, había sostenido la necesidad de un reconocimiento común de la misma; tal reconocimiento, incierto y provisional en

342 *Id., id.,* § 40-48.
343 *Op. cit.,* § 49 y nota 1ª, 3ª; § 50.
344 *Id., id.,* § 56, 61, 63, 67-69.

el estado de naturaleza, se convertía en el estado civil y por obra de la ley, en seguro y perentorio, siendo la ley expresión de la razón colectiva. También Zeiller sostiene el origen natural y racional de la propiedad privada: además, reconoce con Kant la necesidad del estado civil o de la ley, no para crear la propiedad, sino para garantizarla eficazmente[345].

El pacto es un modo de adquisición derivado, pues su objeto es el *suum* de otros. Solo quien tiene un derecho de dominio puede disponer de sí y de sus cosas en favor de otros. El pacto no es más que una promesa aceptada. La obligación de la observancia del pacto había parecido a Kant como una verdad evidente que no necesita demostración. Para Zeiller esta justificación no es suficiente y funda tal obligación en los mismos principios que constituyen el fundamento de las relaciones reales. En el pacto, el que promete renuncia al *animus sibi habendi* por el que viene a menos su derecho sobre el dominio de la cosa, mientras que el que recibe la promesa hace suya una cosa que es *dominii vacua.* La diferencia entre la relación real y la personal está en que en esta última el dominio es *vacuum* solo con respecto al eventual aceptante y no *adversus omnes* como en los derechos reales, y la renuncia al dominio está condicionada a la aceptación[346]. Condiciones esenciales del pacto son la posibilidad física, moral, jurídica del objeto y el consentimiento mutuo (aunque no sea simultáneo) considerado en su manifestación exterior (no interior) y declarado en forma seria y explícita. Contrariamente a la opinión de Kant, para Zeiller no es el signo exterior del consentimiento (tradición) la condición esencial que impone la razón para la validez del pacto. Se comprende la necesidad del signo exterior *(ad prehensio)* para las adquisiciones inmediatas en las cuales se individualiza la cosa común; pero en las adquisiciones derivadas la cosa está ya individualizada y, por consiguiente, es suficiente el consentimiento de la persona a quien pertenece. Objeto inmediato del pacto no es la cosa o un bien cualquiera exterior como en los derechos reales, sino una prestación personal, la acción de otros. Por eso, el pacto implica una restricción de libertad de parte del que promete y hace nacer una obligación personal y particular temporal de poner nuestra actividad (no nuestra personalidad) al servicio de otros. De aquí el principio del derecho natural de que la obligación es interpretada restrictivamente dentro de los límites precisos de la declaración. *Eatenus obligamur quatenus declaravimus*[347] (Tanto estamos obligados hasta cuanto hemos declarado).

El derecho sucesorio era siempre objeto de vivísimas discusiones en la época de Zeiller, y se estaba muy lejos de llegar a un acuerdo en la cuestión relativa al fundamento natural o legal del mismo. La opinión de Grocio, según la cual el derecho sucesorio está fundado en la naturaleza y es una lógica consecuencia del *jus dominii* pudiéndose considerar como una forma de alienación expresa o tácita (sucesión intestada y testada), había sido acogida en Alemania durante el período de las codificaciones, por Daries y por Martini[348]. No puede decirse que ésta fuera la opinión dominante. Muchos autores, si llegaban a admitir el fundamento natural de los pactos sucesorios en los que la promesa y la aceptación deben concurrir, nega-

---

345 *Op. cit.*, § 70-75.

346 *Id., id.*, § 93-94.

347 *Id., id.*, § 95 y sigs.

348 Cfr. Daries, *Dissert. de adquis. hered. secundum jus natur.* (Jena, 1746); Martini, *Lehrbegriff des Naturr.* (ed. lat. de 1772; edic. alem. de 1797), § 782. Ambos autores pertenecían a la escuela de Wolff.

ban toda justificación racional a los testamentos y a las sucesiones *ab intestato* destinados a tener valor cuando, en virtud de la muerte del titular, los bienes se convertían en *res nullius*[349]. KANT, mientras reconocía al testamento el carácter de institución *juris natura,* le negaba ese carácter a la sucesión *ab intestato,* ya porque los sentimientos de afecto que constituirían su fundamento no pueden originar deberes jurídicos, o bien porque la presunción *affectionis* es sumamente incierta y ambigua[350]. ZEILLER representa en este terreno la opinión más radical en cuanto niega al derecho sucesorio en todas sus partes (pactos sucesorios, donaciones *mortis causa,* legados, testamentos, sucesiones *ab intestato)* todo fundamento en el derecho de naturaleza, no pudiéndose extender a dichas formas ningún principio racional de derecho que regule la transferencia de bienes de una persona a otra. La transferencia de dominio implica la renuncia al mismo, lo que no ocurre en los actos sucesorios. El testador renuncia para una época en la que no es más sujeto de derechos o en que no puede más disponer de ellos; su declaración, pues, no es seria y carece de posibilidad jurídica. Del mismo modo que el derecho de naturaleza, los bienes del difunto caen en la comunión, se convierten en *res nullius* y deben ser adquiridos por ocupación, no pudiendo nadie hacer valer sobre ellos derechos adquiridos legítimamente. Eso no quita que consideraciones de derecho público aconsejen y justifiquen la introducción del derecho sucesorio, el cual viene a derivar de tal manera de la ley, su fundamento y su razón de ser[351].

La unión de muchas personas con vistas a un fin durable y común constituye la sociedad. A los efectos jurídicos la sociedad no puede surgir sino en virtud de un pacto (social), y es igual o desigual según que a todos sus miembros o a algunos de ellos se confíe el deber de poner los medios para la realización del fin. El derecho social constituye, según ZEILLER, *el derecho natural hipotético,* pues, si por ley de naturaleza nadie está obligado a entrar en la sociedad, no contradice al derecho de naturaleza, antes bien puede considerarse como un complemento necesario, suponer la unión de seres razonables para garantizar mejor su existencia y para realizar más eficazmente sus fines. No todas las sociedades entran en el derecho natural, sino solo las que revisten el carácter de la necesidad a los fines de la existencia humana tales como la familia y el Estado. Además de éstas, que constituyen el derecho natural social, son posibles muchas otras sociedades; de todas ellas la forma jurídica esencial es el pacto, pero los derechos y deberes sociales se deducen de la consideración del fin común y el pacto no hace más que determinarlos mejor. Todas las sociedades son, según ZEILLER, verdaderas y propias personas jurídicas o morales, y este carácter lo derivan de su misma naturaleza, de la unidad del fin, de los quereres, de las fuerzas que son necesarias para su existencia[352].

El derecho natural social que comprende la doctrina de la familia y del Estado, no tiene principios propios, sino que los deriva de la doctrina general del dominio y del pacto, como del concepto de sociedad. Con esto la unidad de todo el derecho natural público y privado estaba alcanzada. Sin embargo, mientras la doc-

---

349 Compartían esta opinión: ACHENWALL, *Jus naturale* (Gottinga, 1755), § 238; HOEPFNER, *Naturrecht* (2ª edic., 1801), § 107; HUFELAND, *Op. cit.,* § 331.

350 La opinión de KANT fue seguida por TAFINGER, *(Lehrs. d. Naturr.,* § 511 y sigs.), y por STEPHANI *(Grundlimen zu Rechtswiss;* § 238 y sigs.).

351 Cfr. ZEILLER, *op. cit.,* § 142. La opinión de ZEILLER fue seguida por SCHAUMANN *(Wiss. Naturr.,* § 321); KLEIN *(Op. cit.,* § 296 y sigs.); HUMBOLDT *(Op. cit.,* § 11).

352 Cfr. ZEILLER, *op. cit.,* § 143-154.

trina del Estado constituye el derecho natural público, el derecho de familia no sale, como había ya pensado KANT, de la esfera del derecho privado y constituye el derecho social privado.

Las normas jurídicas destinadas a regir la sociedad doméstica, como cualquier otra sociedad, deben deducirse del fin que ella se propone. Si se admite generalmente que el patrimonio es una unión entre personas de distinto sexo en vista de un fin común y duradero, diversas y opuestas son las opiniones acerca de la determinación del fin. En un tratado filosófico del derecho doméstico no se puede, como quisieran muchos, dejar indeterminado el fin o confundirlo con fines más generales, o abandonarlo a inclinaciones sensibles o instintivas que no admiten coacción y no pueden ser objeto de derecho. ZEILLER no comparte las opiniones de aquellos que, como KANT, quisieran limitar el fin del matrimonio a la posesión mutua y exclusiva de las cualidades sexuales, a la simple y animal satisfacción de los instintos sexuales. Por otra parte, no cree que se deba atribuir al matrimonio el fin, más moral que jurídico, del perfeccionamiento y de la recíproca y constante asistencia entre los cónyuges. El punto de vista ético al regular las relaciones domésticas debe considerarse diferente del punto de vista jurídico, y el legislador solo debe prohibir las acciones que están en abierta contradicción con el deber moral. ZEILLER da su preferencia a esa definición del matrimonio que hace de él una sociedad entre personas de distintos sexos en vista de la procreación, que promueve entre ellas una comunión íntima y duradera, tal como conviene a la dignidad de seres razonables y a la conservación de la personalidad[353].

Como en cualquier otro pacto, el pacto matrimonial tiene por condición esencial un consentimiento válido y la posibilidad de alcanzar un fin. Ambos cónyuges concurren, cada uno en la parte que le corresponde y por sus cualidades particulares, al gobierno de la casa. Contrariamente a la opinión dominante, que de GROCIO pasó a PUFENDORF y a KANT, opinión que negaba al marido todo imperio sobre la mujer, ZEILLER sostiene que la exigencia de la unidad doméstica debe hacer reconocer al marido como jefe de la casa y en caso de divergencia debe darse preferencia a su opinión. La sociedad conyugal en vista del fin último y de los fines próximos ligados a aquél, no puede contraerse sino para toda la vida. Aun cuando durante el matrimonio se hiciera imposible el logro del fin último, no por eso podría invocarse la disolución del matrimonio con tal que sean logrados los fines próximos. Sin embargo, el derecho de naturaleza no prohíbe la disolución del matrimonio por mutuo consentimiento siempre que se haya provisto de manera estable a la prole; consiente asimismo la disolución del vínculo matrimonial también por parte de uno solo de los cónyuges, cuando el otro ha violado las condiciones esenciales del matrimonio, haciéndose culpable de adulterio, violencias, abandono y acciones infamantes[354].

A consecuencia de la procreación nacen en la familia nuevas relaciones jurídicas. Es derecho originario de los hijos el de existir como personas destinadas a la perfección intelectual, moral y a la felicidad. Durante la minoría de edad, el cuidado de los hijos es un derecho y un deber de los padres que como autores de la vida de los hijos están obligados a hacerlos contentos de su suerte. La educación de los hijos en la triple forma de educación física, moral y pragmática (profesional) constituye el verdadero y proficuo

---

353 *Op. cit.*, § 156 y nota.
354 *Id., id.*, § 161-162.

fundamento de la patria potestad que otros autores quisieran fundar sobre un pretendido derecho de ocupación de los hijos para disciplinarlos en la vida civil (Hobbes), o sobre la procreación (Grocio), o sobre el tácito consentimiento de los hijos mismos (Pufendorf). La educación y el bien de los hijos, mientras constituyen la razón de ser la patria potestad, constituyen también su límite natural, en cuanto que la patria potestad no se extiende más allá de los fines de la educación y más allá del tiempo en que dura ésta. La patria potestad no corresponde igualmente a ambos progenitores, sino de preferencia al padre que es el jefe de la sociedad doméstica[355].

El sistema de derecho privado de Zeiller tiene un doble valor: teórico e histórico. Desde el punto de vista teorético entra en el número de esos sistemas de derecho natural que se hicieron particularmente numerosos después de Kant, tendientes a tratar el derecho privado desde un punto de vista estrictamente filosófico, presentándolo como un todo lógico, unificado alrededor de un principio fundamental. La distinción kantiana entre forma y materia del derecho, entre derecho racional y positivo había favorecido la consideración rigurosamente filosófica del derecho privado, liberándolo de las exigencias del derecho histórico positivo. Zeiller deriva de Kant el supremo principio del derecho, el criterio de distinción entre la moral y el derecho, la relación entre derecho racional y positivo, entre el valor formal de los principios y su significado empírico. Sin embargo, en muchos puntos la obra de Zeiller debe considerarse como la integración y el perfeccionamiento del pensamiento kantiano. Hemos visto, en efecto, cómo la idea de la posesión, derivada del concepto de personalidad y de libertad, constituye para Kant el elemento unificador de todo el sistema de derecho privado que se resume en la triple distinción de derechos reales, personales (derecho de obligación) y reales-personales (derecho doméstico) . En todas las partes del derecho privado tenemos a la persona que sale de sí misma, entra en relación con cualquier cosa exterior y ejerce sobre la cosa, prestación, persona ajena, un verdadero y propio derecho de posesión, con el consiguiente derecho de reivindicación. Zeiller modifica este sistema en un punto fundamental. Considera impropia y forzada la distinción de los derechos reales-personales e injustificada la extensión del concepto de la posesión a la justificación de las relaciones domésticas[356]. Busca la unidad del derecho privado en el concepto del pacto considerado como una consecuencia del *jus dominii* y fuente del derecho social privado. El *jus dominii,* que es la extrinsecación del derecho originario del hombre sobre las cosas, es invocado por Zeiller como fundamento del pacto en el cual el individuo se despoja voluntariamente de lo que le pertenece *juri dominii,* a favor de otra persona que acepta *jure occupationis.* Por otra parte, el pacto se incorpora como nota esencial del concepto de sociedad y se convierte en fundamento de esa forma particular de sociedad que es la familia. En esta forma el derecho doméstico recobraba su carácter natural de derecho social, sin salir de la esfera de las relaciones privadas, sin contradecir las premisas del individualismo jurídico, pero coordinándose lógicamente con las otras partes del derecho privado.

Sin embargo, la importancia del sistema de derecho natural de Zeiller, no fue solo teórica, sino también histórica: ella representó la introducción filosófica del Código Civil austríaco y constituyó su más eficaz comentario[357].

---

355 *Op. cit.,* § 164 y sigs.
358 *Op. cit.,* § 188.
357 Para las relaciones de Zeiller con la filosofía kantiana y con la codificación austríaca, cfr. Landsberg, *Gesch. d. deuts. Rechtsw.* 3. Abt., cap. XII, pág. 524 y sigs.

LA CODIFICACIÓN AUSTRÍACA Y SUS VICISITUDES HISTÓRICAS Y FILOSÓFICAS. LAS INFLUENCIAS DE LA FILOSOFÍA DEL ILUMINISMO EN LA PRIMERA FASE DE LA CODIFICACIÓN AUSTRÍACA. EL CÓDIGO TERESIANO. LAS REFORMAS CIVILES DE JOSÉ II. EL PROYECTO MARTINI. LA SEGUNDA FASE DE LA CODIFICACIÓN AUSTRÍACA Y LAS INFLUENCIAS KANTIANAS. CONFRONTACIÓN ANALÍTICA ENTRE EL PROYECTO MARTINI Y EL TEXTO DEFINITIVO. PRINCIPIOS Y MÉTODOS SEGUIDOS EN LA REDACCIÓN DEL CÓDIGO AUSTRIACO. LA FILOSOFIA KANTIANA Y LA IDEA INDIVIDUAL EN RELACIÓN CON EL DERECHO PRIVADO.

29. EL CÓDIGO austríaco, lo mismo que el prusiano y el francés que le precedieron, debe considerarse como el producto de dos distintos elementos, uno formal y filosófico, y el otro material, constituido por ese complejo de leyes, usos y costumbres que los siglos habían acumulado y que urgía someter a un trabajo de selección, de coordinación y de unificación.

Al lado del derecho romano, exaltado también y sobre todo en Austria, después de su recepción, a la dignidad de derecho común, seguía manteniéndose en vigor bajo la forma de derecho consuetudinario el derecho territorial que, en épocas remotas, había sustituido como derecho común o nacional al derecho particular de los diversos pueblos del Estado austríaco (Latinos, Germanos, Eslavos). Este derecho territorial (LANDRECHT) había sido objeto en los siglos XVII y XVIII de múltiples compilaciones, conducidas sin criterio ni orden lógico, inspiradas en fines prácticos, y que abarcaban el vasto campo de la legislación tanto pública como privada[358]. La idea de una codificación limitada a las materias civiles y que no fuera un simple compendio del derecho nacional cuya importancia en las relaciones privadas no compararse con el derecho romano, fue en Austria, como en otras partes, el producto de necesidades políticas, de necesidades prácticas y de influencias filosóficas. A estas diversas causas obedeció la unificación civil que emprendió María Teresa en los Estados austríacos en el año 1753, mediante el nombramiento de una Comisión *(Kompilationskommission)* la que, para compilar el Código debía limitarse únicamente al derecho ya adoptado, armonizar, en la medida en que las relaciones lo permitieran, los diversos derechos provinciales, usar el derecho común, sus mejores intérpretes y también las leyes de los otros Estados, y, en fin *zur Berichtigung und Ergänzung* tener siempre en vista *das allgemeine Recht der Vernunft*[359].

La gran idea de María Teresa tuvo una realización lenta y gradual. El *Codex Theresianus (1776)*, el *westgalizisches Gesetzbuch (1797)*, el *allgemeine bürgerliche*

358 Bajo el reinado de Leopoldo I, las leyes y los ordenamientos políticos y judiciales promulgados de FernandoI en adelante, fueron recogidos por FRANCISCO DE GUARIENT y publicados en Viena con el título de *Codex austriacus*. Las materias estaban distribuidas en orden alfabético: hasta la muerte de Carlos VI (1740) le fueron agregados dos suplementos. María Teresa ordenó su revisión por orden cronológico y su continuación hasta 1770. Más importante para el conocimiento del derecho privado territorial en uso en los Estados austríacos bajo el Enns, es la *Kompilation der vier Doktoren (1657)*, y para los Estados sobre el Enns el proyecto de un *Landtafel* preparado por Schwarz en 1609. Cfr. KRAINZ-PFAFF, *Syst. der österr. allg. Privatrechts* (4ª edic. bajo el cuidado de Ehrenzweig, Wien, 1905), cap. *I*, pág. 8 y sigs.

359 Cfr. OFNER, *Der Urentwurf und die Berathungs-Protokolle des ästen, allg. Bürgerliche Gesetzbuch* (Wien, 1889) Bd. II, Anhang zur Revision, pág. 466; SCLOPIS, *Della legislazione civile* (Torino, 1835), pág. 118 y sig. (discurso III).

Gesetzbuch (1811), representan las tres distintas fases a través de las cuales pasó la legislación civil austríaca.

El *Codex Theresianus* corresponde al primer período y, sea por su forma, sea por su contenido, es una realización aun imperfecta e informe de la idea de la codificación[360]. La Comisión fue dominada por el doble preconcepto de querer hacer un Código completo que contemplara todos los casos posibles y de creer que el derecho romano tuviera que ser considerado como el derecho perfecto, el más próximo a las exigencias de un derecho de naturaleza. Resultó una obra voluminosa e indigesta, concebida al margen de cualquier corriente de pensamiento filosófico y jurídico, derivada en gran parte del derecho romano tal como lo entendían y aplicaban los comentaristas, y colmándose las lagunas del derecho vigente «nach der gesunden Vernunft». El fracaso del Código teresiano era inevitable: no respondía ni a las exigencias teóricas ni a las necesidades prácticas: pero de todos modos, fue una obra útil por la abundancia de los materiales reunidos y por haber hecho posible la codificación en sentido verdadero y propio. Las causas mismas del fracaso sirvieron para iluminar las mentes acerca del método y de los principios a seguir en la codificación.

Con el envío del proyecto a la Comisión (1772) para su revisación y corrección, se inicia el segundo período de la codificación austríaca, del que fueron notables productos el Código josefino (1786) y el Código galiciano (1797).

En las instrucciones que acompañaron el envío, María Teresa recomienda y casi prescribe a la Comisión la mayor brevedad posible sin caer ni en la obscuridad ni en el equívoco: en forma particular invita a la Comisión a no perderse en discusiones que puedan interesar a la cátedra pero no al legislador, a no tener en cuenta los *casus rariores* y a reducir los casos particulares a los principios generales, a no atenerse exclusivamente al derecho romano, sino a preferir «die natürlichen Rechtsgrundsätze», en fin, a simplificar en la medida posible la legislación evitando multiplicar normas para casos sustancialmente iguales.

No podían plantearse con mayor eficacia los principios ni señalar los límites de una codificación. Ello no obstante, la obra de la Comisión se desarrolló en forma lenta e indecisa, por la resistencia de sus miembros (excluidos Martini y Horten, este último relator) a abandonar el antiguo derecho común y consuetudinario por las nuevas tendencias filosóficas. Pero la acción enérgica e iluminada de José II concurrió a infundir nueva vida a la codificación civil, interrumpida casi en los últimos años del glorioso reinado de María Teresa, a encaminarla hacia las nuevas exigencias de los tiempos. José II quebró todas las vacilaciones y, con la cooperación de MARTINI, de KEES y de HORTEN, quiso que se iniciara sin más la reforma aun parcial de la legislación civil, sin esperar la redacción completa del Código. Preparada por Horten, bajo el reinado de José II, halló realización la reforma del derecho

---

[360] El *Codex Theresianus* fue compilado sobre el esquema de Azzoni; muerto éste en 1761, le sucedió Zenker. La Comisión se remitía a Brünn, y su labor era sometida al nuevo examen de otra Comisión revisora con asiento en Viena, de la que formaban parte Azzoni y Holger, representante uno del derecho bohemio y el otro del derecho austríaco. El voluminoso proyecto (ocho volúmenes «in folio») de un «Codex Theresianus», quedaba realizado en 1766, pero debido al voto en contra del Consejo Austríaco no pudo ser sancionado. Cfr. *Der Cod. Teres, und seine Umarbeitungen,* publicado en cinco volúmenes con introducción y comentario de HARRASOWSKY (Wien, 1883).

matrimonial y sucesorio, y se publicó la primera parte del Código Civil relativa al derecho de las personas (Código josefino).

La reforma del derecho matrimonial era la expresión, en las relaciones civiles, de la tendencia que había inducido a José II a dictar el conocido edicto de tolerancia religiosa[361]. La ley de 1783 estaba dirigida sobre todo a regular la coexistencia del principio laico y religioso en el matrimonio y la solución aceptada se mantuvo en sus líneas esenciales a través de las vicisitudes de la codificación, siendo solemnemente consagrada en el texto definitivo.

Entre los que querían eliminar definitivamente el elemento religioso del matrimonio y los que sostenían la incondicionada autoridad de la Iglesia en materia matrimonial, José II, sobre el parecer de MARTINI, prefirió la solución que afirmaba el carácter civil del matrimonio sin liberarlo de toda condición religiosa. En la ley de 1783 el matrimonio es considerado como un contrato civil que, a la par de cualquier otro contrato, toma su norma y valor de la ley civil. Innovando sobre la legislación canónica, José II facilitaba la conclusión de matrimonios, disminuía los impedimentos dirimentes, reconocía a los matrimonios celebrados entre católicos y protestantes, y determinaba los derechos y los deberes de la mujer. La intervención de la Iglesia no se refería a la naturaleza jurídica y a las condiciones de validez del acto, sino que miraba a elevar el contrato matrimonial mediante la bendición a la dignidad de sacramento. La intervención de la Iglesia era requerida también para la publicación, para registrar el acto y en los casos de disolución o separación. De todos modos, a pesar de estas restricciones, el carácter civil y contractual del matrimonio, que era uno de los principios fundamentales del derecho natural, había sido solemne y definitivamente introducido, por mérito de José II, en la legislación civil austríaca.

La ley sucesoria de 1786, que era a un tiempo una reforma civil, económica y política[362], debe considerarse como una nueva concesión a las doctrinas jurídicas del Iluminismo. En contraste con el derecho romano y con el derecho consuetudinario, ella miraba a individualizar la propiedad liberándola de los vínculos de la familia, de la comuna y del Estado. Solo los bienes de los campesinos *(Bauerngüter)* en ciertas proporciones, fueron conservados indivisos y, contra el parecer de la Comisión legislativa, el Consejo de Estado quiso conservar los fideicomisos nobiliarios afrontando el peligro de la ruina económica de la nobleza y de un enfriamiento consiguiente en sus relaciones con la Corona. Pero José II proveyó a impedir su aumento y a favorecer su transformación en fideicomisos. La capacidad de testar era fijada a los 24 años; quedaba sancionada la incapacidad de heredar para los religiosos, e invalidado el testamento del delincuente aunque lo hubiera hecho en el período de instrucción. Pero el acto más notable de la reforma civil de José II fue la promulgación del *Josefinisches Gesetzbuch,* que resumía y refundía las reformas civiles ya dictadas en una reforma más amplia y en cierto aspecto más radical, que comprendía los derechos personales y los derechos de

---

361 La *Toleranzpatent* de José II, es del 31 de octubre de 1781 (Cfr. RUFFINI, *Liberta,* etc., I, pág. 445): la *Ehepatent* es del 16 de enero de 1783. Cfr. MICHEL, *Beiträge zur Geschichte des österr. Eherechtes,* 1870.

362 *Erbfolgepatent* del 11 de mayo de 1786. Sobre las reformas civiles de José II, ver LANDSBERG, *op. cit.,* 3ª edic., XII, pág. 522; WOLFF, *Oesterreich unter Maria Ther. Josef II und Leopold* (1740-1792), Berlín, 1884, pág. 271 y sigs. (forma parte del *Allg. Gesch. in Einzeldarstellungen* de ONCKEN, III, 9).

familia *(Personenrechte)*[363]. El Código josefino expresaba en la forma más acentuada el espíritu filosófico de los tiempos hostil a las tradiciones jurídicas, que tendía a instaurar la libertad y la igualdad en las relaciones jurídicas privadas, y a valerse de la reforma civil como de un instrumento para realizar la felicidad y el perfeccionamiento individual y colectivo[364].

La obra interrumpida de la codificación fue retomada por MARTINI, a quien le cupo tan importante papel en el movimiento de ideas y de reformas que penetró en Austria durante la segunda mitad del siglo XVIII. Hasta esta época Austria había sido en Europa el centro de la reacción católica y había logrado mantenerse ajena a las nuevas corrientes de pensamiento que en otras partes habían acompañado la afirmación de la individualidad contra el principio de autoridad dominante en la política y en la escuela. Solo con María Teresa y, más aún, con José II, Austria entra en el movimiento general de ideas adverso al espíritu medieval y teológico. Entre las nuevas tendencias, MARTINI fue el más autorizado y moderado representante de los estudios jurídicos, y su nombre se asocia a todas las reformas más notables que se llevaron a cabo en esta época en Austria en las diversas ramas de la legislación[365].

Toda la especulación filosófica y jurídica de MARTINI se desarrolla en el orden de ideas del Iluminismo: más que innovar, MARTINI tendió a difundir las doctrinas de los jusnaturalistas, nuevas entonces para Austria, pero que en Alemania, en virtud de una larga elaboración, habían alcanzado su completo desarrollo[366].

---

363 El *Josefinisches Gesetzbuch* preparado por HORTEN, revisado por KEES, fue publicado el 1° de noviembre de 1786, y entró en vigor en las provincias alemanas el 1' de enero de 1787 y en la Galizia el 1° de mayo de 1787. Estaba dividido en cinco capítulos: de las leyes — derechos de los súbditos— derechos entre los cónyuges —derechos entre los padres e hijos— derechos de los huérfanos y de las personas que no pueden proveer por sí mismas al cuidado de los propios asuntos. En total eran 293 artículos. La deliberación y la publicación de la segunda parte del proyecto de HORTEN *(Das Sachenrecht)* y de la tercera parte *(Die gemeinschaftlichen Bestimmungen des Personen und Sachenrechtes)* fue suspendida en 1787. Cfr. UNGER, *System d. österr. allg. Privatrechts* (Leipzig, 1892), cap. I, pág. 7.

364 El mismo principio de la parificación en los derechos do los hijos naturales y legítimos fue aceptado por el Código Josefino. Su artículo estaba concebido en los siguientes términos: «Jeder Unterthan erwartet von dem Landesfürsten Sicherheit und Schutz; es ist also die Pflicht des Landesfürsten, die Rechte der Unterthanen deutlich zu bestimmen, und ihre Handlungen so einzuleiten, wie es *die allgemeine und besondere* Wohlfahrt erfordert».

365 CARLOS ANTONIO MARTINI (1726-1800) era, en 1754, profesor de derecho natural y de derecho romano en la Universidad de Viena. María Teresa le confió el cuidado de la educación de sus hijos (1761-1773). Desde 1773 participaba en los trabajos de la codificación. En 1790 Leopoldo II le designó Presidente de la *Hofkommission in Gesetzachen* (que reemplazó a la antigua *Kompilationskommission* disuelta), encargada de la redacción de un nuevo proyecto de Código Civil. Sobre Martini cfr. VOLPI, *Sulla vita e sulle opere di C. A. M.* (1834); ARNETH, *Mar. Theresia,* cap. 9; WOLFF, *op. cit.*, pág. 202.

366 Entre las obras de MARTINI recordamos: *Ordo historia: juris civilis* (1755); bajo su cuidado se hizo la nueva edición de la obra de *Joh. Oldendorp* (1480-1561) *juris naturalis, gentium et civile isagoge* 1539; *Positiones de jure civitatis* (1768), reeditado en alemán bajo el titulo *Lehrbegriff des allg. Staatsrechts* (1797); *Positiones de lege naturali* (1772), en alemán *Lehrbegriff des Naturrechts* (1797); *De Lege Naturali Exercitationes Sex* (1776), en alemán *Erläuter. des Lehrbeg. des Naturr.* (1798). Las ediciones alemanas de las obras de MARTINI caen justamente en la época en que había adquirido ya gran fama con la publicación de su proyecto de Código Civil. Entre los más conocidos discípulos de Martini se cuenta SONNENFELS, autor,

El proyecto de Código Civil, obra casi personal de MARTINI y conocido bajo el nombre de *Urentwurf,* reproduce tanto las virtudes como los defectos del eudemonismo jurídico y tiene, por consiguiente, de común con el Código prusiano promulgado por esa época (1794), las premisas filosóficas[367]. Era precisamente del eudemonismo jurídico el innatismo, la indistinción de la moral y del derecho en el objetivo común de la felicidad y de la perfección, la confusión entre el punto de vista filosófico y el práctico, entre los principios abstractos y las normas positivas. Siempre viva y actual se mantenía la idea de LEIBNIZ para quien el derecho natural es el modelo al que debe conformarse y en el cual informarse el derecho positivo, dentro de los límites posibles.

Característico del *Urentwurf* es que tiene de común con el proyecto HORTEN, con el Código prusiano y en general con las leyes llamadas fundamentales del derecho público o privado, el de partir de una profesión de fe filosófica, o sea de la formulación de los principios abstractos que sirvieron de guía a los autores del Código y que deben tenerse presentes en los intérpretes de él. Estos principios, en el caso particular del *Urentwurf,* son los principios de la escuela jusnaturalista de WOLFF. Allí se define el derecho «alles, was an sich selbst gut ist, was nach seinen Verhältnissen und Folgen etwas Gutes enthält, oder hervorbringt, und zur allgemeinen Wohlfahrt beiträgt» (art. 1°). Derecho es, pues, todo lo que es bueno en sí, lo que en sus relaciones y en sus consecuencias contiene o produce algo bueno en vista del bienestar general. El derecho entendido en amplio sentido, tiene de común su fundamento y su fin con la moral, es fuente de normas y de deberes (art. 2). En sentido más propio y restringido, el derecho es objetivamente la misma norma de justicia, y subjetivamente, la libertad natural de actuar dentro de los límites de ella (art. 3). La definición del derecho que contiene el *Urentwurf* es objetiva solo en apariencia; en realidad es subjetiva y empírica, puesto que el bien en que consiste el derecho, se determina de las consecuencias y de los fines del obrar y, más particularmente, de la consideración de la naturaleza humana en su aspecto empírico.

Los derechos y deberes naturales e innatos que constituyen en su conjunto el llamado *status naturalis,* tienen significado y justificación psicológica (art. 4). No entienden los autores del proyecto al *status naturalis* desde un punto de vista abstracto y racional, sino como el reflejo de las necesidades y de las tendencias múltiples de la naturaleza humana. Por otra parte, los derechos naturales no derivan de las exigencias de la vida en común, sino del hombre individualmente considerado en sus tendencias originarias. Esto aparece evidente a través de la enumeración de los derechos innatos del hombre. Tales derechos comprenden el derecho a la vida, el derecho a procurarse lo necesario, es decir, el derecho al trabajo, el derecho de desarrollar la vida física y espiritual, el derecho de defenderse a sí mismo y a las propias cosas, el derecho a la buena fama, en fin, el derecho de disponer libremente de la casa propia, lo que (art. 30) implica la facultad de obligarse y contratar[368].

---

junto con KEES, BONELLI y VASCO, de un tratado sobre la usura relativo al concurso auspiciado por José II sobre el tema «quid sit feneratio et quaenam sint ad id fine legibus poenalibus compescendum aptissima remedia». Sonnenfels fue miembro de la Comisión encargada de revisar el proyecto Martini y preparar el texto definitivo.

367 El texto del *Urentwurf* está publicado íntegramente por OFNER, *op. cit.,* vol. I. La obra de éste, que contiene las actas de las sesiones de la Comisión revisadora del *Urentwurf,* es una guía indispensable para el estudio del Código austríaco en sus fundamentos filosóficos.

368 Art. 29 del *Urentwurf:* Zu den angebohrnen Rechten der Menschen gehören vorzüglich das Recht sein Leben zu erhalten, das Recht die dazu nöthigen Dinge sich zu verschaffen, das

Tenemos aquí explícitamente formulados por el legislador los derechos de la personalidad, tal como la entendían los jusnaturalistas partidarios de la escuela de Wolff, y tales derechos «bleiben unverändert auch im Kreise der bürgerlichen Gesellschaft» y constituyen el criterio absoluto de lo que se puede hacer y de lo que se puede prohibir (art. 31).

Sin embargo, no estaba en la intención de los autores del proyecto, el que el derecho privado hubiera de conservarse autónomo y desarrollarse al margen de los vínculos sociales y políticos. Los hombres se reúnen en sociedades para el logro de fines comunes (art. 5) y dan origen al Estado que es una sociedad ordenada bajo un jefe, con vistas a un fin determinado y conforme a la constante naturaleza humana (art. 6). El fin del Estado es «die allgemeine Wohlfahrt», la que debe entenderse, desde un punto de vista individual, como seguridad de las personas, de la propiedad y de todos los otros derechos que el jefe del Estado reconoce, mediante normas positivas, a todos los ciudadanos (arts. 7 y 8). Hemos reproducido la doctrina constantemente seguida por Pufendorf y Wolff, que constituía el fundamento del absolutismo iluminado. Los derechos naturales por sí mismos, son derechos imperfectos e indeterminados: solo mediante la ley, entendida como expresión de la voluntad del príncipe, devienen positivos y perfectos. La voluntad del príncipe se eleva a condición formal pero necesaria para la existencia y para el ejercicio del derecho natural.

A esta afirmación no la contradice el artículo 31 según el cual los derechos naturales quedan inmutables en la sociedad civil, pues el Estado y el derecho positivo que es su emanación surgen para dar valor y forma al derecho natural y no para desconocerlo. En el silencio del derecho positivo, el derecho natural readquiere, en efecto, todo su valor. Por explícita declaración del proyecto, las deficiencias y lagunas de la ley escrita se suplen «nach den allgemeinen und natürlichen Rechtsgrundsätzen» (art. 19) y el mismo concepto está afirmado por el artículo 41, según el cual «was den natürlichen angebohrnen Rechten angemessen ist, dieses wird so lange als bestehend, und rechtskräftig angenommen, als die gesetzmässige Beschränkung dieser Rechte nicht bewiesen wird».

El derecho natural no agota, sin embargo, todo el campo del derecho privado, ni puede constituir justificación suficiente de un código de leyes civiles. La necesidad de un código deriva también de la existencia de derechos adquiridos, como de la afirmación en la sociedad civil de intereses generales cuyo logro requiere la limitación del derecho individual ya sea natural o adquirido. Entre los derechos naturales está el derecho de disponer de lo que es propio, de transmitir a otros la propiedad. De aquí el origen de los derechos adquiridos los cuales varían según el modo de la adquisición y la naturaleza de las cosas intercambiadas, y engendran inevitables desigualdades entre los hombres, que agregándose a las desigualdades naturales hacen también más necesaria la determinación de normas jurídicas positivas por las cuales «wird der Schwache gegen der Stärken geschützt, und der Ohnmächtige gegen den Mächtigen vertheidiget, auch werden dadurch alle übrigen sowohl angebohrnen als erorbenen Rechte sichergestellt» (arts. 32 y 33).

Por otra parte, la existencia del Estado hacía surgir intereses generales para los que se imponían normas nuevas, limitadoras en diverso grado del derecho individual

Recht seine Leibes und Geisteskräfte zu veredeln, das Rechr sich und das Seinige zu vertheidigen, das Recht seinen guten Leumund zu behaupten, endlich das Recht mit dem, was ihm ganz eigen ist, frei zu schalten und zu walten».

natural o adquirido. A la doctrina del *jus eminens,* tan aceptada en todas sus formas por el absolutismo, se adhería implícitamente el proyecto MARTINI que establecía en el artículo 28 que «eine gewisse Richtung und Beschränkung» de los derechos innatos es admitida en cuanto es necesaria «zur Erreichung der allgemeinen Wohlfahrt». Esta última fórmula es tan extensa que justifica cualquier intervención del Estado en la esfera de las relaciones de derecho privado, bajo el especio o pretexto de la razón política. Y el predominio del derecho público sobre el derecho privado, estaba implícito en la institución de los privilegios que el proyecto MARTINI consagraba por graves razones de interés general en ventaja de una persona o de una clase entera en contradicción con el principio natural de la igualdad jurídica (arts. 49-54).

Por lo demás, toda duda sobre las tendencias filosóficas iluministas a las que respondía el proyecto MARTINI, desaparece si se tiene en cuenta la revisión crítica a que fue sometido y si se lo confronta con el texto definitivo en el que son evidentes las influencias kantianas decididamente adversas a las doctrinas del iluminismo[369].

Con la revisión del proyecto MARTINI se inicia la tercera fase de la codificación austríaca, fase que ocupa el período en el cual la filosofía kantiana gozaba de la mayor autoridad en Alemania, triunfando definitivamente sobre las tendencias iluministas. Bajo la nueva influencia de la filosofía crítica cambian profundamente los criterios, los principios, las finalidades de la codificación.

Al subjetivismo y al empirismo jurídico, predominantes en distinto grado en el Código prusiano, josefino y galiciano, sucedió la tendencia a concebir la codificación como expresión de un sistema de principios con valor objetivo y universal. El mayor mérito de ello corresponde a ZEILLER, relator de la Comisión revisadora del proyecto MARTINI, y el más autorizado y fiel intérprete del kantismo en sus aplicaciones a las reformas civiles. Los criterios del Iluminismo en materia de codificación civil se hallaban en abierto y radical contraste con el espíritu de la filosofía kantiana que ZEILLER hizo prevalecer en la elaboración del Código austríaco[370].

---

[369] La primera parte del proyecto estaba preparada en 1794; la segunda y la tercera partes en 1795 y 1796. Por decreto del 20 de noviembre de 1796 Francisco II dispuso que el proyecto fuera enviado a las Comisiones provinciales y a las Facultades jurídicas para su eventual examen y observación; mientras tanto, y por decretos del 13 de febrero y del 8 de setiembre de 1797, se había puesto en vigor en la Galizia occidental y oriental por lo que pasó a la historia con el nombre de *westgalizisches Gesetzbuch.* Después del retiro de MARTINI (10 de marzo de 1797), fue nombrada una nueva Comisión revisadora bajo la presidencia de Rottenham; la integraban, como vicepresidente, VON HAAN, como relator, ZEILLER, y como miembros SCHMIDFELD, AICHEN, EHRENBERG, SONNENFELS, STROBL, LYRO y, después de 1807, PRATOBEVERA. La Comisión comenzó sus trabajos el 21 de diciembre de 1801 y después de 132 sesiones daba por terminada la primera lectura del proyecto el 22 de diciembre de 1806. El 4 de mayo del año siguiente se iniciaba la revisión del proyecto de primera lectura, tarea que terminaba el 4 de enero de 1808, después de 27 sesiones. La *Superrevision* del proyecto de segunda lectura, iniciada el 13 de noviembre de 1809, concluía el 4 de enero de 1810, después de 14 sesiones. En su conjunto, la revisión demandó 174 sesiones. La sanción del proyecto es del 7 de julio de 1810, y se publicó con el título *Das allgemeine bürgerliche Gesetzbuch für das Kaisertum Österreich,* el primero de junio de 1811; entró en vigor el primero de enero de 1812. Con la introducción del Código quedaron fuera de vigor el Código josefino y el galiciano, el derecho romano y el consuetudinario, y los derechos privados provinciales. El Código austríaco se extendió el 16 de octubre de 1815 al Lombardo-Véneto, donde entró en vigor el 1° de enero de 1816.

[370] Cfr. sobre la parte que desempeñó ZEILLER en la preparación del Código austríaco: LANDSBERG, *op. cit.,* 3. XII, pág. 524.

Según el Iluminismo, el concepto del derecho no se distinguía del de la moral, derivando ambos de la tendencia empírica y subjetiva por cuanto es fundamental y universal para la felicidad y la perfección. La relatividad y la indeterminación del fin, dictadas mucho más por consideraciones de índole sensible de la naturaleza humana que por sus exigencias racionales, debían reflejarse en las normas sancionadas por los códigos que debían tender como medios para la realización de dichos fines. En esta concepción del derecho vimos que se inspiraba el proyecto MARTINI, donde las tendencias del Iluminismo se reflejaban ya en forma menos acentuada que en el Código josefino y en el prusiano.

Desde la primera sesión de la Comisión revisadora del proyecto MARTINI, en el discurso-programa pronunciado por ZEILLER en su calidad de relator, se hace evidente el alejamiento de la doctrina del Iluminismo en las relaciones con la codificación y la adhesión explícita a la concepción kantiana del derecho[371]. Los hombres, observa el relator, al obrar como seres libres y razonables deben, en sus relaciones, limitar su arbitrio en la medida que reclama la igual libertad de los otros. De esta imprescindible exigencia de la razón nace el concepto y el postulado supremo del derecho. El derecho es «die Einschränkung der Freiheit eines jeden Einzelnen auf die Bedingung, dass die freie Wirksamkeit aller Uebrigen damit vereinbarlich ist». De este concepto del derecho «flössen alle angebornen oder durch Fakta erworbenen Rechte». En consecuencia, para la Comisión redactora del Código austríaco, el derecho no deriva de la experiencia; es un concepto *a priori* de la razón práctica que se funda en el postulado de la libertad exterior. La codificación no es sino la realización de la idea racional de lo justo, entendido como limitación de la actividad individual dentro de los límites estrictamente necesarios para garantizar la coexistencia de las libertades exteriores. Y en otra parte, el relator, resumiendo el trabajo cumplido y los principios seguidos, pone de relieve la larga y constante aplicación de tal concepto de lo justo en todas las partes del Código[372]. Con la ley de la igual libertad quedaba consagrado el principio de la igualdad jurídica en la adquisición (art. 18, Cód. austr.) y en el ejercicio del derecho (art. 19) sin distinción de religión (art. 39), de nacionalidad (art. 33) y de clases sociales. El principio de la igualdad jurídica en el proyecto de MARTINI, y más aún en el Código prusiano, no había dejado aún de sufrir excepciones ni había logrado liberarse completamente de las influencias canónicas, germanas y romanas respectivamente en relación con las persistentes y tradicionales jerarquías religiosas, sociales y políticas. En el Código austríaco, este principio de la igualdad jurídica, además de tener plena aplicación, extraía su fundamento no de las constantes y uniformes tendencias de la naturaleza humana empírica como ocurría en los Iluministas, sino exclusivamente de la exigencia racional de respetar en todo la calidad de persona y los derechos a ella inherentes. Todo hombre, consagra solemnemente el artículo 16, tiene derechos innatos y debe considerarse como una persona; en consecuencia no puede admitirse la esclavitud o propiedad sobre el hombre, como el ejercicio de la potestad a ella relativa.

Después de esto puede parecer injustificada la supresión propuesta por ZEILLER, y aceptada por la Comisión, en el sentido de revisar la enumeración de los derechos innatos de la persona consagrados por el proyecto MARTINI[373]. Sin embargo,

---

[371] Cfr. *Berathungs - Protokolle der k. k. Hofkommission in Gesetzsachen.* Sitzung: am. 21 dezember 1801 (OFNER, *op. cit.*, I, pág. 1 y sigs.).

[372] Cfr. *Anhang zur Revision. Vortrag zur Einführung in das G. G. B.* (OFNER, *op. cit.*, II, pág. 471).

[373] Sitzung am 18. Jannuar 1802 (OFNER, *op. cit.*, I, pág. 36 y sigs.).

tal enumeración podía justificarse en el proyecto MARTINI, donde los derechos innatos no eran deducidos *a priori* de la naturaleza del hombre, sino de sus tendencias sensibles, varias e inciertas. En el Código austríaco la enumeración habría sido superflua, ya que los derechos innatos provenían del concepto de persona y siendo derechos «durch die Vernunft einleuchtende» (art. 16). Toda enumeración, además de superflua, habría sido necesariamente incompleta e imperfecta y habría podido prestarse, como ya la Declaración de los derechos en Francia, a peligrosas interpretaciones.

A estas razones debe agregarse otra, más general y profunda, es decir, el propósito constantemente seguido de los redactores del Código austríaco de excluir cualquier afirmación abstracta y metafísica de principios, que encontraba su lugar, mucho mejor que en el Código, en un tratado filosófico del derecho. Tenemos aquí un nuevo aspecto de la influencia kantiana en el derecho privado austríaco y un nuevo punto de separación adoptado por la codificación en la época del Iluminismo. Era corriente entre los jusnaturalistas, confundir en la consideración del derecho los puntos de vista teórico y práctico: para ellos el derecho natural, cuando no era el derecho práctico idealizado y generalizado, estaba destinado a traducirse en normas positivas de conducta. Fue KANT el primero en distinguir netamente no solo entre derecho fenoménico producido por la experiencia y el derecho natural producido *a priori* de la razón, sino también entre éste y el derecho positivo, considerado como emanación de la voluntad del legislador. Desarrollando este concepto ZEILLER acentúa la distinción entre la mera especulación filosófica y un código de leyes civiles destinado a la práctica. El Código no debe ser obra de los filósofos sino de los legisladores, los cuales, si no pueden ignorar los principios del derecho deben tener en vista esencialmente su aplicación. Y en verdad el Código no discute, sino ordena: está hecho para la acción no para la especulación, debe sancionar normas de conducta no afirmar las razones últimas o los fines remotos de ellas. Y en la aplicación de este concepto todas las definiciones y afirmaciones abstractas de derechos, las distinciones lógicas, las discusiones teóricas, de las que no puede derivar ventaja alguna para la aplicación pr{actica, y que constituyen la introducción indispensable de los códigos preparados en la edad del Iluminismo, fueron totalmente suprimidas en el Código austríaco[374]. No se entendió con ello negarle importancia a la necesidad del conocimiento de las premisas filosóficas del Código, pero se quiso que su consideración, no exenta de incertidumbre ni contrastes, fuera objeto particular de la filosofía del derecho privado[375].

Con la eliminación de todo lo que tenía atingencia con la doctrina filosófica del derecho, se trató de eliminar del código todo lo que podía referirse a la vida moral de los individuos o a otras ramas de la legislación civil. La tendencia a distinguir, a separar, a contraponer que KANT, no sin exageración, había opuesto a la tendencia a armonizar propia de la filosofía del Iluminismo, y que derivaba en sus orígenes del filósofo de las armonías, de LEIBNIZ, se convierte en tendencia de los

---

[374] El primer capítulo de la primera parte del proyecto Martini *(Von Rechten und Gesetzen überhaupt),* de carácter esencialmente filosófico fue suprimido en el Código austríaco siendo reemplazado con una introducción bajo el título *Von den bürgerlichen Gesetzen überhaupt* (arts. 1-14).

[375] Cfr. las observaciones formuladas en el seno de la Comisión revisora por el relator Zeiller, que condujeron a la supresión de los primeros ocho capítulos del proyecto Martini (OFNER, *op. cit.,* I, págs. 13-14).

redactores del Código austríaco y en principal argumento de crítica de los códigos y proyectos anteriores. Cualidad esencial de un código, observa ZEILLER, es la *Eigenthümlichkeit* según la cual no puede contener ningún elemento extraño, ninguna disposición que pueda ser objeto de cualquier otra rama de la legislación[376]. Cada uno de éstos tiene fines y principios propios, tiene una esfera particular de aplicación. La unidad, la armonía, el desarrollo lógico de los principios, la uniformidad de interpretación no son posibles cuando las diversas ramas de la legislación forman un conjunto confuso. La confusión de principios y de normas, la consiguiente falta de unidad y de uniformidad pueden relevarse en el Código prusiano que expresó en forma típica la tendencia del Iluminismo a regular y a comprender en un solo cuerpo de leyes todos los aspectos de la vida individual y colectiva. Este defecto, en proporciones mucho menores, lo encontramos en el proyecto MARTINI, para el cual, si ya le es extraña la idea de un código universal, le falta un criterio seguro para distinguir lo que es de incumbencia de la moral con lo que es de incumbencia del derecho, el dominio del derecho público del dominio del derecho privado. Mientras que el Iluminismo tendía a armonizar la moral y el derecho en el objeto común de la perfección y de la felicidad individual, KANT tendió a distinguirlos sobre el fundamento de la libertad interior y exterior, y este criterio de distinción sirvió de guía constante para los redactores del Código austríaco. En el proyecto MARTINI las relaciones de derecho privado no se distinguen de las de derecho público: de ello es una prueba evidente la expresión «die wechselseitigen Rechte und Pflichten», utilizada para denotar el objeto del derecho privado civil (art. 9) y que en el texto definitivo con más perfecta conciencia de la distinción entre relaciones de derecho privado y público quedaba modificada en esta forma: «die Privat-Rechte und Pflichten» (art. 1°).

La preocupación por la armonía, por la unidad, se revela no solo en la limitación rigurosa de la esfera propia del derecho privado, sino también en la distribución más racional de la materia y en la más exacta determinación de los conceptos de derecho personal y real que constituyen el fundamento de división del Código. Según la definición tradicional, derechos reales eran los que nacían de una relación entre la persona y la cosa: derechos personales son los que nacen de dos o más personas con respecto a una cosa. La relación entre el sujeto y el objeto del derecho era inmediata en el derecho real, y mediata en el derecho personal llamado también de obligación. El fundamento de tal distinción fue removido por los jusnaturalistas, que dieron al derecho personal el significado absolutamente nuevo, é ignorado por los romanos, de un derecho propio del hombre considerado como persona: en otras palabras, comprendieron bajo tal denominación los derechos de la personalidad. Por eso, la doble distinción romana de derechos reales y personales dio lugar a la triple distinción de los derechos civiles: derechos personales relativos al hombre como tal, libre de toda relación con el mundo físico o social; derechos reales que se ejercen directamente sobre la cosa *(in re)*, y derechos reales-personales que nacen de una determinada persona con respecto a una determinada cosa *(in rem)*. Esta triple distinción de derechos civiles fue reproducida en el proyecto de MARTINI (art. 27).

Pero ZEILLER subrayó el equívoco de la expresión derechos personales *(Personenrechte)* y la necesidad de determinar su contenido a los efectos del Código Civil[377]. Si por

---

[376] Cfr. *Zeiller*, en OFNER, *op. cit.*, I, págs. 6-7.
[377] Cfr. *Zeiller*, en OFNER, *op. cit., I*, pág. 35 (sesión del 11 de enero de 1802).

derechos personales se entienden los derechos inherentes a la persona, todos los derechos deberían llamarse así. A la misma conclusión se debería llegar cuando bajo el nombre de derechos personales sé entienden los derechos con respecto a otras personas, pues también los derechos reales serían en tal sentido personales, en cuanto tienen por término de la relación a la persona. El concepto clásico de relaciones jurídicas que se constituyen inmediatamente entre el hombre y la cosa, había sido demostrado como absurdo por KANT, pues implicaba que las cosas pudieran ser obligadas y que se pudiera hablar de derechos reales fuera de la comunidad. Por otra parte, si el concepto de derecho personal se limitaba, como en la antigüedad, a las prestaciones personales, a los derechos de obligación, no se sabía qué expresión adoptar para designar la nueva categoría de los derechos de la personalidad.

El Código austríaco innova también a esta respecto sobre el proyecto MARTINI en el sentido trazado por la filosofía kantiana. La noción del derecho se halla indisolublemente ligada al concepto de persona y todos los derechos son, bajo este aspecto, personales. Sin embargo, a medida que se desarrolla y se determina, el derecho se presenta bajo un doble aspecto: o es afirmación de las prerrogativas innatas de la persona, o es afirmación de la personalidad en orden a un objeto cualquiera extraño a ella. Derechos de la persona *(Personenrechte)* y derechos de las cosas *(Sachenrechte)* son las dos distinciones fundamentales del derecho civil correspondientes, en el mundo jurídico, a la distinción más general de los seres del universo en personas y cosas. El Código austríaco (1ª y 2ª parte) reproduce esta distinción; pero subdistingue con KANT los derechos de las cosas en derechos reales *(Dingliche Rechte)* y personales *(Persönliche Rechte)*, según que el objeto exterior que puede constituir lo *suyo* de la persona sea una cosa material u otra persona. Una tercera parte del Código comprende las normas comunes a los derechos de las personas y de la cosas, y tiene pues un simple carácter complementario. En oposición al proyecto MARTINI, el Código austríaco limitaba el concepto de derecho personal al conjunto de esos derechos que, por un lado, nacen de la cualidad y relaciones personales (carácter de la personalidad, edad o falta del uso de la razón, relaciones derivadas del estado de ausencia, de persona moral, de ciudadanía, de religión), y, por otro lado, nacen de las relaciones domésticas. Para la definición del concepto de persona y de los derechos de la personalidad, más oportuna que el Código parecía la doctrina filosófica del derecho. Y lo notable es que, mientras para las relaciones domésticas KANT había creado una categoría especial de derechos, los derechos mixtos, intermedios entre los derechos reales y los personales, el Código austríaco prefirió hacer de ellos una categoría de los derechos de las personas, en cuanto tales relaciones suponen a la persona en un estado particular, en el estado de familia.

Libertad e igualdad, unidad y uniformidad, son las condiciones a las que reconoce el valor intrínseco de un código de leyes civiles. Pero no son las únicas, pues el código debe también ser completo *(vollständing)* de manera que cada uno pueda hallar reguladas en él las relaciones del derecho privado. El código no solo debe contemplar todos los negocios jurídicos, sino que debe también prescribir para cada uno de ellos las normas necesarias para que el juez y el jurisconsulto puedan utilizarlos en la resolución de los casos que ocurren en la realidad empírica. Dos sistemas opuestos habían predominado para lograr un código de leyes compuesto: un sistema fue realizado por el Código prusiano, el otro por el Código austríaco. Contemplar todos los casos posibles, reducir al mínimo la libertad de interpretación del juez, tal fue el sistema que vimos consagrado por el Código prusiano. Este sistema respondía a la naturaleza y a la esencia del despotismo iluminado que contrapuso, al arbitrio y a la omnipotencia del juez, la omnipotencia de la ley escrita y quiso que estuviera reservado al poder legislativo, personificado en el príncipe, no solo el derecho de hacer las leyes, sino también el de interpretarlas. La llamada interpretación *authentica et legalis* sustituyó en los códigos del iluminismo (bávaro, teresiano y prusiano) a la interpretación, abandonada en los casos dudosos al prudente arbitrio del juez. Y es notable el hecho de que ni el Código bávaro, ni el prusiano, elaborados bajo la preocupación de eliminar cualquier remota apariencia de arbitrio a los jueces, no se refieren al derecho natural como a una fuente de interpretación a la que pueda recurrir el juez a falta de disposiciones positivas[378]. Es evidente la intención de hacer del legislador el órgano de interpretación del derecho natural, y limitar la función del juez a la aplicación de la ley escrita.

En el proyecto MARTINI queda abandonada la idea de reducir el Código a una casuística: se revela en cambio el esfuerzo de reunir en una unidad de principios la multiplicidad de los casos particulares; pero el esfuerzo es frustrado sea por la tendencia a hacer del Código Civil una especie de *Uber clausus*[379], sea por la falta de principios absolutamente ciertos y objetivos. La expresión misma de *allgemeine und natürliche Rechtsgrundsätze,* a la cual, según el proyecto MARTINI (artículo 19) el juez puede recurrir en los casos dudosos no contemplados ni directa ni indirectamente por el Código, se presta al equívoco, porque es incierto si con tal expresión el legislador entendiera los principios de derecho planteados *a priori* de la razón, o bien (lo que es más probable dada la confusión habitual en los jusnaturalistas entre derecho filosófico y positivo) los principios generales *(allgemeine)* deducidos por vía de abstracción del derecho común y romano[380].

La doctrina jurídica de KANT operaba en este campo como una profunda y benéfica subversión de ideas. Impedir el arbitrio 'del juez, elevar su función, proclamar la independencia en relación con los otros poderes del Estado, tales fueron los propósitos que animaron a KANT. Contra el Iluminismo wolfiano que, con el pretexto de impedir el arbitrio y salvaguardar la libertad del ciudadano, había rebajado la función del juez hasta el punto de hacer de ella una *sprechende Maschine,* consagrando al mismo tiempo la omnipotencia y el arbitrio del legislador, KANT sostuvo que, sobre los jueces, sobre los legisladores, domina soberana la ley, que ésta no es obra de hombres sino de la razón universal, que mientras el deber del legislador es declarar la ley, el juez debe aplicarla, y que en orden a tal objeto sus funciones son igualmente necesarias y autónomas. El principio de la división y de la independencia de los poderes del Estado, cuya importancia para la libertad civil había sido ya señalada, aunque empíricamente desde MONTESQUIEU, fue elevado por

---

[378] Cff. *Landrecht f. die Preuss. Staaten,* Einleintung, § 46 y sigs. El sistema del Código prusiano sobre la interpretación de la ley no pudo sostenerse en la práctica mucho tiempo y fue modificado en el primer apéndice del *Landrecht* (Berlín, 1803), § 2. Para el Código bávaro, v. § 9-10 (texto cuidado por DANZER, *Das Bayerische Landrecht (Codex Maximilianeus Bavaricus civilis),* München, 1894).

[379] El art. 9 del proyecto MARTINI, después de haber sancionado que el complejo de las leyes que determinan los derechos y las obligaciones de los habitantes del Estado constituye el derecho privado civil, añadía: «Dieses Privat-Recht ist im gegenwärtigen Gesetzbuche enthalten». Este agregado fue suprimido en el texto definitivo (art. 1°). Cfr. OFNER, *op. cit.,* I, pág. 14.

[380] En el definitivo la expresión «allgemeine» fue suprimida y solo se habla de «natürliche Rechtsgrundsätze» (art. 7).

KANT a postulado racional del derecho público[381]. La cuestión de la interpretación de la ley hallaba en tales premisas una nueva solución que fue consagrada por el Código austríaco. Las normas de un código no pueden considerarse independientes de los principios que constituyen su fundamento y su justificación racional. El derecho natural sigue siendo la fuente originaria del derecho privado, que mientras desarrolla lógicamente sus principios no puede comprenderlo sino imperfecta y parcialmente. Los principios universales de razón constituyen el único remedio que se puede oponer a las lagunas y a los defectos del código. La interpretación literal y la analógica, no salen de los límites del derecho positivo, el que de un lado no comprende, por explícita declaración de ley, todos los derechos individuales, mientras que del otro lado, puede no contener las normas necesarias para la resolución de los casos particulares. Pero si el derecho positivo presenta lagunas y defectos inevitables, la razón eterna no deja ningún caso sin respuesta. Con ello resulta plenamente justificado el sistema seguido por el Código austríaco. El artículo 1°, al excluir que la esfera del derecho privado coincide con la del código, reconoce implícitamente que nuevas leyes pueden integrarlo y modificarlo. El art. 17 establece que en el silencio de la ley y hasta que se presente prueba en contrario, todo lo que está conforme a los «angebornen natürlichen Rechten» se considera como subsistente sin ninguna limitación[382]. En los casos dudosos que no pueden resolverse ni directa ni indirectamente con los criterios que ofrece el derecho positivo, el juez debe recurrir, por el artículo 7, a los «natürlichen Rechtsgrundsätzen», entendiéndose por ellos el derecho planteado *a priori* de la razón y que vale universal e inmutablemente tanto para el juez como para el legislador. El arbitrio que se temía por parte de los jueces queda teóricamente excluido del carácter de absoluta objetividad del derecho natural, que se revela igualmente a la conciencia de cualquiera que haga recto uso de su razón.

Por otra parte, el recurso a los principios de razón es una medida excepcional a la que el juez está constreñido a recurrir por culpa del legislador que no supo preparar un código verdaderamente completo *(vollständing)*. El código puede ser incompleto por la preocupación del legislador de dictar normas para casos particulares perdiéndose en una vana casuística, o bien por la no menos vana pretensión de traducir en normas positivas principios abstractos o metafísicos, de los que no puede derivar ninguna ventaja para la aplicación práctica. Los dos peligros se evitan con el sistema consagrado por el Código austríaco, en el sentido de fijar normas generales que comprendan en sí los casos particulares. Los hechos humanos, como los fenómenos de la naturaleza física, observa ZEILLER, deben poder reconducir a un número relativamente restringido de leyes, pero tan amplias y comprensivas que valgan para todos los casos a que se refieren. La universalidad de las normas del Código como la de las leyes físicas, no debe ser abstracta, sino concreta, no genérica y formal sino específica.

Legislador y juez siguen un proceso inverso y se completan recíprocamente. El legislador da normas generales que tienen su supuesto y sus razones últimas

---

381 Sobre el principio de la división de poderes y sobre el poder judicial en particular cfr. KANT, *Rechtslehre*, II, 5 45, 47, 48 y 49.

382 Para señalar los derechos del hombre se prefirió la fórmula comprensiva del art. 17, al sistema de la enumeración seguido en el proyecto MARTINI (art. 29). De las discusiones sostenidas en el seno de la Comisión (Cfr. OFNER, I, pág. 36 y sigs.) resulta la intención de los redactores de considerar tales derechos como supuestos del Código, y abandonar su declaración a la doctrina filosófica del derecho.

fuera del código en la doctrina filosófica del derecho; el juez parte del caso individual y debe hallar en el código la norma reguladora por donde conducirlo. Pues si el código no da la norma, el juez está autorizado a sustituir al legislador, a remitirse a los principios generales del derecho para derivar de ellos la norma que valga para el caso individual. En ese sentido específico, es decir, en el sentido próximo de principios generales, y no en el sentido remoto de principios metafísicos de derecho, debe entenderse la expresión «natürliche Rechsgründsätze» utilizada en el artículo 7 del Código austríaco.

La bondad intrínseca se revela, además que por las condiciones absolutas que acabamos de recordar, por una condición relativa que ZEILLER llama *Angemessenheit* y que consiste esencialmente en la exigencia de la conformidad de la ley al estado particular del pueblo y del país para el que ha sido hecha la ley[383]. Se trata, en otras palabras, de la relación entre el derecho natural y las circunstancias de tiempo, de lugar y de civilización en el que debe ponerse en práctica el derecho, entre las exigencias de razón y las exigencias de derecho. La influencia y la importancia del elemento empírico en el dominio del derecho habían sido generalmente reconocidas por los jusnaturalistas anteriores a KANT. Antes bien, fue una de las características de sus sistemas la indistinción entre las exigencias ideales y prácticas de la vida jurídica, entre el punto de vista abstracto del filósofo del derecho y el punto de vista práctico del legislador, por cuya razón en sus especulaciones permanece por lo general sin solución o incierta o contradictoria la relación entre el derecho natural y el positivo. Prueba evidente del estado de las mentes con respecto a esta relación es el lugar que se dio al derecho consuetudinario e histórico en los sistemas de los jusnaturalistas: al derecho que derivaba, por la fuerza de las circunstancias, del tiempo y que se había formado *«rebus ipsis dictantibus»*.

La aversión general contra este derecho empírico, que, cuando no contradecía, obstaculizaba y retardaba las reformas impuestas por las idealidades individualistas de la época, no impidió a los jusnaturalistas reconocer en él fuerza de ley y considerarlo fuente siempre viva y autorizada del derecho al lado de los principios naturales del derecho. En efecto, en los Códigos que bajo la influencia de sus doctrinas se prepararon durante la segunda mitad del siglo XVIII en Alemania, el derecho consuetudinario y el derecho histórico figuran como fuentes principales del derecho y a su lado se afirma tímidamente como fuente subsidiaria, el derecho de naturaleza. Aun en el proyecto de MARTINI, que sufría ya las nuevas influencias del pensamiento filosófico, lo consuetudinario, si no tiene más valor de ley, sigue siendo siempre fuente de interpretación al lado de la ley escrita y de los principios generales de derecho[384].

---

383 Cfr. *Zeiller* en OFNER, *op. cit., I,* pág. 7; II, pág. 474.

384 En el Código bávaro (1756) aunque condicionado y limitado, lo consuetudinario que no está expresa o implícitamente revocado tiene *vim legis* (Parte 1ª, c. 2ª, art. 15). Además, siguen teniendo vigor junto al derecho escrito, el derecho común, estatutario, etc. (art. 8 y sigs.). Es digno de destacar que en este Código el derecho natural es objeto del más amplio concepto del derecho común junto con el derecho canónico, romano, longobardo y alemán (v. art. 12). El *Landrecht* prusiano es tan solo fuente subsidiaria del derecho en sustitución del derecho común: a su lado siguen en vigor las costumbres y los estatutos provinciales que debían convertirse, empero, en otros tantos códigos particulares *(Einleintung,* arts. 2-6 y, sobre todo *Patent wegen Publication des neuen allg. L-R,* etcétera, 15 de febrero de 1794). En el proyecto MARTINI lo consuetudinario continuaba en vigor solo en cuanto podía valer para la interpretación de una ley (art. 22), mientras que los estatutos provinciales cesan de tener fuerza de ley, salvo que no sea expresamente establecido de otra forma (art. 23).

El Código austríaco, al establecer sobre nuevas bases la relación entre derecho natural y derecho histórico y consuetudinario, se inspiró directamente en el pensamiento kantiano. En la doctrina jurídica de KANT el punto de vista formal es el único que se considera: no dice una palabra de lo consuetudinario, ni de ningún derecho histórico, de lo que, en otras palabras, constituye la materia del derecho. Ahora bien, la forma del derecho es *a priori:* no está condicionada por el tiempo ni por el espacio, pero es universal y necesaria. Con ello no quedaba excluida, sino antes bien implícitamente afirmada, la exigencia de un derecho fenoménico, que solo de la razón puede tomar forma y justificación. Se comprende cómo la distinción entre derecho natural y positivo debía tener en KANT un puro valor formal: el derecho positivo no es más que el derecho natural, al que se agrega la garantía de una sanción pública.

Si el punto de vista kantiano era el de un filósofo del derecho, no podía ser el de un legislador, cuyo principal objeto no es establecer las formas y las condiciones abstractas del derecho, sino su aplicación a la múltiple y variada materia jurídica. Por eso, la relatividad espacial y temporal fue considerada por ZEILLER como cualidad esencial de un código de leyes civiles. La consideración del contenido del derecho debía dar una significación más completa y diversa a la distinción entre derecho natural y positivo. El derecho positivo resulta, a los efectos del código, de la unión de la forma y del contenido, y no es, como para KANT, una noción puramente formal. Un código, en efecto, faltaría a sus fines si sancionara normas exclusivamente formales de gran valor racional pero de ninguna utilidad práctica, exentas como serían de contenido. Por consiguiente, la posición del Código austríaco con respecto a KANT y al derecho racional por un lado, y con respecto al derecho empírico o material por el otro, aparece plenamente explicada y justificada. A ZEILLER le fue dado hacer concurrir los dos elementos sin confundirlos, sometiendo e integrando el pensamiento kantiano a los fines y a la naturaleza especial de la legislación civil. El elemento empírico del código resulta de múltiples factores que ZEILLER enumera inspirándose directamente en MONTESQUIEU[385]. Estos factores son la forma de gobierno, el clima, la religión, las condiciones económicas y físicas, las costumbres, el lujo, el estado de cultura y de civilización, las tradiciones jurídicas romanas y germánicas. Cualquiera que sea el factor empírico considerado, adquiere valor y significado a través de las formas ideales del pensamiento con las cuales va unido. Deber del legislador es seleccionar entre el material jurídico vario, ofrecido por la experiencia sensible, aquellos elementos que se adaptan a tales formas, de modo tal que pueda realizarse en el código la más perfecta armonía y correspondencia entre la forma y la materia de la norma jurídica.

En consecuencia de tales premisas, ningún derecho histórico puede en cuanto tal tener fuerza de ley. En sus primeras fases, la codificación había tratado de idealizar el derecho existente, en particular el derecho romano, considerado como una especie de *ratio scripta* con valor universal. El Código austríaco, bajo la influencia de KANT, representa una reacción contra esta tendencia en cuanto deriva la universalidad y la necesidad de sus normas, de la razón, y considera al derecho histórico, aunque haya llegado a la perfección del derecho romano, como un derecho particular y relativo. El espíritu de la filosofía kantiana era incompatible

[385] Citado y elogiado por él. Cfr. OFNER, *op. cit.*, I, pág. 8.

con la idolatría por el derecho romano y con la pretensión de erigirlo en modelo de la reforma civil. En la doctrina del derecho de KANT no hay la menor mención del derecho romano; pero la opinión de los jurisconsultos partidarios de KANT sobre el particular, está expresada por ZEILLER en el discurso preliminar al trabajo de revisión del proyecto MARTINI. ZEILLER considera injustificada y perniciosa para los progresos de la legislación, la autoridad del derecho romano, y señala las contradicciones y las incertezas de los textos que lo transmiten. COCCEJI, observa ZEILLER en su *Jure civili controverso,* y GODFREDO, en sus notas al *corpus juris,* demuestran cómo todos los pasajes del mismo son contradichos, o pueden serlo, por otros pasajes. Esta es, agrega, «die grösste Satire, die über ein Gesetzbuch geschrieben werden könne». No deja de destacar que el conocimiento del derecho romano en su época, también por parte de quienes más lo ostentaban, era escaso e imperfecto, y concluye afirmando que el derecho romano no tiene autoridad por sí, sino en cuanto expresa verdades del derecho de razón. ZEILLER reconoce que el derecho romano constituirá siempre una preciosa fuente tanto para los juristas como para los filósofos del derecho, por su riqueza y variedad de materiales, por el gran número de principios conformes con la justicia natural. Por testimonio del mismo ZEILLER, la parte del Código austríaco cuyo objeto son los derechos reales y de obligación, está derivada en su casi totalidad del derecho romano. Pero más que las normas del derecho romano, en el Código austríaco se reproducen los principios eternos de razón que se encerraban en tales normas, despojadas de sus contingencias históricas y adaptados a las aspiraciones individuales de la conciencia jurídica moderna[386].

Si el contenido de las normas relativas a los derechos sobre las cosas deriva del derecho romano, la forma y la justificación son absolutamente modernas o, más precisamente, kantianas. Prueba de ello es la doctrina de la posesión aceptada por el Código austríaco. El conocido ensayo de SAVIGNY sobre la posesión, cae precisamente en el período de revisión del proyecto MARTINI, y tal ensayo marcaba una nueva era en los estudios de derecho romano y en el método a seguirse para comprender sus instituciones jurídicas[387]. Para SAVIGNY, la posesión no es un derecho, sino un hecho; es la ocupación, es el efecto de la fuerza y puede ser destruido por una fuerza mayor. La ley defiende en la posesión no un derecho, sino la personalidad del poseedor contra eventuales violaciones. Muy de otra manera había pensado KANT con respecto a la posesión. Para KANT, la posesión es un verdadero y propio derecho, es el derecho de la personalidad que se afirma sobre cosas a ella exteriores. Al contraste de opiniones sobre la naturaleza de la posesión provocado por SAVIGNY, se refiere ZEILLER en 1808 en el ensayo introductivo al Código Civil austríaco: allí dice que la doctrina romana de la posesión es tan incierta que «die bewährtesten Schriftsteller selbe in den neuesten Zeiten noch nicht in das Reine gringen konnten»[388]. De todos modos es cierto que en el Código austríaco la institución de la posesión deriva su contenido del derecho romano, pero está concebida «nach den Grundsätzen der Rechtphilosophie» kantiana. Este figura, en efecto, entre los derechos reales y su título justificativo consiste en

---

386 Cfr. ZEILLER en OFNER, *op. cit.,* I, pág. 5. En otra parte (cfr. *id.,* II, pág. 476 y sigs.), ZEILLER formula la crítica del *corpus juris* y hace su confrontación con el Código austríaco señalando sus concordancias y diferencias.

387 La primera edición del *Das Recht des Besitzes* de SAVIGNY es de 1803. El éxito de la obra está demostrado por el hecho de que en 1806 aparecía la segunda edición.

388 Cfr. ZEILLER, *Anhang,* etc., cit. en OFNER, *op. cit.,* II, pág. 483.

«der angebornen Freiheit zu Handlungen, wodurch die Rechte anderer nicht verletzer werden» (art. 317), según la enseñanza kantiana[389].

En la posesión tienen su origen y fundamento la propiedad. No menos significativa es la influencia de KANT acerca del modo de entender las relaciones entre estas dos instituciones fundamentales del derecho privado. Según la doctrina romana, posesión y propiedad se hallan entre sí como el derecho y el hecho; si por su contenido se corresponden, por su forma y fundamento se distinguen esencialmente. Al dominio de hecho sobre la cosa, expresado por la posesión, le falta una verdadera y propia garantía jurídica. La posesión se halla defendida no por sí misma, sino por razones a ella extrañas y anteriores, por las consecuencias políticas y sociales que derivarían de su inmunidad. Los jusnaturalistas aceptaron sustancialmente la doctrina romana: al enumerar los derechos del hombre, se refieren solamente a la propiedad considerada como facultad originaria o como atributo esencial de la personalidad.

A la posesión se refieren, por lo general, como manifestación exterior, como ejercicio de hecho de la propiedad[390].

Muy diversa se presenta en la doctrina jurídica de KANT la relación posesión-propiedad. En su sistema la posesión está racionalizada: ya no es un estado empírico, sino la categoría suprema dé las relaciones jurídicas privadas; expresa en la forma más general la relación entre la personalidad y lo que le es externo, comprende no solamente las relaciones reales sino también las personales. Por otra parte, la propiedad no es sino una determinación de la posesión y puede pensarse solamente respecto de las cosas corporales hacia las cuales no se puede concebir obligación. El Código austríaco reproduce sustancialmente el pensamiento kantiano. No solamente la posesión está tratada antes que la propiedad, como si fuera presupuestó de ésta, no solamente es considerada como un derecho verdadero y propio, sino que constituye el fundamento de la propiedad. Título de adquisición originario de la propiedad es «die angeborne Freiheit sie *(res nullius)* in Besitz su nehmen» (art. 381). En el Código austríaco la posesión perdió, sin duda, el significado amplio y formal que tenía en KANT; además, la propiedad se extiende también a las cosas

---

389 En el proyecto MARTINI, el título justificativo del derecho de posesión es aún «die Natur der Sache» (art. 39, 2ª parte). En la primera revisión del proyecto, la influencia kantiana se revela ya en el fundamento subjetivo reconocido a la posesión: ésta, sin embargo, no se funda en la naturaleza de las cosas, sino «in dem angebornen Rechte» de ocupar las *res nullius* (cfr. OFNER, *op. cit.*, I, 229). Solo en la *Superrevision des G. G. Bs.*, prevaleció la expresión «die angeborne Freiheit» que pasó al texto definitivo. Esta sustitución evitaba la tautología y armonizaba con el art. 381 del Código. (Cfr. OFNER, *op. cit.*, II, 517).

390 En el Código Napoleón la institución de la posesión figura en el Libro ni como forma de adquisición de la propiedad bajo el título de la prescripción: pocos son los artículos (ocho) que bastan para regularla. Es concebida como la detentación de la cosa o el goce mediato o inmediato de un derecho (art. 2228). Mucho mayor desarrollo tiene la posesión en el Código prusiano, donde comprende totalmente el título VIII (primera parte) y 250 artículos. Tal desarrollo se explica, además que por el método analítico seguido en el Código, por la influencia del derecho germano, en el cual la posesión, concebida sobre todo como uso y goce de la cosa, tuvo una importancia y extensión mucho mayores que en el derecho romano. No puede excluirse que el mismo Kant cediera a la influencia germana, en la importancia que atribuye a la posesión en su sistema jurídico.

incorporales[391]. Por eso, los dos conceptos propiedad y posesión se aproximan además que por su fundamento, por su contenido, siendo la distinción solo formal. Mientras la posesión expresa más bien la relación entre la persona y la cosa, la propiedad expresa preferentemente la plena facultad de disponer de la sustancia y de los útiles de la cosa. El mismo derecho real es considerado por la posesión y por la propiedad bajo dos aspectos diversos: como dominio sobre la cosa y como poder de disponer libremente de ella.

En lo que respecta a la naturaleza y al fundamento del derecho sucesorio, las opiniones prevalecientes en el último período de la codificación austríaca estaban representadas por MARTINI, KANT *y* ZEILLER. Para MARTINI el derecho sucesorio es una consecuencia del dominio, y como éste, se funda sobre la natural libertad de disposición que tiene todo hombre sobre sus cosas. Para KANT únicamente la sucesión testamentaria es *juris naturæ*. Para ZEILLER todo el derecho sucesorio no puede justificarse con principios de razón y tiene su fundamento en consideraciones de derecho público. Pero cuál de estas tres doctrinas prevaleciera en la elaboración del texto definitivo, no aparece de las discusiones sostenidas en la Comisión revisora, la cual evitó expresamente las discusiones que correspondían mejor a la doctrina filosófica del derecho. No puede sin embargo nacer ninguna duda sobre el principio fundamental que estuvo constantemente presente a los redactores del Código al dictar las normas' del derecho sucesorio. Este principio fue el escrupuloso respeto a la voluntad declarada o presunta del testador. De cualquier modo que se lo justificase, este principio respondía a las exigencias individualistas de la época, significando asimismo el homenaje tributado a la personalidad racional del hombre no vinculada al tiempo ni al espacio. La misma institución de la legítima limitaba la libertad del testador solo en cuanto era irracional y contradecía el voto manifiesto de la naturaleza[392]. Ningún rastro hay en el Código austríaco de una sucesión de familia. Esta es considerada desde un punto de vista estrictamente individualista, no como un ente colectivo cuya conservación y desarrollo deban cuidarse con oportunas limitaciones a la libertad de testar[393]. La preocupación del individuo y de los intereses patrimoniales se revela en la incorporación del derecho hereditario entre los derechos reales que expresan la relación jurídica individual en su forma más pura[394].

---

391 En el proyecto MARTINI, la propiedad, objetivamente considerada, comprende todo lo que pertenece a alguien y, por consiguiente, también las cosas inmateriales (art. 73). En un sentido más restringido, o sea subjetivamente, es el derecho de disponer libremente de la sustancia y de los útiles de una cosa natural *(mit der Substanz und mit den Nutzungen einer körperlichen Sache)* (art. 74, 2ª parte). En la discusión sostenida en el seno de la Comisión revisora (Cfr. OFNER, *op. cit.*, pág. 343) se resolvió extender el concepto de propiedad también a las cosas incorporales, por cuya razón vino a menos el significado amplio y restringido de la propiedad, quedando solo en el texto definitivo la distinción entre propiedad en sentido objetivo (art. 353) y subjetivo (art. 354).

392 No puede señalarse ninguna diferencia sustancial entre el sistema sucesorio del proyecto MARTINI y el que se aceptó en el texto definitivo.

393 En el Código prusiano el derecho sucesorio está dominado por dos principios fundamentales: el principio de la libertad individual, y un principio derivado de las exigencias de la vida doméstica. Por lo tanto, dos son los sistemas sucesorios del Código prusiano: el sistema testamentario y el sistema sucesorio doméstico; uno está tratado bajo el título relativo a la adquisición de la propiedad (1ª parte, tít. XII) y el otro forma parte del derecho doméstico (2ª parte, tít. II, 5, 6, 7).

394 Mientras el Código prusiano distribuye entre diversas partes el derecho sucesorio según el principio que lo informa, y el Código francés lo sitúa enteramente entre los modos de

La doctrina del contrato se enriquecía por obra de Kant y de Zeiller con nuevos principios, que brindan luz y significado a las normas correspondientes del Código austríaco. Kant había demostrado en forma exhaustiva que el concurso simultáneo de las voluntades de las partes contrayentes, requerido como condición de validez del contrato, no puede concebirse en la realidad fenoménica donde los dos actos de la promesa y de la aceptación son siempre sucesivos, siendo solo concebible en el mundo nouménico, donde la relación contractual es pensada fuera del tiempo y del espacio como acto puro de la razón. Con tal doctrina Kant echaba el fundamento de una teoría filosófica de los contratos, contraponiendo al contrato empírico regulado por los códigos, el contrato inteligible, formal, producto *a priori* de la razón.

Contra la constante tradición que consideraba la obligación un *jus ad rem* cuyo objeto era la cosa prometida, Kant, conforme al subjetivismo de su doctrina jurídica, ignorado no menos por los antiguos que por los jusnaturalistas, sostenía la doctrina aceptada por Zeiller y presupuesta por el Código austríaco según la cual la obligación es una facultad de disponer de la libertad ajena y que tiene por objeto no la cosa prometida, sino directamente la promesa de otro[395].

En materia de culpa, Kant, a base del principio general de que el derecho de una persona no nace de eventuales obligaciones de otras, había sostenido que el hecho injusto de otros no constituye el fundamento del derecho de indemnidad correspondiente al damnificado. El derecho de indemnidad se funda sobre el derecho preexistente al daño, de conservar intacto lo que es nuestro y de remover los obstáculos que se presentan en el ejercicio del derecho. El resarcimiento del daño involuntario, aunque fuera ocasionado por niños y por insanos mentales, era consecuencia de tal principio. Solo por motivos de equidad *ne afflicto addatur afflictio* (para que no se agregue aflicción al afligido), y por consideraciones de orden civil, ese principio que obligaba al resarcimiento de los daños también a los niños y a los insanos, o bien por los daños ocasionados por animales y cosas inanimadas, no fue consagrado por el Código austríaco, mientras que había encontrado reconocimiento en el proyecto Martini[396].

En otro punto digno de nota, el Código austríaco se pronuncia contra la explícita opinión de Kant para acoger la opinión de Zeeller, en materia de relaciones patrimoniales entre los cónyuges. Kant había sostenido que era conforme a los principios de razón, la comunión de bienes entre los cónyuges, en armonía con la unión de los cuerpos y de las personas. En cambio Zeiller no ve la necesidad racional de la comunión en orden a los bienes adquiridos separadamente por los cónyuges, sea antes del matrimonio como durante él. Y su punto de vista se convirtió en la justificación racional del sistema adoptado en Austria desde los tiempos de la legislación Josefina, según la cual, a falta de un contrato especial, la unión conyugal no engendra por sí sola la comunión de los bienes entre los cónyuges[397].

---

adquisición de la propiedad (Lib. III), el Código austríaco, como ya el proyecto Martini, hace entrar todo el derecho hereditario en la esfera de los derechos reales al lado de la posesión, de la propiedad, de la servidumbre y de la prenda (2ª parte, 1ª sec.).

395 Cfr. Kant, *Rechtsl*, I, § 10 y 20. Zeiller, *Das naturr. Privat-Recht.* (Wien, 1819), § 97 y nota 2ª, § 110.

396 Cfr. Kant, *Rechtsleh.*, I, § 18; Zeiller, *op. cit.*, § 179; Código austríaco, artículo 1306; Proyecto Martini, art. 456 (3ª parte); cfr. Ofner, *op. cit.*, II, pág. 189.

397 Cfr. Kant, *Rechtsleh.*, *I*, § 26; Zeiller, *op. cit.*, § 160; Código josefino, III, art. 97; Proyecto Martini, III, art. 326; Código austríaco, art. 1233.

En la filosofía crítica aplicada y adoptada por ZEILLER para el estudio del derecho privado, podría hallarse, en fin, el fundamento teórico de las normas consagradas por el Código austríaco relativas al error y a la condición en los contratos[398].

No puede ya ponerse en duda que el proyecto MARTTNI y el Código austríaco respondan a direcciones filosóficas profundamente diversas: su diversidad se revela, más que en las normas sancionadas, en la justificación de éstas. El Código austríaco fue preparado durante el período de mayor y más consciente reacción contra los métodos y los principios del iluminismo jurídico, cuyo último y más perfecto producto fue el proyecto MARTINI.

Si la influencia kantiana en la codificación austríaca fue genéricamente afirmada por muchos, no fue, sin embargo generalmente demostrada ni apreciada en su justo valor[399]. Los elementos materiales del Código derivados del derecho común hicieron dejar de lado los elementos formales de origen kantiano los cuales, más que en el Código, son presupuestos por él y forman el objeto de esa especial disciplina filosófica llamada doctrina del derecho natural privado. Esta brinda los principios y suministra la justificación de las instituciones que consagra el Código, contrariamente al sistema seguido por otros códigos que, o carecen de principios ciertos y uniformes, como el Código francés, o confunden los principios con las aplicaciones prácticas, como los Códigos del Iluminismo (bávaro, josefino, prusiano, galiciano).

A pesar de la uniformidad fundamental del contenido, la codificación del derecho privado fue realizada en los diversos países bajo la influencia de principios metafísicos muy distintos. La codificación francesa no puede considerarse expresión de un determinado y coherente sistema de principios filosóficos: ella se desarrolla bajo la presión de los acontecimientos históricos, y entendió conciliar sobre el terreno práctico las tendencias opuestas que habían dominado en el período revolucionario. La filosofía del Código francés es la misma filosofía simplista y dogmática de la Declaración del 89, Por otra parte, la filosofía del Código prusiano fue superada por la filosofía crítica, y no constituyó un punto de partida para ulteriores elaboraciones filosóficas del derecho privado. Con la filosofía del Iluminismo cayó en descrédito el Código prusiano, cuya autoridad e influencia práctica y teórica en el siglo XIX no es parangonable con la del Código Napoleón ni con la del Código austríaco. No debe olvidarse que, tanto el Código prusiano como el francés, estaban aún dominados por el prejuicio de que todo el derecho privado, sea por los principios, sea por las aplicaciones prácticas, se halla encerrado en el código, de que éste basta por sí y expresa la verdad absoluta. No solo no fue instituido ningún órgano que, a semejanza del Pretor romano, tuviera la función de desarrollar el derecho positivo adaptándolo a las nuevas condiciones de las cosas, sino que se prohibió al juez salir del código, invocar principios que no se encontraran implícita o explícitamente consagrados en él, y todo esto para evitar la temida arbitrariedad del juez,

---

398 Cfr. ZEILLER, *op. cit.*, 5 99 y sigs. (doctrina del error), § 113 (doctrina de la condición).

399 LANDSBERG *(op. cit.*, 3, cap. XII, 13) es una loable excepción. Ni KRAINZ, ni UNGER, ni OFNER, por no mencionar sino los más conocidos estudiosos del sistema de derecho privado austríaco, se refieren a las corrientes filosóficas que tuvieron expresión correcta en la codificación austríaca en sus dos últimas fases personificadas por MARTINI y ZEILLER. El mismo SAVIGNY *(Vom Beruf uns. Zeit,* etc., 1814) descuidó las relaciones del Código austríaco con la filosofía kantiana en las críticas que se le dirigieron, críticas que con justicia PACCHIONI llama *superficialísimas (Il progetto di revisione del C. C. austr.* En «Riv. di dir. civile», 1909).

para garantizar la llamada interpretación objetiva de la ley. Ocurrió que en un primer período, el trabajo cumplido por los intérpretes en torno al Código francés, se redujo a los esfuerzos efectuados para conocer y poner en evidencia la voluntad del legislador, es decir, fue dirigido a fijar el sentido exacto de los textos, el alcance preciso de las normas jurídicas[400]. Y pareció un progreso real, cuando detrás de la exégesis del Código se vio el trabajo de sistematización y desarrollo lógico de los principios mediante la *ratio juris*[401]. Se asistió entonces al esfuerzo puramente lógico de llevar un principio hasta sus extremas consecuencias, de reducir la multiplicidad de los casos particulares a la unidad de los principios consagrados por el Código aun si dicha reducción contradecía las exigencias de la realidad. Y no solamente el Código vino a separarse progresivamente de la vida, como demostraremos más adelante, sino, lo que aquí más interesa, sufrió una paralización de su desarrollo con respecto a los principios, privándose al intérprete de la posibilidad de extenderlos más allá de los límites fijados por el legislador. Bajo este aspecto, el Código austríaco representa una indiscutida superioridad sobre el mismo Código Napoleón. El juez no es solo el intérprete de la ley escrita, sino que es eventualmente el órgano del derecho eterno de razón, al cual debe recurrir para integrar el código e interpretar sus normas. De tal modo, el destino del Código austríaco estaba ligado al del derecho filosófico, que, desarrollándose según las directivas impresas por KANT, abrió el camino a las llamadas construcciones jurídicas, que sustituyeron la voluntad del legislador en la interpretación y aplicación de las normas del derecho privado. Si bien es cierto que cuando tales construcciones degeneraron, terminaron por rehabilitar la interpretación subjetiva y arbitraria del juez, y por originar categorías jurídicas impermeables a todo progreso, no es menos cierto que representaron durante mucho tiempo el lógico y fecundo desarrollo de los postulados de la crítica kantiana y permitieron sustraerse a una interpretación estrictamente exegética, escapar a las inexorables consecuencias lógicas de los principios del código, a la tiranía de la voluntad del legislador. El mismo Código Napoleón, cuando, bajo la presión de los hechos, sintió la necesidad de renovar sus bases teóricas y aceptó el método dogmático y constructivo, a falta de una metafísica propia, acogió la metafísica jurídica kantiana. Por lo tanto, en una fase ulterior de su desarrollo, y precisamente en la fase llamada dogmática, los diversos códigos terminan por encontrarse sobre el fundamento de los mismos principios metafísicos kantianos. Esto no debe sorprender, si se piensa en la autoridad de la crítica kantiana, y sobre todo en el hecho de que todos los Códigos, a pesar de las diferencias de métodos, de principios, tendían a llevar a la práctica la idea individual en las relaciones civiles. Y como nadie había logrado expresar mejor que KANT tal idea, darle una forma más

---

400 Este primer período se extendía, para el Código Napoleón, hasta 1840. En él adquirieron fama y autoridad los tres grandes civilistas MERLIN, PROUDHON, TOULLIER. En 1841, en una memoria leída en la «Académie des sciences morales», sobre la autoridad de la ley, BLONDEAU sostuvo la tesis de que solo la ley es fuente de interpretación, y rechaza todas las fuentes que no estén fundadas en la voluntad implícita o explícita del legislador. La tesis de BLONDEAU fue aceptada por los más célebres comentaristas del Código Napoleón (MARCADÉ, DEMOLOMBE, HUC, AUBRY et RAU, etc.). Cfr. CHARMONT ET CHAUSSE, *Les interpretes du C. C.* (en *Livre du cent.*, I, pág. 134 y sigs.).

401 Es en este segundo período en que aparecen los clásicos comentarios del Código Napoleón. Para la enumeración completa cfr. PICARD, *L'évolution historique du droit français* («Syllabus», 4ª edic. Bruxelles, 1904, pág. 75 y sigs.). Lo que caracteriza estos trabajos, observa PICARD es: «l'esprit de controverse et souvent la manie de la controverse ... ce furent des batailles de logique scolastique plutôt que des batailles d'idées».

definitiva, se comprende cómo su metafísica termina por ser aceptada generalmente como el fundamento más sólido del derecho privado en armonía con el ideal individualista predominante.

KANT Y EL SOCIALISMO. LA INTERPRETACIÓN SOCIAL DEL PENSAMIENTO ÉTICO-JURÍDICO DE KANT. EL ESTADO Y SUS FINALIDADES SEGUN KANT. CRÍTICA DE LA INTERPRETACIÓN SOCIAL DEL PENSAMIENTO JURÍDICO Y POLÍTICO DE KANT. SIGNIFICADO DEL RETORNO A KANT EN EL SOCIALISMO CONTEMPORÁNEO.

30. Con nuestra afirmación de que la doctrina jurídica kantiana fue la expresión más pura del individualismo jurídico, parece contrastar la tendencia moderna a someter el kantismo a una significación social. El retorno a Kant fue invocado no solo en defensa de la idea individual amenazada, sino también en justificación del socialismo contemporáneo. Se presenta, pues, espontáneamente la pregunta de si en la doctrina de Kant se encuentran, aunque solo en germen, los principios y las condiciones para una filosofía social.

La doctrina ética de Kant pareció justificar, desde el principio, la interpretación en sentido social de su pensamiento[402]. La universalidad de la ley moral, el valor absoluto de la persona humana, la concepción de un reino de fines en el que la ley moral halla su realización completa, son los nuevos principios éticos proclamados por Kant que parecen expresar en su forma más pura y elevada el ideal humano. Los imperativos categóricos de Kant traducen en términos lógicos los preceptos eternos del Evangelio. La condenación del egoísmo, la exigencia racional del amor al prójimo están implícitos en el precepto kantiano que impone a todos obrar según una ley universal. La condenación explícita de la explotación económica, y el ideal de la igualdad humana nacían con la fuerza de una verdad apodíctica del principio de respetar en nosotros y en los demás a la humanidad como fin. Por último, la idea de una sociedad de seres libres y razonables, liberados de todo vínculo político, teniendo por norma de conducta la ley del deber y por fin el respeto recíproco de la personalidad, constituía la razón última de la especulación ética kantiana. Después de esto se comprende cómo Cohen pudiera decir que la moral kantiana contenía el programa moral «der neuen Zeit und aller Zukunft der Weltgeschichte»[403]. La moral kantiana, por su mismo carácter formal, no tiene límites de tiempo ni de espacio; pone las condiciones únicamente por las cuales es posible y concebible el progreso moral de la humanidad. El socialismo tiene valor en la medida en que realiza el ideal ético tal como fue entendido por Kant.

La interpretación social de la moral kantiana no puede, a nuestro juicio, sostenerse sin falsear su carácter y significado. Las fuentes de la moral deben, según Kant, buscarse en el individuo. Este solo es capaz de libertad interior y de voluntad buena, la cual fija así misma su norma sin derivarla de supuestas finalidades colectivas. La universalidad de la norma es meramente lógica y abstracta de todo contenido individual o social. Por otra parte, no puede reconocerse carácter social a la moral kantiana, que no pone a la sociedad como ente distinto de los individuos,

---

[402] Cfr. Vorlaender, *Kant und der Sozialismus* (Berlín, 1900), pág. 6 y sigs. y, además, a los autores por él citados (*Ibid.*, pág. 15 y sigs.).

[403] Cfr. Cohen, *Ethik des reinen Willens* (1905), pág. 303. Sobre Cohen cfr. Vorlaender, *op. cit.*, págs. 16-18. Contra la tesis de Cohen cfr. Kautsky, *Ethik und materialistische Geschichtsauffaussung* (Stuttgart, 1906), págs. 34-35.

fuente de deberes, término del obrar. Solo el individuo, y no la sociedad, tiene para KANT razón de fin. La idea de un reino de fines no puede entenderse como referencia a una concepción social de las relaciones humanas, mientras es consecuencia lógica del supuesto de seres libres y razonables que siguen en su obrar a la razón.

En una obra menor, generalmente descuidada, KANT, refiriéndose a la historia universal desde un punto de vista cosmopolita, tuvo ocasión de expresar más claramente su pensamiento con respecto a los fines de la humanidad y a las relaciones de ésta con el individuo[404]. En esa obra, KANT observa que el mayor problema, el más alto deber, el fin último del género humano *(Menschengattung)* es la realización de un orden civil justo y perfecto, o sea de un estado social en el que la ley de la igual libertad sea respetada, en el que sea garantizado el desarrollo pleno de todas las actividades originarias del espíritu humano y en el que se haga imposible la explotación del hombre por el hombre. En otras palabras, la elevación psicológica y moral del individuo es la verdadera condición del progreso humano. «El individuo en la sociedad, lo mismo que el árbol en el bosque, debe, para el desarrollo de sus mejores capacidades, plantearse como momento opuesto a la sociedad. En el desarrollo individual es la causa, la fuente, del progreso común: pero el término verdadero del desarrollo completo no reside en el individuo sino en la humanidad. La norma de la actividad de toda persona está subordinada al reino de los fines y requiere en la misma esfera del derecho la mutua penetración de los espíritus». El pensamiento entero de KANT se pone de relieve en estas palabras. El estado ideal al que tiende la humanidad en su curso histórico, es un estado de libertad interior y exterior. La realización de la libertad es la realización del fin humano. El individuo no deriva su fin de la sociedad ni ésta impone sus fines propios al individuo. La unidad y la armonía social son el índice de un completo desarrollo del individuo, no el resultado del logro de un fin social.

En la misma condenación del egoísmo como principio del obrar, no está implícito el reconocimiento de ningún ideal social. En el egoísmo, KANT condena al individualismo empírico y subjetivo, fundado sobre la tendencia sensible a la felicidad y tributa homenaje al individualismo racional que se funda sobre la ley del deber. De cualquier forma que se la considere, la moral kantiana es siempre la expresión de una concepción individual de la vida y perfección moral, y no podía ser de otro modo desde el momento que la sociedad, como ente autónomo, no fue elevada por KANT a condición formal de la moralidad.

No menos vivos fueron y son los contrastes sobre el significado del pensamiento político y jurídico de KANT. Contra la opinión dominante que consideraba a KANT el representante más puro de la idea individual, muchos señalaron en su doctrina los gérmenes de una concepción social del derecho y del Estado. Se observó que el derecho natural, expresión de la personalidad racional del individuo, es para KANT un derecho provisional que recuerda el derecho imperfecto de PUFENDORF; solo en el Estado y por el Estado, deviene perentorio y encuentra sanción universal y eficaz. La existencia efectiva del derecho está condicionada a la existencia del Estado y a una sanción pública, en tal forma que KANT pudo también definir el derecho como la posibilidad de una coacción general y recíproca dirigida a garantizar la libertad de cada uno según una ley universal[405]. En otra parte, KANT afirma

[404] Cfr. KANT, *Idee zur einer allgemeinen Geschichte in weltbürg. Abskht* (1784).
[405] Cfr. KANT, *Rechtslehre, Einl,* § E.

con mayor claridad que la educación del género humano consiste esencialmente en una constitución civil fundada al mismo tiempo sobre la libertad y la coacción[406]. La unión indisoluble de la libertad y de la coacción, del derecho y del Estado, aproxima a KANT mucho más a las concepciones modernas que a la concepción política del liberalismo lockiano, según la cual el individuo y su derecho son principio y fin del orden jurídico.

Tanto el derecho y el Estado como la propiedad y el Estado son para KANT términos indisolubles. En el filósofo alemán la concepción de una comunión primitiva se transforma en la idea de la posesión originaria del suelo; lo que era aspiración vaga y difusa en la conciencia colectiva, reflejo casi de la condición primitiva de la humanidad, se eleva en KANT a postulado de la razón práctica, a condición racional de la propiedad privada y del Estado al mismo tiempo. Como consecuencia de tales premisas se observó que KANT terminaba sustancialmente por adherirse a la doctrina de cuantos consideraban la propiedad como una institución civil que tiene su origen y su razón de ser en el Estado y por el Estado[407].

Y si de la doctrina kantiana del derecho se pasa a la doctrina del Estado, la opinión de los que consideran a KANT precursor de idealidades sociales podrá parecer también confirmada. Para KANT el Estado no es el resultado del contrato, sino un imperativo categórico de la razón práctica: «nach welchem zu streben uns die Vernunft durch einen categorischen Imperativ verbindlich macht»[408].

Como ocurrirá más tarde en la escuela hegeliana, también para KANT el Estado es expresión de un deber moral; no es un mal necesario como sostuvo el individualismo extremo, sino un bien necesario. KANT tuvo clara idea de la personalidad jurídica del Estado, y no faltan en sus obras referencias a la concepción orgánica del Estado. En la *Crítica del juicio* encontramos un notable pasaje donde el concepto de organismo natural es extendido por analogía al campo político. «En ocasión de transformarse un gran pueblo en un Estado, se ha adoptado, a menudo y muy oportunamente, la palabra *organización (Organisation)*, para indicar el ordenamiento de los poderes y hasta el cuerpo entero del Estado (Staatskórper). Puesto que en el Estado cada miembro debe ser no solo medio sino también fin; y mientras concurre a la posibilidad del todo, está determinado a su vez por la idea del todo, relativamente a su puesto y a su función»[409]. En otra parte KANT sostiene que el Estado «sich von Zeit zu Zeit auch selbst reformierend und, statt Revolution *Evolution* versuchend, zum Besseren beständing fortschreite», es decir, hacia una constitución republicana[410].

Pero para la cuestión que nos ocupa, es más notable aún el pensamiento de KANT sobre los fines del Estado. Han sido generalmente descuidados los numerosos pasajes de la obra kantiana de los que surge una concepción del Estado y de sus fines, mucho más amplia y diversa de la que se halla implícita en el concepto del Estado de derecho que sintetiza para la mayoría de los autores el pensamiento político de KANT. Desde 1877 AUGUSTO ONCKEN trataba de demostrar que KANT no pertenecía por sus ideas políticas a ese tipo de individualista manchesteriano que

[406] Cfr. KANT, *Anthropologie* (edic. 1800), pág. 324 y sigs.
[407] Cfr. G. CHIAUDANO, *Il socialismo e il diritto kantiano* (Torino, 1907), § 4.
[408] Cfr. KANT, *Rechtslehre, II,* § 49 (fin).
[409] Cfr. KANT, *Critica del giudizio* (trad. italiana Gargiulo, Bari, 1907), pág. 232, nota.
[410] Cfr. VORLAENDER, *Op. cit.,* pág. 11.

muchos le atribuían[411]. Después de ONCKEN otros autores (WEITZEL, WILBRANDT) vuelven sobre este tema y ponen de relieve los pasajes de la obra de KANT a través de los cuales podría obtenerse un programa completo de política social[412] . Al lado de afirmaciones tendientes a limitar la acción del Estado a la defensa del derecho, encontramos justificada la intervención del Estado en favor de la escuela, de la educación, de la cultura, para reglar la población y la producción, para transformar las fundaciones y garantizar la asistencia a los pobres y a los enfermos[413]. A pesar de explícitas afirmaciones en sentido contrario, el criterio de la felicidad y de la perfección retorna insistentemente en la doctrina política de KANT, en extraño contraste con las premisas metafísicas de su sistema.

La razón de la duda está, a nuestro juicio, completamente en la doctrina política kantiana y no se refiere a los principios ni a su doctrina del derecho. El binomio libertad y coacción que, abstractamente considerado, puede suministrar argumentos para afirmaciones opuestas, fue entendido por KANT desde un punto de vista estrictamente individualista, de acuerdo con su concepción del derecho. La coacción debe ser comprendida en función del derecho, y si el derecho es concebido en relación con la personalidad individual, no puede entenderse en forma distinta la coacción. La distinción kantiana entre derecho natural provisional y perentorio, no puede confundirse de ningún modo con la distinción de derecho perfecto e imperfecto de los jusnaturalistas. Para éstos el derecho natural es imperfecto porque carece de coacción y no tiene otra sanción fuera de la que deriva del precepto moral con el que se confunde. En cambio para KANT la coacción está en la esencia del derecho natural, que es provisional solamente a los efectos de una coacción eficaz y a las exigencias de la universalidad. Derecho y coacción, aunque sean concebidos en relación con la personalidad individual, no deben ser entendidos particularmente sino umversalmente, *sub specie æterni*. Para evitar que tales conceptos se conviertan en la expresión de las pasiones y del arbitrio individual, se hace necesaria la sociedad civil, la cual, suplantando al individuo, garantiza la universalidad del derecho y de la coacción y transforma en perentorio el derecho provisional del estado de naturaleza.

La misma idea de una posesión común originaria sirve a KANT para justificar la exigencia racional de la propiedad individual, no pudiendo el individuo en su origen ocupar sino lo que es común. A la idea de la posesión común originaria corresponde, en el Estado civil, la idea del dominio eminente del Estado. Según KANT, esta idea nace del mismo concepto de sociedad civil, la que subjetivamente, debe entenderse como la unión de los propietarios, y objetivamente, como la unión de las propiedades individuales bajo un propietario único y soberano al que corresponde idealmente la propiedad soberana sobre todo el territorio del Estado. La propiedad eminente es la exigencia de la unidad y universalidad del territorio dividido, es la condición formal de la división del suelo. El Estado, como tal, no puede poseer en virtud de la antítesis lógica de lo universal y lo particular[414].

La doctrina kantiana del Estado, reconstruida sin preconceptos sobre el fundamento de sus premisas metafísicas, no puede entenderse sino como expresión del ideal individualista. La concepción del *Rechtsstaat* se halla indisolublemente ligada al nom-

[411] Cfr. ONCKEN, *A. Smith und J. Kant* (Leipzig, 1877), Libro II, 7.

[412] Cfr. WILBRANDT, *Kant und der Zweck der Staats* (en «Jahrbuch f. Gesetzgebung», etc., XXVIII, 1904, 3).

[413] Para los respectivos pasajes de la obra de KANT, cfr. ONCKEN, VORLAEÑDER, WILBRANDT, citados.

[414] Cfr. KANT, *Rechtslehre,* II, Allg. Anm. B.

tre de Kant, y, no obstante aparentes desviaciones, sirve siempre para expresar el verdadero significado de su pensamiento político. El Estado es una exigencia racional y moral en cuanto nace como la coacción, del concepto de libertad externa en cuyos límites debe entenderse y justificarse. La noción del Estado implica necesariamente la idea de un límite insuperable para su acción, y tal límite está a favor exclusivamente del individuo y de su libertad. El Estado no crea el derecho, pero garantiza su observancia y universalidad. El individuo viene así a obedecer a leyes que su razón podría imponerse directamente y no reconoce otra coacción sino en defensa de la libertad. Concepto fundamental de la doctrina del *Rechtsstaat* (que Humboldt, aun antes que Kant, si bien bajo la influencia kantiana, había expresado eficazmente en una obra durante largo tiempo inédita) era, pues, de que el progreso público y privado está en razón de la libertad del individuo frente al Estado, en los límites compatibles con el respeto mutuo de los derechos y con la seguridad de la vida social, está en razón de la manifestación múltiple y varia, espontánea, de todo lo que cada hombre tiene en sí de más personal y propio, de lo que constituye su personalidad «atemperada en la menor medida posible por la intervención de los poderes públicos»[415].

Después de esto, falta explicar los pasajes de la obra de Kant en los que se refiere explícitamente a la política social del Estado. Es opinión general de que la doctrina política de Kant está penetrada por una contradicción íntima insuperable: por un lado, la libertad individual es justificación y límite de la acción del Estado, mientras que por el otro se proponen para el Estado finalidades y medios que contradicen las premisas metafísicas del sistema, y que se entenderían mejor referidas a los fines de felicidad y bienestar general. No puede negarse que Kant, en esta parte de su sistema, sufrió la influencia de los tiempos y sobre todo de los sucesos que subvirtieron trágicamente la Francia del último decenio del siglo XVIII, en cuyo período aparecieron precisamente sus obras jurídicas y políticas. Es conocido el interés que manifestaba Kant por las alternativas de la Revolución francesa y su aversión ante las reformas políticas violentas y tumultuosas. No hay quien no vea que, allí donde Kant habla de una evolución gradual de la constitución existente hacia formas políticas más perfectas, allí donde condena el derecho de revolución, el regicidio, cuando subordina al estado de la opinión pública la supresión de la propiedad privilegiada, abandona el terreno abstracto del formalismo para tener en cuenta el objeto, la materia, el fin de las instituciones políticas[416].

Consideradas debidamente las influencias extrínsecas al sistema que, de todos modos, no son ni numerosas ni decisivas, creemos que debe rechazarse la tesis de la doble doctrina política de Kant, que expresa, por un lado, la idea individual del Estado, y por el otro se anticipa a los tiempos y se vincula con las modernas concepciones sociales del Estado. A nuestro juicio la concepción política de Kant es única: individualista. Ella se resume en el concepto del *Rechtsstaat:* las aparentes desviaciones, las referencias a una diversa orientación del pensamiento político de Kant, deben a lo más considerarse como lógica consecuencia de esa doctrina.

---

415 La citada obra de Humboldt, *Ideen zu einem,* etc., fue escrita en 1792 *y* publicada solamente en 1851, cuando hacía 15 años que el autor había muerto. Es anterior en cinco años a la publicación de las obras jurídicas de Kant, pero posterior en cuatro a la *Crítica de la razón práctica,* de la que sufre su influencia. Sobre Humboldt, cfr. Barzellotti, Prefacio a la traducción de la obra de Spencer, *L'individuo e lo Stato* (Città di Castello, 1901), pág. XXVII y sigs.

416 Cfr. Kant, *Rechtsl.,* II, Allg. Anm. A y B. En una nota Kant recuerda, para deplorarlo, el trágico fin de Luis XVI.

La exclusión de la vida política del trabajo y de los trabajadores, es decir, de cuantos derivan de otros «Nahrung und Schutz», proclamada por KANT, pareció a muchos hallarse en contradicción con sus principios, pero no es así. La personalidad moral presupone la posibilidad formal de la libertad, de la igualdad y de la propiedad, y de tal posibilidad nadie puede considerarse abstractamente excluido. Pero, a los efectos de la personalidad civil y política, para que la cualidad de ciudadano no sea un nombre vano, KANT pone la propiedad de hecho, o sea la independencia económica, como condición necesaria. A consecuencia de tal presupuesto, el Estado de derecho no podía concebirse sino como un Estado de poseedores, como un Estado de posesión ya conseguido, incompatible con la condición de aquellos que estaban privados de posesión real. KANT no se pregunta cómo ni por qué tan grande parte de la humanidad no puede traducir en acto la exigencia racional de la posesión[417]. Tal problema de índole histórica que ROUSSEAU había sentido vivamente pero resuelto arbitrariamente, no fue afrontado por KANT. Este construye su doctrina política sobre el presupuesto de la propiedad realizada, en tal forma que excluye de los deberes del Estado el de procurar a sus miembros la posesión. La sociedad civil, dice KANT, es el estado jurídico que garantiza a cada uno lo suyo, pero esto no es por él «ausgemacht und bestimmt»[418]. La misma adquisición por medio del trabajo es descuidada por KANT y solo admite el concepto jurídico-romano de la ocupación y de la usucapión[419].

Por lo tanto, el ideal del Estado de derecho excluía necesariamente de su seno a los no propietarios, a los que por ineluctable condición de hecho, no teniendo independencia económica, no podían considerarse *sui juris*[420]. Con respecto a ellos, KANT admite la política de la asistencia y de la tutela a cargo del Estado paternal. Los pretendidos elementos sociales de su obra, lejos de hacer de él un precursor de idealidades nuevas, le hacen continuador de la política del Estado paternal, que era la única posible hacia una clase extraña tanto a la vida como a la especulación de la época. Frente a ella KANT venía a encontrarse en una situación análoga a la de los revolucionarios franceses que, mientras declaraban a todos los hombres libres e iguales, en la misma Constitución de 1791 excluían a los *serviteurs à gages* del derecho de voto. La inferioridad política de la clase trabajadora surgía necesariamente de la concepción política del *Rechsstaat* y fue lógico KANT al afirmarla. Ilógicos son los que invocan, a favor del cuarto estado, los principios individualistas del Estado de derecho, dándoles una extensión y un significado que indudablemente no comportan.

Las leyes tendientes a regular la población, a favorecer el bienestar de los ciudadanos y la prosperidad económica del Estado, no deben suministrar argumen-

---

417 En un pasaje del *Gemeinspruch,* etc., (edición Kirchmann, II, pág. 122), KANT declara expresamente que no entiende investigar la forma en que alguien pueda poseer una porción de tierra superior a la que pueden trabajar sus manos, la forma en que la mayoría ha tenido que ponerse a servicio de otros para vivir.

418 Cfr. KANT, *Rechtsi,* II, § 9.

419 ONCKEN observa *(op. cit.,* pág. 162) que KANT nunca usa en su doctrina la palabra *Arbeit,* y cuando no puede evitar el concepto recurre a la expresión más amplia *Fleiss.* Sobre el trabajo KANT formula un elogio enfático en la *Anthropologie,* I, § 61.

420 KANT no oculta la dificultad de determinar prácticamente quiénes son los que pueden pretender la calidad de hombre «sein eigener Herr» *(sui juris) (Gemeinspruch,* etc., ed. cit., II. pág. 122, nota). Es verdad que él considera personas poseedoras de propiedad también a las que ejercen una profesión, un oficio, un arte, una ciencia. La calidad de ciudadano *(Staatsbürger)* debe negarse solamente a quienes ceden a otros sus propias fuerzas, a los que están al *servicio* de otros; entre ellos enumera a los obreros en oposición a los artesanos *(artífices)* en amplio sentido.

tos para interpretar el pensamiento político de KANT en antítesis con la concepción del Estado de derecho. Casi previniendo la acusación de contradicción, KANT se apresura a declarar que tales leyes, cuyo objeto inmediato es la felicidad, no obedecen a ningún principio de justicia *a priori,* sino solamente a criterios de oportunidad y de prudencia. Ellas se justifican solo en cuanto miran a garantizar el Estado de derecho, y no a sacudir sus bases[421]. En orden a la actividad y a la política económica, KANT reproduce los sentimientos y los prejuicios de su época, y no puede, desde luego, considerarse precursor de idealidades nuevas. El *homo œconomicus* que vive y desarrolla su actividad en la adquisición de la riqueza y con el fin de satisfacer las necesidades de la vida física y sensible, no encontró la aprobación de KANT que se encaminó sobre todo a la rehabilitación de la personalidad moral e intelectual. La política económica del Estado es concebida por KANT conforme a las ideas de los mercantilistas en cuanto admite que el Estado puede prohibir la importación de las mercancías para favorecer la industria nacional contra la competencia extranjera. KANT reduce la actividad económica del Estado a una simple función de policía, no regulada por leyes constantes y solo dirigida a la conservación y a la prosperidad del Estado de derecho[422]. Mucho más que de la libertad económica, KANT tuvo el sentido vivo y profundo de la libertad interior y espiritual del hombre. Con respecto a ella su pensamiento se desarrolla claro y coherente y no admite dudas ni restricciones. De la defensa de esta libertad interior en la noble forma de libertad religiosa y de pensamiento, del respeto a la personalidad tanto de los súbditos como de los Estados, deriva la unidad, el significado y el límite del Estado de derecho.

El llamado socialismo kantiano es la resultante de un complejo de factores muchos de ellos extraños a KANT, y otros inherentes al significado particular que tuvo en la historia del pensamiento su sistema filosófico. Veremos cómo entre las múltiples formas que revistió el pensamiento socialista durante el siglo XIX, la que recibió el nombre de socialismo racional o utópico invocó los derechos del hombre en justificación del movimiento obrero, para fundamentar las nuevas formas de vida social. La inferioridad consagrada por los hechos y por las leyes de cuantos vivían del trabajo salariado estaba en abierto contraste con los derechos sagrados e inviolables de la personalidad. Ninguna sorpresa debe causar pues que la crítica dirigida contra la civilización burguesa tomara de la filosofía kantiana, como de la Declaración de los derechos, argumentos eficaces y sugestivos. Pero la crítica, dirigida a poner a la burguesía en contradicción con sus mismos principios, constituía solo el lado negativo del pensamiento socialista: éste debía integrarse con la reconstrucción de nuevas formas de vida social. Fue una ilusión primero, y un error después, derivar de la doctrina de los derechos del hombre y de la del Estado de derecho que fue su complemento lógico, las condiciones de una nueva civilización. No se reparó que tales doctrinas dictadas por la exigencia histórica y teorética de afirmar la individualidad, prescindieron del concepto de sociedad a cuya reconstrucción se dio la filosofía jurídica y política del siglo XIX en sus diversas direcciones. KANT resumía en una concepción unitaria y definitiva dos siglos de especulación en torno a los derechos del individuo en sus relaciones con el Estado. Gracias a su obra, la burguesía había encontrado las razones teóricas de su existencia histórica. Pero en la filosofía kantiana estaba el germen de nuevos contrastes; el problema, resuelto para el individuo, resurgía para la sociedad. ¿Debía esta sociedad resolverse en los individuos que la componen, o bien debía entenderse como un

[421] Cfr. KANT, *Ueber den Gemeinspruch,* etc. (edic. cit., pág. 126).
[422] Cfr. KANT, *Ueber den,* etc. (edic. cit., pág. 126, nota); ONCKEN, *op. cit.,* página 205.

nuevo ente que se afirmaba contra y sobre el individuo? Este es el problema que se presentaba a la especulación del nuevo siglo; tenía sus premisas históricas en el individualismo del siglo XVIII, pero se situó en oposición a éste. Para muchos, sin embargo, la oposición significó negación del individuo antes que su conciliación con el principio social en una unidad superior.

Por otra parte, el retorno a KANT significó una saludable reacción contra las degeneraciones del socialismo. Reservándonos volver sobre este tema, bástenos aquí advertir que el retorno a KANT fue invocado por muchos partidarios de MARX, en oposición a la tendencia del socialismo marxista a degenerar, por un lado, en' un materialismo vulgar, y por el otro, a sacrificar los derechos de la personalidad a los fines colectivos[423]. En estas condiciones el retorno a KANT significaba la condenación de cualquier solución del problema social no inspirada en el respeto de la persona humana. En la historia del socialismo contemporáneo hubo un momento en el que la necesidad de determinar la relación individuo-sociedad, hizo recordar la posición análoga de KANT frente a la relación individuo-Estado.

Pero fueron sobre todo las exigencias críticas y gnoseológicas las que se revelaron en la invocación del retorno a KANT. Los teóricos de la nueva filosofía social, no hicieron ningún lugar ni al problema crítico ni a la distinción kantiana entre materia y forma del saber. Para muchos, la reconstrucción lógica del concepto de sociedad, la determinación de las condiciones formales objetivas en las cuales puede pensarse la vida social como objeto propio de nuestro conocimiento, debían constituir los problemas fundamentales y prejudiciales de cualquier filosofía social. El punto de vista formal de KANT volvía por sus fueros y engendraba una corriente de ideas que no dejó de ejercer, como veremos, influencia profunda y saludable al encaminar hacia nuevas y más altas finalidades las cuestiones atingentes a la vida socialien su relación con el individuo[424].

En la posición asumida por KANT frente a los problemas filosóficos, en la solución que dio de ellos, había razones eternas de verdad, por las cuales se comprende y se justifica su resurgimiento a tal distancia de tiempo para servir a idealidades destinadas a superar, integrándolo, el punto de vista individualista en las cuestiones atingentes al hombre y a las relaciones humanas.

---

423 El retorno a KANT fue la fórmula con la cual BERNSTEIN inició el movimiento de revisión del marxismo. En un artículo *(Das realistiche und das ideologische Moment im Sozialismus,* en «Neue Zeit», 1898), BERNSTEIN declara que «das Zurückgehen auf Kant bis zu einem gewissen Grade auch für die Theorie des Sozialismus zu gelten habe». Esta tendencia a fundar un socialismo crítico, representada por BERNSTEIN y sus partidarios, fue combatida por KAUTSKY. Cfr. VORLAENDER, *Marx oder Kant? Ein Beitrag zui neuesten Diskussion ueber dieses Thema* (en «Archiv. für Sozialwissenschaft», etc., 28, 1909, pág. 693 y sgs.).

424 El movimiento de ideas dirigido a crear una filosofía social conforme con el espíritu y los métodos del criticismo kantiano, tuvo su autorizado representante en R. STAMMLER, quien, después de haber introducido el criticismo en los estudios jurídicos (cfr. PETRONE, *Fase recentissima della filosofía del diritto in Germania,* Pisa, 1895, págs. 242-246), lo extendió al estudio del problema social: *Wirtschaft und Recht,* Leipzig, 1896, y ejerció influencia en la dirección de pensamiento representada en Italia por DEL VECCHIO. Cfr. también GERLACH, *Kant's Einfluss auf die Sozialwissenschaft in ihrer neuesten Entwickelung* (en «Zeit. f. die ges. Staatswiss.», 1899).

D — Utilitarismo y codificación

ANALOGÍAS ENTRE EL UTILITARISMO INGLÉS Y EL RACIONALISMO KANTIANO. LA EXIGENCIA DE LA REFORMA CIVIL EN INGLATERRA Y LOS PARTIDARIOS DE LOCKE (PRIEST-LEY, PRICE, PAINE). HUME CONTRA LOCKE Y CONTRA LA DOCTRINA DE LOS DERECHOS DEL HOMBRE Y DEL CONTRATO SOCIAL. EL PENSAMIENTO JURÍDICO DE HUME. AVERSIÓN DE HUME A LAS FICCIONES DE LOS JUSNATURALISTAS. BENTHAM Y LA CRÍTICA DEL SENTIMENTALISMO JURÍDICO DE SMITH A LOS EFECTOS DE LA REFORMA CIVIL.

31. El utilitarismo tuvo en Inglaterra, por obra de Bentham, un significado análogo al que tuvo el racionalismo kantiano en Alemania con respecto a la obra de la reforma civil. Ambos fueron sistemas de reacción contra las doctrinas dominantes de la escuela del derecho natural personificadas respectivamente en Locke y en Wolff; ambos representan una forma nueva y, en ciertos respectos, definitiva de la idea individual en las ciencias jurídicas y políticas. Para ambos sistemas debía plantearse necesariamente la exigencia de la codificación.

La idea individual en la triple forma de libertad política, económica y jurídica, estuvo representada en sus tres diversas fases de la formación en Inglaterra, por Locke, Smith y Bentham, respectivamente. Era este último el que estaba llamado a preparar las condiciones para una transformación radical de la legislación civil, procesal y penal, que estuviera en armonía con la revolución industrial que acababa de producirse y con el nuevo contenido de las formas jurídicas antiguas. Hacia fines del siglo XVIII la gran industria moderna existía en Inglaterra en sus caracteres esenciales, técnicamente en las aplicaciones de la ciencia y de los progresos mecánicos a la producción de las mercancías, económicamente, en la concentración de los capitales y en la constitución de las grandes empresas, y socialmente, en la formación de nuevas clases y relaciones sociales[425].

Pero si la necesidad de la reforma legislativa era universal-mente sentida e invocada en Inglaterra, inciertas y contrapuestas eran las opiniones acerca del criterio a seguir, anteriormente a Bentham. Los partidarios de la doctrina de los derechos del hombre, de la simpatía, de la utilidad, se disputaban el campo de las reformas civiles. Los partidarios de Locke invocaban la aplicación y el desarrollo lógico de la doctrina de los derechos del hombre. Esta doctrina, sobre todo en la forma que había asumido en Francia por obra de Rousseau, contaba en Inglaterra con muchos partidarios. Priestley, Price, Paine, en distinto grado, partiendo de premisas metafísi-

---

[425] Cfr. Mantoux, *La révolution industrielle au XVIII siècle. Essai sur les commencements de la grande industrie moderne en Angleterre* (París, 1906), pág. 499 y sigs.; Stephen, *The english utilitarians*, vol. I, i. «Bentham» (London, 1900), cap. II.

cas distintas, la habían aceptado sin restricciones conjuntamente con los conceptos del estado de naturaleza y del contrato social que eran su natural complemento. PRIESTLEY habla de derechos del hombre naturales e inviolables fundados «on a regard to the general good», y afirma que el bien y la felicidad de los miembros, o mejor dicho de la mayoría de los miembros de un Estado es «the great standard by which everything relating to that state must finally be determined»[426]. Sostiene con LOCKE, que el gobierno civil está fundado en un pacto por el cual todo hombre renuncia a una parte de su «civil liberty» para adquirir cierto grado de «political liberty», o sea de influencia sobre el gobierno del país[427], Es evidente en PRIESTLEY la tendencia, aunque incierta, de justificar la doctrina de los derechos del hombre, del estado de naturaleza, del contrato social, mediante el principio de utilidad, que por lo demás se halla implícito en la doctrina de LOCKE.

Desde un punto de vista racional, apriorístico, PRICE afirma la existencia de derechos naturales absolutos, imprescriptibles, cuya defensa constituye la razón de ser del contrato social y el deber exclusivo del gobierno. Este es, para PRICE, una institución de la prudencia humana cuyo objeto es la conservación de la «natural equality of mankind», que con este derecho sale «from the hands of their Maker». Por eso mismo no puede vincular la libertad privada sino en cuanto obstaculiza «the liberties of others»[428].

Con PAINE, la idea democrática individualista, que había triunfado en la Declaración de los derechos en América y en Francia, se hace popular en Inglaterra[429]. Trata de los derechos del hombre desde el punto de vista dogmático y abstracto de los partidarios de ROUSSEAU. Para conciliar los derechos del hombre con las exigencias de su defensa y de la vida en común, distinguió entre derechos naturales propiamente dichos, inalienables y perfectos en su aplicación (libertad de pensamiento, de palabra) y los derechos naturales transformados en civiles, cuyo ejercicio necesita de la norma y de la sanción pública (derechos a la protección de la persona, a la adquisición y a la posesión de la propiedad)[430]. Desarrollando un fecundo concepto de HUME[431],

---

[426] Cfr. PRIESTLEY, *An essay on the first principles of Government* (1768), sec. II, edic. 1771, pág. 41; STEPHENS, *History of English thought in the 18th. century* (3ª edic., London, 1902), vol. II, pág. 254 y sigs.

[427] Cfr. PRIESTLEY, *id., id.,* pág. 13.

[428] Cfr. PRICE, *Observations on the nature of civil liberty,* etc. (1775), pág. 12 y sigs. PRICE fue en Inglaterra promotor ardiente de la causa de las colonias americanas.

[429] Las dos obras más conocidas de PAINE *(Common Sense* y *The rights of man)* coinciden por la fecha de su publicación con el estallido de la revolución americana (1776) y con la de la revolución francesa. Los *The Rights, etc.,* vieron la luz en dos partes sucesivas a un año de intervalo. La primera parte, dedicada a Washington, y aparecida en 1791, constituye, como reza el subtítulo, una respuesta a las críticas que Edm. Burke dirigió contra la revolución francesa, y una defensa de la política de la Constituyente. La segunda parte, dedicada a La Fayette y publicada en 1792, tiene por objeto traducir a la práctica los principios de la revolución. El libro contiene una traducción de la Declaración de los derechos de 1789 con observaciones críticas. Su éxito puede deducirse fácilmente de los doscientos mil ejemplares vendidos en menos de dos años.

[430] Cfr. PAINE, *The rights,* etc., parte I.

[431] HUME, en su *Treatise* (Libro III, Parte II, sección VIII, ed. Green, vol. 2, pág. 305), afirma que él, lejos de hallarse de acuerdo con los filósofos, que piensan que los hombres «are utterly incapable of society without government», mientras que él cree *(id.,* pág. 306) que el estado de sociedad sin gobierno es «one of the most natural states of men». De todos modos no cree posible en la práctica la sociedad sin gobierno, y por lo general los identifica.

Paine distingue netamente entre sociedad y gobierno; la sociedad solo es estado natural, es condición de felicidad y perfección del individuo; el gobierno es obra artificial de los hombres, un, mal que la corrupción humana hace necesario[432].

De todas las formas de gobierno la democracia es, según Paine, la que más se aproxima al estado de naturaleza, al ideal de una sociedad sin gobierno, en la cual domina el principio de la identidad y de la armonía de los intereses. No llega Paine a negar con Godwin la necesidad y la utilidad del gobierno. La naturaleza concede al individuo derechos naturales en número mucho mayor que el poder de satisfacerlos, por lo que se hacen necesarios gobiernos que garanticen coactivamente la armonía de los derechos. Sin embargo, del mismo modo que en el contraste entre necesidades y capacidad de satisfacerlas, la ley de los cambios realiza naturalmente el equilibrio económico, así en el campo político la tendencia se dirige hacia la armonía de los derechos en contraste obtenida naturalmente sin recurrir a la coacción, sin sacrificar el derecho de nadie.

El ideal de una sociedad sin gobierno fue sostenido por Godwin como lógica consecuencia del principio de utilidad, o sea según un orden de ideas que no era precisamente el de Locke y de los sostenedores de los derechos del hombre. Individualistas deben ser considerados, de todos modos, Paine y el mismo Godwin, a pesar de su tendencia a fundar el orden social en oposición al orden político[433]. El bien público, observa Paine, lejos de oponerse al bien de los individuos, se identifica con éste y se llama bien de todos, porque es el bien de cada uno. Esto no le impidió a Paine poner la doctrina de los derechos del hombre al servicio de la causa de los desheredados, y concebir las relaciones humanas sobre la base de la más absoluta y universal igualdad no solo jurídica sino también económica. Sin embargo, al pasar de las afirmaciones abstractas a las aplicaciones prácticas y concretas de su doctrina, Paine invoca para la solución del problema de la miseria, ese derecho a la asistencia que implicaba el reconocimiento de la inferioridad económica de toda una clase social, y la negación de la igualdad afirmada abstractamente por todos los hombres[434].

La doctrina de los derechos del hombre no fue en Inglaterra, durante la segunda mitad del siglo XVIII, la única dirección de pensamiento jurídico y político. Antes aún de que Burke le dirigiera la crítica desde el punto de vista histórico, Hume y Bentham, fundándose en el principio de la utilidad, habían surgido contra las doctrinas jurídicas y políticas de Locke, que constituían, por un lado, el credo filosófico del partido que había hecho la revolución de 1688, y por el otro, la justificación teórica de las idealidades individualistas de la época.

Hume puso de relieve la inconsistencia histórica del realismo jurídico de Locke, del mismo modo que había puesto de relieve la inconsistencia lógica de su realis-

---

[432] Cfr. *Id. id.*, parte II.

[433] Godwiy, autor de la *Political Justice* (1793), fue de los primeros en poner la filosofía de la utilidad al servicio de los ideales democráticos, liberándolos de la doctrina de los derechos del hombre.

[434] Cfr. Paine, *Agrarian Justice*, etc., 1796. En esta obra el autor propone, mediante un impuesto proporcional sobre las sucesiones, la constitución de un fondo nacional, con la finalidad de asignar una suma de quince libras esterlinas a toda persona que haya llegado a 21 años de edad, y una pensión anual de diez esterlinas a toda persona que haya superado la edad de 50 años. El mismo comunismo de Godwin es el desarrollo lógico de premisas individualistas.

mo teorético. LOCKE había creído escapar a las consecuencias últimas del empirismo, salvar la objetividad del saber distinguiendo en la realidad percibida las cualidades primarias, universales y constantes, que reflejan la realidad en sí, y las cualidades secundarias, accidentales y mudables, resultantes de las apariencias subjetivas despertadas en nosotros por determinados modos de ser de la realidad objetiva. Fue fácil para HUME, sobre la huella de BERKELEY, demostrar que las pretendidas cualidades primarias (extensión, impenetrabilidad, movimiento) no tienen existencia efectiva y se reducen a simples impresiones psíquicas relativas y subjetivas. La misma idea de causa es resultante de una asociación que se establece en el espíritu entre dos impresiones habitualmente consecutivas. La substancialidad, tanto de la materia como del espíritu, era negada por HUME. Sea en el objeto, sea en el sujeto empírico, nosotros aprehendemos siempre y únicamente las apariencias relativas y variables de una realidad que se nos escapa y estamos encerrados por la relatividad de nuestras impresiones en un irremediable escepticismo, para escapar al cual pareció aceptable la solución de REÍD, en el sentido de afirmar la realidad exterior y del espíritu sobre el fundamento del sentido común.

De análogo modo LOCKE, puesto en la necesidad de dar, por un lado, un fundamento nuevo al derecho y al Estado en oposición a las doctrinas teológicas y absolutistas, y por el otro, de sustraer a las consecuencias del relativismo y del subjetivismo el orden jurídico y político, recurrió a los postulados de los derechos del hombre, del estado de naturaleza, del pacto social, que constituían el fondo ideológico común a todas las doctrinas nacidas de la escuela del derecho natural. Contra esta ideología tan dogmática, cuan ingenua, se rebela HUME en nombre de la realidad histórica y psicológica, en nombre del consenso universal, que, si no tiene valor en la física y en la metafísica, constituye siempre, sin embargo, un argumento eficaz y un criterio seguro de verdad en materia moral[435].

Los pretendidos derechos naturales del hombre, lejos de hallar fundamento y justificación en tendencias originarias de su naturaleza sensible, se encuentran en abierta e insuperable contradicción con ésta. Las normas de justicia que imponen al hombre respetar la propiedad ajena, dar a cada uno lo suyo, confiar en las promesas, contradicen el instinto natural que empuja al hombre a preferirse a sí más que a los otros, a violar la palabra dada en su interés y a extender en todo lo que le sea posible su propiedad[436].

La justicia no puede concebirse en un pretendido estado de naturaleza, ya se lo conciba como un estado ideal de paz y de felicidad en el que los hombres viven conforme a la razón y en la abundancia de todas las cosas necesarias para su existencia, ya se lo conciba como estado de guerra y de violencia unidas a una extrema miseria. En ambos casos, por razones opuestas, la justicia es inútil. El estado normal de la humanidad es intermedio entre estos dos extremos. En él los hombres siguen sus instintos, pero están en grado, al mismo tiempo, y gracias al desarrollo y al uso de la razón, de calcular las consecuencias de su conducta; en él la naturaleza ofrece sus dones, pero no en la medida suficiente para excluir la necesidad del trabajo y de la industria para multiplicarlos. En estas condiciones, por la diversidad de las aptitudes y de la actividad de los hombres surge la propiedad individual y con ella la

---

435 Cfr. HUME, *Of the original contract* (en *Essays literary, moral, and political,* edic. Green and Grose, London, 1907, vol. I, parte II, ensayo XII, fin).

436 *Id. id.,* ed. y loc. cit.

utilidad de la justicia, el sentimiento de su valor, de su fuerza obligatoria. La utilidad y la necesidad del género humano son, pues, el fundamento del orden jurídico privado[437]. Pues si un acto particular de justicia puede a veces aparecer irracional o perjudicial, ello depende de valorizar su utilidad aisladamente o en las relaciones del individuo que lo ejecuta, mientras que los actos de justicia son parte de un sistema y deben valorarse en la medida de la utilidad general lograda. Con el sistema jurídico ocurre lo que con el techado de un edificio, que se mantiene no tanto por las piedras consideradas singularmente, sino por la indisoluble relación que se establece entre ellas[438]. Puede, pues, admitirse con GROCIO, que la propiedad y, por consiguiente, la justicia, surjan de convención, siempre que no se entienda por convención, como en los jusnaturalistas, una promesa que presupone la justicia, sino, más bien, un sentimiento del interés común; sentimiento, escribe HUME, que experimenta en sí todo hombre, que observa en los demás y que le empuja y empuja a los otros a una regla o sistema general de conducta que tiene por fin la utilidad pública.

Según HUME no puede hablarse de una justicia natural, en el sentido de justicia instintiva, innata, ni tampoco solamente de una justicia fundada en las relaciones necesarias que derivan de la naturaleza de las cosas (MONTESQUIEU) . En conformidad con, sus premisas gnoseológicas, la justicia tiene un valor de cálculo reflexivo, y solo subjetivo de utilidad; pero en cuanto este cálculo es el producto de la razón y de la previsión, que son tan comunes y naturales en el hombre como el amor de sí y la simpatía, bien puede hablarse de una justicia natural, con respecto a la cual la justicia civil es una determinación[439].

La teoría del contrato social, sobre todo en el sentido generalmente aceptado de una teoría tendiente no solo a explicar el origen histórico del Estado, sino a dar razón del deber de obediencia al gobierno, es aceptable. Según HUME, ninguno, en ningún tiempo, se siente obligado al Estado en virtud de un pacto; ninguno puede probar que tal pacto haya realmente intervenido para dar fundamento legítimo al poder civil. La guerra, la conquista, la usurpación, la violencia, fueron históricamente las causas más generales y comunes del sometimiento de los pueblos a la autoridad civil. Pues si se abstrae de la realidad histórica, y la cuestión del fundamento del deber de obediencia a la autoridad civil es tratada desde un punto de vista abstracto y filosófico, HUME reconoce que tal deber se encuentra en contraste insuperable con el instinto natural de todo hombre a la libertad y al dominio sobre los demás. Se comprende por eso el esfuerzo de los jusnaturalistas de buscar el fundamento racional del Estado en la obligación que deriva de la promesa. Pero tal explicación, según HUME, no es definitiva ya que siempre puede preguntarse: «why are we bound to keep our word?» Para HUME, la respuesta a esta pregunta no puede ser sino ésta: porque la sociedad no podría subsistir de otra forma, porque es útil seguir las leyes de la justicia. El origen impuro tanto de los gobiernos como de las propiedades, aunque pudiera demostrarse a distancia del tiempo, no es un motivo que justifique la resistencia al Estado y la violación de la propiedad, cuando actualmente está demostrada su utilidad social. El principio de utilidad, fruto del cálculo y de la

---

437 Cfr. HUME, *Ricerche sull'intelletto umano e sui principi della morale* (traduc. italiana Prezzolini, Bari, 1910) pág. 183 y sigs.

438 *Id. id.*, pág. 299.

439 HUME, *Ricerche, etc.*, pág. 196 y 302.

reflexión, constituye en último análisis el único y verdadero fundamento tanto de la justicia pública como de la justicia privada[440].

Adversario no menos recio de la doctrina de los derechos del hombre y del contrato social, en cuanto se la invocaba para justificar el nuevo orden político que se inauguraba en América (1776) y en Francia (1789), fue BENTHAM. Al hacer su crítica se coloca en el mismo punto de vista político y utilitario seguido por HUME. Ficciones legales, obra metafísica, *vague generalities:* así considera la Declaración de los derechos. Los principios en ella consagrados o son ininteligibles o falsos, o ambas cosas a la vez. No hay ley de la que no pueda decirse que viola la Declaración. El acuerdo unánime sobre las finalidades de la Declaración hizo aceptar por buenas las debilísimas razones invocadas para justificarlas. No es éste el primer ejemplo, observa BENTHAM, «where the conclusión has supported the premises, instead of the premises the conclusión»[441].

Desde sus primeros escritos BENTHAM se rebela contra las ficciones del estado de naturaleza y del contrato social, que constituían el mayor obstáculo para esa constitución científica y positiva de la ciencia de la legislación que él anhelaba. El estado de naturaleza es un estado puramente negativo donde falta el hábito de obedecer a un gobierno constituido. Tal estado, entendido en sentido absoluto, es una quimera, no pudiéndose concebir un estado de sociedad en el que falte un principio de gobierno; en sentido relativo, además, responde a un estadio aun imperfecto de organización política[442].

Después de la crítica decisiva de HUME nadie osó sostener en Inglaterra la realidad histórica del contrato social. Sin embargo muchos, y entre ellos BLACKSTONE, sostenían que la teoría del contrato originario era una teoría cómoda, una ficción útil para dar cuenta del conjunto de los hechos sociales. Contra el sistema de las ficciones legales está particularmente dirigida la crítica de BENTHAM, que por tal motivo viene a integrar el pensamiento de HUME[443].

BENTHAM se oponía igualmente al apriorismo jurídico de LOCKE y al sentimentalismo jurídico de SMITH. Este último tendía a hacer del sentimiento de

---

[440] Cff. de HUME, los siguientes ensayos (ed. cit. de Green, vol. 1): *Of the first principles of government* (1741-42); *That politics may be reduced to a science* (1741-42); *Of the original contract* (1748); *Of the origin of government* (1777). HUME publicó la primera edición de sus ensayos en 1741; el año siguiente aparecía la segunda con un nuevo volumen de ensayos. La última edición revisada por HUME es de 1777. Para la historia de los ensayos de HUME cfr. la edición citada por Green.

[441] Cfr. BENTHAM, *An introduction to the principles of morals and legislation,* (Oxford, 1879), pág. 366, nota; HALÉVY, *La formation du radicalisme philosophique* (París, 1901-04), vol. II *(L'evolution de la doctrine utilitaire,* desde 1789 a 1815), pág. 38 y sigs. y los pasajes de BENTHAM allí citados. Para la crítica de la Declaración de los derechos, cfr. sobre todo la obra de BENTHAM, *Anarchical fallacies,* escrita en 1795.

[442] Sobre el estado de naturaleza cfr. BENTHAM, *A fragment on government* (Oxford, 1891), cap. I, § 11 y sigs. Esta obra fue publicada por BENTHAM en 1776, y quiso ser una crítica de las teorías de BLACKSTONE, partidario de LOCKE.

[443] Cfr. BENTHAM, *Fragment,* etc., cap. I, § 36 y sigs. En un fragmento posterior en casi veinte años al *Fragment of government* titulado: *Locke, Rousseau and Filmer's system* (publicado por HALÉVY, *op. cit.,* vol. I, *La jeunesse de Bentham,* apéndice III, pág. 416) BENTHAM lleva su aversión a la teoría democrática del contrato originario, hasta dar casi su adhesión a la teoría de Filmer, despótica y teocrática.

simpatía y de antipatía la medida y el criterio de lo justo y de lo injusto. En virtud de este pretendido principio, debían aprobarse o desaprobarse las acciones no en la medida en que eran útiles o perjudiciales en sus efectos, sino en cuanto despertaban en nosotros la disposición a aprobar o a desaprobar, aunque no pudiera darse de tal disposición ninguna justificación objetiva o irracional. Si por principio debe entenderse un criterio extrínseco y racional que sirva de guía y de control a nuestros mismos sentimientos internos, no puede considerarse tal la simpatía, que es un producto de la facultad sensible. La simpatía y la antipatía, como estados afectivos, no son ni justos ni injustos; exigen ellos mismos una justificación y ésta reside totalmente en el motivo que las ha despertado. BENTHAM tuvo plena conciencia del peligro que entrañaba fundar sobre un principio tan variable y subjetivo como era el de la simpatía, las instituciones jurídicas que deben valer sobre todo por las relaciones externas de la conducta y tener por punto de mira las consecuencias útiles o perjudiciales de las acciones humanas[444].

Fue gran ventura que por obra de BENTHAM prevaleciera el principio de utilidad, puesto que era, desde el punto de vista del empirismo, el más apto para dar un fundamento objetivo, un criterio seguro a la obra de reforma legislativa que reclamaba la época. Antes de BENTHAM vimos a HUME poner el principio de utilidad como fundamento de su sistema jurídico; pero las calidades críticas de su ingenio, no apoyadas en una correspondiente capacidad constructiva, le impidieron extraer del principio planteado un sistema completo de ideas[445]. El desarrollo lógico, las aplicaciones prácticas de la idea de utilidad constituyen la razón de ser del utilitarismo y el mérito particular de BENTHAM. STEPHEN observa que, así como ROUSSEAU transportó la doctrina de los derechos del hombre de la escuela a la calle, así BENTHAM transportó la doctrina de la utilidad de la esfera de la especulación a la de la legislación positiva[446]. Y realmente la reforma de la legislación fue el objetivo primordial y constante de la actividad de BENTHAM, la verdadera razón de su importancia histórica.

BENTHAM Y LA REFORMA CIVIL SEGÚN EL PRINCIPIO DE UTILIDAD. LOS PRINCIPIOS Y LOS MÉTODOS DEL UTILITARISMO JURÍDICO EN LA OBRA DE BENTHAM. UTILITARISMO JURÍDICO Y DOCTRINA DE LA ASOCIACIÓN PSICOLÓGICA.

32. LA OBRA de BENTHAM con respecto a la teoría de la legislación, debe ser considerada bajo un doble aspecto, pues, si por un lado entendió poner los principios de una reforma radical del derecho sustantivo, mediante la aplicación del principio de utilidad, por otro lado fue dirigida a reformar la forma de la ley mediante la codificación.

Para la reforma del derecho substantivo, el criterio que sirvió a BENTHAM como guía constante, fue expresado por él mismo en la conocida fórmula: «the greatest happiness of the greatest number is the measure of right and wrong». El mismo BENTHAM

[444] Para la crítica del principio de simpatía, cfr. BENTHAM, *Introduction*, etc. (edic. cit.), cap. II, § 11 y 17.

[445] Para convencerse de ello baste tener presente el ensayo de HUME, *Idea of a perfect commonwealth* (edic. Green, vol. I, parteII, pág. 480) y la crítica que hizo de él STEPHEN, *History of english thought*, etc. (edic. cit.), vol. II, pág. 181.

[446] Cfr. STEPHEN, *History*, etc., II, pág. 125.

declara haber derivado tal axioma fundamental de BECCARIA y de PRIESTLEY[447]. El orden general de ideas que comprendía la fórmula de BENTHAM, no era un orden particular a BENTHAM ni a su época. En todos los tiempos la felicidad y la utilidad constituyeron el término de las instituciones jurídicas. La escuela psicológica inglesa en particular, había establecido el axioma de que la felicidad es el único fin posible del obrar, que las acciones deben juzgarse por el grado de placer o de dolor que producen.

Pero, las referencias vagas, BENTHAM las sustituyó con ima fórmula precisa cuyos términos hacían posible una confrontación cuantitativa de diferentes sumas de felicidad. Acertadamente observa STEPHEN que la diferencia entre la fórmula de BENTHAM y la fórmula indeterminada de los escritores anteriores, es análoga a la diferencia entre la afirmación genérica de que los planetas gravitan hacia el sol y la más precisa afirmación de NEWTON de que la ley de gravitación varía en razón inversa del cuadrado de las distancias[448]. Por lo demás, BENTHAM no ocultó su aspiración a convertirse en el NEWTON del mundo moral, del mismo modo que HARTLEY, con su doctrina de la asociación, pasaba por el NEWTON del mundo del espíritu.

El principio de utilidad es el único que, según BENTHAM, tiene valor de principio, el único que representa una verdad de hecho, una ley objetiva de la naturaleza humana: como tal es el único capaz de transformar la legislación en una ciencia[449]. Es propio de la ciencia fundarse sobre los hechos, tener por objeto cosas reales, es decir, cosas que están entre sí en relación constante y que son susceptibles de una medida común. Ahora bien, si existe alguna cosa real, ésta es el placer y el dolor. La expectativa del placer o del dolor, o sea la tendencia fundamental a la felicidad, constituye el principio y el fin exclusivo del obrar. Los motivos de la acción pueden medirse como las fuerzas físicas. Como los movimientos de un cuerpo, pueden parangonarse entre sí en razón de la energía gastada, así dos sistemas de conducta pueden parangonarse entre sí en razón de la felicidad producida. El placer y el dolor dan el valor real de las acciones; del mismo modo que la moneda con respecto a las mercancías, así son ellos la medida común de los valores morales[450].

Utilidad, felicidad y placer se identifican según BENTHAM, no siendo otro el principio de utilidad que ese principio que aprueba o desaprueba las acciones tanto de los individuos como de los gobiernos, según la tendencia que se revele en ellos a aumentar o a disminuir la felicidad de la parte interesada (individuo, comunidad). La justicia misma debe, según BENTHAM, traducirse en términos de felicidad y de utilidad. El fin de los gobiernos y de las leyes no es la realización de la justicia, sino la de la felicidad. La justicia es un medio, no un fin: si no es referida a la felicidad como a un principio lógicamente anterior, la justicia es palabra carente de sentido. Por lo tanto, es conforme a justicia solo esa acción del individuo o del legislador que tiende a producir un máximo de felicidad *(to maximising happiness).*

---

447 BENTHAM estudió y admiró a BECCARIA, cuya obra *Dei delitti e delle pene,* publicada en 1764, era generalmente conocida y admirada en Europa. En la introducción a esta obra BECCARIA habla de la «máxima felicidad dividida entre el mayor número», como un criterio a seguir en la elaboración de las leyes. En la *Deontología,* BENTHAM declara haber descubierto la fórmula en el *Essay on Government,* de PRIESTLEY, en 1768, y agrega que el descubrimiento le procuró una alegría análoga a la que experimentó ARQUÍMEDES al descubrir el principio fundamental de la hidrostática.

448 Cfr. STEPHEN, *The English utilitarians* (edic. cit.), vol. I, pág. 179.

449 Sobre el principio de utilidad de BENTHAM, cfr. *Introduction,* etc., cap. I.

450 Cfr. STEPHEN, *The English,* etc., cap. VI, § 1, pág. 242.

La felicidad que BENTHAM pone como fundamento de la legislación, no es la felicidad del individuo, sino la del mayor número, en otras palabras, es la felicidad general. Allí reside la diferencia entre el hedonismo egoísta de Epicuro y el utilitarismo de BENTHAM, que SIDGWICK llama hedonismo universalista *(Universalistic or Benthamite hedonism)*[451]. BENTHAM no ve, sin embargo, ninguna razón de contraste entre la felicidad general y la del individuo, puesto que el interés de la comunidad es «the sum of the interests of the several members who compose it». Si es cierto el principio psicológico establecido por BENTHAM de que todo hombre tiende por necesidad de su propia naturaleza a su mayor felicidad, es justo también que sea así. De ahí la consecuencia que un sistema de conducta sugerido por el interés general, no puede imponerse si al mismo tiempo no se convence al individuo de que tal sistema responde a su mayor felicidad.

Si las leyes y las instituciones deben valorarse por el grado de felicidad que realizan, es necesario determinar mediante el cálculo el *quantum* de placer o de dolor que corresponde a una acción dada. De aquí procede la razón de ser del cálculo aritmético de los placeres y dolores *(felicific calculus)* sin el cual, a estar a lo que dice BENTHAM, la teoría de la legislación quedaría incompleta[452]. La teoría del cálculo moral se funda en el supuesto de que todos los placeres y todos los dolores deben parangonarse y medirse en su relación cuantitativa. BENTHAM afirma que toda confrontación cualitativa de placeres debe poder resolverse en una confrontación cuantitativa. Todos los placeres (observa SIDGWICK, que acepta este punto de vista de BENTHAM) cualquiera sea su origen y su naturaleza, son llamados así porque tienen la propiedad común *of pleasantness* y pueden parangonarse, por consiguiente, en orden a esta propiedad común[453]. Para el individuo el valor de un placer considerado en sí mismo, depende de su intensidad, de su duración, de su certeza y proximidad: considerado en orden a la forma de adquisición, depende de su fecundidad (tendencia a producir placeres) y pureza (sin mezcla de otros placeres). El valor de un placer, no considerado individualmente sino colectivamente, depende de la extensión, es decir, del número de personas a las que se extiende. A estos modos generales de variación, a través de los cuales se mide el valor de los placeres y dolores, deben agregarse las *«circumstances influencing sensibility»*. Los hombres difieren en la constitución, en el carácter, en la educación, en el sexo, en la raza, y así sucesivamente: el conocimiento de estas causas de variación individual es necesario para el juez y para el legislador, para la aplicación de las normas a los casos particulares.

Si el legislador, para poner en práctica mediante las leyes la felicidad, debe conocer el valor de los placeres y de los dolores, para garantizar la observancia de las leyes cuyos efectos útiles pueden verificarse en tiempo lejano, no tiene otro medio que despertar placeres y dolores actuales en vista de esas consecuencias lejanas. Los dolores y los placeres anticipados en vista de consecuencias futuras agradables o dolorosas, constituyen los motivos internos de la conducta. Ahora bien, si el legislador es indiferente en general a los motivos en cuanto tales, no puede desinteresarse de las consecuencias de la acción. Por eso debe despertar con medios oportunos en el individuo, los motivos que lleven a obrar en el sentido de la utilidad general. Tales medios tendientes a despertar la esperanza de ciertos

---

451 Cfr. SIDGWICK, *The methods of ethics* (7ª edic. London, 1907), pág. 84.

452 Cfr. BENTHAM, *Introduction,* etc., cap. IV.

453 Cfr. SIDGWICK, *op. cit.,* pág. 94.

placeres, el temor de ciertas penas, son las sanciones: que pueden ser políticas, morales, religiosas y físicas[454].

En esta parte de la doctrina de BENTHAM se ponen de manifiesto sobre todo las influencias que experimentó de la psicología de la asociación. No carece de profundo significado la unión de esta psicología con el sistema utilitario. BENTHAM mismo, a través de una nota que nos ha conservado su biógrafo BOWRING, afirma que su doctrina puede remitirse a dos principios fundamentales: al de la asociación de HARTLEY, y al de la mayor felicidad de PRIESTLEY, aplicados por él a todas las ramas de la moral y de la legislación[455]. Bien advirtió BENTHAM que la psicología es el fundamento necesario de cualquier ciencia de la legislación. Durante el siglo XVIII HARTLEY pasaba por ser el fundador de una psicología científica[456]. Según esta psicología, que en Inglaterra tuvo un desarrollo secular, la vida del espíritu como la del universo, no es el producto de una actividad espiritual originaria e independiente, como lo sostenía la psicología tradicional, sino el resultado de la unión y de la agrupación de elementos simples, de sensaciones que, como los átomos del universo, se atraen y se rechazan según ciertas leyes llamadas de asociación, que HARTLEY reducía a la sucesión y a la coexistencia, y que otros autores, después de él, redujeron a la contigüidad y semejanza. Y no solo se asocian las sensaciones para formar agrupaciones siempre nuevas y complejas,- sino que, separadas o asociadas, son agradables o dolorosas, se convierten en fuente de energía, se transforman en objetos de deseo o de aversión. Sistemas de sensaciones por un lado, sistemas de sentimientos placenteros o dolorosos por otro, he aquí las nuevas bases de la vida intelectual y moral según la psicología de la asociación. Así como se forman sistemas de sensaciones que son placenteras solo para el individuo, también se forman asociaciones de sentimientos placenteros que el individuo comparte con otros semejantes y, eventualmente, con la humanidad entera, y que constituyen los sentimientos morales. BENTHAM comprendió toda la importancia de la doctrina de la asociación con referencia al utilitarismo[457]. Invoca el principio de la asociación de las ideas para explicar la influencia del hábito sobre la conducta, y declara haber aprendido de HARTLEY a considerar la felicidad general como la suma de los placeres simples, unidos por asociación[458]. Toda la teoría de las sanciones de BENTHAM se funda en el

[454] Cfr. BENTHAM, *Introduction*, etc., cap. III.

[455] La nota es de fecha 29 de junio de 1827 y se encuentra en los *Logical Arrangements*, etc., de BENTHAM, publicados en la edic. de sus obras cuidada por BOWRING (1838-43; vol. X, pág. 561).

[456] Cfr. HARTLEY, *Observations on man*, etc., London, 1749. La obra de este autor es más bien un tratado de psicología fisiológica. En ella, la doctrina de la asociación está ligada a la teoría fisiológica de las vibraciones derivada de Newton. En 1775 PRIESTLEY publicaba: *Hartley's theory of the human mind on the principle of association of ideas*, que era una edición reducida de las *Observations*, y en la que se suprimía todo lo que incumbía a la doctrina de las vibraciones, con el fin de hacer de la doctrina de la asociación (así escribe en el prefacio) el único postulado de esta obra. En tal forma la doctrina de la asociación se hizo popular e influyó sobre el utilitarismo. Cfr. LUIGI FERRI, *Sulla dottrina psicologica dell'associazione* (Roma, 1878), parte I.

[457] Antes de BENTHAM, la unión del principio de utilidad en sus aplicaciones a las ciencias morales y jurídicas con la teoría de la asociación psicológica, había sido afirmada por GAY (1730) y por HUME (1738). Cfr. al respecto HALÉVY, *op. cit.*, cap. *I*, pág. 4 y sigs.

[458] Cfr. BENTHAM, *Introduction*, etc., cap. X, pág. 124, nota (ed. cit.), ID., *Logicai arrangements* (edic. Bowring, cap. V, pág. 286). BENTHAM cita constantemente la obra de HARTLEY en la edición reducida de PRIESTLEY.

supuesto de que el legislador es capaz, mediante la ley, de despertar en el individuo placeres y dolores asociados a ciertas acciones, dirigidas, a su vez, a la utilidad general. Para el utilitarismo, la ciencia de la legislación es sobre todo la ciencia de las sanciones, y éstas son a su vez el fruto de asociaciones artificialmente creadas y consolidadas por el hábito.

APLICACIONES DEL PRINCIPIO DE UTILIDAD AL DERECHO PRIVADO. SEGURIDAD E IGUALDAD, FINALIDADES SUPREMAS DE LA REFORMA CIVIL. BENTHAM CONTRA EL ORIGEN NATURAL DE LOS DERECHOS PRIVADOS Y A FAVOR DE SU ORIGEN CIVIL. DOCTRINA DE LA PROPIEDAD, DE LAS SUCESIONES Y DE LAS OBLIGACIONES EN EL SISTEMA DE DERECHO PRIVADO DE BENTHAM.

33. FIJADOS los principios generales del utilitarismo jurídico en la *Introdtiction,* BENTHAM demuestra en sus obras posteriores, la fecundidad y la verdad de tales principios en las diferentes ramas de la legislación. Nos interesa poner de relieve las aplicaciones del principio de utilidad en el terreno del derecho privado. Lo que impresionó sobre todo a BENTHAM en esta rama de la legislación, fue el cúmulo de abstracciones y de ficciones a que recurrían los juristas para darle un fundamento racional. El innatismo, a pesar de la crítica de LOCKE, y por obra del mismo LOCKE y de la escuela escocesa, predominaba en este orden de relaciones jurídicas, bajo la forma de derechos originarios, de sentido o idea innata de lo justo. Según este apriorismo y dogmatismo jurídico, el derecho privado no era más que el desarrollo y la sanción de los derechos de la personalidad, substraídos al arbitrio de los gobernantes y a las pasiones de los individuos. BENTHAM abandona todo este sistema de ficciones, y restablece el derecho civil en la realidad de los hechos y en la experiencia de la utilidad.

Para BENTHAM, el derecho civil es esa arma de la legislación que determina para cada uno los derechos y las obligaciones, o, en otras palabras, que distribuye entre los individuos que viven juntos, beneficios y cargas. Derecho y obligación son términos indisolubles. Crear un derecho, significa procurar el placer de los unos con el dolor de los otros. Cada obligación, desde que limita la libertad, es un mal y el mal no puede nunca justificarse por sí mismo, sino que se justifica relativamente en cuanto es medio y condición para realizar un bien mayor. Las leyes que crea el legislador limitan la libertad, por consiguiente son un mal que debe ser compensado con el logro de una ventaja general[459]. Ahora, el bien general al que el legislador debe mirar cuando dicta las leyes civiles, resulta de la seguridad y de la igualdad, una de las cuales es condición de conservación, y la otra condición de progreso social.

Para BENTHAM, la seguridad es la primera y más importante condición de la felicidad humana. Dotado de razón, el hombre previene el porvenir, es capaz de esperar y calcula sobre las consecuencias lejanas de sus acciones. El principio de la seguridad garantiza las justas expectativas, permite la continuidad del presente en el porvenir. Las virtudes de la previsión, del ahorro y del trabajo, de las que depende el progreso humano, implican sacrificios actuales que no serían justificados si la ley no garantizara a cada uno los frutos del trabajo y el pacífico goce de los derechos[460].

---

[459] Cfr. BENTHAM, *Traités de législation civile et penale* (ed. Dumont, París, 1802), I, cap. 1. Los manuscritos de BENTHAM que DUMONT publicó con el título de *Traités,* etc., en 1802, se remontan a fechas que varían entre 1783 y 1786. Cfr. HALÉVY, *op. cit.,* I, apéndice 1, pág. 369 y sigs.

[460] Cfr. BENTHAM, *Traités,* etc., vol. II, I, cap. 7.

Por otra parte, el legislador debe realizar en las leyes civiles, y en homenaje al principio de utilidad, la igualdad. Es un axioma del utilitarismo que «everybody is to count for one and nobody for more than one». En el derecho privado, la igualdad debe ser entendida en relación a la distribución de la riqueza y en vista de la felicidad general. Del principio de utilidad derivan axiomas que deben inducir al legislador a favorecer en lo posible, mediante las leyes, la igualdad de las riquezas. En general, puede afirmarse como verdad de experiencia que la riqueza es condición de felicidad, y que a cada porción de riqueza corresponde un grado proporcional de felicidad. Por otra parte, hay un límite más allá del cual el aumento de riqueza no comporta aumento de felicidad. Puede decirse en general que, cuanto mayores son las desigualdades de las fortunas, tanto menor es la distancia entre las cantidades de felicidad correspondientes. Por lo tanto estará plenamente justificada la acción del legislador dirigida, por un lado, a impedir la acumulación indefinida de la riqueza, y por el otro a garantizar a todos una cierta cantidad de la misma. La tesis de la igualdad económica hallaba un fundamento valioso en el principio de utilidad[461].

Sin embargo, la igualdad y la seguridad están a menudo en contraste entre sí, y el legislador no puede realizar una sin violar la otra. En homenaje a la seguridad, a los derechos adquiridos y a las justas esperanzas, el legislador debe respetar las distribuciones actuales de riquezas, cualesquiera sean sus orígenes, aun si no producen la misma suma de felicidad. Para garantizar la seguridad el legislador viola el principio de la igualdad. En el conflicto entre los dos principios, BENTHAM no duda en dar preferencia al principio de la seguridad. La igualdad, observa, debe ser favorecida solamente en los casos en que no afecta a la seguridad, en que no frustra las esperanzas que ha hecho nacer la ley y en que no turba la distribución actualmente establecida[462]. Las razones del predominio de la seguridad sobre la igualdad son obvias. Ante todo la igualdad no puede realizarse nunca sino imperfectamente: en segundo lugar, si es posible tener la seguridad sin la igualdad, ésta no puede subsistir sin aquélla. Pero BENTHAM no excluye la posibilidad de una conciliación entre los dos principios. Es deber del legislador favorecer, con adecuadas medidas oportunamente puestas en práctica, la causa de la igualdad en las relaciones civiles sin comprometer el interés superior de la seguridad. La razón de ser de la legislación civil según el utilitarismo reside en el contraste entre estos principios y en la necesidad de su conciliación.

Las relaciones de derecho civil, según tengan por objeto las cosas o los servicios, son relaciones de propiedad, o bien, relaciones de obligación. El utilitarismo se ceñía, por obra de BENTHAM, a reconstruir sobre nuevas bases la doctrina de la propiedad y la de las obligaciones.

Con respecto a la propiedad BENTHAM tomó posición contra LOCKE y sus partidarios. Para LOCKE la propiedad es un derecho natural y originario que se manifiesta sobre las cosas externas útiles, sobre el fundamento de una relación personal que se establece entre la persona y la cosa mediante el trabajo. La doctrina de LOCKE, sustancialmente aceptada por SMITH, fue la doctrina que prevaleció en el siglo XVIII. Adversario de ella fue HUMÉ, para quien la propiedad individual surge necesariamente de la limitación de las cosas externas con respecto a las necesidades, y no

461 Cfr. BENTHAM, *Traités,* etc., vol. II, parte I, cap. 6.
462 BENTHAM, *Traités,* etc., vol. II, parte I, cap. 3, pág. 10.

puede justificarse ni a base de la utilidad de las cosas ocupadas, utilidad que varía de individuo a individuo y que puede ser invocada al mismo tiempo por muchas personas, ni a base del trabajo que es el producto de una asociación psicológica. La propiedad se justifica, para HUME, a base de la posesión constante y continuada de la cosa, fijada por el hábito y por la asociación[463]. Sustancialmente, el pensamiento de BENTHAM no es diferente de éste. La propiedad natural, no garantizada por la ley, es precaria y limitada a las cosas necesarias para la vida, que el individuo no liberado aún del estado de barbarie puede defender con sus solas fuerzas. «La propriété et la loi sont nées ensemble et mourront ensemble. Avant les lois, point de propriété. Otez les lois, toute propriété cesse». La propiedad, según BENTHAM, significa la espera de los beneficios que puedan derivar de la cosa poseída, y la seguridad de esa espera solo puede procurarla la ley. El individuo puede llamar suyo solo aquello de lo que la ley le promete garantizar el goce. Sin embargo, BENTHAM reconoce que la relación que se establece entre nosotros y la cosa, y de donde nace la propiedad, no es una relación material susceptible de expresarse en forma sensible, sino una relación metafísica, accesible únicamente para la inteligencia. En otras palabras, la propiedad no consiste en la relación externa entre individuo y cosa, ya que aquél puede existir sin que nazca ésta, sino en un vínculo espiritual que resulta por un lado de un sentimiento de espera garantizado por la ley, y por otro lado de un proceso psicológico de asociación por el cual nos sentimos ligados a la cosa haciéndose ésta parte de nosotros mismos[464].

BENTHAM niega la existencia de un derecho abstracto y natural a la propiedad. Contrariamente a LOCKE, a ROUSSEAU y a los jusnaturalistas que hacían de la propiedad la condición externa de la personalidad, BENTHAM piensa que no es la propiedad sino la pobreza, el estado primitivo y natural del hombre. La falta de leyes y de seguridad por un lado y la imprevisión e inercia por el otro, engendran la pobreza. De estas dos causas la primera explica el estado de infelicidad y de miseria de la edad primitiva, y la segunda explica la perpetuación de la pobreza en los tiempos civilizados. Lejos de ser la propiedad fuente de miseria y de infelicidad para los hombres, como sostuvo ROUSSEAU, es la verdadera razón de todo progreso, como que representa el triunfo del hombre sobre la naturaleza y sobre sí mismo. Por ella la naturaleza se convierte en instrumento de felicidad y el hombre vence la natural aversión al trabajo. El estado civil de propiedad y de desigualdad económica, debe ser preferido de todos modos al estado natural de igualdad en la miseria: en aquél no solo existe la posibilidad para todos de adquirir la propiedad, sino que el pobre mismo encuentra condiciones de vida mejores y más seguras. De la propiedad nace la riqueza y ésta hace posible el socorro asegurando trabajo para todos.

Las exigencias de la seguridad se reflejan en los modos y títulos de adquisición de la propiedad. La posesión, actual o continuada por cierto tiempo, constituye un título decisivo de propiedad contra cualquiera que no pueda oponer una posesión anterior o, pudiéndolo hacer, no la hace valer. Ocupación y prescripción son, para BENTHAM, los títulos legítimos de propiedad[465].

Posesión y propiedad no se contraponen en el sistema de BENTHAM, siendo la posesión material y potencial, condición de propiedad. La propiedad no es un dere-

---

[463] Para la teoría de la propiedad según HUME, cfr. *Treatise,* etc., III, parte II, secc. II y III.
[464] Cfr. BENTHAM, *Traités,* etc., vol. II, parte I, cap. 8 y sigs.
[465] BENTHAM, *Traités, etc.,* vol. II, parte II, cap. I.

cho abstracto de la personalidad, sino un derecho que nace del hecho de la ocupación y de la posesión, de las consecuencias y expectativas que nacen de tal situación de hecho. La exigencia de la seguridad debía inducirlo a dar a esa situación de hecho la preferencia sobre cualquier consideración y pretensión abstracta no fundada en la realidad de las cosas.

La institución de la propiedad deriva su justificación y su fundamento del principio de seguridad; pero es del principio de la igualdad de donde debe tomar la norma y el límite. Al proclamar la exigencia de la igualdad, el utilitarismo y el racionalismo kantianos se encuentran; pero mientras este último miraba a una igualdad puramente formal, el utilitarismo proponía medidas positivas tendientes a realizar en los límites de la seguridad, la igualdad de hecho. El libre juego de las leyes económicas según la doctrina proclamada por SMITH, llevaba naturalmente al equilibrio y a la nivelación de las fortunas[466]. BENTHAM acepta los nuevos dogmas del liberalismo económico, cree en el principio de la identidad natural de los intereses, y por eso quiere que la ley, lejos de crear nuevas desigualdades o favorecer las naturales, debe concurrir a atenuarlas eliminando todo obstáculo que se oponga a la libre circulación de las riquezas, aboliendo todas esas instituciones (corporaciones, censos perpetuos, sustituciones, fideicomisos), que impiden y obstaculizan la enajenación y el traspaso de la propiedad[467].

El principio de la igualdad impide que la propiedad pueda concebirse sin límites. En un sistema fundado sobre la utilidad, observa BENTHAM, no hay derechos que no deban tener límites. El derecho de propiedad está limitado, por una parte, por la obligación de no hacer de la cosa un uso nocivo para los demás, y por la otra, por la obligación de permitir el uso de la cosa cuando ello sea requerido por la urgencia de la necesidad del prójimo. Es consecuencia del principio de utilidad, que el indigente tiene derecho, en cuanto tal, al socorro: utilidad por utilidad, el derecho a la vida debe prevalecer sobre el derecho de propiedad. Mediante contribuciones regulares, la propiedad debe proveer a las necesidades de la indigencia[468]. Otro límite a la propiedad individual, en homenaje al principio de la igualdad es el que deriva de la expropiación, la que si no puede (aunque esté acompañada de indemnización) justificarse con respecto a la seguridad, debe admitirse por evidentes razones de utilidad general y para evitar un daño mayor del que tiende a impedir la seguridad[469].

Cuando no está en juego el principio de la seguridad y no puede hablarse de legítimas expectativas, el legislador debe informar su obra en orden a la propiedad, sobre el principio de la igualdad. Esto ocurre sobre todo cuando, a raíz de la muerte del titular, la propiedad no ha pasado aún a los herederos y éstos no pueden exhibir derechos. El derecho sucesorio no tiene fundamento en la naturaleza, sino, como la propiedad, de la que es complemento, deriva de la ley, la que, al regularlo, debe tener en vista la utilidad general y más precisamente, observa BENTHAM, debe lograr un triple fin de garantizar a las nuevas generaciones los medios de subsistencia, impedir que sean defraudadas las justas esperanzas y favorecer la igualdad de las

---

466 Sobre las relaciones entre BENTHAM y SMITH, cfr. HALÉVY, *op. cit.*, vol. II, parte I, cap. 3, pág. 159 y sigs.
467 Cfr. BENTHAM, *Traités*, etc., vol. II, parte II, secc. 3.
468 *Id., id.*, vol. II, parte I, cap. 14, secc. 1.
469 *Id., id.*, vol. II, parte I, cap. 16.

fortunas[470]. Con la muerte del propietario, sus bienes quedan vacantes y no pueden ser objeto más que de sucesión legítima, que para el utilitarismo es la forma natural y común de la sucesión.

Al dictar normas relativas a los bienes dejados por el difunto, el legislador no puede olvidar que la propiedad individual y exclusiva en derecho, es de hecho participada y dividida entre todos los que conviven con el propietario y reciben de los frutos de su ahorro y de su industria los medios de subsistencia. Por lo tanto, el legislador, en homenaje al principio de la seguridad y de las justas expectativas, debe garantizar a tales personas, que habitualmente convivían con el difunto, una participación en los bienes por él dejados, en razón del grado de afecto presunto a base de la proximidad del parentesco. La utilidad general aconseja favorecer a los descendientes al infinito, con preferencia a cualquier otro, como un tratamiento igual para todos los hijos llamados a la sucesión sin distinción de sexos. Pero si el principio de la seguridad, la consideración de las justas expectativas puede valer para los descendientes, para los ascendientes inmediatos y para sus descendientes directos, no puede ser invocado por los colaterales quienes, observa BENTHAM, no deben confiar sino sobre la propiedad de sus respectivos autores. Por eso, más allá de cierto grado de parentesco, el principio de igualdad debe prevalecer y dar lugar a la sucesión del Estado. Este proveerá sobre todo a distribuir en partes iguales los intereses de la sustancia del difunto, bajo la forma de renta vitalicia, a todos los ascendientes cualquiera sea su grado: en ausencia de ellos, los bienes pasados a propiedad del Estado serán vendidos en subasta. BENTHAM, remitiéndose a la demostración de SMITH, se declaraba absolutamente contrario a la propiedad del Estado en cuyas manos los bienes, con un costo mayor, producen menor rendimiento.

Después de esto puede parecer una anomalía el lugar que da BENTHAM al testamento en su sistema. El poder de testar, mientras consagra el arbitrio del propietario para un tiempo en el que no existirá, parece subvertir el orden legal de las sucesiones fundado en la presunción natural del afecto y en las exigencias de la igualdad. Sin embargo, BENTHAM, partiendo no de principios abstractos sino de consideraciones de utilidad concreta, estaba en mejor grado que cualquier otro de justificar el testamento en el derecho privado. Las presunciones puestas por el legislador como fundamento de las sucesiones legítimas, valen para la generalidad de los casos, contemplan «id quod plerumque accidit» prescindiendo de los casos individuales, y de las relaciones que se establecen en la realidad de los hechos entre el propietario y sus parientes. El testamento responde a una exigencia de utilidad concreta, no abstracta; permite al propietario disponer de sus bienes según las relaciones de afecto no supuestas sino reales. El testamento aparece pues como un correctivo de la ley común, y es a la sucesión legítima lo que la equidad, que es la justicia del caso individual, es a la justicia formal y universal. «On peut —escribe BENTHAM— comparer les testaments aux pardons arbitraires qui corrigent la dureté des lois pénales».

El testamento debe conservarse en la legislación civil no solo en interés de quienes tienen en la familia una función de obediencia, sino también de los que desarrollan en ella una función de orden y de mando. El padre es en la familia lo que un magistrado en la sociedad civil, a quien no deben faltar los medios para

[470] Sobre el derecho sucesorio y los testamentos, cfr. BENTHAM, *Traités*, etc., vol. II, parte I, cap. 12; parte II, cap. 3 y 4.

imponer su voluntad e infundir respeto. El derecho de testar, observa BENTHAM, es «une branche de la législation pénale et rémunerative»: es un medio eficaz en las manos del progenitor para acostumbrar a los hijos a la gratitud, al respeto y a la obediencia. Tenemos aquí una nueva aplicación del proceso psíquico de la asociación. También los padres que a causa de su pobreza no pueden ejercer tal poder, reciben inconscientemente beneficio del hábito general al respeto que ha hecho nacer dicho poder. Contra los posibles abusos de poder por parte de los padres, contra las eventuales violaciones del principio de igualdad entre los hijos, vale, por un lado, la garantía de la naturaleza, por otro, la institución de la legítima. Más que en los resultados, la originalidad de BENTHAM está en la justificación del derecho sucesorio desde el punto de vista de la filosofía de la utilidad. No hay duda de que la justificación individualista del derecho de propiedad y del derecho sucesorio no podía, dentro de los límites del empirismo, ser más eficaz ni exhaustiva.

Después de lo útil que deriva de las cosas objeto de la propiedad y de las sucesiones, tenemos los servicios de los que se originan las relaciones comúnmente llamadas obligaciones y las relaciones domésticas. El concepto de obligación es llevado por BENTHAM a otro concepto más amplio y comprensivo: el de servicio[471]. La obligación tal como la consideraban los jusnaturalistas, es para BENTHAM una entidad ficticia. Considerada desde el punto de vista de la filosofía de la utilidad, la obligación es un mal en cuanto limita la utilidad y produce dolor. La obligación no constituye una cosa sustancialmente diversa del dolor: como tal no tiene en sí su justificación, sino que debe justificarse a título de mal necesario, o sea en consideración de su utilidad relativa. No solamente las cosas son objeto de intercambio entre los hombres asociados, sino también los servicios, los cuales son a las cosas lo que la acción de un ser inteligente es a lo inanimado y material. Bajo el nombre de servicio debe comprenderse todo lo que es útil a otros, lo que procura placer a otros, sea en sentido positivo como en sentido negativo, preservándoles de un mal. Entre los servicios que se hacen los hombres, algunos son libres, espontáneos, de naturaleza ética, y otros son impuestos por el legislador y constituyen derechos y obligaciones jurídicas. Toda obligación, pues, se traduce en un servicio, en un beneficio, en un placer que nosotros procuramos a otros; en otras palabras, en un derecho por un lado, y en una obligación por el otro.

Según sean esos servicios pasajeros u ocasionales, o continuados y duraderos, se tienen las obligaciones privadas o bien las relaciones domésticas. Fuente principal de obligaciones privadas es el *pacto* libremente consentido entre las partes interesadas. Es un principio general de la filosofía de la utilidad, el que toda enajenación comporta una ventaja. La misma consideración de lo útil que justifica la enajenación de las cosas, justifica y explica la enajenación de los servicios que tiene lugar en el pacto. Ninguno se obliga como ninguno se despoja de lo que le pertenece sino por un motivo de utilidad.

Para el caso de los servicios que se prestan sin que intervenga el pacto para justificarlos, es válido el principio del *servicio anterior* en virtud del cual se exige de quien se beneficia con el servicio una indemnización correspondiente al daño soportado por quien lo ha prestado. La recompensa por los servicios pasados es el mejor medio para crear servicios futuros. Tal principio justifica el derecho de los padres al socorro de los hijos en la ancianidad; justifica el derecho de la mujer a la

---

471 Sobre la doctrina de la obligación cfr. BENTHAM, *Traités*, etc., vol. II, parte II, cap. 5.

duración de la unión matrimonial aun cuando por su edad ha disminuido su atractivo físico, justifica todos los casos de obligaciones que nacen de esa figura jurídica ficticia que los jurisconsultos llaman habitualmente cuasi-contrato.

Para las obligaciones que se desarrollan en el ámbito de la vida doméstica, vale más bien el principio de la *necesidad superior*[472]. La familia es una sociedad desigual, según BENTHAM: en ella se desarrollan relaciones de dominio y relaciones de tutela, de autoridad y de obediencia. El fundamento de las obligaciones del padre, del marido con respecto a sus hijos y a su mujer, es lo útil especial de estas personas, general de la sociedad, que es en mucho superior al sacrificio que exige el cuidado de estas personas, sacrificio atenuado por el afecto. Por otra parte, la autoridad doméstica está justificada por lo útil superior de la sociedad familiar, la cual, a la par de la sociedad política, no puede subsistir sin orden, sin subordinación y sin unidad. En todos los casos los derechos y los deberes recíprocos de los padres, de los hijos y de los cónyuges, son necesariamente limitados en cuanto no pueden exceder las razones de utilidad que les dan origen y justificación.

Mientras en las relaciones reales que tienen por objeto las cosas, el principio de utilidad se revela en la tendencia a realizar la seguridad y la igualdad, en las relaciones cuyo objeto son los servicios, la utilidad se revela en la triple forma de adquirir los derechos sobre los servicios o, en otras palabras, en la triple causa que determina al legislador a crear las obligaciones: la necesidad superior, el servicio anterior y el pacto. Mientras los jurisconsultos invocaban como fundamento de las obligaciones principios abstractos arbitrarios y, más particularmente, derivaban con GROCIO de la noción del pacto todo el edificio del derecho privado, BENTHAM, más coherente en su empirismo, demuestra que el pacto no se justifica a sí mismo, sino que debe buscar un fundamento, una razón primera e independiente. Solo en cuanto demuestra la existencia de una ventaja recíproca para las partes contrayentes, el pacto obliga y se justifica; por consiguiente, debe ser entendido y aplicado dentro de los límites de la utilidad que representa.

En esta forma, según BENTHAM, las diversas partes del derecho privado toman su norma y unidad del principio de utilidad, y se reúnen en torno a los conceptos de cosa y de servicio. La distinción entre derechos sobre las cosas y derechos sobre los servicios, que es fundamental en el sistema de derecho privado de BENTHAM, solo puede remitirse en apariencia a la distinción clásica entre *jura rerum* y *jura personarum*. El contenido y el significado son profundamente diversos. Ya en los jurisconsultos clásicos y, más aún posteriormente, en los intérpretes del derecho romano y en los jusnaturalistas, se revela la tendencia a abstraer de la realidad jurídica, a transformar los conceptos de cosa y de obligación en entidades abstractas, con un valor esencialmente formal. BENTHAM reacciona contra el formalismo dominante en el derecho privado y pone todo su esfuerzo para dar un contenido positivo a los términos jurídicos empleados. La cosa, la obligación, tienen un valor jurídico en la medida en que pueden traducirse en términos de utilidad y de placer, y son susceptibles de determinarse mediante el cálculo. Con legítimo orgullo BENTHAM pudo afirmar haber descifrado los términos jurídicos abstractos y figurados, y haberlos traducido al lenguaje puro y simple de los hechos, o sea de la utilidad.

---

472 Para las relaciones domésticas cfr. BENTHAM, *Traités*, etc., vol. II, parte II, cap. 5; parte III, Cap. 3 y sigs.

EMPIRISMO, UTILITARISMO Y EXIGENCIA OBJETIVA DE LA REFORMA CIVIL. UTILITARISMO CONSERVADOR DE HUME. UTILITARISMO REVOLUCIONARIO DE GODWIN. UTILITARISMO DEMOCRÁATICO Y LIBERAL DE BENTHAM. UTILITARISMO Y RACIONALISMO. BENTHAM Y KANT.

34. La filosofía de la utilidad se afirmaba en el dominio del derecho civil como una filosofía de reacción contra la dominante filosofía contractualista: la primera tendía a reformar el contenido de las normas civiles sobre el fundamento objetivo de la experiencia; ésta partía de nociones vagas, de ficciones legales, notoriamente falsas, observa Bentham, sobre las cuales se razonaba como si fueran verdaderas. Pero faltaba demostrar cómo el utilitarismo había logrado superar el empirismo de sus premisas metafísicas, así como la tendencia conservadora ínsita en el mismo principio de utilidad puesto como fundamento de la reforma civil. Bentham tuvo perfecta conciencia de la doble dificultad de orden teorético y de orden práctico, como también de la necesidad de superarla para no comprometer el destino y las finalidades del sistema utilitario en los estudios jurídicos.

Las premisas teoréticas del utilitarismo no parecían suministrar una base sólida para un sistema de derecho privado. A un derecho natural eterno, inmutable, cuya afirmación parecía constituir la condición indispensable para cualquier sistema de reformas civiles, el utilitarismo lo sustituía con tantos derechos cuantas eran las asociaciones psíquicas consolidadas por el hábito y por la experiencia de su utilidad. Sobre base tan incierta y relativa no se comprendía la posibilidad de una reforma legislativa duradera. Y sin embargo el utilitarismo se afirmaba en las ciencias jurídicas con el deber preciso de suministrar una base cierta y objetiva a la obra legislativa, tal como fue constante preocupación de Bentham. Si no puede decirse que el utilitarismo superara enteramente el subjetivismo que derivaba de sus premisas, logró empero, con respecto a los demás sistemas engendrados por la dirección empírica, atenuar este defecto originario. Y lo logró en dos formas. Ante todo en virtud del asociacionismo sobre el que se funda y que, en psicología, representa el esfuerzo para reducir los hechos de la vida interna a leyes uniformes y constantes. Los placeres y los dolores, de donde extrae su norma y finalidad la acción legislativa, no constituyen un hecho interno irreductible e indefinible, como para los partidarios del sentido interno, sino que son el producto de asociaciones repetidas y consolidadas, cuyos elementos, si son variables y subjetivos, constituyen en su conjunto un sistema fijo, dotado de una invariabilidad y objetividad relativa. En segundo lugar, el utilitarismo transportaba el estudio de la conducta de sus condiciones internas y subjetivas a sus manifestaciones y consecuencias exteriores. A la serie de asociaciones internas placenteras o dolorosas corresponde exteriormente la serie de acciones útiles o dañinas en sus resultados. La obra legislativa, informándose en las consecuencias exteriores de la conducta, venía a fundarse sobre una base objetiva, determinada en el tiempo y en el espacio, susceptible de determinación precisa y objetiva. En tal forma el utilitarismo se remite a la experiencia externa de la que el empirismo solo puede derivar su objetividad.

Sin embargo, la experiencia fue entendida por el utilitarismo, en un sentido puramente individual y psicológico. Este, al igual de los demás sistemas empíricos de la época, fue esencialmente anti-histórico, en cuanto no tomó su norma de la tradición histórica, sino solamente de la experiencia individual y psicológica de los placeres y de los dolores, de lo útil y del daño. Fue un defecto del utilitarismo entender la condición de la utilidad, que es sin duda un elemento de juicio necesario y positivo en las instituciones jurídicas, de los efectos individuales. La felicidad general, lo útil del mayor número, se traducen siempre para el utilitarismo en términos y criterios individuales y subjetivos de valoración, aunque expresen el esfuerzo para salir del círculo de los intereses individuales.

De cualquier manera, a la condición de objetividad requerida para la reforma civil, el utilitarismo respondía en mayor grado que cualquier otra dirección de pensamiento engendrada en el empirismo. Le faltaba justificar al utilitarismo sus pretensiones reformadoras, contra la acusación de ser una dirección esencialmente conservadora en materia jurídica y política. Históricamente el utilitarismo fue una corriente de reacción contra las doctrinas de Locke, que eran las de la Revolución y del partido democrático dominante. Con este carácter de reacción política y jurídica, el principio de utilidad se presenta en Hume, quien no oculta su aversión al espíritu revolucionario y su inclinación por los sistemas de gobierno en los que prevalece el principio de autoridad sobre el de libertad[473]. Tampoco fueron diversos los sentimientos de Bentham y las razones originarias de su actividad filosófica[474].

No puede negarse que en sus primeros representantes el principio de utilidad tuvo significado y finalidad de conservación mucho más que de reforma jurídica y política. Había en el utilitarismo la tendencia a justificar las instituciones más irracionales solo porque respondían a criterios de utilidad y de oportunidad, o porque estaban fundadas en asociaciones convertidas a fuerza de larga repetición en tradicionales. El estado de hecho podía encontrar en la psicología de la asociación y en la filosofía de la utilidad, fácil y cómoda justificación. Razones de utilidad, preocupaciones por subvertir el orden existente, intereses consolidados, hacían a los utilitaristas indiferentes ante las investigaciones relativas a los orígenes de las instituciones, y propensos a atribuir al tiempo la virtud de sanar sus vicios de origen. El mismo Bentham hace del principio de seguridad, o sea de las justas esperanzas, el fundamento de la propiedad y del orden civil, y sacrifica a él las exigencias de la igualdad.

La filosofía jurídica de Bentham, fundada sobre el principio de utilidad, debía aparecer, pues, como una filosofía de la tradición, encaminada a conservar y a justificar el pasado más que a preparar el porvenir. La intención de Bentham era, empero, muy distinta. Desde sus primeros trabajos presentaba el nuevo principio de utilidad como el único principio válido para realizar la reforma legislativa. Pero para Bentham, reformar significaba renegar del pasado y subvertir el presente: sobre todo no significaba realizar lo nuevo solo porque era nuevo y porque era sugerido por ficciones racionales indemostrables. La racionalidad no era suficiente para justificar una institución; para eso se necesitaba traducirla en términos de utilidad. El carácter conservador del utilitarismo es entendido, pues, como aversión a las reformas civiles dictadas por consideraciones abstractas privadas de cualquier

---

473 En política Hume era conservador. En su *History of England* fue apologista de la dinastía Estuardo. En uno de sus ensayos *(Of passive obedience,* 1748, en *Essays,* etc., edic. Green, vol. I, parte *II,* pág. 460), confiesa que sigue la opinión de quienes «draw the bond of allegiance very close». Cfr. también el ensayo *Of civil liberty* (edic. cit. I, parte I, pág. 156), que figura en las primeras ediciones de los *Ensayos* con el título: *Of liberty and despotism* (1741).

474 Por educación y por sentimientos, Bentham fue un conservador convencido, y durante mucho tiempo fue adversario tenaz del partido *whig*. Cfr. Halévy, *op. cit.,* vol. II *(L'évolution de la doct. utilit., de 1789 a 1815),* pág. 194.

contenido positivo. Sentada esta reserva debe reconocerse que el principio de utilidad en sí y en sus aplicaciones, desarrolló con BENTHAM una admirable capacidad reformadora. Lejos de renegar de las conquistas de la Revolución, el utilitarismo rehizo sus bases teóricas, liberándolas de las ficciones en las cuales ¡e transmitían y justificándolas con argumentos derivados del principio de utilidad. En segundo lugar, la aplicación rigurosa del criterio de lo útil, significaba la condenación de todas esas instituciones jurídicas que sobrevivían en razón de su inercia a las causas de utilidad que las habían engendrado y que no respondían más a la nueva conciencia jurídica, a las nuevas condiciones históricas. Pero no solo suministró el utilitarismo argumentos para la crítica del pasado, sino que con GODWIN demuestra toda su capacidad reconstructiva y logra justificar las más audaces y revolucionarias reformas civiles y políticas. Es sabido, en efecto, que GODWIN fue uno de los primeros en separar la idea democrática de las doctrinas del derecho natural, en asociarla con el principio de utilidad, en formular por primera vez a base de este último, una doctrina al mismo tiempo comunista y anarquista.

En BENTHAM el utilitarismo aparece en su forma más pura *y* atemperada, igualmente alejado de las deformaciones en sentido conservador y revolucionario. Destacando en el concepto de lo útil los dos elementos de la seguridad y de la igualdad, BENTHAM ponía las condiciones de continuidad y de innovación de la obra legislativa. Y si en un primer período pudieron prevalecer las razones de la seguridad sobre las de la igualdad, en un período sucesivo el utilitarismo, victorioso en la lucha contra los sofismas anarquistas y las declamaciones verbales revolucionarias de los secuaces de los derechos del hombre, asumía decididamente la dirección de la reforma legislativa, asumía carácter y significado democrático, suministraba el programa de ideas y de acción al radicalismo filosófico o, mejor dicho, utilitario, entre cuyos objetos principales estaba el de realizar la idea individual en la legislación civil en armonía con el liberalismo político y económico dominante.

La evolución en sentido democrático del pensamiento de BENTHAM, que se manifiesta ya hacia 1809 y aparece cumplida tan solo en 1820, señala el período histórico del tránsito del utilitarismo del campo de las afirmaciones abstractas al dominio de la acción y de las aplicaciones prácticas[475]. El nuevo comportamiento del pensamiento de BENTHAM se revela en forma particular en la activa propaganda que emprendió a favor de la codificación. La idea de la codificación pone de relieve un nuevo carácter, una nueva tendencia del utilitarismo, el carácter formal, la tendencia racionalista a base de la cual debía desarrollar una

[475] En torno a las causas del radicalismo de BENTHAM y a sus fases de formación, cfr. STEPHEN, *The English*, etc., I, pág. 214 y sigs.; HALÉVY, *op. cit.*, II, pág. 288 y sigs. No hay duda de que mucho antes de 1809 BENTHAM tuvo oportunidad de deplorad la apatía y el egoísmo de la casta aristocrática. Recuerda con ironía los tiempos de su juventud cuando creía que bastaba iluminar a la aristocracia para convertirla a las ideas reformadoras. En una nota al margen de su *Introduction*, de 1780-89, confirma haberse engañado y haberse ya convencido de que la aristocracia es, por naturaleza, enemiga de las reformas. No fue ajena a la conversión de BENTHAM la desilusión sufrida por el fracaso de su *Panopticon* (1787-91), que era el esquema de un sistema carcelario ideal contrapuesto por él al sistema de la deportación a Australia, que adoptó el Parlamento inglés en 1784. Decisiva sobre el pensamiento de BENTHAM fue la influencia que ejerció JAMES MILL, a quien conoció en Londres en 1808, que derivó de BENTHAM la doctrina utilitaria formando alrededor de ella una escuela entera.

función análoga a la del kantismo sobre el continente, en orden a la reforma del derecho inglés.

Era un postulado racional del utilitarismo que el placer y el dolor son susceptibles de cálculo, por cuya razón es posible una ciencia racional de la legislación fundada en la determinación exacta del grado de felicidad o de utilidad general de las acciones humanas. Nada más erróneo que la confusión de utilitarismo y sensismo o eudemonismo. El utilitarismo pone la tendencia al placer como un dato indiscutible e indemostrable. Más que al placer en sí, tiende a sus manifestaciones concretas y visibles: lo estudia en las acciones, en los efectos, en las condiciones exteriores de existencia, en la relación y en la confrontación con otros placeres y con otras acciones. Precisamente porque el placer es por sí mismo indefinible, precisamente porque es un dato de los sentidos, es un elemento racional, se hace necesaria la determinación racional de sus límites y de sus condiciones de existencia. El utilitarismo está sobre todo en este cálculo de los límites, de los medios y condiciones del placer.

Tenemos, pues, de un lado, el dogma de la determinación cuantitativa del placer y del dolor, y del otro, la tendencia a representarse estos estados afectivos por medio de sus manifestaciones y condiciones exteriores exactamente valuables, que hacían posible la construcción deductiva de la ciencia de la legislación. A tal objeto debía hacerse abstracción de las causas de variación particular e individual de la conducta, debidas a la diversa sensibilidad de los individuos y a las circunstancias exteriores. Esta abstracción, según BENTHAM, estaba plenamente justificada, pues en el hombre la identidad es siempre mayor que la diversidad, los caracteres esenciales de la humanidad son más fuertes que el clima, la educación, los hábitos, a sociedad, el gobierno, los acontecimientos, ni son alterados por la acción individual o asociada de estas causas[476]. Tanto para KANT como para los utilitaristas, el mundo jurídico es la obra reflexiva del hombre, es una construcción sintética *a priori*, que reproduce los caracteres y los métodos propios de las ciencias deductivas.

En virtud de esta tendencia racionalista se explican las numerosas y estrechas analogías entre la dirección kantiana y el utilitarismo; analogías que se ponen de relieve en el método deductivo seguido por ambos, en el espíritu crítico e innovador a un tiempo, en las aversiones y predilecciones comunes. Bien puede afirmarse que el utilitarismo fue reformador en las ciencias jurídicas, en la medida en que se acentuó la tendencia racionalista, que a su vez, en el ulterior y progresivo desarrollo del sistema, terminó por prevalecer sobre la opuesta tendencia conservadora, respetuosa de las tradiciones y del derecho histórico. No hay duda de que en su ignorancia y desprecio por el derecho romano, BENTHAM obedecía al preconcepto racionalista[477]. A la misma exigencia racional reformadora obedecía BENTHAM en la actividad desplegada para traducir en la práctica la idea de la codificación.

---

476 Estas palabras se leen en el primer número de la *Westminster Review* (abril, 1824) fundada por BENTHAM y destinada a ser el órgano de los radicales, en oposición a la *Edinburgh Review* y a la *Quarterly Review,* órgano de los *whigs* y de los *tories,* respectivamente.

477 AUSTIN (*Lectures on jurisprudence,* 5ª edic. London, 1885, vol. II, pág. 692), que fue partidario y admirador de BENTHAM, afirma que éste nunca había leído derecho romano y deplora su *ignorant disdain* al respecto.

LA UNIDAD FORMAL DE LA REFORMA CIVIL Y LA EXIGENCIA TEÓRICA DE LA CODIFICACIÓN PROCLAMADA POR BENTHAM. CRÍTICA DE LA LEY NO ESCRITA. VENTAJAS DE LA CODIFICACIÓN. ESQUEMA GENERAL DE UN CÓDIGO CIVIL PREPARADO POR BENTHAM. PROPAGANDA DE BENTHAM EN FAVOR DE LA CODIFICACIÓN. ACTITUDES PARTICULARES DE BENTHAM CON RESPECTO A LA CODIFICACIÓN.

35. LA CODIFICACIÓN le pareció a BENTHAM consecuencia lógica de sus premisas filosóficas; ella comportaba la unidad formal de la ley agregada a la unidad material de la misma. Si el derecho sustantivo es el desarrollo lógico del principio de utilidad, la forma en que se reúne y ordena debe ser única. La exigencia teórica de la codificación está afirmada por BENTHAM en la *Introduction* donde declara que la materia de la legislación debe ser distribuida en los tres códigos: civil, penal y constitucional, y deplora el estado de la legislación de su época con respecto a la forma, o sea con respecto a sus métodos y terminología[478]. La unidad formal de toda la legislación, a la que solo se refería en la *Introduction,* se desarrolla en los escritos posteriores y se concreta en un esquema general de código completo de legislación[479]. Aquí demuestra BENTHAM la íntima unidad entre el derecho civil, penal y constitucional, que comprenden en su conjunto el campo entero de la legislación. Crear un derecho es crear un delito. La ley penal, como consecuencia del derecho establecido por la ley civil, inflige cierta pena a quien le viola; como tal es la consecuencia, la continuación, el término de la ley civil. El derecho constitucional no hace sino crear poderes y deberes respecto a clases o personas encargadas de la seguridad interna o externa.

De la unidad fundamental de las diversas partes de la legislación, surge y se justifica la idea de un código universal que BENTHAM llama *pannomion.* A la idea de un código universal completo en todas sus partes, susceptible de aplicación universal, vuelve más tarde BENTHAM en el escrito *Codification proposals*[480], en el que se proponía la preparación de un «allcomprehensive code of law» para «any nation professing liberal opinions». La idea de BENTHAM de un código universal de leyes, que hace recordar el derecho cosmopolita *(Weltbürgerrecht)* de KANT, y el consiguiente proyecto de paz perpetua, estaba en armonía con la exigencia racionalista ínsita en el utilitarismo. BENTHAM no desconoce los elementos contingentes y variables de la legislación y la necesidad de tomarlos en cuenta, pero como las diferencias individuales no destruyen la unidad esencial de la naturaleza humana, así tampoco las diferencias de tiempo y de lugar nada quitan a la verdad intrínseca de los principios de la legislación, a la posibilidad de una extensa y general aplicación de ellos[481]. Por la misma consideración de la unidad y universalidad de los principios, BENTHAM sostenía que la obra de la codificación debe ser obra de uno solo antes que de muchos, y que en igualdad de condiciones debe preferirse en la redacción del código a un extranjero más que a un nacional.

---

[478] Cfr. BENTHAM, *Introduction,* etc., edic. cit., págs. 333-335. En esta obra encontramos esbozadas ya las líneas de un Código penal.

[479] Publicado por DUMONT sobre los manuscritos de BENTHAM en los citados *Traités,* etc. (1802), vol. I.

[480] Este trabajo de BENTHAM fue publicado en 1823, y puede leerse en la edición de sus obras, cuidada por Bowring, vol. IV, págs. 535-594.

[481] Cfr. BENTHAM, *De l'influence des temps et des lieux en matière de législations* (en *Traités,* etc., reunidos por DUMONT, vol. III, pág. 325 y sigs.).

Al fijar las condiciones que debe satisfacer un código de leyes en general y en particular un código civil, Bentham viene a encontrarse en perfecto acuerdo con lo que sostenía Zeiller, casi contemporáneamente (1808) respecto a los criterios seguidos en la elaboración del Código austríaco[482]. También para Bentham el código debe ser completo, es decir, debe bastarse a sí mismo, no debe remitirse a los usos, a la autoridad de un derecho extranjero y sobre todo al derecho romano, ni debe invocar un pretendido derecho de naturaleza o de gentes[483]. Al derecho natural, elevado por la escuela kantiana a fuente del derecho, Bentham sustituía el principio de utilidad. Y como para aquélla la legitimidad de la norma de ley estaba condicionada por la demostración de su conformidad a los principios eternos de razón, así para el utilitarismo tal legitimidad surgía del acuerdo con el principio no menos cierto e inmutable de la utilidad. En tal sentido, y dentro de tales límites, Bentham habla de la necesidad de que el Código sea razonado, es decir, acompañado de un comentario del que resulten las razones de la ley y por el cual sea fácil para cualquiera descubrir la relación entre una norma determinada y la condición de utilidad general que debe satisfacer[484]. El conjunto de cualidades por las cuales un código se hace claro y accesible a todos por la claridad y precisión de la expresión, por el orden y concatenación lógica de sus partes, constituye lo que Bentham llama el método o la *cognoscibilidad* del código.

Tales condiciones de unidad, integralidad, justificabilidad y cognoscibilidad de la ley, para servirme de las expresiones utilizadas por Bentham, no son posibles sino en una fase avanzada y reflexiva de la conciencia jurídica, cuando esta ha llegado a la posesión de un supremo principio ordenador y unificador de la obra legislativa. En esta fase la forma escrita de la ley debe sustituir completamente a la forma consuetudinaria por la cual la ley es transmitida de una generación a otra. La ley escrita, observa Bentham, es la única que puede merecer el nombre de ley. La ley no escrita es más bien una ley conjetural, una ficción de ley. Mientras que la primera tiene origen y forma cierta y manifiesta, es expresión de una voluntad que se inspira en principios constantes y generales, la ley no escrita carece de límites de tiempo y lugar, es indefinidamente variable, es más bien la obra del juez, para el cual las leyes son todas particulares, son siempre y necesariamente *ex post facto* y no son promulgadas «que par la ruine des individus sur qui elles portent»[485]. Bentham no tuvo muy en cuenta la que es a un tiempo fuente viva y perenne de la ley escrita y de la no escrita, es decir, de la conciencia jurídica popular que se manifiesta en las costumbres. A esta investigación, que constituyó la razón de ser de la corriente histórica en los estudios jurídicos, se mantuvo ajeno tanto el utilitarismo como el racionalismo kantiano. Ambos participaron del prejuicio de que la costumbre era una forma inferior e imperfecta de conciencia jurídica; ambos tuvieron una fe ciega en la obra de la razón y del legislador, y del progreso jurídico solo conocieron las fuerzas conscientes y reflexivas.

La codificación no es más que el derecho escrito reducido a cuerpo de leyes completo y sistemático, y sin embargo las ventajas del derecho escrito son las de la

---

482 Sobre la influencia de Bentham en la codificación francesa y austríaca, cfr. Hatscherk, *Bentham und die Geschlossenheit des Rechtssystem* (en «Archiv. F. öff. Recht», 24, Bd., 1909, pág. 442 y sigs.).

483 Cfr. Bentham, *Traités,* etc., vol I, *Vue general,* etc., cap. 31.

484 *Id., Id.,* vol. III, «*Promulgation des raisons des lois,* pág. 284.

485 Cfr. Bentham, *Traités,* etc., vol. I, *Vue general,* etc., cap. 31.

codificación. Esta resulta particularmente útil para el estudio de la ley y para la administración de la justicia. El progreso jurídico está en razón del conocimiento extenso de la ley y de su rápida y certera aplicación. La codificación, generalizando el conocimiento de la ley, haciendo accesible a todos los remedios contra la injusticia, coopera eficazmente en el perfeccionamiento legal de la sociedad. Adversarios de la codificación no pueden ser sino los hombres de ley, para quienes la ignorancia general de la ley, la ausencia de un derecho escrito, es condición de poder, fama y fortuna. Ellos, dice BENTHAM, aman y admirandas leyes no escritas por la misma razón por la que los curas de todas las religiones aman los dogmas y los misterios[486].

BENTHAM no se limitó a tratar de la codificación en general, a defenderla de las acusaciones de que se la hacía objeto, a fijar sus condiciones de actuación práctica, sino que trazó él mismo el esquema general de un Código Civil[487]. El concibió la codificación desde un punto de vista filosófico como un sistema de normas coordinadas y unificadas en torno a un principio, no ya como una colección pura y simple de leyes cuyo objeto fuera la materia civil. Y realmente, si la ley civil es obra exclusiva del legislador, si éste no debe referirse más que a la fuente de la utilidad general, debía ser posible la construcción de un sistema de normas civiles o explicativas (como las llama Bentham en oposición a las leyes penales imperativas), de normas que determinaran los derechos y las obligaciones de los ciudadanos al margen de cualquier penalidad, y dispuestas en el orden más natural y cómodo para su búsqueda.

En la distribución de la materia en un Código Civil, debe darse precedencia a los títulos más simples con respecto a los más complejos, como asimismo a los títulos que son la condición para el conocimiento de otros títulos. La consideración, por ejemplo, de las cosas, objetos materiales y tangibles y de los derechos de propiedad, debe preceder a los derechos, objetos inmateriales y abstractos y a la de la condición de las personas. Por otra parte, el orden natural aconseja que se dé preferencia en el derecho familiar a las relaciones de domesticidad con respecto a las de tutela, a estos últimos con respecto a las relaciones conyugales y de patria potestad. En las relaciones entre los cónyuges y entre los padres y la prole, concurren esas funciones de asistencia y de mando que se comprenden mejor separadas en relaciones tutelares y heriles.

BENTHAM distribuye toda la materia del Código Civil en diez títulos generales que responden sustancialmente a las categorías abstractas de cosas, servicios, obligaciones, derechos, contratos, estado y capacidad de las personas. A los efectos jurídicos, las cosas (título I) no pueden entenderse sino como materiales, provistas de cierto valor, individuadas. La individuación tanto de las cosas como de las personas, debe ser preocupación principal del legislador civil. Por eso es necesaria su exacta determinación en el tiempo y en el espacio (tít. II y III). De las cosas que son objetos materiales del derecho se pasa al sujeto del derecho, al hombre en cuanto es capaz no solo de prestar servicios, como las cosas, sino también de recibirlos (tít. IV). El concepto de servicio viene a integrar, en tal forma, el concepto de cosa y a comprender el complejo de los derechos y obligaciones a cuya determinación tien-

---

486 Cfr. BENTHAM, *Traités,* etc., vol. I, *Vue général,* etc., cap. 31.

487 Cfr. BENTHAM, *Vue general d'un corps complet de legislation* (en *Traités,* etc., vol. I, pág. 146 y sigs.). El esquema del Código Civil comprende los capítulos IX-XIX.

de sobre todo el derecho civil. Los servicios que los hombres se intercambian son diversos por el objeto a que se refieren, por la forma, cualidad, carácter gratuito u obligatorio, que revisten. La obligación (tít. V) no es más que un servicio impuesto por la ley y constituye el fundamento necesario de los derechos (tít. VI). Si puede concebirse, en efecto, una obligación a la que no corresponda un derecho (deberes morales), no puede concebirse un derecho sino en relación con una obligación existente (leyes coercitivas) o no existente (leyes permisivas). Los derechos nacen a través de la ley para garantizar la propiedad, la seguridad general, la libertad personal y puede caer sobre las cosas (derecho de ocupación) o sobre los servicios de las personas. De todos los derechos el más perfecto y comprensivo es el de propiedad, que Bentham llama integral, y que comprende el derecho de ocupación con exclusión de otros, de disposición, de transmisión en causa de muerte. Cuando las obligaciones y los derechos correlativos nacen no en virtud de ley sino por consentimiento libre reconocido y garantizado por el Estado, surge la noción del contrato (tít. VIII). En este título, junto a las obligaciones previstas por las partes *(obligations originelles)* están las obligaciones complementarias *(obligations adjectives)* que la ley considera oportuno agregar a las primeras para completar la voluntad incompleta o imperfecta de los contrayentes. La importancia y la extensión de estas obligaciones complementarias, se pone de manifiesto, mejor que en cualquier otra parte, en las relaciones familiares (tít. IX), que originan la naturaleza y la libertad de los hombres, pero que regula la ley con derechos y obligaciones en vista de las particulares incapacidades y finalidades de la sociedad doméstica.

Este esquema de Código Civil esbozado por Bentham tiene un valor esencialmente lógico y formal y revela cómo entendió la reforma civil bajo el aspecto formal y material a un tiempo. La tesis de la codificación sostenida con tanto ardor por Bentham, comportaba la exigencia de crear nuevas formas jurídicas que contendieran por claridad y precisión con el rigor lógico del cálculo aritmético de las utilidades sobre el cual debía fundarse la reforma del derecho sustantivo.

Bentham no fue solo el teórico de la causa de la codificación, sino que en la última fase de su actividad se convirtió en el apóstol. Baste recordar la insistencia con que Bentham se dirigió a los gobiernos extranjeros para inducirles a codificar sus leyes civiles y penales según el principio de la utilidad, ofreciendo desinteresadamente su obra[488]. No podia negarse a Bentham aptitud y competencia

488 Bentham, *Papers upon Codiftcation,* etc. (edic. Bowring, vol. IV, págs. 451-534). Son cartas escritas entre 1811-15 y publicadas por primera vez en 1817. En ellas Bentham *se* dirige al presidente de los Estados Unidos, Madisson, y a otros Estados de la Unión Americana, al emperador Alejandro de Rusia, para obtener el encargo oficial gratuito de preparar un código de leyes civiles y penales para aplicarse en sus Estados, previo examen de una Comisión competente. Madisson, que respondió en 1816, declaraba que no estaba en sus atribuciones someter al Congreso la proposición, a la que personalmente se manifestaba favorable. El Senado de Pensilvania, al que el presidente Sneyder sometió con su mensaje la proposición de Bentham, la rechazo. El emperador Alejandro invitó a Bentham a ponerse en contacto con la Comisión para la reforma legislativa, lo que Bentham no creyó poder aceptar. Encargo oficial para preparar un código de leyes recibió en 1817 de Ginebra y más tarde (1821) de las Cortes de España y Portugal. En esta ocasión Bentham escribió las *Codification propasals* (1823) citadas más arriba. En el último período de su vida, trabajó en torno a un *Constitutional Code,* cuyo primer volumen, impreso en 1827, fue publicado junto con el primer capítulo del segundo en 1830. La obra completa apareció en 1840 (edic. Bowring, vol. IX).

para ese objeto. Por la singular aptitud dialéctica de su ingenio, por la tendencia al formalismo jurídico, además que por las aptitudes de la vida, como señala STEPHEN, BENTHAM recuerda a KANT y se contrapone al espíritu baconiano y a los métodos inductivos en los estudios jurídicos. El intelectualismo y el formalismo jurídico de la época se reflejaban en su obra dirigida a crear un nuevo sistema de legislación en un lenguaje técnico perfectamente nuevo. A los fines de la codificación debía resultar particularmente preciosa la inagotable capacidad de BENTHAM para distinguir, definir, clasificar, reducir a sistema materiales confusos, poner de relieve las impropiedades y sofismas del lenguaje, traducir todo proceso intelectual en forma silogística, crear un criterio lógico para la crítica de la ley positiva[489].

A pesar de la especial aptitud y competencia de BENTHAM, a pesar de la autoridad de su nombre y del interés que despertaron sus doctrinas, la causa de la codificación no triunfó ni en Inglaterra, ni doquiera prevaleció la dirección utilitaria en los estudios jurídicos. Investigar las causas de este fracaso, significa estudiar la filosofía de la utilidad en sus relaciones con el derecho privado inglés en su existencia histórica.

FRACASO DE LA CODIFICACIÓN EN INGLATERRA. CARÁCTER Y DESARROLLO HISTÓRICO DEL DERECHO PRIVADO INGLÉS EN RELACIÓN AL UTILITARISMO. LA DOCTRINA DE BENTHAM Y LA REFORMA CIVIL EN INGLATERRA. UTILITARISMO E INDIVIDUALISMO. RELACIÓN DEL UTILITARISMO CON LAS DOCTRINAS ABSOLUTISTAS Y LIBERALES. UNIÓN DEL UTILITARISMO JURÍDICO DE BENTHAM CON EL LIBERALISMO ECONÓMICO DE SMITH. CONSECUENCIAS DE ESTA UNÓN PARA EL CARÁCTER DE LAS REFORMAS CIVILES. UTILITARISMO Y LA IDEA INDIVIDUAL EN EL DERECHO PRIVADO. UTILITARISMO E IDEALIDAD SOCIALES.

36. BENTHAM, escribió J. S. MILL en 1838, demostró la necesidad y la practicabilidad de la codificación, o sea de la conversión de todas las leyes a un código escrito y sistemáticamente ordenado[490]. Más que la necesidad, BENTHAM demostró la utilidad de la codificación; por otra parte, su falta de sentido histórico le impidió la visión de las dificultades que se oponían a la realización de su propuesta. Empresa vana debía parecer la reforma, según un orden abstracto y apriorístico de ideas, de un derecho que, en su formación espontánea y gradual, recordaba al derecho romano, y que se había conservado al margen de cualquier influencia extranjera como un aspecto de la vida nacional del pueblo inglés, a semejanza de la lengua y de la religión. El mismo derecho romano, si careció de influencia sobre el desarrollo del derecho privado inglés, nunca fue aceptado, como en Alemania, cual un derecho *authoritative,* ni nunca prevaleció sobre el derecho nacional[491].

---

[489] El método de BENTHAM era característico. Comenzaba preparando un esquema lógico completo sobre el tema, dividiendo y subdividiendo la materia hasta lograr una clasificación exhaustiva. Para cada subdivisión, escribía las observaciones en hojas separadas que ponía aparte, sin volver sobre ellas, luego de haber señalado el lugar que correspondía a cada una en la consideración final. El trabajo de composición era ejecutado por los discípulos, entre los cuales se encontraban Dumont y Bowring a quienes debemos la conservación y la publicación de los manuscritos de BENTHAM. Cfr. STEPHEN, *The English,* etc., vol. I, pág. 192.

[490] Cfr. J. S. MILL, el notable ensayo sobre BENTHAM en *Dissertations and Discussions* (Am. éd.), vol. I, pág. 355-358.

[491] Cfr. BRYCE, *Studies in history and jurisprudence* (Oxford, 1901), vol. II, ensayo XV, donde se refiere (pág. 358) a las relaciones entre el derecho romano y el derecho privado inglés.

El derecho privado se congregaba sustancialmente en la *common law,* que, en sus fuentes originarias, era la resultante de usos de la antigua y primitiva estirpe anglosajona y que se habían conservado después de la conquista, refundiéndose luego con las dominantes costumbres jurídicas feudales del pueblo conquistador[492]. Estos usos y costumbres, una vez consagrados en las sentencias de los jueces, adquirían fuerza obligatoria, se erigían en normas jurídicas constantes y uniformes con un valor para todos los casos análogos. La conciencia jurídica popular, antes que el legislador y que el juez mismo, debía aparecer, por lo menos teóricamente, la verdadera y natural fuente del derecho privado inglés. Ni los Normandos en la época de la conquista, ni la Monarquía en los tiempos del absolutismo, ni el Parlamento en el siglo XVIII cuando pareció absorber la función legislativa, intervinieron para contener la formación del derecho privado que se venía desarrollando desde siglos por obra, si no exclusiva, por lo menos preponderante y decisiva del poder judicial.

Los decretos del soberano, los actos del Parlamento, en la forma de *statute law* o más particularmente, de *private act,* si en todo tiempo fueron fuente de derecho privado, no alteraron nunca el sistema general de formación del derecho privado inglés. A lo más, la *statute law* consagraba un privilegio en interés de un individuo o de una clase entera de personas (corporación, comuna, etc.) y tenía origen en la petición de la persona o de las personas interesadas. Este privilegio se resolvía en una excepción a la ley general o en una medida para un fin cualquiera que no podía lograrse mediante la ley general, resultará ésta de un *statute law* o del *common law*[493].

El sistema consagrado por el *common law* no estaba exento de peligros ni de inconvenientes. El principio general de la obligatoriedad de los precedentes judiciales sobre el que se fundaba este sistema y que expresaba la exigencia de la estabilidad y certeza de las relaciones jurídicas privadas, terminó por sustituir a las fuentes vivas y perennes del derecho, a lo consuetudinario, a los precedentes judiciales, o sea, un complejo de costumbres fijadas e inmovilizadas en las sentencias de los jueces, dotadas de un valor absoluto que contrastaba con la naturaleza misma de las costumbres. Por otra parte, la rígida aplicación de los precedentes ligaba de tal modo la actividad del juez, que hacía de él no ya el intérprete autorizado del derecho, sino un órgano pasivo de aplicación con grave daño para la libertad de los juicios[494].

A pesar de estas deficiencias y lagunas, en la época de BENTHAM el sistema del *common law* estaba circundado aún por un culto supersticioso y era generalmente considerado como «the perfection of reason» (BLACKSTONE). No era difícil poner de relieve en este culto excesivo e injustificado de la *common law,* el espíritu conservador, el apego a las antiguas formas de vida jurídica, que sobrevivían a los tiempos y a las necesidades que las habían engendrado. Era de preverse, por otra parte, que en una época de profunda transformación política y social, al afirmarse necesidades,

---

492 Cfr. LEYMANN, *Ueberblick ueber das englische Privatrecht* (en *Encyklopädie der Rechtsw.* de *Holtzendorff,* 6ª edic., 1904, hg. v. Kohler), vol. *I,* § 1.

493 Para el sistema de la *statute law* cfr. la obra de ILBERT, *Legislative methods and forms* (Oxford, 1901), pág. 28. En la época de BENTHAM se publicó la primera compilación oficial en nueve volúmenes de los estatutos ingleses, bajo el nombre de *Statutes of the Realm* (1810-1822), que contenía los estatutos desde Enrique III (1235) hasta los últimos años de la reina Ana (1713).

494 Cfr. SARFATTI, *Sulla utilità dello studio del diritto privato inglese* (en *Filangieri,* 1907, pág. 6).

ideas y sentimientos nuevos, el sistema de la *common law*, lento en sus procedimientos, rígido en la aplicación de los precedentes, tuviera que acentuar su incapacidad de adaptación a las nuevas condiciones, a las nuevas relaciones jurídicas.

Todos los que en el siglo XVIII se adherían a las idealidades individualistas que habían triunfado en las relaciones económicas y políticas y se beneficiaban con ello, debían manifestarse especialmente rebeldes a aceptar la autoridad de los precedentes, a sufrir la tiranía del pasado; debían anhelar que nacieran normas jurídicas, nuevos sistemas judiciales en oposición al sistema del *common law*. Tal fue el significado de las Cortes de equidad resurgidas a nueva vida en el siglo XVIII. Desde épocas remotas estas Cortes respondían a la necesidad de crear, al lado de la magistratura ordinaria, un órgano judicial independiente *(Chancery)* con facultad, no de abrogar, sino *adiuvandi vel supplendi* el derecho vigente. En el siglo XVIII estos tribunales se constituyen sobre bases más sólidas, multiplican su actividad, reúnen en unidad sistemática los principios de equidad con tendencia a transformarlos en normas fijas y uniformes de decisión[495].

La nueva conciencia jurídica originada en las doctrinas de la escuela del derecho natural, habría podido hallar en los tribunales de equidad el órgano natural para afirmarse y para desarrollarse en armonía con las idealidades individualistas de la época. Esto en realidad no ocurrió[496]. El mismo BENTHAM, en la crítica que hizo del orden jurídico existente, no distinguió entre el sistema del *common law* y el sistema equitativo. Toda la obra de BENTHAM se desarrolló en contradicción con la formación histórica del derecho privado inglés, o sea con el derecho no escrito, obra de los jueces. No podía esperarse que el sistema lógico de derecho privado que proponía BENTHAM pudiera prevalecer sobre el sistema vigente que tenía a su favor la tradición y el consenso general. Sin embargo, si en la crítica del sistema jurídico existente, en cuanto contradecía las idealidades y las exigencias de los nuevos tiempos, en cuanto perpetuaba instituciones anticuadas o inicuas, BENTHAM contó con la solidaridad de los espíritus más iluminados de la época, en la parte reconstructiva de su obra, en sus proposiciones de reforma, sobre todo en orden a la codificación, BENTHAM vino a ponerse en abierto e insuperable contraste con la opinión dominante sobre la naturaleza del derecho privado.

La codificación, en el pensamiento de BENTHAM, significaba la preeminencia del poder legislativo sobre el judicial en la formación del derecho privado, la sustitución de la ley escrita, obra de la razón, a las normas consuetudinarias y a las decisiones de la jurisprudencia, que eran producto inconsciente del tiempo y de la tradición. BENTHAM no tuvo en cuenta los inagotables recursos del derecho privado inglés, de los órganos de transformación y de adaptación que encerraba y que le ponían en grado de realizar cualquier reforma, por más audaz que fuera, sin renegar de las razones de su existencia histórica, sin romper bruscamente con las tradi-

---

495 Sobre el sistema y desarrollo de la *Court of Chancery*, cfr. HOLDSWORTH, *A history of English law* (London, 1863), vol. *I*, cap. V. Sobre la actuación de los cancilleres lord Hardwicke (1737-57) y lord Eldon (1801-20) en la reforma y en el desarrollo de la jurisdicción equitativa cfr. HOLDSWORTH, *ibíd.*, pág. 255 y sigs. En 1825 también la equidad fue completamente vinculada a los precedentes.

496 Baste pensar en el espíritu conservador que animó la obra de Lord Eldon, que fue durante un cuarto de siglo (1801-1820), durante el período de la mayor difusión de las doctrinas de BENTHAM, *Lord Chancellor. Cfr.* DILLON, *Bentham's influence in the reform on the 19th. century* (en *Select Essays in Anglo-american legal history*, Boston, 1907), vol. I, pág. 499.

ciones del pasado. BENTHAM, de todos modos, planteaba por primera vez en Inglaterra el problema de la relación entre el derecho privado filosófico y el derecho positivo, entre las exigencias abstractas de la justicia y sus condiciones de hecho. En torno a tal problema debían desarrollarse dos direcciones que prevalecieron en los estudios jurídicos de Inglaterra durante el siglo XIX, la dirección analítica representada por AUSTIN y la dirección histórica representada por MAINE, una de las cuales, sobre la huella de BENTHAM, concebía al derecho desde un punto de vista lógico, abstracto, y la otra, como un producto esencialmente histórico. BENTHAM renegaba de las razones históricas del derecho y pretendió dar al derecho, transformado según el criterio abstracto de la utilidad, un valor y una fuerza de derecho positivo. La codificación, destinada a transformar radical y totalmente no solo la forma sino también la sustancia del derecho, según una nueva concepción de la ley, del derecho, de la relación entre individuo y Estado, estaba fatalmente condenada al fracaso. Solo a condición de ser la unificación formal y parcial de los usos, de las costumbres consagradas en las sentencias judiciales, es decir, de ser la unificación formal del derecho positivo, la codificación podía tener alguna probabilidad de éxito también en Inglaterra[497].

El fracaso de la obra de BENTHAM preparaba las condiciones teóricas para una transformación si no general, por lo menos parcial, de la legislación civil según las exigencias del individualismo de la época. Desaparecido el fantasma de la Revolución francesa, desaparecidas las razones históricas de ese espíritu reaccionario que dominó en Inglaterra durante el primer cuarto del siglo XIX y que se caracterizó por la aversión sistemática a cualquier innovación legislativa, el movimiento de transformación social en sentido individualista recobró su curso natural; de este movimiento, la doctrina de BENTHAM fue expresión en el campo jurídico, como la de SMITH lo fue en el campo económico.

El benthamismo se convirtió en sinónimo de individualismo jurídico. Desde un punto de vista abstracto y metafísico, el individualismo es la consecuencia lógica del utilitarismo. La tendencia a la felicidad, que es la condición psicológica del utilitarismo, no deja la menor duda al respecto: es por su propia naturaleza subjetiva, individual y no puede ser universalizada, como había demostrado KANT con argumentos decisivos. La sociedad, como ente autónomo, fuente de derechos y de deberes, era incompatible con las premisas metafísicas del utilitarismo, para el que la felicidad del individuo es el principio y el término del derecho y del Estado. Pero si el utilitarismo era lógicamente incompatible con la concepción social del derecho y del Estado, no lo era con formas de absolutismo político o social. En efecto, si era un canon del utilitarismo, en todas sus formas y direcciones, el que lo útil individual no puede concebirse sino en relación con lo útil general, era legítima la consecuencia de que no siempre el individuo es juez desapasionado de su verdadero útil, que puede errar al calcular las consecuencias de la conducta, por lo que la conciliación entre las diversas utilidades en contraste no puede obtenerse sino por medio de un fuerte poder central. Este era el pensamiento de HOBBES, a quien se aproximaron en el siglo XVIII HUME y BENTHAM mismo en sus primeros escritos. Sin embargo, el principio de utilidad admitía una solución diversa, la solución liberal, desligada de las ficciones a las que LOCKE la había enviado, tal como había sido expresada por SMITH y llevada a sus extremas consecuencias por GODWIN. La armonía de los intere-

497 En la India inglesa, la idea de la codificación fue aceptada en este sentido desde 1829 y realizada progresivamente. Al respecto, cfr. ILBERT, *op. cit.*, pág. 129 y sigs.

ses de SMITH se convierte en GODWIN en la armonía de los intereses individuales; ésta, como aquélla, se produce espontáneamente en virtud de leyes naturales sustraídas a la acción de los individuos y del Estado, que GODWIN quiere sin más suprimir como órgano no solo inútil sino peligroso para el desarrollo natural de las relaciones humanas según el principio de utilidad.

En la segunda fase de la actividad de BENTHAM, en la época de su conversión a las ideas democráticas, el utilitarismo sirve a la causa del individualismo liberal, que se halla igualmente lejano tanto del individualismo absolutista de HOBBES, como del individualismo anarquista y antiestatal de GODWIN. El benthamismo no pretende el sacrificio del individuo al interés público. La felicidad general no es más que la suma de las felicidades individuales consideradas como otras tantas unidades irreducibles. Según BENTHAM nada hay más falso y peligroso para las ciencias morales que las analogías biológicas, por lo que se habla de *a body politic* como de un ente distinto y diverso de los individuos, por lo que se da fundamento a pretendidos argumentos y la poesía toma el lugar de la razón[498].

En la *Introduction,* BENTHAM rechaza el principio ascético como fundamento de la legislación solo porque impone a los individuos sacrificarse al interés de una colectividad que no existe[499]. Partiendo de semejantes premisas HOBBES había sostenido, a favor del absolutismo, que el individuo renunció a favor del Estado el derecho natural de ser juez de su felicidad, mientras que BENTHAM favorecía la causa del individuo contra el Estado, estableciendo como principio de que el individuo es sobre todo y por regla el mejor juez de su propia felicidad. A consecuencia de este principio, la legislación debía remover todas las restricciones a la libertad individual que no fueran impuestas por la ley de la igual libertad de los demás. El dogma del *laissez-nous faire,* si bien no era la consecuencia necesaria del utilitarismo, terminó por constituir el aspecto más vital y característico del pensamiento de BENTHAM. Por tal aspecto el utilitarismo asumía carácter y significado en armonía con la aspiración general de la época, que se inclinaba por la libertad de industria y de trabajo, por la abolición de todas las restricciones inútiles a la libertad individual[500]. El principio del *laissez faire* en BENTHAM y en los representantes del radicalismo filosófico, lejos de propender a fines de conservación política y social, fue instrumento de crítica y de reforma de la legislación en el sentido más favorable al desarrollo de la existencia individual. Por eso el utilitarismo servía a la causa de la libertad.

En sus aplicaciones a las relaciones privadas, el principio del *laissez faire* debía significar la extensión de la esfera del contrato. Si el individuo es el mejor juez de

---

498 Cfr. BENTHAM, *Essay on Political Tactics,* cap. I, § 3. Este ensayo escrito en 1789, fue publicado por primera vez por DUMONT en 1816 (edic. Bowring, vol. II, págs. 299-373).

499 Cfr. BENTHAM, *Introduction,* etc. (edic. cit.), cap. II, § 2 y sigs.

500 BENTHAM se adhiere explícitamente al principio «be quiet» (que traduce la expresión francesa *laissez. nous faire)* en el *Manual of Political Economic,* que es, más bien, un breve ensayo de legislación económica, escrito en 1793 y publicado en 1798 por primera vez. La industria, declara BENTHAM, debería decir al gobierno lo que Diógenes dijo a Alejandro: «Stand out of my sunshine». Característico para el conocimiento de BENTHAM a este respecto es su escrito *Truth against Ashurst,* escrita en 1792 y publicado en 1823. Es un diálogo entre Mr. Justice Ashurst, que personifica el espíritu conservador y protector del torismo, y Truth, que es el defensor de la libertad humana contra el sistema de las restricciones legales. Cfr. DICEY, *Lectures on the relation between law and public opinon in England* (London, 1905). Lee. VI, *The period of Benthamism or individualism,* pág. 145 y sigs.

su propio interés, cada uno debe poder obligarse con respecto a los demás en el modo y en la forma que cree más ventajosos, salvo en los casos de violación o de robo. La libertad de contratar solo en apariencia es limitación de libertad: en la práctica es condición de desarrollo, de integración de la personalidad. El régimen del *contractus* en lugar del *status* significaba la condenación de toda una serie de instituciones que en el siglo XVIII, en un período de profunda transformación de las relaciones económicas, constituían un serio obstáculo para el progreso social.

Decisiva para el destino del utilitarismo fue, pues, su unión con el liberalismo económico de SMITH. Esta unión significaba la competencia exclusiva del individuo para juzgar sobre su interés y su derecho, como la absoluta incompetencia del Estado para hacerse intérprete del interés y del derecho individual. Autor de esta unión fue el mismo BENTHAM, cuando, al tener conocimiento de SMITH y de su obra, comprendió la indisolubilidad del problema económico y jurídico y la necesidad de resolverlos juntos a favor del individuo, sobre el fundamento común de la utilidad[501]. De la doctrina de SMITH, BENTHAM tomó el principio que la animaba y las consecuencias que de ella derivaban para la reforma civil. Las cartas sobre la usura, de BENTHAM, son el primer ejemplo de una reforma legislativa inspirada directamente en los principios de la economía liberal[502]. Todas las reformas legislativas inspiradas por BENTHAM y que constituyen el programa de los radicales ingleses de la primera mitad del siglo XIX, tuvieron el apoyo de los economistas de la escuela liberal y se resuelven en una extensión de la libertad individual[503]. En nombre de la libertad contractual fueron abolidos los delitos de usura (1833-54), de acaparamiento y especulación (1844). La reforma del derecho matrimonial, iniciada en 183 5, sustrajo el matrimonio de la influencia de la Iglesia y acentuó su carácter contractual hasta reconocer el divorcio (1857). También la reforma del derecho de asociación (1824-25) efectuada bajo la influencia directa de BENTHAM y en armonía con los principios del individualismo económico, propendió a extender la libertad contractual. Según DICEY, fueron aplicaciones del principio individualista a la legislación civil, las numerosas leyes de reforma de la propiedad, sobre todo inmobiliaria, encaminadas todas a liberar la propiedad de los vínculos del pasado y a favorecer su libre disposición para el porvenir[504].

La misma *poor law* de 1834 es una confirmación del carácter que animaba el utilitarismo de BENTHAM en sus aplicaciones a las reformas civiles. Un bien entendido cálculo de utilidad aconsejaba a los propietarios defender su propiedad de los atentados de que podía ser objeto por parte de los desheredados. Si no puede excluirse que un vivo sentimiento de humanidad animaba a los partidarios de BENTHAM al proponer reformas tendientes a atenuar el dolor humano, a combatirlo cuando no estuviera justificado por razones de utilidad general, no hay duda de que fue sobre todo el interés de la propiedad individual la causa determinante de la institu-

---

501 Fue solo hacia 1780 que BENTHAM dirigió su atención, absorbida hasta entonces por el problema jurídico, hacia el problema económico. Esta fecha coincide con la intimidad de BENTHAM con Lord Shelburne, admirador de SMITH y primer estadista inglés que, en su breve ministerio de 1782, inició la política comercial liberista. Cfr. HALÉVY, *op. cit.*, pág. 195 y sigs.

502 La *Defence of Usury*, de BENTHAM, data de 1787 (3ª ed. 1816).

503 Cfr. DICEY, *op. cit.*, pág. 189 y sigs.

504 The prescription act. 1832; the Inheritance act, 1833; the Fines and Recoveries act, 1833; the Wills act, 1837; the Real Property act, 1845; the Copyhold act, 1841; the general Inclosure act, 1845, etc. Cfr. DICEY, *op. cit., pág.* 201.

ción de la *workhouses* para la asistencia de los pobres. La *Poor law* inglesa, representaba el premio de seguro pagado a los propietarios contra el peligro de las revueltas ocasionadas por el hambre: como tal estaba, desde el punto de vista de la utilidad individual, plenamente justificada. En nombre de la filosofía de la utilidad era justificada la política de la asistencia, la única posible en un ordenamiento social fundado sobre la propiedad individual. Y es preciso reconocer que el utilitarismo, que no admitía un derecho innato del hombre a la propiedad, sino solo un derecho al bienestar, se halló en grado de dar una justificación coherente del deber de la asistencia, eludiendo las contradicciones en las que se debatían los sostenedores de los derechos del hombre.

El benthamismo venía a establecer las condiciones de una reforma del derecho privado, según una concepción estrictamente individualista del individuo y del Estado. Como expresión del ideal individualista, concuerda con la doctrina de LOCKE, pero se distingue de éste por haber reconstruido sobre las bases de la utilidad el fundamento teórico del individualismo jurídico, liberándolo de las ficciones en que se transmitía por obra de LOCKE, del dogmatismo, de la retórica de los teóricos de la revolución francesa. Cualquier reforma civil, reclamada en nombre de un contrato social, de derechos naturales, de derechos del hombre, o sea de la libertad, fraternidad e igualdad, no habría encontrado favor en Inglaterra. Y si LOCKE desarrolló su influencia sobre todo con respecto a los ordenamientos políticos, BENTHAM proveyó mejor con su doctrina a la reforma de la legislación civil y penal, sin ponerse en contraste con las tendencias características y tradicionales del pensamiento filosófico inglés.

A la influencia de BENTHAM se debe atribuir también la importancia siempre mayor que tuvo el sistema de las *statute laws* sobre el sistema de la ley no escrita en orden a las relaciones civiles. La reforma del derecho privado, no abandonada ya a la acción lenta del tiempo, a la costumbre, se convirtió en la obra consciente del poder legislativo, y se tradujo en una serie de leyes inspiradas todas en el utilitarismo individualista, que fue la forma específica bajo la cual se presentó en BENTHAM.

Sin embargo, el utilitarismo individualista de BENTHAM, como el liberalismo económico de SMITH, tomaba toda su fuerza del supuesto de la armonía natural de los derechos y de los intereses, de la identidad entre lo útil individual con lo útil general. Cuando, bajo la prueba de los hechos, tal supuesto apareció injustificado y falso, cuando se puso de relieve un irremediable contraste entre lo útil individual y lo útil colectivo y fue sacudida la fe en las armonías naturales, tanto en el campo económico como, por reflejo, en el campo jurídico, entonces la interpretación individualista del utilitarismo dio lugar a una interpretación que fue llamada social.

No el individuo, sino el Estado apareció como juez imparcial y desinteresado de la utilidad común, concebida no en oposición al individuo, sino distinta y superior a él. Veremos afirmarse en Inglaterra una concepción del derecho y del Estado, impropiamente llamada socialista, y que no es más que la extensión del utilitarismo a la solución del problema social. Así como el racionalismo jurídico del siglo XVIII originó esa forma de socialismo llamado utópico, que se reduce sustancialmente a una especie de individualismo social, así el utilitarismo entrañaba las condiciones para engendrar una forma de socialismo práctico, positivo, que halló en lo útil su principio teórico, y en Inglaterra las condiciones históricas de su desarrollo.

Conclusión

LA EXIGENCIA RACIONAL Y LA EXIGENCIA INDIVIDUALISTA EN LA ESPECULACIÓN DE LA ESCUELA DEL DERECHO NATURAL. COMO FUERON ENTENDIDAS TEÓRICAMENTE ESTAS EXIGENCIAS, Y COMO FUERON REALIZADAS PRÁCTICAMENTE EN LOS CÓDIGOS. LA FILOSOFÍA DEL DERECHO PRIVADO, SUS TENDENCIAS Y DIRECCIONES FUNDAMENTALES Y LAS FASES DE SU DESARROLLO. JUSTIFICACIÓN RACIONAL Y EMPÍRICA DE LAS INSTITUCIONES DEL DERECHO PRIVADO. INDIVIDUALISMO LIBERAL Y ABSOLUTISTA EN SUS RELACIONES CON EL DERECHO PRIVADO. LA FILOSOFÍA DE LOS CÓDIGOS PRUSIANO Y FRANCÉS. SISTEMATIZACIÓN DEFINITIVA DEL INDIVIDUALISMO EN SUS RELACIONES CON EL DERECHO PRIVADO POR OBRA DE KANT Y DE BENTHAM. DEFICIENCIAS Y LAGUNAS DE LA CONCEPCIÓN INDIVIDUALISTA DEL DERECHO Y DEL ESTADO. NATURALEZA SOCIAL DEL DERECHO.

La filosofía del derecho privado fue, en los primeros siglos de la edad moderna, la expresión de dos diferentes tendencias, de las cuales una tendía a fundar las instituciones del derecho privado sobre exigencias de orden racional, mientras la otra a afirmar la individualidad en el terreno jurídico. La exigencia racional, que constituye en todos los tiempos la razón de ser de cualquier especulación filosófica en torno al derecho, se asociaba a una exigencia histórica determinada, es decir, a los esfuerzos del individuo para rehacer a sus fines los fundamentos teóricos del derecho y del Estado, para justificar su posición de lucha contra esas instituciones del pasado de donde derivaba su derecho, y para hacer de este último un instrumento de elevación de la personalidad.

En la afirmación progresiva de la doble tendencia racional e individualista con respecto a las relaciones privadas, genérica una y específica la otra, se suceden dos fases distintas: la primera coincide con la especulación de los jusnaturalistas, la segunda con la de Kant y Bentham. Durante el primer período la doctrina avanza en forma incierta, confusa, contradictoria. Al proponerse los jusnaturalistas la solución de un problema que era al mismo tiempo teórico y práctico, vinieron a encontrarse en una situación ilógica que les obligaba a innovar como filósofos y a conservar como juristas, a preparar el porvenir con los elementos del pasado, a sacrificar las razones del derecho ideal a las exigencias del derecho positivo. Las ficciones a que tuvieron que recurrir los jusnaturalistas, fueron las soluciones ilógicas de un problema lógicamente in-soluble. Estas ficciones constituyen el fondo común de los sistemas que fueron elaborados durante casi dos siglos por la escuela del derecho natural, y si todas reflejan la preocupación individualista, se presentan, sin embargo, con un carácter y significado diferentes en los diversos sistemas, adaptándose a las más opuestas direcciones del pensamiento filosófico, y permitiendo las más variadas soluciones del problema jurídico.

Empiristas y racionalistas aceptaron las ficciones de los derechos del hombre, del estado de naturaleza y del pacto social, fundándose en la naturaleza sensible o racional del hombre; por otra parte, tales ficciones sirvieron para justificar las tendencias liberales y absolutistas, las formas despóticas y democráticas de gobierno, el origen natural y civil de las instituciones del derecho privado. Especialmente el pacto, mientras ofrecía el medio empírico o el postulado racional para poner término al estado originario de naturaleza, que para unos era un estado de razón, para otros un estado de guerra, y para todos un estado de natural y libre desarrollo de la individualidad, hacía del individuo el autor y el árbitro del mundo jurídico y político, lo hacía directa o indirectamente responsable tanto de la continuación del orden natural en el estado civil, como de la creación de un orden artificial, en cuanto racional, de relaciones que estaba en abierto contraste con la condición natural de la humanidad. En todo caso, la libre voluntad del hombre era la causa tanto de la libertad como de la esclavitud del hombre en el estado civil, de su felicidad como de su infelicidad, de la perfección o de la imperfección de los ordenamientos civiles y políticos.

El estudio analítico de los numerosos sistemas que produjo la edad de los jusnaturalistas sobre todo en los dominios del derecho privado, nos ha permitido reunirlos en torno a dos corrientes principales, sea en cuanto expresaban la exigencia filosófica de buscar en el derecho de naturaleza la razón suficiente del derecho positivo, sea en cuanto afirmaron la exigencia histórica de hacer del individuo el principio y el fin del orden jurídico. La exigencia filosófica, estudiada sobre todo en las premisas metafísicas y gnoseológicas de los varios sistemas, no logró, por falta de espíritu crítico, superar el punto de vista empírico. El hombre no fue generalmente contemplado por los jusnaturalistas *sub specie æterni*, sino en su existencia empírica y subjetiva. Sin embargo, el empirismo declarado y consciente de la escuela de Hobbes y de Locke, para la cual el sentido es fuente de verdad y causa de valores éticos y jurídicos, no puede confundirse con el racionalismo subjetivo de la escuela de Wolff, en la cual el conocimiento racional es el único verdadero, y la tendencia a la felicidad y a la perfección se halla racionalmente justificada. Por este lado, el empirismo y el racionalismo aun indiferenciados en Grocio, tienden posteriormente a distinguirse, a contraponerse a las escuelas antagonistas de Locke y Leibniz, a pesar de que ningún sistema se halla completamente inmunizado de influencias empíricas sugeridas por las finalidades prácticas a que servía.

No solo los sistemas de derecho reflejan bajo la común apariencia racional las dos direcciones fundamentales del pensamiento filosófico —la dirección sensualista y la intelectualista— sino que tienden aún a distinguirse y a contraponerse con respecto al modo de entender y traducir en acto la idea individual en el campo del derecho. Si esto no aparece aún netamente en Grocio, en sus sucesores el ideal individualista busca las condiciones de su desarrollo y de su realización en el individuo o en el Estado, originando en un caso el individualismo liberal, para el que el individuo y su derecho natural son concebidos al margen e independientemente del Estado, y en el segundo caso, el individualismo absolutista, para quien el derecho natural es transformado mediante el pacto en civil, y el Estado es el intérprete, además de custodio, del derecho individual.

Las consecuencias de la doble dirección del pensamiento filosófico, como de la doble interpretación de la idea individual, debían reflejarse en las doctrinas relativas al derecho privado, en el que consistía esencialmente el derecho natural. Si todos los jusnaturalistas concuerdan en reconocer la necesidad de la codificación, como la que expresaba la exigencia de la unidad formal del derecho privado sentida por todos con la misma intensidad, disienten empero acerca de la naturaleza del derecho privado y acerca de sus relaciones con el derecho público.

Los partidarios del empirismo se inclinaban a derivar el derecho natural e implícitamente el derecho privado, de las necesidades de la naturaleza sensible del hombre (LOCKE) o del orden natural e inmutable de las cosas (MONTESQUIEU, Fisiócratas). De tal supuesto nacía la justificación naturalista y económica de las relaciones de derecho privado, y sobre todo de la propiedad, la tendencia a adaptar a las relaciones de hecho las normas jurídicas, a subordinar estas últimas a las exigencias de la vida económica que extrae su origen y su primer fundamento de las necesidades de la naturaleza sensible del hombre.

Por otra parte, los intelectualistas tendían a derivar el derecho natural de la razón abstracta, a justificar mediante la libertad propia del hombre como ser racional y moral, las instituciones del derecho privado (LEIBNIZ, WOLFF) . La interpretación espiritualista y apriorística del derecho privado, a pesar de las desviaciones y contradicciones aparentes o reales, venía en tal forma a definirse, en el seno de la escuela del derecho natural, al lado de la interpretación naturalista. No hay duda de que para los representantes de esta última la expresión «derecho natural» respondía mejor a su contenido y estaba más próxima a la naturaleza y a las condiciones del derecho positivo, que en los partidarios de la dirección opuesta.

La diversidad de las premisas metafísicas no dejó de tener influencia en la diversa concepción del derecho privado en sus relaciones con el derecho público, por parte de los partidarios del individualismo liberal y absolutista. Entre los primeros (LOCKE, Fisiócratas), el derecho natural fundado en *rerum natura* se conserva inmutable en el estado civil; no se distingue, salvo el defecto de sanción, del derecho privado positivo, y se eleva a la dignidad de derecho del hombre sagrado e inviolable. La acción del Estado se detiene frente a un derecho que tiene todos los caracteres de la necesidad natural. Su deber es reconocerlo, hacerlo respetar con la fuerza de una sanción pública. En cambio, todos los que se inclinaban a descubrir en el derecho natural la necesidad y la universalidad de un derecho de razón, eran naturalmente llevados a contraponer el derecho natural al derecho positivo, contingente y relativo, a realizar el derecho natural mediante el Estado, concebido como órgano de la voluntad colectiva y de la razón universal. Sin embargo, no siempre puede destacarse en forma clara y coherente en la filosofía del iluminismo en Alemania y en la de ROUSSEAU en Francia, la tendencia no solo a plantear el *jus privatum sub tutela juris publici* (BACON) , sino también y sobre todo a elevar la razón y voluntad del Estado a génesis no ya formal sino real del derecho privado. Según esta dirección de pensamiento, la forma y la materia del derecho privado es obra del Estado, y el individuo tiene derechos y los ejerce en la medida en que el Estado los reconoce y los regula.

La escuela del derecho natural en todas sus formas y direcciones, fue animada constantemente por el deseo de la reforma civil. A esta finalidad respondió la codificación, que tanto en Francia como en Prusia se inspiró directamente en las doctrinas de los jusnaturalistas. Sin embargo, mientras en el Código prusiano se siente la influencia de las doctrinas jurídicas del Iluminismo elaboradas por la escuela de WOLFF, el Código francés fue realizado en un período histórico en el que habían recuperado el predominio sobre las doctrinas absolutistas y democráticas de ROUSSEAU, la tradición liberal de LOCKE y la naturalista de los Fisiócratas. Es necesario tener esto en cuenta para reconstruir las bases filosóficas de los Códigos prusiano y francés, cada uno de los cuales expresa en forma y con caracteres diversos, con incoherencias de métodos y de principios, las dos tendencias fundamentales y generales de la escuela del derecho natural: la tendencia racionalista y la tendencia individualista. El individualismo jurídico, en la forma liberal expresada por el Código francés, como el que mejor armonizaba con la concepción dominante de las relaciones económicas y políticas, terminó por prevalecer; pero al prevalecer, reconstituyó sus bases filosóficas bajo la influencia del criticismo kantiano y del utilitarismo de BENTHAM.

Tanto el racionalismo jurídico de KANT, cuanto el utilitarismo de BENTHAM, surgen en oposición a la escuela del derecho natural. Pero la oposición estaba dirigida particularmente contra las incoherencias y el subjetivismo de la doctrina, contra la confusión del punto de vista teórico y práctico, y sobre todo contra el sistema de ficciones con el que los jusnaturalistas habían justificado la exigencia racional e individualista de sus especulaciones. También KANT y BENTHAM obedecieron a esta doble exigencia, pero, a diferencia de los jusnaturalistas, aquéllos no sacrificaron la lógica de los principios a las necesidades de orden práctico y trataron principalmente de crear el sistema, librando sus aplicaciones a los juristas.

Para estos autores la idea individual se realizaba en el orden de las relaciones privadas en la forma más lógica y pura, aun partiendo de premisas metafísicas distintas. La dirección idealista de KANT y el utilitarismo de BENTHAM, representaron las dos direcciones fundamentales que dividieron luego constantemente la filosofía del derecho privado concebida desde un punto de vista rígidamente individualista.

El criticismo de HUME y de KANT abrió el camino. En efecto: para ellos, la naturaleza y las condiciones generales del saber filosófico estaban ya definitivamente establecidas sea con respecto al empirismo como con respecto al racionalismo objetivo. Solo la investigación crítica y gnoseológica se hallaba en grado de ofrecer un criterio seguro de distinción entre los diversos sistemas, de establecer las condiciones de validez de sus afirmaciones. Por mérito de KANT y de HUME, el ingenuo y tradicional criterio de verdad que hacía consistir las condiciones del saber objetivo en la identificación del saber con la cosa, o, como escribe PETRONE, en la concordancia de una serie subjetiva con una serie objetiva, era sustituido por el principio según el cual las condiciones del saber dependen de la naturaleza del espíritu, de las leyes inmutables y normativas del pensamiento[505].

La noción del derecho, que para los jusnaturalistas tomaba su norma de la realidad, del objeto exterior al que se aplicaba, se convierte para KANT en una formación espiritual, un producto de la voluntad más que de la representación, una construcción apriorística de la razón, fuera e independientemente de la experiencia. Antes de vivir en la realidad exterior, el derecho vive en el mundo de la conciencia, es un valor, un momento del mundo del espíritu. En cuanto éste se pone libre y necesariamente en relación con algo diverso de sí, en cuanto es posible un juicio sintético *a priori* de posesión, por el cual el no yo es referido al yo como a su centro de luz y de unidad, nace esa relación primitiva que contiene en germen todas las

---

[505] Cfr. PETSONE, *Il diritto nel mondo dello spirito* (Milano, 1910), I, pág. 23.

relaciones de derecho privado. Para Kant, pues, más que nunca es verdad que el derecho es la propiedad, entendida genéricamente como capacidad de apropiación del yo, como actividad de la persona a referir a sí misma, en una relación inteligible, lo que es exterior a ella. Todas las relaciones de derecho privado son extrinsecaciones de este primitivo acto de distinción y de atribución del espíritu.

En este orden de ideas, desarrollando en forma nueva y original el profundo pensamiento de Kant, Petrone pudo sostener que si la libertad es el principio constitutivo, el objeto formal o la categoría del derecho, la propiedad es el principio de determinación y de diferenciación del derecho. La propiedad vendría a constituir, observa, ese concepto empírico, ese esquema *trascendental del entendimiento puro* de que habla Kant, y para el cual solo es posible e inteligible la relación entre el mundo fenoménico y el mundo nouménico de la libertad, que son términos heterogéneos e inconmensurables[506]. Sin embargo, mientras los jusnaturalistas se inclinaban a considerar la libertad y la propiedad como entidades ficticias, como poderes inmediatos de las personas, absolutos y, por consiguiente, irrelativos, Kant hace de la relación la nota esencial de los conceptos de libertad y de propiedad; ambos nacen de una relación ideológica que en un primer momento es interna y natural en cuanto se sitúa entre el yo y lo que es no yo, y en un segundo momento se desarrolla entre dos autonomías a propósito de un objeto.

La doctrina jurídica de Kant, lejos de ser la obra solitaria o prematura de un gran intelecto, fue el reflejo, en el dominio abstracto, de necesidades y tendencias operantes en la historia de su siglo. Fue la sistematización lógica definitiva de la especulación secular en torno al fundamento y a la naturaleza del derecho privado. En la doctrina jurídica kantiana estaban las condiciones de cualquier futuro sistema apriorístico de derecho privado, que tendiera en nombre de la personalidad individual y de sus cualidades esenciales, la libertad y la propiedad, a justificar racionalmente las instituciones de derecho privado consagradas por el Código. Contra el prejuicio siempre latente en aquellos que consideran las doctrinas filosóficas, sobre todo cuando rayan a las más altas cumbres de la especulación, si no dañinas, por lo menos inútiles para las finalidades prácticas de la legislación positiva, puede observarse que cuando dichas doctrinas llegan a un grado elevado de perfección y adquieren valor y carácter definitivos, testimonian la madurez de los tiempos que las engendraron, representan el correlato ideológico de un movimiento histórico ya cumplido, y cuando no preparan, justifican las reformas legislativas ya producidas.

Doctrinas como la de Kant y la de Fichte tienen un valor no solo teórico sino histórico, reflejan el estado general de las mentes respecto del problema jurídico para cuya solución proveen (como proveyeron en efecto a la codificación austríaca) definiciones, conceptos, criterios de distinción y clasificación, todo un conjunto de relaciones conceptuales, de las que las normas positivas terminan, aun si no lo fueron históricamente, por considerarse aplicaciones lógicas[507].

---

506 Cfr. Pétrone, *op. cit.*, IV, pág. 101 y sigs.

507 La doctrina de Fichte en su primera fase, a la que pertenece el *Grundlage d. Naturr.* (Leipzig, 1796), no representa una dirección nueva y diversa de la de Kant, cuyos caracteres acentúa. Su influencia sobre la codificación austríaca y sobre la filosofía del derecho privado fue escasa e indirecta. Lo señala Landsberg, *op. cit.*, cap. 3, pág. 511. Zeiller, en *Das nat. Privat-Recht,* cita frecuentemente la opinión de Fichte. A estos autores, nos parece más oportuno tratarlos cuando hablemos de ese movimiento de ideas que se engendró en Kant, y que abrió el camino al hegelismo y a una nueva concepción filosófica del orden jurídico privado.

El utilitarismo fue la segunda dirección fundamental que produjo la edad del individualismo y del racionalismo en orden a la filosofía del derecho privado. BENTHAM llevó a cabo un trabajo de revisión de los sistemas nacidos del empirismo; trabajo de revisión y de crítica análogo al que realizó KANT con respecto a los sistemas ético-jurídicos del Iluminismo. Del mismo modo que KANT, BENTHAM terminó por aceptar las tendencias y las finalidades fundamentales a que obedecían los sistemas empíricos, pero reconstruyó sus bases sobre el fundamento del criticismo de HUME y del principio de utilidad. HUME había demostrado, por un lado, el escepticismo inherente a las premisas del empirismo, y por el otro la absurdez de las ficciones invocadas como fundamento del orden jurídico. BENTHAM acepta el punto de vista de HUME, y busca la objetividad del orden jurídico en la tendencia originaria del hombre al placer y al dolor, traducida exteriormente en términos de utilidad. El problema jurídico era estudiado, más que en las condiciones interiores y subjetivas de existencia, en sus manifestaciones, en el terreno de las relaciones exteriores de la conducta que le es propio. En consecuencia, el utilitarismo no se preocupa por justificar racionalmente o sobre el fundamento de las exigencias abstractas de la personalidad las instituciones del derecho privado. Estas, aunque fundadas en la tendencia originaria del hombre a la felicidad, deben responder a la condición de utilidad general, condición a la que solo el legislador, mediante un cuidadoso cálculo de las consecuencias útiles o perjudiciales que derivan de la norma de ley para la colectividad, puede satisfacer.

Por lo tanto, el derecho privado se presenta en el utilitarismo fundado en la ley escrita, obra artificial del legislador. Pero ésta no puede desarrollarse en forma arbitraria y opresiva para el individuo. No solo está determinada por un cálculo preciso de utilidad, sino que se funda sobre leyes económicas universales y necesarias como los postulados de la razón práctica kantiana. Tales leyes están para la identidad de lo útil individual y general, para la armonía natural de los intereses, para la libertad del individuo contra el Estado, para la exclusiva competencia del individuo a juzgar sobre su verdadero interés. Por eso, aceptando los dogmas de la economía liberal, el utilitarismo servía a la causa del individualismo contra la intervención no justificada del Estado en el dominio de las relaciones privadas. Las reformas del derecho privado inglés inspiradas en el utilitarismo y realizadas en una serie de leyes durante el siglo XIX, no dejan lugar a ninguna duda sobre el significado de la doctrina de BENTHAM.

Toda la obra de reforma civil, cumplida mediante los códigos o fuera de ellos, puede considerarse la realización práctica de la idea individual en la forma consagrada en sus líneas generales por la doctrina de KANT y de BENTHAM. Y sobre estas bases el derecho privado pareció y aun parece a muchos inconmovible e inmutable, mientras que se señalaron lagunas e imperfecciones y surgieron nuevas doctrinas para integrarlo en sus premisas teóricas y para reformarlo en sus normas prácticas.

Dos fueron las deficiencias de la concepción individualista del derecho y del Estado, a colmar las cuales se propusieron las doctrinas filosóficas del siglo XIX en todas sus direcciones, del historicismo al hegelismo, al positivismo y al materialismo. Pareció necesario ante todo integrar el concepto de Estado y de derecho público en sus relaciones con el individuo y con el derecho privado. La concepción del Estado de derecho ponía al Estado como condición necesaria para la realización del derecho natural. Para el individualismo jurídico los fines y los intereses públicos se resuelven siempre en los fines e intereses privados. El derecho privado debe ceder, sin duda, a las exigencias del derecho público, pero estas exigencias no son finalidades nuevas, son las mismas condiciones de existencia del Estado como órgano de realización del derecho individual. En otras palabras, el Estado no crea el derecho sino que es su protector, es el órgano universalizador de la razón y de lo útil individual. Sobre el Estado y fuera de él, están las leyes universales de razón o las leyes económicas invariables: en éstas, y no en el Estado, encuentra el derecho privado su verdadero fundamento. Veremos cómo la especulación jurídica durante el siglo XIX entendió modificar esta concepción, cómo entendió reconstruir el Estado cual principio de unidad y de integración de los derechos y de los intereses individuales, cual persona jurídica con finalidades propias. Esa posición de privilegio, de predominio, que el derecho privado en su calidad de derecho natural había tomado frente al Estado y al derecho público, disminuye en la especulación política del siglo XIX, para retornar al concepto antiguo de que no existen derechos individuales sino para el Estado y en el Estado.

Pero por otra y más grave laguna se distinguió la filosofía individualista del derecho privado: hizo abstracción del concepto de sociedad y de conciencia colectiva. Y tal abstracción fue expresamente querida. Ella constituyó la razón de ser de la revolución económica y política del siglo XVIII, que en homenaje al racionalismo y al utilitarismo individualista, quiso sobre todo ser disgregadora y atomista, quiso ver aislado al individuo de todas las relaciones sociales, quiso ver proscripta de la doctrina, como había proscripto de la vida, toda forma de asociación intermedia entre el individuo y el Estado. Destacando el error de esta filosofía, Petrone afirma que aisló a los *discretos* de la serie política, es decir al individuo y al Estado, del *continuo,* o bien del intermedio social en el cual ellos penetran y del cual emergen[508].

Indudablemente, el derecho consiste tanto para Kant como para Bentham, esencialmente en una relación; nace de la vida en común, es principio de limitación de las libertades, es condición de coexistencia humana. Sin embargo, la relación, la coexistencia, la limitación en que consiste el derecho, son concebidas en una forma absolutamente mecánica y exterior, entre individualidades encerradas en sí mismas, impenetrables a cualquier influencia de vida colectiva. En los sistemas de Kant y de Bentham la personalidad es una pura simple afirmación de sí; irrelativa, abstracta; es la única realidad. En un sistema de unidades así concebidas, el derecho podrá cumplir una función mecánica de equilibrio, de coexistencia, de límite, pero no podrá alcanzar un principio superior de unificación y de dirección de los quereres individuales, ni podrá ser nunca la expresión de un querer y de un poder colectivo y universal. El racionalismo jurídico intentó superar las dificultades y hacer del derecho el órgano del querer universal; pero fue lógicamente llevado a suprimir, con Rousseau, los términos mismos de la relación, de la coexistencia; fue llevado a sacrificar a la razón colectiva la personalidad individual, o sea la condición misma de la vida jurídica.

A juicio de Petrone, Kant ha eludido la concepción ato-mista del derecho, subordinando, en su conocida definición, la relación jurídica a la ley universal de libertad, que da la medida de la ecuación de los arbitrios y que aparece como un principio o tercer término superior en función del cual se ponen y se circunscriben las relaciones del derecho y de la sanción[509]. A nosotros nos parece en cambio que,

---

[508] Cfr. Petrone, *Filosofia politica contemporanea* (Roma, 1904, 2ª edic., secc. III).
[509] Cfr. Petrone, *Il diritto nel mondo,* etc, II, pág. 58.

según Kant, la ley universal de libertad reguladora de los arbitrios, es la misma razón práctica del individuo que dicta para sí mismo, según sus propias leyes, una norma universal de conducta, al margen de cualquier condición o limitación sensible o material. La relación jurídica regulada por esta ley universal, está siempre regulada por un principio que cada uno de los términos de la relación encuentra en una existencia de su personalidad racional; no puede, pues, entenderse fuera de ella o considerarse superior a ella, salvo se quiera entender la superioridad, con respecto a la personalidad sensible de los individuos que intervienen en la relación. El pasaje de Kant que Petrone cita en apoyo de su opinión, se refiere al derecho puro que Kant llama también *stricte*, es decir, al derecho puramente externo *(völlig äussere)*, abstraído de todo principio o consideración ética. Ahora bien, siendo el derecho y la coacción para Kant términos idénticos y convertibles simplemente, el derecho, sobre todo en cuanto es puro, puede definirse mediante la coacción, o sea como la posibilidad de una coacción universal recíproca que no contradice el principio de la libertad de los individuos, cuando la libertad sea concebida según una ley universal. La ley de la libertad universal puede, en otras palabras, según Kant, traducirse en términos de coacción universal: pero sea la libertad o la coacción universal el principio del derecho éste no constituye un principio extrínseco o superior a la relación jurídica, sino inherente a los términos de ella. Por lo demás, aunque Kant se hubiera referido a la exigencia de una síntesis entre los quereres individuales que intervienen en las relaciones jurídicas y hubiera hecho consistir en esta síntesis la esencia del derecho, no hay duda de que los jurisconsultos partidarios de él interpretaron la máxima de la coexistencia o la ley del límite desde un punto de vista atomista, en forma absolutamente inadecuada (observa Petrone) a la plenitud ideal de la justicia en la vida.

La reacción que se produjo al mismo tiempo en la historia y en la doctrina, se dirigió no a destruir los resultados de la revolución y de la especulación del siglo XVIII, sino a integrarlos mediante el concepto de sociedad interpuesto entre el individuo y el Estado, distinto de ellos, superior a ellos, capaz, en sus aplicaciones a las relaciones jurídicas privadas, de representar verdaderamente aquel principio sintético, unificador de los quereres individuales de donde se desarrolla la noción y la vida del derecho. Las supuestas armonías naturales, el orden lógico de las doctrinas, las definiciones y las clasificaciones abstractas, el formalismo lógico del individualismo jurídico, debían, como consecuencia del nuevo elemento social, salir subvertidos quedando virtualmente declarada la crisis del derecho privado. Pues si ella no se tradujo pronto en los hechos, y si el individualismo jurídico pareció dominar sin oposición en los códigos y en la vida del siglo XIX y halló nuevas y notables expresiones en el mismo terreno de la especulación, no es menos cierto que en la más notable y fecunda concepción filosófica del siglo XIX, en el hegelismo, que fue la integración ideológica del historicismo, encontraremos ya las condiciones para una concepción social del derecho.

Si el acuerdo en reconocer la exigencia social del derecho y del Estado es ya general, sigue estando siempre viva y siempre abierta la discusión acerca del modo de comprenderla. Muchos, y entre nosotros Del Vecchio, trataron de inclinar la filosofía de los derechos del hombre y, particularmente, el kantismo, a una significación social. Otros, y entre ellos en Italia en forma autorizada, Petrone, tienden a una interpretación social de la conciencia individual, hacen de la justicia social un aspecto de la conciencia del yo, una producción del espíritu individual. Ambas interpretaciones de la sociedad nos parecen el máximo esfuerzo realizado por la lógica y la psicología individual para dar fundamento a la concepción social del derecho, nutriendo su fe en las premisas individualistas.

A pesar del favor de tales doctrinas y de la autoridad de sus representantes, nos inclinamos hacia la dirección de pensamiento que entiende la vida colectiva distinta de la individual, que concibe al derecho como un producto del espíritu, es cierto, pero del espíritu colectivo, del que podrá negarse la sustancialidad, como muchos niegan la sustancialidad del espíritu individual, pero del que son innegables los efectos operantes en la historia. La ulterior consideración del tema, quiere ser una contribución a la demostración de esta tesis, cuya solución es perjudicial para cualquier reforma del derecho privado, invocada por muchos sin comprender su valor y sus límites. Las alternativas de la escuela del derecho natural, la secular especulación dirigida a preparar las condiciones teóricas del individualismo jurídico, traducido luego en los códigos, debe servir de admonición. El acuerdo sobre la necesidad de la reforma no tiene valor práctico si no se alcanza antes un acuerdo sobre los principios y los métodos a seguir para realizarla.

PARTE II
LA IDEA SOCIAL

CAPÍTULO I

REACCIÓN IDEOLÓGICA CONTRA EL INDIVIDUALISMO EN EL DERECHO PRIVADO

INTRODUCCIÓN. LA ESPECULACIÓN FILOSÓFICA Y JURÍDICA DEL SIGLO XIX Y LA REINTEGRACIÓN SOCIAL DEL INDIVIDUO Y DEL DERECHO PRIVADO. REACCIÓN CONTRA EL INDIVIDUALISMO JURÍDICO Y POLÍTICO DEL SIGLO XVIII Y SUS DIVERSAS FORMAS Y DIRECCIONES. LA REACCIÓN ESPIRITUALISTA, SU CARÁCTER Y SU SIGNIFICADO. EL SISTEMA JURÍDICO Y POLÍTICO DE HALLER. FORMAS DE REACCIÓN PROGRESIVA. EL CONCEPTO DE SOCIEDAD EN CUANTO SE CONTRAPONE AL INDIVIDUO Y SE DISTINGUE DEL ESTADO CON ANTERIORIDAD AL SIGLO XIX, EN LA ANTIGÜEDAD CLÁSICA MEDIEVAL Y EN LA EDAD DE LOS JUSNATURALISTAS. LA REINTEGRACIÓN DEL INDIVIDUO EN LA SOCIEDAD EN LOS DIVERSOS SISTEMAS FILOSÓFICOS DEL SIGLO XIX, EN EL IDEALISMO Y EN EL MATERIALISMO HISTÓRICO, EN LA DIRECCIÓN BIOLÓGICA Y PSICOLÓGICA.

1. Si POR un lado la revolución francesa realizaba en el orden político y jurídico el ideal individualista, por el otro provocaba un movimiento de reacción dirigido a reinstalar al hombre en la naturaleza y en la sociedad. Esta reacción no fue suscitada solamente por los excesos revolucionarios, o por razones sentimentales y políticas, sino sobre todo por una nueva orientación del pensamiento filosófico, determinada por un profundo cambio en las mentes, acerca del modo de considerar al hombre en sus relaciones con los demás y con el mundo exterior.

El siglo XVIII había exaltado al individuo, lo había hecho autor del mundo jurídico, principio activo donde encontraban su vida y significado la naturaleza, la historia y la sociedad. Incluso cuando el individuo parece resolverse en el sistema de la naturaleza de D'HOLBACH, o en la personalidad del Estado de ROUSSEAU, o en el proceso histórico indefinido de CONDORCET, siempre y solamente él tiene razón de vida y de fin. La naturaleza, el Estado y la historia tienen valor y significado en cuanto sirven al individuo, garantizan sus condiciones de desarrollo, registran sus gestas gloriosas y las etapas progresivas de su elevación.

En la solución de los problemas filosóficos fundamentales, gnoseológico, ontológico y deontológico, el siglo XVIII se había pronunciado definitivamente por obra de KANT. La razón humana es el *principium cognoscendi,* y establece las condiciones del saber jurídico: sustraída en el orden práctico a las dudas y a las limitaciones de la razón pura, ella crea su propio objeto fuera de la experiencia natural e histórica: ella traduce, en fin, los principios necesarios y universales establecidos, en valores morales, en normas directrices del obrar.

Contra esta dirección de pensamiento que había triunfado en las constituciones y en los códigos, reacciona el siglo nuevo; y esta reacción entendió afirmar los derechos de la historia, de la naturaleza y de la colectividad, sobre los derechos del hombre. Las más fecundas energías del siglo XIX se dedicaron, más que a comprimir la individualidad y comprometer sus laboriosas conquistas, a integrarla, a restablecer los vínculos y las relaciones íntimas esenciales, y no solo exteriores, que ligan el individuo a los organismos de que forma parte, a coordinar sus fines, actividades y cualidades morales e intelectuales con las condiciones de la vida en común, a rehabilitar los valores humanos y sociales como valores en sí, que tienen no solo razón de existencia sino también de preeminencia sobre los mismos valores individuales comprendidos en ellos y por ellos ennoblecidos y robustecidos. Y esta nueva conciencia abría nuevos caminos a la especulación. Al yo como fuente del conocimiento, como principio de valoración, le substituye la conciencia colectiva; los objetos del saber no son considerados ya como productos de la razón abstracta, sino como productos de fuerzas extrañas a ella y superiores, de donde proceden las normas y el fundamento del obrar. El antiguo procedimiento sistemático quedaba así subvertido: las ideas cesan de constituir causas eficientes y condiciones del obrar, y la investigación de las condiciones exteriores, de los factores naturales, históricos y sociales desplaza la investigación de los supuestos objetivos del conocimiento. La base de la especulación se trasporta, consciente o inconscientemente, del sujeto al objeto, de lo ideal a lo real, de lo universal abstracto a lo universal concreto, del individuo a la sociedad, en una palabra, al término que se hallaba ausente de la especulación filosófica y jurídica del siglo XVIII y que se convierte en el punto de gravitación de la especulación y de la acción del siglo XIX, como el individuo lo había sido en la época anterior[1].

La reacción ideológica contra el individualismo jurídico y político del siglo XVIII se presenta en formas múltiples y se desarrolla en diversas direcciones. Si es general la tendencia a oponerse a la ideología revolucionaria, y en particular a las teorías de Rousseau, que muchos, por una apreciación superficial de los hechos, identificaban con la Revolución, varían y tienen valor y significado diferentes las premisas invocadas para justificar la reacción.

La resurrección del espiritualismo, del pensamiento teológico y teocrático, a comienzos del siglo XIX en el orden civil y político, tuvo un categórico carácter de reacción contra las aberraciones revolucionarias y los excesos del racionalismo y del individualismo jurídicos. Y este despertar es general, revelándose al mismo tiempo en Francia con Le Maistre y De Bonald, en Alemania con Adam Müller y Stahl, en Inglaterra con Paley y su escuela, en Italia con Rosmini, y por todas partes trata de humillar a la razón por medio de la fe y del sentimiento, y de derivar de premisas ético-religiosas las condiciones del orden jurídico y político. Aun cuando no se trata de un verdadero retorno al pensamiento teológico medieval, como en la escuela teocrática francesa, se tiende a armonizar las nuevas corrientes de pensa-

---

1 Cfr. Fragapane, *Obbietto e limiti della filosofia del diritto,* 1 (Roma, 1897), págs. 50 y sigs.; II (Roma, 1899), pág. 46.

miento —del utilitarismo y del racionalismo— con el principio religioso. Particularmente notables fueron las tentativas de PALEY en Inglaterra para cristianizar al utilitarismo, y las de ROSMINI en Italia para racionalizar el espiritualismo. Tampoco faltaron, en el mismo orden de ideas, verdaderos sistemas de filosofía del derecho privado, como no faltó la interpretación social del derecho y del Estado, que se tradujo en ese movimiento de ideas llamado socialismo cristiano y que se reducía, en realidad, a la acentuación y al desarrollo de aquellos elementos morales y sociales que están en la esencia del pensamiento teológico, en sus aplicaciones al derecho y al Estado. No es, indudablemente, el desconocimiento de la importancia histórica y del valor intrínseco del pensamiento teológico lo que puede inducir a no tratarlo particularmente, sino más bien la consideración prejudicial de que la dirección teológica, a pesar de su gran vitalidad y adaptabilidad a las condiciones históricas más diversas, a pesar de la fuerza que deriva de las exigencias prácticas a que responde, de los sentimientos que satisface, oculta una debilidad intrínseca de principios, vive y se alimenta de los fracasos de la especulación, de los desalientos de la razón humana en la búsqueda de la verdad. En tal sentido, la dirección teológica representa en la edad moderna una interrupción en el progreso indefinido del pensamiento humano, una reacción negativa, regresiva, y no puede competir por su importancia y significado con las formas de reacción positiva que tienden no a renegar las conquistas del pensamiento humano, sino a integrarlas, a resumirlas en principios más amplios y comprensivos.

A las formas de reacción regresiva debe adscribirse también el sistema de HALLER, no obstante aceptar el principio individualista y no obstante seguir el rigor del método racional. HALLER sostiene el origen natural e individual del derecho y del Estado contra el origen racional y contractual, y termina identificando el derecho con la fuerza, para resolver los poderes y relaciones de derecho público en poderes y relaciones de derecho privado. Está en el orden natural de las cosas, observa HALLER, que el más fuerte mande, y que el débil obedezca. Por lo tanto, el poder se origina en la ocupación y en la conquista, existe en ventaja y para las finalidades de quien lo ejerce y tiene la fuerza para conservarlo, participa de la naturaleza de los derechos privados en relación con los cuales debe ser considerado. En la doctrina de HALLER, la antigua concepción germánica medieval del poder considerado como asunto privado del príncipe, se une a elementos derivados de la doctrina de HOBBES y de SPINOZA, sin los atenuantes derivados de la ficción del contrato. Por lo tanto, no debemos considerar, con STAHL, a la teoría de HALLER solamente como una caricatura de la Edad Media, cuyas instituciones se invocan en su apoyo, sino más bien como una caricatura de la doctrina del derecho natural, de la que se quiere resucitar las formas primitivas y los elementos menos vitales[2].

Para encontrar formas de reacción progresiva, fecundas en nuevas aplicaciones en el derecho privado, hay que recurrir a esas direcciones de pensamiento que,

[2] Cfr. HALLER, *Restauration der Staatswissenschaft* (1816-20). Los elementos esenciales de su doctrina del Estado se encuentran ya en el *Handbuch der allgem. Staatenkunde* (Bern, 1808). Cfr. STAHL, *Phil. d. Rechts, I, Geschichte d. Rechtsphil.* (2ª edic., 1847), págs. 553 y sigs. Por haber buscado el modelo de su concepción del derecho natural en las instituciones positivas de los tiempos pasados, HALLER fue incluido por algunos autores entre los precursores de la escuela histórica. Contra esta equivocada interpretación del pensamiento de HALLER, cfr. BERGBOHM, *Jurisprudenz und Rechtsphilosophie:* vol. I (Leipzig, 1892), pág. 174 (nota). El mismo SAVIGNY juzga severamente a HALLER y al método por él seguido para combatir a ROUSSEAU. Cfr. SAVIGNY, *Sistema del diritto romano attuale* (traduc. Scialoja), I (Torino, 1886), § 10.

superando el punto de vista individual, trataron de reintegrar al individuo a la sociedad, no a base de consideraciones de índole moral y religiosa o revocando la ficción del contrato, sino mediante la reconstrucción, a los efectos jurídicos, del término mismo de sociedad, considerado como término autónomo distinto del Estado, contrapuesto al individuo, fuente de derechos y de deberes.

No puede sostenerse, por cierto, que este concepto fuera ignorado anteriormente al siglo XIX; pero solamente en este siglo encontró las condiciones históricas y teóricas para afirmarse en el orden jurídico. En efecto, solo con los estoicos la antigüedad había logrado comprender al individuo en una unidad superior al Estado, sometiendo su actividad a una ley inmutable de naturaleza cuyo principio y cuyo fin era la humanidad. El cosmopolitismo filosófico de los estoicos, exento de valor práctico y jurídico, no fue entendido ni reproducido por los romanos, cuyo cosmopolitismo político tuvo siempre como supuesto al hombre, cual miembro de una *civitas,* aun cuando ésta se extendía tanto que abarcaba todo el imperio. El mismo *jus naturale* que los romanos derivaron de la filosofía griega y sobre todo estoica, separado de las premisas metafísicas de las que lógicamente se desarrollaba, fue coordinado mediante proceso artificial al *jus civile et gentium* y por esto pareció en todas las épocas un elemento híbrido, en contraste con el proceso natural de formación del derecho romano. Solo por excepción y bajo la influencia cristiana penetraron en el sistema jurídico romano, en el último período de su desarrollo, normas que parecieron inspirarse en el más amplio concepto de la *humanitas.*

El pensamiento medieval que, al decir de GIERKE, partía siempre en sus concepciones filosóficas, religiosas y políticas de la idea del todo[3], bajo la doble influencia cristiana y germana fue llevado naturalmente a representarse la sociedad humana como una unidad orgánica, un cuerpo animado, distinto tanto de la suma de los individuos como del Estado, regulado por leyes naturales eternas inspiradas en la equidad y en las exigencias de la vida común, diversas y superiores a las mismas leyes positivas. El cristianismo, en efecto, trataba de afirmar la unidad moral y religiosa del género humano, en oposición a las relaciones civiles puramente exteriores; por eso en la lucha sostenida contra el Estado debía desarrollar el concepto y el sentimiento de la solidaridad humana y dar forma y contenido determinados al concepto religioso de la comunión de los fieles, concepto que no tuvo reconocimiento jurídico, pero que se hizo susceptible, por obra de la iglesia, de consecuencias jurídicas fijadas en otras tantas instituciones de derecho canónico, de naturaleza esencialmente social.

A su vez, los pueblos germanos, por la ausencia primero y por la debilidad, luego, de los vínculos políticos, fueron llevados a desarrollar preferentemente las relaciones de índole familiar y social, a atenuar la exuberancia de la individualidad con instituciones jurídicas impregnadas de un sentimiento profundo de solidaridad y de responsabilidad colectiva. Puede afirmarse, pues, que en la Edad Media el concepto de sociedad, aun cuando no siempre en forma clara y consciente, fue germen fecundo que dio vida y significado a las más características instituciones del derecho germano y canónico, mientras que la tradición jurídica romana respondía mejor a las finalidades civiles y políticas del Estado. El contraste entre las dos tendencias degeneró en abierta lucha hacia fines de la Edad Media, en la época de la formación del Estado moderno sobre el fundamento de la tradición jurídica roma-

[3] Cfr. GIERKE, *Althusius,* etc., 2ª edic. (Breslau, 1892), pág. 132.

na, la cual terminó triunfando, con la «recepción», en los mismos países de derecho germano, convirtiéndose en principal instrumento de reacción contra el espíritu cristiano y feudal.

Con la restauración del derecho romano, con la consolidación de los Estados absolutos, el concepto de sociedad como fuente de relaciones jurídicas, como unidad superior al individuo y al Estado, terminó por perderse. Por un lado, el individuo trataba de afirmar su libertad, de desligarse de todo vínculo político o social; por otra parte, el Estado, celoso custodio del principio de autoridad, desconfiaba de todas las formas de asociación que podían sustraerle súbditos a su acción directa. La especulación de los jusnaturalistas reflejó fielmente este estado de cosas. No todos negaron, como HOBBES, la naturaleza sociable del hombre, ni admitieron otra forma de vida común que la política; a lo más, se establecía un estado de sociedad y de comunión anterior al Estado, impuesto por la naturaleza humana o por la razón, fuente del derecho natural. Pero al mismo tiempo, se admitía generalmente que el estado de sociedad y el derecho de naturaleza eran formas de vida y de derecho imperfectas que no garantizaban contra la violencia. De ahí la exigencia de la sociedad civil y del derecho positivo, cuya importancia y extensión en las relaciones con el derecho natural varían en los diferentes sistemas. Solamente en HOBBES el estado civil sustituye completamente al estado primitivo de violencia y de guerra permanente. En GROCIO, y sobre todo en PUFENDORF y en WOLFF, el estado de naturaleza es un estado de sociedad, que se perpetúa en la sociedad civil aunque con valor esencialmente moral e ideal, más que real y jurídico: y es, en efecto, fuente de derechos y de deberes imperfectos. Para KANT el estado de sociedad llega a ser una exigencia de la razón abstracta y se distingue netamente de la sociedad civil regulada por el derecho positivo. LOCKE, aunque reconoció al estado de naturaleza un valor real y no le opuso un estado civil y un derecho positivo, admitió la necesidad del Estado para garantizar su existencia y su observancia. Los jusnaturalistas atendieron más bien a la reconstrucción del Estado poniendo en evidencia su origen individual y contractual, su naturaleza, sus relaciones con el individuo, dejando generalmente indeterminado el concepto de sociedad, que lo consideraban como expresión de tendencias innatas en el hombre o un producto de la razón abstracta, exento de valor práctico y de significado jurídico.

Sin duda, en los comienzos del siglo XIX las relaciones de individuo-Estado constituían el eje de todo el ordenamiento jurídico, y el derecho privado en sus distintas fases se desarrollaba fuera de cualquier consideración no solo social sino también política. La reacción ideológica contra el individualismo jurídico trató de preparar las condiciones teóricas para una reintegración social del individuo y de su derecho privado. Junto a las corrientes de pensamiento que, según los principios de las que arrancan, representan un retorno a lo pasado y suscitan nuevos desarrollos de tales principies, nuevas aplicaciones (neo-contractualismo, neo-kantismo, neo-espiritualismo), vemos que el pensamiento filosófico y jurídico del siglo XIX en sus más notables y características direcciones tiende a reconstruir sobre bases completamente nuevas y con procedimientos hasta entonces ignorados, el concepto de sociedad, y prepara las condiciones para una concepción social del derecho y del Estado.

Cada una de estas direcciones representa una fase progresiva en la disolución del individualismo filosófico y jurídico. A la pretensión de exaltar la razón individual a fuente exclusiva del saber jurídico, la dirección histórica comenzará a oponer, con SAVIGNY, las energías ocultas e inconscientes de la historia, cuyos procesos se desarrollan en forma ininterrumpida por una interior necesidad, sustraídos a la acción reflexiva de los individuos. El proceso histórico será traducido después por HEGEL en términos ideales, y por MARX en términos económicos. Pero, tanto el idealismo como el materialismo histórico reconocen las exigencias superiores de la colectividad con respecto al individuo, y tratan de absorber la existencia y las finalidades individuales en el eterno devenir de la idea o de la humanidad de las que es expresión concreta la histeria. Tampoco debía faltar a la concepción social del derecho y del Estado la contribución de las ciencias físicas, biológicas y psicológicas. Ellas prepararon la interpretación biológica y psicológica de la historia, las dos direcciones más conocidas del empirismo filosófico en la segunda mitad del siglo XIX, y de las cuales una substituyó mientras que la otra integró al empirismo histórico de SAVIGNY.

Estos diferentes sistemas, pese a la diversidad de los principios propuestos y de los métodos seguidos, parten de la historia como de un fundamento común y concuerdan todos al admitir la exigencia social del derecho y del Estado. En efecto, la interpretación de la historia en sentido metafísico o empírico constituye, en el siglo XIX, el supuesto tácito o expreso de la especulación filosófica en sus aplicaciones a las ciencias morales. De aquí la importancia y el significado del historicismo en cuanto miraba a la reconstrucción positiva del hecho histórico. La historia se convertía en elemento necesario de la especulación, y el criterio histórico elevado a criterio de verdad se hizo cada vez más incompatible con la interpretación racional e individual del derecho y del Estado. Así el historicismo penetró antes y más que en parte alguna, en la esfera del derecho privado haciendo prevalecer en ella nuevos métodos y criterios de interpretación, y arrojando nueva luz sobre sus instituciones. Pero si en el siglo XIX los destinos del derecho privado no se pueden separar de los del historicismo, no puede decirse que la especulación haya igualado en importancia y resultados a la investigación histórica. Ésta, en efecto, no siempre estuvo acompañada e iluminada por una correspondiente interpretación y elaboración filosófica; por eso, contrariamente a lo que ocurrió en el derecho público, en el derecho privado, a pesar del método histórico y de los resultados alcanzados, la ideología de la escuela del derecho natural se conservó tenazmente.

Por las consideraciones que acabamos de exponer, el campo de nuestra investigación queda bien delimitado. Después de haber destacado la naturaleza y la extensión del movimiento histórico en el derecho privado, veremos en qué sentido y dentro de cuáles límites las direcciones metafísicas (idealismo y materialismo histórico) y empíricas (biologismo y psicologismo), aplicadas a los resultados de la crítica histórica, han contribuido a una renovación en sentido social del derecho privado, y proporcionado, al mismo tiempo, principios y argumentos para la crítica y la reforma en sentido socialista de las relaciones de índole privada.

A. El historicismo y el derecho privado

HUGO Y LA INTRODUCCIÓN DEL MÉTODO HISTÓRICO EN EL DERECHO PRIVADO. SOBRE EL SIGNIFICADO DE HISTORICISMO. RELACIONES DE VICO CON EL HISTORICISMO. LA OBRA DE BURKE Y SUS RELACIONES CON EL MOVIMIENTO HISTÓRICO ALEMÁN. HUGO Y EL ORIGEN DEL HISTORICISMO COMO MÉTODO DE ESTUDIO. LA CIVILÍSTICA ALEMANA EN LA ÉPOCA DE HUGO Y SUS MÉTODOS DE ESTUDIO. HUGO CONTRA LOS JUSNATURALISTAS Y CONTRA LOS JURISTAS PARTIDARIOS DE KANT. NUEVO CONCEPTO DEL DERECHO POSITIVO POR OBRA DE HUGO. RELACIONES ENTRE HUGO Y KANT. NUEVA INTERPRETACIÓN Y NUEVAS APLICACIONES DEL KANTISMO EN LOS ESTUDIOS DE DERECHO PRIVADO POR OBRA DE HUGO. LA FILOSOFÍA DEL DERECHO POSITIVO DE HUGO. LA OBRA DE REFORMA DE LA CIVILÍSTICA ALEMANA INCIADA POR HUGO. SU POLÉMICA CON HÖPFNER Y CON GLÜCK. CARACTERES DE LA REFORMA DE HUGO EN LA CIVILÍSTICA Y SUS RESULTADOS. RELACIONES DE HUGO CON MONTESQUIEU Y CON SAVIGNY.

2. Con el nombre de historicismo se designa especialmente la revolución metodológica que se ha operado en las ciencias morales a principios del siglo XIX, y en virtud de la cual estas ciencias, después de abandonar el método dogmático-cartesiano, buscaron su fundamento no en postulados racionales sino en la realidad histórica críticamente verificada. Bajo tal aspecto esta revolución, por su importancia, puede parangonarse solamente con la análoga revolución iniciada por Galileo y Bacon en el dominio de las ciencias naturales y con la consiguiente trasformación de estas ciencias en ciencias experimentales y positivas. Pero el historicismo, además de constituir una dirección metodológica, sirvió para señalar en la primera fase de su desarrollo una especial dirección de pensamiento, cuyos caracteres esenciales eran el criterio histórico elevado a criterio de verdad, la realidad histórica considerada como la única y verdadera realidad, como el objeto propio de las ciencias morales, y el proceso de formación histórica de las instituciones jurídicas invocado como justificación de las mismas. Estos dos aspectos del historicismo, metodológico uno y filosófico el otro, deben mantenerse constantemente distintos y presentes para apreciar en su justo valor sus manifestaciones múltiples, para individualizar los elementos durables y los efímeros que lo distinguen.

La patria del historicismo es Alemania, porque, aunque en todas partes lo engendraron las mismas causas, solamente en Alemania se dieron, con sus mayores representantes, las condiciones más favorables de desarrollo en la esfera del derecho privado. En efecto, la dirección histórica surge en todas partes en contraposición a la metafísica racionalista y a las doctrinas de los jusnaturalistas. Ya desde comienzos del siglo XVIII, Vico había opuesto a los cartesianos y al método introducido por éstos en las ciencias morales, un método fundado sobre la historia y sobre la psicología. Pero no por esto debe considerarse a Vico, y menos aún a MONTESQUIEU, como precursor del historicismo en el doble significado arriba indicado. Vico, no obstante estar dotado de un sentido histórico y psicológico poco común, más que tratar de reconstruir críticamente los hechos históricos, de reproducirlos en su concatenación temporal y espacial, trató de penetrarlos, de interpretarlos fundado en la naturaleza constante del hombre, de investigar en ellos el curso ideal y eterno de la humanidad. Más que un nuevo método, con Vico se inicia una ciencia nueva, o mejor dicho, una nueva concepción filosófica del mundo y de la sociedad, que implicaba la condena del subjetivismo y del individualismo jurídico tanto racionalista como sensualista. Él vio en el proceso histórico el proceso de la humanidad: y trató de señalar sus fases de formación y fijar sus leyes constantes. Por eso Vico está más bien dentro de la corriente hegeliana que de la historicista; más que historiador del derecho es filósofo de la sociedad humana[4].

La obra de BURKE en Inglaterra debe entenderse limitada al derecho público y en un significado esencialmente político. BURKE no quiso ni establecer las condiciones para una interpretación filosófica de la historia, ni hacer obra de reconstrucción histórica. Quiso, más bien, exaltar el criterio histórico a criterio de verdad en el orden político, y destacar la importancia de la experiencia histórica en la obra de gobierno. La historia es condición de sabiduría política, por eso debe entenderse «as habit not as a precept and as an exercise to strengthen the mind, not as a repertory of cases and precedents for a lawyer». El punto de vista de BURKE al considerar la historia y el método histórico, no era precisamente el del historicismo. BURKE concebía la historia desde un punto de vista esencialmente práctico, educativo, como medio de formación de una sana conciencia política, mientras que el historicismo era sobre todo un método de estudio y tenía su razón de ser en exigencias teoréticas antes aún que en exigencias prácticas y políticas. Pero, en su aversión al espíritu de la revolución francesa, en su crítica del racionalismo político sobre el fundamento de la experiencia histórica, BURKE vino a encontrarse en el orden de ideas y de sentimientos de los escritores de la contrarevolución, y muchos de sus argumentos y actitudes de pensamiento fueron imitados o reproducidos por tales escritores. A pesar del carácter polémico y de un mal disfrazado espíritu parcial, las reflexiones de BURKE sobre la revolución francesa constituyen una vigorosa e insuperable defensa de los derechos de la historia contra las abstracciones políticas de la Revolución[5]. En la importancia atribuida a la prescripción como título constitutivo de derechos, en la representación de la nación como organismo vivo, BURKE se anticipa a doctrinas que la escuela histórica debía llevar más tarde a su completo desarrollo. La prescripción es la palabra sagrada que BURKE opone constantemente a los derechos del hombre. «Prescription (dice en un discurso sobre la reforma parlamentaria de 1782) is the most solid of all titles, not only to property, but what is to secure that property, to government». La fuerza de la prescripción consiste en suponer implícitamente un orden constituido; ella es el título más valedero, más generalmente reconocido de los derechos, como que no se funda en el arbitrio sino en el orden eterno e inconsciente

---

4 Contra la opinión de quienes hacen de MONTESQUIEU un precursor del método histórico, cfr. SOLARI, *Idea individual*, etc., Parte I (Buenos Aires, 1946).

5 Las *Reflections on the Revolution in France* de BURKE, se publicaron en 1790.

de las cosas y participa de la ley misma de naturaleza[6]. Esta doctrina de la prescripción, aunque fue entendida a veces por BURKE y por los partidarios de la escuela histórica como aceptación incondicionada de lo que existe, como consagración de la inmovilidad absoluta y desconocimiento de la idea del progreso, encerraba en sí un germen fecundo de verdad que BURKE no dejó de desarrollar y de poner en evidencia. Antes aún que SAVIGNY, BURKE sintió vivamente la idea de la nación, no entendida como un conglomerado artificial de unidades iguales, sino como un organismo vivo, vario y complejo en su estructura, dotado de una existencia concreta y continua en el tiempo y en el espacio. BURKE fue el único entre sus contemporáneos que supo emanciparse de las concepciones políticas puramente mecánicas y matemáticas. La doctrina de la prescripción representa en él el homenaje tributado al principio de la continuidad histórica y de la solidaridad entre las diversas partes del cuerpo político; implica también el reconocimiento de la acción inconsciente del tiempo y de Tas generaciones que se suceden en la formación de las instituciones jurídicas, cuya reforma solo puede entenderse como modificación gradual de un organismo complejo.

Es digno de señalar que BURKE tuvo mayor aceptación en Alemania que en Inglaterra. Aquí su obra fue disputada, su influencia resistida y finalmente vencida. La razón de esto debe buscarse en el hecho de que la crítica de BURKE, más que el desarrollo de nuevas tendencias filosóficas y políticas, pareció la expresión de una orientación de pensamiento y acción ya superada. En filosofía, BURKE era partidario del utilitarismo empírico; en política pertenecía a ese grupo más exiguo del partido liberal que se inclinaba por el *statu quo* y resistía el movimiento de reforma legislativa que tenía cada vez más apoyo entre la opinión pública inglesa. En este estado de cosas, el método histórico propugnado por BURKE, sin tener clara conciencia de ello, no fue apreciado en sí, por los elementos de verdad que encerraba, sino que fue juzgado y condenado por las finalidades reaccionarias a que servía. Cierto es que BURKE vio su obra combatida no solo por los sostenedores de la Revolución, MACKINTOSH, PAINE, GODWIN, sino también por los mismos de su partido que más tarde se llamaron radicales, y que aceptaron el verbo de BENTHAM, fundador del racionalismo utilitario, adversario declarado del método histórico, preocupado solo de sustraer la política al empirismo para fundarla sobre principios ciertos e inconmovibles[7]. En cambio, en Alemania, la obra de BURKE cae en un período de reacción contra el abuso de la metafísica en las ciencias jurídicas; por eso fue recibida con calor, aunque en ningún momento puede sostenerse que haya determinado el movimiento histórico[8]. Éste se desarrolló en Alemania al margen de cualquier influencia directa, sea de BURKE como de la Revolución francesa, como movimiento de pensamiento íntimamente ligado al kantismo en sus aplicaciones al derecho privado.

---

6 Cfr. LESLIE STEPHEN, *History of English thought in the eighteenth century* (3ª edic., London, 1902); vol. II, págs. 228 y sigs.

7 Es conocido el desprecio de BENTHAM por SAVIGNY y su escuela. «Voulez vous —escribe— suivre la méthode de SAVIGNY et de son école, substituez à l'armée et à la marine d'un pays l'histoire des guerres qu'il a livrées; au lieu de donner à votre cuisinier des ordres pour le diner, donnez-lui les comptes complètes de votre intendant, tels qu'ils ont été tenus pendant les dernières années.» (BENTHAM, *Works*, edic. Bowring, vol. X, pág. 562).

8 Las *Reflections* de BURKE fueron traducidas en Alemania desde 1793 por obra de GENTZ, con notas y agregados.

El historicismo, como nuevo método de estudio en el derecho privado, se inicia con Hugo, y como nueva doctrina general del derecho, con Savigny. La importancia de Hugo en el destino del derecho privado positivo solo puede parangonarse con la de Kant al establecer las condiciones para una consideración filosófica del derecho privado. Toda la actividad de Hugo tuvo como meta única y constante la restauración del derecho positivo, en el sentido de reivindicar las razones de su existencia y autonomía en las relaciones con el derecho filosófico. Este objetivo explica la lucha sostenida por Hugo contra los jusnaturalistas y los seudokantianos, por un lado, y por el otro contra los prácticos y jurisprudentes cultos, como también explica los esfuerzos por él acometidos para armonizar su obra de reforma del derecho positivo con el kantismo rectamente entendido.

Los métodos de estudio y las doctrinas de Wolff en el derecho privado dominaban en Alemania hacia 1790, cuando se iniciaba en Gotinga la actividad científica de Hugo[9]. Casi simultáneamente, la crítica kantiana sacudía las bases mismas de la especulación de los jusnaturalistas. Sin embargo, mientras Kant insurgió contra el empirismo de sus premisas gnoseológicas y el eudemonismo de sus doctrinas ético-jurídicas, Hugo dirigió particularmente su crítica contra el dogma de la unidad del derecho positivo y filosófico generalmente aceptado por ellos. Para los jusnaturalistas, el derecho positivo no era más que el desarrollo lógico de un único y supremo principio fundado sobre la razón o sobre la naturaleza humana. La distinción de derecho natural y positivo era para ellos esencialmente formal, y se refería al carácter imperativo y coactivo que asumían los principios del derecho natural por obra del legislador. Las eventuales correcciones y modificaciones legislativas eran entendidas como excepciones impuestas por imprescindibles exigencias prácticas, pero no invalidaban la exigencia lógica de la deducción y justificación de las normas positivas mediante los principios del derecho natural. Hugo se sublevó contra esa doctrina que se resolvía en la negación del derecho positivo como derecho autónomo, y que pretendía atribuir a los resultados de la investigación filosófica el valor de derecho positivo. Y justamente la actividad científica de Hugo, en el doble aspecto negativo y positivo en que se presenta, fue dirigida a rehabilitar contra los jusnaturalistas el derecho positivo, a demostrar su razón de ser en sí y en sus relaciones con el derecho filosófico, a determinar su naturaleza, sus caracteres y sus métodos de estudio.

---

[9] Gustav Hugo, nacido en 1764, estudió en Gotinga donde tuvo por maestros a Pütter, de la escuela de Wolff, y a Spittler, de quien declara haber aprendido el método para estudiar historia. En 1788 fue nombrado profesor en la Universidad de Gotinga, cargo que desempeñó hasta su muerte en 1844. La obra crítica de Hugo contra los métodos dominantes en la civilística de su época se revela particularmente en las numerosas recensiones por él publicadas durante un período de más de 40 años en los *Göttingischen Gelehrten Anzeigen* (desde 1788). Él mismo reunió esas recensiones junto con los prefacios a sus obras y con los ensayos, y las publicó como *Beiträge zur zivilistischen Bücherkenntnis der letzten 40 Jahre,* 2 vols., Berlín, 1828-1829. Órgano de propaganda de sus ideas fue el *Civilistisches Magazin* por él fundado en Gotinga en 1790. De éste aparecieron seis volúmenes de cuatro fascículos cada uno: el 1 .en 1790; el n en 1792-1796; el m en 1798-1812; el IV en 1812-1813; el V en 1814-1825, y el VI en 1827-1837. De los primeros volúmenes se hicieron varias ediciones. Nosotros nos hemos atenido a la edición abreviada de los primeros cinco volúmenes, publicada por Mylius en Berlín en 1823-1825. Para la bibliografía sobre Hugo y su obra, cfr. Landsberg, *Geschichte der deutschen Rechtswissenschaft,* III Abt., 2 Halb. (München-Berlín, 1910). Notas XIII, cap. 2; Singer, *Zur Erinnerung an G. Hugo* (en *Zeits. f. d. Privat-u. öff. Recht,* XVI [1889], págs. 273 a 319).

No habían faltado voces, antes de HUGO, contra el dogma de un derecho universalmente válido y en favor de un derecho positivo autónomo y fundado en la experiencia; pero habían sido voces aisladas o de personas ajenas a la clase de los juristas. Desde 1785, FLATT, en sus *Ideen zur Revision des Naturrechts,* rechaza la pretensión de este último al nombre de ciencia, aun a costa de ser «als Ketzer gebrandmarkt». REINHOLD hace la apología del derecho positivo y combate enérgicamente la afirmación de que exista un derecho cuyo contenido no derive de la experiencia[10]. En forma análoga, REHBERG afirma el carácter positivo de todo derecho, el valor relativo de las instituciones y la insolubilidad del problema planteado por el *Naturrecht*[11]. Pero solamente con HUGO la cuestión de las relaciones del derecho positivo y natural fue discutida en su fundamento teórico y en sus consecuencias prácticas; y la tesis de su recíproca independencia terminó por triunfar sobre la opuesta tesis de los jusnaturalistas. El derecho positivo pierde en HUGO todo significado lógico, todo valor deontológico: se identifica con el derecho histórico, y como tal y en cuanto tal se presenta como un hecho mutable, relativo, delimitado en el tiempo y en el espacio. No siempre la ley, expresión de la razón abstracta, es su fuente y su justificación: más a menudo lo origina y lo justifica la costumbre irracional, que expresa una necesidad inconsciente y natural[12]. El derecho positivo en el sentido de un producto histórico y empírico era repudiado por los jusnaturalistas como un derecho esencialmente ilógico y, en cuanto tal, injusto, siendo para ellos términos convertibles lo ilógico, lo irracional, con lo injusto y lo imperfecto. HUGO, adelantándose a ideas que habían de sistematizarse solo con SAVIGNY, entrevió en los elementos irracionales del derecho los elementos por los cuales éste puede llamarse realmente natural, es decir, partícipe de la necesidad de la naturaleza física. Si HUGO no llega aún, como más tarde HEGEL, a identificar lo real con lo racional, reconoce, empero, explícitamente, que el derecho positivo encuentra su justificación en el hecho de su existencia histórica, aun cuando no se deje desarrollar por deducción rigurosa de postulados racionales. Los elementos irracionales son inherentes a la naturaleza misma del derecho positivo, cosa que HUGO destaca para el derecho privado y para el derecho público. La tortura, la esclavitud, la poligamia, vivieron históricamente largo tiempo no obstante su íntima irracionalidad. La fuerza obligatoria del pacto puede ser, desde el punto de vista abstracto, tanto afirmada como negada: no es el derecho el que se origina en el pacto, sino éste el que toma de aquél su razón de ser y de obligar. El principio de derecho según el cual la propiedad es reconocida a personas que no obtienen ventajas económicas de ella no puede deducirse, ciertamente, de postulados racionales, ni a éstos pueden remontarse las disposiciones que regulan la sucesión testamentaria o que imponen la tradición para el traspaso de la propie-

10 Cfr. REINHOLD, *Ehrenrettung des positiven Rechtes,* aparecido por primera vez en el *Neuen deutschen Mercur,* tomo 3, 1791.

11 Cfr. REHBERG, *Untersuchungen ueber die französ. Revolution,* I, 1793. Así habla SCHLOSSER, en el *Vorschlag und Versuch einer Verbesserung des deutschen bürg. Rechts, 1777,* de un «sogenannten Recht der Natur», y en las *Briefen ueber die Gesetzgebung* (1789), rechaza explícitamente la afirmación de un derecho natural universal, poniendo en ridículo a cuantos afirman la existencia de derechos anteriores a los derechos positivos e independientes de éstos. Sobre las relaciones entre HUGO y SCHLOSSER, cfr. LANDSBERG, *Geschichte,* etc., III, 2, notas del cap. XIII: 43.

12 Cfr. HUGO, *Die Gesetze sind nicht die einzige Quelle der juristischen Wahrheiten,* en «Civilist. Magazin», tomo VI, I (1812), edic. cit., pág. 89. Sobre el significado de derecho y de ley en HUGO, cfr. LANDSBERG, *Geschichte,* etc., notas, etc.: 40.

dad, o determinadas formalidades para la conclusión de los contratos. Las relaciones domésticas podrían idealmente concebirse diversas de lo que son en realidad, y no sería contraria a un orden ideal de cosas la absorción del derecho privado en el derecho público y la reglamentación de las relaciones privadas según criterios de interés general. En fin, ninguna relación lógica puede establecerse abstractamente entre el estado territorial existente en la práctica y el estado de razón que abarca a la humanidad entera, en el cual no puede hablarse más de un *jus belli ac pacis*[13].

La independencia no formal, sino sustancial, fundada en el origen y en la naturaleza diversa del derecho natural en sus relaciones con el derecho positivo, no podía ser afirmada e ilustrada con mayor eficacia. Pero otra diferencia aun más profunda no escapó a la mirada penetrante de HUGO. Mientras se concebía al derecho racional bajo la categoría del ser y se lo presentaba como un sistema lógico de principios absolutos e inmutables, el derecho positivo, considerado bajo la categoría del devenir, aparecía en toda su relatividad y mutabilidad. El derecho positivo cesaba de ser una abstracción, expresión legal y externa del derecho de naturaleza, y se volvía, con HUGO, un aspecto de la vida histórica, mutable y progresivo como ésta. La ley del devenir era incompatible con el dogma de la inmovilidad del derecho, dogma que si podía entenderse aplicado a los productos de la razón, habría sido peligroso aplicado a los productos de la historia, en cuanto habría llevado a la aceptación incondicionada del hecho, aunque fuera imperfecto o irracional. La irracionalidad y la imperfección no agotan, para HUGO, el concepto de derecho positivo, pero constituyen una fase transitoria necesaria en el proceso de progresiva racionalización. Con esta concepción del derecho positivo, HUGO se anticipaba a las doctrinas que SAVIGNY y HEGEL debían llevar a su completo desarrollo, y al mismo tiempo subvertía en uno de sus dogmas fundamentales la tradición del derecho natural.

No puede decirse que la influencia de KANT encaminara a las mentes hacia una nueva y más exacta concepción del derecho positivo en sus relaciones con el derecho filosófico. Y, en realidad, si KANT había contrapuesto el *Vernunftrecht* al *Naturrecht*, si había combatido el empirismo de las premisas en que se fundaban los sistemas de la escuela del derecho natural, pareció admitir el punto de vista de los jusnaturalistas al determinar la relación entre el derecho positivo y filosófico. El orden jurídico procede, para KANT, de la razón práctica sobre el fundamento de la libertad exterior, y el derecho positivo es el mismo derecho de razón promulgado por el legislador. No hay en KANT, como tampoco en los jusnaturalistas, ningún rastro de un derecho positivo en el sentido de un derecho histórico: esta exclusión estaba justificada en KANT desde el punto de vista estrictamente formal bajo el cual vio y trató el problema jurídico. Precisamente por ser formal, la doctrina de KANT afirmaba implícitamente la exigencia de la materia jurídica, que, dadas las premisas gnoseológicas kantianas, solo podía originarse en la experiencia histórica. Pero no lo entendieron así los juristas kantianos; olvidándose de la distinción entre la forma y la materia del conocer, cambiaron el significado formal que tenía en KANT el derecho positivo por el significado real, y dieron cuerpo y valor material a las categorías lógicas que, en el pensamiento de KANT, solo debían servir para comprender la vida histórica del derecho.

---

[13] Cfr. LANDSBERG, *Geschichte*, etc. Text., pág. 22.

HUGO, antiguo admirador y convencido partidario de KANT, fue casi el único en reaccionar contra semejante interpretación del kantismo, que perpetuaba en el derecho privado los tradicionales sistemas de estudio[14]. Con feliz intuición captó el significado gnoseológico del kantismo y buscó en él el fundamento y la justificación del método histórico en los estudios jurídicos. El haber demostrado este aspecto generalmente descuidado del pensamiento de HUGO, de decisiva importancia para los orígenes del historicismo en el derecho privado, es mérito sobre todo de LANDSBERG[15]. Éste revela un pasaje donde HUGO llama la atención de los lectores sobre un antiguo escrito de KANT que se titula: *Untersuchung ueber die Deutlichkeit der Grundsätze der natürlichen Theologie und der Moral oder ueber die Evidenz in metaphysischen Wissenschaften*[16]. Este escrito de KANT data de 1763 y tiende a demostrar que nuestro conocimiento en todas las ciencias no matemáticas no puede tener otra fuente que la experiencia. Mientras las ciencias matemáticas construyen por sí sintéticamente el objeto de estudio y parten de definiciones que fijan todo el contenido de los conceptos usados, en todas las otras ciencias el objeto es dado, y no puede conocerse en su contenido sino mediante el análisis. De éste es posible elevarse a la idea correspondiente al objeto dado, pero la verdad de la idea es relativa a las observaciones hechas, a los datos destacados. No existe, pues, ninguna certeza absoluta en las ciencias no matemáticas, pero sí solamente una certeza y una verdad relativas, y ninguna garantía de que el concepto se adapte a la realidad. No puede hablarse, pues, de los métodos matemáticos en las ciencias no matemáticas, como se había hecho hasta entonces. En tales ciencias hay dos reglas que deben tenerse constantemente en cuenta: la primera es que no se debe partir de definiciones; la segunda, que se deben fijar y reunir especialmente los juicios inmediatos en torno al objeto, lo que se reconoce en éste con certeza en la primera intuición, la cual, aunque no capte la naturaleza total del objeto, revelándonos cualidades ciertas y esenciales de éste, puede servir de fundamento a muchas deducciones. El método analítico es, por lo tanto, el único que en las ciencias no matemáticas suministra con la necesaria certeza un criterio suficiente de verdad; por éste es posible llegar a veces a conceptos tan claros y adecuados que permitan también en tales ciencias la aplicación de la síntesis.

En estas afirmaciones de KANT es evidente la defensa del método analítico que HUGO tendía a hacer prevalecer en los estudios jurídicos, como así también la condenación del método sintético de los jusnaturalistas. Éstos, en efecto, sin preocuparse por reconstruir analíticamente los hechos, establecían los conceptos destinados a comprenderlos de tal manera que solo en casos afortunados podía ocurrir que hubiera correspondencia entre el concepto y la realidad jurídica. HUGO comprendió

---

14 Acerca de la oposición de HUGO a los juristas partidarios de KANT, cfr. las citas de LANDSBERG, *Geschichte,* etc., notas, etc.: 44. Acerca de las relaciones de HUGO con KANT, cfr. id. nota 65. En 1799 HUGO inició la publicación de un compendio para uso escolar en sus lecciones; este compendio debía ser «in manchen Punkten ein sistematischer Auszug aus allen kantischen Schriften». Su publicación fue suspendida después de aparecidas las primeras páginas.

15 Cfr. LANDSBERG, *Kant und Hugo* (en «Zeits. f. d. Privat - und öff. Recht», vol. 28, 1901, págs. 670-686); id., *Geschichte,* etc., págs. 34 y sigs.

16 «Könnte ich es doch dahin bringen, das jeder von meinen Lesern eine ältere Schrift von Kant, die *Untersuchung* . .. recht beherzigte!» Esta invocación de HUGO se encuentra en el *Civilist. Magazin,* vol. 3, pág. 96, nota 2. El escrito de KANT figura en sus *Vermischten,* Halle, 1799, vol. 2, pág. 154, y fue publicado en respuesta a una cuestión planteada por la Real Academia de Ciencias de Berlín en 1763.

que la importancia y el significado del kantismo residían sobre todo en la nueva solución del problema cognoscitivo, supuesto de todas las ciencias, incluso las jurídicas; comprendió sobre todo la revolución operada al respecto por KANT, cuyo resultado fue señalar límites insuperables al saber humano, apartar a las mentes de la investigación de las causas últimas y orientarlas hacia el estudio de lo fenoménico, que no existe por sí sino relativamente a nosotros y que es lo único que puede ser objeto de ciencia. El racionalismo jurídico, que pretendía captar la esencia de las cosas, que se ilusionaba de explicar y demostrar matemáticamente todo, quedaba herido de muerte por el criticismo, que rehabilitaba, en cambio, la investigación empírica, inductiva, regulada por la ley de causalidad. Los juristas que se declaraban partidarios de KANT no comprendieron esto, y continuaron tratando al derecho racional con finalidades esencialmente prácticas. Contra ellos HUGO pudo demostrar eficazmente que los principios del nuevo derecho natural kantiano debían entenderse como *Begrenzungs- und Prüfungsmaximen* carentes aún de contenido material. Éste solo puede ofrecerlo la experiencia histórica, sin la cual la forma del pensamiento carece del punto a que aplicarse. A la interpretación escolástica del pensamiento kantiano, HUGO oponía la interpretación crítica, que era la única verdadera.

Después de esto quedaba abierto el camino para comprender la nueva concepción del derecho, destinada, según HUGO, a sustituir el tradicional derecho de naturaleza, y presentada por él como una filosofía del derecho positivo o de la jurisprudencia[17]. Sin embargo, el verdadero significado del *Naturrecht* de HUGO, enunciado por éste *als eine grundstürzende Neuering,* escapó a la atención general. Los juristas, sobre todo, lo acogieron con un sentimiento de sorpresa y de desilusión, sea por el contraste con la anterior producción de HUGO, de carácter crítico e histórico, sea por la deliberada oscuridad de pensamiento y de forma[18]: No escapó el valor y el significado del *Naturrecht* de HUGO a los filósofos, entre los que merece citarse sobre todo a FRÍES, que declaró que el *Naturrecht* de HUGO es *ein consequentur kantisches als von Kant selbst*[19]. Y mientras KANT pareció a veces olvidar la distinción entre el

[17] Cfr. HUGO, *Lehrbuch des Naturrechts als einer Philosophie des positiven Rechts.* La primera edición de esta obra es de 1918 (la edición Vorrede está fechada en noviembre de 1797) a un año de distancia de la publicación de la *Rechtslehre* de KANT, la cual, a pesar de la fecha de 1797, fue publicada en seguida después de la feria de San Miguel en 1796, y había sido objeto de una reseña crítica en los *Göttinger Gelehrten Anzeigen* del 18 de febrero de 1797, reseña que provocó la conocida respuesta de KANT en 1798. Del *Lehrbuch* de HUGO, se publicaron otras tres ediciones en 1799, 1809 y 1819.

[18] Cfr. LANDSBERG, *Geschichte,* etc. Noten, etc. 51. HUGO no se preocupó nunca por aclarar su pensamiento ni en otros escritos suyos ni en las tres sucesivas ediciones del *Lehrbuch.* LANDSBERG no prestó atención a un breve escrito de HUGO publicado en el fase. 1° del *Civilist. Magazin* de 1812, con el título: *Putter's Verdienste um die Philosophie des positiven Rechts.* Aquí señala HUGO que PUTTER fue uno de los primeros en sentir la necesidad de una *allgemeine bürgerlichen Rechts,* de una *Philosophie des positiven Rechts,* y dice que había dado un esbozo de ella, notable, desde la página 236 a la 286 de la 1° edición (1750) del *Naturrecht* de ACHENWALL, en cuya redacción PUTTER tuvo gran participación. En las ediciones posteriores de la obra. ACHENWALL eliminó esta parte con el pretexto de que *kein Naturrecht sei.* HUGO, en nota de página 93 de este escrito, explica en qué sentido usó aquí y en su *Lehrbuch* la expresión: *Philosophie des positiven Rechts.* La referencia a KANT no podía ser más clara.

[19] Cfr. FRIES, *Reinhold, Fichte und Schelling* (Leipzig, 1803), págs. 319 y sigs. LANDSBERG *(Geschichte,* etc., Texto, etc., pág. 38) cree que con la mencionada frase FRÍES quiso entender que KANT fue ilógico en sus *Metaphysische Anfangsgründe d. Kechtsl.,* y contra sus mismas premisas

derecho filosófico y el derecho positivo empírico, HUGO mantuvo constantemente distintos los dos elementos, llevando a las últimas consecuencias la doctrina kantiana de la materia y de la forma del conocimiento. ZEILLER no interpretó exactamente su pensamiento cuando, con abierta referencia a HUGO, definió la filosofía del derecho positivo por la valoración de las leyes positivas existentes a la luz de los principios universales de justicia[20]. No se trata siquiera, como podía hacer creer el título de la obra, de una generalización de la experiencia histórica fundada en la comparación de las instituciones del derecho vigente en los distintos pueblos y en diversos tiempos. Aunque HUGO no desdeñara la comparación y a menudo recurriera a ella para demostrar la multiplicidad y variedad del derecho existente y para combatir la tendencia de los jusnaturalistas a considerar una norma de derecho positivo como la única posible, no por eso anticipó con su obra ni una ciencia de la legislación comparada ni una doctrina general del derecho derivada por abstracción del estudio del derecho positivo.

Antes de HUGO, KANT había hablado de una *Lehre des positiven Rechts,* distinguiéndola de la *Rechtslehre* o ciencia general del derecho; mientras ésta comprende el conjunto de las leyes «für welche eine äußere Gesetzgebung möglich ist», aquélla no es otra cosa que «solche Gesetzgebung wirklich»; una procede *a priori* de la razón práctica sobre el fundamento de la libertad exterior, la otra presupone la voluntad del legislador. Pero ambas disciplinas tienen para KANT carácter formal y se alejan de todo contenido material[21]. HUGO corrige y completa el pensamiento kantiano. Ante todo, no cree distinguir entre legislación exterior o potencial, y legislación positiva o real[22]. No todo lo que puede ser regulado por una norma exterior tiene carácter jurídico; no pueden comprenderse bajo la categoría del derecho, por ejemplo, las normas del ceremonial, caballerescas, etc. La exterioridad y la positividad son notas igualmente esenciales para la noción de lo justo. Por otra parte, el carácter positivo de la norma, según HUGO, no deriva del hecho de que ella emane del legislador en la forma coactiva de la ley, sino de su consagración, con la garantía de la sanción pública, en la sentencia del juez, quien al juzgar se atiene, además que a la ley, a la costumbre. Ley y costumbre, elementos reflexivos y elementos irracionales entran, según HUGO, en el concepto del derecho, y deben hallar lugar en una filosofía del derecho privado. Por consiguiente, ésta no puede entenderse ni como una ciencia exclusivamente formal ni como una generalización empírica del

---

críticas cayó en el dogmatismo de los jusnaturalistas; en cambio, HUGO habría sido más consecuente al establecer que «ninguna filosofía del derecho puede dar más que la forma y el principio para la crítica de cada legislación positiva ni debe derivar su materia de la experiencia». No hay duda de que existen incongruencias en la obra jurídica de KANT, sobre todo en la parte que tiene por objeto el derecho público; a veces parece olvidar la distinción entre forma y materia del derecho y se refiere al derecho natural como el único y verdadero derecho, cual si tuviera un valor no solo formal sino también material. Pero de lo que no puede haber duda, a nuestro juicio, es que la obra de KANT se funda en el supuesto de una separación neta entre derecho natural y formal por una parte, y derecho histórico por la otra, y de que no trata de este último sino incidentalmente bajo la influencia de los acontecimientos de su época.

20 Cfr. ZEILLER, *Das natürliche Privatrecht,* 3ª edic., 1819, § 19.

21 Cfr. KANT, *Rechtslehre,* etc., Introduc, pág. XXXI.

22 Cfr. HUGO, *Putter's,* etc., en «Civil. Magazin», tomo 3, pág. 93, nota. Es notable cómo HUGO emplea en esta nota, promiscuamente, las expresiones *Philosophie des positiven Rechts* y *Rechtslehre.* No excluye la posibilidad de una *Metaphysik äußeren Gesetzgebung,* pero ésta es «so unbeschreiblich dürftig, daß man keine eigen Wissenschaft daraus machen kann».

derecho existente. La ciencia del derecho, como todas las ciencias no matemáticas, debe constituir sus conceptos mediante el análisis, no sintéticamente. Las formas *a priori* son los elementos comunes a cualquier concepto, pero solo la experiencia provee los elementos propios de cada concepto. No contradice a esto la definición que da de la filosofía del derecho positivo «die Vernunftserkenntnis aus Begriffen, von dem, was (juristisch) Rechtens sein kann». Los conceptos en que se funda el conocimiento racional de lo que es justo deben extraer de la experiencia su contenido. Ni siquiera por haber tenido en cuenta la materia jurídica creyó HUGO atenuar el significado especulativo de su obra. Él mismo se apresura a declarar que su filosofía del derecho positivo no sirve para hacer conocer el derecho positivo de este o de aquel pueblo, sino solamente para hacer conocer lo que es positivo *(was nur irgend* positives Recht), por consiguiente, jurídico en general, haciendo abstracción de las formas particulares de tiempo y de lugar[23]. Con esto quedaba rehabilitado y justificado el historicismo, que, coordinado con los elementos más íntimos y vitales de la especulación kantiana, dejó de aparecer como una dirección solitaria de pensamiento. HUGO pudo demostrar que su actividad, dirigida a restaurar los destinos del derecho privado, no estaba en contradicción con el mayor movimiento ideológico de la época, el kantismo, sino que era más bien su confirmación y su integración. Y que la reforma del derecho privado positivo era una necesidad no menor que la renovación del mismo en sus bases teoréticas, resultará evidente si se reflexiona sobre el estado de hecho en que se debatía la civilística en la época de HUGO, y sobre su radical trasformación bajo la influencia del método histórico.

HUGO no hacía más que interpretar la opinión general de los juristas y de los no juristas, al afirmar desde el primer número de «Civilistisches Magazin» (tomo I, 1790, pág. 10) que «seit wenigstens fünfzig Jahren hat das civilistische Studium im Ganzen gar keine Fortschritte gemacht; es ist im Gegentheil gesunken»[24]. Antes que él, el filósofo REINHOLD había afirmado análogamente que «die positive Jurisprudenz hinter den übrigen «Wissenschaften in Barbarei zurückgeblieben sei»[25]. La principal causa del mal ha sido indicada por un conocido jurisconsulto práctico de la época: SCHLOSSER: «die Juristen haben sich eine gewisse Concordanz von römischen, kanonischen und statutarischen Gesetzen, und von *Responsis, Consiliis,* Meinungen, Thesen u. dergl. in den Kopf gebracht, die sie auf alle Fälle anwenden, sie mögen sich hinschicken oder nicht»[26]. Y, realmente, el derecho positivo alemán resultaba, aun en esta época, de elementos heterogéneos reducidos a unidad puramente exterior, pero nada orgánica. Derecho romano y germánico, no separados por ningún criterio territorial o derivado de la índole de los objetos tratados, contrastaban entre sí; y para decidir sobre su valor actual era necesario, en cada caso, remontarse hasta los fundamentos del principio jurídico invocado, o considerar sus consecuencias. Entre el derecho romano y germánico se interponía el derecho canónico, de manera que las expresiones del derecho romano y germano terminaban por asumir un significado convencional y denotaban, en realidad, un conjunto de principios jurídicos de diverso origen cuya formación se remontaba hasta tiempos diversos y

---

[23] Cfr. HUGO, *Putter's,* etc., pág. 93, nota.

[24] Cfr. también HUGO, *Erinnerungen aus dem Leben eines praktischen Civilisten* (en «Civ. Mag.», tomo IV, 1812, edición citada, 2). El ensayo se refiere al padre de HUGO, y contiene noticias acerca de la civilística alemana en el siglo XVIII.

[25] En su *Versuch einer neuen Theorie des Menschlichen Vorstellungsvermögens* (1789).

[26] Estas palabras de SCHLOSSER han sido trascriptas por STINTZING en su ensayo sobre SAVIGNY (Berlín, 1862), pág. 4, y referidas a 1790.

lejanos. Nadie se había preocupado nunca por desentrañar en el material jurídico así formado los elementos vivos y los elementos muertos, las partes que se habían conservado integralmente a través de los siglos y las que habían sufrido trasformaciones esenciales.

El espíritu crítico, el sentido histórico, la exégesis de las fuentes, faltaban completamente. Había, sin duda, muchos juristas llamados *cultos* que alardeaban de erudición histórica con fines de vanidad personal, y no ya para satisfacer una necesidad de la mente o en procura de un conocimiento más profundo de los principios jurídicos ni en interés de la práctica jurídica. Hablando de ellos en 1739, MOSER había observado que hacían más luz que utilidad ocasionaban, y que podían compararse a un «brillantes Feuerwerk»[27].

La teoría y la práctica jurídicas de la época consistían esencialmente en el conocimiento del derecho común en el que se fundaba el llamado *Usus modernus Pandectarum,* que en los siglos XVII y XVIII ejerció función e importancia análogas a las ejercidas, por obra de SAVIGNY y de su escuela en el siglo XIX, por el *Sistema del derecho romano actual.*

El derecho común en Alemania antes de la «recepción» tenía carácter nacional, y se había formado mediante los elementos comunes a los derechos particulares de los pueblos en que se dividía la gran familia germánica. La común conciencia nacional, más que la acción unitaria del Imperio; la costumbre, más que la legislación, y la jurisdicción imperial, habían contribuido a formarlo. Pero una verdadera comunión de derecho, una verdadera unidad jurídica, solo se produjo en Alemania con la recepción del derecho romano, que reaccionó eficazmente contra la tendencia hacia la particularización, que en Alemania, por la debilidad del Imperio y de los vínculos políticos, constituía el mayor obstáculo para la unidad política y jurídica. La formación de una conciencia jurídica común fue en Alemania mucho más obra de la ciencia que de la legislación o de la costumbre. La ciencia jurídica y los juristas, contra la fuerza de la costumbre y del sentimiento nacional, lograron imponer en la práctica y en el uso el derecho romano en lugar y en cambio del derecho germano[28].

Asegurado con la «recepción» el predominio del derecho romano como derecho común, la ciencia jurídica alemana se propuso, en los siglos XVII y XVIII, el doble cometido de atraer ante todo a la órbita del derecho romano aquellas instituciones del antiguo derecho germano que habían sobrevivido a la destrucción general, de manera que entraran a formar parte, con el ropaje romano, de la nueva conciencia jurídica común (por ejemplo, los fideicomisos familiares, los pactos sucesorios); desarrollar, en segundo lugar, esta conciencia jurídica, y adaptar el derecho romano a las nuevas necesidades y a las nuevas exigencias de los tiempos. De aquí la razón de ser y las finalidades del *usus modernus pandectarum,* uno de cuyos representantes más destacados fue STRYCK, y que dominaba casi sin oposición en la época de HUGO[29]. Éste se alzó contra el *usus modernus,* que era una falsificación sistemática, aunque útil y justificada por las exigencias prácticas, tanto del derecho

---

[27] Cfr. ensayo citado de STINTZING, pág. 5.

[28] Sobre el derecho común y sobre sus alternativas teóricas e históricas, cfr. El conocido ensayo de BRUNS, *Gemeines Recht* (1853), reeditado en sus *Kleinere Schriften,* tomo 1° (Weimar, 1882), págs. 20-48.

[29] Sobre las alternativas del derecho romano en Alemania en los siglos XVI-XVIII, cfr. BRUGI, *I fasti aurei del Diritto Romano* (Pisa, 1879), parte 2ª, págs. 93-216.

romano como del derecho germano, y que eliminaba la comprensión de las instituciones jurídicas en su forma originaria e histórica. El *usus modernus* se presentaba, después de dos siglos de elaboración teórico-práctica, como un caos de principios y de normas derivadas de las más diversas fuentes, reducidas a aparente unidad por el esquematismo racional y arbitrario de los jusnaturalistas. Las instituciones de HEINECIO, escritas en 1725, y el compendio de las Pandectas de HELLFELD, constituían aún en la época de HUGO los textos más conocidos y autorizados. Para levantar el destino de la civilística, tan decaída, más que la obra sistemática reconstructora, fue arma eficaz la revista, la recensión crítica de las obras ajenas, la polémica, la ironía; con estos caracteres se revela la producción jurídica de HUGO, que en su forma fragmentaria, crítica y negativa preparó el terreno para la obra creadora de SAVIGNY.

Y la polémica de HUGO apuntó a los dos ídolos del día, los que personificaban en la forma más perfecta los métodos de estudio prevalecientes en el derecho privado positivo: HÖPFNER y GLÜCK. HÖPFNER era el autor de un comentario teórico-práctico de HEINECIO[30]. Al hacer su recensión, HUGO revela, bajo la excelencia de la forma y bajo la aparente unidad del contenido, los defectos característicos del método predominante en la civilística[31]. Este método se fundaba en la consideración del derecho romano con objetivos esencialmente prácticos, con prescindencia de toda crítica y conocimiento directo de las fuentes. Fácil fue para HUGO demostrar, en la obra de HÖPFNER, la falta de espíritu crítico, los errores históricos, los anacronismos, la interpretación falsa o inexacta de los textos romanos[32]. En forma análoga para GLÜCK, HUGO lamentó que un escritor de su valer, antes que remontarse hasta las fuentes romanas genuinas en la compilación del célebre comentario de las Pandectas, se hubiera servido de mezquinos compendios, y que, al distribuir un material indudablemente rico y precioso hubiese seguido, con finalidad práctica, el mismo orden de las Pandectas antes que un plan determinado y sistemático fundado en el orden natural de las materias[33].

A través de los escritos polémicos y críticos se perfilaba la reforma del derecho privado anhelada por HUGO. Ésta era de índole esencialmente metodológica y presentaba un admirable paralelo con aquella otra reforma iniciada dos siglos atrás por BACON y GALILEO respecto de las ciencias naturales. BACON había enseñado entonces que su método significaba el retorno a la naturaleza viva sin los obstáculos que impedían su visión directa e integral; significaba el abandono de las explicaciones arbitrarias de los hechos naturales, fundadas en la autoridad, en las opiniones adquiridas, en la tendencia a rehacer arbitrariamente la naturaleza sobre nuestros esquemas ideales y conforme a nuestros sentimientos y deseos[34]. De no distinta

[30] *Höpfner's Commentar zu den Heineccii Institutionen* (1783). HÖPFNER es recordado con afecto y estima por GOETHE en sus memorias autobiográficas.

[31] Cfr. HUGO, *Berichtigung einiger gewöhnlichen Vorstellungsarten in Hrn. Rath Höpfner's Commentar* (en «Civ. Mag.», edic. cit., tomo 1°, 1790, XI).

[32] Más tarde, HÖPFNER reconoció lealmente la verdad de la crítica de HUGO. Cfr. cartas de HÖPFNER a HUGO, publicadas en el «Civ. Mag.», tomo 3° (1798), V.

[33] GLÜCK publicó el primer volumen de su Comentario de las Pandectas en 1789. La recensión de HUGO se encuentra en los cit. *Gött. gel. Anz.*, 1790, págs. 166 y sigs. Desdeñosamente respondió GLÜCK en el prefacio a la segunda parte (1791). HUGO replicó en los *Gött. gel. Anz.*, 1791, pág. 1209. Cfr. SAVIGNY, *Der zehnte Mai 1788* cit. El abuso del método sistemático indujo más tarde a HUGO a recomendar nuevamente el antiguo orden legal.

[34] Cfr. BACON, *Œuvres* (París, 1843), 2ª serie, *Nouvel Organum*, I (aforismas 36° y siguientes).

manera había pensado GALILEO. HUGO reprodujo el mismo punto de vista en cuanto a la realidad jurídica, y, como BACON y GALILEO, tuvo perfecta conciencia de la revolución que su método habría operado en el estudio del derecho privado.

La realidad jurídica es para HUGO un dato; y el historiador debe situarse fuera de ella, es decir, no como autor, sino como espectador, limitando su obra a reproducir fielmente dicha realidad y no a alterarla con la fantasía o con doctrinas apriorísticas. Después de tanto abuso de generalidades abstractas, de conceptos metafísicos, de obras en las cuales lo menos importante era de que lo escrito fuera verdad, retornaba con honra, referido a las ciencias jurídicas, el dicho de GALILEO según el cual el verdadero conocimiento de las cosas consiste en la determinación precisa de todos los particulares[35]. Es lícito suponer que a HUGO y a los primeros inspiradores del método histórico en los estudios jurídicos, la distancia entre los productos naturales y los históricos no apareciera de tanta magnitud como les pareció posteriormente, con los progresos del análisis psicológico. Al constituirse las ciencias morales sobre bases inductivas, el intercambio de métodos entre ellas y las ciencias físicas se presentaba fácil y natural. SAVIGNY señala que HUGO consideró como verdad fundamental que el derecho positivo forma un organismo vivo capaz de ser históricamente reconstruido[36]. Por otra parte, la consideración que HUGO sentía por MONTESQUIEU puede explicarse pensando que este último entendió fundar la ciencia de la legislación sobre las relaciones naturales de las cosas[37].

La reconstrucción histórica del derecho privado, sobre todo romano, no tenía para HUGO el objetivo de vana erudición ni debía transformarse, como en los cultores de la *eleganten Jurisprudenz,* en una inútil micrología anticuaría, sino que debía proponerse entendimientos prácticos de utilidad inmediata. Es éste un nuevo aspecto particular que adquiere el historicismo, entendido como método de estudio, en las ciencias jurídicas, y que debía ser descuidado en época más próxima a nosotros. Este carácter práctico que asumió el historicismo en HUGO se fundaba en el supuesto de que el derecho positivo constituye una unidad orgánica, y que esta unidad, reproducida en su desarrollo histórico, es medio eficaz de interpretación del derecho vigente[38]. Incluso considerada en sus

---

35 Cfr. GALILEO, *Opere* (edic. nac. Barbera, 1890-1909), IV, 494.

36 Cfr. SAVIGNY, *Der zehnte,* etc., cit.

37 Cfr. el juicio de HUGO sobre MONTESQUIEU en *Lehrb. des Naturrecht als einer Philosophie des positiven rechts,* 2ª edic., págs. 18-29. En la *Vorrede,* en la traducción del 44° cap. de la historia romana de GIBBON (HUGO, *Gibbon's historische Uebersicht des römis. Kechts,* Gottingen, 1789), HUGO afirma que MONTESQUIEU «die Bahn entdeckte». En 1767, es decir, 19 años después de la publicación del *Esprit,* PUTTER, maestro de HUGO, en la 2ª edición de su *Versuch der Juristischen Encyclopädie,* oponia, con explícita referencia a MONTESQUIEU (§ 44, págs. 23 y sigs.), la vida histórico-jurídica de los pueblos a las construcciones metafísicas de los jusnaturalistas. También SPITTLER, al tratar sobre el derecho romano, creyó seguir el camino abierto por MONTESQUIEU. Todo esto explica la gran autoridad de MONTESQUIEU en Alemania en esta época, sobre los espíritus innovadores en lucha con los jusnaturalistas; pero estas protestas de estima no deben hacer creer en una relación de filiación entre el historicismo alemán y la obra de MONTESQUIEU, la cual por el método seguido, por su forma asistemática y por los resultados alcanzados no podía hacer escuela. Contra la interpretación naturalista del pensamiento de HUGO, intentada por MEYER, cfr. LANDSBERG, *Geschichte,* etc., pág. 34.

38 Cfr. el artículo-programa de HUGO en el primer volumen del «Civilistischen Magazin» (1790): *Ueber den Plan dieses Journals.* Entre los fines que éste se propone, el segundo es práctico en cuanto tiende a construir el sistema «des heutigen romis. Rechts». Para el conocimiento del programa científico de HUGO es notable la *Vorrede* a la *Gibbon's Uebersicht,* etc., cit.

aspectos positivos, la actividad de HUGO no carece de originalidad y de importancia. Su historia del derecho romano, aunque efectuada con fines esencialmente didácticos e institucionales, tiene particular significado por la aplicación de su método histórico-sistemático a la reconstrucción del derecho romano[39]. En esta obra se revela toda la novedad e importancia del principio metódico seguido por HUGO, según el cual toda la ciencia del derecho no es más que la historia de éste, y disociarlas es tan poco posible como distinguir la luz de la sombra. Y si HUGO aceptó la antigua distinción introducida por LEIBNIZ entre la historia del derecho, externa e interna, le dio un nuevo significado. Esta distinción no destruye en HUGO la unidad orgánica del derecho romano que debe estudiarse a un tiempo, no solo en las manifestaciones exteriores, sino en los principios que constituyen su alma y su razón de ser. Y tales principios deben ser reconstruidos no *filosophisch,* sino *historisch,* siguiendo la guía de las palabras, cuyo significado, lejos de ser fijado mediante definiciones lógicas arbitrarias, debe fijarse sobre el fundamento de lo que los romanos han pensado efectivamente en los diversos tiempos al emplearlas. Lenguaje y ciencia jurídica son, para HUGO, como más tarde para SAVIGNY, productos históricos, no lógicos.

De los tres objetos a que se dirigió la obra científica de HUGO, dos fueron plenamente alcanzados. Mucho más que KANT, cuyo pensamiento mal entendido abrió nuevos caminos al apriorismo jurídico, HUGO contribuyó a cavar la fosa a la doctrina del derecho natural; nadie más y mejor que él supo llevar al absurdo y desacreditar hasta el ridículo las ficciones y los métodos de los jusnaturalistas. Además, HUGO pudo asistir a la renovación del derecho privado bajo la influencia del método histórico que no solo defendió, sino que personificó. La aversión a los conceptos vacíos, el amor por las fuentes, por los textos clásicos, el hábito de observar, de analizar los hechos en todas sus particularidades, la escrupulosidad y la objetividad de la investigación, el rigor de la interpretación, estos y otros caracteres en los que se revela el secuaz del método histórico y que recuerdan las cualidades de las que, según BACON, debía estar dotado el estudioso de los hechos naturales, se encuentran ya en HUGO en grado eminente. Y el estudio de la historia no fue en él vana ostentación de erudición, pues tal estudio se presenta en HUGO con finalidades prácticas en cuanto tendía a hacer conocer mejor el derecho existente, a suministrar un criterio nuevo y seguro de interpretación en los casos controvertidos. La exigencia pragmatista de que estaba penetrada la especulación de los jusnaturalistas acompaña al historicismo desde su primera afirmación con HUGO, y este carácter lo conservó posteriormente el historicismo en sus aplicaciones al derecho privado.

Pero, además de reunir en sí las cualidades del historiador erudito y del jurista práctico, HUGO demostró notables aptitudes para la especulación filosófica. El estudio de la historia no fue solamente un medio para el conocimiento práctico del derecho existente, sino también preparación para una concepción filosófica del derecho. La interpretación del material histórico mediante los principios formales de la filosofía kantiana fue el sueño alimentado por HUGO. Pero en esta parte su obra fue menos apreciada, y no dejó rastros durables; y esto se debe, más que a una íntima deficiencia del pensamiento de HUGO, al carácter de reacción contra el kantismo, que asumió la especulación filosófica en Alemania durante el siglo XIX. Ni el idea-

[39] La 1ª edición de la *Geschichte d. römis. Rechts* de HUGO es de 1789. La recensión-crítica que le dedicó SAVIGNY (traducida al italiano por TURCHIARULO, *op. cit.*, III, págs. 74 a 95) se refiere a la 3ª edición de 1806. La 7ª y última es de 1826.

lismo hegeliano, que llegó a identificar el derecho positivo con el derecho racional, ni la interpretación realista de la vida histórica inaugurada por Savigny, podían conciliarse con la integración del kantismo intentada por Hugo. Por otra parte, éste siguió a Kant no solo en la doctrina gnoseológica, sino también en las tendencias racionalistas e individualistas contra las cuales reaccionaron las nuevas corrientes de pensamiento que desembocan en Hegel y Savigny. Si Hugo, en efecto, tuvo clara noción del método histórico, no tuvo igualmente clara la noción del devenir histórico, y siguió interpretando la historia con los criterios racionalistas y pragmatistas del siglo XVIII. Para Hugo la historia es sobre todo reconstrucción y concatenación de los hechos, y a éstos los entiende no como expresión de una necesidad interior, sino como productos de la razón y de la voluntad humanas en vista de ciertos fines. Por otra parte, el individuo es, para Hugo, el autor del proceso histórico, y éste obedece no a leyes fatales, sino a finalidades individuales conscientes. No puede sostenerse que el punto de vista individualista en la interpretación de la historia y del derecho ha sido superado por Hugo.

No faltan en el *Naturrecht* de Hugo afirmaciones y actitudes de pensamiento que parecerían coordinarse a una concepción socialista de las relaciones humanas[40]. Pero el socialismo de Hugo, como el del siglo XVIII, es esencialmente crítico y negativo: se desarrolla a partir de su tesis fundamental de que el derecho existente es un derecho provisional, de que en él lo irracional abarca una parte notable y necesaria. La pobreza involuntaria de unos y la riqueza hereditaria de los otros son injustas. No se justifica a la luz de un derecho perentorio (en el sentido kantiano) que el hijo del pobre deba tener por destino la miseria, la enfermedad, la ignorancia («das strengste Bücherverbot ist die Armut»), los oficios más gravosos y humillantes; que tenga que hallar mayores dificultades para seguir la virtud y que no pueda satisfacer las más altas aspiraciones de su ser, las que dan significado y valor a la vida. Del ordenamiento político, el pobre no sufre más que los perjuicios. «Die beste Verfassung bietet ihm nichts... «. De nada le sirve la justicia civil, porque nada posee; la justicia penal es para él doblemente cruel; la familia es para él un peso intolerable, la usura absorbe sus pequeños ahorros. Es cierto que Hugo hace seguir a la crítica la anticrítica, y señala los lados menos buenos de la riqueza; pero no logra destruir la impresión de que en el nuevo *naturliche Privatrecht* la propiedad privada (o sea todo el derecho privado), si no es denunciada aún como un robo, es considerada como un mal inconciliable con un ordenamiento racional de las relaciones humanas. No estaba en la intención de Hugo subvertir el orden económico existente, sino solamente destacar la irracionalidad y la imperfección inevitables de las instituciones jurídicas y políticas. Subversivo fue Rousseau, que hacía responsables de las injusticias sociales denunciadas a los hombres y a los gobiernos; pero no lo era Hugo, que buscaba su explicación y su justificación en la relatividad histórica y psicológica[41]. La fuerza de la costumbre, observa Hugo, el natural apego de los hombres a sus instituciones, aunque sean malas e imperfectas, explican cómo es posible el derecho provisional. Haber reconocido después de esto la exigencia lógica y la posibilidad real de un derecho perentorio, fue una concesión de Hugo al espejismo de un derecho ideal, absoluto, que constituyó la meta constante de la especulación jurídica en el siglo XVIII.

---

40 Cfr. Landsberg, *Geschichte,* etc., pág. 23.

41 Con todo esto, el *Naturrecht* pasó en la opinión de la época como un libro subversivo, y en Austria se lo prohibió. Cfr. Warnkönig, *Rechtsphilosopbie als Naturlehre des Rechts* (Freiburg, 1839), pág. 158.

Y con esto queda implícitamente resuelta la cuestión relativa a la posición de HUGO respecto a SAVIGNY y a la escuela histórica. Teniendo presente la distinción fundamental establecida por nosotros entre historicismo como método e historicismo como doctrina, no queda ninguna duda de que HUGO fue el precursor del método histórico en los estudios de derecho privado, pero quedó completamente ajeno al movimiento ideológico que tomó su nombre de SAVIGNY, y que representaba una nueva concepción relativa al origen y a la naturaleza del derecho. Ésta es, sustancialmente, la opinión de SINGER y de LANDSBERG, aunque éstos no distinguen claramente los dos aspectos del historicismo[42]. Ambos reconocen que toda la doctrina de SAVIGNY fue una reacción contra la interpretación racionalista e individualista de la historia aceptada por HUGO. Éste estudió con un nuevo método los hechos históricos, pero los explicó con los criterios dominantes en el siglo XVIII. Mejor puede designarse a HUGO, con BEKKER, «der kritische Vorläufer» de la escuela histórica, pero no puede considerarse ni precursor ni fundador de ésta. El método común no basta para destruir las diferencias sustanciales. HUGO tuvo fe en el dualismo gnoseológico kantiano, mientras que la escuela de SAVIGNY abrió el camino a un monismo empírico de base histórica. Para HUGO la historia se explica solo mediante principios *a priori* racionales; para SAVIGNY el proceso histórico tiene en sí sus propias leyes que lo determinan y lo explican. Para HUGO el individuo es el autor del derecho; para SAVIGNY es la conciencia colectiva. Se comprende, pues, por qué HUGO no quiso confundirse nunca con los partidarios de SAVIGNY, aun cuando éste había reunido en torno suyo el consenso universal[43]. HUGO fue innovador del método, pero conservó la mentalidad y las tendencias del siglo del Iluminismo.

THIBAUT Y LA EXIGENCIA FILOSÓFICA, EN EL DERECHO PRIVADO. POSICIÓN DE THIBAUT RESPECTO AL KANTISMO EN LOS ESTUDIOS JURÍDICOS. THIBAUT Y EL MÉTODO HISTÓRICO. SUS RELACIONES CON HUGO. LA EXIGENCIA RACIONAL E HISTÓRICA EN LA CIENCIA DEL DERECHO PRIVADO SEGÚN THIBAUT.

3. EL DERECHO positivo renovado o en vías de renovación adquiría, con HUGO, mediante la aplicación de un riguroso método histórico, un valor y un significado nuevos en las relaciones con el derecho filosófico. Reintegrado a sus fuentes genuinas, reconstruido en sus sucesivas trasformaciones históricas, objetivamente, sin preconceptos de escuela, el derecho positivo debía presentarse como un producto histórico orgánico dotado de vida propia e independiente de cualquier supuesto

---

42 Cfr. SINGER, *op. cit.*, págs. 281 y sigs., nota 36, 36 *a* y 39; LANDSBERG, *Geschichte*, etc., págs. 41 y sigs.

43 PUCHTA, precisamente, apreciando la grandeza y el significado de HUGO, declaró en 1825 que éste «nicht als einer Schule angehörig betrachtet werden kann, deren Haupt er nicht wäre». El mismo HUGO (en los *Beiträge zur civilistischen*, etc., tomo I, pág. 2) declaraba que desdeñaba la falsa modestia que ninguno podía tomar en serio, y no quería «sich mit einem gemeinem Soldaten unter einen Feldherrn vergleichen». SAVIGNY, en su elogio a HUGO *(Der zehnte Mai*, etc., cit.) en 1838, no hace referencia a la diferencia sustancial entre la dirección de HUGO y la de la escuela histórica. Reconoce el gran valor de HUGO, su importancia para el progreso de los estudios jurídicos, la influencia benéfica que él mismo obtuvo del estudio de su obra, los estímulos recibidos. Aunque no lo declara expresamente, SAVIGNY demuestra que considera a HUGO como un verdadero precursor de la escuela histórica cuando afirma que HUGO estimaba como una verdad fundamental que en todo tiempo el derecho positivo constituye un organismo vivo. Nosotros dudamos que pueda afirmarse esto de HUGO, por las razones arriba expuestas.

filosófico. El historicismo como método no alcanzó aún con Hugo la dignidad de sistema. Cerrada ya definitivamente la polémica sobre el método de estudio del derecho positivo, ella *se* reabría más profunda y vivazmente en torno al modo de entender su valor y significado en relación con el derecho filosófico.

Vimos la posición de Hugo al respecto. Éste tuvo clara conciencia de la autonomía del derecho positivo, y tal conciencia la derivó de la comprensión exacta del pensamiento de Kant, quien, al sostener la separación y la independencia de la forma y de la materia del conocer, había no solo favorecido sino justificado la consideración autónoma del derecho positivo. Pero ni para Kant ni para Hugo, que lo siguió, separación significaba oposición; de ahí la tentativa de Hugo de asociar el elemento formal y material del derecho, de comprender en las formas kantianas la materia jurídica. La unión de dos elementos de origen y naturaleza diversos se reveló imposible en la práctica, o fue alcanzada mediante el sacrificio de uno u otro elemento. Las tentativas de Hugo y, más aún, de los juristas partidarios de Kant, lo demuestran hasta la evidencia. La unión de los elementos aprioristas con los datos de la experiencia histórica se resolvía prácticamente, a lo más, en la interpretación racionalista e individualista del derecho positivo, por la que se perpetuaron en forma nueva y a la sombra del kantismo las doctrinas y las actitudes de pensamiento de los jusnaturalistas.

Contra las aplicaciones del kantismo en los estudios de derecho privado, contra la pretensión de asociar en híbrido connubio la forma y la materia del derecho, se produjo una reacción tanto de parte de los juristas filósofos como de los juristas historiadores. Thibaut y Savigny personificaron por largo tiempo en Alemania las dos direcciones opuestas, la filosófica y la histórica, que con alternativas diversas dominaron en el campo de la civilística durante el siglo XIX.

No es empresa fácil determinar el lugar que ocupa Thibaut entre las varias y opuestas corrientes de pensamiento de su época[44]. Singer, de acuerdo con la opinión más generalmente admitida, recuerda a Thibaut como un continuador de los métodos y de las doctrinas de los jusnaturalistas[45]. Y en verdad, Thibaut repite a menudo que «ein vollendetes System des Naturrechts möglich und denkbar ist», que un sistema semejante puede y debe servir en los casos particulares de criterio para la valoración de lo que es justo, que existen no pocas materias en las cuales se puede razonar «aus der Natur der Sache»[46]. Con éstas y otras afirmaciones análogas Thibaut parece continuar la tradición del derecho natural. Pero todos los que así entienden

---

44 A. F. J. Thibaut nació en 1772 en Hameln, de familia protestante de origen francés. En 1793 fue oyente y admirador de Kant en Königsberg. En 1794, en Kiel, conoció y estrechó amistad con Niebuhr. Fue profesor en Kiel (1798), en Jena (1802), donde conoció a Goethe y a Schiller, por último en Heidelberg (1805), en la nueva Universidad instituida por el Gran Duque de Baden. Aquí murió en 1840. De sus obras fueron traducidas al italiano por Turchiarulo, *La dottrina del codice civile francese* y los *Trattati di diritto civile* (Napoli, 1854). Entre estos últimos figuran el ensayo sobre la posesión, sobre la prescripción, y el más conocido sobre la necesidad de un derecho civil común alemán, con muchas lagunas respecto del original.

45 Cfr. Singer, *op. cit.*, nota 25.

46 *Ch.* Thibaut, *Über den Einfluß der Philosophie auf die Auslegung der positiven Gesetze* (en *Versuche über einzelne Teile der Theorie des Rechts,* 1ª edic., 1798-1801; 2ª edic, Jena, 1817. Nuestras citas son de la 2ª edición, tomo I, págs. 139 y sigs.); Landsberg, *Geschichte,* etc., cit., pág. 73 y notas respectivas.

la personalidad y la actividad de THIBAUT, olvidan que pertenece a una época en que por un lado la filosofía crítica dominaba las mentes y habría penetrado por doquier, sobre todo en las ciencias jurídicas, y por el otro, en que el derecho positivo resurgía con nuevo esplendor bajo la influencia del método histórico iniciado por HUGO. Si THIBAUT mantuvo una constante fe en la tradición del derecho natural, trató sin embargo de corregirla con elementos derivados de KANT, y conciliarla con las exigencias del método histórico.

THIBAUT fue, con HUGO, uno de los pocos que penetraron, sin tergiversarlo, el pensamiento de KANT y que tuvieron perfecta conciencia de la importancia de su obra. No obstante su admiración por KANT, THIBAUT, a diferencia de HUGO, no fue y no quiso ser nunca kantiano: y para suprimir toda duda sobre el particular, hizo de ello explícita declaración[47]. THIBAUT fue casi el único en reaccionar contra la tendencia general de los juristas contemporáneos a someter el kantismo a las exigencias de la ciencia y de la práctica jurídicas, desconociendo su carácter y significado esencialmente teoréticos, como habían hecho CRAMER, NETTELBLADT y otros con la filosofía de WOLFF. No escaparon a THIBAUT las consecuencias del kantismo en los estudios jurídicos: cuando éste no era mal entendido, favorecía el abuso de distinciones formales, de conceptos privados de contenido real, de definiciones arbitrarias; engendraba la ilusión de la especulación filosófica sin que derivara de ella utilidad de ninguna especie para la comprensión y la justificación de la realidad jurídica[48].

THIBAUT no puede, pues, llamarse kantiano *in ganz ähnlichen Sinne wie Hugo,* como afirma LANDSBERG[49]. Pues si es cierto que THIBAUT, como HUGO, se dio exacta cuenta del pensamiento kantiano, a diferencia de HUGO, THIBAUT no admitió la separación entre la forma y la materia del derecho, pues en ella descubría el mayor peligro para los destinos de la dirección filosófica en los estudios jurídicos, la más eficaz justificación del historicismo, el reconocimiento del derecho positivo como derecho autónomo sustraído a las leyes de la razón. No quiere negarse con esto la influencia de KANT en THIBAUT. Éste asimiló de KANT lo que respondía a sus aptitudes mentales, a la fundamental dirección de su especulación. El espíritu crítico constantemente dirigido a la experiencia como a segura guía del conocer, el espíritu filosófico no separado de la conciencia de sus límites, la firme creencia en un derecho natural entendido como punto de comparación del derecho positivo, como medio de orientación en la variedad de la experiencia jurídica, sin la pretensión de derivar esta última de principios racionales con método matemático o axiomático, éstos son los caracteres en que puede señalarse la influencia kantiana sobre el pensamiento de THIBAUT.

Mentalidad realmente superior, y como tal universalmente reconocida, THIBAUT no podía compartir el desprecio de los jusnaturalistas hacia las investigaciones históricas ni desconocer su importancia y utilidad en los estudios jurídicos. Admitió, pues, sin titubeos, al historicismo en cuanto representaba una nueva dirección

47 Cfr. THIBAUT, *Ueber den Einfluss,* etc., pág. 132: «Ich weder Kantianer (im edeln Sinn des Wortes) bin, noch sein wollte».

48 Cf r. THIBAUT, *Ueber den Einfluss,* etc., págs. 126, 150 y 151.

49 En el ensayo citado *Kant und Hugo* (en *Zeits. f. das Privat- und öff. Recht,* etc., tomo 28, 1901, pág. 681). Al referirse a THIBAUT en la *Geschichte,* etc., cit., LANDSBERG ni reproduce ni desarrolla esta afirmación.

metodológica de indiscutible utilidad no solo teórica sino también práctica[50]. Esta adhesión al método histórico venía a corregir y a modificar la tradición del derecho natural en un punto esencial. El derecho histórico, más que objeto de estudio había sido objeto de desprecio por parte de los jusnaturalistas; estos, a lo más, lo reconocían para condenarlo, para destacar sus turbios orígenes, su desarrollo vario y contradictorio; para contraponer a él el único verdadero derecho, el derecho natural, que expresaba una inmutable y eterna exigencia de razón. Por ello los jusnaturalistas entendían por derecho positivo, no el derecho histórico que a través de una larga e ininterrumpida tradición se perpetuaba en las leyes y en las instituciones vigentes, sino el derecho natural mismo en los límites y en las condiciones en que se traducía en normas de aplicación práctica de la voluntad del legislador. Y si las más de las veces el derecho natural y, en consecuencia, el derecho positivo no era más que el derecho histórico, particularmente el romano generalizado, ello nada quitaba al principio generalmente admitido según el cual el derecho positivo no era un producto de la historia, sino la expresión refleja de la voluntad legislativa. No de distinta manera entendió KANT el derecho positivo. Solo con HUGO éste asume un nuevo significado, se convierte en un producto histórico, se contrapone al derecho filosófico y es, con relación a éste, lo que la materia es a la forma.

THIBAUT, como HUGO, entendió el derecho positivo en el sentido de un derecho dotado de existencia histórica; pero al mismo tiempo rehusó admitir la concepción de un derecho natural en el sentido kantiano, carente de valor práctico. Para THIBAUT la relación entre derecho ideal y derecho histórico no expresa, como para KANT y para HUGO —que en este aspecto le siguió—, la relación entre forma *a priori* y materia *a posteriori*, esto es, entre dos elementos que en tanto están establecidos como distintos e independientes se reclaman necesariamente, sino más bien la relación entre el derecho racional, que es el único verdadero y perfecto, y el derecho histórico, que no tiene en sí su justificación sino que debe derivarla de un sistema de principios absolutamente verdaderos y ciertos y no dotados de un simple valor formal. La cuestión entre derecho racional e histórico entraba, según THIBAUT, en la cuestión superior de la relación entre la filosofía y la historia, entre el sujeto cognoscente y el objeto conocido. Después de KANT la cuestión no podía plantearse diversamente. Ahora bien: así como THIBAUT no siguió a los jusnaturalistas en negar la realidad histórica, tampoco aceptó la solución kantiana seguida por HUGO, que preparaba un dualismo insuperable entre la investigación filosófica y el estudio histórico y científico del derecho. En su lugar prefirió una solución tendiente a una interpretación racionalista y pragmatista de la historia reconstruida con método positivo. El pensamiento de THIBAUT se revela íntegro en estas palabras suyas: «Ohne

[50] Para la defensa del método histórico en los estudios de derecho privado, cfr. el artículo-programa de THIBAUT: *Ueber das Studium der römischen Rechtsgeschichte,* publicado en el primer número de los *Heidelberger Jahrbücher* en 1808. En la conclusión de este artículo se lee que los editores y los colaboradores de la revista «würden überall den Wert einer Schrift ganz vorzüglich nach ihrer historischen Richtung abwägen und mit allem Eifer dem hergebrachten Aufzählen bloss geltender Rechtssätze entgegenarbeiten». De todos modos, creemos, con LANDSBERG *(Geschichte,* etc., cap. XIII, III, 1, nota 2), que SAVIGNY, al combatir en THIBAUT al representante «der unhistorische Juristen», ha sido injusto. THIBAUT aceptó el método histórico, pero fue adversario declarado de la concepción histórica del derecho. Admitía la existencia de un derecho absoluto e inmutable cuyas manifestaciones históricas son formas accidentales y exteriores. SAVIGNY, al contraponer la escuela histórica a la escuela antihistórica, más que al método histórico miraba a la nueva concepción que se afirmaba con él en la ciencia del derecho.

Philosophic giebt es keine vollendete Geschichte; ohne Geschichte keine sichere Anwendung der Philosophic»[51]. Para THIBAUT la realidad histórica no puede entenderse sino en función de la razón. Existe una realidad que la razón construye *a priori* en virtud de su actividad originaria, y esta realidad es la única absoluta y universalmente verdadera. La realidad empírica tal como se desarrolla en el tiempo y en el espacio, recibe de aquélla principio, orden, justificación y finalidad. La necesidad de la investigación filosófica no es sostenida por THIBAUT por la vana pretensión de sustituir la realidad histórica por una realidad ideal, sino solamente en cuanto ella es medio indispensable para entender, interpretar, aplicar el derecho positivo tal como se presenta en la historia. El hecho por sí mismo no expresa ni la necesidad ni la universalidad, que son los caracteres en los cuales puede justificarse la norma jurídica. Solo la razón expresa en el juego múltiple de la historia la unidad, en lo eternamente móvil la inmovilidad, en la serie inextricable de los fenómenos, dispuestos en orden espacial y temporal, el orden lógico por el cual los hechos se iluminan, se disponen en orden constante, se reducen a unidad de principios, se completan y se someten recíprocamente.

Por lo tanto, el punto de vista que adoptó THIBAUT no fue ni el formal de KANT, ni el histórico de HUGO, ni el eudemonista de los jusnaturalistas. Con estos últimos admitió la necesidad de un sistema completo de derecho natural, pero entendiéndolo como rama de la filosofía práctica, no como parte de la ciencia del derecho: sobre todo, no confundió las exigencias teoréticas y prácticas, ni admitió que los resultados de la investigación filosófica pudieran traducirse en normas concretas y sustituir al derecho positivo. Por otra parte, ni el elemento formal ni el elemento histórico, distintos, como decía KANT, o asociados, como sostenía HUGO, podían originar esa ciencia del derecho privado cuya constitución en ciencia autónoma, distinta tanto de la doctrina del derecho natural como de la crítica y elaboración del material histórico, fue un objetivo constante de THIBAUT. Esta ciencia fue entendida por THLBAUT como la sistematización racional con finalidad práctica del derecho positivo históricamente verificado: en ella los elementos históricos y filosóficos concurrentes derivan su unidad y significado de las finalidades prácticas a las que sirven.

Vemos, después de esto, cómo se puede señalar con LANDSBERG bajo el nombre de positivismo científico *(wissenschaftlichen Positivismus)* el orden de ideas representado por THIBAUT en el derecho privado. Aparte del equívoco de la expresión, si por un lado THIBAUT estudia y reconstruye con método rigurosamente positivo el derecho vigente, por el otro no desdeña el proceso apriorístico, y se sirve de éste, a falta de la inducción histórica, para establecer las formas lógicas destinadas a comprender el contenido del derecho privado. De aquí el cuidado puesto por THIBAUT en perfeccionar el razonamiento jurídico como medio para colmar las lagunas e integrar las deficiencias de la investigación histórica. Junto a la interpretación histórica de las instituciones jurídicas reconoció la necesidad y la utilidad de la *ratio juris,* del desarrollo lógico de las instituciones jurídicas mediante la interpretación gramatical, lógica y analógica[52]. Por consiguiente, escapa completamente de su concepción del derecho privado como ciencia, el espíritu positivo tal como se lo entiende comúnmente.

---

[51] Cfr. THIBAUT, *Ueber Einfluss,* etc., pág. 174.

[52] Cfr. THIBAUT, *Die Theorie der logischen Auslegung des röm. Rechts* (Altona, 1799; 2ª edic., 1806). *id., Noch etwas über den Begriff der logischen und grammatischen Interpretation und die Arten der ersten* (en *Versuche,* etc., cit., vol. 2, págs. 201 y sigs.).

THIBAUT Y LA SISTEMATIZACIÓN DEL DERECHO PRIVADO. EL PROBLEMA DEL ORDENAMIENTO RACIONAL DEL DERECHO PRIVADO EN PUTTER, EN HUGO Y EN THIBAUT. CRITERIOS SISTEMÁTICOS SEGUIDOS POR THIBAUT. EL SISTEMA DE DERECHO PRIVADO IDEADO POR THIBAUT. CLASIFICACIÓN SISTEMÁTICA DE LAS RELACIONES DE DERECHO PRIVADO SEGÚN THIBAUT.

4. EL PROBLEMA de la reducción del derecho privado a ciencia, pareció a THIBAUT y a los pandectistas de su época el problema de la reducción del derecho a forma sistemática. El ordenamiento racional del material de las Pandectas se planteó como cuestión fundamental de la civilística. En tal forma, no solo la materia del derecho privado se iba renovando en virtud de la aplicación del método histórico, sino también la forma del mismo derecho a través de la investigación de un sistema de ^conceptos aptos para comprenderla. Desde 1757 PUTTER había aconsejado el abandono del orden legal en el estudio de las Pandectas y su sustitución por un orden libre sistemático[53]. Sin embargo, muchas tentativas emprendidas en tal sentido quedaron durante largo tiempo infructuosas. El mismo HUGO, después de criticar a GLÜCK por haber seguido en su célebre *Comentario* el orden legal, no consiguió hacer nada mejor y terminó, frente a las intemperancias de los innovadores, desengañándose sobre la pretendida utilidad y necesidad del orden sistemático. La verdadera razón de su fracaso derivaba de la preocupación filosófica dominante en les estudios de derecho privado. Ésta, por amor a la lógica y por necesidad sistemática, obligaba a ceñir el material jurídico en formasimpropias. El fracaso de HUGO no tuvo otra causa: las formas *a priori* de KANT no se adaptaban a comprender la realidad jurídica. Como KANT había reaccionado contra la pretensión de los jusnaturalistas en el sentido de traducir los principios filosóficos en normas de derecho positivo, era necesario evitar hacer servir para fines prácticos las formas lógicas dotadas de valor esencialmente teorético. La ciencia del derecho como tal debía desligarse de la filosofía del derecho no solo respecto a la materia, sino también respecto a la forma. Y el primer paso en tal sentido fue dado por THIBAUT en el ordenamiento sobre bases nuevas del material de las Pandectas. El sentido jurídico que lo distinguía le impidió ser kantiano y aceptar las formas jurídicas kantianas fundadas sobre postulados racionales no correspondientes a las exigencias de la práctica jurídica. El empirismo de los jusnaturalistas que sacrificaban los principios toda vez que las exigencias de la práctica lo requerían, le pareció mejor sistema que el apriorismo kantiano, construido al margen de toda consideración de la materia jurídica. Sin embargo, los jusnaturalistas, cuando ellos mismos no entendieron el sistema por un complejo de principios planteados por la razón y aplicados desde el exterior al derecho positivo, se limitaron a hacer obra de clasificación, de reducción a unidad formal, a las especies y a los géneros, del contenido del derecho positivo. Y a éste se limita esencialmente la obra de THIBAUT al reordenar el material de las Pandectas. Si la unidad formal y material, la correspondencia entre el orden lógico y real estaba en sus aspiraciones, ella no era prácticamente realizable. Él mismo declara esto implícitamente cuando afirma que, siendo las normas contenidas en los códigos no el desarrollo lógico de un solo principio, sino de principios diversos y a veces opuestos, su reducción a unidad lógica llevaría a una profunda perturbación del derecho vigente[54].

---

53 Cfr. PUTTER, *Entwurf einer juristischen Enzyklopädie und Methodologie,* vol. 1, pág. 337.

54 Cfr. THIBAUT, *System der Pandektenrechts,* 8ª edic., Jena, 1834, I, § 5. La primera edición es de 1803, la última, la novena, cuidada y aumentada por BUCHHOLZ, es de 1846. Nuestras citas son de la octava edición (Jena, 1834) en dos volúmenes.

El ordenamiento seguido por THIBAUT en las primeras ediciones de su sistema de las Pandectas no solo merece ser recordado por haber sido el primero en orden de tiempo, sino sobre todo porque ejerció influencia en el sistema de HEISE, que terminó siendo aceptado universalmente y hasta por el mismo THIBAUT en las últimas ediciones de su trabajo. El sistema de las Pandectas de THIBAUT en su forma primitiva se abre con una parte general *(allgemeine Theil)* donde se encuentran los *Begriffe und Grundsätze* que tienen desarrollo o aplicación en la parte especial del sistema[55].

La *pars generalis,* como también se denominaba, no puede considerarse como una novedad introducida por THIBAUT. Sus orígenes remontan hasta los jusnaturalistas, sobre todo a los de la escuela de Netteldbladt, entre los cuales asumía la dignidad de introducción filosófica de todo el sistema del derecho. Dada la general confusión entre el derecho filosófico y el derecho positivo, la parte general establecía los principios que debían hallar su desarrollo lógico en la parte especial del sistema. Con KANT, la parte general pierde todo valor práctico para asumir un carácter formal; pero las formas destinadas a comprender al derecho positivo son para KANT *a priori,* responden a una exigencia teorética, mientras que en los juristas que le siguen tienden a convertirse cada vez más en generalizaciones empíricas de la experiencia jurídica y responden a la necesidad de ordenar y aclarar distinciones y conceptos adecuados para comprender el material jurídico en vista de las aplicaciones prácticas. La trasformación en sentido sistemático de la parte general es evidente en HEISE, mientras que en THIBAUT, al faltar la conciencia clara de la distinción entre filosofía y ciencia del derecho, el valor sistemático de la parte general no está libre aún de cierta tendencia a reducir a unidad de principio las diversas partes del derecho. En efecto, en la parte general de su sistema, junto a la exigencia práctica y sistemática se encuentra la exigencia filosófica no en el sentido formal kantiano, sino en el significado propio de los jusnaturalistas para los cuales era una necesidad teorético-práctica llegar a un supremo principio del cual obtener, a través del análisis, el orden jurídico en todas sus partes. THIBAUT hizo consistir este principio en el concepto de ley, allí donde KANT había derivado todo el sistema del derecho del concepto de persona. El principio subjetivo kantiano de la personalidad era sustituido por THIBAUT con el concepto objetivo como categoría del orden jurídico, concepto impersonal de ley. En tal forma, al formalismo jurídico subjetivo de KANT sucedía el formalismo jurídico objetivo de THIBAUT.

BETHMANN-HOLLWEG reprocha a THIBAUT el haber elevado la ley a principio del orden jurídico antes que la personalidad, que es su supuesto[56]. No hay duda de que el concepto kantiano de la personalidad respondía mejor a los fines del individualismo jurídico, que pretendía hacer del individuo y de su personalidad racional el principio y el término de todo el orden jurídico. Pero no hay que olvidar que, si este concepto constituía la verdadera, la única justificación del derecho en sentido subjetivo, se prestaba menos a servir de fundamento al derecho en sentido objetivo.

55 Para el ordenamiento de las Pandectas seguido por THIBAUT en las primeras ediciones de su obra, nos referimos al resumen que hizo BETHMANN-HOLLWEG *(Erinnerung an F. C. v. Savigny,* en *Zeits. f. Rechtsgeschichte,* tomo VI, 1867, págs. 49-55) sobre la cuarta edición de 1814. En las primeras ediciones en tres volúmenes, THIBAUT cedió a la tendencia general de comprender en el derecho de las Pandectas al derecho procesal, penal, financiero y de policía. En las últimas ediciones (1828, 1834 y 1846) en dos volúmenes, se elimina todo lo que se refiere no solo al derecho público, sino también al derecho procesal civil.

56 Cfr. BETHMANN-HOLLWEG, *op. cit.,* pág. 51.

La distinción entre derecho objetivo y subjetivo se había mantenido en la edad del derecho natural especialmente como distinción verbal, y había perdido su real y tradicional importancia. El individualismo difícilmente se conciliaba con el reconocimiento de un orden objetivo, sustraído a la acción de la voluntad, susceptible de originar y justificar normas directivas del obrar. Directa o indirectamente, mediante la ficción del contrato, el derecho objetivo estaba referido o subordinado al derecho subjetivo. Si el derecho emana de la persona y se funda sobre las exigencias de la personalidad, el derecho objetivo no puede entenderse sino como límite de la personalidad en relación con otras personalidades. Como límite de coexistencia impuesto por la razón en la forma del contrato o de la ley, entienden los jusnaturalistas el concepto de derecho objetivo, y esta doctrina fue aceptada y revalorizada por la gran autoridad de Kant. Thibaut corrige en esta parte al kantismo, y atenúa las consecuencias del individualismo jurídico rehabilitando el concepto de derecho objetivo como concepto independiente del concepto de personalidad. Aunque haya faltado a Thibaut una clara conciencia de tal innovación, ésta se hallaba implícita en el hecho de haber elevado la noción de ley a categoría suprema del orden jurídico, no subordinándola al concepto de persona, expresión de un orden eterno, inmutable, que excede los límites y los fines de la individualidad. Y si se piensa en el espíritu que animaba al historicismo, que era de reacción contra el individualismo y el subjetivismo jurídicos, deberá reconocerse que el formalismo jurídico objetivo de Thibaut respondía mejor a las nuevas tendencias de los tiempos y de la especulación. Esto se halla incluso mejor confirmado por la definición del derecho en sentido subjetivo: «die moralische Möglichkeit einen andern zur Erfüllung seiner Verbindlichkeit zu zwingen». En tal forma, el derecho subjetivo es concebido no como facultad de hacer sino como facultad de obligar a otros incluso coactivamente al cumplimiento de su respectiva obligación. La noción del derecho subjetivo se hace depender de la existencia de una obligación por la que el individuo que ejerce un derecho no lo ejerce por sí sino como instrumento del orden moral. En conformidad con tal concepción del derecho subjetivo, la propiedad es definida no como poder de disponer libremente de la cosa, sino como poder de excluir de la cosa a cualquier otro aun con la fuerza. El formalismo subjetivo kantiano quedaba superado también en este aspecto.

El sistema de derecho privado ideado por Thibaut se revela defectuoso, mucho más que en el principio planteado, en los desarrollos y en las aplicaciones. Toma directamente del concepto supremo de una ley moral el concepto de obligación, que distingue arbitrariamente en obligación coactiva y voluntaria. Y del mismo modo que ésta, también postula la distinción entre derecho público y privado, con la cual se abre la parte especial del sistema. No pudiendo abrazar con ella todas las relaciones jurídicas, está constreñido a comprender en el *Polizeirecht* las relaciones de patria potestad y de tutela[57].

Thibaut concibe al derecho privado como «das Recht des Bürgers gegen den Bürger unter gegebenen Voraussetzungen» y como tal supone la constitución política y una relación de derecho público. También en este aspecto Thibaut se contrapone a la concepción individualista de Kant, para quien el derecho privado es lógicamente un *prius* respecto al derecho público y comprende relaciones no subordinadas a la cualidad del ciudadano. Según Thibaut, la relación de derecho privado no puede entenderse sino en el Estado, entre individuos que revisten la cualidad de

[57] Cfr. Bethmann-Hollweg, *op. cit.*, págs. 51 y sigs.

ciudadanos y como tales reconocen un orden político superior a sus intereses privados y a sus finalidades particulares.

Después de haber afirmado la imposibilidad de clasificar todas las relaciones de derecho privado, que son tantas como las acciones concedidas para hacerlas valer, THIBAUT distingue a las más comunes en relaciones personales y reales. Ya había tratado sobre la distinción entre derechos reales y personales en uno de sus más notables ensayos, en el que había reaccionado contra la tendencia general a buscar el fundamento de las relaciones jurídicas en una pretendida naturaleza de las cosas[58]. Los jusnaturalistas, prescindiendo del valor histórico de la distinción, habían clasificado las relaciones privadas en personales y reales con criterio racional y arbitrario. THIBAUT le opone el criterio histórico y demuestra el carácter relativo y empírico de la distinción. Remontándose hasta los jurisconsultos romanos, sostiene que éstos no entendieron la distinción en su significado obvio y natural de derechos que se hacían valer sobre una cosa o en las relaciones con otras personas. Si éste hubiera sido el derecho del arrendatario sobre la cosa arrendada, habría sido considerado un *jus in re,* y el derecho de patria potestad un *jus in personam,* mientras sabemos que aquél pasaba por derecho personal, y éste por derecho real. No fue la naturaleza del derecho, sino el carácter de la acción concedida para hacerlo valer, el verdadero criterio seguido por los romanos para distinguir las relaciones reales y personales. Ya fuera real o personal o indefinible el derecho considerado en sí, si era defendido mediante la acción de la *vindicatio,* era considerado, por esto solo, como real. Por otra parte, los derechos no protegidos por una acción sino solamente por una excepción, y que los romanos comprendían en general entre las *obligaciones,* eran considerados como *jura in personam,* aunque fueran ejercidos sobre las cosas. Para los romanos, pues, el concepto de derecho personal era un concepto esencialmente negativo, resultando de la contraposición a un derecho protegido por una *actio in rem.* Respecto al criterio seguido por los romanos para proteger un derecho con la acción de la *vindicatio,* THIBAUT, fundándose sobre los diversos casos en que tal acción era concedida, fue inducido a creer que el criterio seguido no era el hecho de ser ejercido sobre la cosa, sino más bien «eine gewisse unbedingte Allgemeinheit, eine gewisse Unbeschränktheit» del derecho[59]. Este carácter general e indeterminado podía referirse al fundamento del derecho o al fin a que tendía. Hay derechos cuya existencia basta demostrar para obtener el reconocimiento, sin que el sujeto de ellos tenga que probar el error del adversario. Respecto al fin *(id quod petitur)* el derecho es indeterminado cuando se hace valer *adversus omnes.*

A los efectos de una clasificación sistemática de las relaciones de derecho privado, THIBAUT reprodujo en su sistema de las Pandectas la distinción entre derechos personales y reales en el significado antiguo, esto es, fundándose no en la naturaleza de los diversos derechos expresados por la relación sino en la naturaleza de las acciones que garantizan su ejercicio. Si contra los jusnaturalistas THIBAUT podía jactarse de haber hecho revivir la distinción entre derechos personales y reales en su significado clásico, no podía demostrar que la distinción así entendida fuera racional o que respondiese a los fines sistemáticos y prácticos por los cuales se adoptaba. Las instituciones de derecho privado se habían trasformado bajo la acción de la práctica y de la especulación, tanto en su contenido como en su fundamento: sobre todo, habían dejado de estar tan íntimamente ligadas a la acción, es

---

58 Cfr. THIBAUT, *Ueber dingliches und persönliches Recht* (en *Versuche,* etc., II, págs. 23 y sigs.).

59 Cfr. THIBAUT, *Ueber dingliches,* etc., en *Versuche,* etc., II, págs. 32 y sigs.

decir, a una condición arbitraria y externa, como en Roma. Era justificada, pues, la tendencia de los jusnaturalistas hacia una interpretación de la distinción entre derechos reales y personales más natural y racional, más correspondiente a la naturaleza de la relación a clasificar, a las necesidades prácticas a satisfacer. Siguiendo rigurosamente su criterio, Thibaut había sido llevado a reunir, bajo la misma denominación general, a instituciones que expresaban relaciones no solo distintas, sino también contradictorias; a aplicar, por ejemplo, lo que estaba establecido para la cesión de la herencia a la cesión de las acciones. La dificultad de clasificar entre los derechos reales o personales los derechos de familia, le había inducido a hacer de ellos una especie del *Polizeirecht*. Por otro camino, Thibaut agravaba el error de Kant, acentuando el contraste entre la naturaleza del derecho y la forma destinada a comprenderlo. Si por un lado Kant había buscado formas racionales *a priori* para comprender la realidad jurídica, por el otro lado Thlbaut pretendía comprender el contenido del derecho en formas empíricas históricamente superadas, con el sacrificio, en cada caso, de las finalidades prácticas a las que debía mirar una clasificación del derecho positivo. De aquí el fracaso de la clasificación de Thibaut y el éxito que obtuvo la de Heise, poco posterior, que, a los efectos de la práctica jurídica, lograba armonizar las exigencias sistemáticas con la materia jurídica.

HEISE Y LA SISTEMATIZACIÓN DEL DERECHO PRIVADO. EL NUEVO ORDENAMIENTO DEL DERECHO PRIVADO IDEADO POR HEISE. EXIGENCIAS PRÁCTICAS QUE INFORMARON SU OBRA. FILOSOFÍA Y CIENCIA DEL DERECHO PRIVADO. LA CLASIFICACIÓN DE HEISE DE LAS RELACIONES DE DERECHO PRIVADO. LA SISTEMATIZACIÓN DEL DERECHO DE FAMILIA Y DE SUCESIÓN. VALOR DE LA OBRA DE HEISE Y SU INFLUENCIA EN EL DESARROLLO DE LA CIVILÍSTICA ALEMANA.

5. Heise publicó su obra clásica en 1807, cuando se daba ya la segunda edición del sistema de Thibaut[60]. Así principió Heise eliminando, tanto de la parte general como de la parte especial de su sistema, con riguroso criterio, todo lo que no guardaba estricta relación con el derecho privado, siendo su ejemplo seguido luego por todos los Pandectistas y los legisladores. La segunda condición del éxito de la obra de Heise fue el haber ordenado el material jurídico con criterios prácticos, teniendo en vista la materia a clasificar, de modo que las distinciones establecidas y las agrupaciones hechas no aparecen, como en los jusnaturalistas y en el mismo Thibaut, como algo exterior y superpuesto a la materia, sino brotando naturalmente de esta última, inspirándose en las exigencias de la práctica. El punto de vista de Heise no era filosófico: no se cuidó de justificar su sistema a la luz de principios racionales abstractos, y esto, no porque tuviera menos en cuenta la especulación filosófica, sino porque creía, con Kant y con Hugo, que ella debía desenvolverse en forma distinta e independiente del derecho positivo y no obstaculizar su desarrollo y sus aplicaciones. En Heise toma forma y contenido la idea, aun vaga e incierta en

---

60 Georg Arnold Heise, nacido en Hamburgo en 1778, estudió en Jena (1798), Gotinga (1800), enseñó en la Universidad de Heidelberg (1804), en la de Gotinga (1814), actuó en la alta magistratura primero en Hanóver (1817) y después en Hamburgo (1820), donde murió en 1851. Cfr. Bekker, *Vier Pandektisten,* Heidelberg, 1903, págs. 21 y sigs.; Landsberg, *Geschichte,* etc., III sección, págs. 88 y sigs. La obra fundamental de Heise es el *Grundriss eines Systems des gemeinen Zivilrechts Zum Beruf Von Pandektenvorlesungen,* Heidelberg, 1807; ampliada en la segunda (1816) y tercera edición (1819), fue objeto de varias reimpresiones. La segunda edición del *System* de Thibaut es de 1805.

THIBAUT, de una ciencia del derecho privado distinta de la filosofía del derecho privado: mientras ésta responde a exigencias teoréticas y deontológicas, aquélla debe inspirarse en las exigencias del derecho positivo y de la práctica. La ciencia del derecho privado no desdeña los resultados de la especulación filosófica, sino que los tiene en cuenta dentro de los límites en que tales resultados se traducen en formas positivas y concretas. Esto surge de modo manifiesto de la posición asumida por HEISE con respecto al derecho natural, que aun gravitaba como una pesadilla sobre el ánimo de todos. Si el legislador, afirma en el parágrafo 22, debe tener en cuenta el derecho natural, como quiera que se lo entienda, sea producto de la razón o resultado por abstracción de la experiencia, el juez debe cuidarse de adoptar sus normas aun a falta de una disposición positiva. Por lo demás, agrega, esto es conforme a las fuentes del derecho común[61]. Tal es el pensamiento profundo de HEISE, expresado en una época en que ZEILLER hacía triunfar en el Código austríaco la tesis opuesta, según la cual el derecho natural debía servir para interpretar e integrar el derecho positivo. HEISE comprendía mejor, y en ello coincidía con HUGO, el pensamiento kantiano, al sostener la autonomía del derecho positivo y oponerse a que éste, en su desarrollo y en sus aplicaciones, fuera obstaculizado por la intromisión de un elemento heterogéneo, sea por sus orígenes, sea por sus finalidades, como era el derecho natural.

El sistema de HEISE se abre con una parte general, de la que se excluye todo lo que no guarda relación directa con la materia civil y que no tiene un carácter concluyente de generalidad. A la parte general sigue la parte especial, distribuida en cinco partes. Las dos primeras partes comprenden los derechos reales *(dingliche Rechte) y* las relaciones de obligación *(Obligationen),* según la distinción entre derechos reales y personales que HUGO y THIBAUT habían elaborado y aclarado. En el sistema de HEISE no hay rastros del *pis actionum* que, antes de 1790, figuraba generalmente como tercera parte al lado de los derechos reales y personales; HEISE rompía con ello definitivamente con la tradición romana y hacía triunfar la tesis de la bipartición de las relaciones privadas[62].

Mayores dificultades presentaba la clasificación de los derechos de familia y de sucesión. Sobre este punto la influencia de HEISE fue decisiva en Alemania; razones prácticas y teóricas lo indujeron a afirmar la autonomía de estas dos partes del derecho privado, que hasta entonces no habían encontrado en los tratadistas definitiva ubicación. Sobre la naturaleza del derecho de familia en sus relaciones con las otras partes del derecho, no se habían cerrado aún las discusiones en la época de HEISE en Alemania. Las razones de la duda eran múltiples. Ante todo no estaba claro si el derecho de familia debía formar parte del derecho público o privado. Si en Roma, en el período clásico, el carácter privado del derecho de familia no se ponía en duda, y este carácter se conservó también cuando el Estado extendió sus funciones de protección y de vigilancia a la familia, y sobre todo a las funciones tutelares, en el siglo XVIII, en Alemania, las instituciones familiares eran generalmente consideradas como relaciones del derecho público. El derecho germánico y el derecho

---

61 Cfr. BEKKER, *Vier,* etc., pág. 30.

62 Acerca de la cuestión relativa a la bipartición o tripartición de las relaciones privadas, que durante largo tiempo mantuvo divididos a los civilistas, cfr. el notable ensayo de HUGO, *Die Obligatianen gehören in den letzten Theil des Privat-Rechts* (en «Civil. Magazin», edic. cit., vol. IV, 1). En este ensayo, HUGO expone las razones que lo convirtieron a la tesis de la bipartición.

canónico, por caminos y por motivos diversos, habían reaccionado contra el carácter individualista y privatista del derecho familiar, y, al reglamentarlo, habían hecho prevalecer las razones políticas y morales sobre los intereses patrimoniales y egoístas del jefe de familia o de quien hacía sus veces. La escuela del derecho natural estaba dividida al respecto. A la influencia de LOCKE, tendiente a individualizar las relaciones domésticas, a sustraerlas a la acción del Estado, a regularlas sobre la base de relaciones privadas consensuales, se contrapone en Alemania, conforme a las tendencias del Iluminismo, el movimiento dirigido a hacer del Estado el protector natural de la familia, sobre todo en esa parte del derecho de familia que se refiere a la tutela y a la cúratela. En este sentido reguló el derecho de familia el Código prusiano, que fue la más categórica expresión de las tendencias iluministas en el campo del derecho[63]. THIBAUT mismo, en las primeras ediciones de su *System*, sigue considerando al derecho de familia como parte del *Polizeirecht*. Por obra de KANT, adversario decidido de la concepción eudemonista de la familia, se produjo en Alemania, a fines del siglo XVIII, una reacción en el sentido de una interpretación individualista del derecho de familia. Es sabido, en efecto, que para KANT el derecho familiar, como los derechos reales y de obligación, es la extrinsecación de la idea de la posesión respecto de una persona, por la que ésta cae, aunque sea en su beneficio, en el poder del padre o de quien hace sus veces[64]. Para KANT, pues, todo el derecho privado se desarrollaba a partir de un principio único en las tres partes de los derechos reales, de obligación y de familia. Al mismo tiempo, KANT resolvía la debatida cuestión relativa a la naturaleza real o personal de las relaciones domésticas. Es sabido que para los romanos los derechos de patria potestad y de tutela eran reales, y no tanto en consideración a su naturaleza, sino en vista de la acción reivindicatoria con la cual eran defendidos. Considerados en su objeto, tales derechos podían muy bien llamarse personales. KANT supo conciliar genialmente los dos diferentes puntos de vista, haciendo de tales derechos una categoría en sí al lado de los derechos reales y personales, y utilizándolos para designarlos con la expresión *persönliche Rechte auf dingliche Art*, cual si se tratara de derechos personales que se hacen valer en la forma de los derechos reales[65]. En esta concepción kantiana, la idea romana del carácter real de la acción con que se hacen valer los derechos de patria potestad se concilia con la naturaleza personal de éstos, dando lugar a un derecho mixto, real-personal. Ahora bien, HEISE, al clasificar los derechos de familia

---

63 En el Código prusiano (1794) no existe una separación neta entre derecho público y privado. De las dos partes en que originariamente se dividía, el derecho de familia entra en la segunda parte, donde el individuo ya no es considerado en sí, sino como miembro de un organismo. La familia es el primer organismo natural donde el individuo es considerado y comprende las normas relativas al matrimonio y a los cónyuges (Tít. 1), a las relaciones entre los padres y los hijos legítimos e ilegítimos (Tít. 2), a las instituciones de familia (Tít. 4), a las relaciones entre patronos y siervos (Tít. 6). Del derecho de familia, propiamente dicho, no forma parte la tutela, que figura entre las funciones protectoras del Estado (Tít. 18).

64 ZACHARIAE exagera el pensamiento de KANT, cuando asimila los derechos de familia y de propiedad sin establecer entre ellos ninguna diferencia. Esta tesis fue la que sostuvo ZACHARIAE en la obra de inspiración kantiana: *Anfangsgründe des philosophischen Privatrechts nebst einer Einleintung in die philosophische Rechtswissenschaft überbaupt*, Leipzig, 1804. Cfr. BROCHER, *K. S. Z. Sa vie et ses oeuvres* (en «Rev. Historique de Droit Français», vols, XIV y XV, 1868-1869).

65 Cfr. KANT, *Rechtslehre*, etc., § 29 final. HEISE se apoya explícitamente en KANT, en el *Grundriss*, 1ª edic., pág. 65, nota 1.

y al determinar la naturaleza de los mismos, se inspira directa y explícitamente en Kant, de quien deriva, con el concepto general, las expresiones *jura potestatis, dinglich-persönliche Rechte,* para señalar esta parte del derecho privado[66].

Al derecho de familia Heise hace seguir, como quinta parte, el derecho hereditario, cuya colocación en el sistema del derecho privado constituía uno de los más graves problemas de la doctrina y de la práctica legislativas. Según el punto de vista desde el cual se consideraba al derecho hereditario, éste podía estar situado entre los derechos reales, de familia y de obligación. El Código prusiano, cediendo a influencias diversas, había colocado, por un lado, a la sucesión testamentaria entre los modos derivados de adquisición de la propiedad, junto con los contratos (Parte I, Títs. 11 y 12), mientras que de la sucesión legítima había hecho parte integrante del derecho de familia (Parte II, Tít. II). En el Código Napoleón, el derecho hereditario está comprendido en el Libro ni, que corresponde a los diversos modos en que se adquiere la propiedad, y que, en cuanto tal, comprende las donaciones, las obligaciones, los contratos, la prescripción y la posesión. Más lógico, el Código austríaco incluye entre los derechos reales al derecho hereditario y lo considera como tal (Parte II, Sec. I, caps. 8 y sigs.). Tanta disparidad de criterios era la consecuencia de tradiciones jurídicas diversas y de controversias doctrinales. La tradición romana y germánica, por lo menos tal como se las entendía generalmente en esa época, eran al respecto profundamente diversas. Todo lo que había de realista, de patrimonial, de individualista en el derecho sucesorio, era atribuido a la tradición romana. Pero que éste fuera verdaderamente el carácter de la sucesión romana, puede ponerse en duda frente a los resultados de la crítica histórica más reciente. Parecería, en cambio, que en Roma el derecho hereditario se ligaba estrechamente al antiguo carácter político de la familia, a las funciones casi soberanas del jefe de familia, y que se fundaba sobre condiciones personales. Por esta razón, más que la adquisición y la trasmisión de un patrimonio, debería verse en él la adquisición de un título personal, que es condición necesaria y suficiente para asumir la posición jurídica *(in uniiversum jus)* del difunto en cuanto al patrimonio[67]. Creemos que también en Roma el carácter realista y patrimonial, con los temperamentos que se hicieron necesarios en virtud de exigencias familiares y políticas, terminó por prevalecer al transformarse la familia y la propiedad en sentido privatista y patrimonial. De cualquier manera, lo cierto es que en los siglos XVII y XVIII el derecho hereditario aparecía con carácter y significado económicos e individualistas, como natural consecuencia del derecho de propiedad por parte del testador, como modo de adquisición de un derecho real por parte del heredero. La preferencia reconocida por los romanos a la sucesión testamentaria y el carácter real de la *petitio hereditatis* parecieron acudir en apoyo de una interpretación del derecho hereditario que estaba en la índole de la época, y en particular de esa dirección lockiana que tendía a hacer de las relaciones privadas la expresión de la actividad económica del individuo. Por lo tanto, la idea de que el derecho de sucesión debía ponerse en relación con los derechos reales y con los modos de adquisición de los derechos reales fue la

66 La expresión de *jura potestatis* fue después abandonada por la sistemática, y sustituida con la de *Familienrecht.*

67 Cfr. Bonfante, *Istituzioni di diritto romano,* 4ª edic, 1907, pág. 480; Filomusi-Guelfi, *Enciclopedia Giuridica,* 5ª edic., Napoli, 1907, págs. 424 y sigs. y notas. Nos parece que la interpretación personal y política del derecho sucesorio entre los romanos y la económico-realista sostenida por Filomusi no se excluyen en tanto se las refiera a diversas y sucesivas fases del derecho hereditario romano.

idea dominante en la práctica y en la legislación; pero faltaba conciliar tal solución con los principios y justificar las numerosas y evidentes desviaciones de éstos. No todos recurrieron a la idea de la inmortalidad del alma como Leibniz, o renunciaron como Zeiller a justificar el derecho hereditario a la luz de los principios, invocando para ello las razones de equidad o las necesidades políticas. Es sin duda admirable el esfuerzo de los jusnaturalistas para justificar y reducir a unidad de principios esta parte del derecho privado. Algunos, sobre las huellas de Grocio, invocando el *jus dominii* como fundamento del derecho hereditario y llevando la sucesión legítima a la sucesión testamentaria mediante la ficción de la presunta voluntad del testador, justificaron la colocación del derecho hereditario entre los derechos reales (Código austríaco). Otros recurrieron a la ficción del pacto para explicar la trasmisión hereditaria, para eliminar el absurdo de una voluntad que despliega eficacia jurídica en una época en que no existe. Y Kant hizo consistir esencialmente la sucesión hereditaria en la adquisición de la propiedad mediante el pacto[68]. Tal explicación hizo posible la colocación del derecho hereditario entre los modos de adquisición derivados de la propiedad, junto a los pactos y a los contratos (Código francés, y, en la parte de la sucesión testamentaria, Código prusiano).

La unión del derecho hereditario al derecho de familia era una consecuencia del derecho germánico, que, no obstante ser superado por el derecho romano, continuó ejerciendo en este aspecto cierta influencia sobre la práctica legislativa. En el Código prusiano la sucesión figura como parte integrante del derecho de familia (Parte II, Tít. 2, Secc. 5 y 6). Y verdaderamente, para el antiguo derecho germánico la sucesión era esencialmente familiar. Durante largo tiempo el recuerdo de la antigua colectividad doméstica continuó haciendo considerar a los miembros de la familia como otros tantos condóminos y al padre como el administrador de un patrimonio de incumbencia de la familia. En el antiguo derecho germánico no se podía hablar propiamente de una trasmisión o adquisición hereditaria, porque no se trasmite lo que no es propio ni se adquiere lo que ya pertenece[69]. Pero la sucesión familiar en Alemania misma, sin desaparecer enteramente, no impidió el progresivo predominio de la sucesión contractual primero, y de la testamentaria después. Especialmente la doctrina fue contraria, durante los siglos XVII y XVIII, a la justificación del derecho hereditario mediante el derecho de familia. Esto se comprende cuando se piensa que la sucesión familiar no se conciliaba con la individualización de las relaciones privadas que estaba en la índole de la época, y que favorecía la doctrina del derecho natural. Solo más tarde, con la escuela histórica y hegeliana, el derecho hereditario debía buscar en la familia su fundamento racional.

Heise, frente a tantas y tan diversas influencias y opiniones relativas a la naturaleza y a la sistematización del derecho hereditario, sin prejuzgar la cuestión del origen y del fundamento, inspirándose en las exigencias de la práctica, subrayando el carácter más comúnmente admitido del derecho hereditario, esto es, el de ser un modo general de adquisición de los derechos personales, reales y mixtos, fue inducido a hacer de él una parte autónoma del derecho privado[70]. Y al derecho

---

68 Cfr. Kant, *Rechtslehre,* etc., § 34.

69 Cfr. Schunfer, *Il diritto privato dei popoli germanici.* Vol. IV, *Il diritto ereditario* (Roma, 1909, Sec. I).

70 Cfr. Heise, *Grundriss,* etc. (1ª edic.), pág. 78, nota, donde se dan las razones que aconsejan hacer del derecho hereditario un todo unitario autónomo.

hereditario que constituía *eine allgemeine Erwerbungsart* le contrapuso, aunque con menor suerte en el sexto y último libro de su sistema, la *in integrum restitutio* como *eine allgemeine Aufhebungsart,* es decir, como el medio para resolver y revocar en la nada las relaciones jurídicas, cualquiera sea su naturaleza[71].

El valor sistemático de la obra de HEISE no debe entenderse limitado a las seis grandes partes en que dividió su sistema, sino que se extiende a las subdivisiones, a la distribución de la materia en las partes respectivas. HEISE ha dejado rastros profundos no solamente en el conjunto, sino también en los detalles de la sistemática jurídica. La doctrina de las personas jurídicas le debe la distinción fundamental entre corporaciones y fundaciones[72]. Profundamente meditada es la colocación de la posesión en la parte general del sistema como estado de hecho correspondiente a cualquier derecho. Generalmente seguida fue la subdivisión introducida por él en el derecho de las obligaciones, entre la doctrina general de éstas y la consideración especial de cada obligación en particular. La distinción análoga en cuanto a los derechos reales no tuvo igual suerte, mientras que fue aceptada la distinción fundamental del derecho hereditario en apertura y adquisición de la herencia.

En sus partes esenciales, el sistema de HEISE, robustecido por la gran autoridad de SAVIGNY, que lo tomó como guía en sus lecciones, se convirtió en el esquema alrededor del cual se desarrollaron en Alemania la ciencia del derecho privado y la práctica jurídica en la primera mitad del siglo XIX, y tuvo solemne consagración en el código civil alemán. Deben exceptuarse algunas pocas instituciones que en la época de HEISE y de THIBAUT no hallaron nunca definitiva colocación en el sistema del derecho privado. Tales son la posesión, la prescripción, la donación, la *restitutio in integrum,* el derecho hipotecario.

El mismo THIBAUT, en las modificaciones introducidas en las últimas ediciones de su *System* sufrió en muchos aspectos la influencia de HEISE[73]. Eliminado todo lo que tiene relación con el derecho público y procesal, distribuyó la materia del derecho privado en cuatro libros, a los que agregó como apéndice la doctrina de la prescripción. El primer libro está destinado a la parte general, que, si ha perdido con respecto a las primeras ediciones valor y significado filosóficos, responde mejor a las exigencias de la práctica jurídica. Después de haber tratado sobre la ley en general, sobre su origen y su fundamento, pasa al objeto de la ley, es decir, a los derechos y a las obligaciones, de los cuales estudia los sujetos y las acciones cuyo término son las cosas. El segundo libro recoge bajo la común expresión de *Zustandsrechte* los derechos de familia, divididos en dos partes: los derechos de patria potestad, consecuencia del matrimonio, y los derechos de tutela. Con esto THIBAUT incorporaba todo el derecho de familia en el derecho privado, sustrayéndolo al *Polizeirecht.* El tercer libro comprende el derecho de las obligaciones, que se distingue en dos partes, una de las cuales trata de las causas de las obligaciones (contrato, pacto, delito, cuasidelito, cuasicontrato), y la otra trata de la disolución de ellas. En este libro falta la parte general de las obligaciones introducida por HEISE.

---

71 La idea de erigir en parte independiente del derecho privado la *in integrum restitutio* no encontró aceptación, y el libro vi del sistema de HEISE, por otra parte brevísimo, desapareció así de la práctica como de los tratados de derecho civil. Sin embargo, la idea que constituía su fundamento, le hace decir a BEKKER (*Vier Pandektisten,* etc., pág. 29) que «verdient immer noch Beachtung».

72 Cfr. SOLARI, *Filosofía del derecho privado: la idea individual,* Parte 1.

73 Nos referimos aquí a la octava edición de 1834, que fue la última publicada por THIBAUT.

El cuarto libro, destinado a los derechos reales, está dividido también en dos partes: una trata de los derechos reales que no tienen por objeto una *universitas* (propiedad, servidumbre, superficie, enfiteusis, derecho hipotecario); la otra trata de los derechos reales que tienen por objeto una *universitas* (derecho hereditario). Mientras discrepa con Heise en agregar el derecho sucesorio a los derechos reales, concuerda con él en situar la posesión en la parte general del sistema como modo general de ejercicio de los derechos.

Los nombres de Thibaut y de Heise no pueden separarse de las alternativas de la civilística alemana del siglo XIX. Todo lo que hay en ella de espíritu sistemático y formal puede considerarse continuación de la dirección iniciada por ellos. La tendencia sistemática, en una época en que la actividad estaba dirigida sobre todo a la materia del derecho, sustituyó con el nombre de ciencia del derecho privado la investigación y la exigencia filosófica en los estudios de derecho privado. Especialmente los romanistas, que tanta participación tuvieron en tales estudios con la guía de Thibaut y sobre todo de Heise, trabajaron para reducir a formas sistemáticas cada vez más perfectas el material jurídico de las Pandectas, renovado por el método histórico y adaptado a las exigencias de la práctica. La tendencia sistemática era particularmente requerida en esta obra, pues se trataba de comprender un material histórico cuyas formas vivas habían desaparecido y solo podía recuperar valor y significado en las nuevas formas en que se presentaba y refundía. Se comprende el éxito de Heise, que, perfeccionando la dirección sistemática iniciada por Thibaut, contrapuso al formalismo subjetivo y apriorístico kantiano un formalismo realista que derivaba las formas empíricamente del estudio de la realidad jurídica, y liberaba a los juristas de la pesadilla del derecho natural.

La tendencia sistemática en los estudios de derecho privado, si por una parte representaba un progreso con respecto a la casuística dominante en el siglo XVIII, en cuanto era la expresión de una tendencia unitaria, por otra parte, entendida en el sentido empírico y realista de Heise, constituía un regreso en cuanto escapaba de esa ulterior justificación y unificación del saber jurídico, entendido como parte de la realidad universal, en que consiste la razón de ser de toda especulación filosófica. Sin embargo, la última consecuencia de la dirección sistemática debía ser la escisión entre la especulación filosófica y los estudios de derecho privado, que, sustraídos a las nuevas influencias del pensamiento filosófico, se agotaron en el estudio del material histórico y en el esfuerzo para ordenarlo y adaptarlo a las necesidades de la vida moderna. Su fundamento filosófico permaneció inalterado y estrechamente ligado a la concepción individualista de la vida y de las relaciones humanas de la época kantiana, aun cuando esta concepción podía considerarse definitivamente superada por el ulterior progreso de la especulación filosófica. Tuvieron resultados prácticos y durables los esfuerzos de Savigny, Jhering, Gans, Lassalle, para dar vida y significado nuevos a las instituciones de derecho privado.

THIBAUT Y LA CUESTIÓN DE LA CODIFICACIÓN EN ALEMANIA. DIFUSIÓN E INFLUENCIA DEL DERECHO FRANCÉS EN ALEMANIA A PRINCIPIOS DEL SIGLO XIX. LA IDEA DE LA CODIFICACIÓN Y SU DIFUSIÓN EN ALEMANIA. DIFICULTADES QUE ÉSTA HALLABA EN ALEMANIA. LA DEFENSA DE LA CODIFICACIÓN HECHA POR THIBAUT. RAZONES DEL FRACASO DE SU TESIS.

6. Justo es reconocer que no estaba en las intenciones de Thibaut agotar la civilística en el reordenamiento sistemático de las Pandectas, aunque solo fuera con

objetivo práctico y actual. Sus tendencias y predilecciones filosóficas, tal como se manifestaron en la sistematización del derecho privado y en la fe constante nutrida por la tradición del derecho natural, se manifestaron también en forma más categórica en la defensa del principio de la codificación. Al sostener este principio, más que como precursor debe considerársele como continuador de la tradición del derecho natural que incluía tal principio entre sus dogmas favoritos.

Alemania no había permanecido ajena al movimiento de ideas que en otras partes había producido la codificación, ni lo habría podido. El torbellino napoleónico había hecho conocer ampliamente el Código de 1804, imponiéndolo, con la ocupación territorial, en muchos Estados alemanes[74]. Y no puede negarse que haya sido bien acogido, sea por el espíritu liberal que lo informaba, sea por la forma clara y breve que lo distinguía, sea por la sencillez y coherencia lógica de sus partes, cualidades éstas que lo debían hacer preferir fácilmente a la casuística excesiva del Código prusiano, de un lado, y a las contradicciones e incertidumbres del derecho común, del otro. Pero lo que más importa señalar, es que el Código Civil francés tuvo en Alemania, en el período que precedió a la polémica Thibaut-Savigny, una verdadera elaboración científica y práctica, sobre todo en los países renanos, en los cuales las influencias francesas habían arraigado directa y profundamente[75].

---

[74] La paz de Luneville (1° de febrero de 1801) había incorporado a Francia los países alemanes de la orilla izquierda del Rhin, por lo que en la época de la introducción del Código Civil ellos formaban ya parte del Estado francés. Después de 1804, a consecuencia de las victorias napoleónicas, el Código fue introducido en países situados en la orilla izquierda del Rhin y propiamente en el reino de Westfalia desde el l° de enero de 1808, en el principado de Arenberg desde el 1° de julio de 1808, en la ciudad libre de Danzig desde el 21 de julio de 1808, en los Granducados de Berg y de Baden desde el l° de enero de 1810, en los Departamentos hanseáticos desde el 13 de diciembre de 1810, en el Granducado de Francfort desde el l° de enero de 1811, en el Ducado de Anhalt-Kothen desde el 1° de marzo de 1811 y en el Ducado de Nassau desde el 1° de enero de 1812. Después de la caída de Napoleón se mantuvo en vigor en Baden, Rheinbayern (provincia del Reino de Baviera sobre la margen izquierda del Rhin), Rheinhessen (provincia del Granducado de Hessen sobre la margen izquierda del Rhin), en la Preussischen Rheinprovinz (provincia prusiana sobre la margen izquierda del Rhin), en el Principado de Birkenfeld y desde 1871 en Alsacia-Lorena. Desde la época de su aparición, el Código Civil francés había sido traducido al alemán por Daniels (Köln, 1805), por Lassaulz (Koblenz, 1805). En Baden, el Código napoleónico se puso en vigor no en el texto originario, sino en una traducción oficial alemana con agregados y adaptaciones, obra de Brauer, bajo el nombre de *Badisches Landrecht.* Cfr. Barazetti, *Einführung in das franz. Civilrecht und das B.L.*, 2ª edic., Heidelberg, 1894, págs. 28-29.

[75] Baden y sus Universidades de Friburgo y de Heidelberg fueron el centro de los estudios relativos al derecho civil francés. Aquí enseñaron Thibaut y Zachariae. Thibaut trató del Código Napoleón en sus lecciones y dejó apuntes que, junto con otros, fueron publicados después de su muerte por Guvet *(Thibauts juristischer Nachlass,* 2 vol., Berlín, 1841-1842). De estos apuntes de Thibaut sobre el Código Napoleón existe también la traducción italiana de Turchiarulo *(La dottrina del Codice Civile francese conferita coi principi del diritto romano,* Napoli, 1854). K. S. Zachariae es el autor del clásico *Handbuch des französischen Civilrechts* (Freibourg, 1808). Para su bibliografía relativa y para las traducciones francesas e italianas, cfr. Landsberg, *Geschichte,* etc. Notas, pág. 5 5. Recordamos aún entre los más conocidos comentaristas del Código Napoleón en aquella época en Alemania, a Brauer, *Erläuterungen Über Den Code Napoleon* (Karlsruhe, 1809-1812); W. von Grolman, *Ausführliches Handbuch über den Code Napoleon* (Gissen, 1810-1812), incompleto, pues se detiene en el artículo 311; Seidensticker, *Einleitung in den Code Napoleon,* Tübingen, 1808; B. W. Pleiffer, *Nap. GB. nach seinen Abweichungen von Deutschlands gemeinem Recht* (Göttingen, 1808-1810).

Y el peligro de una «recepción» aun más extendida del derecho francés en Alemania, solo fue conjurado por la caída de Napoleón, mientras que el propósito de una gran unidad jurídica alemana del sudoeste, que incluyera a todos los países renanos y a Baviera, sobre la base del derecho civil francés, en oposición a la unidad civil prusiana del nordeste, se presentó a la mente de muchos autores, siendo aventado solamente por la autoridad y por la táctica contemporizadora que el amor patrio sugirió a Almendingen en los países renanos, y a Feuerbach en Baviera[76].

Se comprende, después de esto, cómo debía plantearse en Alemania la cuestión de la codificación, y cómo debía resolverse ésta en la mente de muchos mediante la extensión pura y simple del Código Napoleón. Esta idea, aceptada y abiertamente sostenida por hombres como Gönner y Grolman, quedó paralizada por el renacimiento general del espíritu nacional alemán, que, justamente en aquella época de mayor opresión extranjera, se afirmaba vigoroso en los conocidos discursos de Fichte a la juventud alemana, y en la fundación de la Universidad de Berlín[77]. A este resurgir del sentimiento nacional, más que a consideraciones de índole científica o filosófica, obedecía Rehberg al combatir, con el Código Napoleón y su introducción en Alemania, la idea de la codificación, y al defender el derecho patrio consagrado en los usos y en las costumbres[78]. La obra de Rehberg, más que por los aspectos comunes que tiene con la

---

[76] Hubo tentativas (infructuosas a raíz de la caída de Napoleón) para introducir en los Estados de Nassau, Hessen, Darmstadt, Würzburg, el Código Napoleón, y para inspirar sobre el tipo francés la legislación civil de Baviera, exaltada entonces a reino. En 1809 se efectuó en Giessen una conferencia entre los representantes de Nassau, Hessen, Darmstadt, Francfort, para un entendimiento relativo a la introducción del Código Napoleón en sus Estados. Contra Grolman, Jaup y Crome, favorables al proyecto, surgió Harscher von Almendingen para demostrar la incompatibilidad del Código Napoleón con el estado jurídico de los Estados alemanes; este autor sostuvo su punto de vista en una serie de escritos de los cuales el más notable fue: *Offiziell-wissenschaftliche Vorträge ueber den Code Nap. und seine organische Umgebung, gehalten in den Konferenzen zu Giessen* (Giessen, 1811). La oposición de Almendingen tuvo por efecto retrasar la introducción del Código francés en esos Estados, hasta que la caída de Napoleón en 1814 hizo abandonar su idea. Simultáneamente Gönner luchaba por la recepción del derecho francés en Alemania y sobre todo en Baviera. En defensa de su tesis había fundado aquí el *Archiv für die Gesetzgebung und Reform des juristischen Studium* (4 vols., Landshut, 1808-1814). Se encargó la preparación de un proyecto de código civil sobre el tipo francés al criminalista Feuerbach, entonces consejero de Estado para los trabajos legislativos en Baviera. Feuerbach era contrario, y su pensamiento al respecto lo expresó en los *Betrachtungen über den Geist des Code Napoleon und dessen Verhältnis zur Gesetzgebung und Verfassung deutscher Staaten überhaupt und Bayerns insbesondere,* escrito probablemente en enero de 1808 y publicado en 1812. De todos modos, Feuerbach se consagró a la obra y preparó un proyecto en el que acogía todos los principios más liberales del Código Napoleón, suscitando tan enconada oposición entre la Baviera francesa y la otra Baviera conservadora, que la reforma fue postergada y, más tarde, caído Napoleón, abandonada. También Zachariae intervino en la cuestión, en una serie de ensayos, entre los que hay uno que se refiere a la *Einführung des Code Nap. in den Staaten des Rheinischen Bundes, betrachtet aus den Gesichtspunkten des Staatsrechts* (Heidelberg, 1810). Cfr. Landsberg, *Geschichte,* etc., notas, pág. 50: 4-5.

[77] Cfr. el *Festnummer zur Jahrhundertfeier der Fr.-Wilhelms-Universität zu Berlín* publicado bajo los cuidados de la *Deutsche Juristen-Zeitung* (XV, 20, 15 octubre 1910). Los discursos de Fichte, en número de catorce, fueron pronunciados en Berlín en 1807-1808, y publicados por su hijo, J. H. Fichte *(Reden an die deutsche Nation,* Tübingen, 1859).

[78] Cfr. Rehberg, *Ueber den Code Napoleon und dessen Einfürung in Deutschland,* Hannover, 1814. El libro apareció en diciembre de 1813. Cfr. Landsberg, *Geschichte,* etc., texto, pág. 78.

crítica muy poco posterior de SAVIGNY, reviste importancia por haber llamado la atención de THIBAUT sobre la cuestión de la codificación[79]. En la recensión de la obra de REHBERG, aquél no solo demostraba la necesidad de la reforma civil, sino que no admitía para ella otro camino posible que el de la codificación[80]. Y ésta significaba para THIBAUT la aceptación de los principios y de los métodos que la escuela del derecho natural había señalado como medios para la reforma civil; sobre todo suponía, junto al conocimiento del derecho positivo, el reconocimiento de un derecho natural destinado a racionalizar el derecho positivo, a corregirlo, a integrarlo, a reducirlo a unidad. Sosteniendo la tesis de la codificación, THIBAUT rendía homenaje, más que a una idea nueva, al credo filosófico que en otros países había acompañado la formación de los códigos y que él mismo había profesado constantemente.

Sin embargo, la obra de la reforma civil, e implícitamente la de la codificación, presentaba en Alemania especiales dificultades. El particularismo jurídico, favorecido por la falta de una constitución política unitaria, dominaba: el mismo derecho común se presentaba como una unidad exterior, y de hecho (HUGO lo había ya señalado y deplorado) constituía una amalgama de elementos heterogéneos, no diferenciados, procedentes de las más diversas fuentes, y de principios contradictorios. Como remedio a tal estado de cosas HUGO había aconsejado la crítica histórica, mediante la cual los diversos elementos que constituían el llamado *usus modernus*, habrían sido distinguidos y ordenados según el lugar y el tiempo de su formación. Fue fácil para THIBAUT demostrar que, con la aplicación del método histórico, la unidad material del derecho positivo no podía considerarse aún lograda, y que el orden espacial y temporal no podía sustituir al orden lógico de las normas y de las instituciones civiles, y mucho menos justificarlas.

La cuestión de la codificación, resuelta en líneas generales, esperaba solo la ocasión favorable para traducirse en el orden de los hechos. Muy hábilmente, THIBAUT supo explotar el sentimiento nacional que había resurgido y que triunfaba, presentando la idea de la codificación civil como un complemento necesario de la reconquistada libertad política. Y, como medio para satisfacer una necesidad nacional, más que en homenaje a postulados abstractos, fue lanzada por él la idea de un Código Civil alemán, al día siguiente de la caída de Napoleón[81]. Si en otras partes

---

79 Sobre las relaciones entre SAVIGNY y REHBERG, cfr. SINGER, *Erinnerung an Hugo,* etc., en «Zeits. f. Privat-u. off. Recht.», XVI (1889), pág. 294, anm. 27, y LANDSBERG, *Geschichte,* etc., texto, pág. 80.

80 La recensión de la que se habla fue publicada en forma anónima en los *Heidelberger Jahrbücher,* 1814, págs. 1-32, ns. 1-2. Fue publicada nuevamente en apéndice a la 3ª edic. (1840) de la *Notwendigkeit,* etc., de THIBAUT, págs. 55-88.

81 Cfr. THIBAUT, *Ueber die Nothwendigkeit eines allg. bürg. Rechts f. Deutschland,* Heidelberg, 1814. Se publicó por primera vez en 1814, poco después de la caída de París (31 de marzo) en manos de los aliados. Esta coincidencia del ensayo con los acontecimientos que señalaban la regeneración política del pueblo alemán no es fortuita, como el mismo THIBAUT señaló en 1838 en el «Archiv. f. civilis Praxis», vol. 21, págs. 391 y sigs. El carácter ocasional del ensayo se pone de manifiesto también en la declaración de THIBAUT (pág. 394) de que el ensayo fue escrito solamente en catorce días. El mismo año lo reprodujeron los *Civilistische Abhandlungen* de THIBAUT (Heidelberg, 1814). Una tercera edición se hizo en 1840 (Heidelberg), con el agregado de recensiones publicadas por THIBAUT en los *Heidelberger* Jahrb. durante los años 1814-1816, relativas a trabajos de SAVIGNY *(Beruf,* etc.), PFEIFFER, GÖNNER, REHBERG, y al programa de la revista para la ciencia histórica de SAVIGNY. Nuestras citas son de esta última edición. Cfr. BEKKER, *Ueber den Streit der historischen und der filosofischen Rechtsschule* (Heidelberg, 1886), págs. 5-7 y notas; id., *Viev Pandektisten* (Heidelberg, 1903), págs. 32 y sigs.; LANDSBERG, *Geschichte,* etc., texto, págs. 80 y sigs.

los móviles de la codificación fueron exigencias de índole política y práctica, y sobre todo obra de los gobiernos y de los juristas, en Alemania buscó su fundamento y su razón de ser en el sentimiento nacional común. En el ensayo al que está ligado particularmente su nombre, Thibaut, después de haber señalado el error en que se incurría al tomar como base de la reforma civil el derecho germánico en la forma histórica en que había sido trasmitido (pág. 7), o el derecho romano (pág. 8), demuestra las ventajas de una legislación nacional uniforme (pág. 18) y defiende de las objeciones habituales el principio de la codificación (pág. 36). Todos sus esfuerzos estuvieron dirigidos a conciliar este último con las exigencias del espíritu nacional alemán. Para él, la legislación civil debía ser una libre creación de la actividad legislativa, no ligada a la tradición o a cualquier derecho extranjero, aunque fuera el romano, y solo dedicada a satisfacer las exigencias del sentimiento nacional. Sustancialmente, aconsejaba para el derecho germánico ese trabajo de idealización y de abstracción que otros habían hecho para el derecho romano. El contenido del Código por él propuesto debía ser, pues, el derecho patrio reducido a unidad formal y material, reproducido en sus caracteres universales y constantes, reunidos en normas simples y uniformes, correspondientes a las condiciones especiales del pueblo alemán.

Digna de nota es la áspera crítica que Thibaut dirige al derecho romano, que los partidarios de Hugo explotaban a les fines de la unificación del derecho privado actual. Si con Led3-niz y con los jusnaturalistas Thibaut reconocía los méritos del derecho romano en el aspecto técnico y formal, si lo consideraba útil para la educación del jurista, lo condenaba como producto histórico por las lagunas y las incoherencias de los textos que lo trasmitían, por el espíritu profundamente contrario a la conciencia ética y a las tendencias del pueblo alemán, al que ninguna crítica histórica, por más rigurosa que fuera, podía modificar. En cambio, Thibaut no ocultó sus preferencias por el derecho nacional, del que exaltaba su espíritu de humanidad y de equidad. El contraste entre romanistas y germanistas, que ocupó gran parte de la civilística alemana en el siglo XIX, se delinea ya en Thibaut, que fue uno de los primeros en poner de relieve el valor y el significado del derecho alemán con respecto al derecho romano[82]. Si por un lado esta preferencia por el derecho alemán era la legítima reacción del sentimiento nacional contra la preponderancia del derecho extranjero, por el otro lado significaba, aunque todavía en forma vaga e imperfecta, el reconocimiento y la defensa del espíritu social que animaba las instituciones del derecho germánico contra el individualismo del derecho romano.

No puede sostenerse que las ideas expresadas por Thibaut con respecto a la codificación en su *Notwendigkeit*, etc., fueran claras y exentas de contradicciones. Aparte la crítica injusta del derecho romano y las arriesgadas afirmaciones señaladas por Bekker[83], Thibaut parece, por un lado, anhelar una legislación civil simple y uniforme que, haciendo abstracción de los diversos derechos positivos existentes (germánico, romano, canónico), derive su norma de principios eternos de razón, y por el otro, hace votos para una legislación nacional resultante del estudio del derecho vigente en los diversos Estados alemanes. Su pensamiento, aunque en for-

82 Para la crítica del derecho romano, cfr. Thibaut, *Nothwendigkett*, etc., págs. 8 y sigs. También cfr. de Thibaut la recensión del *Beruf*, etc. de Savigny (final), publicada nuevamente en apéndice a la 3ª edición de la *Nothwendigkeit*, etc., págs. 89-104. Para el elogio del derecho germánico, cfr. *Nothwendigkeit*, etc., págs. 12 y sigs.

83 Cfr. Bekker, *Ueber den Streit*, etc., pág. 6, notas 6 y 7.

ma fragmentaria, se determina mejor en escritos posteriores, donde sostiene que la codificación debe realizar no solo la unidad formal, sino también material del derecho privado, donde se afirma que con esquemas puramente lógicos, sin contenido positivo, no se hacen los códigos, que éstos principian allí donde termina el *Naturrecht,* y no deben expresar verdades accesibles a la inteligencia, sino que deben, sobre todo, contener normas imperativas capaces de imponerse a la voluntad y ser guía de la acción[84]. Siempre vuelve con insistencia la nota de que el derecho positivo, destinado a constituir el contenido del Código y a ser reducido a unidad de principios, debe ser el derecho germánico, mientras que del derecho romano solo debían aceptarse esos conceptos fundamentales, que podían considerarse identificados con el derecho patrio.

Ni los contemporáneos, ni SAVIGNY, al juzgar a THIBAUT pusieron de manifiesto los aspectos verdaderamente débiles de su tesis. Más que sobre el principio, el error de THIBAUT recaía sobre los medios propuestos y sobre el fin al que quería subordinada la obra de la codificación. El derecho germánico no podía servir a su objeto, tratándose de un derecho que, en la época de THIBAUT, apenas empezaba a ser conocido en sus fuentes y en su desarrollo histórico. Por otra parte, la satisfacción del sentimiento nacional no podía por sí sola legitimar la obra de la codificación. Las relaciones del derecho privado sirven, mucho más que a satisfacer idealidades políticas, a las relaciones económicas que forman su substrato. El derecho germánico, por lo tanto, debía aparecer incompatible con ese movimiento de individualización de las relaciones económicas y civiles que constituía la característica de los tiempos nuevos y que había comenzado también en Alemania, sobre las ruinas del ordenamiento feudal. El derecho romano, por ese espíritu egoísta que THIBAUT le reprochaba, por su elaboración secular y por su acogida en Alemania podía servir mejor a los fines de la unificación civil. El haberlo presentado como un derecho extranjero en oposición a la conciencia jurídica del pueblo alemán, explotando condiciones históricas excepcionales y estados de ánimo pasajeros, fue el mayor error de THIBAUT y la verdadera causa del fracaso de su propuesta. Si en el principio proclamado pudo parecer en pleno acuerdo con los principios filosóficos por él profesados, en la forma empleada para sostenerlo y en los medios indicados para realizarlo cedió a razones de oportunidad y de sentimiento, abandonando el terreno sólido de los principios.

No hay duda de que la obra de THIBAUT sufrió la influencia de la época de transición en que se desarrolló, una época en que la tradición de la escuela del derecho natural se conservaba tenazmente y en que se afirmaban nuevos métodos y nuevas direcciones en la ciencia del derecho privado. Se comprende cómo el contraste entre las varias tendencias debía estallar sobre el terreno de la codificación, que era una cuestión teórica y práctica al mismo tiempo, y que por un momento pareció atraer la atención de los doctos, de los gobiernos y de todo el pueblo alemán. Sin quererlo, THIBAUT suministró a los adversarios argumentos para demostrar que la cuestión no podía resolverse en Alemania, después de la obra de HUGO, con los criterios del siglo XVIII. El conocimiento del derecho positivo, sobre todo alemán, adquiría una importancia ignorada para los redactores de los anteriores códigos. Fue una gran ventura para la ciencia del derecho, que SAVIGNY, reconocida su razón por el adversario en la cuestión de la posibilidad y oportunidad, fuera

---

[84] Cfr. THIBAUT, «*Nothwendigkeit,* etc., edic. cit., apéndice a propósito de la recensión de la obra de PFEIFFER, págs. 62-69.

inducido a tratar sobre la codificación a la luz de la concepción histórica del derecho, que mientras tanto había venido madurando en su mente.

EL MÉTODO HISTÓRICO Y EL ENSAYO SOBRE LA POSESIÓN DE SAVIGNY. LA DOCTRINA DE LA POSESIÓN Y SUS ALTERNATIVAS HISTÓRICAS ANTES DE SAVIGNY. LA OBRA DE LOS GLOSADORES CON RESPECTO A LA POSESIÓN. LAS OPINIONES DE LOS JUSNATURALISTAS ACERCA DE LA POSESIÓN. LA CONFIGURACIÓN DE LA POSESIÓN EN EL CÓDIGO PRUSIANO, EN EL NAPOLEÓNICO Y EN EL AUSTRÍACO. EL ENSAYO SOBRE LA POSESIÓN DE THIBAUT. LA APLICACIÓN DEL MÉTODO HISTÓRICO AL ESTUDIO DE LA POSESIÓN HECHA POR SAVIGNY, Y LA NOVEDAD DE LOS RESULTADOS OBTENIDOS. LA DOCTRINA DEL «ANIMUS» EN LA POSESIÓN Y SU SIGNIFICADO SEGÚN SAVIGNY. LA JUSTIFICACIÓN Y LA INTERPRETACIÓN INDIVIDUALISTA DE LA POSESIÓN SEGÚN SAVIGNY, Y LA INFLUENCIA DEL RACIONALISMO JURÍDICO DEL SIGLO XVIII. CRÍTICA DE LA DOCTRINA DE LA POSESIÓN DE SAVIGNY Y NUESTRA OPINIÓN SOBRE EL ORIGEN Y NATURALEZA DE LA POSESIÓN EN SUS RELACIONES CON LA PROPIEDAD. INFLUENCIA DE LA TEORÍA DE LA POSESIÓN DE SAVIGNY.

7. La personalidad de Savigny, para quien se esfuerza en comprenderla en toda su grandeza, se presenta diversa en las tres sucesivas fases de formación, a las que corresponden respectivamente el ensayo sobre la *Posesión* (1803), la *Vocación* (1814) y el *Sistema* (1840). Los muchos y autorizados escritores que hicieron objeto de estudio la prodigiosa actividad de Savigny, cuando no se limitaron a estudiarla bajo un solo aspecto, no tuvieron debidamente en cuenta la gradual formación y trasformación de su pensamiento. La obra de Savigny no parte de principios racionales inmutables: ella misma es una formación histórica y psicológica que no puede reducirse a unidad lógica[85].

Con la *Posesión,* la bondad del método histórico propugnado por Hugo obtiene plena y solemne confirmación. A la obra crítica y negativa de Hugo sigue la obra positiva y creadora de Savigny. Antes aún de ser el fundador de una nueva escuela, Savigny quiso revelarse jurista consumado. El estudio científico de la historia y de las fuentes del derecho, que Hugo había señalado como el único medio

---

[85] Cfr. sobre Savigny y su obra, además de las propias obras, los siguientes escritos: Arndts, *Zum Andenken an F. C. v. Savigny* (en «Kritische Vierteljahresschrift für Gesetzgebung», etc., IV vol., 1862); v. Bechman, *Feuerbach und Savigny* (München, 1894); Bethmann-Hollweg, *Erinnerung an F. C. v. Savigny* (en «Zeits. f. Rechtsgeschichte», VI vol., 1867); Brinz, *Die Savigny-feier am 21 Feb. 1879* (en «Kritische», etc., XXI vol., 1879, donde se resumen los escritos conmemorativos del centenario del nacimiento de Savigny); Bruns, *Zur Erinnerung an F.C. v. S.* (Berlín, 1879); Capei, *F. C. dei Savigny* (en «Archivio Storico Italiano», XVI, parte 1ª, 1862); Jhering, *F. C. v. S.* (en «Jahrbücher f. d. Dogmatik des heutigen rom. u. deuts. Privatrechts», V vol., 1861); Mignet, *Notice historique sur la vie et les travaux de S.* (en «Séances-Travaux de l'Académie des sciences morales», vol. 71, 1865); Rudorff, *Fr. C. v. S.* (en «Zeits. f. Rechtsgeschichte», 2 vols., 1862); Stintzing, *Fr. C. v. Savigny* (Berlín, 1862); Tedeschi, *Vita e opere di F. C. S.* (en «Biblioteca Giuridica Teorica e Pratica», Serie I, vol. 1, Verona, 18 57, como introducción a la traducción italiana del *Beruf);* Windscheid, *Festrede zum Gedächtnis v. Savigny* (en «Gesammelte Reden», etc., *herausg. von Oertmann,* Leipzig, 1904); Landsberg, *Geschichte,* etc., págs. 186 y sigs.

para abrir nuevos caminos a la jurisprudencia, encuentran en la *Posesión* su aplicación por obra de un hombre que reunía todas las aptitudes para hacerlo con éxito. Y para hacer aun más grande la obra de SAVIGNY en virtud del contraste, no debía faltar en la misma época, y sobre el mismo tema, la consideración del mayor representante del método racional, THIBAUT, futuro adversario de SAVIGNY en la cuestión de la codificación.

La institución de la posesión pareció perturbar en todos los tiempos la armonía de cualquier meditado y lógico sistema de derecho privado. Cuando SAVIGNY se consagró a tratarla, todo en la posesión era incierto y discutible, la noción jurídica, el origen histórico y el fundamento filosófico. Habían contribuido a obscurecer esa noción los glosadores y los jusnaturalistas, quienes, constreñidos a adaptar la concepción romana de la posesión a las nuevas necesidades, habían llegado a una concepción que solo conservaba de la antigua la forma y la terminología, no el contenido y significado esenciales.

Los glosadores, al restaurar en la Edad Media la doctrina romana de la posesión, fueron desviados no solo por los textos del derecho justinianeo, de los que se sirvieron casi exclusivamente, sino también por las influencias del derecho germánico y canónico. Las alternativas de la posesión en el derecho germánico se confunden con las de la *gewere,* que satisfacía la necesidad de dar al hecho material, a la exterioridad del derecho, efectos jurídicos. Sin embargo, mientras en los romanos la posesión parece concebirse independientemente no solo de la existencia o no del derecho, del que aquélla parece la manifestación, sino de la idea misma del derecho, entre los germanos la posesión fue constantemente referida a una relación jurídica preexistente que en su origen fue el derecho de propiedad. Los germanos, al defender el estado de posesión, no defendieron el hecho como tal, sino el hecho en cuanto era la extrinsecación de un derecho, aun cuando prescindieran de su existir o no en realidad. Con respecto al hecho material, del cual no puede abstraerse la posesión, el derecho germánico, aun identificándola con el uso y con el goce, no entendió a este último en el sentido restrictivo y material de los romanos, como tenencia o retención física sobre la cosa, sino que hizo del goce como tal, cualquiera fuera su forma y título, el objeto de la posesión. En tal forma la posesión germánica, no hallándose ligada a la condición de la tenencia de la cosa, se prestaba a un más fácil y largo desarrollo: por otra parte, debiendo encontrar su fundamento en un derecho verdadero o ficticio, no se podía considerar del modo de un simple hecho, ni tenía necesidad de una especial defensa[86].

El derecho canónico, a su vez, había contribuido a turbar la clásica concepción de la posesión. Mientras bajo la influencia del derecho germánico se pierde, en la Edad Media, la noción de la posesión en sentido jurídico, y se niega a la tenencia de hecho sobre la cosa toda defensa propia e independiente, se desarrolla y se afirma en formas nuevas la defensa contra la violencia dirigida a turbar un estado de hecho existente, cualquiera sea su naturaleza y su fundamento. La noción de la

[86] Sabemos, en efecto, que en el derecho germánico faltaba una acción especial en defensa de la posesión, por lo menos con respecto a los inmuebles. La coposesión de más personas *in solidum,* la posesión de los derechos, la continuación de la posesión, aun cuando faltara el dominio físico, éstas y otras aplicaciones de la posesión, incompatibles con la concepción romana de ésta, o aceptadas en el sistema del derecho romano como irregularidades o como ficciones jurídicas, se adaptaban perfectamente a la *gewere* germánica. Cfr. SCHUPFER, *Il diritto privato dei popoli germanici,* Roma, 1907, vol. II, lib. III, sec. 1.

posesión se desarrolló jurídicamente bajo la acción de una doble necesidad: por un lado, para tutelar el ejercicio de hecho del derecho, cuando este ejercicio se presentaba con las formas y con los caracteres de un verdadero derecho, y por el otro, para impedir el ejercicio arbitrario de las propias razones, aun cuando tal ejercicio podía parecer justificado, por estar dirigido a restablecer el orden legal violado. La defensa de la posesión se desarrolló en Roma particularmente bajo el primer aspecto, y en la Edad Media, bajo el segundo[87]. A la distinción romana entre posesión y propiedad, se agregó en la Edad Media una nueva distinción, entre la mera detentación protegida contra la violencia y la posesión a la que la ley otorgaba efectos especiales además de la simple defensa.

La defensa medieval contra la violencia y la consiguiente elevación de la nuda tenencia, se desarrollaron de la institución canónica del *exceptio spolii,* originada en la costumbre eclesiástica anterior al siglo IX en la forma de *officium judicis,* fundado en el principio de que la ejecución no debe preceder al juicio, concedido a los obispos por injustas privaciones del patrimonio y de la dignidad episcopal, sin necesidad de que la privación ilegítima fuera acompañada de violencia especial. Como remedio procesal y no posesorio, la excepción no protegía al despojado en su calidad de propietario, o de poseedor o de detentador, sino en su calidad de acusado. Con el progreso del tiempo, al acentuarse los motivos de orden público que justificaban la *exceptio,* ésta no solo se extendió a todas las clases de personas, sino que fue admitida también en las causas civiles y para la restitución individual de las cosas. En tal forma, de privilegio político reservado a los obispos, se trasformaba en un remedio de derecho común, correspondiente a cualquier despojado acusado, con evidente aproximación a los antiguos remedios restitutorios[88].

Los glosadores, al restaurar en el siglo XII la doctrina romana de la posesión, se esforzaron para reconducir a ella las múltiples desviaciones debidas a la influencia del derecho germánico y canónico, originando concepciones diversas, no siempre conformes con la tradición romana que, por otra parte, solo conocían a través de los textos de JUSTINIANO, Algunos autores (ROGERIO, PIACENTINO), al definir la posesión solo tuvieron en cuenta la exterioridad material, sin considerar la voluntad del agente; otros (BASSIANO), considerando sobre todo el elemento intencional, lo concibieron como un *jus quoddam rem detinendi sibi.* Terminó por prevalecer la opinión intermedia de AZONE, según la cual la posesión es la «corporalis rei detentio, corporis et animi juris adminiculo concurrente».

También fueron notables, aunque en otros sentidos, las discrepancias de los glosadores con respecto a la determinación de las varias especies de posesión[89]. Si

---

87 También en Roma la simple tenencia halló defensa contra la violencia en la conocida constitución de Valentiniano ii; pero el objetivo esencial de ésta era penal y engendraba efectos petitorios y no posesorios, en cuanto atribuía al lesionado, sobre simple prueba de la posesión y de la violencia delictuosa sufrida, no solo la posesión de la cosa, sino el dominio, quitando a quien había recurrido a la violencia toda esperanza de poder hacer valer su *jus proprietatis.* Sin embargo, no puede negarse que, igualmente protegidos en la práctica el poseedor y el detentador, también teóricamente se debía igualar en la defensa la posesión y detentación.

88 Cfr. RUFFINI, *L'actio spolii* (Torino, 1889), Parte III.

89 Cfr. con respecto a las varias doctrinas de los glosadores sobre el particular, el ensayo sobre *Posesión,* de SAVIGNY, § 10, como también BONFANTE, *La possessio civilis e naturalis* (en «Riv. It. per le Scienze Giuridiche», vol. XVI, págs. 200 y sigs.).

es reafirmada la antítesis romana fundamental entre propiedad y posesión, se acentúa la tendencia a una concepción unitaria de la posesión, a extender su noción cualquiera sea su forma y objeto. De esto puede ya tenerse una confirmación en la más antigua doctrina posesoria elaborada por los glosadores, atribuida a PIACENTINO y corroborada más tarde por la autoridad de BALDO y de ALCIATO. Según esta doctrina, la simple tenencia, bajo el nombre de *naturalis possessio,* entra en la noción de la posesión, por más que, en homenaje a la tradición romana, se le niegue valor y significado jurídicos, faltando la intención de tener la cosa para sí. A la *naturalis possessio* se opone en esta doctrina, con poco respeto por la terminología romana y por las fuentes, la *civilis possessio,* en el sentido de una posesión sin insistencia corporal, o sea de una *possessio ficta, quae solo animo retinetur.* A diferencia de la posesión natural, la posesión civil, aunque impropia, era considerada por los glosadores partidarios de PIACENTINO, como posesión jurídica: la ficción que constituía su fundamento permitía extender la noción de la posesión a relaciones jurídicas inmateriales. La verdadera posesión jurídica era, según PIACENTINO, *civilis* y *naturalis* al mismo tiempo, resultando de la detentación material de la cosa y del *animus domini,* entendido este último como ánimo de poseer *pro suo* y no solamente *sibi possidendi;* según llevara a la usucapión o solamente a los interdictos, se distinguía en plena y semiplena.

En esta doctrina de PIACENTINO es manifiesta la tendencia a comprender bajo la noción de la posesión, la posesión pura de hecho, por un lado, y la posesión de los derechos, por el otro, y a distinguir las diversas especies de posesión sobre el fundamento de los elementos objetivos y subjetivos que entran en su constitución. Con ello, en opinión de SAVIGNY, se hacía obra lógica y racional, impuesta por las nuevas influencias germánicas y canónicas; pero quedaban superados los límites establecidos por los romanos para la noción de la posesión, y se perdía de vista la verdadera razón de la defensa posesoria romana, que consistía en garantizar el ejercicio de hecho del derecho de propiedad. La institución de la posesión, al desarrollarse en formas nuevas por obra de los glosadores, y al adaptarse a las nuevas necesidades de los tiempos, si ganaba en racionalidad y extensión, se despojaba de esas características peculiares en que había sido trasmitida por la tradición clásica.

Más de acuerdo con el espíritu del derecho romano y con el pensamiento de los jurisconsultos fue la doctrina posesoria referida a BASSIANO y que, modificada por BARTOLO, tomó forma definitiva en CUIACIO. Según esta doctrina, más que a la posesión entendida en forma abstracta, debía atenderse a esa particular forma de posesión a la que los romanos atribuyeron efectos jurídicos y a la que se contrapone, como término negativo, la posesión no jurídica. En su forma originaria, la doctrina de BASSIANO distingue diversos grados de posesión jurídica, según los efectos producidos: junto a la *possessio civilis,* que es la posesión en la plenitud de sus efectos, y que comprende la posesión del propietario, la posesión *ad usucapionem,* y, en general, como sostenía BARTOLO, la posesión fundada en una *justa adquisitionis causa,* está la posesión jurídica que habilita solo a los interdictos y que, en sus fuentes, era llamada también *naturalis.* De la posesión jurídica, fuera civil o natural, se distinguía con significado y valor negativos la *tenencia.*

No faltaron glosadores que, simplificando la doctrina de BASSIANO, sin ningún respeto por las fuentes romanas, redujeron toda la doctrina posesoria a la relación lógica de posesión jurídica o civil, de posesión no jurídica o natural, sin distinguir entre las diversas formas o grados de posesión jurídica e identificando la detentación con la posesión natural. Este sistema, que en su simplicidad y generalidad satisfacía las exigencias lógicas del pensamiento y podía conciliarse con la variada y compleja evolución jurídica de la posesión, fue restaurado y defendido con gran vigor por CUPERO hacia fines del siglo XVIII, y fue aceptado por THIBAUT en su ensayo sobre la posesión.

La obra de elaboración jurídica de la posesión, cumplida por los glosadores, se había desarrollado al margen de las verdaderas razones históricas de la posesión, bajo la influencia de las exigencias prácticas, en conformidad con la tendencia general de hacer de la posesión unificada en sus varias formas, una institución análoga a la propiedad, y justificar su defensa con las razones que servían para la propiedad. El derecho germánico y canónico favorecieron así la unificación de la posesión, como su reducción a la propiedad. El derecho germánico ignoraba, en efecto, la antítesis romana propiedad-posesión, y consideraba a la posesión como expresión de un derecho verdadero o presunto: era llevado, pues, a presumir de la posesión la existencia del derecho de propiedad. Tal presunción, expresamente reconocida por PIACENTINO, en tanto servía de base al remedio procesal de la *exceptio dominii,* que violaba ya el principio romano de la separación del juicio petitorio del posesorio, ofrecía al mismo tiempo una simple cuan racional justificación de la posesión. Y esta justificación la tradujeron los glosadores y los posglosadores en una verdadera teoría que dominó sin discusión en la práctica jurídica y en la legislación, hasta el advenimiento de SAVIGNY.

Solamente los canonistas, preocupados en justificar la protección legal de la simple detentación, que excluye cualquier presunción del derecho, buscaron el fundamento de la posesión en consideraciones de orden público y en la necesidad de evitar la violencia privada. Esta justificación no pudo prevalecer sobre la doctrina de la presunción, la que parecía conciliarse mejor con las fuentes romanas que negaban carácter jurídico a la posesión natural.

La incertidumbre del pensamiento de los juristas acerca de la posesión se torna más grave en los jusnaturalistas, algunos de les cuales no supieron cómo justificar la institución de la posesión en un sistema racional de derecho privado, mientras que otros, cediendo a la tendencia racionalista de la época, la trasformaron en un verdadero derecho fundado sobre la propiedad.

Los jusnaturalistas que, como GROCIO, tendían a concebir el estado y el derecho de naturaleza como un estado y un derecho de razón, no podían justificar la institución de la posesión como institución autónoma distinta de la propiedad, a ella contrapuesta. GROCIO, en efecto, no vacila en afirmar *jure naturae nullum usum esse possessionis*[90]. En el estado de naturaleza, la ocupación, o sea la toma de posesión de la cosa común, no engendra derechos de ninguna especie: ella es solo la condición necesaria, pero no suficiente, para el nacimiento de la propiedad, requiriéndose a este fin un pacto tácito o expreso de renuncia al estado de comunión, o de consenso a la apropiación individual. Por tanto, según el derecho de naturaleza, la posesión va acompañada necesariamente de la propiedad, y no puede entenderse separada de ésta como un derecho especial *(jus possessionis).* Sin embargo, GROCIO considera *pro praedone eum qui rogatus de possidendi causa nullam aliam affert, nisi quod possidet*[91].

[90] Cf r. SAMUELIS L. B. DE COCCEII, *Introductio ad Henrici L. B. de Cocceii Grotium Illustratum,* etc. (Lausannae, 1751), Disertac. VI, cap. V, *ubi Grotii sistema de possessione explicatur.*

[91] Cfr. GROCIO, *De jure belli ac pacis,* lib. II, cap. 22, § 3.

La separación entre la posesión y la propiedad fue introducida, según GROCIO, por el derecho positivo voluntario, por razones de conveniencia y de utilidad totalmente extrañas a la naturaleza de la posesión. *Possessoria judicia juris civilis sunf*[92]. Y tal es sustancialmente la opinión de PUFENDORF[93].

También los jusnaturalistas, que consideraron el estado de naturaleza como un estado irracional de predominio de los instintos egoístas, antisociales (HOBBES), o de sentimientos altruistas (ROUSSEAU), si consideraron como natural el estado de hecho derivado de la posesión, están de acuerdo en reconocer su incompatibilidad con el estado civil de razón, en el que la posesión, fundada en naturales tendencias del hombre, es sustituida por la propiedad fundada en la ley que expresa una exigencia racional. En los jusnaturalistas, partidarios de la dirección empírica, la posesión resume las relaciones de hecho que nacen en el estado de naturaleza, es decir, en el estado que precede al imperio de la razón y de la ley. La posesión, afirma ROUSSEAU, «n'est que l'effet de la force ou le droit du premier occupant», en oposición a la propiedad «qui ne peut être fondée que sur un titre positif»[94].

Junto a la tendencia dirigida a eliminar la posesión del orden jurídico como un estado de hecho irracional, se destaca en el seno de la escuela del derecho natural la tendencia a racionalizarla, a transformarla en un verdadero derecho. Esta tendencia, que se había puesto de manifiesto en las incertidumbres del pensamiento de GROCIO y de PUFENDORF acerca de la posesión, se acentúa con WOLF y solamente con KANT llega a su completo desarrollo.

De acuerdo con la tradición de los juristas, WOLF hace consistir la posesión «magis in facto quam in jure», pero al mismo tiempo reconoce que del hecho de la posesión «jus quoddam sequitur quod just possessionis appellatur»[95]. Existe, pues, para WOLF, un verdadero *jus possessionis,* correspondiente al poseedor *vi possessionis,* distinto tanto del derecho de propiedad como del *jus possedendi,* que es inherente a la naturaleza del dominio y corresponde al propietario *vi dominii.* Cómo y por qué un derecho nace del hecho de la posesión, no se explica sin reconocer en la posesión un fundamento racional. Y éste consiste, según WOLF, en el principio de libertad

---

92 Cfr. GROCIO, *De jure,* etc., lib. III, cap. 20, § 48. Sin embargo, en otro lugar GROCIO reconoce que también *naturali jure melior esf conditio possidentis (De jure,* etc., lib. II, cap. XXIII, § 11).

93 Cfr. PUFENDORF, *Le droit de la nature et des gens,* trad. Barbeyrac (4ª ed., Base, 1732), libs. IV y IX, §§ 5 y sigs.

94 Cfr. ROUSSEAU, *Contrat social* (ed. Dreyfus-Brisac), París, 1896, lib. I, cap. VIII, pág. 41.

95 Cfr. CH. WOLFIUS, *Jus naturae methodo scientifica pertractatum* (Halle, 1742), parte II, 5 744 (nota). WOLF define la posesión: *detentio rei tamquam suae, sive quis eam suam esse putet, sive suam esse et ab aliis pro tali haberi velit.* Después de haber señalado la falta de una definición de la posesión en los jurisconsultos romanos, y las dificultades halladas por la glosa y los intérpretes, WOLF reproduce la definición de CONSTANTINO HERMONOPULUS : *detentio quae animo dominantis fit,* para declarar que ella corresponde con la dada por él: *dominari idem est ac ea facere quae jure dominii facere licet* (id. § 150). En esta definición del *animus* en la posesión, de origen bizantino, concuerda entre los románticos modernos BONFANTE, *Il punto di partenza nella teoria romana del possesso* (en «Studi Senesi», vol. 23, 1905, págs. 171-183). Sin embargo, mientras la opinión de BONFANTE está fundada en la interpretación de las fuentes romanas respecto de la posesión jurídica, la opinión de WOLF era la consecuencia del principio abstracto de que la posesión no era sino propiedad presunta, y que debía forjarse, por consiguiente, a imagen y semejanza de la propiedad. Agregúese que, mientras para BONFANTE las expresiones *animus domini* y *animus dominantis* son diversas, en WOLF tienen equivalencia.

natural de disponer de la cosa *instar domini*, a preferencia de quien no es propietario o no ha tenido aún ocasión de serlo[96].

Por primera vez, el principio de libertad era invocado por WOLF para justificar la posesión, y al invocarlo interpretaba la tendencia general de la época, que se inclinaba por la individualización de las relaciones jurídicas privadas y por su justificación mediante el concepto de personalidad y de libertad. Las cosas exteriores solo pueden considerarse propiedad de alguno en cuanto con respecto a ellas se manifiesta efectivamente la libre actividad del individuo. El poseedor usa su libertad natural y, por consiguiente, su derecho, valorizando cosas que, por el no uso o por el abandono en que se dejaron, han perdido los rastros de la personalidad individual y se han vuelto *res nullius* porque ninguno puede probar que es propietario de ellas. El hecho de que otro sustituya al propietario en el uso y en el goce de la cosa no debe hacer presumir en él el derecho de propiedad sobre la cosa, sino la renuncia del propietario al derecho de propiedad, por lo que la cosa deviene *res nullius y* se convierte en objeto de ocupación. El principio de razón que justificaba la posesión de los derechos reales, podía lógicamente extenderse al ejercicio de hecho de cualquier derecho, cualquiera fuera su objeto. Y tal es, en realidad, el pensamiento de WOLF[97].

La doctrina de WOLF, a pesar de inspirarse en los principios del derecho natural y, en cuanto tal, no pudiera ni aceptar ni justificar la distinción romana de la posesión natural y civil, no estaba exenta de elementos empíricos[98]. La posesión consistía siempre para WOLF *magis in jacto quam in jure,* y si como hecho podía justificarse en homenaje al principio de libertad, no podía definirse, sin embargo, por un derecho[99]. Por esto era necesario hacer abstracción del contenido empírico y transformarlo en concepto puro. Esto lo hizo KANT con la conocida distinción entre la posesión fenoménica y la posesión inteligible y con la diferente justificación que dio de una y otra[100].

La posesión empírica en la doctrina kantiana se sustancia en la unión física de la persona con la cosa, prescindiendo de la intención con que la cosa se mantiene en unión con nosotros y de la legitimidad de la unión. Si esta relación física meramente exterior no basta aún a hacer considerar a la cosa como propia de quien la posee, constituye ya por sí sola un derecho en perfecto acuerdo con el postulado jurídico de la libertad exterior. La posición de quien está físicamente unido a la cosa no se distingue, para KANT, esencialmente de la del primer poseedor, quien, en armonía con el postulado jurídico de la libertad exterior, ocupa la cosa común y no está obligado a probar *(beurkunden)* la legitimidad de su posesión[101]. El respeto a la posesión empíricamente entendida se resuelve para KANT en respeto a la personalidad. Como cualquier otro derecho, la posesión empírica es libertad exteriorizada, y debe ser respetada en tanto no se demuestre que es incompatible con igual libertad del prójimo.

---

96 Cfr. WOLFIUS, *op. cit.*, § 739. «Est jus possesson competens partícula quaedam libertatis naturalis, vi cuius etiam alteri permittendum ut faciat quod illicitum est, quandiu nil fit contra jus permittentis, adeoque quod quis nullo jure facit.»

97 Cfr. WOLF, *op. cit.*, § 774 y sigs.

98 Cfr. WOLF, *op. cit.*, § 770.

99 Cfr. WOLF, *op. cit.*, §150.

100 Sobre la noción de la posesión en KANT, cfr. SOLARI, *La idea individual,* I, págs. 280 y sigs.

101 Cfr. KANT, *Rechtslehre,* § 6.

Pues si se separa de la tenencia física, la posesión se convierte en una relación inteligible, cuyos términos son el yo y lo exterior al yo. La posesión, desligada de las condiciones empíricas de tiempo y de lugar, se convierte en categoría suprema del orden jurídico y tiene por fundamento no el postulado jurídico de la libertad, sino el postulado de la razón práctica, por lo que lo exterior debe considerarse potencialmente *das Seine* de alguien. La posesión inteligible identificada con la relación jurídica en su máxima generalidad, pedía referirse a cualquier derecho, personal o real: la propiedad misma constituía una especie determinada de ella. Con KANT, la posesión se presentaba empíricamente como exteriorización de la libertad, idealmente como condición esencial de la personalidad. Lo que para los juristas era un hecho irracional, o bien la misma propiedad presunta, para KANT se trasformaba en un verdadero derecho, en el derecho por excelencia, del que podían derivarse racionalmente todos los demás derechos. No era el hecho de la posesión ni la propiedad en él supuesta lo que constituyó en todo tiempo, según KANT, la justificación de la defensa posesoria, sino la personalidad misma del hombre en relación ideal y necesaria con la naturaleza circundante.

Varias y contrastantes eran, pues, a fines del siglo XVIII, las opiniones en torno a la posesión. Por un lado los juristas, haciendo obra de reducción y de simplificación de la tradición posesoria romana, habían logrado, con CUPERO, reunir las diferentes formas en torno a la doble noción de posesión *civil* o jurídica, defendida como propiedad supuesta y cuyo elemento constitutivo era el *animus domini,* y de posesión *natural,* no jurídica, o sea no tutelada por la ley, entendida como concepto esencialmente negativo. Por su parte, los filósofos partidarios de WOLF, y sobre todo de KANT, tendían a una concepción de la posesión unitaria y racional, y la justificaban por sí, como un derecho autónomo fundado sobre la libertad y la personalidad. La distinción preferida por ellos no era entre detentación y posesión jurídica, sino entre posesión física y posesión inteligible. De estas influencias jurídicas y filosóficas diversas y contrastantes en torno a la posesión, existen rastros evidentes en los códigos de la época.

En el Código prusiano la posesión figura como institución autónoma, y por primera vez en un texto legislativo se encuentran reunidas las normas que la regulan[102]. No puede decirse que tales normas respondan a una concepción lógica y unitaria: a los elementos romanos predominantes se asocian elementos derivados del derecho germánico, con tendencia a extender la noción y los efectos de la posesión más allá de los límites fijados por la tradición. En homenaje a ella es requerido el *animus domini* como condición esencial (§ 5), mientras se reconoce explícitamente la posesión de los derechos (§ 7). Contrariamente a la doctrina simplista de CUPERO y en conformidad con la tradición constante, el Código prusiano reconoce el carácter jurídico a la posesión llamada imperfecta *(unvollständiger Besitz),* en la que falta el *animus domini,* porque no se posee por sí, sino que está el *animus possessionis,* porque el poseedor dispone de la cosa en su propio interés (precario, acreedor pignoraticio). Tanto la posesión perfecta como la imperfecta se hallan igualmente defendidas (§146). El despego de la tradición romana y la influencia germánica y canónica se revelan en el reconocimiento jurídico de la simple detentación (§§ 1 y 2) y en la protección al detentador, otorgada en las relaciones con terceros, si no en las relaciones con el poseedor (§§144 y 148). El principio de la reintegración del posee-

[102] Cfr. *Allg. Landrecht f. die Preuss. Staaten* (1794), 1ª parte, 7° título. La materia de la posesión está distribuida en 250 parágrafos.

dor violentamente despojado, cualquiera sea la naturaleza de su posesión, está explícitamente reconocido en el Código prusiano (§§146 y 147).

Se sigue de allí que el principio de la propiedad supuesta no constituye el supuesto racional de la defensa posesoria según el Código prusiano. Más que cualquier otro código, el prusiano se ha alejado de la tradición romana inspirándose en los principios de la filosofía wolfiana. Como en ésta, en el Código prusiano la concepción de la posesión en cuanto derecho fundado en la libertad natural no está enteramente desligada del empirismo; y los diversos elementos que concurren en ella no aparecen aún integrados en unidad teórica y práctica.

Mientras el Código prusiano, respecto a la posesión, representa, no sin incertidumbres, la tendencia a ampliar su noción, a considerarla casi como un derecho fundado en la libertad, el Código Napoleón, en sentido inverso, considera la posesión como una excepción en el sistema del derecho, acreedora de defensa y de consideración solo en cuanto, a través de signos indubitables, permita presumir la existencia del derecho real. Sobre el Código Napoleón ejerció influencia decisiva POTHIER, quien, a fines del siglo XVIII, reprodujo en Francia la antigua doctrina de BASSIANO y de CUIACIO. Según esta doctrina, no existe más que una forma de posesión jurídica o civil, la posesión del propietario, o bien la posesión que, por estar fundada en una *justa adquisitionis causa,* hace presumir el derecho de propiedad. CUIACIO reconocía, sin embargo, al lado de la posesión civil, que *jure vel animo domini possidetur,* una posesión natural fundada en *alio jure quam dominii, veluti jure pignoris, vel jure usufructus.* El Código Napoleón, haciendo de la posesión el accesorio de la prescripción adquisitiva y requiriendo en forma explícita para su existencia el *animus domini,* restringía notablemente la noción de la posesión, negando todo reconocimiento y efecto jurídicos no solo a la simple detentación, sino a la posesión fundada en un título que no fuera el de la propiedad (posesión del acreedor pignoraticio, del usufructuario, del precarista)[103]. Y no solo la noción de la posesión jurídica quedaba así restringida: el objeto de la posesión, según el Código de 1804, no puede ser más que una cosa susceptible de propiedad o de servidumbre. En sustancia, el legislador francés, al limitar en tal forma su noción y objeto, demostraba de modo indubitable que no reconocía para la posesión el carácter y el significado de institución jurídica autónoma, y que protegía en ella no el dominio de hecho sobre la cosa, sino el derecho real, verdadero o supuesto, que se manifiesta exteriormente en la posesión. Con esto el legislador francés demostraba hallarse mucho más dentro del orden de ideas representado por esos jusnaturalistas que negaban a la posesión el carácter de institución jurídica autónoma, que en el orden de ideas de los juristas, preocupados en desarrollar la doctrina romana y medieval de la posesión y adaptarla a la conciencia jurídica moderna. El Código Napoleón contribuyó con su autoridad y difusión a demorar el desarrollo natural de la noción jurídica de la posesión, que los juristas medievales habían iniciado felizmente sorteando mil contrastes. Bajo su influencia, la posesión continuó limitada, en la legislación y en la jurisprudencia, al ejercicio de los derechos reales, y justificada como propiedad supuesta; y fue consi-

---

[103] El Código Napoleón trata de la posesión bajo el título XX, relativo a la prescripción, artículos 2228-2235. La referencia incidental a la acción de reintegración que hace el Código en el artículo 2060 no debe inducir a creer en un reconocimiento jurídico de la detentación. La acción de la reintegración es considerada aquí no como una acción civil, sino como una acción que nace de delito y como tal concedida al detentador. Cfr. RUFFINI, *Actio spolii,* etc., pág. 446.

derada como el ejercicio de hecho de los derechos en general, sin límites en el objeto, ni condicionada a la intención del propietario.

Al determinar la naturaleza, la extensión y el fundamento de la posesión, el Código austríaco sufrió más que cualquier otro la influencia del racionalismo jurídico dominante. Y en verdad, si en homenaje a la tradición clásica prevaleciente la posesión figura aún en el sistema del Código austríaco entre los derechos reales, la noción y la defensa de ella comprenden la posesión en todas sus formas y graduaciones, desde las formas físicas y fenoménicas en que se manifiesta y bajo las cuales se entiende generalmente, hasta las formas abstractas de la razón[104]. Siempre y en todos los casos la posesión es, para el Código austríaco, la expresión de la personalidad sobre el mundo exterior, y como tal está defendida y se distingue netamente de la tenencia, donde el poder sobre la cosa no está acompañado de la intención de tenerla como propia (§ 309)[105].

Junto a la posesión natural correspondiente a la posesión física kantiana, donde el dominio sobre la cosa se entiende desde un punto de vista material, y donde el objeto de la posesión son las cosas corporales, el Código austríaco reconoce la posesión de los derechos y de las cosas incorporales, en las que la relación es esencialmente intelectual y jurídica, y no se manifiesta por signos exteriores y durables susceptibles de prescribir (§§311 a 313). Y como la intención con que se posee puede fundarse objetivamente en un título válido para la adquisición del derecho, y subjetivamente en motivos verosímiles, el Código austríaco distingue entre posesión legítima y de buena fe, a las que se contraponen la posesión ilegítima y de mala fe (§§ 316 a 326). Pues si la posesión ilegítima y de mala fe fueran el fruto del fraude y la violencia, se volverían también viciadas (§ 345). En todas estas formas se encuentra la noción de la posesión, y a todas se extiende, aunque en diverso grado, la defensa posesoria (§ 339); el fundamento de ésta es, en todos los casos, la personalidad. Si la posesión nace, en efecto, a raíz de la ocupación de *res nullius,* su defensa no es sino la defensa de la libertad personal, según opinión de WOLF y de KANT (§ 317). En la posesión derivada legítima y de buena fe, la personalidad es defendida indirectamente mediante el derecho que se manifiesta en la posesión por signos indubitables, y nunca puede presumirse la ilegitimidad y la mala fe (§§ 323 y 328). En la posesión viciada, la personalidad se encuentra nuevamente en juego y está defendida contra los peligros de la justicia privada (§ 19). Por lo tanto, la teoría de la propiedad supuesta, invocada por los juristas en justificación de la posesión, y que había triunfado en el Código francés, no conviene al Código austríaco en el cual la institución de la posesión es llevada a ese principio de la personalidad que KANT había exaltado a principio fundamental del derecho privado[106].

---

104 Cfr. Cód. Civ. austríaco, 2ª parte, 1ª sección, capítulo I, en torno a la posesión, §§ 307 a 352.

103 Sobre la distinción entre tenencia y posesión física insiste ZEILEER en su *Nat. Privat-Recht* (1802), de inspiración kantiana.

104 Cfr. Cód. Civ. austríaco, 2ª parte, 1ª sección, capítulo I, en torno a la posesión, §§ 307 a 352.

105 Sobre la distinción entre tenencia y posesión física insiste ZEILEER en su *Nat. Privat-Recht* (1802), de inspiración kantiana.

106 La interpretación que hemos dado acerca de la posesión en el Código austríaco no es la que comparten generalmente los comentaristas. Cfr. RANDA, *Der Besitz nach öster. Rechte* (4ª edic., Leipzig, 1895), y los agregados de FORLANI a la traducción de la obra de JHERING: *Sul fundamento della protezione del possesso* (Milano, 1872). Pero, a nuestro juicio, debe reaccionarse contra el sistema *de* entender las instituciones de los códigos a través de doctrinas extrañas

Los códigos, pues, al disciplinar la institución de la posesión, reflejaban el estado incierto de la doctrina y de la práctica. Tampoco puede decirse que el ensayo de THIBAUT sobre la posesión haya representado un progreso real. Este ensayo, publicado casi simultáneamente al de SAVIGNY, se reducía, en efecto, a un árido resumen, en viejo estilo, de las ideas de la época acerca de la posesión[107]. Conforme al método abstracto dominante, THIBAUT parte de la determinación genérica de la posesión, y aun negándole a la materialidad de la posesión (tenencia) todo valer y significado jurídicos, le reconoce, en la forma de posesión natural, la capacidad de engendrar consecuencias jurídicas y de pretender la protección del Estado, en cuanto, por la relación indisoluble entre la persona y la cosa, ésta no puede quitarse sin violar el principio de la personalidad. Para constituir la posesión en sentido jurídico es necesaria la tenencia fundada en un título jurídico, el cual resulta del *animus detinendi,* de la intención de referir el hecho de la posesión al uso propio y exclusivo[108]. La personalidad que insiste sobre la cosa es para THIBAUT, dominado por las doctrinas filosóficas de la época, el verdadero fundamento de la posesión: cuando aquélla falta o se pierde, la posesión viene a menos[109]. Pero THIBAUT, como jurista profundamente versado en el estudio del derecho romano y positivo, debía poner de manifiesto el desacuerdo entre esta simple cuan racional concepción de la posesión, correspondiente al espíritu de la época y a las exigencias lógicas de su pensamiento, y la doctrina posesoria dominante en la práctica y en la legislación, que podía conciliarse con aquélla solo en virtud de ficciones y de excepciones. THIBAUT se

---

a los tiempos en que dichos códigos se prepararon. Esto vale sobre todo para FORLANI, que hace todo esfuerzo posible para reconducir la materia posesoria del Código austríaco a la conocida teoría objetiva de la posesión de JHERING, entendida como la exterioridad de la propiedad.

107 Cfr. THIBAUT, *Ueber Besitz und Verjährung* (Jena, 1802). Existe la traducción italiana de TURCHIARULO (Napoli, 1854). La obra de CUPERO sobre la posesión *(Observationes selectae de natura possessionis)* es de 1789, y THIBAUT declara seguir su doctrina en el *Besitz* (§ 11, nota). Pero en las notas agregadas a la 2ª edición de la obra de CUPERO, cuidada por él mismo (1804), THIBAUT tomaba el partido de SAVIGNY y reprodujo su opinión en las primeras ediciones de las *Pandectas.* Pero ya en las *Civilistische Abhandlungen* (Heidelberg, 1814, págs. 339-340), vuelve a la doctrina de CUPERO, aceptándola resueltamente en la octava y última edición de las *Pandectas,* de 1834 (§ 209 y nota *k), y* en la disertación *Ueber possessio civilis und naturalis* (en «Archiv f. civ. Praxis», vol. XVIII, 183 5, págs. 315-364). Las oscilaciones de THIBAUT con respecto a la posesión son el reflejo del contraste fundamental de su pensamiento entre las exigencias prácticas y filosóficas. Como jurista y conocedor profundo de las fuentes romanas no podía estar con CUPERO; por otra parte, cediendo a las exigencias lógicas de su pensamiento, tenía que aceptar con CUPERO una doctrina posesoria simple y racional, respecto a la cual la concepción romana no tenía más que un valor empírico y relativo.

108 Cfr. THIBAUT, *Ueber Besitz,* etc., § 2.

109 Esta justificación de la posesión, que está implícita, si no explícita, en el ensayo sobre el *Besitz,* no corresponde a la que THIBAUT acogió en la octava edición (Jena, 1834) del *System des Pandekten-Rechts* (vol. I, 203 y 204). Aquí sostiene que la posesión es un hecho *(factische Zustand)* protegido no por sí sino en virtud del principio racionalmente necesario de «que nadie puede someter a otro, a menos que existan motivos prevalecientes, constituidos por un derecho mejor». Entre los que, siguiendo a SAVIGNY, hacían de la posesión un hecho, y los que la consideraban un derecho, THIBAUT toma una posición intermedia y hace de la posesión un derecho relativo, a la que se concede una protección igualmente relativa, válida solamente contra los ataques arbitrarios o fundados sobre derechos menos fuertes. Cfr. la crítica que dirigió JHERING a esta posición, *Sul fondamento della protezione del possesso* (trad. Forlani, Milano, 1872), págs. 18 y 19.

esfuerza, en efecto, en su ensayo, por destacar los diversos casos en que las leyes positivas reconocen la calidad de poseedor a quien no posee en el sentido exigido por la teoría, y, viceversa, los casos en que se niega la calidad de poseedor aun concurriendo las condiciones de la posesión jurídica[110].

Las oscilaciones y las incertidumbres de THIBAUT con respecto a la posesión eran las de los juristas contemporáneos, vacilantes entre la tradición clásica y la influencia cada vez mayor que ejercían los filósofos de la escuela kantiana con su tendencia a determinar *a priori* el concepto de la posesión, haciendo abstracción de las formas históricas y de las mismas disposiciones de las leyes positivas en que se concretaba. WOLF había destacado ya que la distinción romana entre posesión natural y civil no tenía sentido en el sistema del derecho de la naturaleza, para el cual no existe más que una sola forma de posesión: la que tiene por fundamento la libertad humana. Esta posesión, que es la única verdaderamente natural o racional, se hace jurídica en cuanto es reconocida y defendida por las leyes positivas[111]. Por su parte, KANT, haciendo de la posesión un concepto *a priori* derivado de la personalidad, y mientras la elevaba a dignidad de derecho, suprimía la antítesis posesión-propiedad, destruía la noción de posesión natural, tal como la entendían los juristas, no pudiéndose concebir lesión de personalidad, y por lo tanto defensa posesoria en una relación en la que la personalidad, en la forma de intención de poseer, se halla ausente. La única distinción que tenía valor para los juristas partidarios de KANT era la de la posesión física y posesión inteligible, que reflejaba, en el dominio de la posesión, la distinción kantiana entre realidad fenoménica y realidad nouménica, distinción que no era extraña a la conciencia jurídica, como la que en todos los tiempos había sido oscurecida en la distinción entre posesión material e inmaterial.

En medio de tantos contrastes e incertidumbres de la teoría y de la práctica, el ensayo de SAVIGNY sobre la posesión pareció realmente como una revelación, como un meteoro, observa BRUNS, en una noche oscura[112].

Entre los filósofos juristas y los juristas filósofos, SAVIGNY se abrió un nuevo camino merced a la aplicación de ese método histórico que HUGO había inaugurado. Y la importancia de los resultados alcanzados frente a la simplicidad de los métodos adoptados conquistó para la obra de SAVIGNY la aprobación general no solo de admiradores como HUGO, sino de adversarios como THIBAUT[113]. SAVIGNY comprendió la necesidad de reconstruir históricamente la institución de la posesión a través de las desviaciones y de las alteraciones de la tradición y de la especulación. Por eso se remontó hasta los orígenes, a las fuentes romanas, que habían sido el punto de partida de la elaboración ulterior y que, con el tiempo, se habían oscurecido y casi perdido. La posesión romana, en su configuración jurídica, en las causas históricas

---

110 Cfr. THIBAUT, *Ueber Besitz,* etc., II, §§ 7-23.

111 Cfr. WOLF, *Jus naturae,* etc., § 770.

112 La primera edición del *Das Recht des Besitzes* de SAVIGNY es de 1803. Las otras seis ediciones son respectivamente de 1806, 1818, 1822, 1827 y 1836. Una séptima edición fue publicada en 1865 por RUDORFF, después de la muerte de SAVIGNY, con notas dejadas por éste y con un apéndice del mismo RUDORFF sobre el estado actual de la doctrina. Existen las traducciones italianas de CONTICINI (Firenze, 1839) y de ANDREOLI (Napoli, 1854) realizadas sobre la sexta edición. Nuestras citas son de la tercera edición de la traducción francesa de STAEDLER (Bruxelles 1879), efectuada sobre la edición de RUDORFF.

113 Cfr. HUGO, *Gött. gel. Anz.,* cit., 1804, págs. 289 y sigs.; THIBAUT, *Allg. Literaturzeitung,* 1804, II. 41.

que la produjeron y en su fundamento racional revivió en la obra de Savigny y se convirtió en el punto de partida de una nueva elaboración teórica y práctica.

Con Savigny, la posesión como institución jurídica readquiere toda su autonomía en las relaciones con la propiedad. Savigny comenzó distinguiendo la posesión como institución en sí, de la posesión como condición necesaria de ejercicio del derecho de propiedad. La noción de la propiedad implica el *jus possidendi* como nota esencial. Así entendida, la posesión no justificaría una teoría distinta de la de la propiedad, y posesor y propietario serían una misma cosa. Pero le asiste razón para ser una teoría especial sobre la posesión, en cuanto ésta no es considerada como el efecto de otros derechos, sino que es ella misma causa o condición de derechos. A este respecto Savigny se preguntó si y cuáles derechos existían en Roma, y cuáles admitían como condición necesaria de existencia el hecho de la posesión. No es, pues, cuestión del *jus possidendi* del propietario y ni siquiera del hecho puro y simple de la tenencia, que como tal se halla fuera del terreno jurídico, sino de la posesión en sentido jurídico, esto es, en cuanto puede acarrear consecuencias jurídicas y engendra un verdadero «Recht des Besitzes» *(jus possessionis)*[114].

La diligente investigación de las fuentes permitió a Savigny afirmar que solamente en dos casos, entre los romanos, la posesión pura, en cuanto se diferenciaba de la propiedad, engendraba consecuencias jurídicas: en el caso de la usucapión, que era una institución del derecho civil, y en el caso de defensa contra las turbativas mediante los interdictos del derecho pretorio. Solo para los casos de usucapión y de interdictos, la posesión se elevaba a dignidad de institución jurídica, y las normas jurídicas inherentes no tenían otro objeto que determinar la posibilidad de la usucapión o la aplicación de los interdictos[115]. Por lo tanto, la posesión jurídica asume dos formas: en cuanto lleva a la usucapión, que era institución del derecho civil, se dice *possessio civilis;* en cuanto constituye el fundamento de los interdictos, se llama simplemente *possessio.* En contraposición a la posesión jurídica surge la noción absolutamente negativa de la *naturalis possessio,* que es la detentación a la que le faltan las condiciones para originar la posesión jurídica. Como la posesión necesaria para la usucapión comprende la posesión de los interdictos, pero no a la inversa, se tienen dos formas de posesión natural, una contrapuesta a la posesión jurídica en todas sus formas, y la otra que excluye la usucapión pero que admite la defensa de los interdictos; en un caso la negación de la posesión jurídica es total; en el otro caso es solo parcial; pero ambos casos, si bien diversos, se hallaba en las fuentes comprendidos bajo la común denominación de posesión natural[116].

Es ya evidente el nuevo aspecto bajo el cual se presentaba con Savigny la posesión. Mientras algunos la consideraban como un derecho fundado sobre la personalidad y otros la degradaban al punto de considerarla como el ejercicio de hecho de la propiedad efectiva o presunta, Savigny afirmaba resueltamente que la posesión, por su origen y por su naturaleza, es un hecho, no un derecho; es un poder puramente natural sobre la cosa, que no tiene nada de jurídico en sí y que como tal puede surgir de la violencia; no está sometido a normas, no es susceptible de adquisición ni de pérdida ni de transferencia en sentido jurídico. Pero el hecho

---

114 Cfr. Savigny, *Traité de la possession en droit romain* (trad. Staedtler, cit.), § 1.

115 Cfr. Savigny, *Traité,* etc., §§ 2 a 4.

116 Cfr. Savigny, *Traité,* etc., § 7. Acerca de los antecedentes históricos del sistema de Savigny, cfr. Bonfante, *La possessio civilis,* etc., cit., pág. 203.

de la posesión, en cuanto era susceptible, por el concurso de ciertas condiciones, de originar efectos jurídicos, podía considerarse un derecho si no con respecto a la usucapión, de la que constituía la justa causa, respecto a los interdictos, de cuya naturaleza personal participaba. No siendo derecho por sí, sino por los efectos producidos, la posesión no encuentra lugar en el sistema de los derechos y asume el carácter y el significado reales o personales de los derechos por ella producidos[117].

La detentación por sí sola es condición necesaria, no suficiente para dar lugar a la posesión jurídica. Es necesario que al poder físico sobre la cosa vaya unido el *animus possidendi,* entendido como voluntad de ejercer sobre la cosa el derecho de propiedad *(animus domini),* de considerarla como propia *(animus sibi habendi),* mientras no se requiere la *opinio dominii.* La expresión *animus domini* aplicada a la posesión quería significar, para SAVIGNY, que a los efectos de la posesión jurídica se requiere una voluntad medida por lo que el propietario puede hacer sobre la cosa objeto de propiedad, y no que la voluntad del poseedor sea la misma del propietario, lo que sería absurdo, por ejemplo, para el caso en que el poseedor fuera el ladrón[118].

En el modo de entender el *animus* consiste uno de los aspectos más notables de la doctrina posesoria de SAVIGNY: el aspecto por el cual dicha doctrina ha representado en la historia de la posesión la fase llamada subjetiva o, dicho más claramente, la fase individualista y racionalista. La obra del *Besitz y* el significado que toma en la posesión el elemento del *animus,* bastarían para demostrar que a principios del siglo XIX la idea histórica (no el método) estaba completamente ausente de SAVIGNY, y su pensamiento, como el de HUGO y parcialmente el de THIBAUT, aun aceptando el método histórico, se desarrollaba en la órbita del racionalismo y del subjetivismo jurídico kantiano. Al entender y al justificar el hecho de la posesión, SAVIGNY sufrió los efectos de esa conmoción filosófica que había iniciado KANT y que en el orden jurídico debía manifestarse con el predominio de los elementos subjetivos sobre los elementos externos objetivos. Bien acierta SOKOLOWSKI cuando pone de manifiesto en la teoría de la posesión de SAVIGNY influencias kantianas, y cuando funda su afirmación en la naturaleza y en el significado del *animus,* que SAVIGNY establece como elemento esencial para la existencia de la posesión jurídica[119].

Hemos señalado en otra parte el carácter realista e intelectualista de la doctrina posesoria romana[120]. El *animus* expresaba entre los romanos el elemento intelectual que nunca puede faltar en cualquier relación jurídica real. En el caso especial de la posesión, el *animus* significaba que la aprehensión de la cosa debía hacerse no solo físicamente, sino también intelectualmente; en otras palabras, que debía referirse no solo a las cualidades sensibles del objeto, sino a sus cualidades esenciales, que solo la inteligencia puede captar. En cuanto al significado específico de la expresión «animus possidendi», empleada por los romanos para expresar el elemento intelectual en la posesión, el pensamiento de los jurisconsultos no es claro, por cuya razón se hicieron posibles las interpretaciones más diversas y dispares.

---

[117] Cfr. SAVIGNY, *Traité,* etc., §§ 5 y 6.

[118] Cfr. SAVIGNY, *Traité,* etc., § 9 y nota 4ª.

[119] Cfr. SOKOLOWSKI, *Philosophie im Privatrecht,* vol. II, *Der Besitz* (Halle, 1907), págs. 218 y sigs. También DERNBURG reconoce la influencia kantiana en la doctrina posesoria de SAVIGNY en *System d. rom. Rechts: Der Pandekten,* 8ª edic, I, Berlín, 1910), § 143, nota 1.

[120] Cfr. SOLARI, *La idea individual,* etc., I, págs. 279 y 280.

Se afirma generalmente que los romanos se formaron una concepción muy restringida de la posesión. Esto es cierto con respecto al objeto de la posesión, pues los romanos limitaron, por lo menos en el origen, la noción de la posesión al ejercicio de hecho de los derechos que se concretaban en un objeto exterior visible, con exclusión de los *pira in re* y de las relaciones obligatorias[121]; pero, con respecto al elemento intelectual en la posesión, ellos lo entendieron tan ampliamente que comprendía no solo a los poseedores *pro suo* sino también a los *alieno nomine,* no solo a los poseedores de buena fe, sino también a los de mala fe, no solo a los poseedores que fundaban su posesión en la existencia de un título válido, sino también a los ilegítimos. La expresión *animus possidendi* adoptada por ellos para definir la intención en la posesión, se prestaba en su genuina significación a comprender todas las determinaciones posibles de la posesión, y demuestra cómo desde esta época se advertía la necesidad de defender a la persona contra las agresiones que lesionan una relación con la cosa, de cualquier género y de cualquier extensión que fuera tal relación.

En la evolución jurídica posterior, la noción de la posesión jurídica se amplía con respecto al objeto, al punto de comprender el ejercicio de cualquier derecho aun inmaterial, pero haciendo rígida la concepción del *animus possidendi* hasta identificarse con el *animus domini,* que nunca se menciona, en las fuentes romanas. Ya en los escritores bizantinos el *animus* asume el significado específico de *animus dominantis,* por lo que es necesario, para constituir la posesión, que exista en el poseedor la intención de dominar, de señorear de hecho la cosa[122]. Con esto se llegaba a distin-

---

121 La *quasi juris possessio,* según la opinión más acreditada por los romanistas modernos, pertenece a la edad clásica e imperial del derecho romano. Cfr. PACCHIONI, *Corso di dir. rom.,II* (Torino, 1910), pág. 239 y nota 1; DERNBURG, *System.,* etc., § 154. A ello no contradice la tesis sostenida por BONFANTE y SOKOLOWSKI, según la cual en el antiguo derecho romano faltaba la distinción entre cosas corporales e incorporales (cfr. BONFANTE, *Lezioni di Dir. Rom.: Diritti reali,* al cuidado de F. Carughi y E. Meazza, Pavia, 1909, cap. II, 55), y objeto de la posesión —observa SOKOLOWSKI— no eran solo las cosas fisica y materialmente determinadas, sino también las cosas idealmente aprehendidas en su esencia (*ετδσs),* fuera de todo contacto material. Con esto quiere decirse que la *adprehensio corpore* comprendía no solo la materialidad de la aprehensión, sino también la posibilidad de ella. En todo caso, un substrato físico, real o potencialmente determinable, era siempre necesario para constituir la posesión allí donde tal substrato faltaba en la *juris possessio.*

122 Según BONFANTE el *animus possidendi* debe entenderse como *animus dominantis.* Este autor considera los casos de posesión jurídica, aunque falte el *animus* en tal sentido (acreedor pignoraticio, precarista, depositario) como excepciones explicables con el hecho de que tal *animus* existía en la forma originaria de esas relaciones. Cfr. BONFANTE, *Diritto romano* (Firenze, 1900), cap. IX; id., *Il punto di partenza nella teoria romana del possesso* (en «Studi in onore di L. Moriani», Torino, 1906, voi. n, págs. 171 y sigs.). Cfr. las reservas de PACCHIONI a tal teoría en *Corso,* etc., vol. III, págs. 218-219. Más amplia y generica, y como tal más correspondiente a la verdad, es la opinión de SCIALOJA (*Il possesso del precarista,* en «Studi per l'VIII centenario dell'Università di Bologna», Roma, 1888, pág. 239), según la cual el *animus possidendi* debe entenderse como «animo di stare in diretto, indipendente rapporto con la cosa», por lo que quedarían excluidos de la noción de posesión los casos de simple detentación en los que, o falta el *animus,* o bien el *animus possidendi* es destruido por el *animus* de estar en relación directa con una persona a la que se le atribuye la relación con la cosa. La opinión de SCIALOJA, a nuestro juicio, no resulta vulnerada por el hecho de que los romanos negaron a veces la posesión jurídica, a pesar de la existencia de una relación directa e independiente con la cosa, como por ejemplo en el caso del usufructuario. Podían darse, prácticamente, motivos especiales por los cuales fuera oportuno negar la calidad

guir entre poseedores *animo possidendi* y poseedores *animo dominantis;* si a los primeros no se les negaba la defensa posesoria, solo los segundos podían considerarse poseedores en sentido jurídico. Con los glosadores se acentúa el movimiento dirigido a aproximar la noción de la posesión a la de la propiedad, y a medida que tal movimiento se extiende, vemos la posesión transformarse de relación de hecho en relación de derecho. En PIACENTINO acude ya la expresión *animus domini* para señalar el elemento intelectual de la posesión. Solo quien posee *pro suo* es poseedor en el sentido jurídico, mientras que, tergiversando los términos romanos, se habla de posesión natural para señalar al poseedor *alieno nomine.*

La misma tendencia explica el apoyo que contó en los primeros siglos de la edad moderna la teoría que justificaba racionalmente la posesión como propiedad supuesta. Esta teoría respondía a la tendencia de los jusnaturalistas a racionalizar y a individualizar las relaciones jurídicas, y, por consiguiente, a dar al poseedor el alma del propietario. Con KANT la noción de posesión se hace no solo incompatible con la de tenencia, sino que la posesión misma se trasforma en una relación inteligible y se convierte en categoría suprema del orden jurídico.

SAVIGNY, en la primera parte de su actividad científica, a la que corresponde el ensayo sobre la *posesión,* sufrió más de lo que se cree la influencia kantiana[123]. Y esto no debe sorprender si se piensa que la *Posesión* cae en la época en que era mayor la fascinación ejercida por KANT; por otra parte, SAVIGNY, al publicar este ensayo, no pensaba oponer una concepción propia del derecho a la concepción racionalista dominante; más bien tendía, como HUGO, a contraponer un nuevo método fundado en el estudio directo de las fuentes, al método *a priori,* dominante en los estudios de derecho privado. Y fue estudiando directamente las fuentes romanas, donde la posesión le apareció como una relación de hecho extrajurídica, contrariamente a la opinión de los filósofos que la habían trasformado en un derecho análogo a la propiedad.

En cambio, la influencia kantiana se revela en la determinación genérica y específica del *animus* en la posesión. En esta parte, SAVIGNY se alejaba de la tradición romana, para la cual el *animus* era la aprehensión intelectual de la cosa, y la relación

---

de poseedor jurídico, a pesar de la existencia de los requisitos genéricos de la posesión. Por otra parte, si se comprende fácilmente la exclusión de la posesión por la ausencia del *animus possidendi,* no se comprende esta exclusión (como sostiene SCIALOJA) por el hecho de poseer en nombre de otros. La existencia de una relación personal no excluye el *animus possidendi* y con él la noción de la posesión en su significación más general; podrá excluir esa forma especial de posesión que se llama jurídica, para la que se requiere no solo el ánimo genérico de poseer, sino el ánimo acompañado por algún elemento positivo además del de la voluntad dirigida a estar en relación con la cosa. El hecho de que los romanos negaron la calidad de poseedor jurídico al colono, al comodatario, al mandatario, etc., significa, o que ellos no llevaron la noción genérica de la posesión a sus últimas y lógicas consecuencias, o bien que, desarrollándose la noción de la posesión en formas varias y determinadas, exigían, por la forma especial de la posesión civil o jurídica, requisitos especiales de existencia.

[123] SAVIGNY, antes de publicar su *Besitz* a los 24 años, fue un cultor apasionado de la filosofía, y sufrió con FICHTE y con SCHELLING la fascinación de KANT y de su especulación. Sus viajes de estudio a Sajonia, a las Universidades de Jena, de Halle y de Leipzig, fueron determinados sobre todo por razones filosóficas. Las cartas escritas por SAVIGNY en esta época lo confirman. Cfr. STOLL, *Fr. C. v. Savignys sächsische Studienreise 1789 und 1800,* en el *Programm des Königl. Friedrichs-Gymnasium zu Kassel 1889-90.*

de la cual resultaba la posesión era entendida mucho más como una relación intelectual que como una relación volitiva. Si esto es cierto (y Sokolowski lo ha demostrado), Savigny se formó un concepto muy diverso del *animus* en sus relaciones con el *corpus,* entendiéndolo sobre todo como una determinación del querer, como *Besitzwille,* de conformidad con esa tendencia a subjetivar las relaciones jurídicas privadas de indudable origen kantiano.

Con Kant concuerda Savigny en la definición específica del *animus.* Para ambos, en efecto, el acto subjetivo de voluntad en que consiste genéricamente el *animus,* debe estar dirigido a tener la cosa como propia, por lo que el *animus possidendi* de las fuentes se resuelve también para Savigny en el *animus domini.* Para los casos en que las fuentes romanas reconocían la posesión jurídica, a pesar de la falta de *animus domini,* Savigny halló el arbitrario concepto de la *posesión derivada* y del *animus repraesentandi.* Pero como había distinguido el hecho de la posesión del derecho de propiedad, no confundió el *animus domini* requerido para la posesión, con el *animus* del propietario. Tener el *animus domini* no significa para Savigny ser propietario, como para Kant; solo significa valorizar la voluntad del poseedor en la medida de la del propietario. La propiedad es independiente del *animus domini* y la intención de tratar la cosa como propietario no implica serlo efectivamente. Esta distinción, que en Savigny es fundamental y que le fue sugerida por su agudo sentido jurídico, no la encontramos en Kant, que no distinguió esencialmente entre posesión y propiedad.

Contra los jusnaturalistas filósofos que tendían a tratar la posesión con criterio metafísico, contra los jurisconsultos prácticos, subordinados a la tradición aun incierta e incoherente, Savigny afirmó el nuevo método de estudio iniciado por Hugo, según el cual las instituciones jurídicas deben remontarse hasta sus fuentes naturales, debiéndose partir de éstas para su interpretación. Con el ensayo sobre la posesión de Savigny, el método histórico ingresaba solemnemente en los estudios de derecho privado, y se establecía en ellos definitivamente. Pero la bondad y la objetividad del método seguido, si permitieron a Savigny reconocer en la posesión el valor de un hecho, no le impidieron interpretarlo con los criterios individualistas y subjetivos de su época. El hecho de la posesión como tal no genera para Savigny el derecho, si no es razonada y querida. Las exigencias de la paz y de la seguridad, las consideraciones de índole económica y social, el interés de los terceros ceden frente a la personalidad, que se revela en la posesión como intención de tener la cosa y que constituye su verdadera esencia. Todo en la teoría de Savigny está subordinado a la intención, a este elemento subjetivo e individual cuya existencia no puede probarse prácticamente, sino presumiéndola. Es evidente el exclusivismo de esta versión de la institución romana de la posesión en términos y valores del siglo XVIII sobre todo por parte de un partidario del método histórico, que se proponía reconstruir la doctrina romana de la posesión sobre la interpretación objetiva de las fuentes. La doctrina de Savigny contrastaba con la letra de las fuentes y sobre todo con el espíritu de la posesión romana, en la cual el elemento intencional tenía valor genérico y objetivo, y no podía entenderse separado del elemento físico en que se concretaba.

La misma influencia de la especulación filosófica del siglo XVIII llevó a Savigny a justificar la posesión romana mediante la doctrina de la personalidad, doctrina que se adaptaba mejor para justificar esas formas de posesión medieval que, según palabras de Savigny, representaban alteraciones, deformaciones del derecho romano, nacidas en una edad de ignorancia y de desviación científica. «El fundamento de la protección de la posesión se encuentra en la relación existente entre el hecho mismo de la posesión y la persona del poseedor. La inviolabilidad de ésta lleva a la defensa de la posesión contra toda turbativa, que afectaría al mismo tiempo a la persona. La persona como tal debe ser protegida contra toda violencia, ya que la violencia contra ella es siempre contraria al derecho»[124]. La justificación de la posesión mediante la personalidad era perfectamente lógica en los jusnaturalistas y en KANT, que reconocían en la posesión la naturaleza de un derecho, y que, desdeñando las razones históricas de las instituciones jurídicas, investigaban sus motivos racionales; pero es difícil comprenderla en SAVIGNY, partidario del método histórico, para quien la posesión tiene un valor de hecho no regulado por normas racionales y morales, que la violencia puede hacer adquirir o perder. Y las dificultades no se superan reconociendo que si la causa de la personalidad no se halla en juego directamente en la posesión, lo está indirectamente por el daño que deriva de la turbativa para el poseedor. Con esto la defensa civil de la posesión se trasforma en una defensa esencialmente penal, y se reconoce que la posesión no está defendida por sí, por el principio de personalidad que en ella se manifiesta, sino por un principio a ella ajeno, por la violencia usada contra la persona del poseedor en ocasión de su posesión.

Prescindiendo de la dificultad de conciliar tal doctrina con las fuentes romanas que negaban la defensa posesoria al poseedor *alieno nomine,* aun cuando fuera víctima de la violencia[125], nos parece que la doctrina de SAVIGNY contrasta con la lógica jurídica y con las razones que determinaron en Roma la defensa posesoria. La turbativa de la posesión no es siempre y necesariamente injusta, y, aunque injusta, no siempre se desarrolla en formas violentas y delictuosas, como para implicar lesiones de la personalidad y justificar el nacimiento de una acción penal. La violencia puede considerarse injusta si y en cuanto lesiona un derecho; pero en la posesión, concebida como un hecho, no se lesiona ningún derecho, ni real ni supuesto, y no puede hablarse, por consiguiente, de injusta sustracción de la posesión. De esto, por lo demás, el mismo SAVIGNY demostró estar convencido, reconociendo explícitamente la verdad intrínseca de la doctrina que justificaba la posesión como propiedad supuesta, y percibiendo en la defensa de la posesión, la defensa no de un simple hecho sino de un hecho que era la sombra de la propiedad[126]. Pese al valor lógico de la doctrina tradicional, SAVIGNY no la aceptó porque

---

124 Cfr. SAVIGNY, *De la poss.*, etc., trad. Staedtler, § 6, págs. 33 y 34.

125 JHERING ha demostrado la incompatibilidad de la doctrina de SAVIGNY con la estructura jurídica de la posesión romana (en *Fundamento,* etc., cit., trad. Forlani, págs. 6 y sigs.). Para BONFANTE los argumentos de SAVIGNY no parecen decisivos. Cfr. BONFANTE, *La possessio civilis,* etc., pág. 200, nota.

126 En las ediciones 3ª, 4ª y 5ª de su *Besitz,* SAVIGNY se expresa en los siguientes términos, al final del § 2: «Si se pregunta por qué ha sido introducida esta especie de protección, vale decir, por qué el .expulsado deba readquirir la posesión perdida (lo que quizá es injusto), puede decirse ciertamente que esta protección está comprendida en la presunción general de que el poseedor puede ser propietario.» En la 6ª edición este pasaje fue suprimido, y el autor agrega en nota que modificó su opinión, dando razón de ello en los agregados al § 6 y al § 36. Pero en un agregado en nota de la 7ª edición (trad. Staedtler, pág. 57) SAVIGNY declara que tal presunción «no debe rechazarse por sí misma, porque de hecho, la mayor parte de los poseedores son verdaderos derecho-habientes, sino que debe rechazarse en consideración al desarrollo especial que ha tenido la teoría romana de la posesión».

estaba en abierto contraste con la concepción romana de la posesión y se atuvo a la justificación negativa de la posesión mediante el principio de personalidad, por el cual la defensa del hecho irracional y extralegal de la posesión se justificaba por la lesión eventual que podía derivar para la persona dé su turbativa. Esta justificación que los canonistas habían excogitado para justificar los remedios excepcionales del *summarissimum* y del *actio spolii,* concedidos a cualquier poseedor, cualquiera fuera la naturaleza de su posesión, la extendió SAVIGNY a la posesión romana, sin tener en cuenta las razones históricas que habían determinado su origen y desarrollo, y demostrando casi ignorar la escasa influencia que tuvieron sobre la formación de las instituciones jurídicas romanas los elementos subjetivos y la idea misma de la personalidad.

No puede escapar a nadie la importancia secundaria *que* reviste en la obra de SAVIGNY la cuestión del origen histórico y de las causas sociales de la posesión. Indagó sobre todo la naturaleza jurídica de ésta, descuidando las razones históricas y sociales, con respecto a las cuales revela no tener una opinión propia y constante. Mientras en las primeras ediciones de su obra (1803, 1806) explicó el nacimiento de los interdictos mediante la necesidad de garantizar la usucapión iniciada, pero no completada, en la tercera edición (1810) se adhiere plenamente a la hipótesis histórica del *ager publicus* sostenida por NIEBUHR, y en la sexta edición (1836) declara que la base de la teoría se había modificado nuevamente[127].

En la *Posesión,* SAVIGNY, como HUGO y como muchos partidarios del método histórico en el siglo XIX, mientras aplicaba el método histórico y aceptaba sus resultados, siguió entendiendo las instituciones del derecho privado con los criterios propios de la edad del individualismo y del subjetivismo jurídicos. Pero no era cosa fácil reducir los hechos históricos a postulados racionales que habían sido establecidos no para entender los hechos de la historia sino, en oposición a ellos, para condenarlos. Los jusnaturalistas no ocultaban su aversión por la realidad histórica, y sin embargo podían forjar libremente las doctrinas en armonía con sus aspiraciones ideales, subordinando a ellas las instituciones del derecho positivo. Esto no lo podía hacer un partidario del método histórico, por lo que SAVIGNY vino a encontrarse en la necesidad de alimentar fe en la verdad histórica y de experimentar la dirección general del pensamiento filosófico dominante, aun cuando ella era incompatible con los resultados de la crítica histórica. Esta discrepancia entre el método y los principios debía, por lo menos empíricamente, resolverse posteriormente con la afirmación de la concepción histórica del derecho: pero la *Posesión* fue concebida y publicada en una época en que se creía aún, por parte de HUGO, de THIBAUT y del mismo SAVIGNY, en la posibilidad de conciliar el método histórico con los principios del racionalismo kantiano.

La relación entre el *ager occupatorius* y la posesión, señalada y demostrada por NIEBUHR, abría el camino a la solución del problema histórico de la posesión, tanto más que NIEBUHR, a diferencia de SAVIGNY, tuvo sumo cuidado en distinguir la causa histórica de la posesión en Roma, con la general, origen de ella. La ocupación del *ager publicus,* que las guerras habían ampliado considerablemente, fue la causa determinante próxima del nacimiento en Roma, de las relaciones posesorias en contraposición a las relaciones de propiedad. A darle especial relieve a la posesión en Roma, a determinar su desarrollo jurídico característico, contribuyó su coexistencia

127 Cfr. SAVIGNY, *De la posses.,* etc., § 12 a.

con el régimen de la propiedad quiritaria. Sin embargo, la distinción y la contraposición de los dos regímenes de apropiación responden a una fase ya avanzada en la historia de la posesión y de la propiedad del suelo. Las investigaciones históricas que se hicieron al respecto no dejan ninguna duda sobre lo que NIEBUHR había permitido entrever, en el sentido de que la posesión romana no era más que un caso especial de un fenómeno histórico universal y constante.

Ya entre los jusnaturalistas, muchos habían intuido la prioridad de la posesión y de las relaciones relativas sobre las relaciones de propiedad, y mientras hacían remontar a aquéllos al estado de naturaleza, consideraban a éstos como el resultado de un pacto o la consecuencia del estado civil. Su tesis, retomada por PROUDHON en el siglo XIX, y por los escritores de la escuela comunista francesa, fue combatida con argumentos esencialmente lógicos. Si, como se decía, la posesión es el ejercicio de la propiedad, racionalmente la idea de propiedad precede a la de posesión, porque el derecho lógicamente está antes que su ejercicio[128]. Este razonamiento, sin embargo, podía servir solamente para aquellos, y eran los más, que veían en la posesión una institución creada por los jusnaturalistas a imagen y semejanza de la propiedad, para quienes la posesión aparecía como un hecho secundario respecto a la propiedad y casi como un apéndice de esta última. Los más moderados sostenían que ambas instituciones nacieron juntas, que los primeros ocupantes fueron poseedores y propietarios y que la distinción es posterior. Investigaciones históricas más amplias y profundas permiten admitir ya que la apropiación de las cosas, especialmente inmuebles, ha procedido desde la posesión al dominio, o, más exactamente, de la prioridad y prevalencia del goce y del uso del suelo sobre la consideración del derecho abstracto de propiedad de éste[129]. Se admite comúnmente, hoy en día, que la posesión tiene su origen en condiciones imprescindibles de la vida social, que expresa la relación originaria entre el hombre y la naturaleza, independientemente y al margen de cualquier ordenamiento y reconocimiento jurídico. A medida que este último se constituye y se afirma, se plantea y se desarrolla la antítesis entre la posesión y la propiedad, la cual no hace más que reflejar el eterno e inevitable contraste entre el estado de hecho y el estado de derecho, entre las relaciones sociales continuamente renovadas y las relaciones jurídicas que solo parcial y gradualmente logran abarcar la variable y multiforme vida social.

La antítesis posesión-propiedad se presenta diversamente en las diferentes fases de la evolución social. No puede desconocerse la existencia de una época en que el suelo, no siendo propiedad de nadie, caía en el uso y en goce de todos. Si es propio de la naturaleza de les derechos sobre las cosas el carácter de la limitación, la propiedad, que mira exclusivamente a la esencia de la cosa, no se puede entender si no se establece ningún límite a la ocupación, y si los hombres, aun en las primeras y simples formas de la actividad económica, están ligados al suelo por una relación constante. Pero, si en tal estado de cosas no puede tenerse aún clara conciencia de la propiedad, se afirma en forma natural y necesaria la rela-

---

128 Cfr. MATTIROLO, *Principi di filosofia del diritto,* Torino, 1871, pág. 182.

129 Cfr. para los resultados de los actuales estudios e investigaciones sobre el origen y alternativas históricas de la posesión: CAPONE, *Saggio di ricerche sulle vicende della proprietà e sull'origine storica del possesso in Roma* (en «Archivio Giuridico», vol. L, 1893, LI, 1894). El origen y las razones sociales de la posesión en sus relaciones con la propiedad son reconocidos hoy día por romanistas autorizados, entre los cuales recordamos a DERNBURG, *System,* etc., I, § 142, 8ª edición, 1910.

ción posesoria, o sea el uso y el goce del suelo en los límites de las necesidades de cada uno, fundadas en exigencias imprescindibles de la naturaleza humana, no referidas a un derecho superior del que pudieran considerarse consecuencia y manifestación visible.

En el período de la organización gentilicia, la distinción de la posesión y de la propiedad se delinea netamente como consecuencia de la extensión de la agricultura, por una parte, y del crecimiento de la población, por la otra, circunstancias que provocaban la ocupación fija y constante de un territorio, la delimitación y ordenamiento del uso y goce del suelo. Con justicia observa HILDEBRAND que, solo cuando el suelo adquiere un valor económico, es decir, cuando se hace susceptible de explotación presente o futura y está limitado en sentido absoluto o relativo por la población incrementada, puede concebirse un derecho sobre el suelo, distinto del primitivo natural derecho de utilización de éste con fines de nutrición. Por otra parte, este derecho de propiedad sobre el suelo no puede entenderse sin un poder soberano que lo ejerza en representación de la colectividad y lo defienda de eventuales agresiones. Paralelamente al derecho soberano sobre el suelo surge la posesión por concesiones de tierras o en consecuencia de ocupaciones no resistidas[130]. Esta doctrina de HILDEBRAND, fundada históricamente, parece contradecir no solo a la opinión contractualista relativa al origen de la propiedad, sino también a la opinión dominante que hace originariamente del suelo una *res communis.* A nosotros, sin embargo, no nos parece que la opinión de HILDEBRAND sea incompatible con la opinión de todos aquellos que, con MOMMSEN, hacen de la *gens* el más antiguo titular de la propiedad inmobiliaria[131], cuando se admita que la propiedad representa en el período gentilicio el derecho soberano de la colectividad al suelo, mientras que la posesión surge de la repartición de las tierras ocupadas entre las familias que constituyen la *gens.* Propiedad y posesión del suelo son, en el período gentilicio, comunes en el sentido de que los titulares de ellas son la *gens* y la *familia,* no los individuos.

Las investigaciones históricas no dejan ninguna duda acerca del ulterior proceso progresivo de individuación y de unificación de la posesión y de la propiedad. Los resultados de este proceso se hacen evidentes cuando el Estado termina por conquistar un predominio decisivo sobre la organización gentilicia, y la familia se afirma como organismo autónomo en el seno de la *gens,* con finalidades no solo económicas, sino también políticas y hasta militares.

La familia y el Estado actuaron en sentido diverso, aunque con idéntico resultado, en la formación del sistema privado de propiedad y de posesión del suelo. Esto puede verse claramente en Roma. Aquí la propiedad familiar se individualiza en el quirites, propietario-soberano, cuyo derecho sobre las cosas es pleno, absoluto no solo en la forma, sino también en el contenido económico. La propiedad quiritaria tiene carácter categóricamente individualista, y está natural y lógicamente unida a la posesión de la cosa caída en propiedad. Aun cuando con el progreso del tiempo la propiedad romana perdió todo significado político, conservó el carácter absoluto e individual y se la entendió separada del ejercicio de hecho del derecho. Por otra parte, con respecto a las tierras conquistadas y no ocupadas, el Estado conservó un

---

130 HILDEBRAND, *Rech und auf den primitiveren wirtschaftlichen Kulturistufen,* 2ª. edición, Jena, 1907, págs. 77 y sigs.

131 MOMMSEN, *Le droit public roman* (trad. Girard, París, 1889), VI, 1, pág. 23.

derecho formal de propiedad, mientras para las concesiones y ocupaciones no resistidas se fue desarrollando una verdadera propiedad de hecho *(bonitaria)*, en la forma de posesión permanente individual del suelo. Solo con el tiempo y en virtud de la renuncia por parte del Estado a su derecho soberano, el poseedor adquirió con el hecho el derecho de propiedad, por lo que, por este camino, también posesión y propiedad se confundieron en la misma persona. La individuación y la unificación de la propiedad y de la posesión en el común fundamento y contenido económico, es un hecho concluido en la edad moderna, y se comprende por qué los jusnaturalistas y el mismo KANT no veían razón para distinguir sustancialmente entre posesión y propiedad, y mucho menos para contraponerlos.

Las alternativas históricas de la propiedad y de la posesión deben mantenerse perfectamente distinguidas de las alternativas jurídicas. La obra de los juristas no halló terreno para afirmarse y desarrollarse mientras el derecho de propiedad se reducía a un simple derecho formal de la colectividad sobre el suelo, sin contenido económico, y mientras la posesión consistía en el goce común y temporal del suelo para la satisfacción de las necesidades elementales de la vida. Pero su obra se afirma y se justifica en el período histórico en que la posesión y la propiedad coexisten sin confundirse, como dos formas distintas y paralelas de apropiación privada del suelo. Vemos a la posesión, en esta época, modelarse por obra de los juristas sobre la propiedad, y ser verdaderamente, como dice SAVIGNY, la posición de hecho correspondiente a la propiedad como posición de derecho. El proceso posterior de individuación y de compenetración de la propiedad y de la posesión hizo aún más necesaria la obra de los juristas, presentándose en forma frecuente y natural el caso de separación del goce de la cosa del derecho de propiedad, como también el caso de conflicto entre el poseedor sin derecho y el propietario sin posesión con respecto a la misma cosa. Si la separación de la posesión del derecho de propiedad ocurría por voluntad del propietario en virtud de una relación obligatoria, el estado de posesión como relación jurídica por sí no podía surgir, pues el poseedor no poseía por sí, sino en vez y en lugar del propietario. Pues si se trataba de *res nullius* respecto a las cuales ninguno podía llamarse propietario, la ocupación, que en las fases históricas primitivas hacía surgir un simple derecho al goce, en un régimen de propiedad privada hacía adquirir, con la posesión, la propiedad. Análogamente ocurría para el caso en que el propietario se desinteresaba de la cosa abandonándola: el eventual poseedor no podía probar el derecho de propiedad, pero lo adquiría por prescripción, en homenaje al principio de que en un régimen de propiedad privada todas las cosas deben pertenecer en propiedad a alguien. Mientras tanto, durante todo el tiempo necesario para prescribir, la posesión constituía una relación jurídica autónoma, defendida por razones análogas a las de la propiedad que ella hacía adquirir. A veces el mismo propietario, abandonando a otros la explotación económica de la cosa, conservaba para sí el derecho formal de propiedad, por lo que correspondía un canon determinado. Tal era el caso de la enfiteusis, de la superficie, del precario, mientras que en los casos de embargo y de prenda el poseedor se encontraba, con respecto a la cosa, en una relación directa e independiente, y el derecho del propietario era, por lo menos temporalmente, nominal. En todos estos casos las fuentes romanas reconocían la posesión jurídica y la defendían con los interdictos por motivos análogos a los que tenían valor para la defensa de la propiedad bonitaria. Por último, la separación entre posesión y propiedad podía ser la consecuencia del hurto, de la violencia, del fraude. Pero la ilegitimidad de la adquisición, los vicios de origen, no impedían que el poseedor tuviera para sí el pleno goce de la cesa y que el propietario conservara un derecho vacío de contenido. Por otra parte, los motivos de orden público, la prohibición de la justicia privada, mientras paralizaban la reacción del propietario, se resolvían en una verdadera defensa de la posesión. En todos estos casos de reconocimiento y de defensa de la posesión como relación jurídica por sí, encontramos como carácter común, por un lado, el goce pleno de la cosa, temporal o duradero, y, por el otro, un derecho de propiedad privado de contenido real. Es evidente la analogía con los períodos históricos en que el derecho de propiedad de la *gens* o del Estado era solo nominal, y en que el goce era atribuido a las familias y a los individuos bajo la forma de una concesión revocable. La noción de la posesión jurídica, limitada en un principio a las cosas inmuebles, se extendió progresivamente a las servidumbres, a los derechos de toda naturaleza: pero esta extensión fue mucho más la obra de la *ratio juris* y del proceso analógico, que la consecuencia de verdaderas exigencias históricas.

Las razones históricas y sociales de la posesión escaparon completamente a Savigny. Este la estudió en Roma en una fase de desarrollo históricamente determinada y limitada, cuando la propiedad individual del suelo se había constituido generalmente, y la posesión distinta y separada de la propiedad, debía parecer como un estado de excepción, susceptible de efectos jurídicos por razones extrañas a ella y solo en cuanto era apta para prescribir y transformarse en el derecho de propiedad. La posición de Savigny frente a la posesión señala, de todos modos, un progreso decisivo respecto a la tendencia de su época a desconocer cualquier motivo, no ya histórico, sino incluso racional, de distinción entre posesión y propiedad. Distinguiendo netamente entre una y otra, Savigny abría el camino para la solución del problema de la posesión en su doble aspecto de hecho social y de institución jurídica. Correspondía a la investigación histórica posterior demostrar el desarrollo independiente de la posesión hasta que la propiedad fue entendida como derecho soberano e indeterminado de la colectividad a la sustancia de la cosa, y su desarrollo análogo y coordinado a la propiedad cuando ésta, convertida ya en individual, comprendió al mismo tiempo la disposición y el goce de la cosa. Solamente en este período la posesión fue en el hecho lo que la propiedad era en el derecho. Pues, si por una hipótesis no infundada la propiedad tuviera que asumir en el porvenir carácter y significado sociales, la noción de la posesión volvería al derecho de uso y de goce individual de la cosa, teniendo por supuesto lógico el derecho originario de todos a la posesión del suelo.

Tal idea no fue enteramente extraña a los jusnaturalistas, y sobre todo a Kant. Éste observó que la toma individual de posesión del suelo para recoger sus frutos, se justifica solo en virtud del postulado de la razón práctica de la posesión común originaria del suelo *(Gesammtbesitz)*. Kant afirmó de manera abstracta lo que la investigación histórica ha destacado en los hechos. La *communio fundi* originaria es independiente de cualquier acto jurídico, está fundada en la naturaleza y responde a una exigencia racional. La idea de una tierra libre, de una *res nullius,* que todos podrían ocupar, es una hipótesis histórica y racionalmente insostenible[132]. El hombre, según Kant, no puede entenderse de otra manera que en una relación necesaria

[132] Kant no aceptó la teórica de las *res nullius* que los jusnaturalistas y sobre todo Wolff invocaban para legitimar la ocupación y la adquisición originaria de la propiedad. Kant estaba en lo cierto, pues la noción de *res nullius* no puede entenderse más que en el régimen de propiedad privada. Solo en este régimen puede concebirse una cosa privada de propietario. Faltando la noción de propiedad privada, el suelo no puede entenderse racionalmente sino común a todos. Cfr. Kant, *Rechtslehre,* etc., § 2.

con el suelo, ni se justifica la ocupación individual sino en virtud del derecho originario común al suelo. El Estado y la ley civil intervienen no para reconocer y atribuir la posesión, sino para regular su uso según la ley de lri igual libertad[133].

La noción característica de la *Gesammtbesitz* se conecta con la concepción general kantiana de los derechos reales. Éstos no se entienden, según KANT, sino entre hombres asociados que tienen originariamente en común la posesión del suelo. La noción de mío y de tuyo en la hipótesis del hombre aislado debería entenderse como un *jus in re,* lo que llevaría a admitir el absurdo de cosas inanimadas que entran en relación directa, obligatoria, con el hombre[134]. La posesión, como todo derecho real, surge solo en cuanto se establecen relaciones de obligación recíproca entre los hombres, con respecto a lo que pertenece a todos en común y que cada uno puede ocupar y hacer suyo según el postulado jurídico de la libertad.

No por esto debe KANT considerarse como el precursor de una doctrina social de la posesión. La sociedad, en KANT, no es titular de ningún derecho, tiene un significado esencialmente mecánico y se resuelve en los individuos que la constituyen. La comunión de la posesión de que habla KANT, no implica ningún derecho por parte de la sociedad, pero significa solo que los individuos tienen igual derecho al suelo, y este derecho es condición de ocupación y de apropiación individual según el principio de libertad.

La interpretación individualista y subjetiva de la posesión era natural en una época en que la posesión, modelada sobre la propiedad, era considerada, al igual que ésta, como la manifestación de la personalidad en el mundo exterior. La antítesis de SAVIGNY entre hecho y derecho se reducía sustancialmente a la antítesis aceptada por la tradición entre propiedad efectiva y presunta. Aparte del igual fundamento en el principio de personalidad, el hecho de la posesión es también para SAVIGNY fuente de efectos jurídicos, y éstos nacen en la medida en que en la posesión está supuesta la propiedad, o en que es reproducido el contenido económico de ésta. El valor de la contraposición establecida por SAVIGNY reside, más bien, como hemos advertido, en haber abierto el camino para estudiar la posesión como institución autónoma, histórica y socialmente distinta de la propiedad.

La interpretación de SAVIGNY triunfó en la doctrina y en la legislación y mantuvo el cetro casi indiscutido de la ciencia jurídica del siglo XIX. Pero debía entrar en oposición con las doctrinas que se referían a una concepción en sentido social del

---

133 Cfr. KANT, *Rechtslehre,* §§ 2, 6, 10, 13 y 14, donde se refiere al *Gesammtbesitz* originario, que KANT distingue netamente de la *communio primaeva* de los jusnaturalistas (§§ 6, 10 y 13). Esta última tiene valor y carácter empíricos, y hace nacer la comunión primitiva de un pretendido contrato originario, es decir, de un acto empírico, del que la historia no nos ha dejado ningún rastro. Los jusnaturalistas, y sobre todo WOLFF, partiendo de la consideración del suelo como de una *res nullius,* que cae en propiedad mediante el acto individual de la ocupación, establecían como *prius* la *adprehensio,* como *posterius y* en virtud de un contrato la *communio.* KANT, en cambio, da preferencia lógica a la *communio* sobre la *adprehensio,* eliminando la noción de la *res nullius y* la hipótesis del contrato. Sobre la imposibilidad racional de la *res nullius y* de la injusticia inherente a tal estado, cfr. KANT, *Rechtslehre,* § 2. HILDEBRAND, *op. cit.,* pág. 79, cita a KANT contra la hipótesis de una posesión común originaria del suelo: pero evidentemente, al reproducir en forma parcial el pasaje de KANT, falsea su pensamiento, pues refiere a la *communio fundi originaria,* admitida por KANT como postulado de la razón práctica, la expresión «Erdichtung», que KANT refiere a la *communio primaeva.*

134 Cfr. KANT, *Rechtslehre,* § 11.

derecho. La misma concepción histórica que Savigny estaba llamado a representar pocos años después, difícilmente se conciliaba con la tendencia a justificar la posesión sobre el fundamento de la propiedad y del principio de personalidad. Prueba manifiesta, ésta, de que en la época en que Savigny concibió y publicó la *Posesión,* la concepción histórica no había madurado aún en su mente, y que del historicismo, él, lo mismo que Hugo, solo reproducía el método, y no el nuevo espíritu social.

SAVIGNY Y LA DOCTRINA HISTÓRICA DEL DERECHO. EN QUÉ SENTIDO SE CONSIDERA A SAVIGNY REPRESENTANTE; DE UNA DIRECCIÓN DE PENSAMIENTO FILOSÓFICO. SAVIGNY Y LAS CORRIENTES FILOSÓFICAS DE SU ÉPOCA. RELACIONES DE SAVIGNY CON KANT. RELACIONES ENTRE SAVIGNY Y HUGO.

8. En 1810 el barón Guillermo de Humboldt, que como ministro de instrucción pública cooperó con el rey Federico Guillermo III en la fundación de la Universidad de Berlín y en el renacimiento del espíritu nacional deprimido por las derrotas napoleónicas, para justificar ante el rey el llamado de la nueva universidad a Savigny, declaró que este autor se distinguía particularmente por la «philosophische Behandlung des Rechts». Con feliz intuición, Humboldt entrevio el carácter peculiar de la obra de Savigny, antes aun de que este carácter hallara ocasión de afirmarse públicamente. Humboldt no se limitó a señalar en Savigny el representante autorizado de la dirección histórica en los estudios jurídicos, sino que señaló en él a la mente capaz de extraer de la historia reconstruida las condiciones para una consideración filosófica del derecho.

Con la *Posesión,* Savigny había dado el ejemplo insuperable del método a seguir en los estudios de jurisprudencia positiva, pero siempre se encontraba dentro de la orientación de Hugo, y no puede decirse, como parece creer Bruns, que en la *Posesión* se descubran los gérmenes de su doctrina histórica[135]. No hay duda de que en la consideración histórica del derecho se hallaba implícita la doctrina que más tarde tomó forma concreta en la *Vocación,* pero que el autor de la posesión tuviera clara conciencia de ella y que tal doctrina pueda considerarse el desarrollo de principios contenidos en la *Posesión,* debe excluirse absolutamente.

Interesa establecer, pues, si y en qué sentido Savigny fue el representante de una dirección de pensamiento no solo histórica y jurídica, sino también filosófica, y si y dentro de qué límites la *Vocación,* provocada por una cuestión puramente ocasional, contiene las líneas fundamentales de una doctrina filosófica del derecho y del Estado.

Los historiadores de la filosofía no reconocen valor e importancia filosófica a la dirección de pensamiento representada por Savigny, y casi desdeñan recordar su nombre y su obra[136]. Las razones de ello son múltiples. Ante todo, Savigny no se

---

[135] Cfr. Bruns, *Zur Erinnerung,* etc. (en «Kleinere», etc., cit., II, pág. 442).

[136] Hoffding, en la *Histoire de la philosophie moderne* (trad. Bordier, París. 1906) no habla en absoluto ni de Savigny ni de su escuela. Lo mismo puede decirse de Eucken, en la *Visione della vita nei grandi pensatori* (trad. Martinetti, Torino, 1909). Kuno Fischer, en su *Geschichte der neuern Philosophie,* vol. II, dedicado al estudio de la obra, vida y doctrina de Schelling (Heidelberg, 1902), se refiere a Savigny, pero solo ocasionalmente y en forma subordinada para señalar las relaciones que existieron entre Puchta y Gans por un lado, y Schelling y Hegel por el otro. No lo recuerdan ni siquiera de nombre Ueberweg (en el *Grundriss d. Gesch. d. Phil. des. neunzehnten Jahrhunderts,* 9ª edic., publicada por Heinze, Berlín, 1902); Weber, *Histoire de la phil. européenne* (4ª edic., París, 1886).

consideró fundador de una nueva escuela filosófica sino solamente jurídica. En el campo mismo del derecho hizo objeto de sus estudios casi exclusivamente al derecho privado. Su doctrina parece tan estrechamente ligada al destino del derecho privado, que difícilmente el historiador de la filosofía logra separarla de este último y comprenderla como dirección de pensamiento independiente. Por su parte, SAVIGNY no se preocupó de comprender la realidad jurídica en la realidad universal, el problema filosófico del derecho en el problema filosófico general, la vida del derecho en la vida del universo. Y existen fundados motivos para creer, dadas las tendencias místicas de SAVIGNY, que esa más alta y amplia investigación la evitó deliberadamente, y que prefirió, con respecto a los problemas últimos, aceptar las soluciones religiosas[137]. Cierto es que SAVIGNY quedó completamente al margen de los debates filosóficos de su época, y, así como no fue kantiano antes, tampoco fue hegeliano después, ni se preocupó por poner en relieve si su sistema de ideas armonizaba con cualquiera de los grandes sistemas filosóficos de su tiempo[138].

En su juventud también sufrió SAVIGNY la fascinación de KANT, de quien estudió y apreció la obra sin penetrar su espíritu, permaneciendo, pese a cualquier apariencia en contra, profundamente antikantiano[139]. De KANT derivó el subjetivismo cognoscitivo; pero mientras éste tenía un carácter intelectivo en KANT, en él tomó un carácter emotivo y voluntario. Decididamente adversario de la metafísica kantiana, SAVIGNY, como HUGO, aceptó de KANT el principio de la autonomía de la realidad empírica y el dogma del relativismo del saber fenoménico. En estos postulados kantianos, el empirismo en general, y el historicismo en particular, no tanto en cuanto método sino como sistema, hallaban su verdadero fundamento y su razón de ser.

No puede decirse que SAVIGNY penetrase el íntimo significado del criticismo kantiano. De éste comprendió sobre todo la necesidad de distinguir el estudio

---

137 Cfr. BETHMANN-HOELWEG, *Erinnerung an F. C. v. S. als Rechtslehrer, Staatsmann und Christ* (en «Zeits.», etc., cit., pág. 77). SAVIGNY era de confesión luterana; casóse en 1804 con María Brentano, nacida en Francfort del Meno de familia católica e italiana. SAVIGNY fue creyente convencido y vivió en óptimas relaciones con los círculos católicos.

138 Se invoca contra SAVIGNY y el espíritu filosófico de su obra un pasaje del *Beruf* en el que SAVIGNY se declara contrario «einem praktischen Naturrecht oder Vernunftrecht, einer idealen Gesetzgebung für alle Zeiten und alle Fälle gültig», y otro pasaje en el que dice que durante el siglo XVIII influyó desfavorablemente sobre la jurisprudencia «ein vielfältiges flaches Bestreben in der Philosophie». (Cfr. SAVIGNY, *Vom Beruf unsrer Zeit f. Gesetzgebung und Rechtswissenschaft,* 2ª edic., Heidelberg, 1828, pág. 48). De los citados pasajes pueden extraerse estas dos consecuencias: 1) Que SAVIGNY se oponía igualmente tanto a la dirección de los jusnaturalistas como a la dirección kantiana, y que del kantismo entendió combatir no el aspecto gnoseológico sino las aplicaciones prácticas que de él hacían los juristas filósofos tergiversando su verdadero significado. 2) Que la aversión de SAVIGNY hacia la filosofía debe entenderse limitadamente a la filosofía racionalista del siglo XVIII. En efecto, en la *Vorrede* a la 2ª edición del *Beruf* deplora (p. V) que el pasaje antes citado haya sido interpretado erróneamente como «ein absprechendes Urtheil ueber philosophische Bestrebungen in der Rechtswissenschaft», mientras él quería referirse a la «unglückliche Anwendung» de la filosofía de WOLFF a la jurisprudencia.

139 Bajo la influencia kantiana SAVIGNY preparó su disertación doctoral, *De concursu delictorum formali* (Marburg, 1800), el único de sus escritos que trata de tema extraño a la civilística. En ella, SAVIGNY acepta la doctrina kantiana sobre la naturaleza y el fundamento de la pena. Sobre las relaciones entre SAVIGNY y el criminalista contemporáneo suyo FEUERBACH, cfr. BECHMANN, *Feuerbach und Savigny* (München, 1894). En otra parte, hemos señalado la influencia kantiana respecto de la justificación filosófica de la posesión.

histórico del estudio abstracto y formal del derecho. No siguió a HUGO en la interpretación de la historia mediante las formas kantianas. HUGO, fundándose en la distinción kantiana entre materia y forma, esperaba elaborar con método nuevo la materia jurídica para reuniría después en una unidad mediante las categorías kantianas. Era la integración del kantismo lo que HUGO había anhelado; solo obtuvo, en cambio, una híbrida unión de elementos, heterogéneos por la resistencia opuesta por la realidad jurídica a dejarse abarcar en las formas lógicas. La tentativa de HUGO había puesto bajo plena luz la ilusión de KANT en el sentido de creer en la posibilidad de separar la forma de la materia del conocer, como si esta última tuviera que recibir de afuera la forma en que ser pensada, en lugar de obtenerla de sí misma. La incapacidad del formalismo kantiano para comprender en toda su variedad la vida jurídica, fue la verdadera causa de su degeneración: perdido el carácter y el significado formal, el derecho racional kantiano terminó por identificarse con el antiguo concepto de derecho natural y, al igual que éste, aspiró a la realización y a la trasformación en derecho positivo. SAVIGNY, abandonado el racionalismo kantiano, se atuvo a la realidad histórica reconstruida sobre el fundamento del método histórico, y trató de derivar de ella las condiciones para una nueva concepción del derecho y del Estado.

SCHELLING Y EL FUNDAMENTO METAFÍSICO DE LA DOCTRINA HISTÓRICA. NUEVAS DIRECCIONES DE LA ESPECULACIÓN FILOSÓFICA DESPUÉS DE KANT. EL PROBLEMA GNOSEOLÓGICO EN LA SOLUCIÓN DADA POR SCHELLING. LA INTUICIÓN INTELECTIVA, NUEVO INSTRUMENTO DEL SABER. UNIFICACIÓN DEL ESPÍRITU TEORÉTICO Y PRÁCTICO. NUEVO CONCEPTO DE LA LIBERTAD. LA RELACIÓN ENTRE EL INDIVIDUO Y EL TODO.

9. CÓMO HA madurado la doctrina histórica en la mente de SAVIGNY en el intervalo de tiempo que transcurre entre la publicación de la *Posesión* en 1803 y la de la *Vocación*, en 1814, no ha sido aún plenamente aclarado. No parece dudoso que ella, en cuanto quiere ser una nueva interpretación filosófica de la realidad histórica y jurídica, debe ponerse en relación con la profunda conmoción espiritual producida en Alemania en el tránsito del siglo XVIII al XIX, con ese complejo de ideas, de sentimientos y de tendencias nuevas que constituye el fondo del romanticismo alemán. La *Rechtsanchauung* de SAVIGNY no era más que un aspecto de la nueva *Weltanschauung*, nacida de la reacción contra el racionalismo teoréti-co-práctico del siglo XVIII.

La nueva conciencia filosófica se revela claramente en SCHELLING, el filósofo del romanticismo, que, integrando y continuando la obra de FICHTE, dio vida y desarrollo a esa dirección idealista que en HEGEL había de encontrar su sistematización definitiva. Del criticismo kantiano y de la doctrina de la ciencia de FICHTE partió SCHELLING para resolver los problemas filosóficos en armonía con las nuevas tendencias románticas. La nueva dirección del pensamiento filosófico se destaca ya en la solución que SCHELLING dio al problema gnoseológico.

Nuevo Copérnico, KANT había desplazado el centro de la especulación filosófica del objeto al sujeto, demostrando que no es nuestro pensamiento el que se amolda a los objetos, sino éstos los que se amoldan a nuestro pensamiento. Sin embargo, su sistema de principios *a priori* estaba limitado al conocimiento de la realidad fenoménica, y no se refería a la realidad que trascendía la experiencia, que para el espíritu cognoscente permanecía como un residuo impenetrable. En los límites mismos de la experiencia, su doctrina gnoseológica tenía un valor esencialmente formal, pues tendía a comprender la experiencia, no a producirla, dejando sin solución la relación entre el elemento material y formal del pensamiento.

Reducir a la esfera de la actividad del sujeto la realidad en sí, resolver el dualismo de la materia y la forma del pensamiento, fue el cometido de la filosofía poskantiana. Ya en FICHTE el residuo irreductible de la realidad en sí se resuelve en un producto de la actividad del Yo, y toda la experiencia deriva en su materia y en su forma de un principio único, del sujeto. Éste, en el sistema de FICHTE, ya no es solamente el elemento informador y ordenador del mundo objetivo, no está más condicionado a la materia, pero se convierte en un principio activo, creador absolutamente libre y autónomo, por el que las cosas no son más sus producciones y objetivaciones. Tampoco la tendencia fundamental de su especulación, consistente en negar el concepto realista de un ser en sí, en derivar del Yo la realidad empírica, es destruida por sus tentativas posteriores de reafirmar tal realidad frente al pensamiento mediante un acto de absoluta libertad que crea, junto al Yo, el mundo vano de las existencias empíricas.

Quedaba, pues, justificada la obra de SCHELLING, dirigida a resumir en una unidad superior la actividad creadora del Yo y el principio de la naturaleza externa, y a reivindicar las exigencias de la universalidad en sus relaciones con la individualidad. También para SCHELLING la realidad es única, es espiritual; el espíritu pensante es el único principio activo y productivo, por lo que la doctrina de la ciencia sustituye aún por él la ontología tradicional fundada en el supuesto del ser en sí. Pero, mientras para FICHTE el principio primero del que derivan todas las cosas reside en la conciencia individual, para SCHELLING este principio tiene un proceso inconsciente anterior a la conciencia individual, independiente de ésta, y aparece como principio absoluto, por el cual todo lo que es, comprendido el hombre, es manifestación del alma o de la conciencia universal. Para FICHTE la naturaleza es aún el conjunto de las representaciones del Yo; su principio no está en sí, sino en el Yo del que ella es producto. Con SCHELLING se prepara la interpretación teleológica de la naturaleza en oposición a la interpretación mecanicista del período del iluminismo. En virtud de tal interpretación, la naturaleza, atraída a la órbita del iluminismo, se convierte en un producto del espíritu, en un sistema objetivo de la razón. Como el Yo en FICHTE, la naturaleza en SCHELLING es concebida como una actividad racional que deviene y se realiza inconscientemente en una serie indefinida de formas, hasta que alcanza la conciencia en el organismo, y con ella se inicia la vida del espíritu individual. Sin embargo, lo que se llama comúnmente objeto, materia inerte, no es más que espíritu *de potenciado,* es decir, privado de conciencia. Como en el Yo de FICHTE hay identidad absoluta entre sujeto y objeto, en cuanto el Yo se afirma mediante el no-Yo y el objeto no es sino el límite de la actividad del Yo, así en lo Absoluto de SCHELLING hay identidad entre lo objetivo y lo subjetivo, y en el desarrollo del mundo se dan diferencias cuantitativas, no cualitativas, por lo que se pasa de formas inferiores donde prevalece la objetividad (naturaleza) , a formas superiores donde prevalece la subjetividad (el reino del espíritu). El universo no es más que la serie de las determinaciones y limitaciones del espíritu, y se presenta como sujeto en cuanto es fuerza activa y productiva, y como objeto en cuanto se limita a sí mismo y se concreta en las cosas y en los productos individuales. Con ello se reafirmaba el valor real y no de simple representación del mundo exterior. Real es el mundo exterior en cuanto se produce necesariamente por sí, independientemente de la mente que lo piensa y lo reconstruye subjetivamente, mientras no cesa de ser la manifestación ideal de lo absoluto.

Con esta doctrina, SCHELLING, mientras rehabilitaba las energías y las producciones inconscientes e irracionales del espíritu, abría el camino para resolver los dualismos kantianos entre unidad y multiplicidad, entre individualidad y universalidad. SCHELLING, continuando e integrando a FICHTE, sustituía la doctrina kantiana de la oposición por la doctrina de la identidad de los contrarios en el Absoluto. La categoría del devenir, y con ella la concepción dinámica del universo, sustituida a la categoría del ser y a la concepción mecánica, permitió a SCHELLING conciliar la inmutable unidad de lo Absoluto con la multiplicidad indefinida de formas que se desarrollan idealmente de él en las series sucesivas de la naturaleza y del espíritu. Por otra parte, la individualidad en todos sus grados en el sistema de SCHELLING no es más fin en sí misma, sino que toma norma y significado de su relación con lo Absoluto universal, del que se diferencia solo cuantitativamente por un exceso de objetividad y de subjetividad. De ahí deriva la consecuencia de que conocer es, para la nueva conciencia filosófica personificada por SCHELLING, referencia del individuo a la totalidad, es visión de lo Absoluto en una forma dada de la existencia finita[140].

Notable por sus aplicaciones al conocimiento de la realidad jurídica, es en SCHELLING la rehabilitación de la intuición como método de investigación filosófica e instrumento del saber. Si se piensa que el método demostrativo, analítico, dominaba casi sin oposición en la filosofía después de Descartes, y que ningún papel atribuían KANT y su escuela a las energías intuitivas del espíritu, se comprenderá la importancia y la novedad de la preeminencia atribuida por SCHELLING a la intuición intelectiva sobre el pensamiento lógico. El conocimiento de lo Absoluto, del que se desarrolla en diversas direcciones la realidad natural y espiritual, no es posible sino mediante un acto sintético puro y comprensivo: y tal acto es la intuición, que no tiene carácter de concepto lógico, que es un saber al que no se llega por vía de pruebas, de argumentos e ideas intermedias[141]. Por lo demás, esto correspondía al aspecto bajo el cual SCHELLING se representaba el mundo de las ideas, en donde lo Absoluto se diferencia. En ninguna parte SCHELLING se representó este mundo bajo el aspecto de una serie dialéctica o de un sistema lógico; prefirió considerarlo como una unidad viviente que no se deja dividir y que solo puede conocerse sintéticamente, semejante a una obra de arte que, sometida al análisis, se disuelve y se destruye. Solo la intuición permite la visión plena, sintética, de la realidad, penetra en la secreta potencia creadora de lo Absoluto y está en grado de reproducir conscientemente en el arte las producciones inconscientes de la naturaleza.

Con la preferencia reconocida a la intuición sobre el pensamiento lógico, el racionalismo y el empirismo asociativo del siglo XVIII quedaban heridos en sus mismos fundamentos. Adquirían nueva importancia y significado todos esos conocimientos que escapan al análisis riguroso y al razonamiento abstracto y solo pueden ser captados mediante una actividad sintética intelectual. De esta naturaleza son los productos del arte, de la religión, del derecho, y en general los productos

140 Cfr. sobre el pensamiento metafísico de SCHELLING, KUNO FISCHER, *Geschichte,* etc., vol. VII, *Schellings Leben,* etc., 2ª edic., 1899, lib. II, Sec. I, II y III; BRÉHIER, *Schelling,* París, 1912, parte n; MARTINETTI, *Introduzione alla metafisica,* I (Torino, 1904), págs. 380 y sigs.; STAHL, *Geschichte d. Rechtsphilosophie,* 2ª edic. (1847), lib. V, Sec. Ii; WINDSCHEID, *Die gesch. Schule in der Rechtwis.* (1878), en *Gesammelte Reden und Abhand, herausg. v. Oertmann,* Leipzig, 1904, págs. 69 y sigs.

141 Cfr. SCHELLING, *Sistema dell'idealismo trascendentale,* traducido por M. Losacco, Bari, 1908, pág. 38.

colectivos, cuyo valor y unidad derivan de las partes que los constituyen, y cuyo conocimiento es mucho más el fruto de la intuición que el resultado de un razonamiento deductivo.

También en este aspecto, el individualismo del siglo XVIII era sacudido en sus mismas premisas gnoseológicas.

No es menos sintomática la tendencia de SCHELLING a dar particular relieve a la voluntad, a unificar el espíritu teorético y el espíritu práctico sobre el fundamento común del querer y del obrar. También en este aspecto trae una innovación sobre el kantismo, que había buscado en la razón la esencia del espíritu y había distinguido la razón pura de la razón práctica para contraponer las exigencias teoréticas a las exigencias morales del espíritu. Para SCHELLING la categoría suprema de la realidad no es el ser sino el querer, no el conocer sino el hacer.

En sus primeros ensayos filosóficos, la naturaleza es concebida ya como simple actuar o querer: en el ensayo sobre la *Libertad* (1809), el ser originario es identificado explícitamente con el querer, y se repite frecuentemente la afirmación de que los principios que actúan en el devenir no son ni nociones abstractas, ni principios formales, sino voluntad[142]. Y la voluntad no tiene, para SCHELLING, como para KANT, el valor de una razón práctica: ella se presenta en la naturaleza, inconsciente y racional, y sus producciones traducidas por la inteligencia en conceptos, intuiciones, pensamientos, constituyen el material para la actividad consciente del espíritu práctico. El querer, en la doctrina de SCHELLING, no comprende solamente el conocer, sino que tiene un significado extensísimo en cuanto se identifica con la actividad en general, en sus formas conscientes e inconscientes, racionales e irracionales, espontáneas o reflexivas.

La idea de la autonomía que KANT había establecido como principio de la filosofía práctica, es extendida por SCHELLING a principio de toda la filosofía. El ser supremo no es solo querer absoluto, sino libertad absoluta: como tal no está determinado en ningún modo, pero se determina a sí mismo, «se da la ley y la realiza en un solo y mismo acto, no se distingue a sí mismo como legislador, pero mira a las leyes solo en sus productos, como en un espejo»[143]. El Yo práctico es, a su vez, libre y autónomo en cuanto trasforma la inconsciente realidad del universo en el libre trabajo de la moralidad individual, de la comunidad política y del progreso histórico.

La relación entre espíritu teorético y práctico se reduce, pues, a la relación entre actividad consciente y actividad inconsciente. El Yo teorético trasforma en ideas los productos de la actividad inconsciente del Absoluto; como tal tiende a idealizar, a comprender conceptualmente al universo. El Yo práctico parte de conceptos conscientemente establecidos como fines, y actúa para realizarlos. A la comprensión de los objetos producidos inconscientemente por el Absoluto sucede la realización de los conceptos establecidos libremente por el Yo como fines. Y tales conceptos y fines, en cuanto responden a un orden ideal eterno, se convierten en deberes y pueden entrar en conflicto con los fines ilusorios originados por los sentidos y por los impulsos naturales. No existe separación alguna, por lo tanto, entre la vida de la inteligencia y la de la acción, entre el mundo de las ideas y el

142 Cfr. CROCE, *Dal primo al secondo Schelling* (en «Critica», VII, 1909), pág. 151.
143 Cfr. SCHELLING, *Idealismo*, etc., pág. 214.

mundo moral e histórico, sino una continuidad ininterrumpida. El intelecto traduce en valores ideales las manifestaciones inconscientes de lo Absoluto y estos valores se convierten en términos del obrar. Una segunda naturaleza es la que crea el hombre libremente con el mundo moral y jurídico sobre el modelo de esa primera naturaleza inconsciente, en la que lo Absoluto se manifiesta y en la que el intelecto, reproduciéndola idealmente, se nos revela.

De ahí que también para SCHELLING la libertad es condición del orden moral, pero con esta particularidad: que, mientras para KANT la libertad es un postulado indemostrable, y la moralidad deriva de la razón práctica no determinada por otros, sino por sí misma, para SCHELLING el querer por el querer, el querer que quiere por sí sin un fin, es inconcebible, porque debería encontrar fuera de sí su justificación y su fundamento. La libertad es para SCHELLING un concepto que se determina negativamente, no positivamente; es decir, no debe entenderse, con los jusnaturalistas y con KANT, como una actividad que se manifiesta sin límites, sino más bien como conciencia del límite fijado a nuestra actividad, como determinación e individualización de nuestro obrar. Como el querer no puede salir en sus manifestaciones de la esfera de lo posible, o sea de lo que es deber, tampoco puede desarrollar una actividad ilimitada, constituyendo la individualidad una necesaria condición y limitación del obrar libre y moral. No es el hombre abstracto de los jusnaturalistas y de KANT el sujeto del mundo moral para SCHELLING, sino el individuo concreto, determinado en el tiempo y en el espacio, condicionado por las exigencias de su vida orgánica que, al actuar, se limita y se hace cada vez menos libre cuanto más actúa. Y en el acto mismo en que el individuo se determina por un objeto, establece implícitamente la actividad de otras personas dirigida a otros objetos. Libertad e individualidad entendidas como limitación de actividad nuestra, afirmación y justificación de actividad ajena, constituyen los puntos cardinales del mundo moral tal como se revela en la primera fase de la especulación de SCHELLING, a través de la cual ha ejercido mayor influencia en la dirección del pensamiento de su época[144].

La existencia de seres racionales que actúan recíprocamente es condición imprescindible del mundo moral, no solo porque para ellos el Yo entra en el conocimiento del mundo objetivo, sino también porque solamente en su relación se manifiesta la libertad y el individuo adquiere conciencia de ella. La moral no puede tener por principio y por término al individuo, sino que debe desarrollarse de las relaciones engendradas por la acción recíproca de seres racionales, como un aspecto de la vida histórica y una manifestación de lo Absoluto.

La vida de la inteligencia no agota la vida del espíritu, sino que éste tiende a superarla mediante la actividad imaginativa que trasforma los datos de la intuición en ideas que se convierten en el modelo sobre el cual la voluntad trasforma la realidad exterior intuida. La acción de la voluntad dirigida a idealizar el mundo exterior, está condicionada a la constitución orgánica del Yo y a la naturaleza de las cosas. Mientras el querer es considerado en sí, como una actividad abstracta, no dirigida a objetos exteriores, no puede hablarse ni de libertad, ni de moralidad; y solo se tiene la exigencia formal de la conformidad a la ley en los términos del imperativo kantiano. Por otra parte, si el querer es considerado como dirigido a un objeto exterior y a él tiende espontáneamente, casi necesariamente, conforme con

144 Cfr. SCHELLING, *Idealismo,* etc., págs. 218-220.

su propia constitución orgánica y con la naturaleza de las cosas, no puede hablarse aún de libertad, sino de tendencia natural, individual, egoísta, a la felicidad. La libertad y la moralidad surgen de la antítesis entre el obrar puro, impuesto por la ley moral, y el obrar conforme a la propia felicidad. La verdadera libertad consiste en el arbitrio, es decir, en la actividad del Yo en cuanto oscila entre lo subjetivo y lo objetivo de la volición, entre la necesidad natural y el querer absoluto, y hace triunfar sobre las tendencias egoístas y utilitarias, la exigencia absoluta del bien, trasformando el mundo de los objetos en el orden moral de los fines. Con esto quedaba superado el formalismo ético kantiano, pues la exigencia individual de la felicidad no era destruida, sino subordinada a la ley absoluta y universal del deber, de la que toma forma y valor.

FICHTE Y SU SOLUCIÓN DEL PROBLEMA JURÍDICO. INDIVIDUALIDAD Y RELACIÓN JURÍDICA EN FICHTE. DERECHO ORIGINARIO Y DERECHO POSITIVO. SIGNIFICADO DEL SISTEMA JURÍDICO DE FICHTE. PERFECCIONAMIENTO DEL INDIVIDUALISMO JURÍDICO. CONTRACTUALISMO Y ABSOLUTISMO EN EL SISTEMA POLÍTICO DE FICHTE.

10. LA ARMONÍA entre los individuos y las respectivas tendencias a la felicidad, tiene valor esencialmente ideal; para que en la práctica se realice y no produzca lesión recíproca de libertad, es necesario crear una organización coactiva al servicio de la libertad y de la moralidad. Esta organización que impone coactivamente las condiciones del orden moral, y que, limitando los arbitrios, garantiza la libertad de todos, constituye el mundo jurídico[145]. Con ello queda abierto el camino para comprender la doctrina jurídica de SCHELLING, la que cierra el movimiento de ideas iniciado por KANT y seguido por FICHTE, y prepara la concepción hegeliana del derecho y del Estado. KANT había construido racionalmente el mundo jurídico, haciendo abstracción de toda consideración empírica de finalidad o de contenido, partiendo del postulado de la libertad exterior y de la consiguiente exigencia de hacer coexistir las libertades individuales según la ley universal. El derecho, como la sociedad y el Estado, constituye en el sistema kantiano una necesidad racional.

La libertad exterior que para KANT es un postulado, para FICHTE es un producto necesario del Yo, concebido no como pensamiento que se desarrolla según principios lógicos, sino como voluntad libre, que, mientras constituye «die innigste Wurzel des Ich», actúa, y actuando produce, con el objeto del pensamiento y con las relaciones exteriores, el mundo moral y jurídico. El Yo práctico o el Yo-voluntad de FICHTE adquieren conciencia de sí a través de la conciencia de otros, en cuanto son despertados a la conciencia de sí por la actividad contrapuesta de otras personas. Y con la conciencia de sí en otros, se establece el concepto de coexistencia, de relación, de reconocimiento, de exclusión recíproca entre seres igualmente! libres y razonables; se establece, en otras palabras, lo que FICHTE llama relación jurídica o comunidad de derecho (Rechtsverhältniss, Rechtsgemeinschaft).

La comunidad de derecho, a su vez, no es posible si cada uno no limita la propia actividad; si, en otras palabras, el Yo no sé individualiza, o sea, no determina su campo libre de acción en las relaciones con los otros. La individualidad es para FICHTE un concepto recíproco, condicional, que solo puede pensarse y

145 Cfr. SCHELLING, *Idealismo*, etc., págs. 230-262.

determinarse en función de otras individualidades, es el Yo limitado y cerrado en la esfera de libertad que él mismo se ha dado, es el Yo hecho susceptible de entrar en relación con otros y de comprender las exigencias de la vida en común[146]. Por otra parte, el Yo, al determinarse, es decir, al individualizarse, se exterioriza, se convierte en parte del mundo sensible, adquiere forma corpórea. Solo por la exteriorización de la libertad en el mundo sensible los seres racionales entran en relación de causalidad entre sí, de donde se desarrolla la coexistencia y la comunidad de derecho[147].

Las condiciones imprescindibles de la individualidad y personalidad constituyen el derecho originario que FICHTE define: «el derecho absoluto de la persona a ser causa y nunca efecto en el mundo sensible»[148]. Contra la lesión del mismo el individuo tiene un derecho de coerción *(Zwangsrecht)*, que solo se hace eficaz en y por el Estado, considerado como órgano voluntario de realización y de defensa del derecho[149].

El concepto de la subordinación del derecho al reconocimiento por parte del Estado y a la reciprocidad, implica la exclusión de la noción de un derecho anterior al Estado, y de él independiente. Derechos individuales absolutos, independientes de la *wechselseitige Anerkennung* y de la *gegenseitige Declaration* no son posibles. Todo derecho positivo se funda en un pacto, en una correlación real de varias voluntades, vive y se revela en el Estado, únicamente en el cual encuentra las condiciones de su aplicación[150]. Los mismos derechos originarios, más que verdaderos derechos son los supuestos formales del derecho: ficciones legítimas, abstracciones necesarias para los fines de la ciencia; pero están exentas de valor real. Toman forma y significado concretos en la sociedad civil, mediante la organización política y la legislación positiva[151]. FICHTE reprocha a los cultores del derecho natural el formalismo de sus concepciones jurídicas, que traicionaba su propia preocupación por construir un sistema consecuente, en armonía con las leyes del pensamiento, sin tener en cuenta su aplicación[152]. Para FICHTE, el estudio formal del derecho no puede sustituir al estudio del derecho realizado en la historia y en las leyes positivas[153].

Precisamente FICHTE podía jactarse de haber derivado su sistema jurídico, con proceso lógico riguroso, de sus premisas metafísicas, de la naturaleza del Yo considerado como actividad libre y finita. Lograba, especialmente, separar en forma precisa el destino del derecho del de la ética, cuyos preceptos categóricos, absolutos, contrastaban con el carácter voluntario, exterior e hipotético del derecho, condicionado no a postulados morales, sino al supuesto de la vida en común libremente aceptada, del que derivaban los preceptos jurídicos con la necesidad y el rigor

146 Cfr. FICHTE, *Grundlage des Naturrechts nach Principien der Wissenschaftslehre,* Jena-Leipzig, parte I, 1796, § 14.
147 Cfr. FICHTE, *Naturr.*, I, § 5.
148 Cfr. FICHTE, *Naturr.*, I, § 10.
149 Cfr. FICHTE, *Naturr.*, I, §§ 13 a 15.
150 Cfr. FICHTE, *Naturr.*, I, págs. 177-178.
151 Cfr. FICHTE, *Naturr.*, I, § 9.
152 Cfr. FICHTE, *Naturr.*, I, pág. 14.
153 De acuerdo con este concepto, FICHTE distingue dos partes en el *Naturrecht:* la primera comprende el *Naturrecht* entendido en sentido formal, como doctrina de los principios del derecho; la segunda, *angewandtes Naturrecht,* estudia al derecho tal como existe en el Estado y en las leyes positivas.

lógico del silogismo. Para Fichte, moral y derecho son dos momentos sucesivos e independientes de la actividad del Yo; el momento jurídico no sigue, sino que precede a la moralidad, de la que es condición y preparación[154].

El sistema jurídico de Fichte, que en las diversas fases de su desarrollo se mantuvo sustancialmente inalterado[155], no representa de ningún modo una superación del punto de vista individualista en la concepción del derecho y del Estado[156]. En su esencia, el derecho se reduce, para Fichte, a una relación de reciprocidad entre actividades absolutamente libres que, al encontrarse, se individualizan y se limitan espontáneamente para coexistir bajo la ley de la igual libertad.

Más que una superación tenemos en Fichte un perfeccionamiento del individualismo jurídico. Fue sin duda un progreso haber abandonado definitivamente la concepción —seguida por los jusnaturalistas y por el mismo Kant— del derecho entendido en forma absoluta como cualidad inherente a la persona o derivada de la naturaleza de las cosas, para sustituirla con el concepto del derecho entendido como relación entre seres libres y razonables, que conviven y actúan en consecución de la mayor e igual libertad posible[157]. Progreso fue haber definido el concepto de individuo no en forma abstracta por sus cualidades racionales, sino en forma concreta por sus cualidades activas, por sus relaciones con otros. El hombre de Fichte no es el hombre de los jusnaturalistas o el ser moral aislado de Kant, orgulloso de su propia independencia, reacio a toda relación con los demás; es el hombre que se afirma y se perfecciona en unión y por obra de otros seres iguales. «Der Mensch wird nur unter Menschen ein Mensch . . . *sollen überhaupt Menschen sein, so müssen mehrere sein*[158]. Y ésta no es una verdad de experiencia, sino de razón, que deriva lógicamente del mismo concepto de hombre, que no es concepto «eines Einzelnen, denn ein solcher ist undenkbar, sondern der einen Gattung»[159]. Fue, en fin, un progreso real con respecto a las concepciones anteriores, el haber entendido tanto al derecho como al individuo en relación con el Estado, el haber relegado entre las ficciones lógicas la representación de un derecho y un estado de naturaleza, el haber afirmado que todo derecho es derecho del Estado y para el Estado, es decir, es derecho positivo. Éste no es para Fichte un derecho menos perfecto, con carácter provisional, sino el único verdadero derecho en cuanto es la expresión de la libertad recíproca en el mundo sensible, la única forma bajo la cual el derecho existe para nosotros. Con esto, el dualismo entre el estado de naturaleza y el estado civil, entre el derecho de razón y el derecho positivo, entre el individuo y el Estado, quedaba eliminado: en su lugar se proclamaba la unidad del orden jurídico ideal y

---

154 Cfr. Fichte, *Naturr.*, Introduc, § 2 (pág. XIII), § 3 (pág. XVII).

155 La unidad del sistema jurídico de Fichte ha sido sostenida por Petrone, *Lo stato mercantile chiuso di G. A. Fichte*, etc., Napoli, 1904, págs. 21-28. Sobre el problema general de la unidad del sistema filosófico de Fichte, cfr. Ravá, *Introd. allo studio della filosofia del Fichte*, Modena, 1909, págs. 18 y sigs.

156 En otra parte de nuestra obra examinaremos la cuestión del pretendido socialismo de Fichte. Recordemos solamente, entre los modernos sostenedores del carácter individualista del pensamiento jurídico de Fichte, a Kohler, *Fichte's Naturrecht* (en «Archiv f. Rechts-u. Wirtschaftsphil.», vol. 3, 1911, cuaderno 2).

157 Según este concepto, Fichte no concibe derecho entre el hombre y la naturaleza, entre el hombre y los animales, y niega que pueda hablarse de un derecho a la libertad de conciencia, de pensamiento, etc. Cfr. Fichte, *Naturrecht, I*, págs. 53-54.

158 Cfr. Fichte, *Naturr.*, I, pág. 31. La cursiva está en el original.

159 Cfr. Fichte, id., id.

real, se reconciliaba al individuo con el Estado, se justificaba el estudio histórico del derecho como integrante del conocimiento racional de éste.

Sin embargo Fichte, más que sacudir el fundamento individualista del derecho y del Estado, lo consolidaba integrándolo y llevándolo a nuevos y fecundos resultados. La mayor dificultad del individualismo jurídico residía en explicar la relación de coexistencia entre individuos aislados, celosos del propio derecho concebido como absoluto e ilimitado. Cuando no se invocaba con Grocio el *appetitus societatis,* o con Kant la exigencia racional, se recurría al artificio del pacto. Fichte era el primero en afirmar explícitamente y en demostrar que la actividad de la conciencia personal está penetrada y nutrida (empleamos las palabras de un intérprete genial de Fichte: Petrone) de relaciones de coexistencia y de «alteridad»; que el concepto de personalidad no se refiere a un individuo sino a un género, que es un concepto de correspondencia y de reciprocidad que postula necesariamente al otro. De esta manera, la individualidad no puede concebirse como posición absoluta, sino como término de una relación; y solo es definible en la pluralidad de los individuos[160]. Con Fichte el hombre de naturaleza, dotado de derechos absolutos, se convertía en un absurdo, no histórico y psicológico, sino me-tafísico. Como al sujeto cognoscente no se le puede entender sin el objeto, como el no Yo es condición del Yo, del mismo modo el individuo se presenta y se entiende a través del *alter.*

La fórmula conceptual fichteana por la cual el Yo se sitúa en otros, y el derecho es una relación entre actividades absolutamente libres que al encontrarse se determinan y limitan espontáneamente, si puede significar, por una parte, una condena del atomismo ético-jurídico, si puede constituir una nueva prueba de la fecundidad del principio individualista, capaz de expresar las relaciones de coexistencia humana, no explica, por otra parte, la formación del concepto de sociedad como principio regulador de la actividad individual. El sistema jurídico de Fichte resulta de individualidades unidas estrechamente entre sí por una relación constante y necesaria, y al mismo tiempo cerradas en su propia esfera de libertad y actuando según la ley del propio interés. De su relación con los demás el Yo de Fichte tiene la conciencia de un límite a su actividad, pero no adquiere la conciencia de una vida común a la que se sienta subordinado y de la que derive su norma de conducta.

La pluralidad de los individuos, en la que Fichte hace consistir la vida en común, no tiene nada que hacer con el concepto de sociedad entendida como principio y término del orden jurídico. La única forma de convivencia unitaria que Fichte conoce es la convivencia política de origen contractual, nacida por el libre pacto de los individuos interesados en garantizar con la fuerza el equilibrio de los derechos y de las libertades contra los excesos del egoísmo. Por esto, el Estado de Fichte no tiene otro fin que favorecer y desarrollar la individualidad; a tal fin se hace absorbente y opresor, se establece como personalidad jurídica absoluta, resume en sí todas las libertades, todas las voluntades individuales, se convierte en la fuente exclusiva del derecho, en distribuidor de la riqueza, y en esta forma se asimila a estado de razón y de absoluta conformidad con el derecho *(der Vernunft- und rechtmässige Staat).* Después de Hobbes y Rousseau tenemos, por obra de Fichte, una nueva y típica encarnación del absolutismo político como sistema racional de convivencia humana. Prueba evidente ésta de que la lógica del individualismo

---

160 Cfr. Petrone, *Il diritto nel mondo dello spirito,* Milano, 1910, págs. 40-41.

lleva fatalmente al absolutismo de Estado, si la vida jurídica, como ocurre en HOBBES, en ROUSSEAU y ahora en FICHTE, está constituida fuera de toda consideración moral y social; si al individuo no se le reconoce otra razón de ser que sí mismo, otro fin que la seguridad de su persona y de su propiedad, si todo el problema jurídico se reduce a un problema de coexistencia de libertades, si el Estado, en fin, como FICHTE expresa brutalmente, debe regular su conducta sobre la máxima: «liebe dich selbst über alies und deine Mitbürger um dein selbst willen»[161].

EL PROBLEMA JURÍDICO EN EL SISTEMA FILOSÓFICO DE SCHELLING. SUPERACIÓN DEL PRINCIPIO INDIVIDUAL EN EL SISTEMA METAFÍSICO Y JURÍDICO DE SCHELLING. SU ENSAYO SOBRE EL DERECHO NATURAL Y LA NUEVA SOLUCIÓN DEL PROBLEMA JURÍDICO. NUEVO CONCEPTO DEL DERECHO. LA PARTE QUE CORRESPONDE AL ORDEN JURÍDICO EN EL «IDEALISMO TRASCENDENTAL».

11. SOLO CON SCHELLING tenemos una verdadera y propia superación del principio individual tanto en las premisas metafísicas del sistema como en las aplicaciones prácticas. SCHELLING desarrolló el pensamiento de FICHTE en formas nuevas conforme a la nueva significación que asume el Yo en su sistema filosófico. El centro de éste, en efecto, ya no es el Yo, el principio individual, sino lo Absoluto, principio universal, que no trasciende al individuo sino que lo comprende como a una manifestación de sí mismo. El Yo y las relaciones exteriores de la vida adquieren significación merced a su referencia a un valor universal, por lo cual el problema jurídico, si antes de SCHELLING podía presentarse como el problema tendiente a resolver el problema de coexistencia entre individuos, ambos con razón de fin, después de él miró sobre todo a resolver la relación entre lo individual y lo universal, a comprender a los individuos en la complejidad real de su naturaleza y de sus tendencias, en relación con las exigencias de una totalidad de la cual ellos eran una parte.

El nuevo punto de vista, en forma aun abstracta y esquemática, se afirma ya en un trabajo juvenil de SCHELLING sobre el derecho natural[162]. En éste —como observa DREWS— encuentra la primera aplicación el nuevo principio filosófico opuesto por él al criticismo kantiano y al dogmatismo[163]. Al igual que FICHTE, SCHELLING parte del Yo individual empírico para elevarse a afirmar su relación y su compenetración con el principio universal. La individualidad, que era pensamiento en KANT, actividad en FICHTE, y en ambos siempre concebida abstractamente, adquiere valor concreto en SCHELLING, y la vida empírica del sentido y de las tendencias se vuelve elemento esencial de ella. Y con la afirmación de la individualidad empírica se planteaban la tendencia egoísta a la felicidad y el motivo psicológico del contraste entre las exigencias del individuo y las de la universalidad.

---

[161] Cfr. FICHTE, *Naturr.* Parte II (1797), pág. 114.

[162] Cfr. SCHELLING, *Neue Deduktion des Naturrechts* (en «Sämmtliche Werke», Stuttgart-Ausburg, 18 56, See. I, vol. I, págs. 245-280). La primera parte de este trabajo fue publicada en el fascículo de abril de 1796 del «Philosophische Journal» de FICHTE. La continuación apareció en abril de 1797. Seguramente fue concebido y escrito hacia fines de 1795, con anterioridad a las obras sobre derecho natural de KANT y de FICHTE. La forma esquemática y aforística fue quizá el motivo por el cual SCHELLING no dio acogida a este ensayo en la *Sammlung der philos. Schriften,* vol. I (1809) que tuvo a su propio cargo.

[163] Cfr. la introducción de DREWS (p. CVI) a la reciente edición de las obras de SCHELLING (S. WERKE, *Auswahl in drei Bänden,* Leipzig, 1907), a cargo de WEISS. En dicha edición no figura la *Neue,* etc.

Surgía así la necesidad de establecer el acuerdo entre el Yo absoluto universal y el Yo empírico individual. Ya desde 1795 SCHELLING, al tratar de la relación del Yo absoluto con el Yo finito, había aludido a la nueva concepción del derecho que brotaba de tal relación[164]. El Yo absoluto, no condicionado, excluye toda determinación que no esté en la forma del ser puro: por lo tanto, las categorías de la realidad, de la posibilidad y de la necesidad no se conciben sino referidas al ser finito. Únicamente en éste la esfera de lo real no coincide con la de lo posible, y surge la tendencia a realizar lo posible, a hacer posible lo real, a resumir lo posible y lo real en una síntesis superior representada por la categoría de la necesidad. Ya desde este primer ensayo, SCHELLING reducía la relación entre ética y derecho a relación entre realidad y posibilidad práctica (no teorética) ; mientras que la ética expresa la realidad práctica, lo que debe absolutamente realizarse, el derecho expresa la posibilidad práctica, el obrar que puede también no realizarse.

La *Neue Deduktion,* etc., presenta la misma relación bajo otro aspecto, pues a la ética que expresa el querer universal le hace corresponder el derecho concebido como afirmación de individualidad y de libertad; mientras que el problema ético consiste en identificar el querer individual con el universal, esto es, en exigir que el querer individual no contenga en sí nada que sea contradictorio con el universal, el problema jurídico consiste en identificar el querer universal con el individual, esto es, en hacer que la voluntad de todos no implique el sacrificio de la libertad individual (§ 72). Si justo es lo que puede hacerse, la posibilidad práctica de hacer algo constituye el derecho (§ 65). Pero éste no puede concebirse sino determinado y por consiguiente limitado, por lo cual SCHELLING hace distinción entre *materia* del derecho, o posibilidad de hacer en general, y *forma* de éste, es decir, su limitación (§ 77 y sig.). Decir derecho equivale a decir posibilidad de hacer, limitada o condicionada por la igual posibilidad de los otros. El derecho es a la vez garantía y limitación de libertad. Solo bajo esta condición es posible la humanidad, o sea el reino de seres libres e iguales. A diferencia de la limitación ética, que es categórica y necesaria, la limitación jurídica es condicionada y problemática, porque implica la mutua limitación. Por eso el principio jurídico supremo consiste en la posibilidad para todos de hacer todo lo que tiende a la afirmación de la autonomía moral (§ 88).

Semejante principio jurídico supremo implica, respecto a lo Absoluto, el derecho impropio a la libertad moral; respecto a los otros seres, el derecho formal a la igualdad; respecto a la naturaleza, el derecho verdadero y propio *(Naturrecht)* a la apropiación de todo lo que es un medio para los fines de la individualidad[165]. Contra quien viola el derecho ajeno, contra quien quebranta el vínculo que nos une a todos como seres morales, surge un derecho de coacción *(Zwangsrecht),* el cual a su vez implica la creación de un estado de cosas en el que, al lado del derecho existe siempre también la fuerza física necesaria para hacerlo valer. Y por ende, según SCHELLING, el orden jurídico no se basta a sí mismo, e implica la exigencia de la fuerza física, cuya organización para los fines supremos del orden moral constituye la razón de ser del Estado y del derecho público *(Staatsrecht)*[166].

---

164 Cfr. SCHELLING, *Vom Ich als Prinzip der Philosophie* (ed. WEISS, vol. I, págs. 1-96), pág. 85 y particularmente nota. Este ensayo es de 1795 y fue seguramente escrito poco antes de la *Neue,* etc., en donde se desarrollan las alusiones contenidas en éste, relativas al concepto del derecho en sus relaciones con la moral.

165 Cfr. SCHELLING, *Neue,* etc., § 96 y sigs.; 5 110 y sigs.; §§ 129 y sigs. Con una frase característica llama SCHELLING esfera del no-querer, esto es, la naturaleza, «Willen überhaupt».

166 Cfr. SCHELLING, *Neue,* etc., §§ 150 y sigs.

Ya desde estos primeros trabajos, SCHELLING dejaba vislumbrar la nueva dirección de la especulación filosófica relativa al derecho. La moral expresa un orden objetivo independiente del individuo que lo realiza en sus acciones; con esto quedaba objetivado también el derecho, que extraía de dicho orden su contenido. La moral y el derecho, lejos de constituir, como en FICHTE, dos momentos separados y sucesivos en la vida del espíritu, se vinculan y compenetran mutuamente; el uno es al otro como la materia a la forma, la realidad a la posibilidad; se resuelven en una síntesis superior hasta que se confunden en lo Absoluto.

También en KANT y en FICHTE el derecho es sinónimo de libertad, pero ésta ha perdido en SCHELLING SU valor puramente formal; ya no es la expresión de la individualidad abstracta sino que sirve a las finalidades de la moral; está en relación con la individualidad empírica, dominada por opuestas tendencias racionales y sensibles. En las relaciones con otros individuos el derecho es garantía no solo de libertad sino de igualdad, no abstracta sino concreta: más que tender a hacer coexistir a seres igualmente libres, el derecho debe tender a garantizar la igualdad de las condiciones en la explicitación de individualidades empíricamente diversas, a armonizar los intereses opuestos en el disfrute de los productos naturales.

Por otro lado, el concepto de libertad, y con éste el de derecho, se extienden en la concepción filosófica de SCHELLING respecto a la especulación anterior. FICHTE conoce solo la libertad subjetiva y moral, y después de KANT pareció un dogma el que la relación jurídica debía entenderse solo entre sujetos racionales y libres. La relación entre la persona y la cosa, entre el ser libre y el objeto inanimado no podía dar lugar a relaciones jurídicas. La naturaleza, considerada como simple medio para los fines de la actividad moral, podía constituir un objeto pero no un término de la relación jurídica. Tal concepción era incompatible con la nueva significación que la libertad y la naturaleza tomaban en SCHELLING. Ante todo, la libertad no es para éste privilegio de seres racionales; ella preexiste al individuo en lo Absoluto, que comprende en sí tanto al mundo del espíritu como al de la naturaleza. En segundo lugar, la naturaleza en el sistema de SCHELLING no es un dato ajeno al sujeto, contrapuesto a éste, sino que es libre producción y objetivación de lo Absoluto. En consecuencia, la naturaleza perdía el carácter de objeto inanimado para transformarse, en las relaciones con el individuo, en un organismo viviente, reflejo de lo Absoluto. Prueba de que SCHELLING reconocía ya desde esta época a la naturaleza la nueva significación, es el empleo de la expresión *«Willen überbaupt»* para indicar a la naturaleza, al reino del querer inconsciente e indeterminado, y sobre todo, el haber hecho de la relación individuo-naturaleza la fuente del verdadero y propio *Naturrecht*. El derecho de naturaleza, que la tradición de los jusnaturalistas y de KANT había derivado de las relaciones que surgen entre seres morales asociados juntamente, residía según SCHELLING en la relación del hombre con la naturaleza convirtiéndose en el derecho por excelencia, como aquel que se presentaba en la forma de un poder ilimitado en cuya producción la libertad individual reflejaba lo Absoluto.

El pensamiento jurídico de SCHELLING en los grados ulteriores de su especulación aparece siempre mejor determinado y coordinado con los principios fundamentales de su sistema filosófico.

En el *Idealismo* el orden jurídico es parte integrante de su sistema general de ideas y se presenta como una construcción racional destinada a contener coactivamente a los egoísmos individuales, a hacer prevalecer sobre la tendencia a la felicidad las exigencias del orden moral[167]. Más que fin en sí mismo, el derecho es el medio para armonizar el individuo y la colectividad en una relación que debe ser mantenida coactivamente. Schelling llama segunda naturaleza al orden jurídico, porque así como la naturaleza, aun siendo libre producción de lo Absoluto, tiene leyes propias y necesarias de desarrollo, el orden jurídico, aun siendo obra del hombre, una vez que está constituido funciona según leyes necesarias. Y así como en la naturaleza todo efecto sigue necesariamente a su causa, en el orden creado por el derecho las acciones de cada uno están reguladas y calculadas de tal manera que a cada infracción siga necesariamente la sanción. De donde se sigue que la doctrina del derecho, como la mecánica con la cual la compara Schelling, no tiene carácter normativo, no es ciencia de los fines, sino ciencia teorética y racional, en cuanto se desarrolla con riguroso proceso lógico desde el supuesto del individuo y de su naturaleza por un lado, hasta las exigencias de la universalidad por el otro. En esta concepción de la ciencia del derecho Schelling se apartaba de la tradición de los jusnaturalistas, que tendía a dar valor práctico y deontológico a los resultados de la especulación, y se acercaba al pensamiento de Kant y de Fichte, conforme al cual el orden jurídico es la obra de la razón abstracta y responde a exigencias teoréticas.

LA CONCEPCIÓN FILOSÓFICA DE LA HISTORIA EN EL SISTEMA DE SCHELLING. ANTECEDENTES HISTÓRICOS. LA RELACIÓN ENTRE HISTORIA Y FILOSOFÍA SEGÚN LEIBNIZ. LA HISTORIA Y SU VALOR TEORÉTICO EN EL SISTEMA KANTIANO. LA HISTORIA Y SU SIGNIFICADO EN FICHTE. NUEVA VALORACIÓN TEORÉTICA Y PRÁCTICA DE LA HISTORIA EN EL SISTEMA DE SCHELLING. IDENTIFICACIÓN, EN SCHELLING, DE LA FILOSOFÍA DEL DERECHO CON LA FILOSOFÍA DE LA HISTORIA. CONCEPCIÓN HISTÓRICO-FILOSÓFICA DEL DERECHO Y DEL ESTADO.

12. No faltan en el *Idealismo* referencias a la formación natural y a la formación histórica del derecho y del Estado[168]. Schelling reconoce, en efecto, que la necesidad y la violencia de los egoísmos constituyeron la causa determinante primera y espontánea de las instituciones jurídicas, pero al mismo tiempo reconoce que el orden jurídico natural que se funda en lo útil y responde a necesidades del momento no tiene carácter duradero, debiendo fundarse en la fuerza física y degenerar en despotismo. Y no pudiendo esta ordenación jurídica natural ser la ordenación legal de los pueblos civiles, debe racionalizarse fundándose en el querer colectivo y haciéndose independiente tanto del azar como de la buena voluntad de los hombres.

El tránsito de la concepción natural del derecho a la concepción histórica quedaba allanado y explicado por la significación que la historia, como ya la. naturaleza, asumían en el sistema de Schelling, por lo cual aparecía como un producto espiritual, un organismo viviente, una manifestación progresiva de lo Absoluto. La concepción filosófica de la historia, tal como se afirma en Schelling, no era sino la culminación del movimiento de ideas destinado a atraer la historia a la órbita de la investigación científica y de la especulación filosófica.

La sentencia aristotélica según la cual no hay ciencia sino de lo universal, parecía relegar los conocimientos históricos a un estado de permanente inferioridad respecto a los otros conocimientos sin excluir los naturales. Reducidas a simple

[167] Cfr. Schelling, *Idealismo,* etc., tr. it., págs. 262 y sigs.
[168] Cfr. Schelling, *Idealismo,* etc., tr. it., págs. 264-267.

descripción de hechos, las ciencias históricas tenían que buscar su razón de ser en otras ciencias explicativas. BACON, aunque incluyera la historia entre las ciencias del espíritu, aun la oponía a la filosofía, como ciencia de simple erudición fundada en la memoria. La historia, había dejado escrito BACON, «humi incedit et ducis potius officio, quam lucis perfungitur»[169]. La aguda mente de LEIBNIZ no había dejado de captar la importancia y la necesidad de determinar el valor teorético de los conocimientos históricos en relación con los conocimientos racionales y filosóficos. A LEIBNIZ, en efecto, remonta la formulación de aquel principio de la razón suficiente que tendía a rehabilitar las verdades de hecho, contingentes, históricas, en relación con las verdades necesarias, de razón. Si éstas expresaban una necesidad racional, al estar fundadas en el principio de identidad y de contradicción, las verdades particulares y los hechos históricos expresaban a su vez una necesidad inherente al hecho de su existencia, la cual no puede afirmarse sin una razón. La relación entre historia y filosofía se resolvía de tal manera en la relación entre verdades contingentes y verdades racionales, teniendo cada una su fundamento lógico, sus propias leyes. No dejó de ver LEIBNIZ la ley de la continuidad histórica, y la idea de un designio providencial de perfección que se realiza gradualmente en la historia y del cual toman valer y finalidad los hechos particulares[170].

La doctrina de LEIBNIZ, mientras no eliminara el dualismo entre las ciencias cuyo objeto es el hecho concreto, individual, y la filosofía cuyo objeto es lo universal, dejaba sin explicar la relación entre la libertad dominante en la historia en la forma de lo irracional y de lo arbitrario, y la ley de causalidad, considerada como el supuesto de toda investigación científica. En el concepto kantiano de lo *a posteriori, cabía* no solo la realidad natural sino también, implícitamente, la histórica, y mediante la aplicación rigurosa de la ley de causalidad resultaba posible tratar científicamente la historia. Y si KANT no pensó en sacar a la historia de su fase descriptiva para elevarla al grado de ciencia, otros, como HUGO, sí lo hicieron con la clara conciencia de proceder conforme a sus principios. Eliminada la libertad metafísica del dominio de la experiencia, quedaba establecida la condición para la concepción científica de la historia, pero también quedaba abierta la cuestión de la relación entre lo particular arbitrario y lo universal racional, en cuya solución estriba cualquier filosofía de la historia. La historia no es solo conocimiento del material empírico sobre el fundamento del principio de causalidad; es también, y sobre todo, búsqueda de valores absolutos y racionales, que en la historia se realizan y por los cuales ésta adquiere significación filosófica. KANT demostró entender esto cuando planteaba las condiciones formales de cualquier filosofía de la historia[171]. En el curso indefinido de los acontecimientos históricos KANT vislumbró la realización del destino moral del hombre, o mejor la realización de la humanidad en lo que constituye su exigencia formal, la coexistencia armónica de las libertades. La historia en cuanto es el producto de la necesidad, es objeto de ciencia; pero en cuanto es producción de valores universales, es objeto de especulación filosófica. Reproducir

---

169 Cf r. BACON, *De dignitate et augmentis scientiarum,* lib. III, c. I.

170 Cfr. DAVILLÉ, *Leibniz historien,* París, 1911. Parte II, c. I y c. VI. DROUIN, *Leibniz historien* (a propósito de la obra de DAVILLÉ) en «Rev. de Synthése Historique», octubre de 1911.

171 El pensamiento de KANT, en lo referente al problema de la filosofía de la historia, está expresado —en sus líneas fundamentales— en los dos ensayos: *Idee zu einer allgemeinen Geschichte in weltbürgerlicher Absicht* (en «Berl. Monatsschrift», noviembre 1784); *Mutmasslicher Anfang der Menschengeschichte* (en «Berl. Monatsschrift», enero 1786). Cfr. KRONENBERG, *Geschichte d. deut. Idedismus* (München, 1912), 2 vols., págs. 428 y sigs.

los hechos históricos en su conexión causal no quiere decir entender la historia en su concepto, en sus condiciones y razones profundas, en sus últimas finalidades. Polemizando y contendiendo con Herder, que concebía la historia como *Naturgeschichte,* como desarrollo físico y orgánico, que identificaba la humanidad y su perfeccionamiento con el progreso de la naturaleza y de sus fuerzas y establecía como razón y término del devenir histórico la felicidad del individuo, confundido, en la plenitud de su desarrollo, con la vida del todo, Kant sostiene que la historia es sobre todo *Freiheitgeschichte* de la humanidad, es una cadena de formaciones morales, comienza allí donde la naturaleza acaba, donde ésta es superada por la libertad del espíritu, por lo cual la historia coincide con la *Kulturgeschichte.* Esto explica, en contraste con el optimismo de Herder, el pesimismo histórico de Kant, para quien el mal es inseparable de la historia, donde al hombre ya no lo guía el instinto pero aun no lo guían las ideas. El ideal humano de Kant, a diferencia del de Herder, no puede realizarse en el individuo, sino solo en la especie, y se realiza lenta y progresivamente, así como lento y progresivo es el proceso de moralización y de espiritualización de la humanidad, la institución del reino de la libertad y de la razón, el establecimiento, como término último, de la paz eterna en la tierra mediante una federación de Estados, símbolo del dominio incondicionado e indisputado de la idea moral[172]. Sin embargo, la idea de humanidad, que debiera constituir la razón y la esencia de la historia, tiene en Kant un simple valor formal, es un concepto racional desprovisto de contenido real, que está determinado por notas abstractas, por finalidades formales, tal como puede ser la realización de la libertad. La humanidad de Kant no es un principio unitario que se basta a sí mismo, un organismo viviente en el cual los individuos hallan lugar y valor; es únicamente una síntesis de valores abstractos con los cuales se pretende proceder a la valoración de hechos reales, multiformes, como son los que caen bajo la experiencia histórica. El *principium individui* queda con esto sacrificado: no puede considerarse solamente como representante de valores abstractos, y tampoco puede entenderse o valorarse meramente conforme a principios formales vacíos de contenido.

Hay que reconocer que semejante interpretación lógica y formal de la historia no era sino una aplicación y consecuencia ulterior del método crítico que Kant inaugurara. Los elementos empíricos del conocer, diferentes de los elementos *a priori,* universalmente válidos, constituían para Kant, como ya antes para Leibniz y para Wolff, el elemento irracional del saber; valían no por su individualidad histórica o psicológica, sino por lo universal abstracto que representaban. El conocimiento de la historia tenía, en consecuencia, que reducirse al conocimiento de las relaciones formales, a la unidad abstracta de los hechos humanos, sin referencia alguna a su unidad y a su conexión real[173].

Kant equiparaba empirismo e historicismo; por obra de Kant se acentuaba la contraposición entre la historia considerada en su conjunto, como realización progresiva del concepto de lo humano, y el conocimiento empírico del hecho histórico individual y concreto. Pero, junto con la diferenciación quedaban establecidas también las condiciones para el desarrollo autónomo de la ciencia histórica por un lado y de la filosofía de la historia por el otro, a cuya conciliación e integración recíprocas tenía que tender la especulación filosófica de Schelling.

---

[172] Cfr. las dos reseñas críticas publicadas por Kant en 1785 en la *Allg. Lit. Zeitung,* acerca de la obra de Herder, *Ideen zur Philosophie der Geschichte der Menschheit* (1784).

[173] Cfr. P. Menzer, *Kants Lehre von der Entwickelung in Natur und Geschichte,* Berlín, 1911, c. IV; Lask, *Fichtes Idealismus und die Geschichte,* Leipzig, 1902, págs. 26 y sigs.

FICHTE había abierto el camino, porque, si había diferenciado junto con KANT los elementos *a priori* de la historia de los elementos *a posteriori,* y había hecho de lo universal abstracto el criterio para entender lo individual concreto, advirtió también el valor de lo individual no solo con respecto a las ciencias empíricas, sino también con respecto a la filosofía, pues él entra como elemento integrante y constitutivo de lo universal y tiene un valor propio como individuo, y no solo por el elemento formal que representa. A FICHTE remonta la diferenciación entre los elementos variables y los elementes constantes de la individualidad, entre la individualidad inteligible y la individualidad empírica; a él le compete el mérito de haber concebido el problema de la historia como problema de la relación entre necesidad y libertad, entre el todo y la parte, de haber echado los cimientos de una lógica de las ciencias morales, tendiente a establecer las condiciones teoréticas para el conocimiento de la realidad empírica[174]. La significación de la vida histórica en su conjunto y en sus finalidades colectivas se acentúa en FICHTE, que asignaba a la filosofía de la historia la tarea de determinar *a priori* el curso histórico ideal de la humanidad *(Weltplan).* Esta última tiene para FICHTE existencia y finalidad propia totalmente diferentes de los individuos, y tiende, como fin último, a realizar la libertad racional en todas las relaciones humanas. La humanidad realiza esta meta gradualmente a través de cinco épocas ideales, que reflejan la ascensión progresiva del espíritu desde el dominio del instinto al dominio de la conciencia clara y distinta[175]. El individuo es un elemento necesario de esta vida histórica, y su elevación ética está medida por el grado en que él vive y se confunde en la vida del todo. El individuo es a la humanidad como la percepción sensible a la idea[176]. La concepción realista del concepto que preparaba FICHTE, implicaba una nueva concepción de la relación individuo-humanidad.

Pero solo en SCHELLING llega a un desarrollo completo el movimiento de ideas encaminado a hacer de la historia una parte integrante de un sistema filosófico[177]. Las premisas metafísicas de SCHELLING implicaban una nueva valoración teorética y práctica de lo individual en sí y en sus relaciones con el todo. Las categorías kantianas aplicadas a la realidad empírica podían dar lugar a síntesis lógicas, pero dejaban profunda e insoluble la disidencia entre los elementos empíricos y formales de la realidad y justificaban el atomismo teorético y práctico más riguroso. Lo Absoluto de SCHELLING representaba, en cambio, una síntesis real, en la cual se resolvían los dualismos kantianos, y lo individual en cuanto tal y no por los elementos formales añadidos exteriormente, pasaba a ser parte integrante de un todo que lo comprendía y del cual era una manifestación. Naturaleza e historia son para SCHELLING, respectivamente, la manifestación real e ideal de lo Absoluto, y una es a otra lo que la actividad teorética es a la actividad práctica del espíritu. Y así como la naturaleza no es materia inerte sino organismo vivo y activo que expresa de su seno la infinita variedad de los seres naturales, igualmente viva y activa es la historia, partícipe de la vida eterna de lo Absoluto, que vivifica y recoge en una unidad hechos y existencias particulares que se suceden en el tiempo y se extienden en el espacio. El progreso de la historia no se realiza en los individuos sino en la especie; aquéllos están sujetos a las sucesivas alternativas de la vida y de la muerte, mientras que la especie, en la cual se encarna

---

174 Particularmente notable al respecto es la lección IX de los *Grundzüge des gegenwärtigen Zeitalters* de FICHTE (1806) *(Fichte, S. W.,* 1846, vol. VII). Cfr. LASK, *op. cit.* Parte III.

175 Cfr. FICHTE, *Grundzüge,* etc., lección I.

176 Cfr. FICHTE, *Grundzüge,* etc., lección III.

177 Cfr. SCHELLING, *Sistema,* etc., págs. 267 y sigs.

la historia, sobrevive y se perpetúa en un progreso ilimitado que tiene como meta inalcanzable la libertad plena y perfecta. Vivir la vida histórica no es propio de todos, y por consiguiente no todos los individuos, como tampoco todos los acontecimientos tienen valor histórico; solo lo tienen aquellos que participan en la vida de la especie y favorecen su desarrollo. En SCHELLING se afirmaba ya uno de los postulados de la escuela histórica, según el cual en el presente se puede revivir el pasado de la humanidad y la tradición constituye la esencia de la historia.

La necesidad, que es soberana en la naturaleza, se une en la historia a la libertad, por lo cual, a la uniformidad y constancia de los fenómenos naturales corresponde la incoherencia y variabilidad de los hechos humanos[178]. La necesidad se revela como obrar inconsciente, como predominio de los sentimientos y de los instintos que tienen por término el interés de la especie: la libertad se revela en la forma del obrar consciente, subjetivamente, en la preponderancia de la reflexión y del cálculo racional. El tránsito de la necesidad a la libertad es lento y gradual: su unión y conciliación se cumplen particularmente en el orden jurídico, el cual, a la vez que es un producto de la libertad, constituye un sistema de conducta que tiene por carácter la necesidad, por condición la coacción y por finalidad el interés común. Ni las artes, ni las ciencias, ni la moralidad, para las cuales falta un criterio seguro de valoración, constituyen la razón de la historia y del progreso humano; pero sí la organización jurídica, la cual culmina en la idea del Estado, *«das objective Organismus der Freiheit»*. FICHTE había expresado ya un pensamiento análogo al tratar del Estado, de su naturaleza, de su finalidad[179], pero solo en SCHELLING se da de modo explícito y sistemático la afirmación de que la constitución política constituye la razón de ser y la finalidad de la historia[180]. Ésta es una manifestación progresiva de la idea del Estado, el cual a su vez es manifestación de lo Absoluto. Con esto, el punto de vista del racionalismo y del individualismo abstractos quedaba no solo superado, sino invertido. El Estado dejaba de ser una institución subordinada y relativa, un sistema mecánico de medios tendientes a la coexistencia de los derechos y de las libertades individuales: llegaba a tener dignidad de fin, a ser razón de la historia, expresión de lo Absoluto. Desaparecía el dualismo entre individuo y Estado, entre derecho público y privado; la vida de comunidad adquiría razón de fin respecto al individuo y a su derecho particular. Por encima del individuo quedaba afirmado, si bien no de manera determinada, el concepto de humanidad, de cuyos intereses y finalidades el Estado era la expresión viviente y real. La filosofía del derecho quedaba identificada con la filosofía de la historia; el estudio de la historia se volvía condición indispensable para la comprensión y justificación del concepto racional del derecho y del Estado.

Toda esta concepción histórico-filosófica del derecho y del Estado estaba penetrada por la idea del devenir, la cual implicaba una visión nueva de la realidad y de las instituciones humanas, diametralmente opuesta a la que prevaleció en el siglo de la Ilustración y del racionalismo kantiano. Reemplazar por la nueva categoría del devenir la del ser, significaba reemplazar por la concepción dialéctica de

[178] Cfr. SCHELLING, *Sistema*, etc., págs. 273 y sigs.

[179] Cfr. FICHTE, *Grundzüge*, etc., lecciones X y XI. SCHELLING se remite explícitamente al sistema jurídico-político de FICHTE en sus *Vorlesungen über die Methode des akademischen Studiums* (Jena, 1802), lección X.

[180] Cfr. SCHELLING, *Vorlesungen*, etc., X, dedicada al estudio de la historia y de la jurisprudencia, donde están desarrolladas las ideas que ya expresara en el *Sistema*.

la naturaleza y de la historia la concepción metafísica y ontológica. La realidad no es, sino deviene: éste era el nuevo dogma que se afirmaba en forma explícita con SCHELLING, y que estaba destinado a dar una nueva orientación a la investigación y al conocimiento de las cosas. Tal idea del devenir nacía de la esencia misma de lo Absoluto, el cual se realizaba gradualmente en la naturaleza y en la conciencia. Identidad no significaba para SCHELLING inmovilidad, sino permanencia del principio supremo en la multiplicidad indefinida y progresiva de las formas reales e ideales bajo las cuales se manifestaba. El devenir implicaba en el pensamiento de SCHELLING una verdadera sucesión temporal, no solamente una sucesión lógica; a medida que SCHELLING profundizaba en la vida de la conciencia, la idea de la sucesión temporal se revelaba con caracteres aun más patentes que en la naturaleza[181]. Y el devenir psicológico tenía que traducirse en un devenir histórico, ya que la historia es el reflejo de la vida de la conciencia, así como ésta refleja la vida de la naturaleza, y ambas la de lo Absoluto.

La categoría del devenir permitía resolver los dualismos kantianos y sobre todo el problema de lo irracional. Explicaba, en efecto, el tránsito lento y gradual desde las formas inferiores de la vida a las formas superiores y conscientes. Lo irracional no existe por sí sino como momento de la vida de lo Absoluto. Bajo este aspecto es irracional el individuo, lo concreto, lo empírico, en tanto se los considere en sí, independientemente de lo universal que los resume y constituye su razón de ser. Son evidentes las consecuencias para la comprensión de la historia y de la realidad jurídica. Si la historia es una revelación continua y en gradual desarrollo de lo Absoluto, lo irracional en ella es un momento necesario del devenir de la conciencia en su ascensión progresiva hacia la universalidad. La perfección y la imperfección son conceptos relativos que dependen del grado en que las instituciones participan en la vida y en la finalidad del conjunto. Bajo este aspecto, la separación entre el derecho privado y el derecho público, el individuo y el Estado, representa un momento de imperfección, de irracionalidad, destinado a desaparecer a medida que la idea del Estado se desarrolla y se afirma como preeminente y absoluta.

El derecho privado, separado del Estado y del derecho público, no tiene naturaleza absoluta alguna, en cuanto no es expresión de ideas. Solo el Estado tiene valor absoluto; solo en él lo individual se identifica con lo universal, la libertad se concilia con la necesidad. Por esto el Estado no puede limitarse a una acción puramente negativa, sino que, como expresión y modelo de la vida absoluta, tiene que proponerse y alcanzar la plenitud de todos los fines.

LA FILOSOFÍA DE SCHELLING Y LA DIRECCIÓN HISTÓRICA EN LOS ESTUDIOS JURÍDICOS. LÍMITES DENTRO DE LOS CUALES LA CONCEPCIÓN FILOSÓFICO-JURÍDICA DE SCHELLING INFLUYÓ EN LA CONCEPCIÓN HISTÓRICA DEL DERECHO Y DEL ESTADO. OPINIONES ANTAGÓNICAS DE SINGER Y DE LANDSBERG. SOBRE LAS RELACIONES ENTRE SAVIGNY Y SCHELLING. CONTRA LA DERIVACIÓN DE LA DOCTRINA HISTÓRICA DEL DERECHO DE LA FILOSOFÍA DE SCHELLING.

13. ES UNA cuestión permanentemente abierta, y resuelta de maneras variadas, si y dentro de qué límites la concepción filosófico-jurídica del Estado influyó en la

[181] Cfr. BRÉHIER, *Schelling*, París, 1912, parte III, c. IV. BRÉHIER observa que la idea del devenir va haciéndose en SCHELLING siempre más realista después de 1804, y sobre todo después de 1809, en el ensayo sobre la libertad, en las *Weltalter* (1815), en la filosofía de la mitología y de la revelación.

renovación del derecho público y privado que realizaron casi contemporáneamente los juristas de la escuela histórica, particularmente Savigny. El silencio que los contemporáneos guardan al respecto, induce a creer que ellos no sospecharon relaciones, no solo directas sino ni siquiera indirectas, entre la concepción histórica del derecho, que tuvo su primera manifestación en la *Vocación* de Savigny, y la concepción filosófica de Schelling. Solo más tarde, y exactamente, cuando la escuela histórica al desarrollarse se puso en contacto con las corrientes filosóficas de la época, comenzaron los primeros cotejos entre la obra de Savigny y la de Schelling, pero con resultado generalmente negativo. Las primeras alusiones a una probable derivación de la doctrina de Savigny de la de Schelling, partieron de adversarios de la dirección histórica, quienes se proponían no solo negar a esa dirección toda originalidad, sino también representarla como una caricatura en sentido materialista del idealismo de Schelling[182]. Otros, aun advirtiendo en Schelling los fundamentos de la doctrina histórica, reconocieron la completa autonomía de pensamiento de Savigny y de su escuela[183]. Singer, que resume la primera fase de las investigaciones sobre este asunto, reivindica no solo la autonomía sino también la originalidad absoluta de la doctrina histórica respecto a la filosofía de Schelling[184].

En una época más próxima a nosotros, la idea de un parentesco estrecho, no solo genérico e indirecto, entre Schelling y Savigny encontró crédito sobre todo gracias a Landsberg, que procuró dar una demostración positiva del mismo. Arrojaron nueva luz sobre la cuestión las noticias que Stoll[185] recogió y publicó en 1889-1890. Al poco tiempo Bergbohm reconoció cierto influjo de la filosofía de Schelling sobre los fundadores de la escuela histórica, aunque no aparecieron claros sus límites y su grado[186]. Más decididamente, Landsberg llama en 1901 a Schelling, el filósofo, y a Savigny, el jurista de la escuela histórica, y manifiesta el propósito de demostrar en otra oportunidad que entre Savigny y Schelling media la misma relación que entre Kant y Hugo[187].

---

182 Cfr. Reyscher, en *Zeits. f. deut. Recht u. deut. Rechtswiss.*, que él fundó en unión con Wilda en 1839, órgano de los germanistas, vol. I, págs. 31 y sigs. A los pocos años Reyscher reformaba su juicio respecto a la escuela histórica. Ahrens *(Naturrecht,* 6ª ed., 1870, págs. 172 y sigs.) ve en la escuela histórica una dirección que se adueñó del pensamiento de Schelling para entenderlo equivocadamente e interpretarlo «naturalistisch». Para la defensa de la escuela histórica contra Ahrens, cfr. Dahn, *Bausteine,* Berlín, 1883, IV, 1 *(Rechtsphil. Studien),* págs. 175-180.

183 Cfr. Kuno Fischer, *Geschichte der neuern Philosophie,* 2ª edic. (1899), Heidelberg. Vol. VII, pág. 183. Fischer había expresado ya la misma opinión en 1ª edición de 1872 (vol. VI, pág. 255). Savigny, afirma Fischer, es «ein Schelling verwandter, aber von; ihm unabhängiger, *auf sich selbst gestellter Geist».* Al mismo tiempo él cree que Schelling habría podido ser el fundador de la doctrina histórico-filosófica del derecho, de haber tenido, en su poder el material positivo de la ciencia. También Bethmann-Hollweg en *Zeits. f. Rechtsgesch.,* VI, 1867, pág. *67 (Erinnerung,* etc., cit.) afirma que Savigny, así como no se ocupó de filosofía del derecho, tampoco se encerró en un sistema filosófico determinado. Y ésta fue constantemente la opinión de Stahl en las varias ediciones de su *Geschichte d. Rechtsph.,* cuya primera edición es de 1829.

184 Cfr. Singer, *Zur Erinnerung an G. Hugo,* cit. en *Zeits. f. Priv. u. öff. Recht., vol.* XVI, 1889, pág. 304, nota 42.

185 Cfr. Stoll, *Fr. K. v. Savignys sächsische Studienreise 1799 und 1800,* cit.

186 Cfr. Bergbohm, *Jurisprudenz u. Rechtsphilos.,* I, Leipzig, 1892, pág. 188, nota.

187 Landsberg, *Kant und Hugo,* cit. («Grünhuts Zeits.», vol. 28), pág. 682.

La demostración anunciada, si así puede llamarse, debiera ser la que está contenida en su *Geschichte d. deut. Rechtsw.* de 1910[188]. No cabe duda, al parecer, que SAVIGNY vio y oyó a SCHELLING en el verano de 1799 en Jena, que lo conoció personalmente por entonces o, al poco tiempo, en abril de 1800. Esto consta por cartas que SAVIGNY escribió a sus amigos, en donde habla de SCHELLING y se refiere a temas que éste trató en sus clases[189]. En una carta del 26 abril 1800, que a LANDSBERG le parece decisiva, se hace referencia a la doctrina de la intuición estética de SCHELLING, doctrina que SAVIGNY debía reproducir en la forma de la conciencia jurídica espontánea, como fuente del derecho[190].

A estas pruebas extrínsecas tendientes a establecer las relaciones que existieron entre SAVIGNY y SCHELLING y la obra de éste, LANDSBERG añade consideraciones intrínsecas. Bajo este aspecto, no puede pasar inadvertida la publicación de las *Vorlesungen über die Methode des akademischen Studiums,* que coincide con la publicación del *Besitz,* donde SAVIGNY daba principio a una nueva era en los estudios de derecho privado[191]. En las *Vorlesungen* SCHELLING expresa en forma fácil y llana sus ideas sobre reforma de los estudios históricos y jurídicos y a STIER-SOMLO le pareció que estas ideas constituían un verdadero *Programm der historischen Rechtsschule*[192]. En ella se llama a la especulación de los jusnaturalistas «ein Schnappen nach Begriffen» y se destaca el defecto principal y la tendencia política del *«sogenannten Naturrechts»,* que iba en busca de principios formales con que «man nachher in der positiven Jurisprudenz aufzuräumen hoffte».

A la coincidencia exterior de las obras mayores de SCHELLING con la primera afirmación solemne de la actividad de SAVIGNY, a la comunión de simpatías y de aversiones hacia las mismas personas y las mismas direcciones de pensamiento, LANDSBERG añade, en apoyo de su tesis, la aplicación de las ideas contenidas en el *Sistema* y en las *Lecciones* de SCHELLING que hicieron SAVIGNY y la escuela histórica. Antes de LANDSBERG, GOLDSCHMIDT había mencionado las *Lecciones* de SCHELLING entre

---

188 Cfr. LANDSBERG, *Geschichte,* etc., 2. *Flalbb.,* München, 1910, págs. 214-217. Realmente, en una nota de esta obra (cap. 15, n° 16; nota, pág. 96) LANDSBERG declara que a pesar de las investigaciones que hizo directamente y por medio de STOLL y de BREMER (que hace años está trabajando en una biografía completa de SAVIGNY), no pudo sacar de la correspondencia manuscrita que SAVIGNY dejó, nada que iluminara su obra.

189 Cfr. STOLL, *op. cit.,* pág. 14; págs. 33-37; nota 179; LANDSBERG, *Geschichte,* etc., pág. 214.

190 La misma carta sirve a KANTOROWICZ *(Volksgeist und historische Rechtsschule* en «Historiche Zeitsch.», 1912, vol. XII, pág. 314 y nota) para demostrar que SAVIGNY por ese tiempo había leído y penetrado el *Sistema,* etc., de SCHELLING. Dicha carta, efectivamente, no sería para KANTOROWICZ sino la reproducción del contenido del § 1, See. 6, del *Sistema,* etc., cuyo prefacio es de fines de marzo de 1800 (Jena). El editor Cotta, a pedido de KANTOROWICZ, buscando en los registros comerciales de la época, pudo averiguar que SCHELLING percibió el primer honorario a fines de agosto de 1800, por lo cual en abril ya podía disponer de los primeros ejemplares de la obra y enviarla como homenaje a GOETHE (el cual le agradece con carta fechada el 19 de abril) y a SCHILLER (conforme a una carta de éste de fecha 1° de mayo). SAVIGNY, que se encontraba por ese entonces en Jena, estaba por lo tanto el día 26 de abril en condición de haber leído el *Sistema* y de expresar por carta sus impresiones.

191 Las *Vorlesungen* fueron dictadas precisamente en 1802 y publicadas en 1803. SAVIGNY no pudo, de todos modos, tener conocimiento de ellas sino después de la publicación del *Besitz,* pues en esta época se hallaba en Marburgo. Cfr. particularmente la lección x, que está dedicada al estudio de la historia y de la jurisprudencia.

192 Cfr. FR. STIER-SOMLO, *Die Volksüberzeugung als Rechtsquelle* (en «Jahrb. d. Intern. Vereinigung», V (1899), 1, pág. 65.

las fuentes de la doctrina de Savigny[193], y Stier-Somlo había destacado la correspondencia entre el *allgemeine Wille,* del cual habla Schelling en la *Neue Deduktion,* etc., y el *Volkswille* de la escuela histórica[194]. La idea de organismo, de organización no como criterio metódico sino como criterio de verdad para penetrar la naturaleza del Estado en oposición a la concepción mecánica y racional del mismo, fue elaborada primero por Schelling[195]. La unidad de la naturaleza y de la historia, el principio del devenir, la doctrina del entendimiento inconsciente, de la ciega actividad del fin, estos conceptos y otros que eran familiares a Schelling, habrían servido, según Landsberg, para preparar la nueva concepción histórica del derecho y del Estado[196].

La tesis que sostiene que la doctrina histórica del derecho, tal como la encontramos expresada en la *Vocación* de Savigny se deriva de la filosofía de Schelling, no nos parece a nosotros ni demostrada ni sostenible. Los argumentos exteriores que se aducen tienen escaso valor probatorio. Es del todo indiferente a este objeto insistir sobre las relaciones personales que mediaron entre ellos, sobre la lectura que Savigny pudo o no haber hecho de las obras que Schelling publicó en esa época, toda vez que está demostrado hasta la evidencia que la concepción de Savigny no es la de Schelling y que se desarrolló en él de manera completamente independiente y autónoma. Consideradas en sí mismas, las relaciones de Savigny con Schelling tienen un carácter puramente exterior y accidental. No tiene por qué causar asombro el hecho de que Savigny en viajes de estudio haya ido a Jena a oír y a conocer a Schelling, que era el filósofo del día y tenía fama de innovar respecto a los sistemas de filosofía tradicional; pero, por esto solamente, no cabe pensar en una relación de filiación intelectual. Pues si bien no hay duda de que Savigny asistió a las clases de Schelling en el invierno 1799-1800, no está igualmente probado que leyera sus obras[197]. El que la publicación de las *Lecciones* coincidiera con la de la *Posesión* en el mismo año 1803, es cosa del todo fortuita. En la *Posesión* no solo falta toda alusión

---

193 Cfr. L. Goldschmidt, *Fr. K. v. Savigny,* en «Vermischten Schriften» (1901), 1, pág. 638, nota 1. La indicación de Brugi *(Introd. enciclopedia alle scienze giuridiche,* etc., 4ª edic., Milano, 1907, pág. 51, nota 4) según la cual Puchta, en *Zeits. f. Rechtsges.* (II, 1863, pág. 36), habría hecho referencia al parentesco de las ideas de Savigny con las de Schelling, es errónea. Quizá quisiera aludir al escrito de Rudorff sobre Savigny, contenido en el volumen n, 1862, de dicha *Zeitschrift,* en donde en la página 36 Rudorff afirma que en las *Lecciones* y en el ensayo sobre la *Libertad,* Schelling se refiere en términos oscuros a un nuevo fundamento filosófico del derecho.

194 Cfr. Stier-Somlo, *op. cit.,* pág. 64.

195 Cfr. Quarch, *Zur Geschichte und Entwickelung der organischen Methode der Sociologie,* Bern, 1901, págs. 52 y 53.

196 Entre los que sin demostrarlo tienden a acercar la escuela histórica a la filosofía de Schelling, mencionamos a Berolzheimer, *Sys. d. Rechts.-u. Wirtschaftsphil.,* München, 1905, II, § 34. Es significativo el silencio que al respecto guarda Lasson, *System d. Rechtsphil.* (Leipzig, 1882).

197 Landsberg no tiene argumentos para afirmar esta circunstancia de hecho. La presunción en favor que Kantorowicz aduce fundándose en la carta del 26 de abril de 1800, donde se alude a la doctrina de la intuición estética contenida en el *Sistema* publicado en ese periodo, queda destruida por otras presunciones, como el corto tiempo que corrió entre la publicación del *Sistema* (fines de marzo) y la fecha de la carta, el hecho de que Savigny no hiciera ninguna alusión al respecto en las cartas de aquella época, y sobre todo que no destacara la parte de la obra leída que debía interesarle mayormente, esto es, la doctrina del derecho y del Estado. La alusión de la carta del 26 de abril se refiere a un argumento que Schelling trató en la escuela. No carece de utilidad observar que Savigny, ni entonces ni después, invocó nunca en apoyo de sus ideas la autoridad de Schelling y de la obra de éste.

a SCHELLING y a su obra, sino que no hay huellas, como lo vimos, de la doctrina histórica del derecho. La importancia de la *Posesión* consiste en una nueva orientación de los estudios de derecho privado, mucho más que en una nueva dirección filosófica. Pues si SAVIGNY compartió con SCHELLING la aversión al racionalismo jurídico y a la tradición de los jusnaturalistas, esto solo significa que ambos obedecían a las mismas tendencias negativas, esto es, de reacción a semejantes direcciones de pensamiento.

Al lado de estos argumentos extrínsecos hay consideraciones inherentes a la índole y a la esencia de las doctrinas, tales que descartan cualquier relación de dependencia y de filiación entre ellas. No será inútil observar que muchos entre los propios sostenedores de semejante relación de parentesco, para salvar las dificultades derivadas de la diversidad de las doctrinas se vieron llevados a reconocer que SAVIGNY, dotado de escaso sentido filosófico, habría comprendido mal a SCHELLING[198], mientras que otros, para no desvirtuar el carácter de la filosofía de SAVIGNY, fueron inducidos a falsear por completo el pensamiento de SCHELLING, haciendo de él nada menos que un precursor de la concepción positivo-empírica del derecho[199]. El origen de la confusión estriba en que tanto SCHELLING como SAVIGNY se hallan en el período de reacción contra el racionalismo y el individualismo jurídicos y que SCHELLING fue uno de los primeros en oponer con autoridad y eficacia una nueva concepción de la vida y del mundo a la concepción que prevaleció en el siglo anterior. Nada extraño es, pues, el hecho de que ambos concordaran en la acción crítica y negativa, que hubiera estrecha correspondencia entre las finalidades generales de su obra y que ambos dieran cabida a conceptos que eran el producto de las nuevas tendencias de los tiempos, de las nuevas direcciones del pensamiento.

A esto se limita su concordancia, mientras que, como eran diferentes en su índole, igualmente diferentes eran las premisas de las que partieron para la construcción de sus doctrinas, diferente el método que siguieron, diferente el campo de manifestación de su actividad. Los mismos conceptos de desarrollo, de organismo, de conciencia y voluntad universal tienen en uno y en otro un valor y una significación profundamente diversos.

No puede sostenerse la relación que LANDSBERG señaló, sin demostrarla, según la cual SAVIGNY es a SCHELLING lo que HUGO a KANT, porque HUGO se propuso integrar a KANT, de donde sacó en modo explícito las formas *a priori* para entender la realidad jurídica, mientras que SAVIGNY, contrariamente a SCHELLING, desdeñó todo criterio apriorístico y racional al entender la historia.

A SAVIGNY se le escapó por completo la profunda significación que tiene la historia en el sistema de SCHELLING, según el cual ella no tiene valor en sí sino

---

198 Hemos recordado más arriba (pág. 146, nota 182) a REYSCHER y AHRENS entre aquellos que en oposición a SAVIGNY y a su escuela fueron los primeros en sostener que la doctrina histórica del derecho era una interpretación en sentido naturalista y materialista de la filosofía de SCHELLING. Recientemente, KANTOROWICZ *(op. cit.*, pág. 316) ha notado también que los conceptos filosóficos de SCHELLING, y más generalmente de la época, a través de la mentalidad antifilosófica de SAVIGNY, han sufrido una «unzulässige Vereinfachung» y se han, por decirlo así, «trivialisiert».

199 Quien abrigue alguna duda al respecto, no tiene más que leer el escrito de BRUGI: *I romanisti della scuola storica e la sociología contemporanea,* en «Rev. It. di Sociología», 1902, págs. 228 y sigs., y la *Introduziane enciclopedica,* cit., pág. 51, del mismo autor.

como manifestación ideal de lo Absoluto, como expresión de ideas eternas. Para Savigny la realidad que se desarrolla tiene en sí su significación, tiene en sí la ley de su devenir; no es la expresión de una realidad superior que la resume y la explica. Por esto, mientras que Savigny se inclinaba a generalizar partiendo del material histórico críticamente valuado y ordenado, Schelling tendía a forjar una historia ideal eterna, de la cual la experiencia histórica no era sino la progresiva realización. De aquí que lo que en Schelling es desarrollo dialéctico de lo Absoluto y no excluye la obra del genio individual y las revoluciones violentas de la historia, en Savigny se convierte en manifestación gradual de la conciencia colectiva entendida en sentido empírico. La racionalidad inconsciente e inmanente a la historia de Schelling, se vuelve sentimiento obscuro, instinto ciego en Savigny. El concepto de organismo que en uno es el término del devenir natural y condición de la conciencia, no tiene en el otro más que el valor de una metáfora, de un principio heurístico. La voluntad universal que expresa en Schelling el orden eterno de las cosas, se vuelve espíritu nacional, conciencia colectiva en la escuela histórica.

Después de esto podemos afirmar legítimamente que Savigny, del mismo modo que no entendió ni siguió a Schelling en sus premisas filosóficas, tampoco lo siguió ni lo entendió en el dominio del derecho. No tienen que desviarnos los elementos naturales e históricos que hemos destacado en la concepción jurídica de Schelling, pues están en función de la significación especial que naturaleza e historia tienen en su sistema respecto a lo Absoluto. En la historia dominan, según Schelling, los dos principios opuestos de la libertad y de la necesidad, correspondiendo al principio individual y universal. La conciliación de estos dos principios constituye la razón de ser del orden jurídico, el cual no es, pues, ese producto histórico inconsciente y determinado en todas sus partes, tal como se lo representan Savigny y su escuela, sino la expresión de la razón eterna, universal, en el campo de los instintos, de los egoísmos contrapuestos en la historia; como tal es libre y racional en su constitución, es necesario y determinado en su desenvolvimiento. Si la historia puede revelarnos la necesidad del progreso jurídico, solo la razón permite dar su última justificación. El orden jurídico, afirma explícitamente Schelling, es «eine von Menschenhänden gebaute und eingerichtete Maschine»; la necesidad pudo engendrarlo originariamente, pero solo la reflexión y la razón pueden construirlo, en época de civilización, de tal suerte que responda eficazmente a sus finalidades. Esto implica la constitución del Estado, al cual la historia tiende como a su fin último. En el Estado la razón universal, en tanto es medida y norma de la individualidad en sus múltiples manifestaciones, dispone de medios coactivos aptos para hacerse valer.

En comparación, la concepción de Savigny y de su escuela tendrá que aparecer como una cosa pobre. El derecho, lejos de ser un aspecto de la vida de un pueblo, aparece a Schelling como la historia misma en su razón profunda. Se comprende así el papel subordinado que en su sistema tiene el derecho privado. Al igual que el individuo, tampoco su derecho particular tiene razón de fin. Desgajado del tronco del derecho público, del cual toma vida y lozanía, tenía que parecerle a Schelling un «mechanische Scharfsinn», una empírica «Rechtskunde»[200].

---

[200] Cfr. Schelling, *Vorlesungen über die Methode*, etc., lección X.

Veremos cómo se remonta hasta SAVIGNY y más aún hasta su escuela, el movimiento destinado a separar el derecho privado de la filosofía; esta separación, si bien sirvió para la constitución de una ciencia del derecho privado, contribuyó a esterilizar sus fuentes de vida, apartándolo de las corrientes de pensamiento que hubieran preparado su trasformación en conformidad con las nuevas exigencias de los tiempos. El espíritu filosófico que había despertado a nueva vida en el siglo de la Ilustración al derecho privado, y que había preparado su gran reforma en sentido individualista, debía faltar a los privatistas del siglo XIX, no seguramente por culpa de SCHELLING, en cuyo sistema lo había todo para justificar la más audaz reforma del derecho privado sin negar los resultados de la crítica histórica. La escuela histórica, tanto en las doctrinas que profesaba como en los métodos que seguía, se afirmó y se desarrolló en forma independiente de las grandes corrientes filosóficas de la época representadas por SCHELLING y HEGEL[201]. No faltó por parte de eminentes representantes de la escuela, como PUCHTA y STAHL, el intento de una conciliación; el intento no fue fecundo, pero merece notarse el hecho de que se hizo bajo el influjo de SCHELLING mucho más que de HEGEL, aunque no del SCHELLING de la primera época, sino del SCHELLING tal como iba a revelarse en el último período de su actividad filosófica.

KUNO FISCHER dijo que si SCHELLING hubiera podido valerse del material histórico de SAVIGNY, habría sido el fundador de la escuela histórica. La afirmación, a nuestro parecer, no se sostiene, porque está fundada en el supuesto de que la escuela histórica representa solo un nuevo método de estudio y tiene que valorizarse en razón del material recogido y brindado a los estudiosos, mientras que representa, particularmente en sus fundadores, un verdadero movimiento do ideas destinado a producir una nueva concepción general del derecho y del Estado. No se puede negar este mérito a la escuela histórica, cualquiera sea el juicio sobre el valor intrínseco de la doctrina que la misma profesó. De ser verdad esto, la cuestión de saber a cuáles influencias de pensamiento obedeció SAVIGNY al formular su doctrina, se presenta en forma aun más apremiante.

La solución puramente negativa de SINGER no puede satisfacer. La independencia respecto a SCHELLING no significa independencia respecto a otras corrientes de pensamiento de la época[202]. Nosotros estamos firmemente convencidos de que SAVIGNY, al preparar el programa de su escuela, estaba en el orden de ideas de la corriente romántica, y solo mediante ésta, o sea por vía indirecta y harto limitada, cabe hablar de una influencia de SCHELLING[203]. La escuela histórica representa el espíritu romántico en el campo de los estudios jurídicos, y la concepción romántica de las cosas, por más que tenga estrechas relaciones con la filosofía de SCHELLING, es de todos modos independiente de ésta y expresa el nuevo estado de los ánimos y de las mentes en contraste no solo teorético, sino práctico, no solo negativo, sino positivo, con el racionalismo jurídico y con el universalismo abstracto del siglo XVIII.

---

[201] El mismo LANDSBERG *(op. cit.,* pág. 217) reconoce que las únicas influencias filosóficas que SCHELLING ejerció sobre SAVIGNY son las que derivan del *Sistema* y de las *Lecciones.*

[202] Es notable el intento de BRIE *(Der Volksgeht bei Hegel und in der historischen Rechtsschule,* Leipzig, 1909) de establecer relaciones entre SAVIGNY y HEGEL.

[203] Ésta es la opinión de LOENING, *Festrede v. 12, Dec. 1879,* Dorpart, 1880, págs. 6 y sigs. Cfr. también, siempre en el mismo sentido, *Die philosophischen Amgangspunkte der rechtshistorischen Schule* en «Internationale Wochenschrift», 4 (1910), págs. 65 y sigs., 115 y sigs., de LOENING.

EL MOVIMIENTO ROMÁNTICO EN LA HISTORIA DEL PENSAMIENTO. CARÁCTER Y SIGNIFICADO DEL ROMANTICISMO. FICHTE Y EL PRERROMANTICISMO. SCHELLING Y EL ROMANTICISMO. EL ROMANTICISMO RELIGIOSO. EL ROMANTICISMO ÉTICO. EMPIRISMO Y SUBJETIVISMO ROMÁNTICO.

14. LA ESCUELA histórica fue en los estudios jurídicos un aspecto del romanticismo, y solo en cuanto éste fue expresión de nuevos valores morales, de una nueva conciencia filosófica, tuvo aquélla valor y significación en la historia del pensamiento jurídico. Pero si bien se intuyó y afirmó generalmente el parentesco entre el romanticismo y el historicismo en los estudios jurídicos, no se aclaró ni demostró este parentesco en la misma forma. Así y todo, el movimiento histórico en los estudios jurídicos, tal como se presenta en la obra de sus fundadores, en la influencia que ejerció y en las discusiones que suscitó, está indisolublemente vinculado con el movimiento romántico, con el cual tiene en común la razón de ser, los caracteres y las tendencias teoréticas y prácticas generales.

CROCE, al querer caracterizar el romanticismo como dirección universal y constante del espíritu humano, haciendo abstracción de los límites de tiempo y de las contingencias históricas, revela tres aspectos fundamentales del mismo: el aspecto psicológico-moral, el aspecto artístico y el aspecto filosófico; y, conforme a este triple aspecto, lo define[204]. No creemos que haya sido intención de CROCE comprender en estos tres aspectos a toda la variedad fenoménica del romanticismo, sino solo ejemplificar el proceso mental a seguir para la construcción del concepto empírico, o, para usar su expresión, el pseudo concepto de romanticismo. No se comprendería, de otro modo, por qué no se habla de un romanticismo religioso, político, jurídico, además que de un romanticismo moral y estético. Pues si se quiere hacer abstracción de las formas y direcciones particulares que el romanticismo asumió en la realidad histórica, para aprehender sus notas más generales y completas, hay que atender, a nuestro juicio, por un lado, a su carácter y significación psicológica, por el otro, a la particular conciencia filosófica que en él se revela.

El romanticismo es siempre y sobre todo la expresión de un conflicto interior provocado por los excesos del formalismo lógico y del intelectualismo; es la rebelión de nuestro ser profundo, hecho de sentimientos, de tendencias, de aspiraciones, contra los frenos impuestos por la razón; es la afirmación libre de la individualidad sensible, contra el Yo abstracto, reducido a actividad pensante, a pura forma, vacía de vida y de contenido. Hay en la historia humana épocas en que los derechos del sentimiento y de la voluntad, que son al fin los de la vida y de la realidad, se afirman más vigorosos e incoercibles. Caracteriza a tales épocas no solo la desconfianza en la razón, en sus postulados y leyes universales, en sus síntesis abstractas, sino también la necesidad prepotente de creer, de obrar, de dejar desahogar libremente las energías espontáneas y creadoras del espíritu, de rehabilitar las verdades que se fundan en el sentimiento y en la intuición. Si las rebeliones contra las exageraciones del intelectualismo son propias de todos los tiempos —y lo atestiguan el epicureismo, el cristianismo, el misticismo medioeval, la reforma religiosa—, solo a fines del siglo XVIII y durante todo el siglo siguiente, la reacción se desarrolló en forma más amplia y profunda. Esto se explica pensando que la tiranía racionalista dominaba desde hacía dos siglos, no solo en el campo del pensamiento,

[204] Cfr. B. CROCE, *Saggi filosofici*, I (Barí, 1910), págs. 285 y sigs. *(Le definizioni del romanticismo)*.

sino en el de la vida y de la realidad. La racionalización de las relaciones humanas es el rasgo característico del movimiento iluminista, y el criticismo kantiano, mal entendido, lejos de detenerla, la había favorecido. De aquí la extensión y la importancia de la reacción romántica, que se presenta con los caracteres de un levantamiento espiritual, de una reorganización general de los valores de la vida individual y colectiva, hasta el punto de constituir el rasgo sobresaliente de la especulación y de la acción durante el siglo XIX. En esto, más que en la novedad del principio informativo, radica la significación del romanticismo, considerado como particular actitud del espíritu humano.

Antes aun que en los grandes sistemas de SCHELLING y de HEGEL, la filosofía romántica en sus virtudes y en sus defectos, en sus audacias y en sus exageraciones, se revela de cuerpo entero en lo que suele llamarse el romanticismo verdadero, que no es sino el romanticismo de la fase más antigua *(Frühromantik)*, esto es, el romanticismo vivido, no disciplinado aún por la razón ni inmovilizado en un sistema, sino producto espontáneo de los tiempos, y cuyos intérpretes geniales son las más destacadas individualidades del arte y de la poesía[205].

Indisolublemente vinculada con el estado de ánimo propio del romanticismo, la nueva filosofía romántica, consciente o inconscientemente, penetra todos los campos del pensamiento y de la vida, y los vivifica y renueva a todos. En todas partes su rasgo característico fue el recogerse en la contemplación del sujeto, en la visión de las cosas a través de la individualidad. Por este lado se inspiraba directamente en FICHTE, el filósofo de la subjetividad pura, de la interioridad elevada a principio universal. Con FICHTE no solo quedaba superado el racionalismo objetivo de SPINOZA, sino también la *cosa en sí* de KANT se resolvía en la actividad creadora del Yo. Todo lo que no es Yo, que no es producción suya, no tiene valor, porque no tiene existencia. No hay objeto sin Yo, no hay Yo sin objeto que lo complete. El Yo es el centro alrededor del cual se desarrolla el universo, y éste no es en el fondo sino la expresión de nuestra vida interior.

Ninguna otra doctrina se adaptaba al espíritu de la época prerromántica mejor que ésta de FICHTE, la cual, mientras libraba al individuo de la pesadilla de la *cosa en sí,* del rigor de las formas lógicas en las que el pensamiento tenía que moverse, le reconocía un poder creador ilimitado. Sin embargo, la filosofía de FICHTE a través del particular estado de ánimo romántico, y a consecuencia del mismo, sufría una deformación muy extraña. Para FICHTE el Yo que construye el mundo es esencialmente voluntad moral, es voluntad de actuar según el deber. No comprendieron los románticos la significación profundamente ética del idealismo fichteano y prefirieron interpretar al mundo estéticamente, en términos de sentimiento. Para ellos la naturaleza no es expresión de una exigencia ética, sino una obra de arte inconsciente, que el artista, mejor que el filósofo, entiende y reproduce con la fantasía adivinadora.

La filosofía romántica se presenta, por lo tanto, con caracteres y fisonomía propios, y puede definirse como un idealismo subjetivo, empírico, que se desarrolla sin regla, en contraposición con el idealismo objetivo, universal, para el cual trabajaron FICHTE y sobre todo SCHELLING y HEGEL. El Yo de FICHTE, absoluto, supraindividual, transubjetivo, concebido fuera del tiempo y del espacio, no tiene

---

205 Para una bibliografía rica y ordenada acerca del romanticismo en Alemania, cfr. FARINELLI, *Il romanticismo in Germania* (Bari, 1911), págs. 137 y sigs.

nada que ver con el Yo sensible, caprichoso, finito, de los románticos, cuya actitud hacia la vida y la realidad es la inconstancia, la inestabilidad. Para ellos el conocimiento es adivinación, la realidad es ensueño. La verdad está en razón de la riqueza y variedad de los estados anímicos, y a la par de éstos es inconstante y movediza. Una vez que se ha elevado el sentimiento a criterio de verdad, a guía en la interpretación del mundo, cualquier afirmación por atrevida y arbitraria que sea, es posible y puede justificarse[206].

Tampoco puede decirse que lo romántico en su desenvolvimiento ulterior haya cambiado de carácter bajo la influencia de Schelling, o modificado su particular actitud subjetiva e individualista. Ante todo no está demostrado aun Que Schelling haya dominado el movimiento romántico; él mismo fue dominado por éste, desviándolo a veces. La inconstancia romántica es también un rasgo de su filosofía[207]. Por otro lado hay motivos para creer que el pensamiento de Schelling sufrió por obra de los románticos una deformación análoga a la que señalamos más arriba para Fichte. Schelling fue realmente el eslabón de enlace entre el subjetivismo romántico y el idealismo objetivo de Hegel. Por un lado penetraba el alma romántica en sus aspiraciones más profundas y características, en su tendencia a extraer de los contrastes, de los dualismos, de las disonancias de la vida y de la realidad, el orden, la armonía, la unidad del sujeto y del objeto, de la libertad y de la necesidad, del mundo y del espíritu, a absorber lo finito en lo infinito, lo relativo en lo absoluto, el individuo en el todo universal. Por otro lado, logró satisfacer tal exigencia filosófica superando a Fichte y libertando al idealismo del arbitrio de la vida interior. El Yo individual no es sino el aspecto consciente del espíritu universal. El Absoluto no es el Yo, sino el Todo, y se manifiesta en la naturaleza, antes de llegar a ser conciencia en el hombre. La aspiración romántica a la unidad, al infinito, no es solo aspiración subjetiva, sino exigencia 'objetiva de la realidad universal; y el sentimiento no es tampoco una guía suficiente para el conocimiento de las relaciones que vinculan al individuo con el Todo, sino que es necesaria la *intellektuelle Anschauung*[208]. Con esto Schelling abría a los románticos otro interior para investigar, el alma de las cosas. El universo apareció a la conmovida fantasía romántica como «un organismo viviente que se rige con leyes eternas de armonía y de ritmo, una inteligencia soberana animada por un aliento de arte inextinguible, enderezada a una perfección siempre mayor, tejida con sustancia divina»[209]. La vida del individuo, de su devenir interior, está toda ella en el infinito desarrollarse de las cosas exteriores. Los románticos interpretaron libremente el pensamiento filosófico de Schelling en conformidad con su temperamento artístico, con sus tendencias y aspiraciones, pero no comprendieron que el mismo marcaba el fin del idealismo empírico, subjetivo, individualista, y abría el camino que recorrió después Hegel, hacia el idealismo objetivo, universal. Los dos aspectos, el psicológico y el filosófico, que iban confundidos en la primera fase del romanticismo, se separan después de Schelling, y la reflexión filosófica llega a privar sobre las falacias del sentimiento y de la inspiración estética. A consecuencia de tal separación quedaban en evidencia los motivos profundos de verdad, las tendencias universales ínsitas en el romanti-

---

206 Cfr. Kronenberg, *Geschichte des deuts. Idealismus,* n vol. (München, 1912), págs. 542 y sigs., 574 a 576.

207 Cfr. Royce, *Lo spirito della filosofía moderna,* trad. italiana de G. Rensi (Bari, 1910), P. I, Conferencia VI: *La scuola romantica in filosofia,* pág. 230.

208 Cfr. Kronenberg, *op. cit.,* págs. 605 y sigs.

209 Cfr. Farinelli, *op. cit.,* pág. 17.

cismo, que de movimiento caótico de sentimientos y de adivinaciones estéticas, se trasformaba en un movimiento de ideas conforme a las exigencias teoréticas y prácticas del nuevo siglo.

Hay que tener en cuenta el doble aspecto psicológico y filosófico del romanticismo para valorar sus caracteres y su significación en las variadas formas y direcciones en que históricamente se presenta. En todas partes tuvo manifestaciones empíricas, subjetivas y manifestaciones persistentes, universales. Opositores y partidarios del romanticismo, al formar juicio acerca de sus manifestaciones en el campo religioso, ético, jurídico, no diferenciaron entre los elementos filosóficos y psicológicos que concurrieron en su formación y que fueron causa a, la vez de sus deficiencias y de su vitalidad.

En lo referente, por ejemplo, a la actividad religiosa, el espíritu romántico significó ante todo reacción contra la Ilustración religiosa del siglo XVIII, en su tendencia a trasformar en una fría exigencia racional aquello que era la expresión de una necesidad viva y profunda del espíritu a buscar la esencia de la vida religiosa en los dogmas, en las doctrinas, en los actos exteriores de culto, tendencia que a la vez que desconocía la naturaleza de la actividad religiosa esterilizaba sus fuentes vivas y perennes. En sus manifestaciones positivas el romanticismo religioso toma forma y carácter harto diferentes en los himnos espirituales de NOVALIS y en los *Discursos sobre la religión* de SCHLEIERMACHER. En arte y literatura romántica, por la preponderancia de los elementos psicológicos y pasionales, religión significó a menudo comunión mística con Dios, éxtasis, embriaguez de lo infinito, necesidad subjetiva de creer, amor del misterio, del símbolo, glorificación y resurrección de la Edad Media católica, regreso a las formas aberrantes del pietismo y del misticismo. Pero en el romanticismo también estaba en germen una nueva conciencia religiosa, que solo en SCHLEIERMACHER se revela distinta y coordinada con las premisas del idealismo filosófico. En un primer momento el romanticismo, bajo la influencia de FICHTE, acentúa el carácter subjetivo del sentimiento religioso y lo concibe como búsqueda y expresión del infinito que está en nosotros. Después llega a privar la concepción spinoziana de la sustancia divina difundida por todas partes, de la que son partícipes todas las cosas. El panteísmo objetivo de SPINOZA adquiere sin embargo forma y carácter subjetivos entre los románticos. El hombre vive en sí y en las cosas la sustancia divina: en ella participa, a ella anhela reunirse en una comunión mística y perenne. En SCHLEIERMACHER, por fin, la actividad religiosa purificada de las escorias de la sensibilidad, desvinculada de la metafísica y de la moral, aparece completamente autónoma, como aspecto independiente de la vida del espíritu. Conciliando las exigencias del idealismo y del misticismo, SCHLEIERMACHER hace que la esencia de la religión consista no en la contemplación objetiva del ser infinito y tampoco en resolverse el sujeto finito en la sustancia infinita, sino en la unidad plena, absoluta del sujeto y del objeto, del Yo y del mundo, del espíritu y de la sustancia, de la libertad y de la necesidad, del hombre finito y del universo infinito, en sosegarse el alma en la bienaventuranza del fin alcanzado. Por este carácter unitario, que excluye todo contraste interior, la actividad religiosa resulta diferenciada tanto de la actividad teorética, abstraída y distraída por el objeto, como de la actividad práctica por la cual el sujeto domina las cosas, las trasforma y las adapta a sí[210]. La conciencia religiosa del hombre moderno, hecha de interioridad y de

[210] Cfr. SCHLEIERMACHER, *Reden über die Religion*, etc. (1799) (en «Werke», edición en 4 volúmenes, Leipzig, 1910, vol. IV); KRONENBERG, *op. cit.*, II, págs. 608-627.

espiritualidad, ya está toda ella en el romanticismo, que establecía al mismo tiempo las condiciones para una concepción filosófica del problema religioso.

Análogamente, en lo referente a la actividad moral, el romanticismo significó, en su aspecto negativo, la condena de la moral de la Ilustración, que con su apariencia de moral humanitaria, orientada hacia el bien y la felicidad general, encubría el egoísmo más refinado, y en la práctica se había demostrado impotente para resolver el contraste entre las aspiraciones del alma y la realidad. Esencialmente utilitaria y convencional, la moral de la Ilustración había desecado las mismas fuentes de la vida moral, siendo indulgente para las debilidades de la naturaleza humana, tendiendo a una perfección puramente exterior y formal. El mismo Kant en la lucha sin cuartel que llevó contra el eudemonismo ético, no había logrado promover un movimiento extenso y fecundo de regeneración ética del individuo. La moral del deber, sin estar sustentada y vivificada por el sentimiento, podía sí cumplir con las exigencias formales de la razón, pero dejaba indiferentes e insatisfechos los ánimos. De esto se dieron cuenta los románticos en la lucha que emprendieron contra la moral corriente, contra las pretendidas gramáticas de la virtud, contra los «Oekonomen der Moral» que consideraban a los hombres y a la vida como si se tratara «von der besten Schafzucht oder von Kaufen und Verkaufen der Güter» (F. Schlegel). Si hay sustancia divina en el hombre, de su propio Yo debe él extraer la norma de vida, guía para regirse en la familia y en el Estado. El «tú debes» no es una voz que tenga que resonar imperiosamente desde afuera, sino que debe surgir dentro de nosotros. Para tal fin es menester quebrantar toda cadena del espíritu, dar desarrollo libre y pleno a nuestras fuerzas, promover la autoformación del hombre, la originalidad y espontaneidad del obrar. La virtud, dijo una vez Schlegel, nace como el amor por creación desde la nada.

En este movimiento para una moral verdaderamente humana, se perfilaba una nueva concepción ética, que Schleiermacher tuvo el mérito de comprender y de afirmar contra los mismos románticos que amenazaban con instaurar bajo nuevas formas el empirismo y el subjetivismo moral. También para Schleiermacher, como ya antes para Kant y para Fichte, la moralidad es sinónimo de libertad, autoconciencia, subjetividad pura; pero él vio junto con los románticos la necesidad de dar vida y contenido a los preceptos formales de Kant, de humanizar el Yo absoluto de Fichte. La libertad y la autonomía, no se conciben fuera de una individualidad concreta, y ésta implica limitación, relatividad, necesidad. Libertad y necesidad son términos que se vinculan mutuamente tanto en la vida ética como en el hombre, y el problema consiste no en eliminar uno u otro de estos términos, sino en concebirlos unidos. Si como ser racional el hombre es libre, autónomo, como individuo es parte necesaria de un todo, o sea, parte de la humanidad y del universo a cuya vida y desarrollo coopera no por lo que tiene de común con otros, sino por lo que le es propio. Del mismo modo que sonidos distintos y diversos se funden para formar la armonía, así todo individuo, por las diversidades fundamentales e irreductibles de su ser, se vuelve instrumento activo y necesario de la vida y armonía de las cosas. Cada uno, sin dejarse desviar por las falacias de la sensibilidad, debe encontrar en sí el tono particular por el cual pueda acordar con la humanidad y con el universo: la vida moral está toda en este conocimiento y en este acuerdo. La antigua máxima «conócete a ti mismo», no significa para la nueva moral la búsqueda en nosotros de lo universal abstracto o de lo particular sensible, sino el descubrimiento de aquello que constituye la singularidad profunda de nuestro ser, la conciencia del lugar que a cada uno le compete en el reino de la necesidad, para ocuparlo libremente en armonía con la vida universal[211].

En todas sus formas y manifestaciones el romanticismo, como movimiento de renovación espiritual, se inclinó naturalmente a hacer objeto de estudio la vida interior, a exagerar los resultados de la introspección, dando comienzo a aquella nueva forma de empirismo que puede llamarse psicológico. Si la vida interior no es solamente un medio para conocer la realidad exterior, sino también un medio para producirla como la única, la verdadera realidad, se comprenden los esfuerzos encaminados a describirla, a resolverla en sus elementos, a reconstruirla en su unidad, a seguirla en su desarrollo. La investigación introspectiva llevada genial y libremente compensó la carencia de métodos positivos de estudio. A la unilateralidad intelectualista o sentimentalista, al asociacionismo mecánico exterior, los románticos contrapusieron la complejidad unitaria del espíritu, concebido como actividad que se desarrolla en el tiempo en formas siempre nuevas y variadas. No cabe decir que la libertad de la investigación haya impedido alcanzar resultados positivos. Excepto en los métodos, la psicología científica posterior aceptó en sus líneas generales y en sus resultados fundamentales, la concepción romántica de la vida interior, particularmente allá donde los métodos objetivos no brindan ayuda, como en el estudio de los hechos emotivos e inconscientes. Fue, en efecto, fecunda en resultados positivos la afirmación de lo inconsciente psíquico, la importancia reconocida a los sentimientos, a los apetitos e instintos como formas primordiales de la vida interior, la unidad y actividad del espíritu afirmadas sobre la base de los estados emotivos y volitivos, las categorías del tiempo y del devenir aplicadas al estudio de lo interior, en pleno contraste con la doctrina tradicional de las facultades anímicas; éstos y otros dogmas psicológicos de los románticos se convirtieron en afirmaciones de la psicología científica contemporánea. También contribuyeron, y eficazmente, al progreso de ésta, con su intuición de una vida psíquica universal difusa en la naturaleza y en la historia. En los románticos aparece viva la idea de una conciencia colectiva, concebida como una verdadera individualidad psicológica, capaz de producir unidades espirituales que vivan y comprendan en su seno, distintas pero coordinadas, las conciencias y actividades individuales.

Si nadie mejor que los románticos puede aspirar al honor de haberse adelantado al movimiento científico actual de la psicología tanto individual como colectiva, nadie en mayor medida que ellos tuvo la ilusión de emprender una tarea filosófica con los resultados de la observación psicológica. Así como es ilusoria la realidad exterior afirmada sobre el exclusivo testimonio de los sentidos, así tampoco las manifestaciones de la vida interior pueden aspirar, en cuanto tales, a la objetividad y a la universalidad. Empírica y subjetiva debe llamarse, pues, la dirección romántica en todas sus manifestaciones, en el arte y en la religión, en la moral y en el derecho. La especulación filosófica desde Fichte hasta Schelling y Hegel fue la corrección e interpretación objetiva y universal del idealismo subjetivo y objetivo de los románticos. El Yo absoluto de Fichte, la intuición inteligible de Schelling, el espíritu objetivo y el devenir dialéctico de Hegel, se contraponen al Yo empírico, a la intuición sensible, al espíritu subjetivo, al devenir psicológico de los románti-

[211] Para la moral romántica, cfr. *Monologen* (1800) de Schleiermacher, y las cartas *über Fr. Schlegel's Lucinde*. Para una amplia exposición del pensamiento ético de Schleiermacher, cfr. Haym, *Die romantische Schule,* 2ª edic., Berlín, 1906, lib. III, c. 3, págs. 508 y sigs.; Caló, *L'individualismo etico nel sec. XIX,* Napoli, 1906, págs. 121 y sigs.

cos. Romanticismo psicológico y filosófico, primero unidos, luego separados, fueron dos aspectos del mismo movimiento espiritual. La nueva metafísica, las nuevas categorías lógicas, los nuevos criterios gnoseológicos que estaban implícitos en el romanticismo y llegaron con Hegel a plena conciencia filosófica, se presentaron al principio en la forma de estados y de tendencias psicológicas. Hay que tener en cuenta esto para formar juicio sobre la escuela histórica y su valor filosófico en los estudios jurídicos; ella fue una de las más notables y fecundas manifestaciones del romanticismo psicológico y empírico.

LA PSICOLOGÍA Y LA HISTORIA EN EL PENSAMIENTO ROMÁNTICO. LA NUEVA CONCEPCIÓN DE LA VIDA INTERIOR SEGÚN LOS ROMÁNTICOS. LAS CATEGORÍAS DE LA RELATIVIDAD Y DEL DEVENIR APLICADAS A LA VIDA PSÍQUICA. LA REPRESENTACIÓN ROMÁNTICA DE UNA VIDA COLECTIVA. LA AFIRMACIÓN ROMÁNTICA DE UN ESPÍRITU COLECTIVO. ROMANTICISMO E HISTORICISMO. REACCIÓN AL RACIONALISMO HISTÓRICO. EL NUEVO IDEALISMO DE BASE HISTÓRICA.

15. Las nuevas categorías de las que se valieron particularmente los románticos para renovar desde sus cimientos la doctrina jurídica y política, fueron las categorías de la relatividad y del devenir, que se tradujeron en la aplicación de la psicología y de la historia a la solución de los problemas del derecho y del Estado.

En el campo psicológico la aplicación de las nuevas categorías de la relatividad y del devenir llevó a los románticos a acentuar los aspectos contingentes y variables de la naturaleza humana, a buscar en ellos las características originarias y persistentes de la individualidad, lo cual iba contra el intelectualismo y el empirismo materialista de la época anterior que, al concebir al espíritu esencialmente como sustancia pensante, había resuelto el contenido de la conciencia en representaciones más o menos claras, había mecanizado la vida interior eliminando todos los elementos que, como los sentimientos y los instintos, perturbaban el juego de las representaciones y su equilibrio. En Spinoza y en Hume el alma aparece como un haz de asociaciones, sin el íntimo enlace unitario de la apercepción. Por mérito de los románticos, lo irracional y lo inconsciente psíquico adquieren valor y surge a la luz una nueva vida ignorada de sentimientos y de impulsos. El principio de la sustancialidad psíquica se sustituye por el principio de la actualidad: el espíritu no es, sino que deviene; no es sustancia sino actividad que se revela en formas siempre nuevas y variadas. La conciencia entendida como sustancia no puede concebirse de otro modo que encerrada en sí misma, limitada, finita; mientras que para los románticos la conciencia, bajo el predominio y el impulso de las energías emotivas, no tiene límites en su desarrollo, tiende a expandirse indefinidamente. En el intelectualismo la unidad del espíritu se alcanza solo indirectamente por abstracción y el espíritu no puede superar el dualismo entre sí y el mundo sino objetivando el sujeto o subjetivando el objeto; para los románticos la unidad del espíritu es inmediata, brota directamente de la naturaleza misma del espíritu, para el cual nada existe sino en la forma de la relación, de la actualidad. El devenir psíquico no es para los románticos ni uniforme, ni inorgánico, sino variado y unitario a la vez, y no puede concebirse sino en la forma de la individualidad. La vida interior consiste en un continuo proceso de organización y desorganización de estados psíquicos, en un eterno contraste entre el principio de la mutación y el principio de la unidad.

La vida psíquica es también y sobre todo vida de relación. Si la doctrina de la sustancialidad del alma debía aislar al individuo, encerrarlo en sí mismo, excluir toda relatividad, la nueva concepción romántica del espíritu implicaba la referencia a otras existencias, llevaba a vivir y a sentir en nosotros la vida de los demás. La mutabilidad y variedad misma de la vida interior multiplica las relaciones y los contactos con el exterior. El Yo romántico es esencialmente emotivo y por ende expansivo, tiende a diferenciarse, a multiplicarse, a integrar la existencia propia con la ajena, y esto no por un proceso dialéctico y por fines de elevación ética, como sostenía FICHTE, sino por exuberancia de vida interior, por la necesidad de desarrollar bajo todo aspecto la riqueza de su naturaleza, de abrazar todo lo que lo rodea, de sentir y vivir en sí la vida del universo hasta la completa disolución de sí mismo en otros. Este deseo intenso de esparcirse en otros, de reunirse con otros, de recibir en sí la vida ajena, esta necesidad persistente de entrar en relación, en contacto, debía producir la idea de un vínculo espiritual común, de una vida colectiva.

La idea y la necesidad de ésta se repite persistentemente en los prerrománticos. Unánime es en ellos la invocación de una «Symexistenz», la exaltación de la «höchste Sympathie», de la «Koaktivität», de la «Symmetrie des Eigentümlichen». En el «vermitteln und vermittelt werden» está la vida entera del hombre, según FR. SCHLEGEL. De éste es la propuesta de superar la doctrina fichteana del Yo absoluto con la «Philosophie des Du». En las lecciones destinadas a producir la nueva filosofía, considera la soledad (Einsamkeit) como el mal mayor que le pueda tocar al hombre, y el estado más contrario a su naturaleza. La vida humana es vida de relación, afirma A. MÜLLER, y no de otro modo se expresa HUMBOLDT. La vida en comunidad responde a nuestra naturaleza más íntima; en ella la individualidad se siente integrada y acrecentada y el Yo llega a ser una «syntetische Person». Nadie puede decir qué gran parte de nosotros pertenece a otros, observa NOVALIS.

Los románticos piensan y sienten la vida colectiva sobre el modelo de la vida individual, como unidad resultante de la fusión de múltiples elementos, como un organismo espiritual, dominado por un principio interior de vida y de acción. La exigencia de una vida colectiva en las formas y con los caracteres de la individualidad brotaba, por lo demás, de los supuestos lógicos y metafísicos del romanticismo. El proceso de individuación que resultaba de la reducción de lo heterogéneo, de lo múltiple a la unidad, era susceptible de aplicaciones y desarrollos indefinidos, en el dominio de la naturaleza como en el dominio del espíritu. Los románticos concebían la realidad como un sistema de individualidades diferentes y coordinadas, distribuidas jerárquicamente según el grado de individuación.

Los románticos tampoco se limitaron a la comprobación de una vida de relación entre individuos, sino que reconocieron la existencia de un espíritu colectivo, de una verdadera sustancia psíquica autónoma, universal, capaz de unificar lo múltiple y lo variado de la vida común, de engendrar productos que constituyen verdaderas síntesis creadoras supraindividuales, teniendo valor no solo teorético sino práctico.

Para aprehender la vida de conjunto, tanto en el individuo como en la sociedad, los románticos desdeñaron el método analítico que procede por división y descripción, y recurrieron a la intuición inmediata, que procede sintéticamente y responde a la nueva fase del saber, en que el conocimiento abstracto de las partes se integra y supera por la búsqueda de la conexión y de la unidad profunda que une las partes al todo. «Verstehen aus Ganzen» es el nuevo carácter de la filosofía romántica y la intuición es su órgano gnoseológico[212].

El relativismo y el devenir psicológicos deben comprenderse conjuntamente con el relativismo y el devenir históricos.

La historicidad es la forma en la que se revela la vida colectiva. «Con una ecuación ideal, observa BORGESE, romanticismo en la especulación equivale a historicismo»[213]. Es en la valoración de la historia que consiste uno de los rasgos originales del pensamiento romántico, el cual se opuso por igual al racionalismo histórico de los iluministas y al apriorismo histórico de KANT y FICHTE. Los iluministas reemplazaron la causalidad de los antiguos, la Providencia medioeval, la fortuna y el capricho de los historiadores del Renacimiento, por la interpretación de la historia a la luz de la razón, creando un dualismo irreductible entre una y otra, desvalorizando los hechos históricos como conocimientos de calidad inferior respecto a las verdaderas razones y finalidades que animan la historia y que constituyen su elemento uniforme y constante. El individuo es siempre factor principal de la historia, y la historia se estudia con propósitos prácticos o pragmáticos, como se decía entonces, para sacar de ella ventajas y enseñanzas para el porvenir. El progreso del cual hablan los mayores espíritus del siglo XVIII debe entenderse sin idea alguna de desarrollo, en el sentido, como nota CROCE, de optimismo, de seguridad, de confianza en las energías inagotables de la razón humana[214]. El triunfo de ésta en la historia debía instaurar el reinado de la felicidad y de la igualdad universal; y por ende, el cosmopolitismo y el humanitarismo constituyeron el ideal histórico de la Ilustración y la consecuencia lógica del individualismo racional[215].

No fueron los románticos menos contrarios a la dirección de KANT y de FICHTE, que tendía a contraponer la historia a la filosofía de la historia, a levantar una valla insalvable entre la investigación erudita y analítica de los hechos y la indagación enderezada a explicar la historia con los supuestos de un sistema filosófico. FICHTE, por ejemplo, diferencia netamente al historiador, que no tiene ni debe tener otra preocupación fuera de la averiguación y de la ordenación cronológica de los hechos, del filósofo que debe *a priori,* o sea, sin la historia, explicar la historia, determinar su marcha ideal, establecer las condiciones formales según las cuales ha de desarrollarse el progreso humano[216].

Contra el racionalismo y el apriorismo histórico, que buscaban la razón de la historia fuera de la historia, en la razón abstracta, reaccionaron los románticos en sus esfuerzos tendientes a rehabilitar la realidad histórica y al mismo tiempo a interpretarla psicológicamente. A diferencia de los eruditos, para los cuales el hecho histórico es fin en sí mismo y la sucesión cronológica constituye el único criterio ordenador de los propios hechos, para los románticos lo contingente histórico es la expresión exterior de una vida interna, cuya naturaleza y leyes de desarrollo

---

212 Cfr. POETSCH, *Studien zur frühromantischen Politik und Geschichtsauffassung* (Leipzig, 1907), I *(Sozial-und Kulturpsychologie)*, págs. 45-61.

213 Cfr. A. BORGESE, *Storia della critica romantica in Italia* (Napoli, 1905), pág. 187.

214 Cfr. B. CROCE, *In torno alla Storia della Storiografia* (en «La Critica», 1913, XI, 3, págs. 210 y sigs.).

215 Acerca de los caracteres de la historia en la época de la Ilustración, cfr. A más de CROCE *(op. cit.)*, FUETER, *Geschichte der neueren Historiographie* (München, 1911), lib. IV.

216 Cfr. *supra,* § 12, págs. 135 y sigs.

deben determinarse. También en HERDER se manifestó muy vivamente el sentido de la continuidad histórica, pero, en cuanto a la conexión que vincula los hechos, la entendió en un sentido naturalista, como conexión causal, mecánica, mientras que los románticos, si aceptaron la idea de la continuidad histórica y se sirvieron de ella para rehabilitar lo pasado, para entender y explicar con éste lo presente, fuera de cualquier intervención de la casualidad o de la voluntad del individuo, la entendieron sin embargo en un sentido idealista, y la integraron con la idea de desarrollo y de organismo que se desenvuelve y acrecienta en virtud de energías interiores que se revelan en formas siempre nuevas y más perfectas. Para los románticos, el devenir histórico es esencialmente un devenir psicológico, y así como la conciencia individual se desarrolla a partir de estados inconscientes, y se revela en las formas de la individualidad, del mismo modo son inconscientes los procesos iniciales y profundos de la historia, y sus productos son colectivos e individuales, en cuanto representan unidades colectivas con los caracteres propios de la individualidad.

Se comprende, pues, la fe de los románticos en un espíritu universal que penetra la historia y que se revela constante e invariable en las formaciones históricas múltiples y variadas; se comprende cómo los románticos pudieron conciliar el ideal cosmopolita del siglo XVIII con el respeto por las individualidades históricas, cómo para ellos filosofía e historia se identificaron sobre el fundamento común de la conciencia universal de la cual ambas son productos. En relación con el espíritu universal que penetra por doquiera, todo lo que acontece, aunque sea particular, aunque sea accidental, se torna elemento necesario y racional en la unidad del conjunto. De otro lado, se afirma el sentido de la unidad de la vida histórica, por lo cual todos los aspectos de la cultura deben considerarse juntos y no divididos, estando todos ellos dominados por un principio igual de vida y de desarrollo, y siendo todos manifestaciones del espíritu absoluto. Al concurrir a la vida de conjunto los diversos aspectos no pierden su individualidad, conforme al principio romántico según el cual el todo no absorbe en sí lo individual, sino que lo integra y explica.

Con los románticos, por lo tanto, comenzaba una fase nueva de la especulación, cuyo centro era la historia concebida en sentido amplio, esto es, como desarrollo de la conciencia universal y comprendiendo a la psicología, que es la historia del espíritu. El historicismo debía llegar a ser en el siglo XIX el fundamento de la realidad y del pensamiento, y engendró el hábito de considerar las cosas del hombre y del mundo no en lo absoluto de la idea, sino en la manifestación; no en la sustancia incognoscible, sino en el accidente; no en la abstracción, sino en el espacio y en el tiempo. Y con la historia era la idea humana la que se afirmaba en su universalidad y perennidad. Ya desde 1796, FR. SCHLEGEL afirmaba que tampoco la «Wissenschaftslehre» puede prescindir de la materia histórica y del espíritu histórico. El desarrollo genético del espíritu humano, repite en 1804, constituye la más alta tarea de la filosofía. El problema de la historia no era, pues, sino el problema mismo de la humanidad, siendo el hombre, su desenvolvimiento y sus manifestaciones el contenido profundo de la historia.

Era una especie de idealismo de base histórica el que se afirmaba con el romanticismo, diferenciándose empero del idealismo posterior de HEGEL, al cual le franqueaba el camino, por lo siguiente: porque no supo elevarse más allá de los límites de lo subjetivo y de lo empírico. Los románticos conciben el espíritu universal, el devenir histórico, en los límites del tiempo y del espacio; para ellos la individualidad de las formaciones históricas está estrechamente vinculada con los aspectos sensibles e inconscientes de la naturaleza humana; esto explica el lugar que dieron en la historia a los sentimientos, a los instintos, a las producciones espontáneas lentas y graduales, y el escaso valor que reconocieron a los elementos intelectuales y reflejos. El universalismo romántico no es sino la generalización de la vida interior, así como la vida colectiva no es sino la extensión de la vida individual en el tiempo y en el espacio. No se supera el individualismo, sino que éste reviste una forma nueva; del individuo se lo extiende a los pueblos, y las luchas entre las colectividades nacionales se sustituyen y se superponen a las luchas entre los individuos. Todas las lagunas y las deficiencias del empirismo filosófico pueden referirse por lo tanto a la concepción romántica de la vida y del mundo. Ésta, así como no superó el empirismo y el individualismo, del mismo modo siguió siendo siempre una interpretación trascendente de la historia. El verdadero factor de la historia es el espíritu que se manifiesta en la historia sin confundirse con ella; la historia no se hace por sí misma, sino que es el producto de un principio que la trasciende y la explica; con esto renacía el dualismo entre la razón de la historia y la historia misma, dualismo del que los románticos se habían forjado la ilusión de haber superado[217]. La historia, más que fin en sí misma, era siempre un medio para remontarse hasta el espíritu universal, motor primero y fin último de la realidad, que en la historia como en la naturaleza se revela en las formas efímeras y contingentes de la individualidad concreta.

La denominación de escuela histórica es inadecuada para expresar la penetración en los estudios jurídicos, de las doctrinas y del espíritu románticos. Por lo general se considera la escuela histórica como una dirección de pensamiento autónoma, se buscan las influencias de diferentes tipos, y no solo románticas, que actuaron sobre ella, dejando de considerarla sobre todo como un aspecto del pensamiento romántico con las modificaciones impuestas por la naturaleza y por las condiciones especiales de los estudios jurídicos.

EL PENSAMIENTO POLÍTICO DE LOS ROMÁNTICOS. REACCIÓN A LA DOCTRINA ILUMINISTA DEL ESTADO PATERNAL Y A LA DOCTRINA KANTIANA DEL ESTADO DE DERECHO OCASIONADA POR LOS FRACASOS DE LA REVOLUCIÓN FRANCESA. EL NUEVO INDIVIDUALISMO ROMÁNTICO CONTRAPUESTO AL INDIVIDUALISMO ABSTRACTO DEL SIGLO XVIII. LAS TENDENCIAS POLÍTICAS DEL ROMANTICISMO. RESTAURACIÓN DEL CONCEPTO DE NACIÓN POR OBRA DE LOS ROMÁNTICOS. NACIONALISMO ROMÁNTICO Y GERMANISMO. ROMANTICISMO E INDIVIDUALIDAD.

16. DE LOS aspectos del romanticismo, el político y jurídico es uno de los más notables, en cuanto expresa la eficiencia práctica del pensamiento romántico y contiene los motivos que dominan la crítica y la reforma que preparaba el nuevo siglo de las doctrinas políticas y jurídicas consolidadas ya en los códigos y en las constituciones. El nuevo estado de ánimo, la nueva orientación del pensamiento implícitos en el romanticismo, se revelan también en lo referente al problema del derecho y del Estado. Antes aun de que con SAVIGNY se manifestara la reacción en el campo

---

217 Cfr. para el carácter trascendente de la concepción histórica romántica, CROCE, *op. cit.*, pág. 234; id. *Genesi e dissoluzione ideale della «Filosofia della Storia»* (en «Annuario della Biblioteca Filosofica di Palermo», vol. II, fase. 5).

del derecho, el nuevo espíritu penetraba en el dominio del derecho público, que es más fácil y directamente sensible a las mudanzas de la opinión pública.

El pensamiento político de la época inmediatamente anterior a la romántica se resume en la doctrina iluminista del Estado paternal y en la kantiana del Estado de derecho. Aunque profundamente diversas entre sí, la reacción y la crítica romántica afectaban a ambas doctrinas por los caracteres comunes que presentaban y por las consecuencias prácticas que de ellas se derivaban por igual. Se percibía y se quería combatir en ellas el carácter racionalista, la tendencia a concebir y a resolver abstractamente los problemas políticos sin tener para nada en cuenta la experiencia psicológica e histórica, el individualismo y el universalismo abstractos, la concepción atomística y mecánica de las relaciones sociales, el contractualismo jurídico. Frente a estos caracteres más generales, las diferencias de doctrina pasaron inadvertidas, y no se percibió la significación profunda y universal de la obra kantiana.

El estado de ánimo nuevo que preparó la reacción romántica fue consecuencia de los excesos de la Revolución francesa, que pareció la bancarrota en la práctica de las teorías políticas de la Ilustración. Un sentimiento general de desazón había invadido los ánimos y se traducía en miles de formas, en la desconfianza instintiva hacia las novedades políticas de la revolución, en la rebelión contra instituciones que sacrificaban en aras de la razón y de la libertad abstracta los derechos superiores de la vida y de la individualidad concreta, en el deseo intenso de paz, de armonía, de vuelta nostálgica a las instituciones del pasado, en la tendencia a volver a afianzar los vínculos sociales quebrantados, a encontrar para ellos bases más ciertas ya que no más verdaderas.

En el romanticismo, este conjunto confuso e indeterminado de aspiraciones encontró satisfacción, presentando ésta las condiciones de una nueva dirección política. Los conceptos de individuo, de Estado y de su relación, a través de la conciencia romántica salen profundamente trasformados respecto a la época anterior. Se daba comienzo a una nueva forma de individualismo, el individualismo concreto, propio del siglo XIX, en abierto contraste con el individualismo abstracto de la Ilustración y del mismo KANT. Para el racionalismo del siglo XVIII el individuo no tiene valor por los elementos concretos, particulares, subjetivos que lo constituyen, sino que su valor absoluto y universal deriva del hecho de que refleja y representa en sí mismo valores absolutos y universales, la humanidad abstracta, aquello que es universalmente humano, a lo cual se subordina como la especie lógica al género que es su ley. Puede llamarse, con SIMMEL, un individualismo fundado en la igualdad que suprime las diferencias psicológicas e históricas y que prescinde de toda relación temporal y espacial, para aprehender en el individuo los elementos comunes y constantes de la humanidad[218]. Los individuos, teniendo valor igual y absoluto, se bastan a sí mismos, son uno a otro como términos aislados de una serie numérica que pueden agregarse libre y variadamente, pero no fundirse uno con otro en unidades nuevas y superiores. Se presentaba, pues, como lógica la concepción del Estado fundada en el supuesto de individuos no diferenciados, cuantitativamente iguales, que juntos convienen en dar vida al Estado para la defensa de la igual libertad. El individualismo así entendido no excluye el universalismo ni el humanitarismo igualitario, antes bien los implica lógicamente, pues

[218] Cfr. SIMMEL, *Philosophie des Geldes* (Leipzig, 1900), pág. 373, donde trata sobre las diversas formas de individualismo.

mientras une a los hombres sobre la base común y universal de la humanidad, condena, por la injusticia inherente a la contingencia y a la relatividad, las diferencias cualitativas histórico-sociales; por otro lado, justifica el cosmopolitismo y la confederación para la paz eterna entre Estados iguales por su origen y finalidad. La humanidad y el Estado en esta doctrina política no tienen valor por sí, sino por los elementos absolutos que los constituyen; son síntesis lógicas, no reales, no se sobreponen a los individuos ni los comprenden en una síntesis superior, sino que representan solo la personalidad individual potenciada.

La dirección romántica contrapuso a ésta su concepción política, que brotaba directamente de sus supuestos metafísicos y lógicos. Así como en el dominio de la metafísica el romanticismo tendía a hacer prevalecer las categorías de la cualidad, del devenir, del tiempo, del espacio, de la relación, de la actualidad por encima de la categoría de la sustancia una e invariable, del mismo modo en el campo político el individuo y el Estado pierden su carácter abstracto, formal, mecánico para transformarse en unidades concretas, en organismos que tienen en sí mismos el principio de acción y de desarrollo.

Por otro lado, mientras la lógica del racionalismo giraba alrededor de la relación de género y de especie y tendía a despojar al individuo de las notas diferenciales para contemplarlo en la universalidad y eternidad de la idea, la lógica romántica se resumía en la relación de lo uno y de lo múltiple, por lo cual reemplazaba el proceso analítico de subordinación de lo particular a lo universal por el proceso sintético de coordinación de la parte con el todo, y reemplazaba el proceso de reducción y de simplificación por notas comunes por el proceso de multiplicación por notas diferentes para extraer de la variedad la unidad, de la contradicción la identidad, de la disonancia de los elementos el orden y la armonía. El individuo concebido como unificación de lo diverso, como síntesis orgánica de elementos opuestos viene a ser la única realidad, y ésta tiene valor en razón del grado de individuación que presenta.

Para los románticos, las varias individualidades no son desunidas y aisladas, como las mónadas de LEIBNIZ, porque coordinándose e integrándose entre sí pueden originar unidades orgánicas más amplias y comprensivas, caracterizadas por un grado más elevado de individuación. La relación entre las partes y el todo ya no es la relación simple entre términoe esencialmente iguales con respecto a una totalidad que constituye su suma, sino que se torna la relación de términos esencialmente diversos, cada uno de los cuales existe por sí y entra en una unidad y finalidad más alta y compleja. ¿Cómo concebir entonces la vida del individuo en la vida del conjunto, sin violar la individualidad de ambos? He aquí el problema que tenía que resolver el romanticismo y al cual éste no dio —ni podía dar— una respuesta exhaustiva.

Cierto es que en relación con estos supuestos metafísicos y lógicos, gracias al romanticismo el individualismo quedaba renovado y afianzado. No solo el individuo constituía el gozne sobre el cual gira toda la especulación romántica, sino que ésta surgió principalmente con el propósito de libertar al individuo de la tiranía de las ideas abstractas, a las cuales, más que a sí mismo, éste pedía la razón de la existencia. La idolatría del individuo, el culto fanático por la libertad y por los derechos del hombre no habían impedido que el absolutismo, fuera democrático o despótico o paternal, triunfara en la doctrina y en la práctica. Puede antes bien afirmarse que el absolutismo político era la consecuencia lógica de los supuestos racionalistas: se exaltaba al individuo no por sí mismo, sino como representante de la idea universal humana, cuya realización llevaba al sacrificio sistemático de los valores particulares y subjetivos. El romanticismo, por reacción, valorizó los elementos inconscientes, afectivos, contingentes, en continua renovación, de la individualidad, desembocando de tal manera en aquella nueva forma de individualismo que nacía de las diferencias, de las particularidades individuales recíprocas, de la idea de desarrollo, de variación.

A consecuencia de la nueva significación de individuo, el problema político quedaba modificado en sus propias bases. Los elementos de la vida política ya no podían considerarse con el racionalismo político como términos iguales, abstractos, capaces de plegarse a los sistemas de legislación más arbitrarios. Tratándose de elementos concretos y reales, dotados cada uno de tendencias propias, incomunicables e incoercibles, la acción del hombre político debía desarrollarse en forma más compleja y trabada, mientras que el Estado debía concebirse no como el medio para alcanzar idealidades abstractas, sino como el campo de libre desarrollo de la individualidad concreta. Así como la lógica formal bajo la influencia romántica debía dejar el campo a la lógica real, del mismo modo la política abstracta debía dar lugar a una política realista, fundada sobre la justa valoración de las diferencias individuales.

La política del romanticismo no es sino una forma particular de su psicología y de su representación del mundo. Los problemas políticos debían interesar particularmente a los románticos, porque sobre todo en el orden político se reflejaba el estado de desazón, de contraste entre lo nuevo y lo viejo. El pensamiento político romántico, sobre todo en su primera fase, oscila incierto entre los ideales abstractos de la revolución y las exigencias concretas de la vida individual y colectiva; por un lado celebra la libertad, los derechos del hombre, la unión de todos los pueblos en un ideal común de amor y de justicia, por otro mira hacia lo pasado, concibe la libertad en les límites de la tradición y de la autoridad, quiere que la vida individual esté incluida dentro de la más amplia individualidad nacional. La general tendencia ética de los románticos a resolver las contradicciones en antítesis para abrirse el camino a una síntesis, se refleja en el campo político en la tendencia a contraponer y a conciliar lo universal y lo individual, la libertad y la necesidad, el absolutismo del Yo y la relatividad histórica, la autonomía y la autoridad. Tales términos antitéticos no se excluyen, sino que se resuelven uno en otro mediante la categoría dinámica del devenir.

La historia es el amplio campo en donde las antítesis políticas se plantean y se resuelven, en donde los individuos se agrupan en unidades políticas que representan el desenvolvimiento, la integración de la individualidad. No cabe duda de que el romanticismo, al contraponer al derecho de razón el derecho histórico, y al hacer del pueblo el titular del derecho, se afirmaba decididamente en contra del eudemonismo político y en contra del sistema del Estado absoluto. Por otro lado, el Estado democrático de la revolución, fundado sobre el supuesto de la igualdad formal y de la igual libertad de todos los hombres, no podía constituir el ideal político de los románticos, para los cuales la libertad y la igualdad brotan del respeto y del desarrollo de las diferencias y de las desigualdades individuales. No era menos profunda la aversión de los románticos por el atomismo del siglo XVIII, que trataba a los individuos como cantidades indiferentes, y tras librarlos de todo vínculo religioso, moral, social, los unía en un vínculo político coactivo, de naturaleza mecánica y convencional. Por esto, sin ocultar sus simpatías hacia el liberalismo constitucional y democrático, ellos tendieron a realizarlo no en nombre de la razón sino de la historia. El vínculo político, lejos de reemplazar a todos los demás vínculos sociales, solo constituye la integración y garantía de los mismos. Se comprenden entonces los esfuerzos de los románticos para dar al Estado un contenido real, para elevarlo a órgano no de una idea abstracta sino de una vida colectiva determinada psicológica e históricamente. Y esta vida colectiva la concibieron como nación, y concibieron el Estado como Estado nacional.

Sean las que fueren las opiniones sobre la significación de nación, no puede caber duda en cuanto a la tendencia de los pueblos modernos a constituirse en organismos diferentes, teniendo éstos un grado variado de cohesión y de unidad interior según la naturaleza y el valor de los elementos que prevalecen en su constitución, pero tendiendo todos a afirmarse como individualidades históricas cerradas y diferenciadas. La especulación de los jusnaturalistas, así como reemplazó al individuo concreto por el hombre abstracto, del mismo modo reemplazó las grandes unidades históricas, diversas en el tiempo y en el espacio, por la idea abstracta de la humanidad, para cuya comprensión y realización los vínculos nacionales debían aparecer como un obstáculo. Esto no impidió que los jusnaturalistas, generalizando la realidad histórica y psicológica, moldearan sus doctrinas sobre el genio nacional de los diversos pueblos, acariciando la ilusión de servir a la causa de la razón y de la humanidad. Sus especulaciones no detuvieron el proceso histórico general de formación de las nacionalidades, e indirectamente las favorecieron; lo que era un proceso histórico inconsciente se trasformó hacia fines del siglo XVIII en un verdadero movimiento de organización consciente de los pueblos civiles sobre la base de la nacionalidad. De esta conciencia nacional los románticos fueron los más eficaces intérpretes y excitadores. En ellos vemos los ideales humanitarios de la Ilustración transformándose en aspiraciones nacionales y éstas a su vez identificándose con el germanismo. En esto se revelaba su tendencia a personificar, a traducir las abstracciones en formas concretas e individuales.

Más que a analizar el contenido de nación, más que a discutir su fundamento y sus caracteres, los románticos contribuyeron a construirla psicológica e históricamente, y su obra a este respecto fue notable por las aplicaciones en el campo de los estudios jurídicos. Ellos demostraron intuir la verdadera naturaleza de la nación, reconduciéndola al concepto de organismo ético y poniendo su esencia en la conciencia y voluntad común. La tendencia panteística y universalista que está en el fondo de su pensamiento los llevó a considerar a la nación como una determinación concreta de lo absoluto. Toda agrupación natural o artificial de hombres, para la convivencia continuada sobre el mismo territorio, para la misma comunión de vida interior, refleja el espíritu universal en una forma particular por la cual se deviene pueblo, nación, individualidad colectiva. Y por esto la nación, como expresión de la universalidad del espíritu en la forma de la individualidad, es un concepto intermedio entre el individuo y la humanidad, y en ella convergen las varias direcciones del pensamiento romántico.

En los románticos, sin embargo, el concepto de nación se mantuvo empírico y subjetivo; al construirlo, ellos no hicieron abstracción de la relatividad histórica y psicológica, por lo cual debía escapárseles la naturaleza verdadera y la relación ideal que tal concepto tiene con el individuo y con la sociedad. La nacionalidad todavía no es en los románticos lo que será más tarde para HEGEL, personalidad de un pueblo, sujeto, conciencia de sí y de las propias determinaciones, sino que es siempre una individualidad empírica, estrechamente vinculada con las contingencias históricas, dominada por las formas más simples y variables del espíritu, no contemplada en la universalidad de la idea como objetivación y realización continua y progresiva del espíritu universal. Por esto, a pesar de las apariencias en contra, el punto de vista individual no solo no quedaba superado, sino que cada vez más recibía confirmación. La nación no es para los románticos sino la extensión de la individualidad empírica, y allá donde ésta se afirma más vigorosa y perfecta, como en el genio estético, el espíritu nacional se revela en su forma más alta y más pura. Por esto la nación no tiene para los románticos otro fin que desarrollar e integrar la individualidad de cada uno mediante la vida colectiva; más que representar una idealidad superior al individuo, significa el alma individual perpetuada en la historia de un pueblo. El individuo ama y exalta en la nación a sí mismo, sus tendencias particulares y exclusivas. Solo en las relaciones con otras naciones el espíritu nacional parece elevarse, afirmándose como unidad compacta que emite energías nuevas y fecundas. Sin embargo, la falta de un concepto más amplio y elevado de donde sacar normas para regular las relaciones entre las diversas nacionalidades, debía llevar o a forjar una nación-tipo para que sirviera de modelo a todas las demás, o bien a regular las relaciones entre las diversas naciones sobre la base de aquellos principios de igualdad y de libertad recíprocas, que el individualismo del siglo XVIII había invocado para regular las relaciones entre los individuos. Los románticos se atuvieron a la primera solución; en ellos las influencias humanitarias de la Ilustración se reprodujeron en la tendencia a dar valor universal a la nación y a la cultura germánicas.

El nacionalismo romántico se confunde con el germanismo, esto es, con aquel movimiento de regeneración intelectual y moral, antes aunque político, que se suscitó en Alemania hacia fines del siglo XVIII y que significó primero emancipación del espíritu alemán de toda servidumbre clásica y extranjera, y a continuación predominio y expansión por doquiera de la cultura y del genio alemán[219]. Era una nueva forma de imperialismo en nombre de la historia y de la nacionalidad alemana, opuesto al imperialismo clásico de sello francés que con la revolución habíase afirmado en todas partes victorioso en nombre de la razón y de la humanidad; siendo uno y otro amplificaciones y deformaciones del principio individual aplicado a regular las relaciones entre pueblos diferentes. Cierto es que los románticos se sentían encendidos de un vehemente ardor de germanismo, y consideraban a la nación alemana como la expresión más perfecta del espíritu universal que se realiza en la historia. Por esto el estudio de las antigüedades y de las instituciones germánicas adquirió entre los románticos una significación particular; volver a la Edad Media equivalía a volver a encontrarse a sí mismos, a regresar a la edad afortunada en que el espíritu nacional se había revelado en su forma más pura, en que el pueblo germánico había dado prueba solemne de vigor, de firmeza, de integridad de carácter, y demostrado capaz de pasiones fuertes y grandes; en que había alcanzado un alto grado de individualidad que nunca recobró en las generaciones suce-

[219] Cfr. CROCE, *Saggi*, etc., cit., I, pág. 292; FARINELLI, *Il romanticismo*, etc., etc., pág. 92; BORGESE, *Storia*, etc., cit., c. VI. Contra la antítesis germanismo y espíritu clásico, cfr. ORESTANO, *Germanismo e latinità nel romanticismo* (en «Rivista di Roma», die. 1905), así como la respuesta de BORGESE, *Romanticismo, patriottismo e germanesimo* (en «Critica», IV, págs. 150 y sigs.).

sivas. Para regenerar la conciencia y la vida era necesaria una resurrección de aquel carácter, de aquella individualidad. Esto llevaba al estudio de lo pasado, y no solo en sus líneas generales, sino en los detalles más menudos, considerándose todo hecho particular como una expresión del espíritu nacional e indirectamente del Absoluto. Germanismo era sinónimo de nacionalismo, y ambos constituían el fondo del historicismo romántico, historicismo de tendencia sentimental lejano de la objetividad histórica, pero que de todos modos implicaba el esfuerzo de elevarse por encima del hecho escueto para sentir la vida en comunidad, con el auxilio del análisis y de la crítica histórica.

Quien no tenga en cuenta esto corre el riesgo de no entender el romanticismo y de considerar como una culpa y un defecto lo que es consecuencia lógica de sus principios. Se juzgó retrógrado y reaccionario al romanticismo por haber invocado la vuelta a la Edad Media cristiana, pero se olvida que semejante vuelta significaba para los románticos un progreso sobre lo presente, significaba para la civilización germánica, amenazada por influencias extranjeras, la vuelta a la edad en la cual había luchado y triunfado contra la civilización clásica, gracias a la íntima comunión de los espíritus, alimentada y consolidada por la religión.

La tendencia del romanticismo a reconstituir sobre la base de la psicología y de la historia entidades ético-colectivas como la familia y la nación no debe inducir a error sobre su verdadero espíritu y sus verdaderas finalidades. El romanticismo tendía siempre a desarrollar, a exaltar la individualidad, entendida como una formación psicológica e histórica. En la misma elaboración del concepto de nación los románticos no persiguieron otro fin que afirmar la individualidad de los varios pueblos, fomentando los exclusivismos nacionales, repudiando en las relaciones internacionales aquel principio de la igual libertad, sobre el cual KANT había fundado su ideal de paz eterna entre los Estados. Pudieron después de esto afirmar los románticos que su ideal nacional estaba en armonía con los principios del 89, pero con esto demostraban también no advertir en el seno de la nación, y excediendo sus límites de tiempo y de espacio, la existencia de una vida social más compleja.

LA DOCTRINA ROMÁNTICA DEL ESTADO. LA DOCTRINA POLÍTICA DE GÜNNER. TRASFORMACIÓN DEL CONCEPTO DE ESTADO DE DERECHO EN EL ESTADO NACIONAL POR OBRA DE HUMBOLDT Y DE FICHTE. LOS PRERROMÁNTICOS Y LA DOCTRINA DEL ESTADO. CARACTERES DE LA POLÍTICA ROMÁNTICA. EL PENSAMIENTO POLÍTICO DE SCHLEGEL Y DE SCHLEIERMACHER. EL ROMANTICISMO Y LOS JURISTAS. BURKE Y SU INFLUENCIA EN ALEMANIA. MÜLLER Y LA FASE ROMÁNTICA DE SU PENSAMIENTO POLÍTICO. LA CRÍTICA DE REHBERG A LA CONCEPCIÓN HISTÓRICO-ROMÁNTICA DEL ESTADO.

17. HAY QUE tener en cuenta las consideraciones que acabamos de hacer si se quiere apreciar en su justo valor la doctrina romántica del Estado, la cual acabó prevaleciendo sobre todas las demás que se elaboraron en aquella época agitada de la historia nacional alemana que va de 1790 a 1815.

El racionalismo político había experimentado en esta época una elaboración ulterior por obra, sobre todo, de GÖNNER, el cual intentó contraponer a la concepción kantiana del Estado de derecho, fundado sobre la idea del contrato, la concepción del Estado orgánico, producto de una necesidad racional[220]. Con esto, lo que hacía GÖNNER, en realidad, no era sino desarrollar y subrayar una idea que estaba implícita en la misma doctrina de KANT, esto es, la idea del Estado entendido no como un producto del arbitrio humano, sino como la expresión de un deber moral *(ethischen Sollens)* que obliga también jurídicamente. Y el Estado concebido como una necesidad ética y racional, en tanto excluía la idea del contrato, era compatible con la concepción orgánica.

Para GONNER, en efecto, el Estado es un organismo racional y natural a la vez, cuyo fin no es solo la defensa del derecho sino el logro del fin humano en general[221]. Con esto renacía la concepción clásica del Estado, organismo físico-espiritual sobre el modelo del organismo humano, con finalidades éticas, y renacía con el preciso intento de atenuar las asperezas y las consecuencias del individualismo y del atomismo político.

Pero esta vuelta a la doctrina orgánica del Estado con base racional no tuvo influencia notable sobre el desarrollo ulterior del pensamiento político, orientado hacia nuevas direcciones por obra sobre todo de G. VON HUMBOLDT, de FICHTE y de los románticos. Ellos expresan en grado y forma diversos la nueva conciencia política, enderezada a afirmar el concepto de nación en relación con el Estado, a hacer del Estado el órgano de la nación, a trasformar la concepción del Estado de derecho en la del Estado nacional *(Nationalstaat).*

En HUMBOLDT los dos conceptos de nación y de Estado todavía están separados y contrapuestos. Sin que lo defina nunca explícitamente, el concepto de nación retorna ya desde sus primeros escritos políticos[222]. En la manera de concebir la nación, HUMBOLDT aparece siempre bajo la influencia de las ideas del siglo XVIII, sobre todo de ROUSSEAU, para quien la nación no se presenta como una individualidad histórica, como un principio de vida y de acción, capaz de integrar y regular la conducta individual, sino como una entidad abstracta, indeterminada, que se forma

---

220 Cfr. KOCH, *N. T. v. Gönners Staatslehre,* Leipzig, 1902. KOCH (pág. 35) habla de influencias de SCHELLING sobre GÖNNER, pero desacertadamente, a nuestro juicio, pues la idea orgánica del Estado tiene en SCHELLING un fundamento metafísico y una significación muy diferentes, mientras que no cabe duda en cuanto a la influencia de KANT sobre GONNER. Reconoce esto también LANDSBERG, *Geschichte,* etc., II vol., nota, pág. 75, n. 17.

221 Para el pensamiento político de GÖNNER, cfr. su *Deutsches Staatsrecht,* Landshut, 1804; el prefacio a la obra de NIBLER *(Der Staat, aus dem Organismus und Universum entwickelt,* Landshut, 1805) con el título: *Ueber die Notwendigkeit einer Verbesserung der Ansichten vom Staat,;* la introducción-programa al trabajo de HIMMELSTOSS *(Versuch der Entwicklung des Begriffes der Regalität,* Landshut, 1804) con el título: *Ueber das rechtliche Prinzip der deutschen Territorialverfassung.* Todos estos trabajos representan un movimiento de reacción tanto contra la doctrina del Estado de derecho, como contra la revolución y el dogma de la soberanía popular. Llevados con método apriorístico, resultan de elementos cudemonistas y jurídicos. A la teoría orgánica de GÖNNER le faltó la idea integradora de la personalidad moral del Estado, distinta de la de los individuos: por esto no distingue entre Estado y nación, y fue llevado a entender la unidad del Estado mediante el soberano, identificando, como HOBBES, la personalidad del Estado con la del príncipe (cfr. KOCH, *ob. cit.,* págs. 37 y 38). Le queda a GÖNNER el mérito indiscutible de haber sido el primero que puso, en forma clara y consciente, la concepción orgánica del Estado como fundamento de una teoría del derecho público autónomo.

222 Cfr. particularmente de HUMBOLDT, *Ideen über Staatsverfassung durch die neue französische Konstitution veranlasst* (escritas en agosto de 1791 y publicadas en enero de 1792) y las *Ideen zu einem Versuch die Grenzen des Staats zu bestimmen* (1792) en HUMBOLDT (*Werke,* herausg. v. *Leitzmann,* I). Cfr. MEINECKE, *Weltbürgertum und Nationalstaat* (München, 1908), cap. III.

naturalmente a partir de la unión de muchos individuos, sobre los cuales, sin embargo, no ejerce influencia directa. En HUMBOLDT se perfila el carácter natural y real de la nación; ésta figura con el individuo como concepto autónomo e independiente respecto al Estado. HUMBOLDT extiende la doctrina de la acción negativa del Estado en las relaciones con el individuo, a regular también las relaciones entre el Estado y la nación; nada fue más ajeno a su pensamiento que la participación directa y positiva del Estado en la vida de la nación[223]. Es misión del Estado en las relaciones con la nación como en las relaciones con el individuo, no estorbar su libre y pleno desarrollo. En su íntimo pensamiento la nación vale más que el Estado, como el individuo vale más que la nación. De las dos realidades, individuo y nación, el individuo siempre goza de sus preferencias, resolviéndose en último análisis la vida de la nación en la vida de cada individuo.

En la preparación de la nueva conciencia política alemana que debía revelarse en la guerra de liberación de la opresión extranjera, tuvo un papel notable la especulación filosófica. El apóstol del nacionalismo alemán en su significación ética y filosófica fue FICHTE, cuyo pensamiento político durante mucho tiempo estuvo enteramente dominado por los ideales cosmopolitas y humanitarios de la revolución francesa. Aun en 1804, en los *Grundzügen des gegenwärtigen Zeitalters* no se supera la antítesis entre el cosmopolitismo y el nacionalismo, y las preferencias de FICHTE van siempre hacia el Estado ético de razón cuya tarea es la realización de la idea humana sin determinación de tiempo, de lugar, de nacionalidad[224]. Pero bajo la influencia de los acontecimientos exteriores, la conciencia política de FICHTE se desarrolla y se modifica en el sentido de concebir el ideal humano a través del alma nacional alemana. Ya en los *Dialogen über der Patriotismus* (1806) FICHTE sostiene la tesis de que «keinen Kosmopolitismus überhaupt wirklich geben könne», sino que «in der Wirklichkeit der Kosmopolitismus notwendig Patriotismus werden müsse». En otras palabras, aquí FICHTE se declara patriota por ser cosmopolita, no siendo la nación otra cosa que la humanidad realizada, esto es, determinada en el tiempo y en el espacio. El cosmopolitismo en contacto con la realidad empírica se torna nacionalismo, y éste no pierde por esto nada de su valor y significación universal. La consideración de la realidad empírica en relación con los ideales políticos se acentúa en el ensayo sobre MAQUIAVELO[225], en que FICHTE, inspirándose en el gran escritor florentino, sostiene que el Estado debe valerse para sus finalidades de los medios brindados por las contingencias históricas y debe ejercer una acción positiva para formar la conciencia nacional y hacerla servir al triunfo de lo que es el bien. En los Discursos a la Nación Alemana se extingue la preocupación empírica y realista que dominaba en el ensayo sobre MACHIAVELO, y la concepción filosófica del Estado nacional aparece completamente desarrollada[226]. El Estado perfecto, de razón, es el

[223] «Die Staatsverfassung und der Nationalverein sollten, wie eng auch ineinander verwebt sein mögen, nie miteinander verwechselt werden . . . «, y en otra parte «Es bleibt immer ein unleugbar wichtiger Unterschied zwischen eine Nationalanstalt und einer Staatseinrichtung», cit. por MEINECKE, *op. cit.*, pág. 37 y nota.

[224] Cfr. MEINECKE, *ob. cit.*, págs. 91 y sigs.

[225] Escrito y publicado en Königsberg en 1807.

[226] Los *Reden an die deutsche Nation* fueron pronunciados en Berlín en el invierno de 1807-1808. Tenemos de FICHTE otra obra política: *Die Staatslehre, o über das Verhältniss des Urstaates zum Vernunftreiche.* Fue publicada por primera vez sobre los manuscritos que él dejó, en 1820 (Berlín, Reimer) y es el resultado de las clases que dio en Berlín en el verano de 1813. Como su testamento político-nacional, MEINECKE (*ob. cit.*, pág. 110) recuerda el bosquejo de un escrito político de la primavera de 1813.

Estado nacional y esto presupone la autonomía política. El Estado alemán al hacerse nacional cumple una misión ética de carácter universal.

En el pensamiento de FICHTE, por lo tanto, la nación tiene, más que una significación política, una significación moral: no sirve a los fines del Estado, sino que es el Estado el que debe ser instrumento de las finalidades éticas de la nación. Los conceptos de nación y de Estado en FICHTE están íntimamente unidos, pero tal unión está lograda con el sacrificio de las finalidades propias del Estado y en beneficio pleno de las idealidades nacionales de naturaleza esencialmente ética. Mientras HUMBOLDT había diferenciado netamente Estado y nación, FICHTE los une en una síntesis que con expresión nueva llama *Kulturstaat,* esto es, un Estado dotado de fines de cultura y de educación civil. No de otra manera habían entendido la misión del Estado ROUSSEAU y la Revolución francesa. A pesar de las apariencias contrarias, el Estado nacional de FICHTE es un concepto antihistórico y supraempírico. No busca su fundamento, su justificación en la tradición, en la historia de lo pasado, sino que espera su realización de lo futuro, del brote de nuevas energías espirituales, de un despertar general y de una profunda conmoción de los ánimos: es el Estado de razón del siglo XVIII que se ha hecho dinámico y revolucionario, obra consciente de la libre voluntad moral, sin ser ya resultante de fuerzas históricas inconscientes. Por otro lado, por la idea universal en que estribaba, no podía concebirse cerrado en límites de tiempo y de espacio, y el pueblo alemán destinado a realizarlo servía conscientemente a fines universales[227].

Es por contraste que la concepción política romántica adquiere valor y significación. En su tendencia a crear un Estado nacional, los románticos concuerdan con HUMBOLDT y con FICHTE; pero se diferencian de éstos al representarse a la nación y al Estado en términos históricos y psicológicos. Los elementos universales y formales que prevalecen en la concepción del Estado nacional de HUMBOLDT y de FICHTE dan lugar en los románticos a los elementos particulares. El pueblo y la nación no son para ellos idealidades abstractas que el intelecto vivifica, sino individualidades

---

227 También en SCHELLING encontramos huellas de espíritu nacionalista a principios de 1813, en la época de la fundación de la *Allgemeine Zeitschrift von Deutschen für Deutsche,* revista anunciada ya desde 1812 y que, sin quererlo, recuerda en el título los discursos a la nación alemana de FICHTE. La revista no tuvo aceptación y murió casi en seguida. El espíritu nacionalista de SCHELLING se revela también en un escrito incompleto e inédito, titulado: *Ueber das Wesen deutscher Wissenschaft* de 1812 o 1813. Entre el nacionalismo de SCHELLING y el de FICHTE había una profunda diferencia. Si bien ambos reconocían su origen en la conciencia filosófica, en FICHTE se manifestó en formas vivas y prácticamente eficaces; en él la especulación se traducía en acción, la idea se tornaba una fe, y del Estado nacional se convirtió no solo en el filósofo sino también en el apóstol. El nacionalismo de SCHELLING era solo especulativo; a ello contribuyó su innata aversión a la propaganda activa de sus ideas, su tendencia a aislarse de las personas y de los acontecimientos; sobre todo contribuyeron las condiciones especiales de Baviera, donde vivía SCHELLING. Erigida en reino por Napoleón, Baviera quedó fiel a éste hasta 1813, y experimentó la influencia francesa hasta 1817. Sabemos por lo demás que SCHELLING no aprobó nunca la idea de una unidad política de Alemania, o por lo menos la idea de la unidad de la constitución; él se inclinaba más bien a creer que cada país tiene una especie de derecho histórico a la existencia y debe crearse su propia constitución. Mucho más que a la independencia política de Alemania, SCHELLING, como HERDER, GOETHE y LESSING, daba importancia a la cuestión de la independencia del pensamiento alemán respecto a las influencias extranjeras, como puede verse por el escrito citado arriba: *Ueber das Wesen,* etc. Cfr. KUNO-FISCHER, *Geschichte,* etc., cit. (2ª edic.), pág. 162; BRÉHIER, *Schelling* (París, 1912), págs. 215 y sigs.

concretas que el sentimiento y la voluntad mueven y dirigen. El Estado no es una creación arbitraria de la razón, sino una institución histórica, cuyas vicisitudes se confunden con las de la nación. El contraste entre la concepción racional y cosmopolita del Estado y la concepción histórica, ya se delinea en la época prerromántica (1790-1800), en Novalis y en el F. Schlegel de la primera época. Haym encuentra en los «Politischen Fragmenten» de Novalis los rasgos principales del pensamiento político romántico[228]. En Novalis el Estado ha perdido su carácter formal, es una individualidad en el sentido histórico, todavía no en el sentido nacional. La nación no tiene para Novalis significación política, sino que, al igual que para Humboldt, es siempre y solo *Kulturnation*[229]. Sigue siendo antihistórico y antirromántico Federico Schlegel antes de 1800. En su *Versuch über den Begriff des Republikanismus (1796)* sueña con una especie de república universal, destinada a realizar el ideal kantiano de una paz eterna entre los Estados. Sin embargo, no faltan tampoco en este ensayo de Schlegel, alusiones a un tratamiento histórico-empírico de la política[230]. En general puede afirmarse que la época prerromántica no logró separarse de la idea cosmopolita, heredada del siglo XVIII y reavivada por el idealismo de Fichte; le faltó la idea del desarrollo tácito y gradual de las instituciones históricas y políticas; pero en el mismo esfuerzo por asociar la universalidad del Estado con la individualidad nacional estaba en germen una nueva dirección del pensamiento político.

La esencia de la política romántica propiamente dicha, tal como fue elaborándose en el período 1800-1815, consistió en fundir la individualidad del Estado y la de la nación en una síntesis orgánica de índole psicológica e histórica. El Estado ya no es algo distinto de la nación, sino la misma nación organizada políticamente. El ideal político se confunde con el ideal nacional, el problema de la libertad política con el de la libertad nacional. A diferencia de Fichte, el Estado nacional romántico está constituido más que por elementos ideales por elementos históricos y psicológicos; busca en lo pasado su origen, su fundamento, toma fuerza y autoridad de la tradición y de la historia. En ninguna otra época mejor que en la Edad Media el Estado pareció realmente la expresión del carácter y del espíritu nacional alemán; la restauración del Estado germánico medieval, corporativo y cristiano, llegó a ser el ideal político de los románticos. Las razones ideales del Estado nacional, siempre presentes en Fichte, dan lugar en les románticos a consideraciones de carácter empírico; vieron la historicidad como si fuera la racionalidad. De tal manera la universalidad del Estado alemán y de su misión histórica, que también los románticos afirmaron bajo la influencia del racionalismo político del siglo XVIII, fue abonada por ellos con formas y razones históricas desechadas.

A la trasformación del romanticismo, de movimiento literario y moral en movimiento político y religioso, contribuyeron los acontecimientos de la época, y sobre todo la amenaza que significaba Napoleón para la libertad y la nacionalidad alemanas. El principal autor de la nueva fase del pensamiento romántico fue el Schlegel de la segunda época[231]. A él debemos la defensa del principio de nacionalidad sobre el fundamento de la unidad de la lengua y del origen común, lo cual, en el desarrollo ulterior del concepto de nación, debía aparecer como un error históri-

---

[228] Cfr. Haym, *Die romant. Schule,* cit., pág. 344. Cfr. Poetsch, *Studien,* etc., págs. 42 y 43.

[229] Cfr. Meinecke, *ob. cit.,* cap. IV, págs. 65 y sigs.

[230] Lo afirma Meinecke, pág. 73, nota.

[231] No fueron ajenas razones personales, la conversión de Schlegel al catolicismo romano en 1808 y la permanencia en Austria. Cfr. Meinecke, *ob. cit.,* cap. V, págs. 79 y sigs.

co. SCHLEGEL concibió la vida nacional como libertad y como individualidad; con tal objeto aconsejó por un lado la reacción contra las influencias extranjeras, por otro la vuelta a las tradiciones propias del pueblo germánico y su cuidadosa conservación. Tenemos por primera vez y por obra de SCHLEGEL la interpretación en sentido especificadamente conservador del principio de nacionalidad; cuanto más una nación vive de su pasado y de sus tradiciones, tanto más es nación; con esto la lucha por el Estado nacional se convertía en la lucha por la restauración del Estado corporativo medieval, que sacaba fuerza y autoridad del predominio de las clases nobles y del principio religioso.

Tampoco faltó a esta concepción política el elemento universalista propio de toda manifestación romántica; tal elemento se evidencia en la forma no de un cosmopolitismo democrático fundado sobre la idea abstracta de justicia o sobre la fuerza, o sobre ordenaciones administrativas y burocráticas, ajustadas acertadamente, como Napoleón había soñado, sino más bien en la forma de un imperio universal católico, fundado sobre la comunión de sentimientos morales y religiosos. Y éste es también el ideal de SCHLEIERMACHER, que en sus escritos políticos contrapuso constantemente la concepción romántica de la vida y del Estado al idealismo político de FICHTE[232]. Contra el Estado mecánico que no tiene otro fin que la reunión de los intereses y de los arbitrios humanos, exalta el Estado educador, el Estado órgano de moral, de justicia, no solo civil, sino económica y social[233]. Más que la unidad y de la universalidad, se preocupó de lo que es propio, particular, concreto, lo cual implica respecto al Estado la consideración de la nacionalidad como su elemento esencial y no solo empírico[234].

232 Cfr. SCHLEIERMACHER, *Werke,* Auswahl, en 4 volúmenes (Leipzig, 1910), vol. III, *Die Lehre vom Staat.* Es un extracto del texto publicado por primera vez por BRANDIS en 1845 sobre manuscritos y lecciones de SCHLEIERMACHER de 1817 y de 1829. Los *Aphorismen über das Staat (Werke,* vol. III) son anteriores y datan del periodo entre 1808 y 1814.

233 Cfr. SCHLEIERMACHER, *Ueber den Beruf des Staates zur Erziehung (Werke,* vol. I). Es un discurso leído el día 22 de diciembre de 1813 en la *König. Akad. d. Wissenschaften* de Berlín. Puede considerarse, en el campo político, el digno complemento del *Beruf,* etc. de SAVIGNY, publicado en el mismo año. Es notable la parte H de la *Lehre vom Staat* relativa a la administración y a las actividades del Estado. En ella sostiene, entre otras cosas, la obligación del Estado de garantizar a todos sus miembros la existencia (pág. 581), la inalienabilidad del suelo, la constitución de los bienes de familia, etc. Para la intervención del Estado en el orden económico, cfr. también *Aforismo 26.* J. H. FICHTE en el *System der Ethik* (1850-1853, I, 468) afirma que la concepción del Estado de SCHLEIERMACHER no es sino la expresión filosófica del material histórico-jurídico recogido por la escuela histórica, y mientras reconoce la independencia de las dos concepciones de SAVIGNY y de SCHLEIERMACHER, destaca el hecho admirable de que ambos llegaron a las mismas conclusiones y consideraron al Estado como un producto histórico. En rigor, la prioridad le competería a SCHLEIERMACHER, el cual publicó su discurso: *Ueber die Begriffe der verschiedenen Staatsformen* el día 24 de marzo de 1814, esto es, poco antes de la publicación del *Beruf.* Se advierte que SAVIGNY conoció y apreció a SCHLEIERMACHER por la reseña que hizo de los *Gelegentliche Gedanken ueber Universitäten im deutschen Sinn,* publicados por SCHLEIERMACHER en 1808 (cfr. SAVIGNY, *Vermischte Schriften,* Berlín, 18 50, IV, págs. 25 5 y sigs.). De todos modos, en este acercamiento de la doctrina histórica del Estado a la de SCHLEIERMACHER, no se debe olvidar que éste atribuye al Estado una finalidad *a priori,* no reconoce otro derecho fuera del sancionado por la autoridad y no confiere valor de verdadero derecho al derecho consuetudinario. Cfr. también SINGER, *Erinnerung an G. Mugo* etc. (cit., nota 42).

234 Cfr. SCHLEIERMACHER, *Die Lehre,* etc., Lección I y nota.

Con SCHLEIERMACHER vuelven a privar la función ética del Estado, el principio de autoridad y la analogía entre el poder soberano y el doméstico[235].

No solo entre los literatos y los filósofos tuvo representantes el romanticismo político, sino también y sobre todo entre los juristas, particularmente entre los juristas de la dirección histórica, entre los cuales la reacción contra las doctrinas políticas de la Revolución comenzó antes e independientemente del movimiento romántico. Esta reacción se vincula a las vicisitudes de la influencia de MONTESQUIEU y de BURKE en Alemania, y tuvo como centro la universidad de Gotinga en Hanóver, ciudad que por su unión personal con Inglaterra, estaba abierta a todas las nuevas corrientes de pensamiento, sobre todo inglesas. En Gottinga enseñaron en la segunda mitad del siglo XVIII PÜTTER, SPITTLER y HUGO, que fueron los mayores representantes de la dirección histórica o positiva, como entonces también se llamaba en los estudios jurídicos, admiradores todos ellos y en parte discípulos de las doctrinas y de los métodos de MONTESQUIEU y de BURKE[236]. Fue sobre todo este último quien proporcionó a los adictos al método positivo las primeras grandes líneas de una doctrina histórico-constructiva del derecho y del Estado.

No puede afirmarse que la influencia de BURKE en Alemania coincida con la traducción y con el comentario que hizo GENTZ en 1793 de las *Reflections*. Ya desde mucho antes se conocía y apreciaba a BURKE en Alemania, particularmente en Hanóver, donde contaba entre sus discípulos y admiradores hombres como STEIN, BRANDES, REHBERG, que tuvieron influencia notable sobre la vida y el pensamiento político alemán del siglo nuevo. BURKE había manifestado mucho antes las ideas contenidas en las *Reflections*, en escritos que se remontan hasta 176 5[237] y en los cuales se inspiraron BRANDES y REHBERG en la crítica contra la ideología revolucionaria, a la «politischen Metaphysik» que no tiene en cuenta las relaciones reales, los derechos históricos y que subordina el Estado, formación histórica secular, a las exigencias de la lógica abstracta[238].

BURKE, por lo tanto, mucho antes de que la doctrina romántica penetrara en los estudios jurídicos, suscitó en Alemania una corriente contraria a las ideas políticas

---

235 Cfr. SCHLEIERMACHER, *Die Lehre*, etc., Lecciones IV y V.

236 Acerca del culto por MONTESQUIEU en Gottinga y de la influencia que ejerció sobre el jurista PÜTTER, sobre el historiador SPITTLER, sobre HUGO, cfr. SINGER, *Zur Erinn. an G. Hugo* cit. («Grünhuts Zeits.», 1889), págs. 277-218.

237 Cfr. BURKE, *Tracts relative to the laws against popery in Ireland* (1765).

238 Cfr. REXIUS, *Studien zur Staaislehre der histor. Schule* (en «Hist. Zeitsch.», 3 F., 1911, vol. 11, págs. 513 y sigs.). Antes de que pudiera tener conocimiento de las *Reflections* de BURKE (editadas en Inglaterra en 1790), BRANDES publicó en el verano de 1790 sus *Politische Betrachtungen ueber die Französ. Revolution* y simultáneamente REHBERG comenzó en la *Allgemeinen Literaturzeitung* una serie de reseñas de obras sobre la revolución francesa que luego reunió y publicó en 1793 con apéndices bajo el título: *Uebersuchungen ueber die franz. Revolution.* Para el contenido de estas reseñas, cfr. L. LESSING, *Rebberg und die Franz. Revolution* (Freiburg, 1910). Está demostrado por REXIUS (ob. cit., pág. 518) que en estas obras BRANDES y REHBERG sufrieron la influencia de BURKE y de la opinión política inglesa. Baste observar aquí que REHBERG ya desde marzo de 1790 citaba a título de alabanza en la *Litt. Xeit.*, (i, pág. 701) los antiguos escritos de BURKE. Además BRANDES, en su permanencia en Londres en los años 1784-85, habíase vinculado en amistad personal con BURKE. Contra la tesis de LESSING (ob. cit.), según el cual REHBERG habría derivado su doctrina política de MÓSER, cfr. REXIUS, ob. cit., págs. 516 y sigs.

que triunfaron con la Revolución[239]. La influencia de BURKE no fue solo negativa, sino también y sobre todo positiva; de él los juristas derivaron la doctrina del desarrollo orgánico, contrapuesta al principio de la soberanía popular, la concepción del pueblo como unidad que persiste a través de las generaciones que se suceden, la idea de que la constitución política es un producto colectivo, la concepción histórica y al mismo tiempo dinámica del Estado. BURKE no solo proporcionó a los adversarios de la Revolución las armas para combatirla, no solo infirió el golpe decisivo a las teorías políticas del siglo XVIII, sino que reconstruyó el concepto del Estado con elementos nuevos que quedaron definitivamente incorporados a éste. De tal naturaleza son los elementos irracionales de la vida del Estado, la fuerza de la tradición, de la costumbre, de los instintos, de los sentimientos. Aunque otros autores antes que él, como MAQUIAVELO, VICO, MONTESQUIEU, MÖSER, habían destacado esto, nadie superó a BURKE en la influencia que ejerció, por los resultados teóricos y prácticos que alcanzó. Una nueva categoría de hechos quedaba iluminada y valorizada, y debido a ella la vida humana y social apareció más compleja, pero también más rica y variada. El primer e inmediato efecto de esta concepción más amplia de la vida individual y colectiva fue el respeto por la sabiduría recóndita o vulgar, como Vico la había llamado, así como el desprecio por todo conocimiento que no estuviera vinculado a lo pasado. El derecho y el Estado de razón se rindieron frente al derecho positivo, al Estado históricamente formado, los cuales parecieron constituir el verdadero derecho y Estado de naturaleza. Por otro lado, el orden público y el privado ya no pudieron concebirse divididos, sino que aparecieron unidos y animados por el mismo espíritu que a través de los tiempos enlazaba a todos los hombres en un vínculo común de solidaridad[240].

Pero la doctrina política de BURKE y de los juristas discípulos suyos no se coordinaba sino imperfectamente con una concepción filosófica general de base histórica. Cuando en Alemania se quiso encuadrar la doctrina histórica del Estado dentro de una concepción más amplia de la vida y del mundo, estallaron las disensiones. Mientras HUGO recurrió a los principios kantianos, MÜLLER y HALLER trataron de coordinarla con la nueva dirección romántica. Contra esta última tentativa se sublevó REHBERG, contraponiendo a la dirección política de inspiración romántica la dirección empírico-histórica de BURKE, y destacando entre ellas una verdadera oposición de principios.

MÜLLER fue el representante típico de la filosofía política romántica[241]. Su admiración por BURKE y por todo lo que era inglés, corría pareja con su aversión por el racionalismo francés revolucionario. En la constitución inglesa admiraba sobre todo el carácter aristocrático, el espíritu conservador, el papel dado a la nobleza, el respeto por la tradición, por las instituciones del pasado, el desarrollo gradual orgánico. A su juicio BURKE es el último profeta que ha aparecido en la tierra, y sus *Reflections* constituyen una verdadera Biblia política[242]. Pero más que la admiración y el estudio de BURKE, es notable en MÜLLER el esfuerzo por dar al historicismo una forma y significación románticas. El historicismo de BURKE, cuando no es el fruto de experiencias personales, no va más allá de la generalización empírica de la historia

---

239 Prueba la aceptación de BURKE en Alemania el hecho de que la traducción de GENTZ de las *Reflections*, publicada en 1793, tuvo en 1794 una nueva edición.

240 Cfr. MEINECKE, ob. cit., págs. 126 a 129.

241 Lo afirma también POETSCH, *Studien*, etc., pág. 42.

242 En las *Vorlesungen über Friedrich II* (1810). Cfr. MEINECKE, ob. cit., pág. 126.

constitucional inglesa. En Müller, la historia se estudia e interpreta a través del particular estado de ánimo romántico, estado de ánimo subjetivo y en cierto sentido antihistórico, como que idealizaba la historia, o, mejor dicho, un período determinado de ella, e invocaba su testimonio en los límites en que coincidía con particulares tendencias e intereses políticos. Müller, en el desarrollo de su actividad científica, siguió las caprichosas fortunas de la conciencia política romántica, y fue nacionalista con Arndt[243] cuando la corriente romántica propugnaba la causa de la libertad y de la independencia nacional, y se hizo, junto con Haller, reaccionario, cuando el romanticismo se volcó hacia la Restauración.

En los *Elemente der Staatskunst*[244] la concepción romántica del Estado nacional encuentra su pleno y máximo desenvolvimiento no solo teórico, sino práctico. El principio de nacionalidad está establecido allí como fundamento jurídico del Estado, y por primera vez se fija en su significación[245].

Se define la nacionalidad como «jene göttliche Harmonie, Gegenseitigkeit und Wechselwirkung zwischen dem Privat- und öffentlichen Interesse». En otras oportunidades se la considera «die Ausbildung, die Befestigung des bürgerlichen Gemeinwesens» y se identifica la tendencia a la nacionalidad con el «Sehnsucht nach Verbindung und Wechselwirkung unter den Menschen»[246]. También en Fichte, nación y Estado se compenetran, pero la «Kulturnation» que es su producto, es un concepto esencialmente ético, fundado sobre la comunidad de lengua y de cultura, destinado a realizar el reino de la razón. En Müller el Estado no es sino la nación misma organizada con fines políticos: en constituirla como tal, en conservarla, en desarrollarla, entiende el arte de gobierno, cuyas normas Müller se propone dictar en su obra. El individuo, en las relaciones con el Estado y con la nación, pierde la primacía que todavía conserva en Humboldt y en Fichte; es completamente absorbido por el Estado, el cual es lo único que tiene una vida y una realidad

243 Ernest Moritz Arndt (1769-1860), patriota y poeta, inflamó con sus escritos de esta época a la juventud alemana para la guerra de libertad. Ya desde 1802 en *Germanien und Europa* había hecho de la unidad del pueblo y del Estado su ideal político. Tuvo, según Meinecke (ob. cit., pág. 91), el gran mérito de haber contribuido a hacer popular la idea del Estado nacional. Cfr. también Meinhold, *Arndt* (Berlín, 1910).

244 Cfr. los *Elemente der Staatskunst* de Müller (Berlín, 1809) son el resultado de las lecciones que dio en Dresden en el invierno de 1808-1809, a un año de distancia de los «Reden» de Fichte. Para la influencia de éste último sobre Müller, para las relaciones de concordancia y de diferencia entre sus doctrinas políticas, cfr. Meinecke, ob cit., págs. 132 y sigs. Meinecke nota las influencias de Burke, de la «Frühromantik.» de Fichte sobre el pensamiento político de Müller, mientras que nosotros creemos que fue mucho mayor y decisiva la influencia del romanticismo verdadero. Después de 1815 Müller se encerró en un conservadurismo político-religioso que recuerda a Haller y corresponde a la época de la Restauración. A este período de su actividad corresponde la obra: *Von der Notwendigkeit einer theolog. Grundlage der ges. Staatswissenschaften,* Leipzig, 1819. Contemporáneamente Haller publicó en el mismo sentido su *Restauration der Staatswissenschaft* (1817-1820). Cfr. Solari, *Idea,* etc., II, págs. 3 y 4.

245 Kirchoff (*Zur Verständigung, über die Begriffe Nation und Nationalität,* 1905, págs. 59 y sigs.) observa que la palabra nacionalidad entró en el uso común en los primeros años del siglo XIX. El primero que la usó fue Novalis en 1798; después, en 1800, Humboldt y Görres. En las lecciones de Schlegel de 1804-1806, en los «Reden» y en la «Staatslehre» de Fichte, aparece frecuentemente. Ya era de uso general en 1810; también Savigny en el *Beruf,* etc. (2ª edic, pág. 37), la usa. Cfr. Meinecke, ob. cit., pág. 141, nota 3).

246 Pasajes citados por Meinecke, ob. cit., pág. 142.

históricas que sobreviven a los individuos y regulan la conducta de éstos. La influencia romántica se revela aún en la personificación del Estado y de todo aquello que en él vive, en la exaltación de la fuerza, de la guerra como instrumento de afirmación y de elevación de la vida colectiva, en la preferencia otorgada a los elementos concretos, individuales, sobre los elementos universales que todavía dominan en FICHTE. También para MÜLLER, como para los románticos, la realidad es individualidad, y el grado de individuación mide el grado de perfección de las instituciones políticas. Por esto el entusiasmo por la constitución inglesa no lo lleva a aconsejar su imitación y reproducción en Alemania; más bien cada país debe expresar en forma propia los caracteres esenciales, eternamente verdaderos, de la historia constitucional inglesa.

El pensamiento político de MÜLLER tuvo una fase ulterior de desarrollo, correspondiente al período de la Restauración y a la primacía que llegó a tener aquel elemento religioso como medio de conservación política y social, que el romanticismo había despertado y exaltado. MÜLLER y HALLER, cediendo a estas influencias, dan vida al concepto medieval del derecho divino como fundamento y justificación del derecho histórico-político. Se trata, de todos modos, de una justa posición artificiosa que no destruye los elementos nuevos y positivos de la doctrina de MÜLLER, y que gracias a él quedan definitivamente incorporados a la ciencia política del siglo nuevo[247].

Lo que más nos interesa destacar es la crítica formulada por REHBERG a la concepción histórico-romántica del Estado; REHBERG, así como no siguió a HUGO en la interpretación de la historia mediante las categorías kantianas, tampoco aprobó a los románticos en la valoración subjetiva y a menudo fantástica de la realidad histórica[248]. Contrapuso a ambos la dirección histórico-empírica que se apoya dentro de los límites de los hechos, que no subordina el proceso histórico a principios racionales, a leyes necesarias, a influencias sentimentales. A REHBERG no se le escapó la gravedad de los problemas de naturaleza filosófica ínsitos en el historicismo, problemas que él no resolvió —más bien se inclinó a creerlos insolubles—, pero de los cuales tuvo clara conciencia[249]. Asoma en REHBERG el problema de la unidad del proceso histórico, la oposición entre la libertad y la necesidad en la historia. Educado en la escuela de BURKE, REHBERG cree en la acción libre del individuo en la historia, admite modificaciones al desarrollo histórico por la intervención de la voluntad humana, mientras que MÜLLER, junto con los románticos, desconoce esto, haciendo de las instituciones humanas la expresión de ideas eternas y por ende el producto de una necesidad natural o racional. En la crítica de REHBERG están los gérmenes de los contrastes que en lo sucesivo debían dividir a los discípulos de la dirección histórica en los estudios jurídicos, y ya se perfilan las dos tendencias del historicismo empírico, la realista, preocupada por los hechos y los métodos de investigación, y la romántica, con sus preferencias subjetivas, con sus sentimentalismos históricos. En la escuela histórica las dos tendencias, debido a la influencia de SAVIGNY, coexisten en una especie de equilibrio inestable, pero la oposición vuelve a surgir en las violentas polémicas de los

---

247 Cfr. DOMBROWSKY, *A. Müller, die historische Weltanschauung und die politische Romantik* (en *Zeits. f. die ges. Staatswissenschaft,* 1909, págs. 377 a 403).

248 Cfr. de REHBERG la reseña que hizo de los *Elemente,* etc., de MÜLLER, en la *All. Litt. Zeit.* de 1810.

249 Cfr. REXIUS, *Studien,* etc., pág. 521.

romanistas y de los germanistas, y vuelve a surgir insanable por la falta en ambos de una visión más alta y objetiva de la realidad jurídica[250].

SAVIGNY Y LOS ORÍGENES DE LA DOCTRINA HISTÓRICA DEL DERECHO. AUSENCIA DE UNA DOCTRINA GENERAL DEL DERECHO EN LOS ROMÁNTICOS. ORÍGENES ROMÁNTICOS DE LA DOCTRINA HISTÓRICA DEL DERECHO PROCLAMADA POR SAVIGNY. EDUCACIÓN FILOSÓFICA DE SAVIGNY Y SUS RELACIONES CON KANT Y CON SCHELLING. RELACIONES ENTRE LA DOCTRINA HISTÓRICA Y EL HEGELISMO. VICO Y SUS RELACIONES CON SAVIGNY Y CON LA ESCUELA HISTÓRICA. LA ESCUELA HISTÓRICA CONSIDERADA COMO EL ASPECTO JURÍDICO DEL ROMANTICISMO.

18. En el romanticismo estaba implícita no solo una nueva dirección del pensamiento político, sino aquella concepción más amplia del derecho que tomó una forma determinada y casi definitiva en Savigny. Los románticos no integraron su doctrina política con una correspondiente doctrina general del derecho. Los acontecimientos de la época eran tales que llamaban su atención sobre las cuestiones políticas, cuya solución fue por lo demás preocupación constante del romanticismo en todas sus fases. El problema general del derecho no podía, por su índole, apasionar igualmente a los espíritus, y solo por una serie de afortunadas circunstancias quedó unido al movimiento romántico. La primera ocasión fue la propuesta de codificación hecha por Thibaut en los términos y con los criterios dominantes en el siglo XVIII; fue una suerte después que Savigny, al contestar, destacara en la cuestión particular una divergencia fundamental de ideas respecto al origen y a la naturaleza del derecho, e hiciera entrar el problema del derecho en la corriente de pensamiento general y dominante. Pues si en la *Vocación* falta la conciencia clara de tal conexión, ella se afirma en términos explícitos en la introducción-programa a la revista para la ciencia histórica del derecho, fundada en el año (1815) que siguió inmediatamente a la publicación de la *Vocación*[251].

En ella, en efecto, se dice explícitamente (pág. 2) que las causas que en la ciencia del derecho dividen a los partidarios de la escuela histórica de los de la escuela anti-histórica son de índole general, y el contraste que se revela en dicha

---

[250] Cfr. Dombrowsky, ob. cit., sobre las diversas direcciones del historicismo.

[251] Thibaut publicó su conocido ensayo *Ueber die Nothwendigkeit*, etc., en 1814, poco después de la toma de París (31 de marzo) por parte de los aliados. Esta coincidencia de su ensayo con los acontecimientos de la época que marcaban la regeneración política del pueblo alemán no es fortuita, como al mismo Thibaut le cupo advertir en 1838 en el «Archiv. f. civilis. Praxis», vol. 21, págs. 391 y sigs. El escrito de Savigny en respuesta *(Vom Beruf unserer Zeit für Gesetzgebung und Rechtswissenschaft)* le sucedió a los pocos meses. Tenemos una carta de Niebuhr a Hensler de fecha 1° de noviembre de 1814, en que, notando lo desabrido de la contestación, expresaba el deseo de que «jemand Thibaut zur Ruhe reden könnte». El primer fascículo de la *Zeit. f. gesch. Rechtswissenschaft,* fundada por Savigny con la cooperación de Eichkorn y de Göschen, salió en los primeros meses de 1815. En el mismo (págs. 1 a 17) se encuentra el escrito *Ueber den Zweck dieser Zeitschrift* de Savigny (figura entre los ensayos traducidos al italiano por Turchiarulo, ob. cit., III, págs. 63 y sigs.). El que estos escritos se sucedieran en tan breve lapso de tiempo es una prueba de que la cuestión de la codificación y el ensayo de Thibaut solo brindaron a Savigny la ocasión para expresar ideas que hacía tiempo maduraba y que solo requerían un hecho exterior para organizarse. y la organización que todavía es imperfecta en el *Beruf* debido al espíritu polémico que lo animaba, ya aparece completa en el *Ueber den Zweck,* etc., citado.

ciencia es un caso particular del contraste más universal que en diverso grado se manifiesta en todas las ciencias morales.

Con feliz intuición, SAVIGNY concibió este contraste más general como contraste entre el devenir y el ser, entre lo universal abstracto y lo particular concreto. Del mismo contraste se había engendrado el movimiento romántico. Sobre este punto fundamental y prejudicial los ánimos están divididos, como observa SAVIGNY, porque mientras algunos creen que toda época puede establecer arbitrariamente las condiciones de su propia existencia, moldearla conforme a un plan racional prefijado, según lo que la razón declara *a priori* que constituye la esencia verdadera de las cosas, con lo que el estudio psicológico del hombre histórico de la humanidad no sirve para nada a los fines del conocer, otros (y sabemos que así pensaban les románticos) sostienen que la naturaleza de las instituciones y por ende el conocimiento de ellas consiste en su génesis, en su devenir históricamente según leyes no sujetas al arbitrio de los individuos, por lo que la libertad humana debe concebirse como reconocimiento espontáneo del devenir histórico, como adhesión consciente y voluntaria de lo presente a, lo pasado.

En esta fundamental diferencia de orden metafísico SAVIGNY ve la razón verdadera de una ulterior diferencia sustancial entre los discípulos de las dos escuelas en pugna, porque mientras los unos, aunque no tengan clara conciencia de ello, son naturalmente llevados a aplicar el dogma leibniziano de la incomunicabilidad e impenetrabilidad de las esencias y por lo tanto a considerar al individuo como ser que se basta a sí mismo, a negar la razón de ser de una vida histórica y colectiva, llegando a pregonar un individualismo perjudicial y subversivo, una especie de egoísmo histórico que desconoce la cooperación y la continuidad histórica, los otros conciben las esencias de las cosas en relación indisoluble entre ellas, concibiendo esta relación no en un sentido puramente lógico y extrínseco, sino en un significado íntimo, por lo cual una esencia deviene otra y el individuo no puede concebirse sino como miembro de una familia, de una nación, de un Estado, que coordina su acción con la del conjunto del cual es una parte.

En términos familiares para los románticos, SAVIGNY destacaba las razones metafísicas de disensión entre las dos escuelas. No estaba, pues, en juego solo la cuestión del método de estudio, como en HUGO. SAVIGNY refiere y subordina la cuestión del método a la cuestión más amplia de los supuestos metafísicos en que estriban las dos escuelas en conflicto. Ciertamente el nombre de escuela histórica *(geschichtliche Schule)* que por primera vez usa SAVIGNY en la introducción-programa a su revista está mal elegido, al igual que la expresión de escuela antihistórica *(ungeschichtliche Schule)* usado para distinguir a la escuela adversaria. La denominación de escuela histórica y no histórica tenía por fin hacer resaltar el método diverso que se aplicaba al estudio del derecho privado; como tal es fuente de confusión y pudo hacer creer que SAVIGNY fuera sobre todo el representante de un nuevo método, mientras que su principal mérito consiste en haber establecido los principios de una nueva concepción del derecho[252]. El error de HUGO fue considerar la cuestión del método independientemente de los principios de los cuales el método debía ser la expresión adecuada; tal error lo llevó a asociar el método histórico con

[252] Observa justamente BRUNS (ob. cit., pág. 445) que muy pocos de los que usan la expresión «escuela histórica» han leído el programa con el cual SAVIGNY publicó la Revista para los estudios históricos de derecho.

el formalismo kantiano en un enlace híbrido e insostenible. SAVIGNY hizo nacer la exigencia del método histórico del concepto metafísico del devenir, considerado como fundamento del saber y criterio de verdad.

Por lo tanto, la polémica SAVIGNY-THIBAUT alcanzó la dignidad de una verdadera disputa filosófica, a pesar de que ambos la ciñeran y contuvieran en los límites de las ciencias jurídicas. La cuestión particular de la codificación, de no haber traído consigo una cuestión de principios, no hubiera tenido por sí sola la eficacia de provocar la polémica, de enardecer los ánimos y dividirlos en dos campos hostiles. SAVIGNY compartía el sentimiento nobilísimo de amor patrio que inspiraba a THIBAUT en su propuesta; la unidad del derecho privado era un ideal común a ambos; ambos soñaban con una legislación nacional, pero mientras THIBAUT entendía la unificación nacional del derecho privado en un sentido puramente formal, SAVIGNY tendía a la unidad real y creía firmemente que en las condiciones especiales en que se hallaba el derecho privado en Alemania, la codificación solo podía dar la ilusión de la unidad, mientras que en realidad habría desviado del trabajo paciente de reconstrucción histórica del derecho privado, ya felizmente comenzado, condición primera para una legislación verdaderamente nacional, fuera o no recogida en la forma del código. La cuestión de la codificación aparecía, pues, como secundaria y completamente subordinada a la cuestión de principio a la que SAVIGNY la llevaba, al fundar la Revista a los pocos meses de la publicación de la *Vocación*.

La doctrina histórica no fue una formación espontánea, ni se desarrolló improvisadamente en la mente de SAVIGNY, como se podría creer por el carácter ocasional de la *Vocación*. Fue la interpretación romántica de la realidad jurídica, reproducida con método crítico. Fueron dos, pues, los elementos que entraron en su formación: la crítica histórica y el espíritu romántico. En ningún otro campo el método histórico había sido más abundante en aplicaciones, más fecundo en resultados que en los estudios de derecho privado. Inaugurado por HUGO, perfeccionado por THIBAUT, había sido llevado por SAVIGNY en la *Posesión* a una altura inesperada. El primer resultado de esta aplicación fue un nuevo criterio de juicio de las instituciones jurídicas; no su racionalidad, sino su existencia efectiva se tornaba su propia justificación. Pero reconstruir con método histórico la realidad jurídica no quería aún decir explicarla, sistematizarla, reducirla a unidad. Habían visto esto y a ello habían tendido HUGO y THLBAUT, sin resultado; la realidad histórica difícilmente podía comprenderse en las formas *a priori* de KANT o en los esquemas lógicos del racionalismo jurídico. SAVIGNY la comprendió en su irreductible aversión a las construcciones lógicas no derivadas del estudio directo del derecho positivo.

Hubo un momento en que pareció experimentar el hechizo de KANT[253]; pero el estudio no superficial de KANT debía confirmarlo cada vez más en la idea de la imposibilidad de extraer de él la solución del problema jurídico. Por lo tanto debe aparecer infundada la afirmación de que, al formular su doctrina histórica, se haya inspirado en la filosofía kantiana[254]. A tal afirmación se oponen no solo el espíritu de su obra dirigida contra el formalismo y el racionalismo jurídicos, sino también sus declaraciones explícitas. En una carta al conocido kantiano FRÍES, escribe que el derecho natural de KANT no le ha interesado en absoluto[255]. En otra carta al mismo

[253] Para las influencias kantianas sobre SAVIGNY, véase *supra*, pág. 114.

[254] Cfr. AGUILERA, *Idée du droit en Allemagne depuis Kant*, París, 1893, sec. III, c. I.

[255] Carta de SAVIGNY a FRÍES, del 3 de febrero de 1802. Es conocida la gran intimidad de SAVIGNY con FRÍES, autor de una nueva crítica de la razón.

FRÍES escribe como sigue: «Mis críticas contra vuestra fundamentación del derecho natural provienen del hecho de que vos seguís el método kantiano. Partís de los conceptos de deber, de necesidad, de ley, de razón, es decir, de conceptos cuyo uso es tan arbitrario que para afirmarlos hay que apelar a la conciencia, en la cual basta mirar para encontrarlo todo. . . Yo os ruego me digáis si realmente, a vuestro juicio, la filosofía no puede comenzar de otro modo, pues en tal caso habría que desesperar de ella ...»[256].

No tiene más fundamento suponer que la doctrina histórica derive de la influencia de SCHELLING. La confusión surge del hecho de que a SCHELLING se lo considera el filósofo del romanticismo, pero no se tiene en cuenta la profunda diferencia entre el romanticismo filosófico y el empírico; engendrados por las mismas causas, respondiendo a las mismas necesidades, las satisficieron por vías diversas, partiendo, uno de postulados metafísicos, y el otro de bases empíricas. Ahora bien; si tenemos argumentos decisivos para afirmar que SAVIGNY estuvo en relación con el romanticismo literario y experimentó su influencia[257], no podemos afirmar lo mismo para sus relaciones con Schelling[258]. Landsberg demuestra no entender esto al señalar influencias románticas en la escuela histórica y buscar el origen de ellas en Schelling[259].

---

[256] Carta del 3 de abril de 1802. Las cartas de SAVIGNY a FRIES están reproducidas por HENKE, I. *Fr. Fries*, Leipzig, 1867, págs. 293 a 298, y citadas por BONNET, *La philosophie du droit chez Savigny* (en «Rev. Intern. de Sociologie», 1913, fasc. 3, págs. 164 y sigs.). BONNET (ob. cit., pág. 167) afirma que en la aplicación del método crítico a la historia SAVIGNY experimentó la influencia de KANT. Pero la crítica histórica que SAVIGNY aplica siguiendo las huellas de HUGO, no tiene nada que ver con el criticismo kantiano. Cuando SAVIGNY, en las cartas citadas por BONNET, hablaba de la necesidad de la crítica, del carácter crítico de su obra, quería significar el estudio objetivo de la realidad contrapuesto «al interés sentimental enemigo de toda empresa científica».

[257] Son conocidas las relaciones de intimidad que tuvo SAVIGNY con muchos románticos, sobre todo con el poeta CLEMENS von BRENTANO (con cuya hermana se casó), con los hermanos GRIMM (cfr. LÉVY-BRUHL, *L'Allemagne depuis Leibniz*, París, 1907, pág. 339), con NIEBUHR (cfr. *Enneccerus, Savigny und die Richtung der neueren Rechtswissenschaft*, Marburg, 1879, págs. 64 a 68), con EICHHORN, el amigo de HERDER, con el cual mantuvo una larga relación epistolar (cfr. HAYM, *Herder nach seinem Leben, etc.*, Berlín, 1885, II, págs. 184-185).

[258] Para las relaciones entre la filosofía de SCHELLING y SAVIGNY véase *supra*, págs. 145 y sigs. También BONNET (ob. cit., pág. 167) excluye toda relación de parentesco intelectual entre ellos. LOENING *(Festrede zur Jahresfeier der Stiftung der Universität Dorpat am 12 dezember 1879*, pág. 7) cree que el principio de SCHELLING por el cual en la historia no actúa el individuo sino la especie entera, tomó valor debido también al desarrollo de la conciencia nacional, gracias a la escuela histórica, la cual no habría hecho sino sustituir el concepto de especie por el de pueblo. Dejando aparte la diversidad de los conceptos, la observación de LOENING debiera referirse mejor a los románticos que a los discípulos de la escuela histórica. Estos últimos solo tuvieron con SCHELLING relaciones indirectas y a través de la corriente romántica. No cabe duda de que en SCHELLING estaba en germen la concepción histórica del derecho y del Estado, pero en forma oscura para ponerla en claro fue necesaria la opresión extranjera, así como el despertar del espíritu nacional, que fue la obra principal de los románticos. Cfr. RUDORPF, *Fr. C. v. Savigny*, cit., pág. 36.

[259] Cfr. LANDSBERG, *Geschichte der deuts. Rechtswissenschaft* (3ª edic., München, 1910, págs. 207 y sigs.). LANDSBERG cree que la escuela histórica es la resultante de tres elementos: de la concepción histórico-empírica de PÜTTER y de HUGO, de la idea evolucionista y de la doctrina romántica. Son tres elementos que no están determinados claramente. SAVIGNY pudo tomar de PÜTTER y de HUGO el método de estudio, pero no los principios que constituyen el fondo

No podía faltar en esta pugna por volver a conectar la doctrina histórica con las corrientes filosóficas dominantes, la tentativa desesperada de demostrar la estrecha relación entre la doctrina histórica y el hegelianismo[260]. Influencias hegelianas directas e indirectas por medio de Puchta, pueden advertirse en la obra de Savigny en la última fase de su desarrollo, pero no en la primera, en la época de la publicación del *Vom Beruf,* etc., donde la doctrina histórica estaba formulada en sus rasgos esenciales y que fue anterior en siete años a la sistematización definitiva del pensamiento jurídico de HEGEL[261]. El conocimiento de éste no fue, pues, un elemento necesario y constitutivo de la doctrina de SAVIGNY, cuya aversión instintiva por los sistemas abstractos no se desmiente siquiera con respecto a HEGEL, a pesar de la autoridad y la idolatría que rodeaban su obra. En una carta a CREUZER escrita en el año 1822, es decir, a un año de distancia de la publicación de las *Grundlinien der Ph. des Rechts,* SAVIGNY critica muy vivamente a HEGEL. «Lo que yo reprocho en él —escribe— no es su desdén orgulloso por cualquier otra disciplina que no sea la filosofía, sino sobre todo la oscuridad que difunde en el mundo . . . , el modo confuso en que trata todas las cuestiones, incluso las no científicas, incluso aquellas en las que todos están de acuerdo»[262]. Cuando en 1828 publicó la segunda edición del *Vom Beruf,* etc. SAVIGNY conocía seguramente las obras de HEGEL: a pesar de esto, en el prefacio a dicha edición, afirma que sus «Ueberzeugungen nicht nur dieselben geblieben sind, sondern sich auch durch fortgesetztes Nachdenken und manche nicht unbedeutende Erfahrungen noch mehr begründet haben»[263].

Al lado de los que pusieron todo su empeño en volver a vincular la doctrina histórica de SAVIGNY con las corrientes filosóficas dominantes personificadas respectivamente en KANT, en SCHELLING y en HEGEL, encontramos a los que no refieren la escuela histórica a una determinada corriente de pensamiento y, cuando no la consideraron el fruto de una improvisación genial de SAVIGNY, recurrieron a explicaciones genéricas, como el sentido histórico innato en el hombre, su afirmarse y determinarse en ciertas épocas y por obra de ciertos individuos, la influencia que sobre él ejercieron los estudios jurídicos y en modo

de la escuela histórica. La idea evolutiva que LANDSBERG señala en SAVIGNY, sin que explique su origen y su naturaleza, era familiar a los románticos (aunque entendida en sentido psicológico). En cuanto al tercer elemento, LANDSBERG no distingue entre romanticismo filosófico de SCHELLING y romanticismo literario-empírico, del cual solo derivó SAVIGNY su doctrina.

260 La derivación hegeliana de la doctrina histórica fue sostenida por BRIE, *Der Volksgeist bei Hegel und in der bist. Rechtsschule,* Berlín, 1909. En sentido contrario cfr. LOENING, *Die philos. Ausgangspunkte der rechtshistorischen Schule* (en *Internat. Wochenschrift,* 1910), y LANDSBERG, *Geschichte,* etc., n, pág. 213.

281 Antes de la publicación del *Beruf* (1814), HEGEL había expresado su pensamiento jurídico en un ensayo publicado en forma anónima en el *Kritischem Journal der Philosophie* de SCHELLING y de HEGEL, vol. II, fases. 2-3 (1802-1803), con el título: *Ueber die wissenschaftlichen Behandlungsarten des Naturrechts.* En este ensayo de HEGEL se notan las influencias de las polémicas entonces vivas entre los discípulos de KANT y los jusnaturalistas de la dirección empírica, y no está exento de influencias románticas. Pero el mismo BRIE (ob. cit., pág. 15) se ve obligado a reconocer que le falta el concepto de *Volksgeist* como creador del derecho, es decir, falta la idea madre de la doctrina histórica, y en su lugar se habla del concepto metafísico del *Weltgeist,* que penetra la historia y del cual los varios pueblos son manifestaciones. Por lo demás, no hay prueba ni directa ni indirecta de que SAVIGNY conociera este ensayo de HEGEL o se sirviera de él para formular su doctrina.

262 Carta reproducida por ENNECCERUS, cit., pág. 18.

263 SAVIGNY, *Vom Beruf,* etc., Heidelberg, 1828. Prólogo a la 2ª edición, página IV.

particular el derecho romano[264]. Cualquiera puede ver la insuficiencia de semejantes explicaciones que prescinden de las causas inmediatas y verdaderamente decisivas de los grandes movimientos de pensamiento. Es perfectamente cierto que el sentido histórico está en estrecha relación con el sentido jurídico, y que en las ciencias jurídicas encuentra el terreno más conveniente para su desarrollo. Y no es menos profundamente cierta la afirmación de la gran utilidad del estudio del derecho romano para cualquier doctrina general del derecho, desde que el derecho romano presenta la historia ideal eterna de la vida jurídica. Vico había intuido y afirmado esto[265], y SAVIGNY, además, que a su agudo sentido de lo real, debe al conocimiento del derecho romano la aversión a las teorías racionalistas del derecho y la tendencia a concebir histórica y psicológicamente la vida del derecho. Pero, admitido esto, no se puede sostener que SAVIGNY haya concebido la doctrina histórica del derecho solo por ser jurista, solo por ser romanista, y mucho menos se puede afirmar que la doctrina que desarrolla en el *Vom Beruf,* etc., estaba implícita en el derecho romano, y que los jurisconsultos fueron los precur-

---

264 El representante autorizado de esta opinión es CARLE, *Vita del diritto,* 2ª edic., 1890, Torino, págs. 3 59 y sigs. También BEKKER *(Ueber den Streit,* etc., cit., págs. 8-9) afirma que la doctrina de SAVIGNY sobre el origen del derecho positivo no es sino un extracto de las fuentes romanas.

265 NO FALTÓ quien quisiera destacar las afinidades y la intimidad lógica entre la doctrina histórica de SAVIGNY y la de Vico. Cfr. CARLE, ob. cit., pág. 363, y recientemente BAVIEBA, *G. B. Vico e la storia del dir. romano,* Palermo, 1912, pág. 13. No puede caber duda d.e que SAVIGNY conociera a VICO. Se ocupa de él para afirmar la escasa influencia que VICO ejerció sobre los estudios históricos del derecho romano de NIEBUHR (en *Erinnerungen an Niebuhr's Wesen und Werken,* etc., publicadas por primera vez en las *Lebensnachrichten ueber B. Niebuhr,* Hamburg, 1839, reproducidas en los *Verm. Schriften,* cit., vol. IV, págs. 209-254, traducidas al italiano por TURCHIARULO, ob. cit., II, págs. 95 y sigs. El pasaje que se refiere a VICO se lee en las páginas 217-218 de los *Verm. Schrif.,* citados). No nos fue dable encontrar en SAVIGNY otras alusiones a la obra de VICO. De manera del todo genérica, BAVIERA *(l. c.)* advierte que SAVIGNY indicó a NIEBUHR las obras innovadoras de Vico. Sea esto como fuere, nosotros descartamos rotundamente que SAVIGNY se inspirara en Vico en la formulación de su doctrina histórica. Ante todo hay que suponer que SAVIGNY llegó a conocer a Vico bastante tarde, y solo después de la traducción alemana de sus obras hecha por WEBER en 1822. En segundo lugar, el contenido esencial de la doctrina histórica ya estaba en el pensamiento romántico, y de éste SAVIGNY experimentó la influencia directa. En tercer lugar, la mentalidad y los métodos de estudio de Vico estaban en profundo contraste con la mentalidad y con el método crítico-analítico de SAVIGNY. NO sin razón observa éste (*l.* c.) que las intuiciones de Vico sobre el derecho y sobre la historia romana, aunque geniales, son como los relámpagos en una noche oscura, «wodurch der Wanderer mehr verwirrt, als zurecht geführt wird», solo sirven a quien ya está en posesión de la verdad. Con esto no queda dicho que en Vico no se encuentren ideas que más tarde se hicieron patrimonio de la escuela histórica: antes bien, puede afirmarse que ésta, en su espíritu general, estaba en el orden de ideas del cual fuera precursor Vico un siglo atrás. Solo observamos que no puede sostenerse la continuidad histórica y lógica entre Vico y el pensamiento romántico alemán, que fue la fuente directa y exclusiva de SAVIGNY. A Vico le cupo la suerte de los que por haber llegado demasiado temprano, cuando las condiciones de los tiempos y el estado de las mentes no podían favorecer la difusión de sus ideas, quedaron sin ser comprendidos y no tuvieron influencia sobre el desarrollo de la ciencia. Esto vale sobre todo para Alemania, donde el movimiento romántico preparó aquella atmósfera de ideas a partir de la cual se desarrolló la escuela histórica. Solo en Italia puede hablarse de una tradición y de una continuidad de pensamiento viquiano, pero no fue exclusiva y de todos modos en el siglo XIX obró sobre el pensamiento jurídico italiano en unión con otras influencias, sobre todo germánicas.

sores inconscientes de ella. Pues, si SAVIGNY invocó el derecho romano en corroboración de su doctrina, lo hizo arbitraria y a menudo erróneamente. Baste decir que identifica el *populus* de los jurisconsultos romanos con el *Volksgeist* romántico, el *tacitus consensus populi* con el concepto de la *Volksüberzeugung* como fuente del derecho, y así sucesivamente con evidente violación de la verdad histórica.

Es necesario reaccionar contra la tendencia de los juristas a considerar la escuela histórica como una gran excepción en la historia de los sistemas, como una dirección de ideas particular y exclusiva de los estudios jurídicos. Hay que reconducirla a sus fuentes vivas y naturales. Como concepción nueva del derecho y del Estado contrapuesta a la concepción secular de un derecho de naturaleza y de razón, no es sino un aspecto del romanticismo, del romanticismo considerado como tendencia general de la conciencia filosófica moderna a rehabilitar lo particular, lo concreto, lo múltiple, contra las abstracciones y las unidades lógicas, a interpretar psicológicamente los hechos morales en su individualidad y continuidad históricas, como expresiones de un alma colectiva, como organismos que constantemente devienen y se acrecientan en el tiempo. La escuela histórica es la expresión de esta tendencia en el orden jurídico, y SAVIGNY su representante autorizado. Esto no escapó a JHERING, que atribuyó a culpa de la escuela histórica su origen romántico[266]: tampoco escapó a TREITSCHKE, que considera único en la historia el hecho de un movimiento, literario en su origen, que ha renovado desde sus fundamentos la concepción tradicional del derecho y del Estado[267]. Esto, por lo demás, era la consecuencia lógica del principio romántico según el cual el arte, la lengua, la religión, la moral y la ciencia son formaciones espontáneas y necesarias del espíritu popular. Antes o después la idea de un derecho y de un Estado nacional debía penetrar en la ciencia alemana como consecuencia del espíritu romántico. Esto es lo que hicieron apenas se presentó la ocasión SAVIGNY y NIEBUHR.

Nuestra opinión sobre el origen de la escuela histórica no desconoce sus caracteres distintivos con respecto a las otras formas del romanticismo; no excluye las modificaciones que la concepción romántica de la vida y del mundo debía experimentar en contacto con la realidad jurídica. Es indudable que el subjetivismo ro-

---

266 Cfr. JHERING, *Der Kampf um's Recht*, 5ª edic., 1877, págs. 10 y 11.

267 Cfr. TREITSCHKE, *Deutsche Geschichte im XIX Jahrhundert*, Leipzig, 1895-1896, pág. 209. Y ésta es esencialmente la opinión de BONNET (*op. cit.*, págs. 172 y sigs.) quien no excluye la influencia filosófica que para nosotros es absolutamente secundaria e indirecta. La estrecha relación entre las ideas de SAVIGNY sobre el origen del derecho y las de la escuela romántica, no había escapado a STINTZING (*F. C. von Savigny*, Berlín, 1862, págs. 31 y 32) y a CZYHLARZ (*Rede zur Feier des bunderthäbrigen Geburtstags Fr. C. Savigny's*, 1879, pág. 8). Recientemente KANTOROWICZ (*Volksgeist und hist. Rechtsschule* en «Hist. Zeits.», 1912, vol. 12, pág. 302) afirma que la concepción histórica y el método histórico de SAVIGNY son espíritu del espíritu romántico. Por lo demás el mismo SAVIGNY no pretendió nunca originalidad alguna para su doctrina: «el sentido histórico (escribe en *Beruf*, 2ª edic., 1828, pág. 5) se halla difundido por doquiera», y si se decidió a escribir fue por el hecho singular de que con el progreso de la cultura el derecho no vive más en la conciencia del pueblo, sino en la conciencia refleja de los juristas, por lo que se corre el riesgo de perder de vista la verdadera y perenne fuente (cfr. id., pág. 12). Sería cometer injusticia contra SAVIGNY creer que él ha querido recoger una nueva doctrina en las pocas afirmaciones del *Beruf*, exentas de todo fundamento histórico. Es evidente que él presuponía conocidas para los lectores las premisas filosóficas de su doctrina. Entre nosotros, CROCE (*Riduzione della filosofía del diritto alla filosofía della economia*, Napoli, 1907, pág. 46), reconoce que la escuela histórica del derecho fue una de las manifestaciones del gran movimiento romántico.

mántico encontraba en esta última un límite y un freno. El romanticismo penetraba en los estudios jurídicos cuando éstos, en virtud de la aplicación del método histórico, se hallaban en pleno resurgimiento. Lejos de constituir un obstáculo, el movimiento romántico, por su idolatría del pasado, por su amor al conocimiento y a la reconstrucción del dato histórico, debía favorecer las investigaciones históricas del derecho y las completaba reduciéndolas a unidades de origen y de desarrollo. De todas maneras quedaban netamente distinguidos en la escuela histórica el elemento objetivo histórico y el elemento subjetivo romántico; la importancia del primero pudo hacerla aparecer como una dirección autónoma de pensamiento, diferente del romanticismo estético, religioso, moral donde los elementos subjetivos prevalecen, siendo menos vivo el respeto por la realidad histórica. Por otra parte, la nueva concepción histórica del derecho y del Estado reside en esos elementos subjetivos que son comunes de la escuela histórica y del romanticismo. Éste, con la rehabilitación y con la exaltación del sentimiento y de sus productos, con la afirmación de un espíritu absoluto que penetra por doquiera y del que todas las cosas son manifestaciones, hizo posible la nueva solución del problema relativo al origen y a la naturaleza de las instituciones jurídicas.

Las condiciones de la época eran particularmente favorables a la interpretación empírico-psicológica de las instituciones humanas, y nadie, mejor que SAVIGNY, tenía capacidad y autoridad para hacerlo. Fue una suerte que el maestro insuperado del método histórico fuera también el fundador de la escuela histórica. *Vom Beruf*, etc., fue verdaderamente la integración del *Besitz:* su importancia reside más que en la novedad de los principios proclamados, en la visión del orden jurídico a través de ese grandioso y característico movimiento de ideas y de sentimientos que fue el romanticismo alemán. Plena confirmación de ello la hallamos en el examen de los conceptos fundamentales de la doctrina histórica.

EL CONCEPTO DE «VOLKSGEIST»: SU ORIGEN Y SIGNIFICADO EN SAVIGNY Y EN PUCHTA. OPINIONES ANTAGÓNICAS SOBRE EL ORIGEN Y EL SIGNIFICADO DE «VOLKSGEIST». ANTECEDENTES HISTÓRICOS. EL CONCEPTO DE PUEBLO EN LOS JURISTAS ROMANOS Y EN GROCIO. ¿PUEDE CONSIDERARSE A MONTESQUIEU PRECURSOR DE SAVIGNY? ORIGEN ROMÁNTICO DEL CONCEPTO DE «VOLKSGEIST». EL PENSAMIENTO DE PUCHTA CON RESPECTO AL «VOLKSGEIST». SIGNIFICADO DIVERSO DE «VOLKSGEIST» EN LOS FUNDADORES DE LA ESCUELA HISTÓRICA Y EN HEGEL. LA DOCTRINA DEL «VOLKSGEIST» EN SAVIGNY Y EN PUCHTA Y LA PSICOLOGÍA ROMÁNTICA. CONTRA LA INTERPRETACIÓN NATURALISTA DEL «VOLKSGEIST».

19. La doctrina histórica del derecho presenta tres fases de formación distintas y sucesivas. La primera corresponde a la publicación de la *Vocación, y* puede considerarse como la fase de la síntesis espontánea en la que existe ya toda la doctrina histórica en sus conceptos fundamentales. El segundo período es el período analítico, el de la elaboración de la doctrina, de los desarrollos, de las aplicaciones y puede hacerse coincidir con la actividad científica de Puchta. Por último, tenemos la fase de la síntesis refleja representada aún por Savigny que, en el *Sistema del derecho romano* de 1840, a veintiséis años de la publicación de la *Vocación,* dio forma definitiva a la doctrina histórica. Las tres diferentes fases, distintas en el tiempo, se completan idealmente formando un solo cuerpo de doctrina. En su fundamento más

general esta última puede asimilarse al concepto de *Volksgeist* como fuente del derecho y a la categoría del devenir, que constituye su ley de desenvolvimiento[268].

Sobre el origen y el significado de *Volksgeist,* de los que se ha hecho depender el valor filosófico del historicismo, son inciertas y contradictorias las opiniones de los estudiosos. Bergbohm, no sin exageración, incluye el *Volksgeist* entre los conceptos *rätselvollsten,* y recientemente Meinecke afirmaba que se halla todavía muy lejos de ser determinado en sus orígenes y en su significado[269]. La fuente de los equívocos reside sobre todo en el hecho de que la misma expresión fue empleada para expresar cosas muy diversas. Tal expresión tuvo otro significado en el siglo XVIII por obra de Montesquieu y de los enciclopedistas; otro significado asumió en los románticos y en los fundadores de la escuela histórica, y otro también es el significado que tuvo para Hegel y sus partidarios.

Una cosa no nos parece dudosa: que los juristas han derivado si no la palabra, el concepto de *Volksgeist* de los románticos. Éstos comenzaron representándose al pueblo como una individualidad histórica y psicológica, como un todo existente por sí mismo que unifica las existencias individuales que se suceden en el tiempo y se distribuyen en el espacio y se afirma como principio autónomo de vida y de desarrollo interior, al lado y por encima del individuo. Y como para los románticos la espiritualidad es la cualidad de la que dependen la vida y el proceso histórico, así

---

268 Moeller *(Die Entstehung des Dogmas von Ursprung des Rechts aus dem Volksgeist,* en «Mitteilungen des Instituts f. österr. Geschichtsforschung», tomo XXX, Innsbruck, 1909, pág. 1) señaló que Savigny usó por primera vez la palabra *Volksgeist* en 1840, en el *Sistema,* vol. 1, § 7, y después con frecuencia Brie (*Der Volksgeist bei Hegel und in der bist. Rechtsschule,* Leipzig, 1909, pág. 26) ha demostrado que Savigny derivó la expresión de Puchta, quien la usó desde 1828 en el vol. I de *Das Gewohnheitsrecht* (Erlangen, cap. I, pág. 3) haciéndola luego el *Zentralbegriff* de toda su doctrina. De dónde Puchta derivó a su vez la expresión de *Volksgeist,* dado el uso general que tenía en su época, es una cuestión ociosa. Brie, *op. cit.,* quiso demostrar que Puchta derivó, junto con el concepto, la palabra de Hegel, quien la habría usado en la *Enciclopedia* (1817) y en la *Filosofía del Derecho* (1821) después de la publicación de *Beruf.* Pero Loening (*Die philosophischen,* etc., cit., pág. 82) destacó que Hegel la había usado también antes, en 1807, en la *Fenomenología;* y recientemente Kantorowicz *(Volksgeist u. his. Rechtsschule,* en «Histor. Zeitsch.», tomo XII, 2, pág. 300) encuentra esa palabra en 1793 en un trabajo fragmentario de Hegel, *Volksreligion und Christentum,* pág. 21 (publicado por Nohl en 1907). También Landsberg *(Geschichte,* etc., pág. 216) reconoce la derivación hegeliana de la expresión. En realidad, tanto Hegel como Puchta no hicieron más que emplear una expresión que era de uso común en su época, y particularmente familiar para los románticos. Cfr. Meinecke, *Weltbürgertum,* etc., 2ª edic., 1911, pág. 214, nota 3. Hildebrand, en el art. «Geist» en el *Grimmswörterb.* (1897, págs. 2728 y sigs.) encuentra la expresión «lebendigen Volksgeist» en el *Nachschrift* que lleva fecha de enero 1805, en el vol. I del «Des Knaben Wunderhorn» publicado en 1806 (1ª edic.) por A. V. Armin y por Cl. Brentano, amigos y parientes de Savigny. El mismo Thibaut (lo señala Moeller) utiliza la expresión *Volksgeist* en 1814, en tanto que no la usa Savigny en la *Vocación.* Adviértase, sin embargo, que Thibaut no la empleó en la edición original de la *Notwendigkeit,* etc., sino en apéndice a la 2ª edición de la misma publicada en el mismo año 1814 en los *Civilis. Abhand.,* pág. 418. Ahora, Savigny, en el *Beruf* cita solamente la 1ª edición, no obstante haberse publicado ya la 2ª cuando escribía *Beruf.* Por lo demás, si en éste Savigny no usó la palabra «Volksgeist», se sirvió para indicar el mismo concepto, de expresiones análogas: «gemeinsame Ueberzeugung des Volkes» — «gemeinsame Bewusstsein des Volkes» «organische Zusammenhang des Rechts mit dem Wesen und Charakter des Volkes», etc.

269 Cfr. Bergbohm, *Jurisprudenz und Rechtsphilosophie* (Leipzig, 1892), I, pág. 490 (nota 15); Meinecke, *op. cit.,* 1ª edic. (1908), pág. 249, n. 1; 2ª edic. (1911), pág. 214, n. 3.

el pueblo es concebido esencialmente como unidad espiritual, como *Volksgeist,* sobre el modelo de la vida y del espíritu individual.

Cuando el concepto de *Volksgeist* está coordinado a la concepción general de la vida y del mundo de los románticos pierde ese carácter misterioso que otros quisieron atribuirle. Podrá discutirse sobre la realidad de un espíritu colectivo, sobre su capacidad creadora y suscitadora de las más íntimas energías populares, sobre la naturaleza de sus productos varios y múltiples en el tiempo y en el espacio, pero no puede haber discrepancia sobre el significado que los románticos dieron a tal concepto. Para ellos no tuvo el carácter de ficción, sino de una verdadera y propia realidad histórica y psicológica, cuyo origen y caracteres no determinaron, pero cuya existencia afirmaron explícitamente. Para ellos el *Volksgeist* no es otra cosa que la forma fenoménica determinada en la que se revela el espíritu de la humanidad, el que a su vez se halla en relación con el espíritu del mundo, con el Absoluto. Era el monismo idealista de forma empírica, sentimental, poética, que se afirmaba con los románticos y del cual el *Volksgeist* no era más que una forma determinada. Los románticos no se propusieron el problema que más tarde había de constituirse en objeto de la psicología colectiva, es decir, el de determinar la naturaleza del espíritu colectivo, describir sus caracteres, sus actitudes empíricas, sus leyes de desarrollo; ellos se limitaron a afirmar genéricamente su existencia psicológica e histórica, y su desarrollo según la ley del devenir.

Correspondía más tarde a HEGEL librar el concepto de *Volksgeist* del empirismo histórico y psicológico, objetivarlo, dar su significado lógico y metafísico.

Son evidentes las consecuencias que derivan de la concepción del *Volksgeist* con respecto a las ciencias morales; éste constituía un nuevo criterio de interpretación y valoración de los hechos humanos, y preparaba nuevas doctrinas acerca de la naturaleza y origen de ellos. Por este lado no tenía antecedentes en lo pasado, si se excluyen las geniales intuiciones de pensadores solitarios y olvidados. No alcanzaron el concepto de *Volksgeist* ni los griegos ni los romanos, para quienes la única fuente de vida y de acción colectiva era el Estado con el que el pueblo se confunde en un significado esencialmente político; tampoco en la Edad media, en que se afirmó la individualidad espiritual del pueblo a los efectos y en los límites de la vida religiosa; ni en la época anterior a la Revolución francesa en que el principio o la convicción individualista llevó a concebir al pueblo como agregación de existencias individuales, o bien como una síntesis refleja con todos los caracteres de las ficciones y de las abstracciones arbitrarias.

La tentativa de MOELLER de descubrir en la antigüedad, en la Edad media y en la edad moderna los antecedentes de la doctrina del *Volksgeist,* no nos parece justificada[270]. Constituye una excepción G. B. Vico, que entendió verdaderamente el espíritu del pueblo en el sentido romántico y de la escuela histórica (y MOELLER lo ha demostrado): pero hemos advertido ya que el movimiento romántico de donde la escuela histórica tomó el concepto de *Volksgeist,* se desarrolló independientemente de toda influencia viquiana. Tampoco pueden considerarse precursores GROCIO o MONTESQUIEU, como cree MOELLER; con respecto a éstos la duda queda resuelta porque no puede negarse de ellos, como de Vico, la influencia que ejercieron sobre la especulación jurídica alemana no solamente del Iluminismo, sino también de la edad del Romanticismo.

---

[270] Cfr. MOELLER, *op. cit.,* pigs. 6 y sigs.

Moeller cita el capítulo IX del libro n del *De jure,* donde Grocio considera al pueblo «ex eo corporum genere, quod... habet... spiritu munum». Sostiene Moeller que si Grocio, al concebir al pueblo como unidad espiritual se remonta a la tradición romana, de hecho va más allá y se vincula a la especulación filosófica griega, sobre todo estoica, que concibe al pueblo como un cuerpo animado a semejanza del individuo.

Si no se puede negar la doble influencia jurídica y filosófica ejercida sobre Grocio, tampoco puede admitirse que la doctrina grecorromana del pueblo guarde relación con la romántica del *Volksgeist.* Los juristas romanos incluían al pueblo entre las cosas colectivas, es decir, según la definición de Pomponio, entre las cosas «quae ex distantibus constant, ut corpora plura soluta, sed uni nomini subjectá». Y Séneca, en quien se inspira Pomponio, y a quien cita Grocio refiriéndose a las cosas colectivas, habla de «corpora separata» cuyos elementos constitutivos «*jure* aut *officio* cohaerent, natura diducti et singuli sunt». Con esto se quiere entender que la unidad del pueblo no es de naturaleza, sino que tiene un mero valor nominal y social. El pueblo se constituye a base de causas extrínsecas tales como el *jus* y el *officium,* pero una vez constituido, era opinión de los estoicos, reproducida por Grocio, que se engendra un movimiento interior que se revela como tendencia a la unión, como *appetitus societatis* (dirá Grocio) . Y los estoicos llamaron a esta fuerza de unión o impulso social εξıs o espíritu y la concibieron como espíritu formativo, organizador; como un vínculo espiritual, o mejor dicho vital, a causa de la confusión en que incurrían entre la actividad orgánica y psíquica en los cuerpos animados. Y el mismo Grocio define el *Spiritus populi* «vitae civilis consociatio plena atque perfecta, cuius prima productio est summum imperium, vinculum per quod respublica cohaeret, *spiritus Vitalis* quem tot milia trahunt, Séneca loquitur». Por esta forma o espíritu vital, el pueblo se perpetúa a pesar del continuo morir y renovarse de las partes que lo constituyen[271].

Tampoco el *esprit général,* del que hablan los enciclopedistas y los iluministas del siglo XVIII, sobre todo Montesquieu, puede considerarse, como creen Moeller y Brie, el antecedente inmediato de la doctrina romántica del *Volksgeist.* Que «l'esprit general», «l'esprit du peuple, de la nation», «le génie o le caractère d'une nation» fueran términos muy en boga en el siglo XVIII no hay ninguna duda[272]. Montesquieu dedica todo un libro del *Esprit* al estudio de las leyes en relación con los principios «qui forment *l'esprit général,* les moeurs et les manières d'une nation»[273]. Si se piensa en la amplia difusión que tuvo el *Esprit* en Alemania en la segunda mitad del siglo XVIII y en la profunda veneración general que se profesaba a su autor, no parecerá extraño que muchos hayan hecho de Montesquieu un precursor de la doctrina del *Volksgeist.* Esta opinión fue compartida por Hegel, que exalta a Montesquieu por

[271] Cfr. Sokolowsky, *Die Philosophie im Privatrecht,* Halle, 1902, págs. 48 y sigs.; Bonfante, *Lezioni di diritto romano: Diritti Reali,* 1908-1909, cap. V, págs. 111 y sigs. Cfr. Grocio, *De jure,* etc., libro II, cap. IX, §§ 3 y sigs.

[272] Por el uso de estas expresiones en Bossuet (1681), cfr. Langlet du Fresnoy (1714), Rollin (1730), Voltaire, Montesquieu, Moeller, *op. cit.,* págs. 29 y sigs. En forma especial para Montesquieu, cfr. además de Moeller, a Brie, *op. cit.,* págs. 8 y 9.

[273] Cfr. Montesquieu, *L'esprit des lois,* libro XIX. En el capítulo IV de este libro define lo que entiende por «*esprit général*»: «plusiers choses gouvernent les hommes: le climat (en el párrafo agrega al clima «la nature»), la religion, les lois, les maximes du gouvernement, les exemples des choses passées, les moeurs, les manières; d'où il se forme un esprit général qui en résulte».

haber hecho de la individualidad y del carácter del pueblo la idea central de su obra inmortal, por haber considerado la legislación no abstractamente, sino como «abhängiges Moment einer Totalität», poniéndola en relación con todos los aspectos que constituyen el carácter de un pueblo y de una época. Este juicio que había expresado HEGEL sobre MONTESQUIEU desde 1802, retorna casi inmutado en la *Filosofía del derecho* en 182 1[274]. No pensaba en otra forma STAHL respecto de las relaciones de MONTESQUIEU con la doctrina histórica del derecho[275]. Recientemente KANTOROWICZ retomaba la misma tesis y reafirmaba el parentesco íntimo y directo entre MONTESQUIEU y SAVIGNY[276].

A nosotros nos parece que estos juicios se fundan en una interpretación errónea del pensamiento de MONTESQUIEU. El *esprit general* del que éste habla no tiene relaciones ni directas ni indirectas con el *Volksgeist* de los románticos y de la escuela histórica. Lejos de constituir para MONTESQUIEU una realidad histórica y psicológica, una individualidad concreta, como sostenía HEGEL, aquél no sale de las vagas generalidades, de las abstracciones convencionales en que se complacía la literatura política del siglo XVIII. La definición que da MONTESQUIEU es su mejor demostración: de ella resulta que el espíritu del pueblo, lejos de constituir un principio activo, del que surgen como de fuente viva y perenne los productos del arte, de la moral, del derecho, no es más que una resultante, es decir, el efecto de la legislación, de la costumbre, de la naturaleza externa. Por lo que el legislador no es el intérprete fiel de la obra espontánea e inconsciente del *Volksgeist,* sino que es siempre el autor y el propulsor de la vida del pueblo.

A lo más se omite distinguir en la obra de MONTESQUIEU los dos elementos de que resulta: uno racional, íntimamente conexo a la tradición de los jusnaturalistas para quienes la vida de los pueblos aparece como la expresión de una razón eterna; el otro realista, por el que la razón se manifiesta en los límites impuestos por la naturaleza y por la historia. De un lado, reproduce los postulados de la escuela del derecho natural; del otro, los entiende en relación con lo real. Ya no es la razón libre por sí, desligada de todo vínculo con el exterior que crea las leyes y las instituciones, sino la razón que deriva la norma de las condiciones externas, de la materia histórica, para adaptarse a ella.

Era, pues, mucho lo que había en la obra de MONTESQUIEU para justificar la admiración de todos aquellos que, por reacción al racionalismo jurídico, tendían a acentuar en el estudio del derecho y de las instituciones, la importancia de los elementos realistas, objetivos. Esto explica el culto por MONTESQUIEU en Alemania, sobre todo entre los juristas de la escuela de Gotinga, partidarios o fautores del método histórico[277], entre los románticos preocupados por rehabilitar los valores históricos, individuales, concretos[278], entre los filósofos que, como HEGEL, buscaban

---

274 Cfr. HEGEL, *Ueber die wissenschaftlichen Behandlungsarten der Naturrechts* (1802) (en «Hegels Schriften zur Politik und Rechtsph.», editado por G. Lasson, Leipzig, 1913, pág. 411); id., id., *Gründl, d. Ph. d. Rechts* (1821), editado por G. Lasson, Leipzig, 1911, pág. 21. Otras tres veces HEGEL menciona a MONTESQUIEU en esta obra.

275 Cfr. STAHL, *Gesch. d. Rechtsph.,* 2ª edic., Heidelberg, 1847, pág. 344.

276 Cfr. KANTOROWICZ, *Volksgeist,* etc., pág. 304.

277 Para las relaciones entre MONTESQUIEU, la escuela de Gotinga y HUGO, véase pág. 31, nota. THIBAUT recuerda dos veces a MONTESQUIEU en el ensayo citado: *Ueber den Einfluss d. Phil.,* etc. (en «Versuche einer», etc., págs. 129 y 136).

278 Por la veneración que HERDER profesaba hacia MONTESQUIEU, cfr. HAYM, *Herder nach seinetn Leben und Werken,* tomo I, Berlín, 1885, págs 344 y 345. A pesar de esto, EHRENBERG, *Herders*

la armonía entre lo ideal y lo real. Pero la admiración por MONTESQUIEU no implicaba adhesión a los supuestos del jusnaturalismo siempre presentes en él, no implicaba adhesión a su concepción histórica, que REXIUS llama negativa, y según la cual la historia aparece mucho más como obra de los individuos, de los iluminados, aunque sea actuando en los límites de la tradición y de la realidad exterior, que como resultado de fuerzas espontáneas, necesarias, que prorrumpen del seno mismo de la historia y que la razón tiende a conocer para conformarse a ellas[279]. En MONTESQUIEU, factor de la historia es siempre el individuo, no el *Volksgeist.* El mismo SAVIGNY, mientras que no oculta en su *Vocación* la admiración que profesa por MONTESQUIEU, no recuerda su nombre allí donde se refiere a HUGO y a MÖSER como a los que abrieron el camino a la doctrina histórica del derecho[280].

No es, pues, de MONTESQUIEU, de donde SAVIGNY pudo derivar el concepto del *Volksgeist,* ni tampoco de MÖSER y de HUGO, como podría hacer creer su referencia a la obra de aquéllos en la *Vocación.* SAVIGNY atribuye a HUGO el mérito esencialmente negativo de «haber combatido en la mayor parte de sus escritos las doctrinas dominantes»; mientras que, por otra parte, sabemos que HUGO se mantuvo absolutamente ajeno al movimiento romántico, y estrechamente ligado a la filosofía kantiana. No basta para considerar a HUGO como precursor de la doctrina del *Volksgeist* el haber incluido a la a la costumbre entre las fuentes del derecho, remontándola hasta la voluntad del pueblo, pues el pueblo del que habla no es el *Volksgeist* sino el simple estado de asociación humana; por otro lado, la formación espontánea que reconoce al derecho civil, niega al derecho público que permanece para él siempre una «bewusste Gesetzgebung». En cuanto a MÓSER, éste es recordado por SAVIGNY con honra, por el profundo sentido histórico que lo distinguió en una época de imperante y excesivo racionalismo también en lo tocante al derecho civil[281]; pero no hay en

---

Bedeutung f. die Rechsswiss., Gött., 1913, págs. 13 y sigs., demostró que no hay ninguna relación de parentesco espiritual entre HERDER y MONTESQUIEU. La cuestión no es ociosa, porque HERDER fue entre los primeros en difundir en Alemania la concepción del *Volksgeisf.* Contra la tesis de EHRENBERG, pero sin aportar argumentos decisivos, cfr. KANTOROWICZ, *op. cit.,* pág. 305. Sobre las influencias de MONTESQUIEU en SCHILLER, cfr. MOELLER, *OP. CIT.,* 36.

279 Cfr. REXIUS, *Studien z. Staatslehre der hist. Schule* (en «Hist. Zeits.», tomo XI, 1911, pág. 502). Exponente de la manera de entender el *esprit du peuple* en el siglo XVIII, es VOLTAIRE, autor de los *Ensayos sobre las costumbres y el espíritu de las naciones,* que comenzó a publicar desde 1744-1745 (para la fecha de publicación del *Ensayo,* cfr. KANTOROWICZ, *op. cit.,* pág. 297, nota 1). Para VOLTAIRE, «l'esprit d'une nation reside toujours dans le petit nombre, qui fait travailler le grand, est nourri par lui et le gouverne». *(Ensayo,* cap. 155).

280 SAVIGNY, en *Beruf,* etc. (Friburgo, 1892), cita dos veces, y no por casualidad, a MONTESQUIEU: en las páginas 25 y 77. Por la referencia a HUGO y a MÖSER, cfr. *Beruf,* etc., pág. 9. En el Prefacio a la 2ª edición de *Beruf,* etc. (1828) (págs. IV y V), SAVIGNY declara que ha creído corregir en la nueva edición el juicio demasiado severo y unilateral sobre los juristas franceses modernos, juicio dictado «aus der aufgeregten Stimmung geeen diese Nachbaren» y reconoce el imperfecto conocimiento que tenía en 1814 sobre la literatura jurídica francesa. Pero esta declaración no puede invocarse para explicar, como sostiene KANTOROWICZ (*op. cit.,* pág. 304), la omisión de MONTESQUIEU entre los precursores de la doctrina histórica: la omisión se verifica en la 2ª y 3ª edición (1840) del *Beruf,* mientras que, por otra parte, SAVIGNY demuestra, desde la 1ª edición, conocer y no superficialmente la obra de MONTESQUIEU, apreciando su alto valor.

281 JUSTUS MÖSER (1720-1794) es el autor de la *Osnabrückische Geschichte,* Osnabrück, 1761, de escaso valor crítico aunque penetrada de un espíritu nuevo, adverso al racionalismo histórico y jurídico imperante, tendiente a rehabilitar las tradiciones, las costumbres, el derecho popular y local contra el sistema de los códigos. Pero en su obra no hay nada que

MÖSER ninguna formulación clara y precisa del concepto del *Volksgeist,* que faltó también en BURKE, cuya concepción de la historia se contrapone a la de los románticos precisamente porque no dedujo el proceso histórico de un principio hipotético cual era el *Volksgeist*[282].

Cabe agregar que la teoría del *Volksgeist* y de su capacidad creadora encontró condiciones históricas favorables para su desarrollo solo en la edad moderna. En efecto, solamente en la edad moderna el pueblo adquiere conciencia de sí, de su valor, y se afirma soberano en sus relaciones con el Estado. La antigua nobleza feudal destruida es reemplazada por la poderosa majestad del pueblo soberano, cuya participación en la formación del derecho y del Estado, proclamada por la teoría política, triunfaba con la Revolución. La reacción que siguió, fue dirigida contra la razón soberana, contra la concepción del pueblo entendido como personalidad ficticia, fruto de la especulación desvinculada de la realidad. Éste fue el pueblo destronado por la contrarrevolución, mientras que el pueblo como unidad psicológica, viviente en la historia, determinado en el tiempo y en el espacio, salía reforzado y exaltado. Especialmente la insurrección que siguió en Alemania contra la obra de Napoleón y de la Revolución, insurrección que el romanticismo había preparado y favorecido, tuvo todas las características de una guerra de libertad en la cual no estaban en juego los derechos del hombre, individualmente o asociado en el Estado por él creado, sino los intereses bien vivos y activos del pueblo que se siente nación, y lucha contra la amenazada absorción de la propia individualidad psicológica e histórica en la de un pueblo extranjero, para quien las razones ideales de la Revolución servían de cómodo pretexto para violar las razones de vida de los otros pueblos. El romanticismo y la guerra de libertad señalaron en Alemania el triunfo definitivo del *Volksgeist,* pues nunca como en esa época el sentimiento de una vida y de un alma común se manifestó con signos tan evidentes; nunca como entonces la historia apareció realmente como expresión del alma popular, y la razón individual tuvo la conciencia de la propia debilidad e impotencia para dominar los acontecimientos y para producirles.

Aunque SAVIGNY no fue romántico por temperamento, como alguien observó, vivió y sintió profundamente las idealidades románticas[283]; fue del romanticismo de donde derivó el concepto del *Volksgeist,* extendiendo su capacidad creadora del dominio de la lengua, de la literatura, del arte en que los románticos lo habían mantenido, al del derecho. Y en el concepto romántico del *Volksgeist* tuvo fe constantemente, aun cuando las razones sentimentales e históricas que lo habían originado hubiesen venido a menos, como lo prueba el lugar que le da en el *Sistema,* a tantos años de distancia de la publicación de la *Vocación.*

En los términos vagos e inciertos con que SAVIGNY define el *Volksgeist,* se revela en forma evidente la influencia romántica[284]. Antes que determinarlo entendió afir-

---

pueda hacerlo considerar precursor de la escuela histórica en el sentido verdadero de la palabra. Cfr. LANDSBERG, *Geschichte,* etc., III (Leipzig, 1898), págs. 496 y 497; MOELLER, *op. cit.,* pág. 41. Sobre MÖSER, sobre su pensamiento político en confrontación con BURKE, ver REXIUS, *op. cit.,* pág. 516.

282 Lo reconoce también KANTOROWICZ, *op. cit.,* pág. 304.

283 Esto lo afirma, no sin cierto fundamento, KANTOROWICZ, *Was ist uns Savigny?* (en «Archiv. f. Rechts. u. Wirtschaftsphil.», 1911-1912, 2-3). Había, en efecto, entre el temperamento esencialmente jurídico y clásico de SAVIGNY, y el espíritu romántico, una antítesis que el mismo SAVIGNY trató en vano de superar.

284 Cfr. SAVIGNY, *Sistema del dir. romano attuale* (trad. SCIALOJA), Torino, 1886, vol. I, § 8.

marlo, a manera de dogma, como objeto de fe más que de ciencia. Y, con los románticos, lo concibió como un principio espiritual que da unidad y dirección a la vida en común y engendra productos propios que el individuo aislado no puede crear. De cualquier asociación de hombres se desarrolla un pensamiento común, distinto del pensamiento de los individuos; y como en éstos el principio pensante toma cuerpo, forma y caracteres particulares en los que consiste la individualidad, así el pensamiento colectivo se individualiza en los diversos grupos que los hombres integran y se convierte en el espíritu de la familia, de la clase, de la ciudad, de la nación. En forma imperfecta, confusa, fragmentaria, SAVIGNY reproduce inconscientemente la metafísica romántica, en los límites y a los efectos de las ciencias morales, cuando admite al lado y sobre el espíritu del pueblo el espíritu de la humanidad, del que aquél no es más que la forma individual[285]. Podía ir más allá y reconocer en el espíritu de la humanidad un aspecto de ese espíritu del mundo de que hablaron los románticos y el SCHELLING de la primera época; pero SAVIGNY no avanzó tan lejos, y prefirió en punto a los problemas últimos, las soluciones religiosas. Esto respondía, por lo demás, a la degeneración del romanticismo mismo, del que HEGEL heredó el espíritu filosófico mientras SCHELLING, en el último período de su actividad, y STAHL, SAVIGNY y PUCHTA desarrollaron el espíritu profundamente místico y religioso.

Es cierto que del *Volksgeist,* planteado como realidad espiritual viviente, SAVIGNY fue llevado a afirmar la unidad y perennidad del pueblo en el variar de los tiempos y en el sucederse de las generaciones; fue inducido a reconocer elementos uniformes y constantes en las formaciones fenoménicas colectivas del alma popular; fue llevado, sobre todo, a elevar a criterio metódico el principio aristotélico por el cual el todo precede y explica las partes. El individuo no se entiende sino en función del todo, de donde trae vida y norma. Pero esto no implica para SAVIGNY negación y absorción del individuo en el todo. Conforme al principio romántico, según el cual la realidad es individual y las individualidades son incomunicables, SAVIGNY reconoce que el individuo adquiere significado del todo de que forma parte, pero el todo no puede existir sino en las formas de la individualidad; por lo tanto, el individuo tiene elementos comunes y propios, y si mediante ellos se coordina al espíritu colectivo e ingresa en un organismo más vasto, tiene, por esto, vida propia, independiente y libre.

Y como la relación entre espíritu individual y colectivo, así debe entenderse según los principios románticos la relación entre libertad y necesidad. El individuo se halla, natural y necesariamente, ligado a la vida y a las leyes de desarrollo del espíritu colectivo; pero, en cuanto tiene conciencia de sus relaciones con el todo, en cuanto siente y vive en sí la vida del conjunto y adapta a ella y a sus finalidades su conducta exterior, el individuo puede llamarse libre, con el mismo título con que los racionalistas llaman libre a quien reconoce y realiza el reino de los fines fijados por la razón práctica. Como el individuo existe en cuanto realiza en sí, individualizándolo, el espíritu popular, así la libertad se desarrolla del consciente reconocimiento de la necesidad del todo. Individuo y libertad adquieren vida y significado por la existencia y la afirmación del espíritu colectivo. El defecto de un desarrollo adecuado a la importancia de las cuestiones planteadas, es común a los románticos y a SAVIGNY; pero no debe olvidarse la preferencia que ellos dieron a la intuición sobre el desarrollo lógico de los principios, a la síntesis, sobre el análisis de los conceptos, y á la exigencia práctica sobre la teorética.

---

285 Cfr. SAVIGNY, *Sistema,* etc., § 8.

El pensamiento de PUCHTA con respecto al *Volksgeist* no es sustancialmente diverso[286]. Reconoce con SAVIGNY la naturaleza esencialmente espiritual del mismo; pero difiere de él al considerar como elementos esenciales, y no solo necesarios a su existencia, la unidad de origen, la lengua, el territorio, la constitución política. El parentesco espiritual concurre con el parentesco natural a producir el *Volksgeist;* los factores psíquicos concurren con los factores étnicos, topográficos, históricos, políticos. El proceso de personificación y de individualización que en SAVIGNY se encuentra aún imperfecto e indeterminado, se desarrolla y se concreta en PUCHTA; y mientras SAVIGNY, siempre dominado por la influencia romántica, oscila entre la concepción inmanente y trascendente del espíritu popular en cuanto al proceso histórico, PUCHTA demuestra claramente su preferencia por la concepción hipostática del *Volksgeisí,* que para él no es solamente sustancia psíquica compenetrada en la historia, sino el sujeto mismo de la historia, con todos los caracteres de los sujetos naturales. A la realidad psicológica del pueblo afirmada por SAVIGNY, sucede con PUCHTA la afirmación de su naturalidad; «ein natürliches Ganzes», llama en efecto al pueblo. Pues si grave error sería, sobre el fundamento de semejante expresión, entender desde un punto de vista naturalista su pensamiento, aislándolo del ambiente ideológico en que se había formado, no puede negarse que el equívoco se hizo posible por el uso que el mismo SAVIGNY, y sobre todo PUCHTA, hicieron de términos familiares a los fautores de la concepción orgánica del pueblo.

La tendencia de PUCHTA a determinar cada vez más el concepto de *Volksgeist,* se revela también en el cuidado que ha puesto en distinguir entre el pueblo en sentido político, como lo entendieron los jurisconsultos romanos, los jusnaturalistas, los escritores políticos del siglo XVIII y el pueblo en el nuevo significado de la escuela histórica[287]. Políticamente considerado, el pueblo forma parte del gobierno; es un órgano de la constitución que se contrapone a los gobernados: es un producto artificial de la voluntad reflexiva; es una ficción abstracta. Cuando se habla de gobiernos democráticos, de soberanía popular, de representación popular, se tiene en vista al pueblo en un significado político. En cambio, en el sentido de la escuela histórica, el pueblo es un producto espontáneo de la naturaleza, una realidad que vive y se desarrolla y se perpetúa en el tiempo, independientemente y fuera de cualquier constitución política. Del pueblo así entendido extraen vida y alimento la religión, el arte, la moral, el derecho. Sin embargo, la actividad del pueblo como organismo natural, se presenta con caracteres particulares; ésta es completamente interior, invisible y se manifiesta en la forma de una influencia ejercida por el espíritu del pueblo sobre el individuo, al que solo corresponde deliberar y actuar[288]. El pueblo existe como una idea, como un *incertum corpus,* dirían los juristas romanos, incapaz de volición y de acción[289]. Solo en virtud de una ficción, es decir,

[286] Cfr. PUCHTA, *Das Gewohneitsrecht,* Erlangen, 1828, t. I, págs. 134-136; id., *Corso delle istituzioni presso il popolo romano,* trad. italiana POLI y otros sobre la 5ª edición alemana, bajo el cuidado de RUDORFF, Milano-Verona, 1858, vol. I, Introd., § 10. Para la formación progresiva de la doctrina del *Volksgeist* en la obra de PUCHTA, cfr. BRIE, obra citada, págs. 23-25.

[287] Cfr. PUCHTA, *Das Gewohnheitsrecht,* etc., I, págs. 136; 149-151.

[288] «Dem natürlichen Ganzen keine andere Thätigkeit möglich ist, als diejenige, welche in dem Einfluss des Volksgeistes auf die Einzelnen besteht, also eine innere» (PUCHTA, *Gewohn.,* I, pág. 151).

[289] «So kann namentlich von einem Entschluss, den ein Ganzes aus mehreren Personen fasste, eigentlich nicht die Rede sein» (id., id., pág. 138). «Eine Handlung kann nur von einem einzelnen Subject geschehen, nicht von einem Ganzen, als einer blossen Idee» (id., pág. 137).

tomando forma y significado jurídico, el pueblo se convierte en persona capaz de querer y de manifestar una actividad exterior.

Es evidente aquí el esfuerzo de PUCHTA para conciliar el nuevo concepto de pueblo, entendido como realidad productora y activa con la tradición jurídica romana, que negaba al pueblo como tal la capacidad de actuar jurídicamente, y lo consideraba a los efectos del derecho como una persona ficticia. La actividad natural del pueblo deviene jurídica, es decir, se manifiesta exteriormente, por medio de los individuos aislados o reunidos, y solo por una ficción, la que en la práctica es la voluntad de los individuos o de una reunión de individuos, se convierte en voluntad y acción de un organismo natural cual es el pueblo. Una vez más, la tradición romana tenía razón de las nuevas direcciones de pensamiento tendientes a subvertirla. No fue éste el único caso de discrepancia en que se encontraron SAVIGNY y PUCHTA para salvar el principio romano frente a las consecuencias derivadas del nuevo dogma del *Volksgeist* que ellos debían elevar a principio de la vida jurídica[290]. Para PUCHTA, como para SAVIGNY, el individuo en sí es siempre la única realidad jurídica; el grupo carece de existencia jurídica, pero vive y actúa jurídicamente solo mediante el individuo.

Con ello se rehabilitaba el individualismo jurídico y se esterilizaba el concepto del *Volksgeist* en cuanto podía llevar a la trasformación en sentido social del derecho. El reconocimiento de aquél como fuente del derecho, no impedía que la existencia del derecho estuviera condicionada al individuo, que seguía siendo el verdadero árbitro del orden jurídico, aunque fuera en representación y bajo la influencia del espíritu popular. Por otra parte, PUCHTA buscaba, en forma aun más explícita que SAVIGNY, el modo de resolver el dualismo entre el individuo y el todo, entre la necesidad y la libertad; pues, si por un lado el pueblo no tiene existencia jurídica fuera del individuo, por el otro, la necesidad de su proceso interior se traduce exteriormente en la libre acción individual. El pensamiento no completamente desarrollado de SAVIGNY al respecto, es determinado por PUCHTA, quien al mismo tiempo ahonda en sus deficiencias y en sus incoherencias. Para salvar al individuo y su libertad, sacrificaba la lógica interior del *Volksgeist,* cuya eficiencia práctica quedaba suprimida con la negación de la personalidad jurídica, hallando el determinismo un límite insuperable en la libertad individual.

Restablece asimismo PUCHTA la relación entre el pueblo y la humanidad, afirmada ya por SAVIGNY. Tampoco para PUCHTA el pueblo es fin en sí mismo, sino que ingresa en un orden de relaciones más elevado y vasto: en el orden de las relaciones y de los fines cuyo término es la humanidad entera[291]. Pero, mientras SAVIGNY deja en la oscuridad las relaciones entre el espíritu de la humanidad y el espíritu absoluto, PUCHTA rompe abiertamente con el panteísmo e inmanentismo ideológico de los románticos, y revela sentir y reconocer lo divino en las formas del espiritualismo tradicional, del que acepta y reproduce las soluciones relativas al origen y a los fines del hombre y de la humanidad. Es por eso que se acentúa la

---

[290] También SAVIGNY *(Sistema del dir. romano,* etc., cit., II, § 85, 89 y 90) afirma que las asociaciones de hombres (familia, pueblo, clases) pueden considerarse sujetos de derecho únicamente en virtud de una ficción que los asimile a una persona ordinaria. Como PUCHTA, reconoce que la voluntad efectiva, y la efectiva capacidad de actuar, solo puede entenderse referida a los hombres aislados.

[291] Para las relaciones entre el espíritu del pueblo y la humanidad, cfr. en PUCHTA el *Corso delle istituzioni,* etc., Introd., §§ 9 y 19.

aversión al hegelismo, pasando de SAVIGNY a PUCHTA, creando entre la escuela histórica y la filosofía hegeliana una discrepancia insuperable[292]. Nueva causa de incoherencia y de debilidad de la escuela histórica, cuyas geniales intuiciones sobre la realidad social se hallaban unidas, en híbrido connubio, con premisas metafísicas que la lógica de los tiempos y de las ideas habían superado. Podemos afirmar, pues, como conclusión, que del triple aspecto meta-físico, psicológico y místico, bajo el cual se presenta el *Volksgeist* en el romanticismo, SAVIGNY y PUCHTA desarrollaron preferentemente el aspecto psicológico, HEGEL el aspecto metafísico, en tanto que el significado místico representó una degeneración del pensamiento romántico.

En la metafísica hegeliana, como tendremos ocasión de desarrollar más ampliamente, el *Volksgeist* no significa en absoluto la conciencia común del pueblo reducida a unidad en virtud de elementos naturales y psíquicos, sino que significa el absoluto *Weltgeist* en un determinado momento de su proceso dialéctico. De este espíritu del mundo, los diversos pueblos son instrumentos para la realización progresiva de la conciencia de libertad. No bien un pueblo ha cumplido con su cometido, el *Weltgeist* pasa a otro pueblo histórico[293]. Nada más extraño al pensamiento de los fundadores de la escuela histórica, que esta concepción metafísica del *Volksgeist,* que resolvía la individualidad psicológica e histórica de los diversos pueblos en la universalidad de una idea. Para SAVIGNY y PUCHTA, los pueblos tienen valor no tanto por la idea universal humana que representan, cuanto por la forma particular y

---

[292] BRIE, después de haber reconocido en PUCHTA una «unverkennbaren Abneigung gegen die Hegel'sche Rechtsphilosophie» (*op. cit.,* pág. 25), después de haber puesto de manifiesto los esfuerzos de PUCHTA para diferenciarse de HEGEL (id., pág. 23), quiere demostrar que la obra de PUCHTA se desarrolla bajo la influencia del pensamiento hegeliano. BRIE insiste sobre el conocimiento que tenía PUCHTA de la filosofía del derecho de HEGEL, pero no demuestra, lo que cuenta mayormente, el conocimiento por parte de PUCHTA, de la metafísica hegeliana, y sobre todo su adhesión a ella. En cambio, resulta evidente una sustancial diferencia de principios de la introducción filosófica que antepone PUCHTA a su *Corso,* publicada por primera vez en 1841. Mucho más directa y decisiva fue la influencia que ejerció sobre PUCHTA el SCHELLING de la segunda época, tal como lo demostró WETZELL en la necrología de PUCHTA publicada en el *Huber's Janus,* 11 Heft., 1846, y reproducida por RUDORFF en los *G. Fr. Puchta's Kleine civil Schriften,* Leipzig, 18 51, págs. XLVI y sigs. Aun más incomprensible es el esfuerzo de BRIE por hacer aparecer al SAVIGNY del *Sistema,* bajo la influencia de PUCHTA e, indirectamente, de HEGEL. En su *Sistema,* SAVIGNY utilizó la obra de PUCHTA, pero en la medida en que ésta entraba en el orden de ideas de la *Vocación.* La fuente de los equívocos y de las falsas interpretaciones deriva del hecho de haber descuidado la concepción romántica como fuente común, de donde partieron SCHELLING y HEGEL, SAVIGNY y PUCHTA. Al reproducir los conceptos fundamentales, cada uno procedió por caminos y con entendimientos distintos. Mientras HEGEL trató de trasformar el idealismo subjetivo romántico en un sistema de idealismo objetivo trascendental, SAVIGNY y PUCHTA se limitaron a extender la nueva doctrina romántica al conocimiento de la realidad jurídica, sin poner de relieve, por defecto de penetración filosófica, la íntima contradicción entre la metafísica romántica y la espiritualista tradicional por la que conservaron sus mal disimuladas preferencias.

[293] En la filosofía de la historia HEGEL desarrolla también el concepto empírico-psicológico del *Volksgeist.* Cualquiera sea el modo de entender este concepto en relación con el concepto metafísico del *Volksgeist,* destaquemos solamente que las lecciones de filosofía de la historia dictadas por HEGEL entre los años 1823-1831, fueron reunidas y publicadas por GANS en 1837, o sea, a distancia de tiempo del *Beruf* de SAVIGNY, y del *Gewohnbeitsrecht* de PUCHTA. Por lo demás, es muy poco posible un vínculo entre los fundadores de la escuela histórica y HEGEL, en cuanto la relación entre la escuela histórica y la hegeliana era muy poco amistosa (cfr. KANTOROWICZ, *op. cit.,* pág. 323).

propia con que personifican y realizan tal idea históricamente. La individualidad, tanto del individuo como de las colectividades tiene valor por sí misma, y no por los elementos universales que entran a constituirla.

Tampoco puede hablarse de concepción mística del *Volksgeist* en SAVIGNY y en PUCHTA. Solo el equívoco de las expresiones adoptadas para indicarlo y la tendencia cada vez más categórica de la doctrina a personificarlo, pudo dar crédito a semejante opinión[294]. El *Volksgeist* no es concebido por los fundadores de la escuela histórica a semejanza del principio divino de los escolásticos, fuera de la realidad que crea a través de un proceso misterioso; tampoco es la cosa en sí de KANT, que existe independientemente de las formas empíricas, sino que es concebido ensimismado en la historia y en la conciencia del pueblo, inseparable de ella. El *Volksgeist* tiene en SAVIGNY y en PUCHTA un significado real no místico, conforme al significado realista de su doctrina. Afirmar la individualidad y la sustancialidad del *Volksgeist* no significa entenderlo fuera de la historia y de la conciencia colectiva. El misticismo, si se quiere, está en la terminología empleada y no en el espíritu de la doctrina; terminología necesariamente imperfecta por defecto de análisis psicológico, natural en una época en que se ignoraban los métodos para el estudio de la vida psíquica colectiva y de sus manifestaciones.

Por lo tanto, si puede admitirse con BERGBOHM que los fundadores de la escuela histórica no suministraron la prueba de que el *Volksgeist* constituye un verdadero y propio *Naturganzes,* es decir, un *beseeltes Einzelwesen,* no puede ponerse en duda que lo entendieron como una verdadera y propia realidad psíquica, con los atributos de un ser vivo no solo natural sino psicológicamente; tampoco lo entendieron (por lo menos SAVIGNY) fuera de la historia, sino ensimismado en ella y en los productos que derivan de ella[295]. Como la actividad del alma individual es una misma cosa con los procesos y estados en que se realiza, así el *Volksgeist* no se distingue de los productos en que se revela. La doctrina de la actualidad psíquica fue inconscientemente aplicada a la concepción del *Volksgeist.*

Más vana aún debe considerarse la tentativa de atenuar el significado del *Volksgeist* hasta el punto de hacer de él un concepto convencional, una fórmula abreviada para indicar la comunión espiritual y natural entre los miembros del pueblo sin referencia alguna a una realidad viva y animada[296]. Esto pudo sostenerse por la dificultad en que se encontraron los mismos fundadores de la escuela histórica, en el sentido de conciliar la idea de pueblo como sustancia psíquica viviente con el principio romano de que solo el individuo es persona a los efectos del

---

[294] STAMMLER funda toda la crítica de la escuela histórica en el carácter místico de la doctrina del *Volksgeist.* Cfr. STAMMLER, *Wesen des Rechtes und der Rechtswis.*, en *Kultur der Gegemwart* herausg. v. *Hinneberg,* n, 8 (1906), págs. VII y sigs., y más recientemente en: *Theorie der Rechtswis.*, 1911, Halle, págs. 388 y sigs. La misma acusación de misticismo está dirigida a SAVIGNY y a PUCHTA por VANNI, *Lezioni di fil. di diritto,* Bologna, 1904, pág. 209. Contra la acusación de misticismo de la escuela histórica, cfr. SINGER, Zar *Erinnerung,* etc., pág. 283, nota 42; KANTOROWICZ, *Volksgeist,* etc., págs. 323-324.

[295] En esta interpretación que, según nosotros, es la única verdadera, concuerdan REINH. SCHMID *(Theorie und Methodik des bürg. Rechts,* 1848, Jena, págs. 173 y sigs.; págs. 223 y sigs.), ZITELMANN (*Gewohnheitsrecht und Irrthum,* en «Arch. f. d. civilist. Praxis», LXVI, 1883, pág. 476), BONNET (*La phil. du droit chez Savigny,* cit., pág. 151).

[296] Entre los sostenedores de esta opinión recordamos a SCHUPPE *(Das Gewohnbeitsrecht,* 1890, pág. 34), y, con ciertas restricciones, a BRIE, *op. cit.,* págs. 32-35.

derecho; dificultad que PUCHTA creyó haber superado con la conocida distinción de pueblo en sentido natural y político, entendiendo a este último como voluntad general ficticia. Son incoherencias explicables por la influencia cada vez mayor del derecho romano y por el culto que hacia él sentían SAVIGNY y PUCHTA; pero ellas no justifican las falsas interpretaciones de los que son los conceptos fundamentales de la nueva escuela. SAVIGNY y PUCHTA quizás temieron las consecuencias de sus mismos principios; pero todos los expedientes de la lógica jurídica de nada servían contra la lógica interior del *Volksgeist,* de la que salía afirmada y rehabilitada esa realidad colectiva que los juristas romanos habían ignorado o desconocido[297].

Que en la intención de sus autores el *Volksgeist* fuera entendido como sustancia psíquica viviente, lo demuestra también la ley del devenir a la que obedece en su desarrollo. La categoría del devenir, antes aún de elevarse con HEGEL a categoría del orden lógico, y con DARWIN a categoría del mundo físico y orgánico, fue entendida por los románticos como categoría del orden psicológico. La experiencia interior despertó la primera idea de un devenir continuo, y tal idea pasó de las ciencias del espíritu a otros órdenes de conocimientos hasta llegar a ley universal de la realidad. La vida del espíritu, desligada del mecanismo de las facultades y de la asociación, apareció a la conmovida fantasía romántica como una actividad que se desarrolla y se renueva perennemente desplegándose en formas varias y múltiples. La psicología tradicional había trabajado para simplificar, para volver rígida la vida del espíritu, desligándola del tiempo y del espacio, inmovilizándola en conceptos o facultades abstractas, carentes de contenido real. El romanticismo representa la rehabilitación de lo vario, de lo inconsciente, de lo continuo psíquico; más que a conocer tiende a sentir, a penetrar la vida interior para captar sus íntimas invisibles armonías, que escapan a cualquier análisis y determinación lógica. Y por esta particular sensibilidad para captar lo indefinido, lo inconsciente psíquico, los románticos estuvieron en grado de comprender la vida psíquica de la colectividad, cuyas manifestaciones se presentan precisamente con los caracteres de la inconsciencia y de la espontaneidad, y forman parte de esa vida inferior del espíritu que la psicología tradicional ignoraba o descuidaba. El *Volksgeist* romántico tiene una conciencia oscura, sus procesos son invisibles y envueltos en el misterio, sus manifestaciones son naturales y necesarias. Lo continuo y lo inconsciente psíquico, antes aún que en el individuo y mucho más eficazmente, fue estudiado en las colectividades donde no se encuentra detenido ni perturbado en su desarrollo por la actividad psíquica reflexiva y voluntaria, que en el individuo tiende a prevalecer sobre las formas espontáneas e irracionales.

La doctrina del *Volksgeist,* tal como la hallamos en SAVIGNY y en PUCHTA, no se entiende sino a través de la particular psicología romántica. El *Volksgeist* expresa la conciencia común de los pueblos en su incesante y necesario desarrollo. Las fuerzas internas que actúan en el *Volksgeist* son invisibles y oscuras; se descubren los productos, no el proceso interior que los engendra. SAVIGNY se refiere a la producción del derecho «durch innere, stillwirkende Kräfte»[298], y PUCHTA, a su vez, afirma que

[297] GNEIST (*Zur Lehre vom Volksrecht, Gewohnheitsrecht u. Juristenrecht,* «Juris. Abhandlungen». Festgabe f. G. Beseler, Berlín, 188 5, pág. 228) reprocha a SAVIGNY y a PUCHTA el defecto de contenido social en el *Volksgeist.* SAVIGNY y PUCHTA no desarrollaron el aspecto social del *Volksgeist:* pero no puede negarse que en la afirmación de la colectividad como principio activo y productivo, estaba implícito el ulterior reconocimiento de la realidad social.

[298] Cfr. SAVIGNY, *Beruf,* etc., edic., 1892, pág. 9.

la derivación del derecho del *Volksgeist* es «unsichtbare» y habla de una «dunkeln Werkstätte, in der es bereitet wird»[299].

Se dirigieron reproches a SAVIGNY y a PUCHTA por haber declarado misterioso e invisible el proceso interno del *Volksgeist,* cual si se quisiera cubrir su ignorancia sobre su verdadera naturaleza; pero se olvida que tales caracteres son propios de todas las formaciones psíquicas espontáneas e inconscientes, aparte de que la psicología social de nuestros días, tan avanzada con respecto a la romántica, no podría caracterizar de diversa manera las producciones de la conciencia colectiva. Solo los productos de la psiquis, tanto social como individual, inconsciente como consciente, son visibles y ciertos; mientras que los procesos mediante los cuales se forman, están todavía envueltos en el misterio.

Tras las recientes indagaciones de BRIE, de MOELLER, de LOENING, de LANDSBERG, de REXIUS, de KANTOROWICZ, de BONNET, nadie osaría sostener hoy la interpretación naturalista del *Volksgeist* y de su proceso evolutivo[300]. Si la escuela histórica es verdaderamente un aspecto del gran movimiento romántico, la interpretación naturalista se hace por esto solo insostenible. Tal interpretación se hizo posible por haber considerado a la escuela histórica como un movimiento autónomo de pensamiento, por haber buscado las premisas filosóficas del historicismo en SAVIGNY y en PUCHTA, quienes se expresaron con respecto al *Volksgeist* y a su devenir en términos que inducían a error a cuantos descuidaban de recurrir a las fuentes de las que recogieron sus conceptos. Es así que SAVIGNY habla del *Volksgeist* como de una «natürliche Einheit»; habla de una «historischer Stoff» que debemos penetrar; emplea la expresión «völlig organische Entwicklung» para indicar el proceso de formación del derecho romano; hace consistir el carácter de la escuela histórica en su tendencia a remontarse a los orígenes de las instituciones a fin de descubrir en ellas «ein organisches Princip», para extraer de ellas lo vivo y lo muerto; parangona el derecho a un organismo viviente que crece y se trasforma como el cuerpo humano, obedece a una ley «innerer Nothwendigkeit». A su vez, PUCHTA llama al *Volksgeist* un «natürliches Ganzes», parangona el desarrollo del derecho al de la planta que se desarrolla desde el germen y considera, él también, el proceso del derecho como dominado por una interior necesidad[301].

Pero éstas y otras expresiones análogas no deben hacer pensar en una concepción orgánica del *Volksgeist* y del derecho que es su producto. Las expresiones: *orgánico, natural, necesario,* empleadas por los fundadores de la escuela histórica para indicar la naturaleza del *Volksgeist* y la ley de su devenir, tienen en ellos valor y significado particulares que se iluminan en el contraste con las teorías de la escuela metafísica y en la confrontación con las análogas expresiones empleadas por los románticos. Estos usaron tales expresiones en oposición a: *racional, reflexivo, voluntario, libre,* con manifiesta referencia a los aspectos inconscientes del espíritu, dotados

---

299 Cfr. PUCHTA, *Corso,* etc., Introduc., § 12.

300 En Italia la sostuvo BRUGI, *I romantici della scuola storica e la sociologia contemporanea* (en «Circolo Giuridico», XIV, 1883, págs. 151-157). Encontró el apoyo de los partidarios de la dirección positivista, aunque no de los más iluminados como VANNI, *I giuristi della scuola storica di Germania,* etc. (en «Saggi di Filosofia Sociale e Giuridica», editados bajo el cuidado de Marabelli, II, Bologna, 1906, págs. 201 y sigs.).

301 Cfr. SAVIGNY, *Sistema,* etc., I,§§ 7 y 8; id., Introduc, parte XIV-XV; *Vom Beruf,* etc., edic. 1892, págs. 20, 68, 69, 72 y 101; PUCHTA, *Gewobnbeitsrecht,* I, págs. 134 y sigs.: *Corso,* etc., Introduc, § 12.

como tales de un desarrollo *natural* y *necesario* a semejanza de los seres vivientes en la naturaleza. Nunca se les ocurrió renegar la vida del espíritu, ni comprender a este último conforme a las leyes de la materia. Por defecto de capacidad filosófica pudieron oscilar entre el idealismo romántico y el espiritualismo tradicional, pero siempre sintieron profundamente la vida del espíritu.

Su determinismo es de naturaleza psicológica, y está limitado, por otra parte, al *Volksgeist*. Éste, en efecto, en su perenne devenir, obedece a una ley de necesidad *interna*, no externa; psíquica, no mecánica; y tal necesidad interna está en relación con esas actividades irracionales y espontáneas que actúan en él. En cambio, con respecto al individuo, donde prevalecen las actividades espirituales conscientes, tanto SAVIGNY como PUCHTA hablan de libertad y no de necesidad. SAVIGNY llamará al proceso de formación del derecho «nothwendig und frei», según lo considere en cuanto al *Volksgeist* o al individuo, y PUCHTA, a su vez, presentará el derecho como el producto «der durch die Nothwendigkeit nur beschränkten Freiheit».

EL HISTORICISMO Y LA DOCTRINA DEL DERECHO. EL DOGMA DE LA DERIVACIÓN DEL DERECHO DE LA CONCIENCIA POPULAR. INVESTIGACIONES SOBRE LAS FORMAS PRIMITIVAS DE LA VIDA JURÍDICA. LA «VOLKSÜBERZEUGUNG» Y LA NATURALEZA COLECTIVA DEL DERECHO. LA DISTINCIÓN PLANTEADA POR SAVIGNY Y PUCHTA ENTRE ELEMENTOS PARTICULARES Y GENERALES DEL DERECHO Y SU SIGNIFICADO. EL PROBLEMA FILOSÓFICO DEL DERECHO Y SU SOLUCIÓN EN SAVIGNY Y EN PUCHTA. RELACIÓN DEL DERECHO CON LOS OTROS ASPECTOS DE LA VIDA COLECTIVA. RELACIÓN ENTRE EL ORDEN ÉTICO Y EL ORDEN JURÍDICO EN LA DOCTRINA HISTÓRICA. EL PROBLEMA DE LA COACCIÓN JURÍDICA EN LA ESCUELA HISTÓRICA. NUEVO CONCEPTO DEL ESTADO Y DE SUS FINALIDADES EN SAVIGNY Y EN PUCHTA.

20. EL DERECHO tiene su origen y su fundamento en la conciencia popular, la cual es una forma determinada del espíritu de la humanidad y del mundo. Éste es el nuevo dogma que SAVIGNY y PUCHTA afirmaban contra el racionalismo jurídico. El origen del dogma se halla íntima y estrechamente conexo a la concepción del *Volksgeist*; es inútil, pues, investigar los antecedentes históricos en los tiempos y entre los autores que consideraron al pueblo abstractamente o con un significado esencialmente político. El principio mismo de la soberanía popular fue invocado, mucho más que para explicar el origen y la naturaleza del derecho, para explicar el origen del Estado, de donde procede el derecho. Solamente con la escuela histórica se quiebra el binomio derecho y Estado, apareciendo el primero como formación autónoma, independientemente de las instituciones dirigidas a concretarlo y a sancionarlo. Para salvar la autonomía del derecho frente al Estado, los jusnaturalistas habían recurrido al concepto del derecho innato y de la persona, creando un dualismo que superaron solamente con el sacrificio del individuo o del Estado. La escuela histórica, exaltando al pueblo a fuente del derecho y del Estado, planteaba la condición de su existencia y de su independencia recíproca.

Si el dogma según el cual el derecho deriva de la conciencia popular se hallaba implícito en la doctrina romántica del *Volksgeist*, no puede decirse que los románticos lo formularan antes de SAVIGNY. Se habló de HERDER como de quien formuló por primera vez el dogma; pero se suele olvidar que HERDER, después de haber afirmado que las condiciones de tiempo y de lugar, el *genetischer Nationalcharakter*, determinan los aspectos de la vida colectiva, exceptúa de ellas al derecho público, el cual deriva no ya de la tácita acción del *Volksgeist,* sino de un «*Volksfremder Gewalt*[302]. Más explícitamente Schelling, en sus *Lecciones* (1803), había hablado del derecho como de un organismo que se desarrolla al margen del arbitrio de los hombres; pero se trataba aquí de referencias vagas, de influencias genéricas implícitas en el movimiento romántico general del que Savigny, sin ninguna duda, se inspiró para la formulación del dogma[303].

Prueba decisiva de estas influencias e inspiraciones románticas en el establecimiento del dogma, es el paralelo del derecho con la lengua, como así también los elementos poéticos que con especial complacencia los partidarios de la dirección histórica en las ciencias jurídicas pusieron de relieve en la formación del derecho primitivo. Aunque el paralelo entre la lengua y el derecho es antiquísimo, solamente en Savigny y en Puchta (precedidos por Vico) asume carácter y significado romántico. Esto no debe sorprender, pues, al decir de Croce, al romanticismo se le deben las visiones más geniales en torno al lenguaje[304]. Los románticos, en efecto, habían contrapuesto, al lenguaje de las gramáticas y de los vocabularios, el lenguaje que se forma espontáneamente en el pueblo con el sello del genio y del carácter nacional. Del mismo modo Savigny opone al derecho de los códigos y de los juristas, el verdadero derecho que se produce naturalmente y necesariamente bajo el estímulo de la necesidad, en la íntima conciencia popular. Y el parangón retorna insistentemente en la *Vocación* y en el programa de la *Revista,* sobre los que más directamente se ejerció la influencia romántica[305].

Y adaptándose al derecho primitivo, los juristas de la escuela histórica fueron inducidos a poner de relieve las figuras, las representaciones, los símbolos, los elementos religiosos y poéticos, fantásticos y místicos en los cuales y por los cuales ya desde antes se manifiesta el derecho, lo que significaba estudiar al derecho en función de la historia social y política del pueblo, conforme a esa concepción panteísta del mundo propia de la humanidad primitiva y de sus primitivas manifestaciones, concepción que los románticos sintieron y reprodujeron[306].

La cuestión del origen del derecho, hasta entonces casi abandonada, había sido resueltamente afrontada por Savigny y solucionada en un sentido completamente

---

302 Cfr. Kantorowicz, *op. cit.,* pág. 306.

303 Moeller, *op. cit.,* pág. 38.

304 Cfr. Croce, *Riduzione,* etc., cit., pág. 46. Sobre el paralelo entre el derecho y el lenguaje, sobre los antecedentes históricos del mismo, cfr. Miraglia, *Filosofia del diritto* (Napoli, 188 5), págs. 11-13, donde se cita el estudio de Gaudenzi, *Lingua e diritto,* elaborado según los resultados del positivismo. Cfr. también De Gioannis, *Nuovo diritto amministrativo d'Italia* (Pavia, 1864), pág. 51 (y nota 74) donde recuerda la opinión de Pellegrino Rossi sobre la relación entre la lengua y el derecho. Bergbohm, *Jurisprudenz,* etc., cit., pág. 152. Sobre la pretendida derivación del parangón de Herder y de Humboldt, cfr. Kantorowicz, *Volksgeist,* etc., pág. 308.

305 Cfr. Savigny, *Beruf,* etc. (edic. 1892), págs. 5 y 7, etc.; *Sistema,* etc., § 7; Puchta, *Corso,* etc., cit. Introduc, § § 9 y 10.

306 Notable y sintomático al respecto es el artículo de Jacob Grimm, *Von der Poesie im Recht,* publicado en el tomo 2, 1816, de la «Zeits. f. ges. Rechtswiss.», de Savigny. Grimm, amigo y admirador de Savigny, cooperó con éste en la fundación de la Revista. Cfr. Landsberg, *Geschichte,* etc., cit., *Noten,* pág. 97, n. 129; *Text,* págs. 278 y sigs. Sobre el simbolismo jurídico y sobre los estudios realizados sobre Vico y la escuela histórica, cfr. la obra estimable y generalmente olvidada de Chassan, *Essai sur la symbolique du droit precede d'une introduction sur la poésie du droit primitif,* París, 1847.

nuevo, esto es, en el sentido de que el derecho no es una creación individual, sino obra del pueblo, considerado como un todo orgánico. «Ist es (son las palabras que resumen en forma definitiva su pensamiento al respecto) der in allen einzelnen gemeinschaftlich lebende und wirkende Volksgeist der das positive erzeugt», el cual es, por lo tanto, «für dar Bewusstsein jedes einzelnen nicht zufällig, zondern nothwendig ein und dasselbe Recht»[307]. El derecho nace del espíritu popular y de él se desarrolla como las costumbres y la lengua. Cada nación posee el derecho que le es propio, del que no puede deshacerse a su arbitrio, pero que le es necesaria y orgánicamente conexo[308]. Ningún argumento histórico puede derivarse del origen popular del derecho, de un hecho que se pierde en la prehistoria; pero hay pruebas indirectas indudables tales como la tradición del origen divino del derecho, la analogía con el lenguaje, con la moral, con la religión, el reconocimiento unánime del derecho y el sentimiento de necesidad que acompaña sus manifestaciones, el hecho de que a cada nueva necesidad humana corresponde la norma de derecho adecuada para regularla[309]. No es sustancialmente distinto el pensamiento de PUCHTA. «Durch Einzelne als solche —afirma éste— kann kein Recht entstehen . .. Durch Gemeinsamkeit das Recht erst erzeugt wird»[310].

La afirmación acerca del origen colectivo y no solo general del derecho, no podría tener expresión más explícita en SAVIGNY y en PUCHTA. Y para señalarla, se valieron de la expresión *Ueberzeugung,* entendida como «Volksüberzeugung», como «gemeinsame Ueberzeugung», o sea como un convencimiento colectivo y no solo general. La «Gemeinsamkeit» de la que surge el derecho, brota «aus einer Verbindung der Einzelnen, in welcher sie eben nicht als blosse Einzelne existiren, aus der nationellen und aus der Staatsverbindung»[311].

Y el pensamiento de SAVIGNY y de PUCHTA se revela aun con mayor claridad en su afirmación de que, dondequiera haya vida en común, organizada y reducida a la unidad, como en la familia, en la corporación, en la ciudad, allí hay una producción de normas jurídicas obligatorias[312].

Al insistir sobre este punto, insistimos sobre el punto en que aparecía con más viveza el contraste entre la tradicional doctrina del origen individual del derecho y la nueva doctrina proclamada por SAVIGNY y por PUCHTA. La «socialidad» del derecho era afirmada por ellos en la forma, no en el contenido; pues, con respecto a este último, el derecho aparecía para ellos más como la expresión de intereses políticos y nacionales que de intereses sociales. Pero, haciendo abstracción del contenido empírico, la «socialidad» apareció a su mente como la condición formal de la idea del derecho. Otros autores anteriores a ellos, desde ARISTÓTELES a FICHTE, habían afirmado esto; pero en un sentido absolutamente diverso, es decir, en el sentido de que la idea del derecho es idea de relación resultante de una relación entre el *ego* y

---

307 Cfr. SAVIGNY, *Sistema,* etc., I, § 7.

308 Cfr. SAVIGNY, *Beruf,* etc. (edic. 1892), § 2, págs. 5-9; id., *Stimmen für und wider neue Gesetzbücher,* en «Zeits. f. gesch. Rechtsw.», tomo III, 1 (1816). (Apéndice, edic. cit. del *Beruf,* pág. 101).

309 Cfr. SAVIGNY, *Sistema,* etc., I, § 7.

310 Cfr. PUCHTA, *Gewohnbeitsrecht,* cit., I, pág. 152; *Corso,* etc., Introducción, § 13.

311 Cfr. SAVIGNY, *Sistema,* etc., I, § 8; PUCHTA, *Gewobn.*, I, pág. 153. Aquí PUCHTA formula su crítica de la recensión que hizo SCHLEGEL del *Atdeutschen Wäldern* de los hermanos GRIMM (1815). SCHLEGEL sostenía que el pueblo no pude considerarse el autor del derecho, sino que éste es la obra de los individuos.

312 SAVIGNY, *Beruf,* etc., § 8 (edic. cit.); *Sistema,* etc., I, § 8.

el *alter,* de donde se forma el *socius.* Un supuesto de esta doctrina, acogida por muchos jusnaturalistas, era que la vida de relación es condición indispensable para la idea del derecho; pero con ello el derecho no era referido a un principio diverso de los individuos vivientes en relación entre sí; el término de la relación jurídica eran siempre los individuos. En la doctrina histórica, tal como fue entendida por sus fundadores de conformidad con la concepción general romántica, los individuos entran en un organismo que los comprende, y el derecho surge no de una relación de coordinación entre los individuos, sino de la relación de subordinación que se establece entre el todo y las partes que lo constituyen. A los contrastes de coexistencia entre libertades individuales diversas, se sustituía el contraste entre el principio individual y el principio colectivo; de donde el concepto de la «socialidad» del derecho adquiría un nuevo significado.

Sin, embargo, la novedad de la doctrina quedó oscurecida en SAVIGNY y en PUCHTA por la preponderancia de los elementos empíricos de naturaleza histórica y psicológica inherentes al principio del que surge el derecho. La *Volksüberzeugung* es, en efecto, una actitud particular del alma popular; ella radica en las necesidades profundas e instintivas del pueblo, constituye un proceso psíquico inconsciente e indeterminado tanto en su origen como en su desarrollo. El derecho que de ella procede tiene todos los caracteres de los productos empíricos, falta de estabilidad, de uniformidad, de objetividad, es decir, de las condiciones bajo las cuales el derecho es objeto de la ciencia.

En la distinción planteada por SAVIGNY y por PUCHTA entre elementos particulares y elementos generales en el derecho, debe encontrarse el esfuerzo por superar las dificultades derivadas del empirismo del principio puesto como fundamento del derecho, para asentarlo sobre bases más elevadas y racionales[313]. La distinción está en relación con ese concepto de espíritu de la humanidad, del que el espíritu del pueblo es una forma particular individuada. Para SAVIGNY y para PUCHTA, como por lo demás para los románticos, el espíritu es único, es el espíritu universal; pero éste existe y actúa solo en cuanto se concreta en formas individuales, la más notable de las cuales, a los efectos del derecho es el pueblo, la nación. De ahí la natural consecuencia que en el derecho positivo tal como se forma históricamente, concurran dos elementos por su naturaleza inescindibles: uno dado por el espíritu general humano, común a todos los pueblos; el otro, propio de cada pueblo: uno representa lo que hay de constante, de general en el alma colectiva, y en el derecho que de ella emana; el otro, lo que en ellos hay de particular, de variable, de relativo a los tiempos y lugares.

En tal forma, los conceptos de nación y de humanidad, lejos de contraponerse, tienden a completarse y concurren juntos a la formación del derecho. La nación es la humanidad individualizada. El derecho no emana de la humanidad, sino del pueblo, puesto que solo en el pueblo la humanidad toma cuerpo, solo el pueblo constituye una unidad real, fundada en el vínculo sólido y cierto de la nacionalidad. La colectividad, que debe servir para dar vida al derecho, fue entendida por los fundadores de la escuela histórica como una colectividad real y no solamente posible. En la fase histórica considerada por ellos, solo la nación parecía constituir una unidad en tal sentido; ella es, pues, la fuente viva del derecho. La conciencia nacio-

313 Cfr. para tal distinción, SAVIGNY, *Beruf,* etc., § 7, pág. 55; sobre todo *Sistema,* etc., I, § 8; PUCHTA, *Corso,* etc., Introduc., § 10.

nal, al crear el derecho, traduce en acto la idea y el sentimiento de la humanidad; lo que actúa en cada pueblo es el espíritu universal de la humanidad entendido y aplicado según sus particulares exigencias y actitudes. SAVIGNY y PUCHTA excluyen que la humanidad en cuanto tal pueda ser sujeto de derecho; pero, si las asociaciones menores en el seno de la nación pueden convertirse en fuente de derechos particulares, aunque tomen forma concreta y presenten unidad de vida y de propósitos, se reconoce implícitamente la posibilidad de que se forme sobre la nación una asociación más amplia que, tomando forma y vida concretas, se convierta a su vez en fuente de derecho. Pero no hay que olvidar que, igual que para los románticos, para SAVIGNY y para PUCHTA la humanidad tiene un contenido esencialmente ético y está en relación con las finalidades nacionales. A ellos les faltó el sentido de la realidad social, y no imaginaron la existencia de otras formas de asociación distintas pero no menos concretas que la nación, y, al igual que ésta, en relación con la idea humana en su más amplio y alto significado. Pero la posibilidad de estas nuevas asociaciones estaba en la lógica de su doctrina, en el proceso psicológico e histórico al que ellos condicionaban la formación de unidades colectivas y el nacimiento de las instituciones jurídicas.

Como la humanidad y la nación se completan, así también los elementos particulares y generales que derivan de ella concurren a la formación del derecho positivo como una misma e indivisa fuerza creadora. Cuando el derecho exagera el elemento de la individualidad propia de cada pueblo, se vuelve rígido, se convierte en *jus strictum,* pierde de vista las finalidades últimas, las razones éticas de su existencia, el principio de equidad en que debe inspirarse en la aplicación. En la unión y en la acción recíproca de los dos elementos, o sea en el acuerdo de la nacionalidad con la humanidad, ambas integrantes de un principio de orden colectivo, consiste la verdadera condición del progreso jurídico[314].

La distinción entre elementos generales y particulares en el derecho fue generalmente mal entendida. No fue ajena a esto la formulación vaga e incierta de dicha distinción por parte de PUCHTA y de SAVIGNY; pero la verdadera y principal razón debe buscarse en la tendencia a aislar la doctrina histórica de su base natural romántica, a través de la cual la distinción se ilumina y se justifica. De todos modos, no estaba en la mente de SAVIGNY, que el elemento general del derecho pudiera, en cuanto tal, constituir el fundamento de un derecho análogo al que se suele llamar derecho internacional. Pues este último, según su explícita declaración, es un verdadero y propio derecho positivo, aunque imperfectamente organizado y garantizado, que surge entre diversos pueblos de estirpes afines, de ideas, sentimientos, creencias comunes, en una palabra, con unidad de conciencia moral y religiosa[315]. Como derecho positivo, el derecho internacional es ya una individuación, aunque imperfecta, del espíritu general. No puede sostenerse que SAVIGNY y PUCHTA deriven la idea del elemento general del derecho del *jus gentium,* que SAVIGNY cuida de distinguir del derecho internacional propiamente dicho, al que respondía mejor en la antigüedad el *jus foeciale.* Más bien debe decirse que ellos entendieron el *jus gentium* románticamente, esto es como *das allgemeine Element* del derecho romano, y por lo tanto no como derecho positivo distinto del *jus civile,* sino inherente a éste como elemento general de vida y de desarrollo[316]. Puede discutirse esta interpreta-

[314] Cfr. SAVIGNY, *Sistema,* etc., I, § 15.
[315] Cfr. SAVIGNY, *Sistema,* etc., § 11.
[316] Cfr. SAVIGNY, *Beruf,* etc., § 7, pág. 5 5 (edic. cit.); *Sistema,* etc., I, § 8; PUCHTA, *Gewohnheitsrecht,* etc., I, pág. 38.

ción del *jus gentium* desde el punto de vista de las fuentes, pero es indubitable el significado romántico que asumió entre los fundadores de la escuela histórica, preocupados por hallar en el derecho romano la confirmación de la ley puesta per ellos como fundamento del progreso jurídico.

La afirmación de un elemento general en la formación del derecho, fue señalada por muchos como una contradicción del sistema de SAVIGNY y de PUCHTA, quienes habrían reivindicado para ella el derecho de naturaleza después de haberlo eliminado del orden jurídico[317]. En la obra de estos autores no faltan expresiones que puedan reforzar tal tesis, la que, de ser cierta, destruiría la razón de ser del historicismo como dirección autónoma del pensamiento, contrapuesto al racionalismo jurídico. Así hallamos el elemento general del derecho designado con la expresión *naturalis ratio*[318], encontramos identificados el *jus gentium* y el *jus naturale* como dos formas de la misma idea[319], encontramos definido el elemento general para la parte del derecho «derivada de la índole común de la naturaleza humana», a semejanza de cuanto afirmaban los jusnaturalistas. No puede decirse que este concepto del elemento general en el derecho haya madurado tardíamente en la mente de SAVIGNY, porque en el *Beruf* se dice que por *Naturrecht* debe entenderse «was der Gesetzgeber selbst in seinen Gesetzen für allgemein und nicht für positiv ansehe»[320]. Tampoco el pensamiento de PUCHTA es esencialmente diverso[321].

Del examen de éstas y de otras expresiones análogas, por las cuales se querría sorprender en contradicción a SAVIGNY y a PUCHTA con sus propios principios, resulta cierta una cosa: que el derecho natural adquiere en ellos un significado absolutamente nuevo y distinto del que tiene en los jusnaturalistas. Éstos, en efecto, entendían el derecho natural como derecho verdadero y propio, contrapuesto al derecho positivo, considerado por ellos como un derecho inferior; en SAVIGNY y en PUCHTA el derecho natural aparece como elemento del derecho positivo, inescindible de éste. Al dualismo sucede, como todos ven, la síntesis entre lo ideal y lo real que residía en el espíritu de la concepción romántica de la realidad. En cuanto al equívoco que deriva de las expresiones empleadas, el mismo SAVIGNY tiene el cuidado de decirnos que no deben tomarse en el sentido que ellas asumieron históricamente, y que él mismo las utilizó «para hacer más evidente la presente y general exposición, recurriendo a expresiones técnicas bien conocidas»[322]. Y SAVIGNY reconoce explícitamente que los eventuales contrastes entre el elemento general y el elemento nacional del derecho, atestiguan solamente un imperfecto desarrollo del derecho y están destinados, con el progreso histórico del derecho, a desaparecer para dar lugar a su unidad»[223].

Y que éste sea el íntimo pensamiento de SAVIGNY y de PUCHTA, podemos deducirlo del esfuerzo cumplido por ellos para someter no solo las expresiones romanas de *jus naturale, gentium, civile,* a sus principios, sino también por el significado diverso que ellas tenían en la antigüedad. SAVIGNY afirma que «solo en parte se

[317] Esta opinión la sostienen, entre otros, BERGBOHM, *Jurisprudenz,* etc., cit., § 16; BONNET, *La philosophie,* etc., cit., pág. 154.
[318] Cfr. SAVIGNY, *Sistema,* etc., pág. 77.
[319] Cfr. SAVIGNY, *Sistema,* etc.. pág. 129.
[320] Cfr. SAVIGNY, *Beruf,* etc. (edic., 1892), pág. 55.
[321] Cfr. PUCHTA, *Gewohnheitsrecht,* etc., pág. 38; *Corso,* etc. Introducción, §§ 6, 8.
[222] Cfr. SAVIGNY, *Sistema,* etc., pág. 76 (nota).
[323] Cfr. SAVIGNY, *Sistema,* etc., I, § 22, pág. 129.

puede admitir una antítesis entre el *jus civile* y el *jus gentium,* porque gran parte del primero pertenece también al segundo, y por otra parte, también esa parcial contraposición tenía que disminuir con el andar del tiempo. . . «. Con respecto al concepto de *jus naturale,* cuando (como SAVIGNY prefiere creer[324]) no se lo quiso entender como el mismo *jus gentium,* sirvió a los jurisconsultos romanos para indicar un grado de generalidad aun mayor que la expresada por el *jus gentium,* en cuanto se extendía a relaciones tan generales como para considerarse comunes a los hombres y a los animales. También aquí la misma tendencia a resolver los contrastes, las antítesis, en formas diversas de la misma idea; también aquí vemos reafirmado el concepto de que el derecho solo en cuanto es positivo es verdadero derecho, lo que no excluye que pueda reunir en sí elementos más diversos concurrentes al fin último y universal al que tiende la humanidad en su incesante devenir.

Y aquí se descubre cuál era la conciencia filosófica de SAVIGNY y de PUCHTA alrededor de 1840, cuando más viva era la reacción contra el romanticismo y más general la resurrección del espiritualismo tradicional. En la distinción planteada entre elemento general y particular del derecho, los fundadores de la escuela histórica demostraron intuir la existencia de un problema filosófico en el fondo del problema histórico del derecho, y entendieron la exigencia lógica de reunir en una síntesis más alta la vida jurídica, de investigar el fin último del derecho en el fin último de la humanidad. Pero, cuando se trató de determinar el fin universal de todo el derecho que cada pueblo realiza en la historia en su modo particular, abandonaron la solución que brotaba lógicamente de la concepción romántica de la realidad, traducida en términos filosóficos por HEGEL, para abrazar la solución dualista tradicional. Se retrajeron espantados frente a las consecuencias últimas del idealismo y panteísmo hegelianos, para los cuales el fin del derecho debe buscarse en la historia entendida como una producción del espíritu absoluto; prefirieron derivar la justificación última del derecho de un principio al margen de la historia, superior a ella, capaz de proveer las razones mismas de la historia, y tal principio lo entendieron en las formas personales y con los caracteres del espiritualismo cristiano. «El fin general de todo el derecho —afirma SAVIGNY— puede remontarse simplemente al ético destino de la naturaleza humana, tal cual nos está dado por la moral cristiana... «[325]. Y PUCHTA: «La libertad humana que constituye la esencia del derecho, y de la que éste surge, no puede entenderse sino en relación con la infinita libertad y omnipotencia de Dios...»[326]. «El derecho se manifiesta en la conciencia humana en parte por la vía sobrenatural de la revelación, y en parte por la vía natural de un sentimiento e impulso innato...»[327].

Extraña solución, en abierto contraste con la concepción romántica de la vida, que revela un estado de ánimo no particular a SAVIGNY y a PUCHTA, sino común, por

---

[324] Cfr. SAVIGNY, *Sistema,* etc., I, § 22, nota *s*. En apéndice al primer volumen, SAVIGNY trata particularmente de la división del derecho hecha por los jurisconsultos romanos en *jus naturale, gentium y civile.* Reconoce que solo la división bipartita *(civile-gentium o naturale)* es la única justa y dominante, mientras que la tripartita *(civile-gentium-naturale)* fue la tentativa de un ulterior perfeccionamiento, que no ha obtenido reconocimiento común, ni ha tenido influencia sobre las doctrinas jurídicas especiales. Y tal es también el pensamiento de PUCHTA, *Corso,* etc., Introduc, § 9; id., *Kleine civilistische Schriften, herausg. v. Rudorff,* Leipzig, 1851, XXXVI: *Die Quellen des römischen Recht* (1843), págs. 611 a 620.

[325] Cfr. SAVIGNY, *Sistema,* etc., I, § 15, págs. 74 y 75 (ed. ital.).

[326] Cfr. PUCHTA, *Corso,* etc., Introduc., § 3.

[327] Cfr. PUCHTA, *Corso,* etc., Introduc., § 10.

esta época, a muchos partidarios de ellos y tendiente a someter el historicismo al espiritualismo tradicional. Era el fracaso del historicismo como sistema filosófico, determinado por la escasa conciencia filosófica de sus fundadores. Por esto la doctrina histórica del derecho, arrancada de la base natural de donde tomaba vida y significado, pudo parecer a la crítica superficial una doctrina en sí, no conexa con otras direcciones de pensamiento. En realidad, su independencia no era más que una detención en su desarrollo, y no solo en los principios, sino también, como veremos, en las aplicaciones al derecho privado. Quien quiera apreciar en su justo valor la doctrina histórica del derecho, debe desligarla de los vínculos teológicos en los cuales, con SAVIGNY y con PUCHTA, había de disolverse y esterilizarse, para hacerla revivir a la luz del idealismo romántico en su forma primitiva y más pura.

Bajo la influencia de este idealismo, el derecho ya no es una idea descorporizada, sino un hecho animado. Al hablar de derecho positivo, SAVIGNY y PUCHTA tuvieron en vista un derecho real e ideal al mismo tiempo: real por la forma concreta y nacional, ideal por el significado humano que expresa. Más tarde, la expresión de derecho positivo sirvió para denotar el origen y el fundamento naturalista del derecho; pero en SAVIGNY y en PUCHTA, el derecho sigue siendo siempre un producto espiritual. Entre la naturaleza física del hombre y su naturaleza racional se interpone la esfera de los sentimientos, de las tendencias, de los instintos; aquí encuentra sus verdaderas raíces el derecho.

Injustamente BERGBOHM destaca, a modo de reproche, que los fundadores de la escuela histórica no han dado la definición del derecho[328]. Los hechos no se definen, sino que se explican en las causas que los engendran, se describen en su progresivo desarrollo; decir derecho, equivale decir contenido de la conciencia jurídica popular.

La naturaleza colectiva del derecho no fue entendida solamente por SAVIGNY en sentido subjetivo, sino también en un significado objetivo. Si subjetivamente el derecho era la expresión de la conciencia colectiva, objetivamente no podía concebirse más que en función de los múltiples aspectos en que ella se presentaba. En la época anterior, en KANT mismo, así como se había aislado el hombre de la sociedad, así también se había aislado el derecho de los otros aspectos de la vida colectiva. Y así como el individuo perdió el sentido de la relatividad, así el derecho, desligado de todo elemento ético, religioso, económico, terminó por transformarse en un derecho puro, es decir, en un concepto formal privado de contenido o de eficacia real. A la tendencia a aislar, a distinguir, a contraponer, sucede con SAVIGNY y su escuela, la opuesta tendencia a dar relieve a la relación de continuidad y de reciprocidad entre el derecho y los otros aspectos de la vida colectiva, el íntimo, indisoluble nexo que los une, el absurdo de considerarlos aislados y opuestos entre sí. La conciencia popular, fuente del derecho, era también la fuente de todos los otros aspectos de la vida social. La unidad de origen llevaba consigo la unidad de todos los productos de la conciencia colectiva. Por lo demás, SAVIGNY no hizo más que extender la ley de relatividad que había proclamado KANT para el orden fenoménico en general, a la realidad histórica y al orden jurídico, extrayendo todas las consecuencias implícitas en esa ley. Entre tales consecuencias la más notable era de que, si la «socialidad» del derecho im-

---

[328] Cfr. BERGBOHM, *Juerisprudenz,* etc., págs. 489 y 490 (nota). Por lo demás, el mismo SAVIGNY tuvo ocasión de declarar explícitamente que el derecho no es definible *(Gesch. des röm. Rechts im Mittelalter,* I, 2ª edic., Heidelberg, 1934, pág. 21).

plica su relatividad, el derecho se limita y se comprende en función de todos los aspectos de la vida colectiva. Tal ley de relatividad, común a todas las ciencias empíricas, valía sobre todo para la jurisprudencia, la que cumple, entre las otras finalidades, una función de garantía y tiende a contener en justos límites la multiplicidad y la variedad de las relaciones humanas.

Afirmando la unidad de origen del derecho con los otros aspectos de la vida social, no se comprometía su independencia. La afirmación de Bergbohm, de que Savigny y Puchta no habrían contribuido en ninguna forma a distinguir la moral del derecho, es inexacta e injusta[329]. Es inexacta porque Savigny declara explícitamente que el reconocer un objetivo general ético al derecho «no implica que el derecho resulte absorbido en un campo más vasto y que sea despojado de su independencia, sino antes bien, que aparece como un elemento completamente distinto en la serie de las condiciones necesarias para lograr ese objetivo general, reina sin límites en su campo...»[330]. En otras partes, el mismo Savigny afirma que el derecho sirve a la moral «no en cuanto satisfaga todas sus exigencias, sino en cuanto asegure el libre desarrollo de la fuerza de aquélla, que reside en la voluntad de cada individuo». La existencia por sí misma del derecho en las relaciones con la moral, se revela totalmente en la posibilidad concreta «del inmoral ejercicio de un verdadero y propio derecho»[331]. Por otra parte, si Puchta (como señala Bergbohm) en su *Gewohnheitsrecht* encuentra la diferencia entre la «moralischen» y la «rechtlichen Ueberzeugung» en lo que, respecto de la primera, es capaz el individuo en cuanto tal o como miembro de la familia, y de la segunda, en cambio, como miembro de un pueblo, en el *Corso*, tratando expresamente el asunto, declara que moral y derecho caen en esferas diversas, interna una, externo el otro, que la moral no se satisface con la selección de los medios y de la determinación, sino que va más allá del derecho, mira a la intención[332]. De ahí se pone de manifiesto que tanto Savigny como Puchta se dieron exacta cuenta de la necesidad de distinguir entre el orden ético y el orden jurídico.

El reproche de Bergbohm es también injusto porque tiende a desconocer el significado de la distinción en la escuela histórica, y la nueva base sobre la cual tenía que resolverse la relación entre la moral y el derecho. El individualismo racionalista del siglo XVIII había trabajado no solo para distinguir sino para contraponer el orden jurídico al orden moral, poniendo de relieve una contradicción permanente, necesaria, irremediable entre ellos. Kant, y sobre todo Fichte, habían llevado a sus extremas consecuencias la tesis de la separación. Ellos buscaron el fundamento de ésta en el individuo, y más precisamente en su libertad, considerada en el doble aspecto interior y exterior. El romanticismo jurídico, representado por Savigny y por Puchta, estaba dominado por una tendencia absolutamente distinta, en cuanto era llevado por sus mismas premisas metafísicas a modificar, a indagar, más que les criterios de distinción, los puntos de contacto y de acción recíproca, no solo entre la moral y el derecho, sino entre el derecho y el arte, la lengua, la economía, la cultura de un pueblo. La base de una distinción entre moral y derecho, antes que en el individuo, en la relación entre lo que fue llamado el fuero interno y externo, o con Kant, entre libertad interior y exterior, fue buscada en el todo considerado en relación con el individuo; este último vive una vida propia y una vida de conjunto, y como tal obedece a una doble serie de

329 Cfr. Bergbohm, *Jurisprudenz,* etc., cit., pág. 489, nota 14.
330 Cfr. Savigny, *Sistema,* etc., edic. ital., I, pág. 7 5.
331 Cfr. Savigny, *Sistema,* etc., edic. ital., I, pág. 3 36.
332 Cfr. Puchta, *Gewohnheitsrecht,* etc., I, pág. 139; id., *Corso,* etc., Introducción, § 7.

finalidades y exigencias[333]. Del concepto de pueblo y de sus fines toma justificación el orden jurídico, como el que tiende a garantizar las condiciones de existencia y de desarrollo de la vida en común; pero el progreso de esta última implica el progreso de las partes, o sea de los individuos, cuya adhesión al orden social garantizado por el derecho es tanto más eficaz cuanto más reflexiva y espontánea; y aquí surge la exigencia del orden ético, que entiende particularmente en el desarrollo y en el perfeccionamiento de la personalidad humana. Moral y derecho representan, como dice SAVIGNY, condiciones diversas en la realización del fin universal que realiza cada pueblo en su historia, o, como repite PUCHTA, son medios diversos que se desarrollan en campos distintos, unificados en el fin último y general al que tienden.

La solución que en SAVIGNY y PUCHTA es apenas rozada, encuentra completo desarrollo en STAHL, a quien, el ser representante típico del movimiento dirigido a asociar el historicismo con el espiritualismo, no impidió entender la relación entre moral y derecho según el nuevo espíritu de los tiempos que se había engendrado del romanticismo. STAHL pone de relieve la relación entre la personalidad individual y el orden ético que se realiza en el pueblo mediante el derecho. Este último representa «die Lebensordnung des Volkes» en vista de un fin ético superior, mientras que la moral es una exigencia del individuo, es formación y elevación del individuo tanto en el pensamiento como en la acción. La relación entre moral y derecho es entendida por STAHL también como relación entre el orden ético subjetivo que se realiza en el individuo y el orden ético objetivo que se realiza en el pueblo, ambos unificados en el orden eterno establecido por Dios[334].

La escuela histórica abría, pues, el camino a una nueva solución del problema relativo a la relación entre moral y derecho; trasladando el problema jurídico del individuo al conjunto, creaba entre la moral y el derecho un nuevo motivo de contraste que ella, por defecto de espíritu filosófico, no alcanzó a resolver según la lógica de los principios planteados. A pesar de esto, la idea de considerar el derecho en función de la vida común, de hacer de él la expresión de la conciencia ética nacional, de limitar la moral a la esfera de la conciencia individual, estaba claramente expresada.

Al final se reprochó a los fundadores de la escuela histórica el no haber tratado nunca en sus escritos la coacción en sus relaciones con el derecho[335]. Después de THOMASIUS, los juristas filósofos y no filósofos admitían generalmente sin discusión, que la coacción era no solo elemento discriminador entre moral y derecho, sino que era una nota esencial e integrante del concepto del derecho. KANT, con su autoridad, había revalorizado tal doctrina. Si el derecho es sinónimo de libertad exterior y debe garantizar las relaciones de coexistencia entre los individuos según el principio de la igual libertad, fácil es comprender que debe implicar con la afirmación de la propia libertad la limitación de la libertad ajena, o sea la coacción, o, según la modificación de STAHL de la fórmula kantiana, la «Erzwingbarkeit»[336]. La coacción o la posibilidad de ella, se eleva a condición de la existencia misma del derecho. Muchos autores observaron, es cierto, que el carácter de la coacción no se

---

333 El respeto de la personalidad, tanto del todo como de las partes, estaba en la índole misma del romanticismo y constituye uno de los puntos principales de la doctrina histórica del derecho. Cfr. SAVIGNY, *Beruf*, etc., pág. 25.

334 Cfr. STAHL, *Philosophie des Rechts*, vol. IIn (3ª edic.), Heidelberg, 1854, págs. 191-195.

335 Cfr. BERGBOHM, *op. cit.*, pág. 489, nota 14.

336 Cfr. STAHL, *Ph. d. Rechts*, II, 1 (1ª edic., 1833), págs. 124 y sigs.; DEL VECCHIO, *Il concetto del diritto*, Bologna, 1906, cap. V.

concilia ni con la libertad del espíritu ni con la racionalidad de la norma jurídica. CROCE, por ejemplo, partiendo del espíritu concebido como absoluta libertad, sostiene que ninguna acción puede llamarse en rigor constreñida. *Coacti tamen volunt.* La pretendida coacción no es más que adhesión libre a los motivos de la norma[337].

En estos contrastes solo es evidente la impotencia del individualismo jurídico para resolver el problema. Éste planteaba el derecho como libertad interior y su contrario a un tiempo, y no sabía conciliar la racionalidad de la norma con la irracionalidad de la coacción. Por un lado, las condiciones teoréticas del concepto del derecho llevan a entenderlo como razón, como libertad; por el otro lado, las exigencias de la coexistencia implican limitación y coacción. Si el problema del derecho es esencialmente problema de hacer coexistir libertades exteriores, no puede resolverse más que negando la libertad o coartándola.

Para superar el dualismo era necesario desvincular el problema general del derecho de los términos individualistas en que lo planteaba la especulación del siglo XVIII. Es lo que hizo, sin tener perfecta conciencia de ello, la escuela histórica. Para ella, el problema jurídico no reside en la relación de coexistencia entre libertades individuales, sino en la relación entre la libertad del individuo y la necesidad de un orden objetivo. La vida individual no puede entenderse más que subordinada a la vida colectiva, la cual se desarrolla según leyes que el individuo debe sentir como necesarias y coercitivas. No es la razón individual la fuente del derecho y de los límites del obrar, sino la razón colectiva o popular, como afirmaban SAVIGNY y PUCHTA, en cuanto ella impone un sistema de conducta por el cual el individuo sale de sí mismo y confunde su vida individual con la vida universal. La coacción, por lo tanto, es esencial para el derecho porque éste expresa un orden objetivo extraindividual que el individuo, por una falsa concepción de su relación con el todo puede, pero no debe violar.

El nuevo significado de la coacción en la escuela histórica se ilumina aún mejor en la relación en que ella viene a encontrarse con el Estado. En el racionalismo y contractualismo jurídico, derecho, coacción, Estado, son términos inescindibles. Sin embargo, en los diferentes sistemas varía su recíproca relación. Para HOBBES y ROUSSEAU, representantes del absolutismo despótico y democrático, el derecho no existe más que para el Estado y en el Estado, y este último tiene su fundamento en el pacto apuntalado por la fuerza. Dada la arbitrariedad y la precariedad del pacto social, la coacción debe elevarse a condición primera e imprescindible del orden jurídico. En tales sistemas el Estado es el órgano, el derecho es la medida de la coacción. Para el liberalismo político lockiano el derecho es de naturaleza, existe y tiene un valor independientemente del Estado y de la coacción; pero precisamente por esto se hace necesario el Estado concebido como órgano coactivo en defensa del derecho. Para KANT, en fin, tanto el derecho como la coacción son de razón; pero, siendo su existencia y necesidad puramente racionales y abstractas, deben concretarse en el Estado. Este último es el derecho y la coacción en acto. Es notable que en todas estas direcciones de pensamiento la coacción fuera entendida como efectiva y exterior. Solo la coacción física podía garantizar un sistema de normas impuesto por el Estado y limitado a las relaciones exteriores de la vida. Desligado de todo vínculo con la vida interior, del válido apoyo de las energías éticas del hombre, el orden jurídico en la doctrina individualista, en todas sus direcciones, ofrecía el

[337] Cfr. CROCE, *Riduzione,* etc., § 6. íd., *Filosofia della pratica,* Bari, 1909, págs. 328 y sigs. Para la crítica de CROCE sobre este punto de la coacción en las relaciones con el derecho, cfr. RENSI, *Il fundamento filosofico del diritto,* Piacenza, 1912, págs. 36 y sigs.

espectáculo de un sistema mecánico de fuerzas en perpetuo equilibrio inestable, que solo la fuerza de una coacción exterior podía conservar.

Con espíritu nuevo, profundamente diverso, se presentaba a este respecto la doctrina histórica. Para ella, la coacción es inherente esencialmente al derecho, no ya en cuanto emana de un poder coactivo, no ya en cuanto expresión de exigencias abstractas naturales o racionales, sino porque es el resultado necesario de fuerzas vivas y activas de naturaleza psicológica e histórica. Ella no es obra del arbitrio humano, sino producto necesario e incesante del espíritu colectivo, que a su vez es la expresión de un orden absoluto. La obligatoriedad del derecho surge de su íntima naturaleza, de la ley del devenir que lo domina, de la fuerza de la tradición, de las necesidades sociales a las que responde, de las energías morales profundamente arraigadas en la vida colectiva, de un complejo de factores que ninguna fuerza externa, ningún despotismo de Estado puede suplir. Separado de la vida ética colectiva, de sus válidas sanciones, el orden jurídico debe parecer una monstruosidad, un sistema tiránico de normas, absurdo e inexplicable, penetrado de un contraste insoluble entre las exigencias de una razón abstracta exterior y las íntimas energías del sentimiento. Tampoco SAVIGNY y PUCHTA desconocen la posibilidad del ejercicio inmoral de un propio y verdadero derecho, la necesidad de una conformidad aun solo exterior a la norma de derecho, pero esto lo admiten para el individuo, como consecuencia de su escaso o ausente desarrollo ético, pero no lo admiten para el espíritu popular, del que emana el derecho, y que en su incesante devenir tiende a fundir cada vez más estrechamente las condiciones subjetivas y objetivas de la conducta, la legalidad y la justicia.

El Estado, antes que ser concebido como un órgano convencional de coacción, de defensa exterior del derecho, debía aparecer a los fundadores de la escuela histórica como la expresión sensible más elevada de la unidad nacional. Bajo este aspecto, SAVIGNY y PUCHTA no hicieron más que desarrollar el movimiento de ideas tendiente a dar al Estado un contenido ético-nacional, movimiento que, contra la concepción política revolucionaria, habían iniciado, bajo la influencia romántica, HUMBOLDT, ADAM MÜLLER y FICHTE. Sin embargo, mientras en los románticos los elementos ético-nacionales prevalecen aún sobre los elementos políticos y en MÜLLER los dos elementos se mantienen distintos por defecto de elaboración, en SAVIGNY y en PUCHTA los conceptos de Estado y nación constituyen una unidad indisoluble. Para ambos, del mismo modo que el espíritu popular produce el derecho, también produce el Estado. La unidad invisible del pueblo, dice SAVIGNY, se concreta *natural e inmediatamente* en el Estado. No contractual sino natural es el origen del Estado, y absolutamente quimérica es la existencia de un pueblo (en cuanto se distingue tanto de una multitud desordenada, como del conjunto de los gobernados y es entendido como unidad natural y necesaria) exento de toda organización política. El Estado es la nación en acto, completamente desarrollada, lo que en el lenguaje de la época significaba completamente determinada e individualizada[338].

La razón de ser del Estado es absolutamente distinta de las razones que justifican la existencia y la necesidad del derecho. El individualismo del siglo XVIII concebía unidos e indisolubles el Estado y el derecho, siendo el Estado el órgano necesario del derecho, y existiendo el derecho en el Estado y para el Estado. Para los fundado-

[338] Cfr. SAVIGNY, *Sistema*, etc., I, §§ 9 y 10; PUCHTA, *Corso*, etc., Introduc., § 11; id., *Gewohnheitsrecht*, etc., I, págs. 135 y 143.

res de la escuela histórica, Estado y derecho son distintos y al mismo tiempo unificados en un principio superior a ambos, en el espíritu popular, del que les viene la vida, la justificación, la finalidad. El Estado, por lo tanto, no es considerado solamente en relación con el derecho, sino en función de todos los aspectos del espíritu! popular y nacional, del que el derecho es una dirección particular. Sin la organización política, no solo el derecho sino todos los aspectos de la vida de un pueblo carecen de las condiciones por las cuales pueden desarrollarse y lograr sus fines particulares. Ningún fin particular y exclusivo puede proponerse al Estado; ningún límite puede fijarse a su actividad; éste no se justifica ni a los fines del derecho ni a los fines del no-derecho y de la coacción; éste expresa en forma concreta la totalidad de los fines y de las direcciones del espíritu popular; como tal se eleva a significación ética universal. También en la afortunada hipótesis de que por una general rectitud de sentimientos, tuviera que ser superflua la coacción, el Estado, antes que desaparecer, debería, al decir de SAVIGNY, crecer en fuerza y en dignidad, estando su existencia condicionada no a la coacción, sino a la existencia del espíritu colectivo nacional[339].

Concluyendo, el historicismo representó el aspecto jurídico y político del romanticismo, en armonía con la tendencia general de la época para constituir la nación sobre la base de unidad espiritual y moral, y hacer de ella la expresión viva y concreta de la vida en común. Pero esta tendencia importaba en los estudios jurídicos una nueva lógica, un nuevo método de estudio. Al individuo aislado o asociado, fundamento de la vida jurídica y política, le sustituía la nación, síntesis espiritual de sentimientos, de ideas y de intereses comunes. El vínculo indisoluble de derecho y Estado, que prácticamente se resolvía en la negación de uno u otro, estaba disuelto: entre ellos se interponía la nación, como principio generador y coordinador de entrambos. Por mérito de SAVIGNY y de PUCHTA este término hacía su primera y solemne afirmación en el orden jurídico. El historicismo no llegó al concepto de sociedad distinto del de nación; le faltó la idea social, pero nadie podrá negar que la doctrina histórica era una superación del individualismo jurídico y buscaba en una realidad colectiva el fundamento del derecho y del Estado. La misma lógica empírica que había llevado a la creación de la nación como realidad histórica y psicológica, tenía que llevar a la formación de la sociedad; el proceso formativo era único no obstante la diversidad; de los productos. Una vez elevado a postulado de la vida jurídica el principio aristotélico, según el cual la realidad y la verdad no tienen que buscarse en la parte sino en el todo, estaba planteada la condición formal para una concepción, no solo nacional, sino social del derecho y del Estado.

LA RELACIÓN ENTRE EL DERECHO PRIVADO Y EL DERECHO PÚBLICO EN LA DOCTRINA HISTÓRICA. LA RELACIÓN ENTRE EL DERECHO PRIVADO Y PÚBLICO EN LA TRADICIÓN CLÁSICA, EN LA ESCUELA DEL DERECHO NATURAL Y EN LA DOCTRINA KANTIANA. LA DOCTRINA DE LA RELACIÓN ENTRE INDIVIDUO Y ESTADO, ENTRE DERECHO PRIVADO Y PÚBLICO EN SAVIGNY Y EN LA ESCUELA HISTÓRICA. INCOHERENCIAS PRÁCTICAS DE LA DOCTRINA HISTÓRICA.

21. LA CONCEPCIÓN histórica del derecho se desarrolló especialmente en el dominio del derecho privado, cuyas particulares exigencias y condiciones han suministrado la ocasión para el próximo surgimiento de la nueva doctrina.

339 Cfr. SAVIGNY, *Sistema*, etc., I, pág. 336.

La crisis por que atravesó el derecho privado en Alemania a principios del siglo XIX, no era más que un aspecto de la reacción romántica contra la ideología revolucionaria. Esta reacción tenía que manifestarse sobre todo en el seno del derecho privado, que los principios del 89 habían fijado en un código de ley cuya difusión y cuya influencia importaban la medida de la difusión y de la influencia del espíritu y de las ideas de la Revolución. Espíritu e ideas que se resumen en el apriorismo y en el individualismo jurídico, y como tal está en absoluto contraste con las ideas y con el espíritu del romanticismo jurídico personificado por SAVIGNY.

Para la edad de la codificación el derecho privado tiene por centro al individuo, su personalidad abstracta, que tiende a los fines de conservación y de perfeccionamiento bajo el estímulo de la felicidad o según los dictámenes de la razón, o en virtud de un cálculo utilitario. La relación jurídica privada es relación entre personas, y tiene por contenido los intereses materiales y espirituales de la personalidad. KANT había sido inducido por la lógica de sus principios a negar el fundamento de los derechos reales y a resolver todas las relaciones privadas en relaciones personales. Fuente única del derecho privado es la razón individual que, por medio del legislador, traduce las exigencias de la personalidad en normas que la lógica jurídica, por medio del juez, aplica y extiende.

La escuela histórica representaba, además de una reacción a tales principios, una nueva dirección de pensamiento: ella ponía en lugar del individuo a la nación, y erigía en fuente del derecho a la conciencia jurídica popular. El derecho privado parecía tener que encontrar su fundamento y su justificación en un principio colectivo. La razón de la relación jurídica privada surgía de la subordinación y coordinación del individuo a los fines de la colectividad. Las consecuencias de la nueva concepción histórica debían comenzar a reflejarse en el modo de entender la relación entre el derecho privado y público, como en la doctrina de las fuentes del derecho.

La relación entre el derecho privado y el derecho público no es más que un aspecto de la relación originaria fundamental: individuo y Estado. La tradición clásica, la escuela del derecho natural, KANT al distinguir entre derecho privado y público, no hicieron sino aplicar en distinta forma el punto de vista del individualismo jurídico.

Si los romanos de la edad clásica habían perdido el sentido de unidad profunda que antiguamente ataba al ciudadano al Estado, y si creyeron delimitar y desarrollar la esfera de la actividad privada en las relaciones con el Estado, no desconocieron nunca la autoridad y la superioridad del Estado en las relaciones con el individuo. Individuo y Estado son ambos sujetos y fuentes de derecho, y cada uno manifiesta una actividad propia dirigida a fines diversos. Las expresiones «quod ad statum rei publicae spectat - quod ad singulorum utilitatem pertinet» empleadas por los romanos para distinguir el derecho público del privado, tienen por sí mismas un significado genérico y se iluminan cuando están referidas a la naturaleza y finalidad diversas de los principios de que proceden[340].

La escuela del derecho natural exageraba el punto de vista individualista, iniciando el movimiento dirigido a resolver el Estado en los individuos que lo componen, la utilidad pública en la utilidad privada. El pretendido derecho de

[340] Tal es también la opinión de STAHL: *Die Philosop. d. Rechts,* vol. II (3ª edic.), Heidelberg, 1854, pág. 302, nota.

naturaleza no es, en cierto sentido, más que derecho privado: es el derecho del hombre desligado de todo vínculo político, y es el único y verdadero derecho. El Estado no es de naturaleza, y como tal no es fuente inmediata de derecho, no tiene personalidad y finalidades propias; aun cuando se sustituye a los individuos, por explícita voluntad de éstos, es siempre el órgano y el tutor del derecho de naturaleza o privado, según la conocida fórmula de BACON: «At jus privatum sub tutela juris publici latet»[341]. Para los romanos, lo privado no es aun el individuo, sino siempre el ciudadano; para los jusnatura-listas, la expresión derecho privado es cada vez más el equivalente de derecho individual.

La identificación del derecho privado con el derecho de la personalidad individual es completa en KANT, quien distingue el derecho público y privado como la forma y la materia. El derecho público, según la fórmula kantiana, es la forma del derecho privado, la condición bajo la cual este último puede ser reconocido y respetado umversalmente[342].

En el modo de entender la relación individuo y Estado es evidente en SAVIGNY y en su escuela la influencia de la reacción romántica completamente dirigida a comprender al individuo en un orden más elevado de relaciones, a rehabilitar los valores y las finalidades colectivas. El individuo tiene razón de fin, pero no es el único fin, ni el fin supremo; su actividad debe desarrollarse coordinada a una realidad superior que la comprende y regula. No se propusieron los románticos desvalorizar lo individual, antes bien, entendiéndolo en forma concreta y elevándolo a categoría universal de la realidad, lo acentuaron. Puede decirse, más bien, que los románticos se esforzaron en multiplicar las individualidades, en crear al lado de los individuos propiamente dichos, individualidades colectivas, en establecer entre ellos un orden jerárquico de actividades y de fines en vista de una unidad y finalidad supremas. En estrecha relación con esta metafísica romántica se encuentra la doctrina de la relación entre individuo y Estado, entre derecho privado y público en SAVIGNY y en la escuela histórica.

Característica de la nueva doctrina es la eliminación del dualismo tradicional entre el derecho público y privado. La unidad del derecho y del Estado se afirmaba sobre su común origen en la conciencia popular. El Estado no es más que el pueblo en forma concreta, personal, orgánica, y el derecho es su emanación. Todo el derecho es, pues, en cierto sentido, público, en cuanto es la expresión de la personalidad colectiva. El punto de vista del racionalismo jurídico, según el cual el derecho e indirectamente el Estado son la obra del individuo, el desarrollo de su personalidad, la garantía de su actividad, aparecía subvertido en la doctrina histórica. Pero un examen más profundo de esta doctrina debe llevar a la conclusión de que la eliminación y la subversión eran más aparentes que reales, y que en sus consecuencias y aplicaciones el punto de vista romano y el de SAVIGNY no eran tan lejanos como permitían creer las premisas. En efecto, el individuo, en la doctrina histórica, no era ni destruido ni absorbido por el Estado; conservaba frente a este último su razón de fin, aunque subordinada. Por otra parte, el derecho que produce la conciencia popular existe solo mediante el individuo, y cada individuo forja el derecho a su modo según sus particulares tendencias y exigencias, en límites determinados de tiempo y de espacio. A su vez, el

---

341 Cfr. BACON, *De fontibus juris aph.* 3.
342 Cfr. SOLARI, *Idea individual,* etc., I, pág. 309.

Estado no puede perder nunca de vista la vida de conjunto y sus finalidades prevalecientes. Y es así como resurge en el campo práctico la cuestión de la relación entre el individuo y el Estado, órgano y representante de la colectividad. En teoría, para la unidad del principio del que emanan, derecho privado y público no pueden contradecirse; pero en la práctica el dualismo tenía que resurgir inevitablemente, interpretando el individuo y el Estado, cada uno según sus particulares finalidades, la conciencia jurídica popular.

Hemos visto que para los jusnaturalistas el problema de las relaciones entre el derecho público y privado era casi insoluble; cuando no sacrificaron el derecho privado al público, haciendo de aquél la expresión de la voluntad del Estado, resolvieron lo útil general en lo útil privado, salvo reducir con Kant el derecho público a la función meramente formal de garantizar la coexistencia de las libertades individuales. Los partidarios de la escuela histórica evitaron semejantes soluciones negativas o formales del problema, planteando el principio de la diversidad y de la subordinación de los fines. Individuo y Estado, derecho público y derecho privado, son distintos y al mismo tiempo subordinados. Al sistema romano de la utilidad privada y pública que deben ser coordinadas, se sustituye con Savigny el sistema de los fines individuales y colectivos que deben ser subordinados los unos a los otros. No solamente por el contenido diverso de los conceptos de utilidad y de fin se distinguen los dos sistemas, sino por la naturaleza de la relación que liga entre sí las utilidades y los fines.

Justamente observa Stahl que la esencia del derecho público no reside tanto en la utilidad general como en el actuar y garantizar coactivamente la vida en común, o sea, un orden de relaciones y de fines que excede tanto a lo útil particular como a lo útil general. Este último es la consecuencia de la organización política, pero no constituye su esencia[343]. En el derecho público, afirma Savigny, el todo, es decir, el pueblo organizado en Estado, es el fin; en el derecho privado el hombre existe como fin en sí mismo en virtud de su autonomía y de su personalidad, y la relación jurídica es un medio para alcanzar los fines de su particular existencia. Pero como ésta existe indisolublemente ligada a la vida y finalidad del todo, no puede entenderse el derecho privado sin la organización política que lo garantiza y lo perfecciona. La hipótesis de un estado de naturaleza en que el derecho existe como expresión de la personalidad individual sin el Estado, es relegada por Savigny al reino de las quimeras. Lo injusto que tiene que ser coactivamente reprimido tiene lugar cuando el individuo, desconociendo la relación que lo liga al todo, pone lo útil propio por encima o contra la voluntad general[344].

La relación jerárquica de fines, según la cual el más alto es regla y medida de los fines menores, se hace también más evidente si se considera el papel que Savigny asigna a la Iglesia y al derecho eclesiástico. Para Savigny, las relaciones jurídicas no se agotan en la distinción de relaciones de derecho público y privado. El Estado no es ni el fin supremo ni la regla universal de conducta; sobre él existe la Iglesia como organización universal y unitaria, y que responde a las razones y a los fines últimos del hombre y de la humanidad. Como tal, la Iglesia excede los

---

343 Cfr. Stahl, *Phil. d. Rechts.*, vol. II, cit., pág. 302.

344 Cfr. Savigny, *Sistema*, etc., I, § 9; Puchta, *Corso*, etc., Introd., § 9.

límites de la nación, es fuente de relaciones jurídicas distintas que no pueden comprenderse ni en el derecho público ni en el derecho privado[345]. La triple distinción de relaciones jurídicas planteada por SAVIGNY, aceptada por PUCHTA y, sustancialmente, si no en la forma, por STAHL[346], puede parecer extraña a cuantos no vinculan la doctrina histórica a la concepción romántica. Ella era la consecuencia lógica del modo de entender la relación del hombre con las instituciones que integran su personalidad y regulan su conducta, transformándose por eso solo en fuentes de derecho positivo. Es propio de la doctrina histórica entender la relación jurídica además que como relación entre personas individuales, como relación derivada del hombre en su calidad de miembro de la familia, de la nación, de la Iglesia. Con lo cual se ilumina mejor la distinción de derecho público y privado en la doctrina histórica. Esta ha perdido todo carácter dualista y exclusivo, y responde a los diversos grados de existencia en que se realiza la unidad profunda del todo.

Empero, no puede decirse que el significado metafísico de la distinción estaba siempre presente en los fundadores del historicismo. La influencia de la tradición jurídica, las exigencias de la práctica prevalecieron a menudo sobre la lógica de la doctrina. El historicismo, en sus aplicaciones a la vida jurídica, está penetrado por una íntima contradicción; de un lado, en virtud de su origen romántico, estaba llevado a innovar radicalmente sobre las distinciones y teorías jurídicas del pasado; del otro lado, el culto del derecho romano le hacía respetuoso de la tradición. Ambos elementos, el romano y el romántico, pese a los esfuerzos de SAVIGNY, no lograron nunca conciliarse, por lo que no es extraño el caso de ver reproducido el espíritu romano y su lógica jurídica individualista contra el espíritu y la lógica romántica. Es que la conciencia jurídica y la conciencia filosófica no se desarrollaron juntas en SAVIGNY; ni siquiera en períodos sucesivos de su actividad, y nunca lograron fundirse entre sí. Su asociación fue más obra de las circunstancias que de una verdadera y propia elaboración interior. No hay que olvidar que en SAVIGNY y en sus partidarios la vivacidad del sentido jurídico no está acompañada de igual vigor de especulación filosófica. La doctrina histórica era, por sus orígenes, por sus principios, profundamente innovadora; pero en las aplicaciones a las diversas partes del derecho privado, hizo obra esencialmente conservadora de las tradiciones romanas. No fue extraño a esto el principio romántico de la individuación de lo universal, por el que toda relación jurídica se presentaba con los caracteres de la individualidad y, por lo tanto, de la incomunicabilidad. Como la universalidad del principio individual en la edad anterior contuvo sus consecuencias extremas, así en la edad romántica la individuación de lo universal, sobre todo entendida empíricamente, debía obstaculizar la visión del individuo en la unidad del conjunto y renovar las tradicionales oposiciones. SAVIGNY, sin embargo, no renegó nunca de la doctrina, pero paralizó su desarrollo recurriendo a expedientes a veces ingenuos, que, mientras constituyen el lado débil de su obra, fueron la verdadera causa del fracaso del historicismo en el derecho privado. De ello tenemos evidente confirmación en la doctrina de las fuentes del derecho.

---

345 Cfr. SAVIGNY, *Sistema*, etc., I, § 9, pág. 53; PUCHTA, *Corso*, Introd., § 22.

346 STAHL (*op. cit.*, II, pág. 301, nota) mantiene la dicotomía de las relaciones jurídicas y hace de la Iglesia una institución de derecho público al lado del Estado.

LA TEORÍA DE LAS FUENTES DEL DERECHO EN LA DOCTRINA HISTÓRICA. LA TEORÍA TRADICIONAL DE LAS FUENTES DEL DERECHO. LA DOCTRINA ROMANA Y CANÓNICA DE LA COSTUMBRE Y SUS RELACIONES CON LA LEY ESCRITA. LA ÉPOCA DEL JUSNATURALISMO Y LA DOCTRINA DE LAS FUENTES DEL DERECHO. TEORÍAS SUBJETIVAS Y OBJETIVAS SOBRE LA COSTUMBRE. LA DOCTRINA KANTIANA DE LAS FUENTES DEL DERECHO. EL PAPEL DE LA COSTUMBRE EN LOS CÓDIGOS PRUSIANO, FRANCÉS Y AUSTRÍACO. REHABILITACIÓN DE LA COSTUMBRE EN LA NUEVA DIRECCIÓN HISTÓRICA. PENSAMIENTO DE SAVIGNY, PUCHTA Y STAHL SOBRE EL PARTICULAR. CONCEPCIÓN UNITARIA DE LAS FUENTES DEL DERECHO EN LA ESCUELA HISTÓRICA Y RELACIÓN ENTRE DERECHO CONSUETUDINARIO, LEGISLATIVO Y CIENTÍFICO EN SAVIGNY, PUCHTA Y STAHL. INFLUENCIA DE LA DOCTRINA HISTÓRICA DE LAS FUENTES DEL DERECHO SOBRE EL ULTERIOR DESARROLLO DEL DERECHO PRIVADO.

22. EN LA TEORÍA de las fuentes del derecho, la nueva doctrina histórica traduce en acto sus principios y plantea las condiciones para una renovación general del derecho privado. La conciencia jurídica popular es la fuente genérica del derecho; toma forma concreta en la costumbre. A pesar de las incertidumbres y de las contradicciones que BERGBOHM pone de relieve en la doctrina de las fuentes de la escuela histórica[347], nos parece fuera de duda que para ella la costumbre es la única, la verdadera fuente del derecho, de donde todas las otras toman vida y valor.

La teoría de las fuentes del derecho no se sustrae a la ley de la relatividad histórica. Lo que contradistingue esencialmente la fuente del derecho es la existencia de un órgano para el cual el derecho, de idea abstracta, de aspiración indeterminada, toma la forma concreta de norma positiva obligatoria. Tal órgano varía con el grado de desarrollo histórico y psicológico alcanzado por un pueblo. .. Ora el derecho aparece como un producto inmediato de la conciencia colectiva; ora se forma en el seno de asociaciones más o menos amplias, organizadas establemente; ora es emanación exclusiva de la voluntad del Estado. Y las teorías reflejan la variedad de las condiciones históricas.

La doctrina romana de la costumbre se constituyó en la época en que el Estado era el órgano natural del derecho. Los romanos no opusieron la costumbre a la ley, el elemento natural espontáneo del derecho al elemento racional reflexivo. Ellos invocan con insistencia, como fundamento del derecho, el *populi consensus,* que se manifiesta tácitamente mediante el uso en la costumbre, y explícitamente en la ley. La preeminencia reconocida por los romanos a la ley, era la consecuencia de la madurez de su conciencia jurídica[348].

En la Edad media se perpetúa y se consolida la tradición romana por la influencia de la Iglesia, poco propensa a favorecer la costumbre. Expresión del particularismo jurídico de la época, la costumbre contrastaba con la tendencia a la universalidad, a la unidad de constitución y de disciplina, fundada sobre el principio

---

[347] Cfr. BERGBOHM, *Jurisprudenz,* etc., cit., pág. 504 (nota).

[348] Para el pensamiento de los romanos con respecto a la costumbre, cfr. PUCHTA, *Gewohnheitsrecht,* I (Erlangen, 1828), lib. I; SAVIGNY, *Sistema,* etc., I, § 25; BRIE, *Lehre van Gewohnheitsrecht,* Breslau, 1899, I, §§ 1 a 8; LAMBERT, *La fonction du droit civil comparé,* tomo I (París, 1903), págs. 120-127.

de autoridad, que era propia de la Iglesia romana[349]. Y en su aversión a la costumbre, el derecho canónico debía encontrarse frente a frente con el derecho imperial que elevaba la voluntad del príncipe a voluntad delegada por el pueblo, y, en cuanto tal, a fuente exclusiva del derecho; tampoco las corrientes democráticas que invocaban el pacto y la soberanía popular como fundamento y fuente del derecho, pudieron afirmarse válidamente en esta época[350].

En la Edad media, en efecto, hallamos elaborada por obra del derecho canónico la teoría de la *irracionalidad* que permitía la eliminación de los usos y de las costumbres, con el fácil pretexto de que ellas estaban en contraste con la razón, lo que significaba entonces en contraste con las leyes divinas y humanas constituidas[351]. Por otra parte, los juristas partidarios de la causa imperial presentaron el derecho consuetudinario como un *statutum tacitum,* análogo a la ley, y como ésta atributo exclusivo de la soberanía[352]. Nuevos obstáculos derivaron de esta época, para el desarrollo del derecho consuetudinario, de la obligación impuesta a las partes en el sentido de probar la existencia del derecho consuetudinario[353], de las analogías con la institución de la prescripción[354], de las restricciones a la autoridad de la costumbre en presencia de la ley[355].

La edad del jusnaturalismo y del racionalismo jurídico en su tendencia general a racionalizar el derecho, a derivarlo de la naturaleza de las cosas, como fuente única y exclusiva, fue naturalmente adversa al derecho consuetudinario, en que la fuerza del hábito y de la tradición se destacaba particularmente. En las obras de la época, la costumbre no aparece nunca como fuente autónoma del derecho, contrapuesta a la ley, sino, con un proceso artificioso, ella es conducida, a lo más, a la ley de cuya naturaleza participa.

Con respecto a la naturaleza y a la eficacia obligatoria del derecho consuetudinario, se formaron dos teorías en la edad del derecho natural: ambas extienden a la costumbre el principio puesto como fundamento de la ley. Por un lado se reproduce, en una forma nueva, la teórica subjetividad de la voluntad y del consenso; por el otro, se perfila la teoría de la razón objetiva de la costumbre. Para los jusnaturalistas de tendencias absolutistas, la voluntad del soberano es única fuente del derecho. Las exigencias de la naturaleza y de la razón por ellos afirmadas, se traducen en normas de derecho positivo solo en la forma y en la medida establecidas por el soberano, cuya voluntad es clara y explícita en la ley, tácita y presunta en la costumbre. Es, sustancialmente, la teoría romana con la diferencia de que el consenso tácito o expreso del pueblo está sustituido por el consenso tácito o expreso de quien, en la tradición imperialista, pasa como representante del pueblo, es decir, el príncipe.

---

349 Cfr. PUCHTA, *op. cit.,* I, págs. 184-190; BRIE, *op. cit.,* § 9.

350 Cfr. GIERKE, *Althusius,* etc., III (Breslau, 1913), págs. 266 y 267.

351 Cfr. al respecto, BRIE, *op. cit.,* § 10.

352 Cfr. GIERKE, *Althusius,* etc., pág. 266.

353 Cfr. BRIE, *op. cit.,* §§ 16 y 22, para la doctrina referente a los glosadores y a los posglosadores.

354 Cfr. BRIE, *op. cit.,* § 10.

355 Cfr. BRIE, *op. cit.,* § 11. En lo que respecta a la opinión de los juristas de la época de la recepción en cuanto al derecho consuetudinario, cfr. dEL mismo BRIE, *Die Stellung der deutschen Rechtsgelehrten der Rezeptionszeit zum Gewohnheitsrecht,* en «Festgabe für F. Dahn», cap. I (Breslau, 1905), págs. 131-164.

Tal identificación del concepto del derecho con el del comando, la hallamos en los jusnaturalistas fautores del absolutismo en sus diversas direcciones, despótico en HOBBES, atemperado e iluminado en GROCIO y PUFENDORF, democrático en ROUSSEAU.

Para HOBBES, la ley es «mandatum eius personae cuius praeceptum continet obedientiae rationem»; la costumbre «vi sua legem non costituit», es decir, ni por virtud del tiempo, ni por la práctica de los actos; pero adquiere la autoridad de una ley por voluntad del soberano expresada con su silencio, y tal carácter de ley lo conserva hasta que el soberano calla al respecto[356].

En forma menos acentuada se expresa análogamente GROCIO con respecto a la costumbre. «Nam —escribe— haec quoque, semotis legibus civilibus, quae certo tempore ac modo eam introduci volunt, a populo subdito introduci potest ex eo quod ab imperium habente toleratur; tempus vero quo illa consuetudo effectum juris accipit non est definitum sed arbitrarium, quantum satis est ut concurrat ad significandum consensum»[357]. Por lo tanto, la costumbre implica también para GROCIO la relación entre súbdito y soberano y el consenso presunto de este último para su eficacia obligatoria. El tiempo y el ejercicio de los actos no tienen valor sino en cuanto hacen presumir el consenso de lo imperante.

Si bien PUFENDORF no trata en ninguna de sus obras expresamente acerca del derecho consuetudinario, no puede surgir ninguna duda sobre su pensamiento al respecto. La identificación del concepto de ley con la voluntad del superior, fue afirmada por él más que por cualquier otro jusnaturalista. Y sabemos que LEIBNIZ le dirigió ásperos reproches. Solo en cuanto la costumbre puede presumirse que emana de la voluntad del soberano, y aplicarse con su tácito consenso, solo entonces ella obliga jurídicamente: empero, obliga no como costumbre, sino como norma que reviste los caracteres propios de la ley[358].

Tampoco debe considerarse sustancialmente la posición de ROUSSEAU, porque sustituye a la voluntad del superior la del pueblo, y porque define las leyes como actos de la voluntad general. El estado civil en el sistema político de ROUSSEAU es, al estado de naturaleza, lo que la razón al sentimiento, y si la naturaleza es fuente próvida de normas en tanto dura el estado natural, la voluntad colectiva, expresada en la ley, sustituye a aquélla en el estado civil[389].

En los jusnaturalistas recordados, el derecho natural verdadero y propio, esto es, el vigente en el estado de naturaleza, se convierte en la sociedad civil o en un *jus inutile* (HOBBES), o en un derecho imperfecto (PUFENDORF) o en un derecho irrealizable (ROUSSEAU) . En él se refleja la naturaleza humana en sus tendencias empíricas, imperfectas y no solo racionales. En cuanto tal le falta objetividad, racionalidad. Solamente la voluntad del superior, expresada en la ley, está en condición de imponerse a los instintos, de traducir en normas imperativas los dictados de la razón, de

[356] Cfr. HOBBES, *De Cive*, Losanna, 1760, cap. XIV, § 15; id., *Leviathan* (traduc. italiana, Laterza, Bari, 1911), vol. I, cap. XXVI, 3.

[357] Cfr. GROCIO, *De jure belli ac pacis* (1625), lib. II, cap. IV, § 5, 2.

[358] Cfr. PUFENDORF, *Le droit de la nature et des gens*. (Traduc. Barbeyrac, Basle, 1732, 4ª edic.), tomo I, libro I, cap. VI, §§4 y 13; sobre todo en libro II, cap. III, 5 23 y nota 6 (del tr.): id., *De ojficio hominis et civis secundum legem naturalem* (trad. latina de MASSON), Francofurti, 1758, lib. II, cap. XII.

[359] Cfr. ROUSSEAU, *Contrat Social* (cdic. Dreyfus-Brisac), París, 1896, lib. II, cap. VI, y sobre todo el prefacio al *Discours sur l'inégalité*.

garantizar coactivamente su observancia. En estos caracteres se reconoce el derecho positivo. Sentado esto, la costumbre, como formación jurídica natural y espontánea, no podía, para los recordados jusnaturalistas, encontrar lugar más que en el estado de naturaleza; en el estado civil debe ceder frente a la ley, que satisface por sí sola las exigencias de la positividad y de la racionalidad, o volver a ella. Sin embargo, sobrevive como el derecho natural con el cual se confunde, y sobrevive en la forma de una actividad moral análoga a la costumbre, de la que siempre extrae contenido y fuerza el derecho positivo[360]. THOMASIUS, que desdeñó recurrir a ficciones para reconducir la costumbre a la ley y combatió enérgicamente la opinión dominante que fundaba el derecho consuetudinario en el tácito consenso de lo imperante, fue lógicamente llevado a negar cualquier eficacia obligatoria a la costumbre, cuyo origen explicó mediante una sobrevivencia en el estado civil de la natural libertad del hombre[361]. Pero la costumbre debía perder valor y significado a los efectos jurídicos con la acentuación de la separación entre la esfera de la moral y la del derecho, sobre todo con la afirmación de la exigencia de la racionalidad en el orden jurídico. La conciencia de tal separación y de tal exigencia fue lo que tuvo precisamente THOMASIUS; pero solamente con KANT debía llegar a su completo desarrollo.

Otra dirección de pensamiento acerca de la naturaleza de la ley, e implícitamente de la costumbre, la vemos en los jusnaturalistas que identificaron el derecho natural y el derecho positivo, y lo derivaron ya de las necesidades y de las tendencias de la naturaleza humana (LOCKE) , ya de exigencias racionales (LEIBNIZ, WOLFF) , ya de la naturaleza misma de las cosas (MONTESQUIEU). El derecho natural no es, para ellos, un derecho que deba confinarse en un supuesto estado de naturaleza, sino el único, el verdadero derecho que se traduce en la ley explícitamente, y tácitamente en la costumbre. Según esta dirección, la esencia de la ley no reside en el comando del superior, en el elemento extrínseco de la coacción, sino en su conformidad con un orden natural o racional. Por otra parte, la costumbre no se justifica jurídicamente sobre la base de la repetición de los actos, sino solo en cuanto es expresión de un orden objetivo, de cualquier modo que se lo entienda, o sea, en cuanto es ella misma una *lex tacita*[362].

---

360 PUFENDORF, siguiendo a HOBBES, identifica el derecho natural con el derecho de gentes (al que por lo tanto niega el carácter de la positividad) y a este último lo considera como constituido por normas consuetudinarias que los diversos pueblos aplican por una especie de tácito consenso. Cfr. PUFENDORF, *Droit de la nature,* etc., cit., libro II, cap. III, § 23. ROUSSEAU hace de las costumbres una categoría aparte de leyes que interesan en sumo grado al legislador, cuyos reglamentos particulares «ne sont que le cintre de la voûte, dont les moeurs, plus lentes à naître, forment enfin l'inébranlable clef». Cfr. ROUSSEAU, *Contrat,* etc., lib. II, cap. XII. El mismo pensamiento retorna en el libro IV, cap. vii, del *Contrat* y con más amplios desarrollos en la *Lettre à D'Áiembert sur les spetacles* (edic. Didot, París, 1886), págs. 392 y 422.

361 Cfr. THOMASIUS, *De jure consuetudinis et observantiae,* (1699), de la que es continuación la disertación: *Morum cum jure scripto contentio* (1701).

362 BACON reconoció el carácter de una *lex tacita* a la costumbre «... Atque de consuetudine, quae legis species est, deque exemplis quae per frequentem usum, in consuetudinem transierunt, tamquam legem tacitam, suo loco dicemus . . .». Cfr. BACON, *De augmentis scientiarum,* lib. VIII, cap, III, *De justitia universali sive de fontibus juris,* Aph. 21. A pesar de su declaración de tratar de ella, nada escribió BACON sobre este punto. Sin embargo, parece que considera la costumbre más como medio de interpretación y de integración de la ley que como verdadera y propia fuente del derecho (id. Aph. 11). LOCKE, junto a las leyes de institución natural y civil, pone las leyes cuyas fuerzas proceden de la costumbre y tienen

En cuanto a la naturaleza y al fundamento de la ley, KANT debía resumir y superar el pensamiento de los jusnaturalistas, que oscilaba entre las exigencias de la racionalidad y las de la positividad. Con LEIBNIZ y con WOLFF identifica el derecho natural y el derecho racional, pero este último tiene, en su sistema, un significado esencialmente formal, es un producto *a priori* de la razón legisladora. Por otra parte reconoció, con PUFENDORF y sus partidarios, el carácter imperativo y coactivo de la norma; pero también entendió la positividad desde un punto de vista formal en relación con la voluntad del Estado, concebido como órgano del derecho. Mediante la conocida distinción entre la universalidad formal y la relatividad material del derecho, se abrió camino en la comprensión y resolución de las relaciones entre la ley y la costumbre. La ley es la forma esencial en que se revela la voluntad legislativa, pero el contenido es suministrado por la experiencia empírica. En un sistema filosófico que se proponía plantear las condiciones formales del derecho no había lugar para la costumbre, que por su origen y naturaleza interesaba particularmente al contenido empírico del derecho y como tal era objeto de investigación científica más que de especulación filosófica. Por otra parte, el atributo formal de la positividad que también KANT volvía a poner en la voluntad del legislador, no convenía a la costumbre, que era una formación espontánea, irracional. Las ficciones de los jusnaturalistas para reconducir la costumbre a la ley y para justificarla con el presunto consenso del legislador, no eran más que la prueba de su impotencia para superar el dualismo entre las exigencias racionales y empíricas del derecho. Toda la especulación kantiana fue una reacción contra semejantes hibridismos: antes que conciliar, tendió a separar los elementos materiales, irracionales del derecho, de los elementos necesarios y universales. Ninguna referencia hay por lo tanto en la *Rechtslehre* a la costumbre como fuente del derecho: única y exclusiva fuente es la razón práctica que deriva el derecho del concepto de libertad con un proceso rigurosamente deductivo[363].

A los esfuerzos de la especulación dirigida a contraponer al derecho empírico, condicionado en el tiempo y en el espacio, la universalidad abstracta de la norma de razón, reconocida y realizada por el Estado, se contrapone en el dominio de los hechos la tendencia a reducir todo el derecho positivo a la norma declarada e impuesta por la voluntad del soberano. La expresión concreta de esta tendencia fue el movimiento para la codificación. Favorecida por la exigencia práctica de tener un derecho cierto, igual, racional, la codificación marcó la condena definitiva de la costumbre como fuente del derecho. Y en esta aversión a la costumbre concordaban tanto los fautores del absolutismo como los apóstoles de la soberanía popular: los unos en homenaje al principio de la autoridad soberana del Estado, los otros por reacción al pasado, por amor de libertad y de igualdad. La causa de éstas pareció mejor garantizada por la ley escrita y codificada que por la costumbre, por la cual se perpetuaban y se justificaban injusticias seculares.

En el Código prusiano (1794) la costumbre, aunque sea en línea excepcional y condicionada, conserva valor de fuente del derecho. No debe olvidarse que el Có-

---

la sanción de la opinión pública. Cfr. LOCKE, *Essai sur l'entendement humain* (tr. Coste), Amsterdam, 1742, lib. II, cap. XXVIII, §§ 6-10; id., *Du gouvernement civil,* Amsterdam, 1755, cap. X. La importancia de los usos y de las costumbres fue particularmente subrayada por MONTESQUIEU en el *Espíritu de las Leyes.* En LEIBNIZ y en WOLFF la existencia de la costumbre como ley de razón tácita está en la lógica de su sistema.

363 Cfr. GIERKE, *Althusius,* etc., pág. 304.

digo prusiano no rompe enteramente con lo pasado, y que experimenta la influencia del derecho germano. Sin duda, también para el legislador prusiano la costumbre ha dejado de existir como fuente general del derecho, pero sobrevivió en los códigos provinciales y continuó invocándose en los casos no previstos por el Código[364]. Pero ya en el Código napoleónico no se habla más de la costumbre como fuente del derecho[365], y el Código austríaco, que experimenta particularmente la influencia kantiana, declara esto expresamente[366].

Mientras los Códigos traducían en normas el estado de las mentes y de los ánimos adverso a la costumbre, en Alemania se preparaba con el romanticismo su exaltación y su preeminencia en las relaciones con la ley. En efecto, el romanticismo rehabilitaba lo irracional, lo individual concreto, las manifestaciones colectivas; restauraba contra el imperio de la razón la autoridad del sentimiento, de las actividades espontáneas, inmediatas, del espíritu, originando la fe en el alma popular, de donde la costumbre tanto en el orden ético cuanto en el orden jurídico constituye las más características creaciones.

La doctrina de las fuentes del derecho vino a confundirse así con el problema mismo del origen y de la naturaleza del derecho, a reflejar en la forma más categórica las tendencias y las finalidades de la nueva dirección histórica. No solo la costumbre se eleva a dignidad de fuente autónoma del derecho, sino que aparece para los representantes del historicismo como la única, la verdadera fuente del derecho de la que todas las demás extraen vida y significado. Al culto por la ley y por la razón escrita sucede la idolatría por la costumbre, expresión viva de la conciencia jurídica popular.

Solo por un equívoco, y casi como para atemperar su novedad, SAVIGNY y PUCHTA presentaron su doctrina de las fuentes del derecho en armonía con la tradición romana[367]. Y verdaderamente los antiguos conceptos de que el derecho es una formación natural, que deriva su origen y su razón última del pueblo, que los juristas elaboran un material jurídico existente y en la ley se refleja el sentimiento jurídico popular, que entre las varias fuentes no hay conflicto sino íntimo acuerdo e

---

364 Cfr. *Allg. Landrecht f. die Preuss. Staaten* (1794), *Publicationspatent,* § 1, 7; §§ 3 y 4; FÖRSTER-ECCIUS, *Preuss. Privatrecht,* 7ª edic., Berlín, 1896, I, § 16; DERNBURG, *Lehrbuch d. Preuss. Privatrechts,* 4ª edic., Halle, 1884, I, §§ 15 y 21.

365 Algunos sostuvieron (por ej., GÉNY) que la obligación impuesta al juez por el Código napoleónico en el sentido de resolver de cualquier manera la controversia sin poder alegar la oscuridad o el defecto de la ley (Titre prél., art. 4) es el reconocimiento implícito de la costumbre, como fuente del derecho. Pero esto no resulta de las discusiones que se entablaron en torno al art. 4°, pues en ellas solo se habla de equidad natural, de principios racionales como de fuentes integrativas y subsidiarias, mas no se advierte en nadie referencias al derecho consuetudinario. Cfr. LOCRÉ, *Législation civile,* etc. Bruxelles, 1836, vol. I, págs. 218 y sigs.

366 Cfr. *Oesterr. all. bürg. Gesetzbuch,* Einl., § 10; ZEIIXER, *Commentario sul Codice civ. austriaco* (trad. ital. de Carozzi), Milán, 1815, vol. I, págs. 84 a 87; OFNER, *Der Ur-Entwurf und die Berathungs-Protokolle des oesterr. allg. bürg. Gesetzbuch,* Wien, 1889, tomo I, sesión del 11 de enero de 1802, pág. 25; KRAINZ, *System des österr. allg. Privatrechts* (5ª edic. cuidada por Pfaff), «Wien, 1913, I, §8, págs. 47-50; TILSCH, *Das allg. B. G. und die Gewbubeiten,* etc., en *Festschrift zur Jahrhundertfeier des allg. B. G.,* 1°, junio 1911, Wien, 1911, págs. 37 y 38.

367 También LAMBERT considera erróneamente la doctrina de SAVIGNY y de PUCHTA con respecto a la costumbre como un aspecto de la doctrina romano-canónica. Cfr. LAMBERT, *La fonction,* etc., I, págs. 127 y 128.

integración, parecen volver en la doctrina de Savigny y de Puchta, aunque con los caracteres de una conciencia jurídica más madura, con la ayuda de un análisis psicológico más profundo. Pero por las analogías no hay que olvidar las diferencias sustanciales. Por el órgano que la expresa, por la naturaleza de las normas en que se concreta, la costumbre apareció para los romanos como fuente imperfecta del derecho, incompatible con las exigencias de una conciencia jurídica avanzada. Por eso vemos en Roma cómo, bajo la acción de la jurisprudencia, la costumbre se trasforma tanto por el lado formal como por el lado material. El juez se convierte en el órgano del derecho y a través de sus decisiones la norma consuetudinaria se determina y se desarrolla. El jurisconsulto completa su obra aplicando la lógica y reduciendo a sistema racional el material jurídico. Resumiendo la ley escrita las diversas fases del proceso, compone en una unidad las exigencias materiales y formales de la conciencia jurídica. Por lo tanto, si la costumbre cesa como tal de ser fuente del derecho, revive, en cambio, de continuo en la jurisprudencia, en la doctrina, en la legislación, que de ella extraen elementos de vida y de desarrollo[368].

En cambio, en la doctrina histórica, la costumbre se eleva a dignidad de fuente autónoma y preeminente del derecho. La unidad del derecho, que antiguamente era el resultado de un proceso natural y que se mantiene sustancialmente a través de la variedad de los órganos por los que se reconoce y aplica, en los partidarios de la dirección histórica se entiende como reducción de todas las fuentes a la costumbre. En el concepto clásico el *populus,* de cuyo consenso derivan su fundamento la ley y la costumbre, es una abstracción exenta de vida y de significado real: en la doctrina de Savigny y de Puchta es un organismo viviente en continuo desarrollo, es una individualidad histórica y psicológica. Los antiguos hacían remontar la costumbre hasta la ley, y entendieron a ésta como la fuente por excelencia, por lo menos desde el punto de vista formal: en la nueva dirección histórica se hace remontar la ley hasta la costumbre, y de ésta deriva su valor y significado.

Por otra parte, Savigny y Puchta formularon su doctrina conscientemente o inconscientemente sobre la base de supuestos filosóficos absolutamente extraños a los antiguos. Vivieron en una edad de reacción y de restauración en el dominio del

---

368 La expresión de *jus non scriptum* empleada por los romanos, tiene significado negativo y deriva su valor de lo contrapuesto al derecho redactado en forma legislativa. Ella no se identifica con la costumbre *(consuetudo, mos)* a la que los romanos no reconocieron valor jurídico sino a través de la sentencia del pretor o el responso de los jurisconsultos. Fuentes verdaderas y propias del derecho entre los romanos, fueron durante largo tiempo el *jus civile* y las *leges;* pero éstas eran fuentes en un sentido puramente formal, pues en lo que respecta al contenido ellas reflejaban la conciencia general jurídica. La transformación de la costumbre en una fuente verdadera y propia del derecho, análoga a la ley, data precisamente de las épocas en que se viene afirmando al margen de la ley escrita y a veces en contraste con ella, una conciencia jurídica nueva o diversa. Esto ocurrió en los últimos tiempos del imperio romano con la importancia cada vez mayor adquirida frente al Estado y a la ley común por las provincias y por las costumbres locales sobre todo en la esfera del derecho privado. A esta época, en efecto, remonta la teoría romana de la costumbre (cfr. Pacchioni, *Corso di diritto romano,* I. Innsbruch, 1905, págs. 405 y sigs.; Ehrlich, *Grundlegung der Soziologie des Rechts,* München, 1913, págs. 352-355). El acuerdo entre la conciencia jurídica general expresada por la ley y las costumbres que expresan la conciencia jurídica particular no siempre es posible; entonces surge el conflicto que prepara nuevas formas de vida jurídica. De ello tenemos un ejemplo notable en la Edad media en la lucha sostenida por los nuevos derechos particulares contra la Iglesia, poco propensa a favorecer la costumbre.

derecho: de reacción contra el jusnaturalismo que había elevado la ley y la razón individual a órgano no solo formal, sino material del derecho; de restauración de los elementos naturales y de los valores colectivos en la formación del derecho. Esto estaba en relación con la nueva conciencia filosófica engendrada por el romanticismo. Mientras el problema del derecho se entiende como problema de la libertad exterior, de la personalidad individual y racional, solamente la ley podía traducir sus exigencias. Pero en el historicismo son las necesidades, las aspiraciones de la vida colectiva, las que engendran el derecho y lo engendran en la forma natural y espontánea de la costumbre. No es, pues, por el concurso de elementos formales, exteriores, que se justifica la costumbre, sino por el espíritu popular que vive en ella y se revela en actos uniformes largamente repetidos. En la ley la razón individual se eleva a la universalidad de la norma, en la costumbre el espíritu colectivo se traduce en actos individuales y concretos.

Condición necesaria y suficiente para la existencia de la costumbre en la doctrina de Savigny y de Puchta es el factor interno psicológico, la conciencia colectiva de la obligatoriedad y necesidad jurídica de la norma y de la garantía[369]. *La opinio juris, la opinio necessitatis* que en la doctrina tradicional de la costumbre era requisito exigido en los individuos, en la nueva doctrina histórica se convierte en convencimiento de todo el pueblo entendido como unidad nacional. Para la existencia de la ley era condición formal la universalidad y necesidad del principio por ella proclamado; para la existencia de la costumbre el estado psicológico colectivo de convencimiento de la exigencia jurídica de la norma.

La lógica de la doctrina llevó a Savigny, y sobre todo a Puchta, a considerar la repetición de los actos exteriores como simple medio de conocimiento de la costumbre, no como condición esencial de existencia de la misma[370]. En esto no fueron seguidos por Stahl, quien concibió reunidos en la costumbre el elemento interno psicológico y el elemento externo, constituido por la práctica de los actos en que se traduce el convencimiento común[371]. Y mientras este último para Savigny y para Puchta atestigua simplemente que existe algo como derecho, para Stahl significa sobre todo que un derecho debe existir por ser esencialmente justo, es decir, conforme a un ordenamiento ético-religioso del mundo, del que la costumbre es el reflejo empírico, subjetivo[372]. Es la exigencia deontológica de los jusnaturalistas que resurge en la doctrina de la costumbre de Stahl, mientras para Savigny y Puchta la conciencia jurídica colectiva se identifica con el mismo derecho positivo, abstrayendo, sin negarlo, de un orden ético objetivo que está por encima de él.

La unificación de las fuentes del derecho que la edad del jusnaturalismo había buscado en el derecho superior de naturaleza y de razón, reconduciendo al derecho positivo a sus diversas formas, la busca el historicismo, como en la antigüedad, en el dominio mismo del derecho positivo, en su proceso natural de formación, fundándose en la costumbre que pareció representar en todo tiempo la formación

---

369 Cfr. Savigny, *Sistema,* etc. (traduc. Scialoja), I, § 7, § 12, § 29. pág. 191; Puchta, *Gewohnheitsrecht, I,* etc., págs. 141 y sigs.

370 Cfr. Savigny, *op. cit., I,* pág. 163; Puchta, *op. cit., I,* págs. 170 y sigs.; id., *Istituzioni,* etc. (traduc. ital. de C. Poli, Milano, 18 58), I, Introd., § 13.

371 Cfr. Stahl, *Die Philosophie des Rechts,* n (3ª edic.), pág. 238.

372 Cfr. Puchta, *op. cit.,* pág. 141; Savigny, *op. cit., I,* págs. 190 y 191; Stahl, *op. cit.,* II, pág. 234.

natural, y expresar la razón social del derecho. Con esto se evitaba el dualismo entre derecho natural y positivo, pero con el sacrificio de las exigencias racionales del derecho a las cuales habían obedecido los jurisconsultos romanos.

Por obra de SAVIGNY y de PUCHTA penetra en la doctrina de las fuentes del derecho el elemento nuevo del desarrollo. En la edad anterior, la doctrina de las fuentes del derecho había sido formulada con un fin esencialmente práctico: ella tendía a fijar el derecho eterno de razón, a traducirlo en normas adecuadas para facilitar la obra del juez en su aplicación. En la doctrina histórica las fuentes del derecho expresan la vida misma del derecho en su incesante devenir, y se presentan como las fases de un proceso que abarca toda la vida del pueblo. Por ella la teoría de las fuentes del derecho asume la dignidad de una teoría científica que se propone explicar cómo surge el derecho, cómo se justifica. Se afirmó que en el pensamiento de los fundadores de la escuela histórica la costumbre es la causa y la justificación del derecho. Causa única y verdadera del derecho es la conciencia popular, que en forma y grado diversos se revela en la costumbre, en la ley, en el derecho científico. Pero, a diferencia de las otras fuentes, en la costumbre la conciencia jurídica popular se revela inmediata y necesariamente. Solamente en ella el pueblo es consciente de su derecho, lo vive y lo aplica directamente. Y si la legislación y el derecho científico son más bien signos reveladores, a menudo imperfectos, del derecho tal cual vive en la conciencia popular, solo la costumbre es su expresión verdadera, la forma natural y necesaria en la que vive y existe.

Por esta identificación de la costumbre con la conciencia jurídica popular, la costumbre bien puede considerarse como fuente originaria del derecho, a la que todas las otras fuentes se vuelven. El pensamiento de la escuela histórica, a pesar de desarrollos y desviaciones aparentes, permaneció al respecto sustancialmente invariado. La legislación, el derecho científico, tienen forma, pero no contenido propio. El derecho popular se reproduce en ellas en forma refleja, determinada, lógica. La actividad intelectiva y volitiva, al desarrollarse de las formas originarias del sentimiento y del instinto, trasforma los productos de la conciencia jurídica colectiva en las formas reflexivas del derecho científico y de la ley escrita. Legisladores y juristas son órganos que obran en representación del pueblo: son los intérpretes del derecho popular que unos adaptan a las exigencias cada vez más variadas y complejas de la vida común, y los otros elaboran y reducen a sistema en vista de una exigencia lógica.

Derecho legislativo y científico se distinguen entre sí y del derecho consuetudinario sobre todo por la forma. La exigencia práctica de un derecho cierto, claro, uniforme, engendra la legislación que se desarrolla por un proceso de selección y de determinación del derecho consuetudinario y traduce en forma imperativa y en norma abstracta y general el contenido indiferenciado e indeterminado de la conciencia jurídica popular.

Reducir el derecho a forma lógica y sistemática es cometido especial de los juristas. Más que a satisfacer exigencias prácticas, a traducir el derecho popular en normas imperativas, los juristas trabajan para investigar los principios profundos y latentes del derecho, para plantear las premisas teóricas por las cuales el contenido de la conciencia jurídica popular toma forma y carácter de un organismo lógico. Pero las finalidades prácticas no son extrañas a la obra del jurista, que mediante la lógica puede extender indefinidamente el campo de aplicación del derecho integrando las lagunas de la legislación, estableciendo relaciones entre las diversas instituciones, engendrando nuevas normas, nuevas aplicaciones del derecho[373].

Pasando de SAVIGNY a PUCHTA y a STAHL, la doctrina de las fuentes del derecho se desarrolla y progresa a medida que se desarrolla y progresa la conciencia filosófica. En SAVIGNY no hay ningún esfuerzo para llevar las fuentes del derecho a un orden objetivo de relaciones, en el que, sin embargo, cree. Se detiene en el espíritu popular y deja indeterminada la relación de este último con la realidad universal. Por eso las diferentes fuentes del derecho se presentan en SAVIGNY como aspectos o desarrollos del espíritu popular generador del orden jurídico. La ley es entendida por él como subsidio y complemento del derecho consuetudinario, mientras el derecho científico es el mismo derecho consuetudinario elaborado por la conciencia meditada de los juristas[374].

En PUCHTA, que tiene una conciencia más viva de las relaciones entre el orden jurídico y el orden moral, la exigencia racional del derecho, que refleje un orden más amplio y elevado de relaciones, está explícitamente afirmada como justificación de las diversas fuentes del derecho. Llega a reconocer la autonomía formal de la ley y del derecho científico respecto al derecho consuetudinario. La ley adquiere, por la forma en que es promulgada, un valor y una autonomía propia, abstracción hecha del contenido, es decir, de la conformidad a la voluntad popular. Por otra parte, el derecho que vive en la conciencia de los juristas, por la forma lógica que reviste, es un producto original e independiente[375].

Finalmente en STAHL la teoría de las fuentes del derecho no se justifica sino sobre el fundamento de un orden jurídico objetivo preexistente. El derecho es una realidad objetiva que se revela exteriormente a través de la conciencia inmediata del pueblo en la costumbre, a través de la conciencia reflexiva de los juristas en la ciencia, mediante la voluntad del soberano en la ley. El pueblo, los juristas, el legislador, por distintos caminos, traducen la idea eterna de lo justo; solamente de ésta ellos derivan su autoridad, y no del hecho de ser órganos de la conciencia jurídica popular[376].

Por lo tanto, la doctrina de las fuentes del derecho es una nueva prueba de que la idea de un orden objetivo fundamento del derecho, solamente en STAHL toma forma y significado filosóficos, mientras que en PUCHTA, y sobre todo en SAVIGNY, se presenta con los caracteres de una creencia oscura y vaga, por más que sea viva y profunda. La doctrina histórica era en ellos celosamente conservada en el ámbito de la vida jurídica, y no entraba aún en una concepción filosófica de la realidad.

---

373 Sobre la relación entre las diversas fuentes del derecho, es interesante lo que dice SAVIGNY en un *Kollegienheft* de 1819, del que EHRLICH tuvo casualmente noticia y que trascribe en la pág. 360 de la obra citada: *Grundlegung,* etc.

374 Cfr. SAVIGNY, *Sistema,* etc., I (traduc. ital.), §§ 13, 14, 15.

375 Cfr. PUCHTA, *Istituziani,* etc., Introduc., §§ 12, 13, 14, 15.

376 Cfr. STAHL, *Philosophie des Rechts,* etc., II, §§ 18, 19, 20 y 22. STAHL no reconoce a la ciencia del derecho el carácter de fuente del derecho en sentido técnico. Esta es, por cierto, un elemento de la conciencia jurídica general, no una verdadera y propia fuente, como la costumbre, la ley, la práctica forense. El concepto de fuente del derecho implica para STAHL un órgano mediante el cual el derecho está fijado y adquiere valor y fuerza de aplicación. La determinación exterior es un momento tan esencial para el derecho, como la conciencia nacional de que procede. Este esencial momento falta a la ciencia del derecho. La *communis opinio doctorum,* lo mismo que la del pueblo, es aun demasiado libre e indeterminada como para valer cual fuente del derecho. Cfr. STAHL, *Phil. d. Rechts,* etc., II, § 23.

Pero a los fines de nuestra tesis interesa sobre todo destacar que la doctrina de las fuentes elaborada por la escuela histórica, reflejaba una nueva orientación de los estudios jurídicos en su aplicación al derecho privado. La importancia reconocida a la costumbre respecto a la ley, era consecuencia del origen colectivo, de la naturaleza social del derecho; era la forma bajo la cual la reacción contra el individualismo jurídico de la edad precedente se manifestaba exteriormente. Si el derecho surge de la fuente perenne e inagotable de la conciencia popular, históricamente se traduce en la costumbre, mientras que la razón individual, expresada en la ley, no hace más que comprenderlo y reducirlo a forma lógica. Sin embargo, todas las relaciones jurídicas de índole privada debían comprenderse y justificarse a la luz de la nueva doctrina, lo que significaba no ya considerarlas como formas abstractas de la personalidad individual, como deducciones lógicas de la libertad externa, sino como manifestaciones vivas y concretas del alma colectiva, reflejo empírico de un orden objetivo superior. El supuesto sobre el que descansa la doctrina histórica de las fuentes del derecho es que el individuo y las relaciones interindividuales no existen sino como abstracciones carentes de valor y de significado; la nueva realidad que ella afirmaba, era la colectividad nacional de la que son miembros los individuos y de quien proceden la vida y la dirección de sus actividades[377].

Las polémicas suscitadas en Alemania respecto de la codificación no eran más que el reflejo aun incierto y confuso de la nueva conciencia jurídica que, por obra de SAVIGNY, iba madurando.

HISTORICISMO Y CODIFICACIÓN. MOVIMIENTO EN FAVOR DE LA CODIFICACIÓN EN ALEMANIA Y SUS CARACTERES. OPOSICIÓN DE SAVIGNY A LA CODIFICACIÓN: SU FUNDAMENTO Y SUS LÍMITES. CODIFICACIÓN Y LEGISLACIÓN. DOCTRINA DE SAVIGNY RELATIVA A LA CODIFICACIÓN.

23. EL RACIONALISMO jurídico había encontrado en la codificación la forma correspondiente al orden de ideas que él representaba. El ideal de un derecho de razón verdadero o supuesto, de una sistematización lógica de la materia jurídica, parecía ya alcanzado con los códigos. El movimiento por la codificación tal como se vino realizando y desarrollando en el siglo XVIII no tiene parangón en la historia. Pues si en otros tiempos se advirtió la necesidad de recoger, coordinar, sistematizar el derecho positivo vigente (cuyos ejemplos clásicos nos los ofrecen la codificación justinianea y canónica), solamente en el siglo XVIII esta necesidad fue determinada, además que por razones prácticas y políticas, también y sobre todo por razones teoréticas, por exigencias lógicas y doctrinales. La tradición jurídica, sobre todo romana, no fue entonces en la práctica desconocida, sino sometida a las nuevas exigencias formales, modificada hasta el punto de ser verdaderamente la expresión de la nueva conciencia jurídica madurada en dos siglos de especulación. Y si por una parte, esta conciencia era aspiración a un derecho cierto, uniforme, unitario, emanación de la razón iluminada del legislador, por el otro lado era tendencia a resolver el derecho privado en un sistema de relaciones lógicas, abstractas, interindividuales. Los códigos prusiano, francés y austríaco fueron la realización gradual y progresiva de la nueva aspiración de los tiempos.

[377] De esto tuvo clara y perfecta conciencia PUCHTA en la crítica al escrito de BESELER, donde dice que la escuela histórica abrió un nuevo camino en los estudios jurídicos. «Sie ging auf den Begriff des *Nationellen* zurück, und erkannte in diesem den natürlichen Grund des Rechts und des Staates».

También en Alemania un movimiento análogo, una tendencia análoga en favor de la codificación entendida con criterios del siglo XVIII, había no solo penetrado sino también alcanzado difusión amplia. Prescindiendo de las razones prácticas que la imponían, de las razones políticas que la aconsejaban como medio para consolidar la unidad nacional ya alcanzada, del ejemplo de los códigos prusiano y francés, había toda una tradición de pensamiento desde LEIBNIZ a WOLFF, y a KANT, en favor de la unificación del derecho privado en Alemania[378]. Y THIBAUT, que se hizo intérprete de esta tradición y de estas aspiraciones en un momento particularmente favorable de la vida nacional alemana, recogió en torno a su proyecto de un código único el consenso universal[379].

Debería considerarse, pues, inoportuna, inexplicable, la oposición de SAVIGNY si no hubiera sido provocada por razones teóricas que reflejan la naturaleza misma del derecho. Los argumentos de SAVIGNY para demostrar que las condiciones especiales de los estudios jurídicos en Alemania no permitían en esa época intentar con éxito la codificación del derecho privado, por más que están aislados de la doctrina histórica expuesta en la *Vocación,* pierden valor frente a la cuestión de principio implícita en la codificación. Tales argumentos no prueban nada contra esta última, mientras que pueden ser decisivos contra la codificación hecha en ciertas condiciones de tiempo y de lugar.

Aun hoy se discute si la aversión de SAVIGNY a la codificación era absoluta o relativa. Es opinión dominante de que solo relativamente a su época SAVIGNY era adverso a la codificación[380]. Esta opinión parece confirmase en el título mismo del ensayo de SAVIGNY, en las expresiones que aparecen a menudo de *unser Beruf, unsere Zeit, wir, jetzt,* etc., en las concesiones hechas por SAVIGNY mismo en la *Vocación* y en el *Sistema* al principio de la codificación, sobre todo en el reconocimiento explícito de la codificación particular *(Einzelgesetzgebung)*[381]. Pero no puede negarse que los estudios históricos han preparado las condiciones favorables para la codificación del derecho privado alemán[382].

Otros, en cambio, sostuvieron la incompatibilidad absoluta y no solo relativa de la codificación con la doctrina histórica expuesta en la *Vocación*[383]. Las concesiones hechas por SAVIGNY al principio de la codificación tienen carácter subsidiario y son sugeridas, a lo más, por razones extrínsecas de índole práctica y política. El equívoco podía surgir tanto más fácilmente en cuanto que SAVIGNY trató en un breve escrito la cuestión de la codificación desde múltiples puntos de vista, y no siempre distinguió las razones de principio de las consideraciones de oportunidad que a

---

378 Cfr. SCHWARTZ, *Die Geschichte der privatrechtlichen Kodifikationsbestrebungen in Deutschland* (en «Archiv. f. burg. Recht», vol. I, 1889, págs. 38-57).

379 Cfr. SOLARI, *supra,* § 6; STERN, *Thibaut und Savigny,* Berlín, 1914, para la difusión de la idea de la codificación en Alemania según los criterios del siglo XVIII (págs. 8-13).

380 De esta misma opinión son, entre los más autorizados, BERGBOHM *(Jurisprudenz,* etc., I, pág. 527, nota 54), MANIGK *(Savigny und der Modernismus im Recht,* Berlín, 1914, pág. 44, nota 71).

381 Cfr. SAVIGNY, *Beruf,* etc., edic. 1892, págs. 79 y sigs.; *Sistema,* etc., I, págs. 39 y sigs.

382 Cfr. SCHWARTZ, *op. cit.,* págs. 8 5 y sigs.

383 De esta opinión son: SCHWARTZ, *op. cit.,* pág. 69; GIERKE, *Die hist. Rechtsschule und die Germanisten,* Berlín, 1903, págs. 41, 19, con los autores aquí citados; LANDSBERG, desde 1890 en el *All. Deut. Biographie,* voz *Savigny,* y más ampliamente en la *Geschichte der deut. Rechtsswiss., III,* 2 (1910), pág. 202; STERN, *op. cit.,* págs. 19 y 20.

veces podían aconsejarla[384]. Por lo demás, sabemos que estas últimas, más que aquéllas, determinaron el fracaso temporal de la tesis de THIBAUT[385].

STERN ha demostrado ampliamente que el pensamiento de SAVIGNY, no expuesto claramente en la *Vocación,* fue entendido también por autorizados contemporáneos, como SCHRÄDER, W. GRIMM, GÖNNER, en el sentido de una condena incondicionada de la codificación. En los escritos polémicos que siguieron a la publicación de la *Vocación,* SAVIGNY reafirma su pensamiento absolutamente contrario a la codificación, sobre todo en la recensión de SCHRÄDER y en la respuesta a GÖNNER[386].

Entre estas opuestas opiniones, nos inclinamos por la unidad del pensamiento de SAVIGNY y creemos que era coherente con los principios históricos, ya sea al condenar la codificación, sea al reconocer en determinados casos y bajo ciertas condiciones su oportunidad y necesidad. SAVIGNY se pronunció indudablemente por la condena absoluta y no solo relativa (como sostiene BERGBOHM) de la codificación entendida como sistematización filosófica del derecho privado, realizada con criterios y con métodos del racionalismo jurídico, o sea de la codificación como solo podía efectuarse en la época en que escribía la *Vocación* y en la forma en que la proponía THIBAUT. En el escrito de este último en favor del código único había implícita una contradicción insanable, que era el reflejo de los tiempos y del estado general de los ánimos y de las mentes con respecto a los problemas concernientes a la vida moral y política. En THIBAUT, la conciencia del siglo XVIII, con sus aspiraciones por un derecho ideal y uniforme, por la unidad legislativa, se unía al sentimiento no menos vivo de la realidad histórica, por una parte, y de la unidad política y nacional del pueblo alemán, por la otra. THIBAUT tenía la ilusión de que la codificación podía satisfacer estas múltiples exigencias, que reflejaban corrientes de pensamiento diversas y opuestas. Racionalismo y nacionalismo eran términos incompatibles en tanto la relación entre el derecho ideal y positivo era entendida, como THIBAUT lo comprendía, en términos kantianos. La codificación, realizada con los criterios del racionalismo y del universalismo revolucionario, no se conciliaba con la vigorosa afirmación de la individualidad nacional, con el empirismo y con el relativismo romántico. Es cierto que, a pesar de la exigencia del método y de la investigación histórica proclamada por THIBAUT, a pesar de la defensa hecha por él del derecho germano y la áspera crítica del derecho romano, a pesar de su abierta profesión de fe nacionalista, THIBAUT concebía la codificación alemana con los criterios del racionalismo jurídico que había hecho del derecho romano una especie de *ratio scripta* y que era íntimamente hostil al nacionalismo jurídico particularmente alemán.

SAVIGNY no pasó por alto la contradicción en que se debatía THIBAUT y la imposibilidad de satisfacer las nuevas exigencias de la conciencia nacional y jurídica alemana con los principios y los métodos del racionalismo jurídico. La unidad del derecho, su nacionalidad, estaba mejor garantizada por las nuevas corrientes románticas que por las abstracciones jurídicas y el cosmopolitismo revolucionario. De aquí la posición tomada por SAVIGNY, de oposición absoluta e

---

384 Esto explica las frecuentes alusiones a las condiciones de los estudios y de la práctica jurídica de la época en que escribía, como también la conve-niencia de códigos particulares. Cfr. *Beruf,* edic. cit., págs. 79 a 81.

385 Lo reconoce el mismo SAVIGNY: «Im Ernst wird Niemand behaupten, dass ohne jene Stimmen ein allgemeines Gesetzbuch wahrscheinlich», en «Apéndice», edit. cit. del *Beruf,* pág. 105.

386 Cfr. STERN, *op. cit.,* págs. 21 y 22.

irreductible a la propuesta de codificación formulada por THIBAUT. Y en esta oposición se mantuvo constantemente[387].

Nosotros no vemos, sin embargo, cómo, por esta posición de SAVIGNY frente al movimiento por la codificación, tal como se había venido realizando y perfeccionando en los tres códigos de la época, se puede extraer la consecuencia de que él era contrario a la codificación bajq cualquier forma. Es un hecho que la crítica dirigida por SAVIGNY en la *Vocación,* apunta constantemente no contra la codificación en general, sino contra los proyectos de codificación que inundaban a Alemania en esa época y que eran «in Verbindung mit einer allgemeinen Ansicht von der Entstehung alles positiven Recht», según el cual cada hecho deriva normalmente «aus Gesetzen, d. h. ausdrücklichen Vorschriften der höchsten Staatsgewalt»[388]. Por lo tanto, no es la codificación en cuanto tal que critica SAVIGNY, sino la codificación en cuanto era expresión de una dirección filosófica determinada. En otra parte, encontramos en la *Vocación* las condiciones bajo las cuales se hace posible la codificación, y no faltan las referencias a un nuevo sistema de codificación[389]. Y si la crítica a los códigos existentes y a las propuestas de un código único constituyen la parte más importante de la *Vocación,* esto se comprende dado el objeto y el carácter polémico del ensayo. No nos parece justificada la tendencia de PUCHTA y de STAHL, en el sentido de presentar la codificación en general como incompatible con la doctrina histórica[390], mientras creemos que han estado más en la verdad BESELER y CHRIST al comprender la codificación a la luz de la doctrina histórica, desarrollando gérmenes contenidos en la *Vocación*[391].

Fuente principal de equívoco y disensiones en torno a este punto esencial de la doctrina histórica, fue el haber descuidado fijar la verdadera posición de SAVIGNY con respecto a la legislación y, en consecuencia, con respecto a la codificación de la que es la expresión formal más alta y perfecta. Solo por razones de contraste la actitud de SAVIGNY acerca de la legislación pudo a veces aparecer negativa y hasta

---

387 Cfr. de SAVIGNY la *Vorrede* a la 2ª edic. del *Beruf,* de 1828. STERN *(op. cit.,* pág. 23 5, nota 1) recuerda que en la Biblioteca del Ministerio de Justicia prusiano, se halló copia del *Beruf* (3ª edic., 1840), en cuya primara página está escrita de puño y letra de SAVIGNY esta sentencia (tomada de las *Instituía Lacónica de Plutarco):* «Nosotros somos aún vigorosos; si tú quieres, prueba».

388 Cfr. SAVIGNY, *Beruf,* etc. Einl., pág. 4.

389 Cfr. SAVIGNY, *Beruf,* etc., págs. 10, 12 y sigs., 27, 79 y sigs., 94 y sigs.

390 Cfr. PUCHTA, *Etwas zur Beruhigung für fehlgeschlagene Hoffnungen auf baldige Einführung neuer deutscher Gesetzbücher,* en «Zeits. f. Civilrecht und Prozess», 1939, tomo XIII, págs. 124 y sigs.; id., *Kritik von G. Beselers Volksrecht und Juristenrecht,* en *Jahrbüchern für Wissens. Kritik,* 1844, 1; STAHL, *Phil. d. Rechts,* tomo 2 (3ª edic.), I, págs. 244 y sigs.

391 Cfr. BESELER, *Volksrecht und Juristenrecht,* Leipzig, 1843, págs. 64 y sigs., págs. 230 y sigs. Es interesante la carta dirigida por SAVIGNY en fecha 13 octubre 1843 a BESELER, que le había dejado su obra. Está publicada en *Erlebtes und Erstrebtes* de BESELER (Berlín, 1884, pág. 253). En ella SAVIGNY se defiende de la acusación de no haberle dado debida importancia, en su *Beruf,* a la legislación, y reafirma su aversión condicionada a la codificación. ANTÓN CHRIST es el autor de un ensayo titulado: *Ueber deutsche Nationalgesetzgebung. Ein Beitrag zur Erziehlung gemeinsamer für ganz Deutscbland gültiger Gesetzbücher und zur Abschaffung des römischen und des französischen Rechts insbesondere,* Karlsruhe, 1840, 2 agosto 1842. GIERKE dice de él *(Die historische,* etc., cit., notas 38 y 80) que «zuerst die Kodification aus geschichtlichen und organischen Gesichtspunkten begründet». Cfr. DE CHRIST también: *Verwirklichung der deutschen Nationalgesetzgebung,* en «Deutsche Vierteljahrsschrift», 1850, 2, págs. 36 y sigs.

hostil. Y sin embargo, no solo en el sistema, sino en muchos pasajes de la *Vocación* se proclama claramente la importancia, la dignidad y la necesidad de la legislación. Es que no podía ser de otra manera[392]. Entender la legislación a la luz de la doctrina histórica fue el propósito constante de SAVIGNY. Pero, para menospreciar su valor y autoridad habían contribuido en grado mucho mayor los partidarios de la escuela racionalista, que la identificaron con el derecho de razón, derivando el contenido de éste de esquemas lógicos carentes de significado real. Para SAVIGNY, la legislación es una fase necesaria de la vida del derecho; es el mismo derecho popular en forma abstracta, normativa. Colmando lagunas, resolviendo dudas, integrando y a veces sustituyendo la formación espontánea del derecho, armonizando y unificando las diversas instituciones jurídicas, la legislación es factor primordial, esencial, del progreso jurídico. Ella fija temporariamente el derecho, pero no lo inmoviliza: acompaña su desarrollo y lo hace posible y durable. No escaparon a SAVIGNY todas las imperfecciones del derecho consuetudinario, y éste está muy lejos de tener en su sistema el significado y la preponderancia que fue adquiriendo en PUCHTA[393]. La costumbre es una fase necesaria, pero primitiva, del derecho; mediante la legislación se determina y se hace susceptible de desarrollo. Solo en cuanto la legislación se aparta del alma popular y no traduce sus elementos de vida perennes, se convierte en superflua o dañina.

La legislación así entendida no excluye, sino prepara la codificación como la más alta forma en que pueda traducirse la materia jurídica. SAVIGNY estuvo contra la codificación entendida como sistematización filosófica de la realidad jurídica, cuyo contenido deriva de un supuesto derecho de razón sin referencia alguna al derecho existente. Éste era el ideal del siglo XVIII, contradicho por la doctrina histórica del derecho, por la nueva conciencia filosófica y que nunca fue prácticamente realizado. Precisamente SAVIGNY observa que la codificación en tal sentido no fue querida ni siquiera por los autores de los códigos, que se limitaron a lo más a traducir en normas el derecho vigente, con las modificaciones y los mejoramientos impuestos por razones políticas[394]. La fuerza de la tradición y las exigencias de la práctica triunfaron sobre las tendencias teoréticas. Reducido el código al reordenamiento y a la declaración del derecho vigente formulada y sancionada por el Estado, se esfumaban con sus razones las ventajas esperadas por sus fautores. Y a SAVIGNY le fue fácil demostrarlo[395].

En 1815 PFEIFFER proponía un sistema de codificación conducido con criterios y con método que no eran los del racionalismo jurídico[396]. En su concepto, el código debía consagrar principios generales derivados no ya en forma deductiva de postulados racionales, sino inductivamente del derecho vigente. Tampoco este sistema de codificación, aparte las dificultades de realización, halló el favor de SAVIGNY, por más que no era incompatible con los métodos y los principios de la escuela histórica. Generalizar el derecho existente no era aún unificarlo, y la codificación, según

---

392 Cfr. SAVIGNY, *Sistema*, etc., § 13; *Beruf*, etc., cap. III, págs. 9 y sigs.; cap. VIII, págs. 80 y sigs.

393 En el *Beruf*, etc., no se habla del derecho consuetudinario, cuya teoría la dio PUCHTA en 1828 desarrollando y exagerando las referencias genéricas contenidas en el *Beruf*.

394 Cfr. SAVIGNY, *Beruf*, etc., pág. 17.

395 Cfr. SAVIGNY, *Beruf*, etc., págs. 12 y sigs.

396 La obra de PFEIFFER se titula: *Ideen zu einer neuen Civilgesetzgebung für Deutsche Staaten*, Göttingen, 1815. SAVIGNY, en *Stimmen*, hace una relación del mismo seguida de la crítica (en apéndice al *Beruf*, edic. cit., etc., págs. 108 y sigs.).

SAVIGNY, tiene razón de ser y valor en cuanto es un producto orgánico y unitario[397]. Debe entenderse en estrecha relación con la naturaleza y el desarrollo del derecho. En el pensamiento de SAVIGNY el derecho surge y se desarrolla orgánicamente, obedeciendo a una razón objetiva, antes inadvertida, pero que en el tiempo se manifiesta y se consolida. La unidad, la uniformidad, la certeza que otros esperan de la codificación se hallan implícitas en el derecho mismo, en su devenir histórico. La codificación es revelación de la íntima y profunda unidad y objetividad del derecho, es la misma vida histórica del derecho expresada en términos lógicos, en forma abstracta y general, es la unidad formal que se desarrolla de la unidad real del derecho, es la síntesis relativa y provisional de una larga serie de procesos de generalización y de abstracción, no ya un dogma, una forma hipostática en la que se constriñe la realidad jurídica.

Que este ideal de codificación estaba siempre presente en SAVIGNY en su oposición y en su crítica a los sistemas de codificación entonces realizados o propuestos, puede demostrarse con argumentos positivos además de negativos. Los principios que el código consagra no deben, según SAVIGNY, derivar su valor, su fuerza, de la autoridad legislativa, sino de la experiencia histórica *(Beruf,* pág. 14). Y el código no puede considerarse completo, en tanto que tales principios no sean históricamente fijados *(id.);* fijarlos, o sea codificarlos, solo es posible en las épocas de pleno desarrollo jurídico (pág. 16). Por otra parte, la uniformidad que recomienda el código no quiere ser eliminación del derecho particular, sino orgánica comprensión de esto en el todo (pág. 25). Y tampoco tal unidad orgánica es expresada siempre y necesariamente en la codificación, mientras el hecho y la conciencia de ella las encontramos nosotros en las obras de los jurisconsultos romanos de la edad clásica (págs. 21 y 96).

La codificación, si no quiere ser deducción *a priori* de principios de razón, si no quiere ser la obra arbitraria del legislador o reducirse a una simple enumeración de casos o de normas más o menos generales, exige para su realización y para sus finalidades el concurso de condiciones especiales. Quien hace de SAVIGNY un adversario de la codificación en general, demuestra que olvida que la parte principal y esencial del *Beruf* gira en torno a la cuestión de las condiciones y de los medios a los que es posible la codificación perfecta, esto es, tal como para responder a las exigencias de la doctrina histórica. Con una distinción que no se encuentra en el texto, pero que está implícita, de las condiciones planteadas, algunas objetivas, otras subjetivas. Las primeras son inherentes a la naturaleza del derecho y al grado de desarrollo alcanzado. No todas las épocas son adecuadas para la obra de la codificación: no lo son las épocas primitivas por la imperfección del lenguaje y el defecto de reflexión; tampoco las edades de decadencia en las cuales la vida del derecho se oscurece y detiene. Solo en las edades en que la vida de un pueblo está plenamente desarrollada, también el derecho se revela como organismo perfecto y puede ser fijado en sus caracteres esenciales y constantes[398].

---

397 En el *Beruf,* etc., pág. *96,* SAVIGNY se expresa de la siguiente manera con respecto al código en general: «es nach seiner Natur weder eine einzelne Bestimmung, noch ein Aggregat solcher einzelnen Bestimmungen ist, sondern ein organisches Ganze»; y más abajo afirma que el código no debe ser solamente «ein System des bestehenden Rechts» sino «eine viel grössere Arbeit», en forma que por él se alcance «ein höherer Grad organischer Einheit» y que no sea «durch blos mechanische Zusammensetzung unlebendig und darum völlig verwerflich».

398 Cfr. SAVIGNY, *Beruf,* etc., pág. 16.

A estas condiciones exteriores deben acompañarse condiciones especiales de capacidad en aquellos que preparan la codificación; SAVIGNY insiste sobre todo en la necesidad e importancia de la ciencia del derecho privado. Pudo parecer para muchos un adversario irreductible de la codificación por sus explícitas e insistentes invocaciones de una ciencia del derecho, de cuya constitución esperaba ventajas mucho más considerables que de las que se podían esperar de la codificación. Con los sostenedores de ésta, SAVIGNY declara estar de acuerdo en la comprobación de los males, en los objetivos a alcanzar, pero reafirma su profunda divergencia en la investigación de las causas, en la proposición de los medios[399]. Causa de la decadencia de los estudios jurídicos no son las fuentes del derecho, sino el defecto de educación científica, que hacía particularmente inadaptados a los juristas de su época para la gran obra de la codificación. Por lo tanto, ésta no constituye para SAVIGNY ni un remedio, ni un medio por el cual se pueda realizar la certeza, la uniformidad, la unidad del derecho y satisfacer las exigencias nuevas de la incipiente conciencia nacional. A tales fines, a tales exigencias, provee mejor y más seguramente «eine organisch fortschreitende Rechtswisenschaft, die der ganzen Nation gemein sein kann». Es a la ciencia, pues, donde hay que dirigir los esfuerzos, como que de ella dependen las condiciones formales y materiales de existencia de la codificación. Fundándola, SAVIGNY salvaba verdaderamente la suerte futura de la codificación.

LA CIENCIA DEL DERECHO PRIVADO. LA CONSIDERACIÓN CIENTÍFICA DEL DERECHO PRIVADO INICIADA POR SAVIGNY EN OPOSICIÓN A LA CONCEPCIÓN FILOSÓFICA DEL SIGLO XVIII. SUPUESTOS TEORÉTICOS, CARACTERES Y FINALIDADES DE LA NUEVA CONCEPCIÓN CIENTÍFICA DEL DERECHO PRIVADO.

24. REVISTE PROFUNDO significado el hecho de que SAVIGNY invoque la autoridad de BACON para justificar su punto de vista particular acerca de la codificación y de la consideración científica del derecho privado. BACON no fié solamente el legislador del método experimental, sino que personificó la tendencia y la exigencia científica del espíritu moderno en todos los campos del saber, incluidas las disciplinas históricas y morales. En la reforma del método de estudies inaugurada por BACON había implícita una nueva posición con respecto a los problemas filosóficos. Todas las ciencias, no sólo las naturales, se renovaron y progresaron, en una primera fase de su desarrollo, a medida que se hacían inductivas. Y SAVIGNY, el primero en invocar con plena conciencia las ciencias jurídicas para el estudio de la realidad empírica, y de ésta partía para penetrar la naturaleza del derecho, debía sentir todo el valor y el significado de la enseñanza de BACON.

En el plan general de renovación de las ciencias BACON no había olvidado a las ciencias jurídicas, y había dedicado a las fuentes del derecho en particular ciertos aforismos en los que se expresan, acerca de la codificación, ideas que coinciden sustancialmente con las de SAVIGNY[400]. Este acuerdo sobre la cuestión especial de la codificación era consecuencia de otro acuerdo más general relativo a la naturaleza del derecho, que ambos concibieron desde un punto de vista empírico y positivo, sin el supuesto de un derecho ideal. Pero entendieron la positividad de distinta manera: para SAVIGNY resultaba de un proceso histórico y psicológico de la conciencia nacional no advertido por BACON; de todos modos, subsiste el acuerdo sobre la

399 Cfr. SAVIGNY, *Beruf*, etc. Conclusión.

400 Cfr. BACON, *De fontibus juris*, aphor. 59-64. *(De augmentis scientiarum*, I. VIII, cap. 3).

cuestión esencialmente técnica de la codificación, además que sobre la dirección general científica a dar a los estudios jurídicos.

BACON se había formado un concepto elevadísimo de la codificación *(novum digestum legum)*; habla de ella como de una especie de *legum regeneratio, instauratio;* pero no se le ocultan las dificultades de una obra que no vacila en llamar heroica *(opus heroicum)* y aconseja emprenderla en casos de extrema necesidad y solamente en tiempos de madurez intelectual y de conocimiento pleno y profundo del material histórico. BACON entendió la codificación mucho más como trabajo de conservación del material jurídico trasmitido por la antigüedad, de purificación *(legum expurgatio)*, de coordinación orgánica *(corpus juris)*, que como trabajo de renovación y de sistematización formal de ésta *(opus scholasticum quiddam)*. Se comprende con admiración la aprobación de SAVIGNY a estas ideas[401].

El espíritu baconiano se revela también en los esfuerzos de SAVIGNY para fundar la ciencia del derecho privado en oposición a la dirección de estudios entonces dominante. Como BACON, SAVIGNY tenía que reaccionar contra el escolasticismo jurídico que reducía el estudio del derecho privado a un artificio lógico, y razonaba sobre formas vacías, sobre entidades abstractas, antes que sobre realidades concretas y multiformes. La codificación no era más que la expresión refinada, y artificiosa de este escolasticismo que condenaba a la inmovilidad y a la esterilidad el derecho privado. A esta tendencia SAVIGNY contrapuso una nueva tendencia fundada sobre los hechos, sobre la investigación de las causas que los engendran, de las leyes que los gobiernan, de los fines que sirven, abriéndose así el camino a una sistematización orgánica y unitaria del derecho privado. Los elementos de esta reforma los halló SAVIGNY, antes que él, en la dirección histórica, que penetró con HUGO y muchos otros autores en los estudios jurídicos, y en la concepción romántica. Pero en SAVIGNY, los dos elementos, el histórico y el romántico, confluyen en forma y significado nuevos, hasta originar una verdadera y propia teoría científica del derecho, tal como para constituir una fuente nueva de interpretación de las instituciones de derecho privado.

En qué consiste verdaderamente la consideración científica del derecho privado según SAVIGNY, podemos verificarlo además que de la confrontación con la dirección opuesta, de los datos positivos contenidos en la *Vocación*. El problema de la codificación dio oportunidad para plantear, uno contra otro, dos métodos de estudio, dos concepciones diversas del derecho privado. Para distinguirlas se adoptan generalmente las expresiones de escuela histórica y no histórica, filosófica y no filosófica; pero impropiamente, porque su referencia con la historia es común a entrambas, y entrambas reflejan una particular comprensión filosófica de la realidad. Por el método seguido, por los supuestos gnoseológicos aceptados, pueden denominarse mejor: una, concepción dogmática o racionalista del derecho privado, y la otra, concepción empírica o científica en una de sus más características y fecundas direcciones, en la dirección histórica. En cambio, con respecto al significado y a las finalidades de las dos concepciones, diremos que una expresaba la exigencia individual en el derecho privado, la otra la exigencia social en la forma específica de la nacionalidad. Y mientras por un lado la razón servía a los fines del individualismo, por el otro la historia constituía el más válido apoyo de la concepción nacio-

---

401 En el *Beruf*, SAVIGNY cita cuatro veces a BACON: dos veces en cuanto a la codificación (pág. 27, 12); dos veces al referirse a la comprensión científica del material histórico (págs. 69 y 76).

nal del derecho. La polémica sostenida entre Savigny y Thibaut debe, a este originario y fundamental contraste teorético y práctico, su importancia histórica. Con motivo de dicha polémica, se planteó la discusión acerca del fundamento, de la sistematización del derecho privado, de los métodos de estudio y de interpretación.

El espíritu filosófico del siglo xvm, al penetrar en el derecho privado, había influido sobre él tanto en cuanto a la forma como en cuanto al contenido. Desde el punto de vista formal, había engendrado el amor por las definiciones, por las distinciones, por las abstracciones y generalizaciones lógicas, la tendencia a comprender la realidad jurídica en categorías abstractas, a justificar racionalmente las instituciones, a considerar la actividad del legislador como la más adecuada para comprender y expresar en la forma de la ley la naturaleza racional del derecho con exclusión de toda otra fuente. La lógica de semejantes principios llevaba prácticamente a la aplicación del método dogmático, pues si realmente el derecho privado es un acto libre y reflexivo del legislador, la obra del intérprete debe tender a determinar su voluntad, a clarificarla, a desarrollarla, a completarla con proceso lógico y analógico, comprendiendo a les hechos en las formas y en los principios establecidos por aquél.

No solamente en estos caracteres formales, en este aparato lógico, en esta sistematización racional se reconocía el espíritu filosófico de la época, sino se advertía en el contenido del derecho privado, en la idea individual que expresaba. Es un error común lamentar el formalismo lógico, el racionalismo dogmático y antihistórico de los códigos de la revolución, como si en ellos no se revelara en forma viva y vibrante, bajo la aparente aridez de la forma, el ideal de esa edad completamente dirigida a la emancipación del individuo, a la creación de una esfera de relaciones privadas sustraídas a la acción del Estado, a las limitaciones que largos siglos de ignorancia y de privilegio habían engendrado. El siglo XVIII logró armonizar la materia con la forma en el ámbito del derecho privado como ninguna otra época ni antes ni después: la discrepancia entre la realidad concreta y los principios reguladores de la misma, pertenece a una edad posterior, cuando los hechos fueron encarados y valorados con una conciencia nueva y diversa. No puede sostenerse que los autores de los códigos hayan tenido en cuenta la tradición jurídica: debe decirse más bien que tal tradición la aceptaron en los límites en que se conciliaba con el ideal individualista, elevado a criterio de verdad de la historia y de las instituciones. Por una ilusión mental fácilmente explicable y común a todos los tiempos, las mentes del siglo XVIII fueron llevadas por los acontecimientos, más aún que por las doctrinas, a considerar como verdadero y justo, como dotado de valor de racionalidad y de universalidad, lo que era conforme al postulado individualista; y entendieron y juzgaren lo pasado con este exclusivo criterio formal. No puede reprocharse a ellos haber entendido mal la historia, sino más bien haberla juzgado con criterio que solo en apariencia era absoluto, en tanto que, de hecho, era a su vez relativo, y como tal susceptible de modificaciones y de integraciones doctrinales e históricas. Por otra parte, la aplicación del método dogmático estaba plenamente justificada en una época en que el derecho privado, entrando en un sistema filosófico completamente desarrollado, debía recoger de éste los principios para comprender y regular las relaciones privadas.

La oposición de Savigny a esta concepción del derecho privado se comprende y se justifica. Su crítica a través de los códigos atacaba de lleno el edificio teórico-práctico del siglo XVIII. Él mismo quizá no tuvo de ello plena conciencia.

Era llevado naturalmente a descubrir en los códigos la quintaesencia del espíritu revolucionario. Formado en la filosofía romántica de la reacción que había rehabilitado lo inconsciente, lo irracional, que inspiraba el respeto por la continuidad histórica, que afirmaba con el culto de las tradiciones el origen espontáneo, la naturaleza orgánica de las instituciones, SAVIGNY tenía que reaccionar en la órbita del derecho privado contra la tendencia a aislar al individuo, a contraponer el orden privado al público, a entender las relaciones privadas como un sistema de relaciones mecánicas, producidas por la voluntad reflexiva, no coordinadas a organismos éticos superiores, sustraídas a la acción de la colectividad y de la historia. La polémica con THIBAUT ofreció a SAVIGNY el modo de trazar las primeras líneas de una nueva concepción del derecho privado en pleno contraste con la antigua, y en armonía con las nuevas tendencias y exigencias de los tiempos.

Los supuestos teoréticos de la nueva concepción tendían a trasformar el derecho privado de sistema lógico en organismo histórico, de orden de razón en producto espontáneo natural. Por eso, si el principio final explicaba la parte principal en la antigua concepción como lo que daba dirección y contenido a la especulación, en la nueva el principio causal constituía la guía y la razón de la investigación. A la actividad libre y consciente del individuo orientado hacia un fin establecido, sucede la actividad inconsciente, determinante de la historia que se desarrolla según leyes causales en vista de fines que escapan a la conciencia del individuo para confundirse en los fines generales de la humanidad. Para SAVIGNY la relación jurídica privada está dominada por dos órdenes de principios y de fines: por un principio subjetivo de libertad que opera a los fines del desarrollo de la personalidad individual, y por un principio de necesidad histórica que opera a los fines del organismo colectivo. La actividad del individuo no está solamente limitada por la igual libertad ajena, sino también por la consideración de las exigencias y de las finalidades de un orden objetivo superior.

Este orden objetivo superindividual se revela, según SAVIGNY y sus partidarios, en el principio de nacionalidad. En esta forma, el principio social hacía su primera aparición en el orden jurídico. La nacionalidad se exaltaba a carácter constitutivo, diferencial, del derecho. Hubo quien sostuvo que el principio de nacionalidad es la extensión lógica e histórica de la doctrina de los derechos del hombre[402]. Esto no puede admitirse porque la ideología que llevó a la proclamación de los derechos del hombre, reconocía solamente al individuo la cualidad de sujeto de derecho, y en su tendencia fundamental se inclinaba por el humanitarismo abstracto, por el individuo desligado de todo vínculo histórico, miembro de una organización política no fundada en la naturaleza, sino creada por la razón[403]. El equívoco pudo surgir en el siglo XIX con la vigorosa afirmación de las individualidades nacionales que indujo a concebir las relaciones jurídicas entre las naciones políticamente organizadas de la misma manera que las relaciones individuales, sin elevarse a un principio más alto y comprensivo, del que, tanto los individuos como las naciones, extraen su norma y sus finalidades.

La doctrina de la nacionalidad del derecho que encontramos en SAVIGNY y en STAHL, debe entenderse a la luz de la filosofía romántica; es decir, a la luz del

402 Cfr., entre otros, a MICHELS, *Die bist. Entwicklung des Vaterlandsgedankens,* en *Schriften der deuts. Gesellschaft f. Soziologie,* I serie, tomo II (Tübingen, 1913, pág. 161).

403 Cfr. BARTH, *Die Nationalität in ihrer soziologischen Bedeutung,* en *Schriften,* etc., cit., págs. 38 y sigs.; cfr. SOLARI, *supra,* §§ 16 y 17.

movimiento ideológico de reacción contra el individualismo revolucionario. Es sabido que para los románticos el individuo como tal no existe, no tiene valor de fin; para ellos la realidad solo existe como universalidad orgánica, esto es, como sistema de partes coordinadas y subordinadas a un principio informador. Por otra parte concibieron como inseparables lo individual y lo universal, y se representaron constantemente a este último en las formas individuales concretas.

La nacionalidad del derecho en la mente de quien la proclamaba, no significaba ya que lo justo es lo que está conforme con lo que el pueblo siente y juzga como tal en un momento dado de su existencia histórica, sino lo que está conforme a un orden objetivo de razón y de justicia que se revela a nosotros en las formas empíricas de la nacionalidad.

En la afirmación de la nacionalidad del derecho estaba implícita, por lo tanto, la afirmación de su racionalidad y justicia intrínseca, la exigencia de un principio del que el derecho toma su origen, su justificación, su finalidad, la posibilidad de un dualismo entre el derecho *vigente* y el derecho *justo* y, lo que más nos interesa, la condena del derecho privado de la revolución totalmente fundado sobre el supuesto del individuo, de sus fines, de sus relaciones con otros individuos a él iguales[404]. Al mismo tiempo se planteaban las condiciones de una ciencia nueva del derecho privado.

Antes de SAVIGNY, había sido posible un conocimiento filosófico del derecho privado, pero no un verdadero y propio conocimiento científico, fundado en la aplicación rigurosa del principio de causalidad. Para el racionalismo jurídico el derecho es un principio de razón, las relaciones jurídicas son relaciones conceptuales, el derecho privado es un sistema de normas a los fines de la individualidad, conexas y unificadas por un proceso lógico de deducción y de subsunción. En un sistema semejante, las causas se resuelven en las razones lógicas de las normas sancionadas. Pero si el derecho, como afirma SAVIGNY, es un hecho, si vive y se desarrolla en la historia, si es un aspecto necesario de la vida colectiva, entonces la investigación causal se impone como una exigencia teorética y práctica, y el estudio del derecho privado deviene inductivo y científico. Y en verdad SAVIGNY concibió para el derecho privado una renovación análoga a la que se produjo en el orden de las ciencias naturales por la aplicación de la reforma metodológica de BACON. La admiración de SAVIGNY por BACON es sintomática. Lo que impidió a SAVIGNY reunir los resultados que hicieron memorable la obra de BACON fue el supuesto romántico del alma popular con él cual, más aún que con la reforma en el método de estudio, entendió renovar el derecho privado. La investigación causal inductiva era perturbada por premisas metafísicas no planteadas por la experiencia, estrechamente ligadas con el idealismo panteísta poskantiano. Por otra parte, no se puede desconocer el gran mérito de SAVIGNY al haber intuido que las ciencias morales no se renuevan en virtud de una simple reforma metódica, sino solamente en consecuencia de una nueva concepción general de la vida y de la realidad. Y aun debe reconocerse que el haber intuido y afirmado en la forma oscura e indeterminada del *Volksgeist* la causalidad psíquica, el haberla concebido colectiva y no individualmente, el haberla puesto como fundamento de los estudios jurídicos, llevó a resultados mucho menos fecundos de los que habría conseguido con la aplicación pura y simple de la induc-

[404] Cfr. STAHL, *Die Phil. d. Rechts,* tomo II (2ª edic, 1854), 1, pág. 261; STAMMLER, *Theorie der Rechtswissenschaft,* Halle, 1911, pág. 389.

ción baconiana. Por eso abrió el único camino posible a la constitución de una ciencia del derecho privado no en el sentido en que materialistas y positivistas la entendieron posteriormente. El derecho privado se eleva a dignidad de ciencia en cuanto aplica la inducción histórica y acepta los postulados de la psicología colectiva. En tal sentido la doctrina de SAVIGNY fue el primer ejemplo de consideración científica del derecho privado, y, pese a las insuficiencias y errores, constituye la más feliz tentativa como la que mejor penetró y respetó la naturaleza de los hechos estudiados. De esta ciencia del derecho privado, la investigación histórica, el estudio del derecho romano, la actividad de los juristas, constituyen sus condiciones esenciales.

HISTORIA Y DERECHO PRIVADO. EL CONOCIMIENTO HISTÓRICO DEL DERECHO COMO CONDICIÓN DE LA CIENCIA DEL DERECHO PRIVADO. EL ESTUDIO DE LA HISTORIA EN SUS RELACIONES CON EL DERECHO PRIVADO ANTES DE SAVIGNY. ERUDICIÓN Y CIENCIA HISTÓRICA. SAVIGNY CONTRA LA IDEA DE UN DERECHO UNIVERSAL. SAVIGNY Y LA DOCTRINA DE LA COMUNICABILIDAD DEL DERECHO. COTEJO ENTRE LA DOCTRINA DE SAVIGNY Y LA DE VICO SOBRE EL PARTICULAR.

25. EL CONOCIMIENTO histórico del derecho es la condición primera y fundamental de una ciencia del derecho privado, según SAVIGNY. La idea no era nueva; el amor por la erudición histórica había constituido la característica de la jurisprudencia *culta* del siglo XVIII. HUGO había contrapuesto el método histórico al método racional en el estudio del derecho. El mismo THIBAUT no solo había recomendado el estudio histórico del derecho, sino que había demostrado en notables escritos las ventajas que se podían obtener de él para el conocimiento del derecho[405]. SAVIGNY, proclamando la necesidad del método histórico y de los estudios históricos, no hacía más que revalorizar con su autoridad una tradición constante.

Sin embargo, el estudio de la historia adquiría en SAVIGNY un significado especial en armonía con las premisas teoréticas de su doctrina. Antes que él la historia del derecho, cuando no era cultivada con fines de vana erudición, era considerada como ciencia subsidiaria, no constitutiva del conocimiento del derecho. A lo más se admitía la utilidad y la necesidad de recurrir a la historia para conocer los motivos de la ley, para remontarse, a través del ambiente y las circunstancias de hecho, hasta la intención del legislador[406]. Pero en todos estaba profundamente arraigada la idea de que el estudio histórico del derecho no sirve para captar la esencia de la institución, para dar el verdadero, el justo derecho, de que este más alto fin solo puede alcanzarse mediante la razón. Siempre, implícito o explícito, volvía el dualismo entre la vida histórica contingente y la naturaleza racional del derecho. Por eso es que lo pasado no tiene relación necesaria con lo presente, sino solo accidental y transitoria, ni puede invocarse como criterio para conocer, valorar, reformar lo presente, el cual, una vez producido, vive su vida propia y rompe toda relación con aquél.

Este modo de considerar a la historia lo encontramos, en la época de la conocida polémica, en el criminalista FEUERBACH. La historia, según éste, si puede hacer

[405] Cfr. SOLARI, *supra*, §§ 2 y 3.
[406] Cfr. STAHL, *Ph. d. Rechts*, tomo I (2ª edic., 1847), pág. 568.

luz sobre el modo de formación del derecho, nada puede decir sobre su naturaleza intrínseca. «Lo que pertenece a la historia, ya está muerto para la vida»[407]. En HUGO mismo, en quien se hallaba más vivo el sentido de la historia, el historicismo es siempre un método de estudio, no un sistema de ideas.

Bajo este aspecto, SAVIGNY fue un innovador. Ningún reproche más injusto pudo dirigírsele que el de haber contribuido con su doctrina a difundir el amor por la «micro-logia» histórica, el culto ciego por la antigüedad clásica y medieval, descuidando los ulteriores y más modernos desarrollos del pensamiento jurídico. Aun cuando en la práctica esto resultase cierto, ninguna culpa puede atribuirse a la doctrina histórica, para la cual el estudio de la historia no es fin en sí mismo, no es objeto de erudición, sino que es un medio para captar en el devenir continuo de la historia lo que está dotado de razón eterna de verdad y de justicia. Por lo tanto, SAVIGNY insiste en la necesidad del sentido histórico *(geschichtliche Sinn),* entendiendo con ello referirse al sentido de nuestra relatividad con respecto al todo, a la capacidad de superarnos a nosotros mismos, nuestra subjetividad para confundirnos en el proceso histórico, sentir sus influencias presentes y pasadas, extraer normas para lo futuro. Así entendido, el sentido histórico se convierte en criterio de objetividad y de universalidad contra la fácil ilusión en que caen individuos y pueblos en todos los tiempos, de atribuir a lo que es fruto del pensamiento y sentimiento propio, un valor universal[408].

SAVIGNY afirma que solo del conocimiento exacto de los detalles deriva para la historia su valor y se evitan las vacías y genéricas afirmaciones[409]. Pero debe también agregarse que el hecho no tiene valor en sí para SAVIGNY; tiene valor por el proceso histórico que representa, por el que el conocimiento de los hechos se resuelve en el conocimiento del espíritu popular que se revela en ellos[410]. De aquí el nuevo significado del método histórico. No puede consistir éste solamente en la recolección y elaboración del material de estudio, sino en captar a través de los hechos el principio que los produce y los unifica, en reducir a unidad lo múltiple de la historia, en vivificar la masa inerte de lo pasado[411]. Quien es esclavo de los hechos, quien no sabe dominarlos y valerse de ellos se encuentra en la condición del *sermocinari tanquam e vinculis,* según la expresión de BACON recordada repetidamente por SAVIGNY[412]. Y dominar los hechos significa en su pensamiento espiritualizarlos, es decir, estudiarlos genéticamente en sus principios y en sus desarrollos[413].

A este respecto SAVIGNY distingue entre el método sistemático y el método histórico propiamente dicho. Aquél actúa sobre los hechos en su coexistencia espa-

---

407 Cfr. A. v. FEUERBACH (1775-1833), *Vorrede zu Borst. «Ueber die Beweislast im Civilprozess»,* Leipzig, 1816. Este prefacio fue publicado también por separado con el título: *Einige Worte über historische Rechtsgelehrsamkeit und einheimische deutsche Gesetzgebung,* Leipzig, 1816; STERN, *op. cit.,* lo re-produce en pág. 198.

408 Cfr. SAVIGNY, *Beruf,* etc., edic. 1892, págs. 69 y 70; id. *Recension von Gönner, über Gesetzgebung und Rechtswiss. in unserer Zeit* (1815), en *Vermischte Schriften* (Berlín, 18 50), V, pág. 172.

409 Cfr. SAVIGNY, *Beruf,* etc., edic. cit., pág. 76; *Stimmen f. u. wider neue Gesetzbücher* (1816), en apéndice al *Beruf,* edic. cit., pág. 102.

410 Cfr. SAVIGNY, *Beruf,* etc., pág. 73.

411 Cfr. SAVIGNY, *Beruf,* etc., págs. 71, 76 y 85.

412 Cfr. SAVIGNY, *Beruf,* etc., págs. 69 y 76; *Sistema,* trad. ital., I, pág. 74.

413 Cfr. SAVIGNY, *Beruf,* etc., págs. 68, 69, 72 y 73.

cial y los reordena no según categorías abstractas, sino según su principio informador. Éste estudia los hechos en su sucesión temporal como modos de existencia del espíritu popular[414]. En todo caso, el método histórico tiende al conocimiento de los hechos y de sus causas inmediatas para elevarse al proceso ideal de formación del derecho en sus caracteres y en sus leyes constantes, y la historia del derecho se identifica con la ciencia misma del derecho y se convierte en la historia de la conciencia jurídica de un pueblo determinado.

La historia y la ciencia del derecho no pueden ser para SAVIGNY sino historia y ciencia del derecho de un pueblo particular, no ya porque le falte al derecho un fundamento más general correspondiente a las tendencias uniformes y constantes de la humanidad, sino porque tal carácter general está indisolublemente unido a elementos propios de cada pueblo. La individualidad, o, lo que es lo mismo, la nacionalidad del derecho no es condición fortuita, sino esencial y necesaria del derecho[415]. Si la especulación filosófica puede y debe determinar las finalidades últimas y las condiciones más generales de existencia del derecho, no puede captar la naturaleza de este último como sostenían los racionalistas. La naturaleza del derecho está dada por la historia en la que solo actúa y se desarrolla el espíritu popular; y en la historia el espíritu popular no actúa en forma genérica y trascendente, sino en forma inmanente y determinada, esto es, bajo la acción de la naturaleza particular y de las necesidades especiales de cada pueblo, al punto de que se puede afirmar que la excelencia del derecho y el grado de cognoscibilidad están en razón directa de su individualidad o nacionalidad.

Era natural la aversión de SAVIGNY y de la escuela histórica por la idea de un derecho universal y en particular de una *Universalrechtsgeschichte* sostenida por THIBAUT y por FEUERBACH[416]. No debe sorprender que estos últimos, partidarios de KANT, sostuvieran contra SAVIGNY la necesidad de estudiar la historia del derecho de todos los pueblos sin distinción y sin preferencias. El estudio de KANT les había enseñado que la historia es el contenido empírico de una forma inteligible, que es el estudio de hechos, no de conceptos, revelación de nexos causales, no de un espíritu universal que opera en el tiempo y en el espacio, es formulación de leyes empíricas que representan lo que es relativamente constante en el variar indefinido de los hechos humanos. Distinguieron claramente el problema histórico del derecho del problema filosófico, y entendieron la historia como ciencia de hechos más que de valores y de fines. Ningún supuesto metafísico les impedía extender la investigación histórica, mientras que razones teoréticas y prácticas se lo aconsejaban.

No se podía hablar, según SAVIGNY, de un derecho universal en sentido metafísico, faltándole el carácter esencial de la positividad y de la individualidad. Si lo individual es condición del ser y éste se revela en la historia, la particularidad y la historicidad del derecho le siguen necesariamente. Pero, si SAVIGNY negó la existen-

---

414 Cfr. SAVIGNY, *Recensión v. Gönner,* etc., en *Verm. Schrift.,* cit., pág. 141.

415 Cfr. SAVIGNY, *Recensión v. Gönner,* etc., en *Verm. Schrift.,* V, pág. 142; *Sistema,* traduc. cit., I, págs. 48, *76.*

416 Cfr. THIBAUT, *Civil. Abhand.* (1814), pág. 433, cit. por SAVIGNY (en *Stimmen,* etc., pág. 102) junto con el prefacio de FEUERBACH a las *Jurist. Abhandl.* del *Unierholzner* (1810). DEL VECCHIO (en: *Sull'idea di una scienza del diritto universale comparato,* 2ª edic., Torino, 1909, pág. 24) recuerda el escrito póstumo de FEUERBACH titulado: *Idee und Nothwendigkeit einer Universaljurisprudenz.*

cia de un derecho universal, reconoció la presencia de un elemento general en el derecho, a cuya determinación en sí y en sus relaciones con el fin último del hombre y de la humanidad se refiere la especulación filosófica[417]. A ésta le asignaba por lo tanto SAVIGNY un cometido preciso en su sistema, y sin tener la pretensión, ni siquiera una clara conciencia, dejaba entrever una solución del problema filosófico fundada en la dialéctica de los contrarios. La racionalidad es un elemento del derecho, pero no agota la noción del mismo: ésta resulta de una síntesis real y no formal, es decir, de elementos individuales y universales. Y esto estaba en armonía con la nueva concepción de la realidad universal, de la que el derecho, como parte con respecto al todo, extrae su razón de ser y su finalidad[418].

Según SAVIGNY, no puede hablarse de un derecho universal ni siquiera en el sentido empírico de un derecho común obtenido por generalización y comparación del estudio de las instituciones vigentes entre los diversos pueblos. Ésta era la tesis de THIBAUT y de FEUERBACH quienes, al sostenerla, echaban no solamente las bases de una historia, sino también de una ciencia del derecho comparado[419]. Así el método comparativo como el concepto de un derecho común que de él resultaba, eran incompatibles con la doctrina histórica. Las instituciones de pueblos y de tiempos diversos, correspondientes a individualidades colectivas distintas, no podían, según SAVIGNY, ser objeto de confrontación, la que implica la eliminación de todo lo que hay de esencialmente propio en ellas para detener la atención sobre los elementos comunes y generales, insignificantes en cuanto tales. No puede sostenerse la existencia de un derecho común en la realidad histórica; es una abstracción artificiosa, que no ofrece ninguna luz para el conocimiento del derecho positivo. Para los partidarios de la dirección opuesta, la idea de una ciencia del derecho comparado tenía por supuesto el derecho de razón; la abstracción de la realidad empírica contingente, imperfecta, era para ellos un medio de aproximación al derecho de razón, que era el verdadero, el justo derecho. Pero para quien concebía, como SAVIGNY, el derecho en la forma de la individualidad y por ésta medía el grado de su perfectibilidad, debía resultar vana la pretensión de una ciencia cuyo objeto fuera un derecho común a todos los tiempos y a todos los pueblos.

No por esto creemos con la mayoría, que SAVIGNY haya introducido en la ciencia jurídica el dogma de la particularidad y de la incomunicabilidad del derecho[420]. En un sentido particular, que llamaremos histórico para distinguirlo del significado lógico, SAVIGNY admitió la existencia de un derecho comparado. También él habla de un derecho general o de gentes, con los caracteres de la historicidad y de la positividad, resultado no de una operación lógica, sino de la misma evolución de la conciencia jurídica. Como si fuera esta última, exalta la pérdida progresiva del sentimiento de la *Volkseigenthümlichkeit,* el pasaje «von beschränkter, aber frischer und lebensvoller, Individualität zu unbestimmter Allgemeinheit». Y tal

---

417 Cfr. SAVIGNY, *Recensión v. Gönner,* etc., en *Vermis. Schrift,* V, pág. 142; *Sistema, I,* págs. 74-75. Erróneamente, pues, reprochaban a SAVIGNY el abandono del elemento universal en el desarrollo del derecho, autores como KANTOROWICZ, ENNECCERUS y otros, citados por MANIGK, en *Savigny u. der Modernismus im Recht* (Berlín, 1914), pág. 113.

418 Cfr. MANIGK, *Savigny,* etc., pág. 114.

419 Cfr. sobre esto DEL VECCHIO, *op. cit.,* págs. 10 y 24.

420 Cfr. en tal sentido, DEL VECCHIO, *Sulla dottrina della comunicabilità del diritto,* en apéndice a la 2ª edic. de la *Idea,* etc., cit., pág. 29. En sentido contrario, BONNET, *La phil. d. droit chez Savigny,* en «Rev. Inter. de Sociologie», 1913, pág. 308.

tránsito tiene lugar en virtud de contactos cada vez más íntimos con otros pueblos, por la asimilación cada vez más amplia de elementos extraños, por un proceso necesario, inevitable, aun a costa de la originalidad y fecundidad del derecho. La creencia en un derecho natural no es más que un aspecto de esta tendencia a la generalidad y a la uniformidad[421]. Con esta ley SAVIGNY explica la distinción remana entre *jus civile, gentium, naturale.* Al distinguirlas, los romanos no entendieron contraponer entre sí estas diferentes especies de derecho, sino solamente señalar las fases del mismo proceso histórico y psicológico. En la interpretación dada per SAVIGNY, el *jus gentium* es el mismo *jus civile* que por influencias extrañas ha perdido individualidad nacional y se ha transformado en un derecho positivo común a todos los pueblos conocidos. Con el progreso del tiempo el derecho puede adquirir tal grado de generalidad como para hacer surgir la ilusión de un *jus naturale,* es decir, de un *jus quod naturalis ratio apud omnes homines constituid*[422]. Las trasformaciones de la conciencia jurídica dejan inalteradas las bases de la doctrina histórica; siempre el alma nacional es el principio productor del derecho, y la historia del derecho es siempre la historia de la conciencia jurídica de un pueblo determinado[423].

---

421 Cfr. SAVIGNY, *Beruf,* etc., edic. cit., pág. 71; *Sistema, I,* págs. 48, 126, y siguientes.

422 Cfr. SAVIGNY, *Beruf,* etc., pág. 71; *Sistema,* etc., I, págs. 126 y sigs.

423 Para el pensamiento de Vico acerca de la originariedad y comunicabilidad del derecho, cfr. DEL VECCHIO, *op. cit.* (apéndice) y la polémica entre éste y FOLCHIERI en *La Crítica,* vol. VIII (1910), págs. 295 y sigs.; vol. IX (1911), págs. 58 y sigs.; págs. 158 y sigs. En el curso de la polémica, que constituye una notable contribución al conocimiento del pensamiento jurídico de Vico, la diversidad de los pareceres se ha atenuado mucho, al punto de permitir descubrir la posibilidad de un acuerdo fundamental. FOLCHIERI termina por reconocer que Vico habla del derecho natural como de un derecho histórico de pueblos determinados. Por otra parte, DEL VECCHIO reconoce que la doctrina de la comunicabilidad histórica del derecho no es por sí misma inconciliable con los principios de la filosofía viquiana. CROCE, justamente, observó que la causa de las dudas y de las discrepancias está en el mismo Vico, en la oscuridad de su pensamiento, en la novedad de sus expresiones. No puede hablarse, según los principios de que parte Vico, de una verdadera y propia comunicabilidad y transmisibilidad del derecho. Las instituciones jurídicas se generan desde lo interior y no desde lo exterior, y se asemejan sin que se copien las unas de las otras «senza prendere esempio l'una nazione dell'altra». Cfr. CROCE, *La filosofía di G. B. Vico,* Bari, 1911, pág. 83. Pero la individualidad y la incomunicabilidad del derecho no excluyen para Vico en forma absoluta la trasmisión de civilidad, la asimilación de elementos extraños, la comunión jurídica fundada sobre la unidad de la naturaleza humana, sobre la uniformidad del proceso psicológico de formación del derecho en todos los pueblos. Lo que a nosotros nos urge destacar aquí es la posición de Vico, ya sea con respecto a SAVIGNY, a THIBAUT y a FEUERBACH. Para nosotros no ofrece duda la superioridad de Vico con respecto a ambos. La historicidad del derecho es admitida tanto por SAVIGNY como por Vico; pero, mientras para SAVIGNY el derecho es revelación en el tiempo del espíritu popular individuado, para Vico es el desarrollo de esos *sentidos eternos de lo justo* que están sepultos en la conciencia del género humano. En consecuencia de esto, SAVIGNY establece como originario el derecho civil, y hace del derecho común un producto histórico atenuado, de calidad inferior, allí donde Vico establece como originario y fundamental el derecho natural de las gentes, de donde se desarrolla por proceso de determinación el derecho civil. Por otra parte, Vico, con su doctrina del derecho natural de gentes preparaba las condiciones de una ciencia de la legislación universal más eficaz y científicamente de lo que lo hicieron THIBAUT y FEUERBACH. Para éstos, en efecto, el criterio de unificación y de comparación del derecho es esencialmente lógico y formal, es decir, es el concepto racional del derecho; en cambio, para Vico es psicológico e histórico, esto es, fundado sobre la unidad esencial de la naturaleza humana. Para Vico la historia no es simple interpretación causal de hechos,

EL DERECHO ROMANO Y LA CONCEPCIÓN CIENTÍFICA DEL DERECHO PRIVADO. VALOR Y SIGNIFICADO DEL DERECHO ROMANO EN LA DOCTRINA HISTÓRICA DEL DERECHO. INTERPRETACIÓN RACIONALISTA E INTERPRETACIÓN ROMÁNTICA DEL DERECHO ROMANO. CONSECUENCIAS TEORÉTICAS Y PRÁCTICAS QUE DERIVARON DE LA NUEVA CONCEPCIÓN DEL DERECHO ROMANO.

26. Si SAVIGNY no excluyó la comparación, la entendió en forma restrictiva limitándola al derecho romano y germánico. Contra THIBAUT y FEUERBACH, que querían extenderla sin límites de tiempo y de lugar, y que consideraban con la misma medida el derecho de todos los pueblos, SAVIGNY sostiene que la comparación puede ser útil para el conocimiento científico y no solo erudito del derecho, en el caso de pueblos unidos por vínculos de parentesco o entre los cuales hayan existido relaciones estrechas[424]. También en este punto el pensamiento de SAVIGNY es generalmente mal entendido, y se repiten sin novedades ni espíritu crítico las acusaciones que ya le dirigieron THIBAUT y FEUERBACH, de incoherencia, de injustificada y excesiva predilección hacia un derecho extranjero, cual era el derecho romano, en perjuicio del derecho nacional[425]. Es evidente el error de juzgar por los resultados el valor de los principios. Éstos no justificaban ni la idolatría del derecho romano, ni el abandono del derecho germánico. Esto, aunque haya ocurrido en los hechos, no era cierto en la lógica de la doctrina histórica y ni siquiera en las intenciones de SAVIGNY, de quien es incontestable el mérito de haber dado notable impulso, en armonía, por lo demás, con los principios profesados, a los estudios de derecho germánico[426]. Y en verdad, el alma nacional es un principio activo que puede desarrollarse sobre la materia jurídica más diversa, asimilándola y forjándola según sus propias tendencias y preferencias. No puede hablarse de derecho extranjero cuando éste se convierte en parte integrante de la conciencia jurídica nacional. Y tal carácter revestía indudablemente en Alemania el derecho romano [427], como consecuencia de la «recepción».

Una razón aun más profunda justificaba entre los partidarios de la dirección histórica el estudio del derecho romano. Éste se elevaba a sus ojos a una especie de derecho «tipo» en cuya historia, debido a un complejo de circunstancias favorables, mejor que en la historia de cualquier otro pueblo, se revelaba luminosamente la íntima naturaleza del derecho. Una vez más en la edad moderna el derecho romano

---

sino sobre todo desarrollo de la «umanità delle nazioni». Por eso, mejor que a FEUERBACH (como sostiene DEL VECCHIO en *Idea,* etc., pág. 25), corresponde a Vico el título de precursor de una ciencia del derecho universal por su vigorosa afirmación de la unidad del espíritu humano, del que el derecho es una necesaria extrinsecación histórica.

424 Cfr. SAVIGNY, *Stimmen,* etc., apéndice al *Beruf,* edic. cit., pág. 102.

425 Tanto FEUERBACH como THIBAUT fueron críticos severos del derecho romano, considerado por ellos como un derecho extranjero. Cfr. FEUERBACH, *Vorrede al Borst,* cit.; THIBAUT, *Ueber die Notwendigkeit,* etc., edic., 1840, págs. 8 y sigs. Cfr. también de THIBAUT las recensiones publicadas en los *Heidelb. Jahrb.,* 1814-1816, y también su último escrito: *Ueber di sogennante bist, und nicht-hist. Rechtsschule,* en «Arch. f. d. Civil. Praxis», vol. 21, 1838, págs. 395 y 396.

426 Cfr. sobre todo el artículo-programa de la *Zeits. f. gesch. Rechtswiss., I,* 1815; *Beruf,* etc., pág. 71 y el prefacio del *Sistema.*

427 Este concepto de la nacionalidad del derecho romano respecto a Alemania resulta, además que de la teoría de SAVIGNY relativa a la recepción, de explícitas declaraciones contenidas en el *Beruf* (págs. 22 y sigs.; pág. 72), en la recensión de la obra de GÖNNER *(Verm. Schrif.,* V, págs. 119 y 120), y en el prefacio al *Sistema.*

vuelve con los caracteres de un derecho ideal[428]. Éste cumple en la doctrina histórica esa función de derecho perfecto que cumplía el derecho de naturaleza en la edad anterior. Esta correspondencia puramente extrínseca hizo creer en influencias jusnaturalistas sobre Savigny, sin reflexionar en el significado profundamente diferente que asumía el derecho romano entre los jusnaturalistas y en Savigny[429].

En el siglo XVIII era general la tendencia a concebir el derecho romano *sub specie aeternitatis* como un derecho de razón, una *ratio scripta,* como se decía, sobre cuya base se formaría un verdadero código del derecho natural[430]. El cometido del jurista-filósofo consistía esencialmente en abstraer de las fuentes, a lo más justinianeas, los elementos de verdad y de justicia eternos que ellas contenían. No faltaron las críticas, y recordamos por todas a las de Leibniz; pero éstas estaban dirigidas a las formas históricas imperfectas en que se trasmitía el derecho romano, de las cuales debía ser liberado. No tenían otro origen y fundamento las críticas de Feuerbach y de Thibaut al estudio del derecho romano. Éstos no desdeñaron, como los jusnaturalistas, el trabajo de investigación histórica y de elaboración crítica de las fuentes antiguas, sino que lo apreciaron tan solo a los efectos de un saber empírico y no a los fines de un conocimiento racional de lo justo. La influencia de Kant había derribado definitivamente la ilusión de los jusnaturalistas de hallar en el derecho romano el derecho de razón. Éste adquiría en Kant un nuevo significado que escapó a muchos de sus partidarios, y entre éstos a Thibaut, en quienes hizo nacer una nueva y más peligrosa ilusión de poder construir el concepto del derecho también en su contenido mediante la pura actividad racional.

Para Savigny el derecho romano debe su valor y su significado a esos elementos empíricos, nacionales, que los jusnaturalistas y los racionalistas más despreciaban. Con él el conocimiento romántico del derecho romano se afirmaba así frente a la concepción de los jusnaturalistas, como frente a la dirección histórico-erudita de Putter, de Hugo, de Niebuhr. Para Savigny no se trataba de investigar en el derecho romano esos principios eternos de razón que constituían en los jusnaturalistas su mayor mérito y que cada uno podía descubrir por sí mismo, ni tampoco de estudiar el derecho romano con un método nuevo y positivo, sino más bien de captar su íntimo proceso de formación, de estudiarlo a la luz de la doctrina histórica, como un producto de la conciencia jurídica del pueblo romano. Algo análogo había intentado Vico, aunque sin el método, la preparación y los resultados de Savigny[431]. Éste creyó encontrar en la historia del derecho romano la comprobación de sus ideas acerca del origen y la naturaleza del derecho, y tal comprobación pareció a muchos una identificación y engendró la falsa opinión de que del estudio del derecho romano Savigny derivaba por inducción y generalización su doctrina[432]. En la práctica, se trataba de la extensión de los métodos y conceptos propios de los románticos al estudio del derecho romano; y no puede sostenerse seriamente que las afirmaciones sobre los caracteres y sobre el proceso de formación del derecho romano fueran el resultado de un riguroso método histórico. Más que la inducción histórica sirvió de guía a Savigny la psicología román-

---

428 Cfr. Savigny, *Beruf,* cap. IV; *Sistema,* prefacio.

429 Cfr. Bergbohm, *Jurisp. u. Kechtsph.,* I (Leipzig, 1892), págs. 480 y sigs., y los autores por él citados. También Del Vecchio se inclina por esta opinión. Cfr. su escrito: *Sull'idea,* etc., pág. 10. En sentido contrario, cfr. Manigk, *op. cit.,* págs. 134 y 135.

430 Cfr. Solari, *Idea,* etc., I, § 9.

431 Cfr. Bavieba, G. *B. Vico e la storia del diritto romano,* Palermo, 1912.

432 Cfr. entre otros a Carle y a Bekker, *supra,* pág. 208, nota 264.

tica y el proceso espiritual de desarrollo del *Volksgeist*. Por lo demás, es fácil destacar la influencia romántica en la tendencia a atenuar el valor de la actividad legislativa, en el papel que se atribuye a la tradición y en las energías espontáneas de la conciencia popular. Romántica es la analogía con el organismo, y con el significado familiar para los románticos deben entenderse en su generalidad las expresiones de pueblo, sentido histórico, sentido jurídico, que retornan frecuentemente en la *Vocación*, aplicadas al derecho romano y a los jurisconsultos clásicos.

Aun más evidente e inmediata se revela la influencia romántica en la predilección por el derecho romano de la edad clásica, como en la doctrina de la fungibilidad de los jurisconsultos. Para los románticos, la excelencia de los productos del *Volksgeist* se mide por el grado de espontaneidad y de individualidad nacional que se revela en ellos. Estos caracteres creyó encontrarlos Savigny en la fase más antigua del derecho romano. La historia del derecho romano —escribe— presenta hasta la época clásica un «überall allmähliche, völlig organische Entwicklung»[433]. Ni la personalidad de los jurisconsultos perturbó este progresivo y orgánico desarrollo; ellos se distinguieron por la impersonalidad de su obra y, como se expresa Savigny, por su *fungibilidad*, en cuya fuerza sentía cada uno, en distinto grado, trabajar en torno «an einem und demselben grossen Werke» y ser intérprete de la conciencia jurídica colectiva[434]. Esta capacidad de comprender lo continuo, lo inconsciente, de resolverse a sí mismo en el todo para comprender mejor la vida profunda, era la característica propia del espíritu romántico[435].

De manera análoga entendieron el estudio del derecho romano Puchta y Stahl. Más que escribir su historia, ellos intentaron penetrar a través de aquél la naturaleza íntima del derecho, las leyes generales y constantes de su desarrollo, y lo utilizaron contra el doble dogma de la inmutabilidad de las instituciones jurídicas y de la omnipotencia del legislador. Para Stahl, en particular, el mérito del derecho romano consiste en ser una *raison écrit*, no en el sentido de un *Kodex des Naturrechts*, sino en el sentido de un *Kodex der Natur der Sache*[436].

No carece de profundo significado el hecho de que la escuela histórica no haya dado una historia del derecho romano, ni general ni parcial. Por ello fue reprochada[437], mientras que tal cometido no estaba en sus finalidades esencialmente teoréticas, con respecto a las cuales la historia en general, y en particular la del derecho romano, tenía un valor de medio y no de fin.

En la polémica contra Gönner, Savigny revela el doble valor, teorético y práctico, del estudio del derecho romano. A los efectos prácticos, como parte integrante del actual derecho alemán, el derecho romano debe estudiarse con riguroso método histórico a la par del derecho germánico y de las modificaciones que el uno y el otro experimentaron en el tiempo a consecuencia del uso y de la doctrina. Pero

---

433 Cfr. Savigny, *Beruf*, edic. cit., págs. 19 y 20; pág. 73.

434 La expresión «fungible Personen» aplicada a los jurisconsultos romanos se encuentra en el *Beruf*, pág. 96. El mismo concepto habla sido expresado con otras palabras en el *Beruf*, en pág. 28, donde afirma que en los escritos de los jurisconsultos romanos se halla «weit weniger Individualität als in irgend einer andern Literatur».

435 En esta interpretación romántica del derecho romano por parte de Savigny, concuerdan sustancialmente Landsberg, (*Gesch. d. Rechtsw.*, cit., III edic., págs. 209-211), Jhering, Manigk (*Savigny*, etc., pág. 16). En sentido contrario, cfr. Ehrlich, *Grundlegung*, etc., cit., pág. 258.

436 Cfr. Stahl, *Phil. d. Rechts.*, vol. 2 (3ª edic., Heidelberg, 1854), 1ª sec., Apéndice, pág. 517.

437 Cfr. Stintzing, *Preuss. Jahrb.*, 9, pág. 161.

cuando SAVIGNY observa que «die Vortrefflichkeit des Römischen Rechts ist dem Grundsatz der historischen Methode eigentlich ganz fremd», endende afirmar la primacía del derecho romano como principio teorético en cuanto es la expresión más perfecta de la idea del derecho, o, como dice STAHL, de la naturaleza de las cosas románticamente concebida[438]. El derecho romano se volvía, bajo este aspecto, elemento constitutivo de la ciencia del derecho privado y fundamento de la actividad científica del jurista.

En fin, el nuevo significado social del derecho romano no es olvidado por los partidarios de la dirección histórica. Este mismo derecho que había aparecido para los jusnaturalistas, para los partidarios del racionalismo jurídico, como la expresión más pura de la idea individual en el orden jurídico, lejos de ser repudiado en la edad sucesiva de reacción, fue invocado en solemne confirmación de la naturaleza social del derecho. El derecho romano le pareció verdaderamente a SAVIGNY el producto de la conciencia colectiva del pueblo romano, mientras que STAHL extraía del estudio del derecho romano argumentos para la afirmación de un orden ético objetivo al que debía subordinarse la voluntad del individuo en la creación de las relaciones jurídicas. No puede decirse que la interpretación social del derecho romano tuviese en su favor la prueba de los hechos, más que en favor de la contraria. Así, tanto en los partidarios de la dirección histórica como en los de la dirección racional, el derecho romano era entendido a través de los principios profesados cuyo valor era absolutamente independiente de las alternativas históricas de un derecho particular. Y si la escuela histórica logró penetrar mejor la índole y el significado del derecho romano, ello se debe al hecho de haber comprendido mejor la naturaleza del derecho en general. A los fines particulares que se proponía la escuela histórica, esto es, echar las bases de una ciencia del derecho privado, el estudio del derecho romano se presentaba particularmente útil más que por la bondad de los principios aceptados, por el método seguido al investigarlos y al aplicarlos[439]. El significado y el valor metodológico del derecho romano estaban estrechamente ligados a las ideas de SAVIGNY en cuanto a la naturaleza de la ciencia y a la función de los juristas en la formación del derecho privado.

LOS JURISTAS Y LA ELABORACIÓN CIENTÍFICA DEL DERECHO PRIVADO. VIDA «POLÍTICA» Y VIDA «TÉCNICA» DEL DERECHO SEGÚN SAVIGNY. LA FUNCIÓN DE LOS JURISTAS, SUS CARACTERES Y LÍMITES. EL DOGMA DE LA SUPERIORIDAD DEL JURISTA Y DE LA CIENCIA SOBRE EL LEGISLADOR Y SOBRE LA LEY. LOS JURISTAS Y LA CONCIENCIA JURÍDICA POPULAR. EL DERECHO CIENTÍFICO COMO FUENTE DEL DERECHO: DOCTRINAS DE SAVIGNY, PUCHTA Y STAHL. EL PROBLEMA DE LAS LAGUNAS Y SU SOLUCIÓN A LA LUZ DE LA DOCTRINA HISTÓRICA. CRÍTICA DE LA TEORÍA DE DONATI SOBRE EL PROBLEMA DE LAS LAGUNAS. LOS JURISTAS Y LA INTERPRETACIÓN DE LA LEY SEGÚN LA DOCTRINA HISTÓRICA.

27. LA OBRA de SAVIGNY terminó con la exaltación de la ciencia y de la actividad de los juristas, hasta el punto de hacer creer que el autor tendiera sobre todo a esto

[438] Cfr. SAVIGNY, *Recension von Gönner,* etc., en «Verm. Schrift.», vol. I, pág. 120.

[439] Cfr. SAVIGNY, *Beruf,* etc., edic., pág. 23, donde se hace referencia al derecho romano «als Muster juristicher Methode». Y en la página 72 SAVIGNY observa que el derecho romano tiene el prestigio de poder servir «durch seine hohe Bildung als Vorbild und Muster unserer wissenschaftlichen Arbeiten».

al formular su doctrina. El lugar dejado por SAVIGNY en su sistema a la ciencia y a los juristas, solo encuentra parangón en el honor tributado por PLATÓN en su República a la filosofía y a los filósofos. Si y como semejante glorificación está en armonía con la concepción histórica del derecho, si y como el derecho científico puede satisfacer las exigencias esencialmente prácticas de la jurisprudencia, esto fue vivamente discutido entre partidarios y adversarios de la dirección histórica, aunque no puede decirse, a nuestro parecer, en forma exhaustiva. Y no es ocioso resolver la duda, si se piensa en el destino que le ha tocado a la doctrina histórica de haber hecho obra de conservación mucho más que de innovación en los estudios jurídicos, en abierto contraste con los elementos de vida y de reforma que en sí contenía y que habían determinado su éxito.

Nadie mejor que SAVIGNY sintió la exigencia de una consideración científica del derecho privado; nadie mejor que él supo señalar sus condiciones y sus límites. Quiso que esta ciencia estuviera fundada no tanto sobre la historia del derecho, como sobre el conocimiento del derecho en su existencia histórica; no tanto sobre la aplicación del método histórico, como sobre el conocimiento del principio activo y espiritual del que se engendran los factores y las instituciones en armonía con las necesidades y finalidades de la vida colectiva. El carácter científico del derecho es inherente a su estructura, a su función social; antes aun de ser una exigencia del intelecto, constituye una exigencia objetiva de la realidad en la cual se revela en la forma espontánea e inmediata de la costumbre.

El progreso del derecho implica superación de esta fase primitiva, el tránsito a la fase reflexiva o científica propiamente dicha, la que no significa arbitrariedad en la formación del derecho, sino conciencia clara y distinta en el jurista de la vida histórica y de la estructura íntima del derecho, de sus leyes de desarrollo y de sus finalidades, de sus relaciones con los otros múltiples aspectos de la vida colectiva, de su subordinación a los fines más altos y generales. La naturaleza del derecho permaneció inalterada; pero esto se revela ya a través de la conciencia reflexiva del jurista, que sustituye el órgano natural y espontáneo de la conciencia popular. Por lo tanto, la ciencia del derecho no es la producción solitaria de personalidades descollantes, sino el resultado de la obra lenta y progresiva de muchas generaciones de juristas que siguen el mismo método, trabajan con el mismo espíritu, con la misma conciencia de cooperar, pese a divergencias individuales, inevitables, en una gran obra común[440].

A través de la conciencia reflexiva del jurista, tanto la materia como la forma del derecho adquieren nuevas características y son susceptibles de los más fecundos resultados. El jurista debe ponerse en grado de dominar la materia jurídica, esto es, de apreciar los hechos en la medida en que expresan necesidades reales, tendencias constantes de la conciencia popular. Y debe saber librarse de los hechos para descubrir sus nexos causales, para hallar el principio que los regula y los ilumina, para reducirlos a unidad orgánica.

Al dominio de la materia acompaña en la fase científica el progreso de la forma que implica la sistematización y unificación del material jurídico, la claridad y precisión en la expresión verbal. También SAVIGNY reconoce la utilidad y la necesidad de la técnica jurídica que se resuelve sustancial-mente al traducir en forma lógica y esquemática la vida histórica del derecho, sin caer en el formalismo de los

---

440 Cfr. SAVIGNY, *Beruf*, etc., cit., págs. 77 y 81.

juristas del siglo XVIII, que entendían esta operación lógica en forma abstracta o que la aplicaban a conceptos vacíos de contenido real[441].

Por lo tanto, en el pensamiento de SAVIGNY las dos fases de la vida del derecho, la natural y la científica, no constituyen dos fases contrapuestas y sucesivas, sino que la fase científica resume en sí, perfeccionándola y desarrollándola, la primitiva fase de formación espontánea del derecho. Para usar la terminología un tanto arbitraria de SAVIGNY, el derecho tiene una doble vida, una vida *política,* en cuanto expresa las exigencias fundamentales de la vida social, y se halla con ésta en íntima y sustancial dependencia, y una vida *técnica,* en la ulterior elaboración científica de los *juristas*[442]. Por obra de éstos, la realidad jurídica inmanente a la vida histórica del pueblo y puesta de manifiesto en la forma espontánea de la costumbre, adquiere conciencia y se traduce en la forma lógica de la ley. El derecho conserva el carácter y el significado de una actividad de la vida colectiva, pero el órgano por el cual esta actividad se revela en forma muda, se individualiza y se concreta en el jurista; a la producción espontánea del derecho mediante la conciencia impersonal del pueblo sucede la obra del jurista, particularmente educado a entender y a expresar la realidad jurídica en su proceso de formación histórica. El progreso jurídico estaría, pues, en razón del grado en que la conciencia jurídica popular es resumida y determinada por la individualidad del jurista.

En la doctrina de SAVIGNY el jurista no es un órgano consciente sino pasivo de la conciencia jurídica colectiva; pero es un elemento activo como el pueblo al que sustituye y al que personifica. Puede considerarse un verdadero creador del derecho no en el sentido de que su obra se desarrolla arbitrariamente, o en el sentido de que crea la materia jurídica, sino en el sentido de que se pone en el centro de la realidad jurídica, la entiende, y entendiéndola la produce. La obra del jurista halla su límite natural en la ley de relatividad histórica y deriva su norma de la conciencia del proceso histórico de formación del derecho; por eso ella no puede ser obstaculizada por la acción legislativa, que debe moverse en los límites y según las directivas establecidas por la ciencia jurídica.

El dogma de la superioridad del jurista y de la ciencia sobre la obra del legislador y de la ley era proclamado así en pleno contraste con la concepción jurídica del siglo anterior. Era la lógica de la doctrina histórica que triunfaba sobre la concepción racional y dogmática del derecho. En tanto éste es concebido como un orden objetivo que existe enteramente desarrollado fuera e independientemente del espíritu que lo contempla, la omnipotencia de la ley y del legislador surge necesariamente, reduciéndose el problema jurídico a fijar en la ley el derecho eterno de razón. Pero si el derecho es un producto de la conciencia colectiva, inseparable del espíritu que lo produce, no puede justificarse la acción del legislador tendiente a fijarlo en una norma universal y constante. El jurista, volviendo a pensar y reproduciendo el proceso de formación del derecho, es el único que se halla verdaderamente en condición de entender su naturaleza en armonía con las exigencias siempre nuevas de la vida social.

La sustitución del pueblo por el jurista no es, pues, en el sistema de SAVIGNY, un hecho arbitrario, sino que, además de ser el resultado de una necesaria diferenciación histórica y psicológica es condición del progreso jurídico. El tránsito de lo

---

[441] Cfr. SAVIGNY, *Beruf,* etc., págs. 7, 8, 29 y 69.

[442] Cfr. SAVIGNY, *Beruf,* etc., pág. 8.

inconsciente indeterminado a la conciencia reflexiva diferenciada no es únicamente condición de desarrollo de la conciencia individual, sino aun de la conciencia colectiva, la cual, resolviéndose en formas y direcciones particulares, engendra los órganos correspondientes. Para la conciencia jurídica reflexiva y para la ciencia del derecho que sobre ella se funda, estos órganos son los juristas, cuya actividad, dirigida con unidad de método y de fin a comprender la vida profunda del derecho y su principio orgánico, toma naturalmente carácter de objetividad y de universalidad (de *fungibilidad,* diría Savigny), aunque sea empírico, que hace posible la comunión de los esfuerzos y la organización colectiva del trabajo científico.

En un sentido nuevo y absolutamente especial, el derecho científico, fruto de la elaboración colectiva de los juristas asciende en Savigny a dignidad de fuente del derecho. Para la escuela adversaria, la actividad de los juristas cuando no se desarrollaba en un campo abstracto, filosófico, se agotaba en la resolución de los casos controvertidos y en la aplicación práctica del derecho *(usus fori).* Fuente única y necesaria era la ley, a la que correspondía determinar lo que era el derecho y lo que debía valer como derecho. Las exigencias teorética y práctica parecían concurrir en la ley, que expresaba un principio racional en forma imperativa. Sin embargo, el supuesto de que la norma derivara su contenido de la simple actividad racional era ilusorio y peligroso, en abierto contraste con el pensamiento y la reforma jurídica kantiana, según la cual la exigencia racional incumbe solo al aspecto formal del derecho. Para Savigny el problema de las fuentes del derecho había cambiado profundamente. Si el derecho se elabora por sí mismo en virtud de un íntimo e invisible *(unsichtbar)* proceso de la conciencia colectiva, proceso que se traduce exteriormente en la forma inconsciente de la costumbre, en la forma reflexiva de la ciencia (y, dentro de ciertos límites, de la legislación en cuanto se inspira en la ciencia), ocurre en consecuencia que la fuente única y verdadera en el sentido material es la misma conciencia popular, y en el sentido formal la ciencia, que hallándose en la cumbre de la evolución jurídica resume todas las otras formas de manifestación de la vida jurídica. No puede existir para Savigny una diferencia sustancial entre el derecho consuetudinario y el derecho científico, teniendo ambos una fuente común y siendo el derecho científico el mismo derecho consuetudinario elaborado por la conciencia del jurista. La unidad del derecho en sus diversas fases de desarrollo corresponde a la unidad del espíritu en sus diversas manifestaciones. Y, para la concepción romántica del espíritu aceptada por Savigny, lo que el hombre aprehende por intuición y por sentimiento, no puede ser sustancialmente diverso de lo que comprende con el intelecto. La irracionalidad romántica no es más que la racionalidad objetiva inconsciente.

Por otra parte, la distinción entre fuente material y formal no tiene para Savigny valor absoluto alguno, y mucho menos tiene el valor de una contraposición. La ciencia no genera el derecho, sino que es la forma necesaria con que éste se revela, y si no es la única, es la forma más alta y perfecta. Los resultados del trabajo científico no tienen, pues, únicamente valor teorético, sino práctico, y el derecho científico termina por identificarse con el mismo derecho positivo. Por lo tanto, nos parece infundado el reproche que Kantorowicz dirige a Savigny en el sentido de haber confundido entre la ciencia como fuente material del derecho, es decir, como medio de conocimiento del derecho positivo, y la ciencia como fuente formal, es decir, como medio para conocer, interpretar y aplicar el derecho vigente[443]. Más

443 Cfr. Kantorowicz, *Was ist,* etc., pág. 76, y las observaciones de Manigk, *Savigny,* etc., págs. 97 y 98.

que de confusión se trata de identificación lógica y necesaria, pues si para SAVIGNY la ciencia es, por un lado, fuente formal, por el otro, el conocimiento histórico o científico del derecho, es al mismo tiempo conocimiento del derecho positivo, y este último no puede ser diverso del derecho estudiado por la ciencia. Si la positividad es carácter esencial del derecho, ella implica en todo caso historicidad, cuya determinación es objeto de la investigación científica. Y en el íntimo y necesario proceso por el que el derecho se realiza históricamente consiste, además de la positividad, la obligatoriedad del derecho. Así como la ciencia no crea el derecho, tampoco lo impone; pero al declararlo históricamente pone de relieve la verdadera y única razón de su fuerza obligatoria.

Sobre el carácter y sobre la finalidad esencialmente práctica del derecho científico insiste EHRLICH. Según éste la escuela histórica habría no solo distinguido, sino contrapuesto el derecho consuetudinario como norma general de conducta al derecho científico como complejo de normas que se habrían formado en la práctica del foro por obra de los juristas (Entscheidungsnormen)[444]. Sin embargo, aquí no se trata de ver si efectivamente los partidarios de la escuela histórica, sin excluir los jefes, hayan entendido la relación entre el derecho consuetudinario y científico en el modo indicado por EHRLICH, sino si la contraposición de que se trata estaba en armonía con los supuestos teoréticos de la escuela, los cuales, mejor que las separaciones y las antítesis conducían a la identidad sustancial de las diversas manifestaciones de la conciencia jurídica colectiva en todas sus fases de desarrollo. Esto aparece evidente en PUCHTA y en STAHL, en quienes los principios de donde derivaban su origen y significado la concepción histórica del derecho se nos revelan en forma mucho más explícita.

También para PUCHTA el derecho científico tiene valor de norma positiva, y no solo de fuente formal del derecho. Su superioridad deriva del hecho de que en él convergen la máxima individualidad y la máxima universalidad, esto es, los dos principios que se hallan en el fundamento mismo de la realidad en general. A través de la conciencia y el convencimiento del jurista se afirma en toda su fuerza y pureza el principio de la nacionalidad que es el elemento universal y constante al que se revela la verdad y la excelencia del derecho[445]. La conciencia jurídica colectiva, al pasar del pueblo al legislador, al jurista, en las formas respectivas de la costumbre y de la ley y de la ciencia, se desarrolla y se perfecciona tanto en la forma como en la materia. En la *opinio doctorum,* por lo tanto, y en el *usus fori* el derecho vive su vida más alta y perfecta[446].

STAHL, a su vez, después de haber destacado que la actividad científica del jurista no puede tener carácter originario y autónomo, desde que presupone un hecho constante al que referirse, insiste en la necesidad de distinguir entre orden

---

[444] Cfr. EHRLICH, *Grundlegung der Soziologie des Rechts,* Leipzig, 1913, págs. 359 y sigs. EHRLICH publica (pág. 360) un escrito inédito de SAVIGNY, casualmente hallado en un *Kollegienheft* de 1819, donde la relación entre las tres fuentes (costumbre, ley y ciencia), está claramente definida, y de donde se obtiene una nueva confirmación de que SAVIGNY fue el verdadero autor de la doctrina formulada luego por PUCHTA sobre el derecho consuetudinario.

[445] Cfr. PUCHTA, *Gewohnheitsrecht,* etc., I, págs. 165 y sigs. La escuela histórica «ging auf den Begriff des Nationellen zurück, und erkannte in diesera den natürlichen Grund des Rechts und des Staates».

[446] PUCHTA *(loc. cit.,* pág. 167) llama, por su externa manifestación, *das Juristenrecht* también *das Recht der Praxis.*

jurídico entendido como aspecto del orden universal y la opinión subjetiva que se forma el pueblo de dicho orden. Los juristas deben inspirarse en el orden jurídico objetivo; ellos pueden, con SAVIGNY y con PUCHTA, llamarse los representantes del pueblo, pero en el sentido de que ellos, en sustitución del pueblo, interpretan y aplican el derecho en su valor objetivo, no en las formas inciertas e imperfectas de la conciencia jurídica popular. Para STAHL, la nacionalidad del derecho es un principio de necesidad objetiva que se revela, empírico e imperfecto, a través de la conciencia del pueblo y del legislador, mientras que en la obra del jurista se afirma en toda su objetividad y universalidad. STAHL no cree tampoco que la simple declaración del jurista de lo que es derecho sea condición suficiente para su validez positiva, siendo necesario a tal fin que sea declarado y aplicado por los tribunales. Éstos constituyen el órgano propio del derecho científico; ellos son a la ciencia lo que la costumbre a la conciencia popular, la ley a la voluntad soberana[447].

En STAHL, la función lógica de la ciencia jurídica y de los juristas se halla particularmente destacada[448]. La actividad del jurista es una actividad esencialmente reflexiva y racional.

Esto nunca lo desconocieron los juristas de la escuela histórica, aunque hayan acentuado, como SAVIGNY, el origen y el desarrollo inconsciente del objeto, al que se aplica la actividad del jurista. La *ratio juris* podía despertar desconfianza en la escuela racionalista cuando era aplicada a una pretendida realidad de razón, absoluta, inmutable, pero no en la escuela histórica según la cual el derecho se elabora por sí mismo, en virtud de un principio propio de formación, que constituye su ley y su razón, y la lógica no hace sino iluminarlo, desarrollarlo armónicamente, revivirlo en la indefinida variedad de los casos particulares. La lógica jurídica es la extensión reflexiva de la lógica inconsciente inherente a la naturaleza de las cosas, es la reflexión jurídica de la realidad. Y puede llamarse productiva e inventiva a la actividad del jurista: no solamente explicativa y extensiva, pues que ella pone de relieve los nexos que constituyen la trama de la vida jurídica, las relaciones siempre nuevas y variadas en que éste ha de encontrarse con los otros aspectos de la realidad, el principio de donde procede en última instancia. El mismo SAVIGNY nos dice que de la materia jurídica penetrada y elaborada por la mente del jurista en su unidad profunda, surge una nueva vida orgánica que reacciona sobre la materia, volviéndola capaz de nuevos y más amplios desarrollos y producciones[449].

El carácter creativo de la actividad científica del jurista, se revela sobre todo en cuanto al problema de las lagunas, problema que, en la época de SAVIGNY, no tuvo la importancia que adquiriría luego con el predominio del formalismo jurídico, incluso porque ya estaba implícitamente resuelto por los principios de la escuela. Para el racionalismo jurídico las lagunas no son ni teórica ni lógicamente posibles; su existencia depende de defectos de las leyes positivas, de incapacidad por parte de quien las aplica. Si el ordenamiento jurídico positivo no es más que el orden racional codificado, toda norma positiva debe poder desembocar en la norma universal que la comprende y la justifica lógicamente. De esto tuvo plena conciencia FEUERBACH, el conocido jurista de la escuela kantiana, que es uno de los más agudos y equilibrados adversarios de la dirección histórica; FEUERBACH observaba que, así como la naturaleza revela sus leyes a través de los fenómenos particulares,

447 Cfr. STAHL, *Philosophie d. R.*, etc., vol. II, libro II, cap. III, § 22.

448 Cfr. STAHL, *Philosophie*, etc., *loc. cit.*; PUCHTA, *Gewohnheitsrecht*, etc., II, págs. 19 y 20.

449 Cfr. SAVIGNY, *Sistema*, etc. (trad. ital.), vol. I, pág. 69.

así en el ordenamiento jurídico, en los casos particulares, se revela lo universal, en las consecuencias el principio, por cuya razón es deber del jurista obtener de los casos y normas particulares el principio universal que constituye su fundamento[450]. Por esto el racionalismo jurídico debía postular el principio de la expansión lógica del ordenamiento jurídico positivo y su necesario completamiento mediante el proceso analógico. Éste fue, históricamente, el medio indispensable para someter a los nuevos tiempos y condiciones el derecho inmovilizado en los códigos. La analogía en su doble forma de analogía *legis* y *juris* permitía extender la norma o un complejo de normas particulares establecidas para uno o más casos a casos análogos lógicamente no comprendidos en aquéllas, pero susceptibles con aquéllas de entrar en una norma más general. Por eso la analogía no se presenta solamente como un proceso lógico legítimo, sino que responde a una exigencia de justicia en cuanto implica igual tratamiento para casos diversos, los cuales requieren, sin embargo, una razón igual para decidir. Pero la analogía como proceso inductivo de generalización tiene un límite normativo; y si es medio válido para remontarse hasta los principios generales del derecho, no nos hace conocer las normas universales de justicia de las que depende la eliminación de las lagunas y el completamiento del ordenamiento jurídico positivo. Solo elevando a fuente suprema el derecho natural, resultante de principios determinados *a priori* por la razón (como hizo expresamente el código austríaco) el problema de las lagunas, dadas las premisas del racionalismo jurídico, podía considerarse verdaderamente excluido[451].

También para SAVIGNY las lagunas son inseparables de cualquier ordenamiento jurídico codificado. La obra legislativa que sustituye la formación natural y orgánica del derecho se desarrolla entre contradicciones y lagunas. Sin embargo, el derecho positivo no tiene para SAVIGNY como derecho subsidiario y complementario el derecho de razón, por lo que debe buscar en sí, en su proceso histórico de formación, el medio para integrarse, para restablecer la unidad y la uniformidad de sus normas. Esta integración tiene lugar mediante la analogía, que adquiere en la doctrina de SAVIGNY un significado y una importancia que no tenían en la dirección opuesta. La analogía es para SAVIGNY el único verdadero y necesario proceso integrativo e interpretativo del derecho existente: ella permite reconstruir la vida orgánica del derecho, con lo que se esclarece el sentido de la ley y se eliminan las contradicciones y las lagunas. La analogía deja, pues, de ser un proceso lógico de generalización para transformarse en un proceso real de reconstrucción histórica de las leyes y de las instituciones. Si ella tiene por punto de partida el derecho positivo dado, o una nueva relación jurídica en adelante desconocida, su fin es interpretar el primero, y resolver esta última a la luz de la historia, sobre la base de afinidades no lógicas sino reales, sobre el supuesto de una conexión intrínseca y no solo formal, de la unidad orgánica del derecho[452].

Mientras para la escuela tradicional el dualismo entre el derecho de razón y el derecho positivo era causa dominante de lagunas, y éstas se eliminaban con los medios de la lógica formal y con la reducción de lo particular conocido a lo univer-

---

450 Cfr. ANSELMO FEUERBACH (1775-1833), *Ueber Philosophie und Empirie, in ihren Verhältnisse zur positiven Rechtswissenschaft,* Landshut, 1804, pág. 73. La importancia de FEUERBACH fue puesta en relieve por DEL VECCHIO, *Sull'idea di una scienza,* etc., cit., págs. 24 y 25.

451 Cfr. para la solución dada por el Código Napoleón y por el Código civil austríaco al problema de las lagunas, SAVIGNY, *Beruf,* etc., edic. cit., págs. 44 y sigs.; pág. 65.

452 Cfr. SAVIGNY, *Sistema,* etc., I, § 46.

sal desconocido mediante la analogía, para SAVIGNY las lagunas se originan más bien en imperfecciones de la técnica científica, en el desconocimiento de las formas históricas del derecho, en una falta de acuerdo entre el derecho vigente y el derecho que se desarrolla desde la conciencia jurídica colectiva. También SAVIGNY invoca la analogía: pero como proceso científico tendiente a restablecer el acuerdo entre el ser y el devenir incesante del derecho. Por eso, si por un lado rechaza la idea de un derecho de razón como subsidiario y complementario del derecho positivo, por el otro se negaba a considerar completo el derecho positivo entendido como emanación de la voluntad legislativa.

La doctrina histórica debe considerarse en abierto contraste con las modernas doctrinas relativas al problema de las lagunas, tendientes a afirmar la necesaria perfección del ordenamiento jurídico positivo identificado con la ley. Con argumentos esencialmente lógicos, DONATI sostiene esta tesis hasta sus últimas consecuencias[453]. Para él la noción del derecho positivo coincide con la de ley, y ésta, si por un lado limita la acción, por el otro es reconocimiento de libertad incondicionada. Aparte la arbitraria reducción del orden jurídico positivo a las sanciones legislativas, también DONATI termina por establecer en el orden positivo un principio general y superior que lo completa: tal principio es la libertad, a la que se reconoce el valor de un principio jurídico no solo negativo, sino positivo[454]. Ésta, por consiguiente, tiene en su sistema el mismo valor que tienen el derecho de razón y el derecho histórico en el racionalismo y en el historicismo, es decir, el valor de un principio que hace del ordenamiento jurídico positivo un sistema cerrado y completo en sí mismo. La diferencia está más bien en una menor extensión y en una menor importancia atribuida a la analogía, pues estando el principio de libertad implícito y siempre presente en el ordenamiento jurídico positivo, no tiene necesidad de un especial procedimiento para ser determinado. Por otra parte, dada la fuerza lógica de exclusión de las normas jurídicas, la extensión analógica, además de los casos por ella previstos, debe ser explícitamente consentida per el legislador[455]. A éste, en último análisis, se terminaba por atribuir el deber de colmar las lagunas, y la cuestión de la existencia o no de las lagunas se trasformaba en esta otra: de si el colmarla corresponde en cada caso al legislador, como sostiene DONATI, o bien también al juez, como admitían la doctrina tradicional y sobre todo la histórica.

Cuando se formula a los códigos la acusación de haber inmovilizado el derecho, de haber hecho del orden jurídico un orden cerrado y completo en sí, de haber reducido la función del juez a una función puramente pasiva, no se hace una afirmación enteramente exacta, pues había en el racionalismo jurídico, incluso en los límites en que fue codificado (es decir, en la forma de la *equidad natural* del código francés, o del *derecho natural* del código austríaco), había lo necesario para hacer posible y justificar cualquier amplia y radical reforma. No solo el juez encontraba en los procesos de generalización o de extensión analógica el modo de huir de las angustias del derecho escrito; sino que hallaba en el concepto explícito o implícito del derecho natural el medio de integrar las lagunas y las insuficiencias del derecho positivo, siempre que su obra se desarrollase según el espíritu y las exigencias del racionalismo y del individualismo jurídicos. Los límites que el juez hallaba en su

---

[453] Cfr. D. DONATI, *Il problema delle lacune dell'ordinamento giuridico,* Milano, 1910.

[454] Cfr. DONATI, *op. cit.,* cap. II.

[455] Cfr. DONATI, *op. cit.,* págs. 131 a 133.

obra eran los mismos que se había impuesto el legislador, y eran los límites derivados de la concepción general individualista del derecho y del Estado, que constituía el supuesto teorético de la codificación.

El historicismo, en razón de sus mismas tendencias dirigidas a rehabilitar las fuerzas invisibles e inconscientes que actúan en la formación del derecho, era llevado, por un lado, a atenuar la importancia y el valor de la actividad legislativa, y por el otro a dar relieve a la obra de los juristas y de los jueces, considerados como los intérpretes verdaderos y seguros de la conciencia jurídica popular, a la que le es propio rehacerse a través de las lagunas y de las insuficiencias del derecho escrito. También aquí el límite teorético está en la nueva concepción del derecho inaugurada por SAVIGNY, según la cual el derecho no es la expresión de la personalidad y del querer individuales, sino de una conciencia y voluntad colectivas dotadas de una unidad y una realidad histórica y psicológica.

Análogamente SAVIGNY debía combatir la interpretación fundada sobre la comprensión y extensión puramente lógica de la ley. Tal interpretación era legítima hasta que se reconocía a la ley un valor objetivo por sí misma, pero se hacía insostenible si, como para SAVIGNY, era el resultado de un proceso psicológico, del que eran parte esencial e integrante elementos irracionales. Por ello, a la interpretación legal fundada sobre el supuesto de la racionalidad de las normas, debía reemplazarla con la nueva dirección de SAVIGNY la interpretación real fundada sobre la historicidad orgánica del derecho. Con esto SAVIGNY no abría el camino al arbitrio del juez, a criterios de justicia subjetiva y sentimental, pues la historia tiene para él una lógica tan cierta e inmutable como la silogística, y el jurista, si debe revivir en sí el proceso histórico, no puede contrariarlo ni modificarlo. La objetividad histórica concreta afirmaba así su superioridad sobre la mera objetividad lógica y formal[456]. Por eso SAVIGNY pudo pasar justamente por precursor de la doctrina del *derecho libre* en lo que tal doctrina presentaba de más verdadero y aceptable[457]. No es la ley en sí y en su extensión lógica la que vincula el juez, sino el derecho en sus limitaciones y determinaciones de tiempo y de lugar.

El historicismo iluminaba con nueva luz los problemas de las fuentes del derecho, de las lagunas, de la interpretación de las leyes, y las nuevas soluciones parecieron el resultado de la dirección científica seguida por los juristas en contraposición a la dirección filosófica de los legisladores. A la ciencia se le atribuía el deber de determinar los verdaderos principios jurídicos, de desarrollarlos, de aplicarlos, y tales principios adquirían en la obra de los juristas un valor y una fuerza obligatoria que no estaban subordinados a su reconocimiento por parte del legislador. Y sin embargo el contraste entre la escuela tradicional y la histórica terminaba por resolverse en el contraste entre ciencia y filosofía en el que aquélla se desarrollaba del conocimiento histórico del derecho, y ésta de su determinación racional.

En realidad, la nueva doctrina histórica del derecho y la pretendida actividad científica eran, ellas mismas, formas de una doctrina y de una actividad filosófica. El historicismo postulaba una nueva concepción de la realidad, por lo tanto una

456 Cfr. SAVIGNY, *Sistema,* etc., I, cap. IV.

457 Cfr. para las relaciones entre SAVIGNY y las actuales doctrinas del *derecho libre,* la obra de MANIGK, *Savigny und ier Modernismus im Recht* (Berlín, 1914), caps, III y IV. En sentido contrario KANTOROWICZ, *Was ist uns Savigny,* cit. Evidentemente este autor evoca y tiene presente en sus críticas las degeneraciones de la escuela histórica.

nueva solución del problema filosófico del derecho. Al dualismo tradicional lo reemplazaba con la unidad del principio originario, y concebía a éste como espíritu universal, del que era forma particular y subordinada el espíritu jurídico. Solo el empirismo del que no supieron liberarse enteramente los partidarios de la escuela histórica, y más que cualquier otro Savigny, la exageración del punto de vista jurídico, la aversión a la metafísica racionalista, podían hacer creer que la dirección científica por ellos representada fuera algo esencialmente distinto de lo que persigue la investigación filosófica. Pero en Hegel la nueva conciencia filosófica, que se revela en forma imperfecta y oscura en el romanticismo jurídico, debía afirmarse y desarrollarse hasta sus últimas consecuencias.

RELACIÓN ENTRE TEORÍA Y PRÁCTICA EN LA DOCTRINA HISTÓRICA. ACUSACIONES CONTRA LA EFICACIA PRÁCTICA DE LA DIRECCIÓN HISTÓRICA. LA CRÍTICA DE FEUERBACH. RELACIÓN ENTRE TEORÍA Y PRÁCTICA JURÍDICA SEGÚN LA ESCUELA TRADICIONAL. TEORÍA Y PRÁCTICA Y SU INESCINDIBILIDAD SEGÚN SAVIGNY. CONSECUENCIAS PARA LA EDUCACIÓN DEL JURISTA. EL DERECHO ROMANO Y LA UNIDAD DE LA CIENCIA Y DE LA PRÁCTICA JURÍDICAS.

28. Muchos fueron los autores que destacaron el valor esencialmente teorético de la dirección histórica, y la escasa eficacia que tuvo sobre el progreso de la práctica jurídica[458]. La acusación parte no solo de los que tienden a contener al movimiento histórico en los límites de una reforma metodológica, sino también de quienes, sin desconocer su significado filosófico, juzgan la dirección histórica infecunda en sus aplicaciones a la vida jurídica.

Los adversarios de Savigny se sentían muy seguros al destacar la esterilidad de las investigaciones históricas y filológicas a los fines de la legislación y de la jurisprudencia. Por otra parte, nadie más que Savigny protestó contra tal interpretación de su pensamiento, nadie más que él entendió el valor limitado e instrumental de la erudición histórica y filológica, la necesidad de despertar las energías creadoras del derecho contra los partidarios de la jurisprudencia *culta,* contra el mismo Hugo, a cuyos criterios metodológicos obedecía aún su primera obra sobre la *Posesión*[459]. Bien pronto comprendió Savigny que la cuestión del método de estudio no tiene valor en sí, sino en cuanto se coordine a una nueva concepción del derecho; que la reconstrucción histórica de las instituciones jurídicas, el conocimiento crítico de las fuentes, puede conciliarse con las más diversas direcciones de pensamiento. Thibaut podía, justamente, jactarse de seguir en el estudio de las fuentes, métodos no menos rigurosos de investigación que los seguidos por Savigny, y de tener en gran estima el estudio histórico del derecho.

No era, pues, la cuestión del método la que podía dividir las mentes, sino más bien la cuestión del principio mismo del derecho, principio que era para Thibaut la expresión de una exigencia racional, y para Savigny de una exigencia de la conciencia colectiva. Ahora, si para unos la investigación histórica era condición útil, pero no necesaria para la determinación de lo que es el derecho, para los otros el derecho no se conoce sino a través de las formas históricas en que se revela la conciencia popular. De allí la inescindibilidad del método y de la doctrina histórica del derecho.

---

458 Cfr. Stahl, *Geschichte,* etc. (2ª edic, 1847), pág. 572.

459 Cfr. *supra,* págs. 300 y sigs.

La acusación dirigida a la escuela histórica en el sentido de no resolver el conflicto entre la teoría y la práctica, debe entenderse, pues, no en relación con el método histórico seguido por ella, sino con la nueva concepción del derecho por ella contrapuesta a la concepción racionalista. Desde este más alto punto de vista FEUERBACH criticó a la dirección histórica[460]. Ninguna luz puede venir de la historia para el conocimiento del derecho positivo, cuya existencia está en relación directa y necesaria con la voluntad del legislador. Conocer cómo se ha ido formando el derecho, no significa conocer su naturaleza, su fundamento, sus fines. Por otra parte, el conocimiento de la vida histórica del derecho no sirve para la aplicación sino en los límites en que ha sido aceptado y reconocido por el legislador. Por eso, lo que vale a los efectos de la aplicación no es la historia de la norma, sino la intención del legislador, quien, en vista de sus fines, puede contradecir la tradición o modificarla. La discordia entre derecho histórico y derecho positivo, señalada por FEUERBACH, se resolvía en la discordia entre teoría y práctica jurídica.

La crítica de FEUERBACH tenía siempre como supuesto la concepción tradicional del derecho; como tal se desarrollaba al margen de la nueva conciencia filosófica, que, aunque en forma empírica y confusa, se perfilaba a través de la obra de SAVIGNY. Sobre la base de esta nueva conciencia filosófica, la acusación era injusta; y fácil fue para SAVIGNY demostrar que su obra renovadora había sido sobre todo determinada y justificada por las exigencias de la práctica jurídica y solo en cuanto miraba a este fin adquiría valor y significado. Y realmente, la cuestión de la relación entre teoría y práctica se planteaba, con la doctrina histórica, bajo una nueva luz y sobre nuevas bases.

Para los racionalistas del derecho, el dualismo entre teoría y práctica no surgía a través de la identificación hecha por ellos de lo que es positivo y lo que está sancionado por el legislador, o sea del órgano de la razón jurídica. Pero si con esta ficción la unidad formal podía alcanzarse, la discrepancia real entre el hecho y el derecho estaba bien lejos de ser resuelta. Lo que el racionalismo llamaba práctica jurídica no era la invención de la norma para el caso concreto sometido al análisis, sino la reducción lógica del caso particular bajo la norma general. Este proceso lógico de reducción era el sistemático sacrificio de las exigencias prácticas a los principios abstractos personificados en la voluntad del legislador. Al principio de individuación que solo garantizaba las exigencias de la práctica, sustituía el proceso de la abstracta generalización que garantizaba solo la correspondencia formal entre el principio sancionado por el legislador y la norma reguladora del caso particular.

La escuela histórica era llevada por sus propios principios a negar todo dualismo entre teoría y práctica, a afirmar su identidad no solo formal sino real y sustancial. Si todo el derecho está en la vida histórica, en cuanto ésta es la expresión de la conciencia jurídica popular, si la positividad y, por consiguiente, la obligatoriedad del derecho está en razón de su historicidad, si la juridicidad es un aspecto esencial y necesario de la realidad por el que la norma no se impone en forma abstracta desde afuera, por orden del superior, a una relación dada de hecho, sino que surge con el hecho mismo *(ex jacto oritur jus),* no solamente viene a menos toda razón de contraste entre teoría y práctica, sino que teoría y práctica se compenetran, devienen inescindibles, reduciéndose la función del jurista, cualquiera sea el modo en que manifieste su actividad en la ciencia o en la práctica

---

460 Cfr. el citado prefacio de FEUERBACH a la obra de BORST, *Die Beweislast,* etcétera.

legislativa o judicial, a revivir el derecho en su realidad histórica para sistematizarlo, declararlo, aplicarlo. Por eso, ya no se trata de seguir los rastros de una norma general que solo equivocadamente puede llamarse positiva, ni de reducir a ella con proceso lógico, a menudo arbitrario, el caso particular. Éste puede y debe ser individuado, pero no puede ni debe ser aislado o abstraído del sustrato histórico del que solo extrae su razón de vida.

Es verdaderamente notable la insistencia con que Savigny, de la *Vocación* al *Sistema,* vuelve sobre el valor práctico de la ciencia del derecho, sobre la estrecha alianza de la teoría y la práctica, poniendo de relieve al mismo tiempo las finalidades esencialmente teoréticas de la dirección opuesta, tal como se revelan en los códigos[461]. El derecho, escribe Savigny en la *Vocación,* es realidad viva y concreta; no existe abstraído de la vida histórica; es la vida misma del pueblo considerada bajo cierto aspecto. El derecho así entendido debe constituir el objeto de la ciencia del derecho, allí donde los fautores de los códigos con miras a una perfección exclusivamente técnica y formal pierden la intuición de la relación jurídica real, hacen obra unilateral no correspondiente a las necesidades de la vida y de la aplicación. La teoría debe tener por fin la práctica, y ésta debe desarrollarse bajo la guía de la ciencia. De la medida en que se realiza esta fórmula depende, según Savigny, el progreso de los estudios jurídicos.

Savigny demuestra comprender la razón filosófica de esta fórmula cuando observa que se debe «das klare, lebendige Bewusstsein des Ganzen stets gegenwärtig haben, um von dem individuellen Fall wirklich lernen zu können»[462]. Es decir, que la actividad teorética se revela en la comprensión del todo, o sea de la sustancia psicológica e histórica de la que brota el derecho; mientras la actividad práctica es la visión del caso particular en la unidad del todo, en sus relaciones con los múltiples aspectos de la vida colectiva. Teoría y práctica están entre sí como el todo y la parte, la unidad y la multiplicidad, lo idéntico y lo diverso: y si Savigny no tuvo, como más tarde Hegel, clara conciencia del principio unificador de los términos opuestos, intuyó sin embargo en la oposición de los contrarios la identidad fundamental.

En esta intuición consistía la gran novedad de la doctrina histórica. Ésta no solo significaba una nueva concepción del derecho, sino que justificaba una nueva lógica jurídica, un nuevo método de estudio. Si el derecho no es un dato, sino un producto, la lógica formal fundada sobre el supuesto de un derecho inmutable, objetivo, extraño al pensamiento que lo refleja, debía hacer lugar a una lógica real fundada sobre el concepto de un derecho universal y concreto que se forma continuamente por la actividad incesante del espíritu colectivo. Por otra parte, la realidad jurídica, no pudiéndose concebir sino en la forma de la individuación, necesitaba partir de ésta para entender la universalidad y la necesidad inmanente de la idea del derecho.

Después de esto se comprende la importancia que Savigny atribuía a la educación del jurista y al estudio del derecho romano. Antes que él y hasta él, la educación del jurista tenía un carácter esencialmente lógico y formal, fundada sobre el

[461] La cuestión de la relación entre teoría y práctica es tratada por Savigny en el *Beruf,* etc. (edic. 1892, págs. 18 y 77), en el primer Apéndice al *Beruf* (id., pág. 106), en la recensión de Gönner, y de nuevo ampliamente en el prefacio al *Sistema.*

[462] Cfr. Savigny, *Beruf,* etc., cit., pág. 78.

supuesto de que el derecho es idea, no hecho; de que la actividad del jurista es aplicación, sistematización, desarrollo de los conceptos, más que creación, producción de la materia jurídica. Mucho se honraba la erudición histórica y filológica: pero era un ornamento exterior sin eficacia formativa del sentido jurídico. Una nueva escolástica resurgía como consecuencia del racionalismo jurídico con los mismos métodos de estudio, con el mismo amor por las sutilezas lógicas, por la universalidad abstracta y por la verdad formal. El jurista se formaba en esta gimnasia mental, adquiría familiaridad con les análisis lógicos y gramaticales, se apoderaba del significado de los términos y de las formas jurídicas, cambiando la técnica con la ciencia, la lógica con la vida del derecho. De aquí el severo juicio que pronunció SAVIGNY acerca de los juristas del siglo XVIII[463], su oposición al sistema educativo dominante, la proclamada necesidad de cultivar y desarrollar el sentido jurídico[464]. Con esta expresión entendía la capacidad de aprehender lo uniforme y lo constante en la realidad varia y compleja, de entresacar el derecho de los otros elementos de la vida colectiva con los que se encuentra confundido, de vibrar al unísono con la conciencia jurídica popular. Solo con la conciencia y con el estudio puede el jurista trasformar-se de instrumento pasivo mecánico de aplicación del derecho, en cooperador activo y consciente de las fuerzas vivas que actúan en la historia.

El culto de SAVIGNY por el derecho romano era justificado por el valor educativo y formal que él mismo le atribuía[465], por el proceso seguido por los juristas romanos al conciliar las exigencias de la ciencia con las de la práctica jurídica. Tal finalidad educativa no estaba en las intenciones de sus adversarios, de los cuales algunos continuaban considerando el derecho romano como una especie de *ratio scripta*, y otros lo hacían objeto exclusivo de erudición[466]. Era generalmente admitido antes de SAVIGNY, sobre todo por los legisladores y autores de los códigos, que la excelencia del derecho romano consistía en su misma sustancia, esto es en la intrínseca y universal bondad de los principios de equidad, justicia y buena fe, aplicados para reglar los casos más diversos; por eso, el estudio dogmático del derecho romano era aconsejado como el estudio de un derecho eterna y universalmente viviente, destinado a suplir las lagunas y las insuficiencias del derecho escrito. «C'est — escribe BIGOT-PRÉAMENEU[467] — un flambeau dont on suit spontanément la lumière. Elles seraient bien mal entendues, les dispositions du code civil relatives aux contrats, si on les envisageait autrement que comme des règles élémentaires d'équité, dont toutes les ramifications se trouvent dans les lois romaines. C'est là que sont les développements de la science du juste et de l'injuste; c'est là que doivent puiser ceux qui voudront y faire quelques progrès, et en général tous ceux qui seront chargés de la défense ou de l'exécution des lois consignées dans le code français»[468]. Le tocaba a SAVIGNY reaccionar contra esta tendencia mostrando la utilidad esencial-

---

463 Cfr. SAVIGNY, *Beruf*, etc., edic. cit., pág. 29, y la citada recensión de GONNER, págs. 137 y sigs.

464 Sobre la educación del jurista, cfr. particularmente la citada recensión de GONNER y el escrito: *Stimmen für uni wider neue Gesetzbücher*, en apéndice al *Beruf* (edic. 1892), pág. 122.

465 Con esto no excluía que el derecho común alemán pudiera incluso contribuir eficazmente a la educación del jurista. Cfr. apéndice i al *Beruf*, etc. (edic. cit.), págs. 116 y 117.

466 Cfr. *supra*, págs. 308 y sigs.

467 Cfr. *Exposé des motifs* (París, 1804), del título III, libro IV, del Código Civil francés, relativo a los contratos u obligaciones convencionales en general.

468 Otro autor del Código francés, MALEVILLE, cita quince años después, aprobándolas, estas palabras de BIGOT en su *Analyse raisonnée de la discussion du C. C.* (3ª edic., París, 1819), tomo III, pág. 2.

mente formal del derecho romano del que condenaba el estudio dogmático para los tiempos presentes, es decir, cuando tal estudio no podía ofrecer más un interés práctico inmediato. El conocimiento de los supremos y más generales principios de justicia a través del derecho romano, no forma, según SAVIGNY, al jurista, y a los fines de la práctica es poco menos que inútil. El principio disociado de la materia jurídica no tiene valor; por otra parte, la materia se trasforma en el tiempo y en el espacio, determina y limita el principio, dándole una significación relativa. El valor del derecho romano no está, pues, en las normas de razón natural que pueden derivarse de él, sino en el modo en que tales normas fueron sometidas a las necesidades de la vida, a la gran variedad de los casos particulares, susceptibles de dar la impresión de que el principio no es impuesto desde afuera a la realidad, sino que brota de la realidad misma, nace con ella y está indisolublemente ligado a ella.

Razones, pues, no solamente teoréticas sino de práctica utilidad, inducían a SAVIGNY, como antes a Vico, a aconsejar el estudio del derecho romano como aquel donde el proceso de formación no solo lógico sino real del derecho, se presentaba en forma típica y en que la doctrina histórica parecía hallar su confirmación. En el derecho romano la conciencia jurídica popular no turbada por la acción legislativa, por preconceptos de escuela, por espíritu sistemático, se había venido naturalmente desarrollando y objetivando en instituciones perfectamente concordantes y correspondientes a sus finalidades.

De aquí la admiración de SAVIGNY hacia el método seguido por los jurisconsultos romanos en la solución de las controversias sometidas a su examen. Delimitado e individuado el caso particular, ellos lo analizan en sus elementos, lo enfrentan con otros casos, lo estudian por fin en relación con todo el organismo jurídico de donde tomaba luz y norma. Cada caso particular constituía el núcleo del que podía derivarse teóricamente toda la ciencia. Cada oposición o separación entre doctrina y práctica debía resultar inconcebible para los jurisconsultos romanos, para quienes el principio existe objetivado en el caso particular y cada caso es la objetivación de un principio, lo que en otros términos significaba la coexistencia e integración recíproca de lo particular en lo universal[469].

Por lo tanto, la veneración de SAVIGNY por el derecho romano no significaba la pretensión de hacer revivir en la edad moderna las instituciones del derecho romano, lo que se hallaba en contraste, entre otras cosas, con su doctrina de la particularidad y nacionalidad del derecho: ella respondía más bien, por un lado, a la exigencia teorética de hacer conocer el proceso de formación del derecho en una forma histórica concreta y por muchos aspectos típica, y, por otro lado, a la exigencia práctica de restaurar sobre el ejemplo romano la unidad de la teoría y de la práctica en la ciencia del derecho, unidad que la dirección kantiana, oponiendo el derecho racional *a priori* al derecho positivo empírico había sacudido y negado.

La síntesis de la ciencia y de la práctica, de la forma y de la materia jurídica, encontraba en el derecho romano su demostración y aplicación concreta. En esta síntesis residía la razón y la importancia de la reforma iniciada por SAVIGNY; en ella se revelaba una conciencia filosófica nueva fundada sobre la tendencia a entender lo universal jurídico no en forma abstracta, sino en su concretes y relatividad histó-

---

469 Cfr. SAVIGNY, *Beruf,* etc. (edic. cit.), págs. 16 y sigs., 73 y sigs. Cfr. también en SAVIGNY sobre el valor educativo del derecho romano, el prefacio al *Sistema, y* la ya citada recensión de GÓNNER.

rica y psicológica. En el modo en que SAVIGNY entiende y resuelve en el seno de las ciencias jurídicas la relación entre teoría y práctica, está en germen la tendencia hegeliana de resolver los contrarios en una síntesis mediante la ley de la compenetración de lo real y de lo ideal en la dialéctica y unidad del espíritu.

EL SISTEMA DE DERECHO PRIVADO DE SAVIGNY, PUCHTA Y STAHL. CARÁCTER Y SIGNIFICADO GENERAL DEL SISTEMA DE DERECHO PRIVADO CONSAGRADO EN LOS CÓDIGOS. EL ORDENAMIENTO DE LAS RELACIONES PRIVADAS SEGUIDO POR SAVIGNY Y SUS RELACIONES CON EL SISTEMA HUGO-HEISE. EL SISTEMA DE DERECHO PRIVADO DE SAVIGNY EN SUS CONCEPTOS FUNDAMENTALES. SOBRE UNA CRÍTICA DE PUCHTA AL SISTEMA DE DERECHO PRIVADO DE SAVIGNY. EL SISTEMA DE DERECHO PRIVADO DE PUCHTA. EL DERECHO COMO ORDEN Y POTENCIA MORAL. INFLUENCIAS ROMÁNTICAS Y CRISTIANAS EN EL SISTEMA FILOSÓFICO Y JURÍDICO DE STAHL. ANÁLISIS CRÍTICO DE SU SISTEMA DE DERECHO PRIVADO EN RELACIÓN CON EL DE SAVIGNY.

29. AL JUZGAR al historicismo en sus relaciones con el derecho privado se suele confundir la doctrina histórica aceptada y profesada por SAVIGNY, STAHL y PUCHTA, con las consideraciones sistemáticas que éstos nos dieron sobre el derecho privado. Estas consideraciones se inspiran en sus fundamentos y desarrollos en la civilística tradicional, y están muy lejos de realizar esos propósitos de reforma y renovación que hacían esperar la novedad de los principios y la vivacidad de la polémica. Que en la doctrina histórica se hallara implícita una nueva orientación del derecho privado, que tal orientación tuviera que afirmarse en contraste con el sistema tradicional: de todo esto no cabe la menor duda. La cuestión de la codificación era mucho más que una simple cuestión formal, determinada por razones contingentes.

El sistema de derecho privado, el que a través de la especulación de los jusnaturalistas y de los racionalistas de la escuela kantiana se había consolidado en los códigos, fue ya definido por nosotros como el desarrollo lógico de la idea individual en las relaciones privadas. El individuo concebido como persona libre y consciente, como realidad absoluta entendida como fin, constituye el centro del sistema. Éste comienza afirmándose a sí mismo como sujeto dotado de derechos correspondientes a las exigencias de la personalidad. Al salir de sí mismo para entrar en relaciones con otros sujetos iguales, hace nacer la necesidad de una medida uniforme y constante que garantice la recíproca manifestación de la personalidad. De este modo, la noción del derecho objetivo, entendido como norma de coexistencia, postula la del derecho subjetivo, o sea de sujetos que se relacionan entre sí con iguales poderes y con igual necesidad de afirmarse.

La familia constituye el primer complemento natural de la personalidad, la condición por la cual ésta existe, se desarrolla y se perpetúa; pero ella está concebida como una asociación consensual, en la cual las personalidades de los cónyuges y de los hijos no se funden en una unidad superior, sino que se mantienen distintas sobre la base del respeto mutuo y de la asistencia recíproca. Y a esto no se opone ni la autoridad marital, paterna o tutelar, las cuales presuponen el no pleno desarrollo de la personalidad.

En el orden lógico del sistema privatista tradicional, a los derechos de familia siguen los derechos reales procedentes del supuesto de la personalidad que, imprimiendo por sí misma su sello a las cosas externas, las hace suyas y dispone libre y universalmente de ellas. Respecto de tales derechos el derecho objetivo garantiza la coexistencia pacífica de los sujetos en la manifestación de los poderes más o menos extensos que ejercen sobre las cosas.

En los derechos de obligación la persona, con su acción voluntaria y aun involuntaria, se impone a sí misma vínculos y limitaciones en favor de otras personas. Es aquí más que en cualquier otro campo del derecho donde el orden jurídico objetivo está llamado a disciplinar la declaración de la voluntad, a tutelar la integridad y la inviolabilidad de la persona.

La última de las relaciones privadas consagradas en los códigos es el derecho sucesorio, en estrecha relación con el derecho patrimonial, como modo de adquisición de la propiedad por disposición declarada o presunta, con efectos que se manifiestan en el tiempo en que la persona ha cesado de vivir. La relación entre la personalidad y su patrimonio no cesa con la muerte, sino que pasa y se perpetúa en los herederos y la ley provee a que la voluntad declarada o presunta tenga plena realización.

Nadie negará a este ordenamiento del derecho privado el valor de la unidad, la correlación entre las varias partes, el desarrollo lógico de una idea única, la idea de la personalidad que, afirmándose y poniéndose en relación con otros seres y con las cosas, engendra todas las relaciones jurídicas, y encuentra en la ley las condiciones de un desarrollo más libre y seguro.

Entre este sistema de derecho privado y el sistema aceptado por SAVIGNY, PUCHTA y STAHL, las diferencias, aunque notables, más que por una nueva doctrina del derecho están determinadas por las tradiciones germánicas, sobre todo por los progresos de la civilística alemana, anteriores a la doctrina histórica e independientes de ella. Esta última observación vale sobre todo para la nueva sistematización de las relaciones jurídicas privadas seguida por SAVIGNY. En su sistema hallamos estas relaciones distribuidas en las dos grandes categorías de los derechos patrimoniales (en los que se comprenden y se distinguen los derechos reales y los derechos de obligación) y de los derechos de familia que constituyen el supuesto lógico del derecho sucesorio.

Este ordenamiento innovaba sobre el de GAYO, reproducido por JUSTINIANO en las Pandectas y constantemente seguido por la tradición hasta GLÜCK y el Código Napoleón. Pero ya desde 1789 HUGO había destacado las insuficiencias de esta clasificación, y había propuesto la nueva, que, a través de los perfeccionamientos de HEISE y las defensas de SAVIGNY, terminó por triunfar en la ciencia y en la práctica jurídica y fue admitida en el Código Civil germánico[470].

La bondad del sistema HUGO-HEISE consiste en que se funda, según SAVIGNY, sobre la naturaleza misma de las instituciones jurídicas, es decir, sobre su nexo orgánico con la esencia del hombre abstracta e individualmente concebido[471]. Cabe

---

470 Cfr. HUGO, *Institutionen d. heut. rom. Rechts,* Berlín, 1789 (7ª edic., y última edic. 1826) ; HEISE, *Grundriss eines Systems des gemeinen Civilrechts zum Behuf von Pandektenvorlesungen,* Heidelberg, 1803 (3ª edic., 1819); SAVIGNY, *Sistema,* etc., trad. ital., tomo I, §§ 59, 401, nota s. Aquí SAVIGNY dice que ha adoptado el sistema de HUGO. Sobre la importancia de HEISE para la sistematización del derecho privado, ver *supra,* § 5, págs. 52 a 62.

471 Cfr. SAVIGNY, *Sistema,* etc., I, § 52 a 59.

destacar que el nuevo sistema es defendido por SAVIGNY con argumentos esencialmente racionales y deductivos, o sea antihistóricos[472]. Antes que partir, como era de esperar, de la observación de los hechos jurídicos, reuniéndolos en clases fundadas sobre la naturaleza objetiva de las relaciones y sobre su diferenciación histórica, SAVIGNY se adhiere al punto de vista pragmatista y racionalista y deriva tales relaciones y finalidades individualistas de la personalidad.

Por otra parte sabemos que HUGO, al formular su sistema, no fue impulsado por consideraciones filosóficas, sino por la firme convicción de que éste respondería mejor que el de GAYO al orden del Digesto. «Existe —escribe LEIST— entre nuestro sistema y el de los Digestos una relación histórica: HUGO creía seguir en su sistema el orden de los Digestos»[473].

Si, como se expresa SAVIGNY[474], la esencia del método sistemático consiste en procurarse el conocimiento de la relación interior o del parentesco por el cual las nociones jurídicas y las reglas del derecho constituyen una gran unidad, no se comprende su adhesión al sistema de HUGO que sacrificaba a un orden puramente formal y externo el orden interior y real de las relaciones jurídicas, y era inadecuado para comprender en su incesante devenir la materia jurídica. Sistema para la doctrina histórica equivale a orden interior, es decir, a un orden que nace de las cosas y no se impone a ellas desde afuera. Con el sistema así entendido el ordenamiento de HUGO se hallaba en pleno conflicto. Baste pensar en esa *parte general* que, de HEISE en adelante, en las consideraciones del derecho privado, se impuso como una necesidad y casi un lugar común para colocar esas nociones e instituciones que, como la doctrina del derecho subjetivo y objetivo, de las personas y de las cosas, de la relación jurídica, de la prescripción, etc., no encontraban lugar en otra parte, y que por su misma generalidad convenían mejor a una teoría general del derecho, no solo del derecho privado[475]. Pero, sin afrontar aquí la crítica del sistema HUGO-HEISE, estrechamente ligada a las alternativas del dogmatismo de los estudios de derecho civil, queremos solamente destacar cómo la adhesión de SAVIGNY a tal sistema estaba en conflicto con la doctrina histórica por él proclamada.

Había, sin duda, en el ordenamiento propuesto por HUGO, aspectos y elementos que lo debían hacer preferir a los partidarios de la escuela histórica sobre el orden tradicional. Tales elementos consistían sobre todo en la separación neta entre derecho de familia y derecho patrimonial, en la dependencia del derecho sucesorio del derecho familiar. En la civilística tradicional todas las relaciones de derecho privado se resolvían en relaciones de naturaleza económica; no solo, como era fácil suponer, los derechos reales y los de obligación, en los que la actividad personal de otros sujetos entra en la relación en cuanto representa un valor económico, sino también los derechos de sucesión, considerados como modos de adquisición y de trasmisión de los derechos patrimoniales, y el mismo derecho de familia por los intereses económicos que estaba llamado a tutelar. La personalidad era considerada en tal sistema en su aspecto o en sus manifestaciones económicas, con gran ventaja para la coherencia y simplicidad del sistema, además que para la aplicación prácti-

---

472 De esta opinión es también MEUMANN, *Observations sur le système du droit privé,* Genève, 1909, pág. 7.

473 Cf r. B. *W.* LEIST, *Versuch einer Geschichte der römis. Rechtssysteme,* 1850, pág. 78.

474 Cfr. SAVIGNY, *Sistema,* etc., I, prefacio, pág. 21.

475 De esta opinion es MEUMANN, *op. cit.,* § 5, y sobre todo REGEISBERGER, *Pandekten,* Leipzig, 1893, tomo I, § 9.

ca. A esta concepción unitaria del derecho privado, el sistema HUGO-HEISE le oponía una concepción dualista. Al derecho patrimonial, que tendía sobre todo a la tutela y al desarrollo de los intereses económicos de la personalidad, parecía contraponerse el derecho de la familia concebida como un organismo unitario con finalidades naturales y morales respecto a las cuales los intereses económicos desempeñan un papel secundario e instrumental. Al establecer y acentuar tal distinción, HUGO y HEISE obedecían indudablemente al sentido de solidaridad familiar que estaba en las tradiciones del pueblo y del derecho germánico y de las que tenemos evidentes rastros en el código prusiano.

Pero cualesquiera que sean las causas que llevaron a la distinción, lo cierto es que ésta rompía la unidad del derecho privado, introduciéndole fines y normas divergentes; al criterio individualista fundado sobre el principio de la igualdad de los sujetos que entran en relaciones entre sí, principio que dominaba todo el campo del derecho privado según la prevaleciente doctrina, se agregaba el criterio distributivo inspirado en la conservación y en la tutela de un organismo colectivo. Las consecuencias en la valoración, interpretación y extensión de las normas son fáciles de prever.

La consideración del interés de los organismos colectivos, no solo de la familia, debía hallar crédito y desarrollo a medida que se afirmaba la doctrina histórica, que proclamaba el origen y la naturaleza colectiva del derecho y tendía a hacer entrar al derecho privado, o sea a los fines y a los intereses del individuo y de la familia, en un orden más elevado de relaciones, de las que aquéllos derivaban norma y medida. Al sistema dualista de HEISE debía suceder, pues, con SAVIGNY, un sistema unitario de derecho privado, inspirado no ya en las finalidades del individuo, sino en las de los organismos colectivos de que el individuo era parte. En su lugar, no solo SAVIGNY reprodujo el sistema de HUGO-HEISE, y lo defendió con argumentos derivados de la dirección opuesta, sino que buscó restaurar la unidad del derecho privado sobre la base del postulado individualista en pleno contraste con las exigencias teoréticas y prácticas de su doctrina histórica.

Se diría, en efecto, que SAVIGNY se inspira en KANT cuando resume todas las relaciones de derecho privado en relaciones entre personas, cuya libertad, por las exigencias de la coexistencia, está, por un lado, limitada, y por el otro garantizada y regulada por la norma del derecho. Pero ésta no tiene, en SAVIGNY, el valor de una norma-límite, negativa: es la expresión de un orden objetivo de relaciones que tiene su origen en la conciencia jurídica popular; el individuo deriva de ella todos sus derechos y, en cuanto tal, es el supuesto lógico y real del derecho subjetivo. Pero en su significado intrínseco ella es afirmación y determinación de una esfera de dominio independiente de la voluntad individual[476]. Por eso, por sus finalidades individualistas, la concepción general del derecho privado de SAVIGNY no se distingue de la concepción sostenida por los racionalistas.

Según sean las cosas o los actos particulares el objeto del poder volitivo, se tienen los derechos de propiedad y los derechos de obligación. Será siempre un gran mérito de SAVIGNY el haber afirmado la unidad fundamental de los derechos reales y de obligación, el haber llevado la totalidad de las relaciones emanados de ellos a la categoría del patrimonio correspondiente a una determinada persona. Revela la existencia de un tránsito gradual entre unos y otros, la formación de una

[476] Cfr. SAVIGNY, *Sistema*, etc., trad. ital., I, págs. 335-337.

zona intermedia en la cual la diferencia, o mejor el contraste entre la propiedad entendida como poder absoluto sobre la totalidad de la cosa y la obligación como dominio no menos absoluto aunque parcial sobre los actos ajenos, se atenúa al punto de hacer inciertos y oscuros los límites entre ambas clases de relaciones. Y en verdad, si por un lado la propiedad, por las cargas que la gravan y por las limitaciones a que puede estar sometida, es susceptible de convertirse en propiedad nominal, por el otro lado la mayor parte de las obligaciones y las más importantes de ellas tienden a la consecución, por medio de otras personas, de derechos reales o del ejercicio y del goce de los mismos. La libertad del propietario de disponer de la cosa, como la del deudor de disponer de la propia actividad, es plena y absoluta: la servidumbre por un lado, las obligaciones del otro, pueden limitarla, pero con tal que queden a salvo en cada caso las razones supremas de la personalidad y que las limitaciones estén justificadas por exigencias económicas. Por otra parte, el patrimonio individual puede concebirse abstractamente como una cantidad homogénea, reduciéndose todos los derechos que lo constituyen, sean reales o de obligación, al concepto común del valor, o sea del dinero que lo representa[477]. La unidad fundamental del derecho patrimonial sobre el fundamento de la personalidad y sobre la identidad sustancial, o sea, económica, de las relaciones que lo constituyen, quedaba válidamente demostrada.

Al derecho patrimonial de naturaleza económico-jurídica, Savigny contrapone el derecho de familia con carácter ético jurídico. No se le escapó la profunda y sustancial diferencia entre las relaciones que se desarrollan, sobre la base de la igualdad entre sujetos autónomos, cuya actividad no tiene otra norma y otro fin al margen de la utilidad individual, y las relaciones de familia, en las que los individuos entran como miembros de un organismo esencialmente ético a cuyas finalidades deben subordinar su conducta[478]. Por eso la familia es integración y superación del individuo, que toma valor de su posición *(status)* en relación con otras personas: por eso las relaciones de familia deben considerarse pertenecientes principalmente al *jus publicum,* y entran en esa clase de derechos absolutos que se sustraen al arbitrio individual y engendran formas de vida basadas «sobre una gran armonía de naturaleza»[479].

Se diría que en este aspecto Savigny es coherente con las premisas filosóficas de su sistema histórico y no es casualmente que invoca la autoridad de Hegel. Pero, en el ulterior desarrollo de su pensamiento, debía ceder él también a la exigencia unitaria del derecho privado, que constituía al mérito del código francés y el secreto de su éxito. Había condiciones en la doctrina histórica para satisfacer tal exigencia: bastaba a ese fin desarrollar la idea del origen y de la naturaleza social del derecho y, sobre su fundamento, llegar a un nuevo ordenamiento de las instituciones privadas que pudiera sostener la confrontación con el sistema adoptado por el código francés, que la idea individual había aplicado con lógica rigurosa hasta en sus últimas consecuencias. Pero Savigny no siguió la vía trazada por la doctrina histórica: se inclinó hacia la concepción individualista de las relaciones privadas, también con respecto a las relaciones de familia que parecían hallarse en mayor contraste con semejante concepción. Esta tendencia se hace evidente en la distinción

---

477 Cfr. Savigny, *Sistema,* etc. (trad. ital.), I, pág. 341; § 56, págs. 367 y sigs.; Id., *Le obbligazioni* (trad. Pacchioni), Torino, vol. I, cap. I, § 2.

478 Cfr. Savigny, *Sistema,* etc., I, pág. 343 y sigs.

479 Cfr. Savigny, *Sistema,* etc., I, pág. 350 y nota *e.*

por él establecida entre derecho de familia *puro y* derecho de familia *aplicado,* para la cual, al separar los elementos éticos y jurídicos, contrapone la familia como organismo ético a la familia en sentido jurídico, como fuente y condición de relaciones patrimoniales[480]. A este respecto vienen a menos las consideraciones derivadas del carácter orgánico y ético de la familia y las relaciones doméisticas se resuelven en relaciones entre los diversos miembros componentes de la familia, relaciones que deben regularse lo mismo que las patrimoniales sobre la base de la igualdad y del respeto de la recíproca libertad y personalidad.

Ahora bien; si no puede negarse que la institución familiar pueda desarrollarse sin un sustrato económico y sin dar origen a relaciones patrimoniales, debe también admitirse que, sobre todo para los sostenedores del carácter orgánico de la familia, tales relaciones tienen valor de medio, deben entenderse en armonía con las finalidades naturales y morales de la familia y referirse a sujetos que adquieren valor y significado por el lugar que en él ocupan. SAVIGNY parece olvidar esto, cuando considera las relaciones patrimoniales que surgen en el seno de la familia en la misma forma que las relaciones que tienen por sujeto individuos abstractamente iguales e independientes, y sobre todo cuando considera al derecho de familia como intermedio entre el derecho de familia verdadero y propio y el derecho patrimonial estrictamente entendido. Con esto, la unidad de las relaciones familiares y patrimoniales se había alcanzado, pero con el desconocimiento del carácter ético y social de la familia, a través de la cual quedaba refutada la misma doctrina histórica en uno de sus postulados fundamentales.

Después de esto estamos en mejor grado para comprender el papel asignado por SAVIGNY al derecho sucesorio. También a este respecto abandona cualquier consideración inspirada en las premisas teoréticas y en las exigencias prácticas del historicismo, y se limita a tomar posición frente a las diversas doctrinas que, en el seno de la escuela del derecho natural, se habían manifestado sobre la naturaleza y el fundamento del derecho sucesorio. Mientras en lo que respecta a la sucesión testamentaria se adhiere a la doctrina dominante que buscaba el fundamento en la voluntad expresa del difunto, en lo que respecta a la sucesión legítima invoca, junto a la voluntad tácita del difunto, el principio de la continuación de la individualidad basada en los vínculos de la sangre[481]. En todo caso ve en el derecho sucesorio una extensión del derecho patrimonial, una sobrevivencia no de la familia sino del individuo, de su voluntad expresa, o presunta, basado en las relaciones naturales de parentesco. Con esto, SAVIGNY se situaba contra la misma tradición del derecho germánico, de la cual, a mediados del siglo XVIII, SAMUEL COCCEJO derivaba la doctrina que fundaba la sucesión *ab inféstalo* sobre la idea de una comunión familiar de bienes, doctrina que era la única compatible con la doctrina histórica y de la que hallamos rastros en el mismo código prusiano.

Por lo demás, el mismo PUCHTA fue el primero en destacar los defectos del sistema de HUGO-HEISE en sí y en la forma correcta en que se presenta en SAVIGNY[482]. Si, como observa, el mérito de cualquier sistema consiste en alcanzar la doble

480 Cfr. SAVIGNY, *Sistema,* etc., I, pág. 378.
481 Cfr. SAVIGNY, *Sistema,* etc., I, pág. 379.
482 Cfr. PUCHTA, *Betrachtungen ueber alte und neue Rechtssysteme* (1829), reproducidas en los *Kleine civilistische Schriften,* publicados bajo los cuidados de RUDORFF, Leipzig, 18 51, págs. 232 y sigs.

finalidad de distribuir toda la materia en virtud de un criterio de división uniforme y constante, y concebir las partes divididas orgánicamente, es decir, no como simples partes, sino como miembros de un organismo real, el sistema de Hugo-Heise no puede aceptarse. Aun prescindiendo del hecho de que experimenta, más de lo que se cree, la influencia de la tradición romanista, sobre todo en la parte que se refiere a las obligaciones y a los contratos, no se puede dejar de señalar la incoherencia de un sistema que, después de haber hecho de las relaciones de familia una categoría aparte, hace entrar a muchas de tales relaciones, como el parentesco, en la parte general, de lo que no se alcanza a ver ni la necesidad teórica ni la utilidad práctica. Estas deficiencias, unidas a las derivadas de la falta de unidad y de organicidad entre las varias partes, indujeron a Savigny a introducir en el sistema de Hugo-Heise notables modificaciones[483]. Pero a Puchta ni siquiera éstas le parecen responder a las exigencias de un verdadero y propio sistema científico de derecho privado.

Según la interpretación que nos da Puchta del pensamiento de Savigny en una época (1829) en que no había tomado aún forma definitiva en el *Sistema*[484], Savigny no parte del concepto de la personalidad y de los derechos a ella inherentes, en otras palabras, del derecho subjetivo estrictamente entendido, sino del derecho en sentido objetivo, sobre cuyo fundamento solo el hombre puede decirse sujeto de derechos. Bajo este aspecto Savigny estaba dentro de las directivas de la escuela histórica, para la cual no existen derechos innatos de la persona, sino solo derechos adquiridos en virtud de un orden jurídico objetivo (aunque sea en sentido empírico) que se forma no por arbitrio legislativo, sino por un necesario proceso histórico[485]. Sin embargo, el derecho de la persona (Personenrecht) queda entendido, según Savigny, objetivamente como el conjunto de las normas o de los principios que se refieren al hombre como sujeto capaz de derecho, o de igual modo que las limitaciones y las modificaciones a las cuales puede estar sometida la capacidad jurídica. El sometimiento a la voluntad de las cosas exteriores o de las actividades ajenas engendra el derecho patrimonial, del que son partes distintas y conexas los derechos reales y de obligación. La reconstitución unitaria del patrimonio en causa de muerte y de su traspaso a los herederos, engendra el derecho sucesorio.

Puchta reprocha a Savigny el haber contrapuesto el derecho de familia al patrimonial. Mientras el patrimonio entra en su totalidad en el orden jurídico, la familia, según Savigny, existe antes y al margen de aquél como organismo natural y moral y solo en alguna de sus partes puede devenir objeto del derecho. Con ello era implícitamente negado, observa Puchta, un derecho de familia como categoría aparte de derechos susceptible de disputar la importancia con el derecho patrimonial en el mismo sistema, en el que figura de hecho como un simple apéndice. A su vez, el derecho sucesorio es un apéndice del derecho de familia sobre el que, según Savigny, se apoya y llega a ser nueva causa de perturbación del sistema entero.

Sin declararlo explícitamente, Puchta advertía el error lógico de hacer coexistir en el mismo sistema a paridad de grado y de dignidad, dos órdenes de normas

---

483 Cfr. Puchta, *Betrachtungen*, etc., cit., en *Kleinere*, etc., págs 236 y 237.

484 El primer volumen del *Sistema* apareció solo en 1840. Puchta (pág. 236, cit.) remite para las noticias relativas al sistema de derecho privado de Savigny a las *Institutionen d. röm. Rechts* de Pernice (2ª edic., 1824) y a otras comunicaciones. Esto significa que desde 1829 tal sistema se hallaba ya en parte formado en la mente de Savigny.

485 En tal sentido Savigny distingue en el *Sistema* (I, pág. 3 38) los derechos innatos y adquiridos.

incompatibles entre sí, como las que, inspirándose en principios diversos, carecían de un común fundamento de división. Y no puede excluirse que las críticas de PUCHTA ejercieran alguna influencia sobre SAVIGNY, pues en la elaboración ulterior de su sistema vemos el esfuerzo para aproximar el derecho familiar al derecho patrimonial, mediante el concepto del derecho de familia aplicado, que no es más que el derecho patrimonial que nace de las relaciones domésticas y que tiene con la familia una relación tan solo indirecta.

Más coherente en su sistema de derecho privado, PUCHTA negó sin más la existencia de un derecho privado familiar[486]. En efecto, en tanto que el derecho privado es concebido como manifestación de la libertad y del poder individual, no puede comprender bajo sí mismo la institución de la familia, que se sustrae enteramente al dominio de la voluntad individual y obedece a los fines que no son de la personalidad. El derecho privado no puede nacer sino entre individuos sobre la base de la igualdad a los fines de la personalidad a lo que preparan las condiciones exteriores y materiales de conservación y de desarrollo.

En la familia, el hombre no actúa como individuo sino como miembro de un todo y por consiguiente en relación con los otros miembros y en subordinación al fin común familiar. En un sentido absolutamente particular, PUCHTA admite un derecho de familia, en cuanto no pueden excluirse del derecho privado esas relaciones reales o de obligación que el individuo crea, además que por sí por la familia. Tales relaciones, como por ejemplo las relaciones patrimoniales entre los cónyuges, el derecho sucesorio, son por su naturaleza y por su contenido esencialmente patrimoniales, aunque tengan por causa o por supuesto el organismo familiar. En ellas, en efecto, los individuos entran *uti singuli,* no como miembros de la familia, que para PUCHTA no puede ni siquiera ser sujeto de derecho y en cuanto tal no encuentra lugar en el sistema del derecho privado. Éste es, para PUCHTA, en toda su extensión derecho patrimonial, pudiéndose resolver todas las relaciones que lo constituyen en relaciones interindividuales que tienen por objeto bienes o actividades reducibles a valores económicos y como tales susceptibles de ser valuados e intercambiados sobre la base de una absoluta igualdad. El criterio aristotélico de la justicia conmutativa en el campo del derecho privado encuentra su verdadera y plena aplicación.

Quedaba a PUCHTA por justificar la concepción del derecho privado como enérgica afirmación y manifestación del principio individual, con las premisas teoréticas del historicismo por él aceptadas y que implicaban la subordinación del principio individual a un orden superior de relaciones del que tomaba su norma y medida. En su concepción general del derecho, y no solo del derecho privado, PUCHTA entendió verdaderamente al individuo indisolublemente ligado a la asociación doméstica, política y religiosa y afirmó la íntima conexión del derecho privado con el derecho público, y la de ambos con el orden ético y religioso. También afirmó la existencia de una voluntad general como fuente suprema del derecho y, por consiguiente, de normas que se imponen al querer en la manifestación de su actividad. Pero esta voluntad general se manifiesta en el campo del derecho privado no como expresión de un orden superior de relaciones a las cuales la voluntad del individuo tiene que subordinarse, sino como afirmación del principio de la igual libertad en

486 Cfr. PUCHTA, *Corso delle istituzioni,* etc., trad. ital., Poli, sobre la 5ª edición alemana, Milano, 18 58, vol. I, Introducción.

la consecución de los bienes económicos. PUCHTA con esto, al igual que SAVIGNY, rehabilitaba, en la esfera de las relaciones privadas, la fórmula kantiana, que era la expresión más vigorosa del individualismo jurídico. Y no podía ser de otra manera, dado el supuesto de que en el derecho privado los hombres figuran como personalidades abstractas, independientes, iguales, y no como miembros de un organismo colectivo. Pero por esto mismo, el dualismo entre el derecho privado y el derecho público en el que se reconocía la cualidad social del hombre, se acentuaba cada vez más, mientras que se comprometía la solidez y unidad lógica de todo el sistema.

Es justo reconocer que STAHL mantuvo más vivo el sentido de la unidad moral del derecho y esto no solo por la influencia de la tradición alemana, que la misma doctrina histórica había de cooperar a reacreditar, sino sobre todo por la influencia del pensamiento cristiano que, acentuando el contenido ético del derecho, era naturalmente llevado a entender las relaciones de derecho privado en su coordinación y subordinación a finalidades colectivas. Y al pensamiento cristiano, lo revivió STAHL con plena conciencia en su obra filosófica, y fundándose sobre él destacó como defecto dominante del sistema jurídico romano la ausencia absoluta del elemento ético.

En haber concebido al derecho como expresión del puro querer y poder individual no limitado o condicionado por consideraciones éticas o políticas, está, según la interpretación que nos ofrece STAHL, la característica y al mismo tiempo el defecto del derecho romano[487]. Esta fundamental tendencia se mantuvo en él sustancialmente invariable a través de las atemperaciones y de las modificaciones que el progreso de las costumbres había de determinar. En su forma más rigurosa y lógica, el principio de la individualidad y subjetividad del derecho se revela en el derecho privado romano. Aquí el propietario en la manifestación de su poder sobre la cosa no está ligado por deberes, no está obligado a subordinarlo a un orden más elevado y normativo de relaciones. La misma cosa no podía en su origen estar sujeta a trabas que limitaran o condicionaran su disponibilidad, ni podía constituir garantía de eventuales obligaciones del propietario. Estas derivan su fuerza obligatoria de la declaración de voluntad de quien asume la obligación, voluntad no condicionada por reciprocidad ni contraprestación. Hasta en la familia, STAHL advierte no un sistema de relaciones éticas y orgánicas, sino un sistema de poderes casi soberano del jefe. En cada parte del derecho privado romano se afirma el poder del individuo en forma exclusiva, unilateral, y la norma objetiva que regula su manifestación es entendida como reconocimiento de la autonomía y de la libertad del individuo, como defensa contra eventuales lesiones y engaños por parte de otros.

A este sistema de derecho privado que se desarrollaba lógicamente desde la noción del derecho subjetivo, STAHL opone el derecho germánico que afirma desde sus orígenes la exigencia ética y orgánica, y por consiguiente la dependencia del poder individual de un orden normativo que constituye su medida.

Se comprende su aversión hacia los jusnaturalistas y los racionalistas del derecho, que exaltaban el derecho romano como el derecho perfecto, y al mismo tiempo desconocían las razones profundas de su vida y desarrollo; razones éstas que no consistían tanto en la afirmación vigorosa de la personalidad y de la autonomía del

[487] Cfr. STAHL, *Phil. d. Rechts*, cit., tomo II; tomo ANHANG, *Ueber den Werth des römischen Privatrechts*, págs. 509 y sigs.

sujeto, cuanto en el hecho de haber entendido al poder jurídico del individuo ligado y condicionado si no a un orden ético, al orden real y a las exigencias impuestas por las cosas a que se aplicaba. El derecho estaba todo en el poder del individuo, pero éste estaba conformado, a su vez, sobre las relaciones reales, y tenía pues que seguir las leyes de estas relaciones. En tal sentido se decía que *ex facto oritur jus;* no ya que el derecho naciera de las cosas, sino que de ellas tomara forma y significado. El error de los jusnaturalistas y de los racionalistas del derecho fue haber concebido el derecho como una cualidad de la persona, abstrayéndolo de las relaciones reales a las que necesariamente está unido. Y si para ellos no fue (en esto superiores a los romanos) completamente extraña la noción de un orden social, del que el derecho es garantía, concibieron tal orden en forma abstracta y negativa, como coexistencia de sujetos iguales.

Su sistema de derecho privado responde a esta tendencia formalista general, en cuanto resulta de un complejo de derechos que se encuentran en germen en el hombre y se distinguen sobre el fundamento de las diversas relaciones de la persona, pero no de las relaciones reales a que se refieren. No puede, pues, en rigor, hablarse de un sistema de derechos que supone la multiplicidad y la diversidad en lo uno y en lo idéntico. Y en verdad, si las diversas categorías de derechos en que se divide el sistema de derecho privado propuesto por los racionalistas (y valga por todos el sistema de THIBAUT), abstractamente consideradas, se identifican en la unidad indistinta e inescindible de la persona, en su contenido real, en el objeto a que se refieren, no tienen entre sí nada de común. Por otra parte, bajo la misma categoría (por ej., ejercicio de derechos) pueden muy bien encontrarse derechos (como la propiedad y la posesión) que expresan la misma posición de la personalidad, pero que, considerados en su contenido real no pueden coexistir. La contradicción era inevitable mientras las formas jurídicas eran concebidas separadas de las relaciones de hecho a las que son inherentes en modo indisoluble[488].

Por lo tanto, STAHL debía inclinarse hacia el sistema de derecho privado de HUGO-HEISE, que se proponía, sobre el ejemplo de los jurisconsultos romanos, tomar del orden natural de las cosas, la norma para la distinción de las relaciones privadas; por otra parte STAHL, a diferencia de SAVIGNY y de PUCHTA, destacó el defecto fundamental de ese sistema, defecto que consiste en haber descuidado de coordinar el derecho privado con un orden no solo real sino moral y social. Y se dirige particularmente contra PUCHTA, cuya concepción del derecho privado, contenida en la introducción filosófica al *Corso delle Istituzioni* (1ª edic., 1841), debía aparecerle en abierto contraste con el espiritu verdadero y profundo del historicismo y en acuerdo sustancial con la dirección opuesta[489]. En efecto, la idea que constituye el fundamento del derecho es, según PUCHTA, la libertad. «Der Grundbegriff des Rechts ist die Freiheit». De ahí la consecuencia lógica de que el derecho privado, más que un sistema, era un complejo de derechos fundados sobre la libertad, y el derecho en su significado objetivo se reducía al reconocimiento de la personalidad y de sus manifestaciones volitivas. Y si PUCHTA acentúa en el desarrollo de su pensamiento la exigencia de un orden divino en el mundo y considera al individuo como miembro

---

[488] Cfr. STAHL, *Phil. d. Rechts,* vol. I, *Geschichte,* pág. 575. Aquí STAHL contrapone el sistema de derecho privado de SAVIGNY (conocido por él como por PUCHTA gracias a la exposición hecha por PERNICE), al de THIBAUT, para afirmar la superioridad del primero, más correspondiente a la naturaleza de las relaciones privadas.

[489] Cfr. STAHL, *Phil, d. Rechts.,* vol. II, pág. 298, y nota en la página 299.

de asociaciones más o menos amplias, a cuyos fines debe subordinar su libertad, es siempre cierto que, por lo menos en lo que respecta al derecho privado, la libertad, su manifestación y su reconocimiento constituyen su razón y su fin: con lo cual no se distinguía de los partidarios de la dirección histórica, y se cerraba el camino a un verdadero y propio sistema de derecho privado.

Éste, según la profunda intuición de STAHL, no es posible sino partiendo de un orden objetivo que es regla y medida de los poderes subjetivos del individuo. La idea de orden, no la de libertad, es el elemento constitutivo del derecho, y el derecho objetivo es el supuesto lógico del derecho subjetivo. Esta es la verdad implícita en el historicismo que STAHL proclamaba con plena conciencia y que le era sugerida a él por preocupaciones religiosas y morales: de ella dependía, de todos modos, la posibilidad de un sistema del derecho en el sentido que quería el historicismo. Decir que el derecho se identifica con el orden significa hacer depender los derechos del individuo de un orden superior de relaciones y de fines, significa negar la existencia de derechos originarios, de esferas de acción sustraídas al imperio del derecho; significa afirmar la existencia de un organismo colectivo del que el derecho es garantía y del que la libertad del individuo toma su norma y justificación. Esto bien lo advirtió STAHL, pero le dolió haber concebido el orden objetivo superindividual como un orden ético más que jurídico: en su preocupación de exaltar y de salvaguardar los intereses y los fines de la personalidad se siente la influencia de la tradición cristiana: pero por eso mismo debía resultar disminuido en valor y en importancia el orden jurídico, que tiende sobre todo a los fines y a los intereses de la colectividad.

El orden jurídico objetivo es para STAHL un orden natural en forma y con destino moral. El derecho es una fuerza ética que, al aplicarse a las relaciones naturales de la vida, las transforma en relaciones jurídicas. El elemento moral es el elemento formal común a todas las relaciones jurídicas, en tanto que la diversidad de estas relaciones se funda en la diversa realidad natural a la que aquél se aplica. Por consiguiente, lo que da forma, significado y objeto a la relación jurídica es el elemento ético, el cual es, a su vez, la expresión del destino religioso de la humanidad. No puede, pues, entenderse en su principio el orden jurídico si no se remonta a la concepción religicso-moral de la vida y del mundo, concepción que, para STAHL, es una sola cosa con la concepción cristiana.

Es sabido que el romanticismo y el historicismo habían sido favorables a un renacimiento del espíritu cristiano, no ya en el sentido escolástico intelectualista, sino en su más verdadero y genuino significado, místico y voluntarista[490]. En Alemania, este renacimiento, incluso por la influencia de la tradición protestante, encontró más fáciles condiciones de desarrollo. La filosofía de SCHLEIERMACHER y de STAHL está totalmente penetrada de él, y adquiere particular relieve a través de la confrontación con el espíritu romántico e histórico. Pues si el historicismo y el romanticismo por ciertas tendencias generales debían encontrarse con el renovado sentimiento cristiano, por otro lado se situaron en irreconciliable contraste con él. El acuerdo estaba sobre todo en la tendencia a restaurar con el principio de autoridad y con el culto de las tradiciones los valores morales, a consolidar los vínculos

490 Sobre esta doble dirección del pensamiento cristiano, cfr. nuestro escrito: *Il problema filosofico del diritto nell'opera di Igino Vetrone,* en el volumen: *Per Igino Petrone,* Campobasso, 1917, págs. 113 y sigs.

domésticos, sociales, políticos quebrantados por la revolución, a establecer un orden superior del que el individuo sacara la norma para obrar. No fue extraña al romanticismo la tendencia mística e inmanentista que encontraba respuesta en la exaltación del espíritu colectivo por parte del historicismo jurídico. Lo vivo y real no es el individuo sino la realidad divina en nosotros, el espíritu universal. El desarrollo de este concepto en sí y en sus aplicaciones al derecho y al Estado debía constituir la razón lógica e histórica del hegelismo. Pero ni SCHLEIERMACHER ni STAHL, como ya el pensamiento cristiano en la Edad Media por obra de la escolástica, llevaron al misticismo romántico y al historicismo jurídico a sus últimas consecuencias, prefiriendo salvar con la trascendencia las razones de la individualidad.

El Cristianismo, reavivando el sentido del espíritu, había sido inducido a concebir a este último en las formas de la individualidad. La individualidad espiritual del hombre no era sino la imagen de la individualidad divina. Esta afirmación del individuo como realidad y autonomía significaba, en el dominio de las ciencias prácticas, su elevación a dignidad de fin frente a la sociedad y al Estado. Pero el Cristianismo debía tropezar con una dificultad insuperable para conciliar el principio individual con el principio universal: puesto que, si por un lado afirmaba la individualidad del espíritu, por el otro establecía la universalidad como suprema exigencia del ser; de aquí nació un dualismo por el que se hicieron posibles, en su propio seno, las posiciones teoréticas y prácticas más opuestas, las enérgicas afirmaciones del individualismo religioso y político por un lado, y las exaltaciones del misticismo y del absolutismo por el otro. Y realmente, la conciliación entre los dos principios no podía darla, como tampoco la dio ARISTÓTELES, el pensamiento cristiano; y no la podía dar porque, por obra de los escolásticos, entendió a la individualidad en su manifestación y multiplicación en la naturaleza, no en la unidad del espíritu que se afirma como diverso y múltiple[491].

Este contraste propio del pensamiento cristiano lo encontramos en STAHL como consecuencia de su explícita adhesión a los supuestos teóricos y prácticos del espiritualismo cristiano. Como éste, STAHL hace del derecho un atributo de la personalidad individual, pero busca su fundamento último en el destino divino de las cosas: lo concibió como una fuerza moral que, aplicándose a la realidad exterior, la somete a los fines de la existencia. En el derecho privado el individuo es el centro y el fin del sistema: todo en él está subordinado a los fines de la existencia individual, en plena armonía con el pensamiento cristiano, según el cual el hombre es el único entre los seres del universo que tiene valor y dignidad de fin, y que está dotado de libertad para hacer servir en la forma más variada las cosas a las necesidades materiales de la existencia.

Al criterio subjetivo que distingue las relaciones de derecho privado según los aspectos o direcciones de la personalidad, STAHL prefiere el criterio objetivo del orden real y natural de las relaciones que tienden a conservar y a desarrollar la personalidad individual. En virtud de este criterio todas las relaciones privadas las resuelve STAHL en relaciones personales, patrimoniales, familiares y en los derechos correspondientes[492].

Como supuesto de los derechos personales está el concepto del hombre-persona en el significado y según el valor que adquiría la personalidad en la concep-

---

[491] Cfr. G. GENTILE, *I problemi della Scolastica,* Bari, 1913, pag. 176.

[492] Cfr. STAHL, *Phil. d. Rechts,* etc, vol. II, libro in, *Das Privatrecht.*

ción cristiana de la vida. Si el hombre está creado a imagen de Dios, si existe para la conservación de su ser físico y para su perfeccionamiento moral y religioso, si las cosas están preordenadas para tal fin, el hombre no puede ser obstaculizado en el desarrollo de su actividad, es decir, tiene el derecho a la libertad y a la integridad de la persona. Y estos derechos son, por explícita declaración de STAHL, originarios y absolutos, y todos los hombres, en vista de su destino moral y religioso, son libres e iguales. La coincidencia del pensamiento de STAHL con el de ROUSSEAU y de KANT, autorizados sostenedores del valor absoluto de la individualidad y de la igualdad absoluta de los hombres, no podría ser en este punto mayor. Y con KANT concuerda aún STAHL en esta parte del derecho privado, al elevar a criterio y a medida de la libertad la máxima de la coexistencia[493].

Sin embargo, el mismo STAHL tiene cuidado en destacar la sustancial diferencia que existe entre su modo de entender la libertad y la igualdad y el de ROUSSEAU y KANT; diferencia que es la que media entre el individualismo racional y abstracto del siglo XVIII y el real y moral cristiano. STAHL no vacila en hacer remontar los funestos efectos de la revolución al falso concepto que habían dado ROUSSEAU y KANT acerca de la libertad y de la igualdad. Para éstos la libertad se entiende como posibilidad abstracta y negativa de obrar, sin contenido, sin objeto de donde poder tomar dirección y norma. Pero para STAHL, la libertad como la persona es un concepto concreto y positivo: es concedida al hombre para que alcance con plena conciencia y autonomía su objeto: no es una abstracción, sino una actividad que, si no puede ser constreñida al fin, debe entenderse en relación necesaria con él. Por eso, si la libertad tiene como la persona valor absoluto, no se desarrolla sin regla, sin los límites impuestos por las exigencias de la coexistencia y por el orden moral que ella debe realizar. El orden jurídico es, sin duda, revelación de libertad, no ya porque es el producto de la libertad, sino porque el hombre lo realiza y lo reproduce libremente. En otras palabras: la libertad, en el concepto de STAHL, que es el concepto cristiano, está determinada, regulada y dirigida al fin, que, en la esfera del derecho privado, se identifica con los fines y las exigencias naturales y morales de la personalidad individual.

Por otra parte, el concepto de la igualdad lo deriva STAHL del origen común y del igual destino del hombre; no de un imaginario estado de naturaleza ni de una exigencia puramente abstracta y racional. En efecto, si el fin es igual para todos, y todos deben ser puestos en las mismas condiciones para alcanzarlo, los medios y las formas concretas en que los individuos lo realizan varían indefinidamente según sus particulares condiciones y aptitudes. La igualdad, en otras palabras, consiste en la identidad de naturaleza, no en sus accidentales manifestaciones.

Si es así, STAHL no superaba el punto de vista abstracto que reprochaba a los partidarios de la dirección opuesta, pues a los efectos del derecho privado y en particular de los derechos de la personalidad lo que para él cuenta no son las desigualdades accidentales, sino la igualdad esencial. Por eso fue inducido a investigar la diversidad de las relaciones jurídicas privadas no en los sujetos, concebidos como iguales, sino en el objeto y contenido de la relación.

El dualismo entre lo que es accidental y lo que es sustancial quedaba pues sin solución, y no solamente en STAHL que reproducía también en esta parte el pensamiento cristiano para el cual solo lo sustancial es real, sino también en PUCHTA y en

[493] Cfr. STAHL, *Phil. d. Rechts,* etc., tomo II, libro III, cap. 2.

SAVIGNY. Éstos, en su esfuerzo por rehabilitar lo concreto, positivo e histórico, no entendieron que estaba implícita la rehabilitación de lo accidental, en cuanto es un aspecto inseparable de la realidad, y necesariamente ligado a lo que nosotros indicamos con el nombre de sustancia.

El haber hecho de la desigualdad una condición accidental del individuo, y como tal susceptible de ser descuidada, impidió a STAHL erigir sobre bases verdaderamente concretas, o sea históricas, el edificio del derecho privado. En éste los sujetos figuran por sus cualidades esenciales, no por la diversidad de la función que deberían manifestar como miembros de un organismo moral, y la igualdad se afirma como derecho originario de la persona en un significado análogo al de los racionalistas. Por esto STAHL tuvo la sensación de aprobar en el error de la revolución la verdad de la igualdad frente a la ley; aprobación no exenta de equívoco si se piensa que la igualdad jurídica proclamada por la revolución era puramente formal, dejaba subsistir las desigualdades de hecho, y estaba de cualquier modo en abierto contraste con la igualdad moral que anhelaba STAHL[494].

Estaba en la misma lógica del espiritualismo filosófico la confusión del orden ético y del orden jurídico, de la libertad y la igualdad moral y de la libertad y la igualdad jurídica, no menos que la impotencia para superar el punto de vista individualista. Y si en el dominio del derecho privado STAHL invoca el principio de humanidad, o sea el concepto de que el individuo, cualquiera sea su grado y condición jurídica, siempre debe sentirse parte de un organismo moral, al que subordinar su individualidad, ello no le impide entender al derecho de la persona haciendo abstracción de tal premisa, como un derecho que se radica en la personalidad individual, como si el individuo pudiera concebirse separado de lo universal de que forma parte[495].

La misma abstracción de cualquier organismo colectivo hace STAHL en la segunda parte de su sistema de derecho privado que comprende al derecho patrimonial[496]. Aquí la personalidad es considerada no en forma absoluta sino relativa, es decir, en relación con *otro* (cosa o prestación): al manifestarse la personalidad reduce en su poder el objeto en vista de lo útil o de una necesidad propia. Por consiguiente, la relación patrimonial consta, según STAHL, de un triple elemento: de un elemento subjetivo formal, constituido por la actividad del sujeto que tiende a manifestarse sobre lo que le es externo; de un elemento objetivo material, que es el término de la actividad, y de un vínculo unitario que resume los dos términos de la relación y está representado por el objeto por el cual la actividad personal se manifiesta sobre el sujeto, que es medio para la satisfacción de la necesidad. Estos elementos diversos se encuentran en todas las relaciones patrimoniales, por cuya razón las dos ramas del derecho patrimonial están ligadas por una unidad profunda y sustancial, dependiendo la distinción entre relaciones reales y personales, del objeto diverso sobre el que se desarrolla la actividad individual dirigida por el fin.

Por ello la propiedad es, para STAHL, un derecho originario no adquirido: no puede considerarse, pues, ni una creación del Estado, ni el fruto de convenciones humanas. Por otra parte, no puede concebir con KANT como un simple poder formal del sujeto sobre la cosa haciendo abstracción de cualquier consideración de necesi-

---

494 Cfr. STAHL, *Phil. d. Rechts,* etc., vol. II, libro II, pág. 334.
495 Cfr. STAHL, *Phil. d. Rechts,* etc., II, pág. 345.
496 Cfr. STAHL, *Phil. d. Rechts,* etc., II, págs. 350 y sigs.

dad y de fin; ni con los empiristas, como un medio adecuado para satisfacer las necesidades sin tener en cuenta la personalidad que se afirma en la propiedad bajo la forma de un efectivo poder sobre la cosa. La doctrina de STAHL resulta de la unión del punto de vista racional y empírico: la propiedad es un poder inherente a la persona, pero es un poder real que se manifiesta en las formas y en los límites impuestos por el fin y por la naturaleza de la cosa a que se aplica.

Pero, sea empírico o racional el concepto de propiedad, con STAHL se reafirma la concepción rígidamente individualista de la propiedad. La propiedad es individual como la personalidad que es su fuente, como la necesidad que tiende a satisfacer: el mismo objeto sobre el que se manifiesta adquiere con el trabajo un sello y significado individuales. Él mismo se preocupa en destacar que la propiedad debe entenderse como un *Beruf* y como un *Amt:* está determinada por tendencias y motivos personales con exclusión de cualquier concepto de función y cualquier consideración de finalidad colectiva[497]. Y si invoca como supuesto de la propiedad «una común conciencia jurídica», ésta es entendida como condición general para la realización de las instituciones jurídicas y no solamente de la propiedad, que es, por propia naturaleza, esencialmente individual[498].

Tampoco la obligación difiere sustancialmente de la propiedad. En ella no es la cosa sino las acciones externas particulares de otros las que pueden convertirse en objeto del querer para lo útil o para las necesidades que pueden conseguir o satisfacer. A fin de impedir que el poder que cae sobre la actividad del prójimo sea tal como para lesionar la inviolabilidad de la persona en su valor de fin, la actividad objeto de la obligación no solamente debe ser parcial y exterior, sino también libremente consentida[499].

Mientras KANT había reunido todas las relaciones jurídicas patrimoniales en torno a los conceptos de propiedad y de pacto, STAHL, más rectamente, considera a la obligación como un concepto más extenso y comprensivo que el pacto, el que, si es la fuente ordinaria y preeminente de las obligaciones, no es la única y puede engendrar vínculos jurídicos de naturaleza diversa de la obligación, respecto a los cuales él es medio y causa transitoria, no fuente y causa permanente y sustancial[500]. El hecho de una voluntad vinculada a otros, es tan común a los pactos como a las obligaciones, pero esto no basta todavía para afirmar su identidad, pues, salvo que por abstracción, no puede entenderse la voluntad separada del objeto, y solo en virtud de esto es posible la plena identificación del pacto con la obligación[501].

En lo que respecta al fundamento obligatorio del pacto, STAHL no es del parecer de los racionalistas del derecho, que restablecían su fundamento exclusivamente en la libertad, la que implica la posibilidad de cualquier causalidad. Si la libertad puede, en efecto, justificar el compromiso actual, no justifica ni garantiza la observancia del pacto en lo futuro. A la libertad debe ir unida, según STAHL (y KANT lo había señalado antes que él), la «fides», es decir, la conciencia de que el pacto es inmutable y de que debe ser aceptado y observado fielmente en todas sus naturales

---

497 Cfr. STAHL, *Phil. d. Rechts,* etc., II, pág. 352 y nota.
498 Cfr. STAHL, *Phil. d. Rechts,* etc., II, pág. 361.
499 Cfr. STAHL, *Phil. d. Rechts,* etc., II, págs. 406 y sigs.
500 Cfr. STAHL, *Phil. d. Rechts,* etc., pág. 412. Por ejemplo, el matrimonio, la tradición, el *pactum hypothecae,* el pacto constitucional.
501 Cfr. STAHL, *Phil. d. Rechts,* etc., II, id.

consecuencias futuras. Que si la libertad jurídica debe entenderse, con Stahl, no como poder abstracto sino como poder que no puede prescindir de condiciones y finalidades éticas, entonces la «fides» está implícita en la libertad, y ambas en la personalidad, la que viene a constituir en último análisis el verdadero fundamento de la observancia de los pactos[502].

La «fides» constituye en la relación contractual, su firme fundamento ético. Se comprende que los partidarios del derecho de razón, preocupados después de Kant de eliminar del orden jurídico cualquier elemento de naturaleza ética, fueran inducidos a eliminar la «fides» de las condiciones constitutivas del pacto, y que tuvieran en cuenta exclusivamente el factor volitivo. Pero el haber despojado al derecho de cualquier consideración ética debía parecer para Stahl el grande y deplorable error del racionalismo jurídico.

La concepción estrictamente individualista de las relaciones privadas encontraba un límite y un temperamento en el orden ético y en el orden natural, a cuyas leyes debían someterse tales relaciones. Las limitaciones de la libertad individual determinadas por la naturaleza del objeto habían sido reconocidas en todos los tiempos y particularmente por los jurisconsultos romanos, quienes no concibieron nunca la actividad jurídica abstracta e independiente de las relaciones naturales a que se aplica. Los autores de la separación fueron los racionalistas, y fue consecuencia de la distinción kantiana de los elementos formales y materiales del derecho, de haber restablecido exclusivamente en éstos el concepto del derecho. Para reparar tal error, para restaurar la unidad de la forma y de la materia, para comprender a aquélla en los límites de ésta, trabajaron Savigny, Puchta y Stahl. Sin embargo, en Stahl, con más clara conciencia que en Savigny y en Puchta, el orden natural está constituido no solo por factores y condiciones naturales, sino por estados de ánimo, por tendencias y exigencias psicológicas. Stahl eleva el principio de la necesidad a principio generador de las relaciones jurídicas patrimoniales, que en tal forma vienen a tener comunes el fundamento y las leyes con las relaciones económicas.

La armonía del orden ético y jurídico era otra exigencia del historicismo que reaccionó contra la tendencia del racionalismo de Kant y de Fichte a distinguir la moral del derecho. Pero en el sistema de las relaciones patrimoniales de Stahl, el orden ético es concebido fuera y superior a ellos, y no se ve cómo pueda atemperar eficazmente, o sea jurídicamente, las consecuencias antisociales que pueden derivar de tales relaciones dominadas por el doble principio de la libertad y de la necesidad.

Las relaciones familiares constituyen la tercera y última parte del ordenamiento de derecho privado propuesto por Stahl[503]. La familia preexiste al derecho como organismo natural y moral. Bajo la doble influencia cristiana y germánica, que el historicismo había reivindicado, Stahl sintió profundamente la unidad de la vida familiar, la importancia de los fines, la necesidad de restaurar su dignidad frente a las aberraciones del racionalismo jurídico. Pues en ningún otro campo del derecho, como en éste del derecho familiar, el punto de vista subjetivo y racional había producido más infecundos y erróneos resultados. Por más que la familia demuestre en forma evidente su carácter orgánico y moral, los racionalistas encontraron forma de tratarla haciendo abstracción de él y pretendieron llevarla a las premisas del individualismo jurídico. Con tal que la lógica del individualismo

---

502 Cfr. Stahl, *Phil. d. Rechts,* etc., II, pág. 414 y nota.
503 Cfr. Stahl, *Phil. d. Rechts,* etc., págs. 421 y sigs.

quedara a salvo no se vaciló en sacrificar las razones teoréticas y prácticas de la institución familiar. No ha de sorprender, pues, que el problema jurídico de la familia quedara sin resolver, incluso en los más altos representantes del racionalismo, en Kant, que hace del matrimonio un pacto para «la recíproca posesión, durante la vida, de las cualidades sexuales»; en Fichte, que lo concibe como unión libre de sexos permitida por el derecho; en Gros, que no cree incompatible con el derecho de razón la poligamia, el matrimonio temporario y entre los parientes más cercanos.

De todas las instituciones del derecho privado, la familia era la que menos se prestaba a una interpretación individualista, pues si por un lado ella reconocía su origen y justificación en las leyes generales de la vida orgánica, por el otro, por las relaciones que engendraba, por los fines que se proponía y por los intereses sociales a que servía, mal podía incluirse en las categorías formales del racionalismo individualista. Y era una ilusión y un error invocar en este campo el tipo clásico de la familia romana, pues si faltaron al derecho romano las razones morales y sociales de la familia, la concibió sin embargo como una institución política firmemente unificada en el jefe, cuyas funciones excedían la esfera del derecho privado familiar. La familia en Roma servía a los intereses del Estado mucho más que a los del individuo. Pero si el despotismo doméstico sacaba en Roma de los fines políticos de la familia alguna justificación, era absolutamente incompatible con los principios de igualdad y de libertad establecidos como fundamento del orden jurídico. Por eso a los racionalistas no les quedó otro camino que abstraer las relaciones de familia de cualquier contenido moral, político y social, y resolverlas en relaciones formales análogas a las contractuales reguladas por la ley de la igualdad, de la libertad y de la coexistencia.

Con el historicismo, el carácter orgánico, el significado moral y las finalidades sociales de la familia hallaron pleno reconocimiento. Pero le quedaba la dificultad de entender a la familia a los efectos particulares del derecho. Rechazada la categoría del contrato como no correspondiente a la naturaleza de las relaciones familiares, había que hallar para éstas otra categoría jurídica donde incluirlas; había, sobre todo, que justificar el aspecto jurídico del orden familiar.

Esto no lo hizo el historicismo, que no alcanzó a dar una doctrina jurídica de la familia correspondiente a la que era su íntima exigencia. Bastaba abandonar el punto de vista subjetivo e individualista, comprender a la familia como una personalidad colectiva en virtud de su naturaleza orgánica, de su estructura jerárquica, de sus fines morales y sociales y justificar la intervención del Estado en los límites impuestos por la necesidad de garantizar sus condiciones exteriores de existencia, de conservación y de desarrollo. En cambio, los representantes del historicismo, de Savigny a Stahl, consideraron a la familia, a los efectos particulares del derecho, como una continuación y una integración de la personalidad individual, y por lo tanto, conservaron para el derecho de familia los caracteres de un derecho que mira sobre todo a los fines del individuo. Un contraste insanable debía nacer, por lo tanto, entre el concepto ético-orgánico de la familia y el concepto jurídico, y el historicismo, que se había afirmado como un movimiento dirigido a superarlo fracasaba en una de sus más características exigencias.

Sintomática al respecto es la posición incierta y contradictoria de Savigny que, después de haber señalado la profunda diferencia que distingue los derechos de familia de las otras relaciones del derecho privado, y de haberlas adscrito incluso al derecho público, hace una categoría del derecho privado en el que entran solo parcialmente, no como derechos concernientes a un ente colectivo, sino por la relación que se establece entre dos individuos de diferente sexo, es decir, entre dos seres incompletos que encuentran en la familia su natural complemento[504] Evidentemente, SAVIGNY se dejó desviar por las influencias romanas y racionalistas. No se ve cómo la misma institución pueda caer por una parte bajo el dominio de la ética, y por la otra bajo el del derecho; cómo moral y derecho pueden concebirlo de distinta manera, es decir, partiendo de principios opuestos. La familia es una unidad inescindible en la que el orden ético y jurídico podrán coexistir, pero no yuxtaponerse y contradecirse.

Más coherente y seguro se revela STAHL en su sistema. Este incluye a la familia entre las instituciones del derecho privado, no porque desconozca el carácter ético, religioso, político de muchas normas que constituyen el derecho de familia, sino porque comprende en el derecho público solo las instituciones dotadas de valor y fin universal, como el Estado y la Iglesia, elevando a criterio distintivo del derecho público y privado no el significado de las normas, sino el de las instituciones[505].

A diferencia de SAVIGNY, STAHL sostiene que el orden jurídico abarca el organismo familiar en todas sus partes, pero con un cometido estrechamente negativo en cuanto no reemplaza a la moral al regular su vida interior, sino que tiende a garantizar solamente sus condiciones externas de conservación y de desarrollo[506]. En otras palabras: las relaciones jurídicas familiares son las mismas relaciones naturales y morales reconocidas y defendidas por el derecho.

Después de esto, se comprende mejor el carácter individualista que STAHL reconoce a tales relaciones. Éste respondía mejor a las exigencias lógicas y morales y del pensamiento cristiano que en todo tiempo quiso que en la familia se afirmaran y defendieran no tanto los intereses del organismo considerado como un todo, cuanto la personalidad moral y espiritual de los miembros que la constituyen. Lo que existe y tiene valor de fin, para el cristianismo era la personalidad individual, a cuyo perfeccionamiento y a cuya elevación debía tender y subordinarse la vida de la familia. Éste era, en el fondo, también el pensamiento de SAVIGNY y de PUCHTA, pero solo en STAHL se revela con clara conciencia.

Siempre por este mismo sentido más vivo del contenido ético de las relaciones de familia, STAHL combatió la doctrina que hacía del matrimonio un contrato, doctrina tan difundida y arraigada que el mismo SAVIGNY no vaciló en aceptarla y defenderla abiertamente. La preocupación sistemática y unitaria indujo a SAVIGNY a hacer del contrato la suprema categoría del orden jurídico privado y extendió a tal punto su concepto que comprendía en él cualquier declaración de voluntad que se manifestase en la forma concreta de un concurso de quereres dirigido a poner en práctica una relación jurídica de cualquier especie. Por lo tanto, tal concepto no se aplicaba solamente a las obligaciones (contratos obligatorios), sino a los derechos reales, por ej., a la tradición, y a las relaciones de familia, entre ellas el matrimonio[507]. Y en realidad, si se prescinde del contenido del contrato, el concurso de las voluntades en una voluntad única e indivisa es elemento común a todas estas relaciones.

---

504 Cfr. SAVIGNY, *Sistema,* etc., I (trad. citada), págs. 343, 346 y 350.
505 Cfr. STAHL, *Phil. d. Rechts,* etc., II, pág. 304.
506 Cfr. STAHL, *Phil. d. Rechts,* etc., II, pág. 424.
507 Cfr. SAVIGNY, *Sistema,* etc. (trad. ital.), III, 140 y 141.

Pero era una ilusión la de SAVIGNY, al contraponer su doctrina del contrato e implícitamente del matrimonio, a la de KANT; éste, al hacer consistir el contrato en el acuerdo entre las voluntades de dos personas con el fin de enajenar la propiedad (o mejor dicho, para preparar su enajenación, la que solo se realiza con la entrega), y al haber concebido al matrimonio como un contrato, fue inducido a admitir una especie de propiedad de cada cónyuge sobre la persona del otro[508].

La aberración de KANT era la consecuencia de ese mismo punto de vista formal que SAVIGNY había seguido al definir el contrato. La mayor extensión por él dada al concepto de contrato no contribuía a la mejor comprensión de la naturaleza real del matrimonio. De nada vale, como hace SAVIGNY, contraponer a los contratos obligatorios el matrimonio como contrato no obligatorio, es decir como contrato donde la declaración de voluntad no implica la promesa de un determinado acto, sino solamente la adhesión concorde y consciente de los cónyuges a vivir la vida matrimonial según los dictados del cristianismo[509]. Esta interpretación de la voluntad de los cónyuges es completamente arbitraria, y de todos modos no pertenece a la esencia jurídica de la relación, la que está totalmente contenida en la declaración de voluntad, es decir, en el elemento formal abstracto que es elemento común a todos los contratos. No es necesario destacar en qué forma concilia SAVIGNY la concepción histórica y natural del derecho de familia con estas abstracciones jurídicas: lo cierto es que el criterio histórico y realista en la determinación de la relación matrimonial está completamente desterrado.

Sobre este punto, la superioridad de STAHL es indiscutible, no solo por haber negado categóricamente el carácter contractual del matrimonio, al haber afirmado su naturaleza) ética, sino sobre todo por haber reaccionado contra la tendencia implícita en la doctrina de SAVIGNY a hacer depender la naturaleza de las relaciones jurídicas de elementos formales antes que de sus condiciones reales en pleno contraste con la dirección histórica. Era, en efecto, una exigencia de este último la unidad indisoluble de la materia y de la forma, unidad que impedía la reducción al mismo principio formal de instituciones cuyo contenido era sustancialmente diverso. E irreducibles bajo la misma categoría del contrato eran para STAHL las obligaciones dotadas de un contenido económico, y el matrimonio cuyo contenido era esencialmente ético. También STAHL reconoce que el acuerdo de des voluntades es esencial para que tenga lugar el matrimonio: pero la acción del pacto se limita a esto, porque los derechos y deberes de los cónyuges, su exigibilidad, no surgen del consentimiento dado al matrimonio sino del matrimonio mismo, que es un vínculo moral[510]. El pacto tiene en el matrimonio un valor puramente extrínseco y transeúnte, que se agota en el momento mismo en que se concluye.

Por otra parte, ni siquiera STAHL consiguió justificar el matrimonio a los efectos particulares del derecho, a determinar su juridicidad. Y si, de acuerdo con la doctrina liberal entonces generalmente aceptada, considera al matrimonio como una relación civil y no religiosa, sujeta a la regulación exclusivamente por el Estado y no por la Iglesia, siguió entendiéndolo, sin embargo, como una relación de naturaleza ética y no jurídica, tendiente a integrar y a elevar la personalidad mediante

---

508 Cfr. KANT, *Rechtslehre,* Königsberg, 1797, págs. 98, 110 y 111.
509 Cfr. SAVIGNY, *Sistema,* etc., III, pág. 147.
510 Cfr. STAHL, *Phil. d. Rechts,* etc., II, págs. 413 y 431.

la comunión de la vida[511]. La acción del Estado, y por lo tanto del derecho, en cuanto al matrimonio, era una acción de reconocimiento, de garantía, o sea extrínseca, negativa, subordinada a la moral, en virtud de la cual se debían determinar la naturaleza del vínculo, los deberes y derechos de los cónyuges. También él, como SAVIGNY y PUCHTA, perdió de vista las razones históricas del derecho matrimonial, y no derivó tampoco del historicismo ninguna norma para entender su valor no solo formal sino real e intrínseco.

En el sistema del derecho privado de STAHL, el derecho sucesorio no forma parte por sí, sino se conecta por un lado al derecho de familia, y por el otro al derecho patrimonial[512]. Éste se presenta como un derecho complejo que tiene su fundamento y su justificación fuera de sí. Hemos visto cómo SAVIGNY aceptaba sustancialmente la doctrina del racionalismo individualista en cuanto a la naturaleza y al fundamento del derecho sucesorio. En su sistema vuelve la ficción de la voluntad expresa o tácita del difunto que prolonga su poder más allá de los límites de la vida[513]. Y a esta ficción debía recurrir dado el supuesto de la personalidad individual como causa única y necesaria de las relaciones privadas. El historicismo le permitía entender la individualidad como una abstracción y la personalidad colectiva del Estado y de la nación como la única realidad, por lo que, más que de sucesión, se debía hablar de solución de la personalidad y de su patrimonio en la personalidad colectiva. Pero las exigencias colectivas del historicismo, las entendió SAVIGNY mucho más desde el punto de vista ético que jurídico.

La preocupación de hacer entrar el derecho sucesorio en el derecho privado, y por lo tanto de entenderlo en todas sus partes en relación con la personalidad individual, indujo a SAVIGNY, si no a entender al derecho de sucesión como título de adquisición de la propiedad (con exclusión de las obligaciones)[514], a aceptar el otro principio fundamental de la concepción individualista del derecho sucesorio, el principio relativo de la trasmisión hereditaria considerada como un modo de adquisición de la propiedad del patrimonio concebido como una unidad indivisible. Esto implicaba un acto explícito de voluntad por parte del heredero, acto al cual estaba subordinado el concepto de la continuidad de la personalidad del difunto en la del heredero y de la fusión de los patrimonios.

Sin embargo, justo es reconocer que esta adhesión a la doctrina dominante, no estuvo exenta en SAVIGNY de restricciones e influencias inspiradas en un concepto diferente de la sucesión. Tales influencias se manifiestan bajo dos formas. La primera, común también a los jusnaturalistas, se afirma en el valor reconocido al vínculo de parentesco y a la justificación, en virtud de él, de la sucesión intestada. Tal principio postulaba la continuidad de la persona y de su patrimonio, fundada en una ley de naturaleza y en razones morales, y eliminaba la ficción de la voluntad expresa y sobre todo tácita del difunto por un lado, y la exigencia de la adquisición hereditaria por el otro. Bajo la influencia de esta doctrina se había creado, en lo referente a su fundamento, un dualismo entre la sucesión testada e intestada. SAVIGNY

[511] Cfr. STAHL, *Phil. d. Rechts,* etc., II, págs. 432 a 447. Aquí STAHL (§§ 68-69) trata históricamente el vínculo matrimonial según la doctrina católica y protestante, de las relaciones del Estado y la Iglesia al respecto, y de los diversos sistemas que prevalecieron en los tres códigos de la época.

[512] Cfr. STAHL, *Phil. d. Rechts,* etc., II, pág. 295.

[513] Cfr. SAVIGNY, *Sistema,* etc., págs. 378 y sigs.; VIII, pág. 300.

[514] Cfr. SAVIGNY, *Sistema,* etc. (trad. ital.), I, pág. 382 (nota *c).*

prefirió, con menoscabo de la lógica, pero con ventaja para la unidad formal del sistema, hacer concurrir los dos principios en la justificación de la sucesión *ab intestato,* puesto que de ésta se trataba sobre todo[515].

La segunda influencia, en armonía con las exigencias de la doctrina histórica, se revela en la tendencia de SAVIGNY a negar cualquier sustancial eficacia a la voluntad del difunto, a hacer del patrimonio hereditario una *res nullius,* una *universitas* dotada de una personalidad jurídica propia, con destino y finalidad de índole social, una especie de patrimonio cuyo titular sería la colectividad, y los herederos serían poseedores en calidad de administradores transitorios y mudables[516]. Falta en SAVIGNY el desarrollo de este concepto, pero en virtud de él fue llevado a hacer del derecho sucesorio un derecho coordinado al derecho patrimonial del que no se distingue sustancialmente. El derecho patrimonial, en la genial intuición de SAVIGNY, sería el mismo derecho patrimonial considerado no estáticamente en su actualidad, sino en su sucesión, es decir, dinámicamente[517]. Era la desvalorización de la personalidad individual y de su existencia limitada y pasajera, y la afirmación del valor social y perenne de los productos de su actividad.

Según STAHL, el derecho sucesorio tiene su fundamento natural y moral en el vínculo de parentesco y, por consiguiente, en la familia que es su supuesto. Relación de sucesión y relación de parentesco son, para STAHL, inescindibles y la trasmisión del patrimonio no es más que un aspecto de la continuidad de la personalidad del difunto en el heredero. El patrimonio total del difunto constituye también para STAHL una unidad indivisible, con un destino propio, no subordinado al arbitrio del individuo; su conservación y perpetuación a través de las generaciones responde a una ley eterna de orden y de continuidad, de la que depende la conservación y el desarrollo no tanto de los individuos cuanto de las colectividades humanas[518].

No por esto debe creerse que STAHL abandonara el punto de vista individualista en la concepción del derecho sucesorio, o que derivara del principio de la unidad orgánica de la familia la consecuencia de que la personalidad de los padres se confunde con la de los hijos, o aun que se formara una especie de co-propiedad familiar. Para salvar el principio de la autonomía de la persona y su valor de causa libre, STAHL fue inducido a reconocer cierta discontinuidad en la trasmisión hereditaria, por la que ésta se presenta como una verdadera y propia sucesión: en otras palabras, tiene lugar no solo como necesaria consecuencia del vínculo de parentesco, sino también por la intervención de un doble acto volitivo, esto es, por el hecho de los padres que tienen la propiedad y la disponibilidad del patrimonio y por el acto de aceptación por parte de los hijos.

El derecho testamentario tiene precisamente sus raíces y su justificación en el hecho de que los padres son los verdaderos autores y titulares del patrimonio. Y si su poder no va más allá de los límites de la vida, pueden, sin embargo, determinar con anticipación el contenido de la relación sucesoria de acuerdo con el orden natural y moral del parentesco. Por eso el testamento, más que una libre disposición de la propiedad debe considerarse como una libre imitación del vínculo natural de familia análogo a la adopción[519]. Reduciéndose el testamento al reconoci-

515 Cfr. SAVIGNY, *Sistema,* etc., VIII, pág. 300 (nota *a).*
516 Cfr. SAVIGNY, *Sistema,* etc., I, pág. 382.
517 Cfr. SAVIGNY, *Sistema,* etc., I, pág. 383.
518 Cfr. STAHL, *Phil. d. Rechts,* etc., II, pág. 500.
519 Cfr. STAHL, *Phil. d. Rechts,* etc., II, pág. 503.

miento voluntario del principio que está en la base del derecho sucesorio, no se conmueve su unidad fundamental, mientras constituye un complemento útil, a veces necesario, de la sucesión intestada.

Las preocupaciones éticas hicieron perder de vista a STAHL las razones jurídicas del derecho sucesorio, que, si repite el origen y el fundamento de la familia y de los vínculos naturales y morales que surgen por ella, en su contenido no se distingue esencialmente del derecho patrimonial. Este aspecto del derecho sucesorio, que había despertado particularmente el sentido jurídico de SAVIGNY, fue poco menos que descuidado por STAHL, tal vez porque no veía motivos para distinguir por este lado la relación sucesoria de la patrimonial. Si la consideración de la familia y de los vínculos de sangre podía tener influencia sobre la designación del heredero, no tenía en cambio influencia alguna sobre el destino del patrimonio, que caía en la libre disposición del heredero sin referencia a su origen ni a las finalidades de la familia. Incluso por esto STAHL no superaba el punto de vista individualista, que era por lo demás perfectamente compatible con la concepción ético-cristiana de la personalidad, respecto de la cual la familia no es fin, sino medio.

Los sistemas de derecho privado de SAVIGNY, PUCHTA y STAHL tuvieron, sobre el desarrollo ulterior de la civilística, una importancia que no está en relación con el historicismo: estos autores no desarrollaron la lógica interna de éste, en tanto que reprodujeron su carácter formal y la tendencia individualista de la dirección opuesta.

El fracaso del historicismo cuando quiso traducir en acto sus principios y echar nuevas bases del derecho privado, constituye uno de los hechos más fecundos de enseñanza en la historia de las ciencias morales.

INCOHERENCIAS ENTRE LA DOCTRINA HISTÓRICA Y SUS APLICACIONES AL DERECHO PRIVADO. LÍNEAS GENERALES DE UN SISTEMA DE DERECHO PRIVADO SEGÚN LA LÓGICA INTERNA DEL HISTORICISMO. HISTORICISMO E INDIVIDUALISMO; HISTORICISMO Y SOCIALISMO. EL ELEMENTO SOCIAL EN LOS SISTEMAS DE DERECHO PRIVADO DE SAVIGNY, PUCHTA Y STAHL. CARÁCTER ESENCIALMENTE INDIVIDUALISTA DE SUS SISTEMAS. CAUSAS DE LA ESCASA EFICACIA DE LA DOCTRINA HISTÓRICA EN SUS APLICACIONES AL DERECHO PRIVADO. LA ESTRUCTURA ECONÓMICA INDIVIDUALISTA DE LA VIDA SOCIAL. EL HISTORICISMO DE SAVIGNY, PUCHTA Y STAHL EN SU FUNDAMENTO FILOSÓFICO. HISTORICISMO Y ESPIRITUALISMO. STAHL Y EL HISTORICISMO ESPIRITUALISTA. EL PROBLEMA DEL DERECHO OBJETIVO Y SU SOLUCIÓN EN STAHL Y EN SAVIGNY. EL PROBLEMA DEL INDIVIDUO Y DE LO UNIVERSAL. HISTORICISMO, HEGELISMO Y DERECHO PRIVADO.

30. ¿CUÁLES FUERON las causas, podemos ya preguntarnos, que engendraron tan profundo contraste entre las exigencias teoréticas de la escuela histórica, solemne y concordemente proclamadas por SAVIGNY, PUCHTA y STAHL, y sus aplicaciones al derecho privado? No cabe duda alguna de que en la doctrina histórica se hallaban implícitos un nuevo ordenamiento y una nueva concepción del derecho privado. Baste pensar que el historicismo era un aspecto del romanticismo, de ese movimiento general de sentimientos y de ideas que acompañó y justificó la reacción teorética y práctica ante el subjetivismo y el racionalismo de la Revolución y que en forma diversa, pero con identidad de tendencias y de fines había informado todo

el vasto campo de las ciencias del espíritu. La influencia de este movimiento había sido, para la ciencia del derecho, mucho más que una simple influencia genérica, puesto que SAVIGNY la tradujo en un programa específico, teórico y práctico. Y al derecho privado tenía que referirse y efectivamente se refirió con su obra SAVIGNY, pues en él la ideología del siglo de la Revolución se resumía en sus más características direcciones y finalidades. La oposición a los códigos era la oposición a la filosofía subjetiva e individualista que los informaba, y tenía que afirmarse como una inversión de valores y de fines.

La reforma del derecho privado era la verdadera, la suprema exigencia del historicismo jurídico; de ella dio SAVIGNY en la *Vocación* sus líneas generales y sus principios fundamentales. Sobre la guía de éstas, y en armonía con las tendencias generales de la época, no era difícil reconstruir el nuevo sistema de derecho privado. Éste debía oponerse en todas sus partes al consagrado en los códigos: y como este último era o podía representarse en forma abstracta como el desarrollo lógico de la idea individual, así aquél tenía que comprenderse en indisoluble unión con ese espíritu colectivo que SAVIGNY había elevado a supremo principio real y causal del orden jurídico. El nuevo sistema no debía, pues, partir del supuesto del individuo y de sus derechos subjetivos y resolver todas las relaciones privadas, sin excluir las de la familia, en relaciones interindividuales reguladas sobre la base de la libertad, de la igualdad y de la coexistencia, sino que tenía que partir del supuesto de un orden objetivo que expresara una exigencia de naturaleza esencialmente social.

La «socialidad» debía ser la nueva categoría del orden jurídico privado, y las relaciones jurídicas privadas debían entenderse como relaciones que, aunque partiendo del individuo, derivaban su justificación última de las exigencias de la vida en común, a la que debían considerarse indisolublemente ligadas y subordinadas. Sobre la guía de este criterio debía procederse a su sistematización y determinación. La contraposición entre derecho público y privado que suponía al individuo dotado de derechos propios, autor y árbitro del Estado, no tenía razón de ser en un sistema que postulaba la realidad de la nación políticamente organizada, y la coordinación a ella del individuo con sus intereses y sus fines. La denominación de público y privado podía conservarse, tal como lo había advertido STAHL, para distinguir las relaciones que tenían por fin inmediato la conservación y el desarrollo del Estado, de las relaciones que solo indirectamente, mediante la acción de la familia y del individuo, miraban a tal fin. Con este criterio, todo el contenido del derecho privado podía reunirse en torno a las categorías del patrimonio y de la familia, participando el derecho sucesorio de la naturaleza de ambos.

La reducción de las relaciones de familia a relaciones individuales entre los miembros que la constituyen había sido el gran error del individualismo jurídico: la reconstitución de la familia en su unidad orgánica indivisible debía ser y fue uno de los principales fines del historicismo. La familia debía» aparecer para éste no solo como un organismo moral sino también como una unidad jurídica en la que se refleja y por la que está condicionada la vida de la nación. Si ella nace al impulso de prepotentes instintos sexuales y por el libre acto de consentimiento de dos seres que tienden a integrarse, a sobrevivirse a sí mismos, a duplicar sus energías mediante la unión, a los efectos particulares del derecho los individuos que constituyen la familia se vuelven instrumentos de una ley natural y moral cuyo fin excede los límites de la existencia individual para tender a la conservación y al desarrollo de la vida colectiva. Por eso la familia debía entenderse como persona moral, fuente de derechos y de deberes, con una vida propia, distinta tanto del Estado como de los miembros que la componen. Estos, en todas sus manifestaciones, deben sentirse solidarios y jerárquicamente coordinados en el común interés familiar. Las mismas relaciones patrimoniales que surgen en el seno de la familia por la cooperación de todos sus miembros deben tender a crear a la familia una sólida base económica y a preparar las condiciones exteriores para la constitución de nuevas familias. Así y no de otro modo debía representarse la vida de la familia a los particarios del historicismo.

El patrimonio es el otro término del derecho privado concebido según la lógica del historicismo. Es a la familia lo que un organismo económico es a un organismo moral. En la formación del patrimonio la actividad y la iniciativa del individuo desempeñan un papel esencial y decisivo. Esto no podía ser desconocido por los representantes del historicismo, quienes podían seguir entendiendo las relaciones patrimoniales como relaciones interindividuales. El error del racionalismo jurídico contra el cual debía reaccionar el historicismo, fue, en lo que respecta a la propiedad, el haberla entendido como un poder subjetivo sobre la cosa, universalmente reconocido, solo limitado por las exigencias de la coexistencia, abstracción hecha de cualquier orden objetivo superior, de donde la propiedad deriva su origen, su justificación y su norma. El mismo error en el dominio de las obligaciones se agravaba al entender a los individuos, términos de la relación, abstractamente sobre la base de la absoluta igualdad. Para el historicismo, tampoco la actividad económica individual en cualquier forma que se manifieste, sobre la cosa o sobre la actividad ajena, es fin en sí, sino que está condicionada a las finalidades y a las exigencias de la colectividad. Por eso la propiedad, más que un poder es una función de la que se originan verdaderos y propios deberes jurídicos para el individuo. Por otra parte, el historicismo era llevado a entender las relaciones jurídicas en su realidad concreta, es decir, a tener en cuenta las condiciones de hecho, las desigualdades reales. La ley de la libertad y de la igualdad encontraba entonces, sobre todo en lo referente a las relaciones contractuales, su límite natural en la ley de la desigualdad y de la necesidad.

El patrimonio que durante la vida del individuo se resuelve en múltiples relaciones reales y personales, debía reconstruirse a su muerte como una unidad indivisible, como el complejo de los derechos correspondientes a una persona, para redistribuirse entre las personas a él ligadas por vínculos de parentesco, o bien para pasar al Estado. No era, pues, el arbitrio del individuo lo que debía regular el orden de las sucesiones, sino la consideración de intereses colectivos. En la familia y en el Estado debían perpetuarse y consolidarse los productos de la actividad económica individual.

Estaban, pues, en el historicismo, las condiciones para una concepción social del derecho privado. La expresión es cabalmente entendida: ella no significa absolutamente que las finalidades o aun solo las tendencias del historicismo entrañaran la eliminación del individuo del orden jurídico, el desconocimiento de sus intereses particulares, la sustitución del derecho individual de los códigos por un derecho que expresara en cualquier forma la concepción socialista del derecho privado. Si esta concepción, como apareció verdaderamente en un ulterior desarrollo de la concepción privatista, implica como supuesto teorético la negación del individuo como realidad, y como resultado práctico la absorción del derecho privado en el derecho público, el historicismo representó una dirección de pensamiento absolutamente diversa: él reaccionó contra el individualismo de los códigos, pero no para negar su principio animador, sino para incluir al individuo en un orden más amplio y más alto de relaciones del que había sido arrancado a la fuerza.

Las explícitas declaraciones de SAVIGNY, de PUCHTA y de STAHL al respecto, no dejan dudas de ninguna especie. Para todos la afirmación de la individualidad, su autonomía, el reconocimiento de su razón de fin, constituían no solo una exigencia moral, sino el resultado de todo un movimiento histórico que no podía negarse sin negar una de las conquistas más gloriosas y definitivas de la conciencia humana y no solo filosófica y jurídica. Se comprende así su aversión a todas las instituciones jurídicas que constituyeran un obstáculo para el libre desarrollo de la personalidad, mientras debían favorecer la restauración de tradiciones y de instituciones que, a su parecer, tendían a integrar y a aumentar la potencialidad de los individuos.

SAVIGNY no expresa la menor duda sobre la bondad y sobre la necesidad del sistema actual dominante de propiedad privada y de goce privado de bienes, dependiente de libres acuerdos o de eventos naturales, que tiene por efecto la posibilidad de la riqueza y de la pobreza, ambas ilimitadas[520]. Le bastaba y debía bastar la justificación histórica. Él invocó la racionalidad de lo real aun entendiéndola en una forma empírica. No menos legítimo le pareció el sistema de conservar para el patrimonio, carente de dueño a causa de fallecimiento, el carácter de patrimonio privado, figurando, por una especie de ficción, que el, difunto continúe ejerciendo su poder aun después de la muerte[521]. Con tal que el principio de la individualidad del patrimonio quedara a salvo pese al hecho de la muerte, también la ficción adquiría valor probatorio.

Por su parte, STAHL sometía a una larga crítica las doctrinas socialistas y comunistas en cuanto negaban el derecho de propiedad no solo de los productos naturales (socialismo), sino también de los productos del trabajo (comunismo)[522]. La propiedad, según STAHL, es la materia en que se revela la personalidad en su más íntima y característica naturaleza: ella suministra las condiciones exteriores para el cumplimiento de los deberes morales. Por eso la comunión de los bienes, mientras es un medio menos eficaz para la satisfacción de las necesidades, no responde al destino ético del patrimonio al que viene a faltarle el sello de la personalidad[523].

No puede hablarse, pues, de adhesión o propensión de los representantes del historicismo a direcciones de pensamiento que solo más tarde debían afirmarse como consecuencia de una nueva concepción de las relaciones económicas. No estaba en discusión el valor del individuo y de sus fines; pero, después de KANT, después de la revolución, la cuestión se relacionaba con la existencia y la naturaleza de ese universal jurídico que los racionalistas negaban como principio autónomo y cuya realidad afirmaban concordemente el romanticismo y el historicismo. Y la afirmaban no para rebajar la individualidad, sino para exaltarla, para establecer las condiciones de un desarrollo más completo. Hay un pasaje de la *Vocación* donde se subraya este concepto con particular relieve. Como en todo ser orgánico, dice SAVIGNY, también en el Estado la salud depende del equilibrio del todo y de las partes, de dar

---

520 Cfr. SAVIGNY, *Sistema,* etc., I, pág. 368.
521 Cfr. SAVIGNY, *Sistema,* etc., I, pág. 379.
522 Cfr. STAHL, *Phil. d. Rechts,* etc., II, págs. 367 a 376.
523 Cfr. STAHL, *Phil. d. Rechts,* etc., II, pág. 351.

a ambos lo que le corresponde a cada uno; como el todo vive y prospera por la activa cooperación de las partes y solo «wer seinem Hause tüchtig vorsteht, wird ein trefflicher Burger sein», así también sería un error creer que «das Allgemeine werde an Leben gewinnen durch die Vernichtung aller individuellen Verhältnisse»[524]. De aquí el apoyo de SAVIGNY a la conservación de los derechos particulares, y su aversión al sistema de los códigos que tendían a igualar la condición jurídica de todos los pueblos con el sacrificio de las diferencias y desigualdades naturales e históricas. Sobre el ejemplo de SAVIGNY, PUCHTA y sobre todo STAHL afirmaron a su vez la integración de la individualidad mediante la familia y la nación.

Si puede dirigirse un reproche a los representantes del historicismo, no es ciertamente el de haber desvalorizado al individuo frente al todo, sino de haber apreciado menos la eficacia jurídica del espíritu colectivo después de haber afirmado con tanta solemnidad su existencia y su exigencia. Es cierto que en el orden de las relaciones privadas, que fue objeto especial y casi exclusivo de estudio por parte de los partidarios del historicismo, el espíritu colectivo se revela, como la naturaleza de los jusnaturalistas y la razón de KANT, al servicio del individuo.

No faltan en los sistemas de derecho privado de SAVIGNY, de PUCHTA y de STAHL las manifestaciones del espíritu colectivo en el sentido de afirmar la exigencia social en sus relaciones con la individualidad. En exigencia de tal naturaleza se inspiran las contraposiciones del derecho de familia al derecho patrimonial, la necesaria coordinación de la vida individual a la vida de la familia y de la nación, la tendencia a entender en su unidad fundamental el derecho privado y público. Más explícitamente, PUCHTA afirma que la familia es una asociación natural que no puede fundarse sobre la voluntad y es, pues, incompatible con un ordenamiento jurídico que parte del supuesto del hombre-individuo, sujeto del derecho[525]. Por eso, junto a las relaciones jurídicas que surgen entre los individuos considerados como sujetos y fines en sí, PUCHTA establece las relaciones jurídicas en las que los individuos figuran como miembros de un todo (familia, nación, iglesia) a cuyas finalidades sirven[526].

Más que cualquier otro, STAHL insiste en el concepto de una propiedad familiar, en las limitaciones a la propiedad privada por interés público, en la conveniencia de fijar un límite a la acumulación de la riqueza, en el deber de asistencia a los pobres; y, a pesar de su cuidado en destacar que éstas y otras instituciones análogas no contradicen el concepto de la propiedad individual, no hay duda que, al proponerlas, obedecía a un espíritu nuevo que no era el de los códigos[527].

En relación con la concepción social del derecho debe entenderse la afirmación de SAVIGNY en el sentido de que todo derecho y por lo tanto también la propiedad se realiza y se perfecciona solo en el Estado. La más eficaz satisfacción de las necesidades por la que los individuos son llevados a dominar a la naturaleza exterior, se obtiene, según SAVIGNY, mediante la comunión en el Estado. Por lo tanto, si al Estado corresponde (y el derecho positivo debe reconocerlo) un dominio sobre toda la naturaleza no libre comprendida dentro de sus límites, los individuos aparecen como coparticipantes en este poder colectivo. La coparticipación puede ocurrir según diversos sistemas, entre los que prevalece el de la propiedad privada,

---

524 Cfr. SAVIGNY, *Beruf*, etc. (edic. cit.), pág. 25.
525 Cfr. PUCHTA, *Corso*, etc., *Introduc.*, § 24.
526 Cfr. PUCHTA, *Corso*, etc., *Introduc.*, § 22.
527 Cfr. STAHL, *Phil. d. Rechts*, etc., II, págs. 358 y 359.

pero no solo no excluye los sistemas de la propiedad y del goce comunes, o de la propiedad común y el goce privado, sino que puede coexistir con éstos[528]. Y según SAVIGNY, no solo las cosas exteriores caen en la propiedad del Estado, sino también el patrimonio a la muerte de su autor; solo por una ficción conserva el carácter de patrimonio privado y no tiene lugar la sucesión del Estado con la coparticipación de los individuos[529].

No puede desconocerse el significado de esta concepción del Estado propietario de todas las cosas y de todos los patrimonios; estaba en la lógica del derecho concebido como fuerza social, y estaba en abierto contraste con todo el sistema de derecho privado de la edad anterior, que se fundaba sobre el concepto del derecho como atributo de la persona.

Ni SAVIGNY, ni sus partidarios inmediatos llevaron el principio planteado a las últimas consecuencias; eludieron éstas con prudentes ficciones, cuando no creyeron invocar el proceso histórico contra la lógica de sus principios: el resultado fue que el individualismo jurídico revivió por ellos en nuevas formas pero sustancialmente idéntico al que aceptaron los autores de los códigos.

Se comprende mejor, pues, cómo las acusaciones de hacer obra revolucionaria y de reacción podían ser dirigidas con igual fundamento de verdad contra SAVIGNY al mismo tiempo que contra su escuela[530].

Por un lado encontramos exaltado, en SAVIGNY, al pueblo como la única realidad histórica y psicológica contra el Estado[531], encontramos a las fuerzas intrínsecas sociales de formación y de justificación del derecho opuestas a la acción pensada de los cuerpos legislativos y políticos con sus sistemas de coacción extrínseca: por otro lado, los representantes del historicismo hicieron obra de conservación jurídica y política interpretando el proceso histórico en el sentido favorable para las tradiciones, para el derecho constituido en interés de las clases dominantes.

Mejor que revelar estas incoherencias de la escuela histórica es remontarse hasta las causas profundas que las engendraron y que las explican. La íntima contradicción que hemos destacado en el historicismo era la misma contradicción ínsita al movimiento romántico, del que, según demostramos, el historicismo había sido su reflejo en el orden jurídico y político. El romanticismo considerado en su significado íntimo no fue un movimiento de regreso sino de progreso con respecto a la revolución: no renegó de ninguna conquista sustancial de ésta, mientras que entendió integrar y superar la obra por ella iniciada. La exaltación de la individualidad (no solo del individuo) fue una de sus más características tendencias y exigencias: pero también entendió resumir la individualidad en una más alta y concreta realidad. La revolución, preocupada por el individuo, su libertad y sus fines, había perdido el sentido de lo universal, o si había afirmado este universal, se había afirmado en un sentido abstracto, privado de vida, de contenido, de valor práctico. En cambio, el romanticismo mantuvo un vivísimo sentido y culto de lo universal,

---

528 Cfr. SAVIGNY, *Sistema,* etc., I, pág. 367.

529 Cfr. SAVIGNY., *Sistema,* etc., I, pág. 379.

530 Contra la acusación que le dirigieron los adversarios en el sentido de subvertir con su doctrina el fundamento de la autoridad y del Estado, SAVIGNY se defiende en la mencionada recensión a GÖNNER.

531 La distinción entre pueblo y Estado es puesta de relieve por SAVIGNY en la recensión de la obra de ALMENDINGEN (en *Beruf,* etc., Apéndice, I, pág. 115, y nuevamente en la pág. 123).

y lo concibió en sus determinaciones históricas y psicológicas, o sea en las formas concretas de la individualidad. Y esta tendencia general a valorizar las formas individuales de la vida en razón del principio universal que en ellas se revela, era expresada por el romanticismo en sus múltiples manifestaciones, sobre todo en el dominio del arte, de la religión y de la moral.

La misma tendencia penetraba, por obra de Savigny, en el orden jurídico; pero sin suscitar un amplio y profundo movimiento de reforma proporcionado a la novedad e importancia de los principios proclamados. El primer obstáculo insuperable a su aplicación derivaba de la estructura económica de la vida social, que la revolución había consolidado definitivamente y que constituía el contenido y la razón misma de las instituciones del derecho privado consagrado en los códigos. Cuando se reprocha a los códigos el abuso de la abstracción y del formalismo no hay que olvidar el substrato económico que les da vida y significado. La justicia privada era el reflejo de las leyes económicas tal como aparecieron a la mente de los fisiócratas, esto es, expresando un orden eterno de naturaleza. El individualismo económico había preparado el individualismo jurídico; ambos celebraban en los códigos su firme e indisoluble alianza, y en los principios de la economía política, constituida ya después de Smith sobre bases sólidas, estaba el mejor comentario de las instituciones del derecho privado. Si éstas parecieron a la crítica superficial la obra arbitraria de filósofos y legisladores, en realidad resumían las idealidades, las aspiraciones de muchas generaciones que habían luchado por su triunfo, y que habían logrado imponerlas en la teoría y en la práctica como condición de todo progreso ulterior.

Si esto es cierto, la influencia del historicismo debía ser necesariamente escasa y limitada. Éste proclamaba principios para cuya realización faltaban aún la elaboración teórica y las condiciones históricas. La actividad del individuo en la lucha económica no podía hallar obstáculo en las instituciones jurídicas y políticas: las invectivas de Rousseau contra el orden social como fuente de infelicidad humana perduraban en la memoria. La lógica de los derechos del hombre esperaba aun ser completamente realizada para pensar en detenerla en homenaje a proclamadas exigencias colectivas.

El alcance de la doctrina histórica debía restringirse aún más en sus aplicaciones al derecho privado, donde el programa de la revolución se había consolidado en lo que tenía de más verdadero y más sólidamente adquirido para la conciencia jurídica universal. La crítica de Savigny a los códigos desde este punto de vista era absolutamente injusta y desproporcionada a la importancia y al significado histórico de la codificación. Esa crítica, cuando no se pierde en señalar lagunas, imperfecciones, incoherencias inevitables en cualquier obra legislativa de amplia base, no va más allá de la forma en que había sido comprendida la conciencia jurídica de la época. En efecto, la crítica de Savigny incumbe más al sistema de la codificación que al contenido de los códigos, el que resulta sin sustanciales modificaciones, aunque diversa y más perfectamente distribuido, en el *Sistema*. La misma forma de la codificación escapaba en gran parte a su crítica, cuando se piensa que ella misma era una exigencia de los tiempos, y seguía dos siglos de especulación y de luchas cuando más vivamente debía sentirse la necesidad de concluir un período histórico y fijarlo en forma definitiva en sus principios fundamentales. A la misma necesidad debía obedecer Alemania cuando, muchos años después, llegó a su codificación, la que cerró el período de consolidación política de la nación germánica y resumió la obra de elaboración teórica de los Pandectistas. En la época de SAVIGNY la codificación era prematura en Alemania, o bien inoportuna; y fue un sabio consejo el haberla impedido.

Pero, dejando de lado la forma, con o sin códigos, el derecho privado en sus líneas generales, en sus principios fundamentales, se revela en Alemania y en otras partes con el mismo espíritu, las mismas finalidades, en perfecta correspondencia con las exigencias de la burguesía capitalista, cuyas prodigiosas conquistas preparó y aseguró. Bien puede afirmarse, pues, que la realidad histórica era la que tenían en vista los autores de los códigos: su racionalismo no era más que la conciencia clara y meditada de las formas jurídicas que respondían mejor a los tiempos. Las líneas generales del edificio habían sido dadas por ellos, y las que debían mantenerse por largo tiempo invariables. SAVIGNY no osó tocarlas; antes bien, las reprodujo, y, lo que más cuenta, las perfeccionó y fue maestro no tanto de quienes entrevieron nuevas formas de vida económica y jurídica no incompatibles con los principios del historicismo, cuanto de quienes en la doctrina y en la práctica atendieron a desarrollar los principios de los códigos, a someterlos con técnica cada vez más perfecta a la lógica del individualismo económico y jurídico. El trabajo de abstracción y de simplificación del derecho privado iniciado por los juristas de la revolución fue continuado y perfeccionado por SAVIGNY, y la obra de éste hizo posible, como lo veremos, el progreso de la civilística no solo alemana sino europea del siglo XIX.

Por esto, y solo por esto, SAVIGNY fue grande: grande como jurista, como autor del *Sistema,* mientras que a muchos les pareció que abandonaba los principios que con tanto ardor había defendido en la *Vocación,* en los que estaba implícita, con una nueva conciencia filosófica, una nueva concepción del derecho privado. En realidad no los abandonó porque nunca pensó seriamente en fundar sobre ellos un sistema de derecho privado. Y es ésta precisamente la característica de los grandes juristas, en el sentido de entender y aplicar el derecho en los límites de la realidad histórica actual, de hallar los conceptos y las formas más aptas para comprenderla; y si a ellos no les está prohibido proyectar más allá la mirada y establecer las líneas generales de futuras reformas, tampoco deben dejarse distraer al punto de perder de vista su función específica, de plantear el derecho a los fines de su aplicación, y de olvidar el objeto supremo del derecho, el de ser una norma práctica que expresa una exigencia solo en los límites de tiempo y de lugar en los que puede ser realizada.

Resta, pues, para poner de relieve, el valor filosófico de la escuela histórica en cuanto expresaba una dirección de pensamiento que llevaba implícita la posibilidad de una renovación radical del derecho privado. Desde este punto de vista puede afirmarse que el historicismo, como por lo demás el romanticismo —del que fue un aspecto—, si por un lado señaló un regreso hacia nuevas formas de espiritualismo jurídico, por el otro preparó el camino al sistema hegeliano del derecho privado.

El espiritualismo de STAHL tiene su origen y alimento en tendencias ínsitas al romanticismo, y adquiere particular significado de lo que interpretó y desarrolló en un sistema completo esa conciencia filosófica oscura e incierta en SAVIGNY y en PUCHTA.

La exigencia que se había ido afirmando cada vez más viva y prepotente en el pensamiento y en la vida, y que había sido la razón profunda del romanticismo, fue la restauración del principio de la objetividad en relación con el principio subjetivo racional de la época anterior. La libertad y el derecho del hombre debían comprenderse en un orden superior y objetivo. Esta idea se convirtió en el supuesto del historicismo y de toda ulterior especulación en torno al problema jurídico. Savigny creyó satisfacer tal exigencia recurriendo al *Volksgeist*, que comprendía en su realidad y unidad histórica y psicológica a los individuos y que se establecía como autor del derecho. Pero ni Savigny ni Puchta dieron valor absoluto y universal al nuevo principio; ni siquiera entendieron a este principio como aspecto de un espíritu universal inmanente a la realidad universal. Para ellos el fundamento último del derecho es siempre un orden ético objetivo cuyo autor está fuera del mundo y de la historia, es Dios, creador y legislador. Declaraciones explícitas de Savigny y de Puchta no dejan lugar a dudas acerca de su adhesión a la doctrina espiritualista de la trascendencia divina: y sin embargo debían derivar de ella la justificación filosófica del derecho y del Estado[532].

Lo que en Savigny y en Puchta es adhesión dogmática al espiritualismo tradicional se convierte en Stahl en conciencia reflexiva; este autor fue la mente filosófica del nuevo espiritualismo surgido del romanticismo. No debe sorprender la escisión de la conciencia filosófica romántica en las dos opuestas direcciones del espiritualismo y del hegelismo, pues los gérmenes de la separación se hallaban en Schelling mismo, el filósofo del romanticismo, que abrió el camino al idealismo absoluto para terminar en la última fase de su especulación en el espiritualismo[533].

Contra las funestas consecuencias del racionalismo, sobre todo en el campo de la filosofía práctica, Stahl no sabe hallar mejor remedio que renovar el concepto de un Dios personal, cuya infinita esencia consiste en el arbitrio. Sobre la libre personalidad de Dios como creador y conservador del universo, funda la libertad y la personalidad del hombre, y establece como principio objetivo y regla del derecho el orden real y concreto de la vida (la estructura económica de la convivencia humana) instituido por una potencia superior a los hombres con la ley ética inmanente en cada una de sus relaciones[534].

No escapa Stahl al defecto propio de cualquier solución teológica del problema jurídico, es decir, de considerar al derecho como una realidad que se plantea independientemente del hombre y que se impone a él como fuerza *ab extra* sobre el supuesto incierto y peligroso de una fe religiosa. Y el peligro era tanto mayor en cuanto el derecho tiende por su naturaleza a realizarse y necesita de órganos para afirmarse y hacerse valer; órganos y sanciones abandonadas al arbitrio de quien se arrogaba interpretar la voluntad de Dios y traducirla en normas positivas. No podía concebirse ninguna garantía de que el derecho positivo fuera el reflejo de la voluntad divina: la correspondencia, más bien quedaba excluida *a priori* por los mismos escolásticos quienes afirmaban que las leyes humanas son formas imper-

---

532 Esta conciencia espiritualista de Savigny puede ya advertirse en los escritos polémicos que siguieron a la publicación del *Beruf.* Cfr. *Stimmen,* etc., en *Beruf,* etc., ed. cit., Apéndice, I, págs. 110-112. En el *Sistema* refiere explícitamente el fin último del derecho al destino ético de la naturaleza humana tal como nos la expone la moral cristiana (pág. 75, edic. ital.). En cuanto a Puchta, cfr. *Corso,* etc., cit., Introduc, cap. I *(A).*

533 Sobre el espiritualismo de Schelling cfr. B. Spaventa, *La vita di G. Bruno scritta da D. Berti,* reproducido en *Da Socrate a Hegel,* bajo el cuidado de G. Gentile, Bari, 1905, págs. 92-93.

534 Este concepto es una deducción de la filosofía especulativa del autor, tal como lo demostró Spaventa, *La filosofía neo-cristiana e il razionalismo in Allemagna* (1854), reproducido por Gentile en: *Da Socrate,* etc., cit., págs. 222 y sigs.

fectas y casi apartadas para la ley natural eterna. La voluntad de Dios con respecto al derecho positivo, o se reducía a una condición puramente formal carente de todo valor práctico, o bien era invocada para fines no jurídicos o antijurídicos. El orden jurídico debía hallar en sí su justificación, no derivarla de un principio a él extraño. La especulación jurídica moderna en todas sus direcciones tendió a esto: encontrar un fundamento propio para el derecho que valiera «etsi daremus Deum non esse», como afirmara GROCIO. Por lo tanto STAHL, al recordar el principio divino como autor del derecho, se situaba por esto solo contra y fuera de la conciencia histórica y filosófica moderna.

Sin embargo, hay que reconocer que el espiritualismo jurídico de STAHL, que era el de SAVIGNY y de PUCHTA, tomaba de los progresos de la especulación filosófica, del ambiente romántico en que se desarrolló, un carácter particular y representaba frente al escolástico un notable perfeccionamiento.

Es sabido, en virtud de la demostración ofrecida entre otros por SPAVENTA, que el carácter de la doctrina tomista del derecho es la falta absoluta de objetividad, de autonomía, de distinción entre derecho y moral[535]. Los escolásticos se representaron al derecho como una especie de forma determinada de lo universal ético; pero sabemos que las determinaciones escolásticas eran cosa exterior e indiferente a lo universal. No teniendo, pues, el derecho ni un contenido ni una razón propia, su diferenciación y determinación no podían establecerse sino sobre la base de elementos formales, exteriores, accidentales, y tales eran en efecto los criterios de distinción invocados, como la forma externa de la acción, la conformidad con la ley, la legalidad.

No puede dirigirse a STAHL este reproche, pues para él moralidad y derecho son ideas constitutivas de la esencia de Dios; en cuanto tales no son ideas subordinadas la una a la otra, sino distintas y unificadas en su autor. La voluntad de Dios no se pone en el derecho como norma abstracta, sino como ley inmanente en las relaciones de la vida humana, y se revela y realiza en las formas concretas de la tradición y de la historia. Aquí la relación en que consiste el derecho no es considerada como una pura exterioridad, sino como un orden racional, necesario, objetivo, divino; no como una relación entre el individuo y una norma que le es ajena, sino como ley en acto inmanente en la vida histórica.

Después de esto se comprende que el espiritualismo así entendido no fuera incompatible con los postulados de la doctrina histórica: a esto se inclinaron, en efecto, SAVIGNY y PUCHTA. El espíritu colectivo del que emana el derecho no es para ellos sino una forma histórica determinada del espíritu divino, hasta el que había que remontarse para encontrar el fundamento último y el fin general del derecho y de la sociedad humana.

El orden jurídico objetivo que se realiza históricamente en la conciencia jurídica popular tiene contenido y significado propios: resulta, según STAHL, de dos elementos que constituyen su materia y su forma. La materia del derecho está dada por las relaciones naturales y económicas, como por las necesidades y tendencias de la naturaleza sensible del hombre: relaciones y necesidades que en su conjunto corresponden a las manifestaciones físicas exteriores de la vida

---

535 Cf r. SPAVENTA, *Concetto e metodo della dottrina tomistica del diritto* (1856), en: *Da Socrate,* etc., pág. 55.

individual y colectiva. Sin embargo, las relaciones y las necesidades de la naturaleza y de la vida externa no son fin en sí, sino medios para el logro de fines religiosos y morales: por eso derivan su principio normativo, el elemento formal, del destino moral y religioso del hombre y de la humanidad. Con esto STAHL creía haber superado el formalismo y el subjetivismo kantiano, pues la libertad exterior, en que KANT hacía consistir el derecho, la entendía no como actividad formal, sino como actividad inescindible de las relaciones naturales y dirigida a un fin ético.

Pero si STAHL afirmó la exigencia de un derecho objetivo, estuvo muy lejos de satisfacerla. Y en verdad, los elementos de donde habría tenido que surgir esta noción carecían de todo significado y valor jurídico: no el elemento psicofísico, que está regulado por leyes y se informa en fines que escapan del campo ético y jurídico para entrar en el dominio de las ciencias físicas, biológicas, económicas; no el elemento ético que tiene naturaleza y finalidad no jurídicas. Faltando a los elementos constitutivos cualquier significado jurídico, el derecho objetivo no puede surgir de su propia síntesis. Por eso la distinción que establece STAHL entre el orden jurídico y el orden ético no tiene valor sustancial: ella no se refiere al principio que es común y es ético, sino a la naturaleza espiritual o natural de la relación a la que se aplica ese principio. De tal manera el orden jurídico se afirma como una determinación concreta, objetiva, necesaria, de lo universal ético del que solo toma norma y valor. Quedaba siempre por demostrar en qué consistía el orden jurídico verdaderamente. Pues su misma y necesaria coordinación con el orden ético, su solución en el concepto de Dios presuponía que se determinara antes como orden necesario autónomo, en sus fines y caracteres diferenciales.

Las consecuencias de esta interpretación ética del orden jurídico objetivo se pueden poner de relieve en sus aplicaciones al derecho privado. El sistema de derecho privado de SAVIGNY se desarrolla absolutamente al margen de toda preocupación ética. Las referencias a una concepción ético-religiosa de la vida y de la humanidad no tienen con el derecho privado más que una relación indirecta, y responden a la conciencia filosófica del autor. Éste no desconoce la acción moderadora de la ética cristiana en el dominio del derecho privado contra las intemperancias del egoísmo, pero nunca pensó en fundarlo sobre postulados morales. SAVIGNY fue, más bien, un raro ejemplo del arte *sapiente* con que la relación jurídica debe despojarse de cualquier otro elemento al que podría ir unida. Su superioridad sobre los partidarios del racionalismo jurídico consiste no tanto en haber dado una nueva noción del derecho y de las relaciones privadas, cuanto de haberlos fijado en su concreción histórica y real, de haberlos entendido distintos y al mismo tiempo conexos con los otros aspectos de la vida social. En vano se buscaría, pues, en SAVIGNY un orden ético objetivo superior a las relaciones privadas de donde éstas derivan la norma: la relación jurídica se origina en relaciones reales de la vida y la norma que la regula es la expresión de un orden natural que se revela en la conciencia colectiva. Por eso no se excluye que el derecho privado tenga en cuenta elementos éticos, pero no como tales sino en cuanto el elemento ético entra en la naturaleza de la relación que el derecho regula para sus fines, que no son los de la moral. El sentido jurídico triunfó en SAVIGNY sobre la tendencia del historicismo espiritualista —al que se inclinaba— a subordinar el derecho privado a un orden ético objetivo: prefirió dejar sin solución el dualismo entre su conciencia jurídica y su conciencia filosófica y moral.

En Stahl, en cambio, encontramos la armonía más perfecta entre las premisas filosóficas y las consecuencias jurídicas: Stahl dio el ejemplo de un sistema de derecho privado que se desarrolla lógicamente y se justifica a partir del supuesto de un orden ético objetivo. No desconoce, antes bien pone constantemente de relieve el contenido realista de las instituciones del derecho privado, pero para mejor afirmar la necesidad de un principio superior que las eleve a significado moral. Nadie puede negar la legitimidad de una valoración y justificación ética de las relaciones privadas, y es mérito de Stahl el haber evidenciado el error del racinalismo al oponer la moral al derecho. Pero por otra parte, como quiera que surja en la dialéctica del espíritu la distinción entre voluntad moral y jurídica[536], lo que interesa es destacarla concretamente, realizada en las instituciones jurídicas. Ahora bien; habiendo entendido Stahl el orden jurídico objetivo como un orden esencialmente ético, se cerraba el camino a cualquier valoración jurídica de las relaciones privadas. Prueba de ello sea su doctrina de la propiedad, que, fundada en la naturaleza y en las exigencias sensibles del hombre, deriva para él su valor y significado de los fines éticos de la personalidad a la que sirve. En este concepto de la propiedad no se ve aún la razón de la intervención de la ley y del legislador para regular coactivamente las relaciones de propiedad. Y no podía verse por qué había que situarse a tal fin en un punto de vista que no era el del destino moral y religioso del hombre; había que entender al derecho no tanto como una fuerza ética cuanto como una fuerza social. Por consiguiente, la exigencia del historicismo, indudablemente legítima, en el sentido de restablecer las relaciones entre el orden ético y jurídico, se resolvía para Stahl perdiendo de vista las razones históricas y filosóficas de su distinción.

No solo el historicismo espiritualista en la forma lógica que tomó en Stahl fallaba en el objetivo de construir un orden jurídico objetivo, sino que terminó por comprometer la misma noción de derecho subjetivo cuya elaboración había sido el título de mayor gloria del racionalismo jurídico. Éste, en su más alta y característica expresión que es la kantiana, había derivado todo el sistema de los derechos del principio de la libertad exterior y del acuerdo de las voluntades libres según una ley universal. Stahl no niega ni al individuo, ni a la libertad, ni a los libres acuerdos como condiciones formales del derecho subjetivo; pero en el loable intento de integrar y determinar su noción, entiende la libertad a los fines éticos de la personalidad y trasforma el sistema de los derechos subjetivos y de las relaciones jurídicas en un sistema de deberes y de relaciones morales.

Ni Savigny ni Puchta llegaron a estas consecuencias, y afortunadamente en ellos el espiritualismo se reveló con los caracteres de una fe y como el producto de una conciencia filosófica aun no madurada e incierta. Su doctrina jurídica, no vinculada a la lógica de un sistema filosófico, pudo desarrollarse libremente, aunque en forma empírica, bajo las influencias directas del romanticismo y del historicismo. No puede negarse que ellos intuyeron las nuevas exigencias de la doctrina y sembraron los gérmenes de una más verdadera y completa solución del problema jurídico.

Si el racionalismo jurídico había elaborado la noción del derecho subjetivo, no logró dar una solución satisfactoria del derecho en sentido objetivo, ni podía hacerlo porque, de la negación de cualquier realidad social distinta del individuo, fue

536 Cfr. al respecto Gentile, *I fondamenti della filosofia del diritto,* Pisa, 1916, cap. VI.

inducido a recurrir a la ficción del contrato para disfrazar el arbitrio de los individuos en la creación de la ley, de la sociedad, del Estado. La existencia de una realidad social distinta de los individuos, fundamento del derecho y del Estado, fue una de las primeras afirmaciones de la doctrina histórica: con esto quedaba establecido el principio de distinción y de unificación del derecho objetivo y subjetivo. Si —dice Savigny— al considerar la relación jurídica hacemos abstracción de su contenido especial, quedará solamente, como esencia general de ella, la vida común de muchos hombres regulada en un modo determinado[537]. Y mientras Savigny habla aún de la formación del derecho como de un resultado de la vida en común *(eine gemeinschaftliche That),* Puchta personifica la noción del espíritu popular y considera el desarrollo del derecho como algo natural e independiente *(Naturwuchsigkeit).* Por esto tampoco el derecho individual podía entenderse sino en relación con esa unidad espiritual que es el pueblo; al hacerlo valer como su particular poder, el individuo refleja la voluntad social de la que provienen el origen y la norma de su derecho[538].

Sin embargo, la afirmación de una realidad social en los términos explícitos, pero indeterminados, en que la encontramos en Savigny y en Puchta, estaba mejor hecha para despertar el deseo de una más amplia y precisa consideración que para servir a los fines de la aplicación. Hemos destacado, en efecto, la escasa eficacia que tuvo sobre su pensamiento jurídico, especialmente sobre su derecho privado que se presenta como la continuación o el perfeccionamiento de la tradición civilista alemana del siglo XVIII, mucho más que la aplicación de los nuevos principios proclamados. Éstos, si contribuyeron a impedir la reforma formal del derecho privado, o sea la codificación, no tuvieron, en lo referente a su contenido esencial, más que el valor de una reforma metódica exterior.

A las razones ya expuestas de la esterilidad teorética y práctica del nuevo principio histórico se debe agregar la forma empírica imperfecta en que fue entendido o proclamado por Savigny y Puchta. Prescindiendo de las condiciones históricas no maduras aún para aceptarlo, el nuevo principio tenía que experimentar una larga elaboración científica y filosófica para que pudiera servir a fines de reforma positiva. No solo faltaba en los tiempos de Savigny, al nuevo principio, el subsidio de la psicología colectiva y de la sociología, sino sobre todo le faltaba la condición de una clara y elevada conciencia filosófica que contemplara a tal principio en armonía con una nueva concepción de la vida y de la realidad. Ninguna reforma jurídica es posible, y si es posible no es durable, si no está precedida y acompañada por una nueva conciencia filosófica que resuma los resultados de largas especulaciones y se convierta, en sus conceptos fundamentales, en conciencia filosófica general. Esta visión, esta conciencia filosófica faltó a los fundadores de la escuela histórica: éstos no se dieron cuenta de las dificultades inherentes a sus afirmaciones, cuyo valor dependía de la solución del problema relativo a lo universal en sus

---

537 Cfr. Savigny, *Sistema,* etc., pág. 46; id., *Beruf,* etc., pág. 18.

538 Este concepto del derecho como «potencia social» afirmado por Savigny es puesto de relieve por Bonnet, *La philosophie du droit chez Savigny,* en «Rev. Int. de Sociologie», 1913, pág. 317, y, sobre todo, por Oertmann, *Staatliche und geselhchaftliche Kechtsbildung,* en «Archiv. f. burg. Recht», vol. XI, 1914, pág. 71. Entre los modernos sociólogos que, aun partiendo de premisas generales asaz diversas, reconocen a Savigny como su precursor, recordamos sobre la autoridad de Oertmann y de Somlo (en «Archiv. f. Rechstph.», vol. VI, fase, VI, fin) a Ehrlich, a Kornfeld y sobre todo a Spiegel.

relaciones con el individuo, problema que, de Aristóteles en adelante, había preocupado a las mentes y que se había agudizado en la edad moderna cuando el individuo se afirmó como la única realidad, y a lo universal se atribuyó, con Kant, un valor puramente formal. La misma vigorosa afirmación de la realidad de lo universal hecha por el romanticismo y por el historicismo, había hecho más viva la exigencia de resolver la oposición del individuo y de lo universal en una síntesis superior. A esto debía tender particularmente Hegel, el Aristóteles de la nueva época, cuya concepción del derecho privado representa la antítesis perfecta de la concepción de Kant. El historicismo fue solo su preparación y casi su presentimiento; él intuyó que de la resolución del dualismo teorético dependía la solución del problema jurídico tal como se planteaba a la generación subsiguiente a la gran revolución: y fue mérito particular de Savigny el haber destacado primeramente el valor del conflicto y la necesidad de resolverlo en el seno del derecho privado, donde el principio de la objetividad del individuo había celebrado en la edad de los códigos sus mayores triunfos, donde la oposición teorética de los principios debía tomar necesariamente la forma concreta de un conflicto de naturaleza, no político sino social.

FILOSOFÍA DEL DERECHO PRIVADO,
de GIOELE SOLARI, se imprimió
en la República Argentina en enero de 2020.

Made in the USA
Monee, IL
18 October 2026

66035487R00310